ISBN 978-0-243-45015-2
PIBN 10487247

FB &c Ltd, Dalton House, 60 Windsor Avenue, London, SW19 2RR.
Company number 08720141. Registered in England and Wales.

For support please visit www.forgottenbooks.com

H. LE SOUDIER

BIBLIOGRAPHIE
FRANÇAISE

RECUEIL

DE

CATALOGUES DES ÉDITEURS FRANÇAIS

ACCOMPAGNÉ

D'UNE TABLE ALPHABÉTIQUE PAR NOMS D'AUTEURS

ET D'UNE TABLE SYSTÉMATIQUE

TOME II

CATALOGUES

Bor — Che

PARIS
LIBRAIRIE H. LE SOUDIER
174, BOULEVARD SAINT-GERMAIN, 174

1900

La BIBLIOGRAPHIE FRANÇAISE se trouve continuée régulièrement et mise à jour chaque semaine par le ***MÉMORIAL DE LA LIBRAIRIE****, Revue hebdomadaire des Livres.*

CATALOGUE

DES PUBLICATIONS

DE LA

Maison LE BAILLY

O. BORNEMANN

Gendre & Successeur

ÉDITEUR

(Librairie-Musique)

MAISON FONDÉE EN 1829

BIBLIOTHÈQUE ARTISTIQUE, COMMERCIALE, INDUSTRIELLE, AGRICOLE, RURALE, DES FAMILLES, LITTÉRAIRE, DES CURIOSITÉS SCIENTIFIQUES PUBLICATIONS PÉRIODIQUES, THÉATRE, SPORT, MUSIQUE, COLPORTAGE, ETC.

Voir la Table systématique à la dernière page du présent Catalogue.

PARIS

15, RUE DE TOURNON, 15

Avril 1900

I. — BIBLIOTHÈQUE ARTISTIQUE

A B C du dessin. Méthode nouvelle, destinée aux *Écoles primaires*, et pouvant être démontrée aux enfants par une personne ne connaissant pas le dessin. — Superbe album in-4° oblong, contenant 21 pages dessins et 21 pages texte explicatif, par Edw. ANCOURT. . . . . 2 fr.

Anatomie descriptive des formes humaines, à l'usage des artistes peintres, sculpteurs, graveurs et gens du monde. 1 vol. orné de 25 belles planches, par PÉQUÉGNOT. . . . . 4 fr.

Anatomie descriptive des formes du Cheval, à l'usage des artistes peintres, sculpteurs, graveurs, élèves et amateurs, édition entièrement nouvelle, contenant 8 *magnifiques planches hors texte,* par Auguste RIO, chirurgien. . . . . . 3 fr.

Aquarelle appliquée aux Fleurs et aux Fruits, et l'art de dessiner et d'ombrer ce genre au crayon, à l'estompe, etc. 1 vol. orné de 8 planches graduées, par THÉNOT. Revu et augmenté par TH. GUÉDY . . . . 3 fr.

Aquarelle appliquée au Paysage, à l'Architecture, au Plan, à la Topographie, etc , orné de 8 planches modèles, par THÉNOT. . . . . 3 fr.

Aquarelle et Lavis (Traité méthodique de dessin de l'), appliqués à la Figure, au Portrait, au Paysage, à la Marine, aux Animaux, Fleurs et Papillons, par GOUPIL. 1 vol. in-8, avec planche. . . . . 1 fr. 50

Aquarelliste (Le Parfait). Traité méthodique général du Dessin, du Coloris, de l'*Aquarelle* et du *Lavis*, appliqué à l'étude de la *Figure*, du *Portrait d'après nature*, du *Paysage*, de la *Marine*, des *Animaux*, des *Fleurs* et des *Papillons*, par GOUPIL. Av. pl. 5 fr.

Art (l') de cuire sans moufle; le peintre sur porcelaine cuisant lui-même dans son poêle, moyen simple et pratique de réussir facilement, promptement et sans frais, avec des instructions complètes sur la nature, les mélanges et l'emploi des couleurs, d'après les procédés les plus perfectionnés et les plus récents, par J. de RIOLS (E. SANTINI), officier d'Académie. 1 vol. in-8 . . . . 1 fr.

Barbotine (la), Gouache vitrifiable. Notions théoriques et pratiques sur la préparation des terres, le mélange et l'application des couleurs, le *Modelage et la Cuisson*, par J. LAMBOURSAIN. 50 c.

Bronze d'Art. Étude historique et pratique de la *Fonte antique* rétablie par la fonte *d'un seul jet*, et de la fonte ordinaire, suivie de recherches métallurgiques inédites sur la nature du bronze, ses alliages et les diverses manières de le traiter dans ses applications artistiques et industrielles, par Ch. LAURENT-DARAGON. 1 fr. 50

Coloriste (Guide du Peintre), comprenant le coloris des gravures, lithographies, vues sur verre pour stéréoscope; du Daguerréotype et de la retouche de la Photographie à l'aquarelle et à l'huile, par C. LEFEBVRE. 1 vol. in-8. . . . . 1 fr.

Dessin expliqué, mis à la portée de tout le monde. 1 vol. in-8, orné de 30 sujets d'étude, par F. GOUPIL. . . . . 1 fr.

Dessin sans maître (Traité du) et du dessin Géométrique à la mine de plomb, suivi de la Méthode de Punctographie et de la Peinture en cheveux, par L. D. Renauld. . . . . . . 50 c.

Dessin (Traité des procédés mécaniques du) sans notions préalables d'art, par L. D. Renauld. . . . . 50 c.

Dessinateur (Le Parfait) au fusain, au charbon, à l'estompe, au crayon Conté, à la sanguine, et rehaussé de blanc sur papiers teintés, suivi des moyens de conserver et fixer les études faites par ces procédés. . . . . 50 c.

Dictionnaire universel des Beaux-Arts : *Architecture, Gravure, Musique, Peinture, Poésie, Sculpture;* suivi d'un Dictionnaire d'*Iconologie*. 2e édition, par Ch. de Bussy . . . . 3 fr.

Faïences et Objets d'art (Traité de la fabrication et réparation des), avec un appendice contenant toutes les marques des faïences et porcelaines françaises, par J. Lambourseain, céramiste réparateur. Le nouveau volume que vient d'éditer la maison Bornemann, rue de Tournon, 15, contient sous une forme claire et précise tous les renseignements qui peuvent intéresser l'amateur. — La partie la plus importante est consacrée à la céramique, cet art qui comporte une partie scientifique très étendue est étudié au triple point de vue de l'art d'agrément, de l'art industriel et du grand art décoratif. L'auteur a su éliminer les détails trop techniques et borner son enseignement a ce que tout le monde devrait savoir à une époque où la céramique paraît avoir retrouvé ses anciens jours de gloire. — L'*Appendice* contenant les toutes marques des faïences et porcelaines françaises sera pour l'amateur et le professionnel d'une utilité incontestable pour en contrôler la provenance et l'authenticité. 1 vol. . . . . 6 fr.

Galvanoplastie apprise sans maître. — *Galvanoplastie. — Hydroplastie. — Cuivrage. — Métallisation. — Dorure. — Argenture. — Décapage. — Surmoulage. — Bain de laiton. — Bain d'or.— Bain d'argent. — Guide complet du cuivreur, argenteur, doreur, au trempé et à la pile*, ouvrage orné de figures, par J. de Riols. . 1 fr.

Géométrie des Arts, suivie de Notions de Perspective et de 63 figures. 1 vol., par Péquégnot.. . . . . 2 fr.

Géométrie artistique et *Dessin linéaire* familier, suivi du *Dessin d'après nature*, sans maître, système d'Abraham Bosse et de Cavé, perfectionné par Goupil. 1 vol. in-8 avec 250 sujets d'étude. 2 fr.

Gravure à l'eau-forte (La), *traité pratique et simplifié*, à l'usage des artistes, élèves et amateurs, par A. Donjean, *aquafortiste*. 1 fr.

Histoire des Statues et des Statuaires de l'antiquité, par F. Vaffier. 1 vol. grand in-18. . . . . 3 fr.

Hygiène (Traité d') utile aux Artistes, par L. D. Renauld. 50 c.

Manuel artistique et industriel, contenant les Traités de Géométrie, de Dessin industriel, de Morphographie, des Ombres, Hachures, Estompes, Fusain, etc., par Thénot, avec 22 planches d'étude. 1 volume in-8. 1 fr.

Manuel vulgarisateur des Connaissances Artistiques, petite *Encyclopédie artistique* variée, en 2 volumes.

Chaque Tome complet se vend séparément, par Goupil et L. D. Renauld. . . . . 1 fr.

Miniature (La), à la portée de tous, par Thénot, avec planche coloriée . . . . 1 fr.

Miniaturiste (Le). Traité général renfermant les procédés pour le travail **sur ivoire** et sur vélin, d'après les meilleures méthodes des maîtres. 1 vol. in-8 avec planche d'étude, par F. Goupil. Nouvelle édition revue et augmentée par Dillaye. . . . . 1 fr. 50

Modelage (Manuel général du) *en bas-relief et en ronde-bosse, de la Sculpture et du Moulage.* Ouvrage orné de planches, par F. Goupil. 1 vol. in-8. . . . . 1 fr. 50

Modeler (L'art de) *et de* **Sculpter,** *rendu facile,* indications pratiques pour le modelage en terre ou en cire, augmenté de la nomenclature des instruments indispensables au modeleur et au sculpteur. 1 vol. in-16, par F. Goupil. . . . . 50 c.

Ornement décoratif (Manuel général de l'), appliqué aux embellissements extérieurs et intérieurs, aux Tentures, à l'Ameublement, aux Vases, aux Costumes, à la composition des Jardins, etc., par Goupil. 1 vol. in-8 orné de planches. . . . 1 fr.

Panorama des passions et de leurs manifestations, étude applicable aux beaux-arts, à l'art dramatique, à la peinture, à la sculpture et à la littérature. 1 vol. in-8, par Goupil . . . . . . 3 fr.

Pastel (Le), appris sans maître, par Thénot et Goupil . . . 1 fr.

Pastel (Le), simplifié et perfectionné, par Goupil. 1 vol. in-8. 1 fr.

Pastel (Le). Sa composition, sa fabrication, son emploi dans la peinture, moyens propres à le fixer, précédé de considérations sur le dessin et le coloris, par S. Jozan. 1 vol. in-8 . . . . 1 fr.

Paysage (Les règles du), avec 8 planches, par Thénot. Nouvelle édition revue et augmentée, par F. Dillaye. . . . . . . 2 fr.

Paysage (Traité de), mis à la portée de tous, par F. Goupil. 1 vol. in-8 avec planches d'étude. . . . . 1 fr.

Peinture à froid sur porcelaine, faïence, biscuit. 1 vol. in-8°, par Bl. Everard, professeur aux écoles de la Ville de Paris. 1 fr.

Peintures à l'eau (Traité général des): Gouache, Lavis à l'encre de Chine pour l'architecture; en couleur, pour les cartes et plans topographiques; — la sépia; — la détrempe, la fresque, la miniature sur papier, carton, ivoire, bois, parchemin, peau de vélin, étoffes, soie, velours, etc., par Goupil. 3e édition. 1 vol. in-8. 1 fr.

Peinture à l'huile (Manuel général de la), renfermant tout ce qu'un peintre doit apprendre pour la solidité et la durée de ses œuvres; par Goupil. 1 vol. . . . . 2 fr. 50

Peinture à l'huile (Manuel général et complet). 1 fort vol., par Goupil. Nouvelle édition revue et augmentée, par F. Dillaye. . . . . 4 fr.

Peinture à l'huile (Les Règles de la). 1 vol. orné de 8 pl. graduées, par Thénot. 3 fr.

Peinture à l'huile (Traité méthodique et raisonné de la), contenant les principes du coloris ou mélange des couleurs appliqué à tous les genres, d'après les règles des grands maîtres et suivi de l'art de la *Restauration et Conservation des Tableaux,* 4e édition, refondue d'après un nouveau plan, par Goupil 1 volume in-8. . . . . 1 fr.

Peinture des tableaux (Traité de) faisant illusion, pour *Panoramas*, *Dioramas*, *Spectres*, *Lanternes magiques*, *Tableaux fondants*, *Apparitions sur la fumée*, *Lampascopes*, *Stéréoscopes*, *Taumatropes*, *Zootropes*, *Lithophanie*. 1 vol. in-18, par E. Santini. 50 c.

Peinture genre vernis Martin, sur bois blanc, etc. 1 vol. in-8°, par Bl. Éverard, professeur aux Écoles de la Ville de Paris. . . . . 1 fr.

Peinture lithochromique, ou imitation sur toile, et l'art de donner aux objets dessinés au crayon, à l'estompe, aux lithographies, grav., etc., l'apparence d'une jolie peinture à l'huile; 5e édit. 75 c.

Peinture orientale, ou l'art de peindre sur papier, mousseline, velours, bois, etc., et de décalquer sur verre. 1 vol. in-18. 75 c.

Peinture sur étoffes, soie, satin, velours, drap. 1 vol. in-8°, par Bl. Éverard, professeur aux Écoles de la Ville de Paris. . . 1 fr.

Peinture sur porcelaine, décoration et impression de toutes les couleurs d'un seul c up, suivi de la peinture sur verre, émail, stores, écrans, marbres, par Casimir Lefebvre. 1 vol. in-8. . 1 fr.

Peinture vitrifiable sur porcelaine dure, tendre, émail, miniature, faïence, verre, etc., procédés perfectionnés des manufactures de Sèvres, par F. Goupil, nouvelle édition revue et augmentée, par F. Dillaye. 1 vol. in-8. . . . . 2 fr.

Perspective expérimentale, ou l'**Orthographe des formes,** science indispensable aux amateurs et artistes, par F. Goupil. 1 vol. in-8, orné de planches. . . . . 1 fr.

Perspective pratique (**Traité de**) et de **Géométrie,** etc., par Thénot. . . . . 50 c.

Perspective (**Les Règles de la**), indispensable pour l'étude du dessin. 1 volume orné de 54 figures, par Thénot. . . 1 fr. 50

Photographie simplifiée. Guide sûr et facile de l'amateur et du praticien, par Eug. Baillet, photog.-prof. 1 volume in-8 . 1 fr.

Photographie : Traité de la retouche des clichés. — Retouche des épreuves sur papier salé et albuminé en noir et en coul.—Procédé perfect. pr obtenir, sans tirage au châssis et à la presse des épreuves indestructibles, sur papier; par A. Hauser. 1 v. in-8. 1 fr.

Photo-Peinture (Traité complet de), comprenant la Photo-Aquarelle et la Photo-Miniature, par A.-M. Villon, professeur de technologie. 1 vol. in-8 . . . . 1 fr.

Retouche *théorique et pratique des* **agrandissements photographiques,** par François Malet, dessinateur, membre de la Société des artistes français. 1 vol. in-8 . . . . 1 fr.

Système Teyssier ou **la Science de la Projection des Chiffres** appliquée au dessin rectiligne, à compartiments réguliers. 1 v. gr. in-8, av. pl.-modèle, par Teyssier de Tabanac. . . . . 50 c.

Tableau des couleurs pour peindre à l'Huile et à l'Aquarelle, par Thénot, gr. carte dépliante *coloriée* : en feuille, 1 fr.; cart. 1 fr. 50

II. — BIBLIOTHÈQUE COMMERCIALE ET ADMINISTRATIVE.

Bureaux municipaux (Les) de placement gratuit, leur situation actuelle, par LE BAILLY, ornée d'un portrait de l'auteur (ouvrage posthume) . . . . 7 fr. 50

Caisse des écoles (Création d'une) dans toutes les communes de France, ouvrage contenant des extraits des lois, décrets, arrêtés, circulaires, instruction, etc., par LE BAILLY. . . . . . 1 fr.

Comptes faits de Barême, donnant le *calcul des intérêts* à 1,2 p. 100 par jour, par mois et par an. 1 vol. format de poche, relié en basane pleine . . . . 1 fr.

Manuel des Comptables, ouvrage indispensable aux employés d'administration, par PÉRIDIEZ. 1 volume in-12 (épuisé). . . . 2 fr.

Manuel du Commerçant. Tenue des liv.: en partie simple et double, mise à la portée de tout le monde. Tableaux d'escomptes et d'intérêts, etc., avec des Modèles de lettres de commerce, billets à ordre, lettres de change, traites, bordereaux, comptes courants et de tous les actes commerciaux, C. PRÉVOSTINI. 1 vol. in-18. 1 fr.

Polyophélique (Table). Nouvelle méthode pour résoudre instantanément tous les calculs usités en affaires, par MARTIN DE V. (épuisé) . . . . 50 c.

Prompt compteur des intérêts, par LAFOLLY, comptable. . . . . 25 c.

Tenue des livres, méthode perfectionnée par PRÉVOSTINI. 1 volume in-18, apprise sans maître. . . . . 50 c.

Tenue des livres (la), théorique et pratique en partie double et en partie simple, suivie de la **comptabilité pour tous**, par J.-P. MILTON, nouvelle édition. 1 vol. in-8 . . . . 2 fr.

III. — BIBLIOTHÈQUE

INDUSTRIELLE & AGRICOLE

Basse-Cour (La Parfaite), poules françaises et étrangères. Canards, oies, dindons, pigeons, etc.; Gaveuses et Couveuses artificielles, Porcherie,—Apiculture, suivi de l'art d'élever le LAPIN domestique. 1 vol. illustré de 58 gravures, par JOUBERT . . . . 1 fr. 50

Bouvier moderne (Guide pratique du parfait) indiquant toutes les améliorations nouvelles adoptées d'après les progrès de la science agricole pour conserver le bétail en bonne santé; terminé par des instructions sur les travaux particuliers à chaque mois de l'année, par JAMES DE GIVRY. 1 vol. in-12, cartonné, orné de gravures . . . . 2 fr.

Chasseur de Papillons (Le).—Entomologie populaire, nomenclature raisonnée des insectes nuisibles et utiles, ouvrage indispensable aux collectionneurs, aux étudiants, *aux instituteurs*, et aux gens du monde; 2e édition, revue et augmentée, par DESLOGES. . . . . 50 c.

Chasseur (Le Parfait) de gibier à poils et à plumes; guide manuel complet, traitant des armes, équipements, hygiène, chiens de chasse, reproduction, élevage, dressage, maladies, chasses à courre, à tir, à l'affût et à l'aide de pièges, repeuplement des chasses ; vocabulaire des termes de chasses, par Albert De La Blanchère. 1 vol. in-18 raisin . . . . 80 c.

Croisement de la race chevaline, par Klein. 1 vol. in-8. . . . . 1 fr.

Culture productive (La). 1 vol. par Favret et Vianne. 2 fr.

Draineur (Le), ouvrage indispensable aux agriculteurs. 2 forts vol. ornés de planches, par Ed. Vianne . . . . 6 fr.

Horlogerie pratique (Manuel d') mise à la portée de tout le monde. Construction et Réparation des montres et des pendules ; manière d'établir les tableaux mécaniques et automates; art de tracer une méridienne, pour régler les montres. 1 vol. in-18 orné de 8 planches, par Deschanalet . . . . 2 fr.

Jardinier fleuriste (le Parfait), par Desloges. 1 vol. in-12 avec planches : En couleur. . . . . 1 fr.

Jardinier fruitier (le Moderne), guide de l'amateur des arbres à fruits et des vergers, suivi du calendrier du jardinier fruitier, avec planches, par Charles Joubert. 1 vol. in-12. . . 1 fr.

Jardinier potager (le Parfait), guide de l'amateur des légumes de pleine terre et des primeurs, suivi de leurs propriétés alimentaires, par Ch. Joubert. 1 vol. in-12. . . . . 1 fr.

Jardinier pratique (Parfait et nouveau Guide manuel du Bon). Traité complet du jardinage mis à la portée de tout le monde, et particulièrement destiné aux amateurs d'horticulture, par M. de Salverage, professeur d'histoire naturelle à l'Académie de Paris. 1 vol. in-12 ; illustré, broché, 1 fr. 50 ; cartonné. 2 fr.

Manuel du fleuriste, ou l'art de faire les fleurs en papier, orné de 12 planches coloriées, par Raban . . . . 75 c.

Manuel du JARDINIER-FLEURISTE et de l'Amateur de Fleurs. Principes généraux de culture, à la portée de tous, avec fig., par J.-L. Nicolas, fleuriste. . . . . 1 fr. 50.

Maréchal Expert (Le Nouveau et Parfait), *Guide Manuel du Fermier et du Vétérinaire, Propriétaire, Écuyer, Maréchal Ferrant, Amateur, etc., etc.*, contenant des indications claires et précises sur la connaissance et le choix des chevaux, ânes et mulets. Leur éducation et conservation, les soins à leur donner pendant leurs maladies; par Delacroix et Berthaut, vétérinaires, ouvrage orné de gravures. 1 vol. in-12. . . . . 2 fr.

Nouvelle méthode de COMPTABILITÉ AGRICOLE établie par classifications et d'une pratique facile ; par Michel Duprat, ancien agriculteur. In-18 jésus. . . . . 1 fr. 50.

OISEAUX de volière (Art d'élever et de prendre les), par J. Jannin, avec 53 pl. coloriées . . . . 5 fr.

Oiseleur (Manuel de l'), ou l'art de prendre, d'élever, d'instruire les oiseaux et autres animaux d'agrément en volière, en cage ou en liberté, de les préserver ou guérir de toutes maladies, suivi de l'art de les empailler, et du Code civil de la chasse. 1 vol. in-18, illustré de 31 planches d'oiseaux, par Desloges. . . . 80 c.

Papillons (Histoire naturelle des), suivie de la manière de s'en emparer, de les conserver en collections inaltérables, par C. Constant. 1 vol. in-12, orné de 16 planches en noir. 3 fr.
Colorié. 5 fr.

Pêcheur à la ligne (Le Parfait), suivi d'un Traité de Pisciculture. 1 vol. in-18 avec planches, par L. D. Renauld. 80 c.

Pigeons de colombier et de volière (Art de distinguer, d'élever, de multiplier et d'engraisser) les différentes espèces, par Félix Lullin, avec 28 pl. Fig. col. 4 fr. 50

Prairies artificielles (Les), par Ed. Vianne, intéressant ouv. qui a rendu de signalés services aux agriculteurs. 1 fort vol. orné de planches . . . . 6 fr.

Recettes utiles (Les 120 Secrets et) ou moyens d'apporter l'ordre, la santé et l'économie dans sa maison, par M. Raymond. 50 c.

SOURCES (Art de découvrir les) avec planches coloriées ; par Paul Tournier, ingénieur civil; entièrement revu et augmenté par E. Santini, officier d'Académie . . . . 1 fr. 25

Taxidermie (Traité de), ou l'art d'empailler les oiseaux et les mammifères, par Le Roye, nouvelle édition complétée et mise au courant des procédés actuels, par E. M. Santini, ancien professeur de physique et de chimie, officier d'académie. 1 vol. in-8 . . 1 fr.

Traité méthodique de l'éducation des diverses espèces de LAPINS, avec 15 figures, par Millet, amateur, et Gérard, éleveur à Grenelle (Paris). . . . . 1 fr. 50

Trésor de la Ferme (Le), livre d'Or des travaux, *pour chaque mois de l'année*, renseignements indispensables à toutes les personnes qui s'occupent de la culture des terres et de l'élevage des bestiaux.
Prix : en feuille ou cartonné, format de poche. . . 1 fr.

Vétérinaire (Le Parfait et nouveau), ou Manuel de médecine et de chirurgie vétérinaire, donnant, d'une façon simple et pratique, les moyens de prévenir, soigner et guérir toutes les maladies de tous les animaux propres à l'exploitation des biens ruraux, (fermes et basses-cours), par M. Berthier, vétérinaire. 1 gr. vol. in-12, gr. grav. dépliante, avec texte et couverture coloriée. 3 fr. »
Le même, relié toile, avec planches coloriées. . . . . . 3 fr. 50

IV. — BIBLIOTHÈQUE UNIVERSELLE

CHAQUE VOLUME **50** CENTIMES

Abeilles (Véritable manière d'élever et de multiplier les), par Auguste Lombard, fermier.

Abricotier, le Cerisier et le Prunier (L'), *leur culture au jardin fruitier*, origine, histoire, choix de variétés, multiplication, plantation, taille, insectes nuisibles et maladies, par G.-A. Bellair.

Agriculture (Premières notions d'). Ouvrage à l'usage des écoles primaires, par J. de Riols, *officier d'Académie*.

Algues (Les) *d'eau douce et d'eau de mer*, classification, culture, récolte, matériel, formation et rangement de l'herbier, conservation des algues, par P. Benoist.

Alimentation rationnelle des animaux domestiques Les aliments et l'alimentation, la nutrition, les fourrages, composition chimique des fourrages, préparation des aliments, les condiments et les boissons, composition des rations, par A. LARBALÉTRIER.

Analyse chimique des Matières agricoles. Notions élémentaires simplifiées. Terres, amendements, engrais, betteraves à sucre, graines, sels, boissons fermentées, vins, bière, cidre, vinaigre, substances alimentaires, essai des eaux, par ALBERT LARBALÉTRIER.

Animaux nuisibles (Les) à l'agriculture, champs, forêts, vergers, vignes : mammifères, oiseaux, reptiles, caractères, mœurs, régime, nocuité, moyens de destruction, par ALBERT LARBALÉTRIER, ouvrage orné de gravures.

Animaux utiles (Les) à l'agriculture, aux forêts, aux jardins, aux vignes : mammifères, oiseaux, reptiles, insectes, mœurs, habitudes, régime, utilité, protection, par ALBERT LARBALÉTRIER, ouvrage orné de gravures.

Asperge (L'), description, variétés, plantation, engrais, préparation de la terre, soins d'entretien, culture forcée, récolte, ennemis et conserves, par MAURICE MALÉ.

Assolements (Les) *et le système de culture*, histoire, considérations diverses qui président à l'établissement des assolements, étude des divers assolements, par A. LARBALÉTRIER.

Bégonia (Les). Tuberculeux, ligneux et herbacés, leur culture en terre et leur emploi dans la décoration des Jardins, par Raphaël de NOTER.

Betterave (La), culture de la betterave à sucre, historique, nécessité de faire de la betterave sèche : sol, assolements, labour, engrais, ensemencement, choix et préparation des graines, variétés, conservation, *la betterave fourragère*, culture et valeur alimentaire, *la betterave potagère*, ennemis de la betterave, par MAURICE MALÉ, agronome.

Blé (Le), origine, caractères végétatifs, espèces et variétés, préparation du sol, bonne culture, engrais, préparation des semences, entretien, récolte, battage, rendements, grenier, mouture et panification, par A. LARBALÉTRIER.

Bœuf de trait (Le), le pansage, l'étable, l'alimentation, modes d'attelage et conduite, traitement des maladies et des accidents les plus fréquents chez les bœufs, premiers soins à donner, par MOSLAN.

Bœufs, Vaches et Veaux (Art d'engraisser :), méthode faisant connaître le poids brut et net des animaux sur pied, sans pesées ; par BAURIN, engraisseur.

Canards (Nouvel art d'élever, multiplier, engraisser et chasser les), contenant la manière de les nourrir, de les guérir, de les faire pondre et couver, par François ROUTILLET, ancien fermier, avec figures.

Champignon cultivé (Le). Culture pratique du champignon sur couche, par Raphaël de NOTER.

Champignons sauvages comestibles (Les). Moyens de les reconnaître, de les conserver, suivi des Champignons Vénéneux, en noir 50 c., en couleurs 75 c.

Chat (Le), *histoire naturelle*, origine, instincts, intelligence, races diverses, reproduction, élevage, utilité, maladies, par A. LARBALÉTRIER.

Cheval (Le), histoire naturelle, origine, conformation, description des races, élevage, dressage, alimentation, hygiène, maladies, ouvrage illustré de gravures, par ALBERT LARBALÉTRIER.

Cheval de trait (Le), extérieur du cheval, entretien, alimentation, maladies et accidents les plus fréquents, premiers soins à donner, emploi du cheval de trait, harnachement, par MOSLAN.

Chèvres (Art de les élever et de les faire produire), suivi de la *Fabrication du Fromage*.

Chien (Le). Races diverses, croisements, dressage, histoire naturelle du chien, maladies, médication, termes de vénerie. 1 vol. orné de 14 fig., par ALBERT LARBALÉTRIER.

Choux (Les), *leur culture rationnelle*, **choux-fourrages, pommés ou cabus, choux potagers,** choux-raves, choux-navets, choux de Bruxelles, choux-fleurs, choux d'ornement, **Emploi des choux**. — **Fabrication de la choucroute,** par A. LARBALÉTRIER.

Chrysanthème (Le). Les meilleurs procédés de culture, multiplication, son emploi dans l'ornementation des jardins, par Raphaël de NOTER.

Cidre et Poiré, fabrication générale, conduite scientifique de la fermentation, maladies et remèdes, cidre de conserve, cidre champanisé, cidre économique, eaux-de-vie de cidre et de poiré, distillation, appareils, utilisation des lies et des marcs, par F. CANU.

Dindons (Nouvel art d'élever, de multiplier et d'engraisser les), par F.-H. CHEVASSU, cultivateur.

Distillation agricole (La), production des alcools de vins, de marcs, de betteraves, de grains, de pommes de terre et de fruits, par G. DE VILLEMESTE.

Écrevisse (L'), différentes espèces, reproduction, élevage, ses ennemis, ses maladies, pêche, législation, recettes culinaires, par MAURICE MALÉ. 1 volume in-18, orné de gravures.

Engrais applicables à l'horticulture, étude comparative des engrais, fumier, matière fécale, engrais chimique, par G.-AD. BELLAIR.

Engrais chimiques (Emploi des) dans la culture **agricole et maraîchère,** *notes et conseils*, par M. le marquis DE PARIS.

Engrais chimiques (Les) *et les matières fertilisantes d'origine minérale*. Propriétés, fabrication, extraction, amendement, valeur fertilisante, fraude, par ALBERT LARBALÉTRIER.

Engrais organiques (Les) *et le fumier de ferme*, engrais végétaux, engrais animaux, engrais mixtes, composition, valeur fertilisante, emploi, fabrication des engrais dans la ferme, par ALBERT LARBALÉTRIER, ancien élève de l'école d'agriculture de Grignon.

Ensilage *et conservation des fourrages verts*, maïs, regain, seigle, trèfle, luzerne, sainfoin, choux-fourrages, sorgho, etc., par A. LARBALÉTRIER.

Escargot (L'). Son histoire, ses mœurs, son élevage, etc..., recettes culinaires, par Raphael de NOTER.

Faisans (Art d'élever et de multiplier les), par A. VERGUET, garde faisandier.

Fécondation artificielle (Petit Traité de). Manière d'appliquer le « *Pollen* », son action, etc , par Raphaël de Noter.

Feuillus (Les), *guide du sylviculteur*, organographie, monographie, méthode d'exploitation, futaie, taillis, abatage, repeuplement, par M.-L. Nicolas.

Figuier, le Framboisier, les Groseilliers (Le), *leur culture au jardin fruitier*, description, origine, histoire, choix des variétés, multiplication, plantation, taille, insectes nuisibles et maladies, par J.-Ad. Bellair.

Fleurs dans les petits jardins (Les), *horticulture pratique*, culture et multiplication des plus belles plantes d'ornement de pleine terre sans le secours d'aucun abri vitré, semis, repiquages, marcottes, boutures, mise en place, étiquetage, plantes annuelles, bisannuelles et vivaces, leurs noms et synonymes, par Em. Rivoiron.

Houblon (Le), description, végétation, terrain, engrais, entretien, plantation, labour, ébourgeonnement, taille, effeuillage, perchage, conservation des perches, maladies, insectes nuisibles, frais de culture et produit, par Hopffeld.

Insectes utiles et nuisibles (Les) à l'agriculture, l'horticulture, la sylviculture et l'économie domestique, caractères, mœurs, classification, nature des dégâts, ennemis naturels, destruction, par Albert Larbalétrier, ouvrage illustré de gravures.

Insectes nuisibles au Blé (Les), *Entomologie pratique;* en terre, en formation, dans les greniers, descriptions, mœurs, dégâts; destruction, par Maurice Malé.

Insectes nuisibles aux plantes de grande culture (Les). *Entomologie pratique*, description de la larve de l'insecte, nature des dégâts, destruction, par A. Larbalétrier.

Insectes nuisibles aux plantes potagères (Les). *Entomologie pratique et les protecteurs des jardins*, histoire naturelle, mœurs, dégâts, destruction, par Maurice Malé.

Insectes nuisibles aux arbres fruitiers (Les). *Entomologie pratique*, description, mœurs et dégâts, procédés de destruction, formules d'insecticides, étude succincte sur les métamorphoses et sur la classification des insectes, par G.-Ad. Bellair.

Insectes nuisibles aux forêts et aux arbres d'alignement (Les). *Entomologie pratique*, mœurs, dégâts, destruction, par Maurice Malé.

Labours (Les), *pratiques agricoles*, labours à plat, labours à la charrue, conditions d'un bon labour, labours légers, moyens et profonds, labours en billons, binotage, labours en planches larges, moyennes et étroites, époque des labours, nombre des labours, par Moslan.

Laiterie pratique (La), propriété du lait, installation d'une laiterie, conservation, transport et écrémage du lait, barattage, fabrication et conservation du beurre, sa falsification, fabrication des principaux fromages, par Albert Larbalétrier, avec gravures démonstratives.

Lapins (Le Parfait Éleveur de), canards, dindons, oies, pigeons, pintades.

Lapins (Vraie manière d'élever, de multiplier et d'engraisser les), par Louis Ravageaux, agronome.

Légumes (*Culture des*) pour la production des graines, leur conservation, etc., par G.-Ad. Bellair.

Météorologie et prévision du Temps, instruments, usages et soins, règles et principes généraux, observations pratiques sur le vent, les orages, la grêle, le brouillard, la rosée, la gelée blanche, la pluie et la neige, instructions officielles pour les années pluvieuses, 426 pronostics, par F. Canu.

Mosaïculture : Notice historique, du choix des plantes, préparation du sol, description des plantes, etc..., par Raphaël de Noter.

Moutons (Nouvel art d'élever, de multiplier et d'engraisser les), par Joseph Morel.

Ognon (L'), le Poireau, l'Ail, l'Echalote, la Ciboule, la Ciboulette, description, usage, variétés, multiplication, culture, récolte, conservation, porte-graines, maladies et insectes nuisibles, suivi d'une description des principales espèces ornementales du genre **Ail**, par Louis Flament.

Oies (Vraie manière d'élever, de multiplier et d'engraisser les), par L. Benoit, meunier.

Pêcher (Le). *Sa culture au jardin fruitier*, origine, description, races et variétés, sol, plantation, exposition, taille, récolte, insectes nuisibles et maladies, par G.-Ad. Bellair.

Perroquets et Perruches, variétés, mœurs, instruction, maladies et leurs traitements, par Moslay.

Phylloxera (Le), origine, histoire naturelle, invasion, dégâts, statistique, traitements, submersion, insecticides, vignes américaines, par Albert Larbalétrier.

Pigeons (Nouvel art d'élever et de multiplier les), *de colombier et de volière*, par Bois.

Pisciculture maritime, les produits de la mer, viviers, parcs, **Ostréiculture**, myticulture, homards, langoustes, crevettes, par A. Larbalétrier.

Plantes à parfum (Les), historique culturale, historique des plantes, monographie culturale, monographie des plantes, par Louis Nicolas, agronome.

Plantes bulbeuses (Les) et leur culture, plantation, rempotage, multiplication, châssis et serres, par Raphaël de Noter.

Plantes d'appartement (Les), horticulture pratique, description, variétés, culture, décoration florale des habitations, exigences des plantes, soins à leur donner, plantes à feuillage, plantes fleuries, plantes grasses, jardinières, cache-pots, suspensions, par E. Rivoiron.

Poirier (Le). *Sa culture au jardin fruitier*, origine et histoire, multiplication, plantation, taille, insectes nuisibles et maladies, par G.-Ad. Bellair.

Poissons d'eau douce, art de produire et d'élever le poisson, espèces diverses, pêche, législation, par Albert Larbalétrier, orné de figures.

Pomme de terre (La) et sa culture rationnelle, préparation du sol, engrais, plantations, choix des variétés, récolte, produit, maladie, conservation et consommation, par MAURICE MALÉ, agronome.

Pommier à cidre (Culture du), fabrication et maladies du cidre, par G.-AD. BELLAIR.

Pommier, le Cognassier et le Néflier (Le), *leur culture au jardin fruitier*, origine, descriptions, culture, multiplication, choix des variétés, taille, insectes et maladies, par G.-AD. BELLAIR.

Pommier et Poirier (Le), terrains, plantations, entretien, indication de 140 variétés, leurs qualités et leur richesse saccharine, reproduction, maladies, moyen de sauver les pommiers frappés par les transformations de cultures en prairies, par F. CANU.

Porcs (Art d'élever, de multiplier et d'engraisser les), par CÉLESTIN BAILLY, fermier, avec fig.

Poule (La). Production intensive des œufs, par A. LINARD, aviculteur.

Poule (La). Production intensive de la chair, par A. LINARD, aviculteur.

Poules, les Poulets et les Chapons (Nouvel art d'élever les), par FRANÇOIS ROUTILLET, fermier au Mans.

Résineux (Les), *Guide du Sylviculteur*, organographie, monographie, méthodes d'exploitation, futaie, jardinage, abatage, repeuplement, par M.-L. NICOLAS.

Rosier (Le). Culture, description, multiplication, entretien, variétés, maladies, etc., par H. LOISEAU.

Salades (Les), description, choix des meilleures variétés, culture en pleine terre, culture forcée, récolte, conservation, porte-graines, maladies, animaux et insectes nuisibles, par LOUIS FLAMENT.

Seigle, l'Orge et l'Avoine (Le), *leur culture*, caractères végétatifs, climat, sol, exigences culturales, soins d'entretien, maladies, ennemis, récolte, rendements, utilisation des produits, par A. LARBALÉTRIER.

Semailles à la main (Les), *pratiques agricoles*, des semences, leur choix, pratique des semis, par MOSLAN.

Serins, Canaris et Hollandais (Art d'élever les), par JULES JANNIN, figures coloriées.

Tabac (Le), *la plante et ses variétés*, climat, terrain, engrais, plantation, conditions imposées, travaux d'entretien, maladies, insectes nuisibles, parasites, récolte, rendements, utilisation des jus de tabac, fabrication du tabac, figures explicatives, par HOPFFELD.

Taille des Arbres (La). Principes généraux. Étude des ramifications, conduite des arbres fruitiers, par Raphaël de NOTER.

Terre arable (La), *ou terre végétale*, composition, formation, classification des sols, améliorations, drainage, irrigation, mise en culture des terres arables, labours, hersages, roulages, fertilisation, mise en valeur, par A. LARBALÉTRIER.

Tracé des Petits Jardins (Le). Création et plantation. Forme des massifs et des talus, arbustes, arbres, etc., par Raphaël de NOTER.

Vaches laitières (Art de choisir les); nouvelle méthode, contrôlée par l'ancienne; par VILLET, cultivateur . . . . . 50 c.

Vaches laitières (Art de gouverner les), par Villet, cultivateur.

Ver à soie du mûrier (Traité sur le), *son éducation et ses diverses maladies*, par Marius Galfard, officier d'Académie, séricículteur, à Oraison (Basses-Alpes).

Vigne (Culture pratique de la) en espalier et en vignobles, par Henri Loiseau.

Vigne (Maladies de la). Mildiou, Erinose, Oïdium, Anthracnose, Black-Rot, par Albert Larbalétrier.

Vin (Le), *vendanges*, instruments, récoltes, *cuvaison*, *décuvage*, *vins blancs et de fantaisie*, *conservation des vins*, caves, celliers, soins à donner aux tonneaux, *mise en bouteilles*, choix des bouteilles et des bouchons, *cause des maladies et altération des vins*, *eaux-de-vie de marc*, *piquette*, par Henri Loiseau, horticulteur.

V. — BIBLIOTHÈQUE DES FAMILLES

Civilité française (Guide-Manuel de la), ou nouveau code de la politesse et du savoir-vivre, par Paul Burani. 1 vol. in-18 illustré de 10 dessins originaux. . . . . 1 fr.

Cuisinière bourgeoise (La grande et véritable) ou le *Cordon bleu des villes et des campagnes*, contenant des conseils indispensables pour faire les honneurs d'une table ; l'art de découper, ou dissection des viandes, etc., par Mlle Jeannette, avec 47 figures et une gravure dépliante. 1 vol. in-12 cart . . . . 2 fr.

Cuisinière universelle (La), par Gabriel de Gonet ; suivie du Guide complet du service de table, par Mme la comtesse de Bassanville ; notice sur les classiques de la Table, par Alphonse Karr. 1 vol. in-8, orné de 25 gravures ; cartonné. . . . . . . 3 fr.

Demoiselles et Garçons d'honneur (Manuel du devoir des) dans les cérémonies de mariages. . . . . 25 c.

Discret conseiller de la Toilette des Dames de tout âge. Moyen infaillible d'acquérir, d'augmenter et de conserver LA BEAUTÉ du visage et du corps, par Raban. 1 vol. avec pl. 1 fr.

Flore médicinale illustrée (Petite), ou Manuel des plantes les plus usitées dans le traitement des maladies, avec indication de leurs propriétés, par M. J. Deschanalet-Valpètre, médecin de la Faculté de Paris. 1 vol. avec planches coloriées . . . . 1 fr.

Médecin à la maison (Le). Guide indispensable pour conserver la santé. 1 vol. in-18 . . . . 1 fr.

Plus de fraude ! ou l'art de reconnaître, par des procédés simples, infaillibles, les altérations et les falsifications des *substances alimentaires*, par Renauld. . . . . 1 fr.

Savoir-vivre (Code du), par J. Poisle-Desgranges. . . . 30 c.

Savoir-vivre (Manuel du), ou l'art de se conduire selon les convenances et les usages du monde, dans toutes les circonstances de la vie; par A. de MEILHEURAT. 1 joli volume. . . . . 1 fr.

Tabac (Du). Son histoire, sa culture, sa fabrication, ses propriétés médicinales, son influence, par le Dr HENRIECK. 1 vol. in-12. 1 fr. 50

Usages du Monde et Règles (Nouveau Traité complet des). Conçu dans l'esprit le plus pratique et en dehors de toute dissertation superflue, ce nouveau traité si utile à toutes les familles mène le lecteur droit à son but. Une table méticuleusement établie permet de satisfaire à toutes les recherches avec la plus grande rapidité. — Cet ouvrage est le prélude d'un autre sur l'*Education de la Jeunesse* dont l'auteur parle en connaissance de cause par suite de son long professorat, par G. DESRAT. 1 vol. in-12 carré. . . . . 2 fr.

VI. — BIBLIOTHÈQUE LITTÉRAIRE

Alphabet Classique. Tableaux gradués de tous les types de lettres. — Édition rédigée sur un plan nouveau et dédiée aux Écoles et aux Familles, par ÉTIENNE DUCRET. 1 vol. in-18, cartonné. 50 c.
La même édition plus complète. — Cartonné . . . . 1 fr.

Carte de la France et des Colonies. Nouvelle carte complète, illustrée, administrative, historique et routière, d'après les derniers traités. Une magnifique feuille grand-aigle coloriée.
Prix : en feuille ou cartonnée, format de poche. . . . . . . 1 fr.

Carte d'Europe. Nouvelle carte complète, physique et politique de l'EUROPE. — Même format et même prix que la carte de France.

Plan de Paris. Nouveau plan complet et illustré de la VILLE DE PARIS, divisé en 20 arrondissements. — Même format et même prix que la Carte de France.

Fables de La Fontaine (Les). Préface de l'Auteur, notice sur sa vie et jugements sur ses œuvres. Nouvelle édition complète, illustrée de 40 dessins par CHAM. 1 v. in-12; broché, 1 fr. 50 ; cart., 2 fr.

Guerres du Tonkin (Les). Illustré de plusieurs gravures et d'une superbe carte du Tonkin. 1 volume in-18, broché, par CLAIRE LE BAILLY. . . . . 50 c.

Histoire de France, de LE RAGOIS. Refondue et continuée jusqu'à nos jours; relation complète des événements qui ont précédé et suivi la guerre de 1870; précis sur l'origine et les mœurs des Gaulois, des Francs, des Visigoths, etc. ; par DE SAINT-DIZIER. 1 vol. in-12, cartonné, orné de 80 portraits historiques. Prix : broché, 1 fr. 50; cart., 2 fr.

Homme (l') au Masque de Fer, grand roman historique, par OCTAVE FÉRÉ. — 1 vol. in-12, illustré de 9 dessins; cart., 2 fr.

Jérusalem (La) délivrée, traduite de l'italien. Nouvelle édition complète. Illustrée de nombreuses gravures par BARON et C. NANTEUIL. 1 volume in-12; broché, 1 fr. 50; cartonné. . . . . . . 2 fr.

Guerres du Dahomey. Illustré du portrait du général Dodds et d'une carte du Dahomey. 1 vol. in-18, par JEHAN DE RIOLS. 50 c.

Napoléon peint par lui-même. Caractère, anecdotes, récits, conversations, critiques, traits de bonté, de courage, de générosité, etc. Illustré d'un portrait de Napoléon Ier à cheval. 1 vol. in-18, par JEHAN DE RIOLS. . . . . 1 fr.

Secrétaire général et universel (**Le Grand et Parfait**). Ouvrage entièrement nouveau, par THÉOPHILE ASTRIÉ, avocat, avec notice du service des postes et télégraphes. 1 vol. in-12; broché, 1 fr. 50; cartonné. . . . . 2 fr.

VII. — BIBLIOTHÈQUE

DES CURIOSITÉS SCIENTIFIQUES

A 1 FRANC LE VOLUME

Astrologie ou Art de tirer un horoscope, contenant les origines et la pratique de l'Astrologie, de nombreux faits historiques : la Nomenclature complète des influences favorables ou défavorables de chaque planète et de chaque constellation sur les hommes les animaux et les plantes, les maladies qu'ils peuvent déterminer, etc., par J. DE RIOLS.

Cartomancie (La) ou Art de tirer les Cartes, contenant l'explication des soixante-dix-huit tarots du *Grand jeu, ou livre de Thot*, d'après la méthode du *Grand Etteilla*. — Les moyens les plus usuels, les plus faciles et les plus certains de pronostiquer l'avenir par le moyen des cartes, par J. DE RIOLS.

Chiromancie (La), ou la Bonne Aventure expliquée par l'inspection de la main. — Méthode nouvelle mise à la portée de tout le monde, par H. GOURDON DE GENOUILLAC.

Correspondance secrète dévoilée (La). Explication des Combinaisons anciennes et modernes les plus ingénieuses, les plus sûres et les plus faciles, usitées dans la *Diplomatie*, l'*Armée*, le *Commerce*, etc., pour correspondre secrètement ; comprenant plus de vingt procédés pour composer les *encres sympathiques*; suivi d'un traité complet de **Cryptographie**, par J. DE RIOLS.

Graphologie (La). Traité complet de l'art de connaître les défauts, les qualités, les passions, le caractère et les habitudes des personnes par le moyen des écritures en suivant les méthodes de ADOLF HENZE, LAVATER, P. MARTIN, DELESTRE, FLEURY, FLANDRIN, BOUVERT et autres graphologues célèbres, avec planches, par J. DE RIOLS.

Hypnotisme et Suggestion. Étude des phénomènes généraux de *l'hypnotisme*, de la perversion des sens et des hallucinations produites par la *Suggestion verbale et la Suggestion mentale*, par E. SANTINI.

Magnétisme et Somnambulisme, méthode nouvelle, facile et pratique expliquant les Principes réels du Magnétisme; les moyens infaillibles pour arriver promptement à bien magnétiser; par J. de Riols.

Phrénologie (Traité de), ou Art de découvrir, à l'aide des protubérances du crâne, les qualités, les défauts, les vices, les vertus, l'intelligence, les aptitudes des personnes, par J. de Riols.

Spiritisme et tables tournantes. Nouvelle méthode facile et complète expliquant les principes réels du spiritisme, démonstration théorique et pratique du pendule-explorateur et de la baguette divinatoire. Curieuses et intéressantes notices historiques, par J. de Riols.

Sténographie apprise sans maître (La). Méthode nouvelle, par A. Herman.

VIII. — BIBLIOTHÈQUE D'OUVRAGES DIVERS

SPORT, POLITIQUE, ETC.

Natation (La); les traitements **hydrothérapiques** et l'effet hygq. des **bains froids** et des **bains chauds.** 1 v. av. pl. 50 c.

Patinotechnie, art de patiner, par A. Covilbeaux, av. 15 gr. 1 fr.

Sottise (La) en politique, par Renault, économiste . . . . . 75 c.

IX. — BIBLIOTHÈQUE MUSICALE

Fourneaux (l'Ing.). Théorie et pratique de l'accord des instruments à sons fixes (l'Harmonium, l'Orgue à tuyaux et le Piano. 6 »

Cet ouvrage, le plus complet sur cette matière, contient, outre les éléments d'acoustique, les indications nécessaires pour accorder soi-même son instrument ou en contrôler l'accord.

Dancla (Charles). Notes et Souvenirs. . . . . 3 »

(Suivi du catalogue de ses compositions et de la liste des violonistes célèbres dont les œuvres sont intéressantes et utiles à travailler).

MÉTHODES DE PLAIN-CHANT

Th. Nisard. — A B C du plain-chant, à l'usage des petits enfants. » 25

J. Franck. — Manuel théorique et pratique du chant ecclésiastique. » 25

Th. Nisard. — Méthode populaire de plain-chant romain traditionnel . . . . » 50

A. de la Face. — Nouveau traité de plain-chant romain, suivi d'un questionnaire. . . . . 2 »

Th. Nisard. — Petit traité de psalmodie . . . . » 30

Dufay (Abbé). — Science théorique et pratique du plain-chant et de la psalmodie. . . . . 1 »

Th. Nisard. — Les vrais principes de l'accompagnement du plain-chant sur l'orgue . . . . 6 »

Meindre (Abbé). — Méthode complète pour l'accompagnement du plain-chant. . . . . 3 »

Th. Nisard. — L'Accompagnement du plain-chant sur l'orgue, rendu facile . . . . 4 »

J. Franck. — L'Art d'accompagner le plain-chant de 8 manières différentes . . . . 8 »

NOTA. — Le Catalogue complet de MUSIQUE comprenant (Méthodes pour tous instruments solfèges, musique de chant, piano, instruments divers) sera envoyé sur demande affranchie (ajouter 30 centimes en timbres).

X. — BIBLIOTHÈQUE THÉATRALE

PIÈCES DE THÉATRE

	Hommes	Femmes	Prix
A l'Américaine, opérette en 1 acte de A. Siegel.	1	1	1
Amour à la vapeur (L'), opérette bouffe en 1 acte, de C. Lecart	1	1	1
Amour et Cor de Chasse, Opérette de Leon Laroche. . . . . sous presse.	2	1	1
Amour et Gendarmerie, saynète en 1 acte, de Gardel-Hervé fils.	1	1	1
Astronome du Pont-Neuf, Pochade de Jules Moinaux . . . . sous presse.	2		1
Beau Pâris (Le), saynète de Ch. Blondelet et F. Baumaine . . . . . . sous presse.	1	1	1
Cabaret de Ramponneau (Le), operette en un acte de Ch. Lecocq.	3	2	1
Cascade dans le désert (Une), saynète en 1 acte, de Turpin de Sansay	2	»	1
Charbonnier est maître chez lui, opérette-vaudeville en 1 acte, de Clairville	2	2	1
Cousin et Cousine, duo saynète d'Alfred Deschamps	1	1	» 50
Crise de Madame (La), opérette en un acte de G. Dorfeuil	2	1	1
Dans une allée ou *Femme et Statue*, opérette en 1 acte, de Avocat et Mérigot	1	»	1
Deux Pîtres (Les), grande parade, de Marc Constantin	2	»	1
Drame chez Brébant (Un), scène conjugale en couplets, de E. Lévy et F. Lamy	4	1	1
Epoux (Les) *Bonneau*, saynète de Emile Durafour. . . . . sous presse.	1	1	1
Femme modèle (Une), saynète en un acte, de Ed. Doyen.	1	1	1
Fenêtres et Jalousies, opérette en 1 acte, de A. de Jallais et J. Manzoni.	2	2	1
Jument à marier, saynete en 1 acte, de Gabillaud	2	»	1
Main (La) *forcée*, opérette de Leon Chelu	2	2	1
Médecins Tant-pis et Tant-mieux, duo en 1 acte, de Marc Constantin.	2	»	» 50
Meunière (La), saynète en 1 acte, de A. Vilmay.	1	1	1
Monsieur mon Domestique, vaudeville en 1 acte, Villemer.	2	1	1
Nédel, opérette en 1 acte, par Mme la Comtesse Lionel de Chabrillan.	1	3	1
Paysans de Normandie (Les) saynète en 1 acte, de Ad. Huard.	1	1	» 50
Qui casse les verres les paie, saynète en 1 acte, de Turpin de Sansay	1	1	1
Risette et Jacquot ou *les Etrennes au Village*, pièce villageoise en 1 acte, de Lemonnier.	1	1	1
Royal Cravate, saynète en 1 acte, de Th. Julien.	1	1	» 50
*S*** P****, saynète en 1 acte, de Ed. Prével et Al. Bouvier.	1	1	1
Savoisienne (La), opéra-comique en 1 acte, de Jules Dufrenois.	2	2	1
Servante maîtresse (La), operette en 1 acte, de Th. Julien.	1	1	» 50
Simbad le marin, saynète en 1 acte, de Th. Julien.	1	1	» 50
Ventre du Bonhomme (Le), opérette en 1 acte, de G. Besorm et L. Rouland.	2	1	1

NOTA. — Demander le catalogue spécial de **MUSIQUE** pour théâtre et cafés-concerts.

RÉCITS ET MONOLOGUES EN VERS, à 50 cent.

A Marseille, monologue de Ducourneau, dit par Félix Galipaux.
Assecois-toi donc, monologue, de O. Pradels, dit par Vaunel.
Bouchon de la Baignoire (Le), monologue auvergnat, de Garnier Raimbault, dit par Bourgès.
Brelan de Fables, monologue, de B. Lebreton et H. Moreau, dit par Vaunel-Clovis-Régiane.
Carnet Rose (Le), de Aupto et E. Mathieu, dit par E. Mathieu.
Chien du Midi (Le), monologue, de Delormel et Garnier, dit par Paulus.
Enfant de Paris (L'), scène dramatique, de Villemer et Delormel, dit par Mme Amiati et Plessis.
Exploits d'Huissier, monologue, de Garnier d'Appy, dit par Paulus.
Feve et le Haricot (La), fable légumineuse, de L. Garnier, dit par Paulus.
Grand'Mère (La), récit, de J. Fuchs, dit par Pacra.
Héros du Bayard (Un), grande scène, de B. Lebreton et H. Moreau, dit par Albert Lambert.
Indiscrétion d'un Réveille-Matin, monologue, de B. Lebreton et H. Moreau, dit par Perrin.
Lanterne rouge (La), monologue, de Kuhn et Garnier, dit par Paulus.
Parisien à la Mer (Un), monologue, de J. Montini.
Passeport (Le), monologue, de P. Hasler, dit par Albert Lambert.
Premier Jour d'absence, monologue, de O. Pradels, dit par Vaunel.
Revenant (Le) récit, de Victor Hugo, dit par Marie Laurent.
Souvenir de la Nuit du 4, récit, de Victor Hugo, dit par Marie Laurent.
Suites d'une bonne Fortune (Les), monologue, de B. Lebreton et Henry Moreau, dit par Perrin.

MONOLOGUES EN PROSE, à 50 cent.

Accident (L') *du Faubourg Montmartre*, monologue, de Hermil et Numès, dit par Daubray.
Anglais à Paris (Un) monologue, de P. Hasler, dit par Galipaux.
Cours réjouissant d'Histoire de France du Caporal Franc-du-Bec, grande scène, de A. Lambert et Lebreton, dit par Perrin.
Dernier jour d'un Pâtissier (Le), monologue, de H. Demanet.
Heureux Fiancé (Un), monologue, de P. Hasler, dit par Galipaux.
Histoire antique du professeur Veaumouillé, grande scène, de B. Lebreton et H. de Guion, dit par Perrin.

XI.—THÉATRE DES MAISONS D'ÉDUCATION

Pièces pour Garçons, à 1 fr. chacun

L'Amitié Médecin, pièce en 3 actes, tirée de Molière, par Henri Baju.	9	personnages
Le Médecin malgré lui, comédie en 4 actes, tirée de Molière, par Henri Baju	[illegible]	—
Le Malade imaginaire, comédie en 4 actes, tirée de Molière, par Henri Baju.	11	—
Le Bourgeois gentilhomme, comédie en 2 actes, tirée de Molière, par Henri Baju	15	—
Yves le Pêcheur, comédie en 3 actes, par Henri Baju . .	11	—
Maxime ou l'**Enfant du Prolétaire**, comédie en 3 actes, par Henri Baju	6	—
Fabius ou **les Martyrs**, drame chrétien en 3 actes, tiré de Fabiola, par Henri Baju	12	—
Une dernière Répétition au Cercle de XXX, impromptu en 1 acte, par Henri Baju	5	—
Nécessité rend ingénieux ou **le Valet dans l'embarras**, comédie en 1 acte, tirée de Regnard, par Henri Baju	9	—
Le Testament de M. Harponneau, comédie en 3 actes, par Henri Baju	[illegible]	—
Le dernier Jour de l'Option, épisode alsacien-lorrain en 2 actes, par Henri Baju	7	—
Les deux Chemins, comédie en 2 actes, par Henri Baju.	6	—
En Famille, comédie en 2 actes, par Henri Baju	7	—
La Saint-Lundi, comédie en 1 acte, —	7	—
Un peu vif, — —	4	—
L'Honneur est satisfait, comédie en 1 acte, par H. Baju.	5	—
Rural et Citadin, comédie en 2 actes, par Henri Baju .	6	—
La Goutte de sang, drame chrétien en 1 acte, par Henri Baju.	6	—
Gentilhomme et Marmiton, comédie en 2 actes, tirée du répertoire anglais, par Henri Baju	8	—
Un Enterrement civil, comédie en 1 acte, par Henri Baju.	10	—
Une Cause célèbre, folie judiciaire en 1 acte, de A. Burion et L. Dumontal	5	—
Le Preux et le Mécanicien ou **Autrefois et Aujourd'hui**, saynète-dialogue, de A. Burion.	2	—
Dernier Cours de Pythagore, farce classique en 1 acte, par Henri Baju	6	—
Georges, scène de la vie d'atelier en 1 acte, comédie, par Henri Baju.	[illegible]	—
Un contrat à la dynamite, comédie en 1 acte, par Jacques d'Ars	3	—
Le Billet de Mille, comédie en 1 acte, par Paul Croiset.	2	—

Pièce à 2 fr.

Candidat Beausoleil, comédie en 3 actes, par U. Tellier et J. d'Ars . . . . 16 personnages

Pièce à 1 50

Ces Messieurs de la Ligue, comédie en 2 actes, par J. d'Ars . . . . 5 —

Pièces pour Jeunes Filles à 1 fr. chaque

Le Triomphe des Auvergnates, comédie en 2 actes, par Henri Baju . . . . 6 —

La Veuve d'Harpagon, comédie en 2 actes, par H. Baju. 5 —

Les Vivacités de Mlle Ruple, comédie en 2 actes, par Henri Baju. . . . . [illegible] —

Petite Ouvrière et grande Dame, comédie en 2 actes, par Henri Baju . . . . 7 —

L'Ange du Foyer, comédie en 2 actes, par Henri Baju. . 6 —

Le Choix d'une Amie, — — . 6

L'Institutrice pour Rire, opérette en 1 acte, de Ch. Le Tellier et A.-B. Roland . . . . 8 —

Les Faiseuses d'embarras, saynète en 1 acte, de A. Burion . . . . [illegible] —

L'École improvisée, opérette en 1 acte, de L. Dumontal et A. Burion . . . . 6 —

La Veille des Vacances, opérette en 1 acte, de A. Burion . . . . [illegible] —

LE THÉATRE DES OMBRES CHINOISES

Nouveau séraphin des enfants, contenant : **Le Pont cassé, la Tentation de saint Antoine, le Rêve de Polichinelle, le Garçon de Ferme, le Poisson d'Avril, les Sorcelleries du magicien Alcofribas, une Leçon de Zoologie, un Mardi-Gras à Venise, le Malade imaginaire,** par Guignollet.

Volume in-18 avec gravures imitant les ombres chinoises et représentant les meilleures scènes . . . . 1 franc.

Pantomimes comiques pour jeunes Garçons de H. Demanet

Volume in-18 contenant :

Pierrot Photographe, pantomime en 1 acte . . . . . 4 personnages

La Journée aux Aventures, pantomime en 1 acte . 4 —

Une Auberge tranquille, pantomime en 1 acte. . . 5 —

Le Seigneur Pierrot, pantomime burlesque en 1 acte . 4 —

Le Petit Poucet, conte-pantomime en 1 acte . . . . . . 10 —

Pierrot Portier, pantomime cascade en 1 acte . . . . . 4 —

L'Argent du Diable, pantomime burlesque en 1 acte. . 4 —

Pierrot spirite, pantomime folie en 1 acte . . . . 4 —

Les Bords du Gange, pantomime fantastique en 1 acte . 4 —

Nouvelle édition illustrée de jolies gravures, représentant les principales scènes. 1 fr.

Pantomimes comiques pour jeunes Filles de H. Demanet

Volume in-18, contenant :

La Sainte Catherine, pantomime morale en 1 acte. . . 8 personnages
Le Petit Chaperon Rouge, pantomime féerique en 1 acte. . . . . 6 —
La Fête du Village, pantomime amusante en 1 acte . . 9 —
Cendrillon, conte pantomime en 2 actes . . . . 8 —
Le Mouton blanc, pantomime dialoguée en 1 acte . . . 5 —
La Petite Poule aux Œufs d'or, pantomime féerique en 1 acte . . . . 6 —
Les Filles de l'Avare, pantomime excentrique en 1 acte. 6 —

Et augmenté de poésies à réciter, telles que :

Barbe-Bleue, conte. — **Le Petit Chaperon Rouge,** conte. — **Le Rouge-gorge,** narration. — **Cendrillon,** conte. — **L'Enfant et le Miroir,** fable. — **La Laitière et le Pot au lait,** fable. — **La Mouche et la vitre,** fable. — **La Guenon, le Singe et la Noix,** fable. — **Le Petit Poucet,** conte. — **Les Deux Voyageurs,** conte. — **Le Triomphe de la Vertu,** apologue.

Ce vol. orné de jolies grav. représentant les princip[les] scènes des pantomimes. 1 fr.

Le Trésor des Compliments, nouveau recueil de compliments en vers et en prose, lettres, fables et morceaux de poésie pour fêtes et jour de l'an. Volume in-18 . . . . 1 fr.

Syllabaire français-anglais, pour apprendre les notions de la langue, et contenant en regard de chaque mot la *traduction* et la *prononciation*, volume in-18, gravure et couverture coloriées. 0.50

Syllabaire français-allemand. Même genre et même prix.

Notre-Dame de Lourdes. — Récit complet des apparitions de la sainte Vierge a Bernadette, les miracles de la grotte, etc., suivi d'un cantique en musique par M. DE SÉGUR 0.50

SCÈNES COMIQUES ET AUTRES SUJETS POUR LA JEUNESSE

De M. TRÉCOURT

Deux volumes in-12 (Chaque 1 fr. 25)

LE PREMIER VOLUME CONTIENT :

Un premier Examen, pièce en 2 actes, 7 personnes, filles.
Mlle Tant Pis et Mlle Tant Mieux, pièce en 1 acte, 5 personnes, filles.
L'Héritage, pièce en 2 actes, 6 personnes, filles.
En Décembre et en Juillet, pièce en 2 actes, 4 personnes, filles.
Charade, pièce en 4 actes (anniversaire), 7 personnes, filles.
Les deux Interprètes, pièce en 1 acte, 10 personnes, filles.
Le dernier Jour des Vacances ou A chacun sa sphère, pièce en 1 acte, 5 personnes, filles.
Une Étrangère à Paris, pièce en 1 acte, 4 personnes, filles.
Un Déjeuner à la campagne, pièce en 1 acte, 6 personnes, garçons.
Une Rencontre nocturne, pièce en 1 acte, 4 personnes, garçons.
Le Nigaud, ou une Soirée chez le jeune Brémarchin, pièce en 1 acte, 5 personnes, garçons.

LE DEUXIÈME VOLUME CONTIENT :

Pièce historique et littéraire (distribution de prix), en 1 acte, 5 personnes, filles.
Petite Marseillaise (La), pièce en 1 acte, 2 personnes, filles.
Deux Jumelles (Les), pièce en 1 acte, 4 personnes, filles.
Château et la Ferme (Le), pièce en 1 acte, 5 personnes, filles.
Journée de Miss Bridge (Une), pièce en 1 acte, 4 personnes, filles.
Etourdie (L'), pièce en 2 actes, 7 personnes, filles.
Mauvais Conseil (Un), dialogue, 3 personnes, filles.
Hortense la Bourrue, pièce en 1 acte, 5 personnes, filles.
Noël, poésie.
Cigale et la Fourmi (La), fable.
Suites d'un Examen (Les), pièces en 1 acte, 5 personnes, filles.
A la Vierge Marie, poésie.
Un Vol, pièce en 1 acte, 4 personnes, filles.
Chat qui parle (Le), chansonnette.
A un Supérieur, compliment (après la rentrée).
Cheval de bois (Le), pièce en 1 acte, 5 personnes, garçons.
Jeune conférencier (Le), pièce en 1 acte, 9 personnes, garçons.
Société contre les abus, pièce en 1 acte, 4 personnes, garçons.
Anglais et le Monsieur complaisant (L'), pièce en 1 acte, 3 personnes, garçons.
Reconnaissance, monologue, garçons.

CALENDRIER DES PENSIONS ET DES FAMILLES

Par Mademoiselle Maria TRECOURT

Recueil de Monologues, Dialogues, Poésies

Dieu et la Nature. 1 fort vol. in-12 (188 pages), net. . . . . 2 fr.

« La même élévation de pensée, les mêmes qualités de style se retrouvent dans « un grand nombre de pièces du Recueil, même dans celles que l'auteur a tout « simplement composées sous l'inspiration de ses souvenirs d'enfance.

« *Joseph pardonne*, *Job et l'éternel*, *le Lendemain de Tolbiac*, *Jeanne « devant Charles VII*, *Bourbon et Saint-Vallier*, et *Derniers moments de « Bayard*, nous ont particulièrement frappé, non seulement parce que l'auteur y « fait preuve d'un talent sincère, mais encore et surtout parce qu'il y enseigne à « la fois le respect dû aux ancêtres, la religion du devoir, le culte de l'honneur, « l'amour de la Patrie. On le sait, rien n'influe autant sur l'avenir que les pre- « mières impressions, et il est une autre vérité que nous aimons à rappeler à nos « maîtres et à nos maîtresses en leur recommandant le livre de mademoiselle T... ; « c'est que les sentiments patriotiques comme les idées religieuses ne s'effacent « jamais du cœur de l'homme, lorsqu'il en a été imbu dès le jeune âge. »

LIVRETS D'OPÉRETTES POUR JEUNES GENS

Partition, piano et chant. Net. . . 3 francs chaque.

Gros bonnets de Tripalamoule (Les), à 4 pers., de G. Tiercy. 1 »
Orphéoniste et Fanfariste, à 2 personnages, de A. de Villebichot et D. Hugny . . . . » 50
Deux Pierrots (Les), à 2 personnages, de A. Villebichot, L. Dumontal et A. Burion . . . . » 50
Deux Conférenciers (Les), à 2 personnages, de A. de Villebichot, L. Dumontal et A. Burion. . . . . » 50
Étrennes de Barbichon (Les), à 2 personnages, de Ch. Pourny et M. Vernet . . . . 1 »
Photographe et Garde champêtre, à 2 personnages, de J. Arnoud et A. Burion. . . . . » 50
Pirouette et Mistigris, à 2 pers., de J. Javelot et M. Constantin. . . » 50

Fanfare de Bolbec, saynète à 6 personnages, par L. Chelu (piano et chant : 1 fr. 50) . . . . 1 »

Baptême du Petit Monistrol, à 10 personnages, par L. Chelu (piano et chant : 2 francs). Pièce mêlée de chant . . . . 1 »

Sur un tramway, saynète à 2 personnages, par D. Hugny et A. de Villebichot . . . . 1 »

Corvée (Une) de Quartier, saynète, à 12 personnages, par L. Chelu 1 »

Cause (Une) célèbre, folie judiciaire en 1 acte, de F. Wachs, A. Burion et L. Dumonthal . . . . 1 »

Preux (Le) et le Mécanicien ou Autrefois et Aujourd'hui, saynète-dialogue, de F. Wachs et A. Burion . . . . . 1 »

Affaire Glandou (L'), saynète bouffe, 14 personnages, par Élie Leserre (musique 50 centimes) . . . . 1 »

Sainte Barbe (La), saynète bouffe, 14 personnages, par Élie Leserre (musique 2 fr.) . . . . 1 »

Le Fils du Croisé, drame lyrique en 3 actes et en vers p. jeunes gens, paroles de Paul Croiset, musique de D.-Ch. Planchet. Paroles seules. 1 50

Partition de piano et chant . . . . 5 »

OPÉRETTES POUR JEUNES GENS ET JEUNES FILLES

Musique de V. MASSÉ

Partition, piano et chant. Net . . . . 6 francs chaque.

Loi Somptuaire (Une), 2 actes, (costumes Louis XV), 4 personnages, 2 jeunes gens et 2 demoiselles, paroles de P. Dubourg, net. . . 1 »

Trouvaille (La), 1 acte, 5 personnages, 1 jeune homme et 4 demoiselles, paroles de Mme Rocheblave . . . . 1 »

Enfants (Les) de Perrette, en 2 tableaux, paroles de Mme Adam-Boigontier, 1 jeune homme et 4 demoiselles . Net. . . . . 1 »

LIVRETS D'OPÉRETTES POUR JEUNES FILLES

Partition, piano et chant. Net. . . 3 francs chaque.

Jour de l'An de Mme Durand, 8 pers., de Ch. Pourny et M. Vernet. 1 »

École improvisée (L'), opérette en 1 acte, de L. Dumonthal, A. Burion et Fr. Wachs. 6 personnages . . . . 1 »

Faiseuses d'embarras (Les), saynète en 1 acte, de A. Burion et J. Javelot. 7 personnages. . . . . 1 »

Institutrice pour rire (L'), opérette en 1 acte, de Ch. Le Tellier, A.-B. Roland et Fr. Wachs. 8 personnages . . . . 1 »

Pénitence et Repentir, à 2 personnages, de A. de Villebichot et L. Dumontal . . . . » 50

Petite Mendiante (La), à 6 personnages, de A. de Villebichot et L. Dumontal . . . . » 50

Italien de Montmartre (L'), à 2 personnages, de A. de Villebichot, L. Dumontal et A. Burion . . . . » 50

Veille des Vacances (La), opérette en 1 acte, de A. Burion. 7 pers. 1 »

Malentendu (Un), saynète, à 2 personnages, de J. Javelot, L. Preauber et A. Burion . . . . » 50

Deux Comédiennes (Les), 2 personnages, de J. Arnoud et L. Durbec (musique, piano et chant, 4 fr.) . . . . 1 »

Tour de Babel (La), 4 personnages, de Ch. Pourny, L. Preauber et A. Burion . . . . 1 »

Loterie de Perquanco (La), 8 pers., de Ch. Pourny et M. Vernet. 1 »

Sur l'Omnibus ou Paysanne et Parisienne, 2 personnages, de A. de Villebichot et D. Hugny . . . . 1 »

Cœur des Humbles, 3 personnages de G. Gariboldi et F. Lafarge, (piano et chant, 5 fr.) . . . . 1 »

LE BAILLY. Éditeur. O. BORNEMANN, Successeur, 15, rue de Tournon, PARIS

MONOLOGUES ET RÉCITS EN VERS POUR JEUNES GENS

Prix : 50 centimes chacun

COMIQUES

Un Dimanche d'Eugène, récit, par LEMERCIER DE NEUVILLE.
Le Chien qui parle, récit, par le même.
Le Crime de Bercy, récit, par le même.
Le Cordonnier de Saint-Crépin, légende, par le même.
Villégiature, monologue, par le même.
Un petit Bain de mer, monologue, par le même.

DRAMATIQUES

Crête (la), légende populaire, par JACQUES D'ARS.
Sidi-Brahim, souvenir de 1845, par AMÉDÉE BURION.
Enfant (l') de Paris, scène dramatique, VILLEMER et DELORMEL.
Grand' (la) mère, Récit, de J. FUCHS.
Héros (un) du Bayard, grande scène de B. LEBRETON et H. MOREAU.
Passeport (le), de P. HASLER.
Revenant (le), récit, de VICTOR HUGO.
Souvenir de la nuit du 4, récit, de VICTOR HUGO.

POUR BAPTÊMES ET NOCES

C'est tout le portrait de son père, récit, pour baptême, par LEMERCIER DE NEUVILLE.
Les Deux Ormes, récit, pour noces d'or ou d'argent, par le même.

POUR GARÇONNETS

Un Diable à quatre, par M. GUERRIER DE HAUPT.
Très calme, par ABEL MARLETTE.
Plus de Croix, récit dramatique, par AZIS.
L'Ami Fernand, par TONY CRÉTIEN.

POUR GARÇONNETS OU FILLETTES

Propriétaire et locataires, par ABEL MARLETTE.
Petit Noël. — **Couds-moi les ailes**, 2 monologues, par M. VERNET.

PIÈCES & DIALOGUES EN PROSE POUR GARÇONNETS

Prix : 50 centimes chacun

Soldats de la Classe, pièce militaire à grand spectacle, en 1 acte, 10 personnages, par TONY CRÉTIEN.
Les deux Cadrans, scène dialoguée, à 4 personnages, par LEMERCIER DE NEUVILLE.
Un Procès rigolo, scène dialoguée, à 11 personnages, par le même.
Les Colles, dialogue, 2 personnages, par le même.
Le Pâtissier et le Ramoneur, dialogue, 2 personnages, par le même.
Le Corbeau et le Renard, dialogue, 2 personnages, par le même.
Le Petit Prince, dialogue, 2 personnages, par le même.

LE BAILLY. Éditeur, O. BORNEMANN. Successeur, 15. rue de Tournon, PARIS.

MONOLOGUES & RÉCITS EN VERS POUR JEUNES FILLES

Par LEMERCIER DE NEUVILLE

Prix 50 cent. chacun

On n'entre pas, récit.
Le Baptême de Bébé, récit pour baptême.
La Demoiselle d'honneur, récit pour noces.
Les Deux Ormes, récit pour noces d'or ou d'argent.
La Légende de sainte Catherine, légende.
Le Cordon bleu, monologue.
Les Petits Moineaux, monologue.
La Jeune Fille fin de siècle, monologue.
Le Meilleur des Maris, récit pour noces.
Le bon Curé, monologue.
La dernière Poupée, monologue.
Un vrai Malheur, monologue comique, par M. Guerrier de Haupt.
L'Hôtel Bon-Repos, monologue comique, par L. Dumontal.
Une partie de plaisir, monologue comique, par L. Dumontal.

MONOLOGUES POUR FILLETTES

Prix 50 cent. chacun

Les Infortunes d'une poupée, en vers, par Marie Vernet.
Nini Pimbêche, en vers, par Lemercier de Neuville.
Mademoiselle Potinette, en vers, par le même.
Le Louis d'or, en vers, par le même.
Cours de coquetterie, en vers, par le même.
Le Dévouement de Nanette, en prose, par Paul Croizet.
L'Age ingrat, en vers, par Tony Crétien.

PIÈCES ET DIALOGUES POUR FILLETTES

Prix 50 cent. chacun — Personnages

	Personnages
A demain, comédie enfantine en 1 acte, en prose, par Tony Crétien.	10
C'est la faute aux grandes, comédie enfantine, en 1 acte, en prose, par le même.	8
Bonne fête, saynète en vers pour fête de directrice, par le même.	17
L'Exposition, pièce universelle en un petit acte, par le même . .	16
La Géographie, scène dialog., en vers, par Lemercier de Neuville.	13
Les petites Bonnes, scène dialoguée, en vers, par le même . .	7
Le Jour de l'An, scène dialoguée, en prose, par le même. . . .	2
A quoi servent les bêtes, scène dialog., en prose, par le même.	2
Le Déjeuner, scène dialoguée, en prose, par le même.	2
Le Compliment, scène dialoguée, en prose, par le même.	2
Servante et Maîtresse, scène dialog., en prose, par Tony Crétien.	2
Les deux Nerveuses, scène dialoguée, en prose, par Ad. Joly.	2

LE BAILLY, Éditeur, O. BORNEMANN, Successeur, 15, rue de Tournon, PARIS

FÉERIE ENFANTINE EN PROSE

La Poupée vivante, par LEMERCIER DE NEUVILLE . 1 fr. 3 personnages.

PIÈCE EN VERS POUR JEUNES FILLES

Le Cœur des humbles, comédie lyrique, 3 personnages et figuration (musique de G. GARIBOLDI, *ad libitum*, par FERNAND LAFARGUE. . . . 1 fr.

DIALOGUES EN PROSE POUR UN PETIT GARÇON ET UNE PETITE FILLE

Prix : 50 cent. chacun

Histoire de Brigands . . . . LEMERCIER DE NEUVILLE
Les Enfants terribles . . . . — —

DIALOGUES EN PROSE POUR JEUNES GENS

Prix : 50 cent. chacun

Le Tuyau, à 2 pers. . . . . LEMERCIER DE NEUVILLE
Le Coup de marteau, à 3 pers. . . . . — —
Un Habit pour deux, à 2 pers. . . . . —
Le Barbier Giovanni, à 2 pers. . . . . —
Compartiment de fumeurs, à 2 pers. . . . —

DIALOGUES EN PROSE POUR JEUNES FILLES

Prix : 50 cent. chacun

Madame de Bonne-Nouvelle, à 5 p. . . . LEMERCIER DE NEUVILLE
Une nouvelle Connaissance, à 2 p. . . . . — —
Le Nom de baptême, à 2 p. . . . . —
La Servante, à 2 pers. . . . . —
Zemire et Azor, à 2 pers . . . . —
Les deux Nerveuses, à 2 pers. . . . . AD. JOLY.
Servante et Maîtresse, à 2 pers. . . . . . . TONY CHÉTIEN.

DIALOGUES EN PROSE POUR UN JEUNE HOMME ET UNE JEUNE FILLE

Prix : 50 cent. chacun

Oh! Monsieur! Oh! Mademoiselle! en vers. LEMERCIER DE NEUVILLE
Valse parlée en vers. . . . . — —
La Mi-Carême, en prose. . . . . —
Dames seules, en prose. . . . . —
Les Ruses de Valentin, en prose. . . . . . —
Les Précautions inutiles, en prose. . . . . —

XII. — COLPORTAGE

Nombre d'exemplaires	TITRES DES OUVRAGES

BIBLIOTHÈQUE SENTIMENTALE, JOYEUSE, RÉCRÉATIVE ET AMUSANTE.

FORMAT IN-18.

Chaque volume orné de gravures.

50 centimes.

*Aladin, ou la Lampe merveilleuse, 1 vol.
*Alphabet, ou Syllabaire d'histoire naturelle, 1 vol.
*Id. des animaux, *cartonné*, 1 vol.
*Id. classique, 1 vol. *broché*.
*Id. — abrégé. 1 vol. *cartonné*.
*Amours de Zelie dans le désert, 1 vol.
*Les Amours d'Hippolyte, 1 vol.
*Ancien (l') et le nouveau Langage des Fleurs 1 vol.
*Ancien (l') et le nouvel Oracle des dames et des demoiselles, 1 vol.
*Ancienne (l') et la nouvelle collection des tours de cartes, 1 vol.
*Id. tours d'escamotage, 1 vol.
*Id. tours de physique, 1 vol.
*Id. des jeux de société, 1 vol.
*Ancienne et nouvelle Clef des Songes, 1 v.
*Ancienne et nouvelle Académie des Jeux, 1 v.
*Anciens et nouveaux Calembours, 1 vol.
Anciens et nouveaux Proverbes, 1 vol.
*Anciens et nouveaux Tours de Magie, 1 vol.
*Atala et Chactas, par Chateaubriand, 1 vol.
*Aventures de Galatée et d'Elicio, 1 vol.
Aventures d'un franc-tireur, 1 vol.
*Bandits au Perou (les), 1 vol.
*Belle Italienne (la), 1 vol.
*Bouton de rose (le), chansonnier.
Bosquet des amours (le) ou le nouveau catéchisme des amants, 1 vol.
*Bréviaire (le) du Farceur, 1 vol.
Calembours plaisants, 1 gros in-64.
*Cartomancie complète (la), 1 vol.
Catéchisme des amants (le), 1 vol.
Catechisme (le) des farceurs, 1 vol.
*Chansonnier de la bonne société, 1 vol.
* — pour noces et baptêmes, 1 v.
* — galant, 1 vol.
* — illustré, 1 vol.
* — comique.
* — de la guinguette, 1 vol.
*Chansons de Piron, Collé, etc. 1 vol.
*Chansons grivoises, 1 gros in-64.
*Chasse aux Cosaques (la), 1 vol.
*Cinquante francs de Jeannette (les), 1 vol.
*Claudine ou la petite Savoyarde, 1 vol.
*Contes choisis de Boccace, 1 vol.
*Contes de Fees, par Perrault, 1 vol.
* — par Ducray-Duminil, 1 vol.
*Contes des Fees, par Mme Leprince de Beaumont, 1 vol.
*Contes des Fées, par Mme d'Aulnoy, 1 vol.
*Contes de La Fontaine, Florian, etc. 1 vol.
*Courrier de Lyon (le), 1 vol.
Criminels (les) célèbres, 1 vol.
*Cuisinière habile (la nouvelle), 1 vol.
*Dragon rouge (le) (*Gravure en rouge*) 1 vol.
*Echos (les) des chanteurs parisiens, 1 vol.
*Elisabeth, suivie de la prise de Jéricho, par Mme Cottin, 1 vol.
*Estelle et Nemorin, suivie de Don Lopez, par Florian, 1 vol.
*Fables de Florian, 1 vol.
*Fiancée du Bandit (la), 1 vol.

Nombre d'exemplaires	TITRES DES OUVRAGES

*Fables de La Fontaine, 1 vol.
*Farceur du jour et de la nuit (le), 1 vol.
*Grand Albert (le) 1 vol (*Gravure en rouge*).
*Guillaume Tell, par Florian, 1 vol.
Guerres du Dahomey (les) avec carte et portrait, 1 vol
Guerres du Tonkin (les) avec carte et portrait, 1 volume.
*Guirlande de Fleurs, 1 vol.
Histoire complète de Vidocq, 1 vol.
* — de Jean-Bart, 1 vol.
* — de Geneviève de Brabant, 1 v
* — du Naufrage de la Méduse, 1 v.
* — d'Ernestine, 1 vol.
* — de Damon et Henriette, 1 v.
— de Jeanne d'Arc, 1 vol.
*Histoire complète des Amours de Camaralzaman, 1 vol.
*Histoire complète de Camille 1 vol.
* — de Cartouche 1 vol.
— de Mandrin, 1 vol.
— des Bandits et Brigands célèbres, 1 vol.
* — des 4 Fils Aymon, 1 vol.
* — de la Tour de Nesle, 1 v.
* — de Don Quichotte, 1 vol.
*Histoire curieuse du duc de Roquelaure, 1 v.
*Homme (l') au Masque de fer, 1 vol.
*Juif Errant (le), 1 vol.
*Latude ou 35 ans de captivité, 1 vol.
*Les Quarante Voleurs, 1 vol.
Lettres amoureuses d'Héloïse et Abeilard. 1 vol.
*Mademoiselle de Lavallière (amours de), 1 v.
*Malices du Diable (les), 1 vol.
*Maria ou l'Enfant de l'infortune, 1 vol.
*Mario ou la Fille d'Auberge, 1 vol.
*Massacres de la Saint-Barthélemy, 1 vol.
*Nouveau Jardin d'amour (*grav. col.*), 1 vol.
*Nouvelle Clef des Songes, 1 vol.
*Œuvres choisies de Piron, 1 vol.
*Le parfait guide du Chasseur, 1 vol.
* — du Pêcheur, 1 vol.
*Paul et Virginie, 1 vol.
*Petit Albert (le) (*gravure rouge*), 1 vol.
*Puits du Diable (le), 1 vol.
*Quatre Sergents (les) de la Rochelle, 1 vol.
*Renaissance (la) du gai Ménestrel, chansonnier, 1 vol.
*Robinson (le) Suisse, 1 vol.
* — Crusoé, 1 vol.
Secrétaire des Amants (le), 1 vol.
*Secrétaire général (le), 1 vol.
*Secretaire français (le), 1 vol.
*Semaine des Amants (la), 1 vol.
*Siège de Paris (le) 1870-1871, 1 vol.
*Tableau du bonheur conjugal, en 4 vol.
*Tartufe de Molière, 1 vol.
Trompette du Carnaval (la), ou le nouveau catéchisme poissard, 1 vol.
*Vaisseau le Vengeur (le), 1 vol.
Véritable farceur comme il y en a peu, 1 v.
*Victor, par Ducray-Duminil, 2 vol.
Victorine ou la fille de la forêt, 1 vol.
*Vie du célèbre Collet, 1 vol.
*Vie d'une femme (la), 1 vol.
*Vie des célèbres Marins français, 1 vol.
*Vie, Voyages et Aventures de Dumont-d'Urville, 1 vol.
*Voleurs de Diamants (les), 1 vol.

NOTA — Des conditions particulières seront faites au commerce sur l'article « Colportage »

COLPORTAGE

Nombre d'exemplaires	TITRES DES OUVRAGES

COLLECTION DE BROCHURES

FORMAT IN-18

Avec gravures

0 fr. 50 *chaque.*

*Alphabet des animaux, 1 vol.
* — des écoles primaires, 1 vol.
*Amants naufragés (les), 1 vol.
*Amis de la chanson (les), nouveau chansonnier, 1 vol.
*Amours (les) d'Antonio, 1 vol.
*Amours (les) de Camaralzaman, 1 vol.
*Amours (les) de Jacqueline, 1 vol.
Amours d'Héloïse et d'Abeilard, 1 vol.
Amours (les) des Jeunes filles, histoires sentimentales, 1 vol.
*Amours (les) d'une jeune orpheline, 1 vol.
*Assassins (les), ou les Brigands de la Vallée, 1 vol.
*Attala, la fille du désert, 1 vol.
*Aventures d'un jeune officier en Afrique, 2 v.
*Bande joyeuse (la), chansonnier nouveau, 1 v.
*Bavard (le) infatigable, 1 vol.
*Les Brigands italiens, 1 vol.
*120 Secrets et recettes (les) anciens et nouveaux, 1 vol.
*Chansonnier de l'Hymen, 1 vol.
*Chansonnier (le) des gais convives, 1 vol.
*Chansonnier des joyeuses Sociétés, 1 vol.
*Chansonnier des Farceurs et des Amis de la joie, 1 vol.
*Chansonnier des Amis de la gaieté, 1 vol.
*Chansonnier de la table, 1 vol.
*Le Chef de Pirates, 1 vol.
*Chef de Voleurs (le) et la jeune Fille, 1 vol.
*Cinquante francs de Jeannette (les), 1 vol.
*Claudine ou la petite Savoyarde, par Florian, 1 vol.
*Coin du feu (le), chansonnier nouveau, 1 v.
*Fables de Florian, 1 vol.
*Galatée, 1 vol.
*Gloire (la) des Chaumières, 1 vol.
*Grand (le) et le petit Etteilla, 1 vol.
*Guillaume Tell, par Florian, 1 vol.
*Histoire d'Ali-Baba, 1 vol.
Histoire de Cartouche, 1 vol.
*Histoire de Geneviève de Brabant, 1 vol.
*Histoire de Jean-Bart, 1 vol.
*Histoire de Jeanne-d'Ar , 1 vol.
Histoire de Vidocq, 1 v .
*Histoire des quatre fil- .ymon, 1 vol.
Histoire des Brigands, 1 vol.
*Jeune Fille du Désert (la), 1 vol.
*Jeune Savoyarde (la) ou la grâce de Dieu, 1 v.
*Jeux (les) amusants de Société, 1 vol.
*Lisette (la) de Béranger, 1 vol.
*Louise, ou la captivité d'une jeune Française en Afrique, 1 vol.
Magasin (le) des Farceurs.
*Mathilde et Malekadel, 1 vol.
Nouveau Dictionnaire d'argot, 1 vol.
*Nouveau Troubadour français, 1 vol.
*Oracle des Dames, 1 vol.
*Palais des Papes (le), 1 vol.
*Parfait Escamoteur (le) le plus complet, 1 v.
*Parfait Physicien (le) le plus complet, 1 v.
*Parfait Magicien (le), 1 vol.
*Paul et Virginie, 1 vol.

Nombre d'exemplaires	TITRES DES OUVRAGE

*Perle des Calembours (la), par le pe de M. de Crac, 1 vol.
*Postillon (le) de Longjumeau, 1 vol.
*Robinson Crusoé, 1 vol.
*Romeo et Juliette, 1 vol.
*Secrétaire français et de cabinet, 1 vo
Traité des Rêves et des Songes, 1 vo
*Victor, ou l'Enfant de la forêt, par Du Duminil, 2 vol.

COLLECTION VARIÉE

0 fr. 50 *chaque*

*A la mémoire de Béranger, chanso 1 vol. in-12
*Amours (les) de Béranger, chansonnie in-12
*Bequille (la) du père Barnaba, chanso 1 vol. in-12.
*Breviaire (le) de Grégoire, chanso 1 vol. in-12.
*Chansons de Désaugiers, 1 vol. in-12.
*Chansonnier du ménestrel parisien, 1 v.
*Chansonnier patriotique et national, 1
*Chansonnier républicain, 1 vol.
Chansons pour mariages et baptêmes in-12.
*Dernières (les) volontés de Béranger, sonnier, 1 vol. in-12.
*La Mère et la Fille Angot, chansonnie
*La magie noire et la magie blanche,
*Poésies et chansons de V. Hugo, etc. 1 vol. in-12.
*Succès (les) lyriques, chansonnier, 1 v.
*Calembours nouveaux, 1 vol

COLLECTION DE VOLUMES ILLUS

1 *franc chaque*

sur beau papier, à format in-18

Couvertures teintées et coloriées.

*Mère Gaudichon (la), chansonnier, 1 v.
*Nouvelle Gaudriole illust. chansonnie
*Nouvelle Goguette, chansonnier, 1 vol.
*Trésor de la nouvelle Chanson, 1 vol.
*Chanson au théâtre (la), 1 vol.
*Chanson au concert (la), 1 vol.
*Chanson au salon (la), 1 vol.
*Chanson à la noce (la), 1 vol.
Chanson à la caserne (la), 1 vol.
*Civilité française, 1 vol.
Seize ans de la vie d'une femme, 1 v
*Oracle des Dames (l') suivi de l'Oracl Hommes, 1 vol.
Tableau de l'amour conjugal, par Venett
*Syllabaire d'histoire naturelle, 1 v. *cart*
*Alphabet classique (complet), 1 v. *cart*
*Fables de Lafontaine, 1 vol. *cartonné.*
*Cuisinière (la) habile, 1 vol. *cartonné.*
*Secrétaire (le) des Amants, 1 vol.
*Nouvelles malices des femmes et des mes, 1 vol.
*Le Médecin à la maison, 1 vol.
*Farceur de bonne compagnie (le), 1 v
*Guide-manuel du soldat de l'armée te riale, costumes coloriés, 1 vol.

COLPORTAGE

TITRES DES OUVRAGES

*Origine des cultes, 1 vol.
*Théâtre des Ombres chinoises, 1 vol. avec gravures noires.
*Théâtre de Guignol (le), 1 vol.
*Tresor des compliments (le) pour le jour de l'an et fêtes, 1 vol.
*Pantomimes comiques pour garçons, 1 vol.
* — — pour jeunes filles, 1 v.
Napoléon Ier, par J. do Riols, 1 vol.
*Farceur des écoles (le), 1 vol.
Parades et Boniments, 1 vol.
Guide manuel des jeux d'esprit, 1 vol.
*Théâtre comique (le), 1 vol.
Théâtre de la jeunesse (garçons), 1 vol.
Théâtre de la jeunesse (filles), 1 vol.

COLLECTION DE VOLUMES

in-12 et in-18 à 2 francs chaque.

*Chanson française (la), 1 magnifique volume in-12, couverture coloriée.
Album chantant, 1 vol. in-12.
— de la nouvelle Chanson, 1 vol. in-12
— des Théâtres et Concerts, 1 vol. in-12
*Grand cabinet des fées, 1 vol in-18.
*Chansons de Vergeron, 1 vol. in-12.
Refrains modernes (les), 1 vol. in-12.
*1,200 amusements et récréations de société, 1 vol. in-18.
*La Fleur chansonnière, 1 vol. in-18.
*Grand Livre de la destinée, 1 vol. in-18.
*Histoire des célèbres marins français, 1 vol. in-18.
Histoire des grands criminels, 1 vol. in-18.
Joyeux (les) refrains de nos pères, 1 v. in-12.
Mille et une bamboches (les), 1 vol. in-18.
Mille et une Farces (les), 1 vol. in-18.
*Mille et une Causeries (les), 1 vol in-18.
*Mille et une Nuits (les), 1 vol. in-18.
*Nouvelle Lyre française (la), 1 vol. in-18.
*Œuvres de Florian, 1 vol. in-18.
*Parfait Secrétaire général, 1 vol. in-18.
*Science cabalistique (la), 1 vol. in-18.
Succès du Théâtre (les), 1 vol. in-12.
*Triple Savant de société (le), 1 vol. in-18.
*Veillées amusantes (les), 1 vol. in-18.

COLLECTION DE VOLUMES IN-12

brochés, 1 fr. 50. — Cartonnés, 2 francs.

*Grand (le) et parfait secrétaire général et universel, 1 vol.
Grande et véritable Cuisinière bourgeoise (la), 1 vol.
Guide pratique du parfait Bouvier moderne, 1 vol. couverture illustrée et gravures.
Bon Jardinier pratique (le), 1 vol.
Triple (la) Clef des songes, 1 vol.
Triple (le) Oracle des dames, 1 vol.
L'homme au masque de fer, 1 vol. illustré.
• Voyage autour de ma Chambre, 1 vol. av. gr.

TITRES DES OUVRAGES

Histoire de France, par Le Ragois, 75 portr.
Fables de La Fontaine, 1 vol. illustré par CHAM.
Nouveau et parfait (le) Maréchal expert, 1 vol. avec magnifique gravure.
*Robinson Crusoé, édition complète, 2 vol.
Jérusalem délivrée, 1 vol.

OUVRAGES A DIFFÉRENTS PRIX

Nouvelle **Carte de France** illustrée.

Trois étiquettes différentes :

France Républicaine.
Chemins de fer et bateaux à vapeur.
France administrative et Colonies.
en feuille.................. 1 »
cartonnée................... 1 »
*Nouvelle **Carte d'Europe.**
*Nouveau **Plan de Paris.**
Mêmes conditions de prix que pour la Carte de France.
***Comptes faits de Barrême** broché 0 60
cartonné........ 0 70
relié basane..... 1 »
*Le même, avec *Carte des Poids et mesures coloriée*, 5 c. de plus par volume.
Courrier des Amants, joli vol. in-18.. 1 »
*10 ans de la vie d'une femme, 1 vol.. 1 »
*Victoires et conquêtes d'une jolie femme, 1 vol.......... 1 »
*Fables de La Fontaine et Florian, 1 vol. 1 »
*Le parfait et nouveau Vétérinaire, 1 gr. vol. in-12, couverture coloriée...... 2 50
Le même cartonné.................. 3 »
— — relié toile.............. 3 50
La Cuisinière universelle, 1 vol. in-8, orné de 25 gravures.............. 2 50
Le même v. avec une magnifique couverture coloriée, cartonné......... 3 »
*Oracle des dames et des demoiselles le plus complet.................. 1 »
Secrétaire (le grand) des Amants, 1 vol. 1 »
*Clef des songes et Cartomancie réunies, 1 beau volume grand in-18 raisin avec gravure teintée rouge et couverture illustrée............... 1 »
Le parfait guide en affaires.......... 1 »

LE VÉRITABLE SORCIER SANS PAREIL

*Nouveau jeu magique.
50 *centimes.*

BIBLIOTHÈQUE CABALISTIQUE

Collection de volumes de magie.
in-18 illustrés
Couverture chromo

La Poule noire 1 50
Le Grand Grimoire 1 50

NOTA. — Tous les ouvrages détaillés ci-dessus sont envoyés contre leur montant en un mandat-poste, le jour même de la réception de la demande. (Ajouter 15 centimes en sus par franc pour le port).
Le catalogue spécial de MUSIQUE sera envoyé *franco* sur demande affranchie.
Indiquer d'une manière exacte les titres des ouvrages que l'on désire avec l'indication de leurs collections.
Toute lettre non affranchie est refusée.
Toute personne désirant une réponse est priée de joindre un timbre de 15 centimes à sa lettre.

LE PRÉSENT CATALOGUE ANNULE LES PRÉCÉDENTS.

TABLE SYSTÉMATIQUE

OBSERVATIONS

ENVOI *franco* DES CATALOGUES SPÉCIAUX, SUR DEMANDE *affranchie.*

Les personnes désirant une réponse sont priées de joindre un timbre-poste de 15 centimes pour son *affranchissement.*

Toute demande accompagnée de sa valeur en un mandat-poste sera expédiée dans les 24 heures. (Ajouter 15 centimes en sus par franc pour le port).

41719. — Imprimerie Lahure, 9, rue de Fleurus, à Paris.

CATALOGUE

DES

LIVRES DE FONDS

ET

EN NOMBRE

PARIS

LIBRAIRIE ÉMILE BOUILLON, ÉDITEUR

67, RUE DE RICHELIEU, AU PREMIER

Ce Catalogue annule tous les précédents

Février 1900

CATALOGUE

DES

LIVRES DE FONDS

ET

EN NOMBRE

PARIS

LIBRAIRIE ÉMILE BOUILLON, ÉDITEUR

67, RUE DE RICHELIEU, AU PREMIER

Ce Catalogue annule tous les précédents

Février 1900

TABLE MÉTHODIQUE

PAR NOMS D'AUTEURS

des matières contenues dans le présent Catalogue

Agriculture, Fleischmann, Jourdier, Notice sur la Roumanie.
Anthologie, Alexandre, Constans, Dardy, Rolland.
Antiquité, Krieg, Mourlot, Nadailhac, Notice sur la Roumanie. Petitot, Witte.
Archéologie, Caillemer, Clermont-Ganneau, Marignan, Witte.
Architecture, Hittorff et Zanth, Le Men, Ramée, Reissenberger.
Archives, Brutails, revue des Bibliothèques.
Armée et Art militaire, Bazy, Guillaume de Vaudoncourt, Seyboth.
Assyriologie (linguistique, philologie, histoire), Aurès, Boissier, Löwenstern, Mélanges d'archéol. égypt. et assyr., Mél. publ. p. l. sect. hist. et philol. de l'Ecole des Hautes-Etudes, Mél. Renier, Mém. de la Soc. d. ling., Menant, Oppert, Pognon, Recueil de trav. rel. à la philol. et à l'archéol. égypt. et assyr.
Astronomie, Bar Hebraeus, Gumpach, Martin, Nau.
Beaux-Arts, Gabet, Le Blanc, Raoul Rochette. Splend. de l'art en Belgique.
Bibliographie, Audiffred, Bouchot, Brunet, Carayon. Catalogues. Chatelain, Coste, Delisle, Denifle, Huet, La Roncière, Leber, Lejay, Omont, Palermo, Pellechet, Quérard, Raynaud, Thonnelier.
Bibliothèques, Laborde, Leprince, Nolhac, Pierret, Revue des Bibliothèques.
Biographie, Beykert, Boisard, Bréal, Carrière, Hist. d'Eudoxie Féodorovna. Joret, La Saussaye et Péan, Lhuillier.
Botanique, Opera Salernitana, Zetterstedt.
Chimie, Hugo.
Commerce, Demaison, Docum. rel. à l'impr. et à la libr., Fagniez, Harven, Notice sur la Roumanie.
Contes, Nouvelles et Romans, Ackermann, Alotte, Amours d'Ons-ol-Oudjoud. Bonstetten, Cosquin, Colombat, Du Casse, Gœthe, Husson, Kuhne, Leclerc, Lestrelin, Montagne, Pouchkine.
Correspondances, Catherine de Westphalie, Correspond. de Madame, Recueil de lettres.
Divination, Boissier, Bouché-Leclercq, Clairin.
Droit, Benech, Bouché-Leclercq, Fournier, Francotte, Hautefeuille, Kœnigswarter, Laboulaye, Législation russe, Quest. de droit. Weil.
Ecole des Hautes-Etudes, Annuaire, Bibliothèque, Chatelain.
Economie politique, Dercsenyi, Dupont, Halphen, Kœnig, Lamprecht, Landrin, Léo.
Ecriture Sainte, Amélineau, Berger, Evangiles.
Egyptologie (linguistique, philologie, histoire), Amélineau, Baillet, Bérend, Brugsch, Devéria, Domicile des esprits, Etudes égyptologiques, Gayet, Golénischeff, Gottberg, Grébaut, Guieysse, Itin. des invités Jéquier, Ledrain, Lefébure, Lepsius, Lieblein, Mariette, Maspero. Mélanges d'archéol. égypt. et assyr., Mél. publ. p. sect. hist. et philol. de l'Ecole des Hautes-Etudes, Mél. Renier, Mém. de la Soc. d. ling., Monuments, Myer, Pierret, Recueil de trav. rel. à la philol. et à l'archéol. égypt. et assyr.. Revillout, Rituel funéraire, Robiou, Rochemonteix, Rougé, Virey.
Estampes, Le Blanc.
Ethnographie, Bataillard, Bladé. Lopez.
Fantaisies littéraires. Bibl. scatologica.
Finances, Levasseur, Zapasnik.
Franc-Maçonnerie, Rebold.
Généalogie, Behne, Garnier.
Géographie, Barbier de Meynard, Bonneau, Colomb, Gottberg, Kiepert, Longnon, Mézières, Saulcy, Vespuce.
Histoire, Abbadie, Alvarez, Bancroft. Bauzon, Beykert, Brunet de Presles, Cala d'Ulloa, Carrière. Chahab-ad-Din Ahmad, Chabot, Chaikin, Chassant et Sauvage, Collas. Collect. histor., Colomb, Compain, Conzelmann, Corpus script. veter, Daniel, Daschkoff, Daumet, Delaberge, Derenbourg, Dimitresco, Du Cange, Dulaurier, Ebn Haucal, Eckel, Favre, Fivel, Flammermont, Fourmestreaux,

Fournier, Francotte, Gavrilovitch, Giry, Guerrier, Haussoullier, Hincmar, Jacqueton, Jankowitch, Jorga, Junghans, Kohler, La Borderie, Lamprecht, Lasteyrie, Lefèvre-Pontalis, Lefranc, Léger, Léotard, Leroux, Leroy, Lettre d'un gentilh. port., Lévi, Lungdberg, Lot, Madvig, Malnory, Mannstein, Marignan, Mas-Latrie, Maspero, Maury, Mélanges publ. p. l. sect. hist. et philol. de l'Ecole des Hautes-Etudes, Mélanges Renier, Memorabilis narratio de crud. Moscovit exped. Meyer, Michel, Mirot, Moet de la Forte-Maison, Mommsen, Monod, Montagne, Morel-Fatio, Moyen âge, Muhlenbeck, Nauroy, Olry, Pannier, Parent, Petit-Dutaillis, Philippson, Pierling, Poucel, Prou, Rambaud, Raymond, Reuss, Roy, Saige, Schnitzler, Servat-Loup, Smitt, Slaves occ. Sohm, Stern, Stoffel, Thadei, Theiner, Thévenin. Un anc. fonct. Valentin-Smith, Vidier, Vitteaut. Witte.

Histoire littéraire, Collet, Densusianu, Desgranges, Du Méril, Hecq, Puymaigre.

Histoire naturelle, Bonaparte, Chenu, Donovan, Gistel, Macquart, Martyn, Montagu.

Inscriptions, Bréal, Desiderata du Corp. Inscript., Egger, Faidherbe, Lejay, Mowat, Robert.

Instruction publique, Chatelain, Denifle.

Jeux et Exercices du corps, Arbeau, Richter.

Langues africaines, américaines et océaniennes, Abbadie, Conzelmann, Etudes s. q. q. lang. sauv. de l'Amérique, Gaussin. Jug. err. de M. Renan, Rambaud.

Langues celtiques (Philologie, linguistique, histoire), Arbois de Jubainville, Chatton, Colloques, Conversations, Du Rusquec, Ernault. Glossæ hib. Griffith-Robert, Gwerziou-Breiz-Izel, Jaffrenou, Kerbeuzec. La Borderie, Lagadeuc, Legonidec, Le Men, Loth, Luzel, Maury. Mém. publ. p. l. sect. hist. et philol. de l'Ecole des Hautes-Etudes, Mél. Renier, Mém. d. l. Soc. d. ling., Revue celtique, Rostrenen. Soniou Breiz-Izel, Troude. H. de la Villemarqué.

Langues orientales, Abou'l Walid Merwan, Adjarian, Amarakocha, Amiaud, Barbier de Meynard, Bar Hebraeus, Barthelemy, Bergaigne, Bergaigne et Henry, Berger. Bahmini-Vilasa, Chabot, Cheref-Eddin-Rami, Clermont-Ganneau, Conzelmann, Darmesteter, H. Derenbourg, J. Derenbourg, Djaroumia, Dumast, Dutens, Duval, Ebn-al-Farad. Ebn-Haucal, Farhat, Fleurs de l'Inde. Guyard, Jan, et, Joann. de Capua, Ledrain, Lethierry-Barrois, Lévi, Maimoun, Mél. publ. p. l. sect. hist. et philol. de l'Ecole des Hautes-Etudes. Mél. Renier. Mém. d. l. Soc. ling., Mohammed Ebn-Djobair, Perruchon, Rabinowicz, Reynaud, Saadya, Saulcy, Sendabar Vendidad-Sadé. Yadjnadattabadha.

Langues slave, tatare, finnoise, Parcic, Meillet, Mém. d. l. Soc. d. ling., Rœhrig.

Linguistique et Philologie (langues romane, provençale, patois), Ackermann, Albanes, Alexandre, Alotte, Arbois de Jubainville, Ayer. Banti, Bastin, Beard. Bédier, Beljame, Benlœw, Benoit de Sainte-More, Berger, Binet, Bladé, Bormanns, Boucherie, Brachet, Brekke, Bücheler, Chaban, Chabanneau, Chans. franç., Charencey, Chron. d. Turpin, Clairefond, Clairin. Constans, Constantin, Cornu, Curtius, Dardy, Darmesteter, Dechepare, Delbœuf, Delboulle, Diez. Dubois, Du Méril, Enfances Vivien. Ernault, Ernault et Chevaldin, Essai s. l. form. d. lang., Etienne. Etudes rom., Fertiault, Flamenca, Fleury, Gautier d'Arras, Georgian, Gillieron, Godefroy, Gregorio, Grimm. Grosse enwaraye, Guerlin de Guer. Guessard, Haillant, Hatoulet, Houdene, Job, Joly, Joret, Kawezinski, La Fontaine, Langlois, Lévy-Bing, Lidforss, Liptay, Leseth, Manière de lang., Marchot, Martin, Mercier, Métivier, Meyer, Miracle de N-D., Mohl, Moisy, Moralités, Müller, Mystère de St-Crespin, Nisard, Notices, Noulens, Odde, Op. salern., Ordenansas, Pachalery, Pannier, G. Paris, P. Paris, G. Paris et Pannier, Parole, Pélissier, Pennier, Pierson, Poètes Beaucerons, Poètes anciens, Porebowicz, Prov. basques, Psaut. de Metz, Quicherat, Rabbinowicz, Rathail, Raynaud, Rec. d'anc. textes, Rec de motets, Recueil d'opusc. Regnaud, René, Ribary, Richard li biaus, Ritter, Roman, Saussure, Scheler, Schleicher, Schwob et G., Sigart, Stecher, Suchier, Sudre, Terrien-Poncel, Thomas, Thomsen, Timmermans, Tobler, Vanhammel, Wace, Wailly, Wesselofsky, Zanardelli.

Bibliothèque Ecole Hautes Etudes, Bibl. franç du m. a., Collect. philol. Mél. publ. p. l. sect. hist. et philol. de l'Ecole des Hautes-Etudes, Mél. Renier, Mél. Wallons, Mém. d. l. Soc. ling., Moy. âge, Romania, Revue de philologie française et provençale.

Littérature ancienne, Bouché-Leclercq, Bréal, Weil.

Littératures étrangères. Banti, Bossert, Bouchaud, Cervantès, Cochin, Fescamp. Hillebrand, Morel-Fatio, Pineau, Puymaigre, Taillandier, Wysocki.

Littérature grecque, Aristote, Baudat, Bougot, Caffiaux, Delbœuf, Exercices de la conf. gr. de l'École des Hautes-Etudes, Graux, Jacob, Parmentier, Philippe le Solitaire, Scheler, Sortais, Tournier, Viteau.

Littérature française et provençale, voir linguistique et philologie (langues romane et provencale).

Littérature latine, Belin, Benech, Bornecque, Chatelain, Chatelain et Lecoultre, Cicéron, Dianu, Havet, Meylan, Plaute, Quintilien, Teuffel, Vandael.

Livres d'enseignement, Antoine, Arnoulin, Clédat, Guiguet, Rabbinowicz, Szanyi.

Mathématiques, Devéria, Lucas.

Médecine. Lacour, Opera Salernitana.

Métallurgie, Luynes.

Métrique. Benlœw, Chaignet.

Métrologie, Aurès.

Minéralogie, Finot.

Morale, Alotte, Bhamini-Vilasa, Bordeaux, Joahnnes de Capua, Maimoun, Weil.

Mythologie, Darmesteter, Jannetaz, Ledrain, Petitot, Ploix.

Numismatique et Sigillographie, Geoffray, Ledrain, Robert, Rougé, Schlumberger, Witte, Weil.

Ouvrages modernes écrits en latin ou en grec, Carmina med. ævi, Du Méril, Portius, Psichari.

Philosophie, Bartholmess, Comte, Laffite, Leibnitz, Maimonide, Matter, Munck, Regnaud, Tiberghien, Weil.

Physique, Béron, Chevandier et Wertheim.

Politique, Beauverger, Comte, Eclairc. s. l. dern. évén. de la Pologne, Haxthausen, Jourdier, Klaczko, Laboulaye, Leusse, Moller, Projet d'une charte const. d'Alex. Ier.

Recueils et Périodiques, Bibl. conchyliol., Bibl. de l'Ecole des Hautes-Etudes rom., Mél. d'archéol. égypt. et assyr., Mél. publ. p. l. sect. hist. et philol. de l'Ecole des Hautes-Etudes, Mél. Renier, Mél. Wallons, Mém. de la Soc. de ling., Moyen Age, Rec. de trav. rel. à la philol. et à l'archéol. égypt. et assyr., Revue des Bibliothèques, Revue celtique, Romania.

Religion, Alishan, Barthelemy, Bergaigne, Bernard, Blonay, Bloomfield, Bouché-Leclercq. Controverse d'un évêque, Ewerbeck, Galitzin, Kulczynski. Metzger, Mignard, La Russie est-elle schismatique, Sergy.

Sectes, Mignard, Raskol.

Sociologie, Knighton, Socialisme en Russie.

Télégraphie, Moigno.

Théâtre, Du Méril, Lévi.

Vies des Saints, Albanes, Amiaud, Mon. p. ser. à l'hist. de l'Egypte chrét.

Voyages, Alvarez, Bibl. amer., Brinkmann, Brugsch, Delessert, Denis, Hubner, Itinér. d. invités aux fêtes du Canal de Suez, Kick. Mohammed Ebn-Djobaïr. Perrot, Poucel, Souv. d'un voyag. solit., Tailhan, Yves d'Evreux.

CATALOGUE GÉNÉRAL

DE LA

LIBRAIRIE ÉMILE BOUILLON

67, RUE DE RICHELIEU, AU PREMIER

PARIS

ABBADIE, A. d', Dictionnaire de la langue Amariñña. Paris, 1881, in-8, br. 50 »

— Voir: Chahâb ad-Dîn Ahmad.

ABOULFARAG, G., Voir: Bar Hebraeus.

ABOU'L-WALID MERWAN IBN DJANAH. Le Livre des Parterres fleuris. Grammaire hébraïque en arabe, publiée par J. Derenbourg, membre de l'Institut. Paris, 1886, gr. in-8, br. 25 »

— Le même ouvrage, traduit en français sur les manuscrits arabes par le Rabbin M. Metzger. Paris, 1889, gr. in-8, br. 15 »

ACKERMANN, L., Contes (en vers). Cont.: Savitri. — Sakuntala. — L'Ermite. — L'Entrevue nocturne. — Le Perroquet. — Le Chasseur malheureux. Paris, 1855, in-8, br. 1 50

ACKERMANN, P., Essai sur l'analyse physique des langues, ou de la formation et de l'usage d'un alphabet méthodique. Paris, 1838, in-8, br. Au lieu de 1 fr. 50 1 »

— Traité de l'accent appliqué à la théorie de la versification, 2ᵉ édition. Paris et Berlin, 1843, in-12, br. 1 »

ADJARIAN, H., Étude sur la langue laze (Extrait des *Mémoires de la Société de linguistique de Paris*). Paris, 1899, gr. in-8. 8 »

AIOL, voir: Bormanns.

ALBANÈS, J.-H., La Vie de saint Bénézet, fondateur du pont d'Avignon. Texte provençal du XIIIᵉ siècle, accompagné des actes en latin, d'une traduction française, d'une traduction et de notes historiques, critiques et bibliographiques. 1876, in-8, br. (Épuisé).

ALEXANDRE, R., Le Musée de la Conversation, Répertoire de citations françaises, dictons modernes, curiosités littéraires, historiques et anecdotiques avec une indication précise des sources, 3ᵉ édition, revue et augmentée de plusieurs articles. Paris, 1898, in-8, br. 7 »

ALISHAN, le P. L. M. D., Le Hagyh, sa période et sa fête. Paris, 1860, in-8, br. Au lieu de 2 fr. 1 »

ALOTTE, L., Primordialité de l'écriture dans la genèse du langage humain. 2ᵉ édition, Paris, 1888, petit in-8, br. 1 50

— La Morale gallicane, 4ᵉ édit. Paris, 1890, in-18 jésus. 2 »

ALOTTE, L., Le Malheur d'Isidore, cause gaie récitée jadis en présence de folle-femelle de Dijon le jour des Saints Innocents. Revue et publiée par Alotte. Paris, 1891, in-18 jésus. 1

— Mémoires du charlatan Sidoine Mérindor. Paris, 1894, in-18 jésus, br. 3

ALVAREZ DE TOLEDO, el capitan Fernando, Puren indomito, poe publicado bajo la direccion de Don Diego Barros Arana. Paris, 1862, in Au lieu de 14 fr. 7

Papier fort, gr. in-4, tiré à 10 exemplaires. Au lieu de 40 fr. 20

Papier de Chine, tiré à 10 exemplaires. Au lieu de 35 fr. 17

Ce poème raconte la conquête du Chili, à laquelle l'auteur prit part en qualité de capitaine dans l'armée espagnole.

AMARAKOCHA, Vocabulaire d'Amarasinha, publié en sanscrit avec une traduction française, des notes et un index par A. Loiseleur-Deslongchamps Paris, 1839 et 1845, 2 vol. gr. in-8. Au lieu de 32 fr. 7 5

AMARI, M., Voir: Ebn Haucal. — Mohammed-Ebn-Djobaïr.

AMÉLINEAU, E., Fragments de la Version thébaine de l'Écriture (Ancien Testament). Paris, 1889, in-4, br. 15

(Tirage à part du Recueil de travaux relatifs à la philologie et à l'archéologie égyptiennes et assyriennes, vol. V et suiv.).

— Voir: Monuments pour servir à l'histoire de l'Égypte chrétienne au VIe siècle

AMIAUD, A., La légende syriaque de saint Alexis, l'homme de Dieu. Paris, 188 gr. in-8, br. 7

AMMON, F.-A. d', Démonstrations cliniques des maladies congéniales et acquises de l'œil humain et de ses annexes. Trad. de l'allemand et publié sous direction de F. V. Szokalski. Paris, 1846, in-8. Avec 55 pl. in-fol. contenant 965 dessins gravés sur pierre et coloriés avec soin. Au lieu de 150 fr. 25

AMOURS (les) et les aventures du jeune Ons-ol-Oudjoud (les délices du monde et de la fille de Vézir El-Ouard Fi-l-Akmam (le Bouton de Rose), conte de Mille et une Nuits. Traduit de l'arabe et publié complet pour la première fois par G. Rat. Toulon, 1869, in-8, br. 1

ANNUAIRE DE L'ÉCOLE DES HAUTES ÉTUDES (section des sciences historiques et philologiques), année 1893: Calendrier. — Documents. — Rapports. — G. PARIS, l'Altération romane du C. latin. In-8, br. 2

— Année 1894: Calendrier. — Documents. — Rapports. — Ed. TOURNIER Notes sur Démosthène. In-8, br. 2

— Année 1895: Calendrier. — Documents. — Rapports — G. BOISSIER, Satura tota nostra est. — BRÉAL, James Damesteter. In-8, br. 2

— Année 1896: Calendrier. — Documents. — Rapports. — G. MONOD, Du rôle de l'opposition des races et des nationalités dans la dissolution de l'Empire carolingien 2

— Année 1897: Calendrier. — Documents. — Rapports. — G. MASPERO, Comment Alexandre devint dieu en Égypte. A. CARRIÈRE, Joseph Derenbourg. 2

— Année 1898: Calendrier. — Documents. — Rapports. — A. CARRIÈRE, Sur un chapitre de Grégoire de Tours relatif à l'histoire d'Orient. 2

— Année 1899: Calendrier. — Documents. — Rapports. — M. THEVENIN, Sur l'histoire des origines de l'institution monarchique française. 2

— Année 1900: Calendrier. — Documents. — Rapports. — J. ROY, Corrections et additions à l'histoire de Robert de Clermont, sixième fils de saint Louis. 2

ANTOINE, F., Syntaxe de la langue latine. Paris, 1880, in-8, br. 8

— Règles fondamentales de la syntaxe latine à l'usage des classes. Paris, 189 petit in-12, cart. 3

ARANA, D. B., Voir : Alvarez de Toledo. — Bibliotheca americana.

ARBEAU, T. (J. *Tabourot*). Orchésographie et traicté en forme de dialogue par lequel toutes personnes peuvent facilement apprendre et practiquer l'honneste exercice des dances. Réimpression précédée d'une notice sur les danses du XVe siècle, par L. Fonta. Paris, 1888, in-4, papier vergé teinté. 30 »

Réimpression page pour page de l'édition rarissime de 1588; avec reproduction des gravures sur bois et de la musique qui l'accompagnent.

ARBOIS DE JUBAINVILLE, H. d', Études grammaticales sur les langues celtiques. Première partie : Introduction, phonétique et dérivation bretonnes. Paris, 1881, gr. in-8, br. 8 »

— Même ouvrage. Deuxième partie, en collaboration avec M. E. Ernault : Glossaire moyen breton 2e édit : corrigée et augmentée avec une préface et les index du tome I : Paris, 1895-1896. 1 tome en 2 vol. gr. in-8, br. 30 »

— Les noms gaulois chez César et Hirtius, « De Bello gallico », 1re série. Les composés dont *Rix* est le dernier terme. Paris, 1891, in-18 jésus, br. 4 »

— Deux manières d'écrire l'histoire, critique de Bossuet, d'Augustin Thierry et de Fustel de Coulanges. Paris, 1896, in-18 jésus. 4 »

ARCHU, Voir : La Fontaine.

ARISTOTE, Constitution d'Athènes. Traduit par B. Haussoullier, avec la collaboration de E. Bourguet, J. Bruhnes et L. Eisenmann. Paris 1891, gr. in-8. 5 »

ARNOULIN, E., Grammaire des écoles conformes au dernier programme. Paris, 1885, in-12, cart. demi-toile. 1 60

AUDIFFRED, J.-B., Ad Catalogum historico-criticum romanorum editionum saeculi XV in quo praeter editiones a Maettario, Orlandio, ac P. Laerio relatas... plurimae aliae... recensentur ac describuntur. Supplementum ejusdem auctoris nunc primum ab J. Bresciano in Lucem editum (Extrait de la *Revue des Bibliothèques*). Paris, 1897, gr. in-8, br. 2 »

AURÈS, A., Essai sur le système métrique assyrien, 1er fascicule. Paris, 1882, in-4, br.

(Tirage à part du Recueil de travaux relatifs à la philologie et à l'archéologie égyptiennes et assyriennes. Tome III).

— Traité de métrologie assyrienne ou étude de la numération et du système métrique assyriens considérés dans leurs détails, dans leurs rapports et dans leur ensemble. Paris, 1891, in-8, br., tableaux. 6 »

AUVRAY, E., Voir : Bibliothèque de l'École des Hautes-Études. — Philippe le Solitaire.

AYER, C., Introduction à l'étude des dialectes du pays romand. Neuchâtel, 1878, in-4, br. 2 »

BAILLET, A., Le décret de Memphis et les inscriptions de Rosette et de Damanhour. Orléans, 1888, gr. in-8, br. 5 »

(Extrait des Mémoires de la Société d'agriculture, sciences, belles-lettres et arts d'Orléans).

BANCROFT, G., Histoire de l'action commune de la France et de l'Amérique pour l'indépendance des États-Unis. Traduit et annoté par le comte Adolphe de Circourt, accompagné de documents inédits. Paris, 1875, 3 vol. in-8, br., ornés de deux portraits gravés sur acier. Au lieu de 22 fr. 50 6 »

BANTI, C., L'Amyntas du Tasse et l'Astrée d'Honoré d'Urfé avec les meilleurs portraits du Tasse, les ornements et les trois meilleures gravures de l'édition aldine (1583) de l'Amyntas, les portraits d'Honoré d'Urfé, de la bergère Astrée et un frontispice du roman français (éd. parisienne de 1633). Milan, 1895, in-8. 3 »

BARBIER DE MEYNARD, C., Dictionnaire géographique, historique et littéra[illegible] de la Perse et des contrées adjacentes, extrait du Mo'djem-el-Bouldan Yaqout, et complété à l'aide de documents arabes et persans pour la plup[illegible] inédits. Paris, 1861, gr. in-8, br. 1[illegible]

BAR HEBRAEUS, Le Livre de l'ascension de l'esprit sur la forme du ciel et de la terre. Cours d'astronomie rédigé en 1279 par G. Aboulfarag, dit B[illegible] Hebraeus. Publié pour la première fois d'après les manuscrits de Par[illegible] d'Oxford et de Cambridge, par F. Nau. Première partie : texte syriaque[illegible] Paris, 1899, gr. in-8 avec figures dans le texte. 15 »

BARTHÉLEMY, A., Gujastak Abalish. Relation d'une conférence théologique présidée par le Calife Mâmoun. Texte pehlvi, publié pour la première fois avec traduction, commentaire et lexique. Paris, 1887, gr. in-8, br. 3 50

BARTHOLMESS, C., Histoire philosophique de l'Académie de Prusse, depuis Leibnitz jusqu'à Schelling, particulièrement sous Frédéric le Grand. Paris. 1851, 2 vol. in-8, br. Au lieu de 12 fr. 4 »

BASTIN, J., Étude sur les principaux adverbes. Affirmation, négation, manière. Paris, 1891, in-8, br. 3 »

BATAILLARD, P., Les derniers travaux relatifs aux Bohémiens dans l'Europe orientale (Extrait de la *Revue critique*). Paris, 1872, gr. in-8, br. 3 »

— Sur l'origine des Bohémiens ou Tsiganes, avec l'explication du nom Tsigane. Lettre à la *Revue critique*. Paris, 1875, gr. in-8, br. 2 »

BAUDAT, E., Étude sur Denys d'Halicarnasse et le Traité de la disposition des mots. Paris, 1879, in-8, br. Au lieu de 3 fr. 1 50

BAUER, A., Voir : Bibliothèque de l'École des Hautes-Études. — Collection philologique, Nouvelle série. — Diez.

BAUZON, l'abbé L. F., Recherches historiques sur la persécution religieuse dans le département de Saône-et-Loire pendant la Révolution. Tome Ier : l'arrondissement de Chalon. Paris, 1890, gr. in-8, br. 9 »

BAZY, J. P. A., État militaire de la monarchie espagnole sous le règne de Philippe IV. — Les Mercenaires au XVIIe siècle. Poitiers, 1864, in-12, br. Au lieu de 2 fr. 1 »

BÉARD, J., Recueil complet de ses chansons en patois savoyard avec traduction littérale par A. Constantin. Annecy, 1888, gr. in-8, br. 3 »

BEAUVERGER, Des Constitutions de la France et du système politique de l'empereur Napoléon. Paris, 1852, in-8, br. 2 »

BÉDIER, J., Les Fabliaux, études de littérature populaire et d'histoire littéraire du moyen âge, 2e édition revue et corrigée. Paris, 1895, gr. in-8, br. 12 50

— De Nicolao Museto (gallice Colin Muset), franco-gallico carminum scriptore. Paris, 1893, in-8, br. 3 »

BEHNE, Dr C. A. J., Maison impériale de Russie. Tableau généalogique depuis 1702 jusqu'en 1861. Paris, 1861, in-8, br. Au lieu de 1 fr. » 50

BELIN, F., De M. T. Ciceronis orationum deperditarum fragmentis. Paris, 1875, in-8, br. 5 »

BELJAME, A., La prononciation française du nom de Jean Law, le financier. Paris, 1891, grand in-8, broché (Extrait des Études romanes dédiées à G. Paris). 1 25

BENECH, Études sur les classiques latins appliquées au droit civil romain. Première série : Les satiriques : Horace, Perse, Martial, Juvénal. Paris, 1853, in-8 (Épuisé).

BÉNÉZET, Voir : Albanès.

BENLOEW, L., Précis d'une théorie des rythmes. Première partie : Rythmes

BERNARD, T., Étude sur les variations du polythéisme grec. Paris, 1853, i[n-8,] br. Au lieu de 2 fr. 1

BÉRON, P., Atlas du magnétisme terrestre, représentant en trois planches fol. coloriées l'aimantation de la terre par le soleil et l'aimantation du fer la terre, avec un texte contenant l'explication de tous les faits magnéti[ques] suivant les lois physiques. Paris, 1860, in-4. br. Au lieu de 12 fr. 2

BEYKERT, J.-D., Biographie, relation de sa captivité à Dijon. Lettres à femme, 1793-1794. Mulhouse, 1893, in-8, br. 4

BHAMINI-VILASA, Recueil des Sentences du Pandit Djagannâtha. T[exte] sanscrit publié pour la première fois en entier avec traduction en françai[s] des notes par A. Bergaigne. Paris, 1872, gr. in-8, br. 8

BIBLIOTHECA AMERICANA, Collection d'ouvrages inédits ou rares l'Amérique. Vol. I. Puren indomito, poema por el capitan Fernando Alv[arez] de Toledo. Publicado bajo la direccion de Don Diego Barros Arana. Pa[ris,] 1862, 1 vol. in-8. Au lieu de 14 fr.

Papier fort gr. in-4. Tiré à 19 exemplaires. Au lieu de 40 fr. 2[

Papier de Chine. Tiré à 10 exemplaires. Au lieu de 35 fr. 1[

— Vol. II. Yves d'Évreux. Suite de l'histoire des choses plus mémora[bles] advenues en Maragnan ès années, 1613 et 1614. Publié d'après l'exempl[aire] unique conservé à la Bibliothèque Impériale de Paris, avec une introduc[tion] et des notes critiques et historiques sur le voyage du P. Yves d'Évr[eux.] Édité par M. Ferdinand Denis. Paris, 1864, 1 vol. in-8. Au lieu de 15 fr.

Papier fort gr. in-4. Tiré à 10 exemplaires. Au lieu de 50 fr. 2[

Papier de Chine. Tiré à 10 exemplaires. Au lieu de 40 fr. 2[

— Vol. III. Nicolas Perrot. Mémoire sur les mœurs, coustumes et relligion sauvages de l'Amérique septentrionale. Publié pour la première fois avec notes et un index alphabétique par le R. P. Tailhan. Paris, 1864, 1 vol. i[n-8.] Au lieu de 14 fr.

Papier fort gr. in-4. Tiré à 10 exemplaires. Au lieu de 40 fr. 2[

Papier de Chine. Tiré à 10 exemplaires. Au lieu de 35 fr. 1[

BIBLIOTHECA SCATOLOGICA, ou catalogue raisonné des livres traitant vertus, faits et gestes de très noble et très ingénieux Messire Luc (à rebo[urs]) seigneur de la Chaise et autres lieux, par trois savants en us. Scatop[olis,] chez les marchands d'aniterges, 5850 (1850), in-8, br. 1[

BIBLIOTHÈQUE CONCHYLIOLOGIQUE, publiée sous la direction de M. Dr J.-C. Chenu. Paris, 1855, gr. in-8, papier vélin.

Cette collection donne la traduction en français de travaux remarquables l'importance est généralement reconnue par les conchyliologistes; elle met a[u] la portée de tout le monde des ouvrages anciens et modernes que leur rare[té] leur prix rendent inabordables à la plupart des personnes qui s'occupent de branche de l'histoire naturelle.

PREMIÈRE SÉRIE

Tome I. Donovan, Coquilles d'Angleterre. Avec 48 planches. Au lie[u de] 30 fr.

II. P. Martyn, Le Conchyliologiste universel. Avec 50 planches. [Au] lieu de 30 fr.

III. Leach, Conrad, Say, Rafinesque. Avec 20 pl. Au lieu de 30 fr.

IV. Montagu, Testacea britannica. Avec 14 pl. Au lieu de 30 fr.

DEUXIÈME SÉRIE

I. Transactions de la Société linnéenne de Londres. Avec 14 plan[ches.] Au lieu de 30 fr.

BIBLIOTHÈQUE DE L'ÉCOLE PRATIQUE DES HAUTES ÉTUDES, (Section des sciences philologiques et historiques), publiée sous les auspices du Ministère de l'Instruction publique par MM. les Directeurs d'Études, professeurs et élèves de l'École.

1er fascicule : La stratification du langage par Max Müller. Traduit par L. Havet. — La chronologie dans la formation des langues indo-européennes, par G. Curtius. Traduit par A. Bergaigne, membre de l'Institut. 4 »

2e fascicule : Études sur les Pagi de la Gaule, par A. Longnon. 1re partie : l'Astenois, le Boulonnais et le Ternois. Avec deux cartes (Épuisé).

3e fascicule : Notes critiques sur Colluthus, par E. Tournier. 1 50

4e fascicule : Nouvel essai sur la formation du pluriel brisé en arabe, par Stanislas Guyard. 2 »

5e fascicule : Anciens Glossaires romans, corrigés et expliqués par F. Diez. Traduit par A. Bauer. 4 75

6e fascicule : Des formes de la conjugaison en égyptien antique, en démotique et en copte, par G. Maspero, membre de l'Institut. 10 »

7e fascicule : La Vie de saint Alexis, textes des XIe, XIIe, XIIIe et XIVe siècles, publiés par G. Paris, membre de l'Institut et L. Pannier. 15 »

8e fascicule : Études critiques sur les sources de l'histoire mérovingienne, 1re partie. Introduction. Grégoire de Tours. Marius d'Avenches, par G. Monod et par les membres de la Conférence d'histoire. 6 »

9e fascicule : Le Bhâminî-Vilâsa, texte sanscrit publié avec une traduction et des notes par A. Bergaigne, membre de l'Institut. 8 »

10e fascicule : Exercices critiques de la Conférence de philologie grecque recueillis et rédigés par É. Tournier. 10 »

11e fascicule : Étude sur les Pagi de la Gaule, par A. Longnon, 2e partie : Les Pagi du diocèse de Reims. Avec 4 cartes. 7 50

12e fascicule : Du Genre épistolaire chez les anciens Égyptiens de l'époque pharaonique, par G. Maspero, membre de l'Institut (Épuisé).

13e fascicule : La procédure de la Lex Salica. Étude sur le droit frank (la fidejussio dans la législation franke; — les Sacebarons; — la glose malbergique), travaux de R. Sohm, professeur à l'Université de Strasbourg, traduits par M. Thévenin. 7 »

14e fascicule : Itinéraire des Dix Mille. Étude topographique par F. Robiou, avec 3 cartes (Épuisé).

15e fascicule : Étude sur Pline le Jeune, par T. Mommsen, traduit par C. Morel (Épuisé).

16e fascicule : Du C dans les langues romanes, par C. Joret. 12 »

17e fascicule : Cicéron : Epistolæ ad Familiares. Notice sur un manuscrit du XIIe siècle, par C. Thurot, membre de l'Institut. 3 »

18e fascicule : Études sur les Comtes et Vicomtes de Limoges antérieurs à l'an 1000, par R. de Lasteyrie. 5 »

19e fascicule : De la formation des mots composés en français, par A. Darmesteter. Deuxième édition. 12 »

20e fascicule : Quintilien, institution oratoire. Collation d'un manuscrit du Xe siècle, par E. Châtelain et J. Coultre (Épuisé).

21e fascicule : Hymne à Ammon-Ra des papyrus égyptiens du musée de Boulaq, traduit et commenté par E. Grébaut. 22 »

22e fascicule : Pleurs de Philippe le Solitaire, poème en vers politiques publié dans le texte pour la première fois d'après six mss. de la Bibliothèque Nationale, par l'abbé E. Auvray. 3 75

23ᵉ fascicule : Haurvatât et Ameretât. Essai sur la mythologie de l'Avesta. J. Darmesteter. 4

24ᵉ fascicule : Précis de la déclinaison latine, par M. F. Bücheler, traduit l'allemand par L. Havet, enrichi d'additions communiquées par l'teur avec une préface du traducteur (Épuisé, nouvelle édition s presse).

25ᵉ fascicule : Anis-el-'Ochchâq, traité des termes figurés relatifs à la descr tion de la beauté, par Cheref-eddîn-Râmi, traduit du persan et annoté C. Huart. 5

26ᵉ fascicule : Les tables Eugubines. Texte, traduction et commentaire, avec grammaire et une introduction historique, par M. Bréal, membre l'Institut. Accompagné d'un album de 13 planches photogravées. 30

27ᵉ fascicule : Questions homériques, par F. Robiou. Avec 3 cartes. 6

28ᵉ fascicule : Matériaux pour servir à l'histoire de la philosophie de l'Inde, par P. Regnaud. Iʳᵉ partie. 9 »

29ᵉ fascicule : Ormazd et Ahriman, leurs origines et leur histoire, par J. Darmesteter (Épuisé). Quelques exemplaires seulement. 25 »

30ᵉ fascicule : Les métaux dans les inscriptions égyptiennes, par C. R. Lepsius. Traduit par W. Berend, avec des additions de l'auteur et accompagné de 2 planches. 12 »

31ᵉ fascicule : Histoire de la ville de Saint-Omer et de ses institutions jusqu'au XIVᵉ siècle, par A. Giry. 20 »

32ᵉ fascicule : Essai sur le règne de Trajan, par C. de la Berge. 12 »

33ᵉ fascicule : Études sur l'industrie et la classe industrielle à Paris au XIIIᵉ et au XIVᵉ siècle, par G. Fagniez. 12 »

34ᵉ fascicule : Matériaux pour servir à l'histoire de la philosophie de l'Inde, par P. Regnaud. IIᵉ partie. 10 »

35ᵉ fascicule : Mélanges publiés par la section historique et philologique de l'École des Hautes-Études pour le dixième anniversaire de sa fondation. Avec 10 planches gravées. 15 »

36ᵉ fascicule : La religion védique d'après les hymnes du *Rig-Véda*, par A. Bergaigne, membre de l'Institut. Tome Iᵉʳ (Épuisé). Ne se vend qu'avec les tomes II à IV (53, 54ᵉ 117ᵉ fascicules). Les 4 volumes. 75 »

37ᵉ fascicule : Histoire critique des règnes de Childerich et de Chlodovech, par M. Junghans. Traduit par G. Monod et augmenté d'une introduction et de notes nouvelles. 6 »

38ᵉ fascicule : Les Monuments égyptiens de la Bibliothèque Nationale (cabinet des médailles et antiques), par E. Ledrain. Iʳᵉ partie. 12 »

39ᵉ fascicule : L'Inscription de Bavian, texte, traduction et commentaire philologique, avec trois appendices et un glossaire, par H. Pognon. Iʳᵉ partie. 6 »

40ᵉ fascicule : Patois de la commune de Vionnaz (Bas-Valais), par J. Gilliéron. Accompagné d'une carte. 7 50

41ᵉ fascicule : Le Querolus, comédie latine anonyme. Texte en vers, restitué d'après un principe nouveau et traduit pour la première fois en français. Précédé d'un examen littéraire de la pièce, par L. Havet. 12 »

42ᵉ fascicule : L'Inscription de Bavian, texte, traduction et commentaire philologique. Avec trois appendices et un glossaire, par H. Pognon. IIᵉ partie. 6 »

43ᵉ fascicule : De Saturnio Latinorum versu. Inest reliquiarum quotquot supersunt sylloge, scripsit L. Havet. 15 »

44ᵉ fascicule : Études d'archéologie orientale, par C. Clermont-Ganneau. Tome Iᵉʳ. Avec gravures dans le texte et hors texte. 25 »

70e fascicule : Études sur le Papyrus Prisse. Le livre de Kaqimna et les leçons de Ptah-Hotep, par P. Virey. 8

71e fascicule : Les Inscriptions babyloniennes du Wadi Brissa, par H. Pogno Avec 14 planches. 10

72e fascicule : Johannis de Capua Directorium vitae humanae, alias parabola antiquorum sapientium. Version latine du livre de Kalilâh et Dimnâ publiée et annotée par J. Derenbourg, membre de l'Institut, 2 fasc. 16

73e fascicule : Mélanges Renier. Recueil de travaux publiés par l'École pratique des Hautes-Études (section des sciences historiques et philologiques) à la mémoire de son président Léon Renier. Avec portrait. 15

74e fascicule : La bibliothèque de Fulvio Orsini. Contributions à l'histoire des collections d'Italie et à l'étude de la Renaissance, par P. de Nolhac. Avec 8 fac-similés en photogravure. 15 »

75e fascicule : Histoire de la ville de Noyon et de ses institutions jusqu'à la fin du XIIIe siècle, par A. Lefranc (Épuisé).

76e fascicule : Étude sur les relations politiques du pape Urbain V avec les rois de France Jean II et Charles V, d'après les registres de la chancellerie d'Urbain V, conservés aux archives du Vatican, par M. Prou. 6 »

77e fascicule : Lettres de Servat Loup, abbé de Ferrières. Texte, notes et introduction par G. Desdevise du Dezert. 5 »

78e fascicule : Simon Portius, grammatica linguae graecae vulgaris. Reproduction de l'édition de 1638, suivie d'un commentaire grammatical et historique par W. Meyer, avec une introduction par J. Psichari. 12 50

79e fascicule : La légende syriaque de saint Alexis, l'homme de Dieu, par A. Amiaud. 7 50

80e fascicule : Les inscriptions antiques de la Côte-d'Or, par P. Lejay. 9 »

81e fascicule : Le Livre des Parterres fleuris d'Abou'l-Walid Merwan Ibn Djanah, traduit en français sur les manuscrits arabes par M. Metzger. 15 »

82e fascicule : Le roman en prose de Tristan, le roman de Palamède et la compilation de Rusticien de Pise. Analyse critique d'après les manuscrits de Paris, par E. Löseth. 18 »

83e fascicule : Le Théâtre indien, par Sylvain Lévi. 18 »

84e fascicule : Documents des archives de la chambre des comptes de Navarre publiés par J. A. Brutails. 6 »

85e fascicule : Commentaire sur le Séfer Yesira ou Livre de la création par le Gaon Saadya de Fayyoum, publié et traduit par Mayer Lambert. 10 »

86e fascicule : Étude sur Geoffroi de Vendôme, par L. Compain. 7 50

87e fascicule : Les derniers Carolingiens. Lothaire, — Louis V, — Charles de Lorraine (954-991), par F. Lot. 13 »

88e fascicule : La Politique extérieure de Louise de Savoie, par C. Jacqueton. 13 50

89e fascicule : Aristote, Constitution d'Athènes. Traduit par B. Haussoullier avec la collaboration de E. Bourguet, J. Bruhnes et L. Eisenmann. 5 »

90e fascicule : Le poème de Gudrun, ses origines et son histoire, par A. Fécamp. 8 »

91e fascicule : Pétrarque et l'humanisme d'après un essai de restitution de sa bibliothèque, par P. de Nolhac (Épuisé).

92e fascicule : Études de Philologie néo-grecque. Recherches sur le développement historique du grec par J. Psichari. 22 50

93e fascicule : Les Chroniques de Zar'a Ya'eqôb et de Ba' eda Máryâm, rois d'Éthiopie de 1434 à 1478 (texte éthiopien et traduction), précédées d'une introduction par J. Perruchon. 13 »

94e fascicule : La Prose métrique de Symmaque et les origines du Cursus, par L. Havet. 4 »

95e fascicule : Les Lamentations de Matheolus et le Livre de Leesce de Jehan Le Fevre de Resson (poèmes français du XIVe siècle). Édition critique accompagnée de l'original latin des Lamentations, d'après l'unique manuscrit d'Utrecht, d'une introduction et de deux glossaires, par G. van Hamel. Tome Ier. Textes français et latin des Lamentations (épuisé).

96e fascicule : Le même ouvrage. Tome II (sous presse).

97e fascicule : Le Livre de ce qu'il y a dans l'Hadès, par G. Jéquier. 9 »

98e fascicule : Les Fabliaux, études de littérature populaire et d'histoire littéraire du moyen âge, par J. Bédier, 2e édition, revue et corrigée. 12 50

99e fascicule : Eudes, comte de Paris, et roi de France (882-898), par E. Favre. 8 »

100e fascicule : Documents pour l'histoire de la section des sciences historiques et philologiques pendant les vingt-cinq premières années de son existence, (sous presse).

101e fascicule : Étude sur la vie et le règne de Louis VIII (1187-1226), par Ch. Petit-Dutaillis. 16 »

102e fascicule : Plavti Amphitrvo. Edidit L. Havet, cum discipulis Belleville, Biais, Fourel, Gohin, Philipot, Ramain, Rey, Roersch, Segrestaa, Tailliart, Vitry. 6 »

103e fascicule : Saint Césaire, évêque d'Arles (503-543), par A. Malnory. 8 »

104e fascicule : Chronique de Galawdêwos. Texte éthiopien, traduction et commentaire, par W. E. Conzelman. 10 »

105e fascicule : Le Fakhri. Histoire du Khalifat jusqu'à la chute des Abbassides. Texte arabe, publié par H. Derenbourg. 25 »

106e fascicule : Jean Balue, cardinal d'Angers (1421?-1491), par H. Forgeot. 7 »

107e fascicule : Matériaux pour servir à l'histoire de la déesse bouddhique Tarâ, par G. de Blonay. 2 50

108e fascicule : Essai sur l'Augustalité dans l'Empire romain, par F. Mourlot. Avec 2 cartes. 5 »

109e fascicule : Tite-Live. Étude et collation du manuscrit 5726 de la Bibliothèque Nationale, par J. Dianu. 2 75

110e fascicule : Philippe de Mézières et la croisade du XIVe siècle par N. Jorga. 18 »

111e fascicule : Les Lapidaires indiens, par L. Finot. 10 »

112e fascicule : Chronique de Denys de Tell-Maḥré (4e partie). Texte syriaque avec traduction française, par J. Chabot. 25 »

113e fascicule : Études d'archéologie orientale, par C. Clermont-Ganneau, Tome II. 25 »

114e fascicule : Étude sur le grec du Nouveau Testament comparé avec celui des Septante. Sujet, complément et attribut, par l'abbé J. Viteau. 12 »

115e fascicule : Recherches sur l'emploi du génitif-accusatif en vieux-slave, par A. Meillet. 6 »

116e fascicule : L'Alsace au XVIIe siècle, par R. Reuss, tome I. 18 »

117e fascicule : La Religion védique, par A. Bergaigne, tome IV, Index, par M. Bloomfield. 5 »

118e fascicule : Études sur l'alliance de la France et de la Castille au XIVe et au XVe siècle, par G. Daumet. 6 »

119e fascicule : Études critiques sur les sources de l'histoire carolingienne, par G. Monod, 1re partie. 6 »

120e fascicule : L'Alsace au XVIIe siècle par R. Reuss, tome II. 20 »

121e fascicule: Le Livre de l'ascencion de l'esprit sur la forme du ciel et de terre, par G. Abouifarag, publié par F. Nau. 1re partie. Texte syriaque — 1?

122e fascicule: Introduction à la chronologie du latin vulgaire. Étude de philolog historique, par F. G. Mohl. 10

123e fascicule: Essai de dialectologie normande, par C. Guerlin de Guer, avec tableaux et 8 cartes. 10 »

124e fascicule: Annales de l'histoire de France à l'époque carolingienne. Charles le Simple, par A. Eckel. 5 »

125e fascicule: Étude sur le traité de Paris de 1259, entre Louis IX, roi de France, et Henri III, roi d'Angleterre, par M. Gavrilovitch. 5 »

BIBLIOTHÈQUE FRANÇAISE DU MOYEN AGE publiée sous la direction de MM. G. Paris et P. Meyer, membres de l'Institut. Format gr. in-16, impression sur papier vergé en caractères elzéviriens. Tous les volumes sont accompagnés d'introductions développées et de copieux glossaires.

— Vol. I et II: Recueil de Motets français des XIIe et XIIIe siècles, publiés d'après les manuscrits, avec introduction et notes, par G. Raynaud, suivis d'une étude sur la musique au siècle de saint Louis, par H. Lavoix fils. 2 vol. br. 18

— Vol. III. Le Psautier de Metz. Texte du XIVe siècle. Édition critique publiée d'après 4 mss. par F. Bonnardot. Tome Ier. Texte intégral. br. 9

— Vol. IV et V: Alexandre le Grand, par P. Meyer, membre de l'Institut. Tome Ier: 1° le fragment d'Albéric de Besançon: 2° la version en vers de dix syllabes d'après les mss. de Paris et de Venise: 3° les Enfances d'Alexandre d'après le ms. 789 de la Bibliothèque Nationale: 4° Extraits de l'Alexandre de Thomas de Kent. — Tome II: Histoire de la légende d'Alexandre en Occident. Les deux volumes br. 18

— Vol. VI et VII: Œuvres de Gauthier d'Arras publiées par E. Löset Tome Ier: Éracle. — Tome II: Ille et Galleron. Les deux volumes br. 18

En préparation:

— Le Psautier de Metz publié par F. Bonnardot. Tome II.

— Le roman de Flamenca, nouvelle édition revue et corrigée par P. Mayer, l'Institut.

BIBLIOTHÈQUE LITTÉRAIRE de la RENAISSANCE, dirigée par MM. P. Nolhac et L. Dorez. Petit in-8, br.

Tome Ier. La chronologie du canzoniere de Pétrarque. 4

BINET, H., Le Style de la lyrique courtoise en France aux XIIe et XIIIe siècles. Paris, 1891, gr. in-8. 3

BLACAS, duc de. Voir: Mommsen, Histoire de la monnaie romaine.

BLADÉ, J.-F., Dissertion sur les Chants héroïques des Basques, Paris, 18.. in-8, br. 3

— Contes et Proverbes populaires recueillis en Armagnac. Paris, 1867, in-8 broché. 3

— Études sur l'origine des Basques. Paris, 1869, in-8, br. 10

BLONAY, G. de. Matériaux pour servir à l'histoire de la déesse bouddhique Tara. Paris, 1895, gr. in-8, br. 2 50

BLOOMFIELD, M., Voir: A. Bergaigne, Religion védique.

BOISARD, E., La Biographie de Florus. Montpellier, 1871, in-8. Au lieu de 1 fr. 50. 1 »

BOISSIER, A., Documents assyriens relatifs aux présages. Tome Ier, livr. 1 à 3. Paris, 1894 à 1899, gr. in-4, br. 50 »

BOISSIER, G. Voir: Annuaire de l'École pratique des Hautes-Études 1895.

RTE, le prince C.-L., Conspectus volucrum zygodactylorum. Paris, 1854, 1 »
ctus volucrum anisodactylorum. Paris, 1854, in-8. 1 »
e sur les oiseaux grand-voiliers de la sous-famille de Lariens. Paris. 1 »
a des oiseaux de proie (Extrait de 16 p.). Paris, 1854, in-8. 1
a des oiseaux-mouches (Extrait de 22 p.). Paris, 1854, in-8. 1
a des perroquets (Extrait de 16 p.). Paris, 1854, in-8. 1 »
rnithologiques sur les collections rapportées en 1853 par M. A. Delattre
sification parallélique des passereaux chanteurs. Paris, 1854, in-4. 2 »
DOT, F., Voir: Bibliothèque française du moyen âge. — Psautier de

U, E., La Gaule d'Homère. Nice, 1884, in-12, br. » 75
TEN, baron de, Romans et Épopées chevaleresques de l'Allemagne au
a âge. Paris, 1847, in-8, br. Au lieu de 7 fr. 50. 3 »
UX, H., Confidences morales. Fleurs du bien. Paris, 1859, in-8,
é. 1 »
NS, M.-J.-H., Fragments d'une ancienne version thioise de la chanson
ste d'Aiol. Bruxelles, s. d., in-8, br., pl. Au lieu de 4 fr. 2 »
ne, sur papier fort. Au lieu de 5 fr. 2 50
QUE, H., La Prose métrique dans la correspondance de Cicéron, thèse
atée à la Faculté de l'Université de Paris. Paris, 1898, in-8, br. 8 »
ctura rhetorica praeciperint grammatici atque rhetores latini. Thesim
nebat Facultati litterarum Universitates parisiensis. Paris, 1898, gr.
br. 6 »
T, A., De Rudolpho Agricola Frisio litterarum in Germania restitutore.
, 1865, in-8, br. 1 50
aractères généraux de la littérature allemande. Paris, 1868, in-8, br. 1 »
et Iseult, poème de Gotfrit de Strasbourg comparé à d'autres poèmes
même sujet. Paris, 1865, in-8, br. 3 »
UD, P. de, Pierre de Nolhac et son œuvre. — Essai de contribution
avaux de la Société d'études italiennes. Paris, 1896, gr. in-8, br. 6 »
-LECLERCQ, A., De la Dignité des lettres anciennes. Montpellier,
in-8, br. 2 »
Graecorum de origine generis humani collecta, digesta et explanata
tati litterarum Lutetiae. Paris, 1871, in-8, br. 2 »
ntifes de l'ancienne Rome, étude historique sur les institutions reli-
es de Rome. Paris, 1871, in-8, br. (Épuisé). 20 »
RIE, Fragment de Valenciennes. Explication du mélange de mots
et romans dont se compose cet ancien texte. Mézières, s. d., in-8, br.
eu de 1 fr. 50. 1 »
T, H., Catalogue de dessins relatifs à l'histoire du Théâtre conservés
partement des estampes de la Bibliothèque Nationale, avec la description
mpes rares sur le même sujet, récemment acquises de M. Destailleur
ait de la *Revue des Bibliothèques*). Paris, 1896, gr. in-8, br. 3 »
, A., Rivalité d'Eschine et Démosthène. Paris, 1891, in-8, br. 4 »
T, A., Dictionnaire des doublets ou doubles formes de la langue fran-
Paris, 1868-1871, in-8, br. 3 »
supplément seul. » 50
MANN, J., Voir : Chansonniers français.
A., Voir : Richter.

BRÉAL, M., Les Tables Eugubines. Texte, traduction et commentaire, avec grammaire, une introduction historique et un index, et accompagné album de 13 planches photogravées. Paris, 1875, in-8, br.

— Voir : Annuaire de l'École pratique des Hautes-Études, année 1895.

BREKKE, K., Étude sur la flexion dans le Voyage de S. Brandan, poème a normand du XIIe siècle. Paris, 1885, in-8, br. Au lieu de 3 fr.

BRESCIANO, J., Voir : J.-B. Audiffred.

BRINCKMANN, Promenades en Espagne pendant les années 1849 et Paris, 1852, in-8, br. Au lieu de 6 fr.

BRUGSCH, H., Examen critique du livre de M. Chabas intitulé : Voyage Égyptien en Syrie, en Phénicie, en Palestine, etc., au XIVe siècle avant ère. Paris, 1867, gr. in-8 br. Au lieu de 1 fr.

BRUNET, G., Notice sur une édition inconnue du Pantagruel et sur le primitif de Rabelais. Paris, 1844, in-8, br. Au lieu de 2 fr. 50.

— La France littéraire au XVe siècle, ou Catalogue raisonné des ouvrages et genre imprimés en langue française jusqu'à l'an 1500. Paris, 1865, (Épuisé). Quelques exemplaires sur papiers vélin et chamois.

BRUNET DE PRESLE, W., Recherches sur les établissements des Grec Sicile jusqu'à la réduction de cette île en province romaine. Paris, gr. in-8, br., carte. Au lieu de 15 fr.

BRUTAILS, J.-A., Documents des archives de la Chambre des compt Navarre. Paris, 1890, gr. in-8, br.

BUECHELER, F., Précis de la déclinaison latine. Traduit de l'alleman M. L. Havet et enrichi d'additions communiquées par l'auteur. Paris, gr. in-8, br. (Nouvelle édition sous presse).

CAFFIAUX, H., Recension nouvelle du texte de l'oraison funèbre d'Hyp et Examen de l'édition de M. Comparetti. Paris, 1866, in-8, broché. Au de 4 fr.

CAILLEMER, E., Notes sur les railways ou chemins à rainures dans l'ant grecque. Paris, 1869, in-8, br. Au lieu de 2 fr.

CALA D'ULLOA, P., duc de Lauria, Lettres d'un ministre émigré, suiv Lettres napolitaines. Marseille, 1870, in-8, br. Au lieu de 5 fr.

CAMUS, G., Voir : Opera Salernitana.

CARAYON, P.-A., Bibliographie historique de la Compagnie de Jésus ou logue des ouvrages relatifs à l'histoire des Jésuites, depuis leur o jusqu'à nos jours. Paris, 1864, in-4, br.

CARMINA medii aevi maximam partem inedita ex bibliothecis helveticis co edidit H. Hagenus. Bernae, 1877, petit in-8, br. (Épuisé).

CARRIÈRE, A., Voir : Annuaire de l'École des Hautes-Études, années 1 1898.

CASATI, C.-C., Voir : Richard li biaus.

CATALOGUE de la bibliothèque lyonnaise de M. Coste, rédigé et mis en par Aimé Vingtrinier. Paris et Lyon, 1853, 2 volumes in-8, broché lieu de 10 fr.

— des Livres rares et précieux de la bibliothèque de feu J.-L.-A. Coste. 1 1854, in-8, br. Exempl. sur papier fort. Au lieu de 2 fr.

CATALOGUE des livres imprimés, manuscrits, estampes dessins et ca jouer composant la bibliothèque de M. C. Leber, avec des notes 1 collecteur. Vol. IV. Paris, 1852, gr. in-8, br., papier fort.

Volume supplémentaire qui manque souvent aux exemplaires complets.

CATHERINE REINE DE WESTPHALIE, née princesse de Wurtem

Correspondance inédite (1810 à 1831) avec sa famille et celle du roi Jérome, les souverains étrangers et divers personnages, publiée par le baron A. Du Casse. Paris, 1893, in-8, br. Au lieu de 7 fr. 50. 5 »

CERVANTES, M., El ingenioso hidalgo Don Quijote de la Mancha. Argamasilla de Alba, 1863, 4 vol. gr. in-32, br. 20 »

CHABAILLE, P., Voir : Les anciens poètes de la France, vol. III. — Mystère de Saint Crespin. — Roman du Renart.

CHABAN, comte de. Essai sur l'origine du nom des communes dans la Touraine, le Vendômois et une partie du Dunois. Paris, 1885, in-8, br. 6 »

CHABANEAU, C., Fragments d'un mystère provençal découvert à Périgueux. Périgueux, 1874, in-8, br. 1 50

— Histoire et Théorie de la conjugaison française. Nouvelle édition, revue et augmentée. Paris, 1878, in-8, br. 5 »

CHABOT, J., Chronique de Denys de Tell-Mahré (4ᵉ partie). Texte syriaque avec traduction française. Paris, 1895. 1 vol. gr. in-8, br. 25 »

CHAHAB AD-DIN AHMAD, Fûtuḥ el-Habacha des conquêtes faites en Abyssinie au xviᵉ siècle par l'Imam Muhammad Ahmad dit Gragne, version française de la chronique arabe. Publication commencée par *A. d'Abbadie*, membre de l'Institut de France, et terminée par le Dʳ *Ph. Paulitschke* de l'Université de Vienne. Paris, 1898, in-8, br. 20 »

CHAIGNET, A.-E., Essais sur la métrique grecque. Le vers iambique, précédé d'une introduction sur les principes généraux de la métrique grecque Paris, 1887, in-8, br. 6 »

— La Rhétorique et son histoire. Paris, 1888, in-8, br. 10 »

CHAIKIN, A., Apologie des Juifs. Étude historique et littéraire sur l'état politique et social des Juifs depuis la chute de Jérusalem jusqu'à 1306. Paris, 1887, in-8, br. 6 »

CHANSONNIERS FRANÇAIS, xiiᵉ siècle (les plus anciens), publiés d'après tous les manuscrits. Paris, 1891, in-8, br. 5 »

— Contenu : Gautiers d'Espinal. — Crestiens de Troyes. — Mesire Morisses de Craon. — Mesire Hues d'Oisy. — Mesire Quenes de Béthune. — Renals, li chastelains de Couci. — Blondels de Neele. — Li rois Richars d'Engleterre.

CHARENCEY, H. de, Étymologies euskariennes. Paris, 1885, gr. in-8, br. (Extrait du Bulletin de la Société de linguistique). 1 »

— De quelques étymologies basques. Paris, s. d., gr. in-8 (Extrait du Bulletin de la Société de linguistique). 1 »

CHASSANT, A., et SAUVAGE, G.-E., Histoire des évêques d'Évreux, avec des notes et des armoiries. Évreux, 1846, pet. in-8, carré, br. 2 »

CHATELAIN, E., Les Étudiants suisses de Paris aux xvᵉ et xviᵉ siècles. Paris, 1891, gr. in-8. 2 »

— Un important fragment de Virgile. Paris, 1880, in-8 (Extrait des Mélanges Renier). 2 »

— Observations critiques sur les statuts et privilèges des Universités françaises, publiés par M. Fournier. — Les délégués des Universités françaises au Concile de Constance (nouvelles rectifications aux ouvrages de M. Fournier), par le R. P. H. Denifle. Paris, 1892, gr. in-8. 1 25

CHATELAIN, E., et LE COULTRE, J., Quintilien, Institution oratoire, collation d'un manuscrit du xᵉ siècle. Paris, 1875, in-8, br. 3 »

CHATELAIN, E., et MAIRE, A., Essai d'une bibliographie de l'ancienne Université de Paris (Extrait de la *Revue des Bibliothèques*). Paris, 1891, gr. in-8, br. 3 50

CHATTON, A., Levr bugale Mari (le Livre des enfants de Marie). Saint-Brieuc 1890, in-18, cart. 1 50

CHENU, J.-C., Illustrations conchyliologiques ou description et figures de toute les coquilles connues, vivantes et fossiles, classées suivant le système d Lamarck, modifié d'après les progrès de la science et comprenant les genre nouveaux et les espèces récemment découvertes. Paris, gr. in-fol. Liv. 1 à 8 (tout ce qui a paru). Planches gravées sur cuivre et coloriées avec le plu grand soin. La livraison, au lieu de 22 fr. 50. 5

— Voir aussi : Bibliothèque conchyliologique.

CHEREF-EDDIN-RAMI. Anis-el-'Ochchâq, traité, des termes figurés relatifs la description de la beauté. Traduit du persan et annoté par C. Huart Paris, 1875, in-8, br. 5 5

CHEVALDIN, E., Voir : Ernault et Chevaldin.

CHEVANDIER, E., et WERTHEIM, G., Mémoire sur les propriétés méca niques du bois. Paris, 1848. in-8, br. Avec planches. Au lieu de 4 fr. 1

CHRONIQUE DE TURPIN. Paris, 1835, in-4. br. Tiré à 120 exempl. (Épuisé)

CICÉRON, Epistolae ad familiares. Notice sur un manuscrit du XIIe siècle, pa C. Thurot, membre de l'Institut. Paris, 1874, gr. in-8, br. 2

— Voir aussi : Belin.

CIRCOURT, A. de, Voir : Bancroft.

CLAIREFOND, A.-M., Une nouvelle explication de l'A B C. Étude physiolo gique sur les origines du langage. Paris, 1878, gr. in-8, br. 4

CLAIRIN, P., Du Génitif latin et de la Préposition *De*. Étude de syntaxe histo rique sur la décomposition du latin et la formation du français. Paris, 188 in-8, br. 7

De Haruspicibus apud Romanos. Paris, 1880, in-8, br. 2

— Voir : Curtius.

CLÉDAT, L., Grammaire élémentaire. Paris, 1890, 2 vol. in-18, br.

Livre de l'élève.

Livre du maître. 1

— Exercices de grammaire française. Cours élémentaire conforme à la circula ministérielle du 27 avril. Paris et Lyon, 1891, 2 vol. in-18.

Livre de l'élève.

Livre du maître. 1

— Modifications orthographiques adoptées par la Revue de philologie frança et provençale. Paris, 1890, in-8, br. »

CLERMONT-GANNEAU, C., Études d'archéologie orientale. Tomes I et II, a de nombreuses gravures dans le texte et hors texte. Paris, 1880 à 1896, 2 v in-4, br. Le volume. 2

— Carthage. Désiderata topographiques et archéologiques. Note présentée l'Académie des Inscriptions et belles-lettres (Extrait du *Journal offici* Paris, 1896, in-12, br. »

COCHIN, H., La chronologie du canzoniere de Pétrarque. Paris. 1898. pet in-8, br. 4

COLLAS, B.-C., La Turquie en 1861. Paris, 1861, in-8. br. Au lieu de 5 fr. 1

COLLECTION PHILOLOGIQUE. Recueil de travaux originaux ou traduit relatifs à la philologie et à l'histoire litteraire, avec un avant-propos pa M. Michel Bréal. Paris, 1868 à 1877, in-8.

Fascicule I. La théorie de Darwin. — De l'importance du langage pour l'histoir naturelle de l'homme, par A. Schleicher. Traduit l'allemand par M. d Pommayrol, avec 2 planches. 2

Fascicule II. Dictionnaire des doublets ou doubles formes de la langue française, par A. Brachet. 2 50

— III. De l'ordre des mots dans les langues anciennes comparées aux langues modernes, par H. Weil. 4 »

— IV. Dictionnaire des doublets ou doubles formes de la langue française, par A. Brachet. Supplément. » 50

— V. Les noms de famille, par E. Ritter. 3 50

— VI. Études philologiques d'onomatologie normande, par H. Moisy. 3 50

— VII. Essai sur la langue basque, par F. Ribary, traduit du hongrois par J. Vinson. 5 »

VIII. De conjugatione latini verbi « dare » a James Darmesteter. Au lieu de 1 fr. 50. » 75

— IX. De Floovante vetustiore gallico poemate et de Merovingo cyclo scripsit et adjecit nunc primum edita slavianam Floventes sagae versionem et excerpta e parisiensi codice, « Il libro de Fioravante » a A. Darmesteter. Au lieu de 5 fr. 3 »

— X. Histoire des participes français, par A. Mercier. Au lieu de 4 fr. 2 »

— XI. De neutrali genere quid factum sit in gallica lingua, scripsit A. Mercier. 2 »

— XII. Étude sur Denys d'Halicarnasse et le Traité de la disposition des mots, par E. Baudat. Au lieu de 3 fr. 1 50

— XIII. Du Génitif latin et de la Préposition « *De* ». Étude de syntaxe historique sur la décomposition du latin et la formation du français, par P. Clairin. 7 50

NOUVELLE SÉRIE (FORMAT GR. IN-8)

Fascicule I. De la stratification du langage par M. Müller, traduit par L. Havet. — La Chronologie dans la formation des langues indo-européennes, par G. Curtius, traduit par A. Bergaigne, membre de l'Institut. 4 »

— II. Notes critiques sur Colluthus, par É. Tournier. 1 50

— III. Anciens glossaires romans, corrigés et expliqués par F. Diez. Traduit par A. Bauer. 1 75

— IV. Des formes de la conjugaison en égyptien antique, en démotique et en copte, par G. Maspero, membre de l'Institut. 10 »

— V. La Vie de saint Alexis, textes des XIe, XIIe, XIIIe, XIVe siècles publiés par G. Paris, membre de l'Institut et L. Pannier, gr. in-8, br. 15 »

— VI. Le Bhâmini-Vilasâ, texte sanscrit, publié avec une traduction et des notes par A. Bergaigne, membre de l'Institut. 8 »

— VII. Du genre épistolaire chez les anciens Égyptiens de l'époque pharaonique, par G. Maspero, membre de l'Institut (Épuisé).

— VIII. Du *C* dans les langues romanes, par C. Joret. 12 »

— IX. Cicéron, Epistolæ ad Familiares. Notice sur un manuscrit du XIIe siècle, par C. Thurot, membre de l'Institut. 3 »

— X. De la formation des mots composés en français, par A. Darmesteter. Deuxième édition. 12 »

— XI. Quintilien, Institution oratoire, collation d'un manuscrit du Xe siècle par E. Chatelain et J. Lecoultre (Épuisé).

— XII. Hymne à Ammon-Ra des papyrus égyptiens du musée de Boulaq, traduit et commenté par E. Grébaut. 22 »

— XIII. De Rhotacismo in indoeuropaeis ac potissimum in germanicis linguis, commentatio philologica a C. Joret. 3 »

— XIV. Pleurs de Philippe le Solitaire, poeme en vers politiques publié dans le texte pour la première fois d'après six mss. de la Bibliothèque Nationale, par l'abbé E. Auvray. 3 »

Fascicule XV. Haurvatât et Ameretât. Essai sur la mythologie de l'Avesta, par J. Darmesteter. 4 »

— XVI. Exercices critiques de la conférence de philologie grecque de l'École des Hautes-Études, recueillis et rédigés par É. Tournier. 10

— XVII. Précis de la déclinaison latine, par F. Bücheler, traduit de l'allemand par L. Havet, enrichi d'additions communiquées par l'auteur (Épuisé. Nouvelle édition sous presse).

— XVIII. Les Tables Eugubines. Texte, traduction et commentaire par M. Bréal membre de l'Institut. Accompagné d'un album in-4 de 13 planches photogravées. 30

— XIX. Matériaux pour servir à l'histoire de la philosophie de l'Inde. par P. Regnaud. Première partie. 9

— XX. Ormazd et Ahriman, leurs origines et leur histoire, par J. Darmesteter (Épuisé). Il reste quelques exemplaires sur papier fort. 25

— XXI. Grammaire de la langue serbo-croate, par A. Parcic, traduction à l'usage des Français, par le Dr J.-B. Feuvrier. Au lieu de 10 fr. 7

— XXII. Matériaux pour servir à l'histoire de la philosophie de l'Inde, par P. Regnaud. Deuxième partie. 10

COLLECTION HISTORIQUE, Recueil de travaux originaux ou traduits relatifs à l'histoire et à l'archéologie. Paris, 1869 et années suivantes, gr. in-8 broché.

Fascicule I. *Longnon*, A., Études sur les Pagi de la Gaule. 1re partie: l'Astenois le Boulonnais et le Ternois. Avec 2 cartes (Épuisé).

— II. Études critiques sur les sources de l'histoire mérovingienne, 1re partie. Introduction, Grégoire de Tours, Marius d'Avenches. par G. Monod et les membres de la conférence d'histoire de l'École des Hautes-Études. 6 »

— III. *Longnon*, A., Étude sur les Pagi de la Gaule. 2e partie: les Pagi du diocèse de Reims, avec 4 cartes. 7 50

— IV. *Robiou*, F., Itinéraire des Dix Mille. Étude topographique avec 3 cartes (Épuisé).

— V. *Mommsen*, T., Étude sur Pline le Jeune, traduit par M. C. Morel (Épuisé).

— VI. *Lasteyrie*, R. de, Étude sur les comtes et vicomtes de Limoges antérieurs à l'an 1000. 5 »

— VII *Robiou*, F., Questions homériques. Avec 3 cartes. 6 »

— VIII. *Leroux*, A., Recherches critiques sur les relations politiques de la France avec l'Allemagne de 1292 à 1378. 7 50

COLLET, F., Un fait inédit de la vie de Pascal. Paris, 1848, in-8, br. 1 »

COLLOQUES Français-Bretons ou nouveau Vocabulaire. Nouvelle édit. corrigée et augmentée. Saint-Brieuc, 1893, in-12, br. » 75

COLOMB, C., De insulis inventis. Epistola Cristofori (cui etas nostras multum debet: de Insulis in mari Indico nup. inventis. Ad quas perquirendas octavo antea mense: auspiciis et ere Invictissimi Fernandi Hispaniarum Regis missus fuerat), ad Mignificum dom. Raphaelcz Sanxis: ejusdem serenissimi Regis Thesaurarium missa. Quam nobilis ac litterat' vir aliander d' Losco: ab Hispano ydeomate in latinum convertit: tercio kl's Maij MCCCCXCIII. Pontificatus Alexandri Sexti anno primo. 8 feuillets in-4. en gothique avec 4 gravures sur bois de la grandeur des pages. Réimpression fac-similé par le procédé Pilinski, tirée sur papier ancien à quelques exemplaires seulement, et imitant l'original à s'y méprendre (Épuise).

de ses lettres originales déposées aux archives de Hanovre et de ses lettres publiées par M. M. L. W. Holland. Traduction et notes par E. Jaeglé. 2e édition revue et augmentée. Paris, 1890, 3 vol. in-8 br., avec un portrait de la duchesse. 10

Le même ouvrage en belle demi-reliure maroquin, coins, tête dorée, tranches ébarbées. 21

Il a été tiré quelques exemplaires sur papier de Hollande qui se vendent brochés au prix de 20

COSQUIN, E., Contes populaires de Lorraine comparés avec les contes des autres provinces de France et des pays étrangers et précédés d'un esai sur l'origine et la propagation des contes populaires européens. Ouvrage couronné par l'Académie française. 1er prix Archon-Desperouses, 1887. 2e tirage. Paris, 1888, 2 vol. in-8 raisin. 12

— L'origine des contes populaires européens et les théories de M. Lang. Mémoire présenté au Congrès des traditions populaires de 1889 (Extrait des Annales économiques). Paris 1891, gr. in-8, br. 1

— Les Contes populaires et leur origine. Dernier état de la question. Paris, 189[illegible], gr. in-8. 1

COSTE, Voir : Catalogue.

CURTIUS, G., La Chronologie dans la formation des langues indo-européennes. Traduit par A. Bergaigne, membre de l'Institut. Paris, 1869, gr. in-8. 4

— Grammaire grecque classique. Traduite de l'allemand sur la 15e édition par P. Clairin. Paris, 1884, in-8, br. 7

DANIEL., L., La Guerre aux Etats-Unis, topographie, mœurs, histoire, documents diplomatiques et politiques. Paris, 1862, in-8, br., carte. Au lieu de 2 fr. »

DARDY, L., Anthologie populaire de l'Albret (sud-ouest de l'Agenais ou Gascogne landaise). Agen, 1891, 2 vol. in-8. 14

DARMESTETER, A., De la creation actuelle de mots nouveaux dans la langue française et des lois qui la régissent. Paris, 1877, in-8, br. 10

— Traité de la formation des mots composés dans la langue française comparée aux autres langues romanes et au latin, 2e édit. revue, corrigée et en partie refondue avec une préface par G. Paris, 1894, gr. in-8, br. 12 »

— De Floovante vetustiore gallico poemate et de Merovingo cyclo scripsit et adjecit nunc primum edita slavianam Floventes sagæ versionem et excerpta e Parisiensi codice « Il libro de Fioravante ». Paris, 1877, in-8, br. Au lieu de 5 fr. 3 »

— Glosses et glossaires hébreux-français, notes sur des manuscrits de Parme et de Turin (Extrait des Archives des missions scientifiques et littéraires, 3e série, t. IV). 1878, in-8, br. 2 50

DARMESTETER, J., De conjugatione latini verbi « dare ». Paris, 1877, in-8, br. Au lieu de 1 fr. 50 » 75

— Haurvatât et Ameretât. Essai sur la mythologie de l'Avesta. Paris, 1875, gr. in-8, br. 4 »

— Ormazd et Ahriman, leurs origines et leur histoire. Paris, 1877, gr. in-8, br. (Épuisé). 25 »

— Études iraniennes. Paris, 1883, 2 vol. in-br. Au lieu de 40 fr. 25 »

Contenu : T. I. Étude sur la grammaire historique de la langue persane. T. II. Mélanges iraniens. Études sur la langue, la littérature, les croyances de la Perse ancienne.

DASCHKOFF, Mémoires de la princesse Daschkoff, dame d'honneur de Catherine II, écrits par elle-même ; avec la correspondance de cette impératrice et d'autres lettres. Publié sur le manuscrit original. Paris, 1859, 4 vol. in-12 brochés 12 »

DAUMET, G., Étude sur l'alliance de la France et de la Castille au XIVe & au XVe siècle. Paris, 1898, gr. in-8, br. 6 »

DECHEPARE, D., Poésies basques, publiées d'après l'édition de 1545 et traduites pour la première fois en français. Bordeaux, 1840, in-8, br. Au lieu de 3 fr. 50. 2 »

DE LA BERGE, C., Essai sur le règne de Trajan. Paris, 1877, gr. in-8, br. 12 »

— De rebus Byzantinorum ante Constantinum. Paris, 1878, in-8, br. 4 »

DELBOEUF, J., Les premiers vers du premier discours de Médée dans Euripide. Paris, 1894, in-8, br. » 75

— Réflexions à propos des glanures grammaticales de J. Bastin. Paris, 1894, in-8, br. 1 »

DELBOULLE, A., Les Fables de La Fontaine. Addition à l'histoire des fables, comparaisons, rapprochements, notes littéraires et lexicographiques. Paris, 1891, in-18 jésus, br. 2 50

DELESSERT, E., Voyage dans les deux Océans Atlantique et Pacifique, 1844-47 (Brésil, États-Unis, Cap de Bonne-Espérance, Nouvelle-Hollande, etc.). Paris, 1848, grand in-8, gr. nombre de figures, cartes, etc., gravées sur bois, br. Au lieu de 15 fr. 6 »

— Le même, cartonné, tr. dor. Au lieu de 20 fr. 8 »

DELISLE, L., Dépouillement du Monasticon Benedictinum (Extrait de la *Revue des Bibliothèques*). Paris, 1897, gr. in-8, br. 1 50

— Extrait de l'introduction au Catalogue général des livres imprimés de la Bibliothèque Nationale (Extrait de la *Revue des Bibliothèques*). Paris, gr. in-8. 1 50

DEMAISON, L., Recherches sur la soie que les anciens tiraient de l'ile de Cos. Reims, 1884, in-8, br. 1 »

DENIFLE, H., O. P., Les Universités françaises au moyen âge. Avis à M. Marcel Fournier, éditeur des Statuts et Privilèges des Université françaises. Avec des documents inédits. Paris, 1892, gr. in-8, br. 2 »

DENIFLE, H., et CHATELAIN, E, Inventarium codicum manuscriptorum capituli Dertusensis. Paris, 1896, gr. in-8, br., avec 7 pl. photogravées (Tirage à part de la *Revue des Bibliothèques*). 5 »

DENIS, F., Voir: Bibliotheca Americana. — Yves d'Évreux.

DENSUSIANU, O., Un essai de résurrection littéraire. Paris, 1899, in-12, br. 1 »

DENYS D'HALICARNASSE, Voir : Baudat.

DENYS DE TELL-MAḤRÉ, Voir : Chabot.

DERCSENYI, le baron, Moyen philanthropique contre le communisme ou Système de philanthropie appliqué à l'économie politique, à l'éducation et à la vie politique du peuple. Traduction de l'allemand par J.-B. Hertz. Paris, 1848, in-8, br. 2 »

DERENBOURG, H., Essai sur les formes des pluriels arabes. Paris, 1867, in-8, broché. 3 »

— Le Fakhri, Histoire du Khalifat jusqu'à la chute des Abbassides. Texte arabe. Paris, 1895, gr. in-8. 25 »

DERENBOURG, J., Essai sur l'histoire et la géographie de la Palestine d'après les Thalmuds et les autres sources rabbiniques. Ire partie: Histoire de la Palestine depuis Cyrus jusqu'à Adrien. Paris, 1867, in-8, br. (Épuisé).

— Deux versions hébraïques du livre de Kalilâh et Dimnâh. Paris, 1881, gr. in-8, broché. 20 »

DERENBOURG, J., Voir aussi : Abou'l-Walid Merwan Ibn Djanah. — Bibliothèque de l'École des Hautes-Études. — Joannis de Capua.

DESDEVISES DU DEZERT, Voir : Bibliothèque de l'École des Hautes-Études. — Servat Loup.

DESIDERATA du Corpus inscriptionum latinarum de l'Académie de Berlin, par E. Desjardins, membre de l'Institut.

Fascicule I. Desiderata du tome III. Notice pouvant servir de premier supplément. Le Musée épigraphique de Pesth. Paris, 1874, in-fol., Au lieu de 8 fr. 4

— II. Desiderata du tome I. Notice pouvant servir de deuxième supplément. Les balles de fronde de la République (guerre sociale, — guerre servile. — guerre civile). Paris. 1874, in-fol., br., orné de 3 planches en photogravure représentant 111 sujets d'après les originaux. Au lieu de 12 fr. 6

— III. Desiderata du tome I. Notice pouvant servir de troisième supplément. Les balles de fronde de la République (guerre sociale, — guerre servile, — guerre civile). Seconde série. Paris, 1874, in-fol., br., orné de 3 planches en photogravure représentant 111 sujets d'après les originaux. Au lieu de 12 fr. 6

— IV. Desiderata du tome I. Notice pouvant servir de quatrième supplément. Les balles de fronde de la République provenant d'Ascoli, d'Atri et Macerata (guerre sociale, — guerre servile, — guerre civile). Troisième série. Paris. 187?, in-fol., br., orné de 5 planches en photogravure représentant 221 sujets d'après les originaux. Au lieu de 20 fr. 10

— V. Desiderata du tome I. Notice pouvant servir de cinquième supplément. Les balles de fronde de la République provenant d'Ascoli (guerre sociale, — guerre servile, — guerre civile). In-fol., br. orné de 5 planches en photogravure représentant 221 sujets d'après les originaux. Au lieu de 20 fr. 10

DESJARDINS, E., Voir : Desiderata du Corpus inscriptionum latinarum.

DES GRANGES, C. M., De scenico soliloquio (*Gallice* : Monologue dramatique) in nostro medii aevi Theatro. Thesim Facultati litterarum in Universitate Parisiensi proponebat. Paris 1897, in-8, br. 3 »

DEVÉRIA, T., nouvelle Table d'Abydos. Paris, s. d., in-8, br. 2 »

— Notation des centaines de mille et des millions dans le système hiéroglyphique des anciens Égyptiens. Paris, s. d., in-8, br. avec fig. 1 50

— Quelques personnages d'une famille pharaonique. Paris, s. d., in-8, br. 2 »

DIANU, J., Tite-Live. Étude et collation du manuscrit 5720 de la Bibliothèque Nationale. Paris, 1895, gr. in-8, br. 2 75

DIEZ, F., Anciens Glossaires romans corrigés et expliqués. Traduit par A. Bauer. Paris, 1870, gr. in-8, br. 4 75

— Introduction à la grammaire des langues romanes. Traduit de l'allemand par G. Paris. Paris, 1863, in-8, br. 3 »

— Grammaire comparée des langues romanes (seule édition française autorisée par l'auteur et l'éditeur), traduite par A. Brachet, A. Morel-Fatio et G. Paris. Paris, 1872-75. 3 vol., gr. in-8, br. (Épuisé).

DIMITRESCO, M., Pierre de Gavaston, comte de Cornouailles. Sa biographie et son origine pendant le commencement du règne d'Édouard II (1307-1314). Paris, 1898, gr. in-8, br. 3 »

DJAGANNATHA, Voir : Bhâminî-Vilâsa.

DJAROUMIA (la), Nouvelle édition du texte arabe, par E. Combarel. Paris, 1844, in-16, br. » 60

DOCUMENTS relatifs à l'exécution du décret du 5 février 1810. Paris 1872, in-8, br. 1 50

Renseignements très intéressants sur la réglementation de l'imprimerie et de la librairie et la censure pendant le premier Empire.

DU MÉRIL, E., Organisation financière de la République. Paris, 1848, in-8, br. 1 »
DUMOUCHEL, J., Voir : Recueil de lettres.
DUPONT, H., Les Mines d'or de l'Afrique du Sud. Deuxième édition considérablement augmentée contenant six cartes hors texte et six figures dans le texte, avec la monographie de plus de 600 Compagnies et la traduction de la loi minière au Transvaal. Paris, 1890, in-8, br. 5 »
DU RUSQUEC, H., Dictionnaire français-breton. Morlaix, 1883 à 1886, gr. in-8, br. 20 »
DUTENS, A., Essai sur l'origine des exposants casuels en sanscrit. Paris, 1884, gr. in-8, br. 6 »
DUVAL, R., Traité de grammaire syriaque. Paris, 1881, gr. in-8, br. 20 »
— Les dialectes néo-araméens de Salamas. Texte sur l'état actuel de la Perse et contes populaires publiés avec une traduction française. Paris, 1883, in-8, br. Au lieu de 8 fr. 4 »
EBN-AL-FARAD. Poésies. En arabe. Marseille, gr. in-8, br. 10 »
EBN-HAUCAL, Description de Palerme au milieu du xe siècle de l'ère vulgaire. Traduit par M. Amari. Paris, 1845, in-8, br. Au lieu 1 fr. 50 1 »
ECKEL, A., Charles le Simple. Paris, 1899, in-8, br. 5 »
EGGER, E., Des principales collections d'inscriptions grecques publiées depuis un demi-siècle, et particulièrement du Corpus inscriptionum græcarum, auctoritate et impensis Academiæ litterarum regiæ Borussicæ ed. A. Boeckh. Paris, 1871, in-4, br. 2 »
ENFANCES VIVIEN (les). Chanson de Geste, publiée pour la première fois d'après les manuscrits de Paris, de Boulogne-sur-Mer, de Londres et de Milan, par C. Wahlund et H. von Feilitzen, professeurs agrégés à l'Université d'Upsal. Édition précédée d'une thèse de doctorat servant d'introduction par A. Nordfelt, docteur ès lettres. Upsal et Paris, 1895, in-4, br. 25 »
ERNAULT, E., Étude sur le dialecte breton de la presqu'île de Batz. Saint-Brieuc, 1883, gr. in-8 br. (Épuisé).
— Études comparatives sur le grec, le latin et le celtique. I. La voyelle brève « ou ». Poitiers, 1885, gr. in-8, br. 1 »
— Du parfait en grec et en latin. Paris, 1886, gr. in-8, br. 6 »
— De Virgilio Marone, grammatico tolosano. Thesim Facultati litterarum Parisiensi proponebat. Paris, 1886, in-8, br. 3 »
— La Versification homérique. I. Poitiers, 1888, in-8, br. (Extrait du Bulletin mensuel de la Faculté des Lettres de Poitiers). 1 »
— Petite Grammaire bretonne, avec des notions sur l'histoire de la langue et sur la versification. Saint-Brieuc, 1897, in-12, cart. 1 »
— Glossaire moyen-breton. Deuxième édition corrigée et augmentée avec une préface et les index du tome I des Études grammaticales sur les langues celtiques. Paris, 1895-1896, 1 tome en 2 vol., gr. in-8, br. 30 »
— Voir aussi : Kiepert.
ERNAULT, E., et CHEVALDIN, E., Manuel d'ortografe française simplifiée. Paris, 1894, in-8, br. 3 50
ESSAI SUR LA PHILOLOGIE SLAVE et sur l'influence politique et religieuse qui l'a dirigée par M. D. S...k. Avec un avant-propos par H.-C. Landrin fils. Paris, 1840, in-8, br. 2 »
ESSAI synthétique sur l'origine et la formation des langues. Paris, 1774, in-8, broché 4 »
ÉTIENNE, E., La Vie de saint Thomas le Martir. Poème historique du xiie siècle, composé par Garnier de Pont-Sainte-Maxence. Étude historique, littéraire et philologique. Paris, 1883, in-8, br. 6 »

sertations inédites de Claude Fauchet. — *G. Monod*, Les Annales lau[illegible] senses minores et le monastère de Lorsch. — *Morel-Fatio*, Duelos y q[illegible] brantos. — *E. Muret*, Sur quelques formes analogiques du verbe français. *H. Omont*, Les manuscrits français des rois d'Angleterre, au château Richemont. — *A. Pagès*. La version catalane de l'*Enfant sage*. — *A. Piag[illegible]* Chronologie des *Epistres sur le roman de la Rose*. — *J. Psichari*, [illegible] roman de *Florimont*, contribution à l'histoire littéraire, études des m[illegible] grecs dans ce roman. — *G. Raynaud*, La *Mesnil Hellequin;* le poème per[illegible] du *Comte Hannequin*, *quelques mots sur Arlequin*. — *P. Rousselot*, L[illegible] devant T, P, C, dans les Alpes. — *A. Salmon*, Remèdes populaires [illegible] moyen âge. — *M. Sepet*, Observations sur le *Jeu de la feuillée* d'Adam [illegible] la Halle. — *A. Tavernay*, Phonétique roumaine, le traitement de l'J et d[illegible] suffixe ULUM, ULAM, en roumain. — *A. Thomas*, Vivien d'Aliscans et l[illegible] légende de Saint-Vidian. — *M. Wilmotte*, Gloses wallonnes du ms. 2640 d[illegible] Darmstadt.

EVANGELI (gli). Tradotti in lingua italiana da Lammennais Lausanne, 184[illegible] in-12, br. 2

ÉVANGILES APOCRYPHES (les), traduits et annotés d'après l'édition de J.-[illegible] Thilo, par G. Brunet. Suivis d'une notice sur les principaux livres apo[illegible] cryphes de l'Ancien Testament. 2ᵉ édit. augmentée. Paris, 1863, 1 vol. in-1[illegible] jésus (Épuisé).

EWERBECK, H., Qu'est-ce que la religion? d'après la nouvelle philosoph[illegible] allemande. Paris, 1850, in-8, br. Au lieu de 9 fr. 5

— Qu'est-ce que la Bible? d'après la nouvelle philosophie allemande. Paris, 185[illegible] in-8, br. Au lieu de 10 fr. 5 [illegible]

EXERCICES critiques de la conférence grecque de l'École pratique des Hautes-Études, recueillis et rédigés par É. Tournier. Paris, 1875, grand in-8, broché. 10 »

FAGNIEZ, G., Études sur l'industrie et la classe industrielle à Paris au XIIIᵉ et au XIVᵉ siècle. Paris, 1877, gr. in-8, br. 12 »

FAIDHERBE, le général. Collection complète des inscriptions numidiques (libyques) avec des aperçus ethnographiques. Paris, 1870, in-8, br., avec planches. 12 »

FAIDIT, H., Grammaire provençale. Voir : Guessard.

FAKHRI, le, Voir : H. Derenbourg.

FARHAT, G., Dictionnaire arabe. Revu, corrigé et considérablement augmenté sur le manuscrit de l'auteur, par Rochaïd Dahdah. Marseille, 1849, gr. in-8, br. Au lieu de 70 fr. 30 »

FAVRE, E., Eudes, comte de Paris et roi de France (882-898). Paris, 1893, in-8, broché. 8 »

FÉCAMP, A., Le poème de Gudrun, ses origines, sa formation et son histoire. Paris, 1892, in-8, br. 8 »

FEILITZEN, H. von, Voir : Enfances Vivien.

FÉODOROVNA, M., Voir : Recueil de lettres.

FERTIAULT, F., Dictionnaire du langage populaire verduno-chalonnais (Saône-et-Loire). Paris, 1896, 1 vol. in-8, br. 15 »

— Rimes bourguignonnes, texte et traduction. Paris, 1869, in-18 jésus, br. 3 »

FEUVRIER, le Dʳ, Voir : Parcic.

FINOT, Les Lapidaires indiens. Paris, 1896, 1 vol. gr. in-8, br. 10 »

FIVEL, T., L'Alesia de César près de Novalaise, sur les bords du Rhône en Savoie.

Étude historique et topographique à rapprocher du chapitre x, livre III, tome deuxième de l'Histoire de Jules César. Paris, 1866, in-8, br. 5 »

FLAMENCA (le roman de), publié d'après le manuscrit unique de Carcassonne, avec introduction sommaire, notes et glossaire, par P. Meyer. Paris, 1865, gr. in-8 (Épuisé, nouvelle édition sous presse).

FLAMMERMONT, J., Histoire des institutions municipales de Senlis. Paris, 1881, in-8, br. 8 »

FLEISCHMANN, Les États-Unis et la Russie considérés au point de vue de la grande culture et du travail libre. Paris, 1858, in 8, br. 2 »

FLEURS DE L'INDE, comprenant la mort de Yaznadate, épisode tiré de la Ramaïde de Valmiki, traduit en vers latins et en vers français avec texte sanscrit en regard, et plusieurs autres poésies indoues; suivies de deux Chants arabes et de l'Apologue du derviche et du petit corbeau. On y a joint une troisième édition de l'Orientalisme rendu classique dans la mesure de l'utilité et du possible. Nancy et Paris, 1857, gr. in-8, br. Au lieu de 6 fr. 2 »

FLEURY, J., Un peuple retrouvé par la grammaire. Notions élémentaires de linguistique. Paris, 1870, in-8, br. (Épuisé).

FLORUS, Voir : Boisard.

FONTA, L., Voir : Arbeau.

FOUCHER DE CAREIL, A., Voir : Leibnitz.

FOURMESTRAUX, E., Étude sur Alexandre II. Paris, 1862, gr. in-8, br. Au lieu de 6 fr. 3 »

FOURNIER, A., Napoléon Ier. Traduit par E. Jaeglé. Tomes I et II (1769-1810). Paris, 1891-92, 2 vol. in-8, br. 7 »

FOURNIER, M., Essai sur les formes et les effets de l'affranchissement dans le droit gallo-franc. Paris, 1885, gr. in-8, br. 5 »

FRANCOTTE, H., L'Organisation de la cité athénienne et la Réforme de Clisthènes. Paris, 1893, in-8, br. 3 »

— L'Antidosis en droit athénien. Paris, 1895, in-8, br. 2 »

FRÉDÉGAIRE, Voir : Bibliothèque de l'École des Hautes-Études. — G. Monod.

GABET, B., Dictionnaire des artistes de l'école française au XIXe siècle. Peinture, Sculpture, Architecture, Gravure, Dessin, Lithographie et Composition musicale. Paris, 1831, in-8, br. Au lieu de 10 fr. 3 »

GALAWDÉWOS, Voir : W. E. Conzelman.

GALITZIN (le prince A.), L'Église russe est-elle libre? Paris, 1861, in-8, br. 1 »

GARNIER, E., Tableaux généalogiques des souverains de la France et de ses grands feudataires. Paris, 1863. Un vol. in-4, composé de 50 tableaux et texte, br. (Épuisé).

GARNIER DE PONT-SAINTE-MAXENCE, Voir : Etienne, Vie de saint Thomas le martir.

GAUSSIN, L.-J.-B., du dialecte de Tahiti, de celui des îles Marquises, et en général de la langue polynésienne. Paris, 1853, in-8, br. (Épuisé).

GAUTIER D'ARRAS, Œuvres publiées par E. Loeseth. Paris, 1891, 2 vol. in-8, br. 18 »

GAYET, A.-J., Musée du Louvre. Stèles de la XIIe Dynastie. 60 planches avec texte explicatif. Paris, 1886, à 1889, in-4, br. 17 »

GEOFFRAY, S., Répertoire des sceaux des villes françaises. Paris, in-8, br. 4 »

GEORGIAN, C. D., Essai sur le vocalisme roumain, précédé d'une étude historique et critique sur le roumain. Bucarest, 1876, in-8, br. Au lieu de 3 fr. 1 »

GIGUET, P., Vocabulaire des racines grecques. Paris, 1847, in 8, cart. Au lieu de 3 fr. 1 50

GILLIÉRON, J., Patois de la commune de Vionnaz (Bas-Valais). Accompagné d'une carte. Paris, 1880, gr. in-8, br. 7 50

— Voir aussi : Romania.

GIRAUD, C., Recherches sur le droit de propriété chez les Romains sous la République et sous l'Empire. Tome premier. Aix, 1838, in-8, br. 10 »

GIRY, A., Histoire de la ville de Saint-Omer et de ses institutions jusqu'au XIVe siècle. Paris, 1877, gr. in-8, br. 20

— Les établissements de Rouen. Étude sur les institutions municipales de Rouen, Bayonne, Tours, Poitiers, etc. Paris, 1877-1885, 2 vol. gr. in-8, br. 25

GISTEL, J., Insectorum quæ in Europa inveniuntur secreta detecta, seu clavis insectorum. Campoduni, 1856, in-18, br. Au lieu de 5 fr. 50 c. 3

GLOSSAE hibernicæ veteres codicis Taurinensis, edidit Const. Nigra. Lutetiæ Paris., 1869, gr. in-8, br. (Épuisé).

GODEFROY, F., Dictionnaire de l'ancienne langue française et de tous ses dialectes du IXe au XVe siècle, composé d'après le dépouillement de tous les plus importants documents manuscrits ou imprimés qui se trouvent dans les grandes bibliothèques de la France et de l'Europe, et dans les principales archives départementales, municipales, hospitalières ou privées, 10 vol. in-4, imprimés en petit texte sur trois colonnes. Chaque volume se compose de 10 fascicules de 80 pages chacun. Prix du fascicule. 5 »

Les tomes I à IX sont en vente. Chaque volume. 50 »

— Réponse à quelques attaques contre le Dictionnaire de l'ancienne langue française. Paris, 1890, in-8. 1 »

(Extrait de la préface du t. VI du Dictionnaire).

GOETHE, J. W., Le roman de Renart, traduction en prose par P.-J. Paris, s. d., in-18, br. 1 »

GOLÉNISCHEFF, W., Une excursion à Bérénice. — Lettres de MM. Jaillon et Lemasson au sujet des monuments perses de l'Isthme. — Stèle de Darius aux environs de Tell el-Maskhoutah (Extrait du tome XIII du Recueil de travaux relatifs à la philologie et à l'archéologie égyptiennes et assyriennes). Paris, 1890, in-4 avec planches. 7 50

GOTTBERG, E. de, des cataractes du Nil et spécialement de celles de Hanneck et de Kaybar. Paris, 1867. 1 vol. gr. in-4, accompagné de 5 cartes en chromolithographie. 20 »

GRANDMAISON, C., Voir : Les anciens poètes de la France. Vol. V.

GRANT HERBIER, Voir : Opera salernitana.

GRAUX., C, Essai sur les origines du fonds grec de l'Escurial. Paris, 1880, gr. in-8, br. 15 »

— Notices bibliographiques et autres articles publiés dans les Revues Critique, Historique, de Philologie et Internationale de l'Enseignement. Édition posthume dirigée par son père et surveillée par C.-Emile Ruelle, Paris, 1884, gr. in-8, br. Au lieu de 8 fr. 5 »

— Notices sommaires des manuscrits grecs de la grande Bibliothèque royale de Copenhague. Accompagné de 4 grandes planches photogravées. Paris, 1879, gr. in-8, br. 5 »

— Textes grecs. Édition posthume dirigée par son père et surveillée par C.-E. Ruelle. Paris, 1886, gr. in-8, avec 1 pl. br. Au lieu de 12 fr. 10 »

GRÉBAUT, E., Hymne à Ammon-Ra des papyrus égyptiens du Musée de Boulaq, traduit et commenté. Paris, 1875, gr. in-8, br. 22 »

GRÉGOIRE DE TOURS, Voir : Bibliothèque de l'École des Haute-Études. — Collection historique. — G. Monod.

GREGORIO, G. de, Saggio di fonetica siciliana. Palermo, 1893, in-8, br. 5 »

HARVEN, E. de. Mission commerciale en Nouvelle-Zélande. Rapport général. Paris, 1887, in-8, avec carte et tableaux, br. 10 »

HATOULET, J., et PICOT, E.. Proverbes béarnais recueillis et accompagnés d'un vocabulaire et de quelques proverbes dans les autres dialectes du midi de la France. Paris, 1862, in-8, br. Papier teinté (imp. Perrin). Tiré à petit nombre. 6 »

HAUSSOULLIER. Note sur les trois tribus doriennes en Crète (Tirage à part des Mélanges Renier). Paris, 1886, in-8. br. 1 »

— Voir : Aristote.

HAUTEFEUILLE, L. B., Propriétés privées des sujets belligérants sur mer. Paris, 1860, in-8, br. 1 50

— Quelques questions de droit international maritime à propos de la guerre d'Amérique. Paris, 1861, in-8, br. 1 5[illegible]

HAVET, L., L'histoire romaine dans le dernier tiers des Annales d'Ennius (Extrait des Mélanges publiés par l'École des Hautes-Études). Paris, 187[illegible] grand in-8. 1

-- Le Querolus, comedie latine anonyme, texte en vers restitué d'après un principe nouveau, et traduit pour la première fois en français, précédé d'un examen littéraire de la piece. Paris, 1880, gr. in-8, br. 12

— De Saturnio Latinorum versu. Inest quotquot supersunt sylloge. Paris, 188[illegible] gr. in-8. br. 15

— Mélanges latins (Extrait des Mémoires de la Société de linguistique de Paris Paris, 1885, gr. in-8. 1

— Ve en grec (Extrait des Mélanges Renier). Paris, 1880, gr. in-8. »

— La prose métrique de Symmaque et les origines du Cursus. Paris, 18[illegible] gr. in-8, br. 4

— Voir aussi : Bibliothèque de l'École des Hautes-Études. -- Büchelcr. — Plaut[illegible]

— Collection philologique, nouvelle série. M. Müller. -- Meylan.

HAXTHAUSEN, baron A. de, De l'abolition par voie législative du partage égal et temporaire des terres dans les communes russes. Paris, 1858. in-8 broché. » 75

HECQ, G., & PARIS, L., La poétique française au moyen âge et à la Renaissance. Paris et Bruxelles, 1896, gr. in-8 br. (Épuisé).

HENRY, V., Voir : Bergaigne et Henry.

HERSART DE LA VILLEMARQUÉ, Th., Voir : Legonidec. Dictionnaire breton.

HILLEBRAND, K., Études historiques et litteraires. Tome Ier : Études italiennes. Paris, 1868. Un fort vol. in-18 jesus, br. Au lieu de 4 fr. 2 »

Table des matières : Poésie épique. — De la divine Comedie. I. La divine Comedie et le lecteur moderne. II. But et effet de la divine Comédie. — Les poèmes du cycle carolingien. I. L'épopée nationale. II. Les poèmes italiens. — Poésie dramatique. De la comedie italienne. I. Des conditions d'une scène nationale. II. Caractère général de la Comédie italienne. III. La politique dans le mystère du XVe siècle (Laurent de Médicis). IV. La réforme religieuse dans le mystere (Jérôme Savonarole). V. l'Arioste et son théâtre. VI. L'Italie du Cinquecento dans le théatre de l'Arioste. VII. Machiavel et son idee. VIII. Les comédies de Machiavel. 3 »

HINCMAR. de Ordine Palatii. Texte latin, traduit et annoté par M. Prou. Paris, 1885, gr. in-8, br. 4 »

HISTOIRE D'EUDOXIE FÉODOROVNA, première épouse de Pierre le Grand. Relation curieuse de la Moscovie en 1687. Leipzig, 1861. Les deux ouvrages en 1 vol. in-12, br. 2 50

JÉQUIER, C., Le livre de ce qu'il y a dans l'Hadès. Version abrégée publiée d'après les papyrus de Berlin et de Leyde, avec variantes et traduction et suivie d'un index des mots contenus au papyrus de Berlin n° 3001. Paris, 1894, gr. in-8, br. 9

JOANNIS DE CAPUA, Directorium vitæ humanæ, alias parabola antiquorum sapientium. Version latine du livre de Kalilah et Dimnah, publiée et annotée par J. Derenbourg, membre de l'Institut. Paris, 1887-1889, 2 v. gr. in-8 brochés. 16

JOB, L., Le présent et ses dérivés dans la conjugaison latine d'après les données de la grammaire comparée des langues indo-européennes. Paris, 1893, in-8 broché. 10

— De grammaticis vocabulis apud Latinos. Paris, 1893, in-8, br. 3

JOLY, A., La fosse du Soucy. Étude philologique, Paris, 1876, in-8, br. »

— Voir : Benoît de Sainte-More. — Wace. Vie de sainte Marguerite.

JORET, C., Les plantes dans l'antiquité et au moyen âge. Histoire, usages symbolisme. Ire partie. Les plantes dans l'Orient classique. Tome Ier : Égypte Chaldée, Assyrie, Judée, Phénicie. Paris, 1897, in-8. 8

— Du C dans les langues romanes. Paris, 1874, gr. in-8, br. 12

— De Rhotacismo in indoeuropæis ac potissimum in germanicis linguis. Paris 1875, gr. in-8, br. 3

— La littérature allemande au XVIIIe siècle dans ses rapports avec la littérature française et avec la littérature anglaise. Paris et Aix, 1876, in-8, br. 1

— Essai sur le patois normand du Bessin. Suivi d'un dictionnaire étymologique Paris, 1881, gr. in-8, br. (Épuisé).

— La légende de saint Alexis en Allemagne. Paris, 1881, gr. in-8, br. 2 50

— Des caractères et de l'extension du patois normand. Étude de phonétique et d'ethnographie, suivie d'une carte. Paris, 1883, in-8, br. 6 »

— Mélanges de phonétique normande. Paris, 1884, gr. in-8, br. 3 »

— Le voyageur Tavernier (1670-1689). Un manuscrit des « Voyages », relations de Tavernier avec le Grand-Électeur, le lieu de sa mort et de sa sépulture. Paris, 1889, gr. in-8, br. (Extrait de la *Revue de géographie*). 1 50

— Pierre et Nicolas Formont. Un banquier et un correspondant du Grand-Électeur. Paris, 1890, in-8, br. 2 50

Extrait des Mémoires de l'Académie nationale des sciences, arts et belles lettres de Caen.

— La rose dans l'antiquité et au moyen âge. Histoire, légendes et symbolisme. Paris, 1892, in-8, br. 7 50

JORGA, N., Philippe de Mézières, 1327-1405, et la croisade du XIVe siècle. Paris, 1896, 1 vol. gr. in-8, br. 18 »

JOURDIER, A., De l'émancipation des serfs en Russie. État de la question au 10 mars 1861. Exposé et critique des projets dits du comité de rédaction avec une carte et des tableaux statistiques. Paris, 1861, in-8, br. 2 »

— Voyage agronomique en Russie. Lettres et notes sur une excursion faite en 1859-1860. Seconde édition revue et corrigée. Paris, 1861, in-8, broché, avec 1 carte. 6 »

— Voyage agronomique en Russie. Lettres et notes sur une deuxième excursion faite en 1860-1861. Paris, 1863, in-8, br., avec 1 carte. 6 »

— Des forces productives, destructives et improductives de la Russie, 2e édition revue, corrigée et enrichie de neuf cartes spéciales. Paris, 1864, in-8, broché. 6 »

UGEMENT erroné de M. Ernest Renan sur les langues sauvages de l'Amérique, par l'auteur des Études philologiques, 2ᵉ édit. Montréal, 1876, in-8, br. 5 »

— Voir : Études philologiques sur quelques langues sauvages de l'Amérique.

UNGHANS, M., Histoire critique des règnes de Childéric et de Chlodovech. Traduit par G. Monod, directeur adjoint à l'École des Hautes-Études, et augmenté d'une introduction et de notes nouvelles. Paris, 1879, gr. in-8, broché. 6 »

KAWCZINSKI, M., Essai comparatif sur l'origine et l'histoire des Rythmes. Paris, 1889, in-8, br. 5 »

KERBEUZEC, H. de, Cojou-Breiz, poèmes, contes et légendes bretons, 1ʳᵉ série : Plougasnou. Paris, 1896, in-8, br. 4 »

KICK, P. de, Souvenirs et impressions d'un sous-lieutenant. Nice, ses environs et la rivière de Gênes. Moulins et Paris, 1842, in-8, br., au lieu de 5 fr. 2 50

KIEPERT, H., Manuel de géographie ancienne. Trad. par E. Ernault. Ouvrage accompagné d'un avant-propos et remanié en ce qui concerne la Gaule, par A. Longnon, membre de l'Institut. Paris, 1887, in-8, br. 6 »

LACZKO, J., Le congrès de Moscou et la propagande panslaviste. Paris, 1867, gr. in-8, br. 1 50

NIGHTON, W., Les luttes pour la vie. Traduction autorisée faite sur l'original anglais par L. Delbos. Paris, 1888, petit in-8, br. 3 50

KOENIG, G., Un nouvel impôt sur le revenu. Mémoire qui a inspiré le projet du Gouvernement relatif à la réforme de la contribution personnelle mobilière, déposé sur le bureau de la Chambre par M. Dauphin, ministre des finances, le 20 février 1887. Paris, 1887, in-12, br. 3 »

KOENIGSWARTER, L.-J., Sources et monuments du droit français antérieurs au xvᵉ siècle, ou Bibliothèque de l'histoire du droit civil français, depuis les premières origines jusqu'à la rédaction officielle des coutumes. Paris, 1853, in-12, br. Au lieu de 3 fr. 1 50

KOHLER, C., Étude critique sur le texte de la Vie latine de sainte Geneviève de Paris. Paris, 1880, gr. in-8, br. 6 »

KRIEG, C., Précis d'antiquités romaines. Vie publique et vie privée. Traduit sur la 3ᵉ édit. par l'abbé O. Jail. Paris, 1892, in-8, br., avec 54 grav. sur bois dans le texte et deux plans de Rome antique et du Forum. 6 »

KRŒBER, A., Voir : Les anciens Poètes de la France. Vol. IV.

KUHNE, F.-G., Nouvelles du couvent. Traduction libre de l'allemand par le chevalier B. de la Blancheraye. Paris, 1840, 2 vol. in-8, br. Au lieu de 12 fr. 4 »

KULCZYNSKI, J., Specimen ecclesiæ ruthenicæ ab origine susceptæ fidei ad nostra usque tempora in suis capitibus seu primatibus Russiae cum S. Sede apostolica romana semper unitæ. Paris et Tournai, s. d., gr. in-8. Au lieu de 10 fr. 5 »

LABORDE, comte L. de, De l'organisation des bibliothèques dans Paris. Paris, 1845, gr. in-8, avec planches, br.

— 1ʳᵉ Lettre, La Bibliothèque royale occupe le centre topographique et intellectuel de la ville. 1 »

— 2ᵉ Lettre, Examen critique des projets pour le déplacement de la Bibliothèque royale. 2 »

— 8ᵉ Lettre, Étude sur la construction des bibliothèques. 3 »

LA BORDERIE, A. de, L'émigration bretonne en Armorique (Extrait de la *Revue celtique*). Paris, 1885, in-8, br. 1 »

LABOULAYE, E., Considérations sur la constitution. Paris, 1848, in-12, br. 2 »

LABOULAYE, E., De l'Enseignement du droit en France et des réformes dont il a besoin. Paris, 1840, in-8, br. 2 »

— Voir : Walter.

LACOUR, L., Note sur le journal de la santé du roi Louis XIV. Paris, 1857. in-12, br. 1 »

LAFONTAINE. Choix de fables traduites en vers basques par J.-B. Archu. La Réole. 1848. in-8, br. 7 50

— Voir : Delboulle, A.

LAGADEUC, J., Le Catholicon, Dictionnaire breton, français et latin, publié par R. F. Le Men, d'après l'édition de Me Auffrat de Quotqueueran, imprimée à Tréguier, chez Jehan Calvez, a. MCCCCXCIX. Lorient, s. d (1867). in-8, br. (Épuisé).

LA GRANGE, marquis de, Voir : Les anciens Poètes de la France. Vol. VII.

LAMPRECHT, C., Études sur l'état économique de la France pendant la première période du moyen âge, traduit par M. A. Marignan. Paris, 1889, in-8, br. 12 »

LANDRIN, H., De l'Or. De son état dans la nature, de son exploitation, de sa métallurgie, de son usage et de son influence en économie politique. Paris, 1863, in-18 jésus, br. 4 »

LANGLOIS, E., De artibus rhetoricæ rhythmicæ, sive de artibus poeticis in Francia ante litterarum renovationem editis, quibus versificationis nostræ leges explicantur. Paris, 1890, gr. in-8, br. 4 »

LANZONE, R. V., Voir : Domicile des esprits.

LARCHEY, L., Voir : Les anciens Poètes de la France. Vol. IV.

LA RONCIÈRE, C., de, Catalogue de la collection de Camps conservée au département des manuscrits de la Bibliothèque Nationale (Extrait de la Revue des Bibliothèques). Paris, 1896, gr. in-8, br. 2 »

LA SAUSSAYE, L., de, et PEAN, A., La vie et les ouvrages de Denis Papin t. I, 1re partie (seule parue). Paris, 1869, 1 vol. in-8, br. Au lieu de 6 fr. 3 »

LASTEYRIE, R. de, Étude sur les comtes et vicomtes de Limoges antérieurs à l'an 1000. Paris, 1875, gr. in-8, br. 5 »

LAVOIX, H., Voir : Bibliothèque française du moyen âge. — Recueil de Motets.

LEACH, Voir : Chenu, Bibliothèque conchyliologique, 1re série.

LEBER, Voir : Catalogue.

LE BLANC, C., Manuel de l'amateur d'estampes, contenant un Dictionnaire des graveurs de toutes les nations, dans lequel sont décrites les estampes rares, précieuses et intéressantes, avec l'indication de leurs différents états et des prix auxquels ces estampes ont été portées dans les ventes publiques en France et à l'étranger depuis un siècle. Ouvrage destiné à faire suite au Manuel du libraire et de l'amateur de livres, par M. J.-Ch. Brunet. Paris, 1850-1889, 4 tomes en 17 livraisons, gr. in-8. 75 »

Relié en demi-maroquin, coins, tête dorée, ébarbé. 80 »

LE BRAZ, A., Voir : Soniou Breiz-Izel.

LECLERE, A., Cambodge. Contes et légendes recueillis et publiés en français, avec introduction par L. Feer. Paris, 1895, in-8, br. 5 »

LE COULTRE, J., Voir : Chatelain et Le Coultre.

LEDRAIN, E., Les Monuments égyptiens de la Bibliothèque Nationale (cabinet des médailles et antiques), liv. I à III. Paris, 1879-1880, in-4, br. (Épuisé).

— Une page de mythologie sémitique sur un petit bijou du Louvre (Extrait de la *Philosophie positive*). Paris, 1882, gr. in-8. 1 »

— Note sur deux sceaux portant le même nom hébreu (Extrait de la *Revue archéologique*). Paris, 1882, gr. in-8. 1 »

LEROUX, A., Le Massif central. Histoire d'une région de la France. Paris, 1899, 3 vol. gr. in-8, br. accompagnés de 3 cartes. 25 »

LEROY, P. A., Jargeau et ses environs. Paris et Orléans, 1893, in-8, br., avec 2 planches. 3 50

LESTRELIN, A., Les Moscovites. Olessia, roman de mœurs sur l'esclavage des serfs russes. Paris, 1837, in-8, br. 1 50

LETHIERRY-BARROIS, A., Hébreu primitif, formation des lettres ou chiffres signes du Zodiaque et racines hébraïques avec leurs dérivés dans les langue de l'Orient et de l'Europe. Paris, 1867, in-8, br. Au lieu de 15 fr. 7

LETTRE d'un gentilhomme portugais à un de ses amis de Lisbonne sur l'exécution d'Anne Boleyn, lord Rochford, Brereton, Norris, Smeton et Weston publiée par F. Michel, accompagnée d'une traduction anglaise par le vicom- Strangford. Paris, 1832, gr. in-8, br. 3

LEUSSE, le comte P. de, La paix par l'union douanière franco-allemand Strasbourg, 1888, gr. in-8, br. 1

— L'union douanière agricole du centre de l'Europe. Deuxième étude. Paris, 18 gr. in-8, br. 1 50

LEVASSEUR, E., De pecuniis publicis quomodo apud Romanos quarto post Christum sæculo ordinarentur. Lutet.-Paris., 1854, in-8, br. 2 »

LEVI, S., Le théâtre indien. Paris, 1890, gr. in-8, br. 18 »

— Quid de Græcis veterum Indorum monumenta tradiderint. Paris, 1890, in-8, broché. 3 »

LEVY-BING, L., La linguistique dévoilée. Paris, 1880, gr. in-8, br. 8 »

LHUILLIER, le Rév. P. Dom A., La vie de saint Hugues, abbé de Cluny, 1024-1109. Paris, 1888, gr. in-8, avec gravures et chromolithographies, d'après un manuscrit du XIIe siècle, br. 12 »

LIDFORSS, E., Choix d'anciens textes français. Lund et Paris, 1877, in-4, broché. 6 »

LIEBLEIN, J., Index alphabétique de tous les mots contenus dans le Livre des morts, publié par R. Lepsius d'après le papyrus de Turin. Paris, 1875, petit in-8, br. Au lieu de 12 fr. 6 »

LIPTAY, A., Langue catholique. Projet d'un idiome international sans construction grammaticale. Paris, 1890, in-8, br. 4 »

LIVRE des parterres fleuris (le). Voir : Abou'l-Walid Merwan Ibn Djanah.

LJUNGBERG, N. W., Chronologie de la vie de Jésus. Deux études. Paris, 18 in-8, br. 3 »

LOESETH, E., Le roman en prose de Tristan, le roman de Palamède et la compilation de Rusticien de Pise. Analyse critique d'après les manuscrits de Paris. Paris, 1891, gr. in-8, br. 18 »

— Voir aussi : Bibliothèque française du moyen âge. — Gautier d'Arras.

LOEWENSTERN, I., Essai de déchiffrement de l'écriture assyrienne, pour servir à l'explication du monument de Khorsabad. Paris, 1845, in-4, br. planches. Au lieu de 5 fr. 1

— Exposé des éléments constitutifs du système de la troisième écriture cunéiforme de Persépolis. Paris, 1847, gr. in-8, br. Au lieu de 10 fr. 4

— Le même, papier vergé, tirage gr. in-4. 6

LOISELEUR-DESLONGCHAMPS, A., Voir : Amarakocha. — Yadjnadattabadha.

LONGNON, A., Études sur les Pagi de la Gaule 1re partie : l'Astenois, le Boulonnais et le Ternois. Paris, 1869, gr. in-8, br. 2 cartes (Épuisé).

— 2e partie : les Pagi du diocèse de Reims. Paris, 1872, gr. in-8, br. Avec 4 cartes. 7 50

LONGNON, A., Examen géographique du tome I des Diplomata imperii (Monumenta Germaniæ historica). (Extrait de la *Revue critique*). Paris, 1873, in-8, br. 2 »

— Voir aussi : Kiepert.

LOPEZ, V. F., Les races aryennes du Pérou, leur langage, — leur religion, — leur histoire. Paris, 1871, in-8, br. 10 »

LOT, F., Les derniers Carolingiens, Lothaire, — Louis V, — Charles de Lorraine (954-991). Avec une préface de A. Giry. Paris, 1891, gr. in-8, br. 13 »

LOTH, J., Vocabulaire vieux-breton avec commentaire, contenant toutes les gloses en vieux-breton, gallois, cornique, armoricain connues. Précédé d'une introduction sur la phonétique du vieux-breton et sur l'âge et la provenance des gloses. Paris, 1884, gr. in-8, br. 10 »

— Chrestomathie bretonne (armoricain, gallois, cornique), 1re partie : Breton-Armoricain. Paris, 1890, grand in-8, br. 10 »

— Les mots latins dans les langues brittoniques (gallois, armoricain, cornique). Phonétique et commentaire avec une introduction sur la romanisation de l'île de Bretagne. Paris, 1892, gr. in-8. 10 »

LUCAS, J. P. A., Traité d'application des tracés géométriques aux lignes et aux surfaces du 2e degré, ou principes sur les relations des première et deuxième puissances. T. Ier (seul paru). Paris, 1844, in-4, br., avec atlas de 12 planches, très gr. in-fol. Au lieu de 40 fr. 10 »

LUCE, S., Voir : Les anciens Poètes de la France. Vol. VII.

LUYNES, H. d'A. de, Mémoire sur la fabrication de l'acier fondu et damassé. Paris, 1844, in-8, br. 1 »

LUZEL, F.-M., De l'authenticité des chants du Barzáz-Breiz de M. de la Villemarqué. Paris, 1872, in-8 (Épuisé).

Voir aussi : Gwerziou Breiz-Izel. — Soniou Breiz-Izel.

MABLY, Voir : Guerrier, W.

MACQUART, J., Les arbres et les arbrisseaux d'Europe et leurs insectes. Lille, 1852, in-8, br. 6 »

— Diptères exotiques nouveaux ou peu connus, IVe supplément. Paris, 1850-51, in-8, br., fig. noires. 7 »

MADVIG, J.-N., L'État romain, sa constitution et son administration. Traduit par C. Morel. Paris, 1882-1889, 5 vol. gr. in-8, br. 37 50

MAIMOUN dit MAIMONIDE, M. ben, Le guide des égarés. Traité de théologie et de philosophie. Publié pour la première fois dans l'original arabe et accompagné d'une traduction française et de notes critiques, par S. Munk, membre de l'Institut. Paris, 1856-66, 3 vol. gr. in-8, br. (Épuisé).

— Le même ouvrage. Traduction française et notes. Sans le texte arabe. 3 vol. (Épuisé).

MAIRE, A., Voir : Chatelain, E., et Maire, A.

MALNORY, A., Saint Césaire, évêque d'Arles (503-543). Paris, 1895, gr. in-8, broché. 8 »

— Quid Luxovienses monachi discipuli sancti Columbani ad regulam monasteriorum atque ad communem ecclesiae profectum contulerint. Paris, 1895, gr. in-8, br. 5 »

MANIÈRE DE LANGAGE (la) qui enseigne à parler et à écrire le français; modèles de conversations composés en Angleterre à la fin du XIVe siècle et publiés d'après le ms. du Musée britannique harl. 3988. Paris, 1873, gr. in-8, broché. 3 »

MANNSTEIN, le général C.-H. de, Mémoires historiques, politiques et militaires sur la Russie, depuis l'année 1727 jusqu'en 1744. Nouvelle édition collationnée sur le manuscrit original corrigé de la main de Voltaire. Paris, 1860, 2 vol in-12, br. 8

MARCHOT, P., Le Patois de Saint-Hubert (Luxembourg belge). Paris, 189 in-8, br. 2

Extrait de la *Revue de Philologie française et provençale.*

— Phonologie détaillée d'un patois wallon. Contribution à l'étude du wall moderne. Paris, 1882, in-18 jésus. 3

— Solution de quelques difficultés de la phonétique française, chapitre du vo lisme. Lausanne, 1893, in-8, br. 3

— Les gloses de Vienne, vocabulaire réto-roman du XIe siècle publié d'ap le manuscrit avec une introduction, un commentaire et une restitution ri tique du texte. Fribourg, 1895, in-8, br. 2

MARIE DE COMPIÈGNE, Voir : L. Constans.

MARIETTE-PACHA, A., Abydos, description des fouilles exécutées sur l'em placement de cette ville. Ouvrage publié sous les auspices de S. A. Ism il-Pacha, khédive d'Égypte. T. I, ville antique, temple de Séti, orné de 53 pl. Paris, 1869, in-fol., cart. (Épuisé).

— Dendérah, description générale du grand temple de cette ville. Ouvrage publié sous les auspices de S. A. Ismaïl-Pacha, khédive d'Égypte, tome I à IV et supplément. Planches. Paris, 1860-1875, 5 vol. in-fol. demi-toile. contenant 166 planches, accompagnés d'un volume de texte in-4. Au lieu de 390 fr. 200

Le volume de texte se vend séparément. Au lieu de 60 fr. 30

Le supplément se vend à part. Au lieu de 10 fr. 5

— Le Sérapéum de Memphis. Publié d'après le ms. de l'auteur par G. Maspero membre de l'Institut. Tome I, in-fol., acc. de figures sur bois dans l texte, de 2 cartes et d'un atlas de 6 pl., Paris, 1882. 50

— Supplément au tome I. Paris, 1883. 5

— Les Mastabas de l'Ancien-Empire. Publié d'après le manuscrit de l'auteur pa G. Maspero, membre de l'Institut. Paris, 1881-1886, in-fol. (Épuisé).

— Les papyrus égyptiens du musée de Boulaq, publiés en fac-similé. Paris, 187 à 1877, 3 vol. in-fol. (Épuisé).

Le tome III se vend séparément. Au lieu de 100 fr. 50

— Monuments divers recueillis en Égypte et en Nubie. In-fol. 28 livraisons. A lieu de 168 fr. 90

— Une visite au musée de Boulaq ou description des principaux monumen conservés dans les salles de cet établissement (En langue arabe). Par 1869, in-18 jésus, demi-toile. Au lieu de 4 fr. 2

MARIGNAN, A., Études d'iconographie religieuse. La foi chrétienne au qu trième siècle. Première étude. Paris, 1887, gr. in-8, br. 5

— Le triomphe de l'Église au quatrième siècle. Mémoire pour servir à l'hist de la civilisation en France. Paris, 1887, gr. in-8, br. 2

— La médecine dans l'Église au sixième siècle. Mémoire pour servir à l'hist de la civilisation en France. Paris, 1887, in-8, br. 1

— Un historien de l'art français. Louis Courajod. I, Les temps francs. Pa 1899, gr. in-8, br.

— Études sur la civilisation française : La société mérovingienne. — Le culte saints sous les Mérovingiens. Paris, 1899, 2 vol. gr. in-8, br. 20

— Voir aussi : Lamprecht, C.

MARIUS D'AVENCHES, Voir : Monod, G.

MARSEUL, S.-M. de, Catalogue des coléoptères d'Europe. Paris, 1857, in-12, br. Au lieu de 3 fr. 50. 2 »

MARTIN, E., La langue française enseignée aux étrangers. Paris, 1859-1866, in-8, br.

1re partie. Étude de la prononciation. 2 50

2e partie. Étude de l'orthographe. 3 50

MARTIN, T. H., Comment Homère s'orientait. Explications fort simples substituées à des fables trop savantes. Paris, 1878, in-4, br. 2 50

— Histoire des hypothèses astronomiques grecques qui admettent la sphéricité de la terre. Paris, 1879, in-4, br. 1 »

— Mémoire sur la cosmographie grecque à l'époque d'Homère et d'Hésiode. Paris, 1874, in-4, br. 2 »

— Mémoire sur la cosmographie populaire des Grecs après l'époque d'Homère et d'Hésiode. Paris, 1875, in-4, br. 2 »

— Mémoire sur l'histoire des hypothèses astronomiques chez les Grecs et les Romains. Paris, 1879, in-4, br. 5 »

— Mémoire sur les hypothèses astronomiques des plus anciens philosophes de la Grèce étrangers à la notion de la sphéricité de la terre. Paris, 1878, in-4, broché. 7 50

— Mémoire sur la signification cosmographique du mythe d'Hestia. Paris, 1874, in-4, br. 1 50

— Notions des anciens sur les marées et les euripes. Caen, 1886, in-8, br. 2 »

— La Prométhéide. Étude sur la pensée et la structure de cette trilogie d'Eschyle. Paris, 1875, in-4, br. 4 »

- Les signes numéraux et l'arithmétique chez les peuples de l'antiquité et du moyen âge. Examen de l'ouvrage allemand intitulé : « Mathematische Beitræge zum Culturleben der Vœlker, von Dr M. Cantor (Halle, 1863). » Rome, 1864, in-4, br. 5 »

— Sur les instruments d'optique faussement attribués aux anciens par quelques savants modernes. Rome, 1871, in-4, br. 3 »

MARTYN, S., Le conchyliologiste universel, ou figures des coquilles jusqu'à présent inconnues recueillies en divers voyages à la mer du Sud depuis l'année 1764. Ouvrage revu par J.-C. Chenu. Paris, 1845. Un vol. gr. in-8, pap. vélin, avec 56 pl. gravées. Au lieu de 30 fr. 7 50

MAS-LATRIE, M.-L. de, Rapport à S. E. M. le Ministre d'État sur la correspondance des ambassadeurs vénitiens résidant en France et les documents propres à la compléter, suivi du texte de quelques dépêches de 1598 à 1776, Paris, 1864, in-8, br. 2 50

MAS-LASTRIE, R. de, Du droit de marque et de représailles au moyen âge. Paris, 1866, gr. in-8, br. 2 »

MASPERO, G., Hymne au Nil, publié et traduit d'après les deux textes du Musée britannique. Paris, 1868, in-4, br. 6 »

— Essai sur l'inscription dédicatoire du temple d'Abydos et la jeunesse de Sésostris. Paris, 1867, in-4 (Épuisé).

— Des formes de la conjugaison en égyptien antique, en démotique et en copte. Paris, 1871, gr. in-8, br. 10 »

— De Carchemis oppidi situ et historiâ antiquissimâ, accedunt nonnulla de Pedaso homericâ. Paris, 1872, grand in-8, broché, avec 3 cartes. Au lieu de 4 fr. 2 »

— Une enquête judiciaire à Thèbes au temps de la XXe dynastie. Étude sur le papyrus Abbott. Paris, 1872, in-4 (Épuisé).

MASPERO, G., Du genre épistolaire chez les anciens Égyptiens de l'époque pharaonique. Paris, 1873, gr. in-8 (Épuisé).

— Mémoire sur quelques papyrus du Louvre. Paris, 1875, in-4, br., avec 13 pl. Au lieu de 20 fr. 10 »

— Les peintures des tombeaux égyptiens et la Mosaïque de Palestrine (Extrait des Mélanges publiés par l'École des Hautes-Études). Paris, 1878, gr. in-8, broché. 1 »

— Sur la formation des thèmes trilitères en égyptien. Paris, 1880, in-8, broché. 2 »

Extrait des *Mémoires de la Société de linguistique*, t. IV, fasc. 3.

— Rapport à M. Jules Ferry, ministre de l'Instruction publique, sur une mission en Italie. Paris, 1881, in-4, br. 20 »

— Guide du visiteur au Musée de Boulaq. Boulaq, 1883, in-18 jésus, cartonné toile, avec 6 pl. et 1 plan (Épuisé).

— Les inscriptions des pyramides de Saqqarah. Paris, in-4, br. 80 »

MATTER, J., Histoire de l'École d'Alexandrie comparée aux principales écoles contemporaines (ouvrage couronné par l'Institut), 2e édit. Paris, 1840-1844, 3 vol. in-8, br. 22 50

MAURY A., Les Ligures et l'arrivée des populations celtiques au midi de la Gaule et en Espagne (Extrait des *Mélanges* publiés par l'École des Hautes-Études). Paris, 1878, gr. in-8 (Épuisé).

MAYER-LAMBERT, Voir : Bibliothèque de l'École des Hautes-Études, 85e fasc. — Saadya.

MEILLET, A., De indo-europæa radice « Men » Mente agitare. Paris, 1897, gr. in-8. 3 »

— Recherches sur l'emploi du génitif-accusatif en vieux-slave. Paris, 1897, gr. in-8, br. 6 »

MÉLANGES d'archéologie égyptienne et assyrienne. Tomes I à III (tout ce qui a paru). Paris, 1872 à 1878, 3 vol. in-4, br. (Épuisé).

Contenu du premier volume:

Avertissement par M. le Vte *E. de Rougé*. — *T. Devéria*, le fer et l'aimant, leur nom et leur usage dans l'ancienne Égypte. — *E. de Rougé*. étude sur quelques monuments du règne de Tahraka. — *J. Oppert*, l'inscription cunéiforme la plus moderne connue. — *F. Lenormant*, tablette cunéiforme du Musée Britannique (K. 162). — *E. de Rougé*, études des monuments du massif de Karnak. Résumé du cours professé au Collège de France (année 1872). Rédigé par *M. J. de Rougé*. — *E. Miller* et *A. Mariette Bey*, étude sur une inscription grecque découverte à Memphis. — *F. de Saulcy*, E. de Rougé. — *T. Devéria*, l'Hiéroglyphe I, 41 d'Horapollon et le titre de Pastophore dans les textes égyptiens. — *P. Pierret*, les Pastophores. — *G. Maspero*, notes sur différents points de grammaire et d'histoire. — *P. Pierret*, collection des papiers de T. Devéria. — *A. Mariette*, notes sur les Baschmourites et les Biamites. — *F. de Saulcy*, lettres à M. Chabas sur quelques points de la géographie antique de la Syrie selon la science égyptienne. — *P. Pierret*, Hermès Trismégiste. — *P. Pierret*, varia. — Bibliographie.

Contenu du deuxième volume :

E. Lefébure, le chapitre CXV du Livre des morts. — *E. Revillout* mélanges d'épigraphie et de linguistique égyptiennes. — *P. Pierret*, l'investiture du collier. — *F. de Saulcy*, lettres à M. Chabas sur quelques points de la géographie antique de la Palestine. — *G. Maspero*, notes sur différents points de grammaire et d'histoire (suite). — *F. Robiou*, une question de géographie et de linguistique. — *J. Oppert*, quelques observations sur le mot Çparda. — *E. Grébaut*, observation sur l'expression « Sha mes ». — *F. de Saulcy*, lettres à M. Chabas sur quelques points de la géographie antique de la Palestine (suite). — Leçons de M. de Rougé, professées au Collège de France (février-juin 1869), sur les rapports des Égyptiens avec les peuples de l'Asie antérieure et sur les monuments de Tanis, recueillies et publiées par *F. Robiou*. — *J. de Rougé*, date de la naissance d'Horus. — Bibliographie.

Contenu du troisième volume:

E. Revillout, mélanges d'épigraphie et de linguistique égyptiennes (suite). — *E. Grébaut*, complément à l'observation sur l'expression « Sha mes ». — *E. Grébaut*, varia. — *P. Pierret*, statue d'Ei-Meri. — *Harrisse*, empreintes d'un fragment de stèle égyptienne. — *H. Pognon*, notes sur quelques figurines égyptiennes trouvées en Auvergne. — *G. Maspero*, le papyrus de Berlin, n° 1, transcrit et commenté. — *J. de Rougé*, étude des monuments du massif de Karnak (suite). — *A. Baillet*, note sur deux Canopes. — *Le même*, note sur un manuscrit portant le prénom des Thoutmès III. — *F. Robiou*, géographie comparée du Delta. — *G. Maspero*, notes sur différents points de grammaire et d'histoire (suite). — Bibliographie.

MÉLANGES RENIER, Recueil de travaux publiés par l'École pratique des Hautes-Études (section des sciences historiques et philologiques) en mémoire de son président Léon Renier. Paris, 1887, gr. in-8, br., portrait. 15 »

Contenu: *A. Amiaud*, Cyrus, roi de Perse. — *A. Bergaigne*, la syntaxe des comparaisons védiques. — *G. Boissier*, Commodien. — *M. Bréal*, comment les langues réparent les points faibles de leur grammaire. — *E. Chatelain*, un important fragment de Virgile (Bibl. Nat., latin, 7906). *A. Darmesteter*, le démonstratif *ille* et le relatif *qui* en roman. — *J. Darmesteter*, l'Apocalypse persane de Daniel. — *H. Derenbourg*, note sur quelques mots de la langue des Francs au XII° siècle, d'après le texte arabe de l'autobiographie d'Ousâma Ibn Mounkidh. — *J. Derenbourg*, Elazar Le Peitan. — *E. Desjardins*, Léon Renier. — *L. Duchesne*, le concile d'Elvire et les flamines chrétiens. — *H. Gaidoz*, les gâteaux alphabétiques. — *J. Gilliéron*, mélanges gallo-romans. — *P. Guieysse*, réprimande à un fonctionnaire égyptien. — *J. Halévy*, notes sémitiques. — *B. Haussoullier*, note sur les trois tribus doriennes en Crète. — *Hauvette-Besnault*, épisode des grains de riz écrasés. — *L. Havet*, *re* en grec. — *A. Héron de Villefosse*, bibliographie des travaux de L. Renier. — *A. Jacob*, de nonnullis codicibus græcis palimpsestis in bibliotheca majore Parisiensi asservatis. — *A. Longnon*, la civitas Rigomagensis. — *G. Monod*, les mœurs judiciaires au VIII° siècle, d'après la *Paraenesis ad judices* de Théodulf. — *A. Morel-Fatio*, note sur l'article dérivé de *ipse* dans les dialectes catalans. — *J. Nicole*, Athénée et Lucien. — *P. de Nolhac*, notes sur Pirro Ligorio. — *J. Oppert*, inscription d'Antiochus Ier Soter. — *G. Paris*, l'*Appendix Probi*. — *J. Psichari*, le poème à Spanéas. — *O. Riemann*, remarque sur l'attraction du démonstratif et du relatif en latin. — *F. Robiou*, l'enseignement de Pythagore contenait-il des éléments égyptiens ? — *J. Roy*, conférence de Vincennes et conflits de juridiction (1329-1350). — *F. de Saussure*, comparatifs et superlatifs germaniques de la forme *inferus*, *infimus*. — *M. Thévenin*, étude sur la propriété au moyen âge. Les « communia ». — *E. Tournier*, observations sur le texte de l'*Économique* de Xénophon. — *H. Weil*, l'auteur du premier discours contre Aristogiton est-il bien informé des institutions d'Athènes.

MÉLANGES publiés par la section historique et philologique de l'École des Hautes-Études pour la dixième aniversaire de sa fondation. Paris, 1878 gr. in-8, br., avec 10 pl. photogravées. 15 »

Contenu : *A. Maury*, les Ligures et l'arrivée des populations celtiques au midi de la Gaule et en Espagne. — *L. Havet*, l'Histoire romaine dans le dernier tiers des Annales d'Ennius. — *G. Maspero*, les peintures des tombeaux égyptiens et la mosaïque de Palestrine. — *E. Desjardins*, les *Tabellarii*, courriers porteurs de dépêches chez les Romains. — *J. Darmesteter*, la légende d'Alexandre chez les Parses. — *M. Bréal*, de l'analogie. — *A. Bergaigne*, la province romaine. — *H. Gaidoz*, notice sur les inscriptions latines de l'Irlande. — *M. Thévenin*, *Lex* et *capitula*, contribution à l'histoire de la législation carolingienne. — *J. Derenbourg*, quelques notes sur la guerre de Bar Kôzêbâ et ses suites. — *C. Graux*, note sur les fortifications de Carthage à l'époque de la troisième guerre punique. — *A. Giry*, notice sur un traité du moyen âge intitulé : *De coloribus et artibus Romanorum*. — *G. Monod*, sur un texte de la compilation dite le *Frédégaire*, relatif à l'établissement des Burgundions dans l'Empire romain. — *J. Roy*, du rôle des légats de la cour romaine en Orient et en Occident du IVe au IXe siècle. — *G. Paris*, la légende de Trajan. — *L. Renier*, inscription inédite de Beyrouth.

MÉLANGES WALLONS. Paris et Liège, 1892. gr. in-8, br. 4 »

Contenu : *A. Bory*, phonétique comparée des patois de Jehay-Bodegnée et de Hannut. — *G. Doutrepont* et *J. Haust*, les parlers du nord et du sud-est de la province de Liège. — *A. Doutrepont*, formes variées de quelques mots wallons. — *A. Gittée*, à propos d'un jeu wallon. — *J. Simon*, les limites du picard et du wallon en Belgique et la question des dialectes. — *C. Boclinville*, les limites du wallon en Belgique. — *E. Monseur*, à propos d'un usage wallon.

MÉMOIRES de la Société de linguistique de Paris. Tomes I à X complets. XI, fasc. 1 et 2. Paris, 1868 à 1899, gr. in-8. 288 »

Tous les fascicules, à l'exception du 1er et du 2e du tome I, se vendent séparément.

Tome I

1er *fasc.* Table des matières du premier volume : Statuts, règlement, liste des membres au 31 décembre 1867. — *Egger*, de l'état actuel de la langue grecque et des réformes qu'elle subit. — *Meunier*, de quelques anomalies que présente la déclinaison de certains pronoms latins. — *D'Arbois de Jubainville*, étude sur le verbe auxiliaire breton *Kaout* « *avoir* ». — *Bréal*, les progrès de la grammaire comparée. — *G. Paris*, *Vapidus* « *fade* ». — *Mowat*, les noms propres latins en *atius*.

2e *fasc.* *Renan*, sur les formes du verbe sémitique. — *Thurot*, observations sur la signification des radicaux temporels en grec. — *Gaussin*, un mot sur le rhotacisme dans la langue latine. — *D'Arbois de Jubainville*, étude sur le futur auxiliaire en breton armoricain. — *Meyer*, phonétique provençale *o*. — *Bréal*, les doublets latins. — *Mowat*, de la déformation dans les noms propres. — *G. Paris*, *Gens*, *Giens*.

3e *fasc.* *Bréal*, le thème pronominal *da*. — *Ploix*, étude de mythologie latine. Les dieux qui proviennent de la racine *Div*. — *Thurot*, observations sur la place de la négation *non* en latin. — *Meyer*, phonétique française *an* et *en* toniques. — *Robiou*, recherches sur l'étymologie du mot *Thalassio*. — *Bréal*, *Necessum*. Ἀνάγκη. — *G. Paris*, étymologies françaises : *Bourreuil* ; *Cahier* ; *Caserne* ; *à l'envi* ; *Lormier* ; *Moise*. 4 »

4ᵉ *fasc.* *Mowat*, les noms familiers chez les Romains. — *Baudry*, sur le mot Προμηθεύς — *Bailly*, de la diphtongue substituée au redoublement dans les cinq parfaits grecs εἴληφα, (συν)είλοχα, εἴληχα, εἴρηκα, εἵμαρμαι. — *D'Arbois de Jubainville*, étude sur le thème *vècha* dans la langue franque de l'époque mérovingienne. — *Brachet*, dictionnaire des doublets de la langue française. Supplément. — *G. Paris*, le petit Poucet. — *Bréal*, l'adverbe *ani* en sanscrit. — Du même, *Claudo*. — *Meunier*, Καβάλλης et ses descendants. — *Paras* Πέρπερος. *Perperus*. *Pejor*. *Pessimus*. *Reciprocus*. *Recuperare*. *Proximus*. — *Baudry*, *Singultus*. — *Goldsmidt*, *Chromu*, *sràma*, *Yuràku*. — *D'Arbois de Jubainville*, *au* = *a* en latin. — L'*i* consonne et le *j* français. — *Brachet*, dans quelles conditions les voyelles latines *e*, *i* deviennent-elles *a* dans les langues romanes ? — *Fournier*, sur l'étymologie du mot *orange*. 4 »

Tome II

1ᵉʳ *fasc.* Table des matières du second volume. — *Maspero*, des pronoms personnels en égyptien et dans les langues sémitiques. — *Havet*, le renforcement dans la déclinaison en *a*. — *A. Bergaigne*, de la valeur phonétique de l'*anusvâra* sanscrit. — *Id.*, du prétendu changement de *a* final en *o* sanscrit. — *D'Arbois de Jubainville*, du mot franc *chramnae* ou *hmarne*. — *Bréal*. étymologies latines. — *Maspero*, sur quelques singularités phonétiques de l'espagnol parlé dans la campagne de Buenos-Ayres et de Montevideo. — *D'Arbois de Jubainville*, J. Grimm et Marcellus de Bordeaux. — *Id.*, *fagne*, *faigne*, *fange*. — Variétés : *A. Bergaigne*, ἔαρ *ushas*. — *L. Havet*, sur la physiologie des nasales et des *l*. 4 »

2ᵉ *fasc.* *Storm*, remarques sur les voyelles atones du latin, des dialectes italiques et de l'italien. — *Ploix*, étude de mythologie grecque. *Hermès*. — *Havet*, mots locriens contenant un α pour un ε. — *Bréal*, une tendance phonique de la langue grecque. — *Gaidoz*, *faigne*, *fange*, *hohe ven*, *finnois*. — Liste des membres de la Société au 1ᵉʳ janvier 1873. 4 »

3ᵉ *fasc.* *Havet*, hiatus indo-européen. — *Bréal*, origine du suffixe participial *ant*. — *Whitney* et *Bergaigne*, la question de l'*anusvâra* sanscrit. — *Robiou*, nom et caractères du Mars des anciens Latins. — *Bergaigne*, du prétendu changement de *bh* en *m*, en paléo-slave, en lithuanien et en gothique. — *Havet*, observations phonétiques d'un professeur aveugle. — *Le même*, sur la double valeur de quelques consonnes françaises. — *Thèvenin*, *Chramnae*, note à propos du travail de M. d'Arbois de Jubainville. — *Mowat*, étymologie du nom propre *Littré*. — *Kern*, *feodum*, *fief*. — Variétés : *Bréal*, l'adverbe zend *çairi*. La rhotacisme dans le dialecte d'Érétrie. Addition aux étymologies latines (1ᵉʳ fasc.). — *Havet*, *Isto-*, *eis eidem*, *ille iste qui hic*. — *Barth*, *Annus*, le gérondif sanscrit en *trà*. 4 »

4ᵉ *fasc.* *Halévy*, la seconde inscription d'Oumm-el-Awâmid. — *Meunier*, sur le passage du sens interrogatif au sens affirmatif. — *Havet*, l'unité linguistique européenne. La question de deux *k* ario-européens. — *D'Arbois de Jubainville*, l'accent breton. — *Bréal*, la première personne du singulier en ombrien. — *J. Darmesteter*, notes sur quelques expressions zendes. — Variétés : *Havet*, Τρέ, ῥίγα, ἄτρεγκτος, δεδροικώς. — *Bréal*, *Vindex*. — Note supplémentaire sur *fagne*, *fange*, *hohe ven*. 4 »

5ᵉ *fasc.* *Kern*, le suffixe *ya* du sanscrit classique, *ia* de l'arien. — *Havet*, note sur l'article précédent. — *D'Arbois de Jubainville*, les thèmes celtiques en *s*. — *Bréal*, umbrica. — *Havet*, sur les palatales sanscrites. — *Bergaigne*, du rôle de la dérivation dans la déclinaison indo-européenne. — Variétés : *Bréal*, frères jumeaux dans le vocabulaire latin, *caro*, *carnis*. — *Vilis*. — *Masticare* —Καλός. — Latin *sus*, *sur*. Ombrien *sururont*, *surur indulgere*. — Sanscri *sra* pour *su* « bien ». — *Bauer*, de la double origine de l'article allemand. — *Havet*, sur la déclinaison des thèmes féminins en *a*. — Le locatif ombrien. — *Baudry*, note sur le suffixe participal *ant*. — *J. Darmesteter*, *Nomen* *nâman*. 4

Tome III

1er *fasc*. *A Bergaigne*, essai sur la construction grammaticale (introduction et 1re partie). — *J. Darmesteter*, notes sur l'Avesta. — *L. Havet*, sur la transcription du sanscrit. — *D'Arbois de Jubainville*, le génitif des thèmes féminins en *â* dans l'ancien irlandais. 4 »

2e *fasc*. *Donner*, revue de la philologie ougro-finnoise dans les année 1873 à 1875. — *J. Darmesteter*, des désinences verbales en *us* et des désinences verbales qui contiennent un *r* en sanscrit. — *A. Bergaigne*, note sur l'article précédent. Des troisièmes personnes du pluriel en *ran*. — *V. Thomsen*, remarques sur la phonétique romane. *J* parasite et les consonnes mouillées en français. — *A. Bergaigne*, essai sur la construction grammaticale (suite). — *C. Joret*, changement de *r* en *s* (*z*) et en *dh* dans les dialectes français. — Variétés : *Bréal*, *Interpres*. *Pretium*. *Luxus*. — *A. Bergaigne*, *Tarhi*, *étarhi*, *yarhi*. — *M. Devic*, variations phonétiques de la sifflante *s* dans le dialecte languedocien parlé en Quercy. — *Id.*, étymologie des mots : *alizari*, *mo*... *gâche* et *mortaise*. 4 »

3e *fasc*. *A. Bergaigne*, essai sur la construction grammaticale (suite). — *L. Havet*, notes de grammaire (génitifs pronominaux latins en *ius*, confirmation de la théorie *Meunier* sur un passage du grammairien Pompejus, sur les divers sons du σ grec). — *F. de Saussure*, le suffixe *t*. — *C. Joret*, le patois normand du Bessin. — Variétés : *Bréal*, mots latins exprimant des dispositions morales (*clemens*, *tristis*, *ira*). — *L. Havet*, *honor*, *onus*. 4 »

4e *fasc*. *L. Vaïsse*, notes pour servir à l'histoire des machines parlantes. — *Bréal*, sur un passage des Tables eugubines. Le mot ombrien *nerf* désigne-t-il des dieux ou des officiers ? — *F. de Saussure*, remarques de grammaire et de phonétique : Sur une classe de verbes latins en *eo*. *At* latin changé en *es*. Exception au rhotacisme. *S* suivi d'une consonne. — *J. Darmesteter*, Iranica. — *Bréal*, sur le nombre des cas de la déclinaison indo-européenne. 4 »

5e *fasc*. *D'Arbois de Jubainville*, la mythologie grecque et l'histoire de l'Europe occidentale. — *F. de Saussure*, essai d'une distinction des différents *A* indo-européens. — *C. Joret*, essai sur le patois normand du Bessin (suite). — Variétés : *Bréal*, *patrum*, *haerere*, *a* pour *au* en latin, *caterva*, *audio*, *venenum*, *Pavor Palloruque*, *polleo*, *pravus*, *jejunus*. — *L. Havet*, datifs-ablatifs pluriels en *ibus*. Les génitifs indiens des thèmes en *r* voyelle. Μυρίοι, mille. *Br* pour *sr* en latin. — *C. Joret*. *Purare*. — *O. Nigoles*, accusatif en arcadien en οις. — Index du tome troisième. 4 »

Tome IV

1er *fasc*. *H. Sayce*, la position de l'article défini. — *A. Barth*, formes irrégulières dans le Bhagavata-Purana. — *D'Arbois de Jubainville*, Héraclès et la géographie de l'Europe occidentale. — *L. Havet*, notes de phonétique. Les syllabes μακραὶ θέσει. L'ordre de l'alphabet dévanagari. — *St. Guyard*, une particularité de l'accentuation française. — *J. Loth*, études bretonnes. Du verbe *voir*. — *C. Joret*, essai sur le patois normand du Bessin (suite).— Variétés : *Bréal* et *L. Havet*, étymologies. 4 »

2° *fasc*. *J. Darmesteter*, Cabires. Benê Elohim et Dioscures. — *A. Bergaigne*, quelques observations sur les figures de rhétorique dans le *Rig*-Véda. — *M. Bréal*, contributions à la connaissance du dialecte osque. — *E. Egger*, ἐσθμός, — *L. Havet*. *is*, *ea*, *id*. — *C. Joret*, essai sur le patois normand du Bessin. Dictionnaire étymologique (suite). — *L. Havet*, *caulae*, *colum*, *coleus*. 6 »

3° *fasc*. *G. Maspero*, sur la formation des thèmes trilitères en égyptien. — *St. Guyard*, notes sur quelques termes assyriens. — *J. Darmesteter*, Iranica (2° série).— *L. Havet*, études latines. — *D'Arbois de Jubainville*, origine des voyelles et des consonnes du breton moderne de France. — Variétés : *M. Bréal*, Aranea. — *C. Joret*, Normand Bézé ou Beser (Dum), « courir çà et là », et Bsé, « Ivre ». — *L. Havet*, quelques détails de phonétique ario-européenne. — *Le même*, la désinence des pluriels neutres. — *Le même*, sur le son du groupe γμ. 6 »

4° *fasc*. *D'Arbois de Jubainville*, les suffixes nominaux du breton moderne de France (dialecte de Léon). — *L. Havet*, *Venum*. — *C. Joret*, essai sur le patois normand du Bessin. Dictionnaire étymologique (suite). — *P. Berger*. notes mythologiques. —Variétés : *E. Baudat*, le génitif Τλασίαjo—. *M. Bréal*, or latin et celtique. — *J. Loth*, explication d'une forme de la conjugaison britannique. — *M. Bréal*, deux étymologies latines. *Splendeo*. *Squaleo*. — *A. H. Sayce*, la voyelle prothétique en grec. — *L. Havet*, étymologie. Κατά, *contra*. — *Culex*. 6 »

5° *fasc*. Liste des membres au 1er novembre 1881. — *M. Bréal*, le chant des Arvales. — *Le même*, le table de Bantia. — *Le même*, une inscription falisque. — *Le même*, inscription archaïque de Spolète. — *L. Havet*, *Harena*, Χάος. — *Sayce*, le mythe de Niobé.— *L. Havet*, étymologies latines. — *Ploix*, sur le sens des mots qui désignent le ciel. — *M. Bréal*, *Damnas sunto*. — *D'Arbois de Jubainville*, *p* et *qu* dans les langues celtiques. — *F. de Saussure*, Ἀγαμέμνων. — Index et table du tome quatrième. 6 »

Tome V

1er *fasc*. *J. Baunack*, remarques sur les formes du pronom personnel dans les langues aryennes, en grec et en latin. Note complémentaire sur le pronom personnel germanique. — *J. Loth*, un suffixe de comparaison en vannetais.— *M. Bréal*, étymologies latines. — *L. Marcel Devic*, quelques mots français d'origine orientale. — *L. Havet*, *Wo*, *ue*, en indien préhistorique, *Wo*, *ue* en latin, *Elementa*, *Molestus*, *Tolero*, *Tippula*. — *E. Egger*, essai d'étymologie du mot *spatium* et de ses dérivés. — *E. Ernault*, la racine de *recens* en celtique. — *C. Joret*, mélanges de phonétique normande. — *J. Darmesteter*, Iranica (3° série). — *J. Loth*, *Sumpl*. *aior*, *corruui*. 6 »

2° *fasc*. *J. Kirste*, études sur les Pratiçakhjas. — *D'Arbois de Jubainville*, Celtica. I. L'irlandais, *caur*, *cur*. II. Recherches sur l'étymologie du mot « Druide ». III. « Belline », « Beituine ». — *J. Loth*, l'optatif, les temps secondaires dans les dialectes britanniques. — *C. Joret*, mélanges de phonétique normande. — *J. Loth*, « *Ossismi et Oximi* ». — *M. Bréal*, étymologies (Ἰχνέομαι. *Friare*, *striare*, *piare*, *Redimis*, *Iter*, *femur*, *anser*. *Lacertus*). — *L. Havet*, *Sum*, *s*, *st*. *Caries*, *Colus*. Μάταιος. — *J. Loth*, gloses bretonnes inédites. — *D'Arbois de Jubainville*, un effet de l'accent dans la psalmodie de l'Église latine. 6 »

3e *fasc.* *J. Fleury*, essai sur le patois normand de la Hague. — *J.* [illegible] *J. Speyer*, observations de gramm. latine. — *M. Bréal*, étymologies. — *C. Jore* [illegible] *et*, étymologies normandes. — Variétés : *M. Bréal*, traces du digamma dans les [illegible] mots latins d'origine grecque. Un gén. lat. en *as*. — *L. Havet*, *illico*, *Juppiter* [illegible] — *J. Loth*, *Britannia in paludibus*. Le superl. en *imus*. — *F. de Saussure* [illegible] védique *libuja*, paléoslave, *lobuzati*. — *V. Henry*, Bein = Femen. 6 »

4e *fasc.* *D'Arbois de Jubainville*, étude sur le présent du verbe irlandais. — *L. Havet*, *Cocles*. — *C. Pauli*, sur une inscription étrusque inconnue. — *J. Darmesteter*, *Au*. — *J. Fleury*, essai sur le patois normand de la Hague (suite). — *M. Bréal*, étymologies. 6 »

5e *fasc.* *J. Psichari*, essai de phonétique néo-grecque. Futur composé du grec moderne. — *L. Havet*, *Abiegnus*. — *M. Bréal*, de l'accent grec. — *J. Fleury*, note sur l'accent tonique en russe au point de vue de l'étymologie. Essai sur le patois de la Hague (fin). — *L. Havet*, sur des termes de droit de date ario-européenne désignant des personnes. — *F. de Saussure*, *Sudo*. — *W. Stokes*, étymologies grecques. — *H. d'Arbois de Jubainville*, mélanges celtiques ; (*Deux verbes de la 9e classe en irlandais*). *Ate-*, *atu* ; *eath-*, *ou* [illegible] *Exemples d'i final protégé par un suffixe*. *A* en celtique. — *M. Bréal*, étymologies latines (*Poenitet*, *Penum*), « les provisions ». *Poene*. *Post*. *Diu*, *noc* [illegible] *lucu*. *Glacies*. *Facetus*. *Lucubrum*. *Sincerus*. *Solidus*. *Soleo*. *Cana* [illegible] *lis*. *Varius*. *Suadeo*. *Sors*. *Totus*. *Ordiri*. *Ordo*. *Fausses formations*. *Le suffixe neutre* -*us* *employé comme suffixe secondaire*. — *L. Havet*, *Deus*, *dea*. *Soc* [illegible] *rs*. *soluo*. Πόσθη, *coda*. De *caput* à *bharamo*. *Antiopev* ; *hiems*, *uer*. *Homo*, *ne* [illegible] *no*. Στρατηγικά. — *F. de Saussure*, vieux-haut-allemand *murg*, *murgi*. 6 »

Tome VI

1er *fasc.* *M. Bréal*, de quelques mots latins tirés du grec. — *L. Havet*, mélanges latins. — *J. Psichari*, doublets syntactiques (ὅταν, ὄνταν). — *V. Henry*, *Quirquier*. — *M. Bréal*, une nouvelle inscription osque. — *F. de Saussure*, Ἀδήν. — *H. d'Arbois de Jubainville*, Celtica. — *R. Duval*, étymologie du mot araméen *Karkûstâ* ou *kâkustâ*. — *V. Henry*, les infinitifs médio-passifs du latin. — *J. Loth*, Britannica. — Variétés : *L. Ponsinet*, *Teuta*, *touto*, *norio*, *nerio*. — *V. Henry*, λυόμεθα, λυόμεσθα, *Femur*. — *F. de Saussure*, Ludus ; ἀλκυών-*schwalbe*, νυστάζω ; λόθρον ; ἠλύθησις. — *L. Havet*, la lettre *ui*. 6 »

2e *fasc.* *M. Bréal*, Italica. — *V. Henry*, notes grecques et latines. — *L. Duvau*, datif pluriel de l'ombrien. — *L. Havet*, Varia. — *F. de Saussure*, Κρήνη. — *M. Bréal*, le groupe *lr* et ses continuateurs en latin : étymologies. — *P. Berger*, *Camillus* ; essai sur la signification historique des noms des patriarches hébreux. — *J. Loth*, *Culat*, *colo* ; *calamus*, *culmus*. Le nom ancien de la rivière d'Angleterre le *Nader*. — *E. Ernault*, le gaulois *Vercobreto*. — *F. de Saussure*, Βουκόλος. 6 »

3e *fasc.* *M. Bréal*, de l'importance du sens en étymologie et en grammaire. — *A. S. Moguel*, le futur roman et la grammaire de Lebrija. — *Rousselot*, phénomènes d'aphérèse. — *F. G. Mohl*, histoire du génitif pluriel en serbe. — *M. de Rochemonteix*, étymologies arabes et mots de l'arabe d'Égypte ne figurant pas dans les dictionnaires. — *E. Toubin*, note sur le mot latin *Callis*. — *V. Henry*, mélanges étymologiques. — *M. Bréal*, sur la valeur primitive de la lettre grecque H. études d'épigraphie italique ; l'inscription du temple de Furfo. Une inscription de Palestine. — *L. Duvau*, notes italiques. — *L. Havet*, Varia. — *F. de Saussure*, sur un point de la phonétique des consonnes indo-européen. — *H. d'Arbois de Jubainville*, l'accent celtique. — *C. Noël*, ononciation du mot *eau* au xviᵉ siècle. *Cabestan. Tante.* — *M. Bréal*, *nebrae. Malus. Praevaricator. Dubenus. Letus* pour *lectus*. Κατά. *adhyaindina*. 6 »

4ᵉ *fasc. Hanusz*, l'Albanais en Apulie. — *F. G. Mohl*, Germanique **thano* ave **tun*. — *R. de la Grasserie*, de la conjugaison objective. — *M. Bréal*, ux nouvelles inscriptions osques. — *J. Psichari*, observations phonétiques r quelques phénomènes néo-grecs (Φούρχα). Le groupe ρτ pour ρθ. Κι+ᵉ, *i.* στρος, Δοξάρι. Prononciation moderne. Pluriel des noms de villes. Μετά. phabet phonétique. — *F. de Saussure*, un ancien comparatif de σ ὀψίων. — . *Haret*, initiales doubles. — *M. Bréal*, phonétique syntactique (le verbe « vouloir » en grec. Φόνος, θνήσκω. Νίκη). Le pronom σφέ. Μίν, Νίν. De l'augent. Le préfixe νη-; lecteur en grimaulde. — *J. Loth*, de l'accent en vieux-ltique. — *M. Bréal*, étymologies (*Novensa*, *Volumnus*, *Cuncta ratio*). Verbes rivés latins. Γνωτός, l'italien *cambiare* « changer ». — *L. Job*, le subjonctif tin en *am*. — *F. de Saussure*, gothique *wilwan*. 6 »

5ᵉ *fasc. L. Duvau*, glossaire latin-allemand, extrait du manuscrit *Vat. eg.* 1701. — *V. Henry*, mélanges étymologiques (deuxième série. 8. l'accent ins la déclinaison grecque; 9. la 3ᵉ pers. plur. du parfait, 10. Ἄρπαρ; . Μάψ; 12, *Mox, rir*; 13. Οὐ = *aru*). — *M. Bréal*, Ἵππαρχαι. — *P. Berger*, écret honorifique de la communauté phénicienne du Pirée. — *L. Parmentier*, l'origine des 2ᵉˢ personnes φέρε(σ αι, λύε(σ)αι, *bharase*, *sequere*; l'infinitif ἱρεσθαι. — *F. G. Mohl*, français *bruire*. — *C. Ploix*, des verbes latins en *o*. — *M. Bréal*, français *voir* — latin *vere* : notes grecques et latines (Les ubjonctifs latins en *-am*. Participes moyens en latin. *Vicinus*, *Colunus*. Ἔνεκα. Valeur primitive de Π grec. *Invito*). — *E. Ernault*, glossaire moyen-reton (lettres *A* et *B*). — *G. F. Mohl*, Varia. (1. Le *r* sanscrit et les caraccres *b* et *w* en tibétain; 2. Gotique *saihvan*; 3. le latin *frequens*; la préosition **am* en roman; le grec μέσαι νύκτες.). 6 »

Tome VII

1ᵉʳ *fasc. H. d'Arbois de Jubainville*, mélanges celtiques. 1. De quelques comosés géographiques gaulois. 2. Noms de lieux dérivés de *Gentilices* en *-enus-*, *anius*. — *M. Bréal*, deux prétendus cas d'analogie. 1. La première personne u pluriel en français. 2. L'origine du féminin dans les langues indo-euroiennes. — *Le même*, notes grecques et latines (de l'irradiation grammatile). — Étymologies grecques Ἁμαρτάνω. Ἀμβλακίσκω. Προνωπής. — Une scription votique osque. — Un dérivé osque de *dies*. — *Strenae*, *diuturnus*, *ergorare*. *Caelum*. *Rabies*. *Sallustus*. *Tellus*. *Munus*. *Studeo Forda*. *Horda*, *nrd*, *dégourdir*, *Suescere*. — *M. Schwob* et *G. Guieysse*, étude sur l'argot ançais. — *L. Havet*, *Canaba*, *Curculio*, *gurgulio*. — *A. Meillet*, les roupes indo-européens *uk*, *ug*, *ugh*. — *E. Audouin*, prothèse vocalique. — . *Berger*, les inscriptions hébraïques de la synagogue de Palmyre. — *F. de aussure*, Varia (les formes du nom de nombre « six » en indo-européen). Φρυκτός. Λιγύς. — Vieux-prussien *siran* « le cœur ». — Traitement de *u* en vieux-prussien — les féminins en *-ā* du vieux-prussien. — Gotique *urf*. *paurban* « avoir besoin ». — Ἀκέων. Ὑσπληγμαι. Ἐπιτηδές. Παρά = ὑπαρ. Ἡνία. Ὀκρυόεις Ὑγιής. — χ, φ, pour *ks*, *ps*. Attique -ρη- pour -ā-, -ομνο- pour -ομνο- ? — Lithuanien *Kumste* « le poing ». — *E. Ernault*, lossaire moyen-breton (suite — lettres *C. D*. — *L. Duvau*, Varia *Ueno-* et es composés. — Lat. *crudus*. — Vieil-irlandais *cuach*. 6 »

2ᵉ *fasc*. *M. Bréal*, sur les rapports de l'alphabet étrusque avec l'alphabet latin. — Premières influences de Rome sur le monde germanique. — De la prononciation du latin. — *F. G. Mohl*, bas-latin **cæmenterium* « cimetière ». — *J. Loth*, étymologies celtiques. 1. *cuach caucus*, *circh*, κόγχος. 2. *Buaibud*, *beute*. — *F. G. Mohl*, bulgare *podiri* « après ». — *A. Meillet*, notes de phonétique. 1. Les occlusives sourdes en arménien. 2. Arménien *es*, *asel*. 3. Étymologies arméniennes. 4. Traitement des aspirées précédées de nasales en grec. 5. *n m* en latin. — *M. Schwob*, le Jargon des Coquillars en 1455. — *F. G. Mohl*, bulgare *dori* « jusqu'à ce que ». — *M. Bréal*, Varia. 1. Τύχη. 2. Ἰωκή pour διωκή. 3. Ἀφαυρός. 4. Μᾶλλον « mais ». 5. Θρίναξ. 6. Les adverbes latins en *ē*. 7. *Invideo*. 8. *Uber*. 9. *Cernir*. 10. Allemand *zetter*. 11. Français *conroiter*. 12. Le mécanisme grammatical peut-il s'emprunter? — *C. Ploix*, de l'étymologie du nom du dieu *Vulcanus*. — *E. Ernault*, glossaire moyen-breton (suite — lettres *E*, *F*, *G*). 6 fr.

3ᵉ *fasc*. *M. de Rochemonteix*, la prononciation moderde du copte dans la Haute-Égypte. — *F. G. Mohl*, slave *blato* « marais ». — *H. d'Arbois de Jubainville*, déclinaison des pronoms personnels en vieil-irlandais. De quelques termes du droit public et du droit privé qui sont communs au celtique et au germanique. — *M. Schwob*, le Jargon des Coquillars en 1455 (suite). — *M. Bréal*, sur la prononciation de la lettre *F* dans les langues italiques. — A propos de l'inscription de Lemnos. — Varia. 1. *Silenta*, *Fluentum*. *Cruentus*. 2. *Umbratilis exercitatio*. 3. *Serus*. 4. Une trace des formes à augment en latin. 5. Anciens infinitifs latins changés en participes. — *R. de la Grasserie*, des recherches récentes de la linguistique relatives aux langues de l'Extrême-Orient, principalement d'après les travaux de M. Terrien de Lacouperie. — *F. G. Mohl*, notes slaves. 1. Slavon *jestistvo* « nature »; *istu* « véritable ». 2. Serbe *romizga*, bulgare *rami* « il bruine ». — *E. Ernault*, glossaire moyen-breton (suite — lettres *H*, *I*, *J*, *K*, *L*). 6 fr.

4ᵉ *fasc*. *F. G. Mohl*, observations sur les langues sibériennes. — *M. Bréal*, anciens mots germaniques d'origine latine. — *Du même*, notes étymologiques (1. *Atavus*. 2. *Aridus* 3. *Laridum* « le lard ». 4. Ἑορτή-Ὀρτή. 5. Δμώς. 6. l'adverbe ombrien *serom*, osque *sirom*. 7. Vha sâlida, anglo-saxon *sælda* « salut, bonheur »). — *E. R. Wharton*, quelques *a* latins. — *M. Grammont*, le patois de la Franche-Montagne, et en particulier de Damprichard (Franche-Comté). — *E. Ernault*, glossaire moyen-breton (lettres *M*, *N*, *O*). — *Index* et *Table* du tome septième.

Tome VIII

1ᵉʳ et 2ᵉ *fasc*. *A. Bergaigne*, quarante hymnes du Rig-Véda, traduits et commentés (publiés par *V. Henry*), 1ʳᵉ partie. — *M. Bréal*, Étymologies latines et grecques. 1. *Memor*. 2. *Ambagio*, *adagium*. 3. *Sodes*, *si audebunt*. 4. *Largus*, *lascirus*. 5. Confusaneus. 6. Praestigiae. 7. La préposition *ab* devenue *af* et *a*. 8. *Auciterare* « ouvrir ». 9. *Alucinari*. 10. *Dalivus*. 11. Ἐκάς. — *M. Grammont*, le patois de la Franche-Montagne et en particulier de Damprichard (Franche-Comté). Suite. IV. La loi des 3 consonnes. — *M. Bréal*, allemand *schröpfen* « poser des ventouses ». — *V. Henry*, *Coucher*. — *I. Kirste*, Le gouna inverse. — *E. Ernault*, glossaire moyen-breton (suite et fin. Lettres *P-V*. Corrections et additions). — *A. Meillet*. Notes arméniennes. I. Notes sur la déclinaison arménienne. 1. Traitement de *o*. 2. Le locatif. 3. Génitif en *-i* des thèmes en *a*. 4. *erkan*. 5. *erkow*. 6. *mekh*. 7. Pluriel *ownkh*. 8. Ablatif *asym*. 9. Les nominatifs en *-r* des thèmes en *-u*. — II. Verbes.

— III. Étymologies. — *A. Bréal.* les mots anglais dans les journaux hindoustanis. — *V. Henry,* Semantica. 1. *Multus.* 2. *Sine.* 3 Le suffixe dérivatif *-urno-*. — *P. Roger* et *A. Meillet,* sur l'une des origines du mouvement de l'accent dans la déclinaison slave. — *M. Holleaux.* Ὀαριστά, ἑορτή. — *F. G. Mohl,* notes slaves. 1. Slavon *Săpati* « dormir ». 2. Bohémien *piro* « bière ». 3. Bulgare *gi* « eux », *gu* « elle ». — *L. Duvau, Imbecillus, vacillare.* 2. *Florus.* 3. Sur la prononciation de l'*y* en latin. 4. *Oscillatio.* 5. Expressions hybrides. 12 »

3e *fasc. H. Pognon,* une incantation contre les génies malfaisants, en mandaïte. — *A. Meillet,* Varia : 1. Étymologies. 2. Questions d'accentuation. 3. Sur l'élision de *i*. — *M. Bréal,* Étymologies. 1. Αἱρέω. 2. Μέλλειν. 3. Κνήμη « jambe ». 3. Παροιμία « discours ». 5. Allemand *lesen.* 6. *mon pè* et *ma mè.* 7. Κατορρέντερον. 8. Ἐρινύς. 9. Χερσόνησος. 10. ΔΙΕΞΗΕΙΝ. — *L. Duvau,* Italo-celtica. 1. *Ferox, atrox.* 2. *Vaellodunum,* ὑψηλός. Le groupe latin *-el-*. 4. A propos de *quoniam.* — *A. Bergaigne,* quarante hymnes du Rig-Véda, traduits et commentés (publiés par *V. Henry*), 2e partie. 6 »

4e *fasc. A. Meillet,* de quelques difficultés de la théorie des gutturales indo-européennes. — *M. Bréal,* Varia. 1. *Beare, beatus.* 2. Μείζονες, μείζους. 3. *Ahenus.* 4. A propos du participe latin en *-dus, da, dum.* 5. Ilythya « la déesse des accouchements ». 6. Ὀρρωδέω « avoir peur ». 7. Κέαρ « le cœur », Ἔαρ « le printemps ». 8. Κράομαι 9. La racine sanscrite *har* « prendre ». 10. Χορός, ὀρχέομαι. 11. Les noms féminins français en *-eur.* 12. *Prostré.* 13. Une règle inédite de grammaire française. 14. Une survivance en français. — *A. Meillet,* Polonais *chciec;* vieux-slave *chosta.* — *M Grammont,* le patois de la Franche-Montagne et en particulier de Damprichard (Franche-Comté). Suite. V. Traitement de l'*i* et de l'*u*. VI. Traitement de l'*ŏ* et de l'*o*. Traitement de l'*è* et de l'*é*. — *A. Bergaigne,* quarante hymnes du *Rig*-Véda, traduits et commentés (publiés par *V. Henry*), suite. 6 »

5e *fasc. M. Ribianin,* Essai sur l'histoire comparée des liquides ivériennes. — *C. Ploix,* la préposition grecque ἀμφί. — *A Bergaigne,* Quarante hymnes du *Rig*-Véda, traduits et commentés (publiés par *V. Henry*), suite. — *F. de Saussure,* A propos de l'accentuation lithuanienne (1er article). — *Mélanges. J. Jedlicka.* — Les noms de lieux en -ώδόν. — *V. Henry, Adulter.* 6 »

6e *fasc. I. Imbert,* les termes de parenté dans les inscriptions lyciennes. — *M. Bréal,* Varia. 1. Ἄττη. 2. *Quoties, toties, millies.* — 3. Pronoms soudés à des prépositions. 4. *Pedetentim.* 5. *Nectod conceptum.* 6. Inscription osque. 7. Formes analogiques. — *A. Bergaigne,* quarante hymnes du *Rig*-Véda, traduits et commentés (publiés par *V. Henry*), fin. — *Index.* — *Table des auteurs.*

Tome IX

1er *fasc. A. Querry,* le dialecte guerrouci. — *M. Bréal,* étymologies. 1. Εἷς, μία, ἕν. 2. Πᾶς, πᾶσα, πᾶν. 3. Ἀρνέομαι, ἀναίνομαι. 4. Ὑπερώϊον 5. Ἱπποπόταμος. 6. A propos de l'adverbe αὔτως. 7. La voyelle du participe présent en latin. 8. *Nn* changé en *Nd.* 9. *Manifestus.* 10. *Versicolor, fluxipedus.* 11. Substantifs devenus adjectifs : *rudis.* 12. L'ombrien *arcia* « les entrailles ». 13. L'étrusque *racl.* 14. Διώκω « poursuivre ». 15. Un emploi particulier du comparatif. 16. Ἀμαξιτός. 17. *Aegrotus.* 18. *Strages.* 19. *Rege,* ἄγω. 20. *Clandestinus.* 21. *Volvendus.* 22. Anciens verbes déponents latins: *gignens, animans, praegnans, ingens, ecidens.* 23. La particule latine *cum.*

24. Inscription pélignienne. — *J. Darmesteter, quotiens quoties.* — *E. Tourni* un calembour intéressant pour l'histoire de la prononciation du grec. *A. Meillet*, étymologies slaves. 1. *su.* 2. *uze.* 3. *za.* — *A. Meillet*, lat *uenari.* — *R. Basset*, les noms des métaux et des couleurs en berbère. *M. Bréal*, Varia. 1. L'allemand *schliessen* = latin *excludere.* 2. Allema *schurzen* = latin *excurtiare.* 3. L'accusatif du gérondif du français. 4. produit de l'analogie : le mot anglais *Colinderies.* 6

2ᵉ *fasc.* *V. Henry*, Vedica 1. *Púraṃdhi.* 2. *Nasatyā.* 3. *Kanînake* 4. *Saptáçirsāṇam.* — *A. Querry*, Le dialecte persan de Nâyin. — *R. Du* Notice sur les dialectes néo-araméens. — *A. Meillet*, Varia. 1. Ἵππος. 2. V *séja.* 3. Latin *auonculus.* 4. Le traitement de *i*, *e*, *o* en indo-iranien. 5. sition dialectale de l'arménien. 6. Arm. *and.* 7. Arm. *hagetasan*, *eorel.htase* — *M. Bréal*, étymologies grecques et latines. 1. Γυμνός. 2. Ἡ ἄμπελος. 3. S mantica. 4. *I* parasite devant un *r* en grec. 5. Τολμάω. 6. *Materies.* 7. *Virop* 8. *Imago.* 9. Encore le passif latin. 10. *Amare.* 11. *Venus fisica.* 12. Un ser spécial du verbe *facio.* Mélanges. 1. *M. Bréal*. français *madré*. 2. *V. Henr* fr. *fous*, *fol* = lat. *follis*, *follem.* — *H. Pernot*, l'indicatif présent du verl *être* en néo-grec. 6

3ᵉ *fasc.* *H. d'Arbois de Jubainville*, les noms hypocoristiques d'homm et de lieux en celtique. — *I. Imbert*, une épitaphe lycienne (Myra 4). *V. Henry*, Vedica (2ᵉ série). 1. R.V. I. 101. 6. *çúna āntraṇi pece* 7. *sómo* (R.V., V, 36-2). 8. *çipre.* 9. *jaganvan* (R.V. X., 10-2). — *M. Bréal*, étym logies. 1. Le verbe δοκέω 2. Κάπρα:να, λύκαινα. 3. Ἀνδράποδον. 4. Θωρήσσεσθ *Armare.* 5. Ἡ ὁδός. 6. *Fabulae manes.* 7. *Sterilis.* 8. *Aufero*, *aufugio.* L'inscription osque d'Antino. — *J.-B. Rambaud*, dictionnaire de la lang mandé (*A.-Bon*). 6

4ᵉ *fasc.* *R. de la Grasserie*, de l'article (morphologie et syntax 1ʳᵉ *partie.* — *A. Querry*, dix quatrains de Mirzâ Abou'l Hassan Djendâl dit Yéghmâ en dialecte sémnâm. — *H. Pernot*, la contraction en grec m derne. — *Parmentier*, les emphatiques arabes. — *J.-B. Rambaud*, dictio naire de la langue mandé (*Boudir-Épervier*). 6

5ᵉ *fasc.* *A. Meillet*, indo-iranica. 1. La forme ancienne de la nasa finale. 2. Trois notes sur la phonétique des gutturales. — *R. de la Grasseri* de l'article (morphologie et syntaxe), fin. — *G. Huszár*, la linguistique ho groise. — *A. Fournier*, sur une formule magique de guérison. — *J.-B. Ra baud*, dictionnaire de la langue mandé, fin. 6

6ᵉ *fasc.* *M. Bréal*, les étymologies du philosophe Nietzsche. — *J.-B. Ra baud*, la langue mandé. — *Rosapelly*, nouvelles recherches sur le rôle larynx dans les consonnes sourdes et sonores (voix haute, voix chuchot voix respiratoire). — Index et table du tome IX. 6

Tome X

1ᵉʳ *fasc.* *M. Bréal*, des lois phoniques. — *M. Riabinin*, notes de le cographie géorgienne, examen du matériel emprunté. — *J. Imbert*, quelques inscriptions lyciennes. — *M. Bréal*, étymologies. 1. Verbes neut et verbes transitifs : *verstehen*, *understand*, ἐπίσταμαι; *petere*, ἱκνέομαι, sans *jā*; *cedo*, εἴκω, *ich trete ab.* 2. Changement de λ en ρ : ἦλθον, ἔρχομαι; εἰλ αἱρέω; καλύπτω, κρύπτω; ἀμέλγω, ἀμέργω : στέλλω, στρατός-*stlata* (navis). Du changement de γ en *j*, et de *j* en γ : σιωπή, ἀνώγεον, ἔχιτι. 4. Οἶος « seu 5. Κολούω. 6. Σμάραγδος. 7. De la propagation des suffixes. 8. *Sermocina ratiocinari*. 9. *Leo, draco*. 10. L'allemand *kind*. 11. Allemand *schreien* « crier ». 12. Allemand *gaukler*. — *Rosapelly*, analyse graphique de la consonne : sa division en trois temps, caractère vocalique du deuxième temps. — *A. Meillet*, Yasna XLV, 2.

2ᵉ *fasc*. *H. d'Arbois de Jubainville*, les noms de personnes chez les Germains — *V. Henry*. Vedica (3ᵉ série). — *J.-R. Montmitonnet*, le parler russe. — *Rosapelly*, caractères du vocaloïde; leur importance dans la distinction des consonnes. — *A. Meillet*, letto-slavica. — *V. Henry*, semantica. — *H. Adjarian*, étude sur la langue laze (1ʳᵉ partie). 6 »

3ᵉ *fasc*. *L. Duran*, remarques sur la conjugaison française. — *M. Grammont*, le patois de la Franche-Montagne et en particulier de Damprichard (Franche-Comté) (suite). — *J. Imbert*, de quelques inscriptions lyciennes (suite). — *H. Adjarian*, étude sur la langue laze (suite). 6 »

4ᵉ *fasc*. *A. Meillet*, recherches sur la syntaxe comparée de l'arménien. — *M. Bréal*, un composé étrusque. — *A. Meillet*, étymologies arméniennes. — *H. d'Arbois de Jubainville*, l'infixation du substantif et du pronom entre le préfixe et le verbe, en grec archaïque et le vieil-irlandais. — *M. Grammont*, le patois de la Franche-Montagne et en particulier de Damprichard (Franche-Comté (suite). — *H. Adjarian*, croisements de mots en arménien. 6 »

5ᵉ *fasc*. *E. Ernault*, étymologies bretonnes. 1. *Alrenn ; elf ; elcou*. 2. *Caheratt ; cahillein* ; parche. 3. *Dis. gardis, dreist*. 4. *Dision ; konform ; du tout*. 5. *Get a*. 6. *Guez, reag ; nozrach ; hineusouah*. 7. *Hoaz, an hoaz ; Fauisicou ; c'houirinaden ; huennat ; hoaruout*. 8. *Pennac ; ibèn-all ; pe, pa*. 9. *Quichen, querc'hen ; diguegaff, quet, peurgueadqet ; guitebunan ; guiffl ; gueleet*. 10. *Rimostel ; rigadell ; sarodell ; adell*. — *Rosapelly*, valeur relative de l'implosion et de l'explosion dans les consonnes occlusives. Mécanisme du redoublement. Les plosions par le voile du palais; les *yasnas* indous. — *H. Adjarian*, étude sur la langue laze (suite). - *M. Bréal*, étymologies grecques. 1. Αὐτόματος. 2. *Si quelquefois*... εἰ ἄν. 3. Pronoms agglutinés aux prépositions. 6 »

6ᵉ *fasc*. *H. Adjarian*, étude sur la langue laze (suite). II. Grammaire comparée des dialectes lazes. III. Quelques textes originaux. — Index et table du tome dixième. 6 »

Tome XI

1ᵉʳ *fasc*. *M. Bréal*, sur l'origine et la date de la loi osque de Bantia. — *A. Meillet*, notes sur quelques faits de morphologie. 1. Le vocalisme du superlatif indo-européen. 2. Vieux-slave *sicĭ, cĭsĭ*. 3. Skr. *abhimātis*. Les accusatifs skr. *açmānam, srāsarām*, etc. 5. Sl. *želěti, pitěti*. 6. De quelques aoristes monosyllabiques en arménien. 7. Le génitif singulier des thèmes pronominaux en arménien. 8. Le génitif en *oj* des noms de parenté en arménien moderne. 9. Sur quelques formes anomales de thèmes zends en *a*. — *E. W. Fay*, latin *fas, fanum* et leurs congénères. — *R. de la Grasserie*, des diverses fonctions des verbes abstraits. — *M. Grammont*, le patois de la Franche-Montagne, et en particulier de Damprichard (Franche-Comté). Suite. XV. Vocabulaire : A-curu.

2ᵉ *fasc*. *J. Halévy*, mélanges étymologiques. 1. *Urizu*. 2. *Aspastā*. 3. *Kānān*. 4. *Ḥōled, ḥulda*. 5. *Scythe, scythopolis*. 6. *Hystape*. 7. ΙΑΩ, ΙΑΟ. 8. *Rauḍa*. 9. Δέλτα, δέλτος. 10. *Sibu, samanū*. 11. *Shĕmônê*. 12. La formation des dizaines en langue turque. — 13. *Yigirmi yigirmä*. 14. Le turc *on*, *non* en hongrois. 15. *Ingu*. 16. *Qualai*. 17. *Dĕbâš*. 18. *Maṇi*. 19. *Bali*. 20. *Vaiḍūrya*. 21. *Ohūz, ohōr*. 22. *Qaiš*. 23. *Raçanā*. 24. *Gabrā*.

25. *Zàr*. 26. *Apharsathàyê*. 27. *Osnapar*. 28. *Baraș*. 29. *Zando*, *Andès*. 30. *Boudâ*. 31. *Nisha*, *nask*, *mandala*. 32. *Gĕmĕdjâ*. 33. *Tânikâ*. 34. *Tanùrâ*, *tannur*. 35. *Palmyra*. 36. *Pitĕda*, τοπάζιον. 37. *sam*ᶜ, *sama*ᶜ. 38. *Agùr*, *adjùr*. 39. *Abginos*, *hagûn*, *hugenes*. 40. *Abfalion*. 41. Σέρπος. 42. Σάκκα *sakha*, *tsak*, *czak*. 43. *Qanisqin*. 44. *Zand*. 45. *Damqu*, *ellu*. — *E. Ernault* étymologies bretonnes (*suite*). 11. *Aaroux*; *-arous*; *rachous*; *harao*, *haluao*; *har blèye*. 12. *Balboes*, *lalibous*, *beulbes*, *diralbous*; *belbi*; *berlobi*, *barlobiet*; *balbein*, *balbe-sèh*, *herlegonn*. 13. *Chouricqat*, *sioul-sibouroun*, *sioul-riboulen*; *sioaden*; *ourlit*; *allazik*; *czutal*; *chuchuenn*, *chuchumuchu*. 14. *fi*, *fot*, *foei*; *fach fech*; *fae*: *genefaus*; *jenepruss*; *ac'h*; *ac'h-amen*, *ec'h*; *figus*; *pouc'h*; *fioun*. 15. *Flapen*, *plapen*, *laben*. 16. *Fuc'ha*, *fuchu*. 17. *Guicer*, *guic'her*; *guiber*, *guip*; *guichat*. 18. *Huyban*, *griban*, *piben*, *pipya*, *piepal*; *c'houistantiñ*. 19. *iou*, *ayaoñie*, *gyouc'hal*; *yudal*. 20. *Linon*, *limous*; *licriz*; *lybouçz*, *libistr*. 21. *Arc'heust*, *arhuest*; *arrest*, *arre*, *aroest*. 22. *Chanaris*; *chinouri*, *chalamaï*. 23. *Dihelchaft*, *dihelkein*; *diflancqa*, *diflacqeiñ*; *dichelpañ*, *chelp*. 24. *Dihostal*, *toul-hosstein*. 25. *Dre-hanik*, *draouennik*, *trochan*. 27. *Semeilh*, *similherez*. 28. *Strana*, *stran*, *stram*; *strantal*; *frontal*; *frontt*. 29. *Touleq*. 30. *Youanetet*, *yaouanct*, *yaouanqiz*, *youantis*; *basnecg*; *heder*; *egzañsour*. — *M. Bréal*, deux mots grecs d'origine sémitique. 1. Σοφός. 2. Ἀκήρατος, *sincerus*. Varia. 1. Boutures verbal 2. *Odi*, *odisse*. 3. *Celebrare*, *celeber*, *celebritas*. 4. Le *d* de *fundere*. 5. *Arcer* 6. Stantes Missi. 7. Patois normand : *basse* « fille ». 8. Un ζ analogique 9. *Schumpfonteine*. 10. *Longus*, *largus*. — *T. Reinach*, *Boucher*. — *M. Grammont*, le patois de la Franche-Montagne, et en particulier de Damprichard (Franche-Comté) (suite). XV. Vocabulaire : *eut*, *étôl*. 6 »

3ᵉ *fasc*. *J. Lebreton*, l'adjectif verbal latin en *-ndus*. Étude morphologique et sémantique. — *A. Meillet*, d'un effet de l'accent d'intensité. — *Le même*. letto-slavica : A. Sur l'adaptation de quelques mots étrangers. 1. V.-sl. *Vlasrimija*. 2. V.-sl. *Rimu*. 3. V.-sl. *Lazarji*. B. Étymologies. 1. V.-pruss. *gerbt*. 2. Lit. *azu*, *uz*. 3. V.-sl. *golĭ*. 4. V.-sl. *jastrębŭ*. — *M. Bréal*, étymologies. 1. *Affatim*. 2. Λεωργός. 3. Κατηγέω. — Formes tanagréennes. 5. Ἄεθλος 6. L'aoriste passif grec. — *R. Gauthiot*, à propos de la loi de Verner et des effets du ton indo-européen. — *M. Grammont*, le patois de la Franche-Montagne, et en particulier de Damprichard (Franche-Comté) (suite). XV. Vocabulaire : *étödr-lar*. 6 »

MEMORABILIS et perinde stupenda de crudeli Moscovitarum expeditione narratio e germanico in latinum conversa. Duaci, ex typographia Jacoby Boscardi, 1563, 3 feuillets in-8. 5 »

Réimpression en fac-similé par le procédé Pilinski, imitant parfaitement l'original. Tiré à quelques exemplaires seulement.

MENANT, J., Rapports à son Exc. M. le Ministre d'État sur les inscriptions assyriennes du British Museum. Paris, 1863, in-8, br. 3 »

— Observations sur les polyphones assyriens. S. l. n. d., in-fol. 3 »

— Les inscriptions de Hammourabi, roi de Babylone (xviᵉ siècle av. J.-C.), traduites et publiées avec un commentaire à l'appui. Paris, 1863, gr. in-8, broché. 10 »

— Inscription des revers de plaques du palais de Khorsabad. Traduit sur le texte assyrien. Paris, 1865, in-fol., br. 6 »

MERCIER, A., Histoire des participes français. Paris, 1879, in-8, br. Au lieu de 4 fr. 2 »

— De neutrali genere quid factum sit in gallica lingua. Paris, 1879, in-8, br. 2 »

MIROT, L., La politique pontificale et le retour du Saint-Siège à Rome en 1376. Paris, 1899, gr. in-8, br. 7 »

MOET DE LA FORTE-MAISON, Les Francs, leur origine et leur histoire, dans la Pannonie, la Mésie, la Thrace, etc., etc., la Germanie et la Gaule, depuis les temps les plus reculés jusqu'à la fin du règne de Clotaire, dernier fils de Clovis, fondateur de l'Empire français. Paris. 1868, 2 vol. in-8 br. Au lieu de 15 fr. 3 »

MOHAMMED-EBN-DJOBAIR (de Valence). Voyage en Sicile sous le règne de Guillaume le Bon. Texte arabe, suivi d'une traduction et de notes, par M. Amari. Paris, 1846, in-8, br. Au lieu de 2 fr. 50. 1 »

MOHL. F. G., Introduction à la chronologie du latin vulgaire. Étude de philologie historique. Paris, 1899, gr. in-8, br. 10 »

MOIGNO, l'abbé, Répertoire d'optique moderne. Paris, 1847-1850. 4 vol. in-8, br. Vol. I et II épuisés ; vol. III, 8 fr. ; vol. IV, 12 fr.

— Traité de télégraphie électrique, comprenant son histoire, sa théorie, ses appareils, sa pratique, son avenir, sa législation, précédé d'un exposé de la télégraphie en général. Avec atlas de 22 planches gravées en taille-douce. 2e éd. Paris, 1852. in-8, et atlas gr. in-4, br. Au lieu de 15 fr. 5 »

— Stéréoscope, ses effets merveilleux. Pseudoscope, ses effets étranges. Paris, 1852, in-8, avec une planche. 1 »

MOISY, H., Études philologiques d'onomatologie normande. Noms de famille normands étudiés dans leurs rapports avec la vieille langue, et spécialement avec le dialecte normand ancien et moderne. Paris, 1875, in-8, br. Au lieu de 8 fr. 3 50

MOLLER, A. de, Situation de la Pologne au 1er janvier 1865. Paris, 1865, in-8, broché. 2 »

MOMMSEN, T., Histoire romaine, traduite par C.-A. Alexandre. Paris, 1863-1872, 8 vol. in-8, br., accompagné d'une carte de l'Italie vers l'an 600 de Rome et d'une table alphabétique (Épuisé).

(Seule édition autorisée par l'auteur et l'éditeur et contenant les notes.)

— Les volumes IV à VIII se vendent séparément. Le volume. 5 »

— Vol. IX à XI, traduits par R. Cagnat et J. Toutain. Paris, 1888 et 1889, 3 vol. in-8, br., avec cartes et tables détaillées. 20 »

— Histoire de la monnaie romaine, traduite de l'allemand par le duc de Blacas et publiée par J. de Witte, membre de l'Institut. Paris, 1865-1875, 4 forts vol. in-8 caval., ornés de 20 pl. de médailles. Vol. I et II épuisés ; vol. III et IV, chaque. 20 »

— Étude sur Pline le Jeune, traduite par C. Morel. Paris, 1873, grand in-8 (Épuisé).

MONET, P., Voir : H. Suchier.

MONOD, G., Études critiques sur les sources de l'histoire mérovingienne. 1re partie. Introduction. — Grégoire de Tours, Marius d'Avenches. Paris, 1872, gr. in-8, br. 6 »

— 2e partie. Compilation dite de « Frédégaire ». Paris, 1885, gr. in-8, br. 6 »

— Études critiques sus les sources de l'histoire carolingienne. 1re partie. — Introduction. — Les annales carolingiennes. Premier livre : Des origines à 820. Paris, 1898, gr. in-8, br. 6 »

— Voir : Annuaire de l'École des Hautes-Études, année 1890.— M. Junghans.

MONTAGNE, C., Histoire de la Compagnie des Indes. Paris, 1898, petit in-8. 3 50

MONTAGNE, E., Les légendes de la Perse. Paris 1891. in-18 jésus, br. 3 50

Contenu : La planète de Vénus. — Les légendes de la Perse. — Ga[illegible] touché. — Le Nigaristan de Kémal-Pacha. — La nouvelle Aspasie. — Hafiz et Tamerlan. — Scheikh Attar. — Saadi. — La légende de Pharaon. — Les oiseaux de Psaphon.

[..]TAGU, Testacea britannica ou histoire naturelle des coquilles marines, fluviatiles et terrestres d'Angleterre. Ouvrage trad. par J.-C. Chenu. Paris, 1846, gr. in-8, pap. vélin, br., avec 14 pl. Au lieu de 30 fr. 7 50

[..]UMENTS pour servir à l'histoire de l'Égypte chrétienne au IVe siècle. Histoire de saint Pakhôme et de ses communautés. Documents coptes et arabes inédits, publiés et traduits par E. Amélineau. Paris, 1889, grand in-4. 60 »

(Annales du Musée Guimet, t. XVII.)

[..]RALITÉ de la vendition de Joseph, à quarante-neuf personnages. Paris, 1835, format d'agenda, papier de Hollande, br. Au lieu de 36 fr. 20 »

Réimpression gothique à 90 exemplaires.

de Mundus, Caro, Demonia, à cinq personnages. Farce des deux Savetiers à trois personnages. Paris, 1838, format d'agenda, br. 10 »

Réimpression gothique à 90 exemplaires.

[..]REL, C., Voir : Bibliothèque de l'École des Hautes-Études. — J.-N. Madvig. — T. Mommsen.

[..]REL-FATIO, A., Études sur l'Espagne. Première série. 2e édition revue et augmentée. Paris, 1895, petit in-8, br. 5 »

Contenu : I. L'Espagne en France. — II. Recherches sur Lazarille de Tormes. — III. L'histoire dans Ruy-Blas. — IV. Espagnols et Flamands. — V. Le Don Quichotte envisagé comme peinture et critique de la société espagnole du XVIe et du XVIIe siècle.

Deuxième série, Paris, 1891, in-8, br. 5 »

Contenu : Grands d'Espagne et petits princes allemands au XVIIIe siècle d'après la correspondance inédite du comte de Fernan Nunez avec le prince Emmanuel de Salm-Salm et la duchesse de Béjar.

[..]a Comedia espagnole du XVIIe siècle. Cours de langues et littératures de l'Europe méridionale au Collège de France. Leçon d'ouverture. Paris, 1885, in-8, br. Au lieu de 1 fr. 50. » 50

[..]URLOT, F., Essai sur l'Augustalité dans l'Empire romain. Paris, 1895, gr. in-8, avec 2 cartes. 5 »

[..]VAT, R., Études philologiques sur les inscriptions gallo-romaines de Rennes. Le nom de peuple « Redones ». Paris, 1870, in-8, br. 2 »

[..]es noms familiers chez les Romains. Paris, 1871, gr. in-8, br. 2 »

[..]tude sur une inscription romaine inédite de Tours et sur le monument dont elle révèle l'existence. Avec une planche photographiée. Paris, 1873, in-8, broché. 2 »

[..]tude sur l'inscription itinéraire de Saint-Christophe (Morbihan), avec une planche. Paris, 1872, in-8, br. 2 »

Notice de quelques inscriptions grecques observées dans diverses collections. Paris, 1873, in-8, br. 3 50

La station de Vorgiom (Tirage à part de la *Revue archéologique*). Paris, in-8, br. 2 »

[..]HLENBECK, E., Études sur les origines de la Sainte-Alliance. Paris et Strasbourg, 1887, in-8, br. Avec un portrait de Me de Krudener, d'après Angelica Kauffmann. 7 50

Euloge Schneider, 1793. Strasbourg et Paris, 1800, gr. in-8. 15 »

[..]LLER, M., La stratification du langage, Traduit par M. L. Havet. Paris, 1869, gr. in-8, br. 4 »

MUNK, S., Mélanges de philosophie juive et arabe. Paris, 1850, in-8, bro (Épuisé.)

— Voir : Maimoun.

MYER J., Scarabs. The History Manufacture and Religious Symbolism o Scarabœus in Ancient Egypt, Phœnicia, Sardinia, Etruria, etc. Remarks on the Learning, Philosophy, Arts, Ethics, Psychology, Ide to the immortality of the soul, etc., of the Ancient Egyptians, Phœnic etc. New-York et Paris, 1894, in-8, cart.

MYSTÈRE de saint Crespin et saint Crespinien, publié pour la première d'après un manuscrit conservé aux archives du royaume, par L. Dessa P. Chabaille. Paris, 1836, gr. in-8, pap. vélin, fac-sim., br.

Tiré à 100 exemplaires.

NADAILLAC, le marquis de, L'ancienneté de l'homme, 2e éd. Paris, 1 vol. petit in-8, br. Au lieu de 4 fr.

Il a été tiré quelques exemplaires sur papier Whatman et sur papier de C au prix de 15 fr. l'exemplaire.

NAU, F., Voir : Bar-Hebræus.

NAUROY, C., La duchesse de Berry. Paris, 1889, in-18 jésus, accompa d'une liste de 202 portrait de la duchesse, conservés au cabinet des estam de la Bibliothèque Nationale. Paris, 1889, in-18 jésus, br. 3

— Les Secrets des Bonaparte, Paris, 1889, in-18 jésus, br. 3

NIGRA, C., Voir : Glossæ hibernicæ.

NISARD, C., Étude sur le langage populaire ou patois de Paris et de sa ba lieue, précédée d'un coup d'œil sur le commerce de la France au moyen à les chemins qu'il suivait et l'influence qu'il a dû avoir sur le langage. Pa 1872, in-8, br. (Épuisé).

NOLHAC, P. de, La bibliothèque de Fulvio Orsini, contribution à l'histoire collections d'Italie et à l'étude de la Renaissance. Paris, 1887, gr. in-8, avec 8 fac-similés en photogravure. 15

— Pétrarque et l'humanisme, d'après une essai de restitution de sa bibliothèq Paris, 1892, gr. in-8, avec un portrait et 3 pl. de fac-similés (Épuisé).

— De Patrum et medii ævi scriptorum codicibus in bibliotheca Petrarcæ o collectis. Paris, 1892, in-8, br. (Épuisé).

NONIUS MARCELLUS, Voir : Meylan.

NOTICE sur Gilion de Trasignyes, roman français du xve siècle, suivi quelques autres fragments. Paris, 1839, in-8, br. 2

— Sur le roman en vers des sept sages de Rome. Paris, 1839, in-8, br. 3

Tiré à 65 exemplaires.

— Sur la Roumanie, principalement au point de vue de son économie rur industrielle et commerciale, suivie du catalogue spécial des produits exp dans la section roumaine à l'Exposition universelle de Paris, en 1867, et d notice sur l'histoire du travail dans ce pays. Paris, 1868, 1 vol. gr. in-8, accompagné d'une carte. Au lieu de 4 fr.

— Sur les antiquités de la Roumanie. Au lieu de 2 fr.

NOULENS, J., La flahuto gascouno, seguido d'un bocabulari gascoun. P 1897, in-8° carré.

ODDE, L. de, Jocoso, Les joyeuses recherches de la langue tolosaine. Deux édition. Paris, 1847, in-8, br.

OIHENART, Voir : Proverbes basques.

OLRY, J., La persécution de l'église de Metz, 2e édition, accompagnée de noti et de notes par Oth. Cuvier. Paris, 1860, in-12, br. Au lieu de 3 fr. 50 1

Ouvrage très curieux, réimprimé en petit nombre d'après le seul exemplaire connu, appartenant à la bibliothèque de la ville de Cassel. Une grande partie du livre est consacrée à la relation du voyage des réfugiés à la Martinique et leur séjour dans cette île.

OMONT, H., Catalogues des livres grecs et latins imprimés par Alde Manuce à Venise (1498-1503-1513), reproduits en phototypie, avec une preface, gr. in-fol., avec 4 planches. 15 »

— Les manuscrits grecs datés des xve et xvie siècles de la Bibliothèque Nationale et des autres bibliothèques de France, gr. in-8. 3 »

OPERA SALERNITANA (l'). « Circa instans » ed il testo primitivo del « Grant herbier en francoys », secondo due codici del secolo xv conservati nella regia bibliotheca Estense, per G. Camus. Modena, 1886, gr. in-4, br. 6 »

OPPERT, J., Duppe Lisan Assur. éléments de la grammaire assyrienne, 2e éd. Paris, 1868, in-8, br. Au lieu de 6 fr. 3 »

— Mémoire sur les rapports de l'Égypte et de l'Assyrie dans l'antiquité, éclaircis par l'étude des textes cunéiformes. Paris, 1869, in-4, br. 12 »

— Un traité babylonien sur brique conservé dans la bibliothèque de M. L. de Clercq (Extrait de la *Revue archéologique*). Paris, 1866, gr. in-8. 1 »

ORCHÉSOGRAPHIE, Voir : Arbeau.

ORDENANSAS (las). et coustumas del libre blanc obseruadas de tota ancianetat, compausadas per las sabias femnas de Tolosa. Et regidas en forma deguda per lor secretary. Paris, 1846, in-8, br. 5 »

Réimpression tirée à 80 exemplaires.

ORLÉANS, Duchesse d', Voir : Correspondance de Madame.

ORSINI, F., Voir : P. de Nolhac.

OVIDE, P. N., Voir : L. Sudre.

PACHALERY (A.), Dictionnaire phraséologique de la langue française à l'usage des Français et des Russes, et en général de tous ceux qui parlent et écrivent en français. Ier fascicule. Odessa, 1868, gr. in-8. 5 50

L'ouvrage complet comprendra 8 fascicules.

PALERMO, F., I manoscritti dell' I. et R. Palatina di Firenze. Volume primo. Firenze, 1853, in-4, br. Au lieu de 50 fr. 5 »

— Classazione dei libri a stampa dell' I et R. Palatina. Firenze, 1854, gr. in-8, br. Au lieu de 25 fr. 5 »

PANNIER, L., Histoire de Saint-Ouen-sur-Seine. Première partie : Moyen âge. La noble maison de Saint-Ouen, la villa Clippiacum et l'ordre de l'Étoile d'après les documents originaux. Paris, 1872, in-8. br. Au lieu de 6 fr. 2 »

— Les Lapidaires français du moyen âge, des xiie, xiiie et xive siècles; réunis, classés et publiés ; accompagnés de préfaces, de tables et d'un glossaire. Avec une notice préliminaire, par G. Paris, membre de l'Institut. Paris, 1882, gr. in-8, br. 10 »

— Voir : G. Paris.

PAPYRUS de NEB-QED (le), Voir : Rituel funéraire.

PARCIC, A., Grammaire de la langue serbo-croate. Traduction à l'usage des Français, contenant des améliorations suggérées par l'auteur, avec une introduction par le Dr Feuvrier. Paris, 1877, in-8, br. Au lieu de 10 fr. 7 »

PARENT, A., Machærous. Paris, 1868, gr. in-8, br., orné d'une carte. 6 »

Relation historique et géographique d'un voyage autour de la mer Morte, et du siège par les Romains de la ville et de la forteresse de Machærous, dernier boulevard de l'indépendance du peuple juif.

PARIS, G., Étude sur le rôle de l'accent latin dans la langue française. Paris, 1862, in-8, br. 4 »

PARIS, G., Histoire poétique de Charlemagne. Paris, 1865, gr. in-8, br. (Ouvrage couronné par l'Institut). (Épuisé).
— De Pseudo-Turpino. Paris, 1865, in-8, br. [illegible] »
— Lettre à M. Léon Gautier sur la versification latine rythmique. Paris, 1866, gr. in-8 (Épuisé).
— Grammaire historique de la langue française. Cours professé à la Sorbonne, leçon d'ouverture. Paris, 1868, in-8 (Épuisé).
— Dissertation critique sur le poème latin du Ligurinus, attribué à Gunther. Paris, 1872, in-8, br. 2 »
— Les contes orientaux dans la littérature française du moyen âge (Extrait de la *Revue politique et littéraire*). Paris, 1875, in-8, br. 1 »
— Le petit Poucet et la grande Ourse. Paris, 1875, in-16, br. (Épuisé).
— La vie de saint Alexis. Poème du XIe siècle. Texte critique. Paris, 1885, in-12, broché. 1 50
— Les chants populaires du Piémont (Extrait du *Journal des Savants*). Paris, 1891, in-4, br. 2 »
— Le Juif errant en Italie (Extrait du *Journal des Savants*). Paris, 1891, in-4, broché. 1 25
— Les origines de la poésie lyrique en France au moyen âge (Extrait du *Journal des Savants*). Paris, 1892, in-4 (Épuisé).
— La légende de Saladin (Extrait du *Journal des Savants*). Paris, 1893, in-4, broché. 3 »
— Tristan et Iseut (Extrait de la *Revue de Paris*). Paris, 1894, grand in-8 (Épuisé).
— Le roman de Renard (Extrait du *Journal des Savants*). Paris, 1895, in-4, broché. 3 50
— L'anneau de la morte, Histoire d'une légende (Extrait du *Journal des Savants*). Paris, 1897, in-4°, br. 1 50
— La légende des infants de Lara (Extrait du *Journal des Savants*). Paris, 1898, in-4, br. 2 »
— La littérature normande avant l'annexion (912-1204). Discours lu à la séance publique de la Société des Antiquaries de Normandie le 1er décembre 1898. Paris, 1899, in-8, br. 2 50
— Voir : Annuaire de l'École des Hautes-Études, 1893. — Bibliothèque de l'École des Hautes-Études. — F. Diez. — L. Pannier.

PARIS, G., et PANNIER, L., La vie de saint Alexis, poème du XIe siècle et renouvellement des XIIe, XIIIe et XIVe siècles, publiés avec préface, variantes, notes et glossaires. Paris, 1872, gr. in-8 (Ouvrage couronné par l'Institut). 15 »

PARIS, P., Essai d'un dictionnaire historique de la langue française, liv. 1 (seule publiée). Paris, 1847, in-4, br. Au lieu de 3 fr. 1 »

PARMENTIER, L., Études historiques sur la formation des mots dans la langue grecque. I. Les substantifs et les adjectifs en ΕΣ dans la langue d'Homère et d'Hésiode. Gand et Paris, 1889, gr. in-8, br. 5
— Euripide et Anaxagore. Paris, 1893, in-8. 3

PAROLE, la, Son origine, sa nature, sa mission. Paris, 1867, in-8, br. 4

PAULITSCHKE, Ph., Voir : Chahâb ad-Din Ahmad.

PÉAN, A., Voir : L. La Saussaye et A. Péan.

PÉLISSIER, G., De sexti decimi sæculi in Francia artibus poeticis. Paris, 1883, in-8, br. 3 »

PELLECHET, M., Alphabet des imprimeurs du XVe siècle, avec des fac-similés (Extrait de la *Revue des Bibliothèques*). Paris, 1893, gr. in-8, br. 1 25

PENNIER, F., Les noms topographiques devant la philologie. Paris, 1886, gr. in-8, br. 4 »

PERROT, N., Mémoire sur les mœurs, coustumes et relligion des sauvages de l'Amérique Septentrionale, publié pour la première fois avec des notes et un index alphabétique, par le R. P. Tailhan. Leipzig et Paris, 1864, in-8 (Forme le 3ᵉ vol. de la Bibliotheca Americana). Au lieu de 14 fr. 7 »

Papier fort, gr. in-4, tiré à 10 exemplaires. Au lieu de 40 fr. 20 »

Papier de Chine, tiré à 10 exemplaires. Au lieu de 35 fr. 17 »

PERRUCHON, J., Les chroniques de Zar'a Yâ'eqôb et de Ba'eda Mâryâm, rois d'Éthiopie, de 1434 à 1478 (Texte éthiopien et traduction), précédées d'une introduction. Paris, 1893, gr. in-8, br. 13 »

PETIT-DUTAILLIS, C., Étude sur la vie et le règne de Louis VIII (1187-1226). Paris, 1894, gr. in-8, br. 16 »

PETITOT, E., Accord des mythologies dans la cosmogonie des Danites arctiques. Paris, 1890, in-18 jésus, br. 3 50

— La sépulture dolménique de Mareuil-les-Meaux et ses constructeurs. Paris, 1892, in-18 jésus, avec pl. dessinées d'après nature par l'auteur. 4 »

PÉTRARQUE, F., Voir : Cochin.

PEY, A., Voir : Les anciens Poètes de la France. Vol. II.

PFISTER, C., Études sur le règne de Robert le Pieux (996-1031). Paris, 1885, gr. in-8, br. 15 »

— De Fulberti carnotensis episcopi vita et operibus. Thesim Facultati litterarum parisiensi proponebat. Paris, 1885, gr. in-8, br. 5 »

PHILIPPE LE SOLITAIRE, Pleurs de, Poème en vers politiques, publié dans le texte pour la première fois, d'après six manuscrits de la Bibliothèque Nationale, par E. Auvray. Paris, 1875, gr. in-8, br. 3 75

PHILIPPSON, M., Histoire du règne de Marie Stuart. Paris, 1891-1892, 3 vol. in-8, br. 15 »

PIERLING, P., Saxe et Moscou. Un médecin diplomate. Laurent Reinhuber de Reinufer. Paris, 1893, in-8, br. 3 »

PIERRET, E., Inventaire détaillé des catalogues usuels de la Bibliothèque Nationale (Extrait du *Livre*). Paris, 1889, gr. in-8, br. 1 50

— Essai d'une bibliographie historique de la Bibliothèque Nationale (Extrait de la *Revue des Bibliothèques*). Paris, 1892, gr. in-8, br. 5 »

PIERRET, P., Études égyptologiques comprenant le texte et la traduction d'une stèle éthiopienne inédite et de divers manuscrits religieux, avec un glossaire égyptien-grec du décret de Canope. Paris, 1873, in-4, br. Au lieu de 20 fr. 10 »

— Essai sur la mythologie égyptienne. Paris, 1879, gr. in-8, br. Au lieu de 7 fr. 50. 4 »

— Vocabulaire hiéroglyphique comprenant les mots de la langue, les noms géographiques, divins, royaux et historiques, classés alphabétiquement. Paris, 1875, un fort vol. gr. in-8, br. 50 »

— Recueil d'inscriptions inédites du musée égyptien du Louvre, traduites et commentées, avec table et glossaire. Paris, 1873 et 1878, 2 vol. in-4, br. Au lieu de 50 fr. 30 »

PIERSON, P., Métrique naturelle du langage, avec une notice préliminaire de M. G. Paris, membre de l'Institut. Paris, 1884, gr. in-8, br. 10 »

PINEAU, L., Les vieux chants populaires scandinaves (Gamle Nordiske Folkeviser). Étude de littérature comparée. Tome I, Époque sauvage. Les chants de magie, Paris, 1898, gr. in-8ᵒ. 10 »

PLAUTUS, T. M. Amphitruo. ed. L. Havet cum discipulis Bellev Fourel, Gohin, Philipot, Ramain, Rœrsch, Segrestaa, Taillia Paris, 1895, gr. in-8, br.

PLOIX, C., La nature des dieux. Étude de mythologie gréco-lati 1888, gr. in-8, br.

POÈTES BEAUCERONS antérieurs au XIXe siècle. Notices par I Chartres, 1894. 2 vol. in-8.

LES ANCIENS POÈTES DE LA FRANCE, publiés sous les auspices M. le Ministre de l'instruction publique, en exécution du décret ii 12 février 1854, et sous la direction de M. F. Guessard, in-12, r caractères elzéviriens, t. I à X.

Les volumes I et X ne se vendent plus séparément dans aucun d
Volumes II à VIII, le vol.
Volume IX.
Sur papier fort vergé, vol. II à VIII, le vol.
Volume IX.
Sur papier de Chine, tiré à 10 exemplaires. Le vol.

CONTENU DES VOLUMES :

I. Guy de Bourgogne. Chanson de geste, publiée pour la première I les manuscrits de Tours et de Londres, par MM. F. Gu H. Michelant. — Otinel. Chanson de geste, publiée pour la pre d'après les manuscrits de Rome et de Middlehill, par MM. F. (H. Michelant. — Floovant. Chanson de geste, publiée pour l. fois d'après le ms. unique de Montpellier, par MM. F. G H. Michelant.

II. Doon de Maïence. Chanson de geste, publiée pour la première i les mss. de Montpellier et de Paris, par A. Pey.

III. Gaufrey. Chanson de geste, publiée pour la première fois d'apr unique de Montpellier, par MM. F. Guessard et P. Chabaille.

IV. Fierabras. Chanson de geste, publiée pour la première fois d'apr de Paris, de Rome et de Londres, par MM. A. Kroeber et G. S Parise la Duchesse. Chanson de geste, 2e éd. revue et corrigée ms. unique de Paris, par MM. F. Guessard et Larchey.

V. Huon de Bordeaux. Chanson de geste, publiée pour la première f les mss. de Tours, de Paris et de Turin, par MM. F. G C. Grandmaison.

VI. Aye d'Avignon. Chanson de geste, publiée pour la première foi ms. unique de Paris, par MM. F. Guessard et P. Meyer. Nanteuil. Chanson de geste, publiée pour la première fois d'apr mss. de Montpellier et de Venise, par M. P. Meyer.

VII. Gaydon. Chanson de geste, publiée pour la première fois d'apr mss. de Paris, par MM. F. Guessard et S. Luce

VIII. Hugues Capet. Chanson de geste, publiée pour la première fois ms. unique de Paris, par M. le marquis de La Grange.

IX. Macaire. Chanson de geste, publiée d'après le ms. unique de V un essai de restitution en regard, par M. F. Guessard.

X. Aliscans. Chanson de geste, publiée d'après le ms. de la Bibl: l'Arsenal et à l'aide de cinq autres mss., par MM. F. Guessa Montaiglon.

POGNON, H., L'inscription de Bavian. Texte, traduction et commentaire philologique, avec trois appendices et un glossaire. Paris, 1879 et 1880, deux parties, gr. in-8, br. 12 »

— Les inscriptions babyloniennes du Wadi-Brissa. Paris, 1887, gr. in-8, avec 14 *pl.* dont 4 en photogravure. 10 »

— Une incantation contre les génies malfaisants en mandaïte (Extrait des Mémoires de la Société de linguistique de Paris). Paris, 1892, in-8, br., planche. 2 50

— L'inscription de Raman-Nérar Ier, roi d'Assyrie (Réponse à un article de M. Oppert). Paris, 1894, in-8, br. 1 »

POMMAYROL, de, Voir : A. Schleicher.

POREBOWICZ, E., Revision de la loi des voyelles finales en espagnol. Paris, 1897, in-8, br. 1 50

PORTIUS, S., Grammatica linguæ græcæ vulgaris. Reproduction de l'édition de 1638, suivie d'un commentaire grammatical et historique, par M. W. Meyer, professeur à l'Université d'Iéna, avec une introduction de J. Psichari, maître de conférences à l'École des Hautes-Études. Paris, 1889, gr. in-8, broché. 12 50

POUCEL, B., Mes itinéraires dans les provinces de Rio de la Plata (1854-1857). Province de Catamarca. Paris, 1864, in-8, br. 1 »

— Les otages de Durazno, souvenirs du Rio de la Plata pendant l'intervention anglo-française de 1845 à 1851. Paris, 1864, gr. in-8, br. 6 »

POUCHKINE, A. S., Eugène Onéguine, traduit du russe par Béeseau. Précédé d'une notice biographique sur Pouchkine. Paris, 1868, in-18, br. (Épuisé).

PRISE, la, de Damiette en 1219. Voir : P. Meyer.

PROJET d'une charte constitutionnelle d'Alexandre Ier, empereur de Russie. — Derniers jours de la vie de l'empereur Alexandre. Paris, 1850, in-8, br. 1 »

PROU, M., Étude sur les relations politiques du pape Urbain V avec les rois de France Jean II et Charles V, d'après les registres de la chancellerie d'Urbain V, conservés aux archives du Vatican. Paris, 1887, grand in-8, broché. 6 »

— Voir aussi : Hincmar.

PROVERBES basques recueillis par A. Oihenart, suivis des poésies basques du même auteur, 2e édit., revue, corrigée, augmentée d'une traduction française des poésies et d'un appendice, et précédée d'une introduction bibliographique. Paris, 1847, in-8, br., pap. vergé. 10 »

PROVERBES béarnais, Voir : Hatoulet.

PSAUTIER, le, de Metz. Texte du XIVe siècle. Édition critique publiée d'après quatre manuscrits, par F. Bonnardot. Tome Ier : Texte intégral. Paris, 1885, in-8, br. 9 »

Le tome second est sous presse.

PSICHARI, J., Études de philologie néo-grecque. Recherches sur le développement historique du grec. Paris, 1892, gr. in-8, br. 22 50

— Voir : S. Portius.

PUYMAIGRE, le comte de, La cour littéraire de don Juan II, roi de Castille. Paris, 1873, 2 vol. pet. in-8, br. Au lieu de 7 fr. 4 »

QUÉRARD, J.-M., la Roumanie : Moldavie, Valachie et Transylvanie (ancienne Dacie), la Serbie, le Monténégro et la Bosnie. Paris, 1857, in-8, br. 2 »

Travail utile et intéressant renfermant la bibliographie complète, jusques et y compris l'année 1857, de tous les ouvrages relatifs à ces contrées.

QUESTIONS de droit en Russie. Paris, 1861, in-8, br. » 50

QUICHERAT, J., De la formation française des anciens noms de lieu, traité pratique suivi de remarques sur des noms de lieu fournis par divers documents. Paris, 1867, petit in-8, br. (Épuisé).

QUINTILIEN, Institution oratoire, collation d'un ms. du xᵉ siècle, par E. Chatelain et J. Le Coultre. Paris, 1875, gr. in-8, br. 2 »

RABBINOWICZ, J.-M., Grammaire hébraïque traduite de l'allemand sous les yeux de l'auteur par J.-J.-Clément Mullet. Paris, 1864, in-8, br. (Épuisé).

— Grammaire de la langue française d'après de nouveaux principes concernant les temps des verbes et leur emploi. Deuxième édition augmentée de nouvelles règles sur le redoublement de consonnes et sur l'A nasal. Paris, 1889, in-8, broché. 3 »

— Règles sur le redoublement de consonnes et sur l'A nasal. Paris, 1889, in-8, broché. 1 »

— Grammaire de la langue latine raisonnée et simplifiée d'après de nouveaux principes expliquant le latin par les règles de la langue française, renfermant cinq nouvelles listes alphabétiques des verbes irréguliers, des prépositions, des verbes composés, des mots régissant le subjonctif, des désinences irrégulières et surtout la liste inédite en 8 colonnes des deux temps primitifs qui changent le radical du présent. Paris, 1860, in-8 (Épuisé).

— Nouveaux principes comparés de la prononciation anglaise dans ses rapports avec les langues française, allemande, etc., suivis d'un résumé de la grammaire anglaise. Paris, 1874, in-8, br. Au lieu de 4 fr. 3 »

RAFINESQUE, Voir : Bibliothèque conchyliologique, première série.

RAMBAUD, A., De Byzantino Hippodromo et Circensibus factionibus. Paris, 1872, in-8, br. 2 50

RAMBAUD, J.-B., La langue Mandé (Extrait des Mémoires de la Société de linguistique de Paris). Paris, 1866, grand in-8, br. 5 »

RAMÉE, D., Histoire de l'architecture en France depuis les Romains jusqu'au xviᵉ siècle, illustrée de 71 vignettes sur bois. Paris, 1846, in-18 jésus, br. Au lieu de 2 fr. 50. 1 »

— Le même, cartonné en toile. Au lieu de 3 fr. 1 25

RAOUL-ROCHETTE, M., Lettre à M. Schorn, supplément au catalogue des artistes de l'antiquité grecque et romaine. Paris, 1845, gr. in-8, br. Au lieu de 6 fr. 2 »

RASKOL (le). Essai historique et critique sur les sectes religieuses en Russie. Paris, 1850, in-8, br. 4 »

RAT, G., Voir : Amours et aventures du jeune Ons-el-Oudjoud.

RATHAIL, J., De l'existence d'une épopée franke, à propos de la découverte d'un chant populaire mérovingien. Paris, 1848, in-8, broché. Au lieu de 4 fr. 50. 2 »

RAYMOND, M.-P., Notices sur l'intendance en Béarn et sur les états de cette province, avec le catalogue des maisons nobles. Paris, 1865, in-4, broché. 5 »

RAYMOND VIDAL, Voir : Guessard, Grammaires provençales.

RAYNAUD, G., Bibliographie des Chansonniers français des xiiiᵉ et xivᵉ siècles, comprenant la description de tous les manuscrits, la table des chansons classées par ordre alphabétique de rimes et la liste des trouvères. Paris, 1884, 2 vol. in-8, br. [illegible]

— Recueil de motets français des xiiᵉ et xiiiᵉ siècles, publiés d'après les manuscrits, avec introduction et notes; suivis d'une étude sur la musique au temps de saint Louis, par H. Lavoix fils. Paris, 1881 et 1884, 2 vol. in-8, brochés. [illegible]

OLD, E., Histoire générale de la franc-maçonnerie, basée sur ses anciens documents et les monuments élevés par elle depuis sa fondation en l'an 715 av. J.-C. jusqu'en 1850. Paris, 1851, in-8, br. (Épuisé).

UEIL d'anciens textes bas-latins, provençaux et français, accompagnés de deux glossaires et publiés par P. Meyer, membre de l'Institut. Première partie : bas-latin, provençal. Paris, 1875, gr. in-8, br. 6 »

2ᵉ partie : vieux français. Paris, 1878, gr. in-8, br. 6 »

La 3ᵉ partie contiendra la suite du vieux français et les glossaires.

La 4ᵉ partie, la grammaire comparée du vieux français et du provençal.

CUEIL DE LETTRES de Sa Majesté l'Impératrice Marie Feodorovna aux tuteurs honoraires et aux supérieurs des Instituts de Moscou. Publié par J. Dumouchel. Première livraison : Lettres de Sa Majesté à Mme de Pewtzoff. Moscou, 1883, gr. in-8, br., portrait. 2 50

Le même, sur papier fort. 3 50

» sur papier ordinaire, grandes marges. 3 »

» sur papier fort, grandes marges. 4 »

CUEIL de motets français des XIIᵉ et XIIIᵉ siècles, publiés d'après les manuscrits avec introduction et notes par G. Raynaud, suivis d'une étude sur la musique au siècle de saint Louis, par H. Lavoix fils. Paris, 1881 et 1884, 2 vol. gr. in-8, brochés. 18 »

CUEIL d'opuscules et de fragments en vers patois, extraits d'ouvrages devenus fort rares. Paris, 1839, in-16, br. 5 »

Tiré à 120 exemplaires.

CUEIL de travaux relatifs à la philologie et à l'archéologie égyptiennes et assyriennes, tomes I-XXI. Paris, 1870-1895, gr. in-4.

Les trois premiers volumes ne se vendent plus séparément.

Il ne reste que quelques exemplaires complets pour lesquels on traitera de gré à gré.

A partir du 4ᵉ volume. Le volume. 30 »

Tome I. Paris, 1870 à 1879 avec 11 planches.

Contenu : *Fasc.* 1. Le poème de Pentaour, accompagné d'une planche chromol., par le vicomte *de Rougé*, de l'Institut. — L'expression Maâ-Xeru, par *A. Devéria*. — Études démotiques, par *G. Maspero*. — Préceptes de morale, extraits d'un papyrus démotique du musée du Louvre, avec 2 pl., par *P. Pierret*.

Fasc. 2. Le papyrus Mallet, accompagné de 6 pl. par *G. Maspero*. — Recherches philologiques sur quelques expressions accadiennes et assyriennes, par *F. Lenormant*. — Sur un nouvel argument chronologique tiré des récits datés des guerres pharaoniques en Syrie et dans les pays voisins, par *J. Lieblein*. — Stèle de Suti et Har, architectes de Thèbes, accompagné d'une planche, par *P. Pierret*. — Des deux yeux du disque solaire, par *E. Grébaut*.

Fasc. 3. Le papyrus de Luynes avec une planche, par *E. Ledrain*. — Sur un nouvel argument chronologique tiré des récits datés des guerres pharaoniques en Syrie et dans les pays voisins (fin), par *J. Lieblein*. — Recherches philologiques sur quelques expressions accadiennes et assyriennes (suite), par *F. Lenormant*. — Un fonctionnaire de la XIIIᵉ dynastie, avec une planche, par *E. Naville*. — Des deux yeux du disque solaire (suite), par *E. Grébaut*. — Varia.

Fasc. 4. Le récits de récolte datés dans l'ancienne Égypte comme éléments chronologiques, par *J. Lieblein*. — Notes sur différents points de grammaire et d'histoire, par *G. Maspero*. — La grande inscription de

Béni-Hassan, par *G. Maspero.* — Une inscription bilingue de Hammourabi, roi de Babylone, avec 1 pl., par *A. Amiaud.*

— Tome II. Paris, 1880, avec 8 planches.

Contenu : *Fasc.* 1. Du rôle de *M* préfixe en égyptien, par *G. Cougney.* — Miscellanea, par le docteur *Lincke.* — Sur une tablette appartenant à M. Rogers, avec 2 pl., par *G. Maspero.* — Notes assyriologiques, par *S. Guyard.* — Études sur quelques arbres égyptiens, par *V. Loret.* — Varia.

Fasc. 2. L'ambre jaune chez les Assyriens, par *J. Oppert.* — Le récit de la campagne contre Mageddo, sous Thoutmôs III, par *G. Maspero.* — Les peuples de la mer confédérés contre l'Égypte, par *F. Robiou.* — Études sur quelques arbres égyptiens (II), les arbres *as*, *sib* et *send*, par *V. Loret.* — Étude chronologique, par le docteur *J. Krall.* — Varia. Le papyrus Millingen, avec 2 pl.

Fasc. 3. Stèle portant une inscription empruntée au Livre des Morts, par *K. Piehl.* — Une nouvelle inscription de Hammourabi, roi de Babylone (XVIe siècle avant J.-C.), par *J. Menant*, avec 2 pl. — Ueber einem noch nicht erklarten Königsnamen auf einem Ostrakon des Louvre, par *A. Lincke.* — Les antiquités égyptiennes du musée du Havre par *V. Loret.* — Quelques fragments coptes thébains inédits de la Bibliothèque Nationale, par *G. Cougney.* — Notes sur quelques points de grammaire et d'histoire, par *G. Maspero*, avec 1 pl.

Fasc. 4. Petites notes de critique et de philologie (III), par *K. Piehl.* — Sur l'origine d'une des formes du dieu Phtah, par le Dr *Parrot.* — Assyriaca, par *St. Guyard.* — Campagne de Touthmôs III contre Mageddo (suite), par *G. Maspero.* — Monuments égyptiens du musée d'antiquités de Rouen, par *V. Loret.* — Rapport sur une mission en Italie, par *G. Maspero.* — Varia.

— Tome III. Paris, 1881-1882, gr. in-4, avec 4 planches.

Contenu : *Fasc.* 1 et 2. Notice sur un texte hiéroglyfique de Stabel Antar, par *W. Golénischeff.* — Notice sur un ostracon hiératique du musée de Florence, avec 2 pl., par *W. Golénischeff.* — Essai sur le système métrique assyrien, par *A. Aurès.* — Deux inscriptions de Mendès, par *K. Piehl.* — Dialectes égyptiens, par *A. Baillet.* — Les fêtes d'Osiris, au mois de Khoiak, par *V. Loret.* — Sur un papyrus inédit du British Museum, par *W. Pleyte.* — Petites notes de critique et de philologie (IV), par *K. Piehl.* — Le temple d'Apet, avec 1 pl., par *M. de Rochemonteix.* — Observations sur une date astronomique du haut Empire égyptien, par *F. Robiou.* — Rapport sur une mission en Italie (suite), par *G. Maspero.*

Fasc. 3 et 4. Les proverbes de Salomon, version copte publiée d'après deux manuscrits faisant partie de la bibliothèque du patriarche copte Jacobite du Caire, par *U. Bouriant.* — Der Sarkophag des Patupep in der Sammlung ägyptischer Alterthümer des österreichischen Kaiserhauses, von *E. von Bergmann.* — Bemerkungen zu Prof. Dr Eisenlohr's Ausgabe des mathematischen Papyrus Rhind, von *G. Schack.* — Essai sur le système metrique assyrien (suite), avec 2 pl., par *A. Aurès.* — La pyramide du roi Ounas, avec 1 pl., par *G. Maspero.*

— Tome IV. Paris, 1883.

Fragments de manuscrits thébains du musée de Boulaq (1), par *U. Bouriant.* — Sur différentes formes des mots dérivés, par *E. Lefébure.* — Dialectes égyptiens (suite), par *A. Baillet.* — Les fêtes d'Osiris au mois de Khoiak (suite), par *V. Loret.* — Ein Denkmal aus den Zeiten Amenophis II, von *E. von Bergmann.* — Monuments égyptiens de la collection de Schackenbo r le comte *de Schack*. — La pyramide du roi Ounas (suite et fin), par . *Maspero*. — Relics from the tomb of the priest-kings at Dayr-el-Baharec, *A. B. Edwards*. — Die Aussprache der Negation *nen* von Dr *A. Wiede-* *nn*. — Les statuettes funéraires du musée de Boulaq, par *V. Loret*. — :tites notes de critique et de philologie (v), par *K. Piehl*. — Rapport sur ie mission en Italie (suite), par *G. Maspero*. — Fragments de manuscrits ébains du musée de Boulaq (II) (suite), par *U. Bouriant*. Note complémen-ire sur le mot *Kanen*, par *V. Loret*. — Essai sur le système métrique syrien (suite), par *A. Aurès*.

ne V. Paris, 1883-1884, avec 9 planches.

Contenu : *Fasc*. 1 et 2. La pyramide du roi Teti, par *G. Maspero*. — otice des monuments coptes du musée de Boulaq, par *U. Bouriant*. — Les atuettes funéraires du musée de Boulaq (supplément), par *V. Loret*. — Der Viener demotische Papyrus Nr 31, von *J. Krall*. — Les fêtes d'Osiris au ιois de Khoiak (fin), par *V. Loret*. — Un dernier mot sur les doubles dates u papyrus Ebers, par *F. Robiou*.

Fasc. 3 et 4. Fragments coptes du Nouveau Testament dans le dialecte ιébain, par *E. Amélineau*. — Essai sur le système métrique assyrien (suite), ar *A. Aurès*. — La pyramide du roi Pepi Ier, par *G. Maspero*. — Les ınons apostoliques de Clément de Rome, par *U. Bouriant*.

me VI. Paris, 1885, avec 4 planches.

Contenu : *Fasc*, 1 et 2. La stèle 5576 du musée de Boulaq et l'inscription e Rosette, avec 1 pl., par *U. Bouriant*. — Grande inscription de Stabel-ntar (Spéos-Artémidos), avec 1 pl. — Découverte d'un petit temple à arnak, par *G. Maspero*. — Le temple d'Apet, avec 1 pl. (suite), par *M. de ochemonteix*. — Fragments des Actes des Apôtres et des épîtres de saint aul et saint Pierre aux Romains, en dialecte thébain, par *G. Maspero*. — apport sur les fouilles du Fayoum, adressé à M. A. Mariette, par *L. Vas-lli*. — A Thèbes, avec 1 pl., par *U. Bouriant*. — Der Kalender des ıpyrus Ebers, von *J. Krall*. — Neue koptische und griechische Papyrus, n *J. Krall*. — Ueber einige demotische Gruppen, von *J. Krall*. — Essai r le système métrique assyrien (suite), par *A. Aurès*.

Fasc. 3 et 4. Les canons apostoliques de Clément de Rome (suite), par . *Bouriant*. — Die saïtischen Monumente des Vatikans, von Dr *A. Wiede-ann*. — L'ébène chez les anciens Égyptiens, par *V. Loret*. — Der Sarko-ıag des Nesschutafnut, von *E. von Bergmann*. — Voyage d'un moine yptien dans le désert, par *E. Amélineau*.

ne VII. Paris, 1885-1886, avec 1 planche.

Contenu : *Fasc*. 1. Pièces relatives à la découverte du monument de halouf, avec 1 pl., par *G. Maspero*. — Essai sur le système métrique ssyrien (suite), par *A. Aurès*. — Peut-on trouver encore des mots nou-:aux dans la langue copte? Lettre à M. Révillout, par *Mgr Bsciai*. — Le ımbeau d'Am-n-t'eh, par *P. Virey*. — Fragments coptes, publiés par . *Maspero*.

Fasc. 2 et 3. Essai sur le système métrique assyrien, par *A. Aurès* (fin). - Fragments memphitiques de divers livres inédits de l'Écriture et des ıstructions pastorales des Pères de l'Église copte, par *U. Bouriant*. — Revision des listes géographiques de Thoutmôs II, par *G. Maspero*. — Recherches sur plusieurs plantes connues des anciens Égyptiens, par *V. Loret*. - Petits monuments et petits textes recueillis en Égypte, par *U. Bouriant*. - De l'âge de pierre en Égypte, par *A. Mariette-Bey*. — Sur une plaque l'or portant la dédicace d'un temple, par *G. Maspero*. — Inscription inédite du règne de Thotmès Ier, par *E. Grébaut.* — Fragments coptes, *G. Maspero.*

Fasc. 4. La pyramide du roi Pepi Ier (suite), par *G. Maspero.* — Inschriftliche Denkmäler der Sammlung aegyptischer Alterthümer des österr. Kaiserhauses, von Dr *E. von Bergmann.* — Fragments de la version thébaine de l'Écriture (Ancien Testament), par *E. Amélineau.* — Petite inscription historique en dialecte thébain, copiée à Assouan, par *U. Bouriant.*

— Tome VIII. Paris, 1886, avec 7 planches.

Contenu: *Fasc.* 1 et 2. On et Onion, par *E. Brugsch-Bey.* — Fragments de la version thébaine de l'Écriture (Ancien Testament) (suite), par *E. Amélineau.* — Inschriften aus der Saïtischen Periode, von Dr *A. Wiedemann.* — La découverte de statues de Meïdoum, par *Daninos.* — A propos de l'article de M. Wiedemann, par le Dr *K. Piehl.* — Les Ilims, par *G. Maspero.*

Fasc. 3 et 4. La pyramide du roi Pepi Ier (fin), par *G. Maspero.* — Textes historiques d'Ipsamboul, par *P. Guieysse.* — Zu den sogenannten saïtischen Formeln, von *A. Wiedemann.* — Nouvel essai de restitution, de traduction et d'explication du texte de la troisième tablette de Senkereh par *A. Aurès.* — Petits monuments et petits textes recueillis en Égypte, par *U. Bouriant.* — Deux petits textes provenant de Thèbes, par *P. Virey.* — Einige griechisch-demotische Lehnwörter, von *Max Müller.* — Notes sur différents points de grammaire et d'histoire, par *G. Maspero.* — Nummuli, par *M. de Rochemonteix.*

— Tome IX. Paris, 1887.

Contenu: *Fasc.* 1 et 2. Fragments et documents relatifs aux fouilles de Sân, par *A. Mariette* (1860-1875). — Die Præformativpartikel MET, von *Max Müller.* — Le tombeau d'un seigneur de Thini dans la nécropole de Thèbes, par *P. Virey.* — Inschriftliche Denkmäler, von *E. von Bergmann.* — Lettre à M. le directeur du *Recueil*, en réponse à quelques critiques de M. Oppert, par *A. Aurès.*

Fasc. 3 et 4. Petits monuments et petits textes recueillis en Égypte, par *U. Bouriant.* — Fragments de la version thébaine de l'Écriture (Ancien Testament) (suite), par *E. Amélineau.* — La stèle de Chalouf, par *J. Menant.* — Ueber einige Hieroglyphenzeichen, von *Max Müller.* — Bemerkung über einige Königsnamen, von *Max Müller.* — La pyramide de Mirinrî Ier, par *G. Maspero.* — Observations sur plusieurs points d'un article intitulé : « Zu der sogenannten saïtischen Formeln, » par *K. Piehl.* — Erklärung, von *A. Wiedemann.*

— Tome X. Paris, 1888.

Contenu: *Fasc.* 1 et 2. La pyramide de Mirinrî Ier (suite), par *G. Maspero.* — Théorie de l'arpentage chez les Assyriens, par *A. Aurès.* — Les fouilles du Delta pendant l'hiver de 1887, par *E. Naville.* — Stèle de la façade du grand temple d'Ipsamboul, par *P. Guieysse.* — Fragments de la version thébaine de l'Écriture (Ancien Testament) (suite), par *E. Amélineau.* — On the name ORMA, by *G. H. Tomkins.*

Fasc. 3 et 4. Étude sur les préceptes d'Amenemhât Ier, par *E. Amélineau.* — The provincial and private collections of egyptian antiquities in Great Britain, by Miss *A. B. Edwards.* — Les carrières de Gebeloïn et le roi Smendès, par *G. Daressy.* — Remarques et notes, par *G. Daressy.* — Essai sur le système métrique assyrien (suite), par *A. Aurès.* — Fragments de la version thébaine de l'Écriture (Ancien Testament) (fin), par *E. Amélineau.* — Les tombeaux d'Assouan, par *U. Bouriant.* — La question des Heroscha, par *F. Robiou.* — Le pays d'Alasia, par *G. Maspero.*

Tome XI. Paris, 1889.

Contenu : *Fasc.* 1 et 2. La pyramide du roi Mirinrî Ier (fin), par *G. Maspero.* — Division et administration d'une ville égyptienne, par *A. Baillet.* — Étude de la formation des mesures assyriennes de capacité, par *A. Aurès.* — Inscription historique de Séti Ier, par *P. Guieysse.* — Sur le système de M. Aurès, par *J. Oppert.* — Remarques et notes, par *G. Daressy.* — Lettre à M. G. Maspero sur trois petites trouvailles égyptologiques, par *W. Golénischeff.* — Étude sur les préceptes d'Amenemhât Ier, par *E. Amélineau.* — Fragment de l'évangile selon saint Matthieu en dialecte bachmourique, par *G. Maspero.*

Fasc. 3 et 4. Un verbe égyptien et ses dérivés, par *V. Loret.* — Notes de voyage, par *U. Bouriant.* — Revision des textes de la stèle de Chalouf, par *G. Daressy.* — Les textes cunéiformes de la collection de M. Sarzec transcrits, rétablis en assyrien populaire et traduits par *J. Halévy.* — Tout-ankh-amen, fils d'Aménophis III, par *V. Loret.*

Tome XII, Paris, 1891.

Contenu : *Fasc.* 1 et 2. Inschriftliche Denkmäler der Sammlung ägyptischer Alterthümer des österreichischen Kaiserhauses, par *E. von Bergmann.* — Lettre à M. Maspero sur la prononciation et la vocalisation du copte et de l'ancien égyptien, par *E. Amélineau.* — Monuments des VIIIe-X^e^ dynasties, par *A. Baillet.* — La pyramide du roi Pepi II, par *G. Maspero.* — Notes de grammaire assyrienne, par *A. Amiaud*, recueillies et publiées par *V. Scheil*, O. P.

Tome XIII. Paris, 1890, avec 10 planches.

Contenu : *Fasc.* 1 et 2. Hymne au Nil, par *P. Guieysse.* — Études hétéennes, par *J. Menant.* — Petits monuments et petits textes recueillis en Égypte, par *U. Bouriant.* — Étude et explication des divisions tracées sur les règles graduées des statues de Tello, par *A. Aurès.* — Gleanings from the Land of Egypt, par *A. H. Sayce.* — Sur l'inscription de Zàou, par *G. Maspero.* — Une tablette de Tel-Amarna, par *V. Scheil.* — Une excursion à Bérénice, par *W. Golénischeff.* — Lettres de *MM. Jaillon* et *Lemasson*, à M. Golénischeff, au sujet des monuments perses de l'Isthme. — Stèle de Darius aux environs de Tell-el-Maskhoutah, par *W. Golénischeff.* — Un monument de l'Ancien Empire, par *G. Maspero.* — Une légende de Maqrizî, par *U. Bouriant.* — Malbrouk dans la musique égyptienne moderne, par *P. Virey.*

Fasc. 3 et 4. Monuments égyptiens du Musée de Marseille, par *G. Maspero.* — Amardian or Protomedic tablets in the British Museum, par *A. H. Sayce.* – Études hétéennes, par *J. Menant* (suite). — Lettre à M. Maspero, à propos de quelques points de son mémoire sur les momies de Déïr-el-Bahari, par *G. Daressy.* — Eine koptische Partikel im Demotischen, par *Max Müller.* — Notes de voyage, par *U. Bouriant.* — Notes de grammaire assyrienne, par *A. Amiaud*, recueillies et publiées par *V. Scheil*, O. P. — Gleanings from the Land of Egypt, par *A. H. Sayce.* — Note sur l'article de M. Sayce. par *G. Maspero.* — Lettre de *M. Menant* à M. Maspero, sur une découverte faite à Jérusalem. — Le Champ des Souchets, par *V. Loret.* — Une stèle de Théni, par *G. Legrain.* — Canalizing the cataract, par *E. C. Wilbour*, avec des notes, par *G. Maspero.*

Tome XIV, 1892-1893, avec 7 planches.

Contenu : *Fasc.* 1 et 2. Étude de la formation des mesures itinéraires et des mesures agraires dans le système métrique assyrien, par *A. Aurès.* — Les papyrus magiques 3237 et 3239 du Louvre, par *E. Chassinat.* — Ein Hieroglyphenzeichen, von *W. Max Müller.* — Notes et remarques, par *E. Daressy.* — Varia, von *W. Spiegelberg.* — The Hittite Inscriptions of Kappadokia and their Decipherment, by *A. H. Sayce*. — Textes recueillis dans quel... collections particulières, par *G. Legrain*. — Notes de voyage, par *U. B...riant*. — Pre-Hellenic Monuments of Kappadocia, by *Ramsay* and *Hoga...th*. — Note additionnelle sur les tombeaux d'Assouan, par *V. Scheil*. — N...tes sur quelques passages de la stèle de Kouban, par *P. Virey*. — Les ...ux stèles de Zohâb, par *J. de Morgan* et *V. Scheil*. — La racine *khem*, ...ar *V. Loret*. — De l'expression *àà-àb*, par *A. Moret*. — Note sur l'express...on vannique *gunusà haubi*, par *V. Scheil*.

Fasc. 3 et 4. Le pyramide du roi Pepi II (fin), par *G. Maspero*. — La st...èle de Kel-i-chin, par *J. de Morgan* et *V. F. Scheil*. — Études sur les inscri...p-tions hétéennes, par *A. Baillet*. — Notes et remarques, par *G. Daressy*. — Sur une formule du livre des Pyramides, par *G. Maspero*. — Note sur ...la lecture d'un signe d'époque ptolémaïque, par *E. Chassinat*.

— Tome XV, 1893, avec 10 planches, dont 2 doubles.

Contenu : *Fasc.* 1 et 2. Textes recueillis dans quelques collections particulière... par *A. Legrain*. — The decipherment of the Hittite Inscriptions, by *A. H... Sayce*. — Eine Hieroglyphe, von *W. Max Müller*. — Tombeaux et stèle... limites de Hagi-Qandil, par *G. Daressy*. — Inscription de Naram-Sin, pa... *V. Scheil*. — Note sur le bas-relief de Naramsin, par *A. Aurès*. — Vari... von *W. Spiegelberg*. — Le nombre géométrique de Platon, par *A. Aurès*. — Sur deux stèles récemment découvertes, par *G. Maspero*. — Nouvelle ins-cription de Shargani, par *V. Scheil*. — Extrait d'une lettre de *M. Gol...nischeff* sur ses dernières découvertes. — Pre-Hellenic Monuments Cappadocia, by *Ramsay* and *Hogarth*. — Sur l'arbre Nârou, par *V. Lor...* — Sur le pays de Sitou, par *G. Maspero*.

Fasc. 3 et 4. Recherches sur plusieurs plantes connues des anciens Égy...p-tiens, par *V. Loret*. — Amenemha III et les sphinx de « Sân », par *W. Go...lé-nischeff*. — Une tablette palestinienne cunéiforme, par *V. Scheil*. — Inscript...on de Rammannirari Ier, par *Scheil*. — Varia, von *W. Spiegelberg*. — ...ie Lesung des Gewichtes *Wtn*, von *W. Spiegelberg*. — Gleanings from ...he Land of Egypt, by *A. H. Sayce*. — Bas-relief avec inscription de Sen...a-chérib, par *V. Scheil*. — Statues de basse époque du Musée de Gi...h, par *G. Daressy*. — L'atour et le schène, par *I. Lévy*. — Sur deux st...es d'Abydos au nom du pharaon Fakellothis Ier, par *A. Barsanti*. — N...ote additionnelle par *G. Daressy*. L'inscription hiéroglyphique d'Ak-Hissar, ...par *J. de Morgan* et *V. Scheil*. — Notes de voyage, par *U. Bouriant*. — A travers la vocalisation, par *G. Maspero*. — Textes égyptiens du mus... de Constantinople, par *V. Scheil*. — Le nom égyptien de l'alun, par *V. Lor...* — Le scarabée de Kirgipa, par *G. Maspero*.

— Tome XVI, 1894, avec 4 planches.

Contenu : *Fasc.* 1 et 2. Recherches sur plusieurs plantes connues des an...ens Égyptiens (suite), par *V. Loret*. — Monuments égyptiens de la colle...ion Dugas, par *A. Moret*. — Demotische Miscellen, von *W. Spiegelbe...* — Varia, von *W. Spiegelberg*. — Notes d'épigraphie et d'archéologie ...ssy-riennes, par *V. Scheil*. Note sur un groupe hiéroglyphique de ...asse époque, par *V. Loret*. — Notes et remarques, par *G. Daressy*. — T...xtes recueillis dans quelques collections particulières, par *G. Legrain*. — O...raca hiératiques du Louvre, par *W. Spiegelberg*. — Papyrus hiéra...iques inédits du Louvre, par *W. Spiegelberg*. — Johannes Dümichen, von *W. Spie-gelberg*. — A travers la vocalisation égyptienne, par *G. Maspero*. — ...Notes d'épigraphie et d'archéologie assyriennes, par *V. Scheil*. — Reche...rches sur plusieurs plantes connues des anciens Égyptiens, par *V. Loret*. — Sur un fragment de Papyrus gréco-copte, par V. *Loret*. — Le nom d'épervier du roi Sozir au Sinaï, par G. *Bénédite*.

Fasc. 3 et 4. Le livre de protéger la barque divine, par *E. Chassinat*. — Notes et remarques, par *G. Daressy*. — Les groupes *Heaun* ou *Hiaun*, par J. *Lieblein*. — Études de droguerie égyptienne, par V. *Loret*. — Scène d'initiation aux mystères d'Isis sur un relief crétois, par *A. Joubin*. — Une statue du dieu Set, par *G. Legrain*. — Gleanings from the Land of Egypt, by *A. H. Sayce*. — Stèle de Bêl-Harrân-Bêl-Utsur, par *V. Scheil*. — Nachtrag, von *W. Spiegelberg*. — Extrait d'une lettre du R. *Scheil*. — Notes d'épigraphie et d'archéologie assyriennes, par *V. Scheil*. — Eine neue Art der Nominalbildung, von *W. Spiegelberg*. — Livres parus.

— Tome XVII, 1895, avec 5 planches.

Contenu : *Fasc.* 1 et 2. Varia, von *A. Wiedemann*. — Inscriptions du tombeau de Psametik à Saqqarah, par *G. Daressy*. — Note on pre-hellenic finds, by *D. G. Hogarth*. — Notes d'épigraphie et d'archéologie assyriennes, par *V. Scheil*. — Lettre de M. Bouriant à M. Max Müller sur le mur de Horemheb à Karnak. — Une fonction judiciaire de la XIIe dynastie et les chrématistes ptolémaïques, par *A. Moret*. — Çà et là, par *E. Chassinat*. — Lettres à M. Maspero sur deux monuments assyriens de Lyon, par *M. Ley*. — Notes sur différents points de géographie et d'histoire, par *G. Maspero*. — Une classification du sens du mot « *hoson* », par *A. Moret*. — Varia, von *W. Spiebelberg*. — Notes prises dans le Delta, par *G. Foucart*. — De quelques localités voisines, par *G. Maspero*. — Bibliographie.

Fasc. 3 et 4. Sur une statue de la collection Barraco, par *F. de Bissing*. — Notes et remarques, par *G. Daressy*. — Notes sur différents points de grammaire et d'histoire, par *G. Maspero*. — Das Geschäftsjournal eines ägyptischen Beamten in der Ramsesstadt aus der Regierung Ramses II, von *W. Spiegelberg*. — Gleanings from the Land of Egypt, by *A. H. Sayce*. — Liste géographique des villes de l'Irân, par *E. Blochet*. — Études de botanique égyptienne, par *V. Loret* et *J. Poisson*. — Note additionnelle à la lettre de *M. Ley*.

— Tome XVIII, 1896, avec 8 planches hors texte.

Contenu : *Fasc.* 1 et 2. Quelques monuments égyptiens du Musée d'Athènes, par *D. Mallet*. — Inscription de Nabonide, par le P. *Scheil*. — Altägyptische Maasse, von Prof. *A. Eisenlohr*. — Inscriptions inédites de la XXIIe dynastie, par *G. Daressy*. — A travers la vocalisation égyptienne, par *G. Maspero*. — Le culte de Gudéa sous la IIe dynastie d'Ur, par le P. *Scheil*. — Tablette cappadocienne, par *le même*. — Inscription vannique de Melasgert, par *le même*. — Quelques corrections à l'inscription de Nabonide, par *le même*. — Recherches sur quelques bois pharaonique par *G. Beauvisage*. — Trois inscriptions de la reine Hatshepsou, par *E. Naville*. — Sarcophage crétois à représentations isiaques, par *A. Jouin* et *P. Jouguet*. — Eine armenische Inschrift « Muttallûs » von Kommagene(?), von *P. Jensen*.

Fasc. 3 et 4. Remarques et notes, par *A. Wiedemann*. — Ein Kopf des Museo civico in Venedig, von *F. von Bissing*. — Notes de voyage, par *U. Bouriant*. — Le grand papyrus Harris et les ruines de Médinét-Habou, par *P. Peuillet*. — Sur deux termes anatomiques du Papyrus Ebers, par *V. Loret*. — Une inondation à Thèbes sous le règne d'Osorkon II, par *G. Daressy*. — Une famille sacerdotale contemporaine des XXIIe-XXVIe dynasties (850-600 av. J.-C.), par *A. Baillet*. — Les animaux reproducteurs dans l'Égypte ancienne, par *V. Loret*. — « Chaldisch » und « Armenisch », von *C. F. Lehmann*. — Extrait des lettres de M. *Hommel* au P. *Scheil*.

Tome XIX, 1897, avec 2 planches.

Contenu : *Fasc.* 1 et 2. Fragments des petits prophètes en dialecte de Panopolis, par *U. Bouriant.* — Notes et remarques, par *G. Daressy.* — [illegible] Νέκυες de Manéthon et la 3ᵉ ennéade héliopolitaine, par *É. Chassinat.* — Relation sommaire d'une excursion de quinze jours au nord d'Alep, dans la Syrie septentrionale. en septembre 1894, par *Barthélemy.* — Correspondance de Hammurabi, roi de Babylone, avec Sinidinnam, roi de Larsa, où il est question de Codorlahomor, par *V. Scheil.* — Notes d'épigraphie et d'archéologie assyriennes, par *le même.* — Notes sur la géographie égyptienne de la Syrie, par *G. Maspero.* — The geographical list of Serreh, by *W. Max Müller.* — L'épenthèse en perse cunéiforme, par *Blochet.* — Recherches sur quelques bois pharaoniques, par *G. Beaucisage.* — Notes on some stelæ, by *A. H. Gardiner.* — Note sur une statuette funéraire égyptienne appartenant à M. Duringe, à Lyon. — Varia, von *W. Spiegelberg.* — Some late babylonian texts in the British Museum, by *T. G. Pinches.* — La condition des féaux dans la famille, dans la société, dans la vie d'outre-tombe, par *A. Moret.*

Fasc. 3 et 4. La condition des féaux dans la famille, dans la société, dans la vie d'outre-tombe, par *A. Moret* (suite). — A travers la vocalisation égyptienne, par *G. Maspero.* — Le culte des rois dans la période prébabylonienne, par *F. Thureau Dangin.* — Grammatische Studien zu Inschriften der 18ᵗᵉⁿ Dynastie, von *F. von Bissing.* — Beiträge zur medischen Geschichte, von *J. W. Prášek.* — Additions et corrections aux trois inscriptions de la reine Hatshepsou, par *E. Naville.* — Glanures, par *A. Pellegrini.*

— Tome XX, 1898, avec 6 planches, dont une double.

Contenu : *Fasc.* 1 et 2. Critique d'une critique, par *E. Chassinat.* — Anmerkungen zum Siegeshymnus des Merneptah, von *W. Max Müller.* — Les dernières lignes de la Stèle mentionnant les Israélites, par *E. Naville.* — Die Bauinschrift Amenophis' III auf der Flinders Petrie stele, von *W. Spiegelberg.* — Notes d'épigraphie et d'archéologie assyriennes, par *V. Scheil.* — Notes et remarques, par *G. Daressy.* — Glanures, par *A. Pellegrini.* — Le temple d'Apet à Carnac, par *A. Baillet.* — Gleanings from the Land of Egypt, by *A. H. Sayce.*

Fasc. 3 et 4. Listes géographiques de Médinet-Habou, par *G. Daressy.* — Zur Polychromie der altägyptischen Skulptur, von *F. von Bissing.* — Une page des sources de Bérose (le roi Adaparos), par *V. Scheil.* — Notes et remarques, par *A. Wiedemann.* — A travers la vocalisation égyptienne, par *G. Maspero.* — Notes prises dans le Delta, par *G. Foucart.* — Gleanings from the Land of Egypt, by *A. H. Sayce.* — Les antiquités égyptiennes du Musée de Sens, par *A. Baillet.* — Mentu-em-hat, par *J. A. Gourlay* et *P. E. Newberry.* — Notes de voyage, par *U. Bouriant.* — Notes d'épigraphie et d'archéologie assyriennes, par *V. Scheil.* — La tombe des vignes à Thèbes ou tombe de Sennofri, directeur des greniers, des troupeaux et des jardins d'Ammon, par *P. Virey.* — Aufruf. — Aménophis IV ou Ménephtah ? [illegible] *W. Groff.*

— Tome XXI, 1899, avec 5 planches.

Contenu : *Fasc.* 1 et 2. Les temples d'Abydos, suppl. à la publication [illegible] Mariette. par *G. Daressy.* — Les rois Psusennès, par *le même.* — Eine [illegible] aus der Oase Dachel, von *W. Spiegelberg.* — Koptische Miscellen. [illegible] *même.* — Notes sur le texte du Conte du prince prédestiné, par *H. O. Le* [illegible] — Ueber ein Herrschafts-Symbol, von *A. Jacoby.* — Notes d'épigraphie [illegible] d'archéologie assyriennes, par *V. Scheil.* — Listes géographiques de Mé[illegible]

-Habou, par *G. Daressy*. — Varia, von *W. Spiegelberg*. — Textes provenant au Sérapéum de Memphis, par *E. Chassinat*. — Papyrus hiératique de la collection Golénischeff, contenant la description du voyage de l'Égyptien Ounou-Amon en Phénicie, par *W. Golénischeff*. — Zur Erklärung der Menestafel, von *W. Max Müller*. — Les plus anciens monuments égyptiens, par *E. Naville*. — Extrait d'une lettre du P. *Scheil*. — La tombe des vignes à Thèbes, par *P. Virey*. — Les inscriptions coptes de Faras, par *R. Pietschmann*. — Le nom d'un des chiens d'Antouf, par *G. Maspero*.

Fasc. 3 et 4. La tombe des vignes à Thèbes, par *P. Virey*. — Sur une formulette des Pyramides, par *G. Maspero*. — Rapport à M. le Ministre de l'Instruction publique sur une mission dans la Haute-Égypte, par *M. de Rochemonteix*. — La source divine et générale, conception chaldéenne dans les monuments figurés des collections à Paris, par *Bourdais*. — Lettre à M. Cerquant sur la mythologie égyptienne, par *F. Chabas*. — Sur une forme du pronom féminin de la seconde personne du singulier, par *G. Maspero*. — Der Name der Stadt Edfu, par *W. Max Müller*. - Le père de Thoutmès III, par *E. Naville*. — Figurines égyptiennes archaïques, par *le même*. — Les VIIe-XIe dynasties égyptiennes, par *J. Lieblein*. — Moïse et les magiciens à la cour du Pharaon, par *W. Groff*. — Notes de géographie assyrienne, par *Fossey*. — La Nubie dans les textes coptes, par *W. E. Crum*. — Errata au mémoire de *M. Golénischeff*.

— Index des seize premiers volumes. 1 »

[R]GNAUD, P., Matériaux pour servir à l'histoire de la philosophie de l'Inde. Paris, 1876 et 1878, 2 vol. gr. in-8, br. 19 »

Examen du mouvement vocalique dans la déclinaison des thèmes indo-européens en *u*, *i*, *r*, et questions connexes. Paris, 1883, in-8, broché. 1 50

Nouveaux aperçus sur le vocalisme indo-européen, précédés d'une analyse des systèmes actuellement en vigueur. Paris, 1883, in-8, br. 1 50

Les facteurs des formes du langage dans les langues indo-européennes. Esquisse d'une méthode pour l'étude de la grammaire historique. Paris, 1884, in-8, br. 1 50

De primigenia vocis Kshatriya VI atque de regiis insignibus apud veteres indo-europeae gentes. Paris, 1884, gr. in-8, br. 1 50

Mélanges de linguistique indo-européenne. Paris, 1885, in-8, br. 1 50

L'origine de la sifflante palatale en sanscrit. Paris, 1885, in 8, br. 1 50

[RI]SSENBERGER, L., L'église du monastère épiscopal de Kurtea d'Argis, en Valachie. Traduit de l'allemand. Vienne, 1867, gr. in-4, avec 4 pl. sur acier et 25 grav. sur bois. Au lieu de 4 fr. 2 »

[RE]NCLUS DE MOILIENS, le, Voir : A. G. Van Hamel.

[RE]NÉ, le roi, Œuvres complètes avec une biographie et des notes par M. le comte de Quatrebarbes, et un grand nombre de dessins et ornements d'après les tableaux et mss. originaux par M. Hawke. Angers, 1845-1846, 4 vol. très grand in-4, br. 80 »

Il ne reste qu'un très petit nombre d'exemplaires complets.

On vend séparément les volumes I et II. Au lieu de 30 fr. 20 »

[RÉ]PERTOIRE des sceaux des villes françaises dont l'inventaire et la description par M. Douet d'Arcq ont été publiés sous la direction des Archives nationales en 1861, 1867 et 1868, photographiés par S. Geoffray, Paris, 1892, in-4, br. 4 »

Les planches se vendent séparément 1 fr. chacune.

[R]EUSS, R., L'Alsace au XVIIe siècle au point de vue géographique, historique, administratif, économique, social, intellectuel et religieux. Paris, 1896-1898. 2 forts vol. gr. in-8, br. 38 »

REVILLOUT, E., Compte rendu d'un mémoire sur les Blemmyes, d'après divers documents coptes, et à cette occasion sur un prophète jacobite. Paris, 1871, in-8, br. » 50
— Actes et contrats des musées égyptiens de Boulaq et du Louvre. Ier fasc. Textes et fac-similés. Paris, 1876, in-4, br. Au lieu de 25 fr. 10
— Apocryphes coptes du Nouveau Testament. Textes. Ier fasc. Paris, 1876, in-4, br. Au lieu de 25 fr. 10
— Chrestomathie démotique. Paris, 1880, 4 vol. in-4, br. Au lieu de 120 fr. 40
— Études sur quelques points de droit et d'histoire ptolémaïque. Paris, 18[illegible], in-4, br. Au lieu de 25 fr. 10

RIANT, le comte P., Voir : Thadei.

RIBARY, F., Essai sur la langue basque traduit du hongrois avec des notes complémentaires et suivi d'une notice bibliographique, par J. Vinson. Paris, 1877, in-8, br. 5 »

RICHARD LI BIAUS, roman inédit du XIIIe siècle en vers. Analyse et fragments publiés pour la première fois d'après un ms. de la Bibliothèque de l'Université de Turin, par C.C. Casati, archiviste paléographe. Paris, 18[illegible]8, petit in-8, br., papier vergé. 2 »
Le même, sur pap. vélin. 3 »

RICHTER, Les jeux des Grecs et des Romains. Traduit avec l'autorisation de l'auteur par A. Bréal et M. Schwob. Paris, 1890, in-18 jésus, avec 29 gravures sur bois, br. 3 »

RITUEL funéraire des anciens Égyptiens, texte complet en écriture hiératique, publié d'après les papyrus du Louvre et précédé d'une introduction, par le vicomte E. de Rougé. 3 livraisons gr. in-folio (Tout ce qui a paru). La livraison, au lieu de 25 fr. 12 »
— Le papyrus de Neb-Qed (exemplaire hiéroglyphique du Livre des morts), reproduit, décrit et précédé d'une introduction mythologique par C. Devéria, avec la traduction du texte par P. Pierret. Gr. in-fol., 9 p. de texte et 12 pl. en chromolithographie. Au lieu de 50 fr. 20 »
Le même, avec planches retouchées au pinceau. Au lieu de 65 fr. 30
— Traduction comparée des hymnes au Soleil composant le XVe chapitre, par E. Lefébure. Paris, 1868, in-4, br., planches (Épuisé).
— Rituel funéraire égyptien. Chapitre 64e. Textes comparés, traduction et commentaires d'après les papyrus du Louvre et de la Bibliothèque Nationale, par P. Guieysse. Paris, 1876, in-4, br. Au lieu de 20 fr. 10
— Voir : J. Lieblein.

RITTER, E., Les noms de famille. Paris, 1875, in-8, br. 3 »

ROBERT, P. C., Monnaies mérovingiennes de la collection de feu M. Renault. Metz, gr. in-8, br., avec 2 pl. 2 »
— Considérations sur la monnaie à l'époque romaine et description de quelques triens mérovingiens. Metz, 1851, in-8, br., avec 1 pl. 2
— Atlas des monnaies frappées dans les trois cités méridionales de la Belgique première pendant l'antiquité et la période romaine. Metz, 1853, 18 pl. avec texte, in-4, br. 12 »
— Études numismatiques sur une partie du N.-E. de la France. Metz, 1852, in-4, br., avec 18 pl.
— Recherches sur les monnaies et les jetons des maîtres échevins et description de jetons divers. Metz, 1853, in-4, br., avec 6 pl. 9 »
— Numismatique de Cambrai. Metz, 1862, in-4, br., avec 56 pl. 50 »

ROBERT, P. C., Les légions du Rhin et les inscriptions des carrières. Introduction, coup d'œil général sur les légions romaines. Paris, 1867, in-4, br. 3 »

— Sigillographie de Toul. Paris, 1868, in-4, br., avec 41 pl. 40 »

— Monnaie de Gorze sous Charles de Rémoncourt et circonstances politiques dans lesquelles elle a été frappée. Paris, 1870, in-4, br., avec 2 pl. 4 »

— Numismatique de la province de Languedoc. I. Période antique (Extrait du t. II de l'Histoire générale du Languedoc). Toulouse et Paris, 1876, in-4, br., orné de 4 pl. gravées. 15 »

— Études sur quelques inscriptions antiques du musée de Bordeaux. Bordeaux, 1879, gr. in-8, br. 4 »

— Monnaies gauloises. Description raisonnée de sa collection. Paris, 1880, gr. in-8, br. 6 »

— Études sur les médaillons contorniates (Extrait de la revue belge de numismatique, année 1882). Bruxelles, 1882, in-8, br., avec 5 planches. 5 »

— Les étrangers à Bordeaux. Études d'inscriptions de la période romaine portant des ethniques. Bordeaux, 1884, gr. in-8, br. 5 »

ROBIOU, F., Histoire des Gaulois d'Orient (ouvrage couronné par l'Académie des inscriptions et belles-lettres dans la séance publique du 31 juillet 1863). Paris, 1866, in-8 (Épuisé).

— Croyances de l'Égypte à l'époque des Pyramides. Paris, 1870, in-8, br. » 50

— Itinéraire des Dix-Mille, étude topographique avec 3 cartes. Paris, 1875, in-8 (Épuisé).

— Mémoire sur l'économie politique, l'administration et la législation de l'Égypte au temps des Lagides, avec une carte. Paris, 1876, gr. in-8, br. 6 »

— Questions homériques. I. Fragments de mythologie conservés dans l'Iliade. II. Géographie de l'Asie-Mineure au temps de la guerre de Troie. III. Institutions et coutumes de la Grèce aux temps héroïques comparées à celles de divers peuples aryens; avec 2 cartes. Paris, 1876, gr. in-8, br. 6 »

— Recherches sur le calendrier macédonien et sur la chronologie des Lagides. Paris, 1877, in-4, br. 9 »

— Questions d'histoire égyptienne étudiées dans le Recueil de travaux relatifs à la philologie et à l'archéologie égyptiennes et assyriennes. Louvain, 1884, in-8, br (Extrait du Museon). 1 »

— Le système chronologique de M. Lieblein sur les trois premières dynasties du Nouvel Empire égyptien et le synchronisme égyptien de l'Exode (Extrait du Museon). Louvain, 1884, in-8, br. 1 50

— Recherches récentes sur la religion de l'ancienne Égypte. 2e partie : La Mythologie et le Culte. 3e partie : Le Culte (Extrait du Museon). Louvain, 1887, in-8, br. 2 »

— La question des mythes 1er fascicule (seul paru). Amiens, 1891, in-8, broché. 2 50

ROCHEMONTEIX, le marquis M. de, Essai sur les rapports grammaticaux qui existent entre l'Égyptien et le Berbère (Extrait des Mémoires du congrès international des Orientalistes). Paris, 1876, in-8, br. 2 »

ROEHRIG, F. L. O., Éclaircissements sur quelques particularités des langues tatare et finnoise. Paris, 1845, in-8, br. 1 50

ROLLAND, E., Devinettes ou énigmes populaires de la France suivies de la réimpression d'un recueil de 77 indovinelli publié à Trévise en 1628, avec une préface de M. G. Paris. Paris, 1878, petit in-8 (Épuisé).

ROMAN de Mahomet, en vers XIIIe siècle, par Al. du Pont et le livre de la loi au Sarrazin, en prose du XIVe siècle, par R. Lulle, publié par Reinaud et F. Michel. Paris, 1831, gr. in-8, br. (Épuisé).

ROMAN du Renart, supplément, variantes et corrections, publié d'après les m[illegible] de la Bibliothèque du roi et de la bibliotheque de l'Arsenal, par P. Chabaill[illegible] Paris. 1835, in-8, br., pap. de Hollande (Épuisé). 20

— de Robert le Diable, en vers du XIII° siècle, publié pour la première fois d'apr[illegible] les mss. de la Bibliothèque du roi, par G. S. Trébutien. Paris, 1837, in-4, b[illegible] (Épuisé, il ne reste que deux exemplaires sur papier de Chine pour lesque[illegible] on traitera de gré à gré).

ROSTRENEN (Le P. F. G. de), Dictionnaire français-celtique ou français-br[illegible] ton nécessaire à tous ceux qui veulent apprendre a traduire le français [illegible] celtique, ou en langage breton, pour prêcher, catéchiser et confesser sel[illegible] les différents dialectes de chaque diocèse; utile et curieux pour s'instruir[illegible] fond de la langue bretonne, et pour trouver l'étymologie de plusieurs m[illegible] français et bretons, de noms propres de villes et de maisons, etc. Guingan[illegible] 1834. 2 vol. in-8, br. 10

ROUGÉ (le Vicomte E. de), Notice sur quelques fragments de l'inscription de K[illegible] nak contenant les annales de Toutmès III. Paris. 1860, gr. in-8, br. 3

— Études sur le rituel funéraire des anciens Égyptiens. Paris, 1860, gr. in-[illegible] br., avec 2 planches. 15

— Extrait d'un mémoire sur les attaques dirigées contre l'Égypte par les peuple[illegible] de la Méditerranée, vers le XIV° siècle avant notre ère (Extrait de la Revu[illegible] archéologique). Paris, 1867, in-8, br. 2 »

— Note sur les principaux résultats des fouilles exécutées en Égypte par les ordres de S. A. le vice-roi. Paris, 1861, in-8, br. 1 50

— Recherches sur les monuments qu'on peut attribuer aux six premières dynasties de Manéthon. Paris, 1866, in-4, avec nombreuses planches (Quelques exemplaires seulement). 50 »

— Chrestomathie égyptienne, ou choix de textes égyptiens transcrits, traduits et accompagnés d'un commentaire perpétuel et précédés d'un abrégé grammatical. 4 livr. Paris, 1867-76, gr. in-8, br., pl. (Épuisé). 100 »

Les 2°, 3° et 4° livraisons se vendent séparément, chaque. 20 »

— Études sur le papyrus de Boulaq (Extrait des comptes rendus de l'Académie des Inscriptions). Paris, 1872, in-8, br. 1 »

— Inscriptions hiéroglyphiques copiées en Égypte pendant sa mission scientifique. Publié par M. le vicomte Jacques de Rougé. Paris. 1877 à 79, 4 vol. in-8, br. Au lieu de 120 fr. 60 »

— Voir : Rituel funéraire.

ROUGÉ, J. de, Monnaies des nomes de l'Égypte. Paris, 1873, in-8, br., ave[illegible] 2 pl. 10 »

ROY, J., Voir annuaire de l'École des Hautes-Études, année 1900.

RUSSIE (la) est-elle schismatique. Aux hommes de bonne foi, par un Russ[illegible] orthodoxe. Paris, 1859, in-8, br. 1 »

SAADYA, *le Gaon de Fayyoum*. Commentaire sur le Séfer Yesira, ou livre d[illegible] la Création. Publié et traduit par Mayer Lambert. Paris, 1891, gr. in-[illegible] broché. 10

SAIGE, G., Une alliance défensive entre propriétaires allodiaux au XII° siècl[illegible] Paris, 1861, in-8, br. 1

SAULCY, F. de, Dictionnaire topographique abrégé de la Terre-Sainte. Pari[illegible] 1877, in-12, br. 6

SAUSSURE, F. de, Comparatifs et superlatifs germaniques de la forme *infer*[illegible] *infimus* (Extrait des Mélanges Renier). Paris, 1886, in-8, br. 1

— Mémoire sur le système primitif des voyelles dans les langues indo-eu[illegible] péennes. Paris, 1887, in-8, br. 10

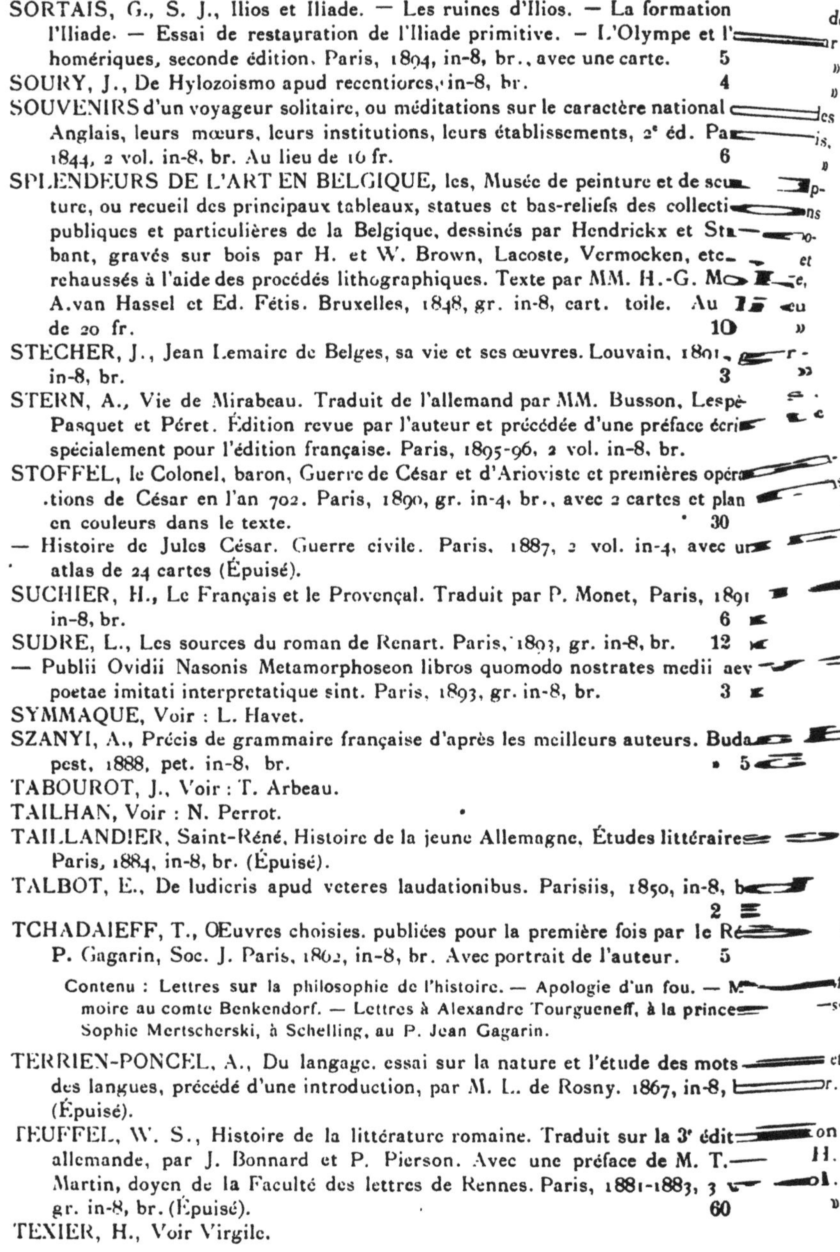

SORTAIS, G., S. J., Ilios et Iliade. — Les ruines d'Ilios. — La formation de l'Iliade. — Essai de restauration de l'Iliade primitive. — L'Olympe et l'... r homériques, seconde édition. Paris, 1894, in-8, br., avec une carte. 5 »

SOURY, J., De Hylozoismo apud recentiores, in-8, br. 4 »

SOUVENIRS d'un voyageur solitaire, ou méditations sur le caractère national des Anglais, leurs mœurs, leurs institutions, leurs établissements, 2ᵉ éd. Paris, 1844, 2 vol. in-8, br. Au lieu de 16 fr. 6 »

SPLENDEURS DE L'ART EN BELGIQUE, les, Musée de peinture et de sculpture, ou recueil des principaux tableaux, statues et bas-reliefs des collections publiques et particulières de la Belgique, dessinés par Hendrickx et Stroobant, gravés sur bois par H. et W. Brown, Lacoste, Vermocken, etc., et rehaussés à l'aide des procédés lithographiques. Texte par MM. H.-G. Mo... e, A. van Hassel et Ed. Fétis. Bruxelles, 1848, gr. in-8, cart. toile. Au lieu de 20 fr. 10 »

STECHER, J., Jean Lemaire de Belges, sa vie et ses œuvres. Louvain, 1891, ... r in-8, br. 3 »

STERN, A., Vie de Mirabeau. Traduit de l'allemand par MM. Busson, Lespè... Pasquet et Péret. Édition revue par l'auteur et précédée d'une préface écri... spécialement pour l'édition française. Paris, 1895-96, 2 vol. in-8, br.

STOFFEL, le Colonel, baron, Guerre de César et d'Arioviste et premières opérations de César en l'an 702. Paris, 1890, gr. in-4, br., avec 2 cartes et plan en couleurs dans le texte. 30

— Histoire de Jules César. Guerre civile. Paris, 1887, 2 vol. in-4, avec un atlas de 24 cartes (Épuisé).

SUCHIER, H., Le Français et le Provençal. Traduit par P. Monet, Paris, 1891 in-8, br. 6

SUDRE, L., Les sources du roman de Renart. Paris, 1893, gr. in-8, br. 12

— Publii Ovidii Nasonis Metamorphoseon libros quomodo nostrates medii aev... poetae imitati interpretatique sint. Paris, 1893, gr. in-8, br. 3

SYMMAQUE, Voir : L. Havet.

SZANYI, A., Précis de grammaire française d'après les meilleurs auteurs. Budapest, 1888, pet. in-8, br. 5

TABOUROT, J., Voir : T. Arbeau.

TAILHAN, Voir : N. Perrot.

TAILLANDIER, Saint-René, Histoire de la jeune Allemagne, Études littéraires. Paris, 1884, in-8, br. (Épuisé).

TALBOT, E., De ludicris apud veteres laudationibus. Parisiis, 1850, in-8, b... 2

TCHADAIEFF, T., Œuvres choisies. publiées pour la première fois par le R... é P. Gagarin, Soc. J. Paris, 1862, in-8, br. Avec portrait de l'auteur. 5

Contenu : Lettres sur la philosophie de l'histoire. — Apologie d'un fou. — Mémoire au comte Benkendorf. — Lettres à Alexandre Tourgueneff, à la princesse Sophie Mertscherski, à Schelling, au P. Jean Gagarin.

TERRIEN-PONCEL, A., Du langage. essai sur la nature et l'étude des mots et des langues, précédé d'une introduction, par M. L. de Rosny. 1867, in-8, b... r. (Épuisé).

TEUFFEL, W. S., Histoire de la littérature romaine. Traduit sur la 3ᵉ édition allemande, par J. Bonnard et P. Pierson. Avec une préface de M. T.— H. Martin, doyen de la Faculté des lettres de Rennes. Paris, 1881-1883, 3 vol. gr. in-8, br. (Épuisé). 60 »

TEXIER, H., Voir Virgile.

THADEI (Magistri), Neapolitani. Historia de desolacione et conculcacione civitatis Acconensis et tocius terrae sancte in a. d. MCCXI, opus annis ab hinc quingentis nonaginta duo conscriptum nuncque primum ad fidem codicum manuscriptorum Musaei, Britannici, Taurinensisque, Athenaei, in lucem editum. Genevae, 1873, in-8, br. 5 »

Réimpression faite par les soins de M. le comte de Riant, imprimée par Fick et à 100 exemplaires numérotés.

THEINER, A., Vetera monumenta historica Hungariam sacram illustrantia, maximam partem nondum edita ex tabulariis Vaticanis deprompta, collecta ac serie chronologica disposita. Romæ, 1859. Tomus I. Ab Honorio P.P. III usque ad Clementem P.P. VI. 1216-1352, in-fol., br. 50 »

THEVENIN, M., Lex et capitula. Contribution à l'histoire de la législation carolingienne (Extrait des Mélanges publiés par l'École des Hautes-Études). Paris, 1878, gr. in-8. 1 »

— Voir : Annuaire de l'École des Hautes-Études, année 1899. — R. Sohm.

THILO, Voir : Évangiles apocryphes.

THOMAS, A., Essais de philologie française. Paris, 1898, in-8, br. 7 »

THOMSEN, W., Remarques sur la phonétique romane. L'*i* parasite et les consonnes mouillées en français (Extrait des Mémoires de la Société de linguistique de Paris). Paris, s. d., gr. in-8. 1 »

THONNELIER, J., Catalogue de la Bibliothèque d'un orientaliste, t. I (Seul paru). Paris, 1864, in-8, br., papier vergé (tiré à 100 exempl.). Au lieu de 18 fr. 5 »

— Voir : Vendidad Sadé.

THUROT, C., Voir : Cicéron.

TIBERGHIEN, G., Exposition du système philosophique de Krause. Paris et Leipzig, 1844, gr. in-8, br. 3 »

TIMMERMANS, A., Traité de l'onomatopée, ou clef étymologique pour les racines irréductibles. Paris, 1890, in-8, br. 4 »

TITE-LIVE, Voir : J. Dianu.

TOBLER, A., Le vers français ancien et moderne. Traduit sur la deuxième édition allemande, par K. Breul et L. Sudre. Avec une préface de M. G. Paris, membre de l'Institut. Paris, 1885, in-8, br. Au lieu de 6 fr. 3 »

TOURNIER, E., Notes critiques sur Colluthus. Paris, 1870, gr. in-8, br. 3 »

— Voir : Annuaire de l'École des Hautes-Études, année 1894. — Exercices critiques.

TRANSACTIONS DE LA SOCIÉTÉ LINNÉENNE de Londres. Partie conchyliologique, traduite par J.-C. Chenu. Paris, 1845, 1 fort vol. gr. in-8, br., papier vélin, avec 43 planches. Au lieu de 30 fr. 7 50

TROUDE, A.: Voir Le Gonidec.

UN ANCIEN FONCTIONNAIRE, Un César déclassé. Paris, 1887, in-18 jésus. 2 »

VALENTIN-SMITH, De l'origine des peuples de la Gaule transalpine et de leurs institutions politiques avant la domination romaine, 2ᵉ éd. Paris, 1866, gr. in-8, br., accompagné d'une carte de la Gaule. 5 »

VANDAELE, H., Essai de sytaxe historique. L'optatif grec. Paris, 1897, gr. in-8, br. 8 »

— Qua mente Phaeder fabellas scripserit. Facultati litterarum parisiensi thesim proponebat. Paris, 1897, gr. in-8, br. 3 »

VAN HAMEL, A.-G., Li Romans de Carité et Miserere du Renclus de Moiliens, poèmes de la fin du XIIᵉ siècle. Édition critique accompagnée d'une introduction, de notes, d'un glossaire et d'une liste des rimes. Paris, 1885, gr. in-8, br. 2

VAN HAMEL, A.-G., Les Lamentations de Matheolus et le livre de Leesce Jehan Le Fèvre de Resson (poèmes français du XIVe siècle). Édition crit accompagnée de l'original latin des *Lamentations*, d'après l'unique manu d'Utrecht, d'une introduction et de deux glossaires. T. Ier. Textes françai latin des Lamentations. Paris, 1892, in-8, br. 1

VENDIDAD SADÉ, traduit en langue huzvaresch ou pehlewie. Texte autogra d'après les manuscrits zend-pehlewis de la Bibliothèque impériale de Pa publié pour la première fois par les soins de M. J. Thonnelier, liv. (tout ce qui a paru). Paris, 1855-1862, in-fol. Au lieu de 180 fr. 5

VESPUCE, Von der new gefunnde Region die wol ein welt genennt mag we Durch den Christenlichen Künig von Portugall, wunderbarlich erfur Incipit liber: Albericus Vespuctius Laurentio Petri Francisci de Medic Grüess, etc. Gedruckt yn Nüremberg durch Wolffgang Hueber, 6 feu en gothique, in-8, grande fig. gravée sur bois sur le titre (Épuisé).

Réimpression fac-similé par le procédé Pilinski, tirée sur papier an quelques exemplaires seulement et imitant l'original à s'y méprendre.

VIDIER, A., Répertoire méthodique du moyen âge français. Histoire, Littér Beaux-Arts, années 1894 et 1895. Paris, 1895 et 1896, gr. in-8, l'année 4 »

VINSON, J., Voir: F. Ribary.

VIREY, P., Étude sur le papyrus Prisse. — Le livre de Kaqimna et les leç de Pta-Hotep. Paris, gr. in-8, br. 8 »

VIRGILE, Virgilo limouzi. Poème inédit de 1748, en vers limousins burle suivi d'une traduction, par H. Texier. Paris, 1900, in 8, br. 5 »

VITEAU, J., Passions des saints Écaterine et Pierre d'Alexandrie, Barbar Anysia, publiées d'après les manuscrits grecs de Paris et de Rome, ave choix de variantes et une traduction latine. Paris, 1897, gr. in-8, br. 7

— Étude sur le grec du Nouveau Testament. Le verbe : Syntaxe des propositio Paris, 1893, gr. in-8, br. 12

— Étude sur le grec du Nouveau Testament comparé avec celui des Septan Sujet, complément et attribut. Paris, 1896, gr. in-8, br. 12

— De Eusebii caesariensis duplici opusculo Περὶ τῶν ἐν Παλαιστίνῃ μαρτυρησάντων Paris, 1893, in-8, br. 3

VITTEAUT, Réponse à Mgr. Freppel sur les principes de la Révolution française, l'exercice et les droits du suffrage universel. Paris et Chalon, 1889, gr. in-8. broché. 1 25

WACE, La vie de sainte Marguerite. Poème inédit précédé de l'histoire de ses transformations et suivi de divers textes inédits et autres et de l'analyse détaillée du mystère de sainte Marguerite, par A. Joly. Paris, 1879, in-8, broché. 1 »

WAHLUND, C., voir : Enfances Vivien. — Miracle de Nostre-Dame.

WAILLY, N. de, Mémoire sur la langue de Joinville. Paris, 1868, in-8, broché. 4 »

WALTER, F., Histoire de la procédure civile chez les Romains, traduit de l'allemand par Éd. Laboulaye. Paris, 1841, in-8, br. 4 »

WEGMANN, F. de, Voir ; J. Grimm.

WEIL, H., De tragoediarum graecarum cum rebus publicis conjunctione. Paris, 1844, in-8, br. 1 50

— Discours sur les historiens anciens, prononcé à la rentrée des Facultés et de l'École de médecine de Besançon. Besançon. 1864, in-8, br. 1 »

.IL, H., De l'ordre des mots dans les langues anciennes comparées aux langues modernes. Paris, 1879. Troisième édit., in-8, br. 4 »

.ILL, M.-A., Le judaïsme, ses dogmes et sa mission. Paris, 1866-1869, 4 vol. in-8, br. 21 »

Chaque volume se vend séparément, savoir :

Introduction générale ou les 3 cycles du judaïsme. Paris, 1866, in-8, br. 3 »

1re partie. Théodicée. Paris, 1867, in-8, br. 5 »

2e partie. La révélation. Paris, 1868, in-8, br. 6 »

3e et dernière partie. Providence et rémunération. Paris, 1869, in-8, br. 7 »

La moralité du judaïsme. Paris, 1877, 2 vol. in-8, br. 10 »

.RTHEIM, G., Mémoires de physique mécanique. Paris, 1848, in-8, br., avec planches. 8 »

'oir : E. Chevandier et G. Wertheim.

SCHER, C., Etude sur le monument bilingue de Delphes, suivie d'éclaircissements sur la découverte du mur oriental, avec le texte de plusieurs nscriptions inédites relatives à l'histoire des Amphictyons, un plan du .emple d'Apollon Pythien et une carte du territoire sacré de Delphes. Paris, 1868, in-4, br. (Épuisé).

SSELOFSKY, A., Le dit de l'empereur Constant (Extrait de la Romania). Paris, 1877, gr. in-8, br. 2 50

.MOTTE, M., Les Passions allemandes du Rhin dans leur rapport avec l'ancien théâtre français. Paris, 1898, in-8, br. 3 »

.TE, le baron J. de, Médailles inédites de Posthume. Paris, 1845, in-8, br. avec 3 pl. 3 »

.e quelques empereurs romains qui ont pris les attributs d'Hercule. Paris, 1845, in-8, br. 1 »

.oms des fabricants et dessinateurs de vases peints. Paris, 1848, in-8, br. 3 »

Description des médailles et des antiquités du cabinet de M. l'abbé H. G. Paris, 1856, gr. in-8, br., 3 pl. 2 50

Le même, sur papier vélin. 5 »

Recherches sur les empereurs qui ont régné dans les Gaules au IIIe siècle de l'ère chrétienne. Paris, 1858, in-4, cart., avec 40 pl. 50 »

.a dispute d'Athéné et de Posidon. Paris, 1870, in-4, br. 2 »

'oir: T. MOMMSEN, Histoire de la monnaie romaine.

SOCKI, L. G., Andréas Gryphius et la tragédie allemande au XVIIe siècle. Paris, 1893, gr. in-8, br. 12 »

.e Pauli Flemingi germanicis scriptis et ingenio. Parisiis, 1873, in-8, br. 3 »

.JNADATTABADHA, ou la mort d'Yadjnadatta, épisode du Ramayana, publié en sanscrit d'après le texte donné par M. Chézy, avec un épisode du Raghouvansa sur le même sujet, et un choix de sentences de Bhartrihari, par A. Loiseleur-Deslongchamps. Paris, 1829, in-8, br. Au lieu de 3 fr. 1 »

.S D'ÉVREUX, Père capucin, Suite de l'histoire des choses plus mémorables advenues en Maragnan ès années 1610 et 1614. Publié d'après l'exemplaire unique conservé à la Bibliothèque impériale de Paris, avec une introduction et des notes critiques et historiques sur le voyage du P. Yves d'Évreux. Édité par M. Ferdinand Denis. Paris, 1864, in-8, cart. en toile (forme le vol. II de la Bibliotheca Americana). Au lieu de 15 fr. 7 50

Papier fort, gr. in-4, tiré à 10 exempl. Au lieu de 50 fr. 25 »

Papier de Chine, tiré à 10 exempl. Au lieu de 40 fr. 20 »

ARDELLI, T., L'Étrusque, l'Ombrien et l'Osque dans quelques-uns de eurs rapports intimes avec l'italien. Paris, 1891, gr. in-8, br. 2 »

ZAPASNIK, A., Études financières sur l'émancipation des paysans en Russie, sur l'impôt foncier, le système monétaire et le change extérieur, 1880, in-8, br. 4 »

ZETTERSTEDT, J. E., Plantes vasculaires des Pyrénées principales, Paris, 1857, in-8, br. 6 »

PUBLICATIONS PÉRIODIQUES

MOYEN AGE, Le, Revue d'histoire et de philologie dirigée par MM. M. Prou, A. Marignan et M. Wilmotte, paraissant tous les deux mois.

Prix d'abonnement : Paris, 15 fr. — Départements et Union postale, 17 fr.

A commencé à paraître en 1888.

REVUE DES BIBLIOTHÈQUES, Recueil mensuel, dirigé par MM. E. Chatelain et L. Dorez. Prix d'abonnement : Paris, 15 fr. — Départements et Union postale, 17 fr. A commencé à paraître en 1891.

REVUE CELTIQUE, fondée par H. Gaidoz et publiée avec le concours des principaux savants des Iles-Britanniques et du continent.

Prix d'abonnement : Paris, 20 fr.— Départements et Union postale. 22 »

A partir du VIIe vol. et par suite de la retraite de M. Gaidoz, la Revue celtique est passée sous la direction de M. d'Arbois de Jubainville, membre de l'Institut, avec la collaboration de MM. J. Loth, E. Ernault et G. Dottin.

A commencé à paraître en 1870.

REVUE DE PHILOLOGIE FRANÇAISE ET DE LITTÉRATURE. Recueil trimestriel publié par L. Clédat, professeur à la Faculté des lettres de Lyon. Prix d'abonnement : France, 15 fr. — Union postale, 16 fr.

A commencé à paraître en 1887. Les deux premières années ont paru sous le titre de *Revue des Patois*.

ROMANIA, Recueil trimestriel consacré à l'étude des langues et des littératures romanes, publié par MM. P. Meyer et G. Paris, membres de l'Institut.

Prix d'abonnement : Paris, 20 fr. — Départements et Union postale. 22 »

Les abonnements partent de janvier de chaque année, aucun fascicule n'est vendu séparément.

L'année une fois terminée, se vend, prise à Paris. 25 »

A commencé à paraître en 1872.

Il reste quelques exemplaires complets pour lesquels on traitera de gré à gré.

— Table analytique des dix premiers volumes (1872-1881), par F. Gilliéron. Paris, 1885, gr. in-8, br. 8 »

CHALON-S-SAONE, IMP. FRANÇAISE ET ORIENTALE L. MARCEAU, E. BERTRAND, S[r]

BOYVEAU & CHEVILLET

LIBRAIRIE ÉTRANGÈRE

22, Rue de la Banque, (près la Bourse) PARIS — TÉLÉPHONE 143-13

EXTRAIT DU CATALOGUE

LANGUE ANGLAISE

Méthodes, Grammaires, etc.

Goldschmidt. — L'Anglais par Intuition et par Images, sans l'emploi du français. Méthode ingénieuse et attrayante à l'usage de l'enseign. pratique, in-4 illustr. cart. 3 50

Fisher. — Premières leçons de langue anglaise, avec la prononciation figurée, méthode facile et rapide, 1 vol. in-12, broché 1 50

— Nouveau manuel pour servir à l'étude de la langue anglaise, avec un tableau de conjugaisons, verbes irréguliers, etc., in-12, broché 1 25

— Exercices anglais ou Cours de Thèmes et de Versions, in-12, broché 1 75

— Traité de prononciation anglaise, 1 vol. in-8, cartonné 2 50

Bayles (W.-E.). — La Grammaire-Dictionnaire, ouvrage contenant à la fois une grammaire alphabétique et un dictionnaire des difficultés de la langue anglaise, 1 vol. in-12, cart. 2 50

— L'Anglais par les exemples, ou l'anglais simplifié par tableaux de construction et exemples (*Dixième édition*), broché, 1 fr. 50 ; cartonné 1 80

Pitsch (Mlle R.). — Agrégée de l'Université. Professeur au Lycée Victor-Hugo. — Le Premier Livre d'Angl. des jeunes Filles, 1 v. in-12, cart. (Adopté par la Ville de Paris) 1 80

— Le Deuxième Livre d'Anglais des jeunes Filles, 1 vol in-12, cartonné (Adopté par la Ville de Paris). 2 50

Le « *Franco-English Guild* » dans son « *Monthly Report* » de juillet 1897 fait l'éloge de l'ouvrage de Mlle Pitsch. Il en fait ressortir la clarté, la variété et le bon choix des poésies pour lecture et récitation ; il promet un succès rapide aux maîtresses qui en feront usage.

Legrand (Alfred) Officier de l'Instruction Publique :

— Cours d'anglais à l'usage des Classes supérieures des Lycées de Garçons et des Lycées de Jeunes Filles. (*Deuxième édition*), 1 vol. de 400 pages, in-8, cartonné . . . . 2 »

Cet ouvrage convient également aux élèves de l'enseignement classique et à ceux de l'enseignement moderne.

C'est un cours général de langue, d'histoire et de littérature anglaises. Il est ainsi divisé :

Legrand (Alfred). — Scènes de Mer. Lectures anglaises Prose et Poésie, accompagnées d'un vocabulaire de termes techniques contenus dans l'ouvrage. *Couronné par la Société pour l'étude des questions d'Enseignement secondaire.* 1 vol. in-8, de 300 p., cartonné . 2 »

(La reliure en toile pleine, pour distributions de prix, se paie en plus 1 fr.).

John Donne, *professeur de langue et de littérature anglaises. L'Anglais pour tous* ou English for the million. Méthode aussi simple que rapide pour apprendre à parler et à écrire l'Anglais en très peu de temps, suivi du corrigé des exercices français et anglais. Ouvrage à l'usage des lycées, des écoles de commerce, des maisons d'éducation et des cours publics (beaucoup d'usage et peu de préceptes). Nouvelle édition entièrement refondue, 1 vol. in-8, broché 3 50

De Bouge (Xavier), Officier de l'Instruction Publique : Le Maître populaire, ou l'*Ang… sans Maître en 4 mois.* Nouvelle Méthode pratique, rapide, attrayante, progressive, … facile et très complète, permettant de parler, d'écrire, et de subir avec succès tout exam… Grammaire détaillée ; lettres commerciales et familières ; système ingénieux de conver… tions : prononciation figurée en sons français. Pur accent ; clefs des exercices pour se cor… riger soi-même, etc , un beau volume de 628 pages, in-8, broché 12 fr. 50, relié, 14 fr. ; reli… en 2 vol. (clefs à part) avec marges rognées, pour rendre la méthode plus portative. 15 …

On vend à titre d'essai, pour bien se rendre compte de la facilité de la méthode, … cahier contenant les premières leçons, avec clefs. Prix . . . . 0 …

Améro. — L'Anglomanie et les Barbarismes anglais en France, in-18, broché . . 0 …

Recueil de Textes de Compositions (français, anglais, allemand, italien, espagnol) do… nées aux sessions de juillet et novembre 1895 pour le baccalauréat moderne, in-12, br. 2

Texte anglais avec le français en regard :

Edgeworth (Miss .—Old Poz. (Le Père Positif). Petite Comédie à cinq Personnages, à l'usa… des classes élémentaires. Texte et double trad par F. Berger 1° mot à mot interlinéaire av… prononciation figurée ; 2° trad. littérale en reg. (*Cinquième édition*), 1 vol. in-12, br. 1 …

Glashin. — Little Riding-Hood, texte anglais, traduction mot à mot, traduction littérale … prononciation figurée, in-18, broché. . . . . 0 …

— The Fairies, texte angl., trad. mot à mot, trad. littérale et pronon. figurée, in-18, br. 0 …

— Fables anglaises, texte et trad. mot à mot, en regard, in-18, broché . . . . 0 …

— Langue anglaise, série de lectures, texte anglais, traduction mot à mot, traduction littéra… et prononciation figurée, in-18, broché . . . . 1 …

— Grammaire anglaise, in-18, broché . . . . 0 …

Enseignement commercial :

Bayles (W.-E.). — Cours pratique d'anglais commercial. — Les Marchandises, les March… les Nouvelles Maritimes, les Ports, in-12, broché . . . . 1 …

— Manuel français-anglais des expressions usitées dans la Correspondance Commerciale (*clas… sées par ordre alphabétique*), in 12, broché . . . . 1 …

— Moyens Abréviatifs de Calcul. Manière facile de convertir les livres sterlings en francs, … mètres en yards, etc., etc., in-12, broché. 1

— Correspondance commerciale anglaise, ou cours de thèmes exclusivement consacrés a… expressions commerciales, avec un vocabulaire français-anglais des termes de commerc… 1 vol. in-16. (*Septième édition*) 2

— Produits Commerciaux et Industriels. — Voir page 42.

D. Maginot et **A. Henry.** — Professeurs d'Ecoles Professionnelles de la Ville de Paris… Cours Pratique et Commercial de Langue Anglaise. Conforme aux programmes des Eco… primaires supérieures et des Ecoles professionnelles, 3 vol. in-12, toile.

Première partie 2

Deuxième partie 2

Troisième partie. (Calcul, Factures, Reçus, Billets à Ordre, Traites, Chèques, Warran… Consignation, Douane, Drawbacks, Livres de Commerce, Banques, Sociétés commercial… Fac-similés de correspondance) 3

Legrand (Alfred). Officier de l'Instruction publique. (Voir aussi page 1).

— Cours d'anglais professé à l'École Nationale d'Horticulture de Versailles, 1 vol. in-8, cart. 2

Cet ouvrage est établi sur le même plan que le cours des Lycées. Il contient comme … les notions de grammaire et de syntaxe, les monnaies, poids et mesures, la correspondanc… les tableaux de l'histoire et de la littérature anglaises, et des expressions idiomatiqu… propres à l'horticulture.

On y a ajouté un vocabulaire français-anglais des termes d'horticulture, et un tableau … tous les Pots employés par les horticulteurs d'Angleterre.

Legrand (Alfred). — Fleurs et Plantes. Lectures anglaises. Prose et Poésie. Extraites des auteurs ayant écrit sur l'Horticulture ou sur des sujets qui s'y rapportent. Accompagnées d'un vocabulaire donnant la prononciation figurée, et la traduction française de tous les termes d'Horticulture et de Botanique.

Ouvrage couronné par la Société pour l'Etude des questions d'Enseignement secondaire.

1 vol in-8, de 384 pages, cartonné . . . . 2 »

(La reliure en toile pleine. pour distributions de prix, se paie en plus 1 fr).

Legrand (Alfred). — Manuel Français-Anglais de Termes et Locutions de Marine. Suivi de tableaux pour les Monnaies, Poids et Mesures des différents pays, etc., etc. *Ouvrage honoré d'une souscription du Ministère de l'Instruction Publique*, in-8, cartonné . . . 1 50

De Bouge. — Voir page 2.

Dorame (John). — Manuel du négociant, en anglais et en français, contenant les changes, les arbitrages, le commerce des banques, etc. ; des lettres commerciales, lettres de change, billets à ordre, factures, comptes-courants, comptes d'intérêts, tables de monnaies et de mesures anglaises et françaises, etc., suivi du Dictionnaire commercial, français-anglais et anglais-français. 1 vol. in-12 br. de 250 p.. . . . . 1 »

Hossfeld et Vaton — Le Correspondant commercial Français-Anglais ou l'Art de rédiger une lettre d'affaires en français ou en anglais par la simple combinaison de sentences choisies suivi d'un Vocabulaire technique. 1 vol. de 400 pages in-18, toile. . . . . . . 2 »

Cet ouvrage ne doit pas être confondu avec les manuels de correspondances ordinaires. Il contient les formules en usage dans le Commerce et l'Industrie. dans le style bref adopté de nos jours par les principaux établissements. Au moyen de ce Correspondant, toute personne pourra composer une lettre en bon anglais, sans avoir besoin de connaître cette langue, puisqu'il suffit de copier mot à mot la traduction qui se trouve en regard des phrases choisies dans la partie française. Le classement des différents sujets rend facile le choix des sentences.

Guyot (Georges). — Tables de Conversion en francs de livres sterling à 161 changes différents. Préf. de M. *Raphael-Georges Lévy*, prof. à l'Ecole des Sciences politiques, in 8, toile. 3 50

Bayles (W.-E). — Manuel de Conversation française et anglaise à l'usage des voyageurs, arrangé d'après un plan qui permet de trouver tout de suite la phrase dont on a besoin. (*Sixième édition*), 1 vol. in-18, broché. 1 ». Relié toile 1 50

Mabire — The Conversational Preceptor in English and French (10.000 phrases et locutions usuelles par ordre de matières), in -18, broché . . . . 1 »

Contanseau. — Dictionnaire pratique anglais-français et français-anglais. 1 vol. in-8, toile (*adopté pour les écoles municipales de Paris*) 4 50

Le même ouvrage, édition de poche, in-32, toile . . . . 2 »

Longfellow — Evangeline, traduct franç. en prose, avec une introduction, in-8, br. 1 50

Browning (E). — Aurora Leigh. traduction française en prose, in-12, broché . . 3 50

Gray. — Elegy written in a country church-yard. trad. franç. en prose, br. in-12 . 0 50

Fénelon.— Les 15 derniers dialogues des Morts, trad en anglais, par M.-H Kelly, in-12, br. 1 »

LANGUE ALLEMANDE

Méthodes, Grammaires, etc.

T Goldschmidt.—L'Allemand par Intuition et par Images, sans l'emploi du français. Méthode ingénieuse et attrayante à l'usage de l'enseignement pratique. In-4, illustré, cart. . 3 50

De Bouge (Xavier), Officier de l'Instruction Publique : Le Maître Populaire, ou l'*Allemand sans Maître* en 4 mois Nouvelle Méthode pratique, rapide, attrayante. progressive, très facile et très complète, permettant de parler, d'écrire et de subir avec succès tout examen : Grammaire détaillée ; lettres commerciales et familières ; système ingénieux de conversations ;

prononciation figurée. Pur accent : clefs des exercices pour se corriger soi-même, etc ; un beau volume de 624 pages, in-8, broché 12 50
Rel 14 fr.; rel. en 2 vol.(clefs à part) avec marges rog., pour rendre la mét. plus portative 15 50
On vend à titre d'essai, pour bien se rendre compte de la facilité de la méthode, un cahier contenant les premières leçons, avec clefs. Prix 0 90

De Bouge. — Manuscrits Allemands, 75 sortes d'écritures, 1 vol in-8, broché. 2 50
Ces 75 exercices se retrouvent en caractères gothiques dans le Maître Populaire ci-dessus, avec la traduction en français.

Blum (Dr). — Tableau synoptique de Déclinaisons et de Construction, applanissant les plus grandes difficultés de la langue allemande 0 50

La Clé des Journaux et des Auteurs Allemands (*Zeitung für Anfaenger*). Petite revue mensuelle franç.-allem., ne paraît plus. Les 17 nos publiés, réunis en une brochure in-8 2 »

Recueil de Textes de Compositions données au baccalauréat. Voir page 2.

Schiller. — Das Lied von der Glocke (Le Chant de la Cloche).

Bürger. — Lenore.
Les deux ouvrages ci-dessus réunis, texte allemand avec, en regard, une traduction française en vers équimétriques et équirythmiques, par Edouard Pesch. Préface de M. L. de Fourcaud.
Brochure in-8 . . . . 1 50

Fauvin.— Histoire Sainte (textes français, allemand et hongrois en regard), in-8, br. 2 »

Goethe. — Werther, allemand-français en regard, 2 vol. in-8, brochés . . . . 3 »
— Werther, allemand-français interlinéaire, 2 vol. in-8, brochés . . . . 4 »

Fénelon.—Télémaque, 1er livre, en allem. avec la vers. franç. littérale, interlinéaire, in-12, br. 1 »

Hossfeld et **Vaton.** — Le Correspondant commercial français-allemand, ou l'Art de rédiger une lettre d'affaires en français ou en allemand par la simple combinaison de sentences choisies, suivi d'un Vocabulaire technique. Un vol de 400 pages in-18, toile. . . . 2 »
Cet ouvrage ne doit pas être confondu avec les manuels de correspondance ordinaires. Il contient les formules en usage dans le Commerce et l'Industrie, dans le style bref adopté de nos jours par les principaux établissements. Au moyen de ce Correspondant, toute personne pourra composer une lettre en bon allemand, sans avoir besoin de connaître cette langue, puisqu'il suffit de copier mot à mot la traduction qui se trouve en regard des phrases choisies dans la partie française. Le classement des différents sujets rend facile le choix des sentences.

LANGUE ITALIENNE

De Bouge (Xavier) Officier de l'Instruction Publique. Le Maître populaire, ou l'*Italien sans maître en 4 mois*. Nouvelle Méthode pratique, rapide, attrayante, progressive, très facile et très complète, permettant de parler, d'écrire et de subir avec succès tout examen ; Grammaire détaillée ; lettres commerciales et familières : système ingénieux de conversations ; prononciation figurée. Pur accent ; clefs des exercices pour se corriger soi-même, etc., 1 beau vol de 624 pages, in-8, broché 12 50
Relié, 14 fr. ; relié en 2 volumes (clefs à part), avec marges rognées pour rendre la méthode plus portative 15 50
On vend à titre d'essai, pour bien se rendre compte de la facilité de la méthode, un cahier contenant les premières leçons, avec clefs. Prix 0 90

Bonifacio (A.). — Les mots français et italiens groupés d'après le sens. Comparaison de la langue italienne avec la langue française Proverbes, etc, in-12, toile 1 50

Cecconi. — Traité synoptique des verbes de la langue italienne, in-8, broché . . 3 »

Kurzweil — Traité de la prosodie de la langue italienne, in-8, broché 1 50

Ghiotti. — Vocabolario Italiano-Francese, 1 fort vol. in-8, de 1572 pages, relié . . 11 »
— Vocabolario Francese-Italiano, 1 fort vol. in-8, de 1326 pages, relié . . . . 9 »

nnaires italien-français et français-italien, par Costero et Lefebvre, ou par Melzi, ou
Ghiotti, édition italienne, chaque dictionnaire formant 1 beau vol. in-8, relié. . 7 »
chini et Rigutini. — Dictionnaire français-italien et italien-français à l'usage des
s, des voyageurs, etc... 1 vol. de 981 pages, in-8, toile 4 50
. — Interrupta. Con prefazione e note, in-12, broché . . . . 4 »
ans cet ouvrage en vers, l'auteur dénonce les désordres et abus de l'autorité judiciaire
ienne La publication en a été interdite en Italie.
. — Teatro (Paolo-Stefania-Joanna), in-16, broché. . . . . 4 »
ni.— Scelta di Alcune Commedie, per uso d'egli studiosi della lingua italiana. (Pamela ;
ro Amico ; l'Avventurière ; La Villegiatura ; Il Burbero Benefico ; Il Raggiratore),
ages, in-12, broché. . . . . 2 »

LANGUE ESPAGNOLE

uge (Xavier) Officier de l'Instruction Publique. Le Maître populaire, ou l'*Espagnol sans*
e, en 4 mois. Nouvelle méthode pratique, rapide, attrayante, progressive, très facile et
complète, permettant de parler, d'écrire et de subir avec succès tout examen : Grammaire
lée ; lettres commerciales et familières ; système ingénieux de conversations ; pronon-
n figurée. Pur accent, clefs des exercices pour se corriger soi-même, etc.
eau vol de 636 pages, in-8, broché 12 50
14 fr. ; relié en 2 vol. clefs à part avec marges rognées, pour rendre la méthode plus
tive 15 50
On vend à titre d'essai, pour bien se rendre compte de la facilité de la méthode, un
ier contenant les premières leçons, avec clefs. Prix 0 90
s et Garcia. — Manuel français-espagnol des expressions usitées dans la Correspon-
e commerciale (*classées par ordre alphabétique*), in-12, broché. 1 50
et Sanchez — Le Correspondant commercial français-espagnol ou l'art de rédiger
ettre d'affaires en français ou en espagnol par la simple combinaison de sentences choi-
suivi d'un Vocabulaire technique. 1 vol. de 400 pages, in-18, toile . . . . 2 »
s et Garcia.— Manuel de conversation française et espagnole à l'usage des voyageurs,
gé d'après un plan qui permet de trouver tout de suite la phrase dont on a besoin.
. in-12, broché . . . . 1 »
rvo — Dictons et Proverbes espagnols, avec la trad. franç. interlinéaire, in-8, br. 2 »
. – Werther, en franç et en espag., ces deux langues en regard, 2 vol. in-12, br. 2 »
il de textes de compositions données au Baccalauréat. — Voir page 2.
so. — Los eruditos a la violeta o curso de todas las ciencias, publicase en obsequio de
ue pretenden saber mucho, estudiano poco, in-18, broché 0 75
ntes. — Don Quijote de la Mancha :
deos 1804, 4 vol. in-12, brochés . . . . 6 »
s, 1827, 6 vol. in-18, brochés . . . . 3 »
elas Ejemplares. *Paris,* 1825, 2 vol in-18, brochés . . . . 2 »
ro — Jamas. Novela, in-8, broché. 1 50
nario Critico-Burlesco para inteligencia de ciertos escritores que por equivoca-
han nacido en España. Madrid, 1820, in-18, broché . . . . 1 »
n Caballero. — Élia, ó la España treinta años ha, in-12. . . . . . . 2 50
urri, silbidos de un Vago, in-12, broché . . . . 1 »
ncero de la Guerra de Africa por El Marqués de Molins, in-18, broché . 2 50
. – Conquista de Mojico. Paris, 1826, 3 vol. in-32, brochés . . . . . . 3 »

LANGUE PORTUGAISE

Bèthencourt (Carlos de Vasconcellos de). Officier d'Académie. Professeur à l'Association Polytechnique. — Grammaire portugaise pratique avec thèmes et versions. In-8, br. 2 50

De Bouge (Xavier), Officier de l'Instruction Publique. Le Maître Populaire, ou le *Portugais sans Maitre, en 4 mois.* Nouvelle méthode pratique, rapide, attrayante, progressive, très facile et très complète, permettant de parler, d'écrire et de subir avec succès tout examen : Grammaire détaillée ; lettres commerciales et familières ; système ingénieux de conversations; prononciation figurée. Pur accent ; clefs des exercices pour se corriger soi-même, etc. 1 beau vol. de 636 pages, in-8, broché 15 50

Relié 17 fr. ; relié en 2 vol. (clefs à part) avec marges rognées, pour rendre la méthode plus portative 18 50

On vend à titre d'essai, pour bien se rendre compte de la facilité de la méthode, un cahier contenant les premières leçons, avec clefs. Prix : 0 90

LANGUE RUSSE

De Bouge (Xavier). Officier de l'Instruction Publique. Le Maître Populaire, ou *le Russe sans maître, en 4 mois.* Nouvelle méthode pratique, rapide, attrayante, progressive, très facile et très complète, permettant de parler, d'écrire et de subir avec succès tout examen : Grammaire détaillée ; lettres commerciales et familières ; système ingénieux de conversations; prononciation figurée. Pur accent ; clefs des exercices pour se corriger soi-même, etc. Un beau volume de 624 pages, in-8, broché 15 50

Relié 17 fr.; relié en 2 vol. clefs à part avec marges rognées, pour rendre la méthode plus portative 18 50

On vend à titre d'essai, pour bien se rendre compte de la facilité de la méthode, un cahier contenant les premières leçons, avec clef. Prix. 0 90

De Bouge. — Manuscrits Russes, 60 sortes d'écritures, 1 vol in-8, broché . . . 2 50

Ces 60 exercices se retrouvent en caractères russes dans le Maître Populaire ci-dessus, avec la traduction en français.

Berkovich. — Vocabulaire systématique français-russe, composé des mots les plus usités groupés par catégories (Armée et Marine, Arts et Sciences, Commerce, Dignités, Habillement, Industrie, Jeux, Mesures, Nombres, Repas, Théâtre, Voitures, etc., etc.), accompagné d'un abrégé de la grammaire russe in-16, broché . . . . 2 »

Morceaux choisis de Littérature (Tolstoï, Gogol, Pouchkine, Krylof, etc.), avec deux traductions dont une juxta-linéaire, par Sinval, 1 vol. in-12, broché. . . . . . 3 »

Gothi — *Les deux Chefs-d'œuvre du Théâtre russe* : Revisor, par Gogol : Trop d'Esprit nuit, par Griboïedof. Traduction française, in-8, broché . . . 3 50

LANGUE ARABE

Marcel. — Vocabulaire français-arabe, in-18, cartonné . . . . 1 »

Cherbonneau. — Dialogues arabes, 1 vol. in-8, broché . . . . 4 »

Cotelle. — Dialogues arabes élémentaires, in-8, toile. 2 50

Delaporte. — Versions arabes, avec le mot à mot et la prononc. interlin., in-8, br. 3 50

LANGUES DIVERSES

ır.— Grammaire flamande ou néerlandaise simplifiée, accompagnée de thèmes et suivie ıcines, 6e édition, in-12, broché . . . . 3 »
é **de la Grammaire Suédoise**, enseignant la Prononciation, suivi d'un Vocabu- ıt de Dialogues, in-18, broché 1 50
ılundquist. — Le Turc appris facilement en peu de temps. Dialogues, Exercices, ıulaire, Monnaies, in 18, toile . . . . 2 »
rprète militaire en Orient, français, russe, valaque et turc, in-18, cart. 2 »
ınaire chinois-français de la langue mandarine, parlée dans l'ouest de la avec un vocabulaire français-chinois par plusieurs missionnaires, in-4, broché 20 »
(l'abbé). — Grammaire de la langue woloffe, 1 vol. in-8, broché . . . . 15 »
(W.-E.). — English-German Conversation Book for Travellers, in-18, br. . 1 25
sh-Italian Conversation Book for Travellers, in-18, broché 1 25
ı-Spanish Manual of Commercial Correspondence and Vocabulary of Commercial Pro- Moneys, Weights and Measures, Packages, etc., in-12, broché 2 50
ossos. — Neuf mille mots en dix langues à l'usage du commerçant, de l'hôtelier, etc., ıs, allemand, anglais, russe, polonais, espagnol, hollandais, italien, et idiomes russe- is, album in-4 de 407 pages . . . . 3 »

LANGUE FRANÇAISE

lbert), Officier d'Académie, Professeur au collège d'Autun, ex-professeur spécial de s pour les « *Certificated Teachers of the Board Schools of London* ».— Traité de ıciation française, théorie et pratique, 1 vol. in-8, broché. . . . . . 3 »
Traité de Prononciation, fondé sur des théories nouvelles et disposé sur un plan nou-, est un livre d'études, auxiliaire puissant près des Étrangers soucieux de se perfec- ıer dans la connaissance de la langue et de la prononciation françaises.

(*For the use of Englishmen*).

— French Gibberish. How the French is misused, in-12, broché. . . . 0 50
(W.-E.). — French Commercial Correspondence.— Practical Exercises on Commer- ıpressions accompanied by an Anglo French Vocabulary of Terms used in Business ı, in-12, broché 2 50
cal Exercises in Commercial French : Market Reports.— Commercial News. — Ship- ıtelligence. Comprising also : A list of the principal Commercial Products — French ıglish Weights and Measures, etc., in-12, broché 1 25
ıh-French Conversation Book for Travellers, in-18, broché 1 25

(*Para uso dos Portuguezes*).

– Mestre de Francez para aprender em seis mezes, in 8, cartonné . . . 3 »
Methodo mnemotechnico da Lingua Franceza, in-8, cartonné . . . . 3 »
ıo regra de todos os participios francezes, in-12, broché 0 50

DICTIONNAIRES TECHNIQUES

(W.-E.). — Manuel Anglais-Français des *Expressions Minières* employées dans pectus et le Matériel minier, 1 vol. in-12, broché. . . . . 2 »
roduits Commerciaux et Industriels. *Première partie* : Description, Emploi, Pro- es et Débouchés, 1 vol. grand in-8, broché 3 50

— *Deuxième partie* : la nomenclature de chaque produit avec ses variétés en français anglais, allemand, italien et espagnol, 1 vol. grand in-8, broché . . . . . 5 »

Legrand (Alfred), (Officier de l'Inst. Publique, professeur agrégé de langue anglaise) Manuel Français-Anglais de *Termes et Locutions de Marine* à l'usage des candidats à l'Ecole navale des élèves de cette Ecole et des officiers de la flotte, in-8, cartonné 1 50

Lovendal (A.-S.). — Dictionnaire technique Français-Anglais des outils et ustensiles employés dans les métiers manuels, la petite industrie, le ménage, etc., suivi d'un index Anglais Français, 1 vol. in-12, broché. . . . . 3 »

Méliot — Dictionnaire explicatif Français-Anglais et Anglais-Français *de Finance, de Bourse de Compagnies par Actions et de Mines d'Or*, comprenant les règlements et usages du Stock-Exchange de Londres et de la Bourse de Paris ; les renseignements complets relatifs à la formation et à la direction des Sociétés, ainsi qu'à l'extraction et au traitement des minerais. Lois et coutumes en Angleterre, France, Amérique et Sud-Afrique ; termes techniques, argot, abréviations, 1 vol. pet. in-8, toile . . . . 6 »

Travers (Directeur des Postes et des Télégraphes). — Vocabulaire Postal et Télégraphique Anglais Français et Français-Anglais, contenant les termes en usage dans les services de l'exploitation des Postes et Télégraphes, in-8, broché 3,25 ; relié. . . . . . . 4 »

CODES TÉLÉGRAPHIQUES

V. De Kircheisen. — *A — Z Code Télégraphique Français*, in-4, toile . . . . 100 »
Nous envoyons sur demande un prospectus détaillé de ce code.

V. De Kircheisen. — *V. d. k. Code Télégraphique Commercial*, in-8, toile . . . 30 »

Meyer. — *Code Télégraphique Universel* à l'usage des banquiers, importateurs, exportateurs, courtiers, armateurs, etc. Edition française, in-8, toile 37 50

— Edition anglaise (The British and Foreign Code), in-8, toile. 37 50

— Edition espagnole (Codigo Telegrafico), in-8, toile 37 50

Ces éditions se correspondent de sorte qu'une dépêche expédiée avec l'édition française peut être lue dans l'édition anglaise ou espagnole et *vice versa*.

Meyer. — *Anglo-International Code*, in-4, relié. 52 50

Nilac. — *Nouveau Code* ou vocabulaire administratif et commercial pour la correspondance secrète, in-8, toile . . . . 10 »

Clauson-Thue. — *A. B. C. Telegraphic Code* for the use of Financiers, Merchants, Shipowners, etc., 4e édition, 1883, in-8, toile 22 50

— *Le même* avec feuilles blanches intercalaires . . . . 30 »

(Le Code A. B. C. n'existe qu'en anglais. Il n'en a pas été fait de traduction).

— *A. 1. Telegraphic Code* for the use of Financiers, Merchants, Shipowners, Engineers, etc., in-8, toile . . . . 40 »

Codes télégraphiques spéciaux pour les Bois, les Cotons, les Fruits, les Grains, les Peaux, les Sucres, les Tabacs, les Tissus, etc., etc. Renseignements détaillés sur demande.

Les Codes télégraphiques ne se donnent pas en communication. Ils ne peuvent être repris pour aucun motif. Les prix que nous annonçons sont strictement *nets*.

Sittler (*Ex-Directeur des Postes et Télégraphes*). Dictionnaire Abréviatif chiffré. 19e édition, in-8, toile . . . . 5 »

. MÉDAILLE D'ARGENT
(Enseignement primaire)

MÉDAILLE DE BRONZE
(Librairie)

Exposition Universelle
de 1900

CATALOGUE GÉNÉRAL

DE

J. Bricon et A. Lesot

ÉDITEURS

Successeurs de SARLIT

19, rue de Tournon, Paris (6e Arrt)

DIVISION SYSTÉMATIQUE

TABLE ALPHABÉTIQUE DES NOMS D'AUTEURS

RELIGION

Catéchismes. — Première communion. — Histoire ecclésiastique.
Théologie. — Philosophie.
Sermonnaires. — Manuels de piété. — Lectures pieuses.

SIXIÈME ÉDITION

CATÉCHISME TOUT EN HISTOIRES

OU LE CATÉCHISME DU CONCILE DE TRENTE

Expliqué par des faits puisés dans l'histoire du passé
ou dans les récits contemporains

Par l'abbé POUSSIN

Ouvrage recommandé par Son Éminence le Cardinal Archevêque de Paris et par NN. SS. les Évêques de Châlons, de Rodez, d'Orléans, de Nice et du Mans.

4 volumes in-12 de 500 à 560 pages . . . . **12** fr.

Annonce-t-on une histoire à ses auditeurs, qu'aussitôt nos braves campagnards trop souvent assoupis par les labeurs de la semaine lèvent la tête et tendent avidement leur oreille; les enfants les plus étourdis, les plus espiègles contiennent leur babil, vous regardent d'un œil étincelant et se prennent à écouter. Ce n'est donc pas sans motif que les catéchistes et les prédicateurs les plus habiles parsèment leurs instructions de traits édifiants, d'anecdotes piquantes ou d'histoires dramatiques. Le livre répondant à un tel besoin et que je cherchais depuis si longtemps, je l'ai enfin trouvé. C'est le **Catéchisme tout en histoires** de l'abbé Poussin, professeur au Séminaire de Paris. Il n'y a qu'à jeter un coup d'œil sur la table pour avoir une idée des lectures immenses et des investigations infatigables dont il témoigne.

(*La Liberté*, de Fribourg.)

Ce **Catéchisme tout en histoires** s'est promptement fait sa place. Le titre indique bien le plan; l'auteur a suivi le Catéchisme du Concile de Trente. Symbole et toutes ses subdivisions, c'est le premier volume; le second embrasse les sacrements, dont chacun forme plusieurs articles séparés, suivant les principaux points d'instructions tels que le prêtre les explique; au troisième, ce qu'il faut éviter ou pratiquer, c'est-à-dire les commandements de Dieu et ceux de l'Église; le quatrième achève la morale et roule sur les vertus, les péchés, les fins dernières. Il fallait une table générale; elle a été mise à la fin. Une division que nous ne devons pas oublier sera particulièrement agréable aux prédicateurs. C'est celle qui a pour titre : « Explications des Évangiles de tous les dimanches et fêtes solennelles de l'année. » Voilà une mine pour les prônes et les exhortations des confréries.

(*L'Univers*.)

Centième édition

PETIT MANUEL DES CATÉCHISMES

ou Avis, Prières et Cantiques selon la méthode de Saint-Sulpice

A L'USAGE DES ENFANTS QUI SUIVENT LES CATÉCHISMES DE PREMIÈRE COMMUNION ET DE PERSÉVÉRANCE

Approuvé par Monseigneur l'Archevêque de Paris

In-18 de **294** pages, cartonné, **50** cent.; *franco*. . . . . **60** cent.
Reliures diverses.

C'est pour répondre à un vrai besoin qu'a été édité ce *Petit Manuel*. Moins volumineux que le livre des *Cantiques de Saint-Sulpice*, il renferme en substance tout ce qui est nécessaire à l'enfant qui suit les catéchismes de première communion, et même de persévérance. Nous y avons surtout remarqué, avant chaque fête, quelques lignes substantielles qui, sous la forme de méditation, donnent à l'enfant l'esprit de la fête et lui indiquent la manière de la célébrer pieusement. Nous ne saurions donc trop le recommander.

(*L'Univers*.)

Vient de paraître :

PETIT CATÉCHISME LITURGIQUE

Par l'abbé Henri DUTILLIET, *du diocèse de Versailles*

ET

Catéchisme du Chant ecclésiastique

Par A. VIGOUREL

Directeur du Chant et Maître des Cérémonies au Séminaire Saint-Sulpice.

EDITION REVUE ET AUGMENTÉE

d'une Table Alphabétique

PRÉFACE par J.-K. HUYSMANS

Édition classique (20e édition), *un volume in-18 cartonné*. . . . . 1 fr.
Édition de luxe (15e édition), *in-18, format allongé, broché* . . . . 1 fr. 50
Quelques exemplaires sur papier de *Hollande* . . . . 2 fr. 50

Ce volume est approuvé par NN. SS. les Évêques de Versailles, de Beauvais, de Verdun et par Mgr de Ségur.

Il a reçu les plus hautes recommandations de NN. SS. les Archevêques et Évêques d'Aix, du Mans, de Vannes, de Périgueux, de Limoges, de Bayonne, etc.

M. Huysmans, en devenant l'hôte habituel de nos églises, n'y avait pas trouvé tout de son goût. Exagérées dans la forme, ses critiques ne péchaient pas toujours par le fond. Mais, quoi qu'il en soit du passé, le voilà aujourd'hui qui fait œuvre parfaitement bonne, incontestablement utile à la religion, en rééditant, d'accord avec un des plus éminents directeurs de Saint-Sulpice, le court et substantiel *Catéchisme liturgique* de l'abbé Dutilliet. Comme il nous semble que cet excellent manuel rendrait, soit aux élèves, soit même aux professeurs, de précieux services dans les cours supérieurs d'instruction religieuse, nous ne nous ferons pas scrupule de lui accorder ici une place relativement longue en reproduisant quelques passages de la préface de M. Huysmans. A lui seul, du reste, le nom du célèbre romancier intéresserait assez nos lecteurs pour nous servir d'excuse, s'il en était besoin... (suit la préface). (*L'Enseignement chrétien.*)

C'est un petit volume qui vaut son pesant d'or. Édité en 1859, il avait complètement disparu du commerce. La Providence permit qu'un néo-converti, M. Huysmans, bouquinant un jour sur les quais de Paris, mit la main sur un exemplaire poudreux, perdu au milieu d'autres livres au rebut. La lecture de ce petit livre, mettant à la portée des fidèles, *sous la forme catéchistique*, la plus simple de toutes, tout ce qu'il y a de sens profond et de merveilleusement beau dans la liturgie catholique, le séduisit. (*La Croix du Dauphiné.*)

Nous avons déjà annoncé le *Petit Catéchisme liturgique*, par l'abbé Henri Dutilliet. Nous ne saurions trop le recommander. « Le besoin se faisait sentir, lit-on en tête de l'opuscule, d'un petit ouvrage de format commode, coûtant très bon marché, écrit dans un style lucide et presque naïf; contenant et expliquant par le menu, très clairement, très nettement, les cérémonies de l'Eglise; divulguant chacune de leurs allégories, chacun de leurs emblèmes; définissant les termes techniques et publiant la signification même des objets qui servent aux besoins du culte; il faudrait, en un mot, un livre très substantiel et très court, permettant au lecteur de trouver, en une minute, la réponse aux questions qu'il voudrait résoudre. Nous ajouterons tout simplement : « Ce livre existe, et c'est celui-ci. » (*Semaine religieuse de Beauvais.*)

PUBLIÉE AVEC PERMISSION DE L'ORDINAIRE

La Messe

VERSION FRANÇAISE

Par Jules BARBIER

Édition très soignée, encadrement rouge, *brochure in-18* . . . . 0 fr. 50
Édition sur papier de luxe, Japon ou Hollande . . . . 1 fr. »

Lire avec plaisir et émotion la messe en vers français, c'est la joie qui est réservée à tous ceux qui auront entre les mains la messe de Jules Barbier. Le texte latin, serré de très près par le traducteur, se transforme en vers magnifiques qui conservent au sacrifice toute la majestueuse simplicité dont est revêtu cet acte sacré. Tous, les chrétiens fervents et les profanes, liront utilement et avec plaisir cet ouvrage, petit par la forme, grand par la portée.

Cinquième édition, revue avec soin.

CATÉCHISME DU CATÉCHISTE

OU EXPLICATION RAISONNÉE DE LA DOCTRINE CHRÉTIENNE

Par MM. les abbés E. BARTHE et FABRE, Chanoines honoraires de Rodez.

Ouvrage approuvé et recommandé par Mgr l'Évêque de Rodez, Mgr l'Évêque de Poitiers et le R. P. CATALDO CAPRARA, professeur de théologie au collège de la Propagande, et examiné à Rome par trois théologiens, qui en ont porté un jugement très favorable.

2 volumes in-12 de 640 et 660 pages. . . . . 8 fr.

Ce catéchisme est tout à fait remarquable par le plan, le fond et la forme. Il embrasse l'enseignement moral et religieux; il en donne abondamment et clairement la substance. Du commencement à la fin de l'ouvrage, tout se développe selon la logique la plus serrée.

Ce bel ouvrage servira puissamment à « faciliter à tous ceux qui sont chargés d'expliquer la doctrine chrétienne, l'exercice de leur fonction importante ».

La science et le talent de MM. les chanoines Barthe et Fabre ont du reste été loués par les autorités les plus compétentes. Ainsi, Mgr l'évêque de Rodez écrivait : « Quoiqu'il existe beaucoup d'ouvrages dans ce genre, il n'y en a pas où l'on trouve ainsi condensés avec netteté, précision et simplicité, les divers mystères de notre foi, les enseignements pratiques qu'ils renferment et les raisons qui nous en découvrent les merveilleuses convenances. » Le si regretté cardinal Pie disait : « L'exposition si exacte, si claire et si complète de la doctrine catholique contenue dans ces deux volumes, les rend éminemment utiles à tous ceux qui s'occupent d'instruire dans la religion l'enfance et la jeunesse, œuvre capitale entre les œuvres de notre temps. » Enfin, une lettre adressée par Dom Cataldo Caprara au T. R. P. Cirino, général des Théatins, à la demande duquel ce savant professeur de théologie au collège de la Propagande avait examiné cet ouvrage, contient cette appréciation : « Je me réjouis de pouvoir vous dire que non seulement je n'ai rien trouvé dans ce catéchisme qui ne soit conforme à la doctrine et à l'esprit de notre mère la sainte Eglise romaine, mais que j'avoue ne connaitre aucun livre de ce genre qui expose avec plus de brièveté et d'exactitude les divers mystères de notre foi et les enseignements qu'ils renferment. » Le soin avec lequel a été préparé la nouvelle édition et les additions qui ont été faites à l'ouvrage ne peuvent que rendre ces éloges plus mérités. (*Revue littéraire.*)

Il existe plusieurs ouvrages se proposant le même but que celui-ci et jouissant d'une grande vogue, due à leur valeur incontestable; mais, à côté des plus méritants, le *Catéchisme du Catéchiste* peut honorablement prendre place, offrant quelques qualités supérieures et particulières. Nous pouvons d'abord affirmer qu'il a une plus grande portée que ne l'indique son titre, car il est bien aussi le catéchisme des *catéchisés.* (*L'Univers.*)

Ce catéchisme, quoiqu'il n'ait que deux volumes, est pourtant *complet*; il renferme la substance de toute la doctrine chrétienne et il en donne une explication toujours raisonnée. Pas un enseignement dans ce livre qui ne soit accompagné de sa preuve. On n'a rien publié d'aussi *complet* sous un aussi mince volume, d'aussi bien déduit et d'aussi fortement raisonné que cette catéchèse. Nous l'avons déjà conseillé bien des fois et toujours on s'est bien trouvé de suivre notre conseil. (*Le Monde.*)

RAISON DE MA FOI RELIGIEUSE

Par M. l'abbé E. BARTHE, *chanoine honoraire de Rodez*, volume in-12, 500 p. **3 fr.**

Ouvrage honoré d'une lettre très élogieuse de N. S. P. le Pape et approuvé par nombre de Cardinaux, Archevêques et Évêques.

Toutes ces approbations peuvent se résumer en ces quelques lignes extraites des lettres de Nosseigneurs de Toulouse, d'Albi et de Nimes : « La publication de cet ouvrage court et substantiel est à nos yeux un véritable apostolat. » — « Les pages de ce livre sont pleines de logique, de lumière et d'opportunité. » — « Ni le fond, ni la forme de ce livre ne laissent rien à désirer. »

Tous ces suffrages ont été couronnés par une lettre exceptionnellement élogieuse que le Souverain Pontife a fait adresser à l'auteur et dont voici un extrait : « Sa Sainteté estime avec une entière assurance, que vous avez vigoureusement défendu la vérité catholique, et que, en même temps, par une élocution appropriée au sujet et pleine de clarté, vous avez apporté dans la discussion des matières les plus graves de telles lumières, que la lecture de votre ouvrage deviendra pour tous non moins utile qu'agréable. »

LA CONSCIENCE

Exposé clair et pratique de la conduite que chacun doit tenir envers sa conscience, ou Méthode à suivre pour devenir une personne parfaitement consciencieuse

Par le R. P. JOUAN, de la Compagnie de Jésus.

Quatrième édition, in-18 **jésus**, caractères elzéviriens . . . . **3 fr.**

La presse a été unanime à reconnaître l'opportunité de cette publication, qui a reçu, du reste, les approbations ou recommandations de beaucoup d'archevêques et d'évêques.

LA SAINTE CHRONIQUE

Ou nouvelle vie de Notre-Seigneur Jésus-Christ et de la Tres Sainte Vierge

D'APRÈS LES VISIONS D'ANNE-CATHERINE EMMERICH

Par M. l'abbé PASTUREL. 2 gros vol. in-12. . . . . **5 fr.**

Cet ouvrage renferme, en deux volumes, l'analyse substantielle et littérale de ces trois ouvrages de Catherine Emmerich : *Vie de la Très Sainte Vierge, Vie de Notre-Seigneur Jésus-Christ* et la *Douloureuse Passion*, 8 volumes dont les plus curieux détails ont été rapprochés du récit évangélique qui leur sert de base et d'enchaînement.

RECUEIL D'INSTRUCTIONS POUR LA PREMIÈRE COMMUNION

Par **Mgr MARTIN**, ancien vicaire général de Troyes et d'Avignon, protonotaire apostolique.

COMPRENANT :
1° Une retraite préparatoire à la Première Communion;
2° Plusieurs instructions pour le jour de la Première Communion et pour la Rénovation des vœux du Baptême;
3° Différentes autres instructions relatives à cette cérémonie.

17e édition. 1 vol. in-12 de 430 pages. . . . . **3 fr.**

Bien qu'ayant rempli pendant vingt ans les plus hautes fonctions administratives, l'auteur est toujours resté par le cœur auprès de l'enfance, pour laquelle il partage la prédilection du divin Maître. La pratique de son ministère, ses études, ses observations surtout ont été concentrées sur cet objet préféré de son apostolat. De là, un riche fonds de matériaux distribués dans différents livres qui convergent tous au même but : instruire l'enfance, lui faire aimer et remplir ses devoirs religieux. Ce but, l'auteur l'atteint par un genre à lui; il envisage toutes les questions au point de vue pratique. Sous sa direction, l'enfant apprend en pratiquant. Tous les exercices de la vie chrétienne, Prières, Méditations, Lectures, Examens, Règlements, etc., sont mis en action et se déroulent dans un cadre dont la variété attrayante fixe, sans la fatiguer, la légèreté de son jeune auditoire. Mais l'auteur le captive surtout par la simplicité et l'onction de son langage. Sous chaque phrase on sent palpiter son cœur; et c'est là la cause réelle de ses succès, parce que c'est la source véritable d'où jaillit l'éloquence.

LE GUIDE DES ADOLESCENTS

AVANT ET APRÈS LA PREMIÈRE COMMUNION

Par le T. R. P. **Ambroise DE BERGERAC**, capucin, missionnaire apostolique.

1 volume in-12 . . . . **3 fr.**

Annales de la Première Communion : Disons que le R. P. Ambroise a écrit pour les enfants et les adolescents, ce recueil tout pratique de conseils et de réflexions. Le ton soutenu de l'ouvrage reste à la portée des intelligences auxquelles il s'adresse, et des exemples nombreux, semés dans le récit, portent doucement au bien. **Il n'y a point d'écueil pour la vertu du chrétien, affrontant la mer orageuse de la vie, qui n'y soit signalé** : une main habile saisit le gouvernail, et l'esquif, ainsi conduit, a bien des chances d'arriver au port.

LE LENDEMAIN DU BEAU JOUR DE LA VIE

OU MANUEL DE PERSÉVÉRANCE APRÈS LA PREMIÈRE COMMUNION

Par l'abbé **FLICHE**, curé-doyen de Bernaville.

Ouvrage honoré de la haute approbation de Mgr l'évêque d'Amiens.

Troisième Édition. — 1 volume in-18, broché . . . . **1 fr. 50**

LES APPRÊTS DU BEAU JOUR DE LA VIE

Par le même auteur. — 1 volume in-18, broché. . . . . **1 fr. 60**

Bibliographie catholique : Ces volumes font l'éloge de l'esprit et du cœur de l'auteur. Il est, en effet, si difficile de mettre son langage à la portée de l'intelligence des enfants, d'enchaîner leur imagination volage, de les éloigner du vice en imprimant à leurs cœurs inexpérimentés toute l'horreur qu'il mérite, enfin de les attacher à la vertu en leur faisant aimer ses charmes et ses récompenses!... Or, ce but, l'auteur l'a atteint. Par son langage simple et suave tout à la fois, il se fait comprendre; par la solidité de ses leçons, il instruit; par la grâce de son style, il captive; par le choix de ses histoires, il charme; et par la piété qui s'exhale, comme un parfum, de toutes ses instructions, il touche, il attendrit.

Élévations sur l'Eucharistie, par le R. P. HUGUET. In-18. . . . . **1 fr. 50**

Mois eucharistique du P. LERCARI : traduit du latin et augmenté d'un Recueil de prières enrichies d'indulgences . 0 fr. 60

Préparation des garçons à la Première Communion, par CURO. In-12 . 1 fr.

Méthode pour confesser les enfants, par LHOMOND, nouvelle édition augmentée. In-18 . . . . 0 fr. 50

Instructions pour la Confirmation, par Mgr REY, quatrième édition, augmentée, in-32 . . . . 0 fr. 50

La sainte Communion, préparation et actions de grâce, par M. de L... 1 volume grand in-32. . . . . 0 fr. 50

Le Saint Sacrifice de la Messe, expliqué aux fidèles, par M. l'abbé ROUGEYRON. 1 vol. in-18 . . . . **1 fr. 50**

L'Adoration perpétuelle du Saint-Sacrement. Exercices et Prières mis en ordre par M. l'abbé RICARD. In-18 . . 0 fr. 50

Le Livre de la Persévérance, par la comtesse DE FRANCOLINI. In-18, broch. 1 fr. — Rel. chagrin, tranche dorée . . 3 fr. 50

CACHET DE PREMIÈRE COMMUNION ET DE CONFIRMATION

POUR FILLES ET GARÇONS

Gravure sur acier de 33 c. sur 50. . . . **25 c.** — Le cent (110 pour 100) net. . . . **20 fr.**

Pour les **Brochures de propagande**
et pour les **Comédies, Drames, Monologues, Dialogues et mystères**, envoi franco des catalogues.

Œuvres de Monseigneur REY, évêque d'Annecy

« *parole est une puissance, une incision, un feu électrique.* » (Mgr de Quélen, arch. de Paris.)

mons sur les grandes Vérités de la Religion : Passion de Jésus-Christ, Descente du Saint-Esprit, Oraison dominicale, le Salut, la Confession. 2e édit. 1 vol. in-12. 3 fr.
rces de la Prédication, étude de la Bible et traité de la Direction religieuse. In-12. 3 fr.
oirs des Chrétiens, sermons et instructions pour le Carême. 2e édit. 1 vol. in-12. 3 fr.
oirs des Prêtres. Traités, sermons et instructions. 1 vol. in-12. . . . . . . 3 fr.
Les 4 volumes pris ensemble. . . . . 10 fr.

Le Père Lacordaire recevant les Œuvres de Mgr Rey écrivait : « Je prononce que c'est magnique. On pourra appeler riche le clergé de France lorsqu'il aura à sa disposition les Œuvres Mgr Rey, il puisera à cette large source, boira et fera boire aux fidèles de ces eaux si pures, limpides et si efficaces. Les Œuvres de l'Evêque d'Annecy seront placées dans chacune de s maisons ; ce sera un trésor précieux, surtout pour nos jeunes prédicateurs. »

Œuvres du Chanoine TIMON-DAVID

TRAITÉ DE LA CONFESSION DES ENFANTS ET DES JEUNES GENS

Approuvé par NN. SS. les Evêques de Marseille, d'Angers, d'Autun, de Fréjus, et par Mgr de Ségur

e *édition*. 3 volumes in-12 . . . . 10 fr. 50

Le succès toujours croissant de ce précieux traité prouve combien sa valeur a été appréciée. C'est un livre sérieusement pensé, clairement écrit, épuisant, avec une incontestable sûreté le doctrine, tous les détails, même les plus minutieux, de son grave sujet. C'est le fruit d'un esprit judicieux et observateur, d'un profond savoir et d'une rare expérience ; aussi rien n'est omis de ce que comporte le champ, plus vaste qu'on ne se l'imagine, qu'a voulu mettre en lumière l'intrépide auteur, prudemment armé de toutes pièces désirables pour atteindre son noble but. (*L'Univers*)

C'est la 8e édition d'un livre dont Mgr de Ségur disait : « Je rêvais un pareil livre... Celui-ci n'est pas bon, mais très bon, mais très excellent. » Que pourrions-nous ajouter à cette appréciation d'un juge aussi autorisé? (*Annales du Sacré-Cœur.*)

MÉTHODE DE DIRECTION DES ŒUVRES DE JEUNESSE

Nouvelle édition, 2 vol. in-12. . . . . 7 fr.

VIE DE SAINT JOSEPH CALASANCT

Fondateur des Ecoles pies

gros vol. in-8, portraits . . . . 12 fr.

L'EUCHARISTIE

OU JÉSUS-CHRIST PRÉSENT, DEMEURANT ET SE DONNANT DANS CE SACRÉ MYSTÈRE

Par l'abbé **TERRIER**. — 1 volume in-12. . . . . 2 fr. 50

Extrait du compte rendu de la *Bibliographie catholique* : Le travail de M. l'abbé Terrier se commande à la fois comme dogmatique, moral et mystique. C'est un traité de l'Eucharistie lidement appuyé sur les preuves traditionnelles, et riche, en même temps, de conclusions atiques et de pieuses aspirations...
... M. l'abbé Terrier a fait une œuvre excellente en tous points

CONFÉRENCES SUR L'ORAISON DOMINICALE

T TRADUCTION DU TRAITÉ DE SAINT CYPRIEN SUR LE MÊME SUJET

Par M. l'abbé **Th. PIERRET**, chanoine honor., docteur en théologie. 1 vol. in-12 : 1 fr.

Avec une grande connaissance du cœur humain, avec un sentiment parfait des convenances, auteur a su rajeunir d'anciennes vérités, et suivant le conseil : *Non nova, sed nove*, il a su les approprier aux besoins de son temps. C'est un fait rare et qui, à lui seul, recommande le livre. commence par éclairer l'intelligence, afin de trouver plus facilement le chemin du cœur. (*Revue du monde catholique*)

Sujets de Circonstances

Panégyriques des Saints et Instructions sur un certain nombre de fêtes, recueillis, composés ou corrigés

Par l'abbé **SABATIER**

e édition. 1 volume grand in-8, *approuvé par Mgr l'Evêque de Beauvais*. . . . 5 fr.
100 instructions, allocutions, sermons ou discours

INSTRUCTIONS SIMPLES ET PRATIQUES

SUR LES VERTUS THÉOLOGALES, LA VERTU DE RELIGION ET LES VERTUS CARDINALES

Par l'abbé **CLAIRIN**

Ouvrage publié avec les encouragements de Mgr l'Archevêque de Paris.

e édition. 1 volume grand in-8, 114 instructions. . . . . 5 fr.

IMITATION DES SAINTS

Recueil d'instructions courtes, simples et faciles pour les fêtes des Saints les plus populaires

Par l'abbé **SABATIER**

uvrage approuvé par l'Archevêque d'Aix et par les Evêques de Beauvais et de Carcassonne

3e édition. 1 volume grand in-8, 95 instructions. . . . . 6 fr.

5e édition, revue et continuée jusqu'à nos jours, d'après la 9e et dernière édition allemande.

HISTOIRE UNIVERSELLE DE L'ÉGLISE

Par le docteur **ALZOG**, professeur de l'Université de Fribourg, secrétaire du Concile du Vatican

Traduite par l'abbé Goschler

Ouvrage approuvé par Mgr l'Archevêque de Fribourg et par Mgr l'Évêque de Beauvais

4 volumes in-12, avec 2 cartes. . . . . 16 fr.

COMPTE RENDU DES ÉTUDES RELIGIEUSES DES PÈRES JÉSUITES

Il serait superflu de vouloir faire l'éloge ou la critique d'un ouvrage aussi connu que l'*Histoire universelle de l'Église*, par le docteur Alzog. Quatre éditions françaises ajoutées aux sept ont paru en Allemagne dans un espace de temps assez court, montrent bien que le clergé, deçà comme au delà du Rhin, a su rendre justice aux éminentes qualités de l'historien. On peut, du reste, que se féliciter d'un tel succès; car il prouve que les études historiques ont chez nous un sérieux développement, puisque les auteurs les plus recherchés sont précisément ceux qui se font remarquer par la sagesse ordinaire de leur critique, par une érudition saine, abondante, par leur attachement sincère aux doctrines de l'Église romaine. Que telles soient les qualités distinctives de l'œuvre du docteur Alzog, on n'en peut douter.

Ajoutons que, par la manière toute philosophique dont le docteur Alzog a conçu son plan, par l'abondance des documents qu'il cite ou auxquels il renvoie le lecteur, aucun autre historien ne nous paraît aussi capable de servir de guide au clergé dans l'étude de l'histoire ecclésiastique. L'éditeur a donc fait une œuvre utile en publiant une nouvelle édition de cet ouvrage. Des additions considérables ajoutent au mérite de cette édition. L'Abbé A. D.

LE CATHOLICISME AVANT JÉSUS-CHRIST

Études sur les croyances des peuples qui ont précédé l'ère chrétienne

Par M. **JALLABERT**, docteur ès lettres et en théologie. 2 vol. in-8. . . . . . 4 fr. 50

COURS DE THÉOLOGIE

OU EXPLICATION DE LA DOCTRINE CATHOLIQUE EN FORME DE CATÉCHISME

Par M. **D'ARLAN DE LA MOTHE**, curé-archiprêtre

Ouvrage approuvé par S. Ém. le Cardinal DONNET, et par NN. SS. les Évêques de Luçon, de Mende et d'Auch.

5 gros volumes in-8, 700 pages chacun. . . . . 30 fr.

AVIS IMPORTANT. — *Pour faciliter l'examen de cet ouvrage et en faire apprécier la valeur, les* DEUX PREMIERS VOLUMES *comprenant le* Symbole *et les* Commandements *seront envoyés* FRANCO GARE *contre 5 francs, avec la faculté de prendre ou non les trois derniers volumes dans un délai de trois mois.*

PHILOSOPHIA

JUXTA INCONCUSSA TUTISSIMAQUE DIVI THOMÆ DOGMATA

AUCTORE P. F. GOUDIN, Ordinis Prædicatorum, sacræ Theologiæ doctore.

Novissime recensuit et edidit ROUX-LAVERGNE, philosophiæ professor.

Quatrième édition. 4 volumes in-12. . . . . 8 fr.

L'éloge de Goudin n'est plus à faire. Parmi les interprètes de la philosophie de saint Thomas, il n'y en a guère de plus sûr, de plus méthodique, de plus lumineux, je dirai même de plus agréable à lire. L'édition qui nous est offerte aujourd'hui à si bon marché, vient donc bien à propos; elle est correcte et d'une exécution satisfaisante. (*Polybiblion.*)

RÉPERTOIRE UNIVERSEL ET ANALYTIQUE DE L'ÉCRITURE SAINTE

CONTENANT TOUT LE TEXTE SACRÉ, SELON L'ORDRE ALPHABÉTIQUE DES SUJETS;
LA CONCORDANCE DE L'ANCIEN ET DU NOUVEAU TESTAMENT ET DE LEURS DIVERS AUTEURS ENTRE EUX;
L'EXPOSÉ DE TOUS LES SUJETS DE DOGME ET DE MORALE,
INDIQUANT A CHACUN TOUS LES PASSAGES DE L'ÉCRITURE QUI Y ONT QUELQUE RAPPORT

Par l'abbé **MATALÈNE**

Deuxième édition, 2 vol. in-4, brochés, 6 fr.; cart., dos toile solide. . . . . . . 8 fr.

Extrait du compte rendu de la *Revue du Monde catholique :*

Une étude indispensable au prêtre est l'étude de l'Ecriture sainte; mais il ne lui suffit pas d'étudier l'Ecriture sainte pour lui-même, il doit en faire profiter le troupeau qui lui est confié. Il a mission de lui exposer cette parole de vie, de la lui expliquer et de lui en faire l'application. Ce n'est pas là chose facile, à moins d'avoir consacré de longues heures à cette étude et de savoir, pour ainsi dire de mémoire, le texte entier des livres sacrés. S'il n'en est pas ainsi, que de temps dépensé pour chercher les passages que l'on désire; et un passage trouvé ne donne pas les autres textes ayant trait au même sujet. C'est pour remédier à cet inconvénient que l'abbé Matalène a composé son *Répertoire.*

CHEMIN DE CROIX DES ORATOIRES ET DES FAMILLES

Par **OWERBEECK**, peintre de Dusseldorf

Quatorze stations sur une planche in-folio. . . . . 1 fr.

La douzaine, 10 fr. — Le cent, net. . . . . 60 fr.

L'ENSEIGNEMENT PAROISSIAL

COURS DE PRONES POUR CINQ ANNÉES

EXPOSÉ COMPLET DE LA DOCTRINE CHRÉTIENNE, CONTENANT 250 SERMONS

Par **M. l'abbé TAMISEY**

AVEC APPROBATION DE MGR L'ÉVÊQUE DE DIJON

Cinq volumes in-8, formant ensemble plus de 3.000 pages. . . . **20 fr.**

Rien d'exagéré dans ce titre; tout la doctrine chrétienne est là sous forme de prônes. Trois grandes divisions dans l'ouvrage : *Vérités, Devoirs, Secours de la religion.* Tout cela est très abondant et très soigné. Toutes les questions dogmatiques morales et mystiques relatives au sujet y sont développées avec un rare bonheur. Ce sera pour les prédicateurs une source extrêmement riche, une vraie mine d'or pour les prêtres qui doivent souvent porter la parole en public. Nous avons lu beaucoup d'ouvrages du même genre; mais jusqu'ici nous n'en connaissons pas de meilleur. (*Bibliographie catholique.*)

Conférences sur la religion

OU COURS D'INSTRUCTIONS EN FORME DE PRONES SUR LA RELIGION CHRÉTIENNE

Par **M. l'abbé CLÉMENT**, 2 volumes in-12. . . . . . **4 fr.**

AVEC APPROBATION DE MGR L'ÉVÊQUE DE VERDUN

Extrait de la table des matières : Etude de la religion. — Sa nécessité. — La religion est un besoin pour l'homme. — Divinité de la religion prouvée par son triomphe sur les persécutions. — Fruits de la morale évangélique. — La pauvreté mise en bonneur par le christianisme. — Influence sur la condition morale de la société. — Influence de la religion sur le bonheur present. — Influence de la religion sur la société. — Indifférence en matière de religion. — Folie de l'indifférence. — Causes de l'indifférence. — Haine de la religion. — Malheurs causés par l'abandon de notre sainte religion. — La religion, remède aux maux de notre époque.

TRÉSORS DE LA PRÉDICATION

OU LA DOCTRINE DU CATÉCHISME DU CONCILE DE TRENTE

Expliquée et commentée par des textes de l'Ecriture sainte et les plus beaux morceaux des Pères et des Docteurs de l'Eglise.

Ouvrage approuvé par NN. SS. les Évêques de Gap, de Saint-Claude et du Mans.

A l'usage des curés et des prédicateurs, par **M. l'abbé PIOGER**, du clergé de Paris.

4 vol. in-4 compacts, de 600 à 700 pages. . . . . **24 fr.**

Tome I : le Symbole. — Tome II : les Sacrements. — Tome III : les Commandements. — Tome IV : la Morale

Le clergé paroissial, à qui le temps fait si souvent défaut, et qui cependant est obligé de parler sans cesse pour instruire ceux dont les âmes lui sont confiées, consultera utilement les *Trésors de la prédication* qui sont en quelque sorte préparés exprès pour lui et qui, comme on le voit, donnent avec les textes de l'Ecriture sainte appropriés au sujet traité, des passages choisis des Pères.

On y trouvera aussi un grand nombre de textes de l'Ancien et du Nouveau Testament, avec les indications précises se rapportant au sujet cherché. Le travail de M. l'abbé Pioger a été approuvé par Nosseigneurs les évêques de Gap, de Saint-Claude et du Mans. (*Le Monde.*)

DU MÊME AUTEUR

Évangile médité et expliqué pour tous les dimanches de l'année

DISPOSÉ EN FORME DE PRONES PAR LES PÈRES DE L'EGLISE. 2 vol. in-12. **4 fr**

Ouvrage approuvé par Son Eminence le Cardinal Archevêque de Paris.

Histoire des variations des églises protestantes, par BOSSUET, 2 in-12. **6 fr.** »

La Trinité chrétienne, considérée comme la clef de la philosophie, par M. BERSEAUX. 1 vol. in-12. . . . . **1 fr.** »

Réconciliation de la Raison avec la Foi, par M. l'abbé MAUPIED. In-8 . . **0 fr. 60**

La Religion enseignée par Bossuet, saint François de Sales et les grands auteurs chrétiens, par M. GRANDSART. In-12. **1 fr. 50**

La Vérité de l'Eglise catholique démontrée, par M. l'abbé CATTET, ancien professeur de théologie. 2 vol. in-8. **6 fr.** »

Piété envers l'Eglise, par le R. P. PHILPIN, prêtre de l'Oratoire, traducteur des Conférences du P. Faber. In-12. . . **2 fr.** »

L'Antéchrist, par M. l'abbé ROUGEYRON, 2e édition, corrigée et augmentée. 1 vol. in-12. . . . . **3 fr.** »

Les derniers temps, par M. l'abbé ROUGEYRON, gros vol. in-12 . . . . . **3 fr. 50**

Récits sur les principaux personnages et les **grands faits** de l'**Histoire sainte**, par Louis DESORMES. 1 volume in-18, 108 pages . . . . **0 fr. 25**

Récits sur les principaux personnages et les grands faits de l'**Histoire de France**, par Louis DESORMES. 3e édit., augmentée d'un résumé chronologique. In-18. . **0 fr. 25**

Une bonne première Communion en exemples, beaux traits choisis, propres à donner en lecture aux enfants qui se préparent à la première communion. In-18. . **0 fr. 15**

Préparation à la Confirmation, par le chanoine CONGNET. In-18. . . . . **0 fr. 15**

Cantiques de la première Communion In-18 . . . . **0 fr. 15**

Pour les Brochures de Propagande et pour les Comédies, Drames, Monologues, Dialogues et Mystères, envoi franco des Catalogues.

OUVRAGES DE L'ABBÉ FOURRIÈRE

Approuvés ou recommandés par nombre de cardinaux, archevêques et évêques.

Ces petits livres, d'un prix minime, rendront les plus grands services aux enfants et aussi ceux qui les formeront à la connaissance et à l'amour de Dieu. **(Bulletin de la Société d'Éducation**

LA RELIGION COMPRISE ET AIMÉE PAR LES PETITS ENFANTS

Cinquième édition. 1 volume in-18, cartonné . . . . . . **0 fr. 25.**

HISTOIRE SAINTE ABRÉGÉE POUR LES ÉCOLES

Sixième édition. 1 vol. in-12, cart. avec 37 figures . . . **0 fr. 60.**

HISTOIRE SAINTE ENSEIGNÉE AUX PETITS ENFANTS

Huitième édition, in-18, gravures. . . . . **0 fr. 15.**

ÉVANGILES POUR TOUS LES DIMANCHES

ET LES PRINCIPALES FÊTES DE L'ANNÉE

Suivis de la sainte Messe et des Vêpres

Édition avec explications par demandes et par réponses

28e édition. In-18 cartonné . . . . **0 fr. 5**

PREMIÈRES NOTIONS D'HISTOIRE ECCLÉSIASTIQUE

A L'USAGE DES ÉCOLES ET DES CATÉCHISMES

Troisième édition. 1 volume in-18, cartonné. . . . . . . **0 fr. 25.**

Méthode pour former les petits enfants à la connaissance et à l'amour de Dieu. — In-18, 10e édition . . . . . . **15 c.**

Petit examen de conscience et instruction sur la confession, à l'usage des plus jeunes enfants. In-18 . . . . **10 c.**

SEPTIÈME ÉDITION, approuvée par Mgr l'Évêque de Montpellier et Mgr Mermillod

Le Petit Catéchisme en Images

A L'USAGE DE TOUS LES DIOCÈSES

OU MÉTHODE POUR FAIRE APPRENDRE AISÉMENT ET EN PEU DE TEMPS LE CATÉCHISME AUX ENFANTS, AUX ILLETTRÉS, AUX SOURDS-MUETS, ETC.

Par J.-L., aumônier

1 vol. in-8, 48 gravures et leur explication, Broché : 1 fr. — Cartonné. . . . . 1 fr. 25

En dehors des ressources que nous offre l'intuition, l'instruction religieuse est fatalement retardée, lente, pénible et incomplète : ce catéchisme en images peut donc rendre d'excellents services et alléger de beaucoup la tâche des catéchistes. *(Bulletin pédagogique de Fribourg.)*

Manuels du chanoine CONGNET

12e édition augmentée de PRIÈRES et de CANTIQUES

Grand Manuel ou Manuel pratique pour la Première Communion et la Confirmation. — In-18 de 400 pages, cart. **1 fr. 50**
Relié toile, tranche jaspée. . . **2 fr. »**

Ouvrage approuvé et recommandé par plusieurs cardinaux et évêques.

11e édition

Petit Manuel pour la première Communion. — In 18 de 150 pages, cart. **60 c.**

On peut se servir dans une même réunion d'enfants, et du *Grand Manuel* et du *Petit Manuel*. Ils sont, l'un à l'égard de l'autre, ce qu'est le grand catéchisme par rapport au petit catéchisme.

Manuels de Mgr MARTIN

ANCIEN VICAIRE GÉNÉRAL DE TROYES ET D'AVIGNON, PROTONOTAIRE APOSTOLIQUE

Grand Manuel des enfants pieux, pour se préparer à la première Communion et moyens de persévérance. 9e édition. 1 volume in-18, broché . . . . **1 fr. 25**
Relié, tranche jaspée . . . . . **2 fr. »**

Petit Manuel des enfants pieux. *Abrégé du précédent.* 1 vol. in-18, br. ou cart. **50 c.**

Manuel du pieux confirmant, ou la *Retraite du Cénacle*, à l'usage de ceux qui se préparent à la Confirmation. In-18. . **30 c.**

Messe et Vêpres pour les enfants et **Cérémonial** pour les enfants de chœur, par M. CONGNET. In-18, molesquine. . **25 c.**

Manuel de piété des œuvres de la jeunesse, contenant Messe, Vêpres, cantiques, Offices et Prières. In-18, cart. **40 c.**

Guide du chœur, ou Petit Cérémonial selon le rit romain, à l'usage des laïques employés au service divin dans les églises paroissiales, par M. l'abbé DUTILLIET. In-18 . . . . **80 c.**

Envoi franco des divers catalogues.

Toute demande accompagnée de son montant en mandat ou timbres-poste français est expédiée de suite et franco. (*Les timbres peuvent s'égarer, les mandats, en cas de perte, sont remboursés par la Poste.*)

Pour recommandation par poste, ajouter **10** centimes au montant de la commande, ou **25** centimes si l'envoi doit être fait *à l'étranger*.

Nouvelle édition du plus substantiel de tous les Mois de Marie

INTÉRIEUR DE MARIE OU MARIE MODÈLE DE LA VIE INTÉRIEU[RE]

Par le **R. P. GROU**, de la Compagnie de Jésus. — 1 vol. in-18. . . **1 fr. 25**

Les personnes pieuses, qui font leurs délices de la méditation des écrits si onctue[ux] du P. Grou, nous ont souvent demandé une édition séparée de l'*Intérieur de Mar[ie]*; nous avons voulu leur donner, dans un format commode et portatif, un Mois de Ma[rie] d'une doctrine saine et solide, propre à devenir la lecture favorite des âmes qui veul[ent] imiter la sainte Vierge dans ses dispositions intérieures.

L'Univers. — Toutes les âmes pieuses trouveront dans l'*Intérieur de Marie* u[n] guide sûr pour toutes les circonstances de la vie; elles ne pourront que gagner so[us] la direction d'un maître si habile dans la science de la conduite des âmes

NOUVEAU MOIS DE MAI

HOMMAGE A MARIE, par l'abbé OUDOUL. In-18. . 0 fr. 50.

Approbation de Mgr l'Archevêque de Bourges : Nous recommandons aux fidèles de notre diocèse la lecture d'un ouvrage qui a pour titre : *Hommage à Marie.* Le pieux auteur y épanche les sentiments dont son cœur est pénétré envers la sainte Famille. Nous avons la juste confiance qu'il atteindra le but qu'il s'est proposé, de propager cette dévotion et de multiplier dans l'Église les fruits de grâce et de salut qu'elle a produits.

MOIS DE MARIE A L'USAGE DES PRÉDICATEURS

Par **M. l'abbé CONSTANT, d'Ollioules**, *missionnaire apostolique.*

1 joli volume in-16, caractères elzéviriens, 550 pages. . . . . . . **2 fr. 50.**

Extrait de la *Préface :* Dans ce travail, nous remontons à Marie dans la pensée de Dieu, et quand elle apparaît à la terre, nous ne la quittons plus, suivant tous ses pas, méditant ses paroles, étudiant ses œuvres et son cœur, et, à mesure qu'une scène passe devant nous, triste ou joyeuse, brillante ou cachée, nous contemplons tout d'abord l'image bénie, nous en faisons ressortir tous les traits et, après cette contemplation toujours imparfaite, puisque la figure n'est plus sous nos yeux, nous parlons immédiatement aux âmes le langage de la vertu.

Mon Chapelet, par Hubert Lebon, ouvrage précédé du règlement de la confrérie du Saint-Rosaire, érigée dans l'église des Pères Dominicains de Paris, avec les indulgences qui y sont attachées. 1 vol. Grand in-32. . . . . **0 fr. 50**

Le Livre du cœur, recueil complet de *litanies* et de *prières* pour toutes les nécessités de la vie; avec une médita[tion] pour chaque jour de la semaine, etc. In-18. . . . . **1 fr.**

La Véritable Réparation par les saintes larmes de Jésus et de Marie

8e édit. — Par **M. DE B...**, *vicaire général.* In-18. **1 fr. 25.**

Cet ouvrage est animé de l'amour de Notre-Seigneur et du désir de ramener les âmes a[u] bien par la pénitence. La réparation personnelle a un effet d'ordre général, et il est évident q[ue] si chaque chrétien se rendait un compte exact de la nécessité de la réparation par la pénitenc[e] et la mettait en pratique, la société ne tarderait pas à se relever : c'est pourquoi nous n'hésiton[s] pas à recommander la diffusion de ce livre. *Le Monde.*

NOUVEAU MANUEL DE L'ARCHICONFRÉRIE RÉPARATRICE

OU LES SAINTS EXERCICES DE LA RÉPARATION

Par **M. l'abbé MARCHE**, *directeur de l'Archiconfrérie.* 1 vol. in-18, 3e édit. **1 fr. 5[0]**

« *La réparation est une œuvre divine destinée à sauver la société.* » (Paroles de Pie IX à M. Marche[)]

Ces volumes seront très utiles et presque indispensables à tous ceux qui désirent faire u[ne] véritable réparation. Ils contiennent un recueil des prières les plus pieuses et tout ce qui peu[t] intéresser le fidèle désireux de connaître l'Archiconfrérie réparatrice. *Annales catholiques.*

DÉLICES DE LA SAINTE TABLE

Ou préparation et actions de grâces pour la Confession et la Communio[n]

Par **l'abbé BOURGEAU.** — Un volume grand in-18. **2 fr.**

Cet ouvrage est mis à la portée des plus simples intelligences. On ne le lira pas sans fruit, nous y avons remarqué un égal éloignement d'une indulgence excessive et d'un rigoris[me] outré. Une première partie est relative à la confession : On y traite de l'examen de conscien[ce], des qualités de la confession, de la manière de se confesser, des avantages précieux de la bon[ne] confession et de l'utilité de la confession fréquente. — Une seconde partie a pour objet le sacr[e]ment d'Eucharistie : Après quelques mots sur l'institution de ce sacrement et la présence ré[elle] de Jésus-Christ, l'auteur expose les dispositions qu'il faut apporter à la sainte communion, [les] prières et les actes qui doivent l'accompagner et les précieux effets de la communion fréquen[te]. Nous le répétons, ce livre ne manquera pas d'être utile : les fidèles y trouveront des règ[les] sûres de conduite pour la réception des sacrements. *Bibliographie catholique.*

E MARIE AU FIDÈLE ET DU FIDÈLE A MARIE

ar le **R. P. PHILPIN, de l'Oratoire de Londres.**

Traducteur des Conférences spirituelles du P. Faber.

ie in-12 . . . . **2 fr. 50**

les rapports que la maternité divine établit entre Dieu et Marie, c'est-à-nystérieuse qui en résulte entre les trois personnes de la sainte Trinité ıre privilégiée: montrer ensuite les rapports analogues qui en découlent en général et pour chaque fidèle en particulier, c'est-à-dire présenter étant le trait d'union mystique qui joint toute la création avec le Créa-étant le point intermédiaire et de jonction où s'opère notre union avec le but que s'est proposé l'auteur de cet ouvrage dont le titre est loin ute la portée. Il a fallu un grand courage pour concevoir même l'idée de ırtout pour en venir à l'exécution; l'entreprise a été menée à bonne fin et ouvée au-dessous de la science et du talent de l'auteur. Assurément, il y re dont le succès n'est point douteux et dont le mérite est incontestable.

Bibliographie catholique.

s de Marie en esprit de répa- : de saints exercices, en union Immaculée. In-18 . . 0 fr. 50

onfréries. pratiques de piété ercices. In-18. . . . 0 fr. 60

de l'Archiconfrérie du très maculé Cœur de Marie, avec . les vêpres du Sacré-Cœur ır M. l'abbé GRANET . 0 fr. 50

osaire. In-18 . . . . 0 fr. 10

rie, un frère de plus. 0 fr. 25

· l'Immaculée-Conception de M. l'abbé PIN. In-18. 0 fr. 50

otion à Marie, l'immaculée ie, mère de Dieu *Nouveau rie*. Ouvrage dont le fond est uellement des écrits du Véné-, grand archidiacre d'Evreux, mis en ordre et annoté par 1 gros. vol. in-12, rel. 2 fr. 50

très sainte Vierge, avec une ı son honneur, par M. l'abbé ır. in-32. . . . . . 0 fr. 50

La semaine de Marie, méditations pour les fêtes de la sainte Vierge, par le P. MARIN DE BOISLEVVE. In-32. . 0 fr. 25

Trésor des Enfants de Marie, ou Calendrier de la Reine des saints, par l'abbé DEBENEY. In-18 . . . . 1 fr. »

Petit parterre des Enfants de Marie, contenant : 1° Une neuvaine précieuse à Notre-Dame Auxiliatrice; 2° Les grandes prières à Marie avec de nombreux traits édifiants; la manière de sanctifier l'année et, spécialement, le mois de Marie, par l'abbé Léon BAYLET DE FABRIZIA, docteur en théologie. In-18, br. . . 0 fr. 50

Mois de Marie, par Mlle Madeleine. 1 vol. in-12. . . . . 1 fr. »

Nouveau Mois de Marie de l'enfance et de la jeunesse ou Dialogue sur la vie de la sainte Vierge, par M. l'abbé RICARD. In-18 . . . . 0 fr. 50

Ave Maria, Nouveau Mois de Marie, par M. l'abbé ARNAUD. In-18. . . . . 0 fr. 25

Marie révélée au cœur d'une mère, choix de lectures pour le mois de Marie, par M. l'abbé HERVIEU . . . . 0 fr. 50

OIS NEUVAINES AUX PIEDS DE MARIE

AVEC UN CANTIQUE NOUVEAU POUR CHAQUE JOUR

ées des Prières du matin et du soir, de la messe, des vêpres et offices de l'année.

ır un DIRECTEUR DE GRAND SÉMINAIRE. — In-18, 500 pages. **1 fr.** »

yriques de la sainte Vierge et des Saints

PAR LES PÈRES DE L'ÉGLISE

ıbliés par M. l'abbé POUSSIN, professeur au Séminaire de Paris.

Deuxième édition. — 1 vol. in-12 . . . . . . **3 fr.** »

anégyriques, comme dans les autres genres d'éloquence sacrée, les Pères ıbles modèles : ils sont à la lettre les auteurs classiques de la prédication vec un discours, puisé aux sources mêmes de la tradition, un prédicateur us les matériaux désirables et pris en lieu sûr, pour composer un sermon circonstance sur la fête d'un saint. Ce volume renferme trente-neuf panéınt pour objet l'éloge de la sainte Vierge et des saints dont les fêtes sont ılaires et les plus répandues dans nos divers diocèses. On ne lira pas en ıns un profond et pieux attendrissement le récit des martyres de saint ıt Barthélemy, de saint Ignace, de sainte Agnès et de saint Georges. de M. l'abbé POUSSIN se recommande donc par lui-même au clergé, dont il faciliter la mission évangélique, et il offre aux simples fidèles une lecture e qu'utile.

LES LITANIES DE NOTRE-DAME DE LORETTE

expliquées par le P. ARTHUR MARTIN, S. J.
Augmentées des Prières de la Messe et des Offices de la Sainte Vierge.
In-18 de 500 pages. . . . . 1 fr.

Notre-Dame de Lourdes, histoire des apparitions, miracles, etc. In-18 . 0 fr. 10

N.-D. de Roc-Amadour. Poésies historiques, par M. l'abbé LAYRAL. In-8°. . . 1 fr. »

Apparition de la sainte Vierge à [illegible] enfant, près de Spolète. In-32 . . 0 fr. [illegible]

Dévotion à Notre-Dame du Sacré Cœur par M. l'abbé DEIDIER. In-12 . . 1 fr.

NOTRE-DAME DU CALVAIRE

Ou notice sur Notre-Dame des Sept-Douleurs et les indulgences attachées à son culte, suivi de quelques pratiques de piété en son honneur
Par le R. P. POSSOZ, de la Compagnie de Jésus.
3e édition augmentée d'une neuvaine à N.-D. des Sept-Douleurs. — 1 vol. gr. in-32 : 1 fr.

Le but de ce livre a été de rendre plus populaire la dévotion aux souffrances de la Sainte Vierge. Dans la présente édition, l'auteur a ajouté de pieuses considérations tirées de saint Bonaventure, du Père Louis de Grenade, du Père Arias et du Père Louis Dupont, toutes sur le même sujet. On n'a rien fait de mieux que ces auteurs, si remarquables par leur simplicité et leur onction.

Les Chemins de Croix de la Compassion, ou la Voie douloureuse avec Marie, l'Eglise et les âmes souffrantes sur la terre et dans le Purgatoire, suivis de la Sainte Messe au pied de la Croix, par le P. PHILPIN, de l'Oratoire. In-32 . 0 fr. 50

Le Guide sur le chemin du Calvaire ou Recueil de 14 formules usitées à Rome pour faire le chemin de la Croix. Ouvrage approuvé par un décret de la Sacrée Congrégation des Indulgences. 3e édit. 1 vol. in-32 . . . . 0 fr. 5[illegible]

LES ENSEIGNEMENTS DE LA REINE DU CIEL

ou le Mois de Marie consacré à l'étude et à la méditation
DE SA MISÉRICORDIEUSE APPARITION SUR LA MONTAGNE DE LA SALETTE
Par M. l'abbé HILLAIRE
Ouvrage dédié à Mgr l'Évêque d'Angers. — 1 vol. in-12. . . 1 fr.

Ce livre est appelé, ce me semble, à faire un bien sérieux et solide parmi les populations rurales auxquelles il s'adresse, et aussi aux habitants des villes, qui ne le liront pas sans bénéfice. Ce n'est pas, en effet, un *Mois de Marie* comme il y en a tant d'autres, qui ne visent qu'à surexciter une piété d'imagination; il touche au cœur même du Christianisme; il en parcourt les uns après les autres la plupart des devoirs les plus essentiels, qui, dans son plan, viennent se rattacher sans effort à l'événement de la Salette. Les *Enseignements de la Reine du Ciel* sont un bon livre, auquel on doit souhaiter succès et large diffusion. (Extrait du *Rapport à Mgr l'Évêque d'Angers*.)

Ouvrage approuvé par Mgr l'évêque de Grenoble

Le mystère de la Salette, médité par M. l'abbé Ed. BARTHE. In-18. . . 0 fr. 50

Esprit de l'opposition au Miracle de la Salette, par A. NICOLAS. In-12 . 0 fr. 75

La pratique de la dévotion à N.-D. de Salette, par le R. P. GIRAUD. In-18. 2 fr.

Notre-Dame de la Salette. Apparition. — Neuvaine. — Archiconfrérie. 0 fr. [illegible]

Neuvaine à N.-D de la Salette, par l'auteur des *Trois mois de Jésus*. In-18 . 0 fr. 25

ŒUVRES DE SAINT LOUIS DE GONZAGUE

Recueillies par l'abbé E. RICARD
2e édition suivie des Six dimanches à saint Louis de Gonzague. — In-18, 325 p. : 0 fr. 50

Exercices de dévotion à saint Louis de Gonzague. In-18, cart. . . . . 0 fr. 50

Les Six Dimanches et la fête de saint Louis de Gonzague. In-32 . . . 0 fr. 50

HISTOIRE DE LA BIENHEUREUSE MARGUERITE-MARIE

RELIGIEUSE DE LA VISITATION
Par Mme Marie DE BRAY. — 1 volume in-12. . . . . . 1 fr. 50

.VOTION AU SACRÉ-CŒUR DE JÉSUS

Révélée à la bienheureuse Marguerite-Marie

OU CONNAISSANCE, AMOUR, IMITATION DE CE CŒUR ADORABLE

Exercices pour le mois qui lui est consacré,

d'un recueil de pratiques et de prières, avec indulgences approuvées à Rome

Par M. J. DARCHE. — 1 vol. in-18. . . . . **1 fr.**

NOUVEAU MOIS DU SACRÉ-CŒUR

Par M. l'abbé ARNAUD. — In-18. . . . . 0 fr. 25.

ıl de la dévotion au Sacré-Cœur de Jé- en esprit de réparation. In-18. **0 fr. 50**
ıolume renferme un mois du Sacré- *très complet.*

rfait adorateur du Sacré-Cœur de s, par Nicolet. In-12 . . . **1 fr.** »

' **de la vie spirituelle**, renfermé . les vertus et les mystères du Sacré-r. In-18. . . . . **0 fr. 40**

ıis du Précieux Sang médité, par 'abbé Carney, supérieur de grand naire. 2e éd. In-18. . . . . . **0 fr. 75**

on au Précieux Sang, renfermant ıouveau mois du Précieux Sang en ıt de réparation. In-18. . . **0 fr. 50**

nheureuse Marguerite-Marie, reli-se de la Visitation. In-18. . **0 fr. 10**

rbe ou l'Incarnation, l'Evangile, :haristie, par l'abbé Boissard. In-12, hé . . . . **2 fr. 50**

OPUSCULES DE L'ABBÉ DEIDIER

Mois du Sacré-Cœur de Jésus, à l'usage du clergé. In-32. . . . . **0 fr. 60**

Le saint Cœur de Jésus, pensées tirées de saint François de Sales. In-32. . **0 fr. 25**

Les Trente amours sacrés ou Sentiments sur l'amour de Dieu, par le R. P. Avrillon. 1 vol. gr. in-32. . . . . . **0 fr. 25**

Jardin théologique et liturgique du Saint-Esprit, contenant : 1° *Le Mois du Saint-Esprit;* 2° Lectures pieuses sur le Saint-Esprit; 3° Pratiques et prières liturgiques pour nourrir la dévotion au Saint-Esprit; 4° Le règne extraordinaire du Saint-Esprit, par l'abbé Léon Baylet, docteur en théologie. In-12 de 500 pages. . **4 fr.** »

Le **même ouvrage**, ne contenant que le *Mois du Saint-Esprit* et les lectures pieuses sur le Saint-Esprit. In-12 de 300 p. **2 fr. 25**

CINQUIÈME ÉDITION

UVEAU MOIS DU SACRÉ-CŒUR DE JÉSUS

.R L'AUTEUR DE L'**Eucharistie méditée.** — 1 volume in-32. . . . **0 fr. 80**

très simple, mais dans cette simplicité, il y a une sage économie.
ıomme pratique, pour rendre son *Mois du Sacré-Cœur* plus pieux, l'auteur a à ses méditations de nombreuses prières, en sorte que, dans un cadre peu étendu, e nous offre le *Missel* et le *Bréviaire du Sacré-Cœur*.
ı ne ferons point d'autres éloges de cet ouvrage parvenu à sa cinquième édition. 'especterons ainsi la pureté de son zèle et la perfection de sa modestie, très que sa meilleure recommandation devant les hommes, c'est le bien qu'il produit Dieu.

Bibliographie catholique.

de devenir meilleur, ou Cours de ıtations sur les principales vérités et ıs du christianisme et de la vie reli-se, par un serviteur de Marie. *Ouvrage 'ouvé par Mgr l'évêque de Strasbourg.* . in-12. . . . . **2 fr.** »

le plus beau des enfants des hom- *Récits évangéliques*, par le chanoine .DRON. 4e édit. 1 vol. in-12. **1 fr.** »

de la vraie piété au milieu du de, par le P. Huguet. In-18. **1 fr. 50**

ı de l'oraison, ou instructions pra-'s sur la prière, par le R. P. Huguet, ı . . . . **1 fr. 50**

ısolateur ou *Pieuses Lectures*, par P. Lambillotte. In-18. Relié. **2 fr.** »

Que Dieu est bon ou Pensées consolantes de Fénelon dans les afflictions de la vie, dans la crainte excessive de la mort et des jugements de Dieu, et dans les deuils de famille, avec une introduction par le R. P. Huguet, mariste. 9e éd. **1 fr. 50**

La Piété et le Monde, conciliation entre les pratiques de la piété chrétienne et les obligations de la vie sociale, par l'abbé G. Rouquette. In-12 . . . **1 fr. 50**

Luxe (du), au point de vue de la religion. de la famille et des pauvres, par le R. P. Huguet. In-12 . . . . **1 fr.** »

La Perfection chrétienne dans le monde, ou le Véritable progrès dans la vertu, par M. l'abbé Bourgeau. In-12. **1 fr. 50**

LE PLAIN-CHANT RENDU FACILE

Par le **Frère ACHILLE**, de la Miséricorde

Une *lettre initiale* artistement frappée sur *chaque note* fournit le moyen de lire le chant à première vue

Ouvrages notés suivant ce système facile :

MÉTHODES ET SOLFÈGES

Tableau solfège de plain-chant, gros caractères, feuille d'un mètre carré. Papier fort : **2 fr.** ; papier faible : **1 fr. 50**

Petit solfège des écoles, pour former la voix des enfants, ***12e édition convenant*** **à tous les diocèses. In-12, cartonné. 60 c.**

PAROISSIENS

Paroissien romain noté, conforme au *chant de Rennes*, *Lyon*, etc.. In-18 rel., tr. rouge, net. **2 fr.**; tr. dor., net . **2 fr. 25**

Paroissien romain noté, conforme au ***chant de Reims et de Cambrai.*** **In-18 rel. net, 2 fr.; tranche dor., net . . 2 fr. 25**

CANTIQUES

Cantique paroissial. In-18, *noté en plain-chant*, br., **2 fr.**; relié . **2 fr. 50**
— Les *paroles seules*. In-18 cart. **0 fr. 75**
Manuel abrégé du cantique paroissial. 125 cantiques) *paroles*) : **30** c. — Cart. **35** c.
L'Orphéon paroissial, 32 cantiques. **1** fr.
Échos du Tabernacle, 20 cantiques à 2 voix, par M. l'abbé Paulet . . . **75** c.
Recueil de 33 cantiques populaires pour les missions, *airs notés* . . **25** c.
— *Paroles seules*. . . . . **15** c.
Choix de 30 beaux cantiques . . **60** c.
Délices de la Sainte Table . . . **20** c.
L'amour divin ou les Délices de la Sainte Eucharistie. In-8 . . . . **75** c.
Le Concert des Anges à Bethléem, 20 nouveaux Noëls . . . . **1** fr.
Mélodieux échos de Bethléem, 15 nouveaux Noëls, par l'abbé Moreau, *plain-chant* ou *musique* . . . . **1** fr.
Douze nouveaux Noëls . . . . **75** c.
Bouquet céleste, 10 cantiques à Marie-Immaculée, par l'abbé Moreau . . **60** c.
Échos du Sacré-Cœur. . . . . **60** c.
Rosaire chanté et médité . . . . **30** c.
Lyre du saint Rosaire . . . . . **25** c.
Fleurs du Carmel, 52 chants à Marie **75** c.
Le Nouveau Cantique des Enfants de Marie, 50 cantiques . . . . . **60 c.**
Chants du soir à la Ste Vierge . . **75 c.**
L'Abeille harmonieuse, 33 cantiques à Marie . . . . **60** c.
Pieux échos des chapelles . . . . **60** c.
Vingt nouveaux chants à Marie . **60** c.
Mois de saint Joseph, 31 cantiques, par l'abbé Rosière. *Paroles seules*. . . **25** c.
— *Plain-chant* . . . . **75** c.
Bouquet de fleurs à saint Joseph, 32 cantiques . . . . **60** c.
Échos de Nazareth, 30 cantiques à saint Joseph. *Plain-chant* ou *musique* . **25** c.
Échos des fêtes chrétiennes, 30 cantiques pour grandes fêtes . . . . . **1** fr.
Les fêtes patronales, cantiques au Saint Patron ou Sainte Patronne . . . . **15** c.
Le Trésor des élus, 10 cantiques première communion et fêtes . . . . **30** c.

MESSES

Messe de Bordeaux, solos, duos et chœurs à 3 voix . . . . **75** c.
Messe des grandes solennites . . **75** c.
Messe à trois voix. . . . . . . **80** c.
Messe de Requiem à 1 voix . . . **30** c.
Messe de Requiem à 2 voix . . . **75** c.
Messe musicale des paroisses . . **60** c.
Messe musicale, petites paroisses. **60** c.
Deux messes solennelles . . . . **75** c.
Messe des Anges, à 3 voix . . . . **75** c.
Messe des grandes fêtes, 1er ton. **75** c.
Messe royale de Dumont . . . . . **75** c.
Petite messe des écoles, 2 voix . **75** c.
Messe de Noël, Goupil . . . . . . **60** c.
Messe de Noël, Poulet . . . . . . **75** c.
Messe de Dumont, 6e ton . . . . . **75** c.
Petite Messe et Salut de l'Adoration perpétuelle. . . . . **75** c.

Ces dix-sept Messes *ensemble*. . . . . **9** fr.

MOTETS. — CHANTS DIVERS

Cahier du chantre, cinq beaux *Magnificat* et autres chants. In-8. . . . . **1** fr.
Le Concert angélique, 12 motets. **90** c.
Cinq Magnificat avec solos et chœurs **75** c.
Délices du lutrin, solos et chœurs. **60** c.
Délices du sanctuaire. . . . . **75** c.
Echos de l'Adoration perpétuelle, 15 motets à 2 voix. . . . . . . **60** c.
Fête de l'Adoration perpétuelle, Messes. Cantiques, Motets. . . . . **1** fr.
Lyre musicale des petites paroisses, 25 motets à une voix. . . . . . **75** c.
Lyre du Sanctuaire. In-8. . . . **1 fr. 60**
Lyre du Saint Sacrement. . . . **75 c.**
Mélodieux échos du lutrin . . . **60** c.
Stabat Mater et **Magnificat**. . . . **75** c.
Sub tuum et **Tantum ergo**. . . . **25** c.
Vêpres des fêtes solennelles, à quatre parties (*réunies*). . . . . **1 fr. 50**
— Chaque partie ***séparée***. . . . . . **75** c.
Petit Psautier noté . . . . **50** c.
Vêpres des grandes fêtes, 2, 3 ou 4 voix et accompag. d'harmonium . **75** c.

Pour les autres cantiques, notés en *Musique*, voir page 19.

FRÈRE ACHILLE, de la Miséricorde.

Grand Tableau-Solfège théorique et pratique de Musique

Une feuille de 1 mètre carré, 2 fr.; papier faible, 1 fr. 50.

Méthode de musique, notions élémentaires, exercices gradués. In-8. 1 fr. »

Le Nouveau Cantique des Enfants de Marie, 50 cantiques . . . . 60 c.

Échos du Tabernacle, 20 cantiques à 2 voix. *Musique*: 75 c. *Accompagnement*: 1 fr. 50

Cantique paroissial, *noté en musique*. In-18, relié. . . . . 2 fr. 50
Les paroles seules, in-18, cart. . . 75 c.

Mois de Marie, 31 cantiques, *chant et accompagnement*. 1 grand in-8°. . 1 fr. 50

Magnificat et Sub tuum pour les fêtes solennelles, solos et chœurs alternés. 60 c.

Magnificat solennel, solos, trios et chœurs à 3 voix . . . . 75 c.

Échos du Ciel, 33 nouveaux cantiques pour le mois de Marie *notés en musique*. 75 c.

Lyre des Fêtes chrétiennes, 30 motets pour les saluts, *musique* . . . . 1 fr. 50

Vingt chants d'école récréatifs et faciles d'exécution . . . . 1 fr. »

Paroissien du chantre, en notation musicale à une seule clef. In-12. . . . 2 fr.

Le concert des Anges à Bethléem, 20 nouveaux Noëls . . . . 1 fr.

Concert angélique, 12 motets au Saint-Sacrement, par l'abbé Moreau. . . 90 c.

Mois de saint Joseph, 31 cantiques, par l'abbé Rosière. 1 voix . . . . . . 75 c.
3 voix. . . . . 1 fr. 50

Le trésor des élus, 10 cantiques pour les Premières communions. A 1 voix. . 30 c.
A 3 voix . . . . 1 fr.

Lyre du Saint Rosaire, 10 cantiques *notés en musique*, par l'abbé Rosière . . 25 c.

Recueil de chants latins pour messes basses, saluts du S. Sacrement et exercices, par l'abbé J. Richard.
Première série, in-12, cartonné. . . 80 c.
Deuxième série, — . . . 75 c.

LA MUSIQUE D'HARMONIUM RENDUE FACILE

Une lettre initiale artistement frappée sur chaque note fournit le moyen de déchiffrer à première vue

Ouvrages parus :

L'ENFANT DE CHŒUR ORGANISTE

Méthode d'harmonium d'un genre nouveau, d'une facilité étonnante

12e *Édition, considérablement perfectionnée, grand format in-4°*. . . . . 3 fr.

L'A, B, C, petit livre d'or des jeunes organistes, 25 jolis morceaux, in-4°. . 3 fr.

La Lyre du jeune organiste, 25 jolis morceaux pour les Offices, in-4° . . . . 3 fr.

Harmonies religieuses. Morceaux faciles et brillants, in-4°. . . . . 3 fr.

Les voix mélodieuses de l'orgue aux jours de grandes fêtes, in-4° . . . . . . 3 fr.

Petites fleurs d'harmonie, Entrées, Offertoires, etc. 2e édit., in-4° . . . . . 3 fr.

Mélodies religieuses, versets faciles et brillants, accomp. des psaumes, in-4° . . 3 fr.

La collection de ces 7 morceaux. Net. . . 16 fr.

Messe solennelle de Pâques. . . . 75 c.

Messe de l'Assomption, avec chœurs en deux parties et solos . . . . 1 fr.

Messe des grandes solennités, à 3 voix, *avec accomp*. d'harmonium . . 1 fr. 50
— *Sans accompagnement* . . . . . . 75 c.

Chant de Noël. Paroles et musique de l'abbé Chemin. *Accompagnement* de Casemajor. 1 feuillet in-8° . . . . 25 c.

Nouvelle messe, à 3 voix, solos et chœurs, par Frémont . . . . . . 75 c.

Vêpres des grandes fêtes, à deux, trois et quatre voix, *avec accompagnement* d'harmonium . . . . 75 c.

Messe de Pâques et des grandes fêtes, solos et chœurs à 2 voix, par l'abbé Goupil (*voix seules*) . . . . 75 c.
— *Avec accompagnement* . . . . 1 fr. 50

NOUVEAU TRAITÉ D'HARMONIE ET DE COMPOSITION

Méthode simple et pratique, par l'abbé **GOUPIL**. 1 in-4° oblong. . . . 1 fr. 50

Œuvres musicales de M. DE BLANCHE

AVEC ACCOMPAGNEMENT DE PIANO ou D'ORGUE par MM. ELWART et CHOLET

Approuvées par Mgr l'évêque de Saint-Brieuc

Cantiques à Marie, pour toutes les fêtes de la Ste Vierge. *Paroles et musique*. Gr. in-8° 1 fr. 50

Mois de Marie en musique. Nouveaux chants à la sainte Vierge. *Paroles* . . 15 c.

Nouveaux cantiques, à l'usage des paroisses, des catéchismes et des pensions, à une ou deux voix. *Paroles seules*, in-18. . . . 15 c.
— *Paroles et musique*, gr. in-8°. . . 1 fr. 50

Nouveaux cantiques pour les bénédictions du Saint-Sacrement et l'Adoration perpétuelle, à une ou deux voix. *Paroles*. 15 c.
— *Paroles et musique*, gr. in-8° . . . 1 fr. 50

Nouveaux cantiques pour toutes les fêtes de l'année, à une ou deux voix. *Paroles seules*. in-18 . . . . 0 fr. 15
— *Paroles et musique*, gr. in-8. . . . 1 fr. 50

Sur demande, envoi *franco* du catalogue de la Musique moderne.
40 cahiers parus pour piano, 2 pour chant, 1 pour violon.
Chaque cahier de 5 à 10 morceaux. . . 1 fr. 50.

Méthode facile pour apprendre le véritable plain-chant

Avec ses Neumes, édités d'après les manuscrits, par la Commission Rémo-Cambrésienne
Et son Rythme interprété par Dom POTHIER, *en ses mélodies grégoriennes*
Par M. L'ABBÉ CARON, ANCIEN DIRECTEUR DU GRAND SÉMINAIRE DE SOISSONS

Nouvelle édition appropriée à tous les diocèses. 1 vol. in-12 . . . . 0 fr. 80
Edition spéciale pour le chant de *Reims et Cambrai* . . . . 0 fr. 80

Cette Méthode a reçu les approbations de nombreux Archevêques et Evêques.

La *Méthode de plain-chant* de M. l'abbé Caron se divise en trois parties : La première renferme les notions élémentaires, c'est-à-dire les signes et les différents tons ou modes de plain-chant; la seconde expose les moyens les plus propres à lui donner de l'expression; la troisième traite de la connaissance particulière des morceaux les plus usuels. Cette méthode, avant tout élémentaire, est claire et pratique; l'auteur, utilisant les travaux de ses devanciers, l'a appropriée à toutes les éditions de livres de chant romain. Tout pasteur zélé qui voudra mettre à profit cette méthode en exerçant, chaque semaine, pendant quelques quarts d'heure, les jeunes gens de bonne volonté, obtiendra d'excellents résultats. (*Bibliographie catholique.*)

SOLFÈGE DE PLAIN-CHANT

Par M. l'abbé FOURRIÈRE. Quatre tableaux papier fort. . . . . 1 fr. »

L'ORGANISTE DES CAMPAGNES

Entrées, Offertoires, Élévations, Communions, Sorties
Morceaux d'harmonium notés en plain-chant musical. 1 in-folio. . . 1 fr.
Ouvrage appelé à rendre les plus grands services aux organistes accompagnateurs qui *ne connaissent pas la musique.*

Les trois Lyres. Cantiques et motets pour les mois de saint Joseph, de Marie et du Sacré-Cœur, par BOSSY. *Paroles et musique*, in-18, cart.. . . . . 60 c.

La Lyre catholique, ou nouveau choix de cantiques faciles, à 1 ou 2 voix, *ad libitum*, par M. l'abbé PLY. In-12, *paroles et musique*. . . . . 50 c.

CHANSONS DE L'ENFANT

Par **Jules JACOB** et **Hippolyte RYON.**

Album in-4° de 20 morceaux notés 20 × 27 . . . . 1 fr. 50

Ces chansons ont été composées dans des tonalités faciles : en les faisant solfier et ensuite chanter avec les paroles, on aura un moyen sûr d'intéresser les élèves à l'étude toujours pénible du solfège.

Drames chrétiens, Mystères

POUR JEUNES GENS

Le Mystère de la Rédemption, par L. DE LARMANDIE, tétralogie évangélique. 1 fr. 50
La Messe de minuit, par Jacques d'ARS, mystère en trois actes.. . . . . 1 fr. »
Jeanne d'Arc, par Jules BARBIER.. 1 fr. »
Tarcisius ou le **Martyr de l'Eucharistie,** 4 actes, par Eugénie DUBARRY. 2 fr. »
Daniel, par BERNARD, drame. . . 0 fr. 80
Saint Nicolas, par Eugène GAULFY, mystère en un acte. . . . . 0 fr. 50

POUR JEUNES FILLES

Les Sabots du Diable, par Ch. LE ROY-VILLARS, mystère de Noël en 1 acte. 1 fr. »
Jeanne d'Arc, par V. MOUROT, **drame en** 5 actes. . . . . 0 fr. 80
La Mission d'Éliézer, par Eugénie DUBARRY, pièce en 5 actes. . . . 1 fr. 50
Judith, par Eugénie DUBARRY, **drame biblique** en 5 actes . . . . 1 fr. »
Sainte Clotilde. par LEMEUNIER, **drame en** 3 actes. . . . . 1 fr. »

N. B. — Quelques-unes de ces pièces comprennent des rôles mélangés de *jeunes gens* et de *jeunes filles.*

Monologues à 0 fr. 25

Le Passant divin, par Marc DUPUY.
Les Deux Croix, —
Dormez, mon grand roi, —
Un Meeting, par Paul CROISET.
Un Vœu, —
Jeanne d'Arc, par Paul CROISET.
La Soutane, par Th. BOTREL.
Aumône de la Poupée, par H. RYON.
Le Credo. — **Quelqu'un de grand est là,** par René SOSTA.

Nous ne donnons ici que quelques titres de **drames** et **monologues** ayant un caractère religieux, mais nous envoyons *franco* sur demande notre catalogue spécial, contenant un choix immense de **comédies, drames** et **monologues**, tous conformes à la plus saine morale, ce qui n'en exclut pas l'esprit et la gaieté.

Envoi franco des divers catalogues.

Toute demande accompagnée de son montant en mandat ou timbres-poste français est expédiée de suite et franco. (*Les timbres peuvent s'égarer, les mandats, en cas de perte, sont remboursés par la Poste.*)

Pour recommandation par poste, ajouter 10 centimes au montant de la commande, ou 25 centimes pour les envois à l'étranger.

PETIT CATÉCHISME LITURGIQUE

Par l'abbé **Henri DUTILLIET**, *du diocèse de Versailles*

ET

CATÉCHISME DU CHANT ECCLÉSIATIQUE

Par **A. VIGOUREL**, **Directeur du Chant et Maître des Cérémonies au Séminaire St-Sulpice**

Édition revue, corrigée et augmentée d'une TABLE ALPHABÉTIQUE

PRÉFACE par J.-K. HUYSMANS

Édition classique (*20e édition*). **1 vol. in-18, cartonné . . . . 1 fr.**

Édition de luxe (*15e édition*). **1 vol. in-18, broché . . . . 1 fr. 50**

Ce volume, imprimé avec l'autorisation de l'Ordinaire, est approuvé par NN. SS. les Évêques de Versailles, de Beauvais, de Verdun et par Mgr de Ségur.

Il a reçu les plus hautes recommandations de NN. SS. les Archevêques et Évêques d'Aix, du Mans, de Vannes, de Périgueux, de Rennes, de Limoges, de Bayonne, etc.

La Vérité : M. Huysmans, dans ces divers ouvrages, a fait preuve d'une intelligence remarquable des beautés liturgiques du culte catholique. Cela seul le préparait à nous donner une nouvelle édition de ce catéchisme liturgique.

Son but, en réimprimant ce livre, est d'aider les fidèles à mieux pénétrer le sens des cérémonies dont ils sont témoins à l'église, et auxquelles il est bien vrai que beaucoup assistent sans y comprendre grand'chose.

Le catéchisme de l'abbé Dutilliet sera pour eux un excellent guide, et il comblera les lacunes d'une instruction liturgique souvent assez négligée, si même elle n'est tout à fait absente de beaucoup de cours d'instruction religieuse professés dans les établissements chrétiens. Ce petit livre est, en effet, très simple et très clair et très complet aussi.

LE PETIT CATÉCHISME EN IMAGES

Par J.-L., aumônier

48 gravures et leur explication. — In-8, broché : 1 fr. ; cartonné. . . . . . 1 fr. 25

Bulletin pédagogique de Fribourg. En dehors des ressources que nous offre l'intuition, l'instruction religieuse est fatalement retardée, lente, pénible et incomplète : ce catéchisme en images peut donc rendre d'excellents services et alléger de beaucoup la tâche des catéchistes.

HISTOIRE UNIVERSELLE DE L'ÉGLISE

Par le docteur ALZOG

Professeur de l'Université de Fribourg, Secrétaire du Concile du Vatican.

Traduite par l'abbé GOSCHLER

Ouvrage approuvé par Mgr l'Archevêque de Fribourg et par Mgr l'Évêque de Beauvais

Cinquième édition, revue et continuée jusqu'à nos jours, d'après la neuvième et dernière édition allemande

4 volumes in-12, avec 2 cartes . . . . **16 fr.**

Études religieuses : Il serait superflu de vouloir faire l'éloge ou la critique d'un ouvrage aussi connu. Cinq éditions françaises ajoutées aux neuf qui ont paru en Allemagne, montrent bien que le clergé, en deçà comme au delà du Rhin, a su rendre justice aux éminentes qualités de l'historien. On ne peut, du reste, que se féliciter d'un tel succès, car il prouve que les études historiques ont pris partout un sérieux développement, puisque les auteurs les plus recherchés sont précisément ceux qui se font remarquer par la sagesse ordinaire de leur critique, par une érudition saine et abondante, par leur attachement aux doctrines de l'Église romaine. Que telles soient les qualités distinctives de l'œuvre du docteur Alzog, on n'en peut douter.

Ajoutons que, par la manière toute philosophique dont il a conçu son plan, par l'abondance des documents cités, aucun autre écrivain n'est plus capable de servir de guide dans l'étude de l'histoire ecclésiastique. L'éditeur a donc fait une œuvre utile en publiant une nouvelle édition de cet ouvrage. Des additions considérables ajoutent au mérite de cette edition. Elle comprend, notamment, toute l'histoire du Concile du Vatican.

PHILOSOPHIA

JUXTA INCONCUSSA TUTISSIMAQUE DIVI THOMÆ DOGMATA

AUCTORE P. F. GOUDIN, Ordinis Prædicatorum, sacræ Theologiæ doctore.

Novissime recensuit et edidit **ROUX LAVERGNE**, philosophiæ professor.

Quatrième édition. — 4 volumes in-12. . . . . **8 fr.**

Polybiblion. Parmi les interprètes de la philosophie de saint Thomas, il n'y en a guère de plus sûr, de plus méthodique, de plus lumineux, je dirai même de plus agréable à lire. L'édition de Goudin qui nous est offerte aujourd'hui à si bon marché, vient donc bien à propos : elle est correcte et d'une exécution satisfaisante.

LEXIQUE COMPLET DES RACINES GRECQU

ET DE LEURS PRINCIPAUX DÉRIVÉS

ACCOMPAGNÉ

d'un Commentaire philologique pour servir à l'étude comparative des langues classiques

Par **Ch. MOREAU**, licencié ès lettres et ès sciences

Quatrième édition. — 1 vol. in-8, de 410 pages. — Prix, cartonné. . . **5 fr.**

L'introduction de la première édition dans les écoles publiques a été autorisée décision du Ministre de l'Instruction publique.

... Que les jeunes élèves auxquels ce livre est destiné l'accueillent donc avec reconnaissa qu'ils suivent avec fidélité la méthode indiquée par l'auteur dans son introduction, et ils ve combien un ouvrage habilement conçu peut rendre intéressante une étude qu'ils n'abo généralement qu'avec répugnance et prévention. Pour nous, nous félicitons M. Ch. Mc d'avoir consacré son érudition et son expérience à composer un livre si utile, et nous fa des vœux pour qu'il soit admis dans toutes les maisons d'éducation FR. DUBNER

Exercices méthodiques de déclinaison et de conjugaison sur les racines grecques Partie du maître, in-12, cartonné: **50 c.** (La partie de l'élève est épuisée.)

Mnémonisation des racines grecques, par M. LAFON, professeur. 1 vol. in-8. **4 fr.**

Manuel d'Épictète, traduction nouvelle, avec notes et réflexions, in-32, br. **50 c.**

Dictionnaire étymologique des noms pres d'hommes contenant la qua l'origine et la signification des n propres se rattachant à l'histoire et mythologie ; des noms de baptême, par M. Paul HECQUET-BOUCRAND. *Ouvrage approuvé par M. le Ministr l'Instruction publique.* In-8. . . . . **4 fr.**

CLASSIQUES LATINS ET GRECS à prix réduit

Cornelius Nepos, Vies des grands capitaines, texte avec dictionnaire. In-18, cart. . . . . **75 c.**

Lhomond, Epitome historiæ sacræ. **50 c.**

Phèdre. Fables, texte in-12, cart. . **40 c.**

Grammaire latine, par LHOMOND ; nouvelle édition avec questionnaire, in-12, cart. . . . . **60 c.**

CLASSIQUES GRECS

Ésope. Fables choisies, grec-français 3

Lucien. Dialogues des Morts, texte lexique. In-12. . . . .

Évangile selon S. Luc, texte. In-18.

Grammaire grecque, ou Méthode élémentaire pour apprendre facilement la gue grecque, par M. DAROLLES, profes au collège de Sorèze. In-8. cart. 1 f

COURS COMPLET ET GRADUÉ

Recueil choisi de Versions latines et de Thèmes latins puisés aux meilleures sourc

Par **M. DUBOIS**

Classe de huitième, avec 2 vocabulaires, in-12. . . . . 1 fr
Classe de septième, in-12. . . . . 1 fr
Classe de troisième, in-12 . . . . 0 fr

NOUVELLE MÉTHODE de GRAMMAIRE ALLEMANDE en TABLEAUX SYNOPTIQ

Par l'abbé **J. LANG**, ancien professeur à Paris

Deuxième édition, revue et augmentée. 1 vol. in-12, cart. 1

Les tableaux synoptiques seuls renfermant toutes les règles des grammaires les complètes et spécialement destinés aux élèves qui se préparent aux examens. 6

ÉTUDE ÉLÉMENTAIRE ET PRATIQUE DE LA LANGUE ALLEMANDE

Par **Eugène IZOMBARD**

1 vol. in-12 6

Le livre de M. IZOMBARD allège la tâche des professeurs et des élèves ; il permet aux pe nes qui étudieraient sans maître de se familiariser, en peu de temps, avec les règles du lan et du style, et tient lieu de grammaire, de dictionnaire et d'exercices.

Lectures allemandes, traduites des Saints Pères, accompagnées d'appréciations générales sur chaque auteur, par M. Louis MONNIER, professeur. In-8. . . . . **1 fr.**

Leçons de langue anglaise, par A. C LOT. In-12. . . . . (

Mémoires du cardinal Wiseman, en glais. In-12. Portrait. . . . . . . !

Nouvelle édition revue, complétée et ornée de 100 gravures explicatives.

PETITE ENCYCLOPÉDIE

PREMIÈRES NOTIONS DE SCIENCES USUELLES

Par M. W. MAIGNE

Les Minéraux. — Les Végétaux. — Les Animaux. — Les Métaux. — Les Combustibles. — Les Aliments. — Les Matières textiles. — Les Météores. — Les Astres. — Le Calendrier. 1 beau vol. in-12, cartonné . . . . 1 fr. 50

COLLECTION DE LEÇONS POUR L'ENSEIGNEMENT SUPÉRIEUR DES DEMOISELLES

Des Questionnaires résument tous ces traités et facilitent le travail des élèves et des maîtres

La Cosmographie, la Géognosie et la Météorologie ou la connaissance des lois et des phénomènes de la nature. 1 vol. in-12, 2e édit., 20 fig. . . . 60 c.

Leçons pratiques de *Psychologie* et de *Logique*, extraites de Bossuet, in-12. Nouvelle édition. . . . . 60 c.

Leçons pratiques de *Rhétorique* extraites de Fénelon, in-12 . . . . . . 60 c.

Leçons élémentaires de *Littérature*, extraites de Rollin, in-12. . . . . . 60 c.

Leçons pratiques de *Style*, méthode facile, par A. Chaillot, in-12. . . . . . 60 c.

Leçons pratiques pour apprendre la *Langue anglaise*, par Chaillot, in-12. 60 c.

Leçons élémentaires de *Physique* . 60 c.

Leçons d'Histoire naturelle, *Physiologie, Zoologie*, in-12 . . . . 60 c.

Leçons d'Histoire naturelle, *Botanique* et *Physiologie végétale*, in-12 . . . . 60 c.

Leçons pratiques d'*Hygiène*, conseils pour conserver la santé, in-12 . . . . 40 c.

Leçons pratiques de *Jardinage* et d'arboriculture, in-12 . . . . 40 c.

Leçons pratiques pour conduire un *ménage* et en tenir la comptabilité. 40 c.

Plan d'études et de lecture, par P. Marin de Boylesve. . . . . 15 c.

Introduction à la logique, par le même auteur, in-18. . . . . 10 c

Troisième édition, considérablement augmentée

PRÉCIS D'ARITHMÉTIQUE

à l'usage des aspirants au brevet de capacité, et des élèves de l'enseignement second. spécial
Suivi d'un *Memento de Géométrie appliquée à la mesure des surfaces et des volumes*
Par Auguste ARNAL, Professeur au collège de Perpignan.
In-12 cart., nombreuses figures explicatives . . . . 2 fr.

COURS D'ARITHMÉTIQUE

DUBLANCHY.
- **Petite Arithmétique élémentaire**, 2e édition, in-18 cart. . . 0 fr. 50
- **Traité d'Arithmétique**, 2e cours, in-12 cart . . . . 0 fr. 75
- **Complément et solutions raisonnées des problèmes de l'Arithmétique élémentaire**, premier et deuxième cours, in-12. . . . . 0 fr. 50

DEMMÈS. **Arithmétique des élèves**, nouvelle édition, in-18 cart . . 0 fr. 50

LEGOUT.
- **Arithmétique**, in-18 cart. . . . . 0 fr. 10
- **Géométrie pratique**, in-18 cart. avec planches. . . . . . . 0 fr. 10

Système métrique avec questionnaire et exercices, suivi des tableaux des anciennes mesures et des monnaies, par M. Didry, ingénieur. In-18, avec figures, cart. 0 fr. 10

Tableau des premières combinaisons des nombres, par M. Garassus, in-18. 0 fr. 40

BOTANIQUE ÉLÉMENTAIRE DES ÉCOLES

Par **Théophile MONGIS**, professeur, 1 in-12 cart., 75 figures explicatives. . . 1 fr. 25

Ce livre comble, fort à propos, une lacune dans l'enseignement scientifique mis à la portée des enfants. Sous la forme attrayante de dialogues, M. Mongis a su réunir tous les éléments de la Botanique. Savant, sans en avoir l'air, ce livre est de plus orné d'un grand nombre de gravures qui achèvent de faire comprendre ce que le texte explique.

Notions élémentaires de *Physique*, à l'usage des écoles normales primaires et des maisons d'éducation, par E. Douliot, professeur. In-12, avec 9 pl. . . . 1 fr.

Le Cuisinier méridional, d'après la méthode provençale et languedocienne. In-18 avec figures . . . . 40 c.

Premiers éléments de Dessin linéaire, comprenant les notions les plus importantes sur la géométrie, l'architecture, orné de 99 figures explicatives, par F. Julien, professeur de dessin. In-8. . 1 fr.

Conseils aux mères sur l'hygiène des enfants, par Mme Dubos-d'Elbecq. In-18. 05 c.

Manuel de l'Agriculteur. In-18 . . 25 c.

Le Catalogue spécial de l'enseignement primaire est envoyé, *franco*, sur demande.

COURS DE GÉOGRAPHIE

Par HEISSAT & AZAIS

Ce cours se recommande par la *division des matières* absolument conforme aux programmes de 1882, sa *concision remarquable*, qui n'exclut pas les détails intéressants, et par un *ensemble de dispositions matérielles* qui en rendent *l'usage véritablement pratique*.

Vingt-huitième Édition — 1° — **Vingt-huitième Édition**

COURS PREPARATOIRE & ÉLÉMENTAIRE

Et Résumé d'Histoire de France

1 vol. in-4° cartonné, **32 pages, 25 figures coloriées ou noires, 12 cartes en couleurs** . . . . 0 fr. 75

Comme **SPÉCIMEN**, envoi **franco** d'un exemplaire broché contre 0 fr. 30

Dixième Édition — 2° — **Dixième Édition**

COURS MOYEN ET SUPÉRIEUR

Avec Résumé d'Histoire de France

Livre-Atlas in-4° cartonné (22 X 28), **60** pages, **21** figures coloriées ou noires, **36** cartes en couleurs . . . . 1 fr. 60

SPÉCIMEN : *Sur demande, envoi* **franco** *d'un exemplaire cartonné contre* 90 *centimes.*

Les deux volumes pris ensemble (SPÉCIMEN). 1 fr.

Les dispositions typographiques, la clarté du texte et des cartes **placées en regard**, convaincront facilement tous les maîtres que c'est là un ouvrage essentiellement pratique. **Les notions** préliminaires sont courtes et précises, les cinq parties du monde sont décrites selon l'**importance** du cours : la France principalement est étudiée avec toute l'étendue désirable, sa double division par *bassins* et par *régions* sera certainement très appréciée.

Le **tableau chronologique d'Histoire de France** qu'on trouvera dans les deux cours permettra d'étudier simultanément l'Histoire et la Géographie. De nombreux questionnaires et devoirs fournissent en outre de précieux exercices non seulement de mémoire, mais aussi d'**observation** et de **raisonnement**.

BIOGRAPHIES ET PORTRAITS DES PERSONNAGES CÉLÈBRES

POUVANT ÊTRE DONNÉS COMME ACCESSITS OU BONS POINTS

200 Portraits gravés sur acier par les artistes les plus distingués

Textes rédigés par une Société de gens de lettres sous la direction de M. JARRY, de Nancy.

Les cinq, 1 fr.; Le cent, 15 fr.; Cinquante, réunis dans un étui album. 8 *fr.*

Sur demande, envoi **franco** *de la liste de ces portraits biographiques.*

NOUVELLE MÉTHODE DE CHRONOLOGIE APPLIQUÉE A L'HISTOIRE DE FRANCE

Par Madame SALLÈZE

Quatrième édition revue et augmentée, accompagnée d'une table géographique des lieux célèbres avec les signes conventionnels des faits qui s'y rattachent et de tableaux généalogiques.

Ouvrage approuvé par la Société des Instituteurs et des Institutrices de la Seine.

1 volume in-4°, avec 15 tableaux chronologiques. . . . 2 fr 50

Les 15 tableaux de cette chronologie *agrandis* et *mesurant* 40 *centimètres carrés*, pouvant par conséquent être vus de toute une classe, plus un tableau muet de même dimension. . . . . 6 fr.

Les tableaux *muets se vendent* séparément . **25** c.

Le collage de ces tableaux sur cartons se paye **20** c. net, par chaque carton.

Récits sur les principaux personnages et les grands faits de l'**Histoire sainte**, par Louis DESORMES. 1 volume in-18. 108 pages. **25** c.

Récits sur les principaux personnages et les grands faits de l'**Histoire de France**, par Louis DESORMES, 3ᵉ édit., augmentee d'un résumé chronologique. In-18 . . . . . . **25** c.

PETIT JOURNAL D'ÉDUCATION & D'ENSEIGNEMENT

ou **MANUEL DE PÉDAGOGIE PRATIQUE**

12ᵉ année : Avril 1899 à Mars 1900. . . . . **3** fr. **50**. — *Broché*. **4** fr.
Abonnement à la **13ᵉ année** (Avril 1900 à Mars 1901). . . . . **3** fr.

Chaque année, ce journal donne : **un cours familier de pédagogie; une répartition des matières du programme; 400 dictées, 300 exercices de grammaire, 300 compositions françaises; 1000 problèmes avec solutions; des lectures ou récitations expliquées, des plans de leçons; une préparation aux examens; des conférences pédagogiques; un résumé de la législation, etc.**

Envoi, **FRANCO,** *sur demande, d'un numéro spécimen.*

MÉTHODE FACILE

POUR APPRENDRE LE

VÉRITABLE PLAIN-CHANT

AVEC SES NEUMES ÉDITÉS D'APRÈS LES MANUSCRITS PAR LA COMMISSION RÉMO-CAMBRÉSIENNE
ET SON RYTHME INTERPRÉTÉ PAR DOM POTHIER, EN SES MÉLODIES GRÉGORIENNES

Par M. l'abbé **CARON**, ancien directeur au Grand Séminaire de Soissons

Nouvelle édition appropriée à tous les diocèses. 1 vol. in-12. . . . . **80 c.**

(ÉDITION SPÉCIALE pour le chant de *Reims et Cambrai*. . . . . **80 c.**)

Cette Méthode a reçu les approbations de nombreux Archevêques et Évêques.

CHANSONS DE L'ENFANT

COURS PRATIQUE DE MUSIQUE

Application graduée et progressive du Solfège élémentaire

Par **Jules JACOB**, professeur de chant aux écoles de la Ville de Paris

Paroles de **Hippolyte RYON**

Album in-4° de 20 morceaux notés . . . . **1 fr. 50**

Spécimen : Envoi d'un exemplaire complet contre **moitié du prix** (soit 0 fr. 75 *franco*).

Ces chansons ont été composées dans des tonalités faciles : en les faisant solfier et ensuite chanter avec les paroles, on aura un moyen sûr d'intéresser les élèves à l'étude toujours pénible du solfège.

MUSIQUE MODERNE

Trente-deux Cahiers parus pour **Piano**, et **deux** pour **Chant**.

Prix du **Cahier** de 5 à 10 morceaux. . . . . **1 fr. 50**

Les œuvres annoncées étant des **mieux choisies** et l'édition des **plus soignées**, cette publication est d'un bon marché **tout à fait exceptionnel.**

Cahier 3 (assez difficile).

Ryder, T.-P. Les Vainqueurs. Galop brillant.
Becker, J.-E. Un soupir. Nocturne.
Beck, E. Chèvre-Feuille. Valse brillante.
Van Gael, H. Souvenance.
La Rosa, L. Ondes argentines. Morceau de salon.

Cahier 4 (difficile).

[illegible]llmann, H. Les Cloches du Couvent. Morceau de salon.
Wilson, G.-D. Le Courrier. Galop de concert.
Weber, E. L'Orage. Imitation de la nature.
Mendelssohn-Bartholdy. Chanson du Printemps.
Weber, C.-M.-V. L'Invitation à la Valse.

Cahier 9 (très difficile).

(CLASSIQUES ANCIENS)

Beethoven, L.-V. Marche funèbre.
Schubert, F. Moment musical.
Schumann, R. Berceuse.
Bach, S. Gavotte.
Chopin, F. Valse en *la* bémol.
Weber, C.-M.-V. Rondo en *mi* bémol.

Cahier 11 (assez difficile).

[illegible], E. Romance-idylle.
Dunkler, E. Au bord de la mer. Fantaisie.
Hol, R. Souvenir. Romance sans paroles.
Wilson, G.-D. Cascadilla. Étude de salon.
Dunkler, Ed. La Fileuse.
Hol, R. Danse espagnole.

Cahier 13 (moyenne force).

Fisher, L. La Fauvette. Caprice élégant.
Stadeler, L. Jour de Bonheur. Polka.
Sesterik, G.-J. Tambour battant. Marche militaire.
Wilson, G.-D. Les Clochettes du Traineau. Morceau de salon.
Smith, W.-J. La Reine des Fleurs. Valse brillante.
Cadmus, H. Sauve qui peut ! Galop brillant.

Cahier 14 (moyenne force).

Steenhuis, H.-P. Loin de la Patrie. Rêverie.
Müller, J.-S. Le Réveil. Fantaisie-Marche.
Deltre, E. Transcription sur des Airs populaires.
Van Tal, C. L'Aurore. Pastorale.
Mora, Ch. Volte-face ! Galop de Concert.

Cahier 30 (moyenne force).

A quatre mains.

Van Berghe, C. Mignonnette. Polka.
Yanke, R.-L. Le Muguet. Valse.
Sweet, A.-S. La Madone. Méditation religieuse.
Muller, J.-S. Le Reveil. Fantaisie-Marche.

Cahier 51 pour Chant.

(*Avec accompagnement de Piano.*)

Van Berghe, C. Mes trois lettres.
Aerts, F. Réveil d'un beau jour.
Van Berghe, C. Un nid si doux.
— Plume qui vole.
Aerts, F. Notre-Dame de la Consolation.
Van Berghe, C. La Leçon de Minet.
Beethoven, L. van. Mon fils, reviens !

Sur demande, envoi franco du Prospectus spécial.

COMÉDIES, DRAMES et MONOLOGUES

Pour JEUNES GENS

VIENT DE PARAITRE

COMÉDIES

Le Lutin du Clocher, opérette en 1 acte, par Ch. Le Roy-Villars. . 1 fr. »

Les Pantoufles de sainte Cécile, opérette en 1 acte, par le même . . . . 1 fr. »

Les Petits Jardiniers de la Reine, comédie enfantine par le même. 1 fr. »

Le Coffret, comédie en 3 actes, par Jacques d'Ars. . . . . 1 fr. »

Le Major Tactic, comédie en 3 actes, par le même . . . . 1 fr. »

Son Altesse, comédie-vaudeville en 2 actes, par Antony Mars. . . . . 1 fr. »

Les Parapluies, comédie en 1 acte, par G. de Wailly . . . . 1 fr. »

Les Roches Noires, comédie en 1 acte, par J. Leday. . . . . 1 fr. »

DRAMES

La Jeunesse de Charles V, drame historique en 4 actes, par Jacques d'Ars. . . . . 1 fr. »

Les Deux Honneurs, drame militaire en 3 actes, par G. de Wailly. 1 fr. »

Jeanne d'Arc, drame en 5 actes, par Jules Barbier. Édition spéciale . 1 fr. »

Les Enfants d'Édouard, tragédie en 3 actes de Casimir Delavigne, adaptation par H.-P. Cazac . . . . 1 fr. »

Le Mystère de la Rédemption, tétralogie évangélique, par Léonce de Larmandie, avec couverture illustrée en couleurs. . . . . 1 fr. 50

La Mort d'Athalie, scène tragique, par le même. Broch. in-8°, avec couverture illustrée en couleur . . . . 1 fr.

Le Passeur de Marmoutier, drame historique en 3 actes, par Oselma . . . . 1 fr.

Le Poignard, drame en 1 acte, avec chant et musique, par Th. Botrel. 1 fr.

Ces quelques titres sont les derniers parus. Sur demande, nous envoyons franco notre catalogue comprenant plus de **200** pièces de théâtre pour jeunes gens et jeunes filles. Un choix varié de **Saynètes, Dialogues, Contes, Récits et Monologues** est également contenu dans ce prospectus.

Les organisateurs de représentations théâtrales, qui ont coutume d'accompagner, dans les collèges ou pensionnats, les fêtes du directeur, distributions de prix, grandes fêtes de l'année, trouveront ainsi tout ce qu'ils peuvent désirer. Il est inutile de rappeler à notre clientèle que tout ce qui est édité par notre maison se recommande à elle aussi bien par la valeur morale que par le soin apporté à la partie matérielle des ouvrages.

Toute demande accompagnée de son montant en **mandat** ou timbres-poste français est expédiée de suite et **franco.** (*Les timbres peuvent s'égarer, les* mandats, *en cas de perte,* sont remboursés *par la poste.*)

Pour la recommandation par poste, ajouter **10** centimes au montant de la commande ou **25** centimes si l'envoi doit être fait à *l'étranger*.

J. BRICON ET A. LESOT

OUVRAGES CLASSIQUES

ENSEIGNEMENT PRIMAIRE

Dernières Publications adoptées par la Ville de Paris

MÉDAILLES D'HONNEUR, SOCIÉTÉ D'INSTRUCTION ET D'ÉDUCATION

MÉDAILLE D'ARGENT (Classe 1, Enseignement primaire) **à l'Exposition Universelle de 1900**

HEISSAT ET AZAÏS

COURS DE GÉOGRAPHIE

Ce cours se recommande par la *division des matières* absolument conforme aux programmes de 1882, sa *concision remarquable*, qui n'exclut pas les détails intéressants, et par un *ensemble de dispositions matérielles* qui en rendent *l'usage véritablement pratique.*

Ce cours est aussi le seul qui, en deux volumes, grâce à sa composition et au moyen de ses caractères gradués, suffise largement pour les quatre cours de l'Enseignement primaire.

Il en résulte une économie des plus appréciables pour les parents et les familles.

Vingt-huitième Édition — 1° — Vingt-huitième Édition

COURS PRÉPARATOIRE ET ÉLÉMENTAIRE

ET RÉSUMÉ D'HISTOIRE DE FRANCE

In-4 (21×25), cart., 32 p., 25 fig. coloriées ou noires, 12 cartes en couleurs : 0 fr. 75

La clarté et la simplicité sont les caractères essentiels de ce travail, les cartes sont toujours en face du texte.

Après les définitions géographiques et la description des cinq parties du monde, l'ouvrage est consacré à la géographie de la France.

Une carte d'ensemble présente les accidents physiques du sol, les quatre bassins étudiés ensuite séparément fournissent des exercices très simples de cartographie.

L'ouvrage est complété par l'étude des grandes villes de la France, des principales lignes de chemins de fer, des divisions politiques et administratives.

Ce qu'on ne trouve dans *aucune* autre Géographie, c'est le **Tableau chronologique**, présentant les principaux événements de **l'Histoire de France**, depuis la *domination romaine*, jusqu'à notre récente *campagne de Madagascar*.

Dixième Édition — 2° — Dixième Édition

COURS MOYEN ET SUPÉRIEUR

AVEC RÉSUMÉ D'HISTOIRE DE FRANCE

Livre-Atlas in-4 (22×26), cart.

60 pages, 21 figures coloriées ou noires, 36 cartes en couleurs : 1 fr. 60

L'examen attentif de cet ouvrage nous a convaincu qu'il fera faire un nouveau pas à l'enseignement géographique. Il n'est pas possible, pour un prix aussi minime, de trouver une autre géographie offrant autant de perfectionnements.

L'ouvrage est bien composé, nettement divisé ; première partie : notions générales ; deuxième partie : les cinq parties du monde, l'Europe ; troisième partie : la France.

Cette netteté se retrouve dans chaque division secondaire.

La disposition matérielle du texte favorise encore la clarté de l'ouvrage et contribue singulièrement à permettre d'en approprier l'emploi à la force des enfants. le texte des parties les plus importantes étant imprimé en caractères plus gros que celui des détails. Ceux-ci, d'ailleurs, sont abondants sans excès. Les cartes sont très claires, très nombreuses, assez complètes pour qu'on y retrouve toute la matière du texte, mais non chargées au point d'embrouiller les jeunes élèves. Elles sont agréables à l'œil; tout l'atlas, au surplus, est imprimé sur un magnifique papier et avec des caractères neufs.

Des questionnaires, des devoirs variés et gradués suivent chaque chapitre ; ce n'est pas là un avantage spécial au cours de géographie ; il n'en est pas moins précieux.

En Spécimen :
Cours préparatoire et élémentaire, broché, *franco*. . 0 fr. 30
Cours moyen et supérieur, cartonné, *franco* . . . . . 0 fr. 90
Les deux volumes ensemble . . . . 1 fr.

Sixième édition conforme à l'arrêté ministériel du 4 janvier 1894
AVEC

1° ***Résumés.*** 3° ***Rédactions.***
2° ***Index Géographique.*** 4° ***Cartes coloriées.***

HISTOIRE CHRONOLOGIQUE DE LA FRANCE

à l'usage des élèves des COURS MOYEN ET SUPÉRIEUR
et surtout des
CANDIDATS AU CERTIFICAT D'ÉTUDES ET AUX DIVERS CONCOURS PRIMAIRES
et de tous les Établissements d'instruction
Par **A. HEISSAT**

1 volume in-12 **cartonné, 220** pages, **6** cartes . . . . **1 fr. 25**

Il a été fait, dans cette édition, une place considérable à notre histoire depuis 1789 et plus particulièrement depuis 1815.

De plus, pour faire de cette chronologie un ouvrage essentiellement pratique, il y a été ajouté de nombreux sujets de rédaction, véritables résumés à compléter par les élèves.

Ainsi modifiée, cette édition suffira grandement et dispensera de toute autre Histoire de France.

Spécimen { *A tout membre de l'enseignement*, **envoi franco** d'un exemplaire contre **75** centimes.

CLÉREC et HEISSAT

RÉSUMÉ ET CHRONOLOGIE DE L'HISTOIRE DE FRANCE

Trente-quatrième édition, très soigneusement revue, rendue conforme à ***l'arrêté ministériel du 4 janvier 1894***, et augmentée d'un ***index géographique***.

1 volume in-12 de **160** pages, cartonné. . . . . **0 fr. 75**

RÉSUMÉ DE GRAMMAIRE ET ORTHOGRAPHE D'USAGE (1)

Dixième édition, **augmentée des** *Simplifications de la Syntaxe française*, **d'après l'*arrêté du 31 juillet 1900*.**

1 volume in-12 de **60** pages, cartonné . . . . **0 fr. 40**

RÉSUMÉ D'ARITHMÉTIQUE ET CALCUL MENTAL

Dixième édition. **1** volume. in-12 de **96** pages, cartonné. . . . . . . **0 fr. 75**

RÉSUMÉ DE GÉOGRAPHIE

Douzième édition. **1** volume in-12 de **96** pages . . . . **0 fr. 75**

Envoi FRANCO d'un exemplaire SPECIMEN contre les prix ci-dessus RÉDUITS de MOITIE
Ces quatre volumes réunis sous le titre de :

MANUEL DES ÉTUDES PRIMAIRES

destiné aux élèves des Cours Moyen et Supérieur
ET A LA PRÉPARATION IMMÉDIATE DES CANDIDATS AU CERTIFICAT D'ÉTUDES ET AU BREVET DE CAPACITÉ

Dixième édition. 1 volume in-12 cartonné, **420** pages . . . . **2 fr. »**

Nous avons lu attentivement ce nouveau *Manuel*, qui est appelé à rendre de grands services aux élèves de nos écoles et en particulier aux aspirants au certificat d'études primaires.

Ils trouveront là un résumé, aussi complet que succinct, des matières qu'ils auront étudiées plus longuement en classe ; ils pourront en peu de temps reviser ce qu'ils auront appris et cela sans aucun effort d'intelligence, car les auteurs ont su se mettre à la portée même des tout jeunes enfants.

MM. Clérec et Heissat ont donc produit une œuvre éminemment utile.
(*Union des Instituteurs.*)

---

1 Ce petit ouvrage, sous sa forme menue, renferme toutes les regles de grammaire. — Les *Simplifications de la Syntaxe française* coordonnées et resumées, rapportées aux divers paragraphes de cette grammaire, permettront aux maitres de n'enseigner que les regles maintenues et de tenir compte, dans la correction des devoirs de leurs élèves, des tolerances accordées par l'arrête du 31 juillet 1900.

MÉTHODE DE LECTURE

Couronnée par la Société pour l'instruction élémentaire et autorisée par l'Université.
Nouvelle édition en gros caractères, papier teinté

Par A. PEIGNÉ. — 1 vol. in-12, cart. . . . . 0 fr. 25

Tableaux de lecture, couronnés, revus et adoptés par la Société pour l'instruction élémentaire, par A. Peigné.
Les 46 tableaux de 32 × 50 . . . 1 fr. 25
Le collage des tableaux sur carton se paye 30 cent. pour chaque carton; *port en sus.*
Méthode de lecture, Procédé pour apprendre à lire en peu de temps et d'une manière conforme à la marche naturelle du langage, par un ancien instituteur. In-12, cart. 0 fr. 15
Exercices de lecture, du même auteur. In-12. . . . . 0 fr. 20

Enseignement simultané de lecture, d'écriture, d'orthographe, de dessin et calcul, par J.-M Peloni.
5 tableaux sur papier fort, 65 × 100. 4 fr. »
— sur toile, et montés . . 15 fr. »
1 livret reproduisant les tableaux, 16 × 21 . . . . 0 fr. 25
Tableaux de lecture, par M. Pech. 2 fr. »

ABÉCÉDAIRES ILLUSTRÉS

Des premières connaissances . 0 fr. 05
Syllabaire ou méthode facile pour apprendre à lire . . . . 0 fr. 05

PROMENADES INTELLECTUELLES A TRAVERS LES MOTS ET LES CHOSES

LECTURES DESTINÉES AUX ÉLÈVES DES COURS MOYEN ET SUPÉRIEUR

Par Delacroix, ancien professeur de l'Université et membre du Jury diocésain de Versailles

1 vol. in-18 jésus, 210 p., cart. : 1 fr. 50. — Un exemplaire spécimen *franco.* 0 fr. 75

Dans des causeries à la fois familières et familiales, l'auteur fait passer l'esprit des enfants, des choses visibles et connues, à celles qui sont invisibles et inconnues, et, par un enseignement bien gradué, pique leur curiosité, met leur attention en éveil et les habitue à se *rendre compte.* Or, c'est en cela seul que consiste le *véritable savoir,* et nous tous, qui avons assumé la charge d'enseigner, nous ne devons pas l'oublier.

L'enfant qui aura lu et relu ce livre verra les choses plus clairement, les entendra mieux et les sentira plus vivement; il saura observer, réfléchir et juger.

Il sera en état d'émettre des idées personnelles, et l'on ne pourra plus lui faire le reproche de lire sans comprendre ni d'écrire sans penser.

Manuel de lecture, ou Exercices syllabés pour faire suite aux Tableaux de lecture de Peigné, par Fresse-Montval. 9e édition, in-18, cart. . . . . 0 fr. 50
Lectures sur les découvertes dans l'industrie et dans les arts, *livre de lecture courante*, par M. Mazure, inspecteur de l'Université, 4e édition, in-12, cart. 1 fr. »
Cours de lectures morales, composé de beaux traits, par Fresse-Montval. 8e édition, in-12, cart. . . . . 1 fr. »

TROISIÈME ÉDITION PLUS COMPLÈTE, ADOPTÉE POUR LES ÉCOLES DE LA VILLE DE PARIS

LES CÉLÉBRITÉS DE L'ATELIER

OUVRIERS. — INVENTEURS

LIVRE DE LECTURE à l'usage des écoles primaires, des classes d'adultes et d'apprentis et des bibliothèques scolaires.

1 vol. in-12. . . . . 1 fr. 50

Les hommes qui figurent dans cette galerie ont tous été des *hommes utiles;* tous ont légué aux générations à venir le fruit de leurs travaux : tous méritent l'admiration et la reconnaissance Nos jeunes générations trouveront donc la de bons exemples de travail et de précieux encouragements.

Aide-mémoire d'Orthographe — Recueil de règles formulées brièvement, faciles à retenir et propres à résoudre les *difficultés orthographiques*. (Vrai memento d'orthographe utile à tout le monde, tant aux Français qu'aux étrangers.) Par Clouzet Aîné. 9e édition. In-32 . . . . 0 fr. 75

Cours de style épistolaire, à l'usage de quiconque veut apprendre à bien faire une lettre, par Popot. 200 sujets et modèles dans tous les genres. In-12, cart. . . . 0 fr. 60
Leçons pratiques de style. Méthode facile pour écrire avec clarté et pureté, par A Chaillot. In-12 . . . . 0 fr. 60
Discours de Buffon sur le style. Edition revue par A. Dubois, br. . . . . . 0 fr. 10
Cours de style, par M. E. Caron :
Premiers exercices sur la propriété de l'expression et la construction de la phrase :
Livre de l'élève, in-12, cart. . . . . 1 fr. »
Livre du maître, in-12, br. . . . . . 1 fr. »
Seconds exercices sur la valeur des termes et locutions et sur les principaux genres de composition :
Livre du maître, in-12, br. . . . . . 1 fr. »

Le style épistolaire enseigné par la pratique, recueil d'écritures variées et graduées, par Desormes. In-8, cart. . 0 fr. 50

C'est à la fois un manuscrit pour apprendre à lire toutes les écritures et un recueil de préceptes de style épistolaire, encadrés dans une série de lettres graduées pour former un recueil complet de modèles : c'est un livre pratique si jamais il en fut.

Grammaire française, par Lhomond, revue, annotée et expliquée avec des exemples à l'appui de chaque règle, par M. Dubois. 4e édition. In-12. . . . . 0 fr. 20
Exercices français sur la grammaire de Lhomond, suivis d'un traité d'analyse grammaticale et d'analyse logique, par M. Dubois. 4e édition. In-12 . . . . 0 fr. 25

Dernières Publications adoptées par la Ville de Paris
MÉDAILLES D'HONNEUR, SOCIÉTÉ D'INSTRUCTION ET D'ÉDUCATION
MÉDAILLE D'ARGENT (Classe I, Enseignement primaire) **à l'Exposition Universelle de 1900**
" L'Éducation morale par la lecture des Chefs-d'Œuvre littéraires"

VIENT DE PARAITRE :

LECTURES CHOISIES

PROSE ET POÉSIE

EN RAPPORT AVEC LE PROGRAMME DE MORALE
SUIVIES
d'un **COMMENTAIRE**, d'une **PENSÉE**, d'un **EXERCICE** d'**ÉLOCUTION** ou de **RÉDACTION** et d'un **LEXIQUE RAISONNÉ**
par

D. BONNEHON Ancien professeur d'École normale, Inspecteur d'Enseignement primaire. | **P.-E. TURGAN** Directeur d'École publique.

Ce nouveau Cours de Lectures expliquées, spécialement composé pour les élèves de l'Enseignement primaire, comprend trois parties :

I. — **COURS PRÉPARATOIRE ET ÉLÉMENTAIRE.** — 50 Lectures graduées. — 50 Commentaires. — 50 Pensées. — 50 Exercices d'élocution. — 50 Lexiques. — 40 Gravures. — 4e édition. 1 vol. gr. in-12, cart. . . . . 0 fr. 75
Un exemplaire SPECIMEN broché, *franco* : 0 fr. 30.

II. — **COURS ÉLÉMENTAIRE ET MOYEN.** — 100 Lectures graduées. — 100 Commentaires. — 100 Pensées. — 100 Devoirs de rédaction. — 100 Lexiques. — 80 Gravures. — 1 vol. gr. in-12, cart. . . . . 1 fr. 25
Un exemplaire SPECIMEN broché, *franco* : 0 fr. 60

III. — **COURS MOYEN ET SUPÉRIEUR.** — 150 Lectures graduées. — 150 Commentaires. — 150 Pensées. — 150 Devoirs de rédaction. — 150 Lexiques. — 130 Gravures. 1 vol. gr. in-12 cart. . . . . 1 fr. 50
Un exemplaire SPECIMEN broché, *franco* : 0 fr. 75.
Les trois Cours pris ensemble SPECIMEN, cartonné, *franco* : 1 fr. 50.

Parmi les meilleurs recueils, aucun n'offre aux maîtres de materiaux plus intelligemment et plus complètement préparés que les **Lectures choisies**, de BONNEHON et TURGAN.

Qu'y trouveront maîtres et élèves ?

Pour l'enseignement de la *langue :*

1° Des *textes* parfaitement à la portee des enfants des différents cours ; ces textes serviront de thème à la leçon de lecture littéraire et de recitation, à la dictée, à l'exercice de copie, au devoir de lecture, résumé ou reproduction.

2° Des *commentaires* et un *lexique* raisonné comprenant les principales explications et éclaircissements que la leçon comporte au point de vue littéraire, grammatical et moral.

3° Des exercices de *rédaction* et d'*élocution* dont les enfants trouveront les matériaux dans le texte de la lecture, et le sommaire à la suite de ce texte. Cette partie est particulièrement neuve et intéressante.

Pour l'enseignement de la *morale :*

1° Des *lectures* se rapportant à nos principaux devoirs, exemples frappants, anecdotes intéressantes, considérations pratiques.

2° Des *commentaires* et, à chaque chapitre, une *pensée morale* résumant l'enseignement moral du morceau.

Quoi encore ?

Il aurait manque à cet ingénieux ouvrage un élément d'intérêt si l'éditeur ne l'avait enrichi d'illustrations intéressantes, petites scènes de genre, portraits d'auteurs et de personnages célèbres, etc. Mais tout cela s'y trouve et achève de faire des *Lectures choisies* un classique parfait dans son genre et qui rencontrera auprès de nos lecteurs le succès qu'il mérite.

(*Petit Journal d'Éducation.*)

PETITE ENCYCLOPÉDIE

PREMIÈRES NOTIONS DE SCIENCES USUELLES

Par M. W. MAIGNE

Les Minéraux. — Les Végétaux. — Les Animaux. — Les Métaux. — Les Combustibles. — Les Aliments. — Les Matières textiles. — Les Météores. — Les Astres. — Le Calendrier. Nouvelle édition avec 100 gravures explicatives. 1 vol. in-12, cart. . 1 fr. 50

SIMPLES CAUSERIES AGRICOLES

LIVRE DE LECTURE A L'USAGE DES ÉCOLES

Par **M. NAUDET,** officier de l'instruction publique, maître adjoint à l'École normale de Laval.
1 vol. in-12, cartonné. . . . . 1 fr.
Ouvrage couronné par la Société pour l'instruction élémentaire et par la Société des anciens élèves de l'École normale de Versailles.

Nouvelle édition revue et augmentée.
Chaque partie contient **300 DICTÉES** *au lieu de 200*
et **600 EXERCICES** *au lieu de 400.*

D. BONNEHON, inspecteur de l'Enseignement primaire
P.-E. TURGAN et **HEISSAT**

NOUVEAU COURS GRADUÉ DE DICTÉES CHOISIES

et d'Exercices de Langue Française

1er Degré. — Classe Enfantine et Cours Préparatoire

300 Dictées, 600 Exercices écrits ou oraux, précédés de **Notions de Grammaire.** 1 vol. in-12 cart. 0 75

2e Degré. — Cours Élémentaire et Moyen

300 Dictées, 600 Exercices écrits ou oraux, précédés de **Notions de Grammaire.** 1 vol. in-12 cart. . . . . 1 »

3e Degré. — Cours Moyen et Supérieur

300 Dictées, 600 Exercices écrits ou oraux, précédés des **Simplifications de la syntaxe française.** 1 vol. in-12 cart. 1 50

Ces dictées ont été extraites des ouvrages des meilleurs écrivains ou choisies parmi les compositions données dans les examens; elles ne sont pas seulement utiles pour l'étude de l'orthographe, elles peuvent encore servir de modèles pour les exercices de rédaction; les élèves y trouveront un choix d'expressions heureuses, de tournures élégantes; aussi, verrions-nous sans surprise ces petits livres favorablement accueillis par le corps enseignant tout entier; ce serait pour les auteurs la plus flatteuse comme la plus légitime des récompenses. (*Union des Instituteurs.*)

Cette appréciation, la meilleure des recommandations, a été donnée lors de l'apparition de ces cours; depuis, des milliers d'exemplaires ont été vendus. La nouvelle édition, refondue avec tant de soin et si considérablement augmentée, ne peut qu'obtenir un accueil encore plus favorable. Cet ouvrage facilitera, dans une large mesure, la tâche des maîtres et des élèves.

PETIT JOURNAL D'ÉDUCATION & D'ENSEIGNEMENT

OU

MANUEL DE PÉDAGOGIE PRATIQUE

13e année (Avril 1900 à Mars 1901)

Abonnement. — Paris et Départements : 3 fr. — Étranger : 3 fr. 50.

Chaque année ce journal donne : **un Cours familier de Pédagogie; une Répartition des Matières du Programme; 400 Dictées, 300 Exercices de Grammaire, 300 Compositions françaises; 1000 Problèmes avec Solutions; des Lectures ou Récitations expliquées; des Plans de Leçons; une Préparation aux Examens; un grand nombre de Conférences pédagogiques; un Résumé de la Législation, etc.**

Envoi *gratuit* et *franco* d'un numéro spécimen à toute personne qui en fera la demande. — C'est le journal pédagogique le plus complet et le plus répandu, l'indispensable *vade-mecum* de tout membre de l'enseignement.

Troisième édition, considérablement augmentée

PRÉCIS D'ARITHMÉTIQUE

à l'usage des aspirants au brevet de capacité et des élèves de l'enseignement second. spécial
Suivi d'un *Memento de Géométrie appliquée à la mesure des surfaces et des volumes*
Par **Auguste ARNAL**, professeur au collège de Perpignan.
In-12, cartonné, nombreuses figures explicatives . . . . 2 fr.

COURS D'ARITHMÉTIQUE

DUBLANCHY.
- **Petite Arithmétique élémentaire**, 2e édition, in-18, cart. . . . 0 fr. 50
- **Traité d'Arithmétique**, 2e cours, in-12, cart. . . . . 0 fr. 75
- **Complément et solutions raisonnées des problèmes de l'Arithmétique élémentaire**, premier et deuxième cours, in-12 . . . . . . 0 fr. 50

DEMKÈS . . . **Arithmétique des élèves**, nouvelle édition, in-18, cart. . . . . . 0 fr. 50

LEGOUT. . . .
- **Arithmétique**, in-18, cart. . . . . 0 fr. 10
- **Géométrie pratique**, in-18, cart. avec planches. . . . . 0 fr. 10

Système métrique avec questionnaire et exercices, suivi des tableaux des anciennes mesures et des monnaies, par M. Didry, ingénieur. In-18, avec figures, cart. . . . . . 0 fr. 10
Tableau des premières combinaisons des nombres, par M. Garassus, in-18. . . 0 fr. 40

BOTANIQUE ÉLÉMENTAIRE DES ÉCOLES

Par **Théophile MONGIS**, professeur. — 1 in-12, cart., 75 figures explicatives . . . . 1 fr. 25

« Ce livre comble, fort à propos, une lacune dans l'enseignement scientifique mis à la portée des enfants. Sous la forme attrayante de dialogues, M. Mongis a su réunir tous les éléments de la Botanique. Savant, sans en avoir l'air, ce livre est de plus orné d'un grand nombre de gravures qui achèvent de faire comprendre ce que le texte explique. »

Notions élémentaires de *Physique*, à l'usage des écoles normales primaires et des maisons d'éducation, par E. Douliot, professeur. Deuxième édition, avec 16 planches explicatives, in-12 . . . . 1 fr.

Premiers éléments de Dessin linéaire, comprenant les notions les plus importantes sur la géométrie, l'architecture, orné de 99 figures explicatives, par F. Julien, professeur de dessin, in-8. . . . . 1 fr.

NOUVELLE MÉTHODE DE CHRONOLOGIE APPLIQUÉE A L'HISTOIRE DE FRANCE

Par Madame **SALLÈZE**

Quatrième édition revue et augmentée, accompagnée d'une table géographique des lieux célèbres
Avec les signes conventionnels des faits qui s'y rattachent et de tableaux généalogiques.
Ouvrage approuvé par la Société des Instituteurs et des Institutrices de la Seine.
1 volume in-4, avec 15 tableaux chronologiques. . . . . . 2 fr. 50

Les 15 tableaux de cette chronologie *agrandis* et *mesurant 40 centimètres carrés*, pouvant par conséquent être vus de toute une classe, plus un tableau muet de même dimension . . . . 6 fr.

Les tableaux *muets se vendent* **séparément 25 c.**
Le collage de ces tableaux sur cartons se paye 20 c. net, par chaque carton.

« Ce système est d'une remarquable simplicité ; il doit effectivement obtenir d'excellents résultats, car il a été imaginé pour un âge où l'enseignement des yeux est le meilleur. Il a d'ailleurs mérité les éloges de la Société des Instituteurs du département de la Seine ; ce qui est une consécration. » *Instruction publique.*

BIOGRAPHIES ET PORTRAITS DES PERSONNAGES CÉLÈBRES

POUVANT ÊTRE DONNÉS COMME ACCESSITS OU BONS POINTS
200 Portraits gravés sur acier par les artistes les plus distingués
Textes rédigés par une Société de gens de lettres, sous la direction de M. JARRY, de Nancy.
Les cinq, 1 franc ; Le cent, 15 francs ; Cinquante, réunis dans un étui album. . . 8 francs.
Sur demande, envoi franco de la liste de ces portraits bibliographiques.

Devises et armes des royaumes d'Europe et de quelques villes de France, d'un grand nombre de personnages et de familles nobles de France et de Belgique. 0 fr. 25

Abrégé de Mythologie (Lille). In-18, cartonné . . . . 1 fr. 20
Legout
- **Histoire de France**. . . 0 fr. 10
- **Géographie** . . . . 0 fr. 10

NOTIONS SOMMAIRES D'INSTRUCTION CIVIQUE

A L'USAGE DES ÉCOLES ET DES FAMILLES
Par J. **HUTINEL**, secrétaire d'inspection académique, officier de l'Instruction publique.
6e édition. 1 volume in-18, cartonné. . . . . 0 fr. 60
Un exemplaire **specimen** *franco*. . . . . 0 fr. 30

« Quoique d'un très petit format, ce volume de M. Hutinel traite trois questions importantes qui forment trois nouvelles matières d'enseignement dans nos écoles. Ce sont : L'instruction civique ; — Les notions de droit pratique ; — L'économie politique.

« Chacun de ces points est traité au moyen de questions et de réponses simples, courtes et claires. Il contient tout ce que le maître doit confier à la mémoire de l'enfant, car on ne doit pas perdre de vue que l'enseignement civique doit reposer sur des connaissances techniques qu'il convient de commenter et d'expliquer. L'ouvrage de M. Hutinel est adopté à l'unanimité. »

Le Catalogue pour l'Enseignement secondaire est envoyé **franco** *sur demande.*

CHANSONS DE L'ENFANT

Cours pratique de musique. *Application graduée et progressive du solfège élémentaire.*

Par **Jules JACOB**, professeur de chant aux écoles de la Ville de Paris.

Album in-4 de 20 morceaux notés (20 X 27) . . . . 1 fr. 50

SPÉCIMEN : Envoi d'un exemplaire contre moitié du prix (soit 0 fr. 75 *franco*).

Ce nouveau Cours pratique de musique se distingue complètement de ses frères aînés : à chaque leçon correspond un ou plusieurs chants que les élèves doivent solfier d'abord et chanter avec les paroles ensuite. Cette méthode est conçue intelligemment ; elle empêchera les élèves de se rebuter par une étude parfois fastidieuse de la musique.

Ajoutons que les Petites Chansons sont écrites avec soin et que chacune d'elles comprend une petite leçon de morale ou de patriotisme. (*Union des Instituteurs.*)

TABLE MUSICALE

Les Étoiles (Ut majeur, à 2 temps). **Les Grand'Mères** (Ut majeur, à 3 temps). **Le Diamant et le Grain de Blé** (La mineur, à 2 temps.) **L'Enfant du Régiment** (Sol maj., à 2 tps). **Noir et Blanc** (2 voix ad libitum (Sol majeur, à 2 temps).

Ruban rose et ruban bleu (Sol majeur, à 2 temps). **Papillon noir** (Sol majeur, à 3 temps.) **La Chanson du Drapeau** (Sol majeur, à 4 temps). **Le Dé d'argent** (Mi mineur, à 2 temps). **Dans le grand Bois.** (Fa maj., à 2 temps).

L'Ogre et le petit Poucet (Fa majeur, à 2 temps). **La meilleure Prière** (Fa mineur et La majeur, à 2 temps). **Le premier Miroir** (Fa majeur, à 2 temps). **Vive le Printemps** (Fa maj., à 2 temps). **La Robe neuve** (Fa majeur, à 3 temps).

La petite Orpheline (Ré min., à 2 temps). **Le Géant et le Nain** (Ré maj., à 2 temps). **Brune et Blonde** (Si bémol maj., à 2 temps). **La Musique** (La majeur, à 3 temps). **Les trois Bouquets** (Mi bémol majeur, à 2 temps).

CHANTS ET CHANSONS DES JEUNES FILLES

Par **Étienne DUCRET.** — 4 *séries.* — 1 vol. in-12, avec musique. . . 4 fr. »

1re Série.—*Rondes enfantines avec Jeux.* In-12. . . . . Pas séparément

2e Série.—*Chansonnettes, Noëls, Fables en musique.* In-12. . . —

3e Série.—*Chants populaires.—Airs, duos, chœurs célèbres.* In-12. Séparément 0 fr. 75

4e Série.—*Chants nouveaux avec accompagnement de piano.* In-12. — 0 fr. 75

COMPLIMENTS & LETTRES DE BONNE ANNÉE EN PROSE & EN VERS

Chansons et Couplets pour toutes les Fêtes de famille et de pension

Par **M. MANCEAU,** *maîtresse de pension à Paris.*

6e édition plus complète. — 1 vol. in-12. . . . . 1 fr.

200 compliments ou lettres, chansons ou couplets, bouquets ou dialogues pour toutes circonstances et pour toutes personnes.

Ce recueil sera un très bon guide, il a le mérite de la simplicité et de la brièveté.

POLITESSE AU PENSIONNAT, par Mme **la comtesse DROHOJOWSKA,** 9e édition. In-18, cartonné. . . . . 1 fr. »

Du bon langage et des locutions à éviter, par Mme la comtesse DROHOJOWSKA. *14e édition.* 1 vol. in-12, broché. 1 fr. 50

Premières leçons de politesse mises à la portée des jeunes enfants, par Mme DE BRAY. *Nouvelle édition.* In-18, cart. 0 fr. 50

FABLES ET MORCEAUX DIVERS

Choisis dans nos meilleurs auteurs et annotés pour l'usage des classes élémentaires

Par **CHAMPEAU**

5e édition, in-18, cartonné . . . . . . 1 fr. »

CHOIX DE DIALOGUES

en prose et en vers

A L'USAGE DES ENFANTS

Par **CHAMPEAU**

8e édition. In-18, cartonné. . . . . . 1 fr. 10

Dernière Gerbe, fables, contes, légendes et poésies, par BURON . . . . 1 fr. 50

Choix de fables françaises tirées des meilleurs fabulistes, par RIGAUD. In-18. 60 c.

Fables de FLORIAN, suivies du poème de Tobie. In-18, cart . . . . . . 0 fr. 20

Les feuilles et les fruits, poésies par l'abbé J. ESPAGNOLLE. 1 joli vol. in-12. 3 fr. »

LECTURES CHOISIES

Prose et Poésie

Par **BONNEHON** et **TURGAN,** page 32.

CORBEILLE POÉTIQUE DU JEUNE AGE

ou Recueil de Leçons littéraires et morales empruntées à nos meilleurs poètes

Par M. BURON. — *Troisième édition.* — In-18, cartonné. . . . . 1 fr. »

Sceaux. — J. Mersch, imp., 4bis, Av. de Châtillon.

THÉATRE

COMÉDIES, DRAMES et MONOLOGUES

SAYNÈTES, DIALOGUES ET MYSTÈRES

Pour JEUNES GENS ou JEUNES FILLES

PIÈCES POUR HOMMES OU JEUNES GENS

JACQUES D'ARS.

* **Le Major Tactic.** Comédie en 3 actes . . . . 1 fr.
Cousin contre cousin. Comédie en trois actes. *Deuxième édition* . . . . 1 fr.
La Jeunesse de Charles V. Drame historique en 4 actes. *Deuxième édition*. 1 fr.
Musique et accompagnement (*grand format*) avec couverture illustrée . . . 1 fr.
Mazarin. Drame historique en 3 actes, avec chant et musique . . . . 1 fr.
La Messe de Minuit. Mystère en 3 actes. . . . . 1 fr.

AUTEUR DU *VOYAGE A BOULOGNE-SUR-MER*

La Chasse à l'Ours. Comédie en 3 actes avec chants et musique. *3e édition* . . 1 fr.
Les Crampons de sauvetage. Comédie en 4 actes, avec chants et musique. *Quatrième édition*. . . . . 1 fr.
Un Déjeuner sous bois. Comédie en 1 acte, avec chants et musique. *3e édition*. 80 c.
La Torpille. Comédie en 1 acte. *Deuxième édition*. . . . . 80 c.
Le Voyage à Boulogne-sur-Mer. Comédie en 2 actes, avec chants et musique. *Quatrième édition* . . . . 1 fr.

JULES BARBIER

Jeanne d'Arc. Drame en 5 actes, en vers, *édition spéciale* par H. DARBÉLIT. *3e édit.* 1 fr.
Musique des chœurs de Gounod, *conforme à cette édition* . . . . 10 fr.

BERNARD, professeur de rhétorique.

Daniel. Drame. . . . . 80 c.

ARTHUR BERNÈDE

La Vocation de Poquelin ou **Molière à vingt ans.** Comédie en 1 acte, avec chant et musique . . . . 1 fr.

BLAIN DES CORMIERS

* **Le Homard et les Plaideurs.** Farce judiciaire en 1 acte. . . . . 1 fr.

THÉODORE BOTREL

Chantepie. Drame en 3 actes. *Deuxième édition* . . . . 1 fr.
Nos Bicyclistes. Opérette en 1 acte. *Troisième édition* . . . . 1 fr.
Musique et accompagnement (*grand format*) avec couverture illustrée. . . 2 fr.
A qui le Neveu ? Comédie en 2 actes. *Quatrième édition* . . . . 1 fr.
Le Poignard. Drame en 1 acte, avec chant et musique. *Quatrième édition* . . 1 fr.
Les Pièces d'Or, saynète . . . . 50 c.
Un bon Métier, saynète . . . . 50 c.

CHARLES BUET

Un Brave ! Drame en 1 acte. *Quatrième édition*. . . . . 1 fr.
Le Prêtre. Drame en 5 actes. *Édition originale illustrée.* 1 grand in-8 (4 rôles d'hommes et 5 de femmes), au lieu de 4 francs. . . . . 1 fr. 50

MARC CALMON

Le Siège d'Uxellodunum. Drame en 5 actes et en vers. . . . . 1 fr. 25

CASSIEN DE KERMADEC

Le Dernier Oncle d'Amérique. Pièce en 2 actes. *Quatrième édition* . . . . . 80 c.

GASTON CHENEAU

Philoctète. Tragédie de Sophocle, en 3 actes en vers, avec chœurs. . . . . . 1 fr.

ALBERT COUPARD

Le Spectre de Châtillon. Drame historique en 3 actes. *Troisième édition*. . . 1 fr.

Les dernières nouveautés sont précédées d'un astérisque.

(Voir aux pages 7 et 3 les Pièces pour JEUNES FILLES.)

ENVOI **franco**, APRÈS RÉCEPTION DU MONTANT.

Pour la recommandation, ajouter, pour la France, 0 fr. 10 par envoi et, pour l'étranger, 0 fr. 25.

PIÈCES POUR HOMMES OU JEUNES GENS

PAUL CROISET

Les Débuts d'un Sous-Préfet. Comédie en 1 acte. *Troisième édition* . . . . . 80 c.
Le Revenant. Drame en 3 actes. *Troisième édition*. . . . . 1 fr.
Don José. Drame en 4 actes. *Deuxième édition*. . . . . 1 fr.
Musique et accompagnement des couplets, par Ch. PLANCHET. . . . . 1 fr.
Le Lion et le Rat. Saynète. . . . . 50 c.
Blanc et Noir. Saynète. *Troisième édition* . . . . 50 c.
Le Chevrier d'Alsace. Dialogue . . . . 50 c.

CASIMIR DELAVIGNE

Les Enfants d'Édouard. Tragédie en 3 actes, adaptation par H. P. CAZAC, proviseur de lycée. Edition in-18 jésus. *Deuxième édition* . . . . 1 fr.
Édition de luxe. In-8° . . . . 2 fr. 50

H. DENIZOT

* **Une Voix d'Or.** Opérette en 1 acte. . . . . 1 fr.
Musique et accompagnement des chœurs et couplets (*grand format*) avec illustration . . . . 1 fr.
Les Cent mille francs de Cornlquet. Comédie en 2 actes, avec musique et accompagnement. *Troisième édition* . . . . 1 fr.
L'Interprète. Comédie en 1 acte. *Troisième édition*. . . . . 80 c.
Un Oncle au Volapük. Comédie en 1 acte. *Deuxième édition*. . . . . 80 c.
Une Ruse de Guerre. Comédie en 2 actes. *Deuxième édition*. . . . . 1 fr.

PAUL DIDIER

La Note du Docteur. Comédie en 1 acte. (2 rôles d'hommes et 1 de femme). . 80 c.

EUGÉNIE DUBARRY

Tarcisius ou le Martyr de l'Eucharistie. Pièce en 4 actes avec musique. . . 2 fr.
Les Enfants Nantais. Drame en 4 actes. 1 fr.
Le Lendemain de Noël. Pastorale en 3 actes, avec musique . . . . 1 fr.
Le Tout au sujet d'un caniche. Comédie en 2 actes, avec musique (5 rôles d'hommes et 11 de femmes), suivi du
Petit Poucet. Comédie en 3 actes (8 rôles d'hommes et 2 de femmes) . . . . 1 fr. 50

STÉPHANE DUBOIS

Le Reliquaire de l'Enfant adoptif. Drame en 4 actes, avec chants et musique. *Cinquième édition* . . . . 1 fr.

FABRE DES ESSARTS

En Prison. Saynète . . . . 50 c.

EUGÈNE GAULEY

Saint Nicolas. Mystère en 1 acte. . . . . 50 c.

GEORGES DE GRANDMORIN

Poissons d'avril. Comédie en 2 actes, avec chants et musique. *Deuxième édition*. 1 fr.

JEHAN GR'EECH

Jeanne d'Arc. Drame en 5 actes, avec chœurs et couplets. . . . . 1 fr.

HENRI HELLO

Drame de deux Martyrs : *sainte Agnès, saint Ignace d'Antioche*; le poème. 1 fr.
La partition, par l'abbé GEISPITZ, maître de chapelle de Notre-Dame de Paris. 3 fr.

COMTE DE LARMANDIE

* **Le Mystère de la Rédemption.** Tétralogie évangélique, couverture illustrée en 2 couleurs (11 rôles d'hommes et 6 de femmes) . . . . 1 fr. 50

LEBARDIN

Les Touristes. Comédie en 3 actes, avec musique des couplets. *7e édition*. 80 c.
Qui trop embrasse mal étreint. Pièce en 2 actes, avec musique des couplets. *Troisième édition*. . . . . 80 c.
Le Retour des Colonies. Comédie en 2 actes. *Septième édition*. . . . . 80 c.
L'Expiation. Drame en 3 actes, avec musique des couplets. *Dixième édition*. 80 c.
Les Jeunes Captifs. Drame en 3 actes, avec musique des couplets. *Dixième édit.* 80 c.
Le Départ pour la Californie. Comédie en 3 actes, avec musique des couplets. *Huitième édition* . . . . 80 c.

J. LEDAY

Les Roches noires. Comédie en 1 acte. *Deuxième édition* . . . . 80 c.

ÉLIE LESERRE

Comme Papa ! Saynète avec musique. *Deuxième édition*. . . . . 50 c.

PIÈCES POUR HOMMES OU JEUNES GENS

CH. LE ROY-VILLARS

* **Le Lutin du Clocher.** Opérette en 2 actes. . . . . 1 fr.
Musique et accompagnement des chœurs et couplets (*grand format*), avec couverture illustrée. . . . . 2 fr.
* **Les Pantoufles de sainte Cécile.** Opérette en 2 actes . . . . 1 fr.
Musique et accompagnement des chœurs et couplets par Fontbonne, (*grand format*), avec couverture illustrée. . . . . 2 fr.
* **Les Petits Jardiniers de la Reine.** Comédie enfantine en 1 acte. . . . . 1 fr.
* **Les Cerisiers du Paradis.** Conte de Noël (*Récit dramatique*).
Couverture illustrée en couleur, in-8 br. . . . . 1 fr.
Édition de luxe, papier Japon, in-8 br. . . . . 1 fr. 50
* **Le Grand Coquelicot et le Petit Boër.** Conte du Transwaal. Couverture illustrée en couleurs. . . . . 1 fr.
L'Archiduc Casimir. Opérette-bouffe en 2 actes. *Deuxième édition* . . . . . . 1 fr.
Musique et accompagnement (*grand format*), avec couverture illustrée. . . 2 fr.
Son Excellence! Vaudeville en 3 actes. *Deuxième édition*. . . . . 1 fr.
Le Gondolier de la Mort. Drame vénitien en 3 actes. *Quatrième édition* . . . 1 fr.
Musique et accompagnement de la *Saltarelle* et de la *Barcarolle* (*gd format*) 2 fr.
Les Piastres rouges. Drame espagnol en 3 actes, avec chant et musique. *Sixième édition* . . . . 1 fr.
La Foire de Séville. Opérette-bouffe en 2 actes. *Troisième édition* . . . . . . 1 fr.
Musique et accompagnement (*grand format*), avec couverture illustrée . . 2 fr.
Le Moulin du Chat qui fume. Opérette-bouffe en 1 acte. *Quatrième édition* . 1 fr.
Musique et accompagnement (*grand format*), avec couverture illustrée. . . 2 fr.

ANTONY MARS

Son Altesse. Comédie-vaudeville en 2 actes. *Deuxième édition*. . . . . 1 fr.
L'Hôtel du lac. Vaudeville en 2 actes. *Deuxième édition* . . . . 1 fr.
A la Salle de Police. Saynète comique. *Septième édition*. . . . . 50 c.
Barbotin et Picquoiseau. Comédie-vaudeville en 2 actes. *Quatrième édition* . 1 fr.
Le Docteur Oscar. Comédie-vaudeville en 1 acte. *Septième édition* . . . . . . 1 fr.
Tête folle. Comédie-vaudeville en 2 actes, avec musique des couplets. 6ᵉ *édition*. 1 fr.
Monsieur Gavroche. Comédie-vaudeville en 2 actes. *Cinquième édition* . . . 1 fr.
Musique et accompagnement des couplets, par Alcide Béjot (*grand format*), avec illustration en couleur. . . . . 1 fr.
Quand on conspire! Opérette-bouffe en 1 acte. *Sixième édition*. . . . . 1 fr.
Musique et accompagnement des chœurs et couplets par Pierre Devos (*grand format*), avec couverture illustrée . . . . 2 fr.
Le Secret des Pardhaillan. Folie-vaudeville en 1 acte, avec musique des couplets. *Quatrième édition* . . . . 1 fr.
La Succession Beaugaillard. Comédie-vaudeville en 3 actes, avec musique et accompagnement d'Alcide Béjot. *Cinquième édition* . . . . 1 fr.

CAMILLE NORBERT

Sur le Boulevard. Saynète . . . . 50 c.

P. NUNC

Clovis et Tolbiac. Drame en 3 actes. 1 fr.

OSELMA

Le Passeur de Marmoutier. Drame historique en 3 actes et 4 tableaux. *Nouvelle édition* . . . . 1 fr.
Le Sire de Dorches. Drame en 3 actes, avec musique et accompagnement de MM. Tédo . . . . 1 fr.
La Vengeance de Jean Bastien. Drame en 3 actes. . . . . 1 fr.
Le Poisson. Saynète. . . . . 50 c.

V. THORELLE

La Question sociale. Dialogue . . . . 50 c.
Le Renard et le Bouc. Fable de La Fontaine mise en action . . . . 50 c.

G. DE WAILLY

Les Deux Honneurs. Drame militaire en 3 actes. *Deuxième édition*. . . . . . 1 fr.
Les Parapluies. Comédie en 1 acte. *Troisième édition* . . . . 1 fr.

N. B. — *L'illustration fort agréable des couvertures des partitions donne une idée des costumes et des principales scènes des pièces ou opérettes, ce qui en facilite beaucoup représentation.*

PIÈCES POUR HOMMES OU JEUNES GENS

Comédies arrangées

I. — Molière : **L'Avare. — Le Bourgeois gentilhomme. — Le Malade imaginaire.** Les 3 pièces, 1 vol. *Sixième édition* . . . . 1 fr.

XI. — Molière : **Tartuffe ou l'Imposteur. — Amphitryon. — Les Médecins.** Les 3 pièces. 1 vol. . . . . 1 fr.

XIII. — Molière : **L'École des Tuteurs. — La Précaution inutile. — La Critique de la Précaution inutile. — Les Jeunes Gens ridicules.** Les 4 pièces, 1 vol. . . . . 1 fr.

XIV. — Molière : **Les Faux-Savants. — L'Étourdi ou les Contre-Temps. — Le Sicilien ou le Peinture.** — Les 3 pièces, 1 vol. . . . . 1 fr.

IV. — Racine : **Les Plaideurs.** — Regnard : **Le Joueur.** — Brueys et Palaprat : **L'Avocat Patelin.** Les 3 pièces, 1 vol. *Cinquième édition*. . . . . 1 fr.

V. — Regnard : **Les Ménechmes.** — Fabre d'Églantine : **Le Philinte de Molière.** — Colin d'Harleville : **M. de Crac dans son petit castel.** Les 3 pièces, 1 vol. *Nouvelle édition* . . . . 1 fr.

VII. — Regnard : **Le Légataire.** — Dezède : **Les deux Pages.** — Picard : **M. Musard.** Les 3 pièces, 1 vol. *Nouvelle édition*. . . . . 1 fr.

XII. — Regnard : **Le Retour imprévu.** — Colin d'Harleville : **Le vieux Célibataire.** — Picard : **La Maison en loterie.** Les 3 pièces, 1 vol. . . . . . . 1 fr.

XV. — Regnard : **Le Distrait.** — Brueys : **Le Muet.** — Alexandre Duval : **Maison à vendre.** Les 3 pièces, 1 vol. . . . . 1 fr.

VIII. — Gresset : **Le Méchant.** — Colin d'Harleville : **Les Châteaux en Espagne.** — Picard : **Les Oisifs.** Les 3 pièces, 1 vol. . . . . 1 fr.

XVI. — Le Sage : **Turcaret.** — Hauteroche : **Crispin médecin.** — Desforges : **Le Sourd ou l'Auberge pleine.** Les 3 pièces, 1 vol. . . . . 1 fr.

XVII. — Piron : **La Métromanie.** — Désaugiers : **Le Dîner bourgeois.** — Regnard : **Démocrite.** Les 3 pièces, 1 vol. . . . . 1 fr.

XIX. — **Le Bourgmestre de Saardam ou Pierre le Grand, charpentier.** — Boissy : **Le Français à Londres.** — Dancourt : **Les Curieux de Compiègne.** — Poisson : **L'Impromptu de campagne.** Les 4 pièces, 1 vol. 1 fr.

SOUS PRESSE :

Molière : **Le Médecin malgré lui.** 1 vol. . . . . 50 c.
— **M. de Pourceaugnac.** 1 vol. 50 c.
— **Les Fourberies de Scapin.** 1 vol. . . . . 50 c.
— **Don Juan ou le Festin de Pierre.** 1 vol.. . . . . 50 c.

CHANSONS DE L'ENFANT

Par **Jules JACOB,** *professeur de chant aux écoles de la ville de Paris.*
Paroles de **Hippolyte RION**

Album in-4 (20 × 27) de **20 morceaux notés**. . . . . 2 fr. 50
Avec couverture or et couleurs pour distribution de prix (même prix).

TABLE :

Les Étoiles.	La Chanson du Drapeau.	La Robe neuve.
Les Grand'Mères.	Le Dé d'argent.	La petite Orpheline.
Le Diamant et le Grain de Blé.	Dans le grand Bois.	Le Géant et le Nain.
L'Enfant du Régiment.	L'Ogre et le Petit Poucet.	Brune et Blonde.
Noir et Blanc (2 voix, ad libitum).	La meilleure Prière.	La Musique.
Ruban rose et ruban bleu.	Le premier Miroir.	Les trois Bouquets.
Papillon noir.	Vive le Printemps.	

CHOIX DE DIALOGUES EN PROSE & EN VERS A L'USAGE DES ENFANTS

Par le **R. P. CHAMPEAU,** *ancien supérieur de collège.*

Un volume in-18, *8e édition*. . . . . 1 fr. 10

Ce recueil comprend les plus jolies fables de La Fontaine, mises en dialogues, et diverses petites pièces dialoguées en vers et en prose, très propres à égayer les séances littéraires ou récréatives.

N. B. — *Bien qu'en général il soit facile d'apporter des modifications à la distribution des rôles, le nombre des personnages a été indiqué, dans ce catalogue, pour les quelques pièces comportant des rôles* **mélangés.**

N. B. — Les pièces, monologues ou dialogues ne peuvent êt

munication ; ils ne peuvent de même être repris ni échangés.

NOUVEAU THÉATRE DE LA JEUNESSE

Scènes et Dialogues pour les fêtes des pensionnats de jeunes filles, avec couplets et musiq

Par **Mme MANCEAU**, maîtresse de pension à Paris.

1 volume in-12, composé des 7 pièces suivantes, *avec musique*. **3 fr.**

Celles *précédées* d'un **astérisque** se vendent séparément 60 c.

Belle-Mère et la Belle-Fille (la).
Dialogues et Couplets pour jours de fête et distributions de prix.
* **Fille inconnue** (la).
Jeunes filles corrigées (les).
Prix de vertu (le).
Sainte-Catherine.
* **Tante inconnue.**

Dialogues pour les enfants sur les premières vérités, par Mme Marie de Bray. 1 vol. in-12, orné de gravures. 1 fr 50

Cinq dialogues pour les fêtes de la Saint Enfance : *pour garçons*. . . . 1 fr. 2
Dialogue sur la Première Communion e la Confirmation, par de Gaulle. 25 c

CHARADES ET PROVERBES EN ACTION

NOUVELLES SCÈNES DIALOGUÉES, par Mme la Comtesse DROHOJOWSK

Les sept pièces suivantes se vendent séparément 0 fr. 60

Bien faire.
Les Bons Maîtres font les bons serviteurs.
Bonté et simplicité.
Charité et Travail.
Les Chemins de la Vie.
Une Matinée littéraire.
Vérité et Franchise.

COMPLIMENTS ET LETTRES DE BONNE ANNÉE EN PROSE ET EN VERS

Chansons et Couplets pour toutes les Fêtes de famille et de pension.

Par **Mme MANCEAU**, maîtresse de pension à Paris

6e édition, plus complète, 1 vol in-12. . . . . 1 fr.

200 compliments ou lettres, chansons ou couplets, bouquets ou dialogues pour toutes circon tances et pour toutes personnes. Ce recueil sera un très bon guide : il a le mérite de la simplicit et de la brièveté.

Du bon langage et des locutions à éviter, par Mme la comtesse Drohojowska. *5e édition*. 1 vol. in-12, broché. . . . . **1 fr. 50**

Politesse au pensionnat, par Mme la Cesse Drohojowska. *12e édition*. In-18, cart. **1** fr.

Premières leçons de politesse mises à la portée des jeunes enfants, par Mme de Bray. *Nouvelle édition*. In-18, cartonné. . **50** c.

Fables et Morceaux divers, choisis dans nos meilleurs auteurs et annotés. Par le R. P. Champeau. *8e édition*. In-18, cartonné . . . . **1** fr.

Corbeille poétique du jeune âge c Recueil de Leçons littéraires et moral empruntées à nos meilleurs poètes. P M. Buron. *3e édition*. In-18, cartonné. **1** f

Dernière Gerbe, fables, contes, légend et poésies diverses, par le même, 1 be volume in-18 raisin . . . . **1** fr. **5**

Choix de Fables françaises tirées d meilleurs fabulistes, par Rigaud. In-18. **60**

Fables de Florian, suivies du poème de Tobi In-18, cartonné. **20**

Fables choisies de La Fontaine. In-32. **15**

MUSIQUE MODERNE

40 Cahiers parus pour piano, 4 pour chant avec accompagnement

Prix du cahier de 5 à 10 morceaux. . . . . 1 fr. 50

Œuvres des mieux choisies, éditions des plus soignées

Publication d'un bon marché tout à fait exceptionnel.

Contenu des derniers cahiers parus: — La liste complète en est envoyée sur demande.

CAHIER 27 (moyenne force).

Wilson, G. D. La Chapelle. Caprice.
Slosse, L. Les Jubilaires. Marche militaire.
Beethoven, L. van. Valse.
Meyer, C. Soleil-Levant. Polka-Rêverie.
Besk, C.-B. Tout en rose! Schottisch.
Declercq, V. Sous les Lilas. Rédowa.
Wyman, A.-P. Lorena. Mélodie variée.

CAHIER 52.

(Chant avec accompagnement de piano)

Van Berghe, C. Mon rêve.
Aerts, F. Ce que l'on aime toujours.
Schubert, L. Si j'étais une hirondelle.
Van Berghe, C. Jack et Jacquot.
Schubert, L. Les Œufs de Pâques.
Canivez, L. Pauvre Mère!
Van Berghe, C. Noël!

PIÈCES POUR JEUNES FILLES

AIGUEPERSE

Locataires de Mademoiselle Léna. Comédie en 1 acte. . . . . 80 c.

BEAUGÉ

t ou Moïse et Thermis. Pièce en 3 actes, avec musique . . . . 50 c.

PAUL CROISET

ovrière d'Alsace. Saynète-dialogue . . . . 50 c.

EUGÉNIE DUBARRY

ission d'Éliézer. Pièce en 5 actes (9 rôles d'hommes et 10 de femmes) 1 fr. 50
. Drame biblique en 5 actes (6 rôles d'hommes et 4 de femmes). . . . . 1 fr.
Geneviève. Drame en 3 actes avec prologue (6 rôles d'hommes et 5 de mes) . . . . 1 fr.
eprésentation au Palais Cardinal. Comédie en 3 actes. (7 rôles nmes et 18 de femmes) . . . . 1 fr. 50

P. DUCOUSSO

la Vierge d'Aginum. Drame en 4 actes, en vers. . . . . 1 fr.

LOUISE-MARGUERITE D'ESTRÉELLES

it Noël. Comédie enfantine en 1 acte, avec musique. *Troisième édition.* 80 c.
etits Cailloux. Comédie en 1 acte. *Troisième édition.* . . . . 80 c.

GIRARD

hémiennes. Comédie en 3 actes, avec musique. *Cinquième édition.* . . . 80 c.
le de Jephté. Pièce en 3 actes, avec musique. *Nouvelle édition.* . . . . 80 c.
pétition d'Athalie. Comédie en 2 actes, avec musique. *Nouvelle édition* 80 c.

MARIE GUERRIER DE HAUPT

main de l'École. Saynète, avec musique . . . . 50 c.
nfants de la France. Saynète, avec musique. . . . . 50 c.
on à la Poupée. Saynète, avec musique . . . . 50 c.

LEMEUNIER

Clotilde. Drame en 3 actes, avec musique . . . . 1 fr.

CH. LE ROY-VILLARS

Pantoufles de sainte Cécile. Opérette en 1 acte. . . . . 1 fr.
ique et accompagnement, avec couverture illustrée . . . . 2 fr.
'zelle Chaperon-Rouge. Comédie enfantine en 1 acte. . . . . 1 fr.
nbitions d'Eglantine. Comédie en 2 actes. *Quatrième édition* . . . . . 80 c.
âteau de la Mare-aux-Biches. Comédie en 2 actes, avec chant et que. *Deuxième édition.* . . . . 1 fr.
aussons de la Duchesse Anne. Opérette en un acte. *Troisième édit.* 1 fr.
ique et accompagnement, avec couverture illustrée . . . . 2 fr.
bots du Diable. Mystère de Noël en 1 acte, avec chant et musique. *ième édition.* . . . . 1 fr.
itesse Prunette. Opérette-bouffe en 2 actes. *Troisième édition* . . . . . 1 fr.
ique et accompagnement, avec couverture illustrée . . . . 2 fr.
le du Sonneur de Cloches. Opérette en 2 actes. *Cinquième édition.* . 1 fr.
ique et accompagnement, avec couverture illustrée . . . . 2 fr.
re de Séville. Comédie-bouffe en 2 actes. *Quatrième édition.* . . . . . 1 fr.
ique et accompagnement, avec couverture illustrée. . . . . 2 fr.
le Beaucerdon a rêvé « Chats ! » Comédie en 2 actes. *Cinquième édit.* 80 c.
rabella fait ses confitures ! Comédie en 1 acte. *Troisième édition* . . 1 fr.
ser d'Olivette. Pièce en 1 acte. *Troisième édition.* . . . . 80 c.

DE LA MAGDELEINE

a. Drame en 6 actes, avec musique. *Quatrième édition* . . . . 80 c.
orite Morus. Drame en 4 actes, avec musique. *Troisième édition.* . . . 80 c.
Geneviève, Bergère et Patronne de Paris. Pièce en 5 actes. *Nouvelle on* avec musique. . . . . 80 c.
Elisabeth de Hongrie. Pièce en 5 actes et 6 tableaux, avec musique. *velle édition* . . . . 80 c.
gardien de la Jeune Fille. Dialogue avec musique. *Troisième édition.* 80 c.

B. — *Les partitions grand format, qui sont ornées d'un dessin reproduisant tumes et les principales scènes de la pièce, constituent un document précieux égler la représentation.*

PIÈCES POUR JEUNES FILLES

ANTONY MARS

Un Conte bleu. Comédie en 3 actes, avec chœurs et couplets. . . . . 1 fr.
Musique et accompagnement des chœurs et couplets, par Alcide Béjot. . . 2 fr.
Les Deux Pigeons. Comédie en 2 actes, avec musique des couplets. *Troisième édition* . . . . 1 fr.
La Meunière du Moulin joli. Comédie en 2 actes, avec chœurs et couplets. *Cinquième édition* . . . . 1 fr.
Musique et accompagnement des chœurs et couplets, par Alcide Béjot, avec couverture illustrée . . . . 2 fr.
La Petite Cendrillon. Comédie en 2 actes, avec chœurs et couplets. . . . . 1 fr.
Musique et accompagnement des chœurs et couplets, par Alcide Béjot. 2 fr.
Rose et Blanche. Comédie en 2 actes, avec chœurs et couplets. *Deuxième édition*. . . . . 1 fr.
Musique et accompagnement des chœurs et couplets, par Alcide Béjot, avec couverture illustrée. . . . . 2 fr.

V. MOUROT

Jeanne d'Arc, Sainteté et Patriotisme. Drame en 5 actes, avec couplets et musique. *Sixième édition* . . . . 80 c.
Marie-Antoinette ou **les Sourires et les Tristesses d'une reine.** Drame en 3 actes. *Nouvelle édition*. . . . . 80 c.

CAMILLE NORBERT

Le Pot-au-feu d'Isabelle. Comédie en 2 actes. . . . . 80 c.

RENÉ SOSTA

La Chanson de l'Oiselle. Comédie en 2 actes, avec musique et accompagnement. . . . . 1 fr.

DE WAILLY

* **Dolorès d'Albe.** Drame en 4 actes. . . . . 1 fr.

CHANTS ET CHANSONS DES JEUNES FILLES

RECUEILLIS ET REVUS POUR LES ÉCOLES ET LES FAMILLES

Par **Étienne DUCRET.** — 4 Séries. — 1 vol. in-12, avec *musique*, 3 fr.

1re série. — *34 rondes enfantines avec Jeux*. . . . . pas séparément
2e série. — *30 chansonnettes, Noëls ou Fables en musique* . . . . . . — —
3e série. — *30 chants populaires, airs, duos, chœurs célèbres des Grands Maîtres*. . . . . Séparément 0 fr. 75
4e série. — *14 chants nouveaux avec accompagnement de piano*. — 0 fr. 75

AVIS IMPORTANT

Les spectateurs prenant souvent grand plaisir soit à suivre dans le livret la pièce représentée, soit à la relire à l'issue de la représentation, certaines Sociétés, certains Collèges, désireux de leur être agréables — en même temps que soucieux d'augmenter les ressources de leur œuvre ou de leur établissement, tout au moins d'atténuer les frais parfois onéreux de la séance — ont eu l'ingénieuse idée de faire vendre dans la salle la brochure de la pièce en représentation.

J'accorde, en ces circonstances, des réductions spéciales et me mets à la disposition des Œuvres et des Etablissements pour leur envoyer le nombre de brochures qu'ils jugent utile.

Celles qui ne sont pas vendues peuvent m'être retournées intactes et la réduction est faite selon le nombre gardé.

— D'autre part, toute copie ou reproduction étant formellement interdite par la loi, je ne saurais trop engager MM. les Directeurs à se munir d'autant de brochures que de rôles : les meilleures conditions leur sont assurées.

Toute demande accompagnée de son montant en mandat ou timbres-poste français est expédiée de suite et franco. (*Les timbres peuvent s'égarer, les mandats, en cas de perte, sont remboursés par la poste.*)
Les marchandises voyageant toujours aux risques et périls des destinataires, ajouter 0 fr. 10 par envoi, si l'on désire qu'il soit recommandé. Pour l'étranger, ajouter 0 fr. 25.

Paris. — J. Mersch, imp., 4 bis, Av. de Châtillon.

EXTRAIT DU CATALOGUE

DE

HYACINTHE CAILLIÈRE

Editeur à Rennes

daille d'or, Rennes, 1887. — **Médaille d'argent**, Exposition Vaticane, Rome, 1888. — **Diplôme d'honneur**, Saint-Brieuc, 1891. — **Diplôme d'honneur** (Hors Concours), membre du Jury, Saint-Servan, 1891. — **Diplôme d'honneur**, Vannes, 1892. — **Médaille d'or**, Exposition du Livre, 1894. — **Médaille d'or**, Exposition Sénigalienne, 1894. — **Grand Prix d'honneur**, Lannion, 1895. — **Diplôme d'honneur**, Rennes, 1897. — **Médaille d'honneur spéciale** de la Société Nationale d'Encouragement au Bien, 1898. — **Diplôme d'honneur**, Dijon, 1899.

DIVISIONS DU CATALOGUE

I. - HISTOIRE ET ARCHÉOLOGIE

EN SOUSCRIPTION

HISTOIRE DES INSTITUTIONS DE LA BRETAGNE

(DROIT PUBLIC ET DROIT PRIVÉ)

Par M. MARCEL PLANIOL

Professeur à la Faculté de Droit de Paris, ancien agrégé à la Faculté de Droit de Rennes

OUVRAGE COURONNÉ PAR L'INSTITUT

(Académie des Sciences morales et politiques. — Prix Odilon Barrot, 1891-1895.)

Cinq volumes in-8° de 5 à 600 pages avec 7 ou 8 cartes en deux couleurs.

Tirage à 375 exemplaires numérotés.

PRIX POUR LES SOUSCRIPTEURS

Edition sur papier vélin, nos 26 à 375 . . . . 75 fr.

ÉDITION DE LUXE

Nos 1 à 5 sur papier impérial du Japon. . . . . 200 fr.
6 à 25 sur papier Wathman . . . . 150 fr.

Le manuscrit étant entièrement terminé, l'impression sera menée très rapidement.

Cet ouvrage est le fruit d'un travail entrepris bien des années avant que l'Institut mit le sujet au concours ; pendant les quatre ans qui étaient accordés aux concurrents, l'auteur n'a eu qu'à compléter et à coordonner les études séparées qu'il avait commencées et dont une partie seulement avait déjà été publiée. L'ouvrage a été écrit en vue d'un double public : à ceux qui s'intéressent au passé de la Bretagne, mais qui n'ont pas fait d'études juridiques, il fera connaître en détail les institutions de cette province depuis l'époque romaine jusqu'à la Révolution ; à ceux qui s'occupent de droit et d'histoire, sans avoir étudié spécialement la Bretagne, il montrera dans quelle mesure les conditions générales qui ont présidé au développement des institutions françaises se sont trouvées modifiées en Bretagne par des particularités locales, historiques et juridiques.

L'auteur s'est appliqué à rendre son travail accessible même à ceux qui sont étrangers aux études de droit, tout en donnant les renseignements techniques dont le jurisconsulte a besoin. Un grand nombre de fragments de textes, dont beaucoup sont inédits, ont été reproduits dans les notes Tout ce qui a été publié jusqu'ici sur la Bretagne a été utilisé ; toutes les archives et bibliothèques de la Bretagne et de Paris ont été visitées et fouillées. Une table très détaillée, dans le dernier volume, permettra de retrouver le moindre passage. De nombreux catalogues ou listes de choses et de personnes y ont été intercalés à propos des diverses institutions. Enfin, rien n'a été négligé pour faire de ce livre un instrument de travail indispensable à quiconque s'occupe de la Bretagne, de ses seigneuries, de ses villes, de son histoire politique, de son archéologie Ce sera un véritable *Manuel des Institutions bretonnes.*

Dans le fragment de son discours, qui est le résumé du rapport spécial lu par M Glasson pour le concours Odilon Barrot, M. Léon Say, dit le Journal de Rennes, *consacre une place d'honneur à l'œuvre de M. Planiol. Avec le rapporteur de la section de législation, M. Léon Say le reconnait pour « un maître, un jurisconsulte, un véritable historien » — « Ce travail considérable, comptant plus de « quatre volumes in-folio, porte — nous citons textuellement — la trace de sérieuses recherches dans « les archives de Bretagne, et aussi ailleurs, notamment à Paris. La langue du droit y est maniée « avec autorité; la critique y est le plus souvent sûre et toujours judicieuse. La lecture en est facile et « même agréable. »* (Séance publique de l'Académie des Sciences morales et politiques, du 30 Novembre 1895.)

PLAN DE L'OUVRAGE

TOME PREMIER. LES TEMPS PRIMITIFS (jusqu'en 952)

Première période. Époque romaine : Géographie ancienne de la région. État social de l'Armorique avant les Bretons.

Deuxième période. Époque bretonne primitive (VIe-VIIIe siècles). L'immigration bretonne. Les Bretons insulaires. Organisation des Bretons en Armorique : gouvernement, évêchés et monastères, etc.

Troisième période. La Bretagne au IXe siècle. Monographie de la Bretagne à cette époque décrite principalement à l'aide du Cartulaire de Redon.

TOMES II ET III. PERIODE DUCALE (952-1491)

Le Gouvernement. Les Finances. La Justice. Les Institutions militaires. L'Église. La Féodalité. Les Villes. Les Campagnes. Le Commerce et l'Industrie. La Famille. Les Biens. Les Contrats. L'Assistance et l'Enseignement. Le Goût et les Mœurs.

TOME IV. ÉPOQUE ROYALE (1491-1791).

Même plan que pour la période ducale.

TOME V. SOURCES ET BIBLIOGRAPHIE.

Description des archives, des cartulaires et des principaux fonds, des sources historiques et juridiques tant inédites qu'imprimées, des revues et autres périodiques, etc., suivie d'une bibliographie méthodiquement classée comprenant tous les ouvrages et articles de quelque valeur, et l'indication des raretés bibliographiques les plus intéressantes. Tables générales pour les cinq volumes.

Les grandes Croniques de Bretaigne, composées en l'an 1514 par Maistre ALAIN BOUCHART. — Nouvelle édition publiée sous les auspices de la *Société des Bibliophiles bretons et de l'Histoire de Bretagne*, imprimée en caractères elzéviriens et gothiques moyen-âge sur papier vergé, 1 fort volume in-4° . . . . **40 fr.**
10 Exemplaires numérotés sur Whatman . . . . *Épuisés.*
50 » » sur hollande . . . . **75 fr.**

Cette édition reproduit les gravures de l'édition de 1514. Elle donne toutes les continuations et les principales variantes. Elle est suivie d'une notice biographique sur Alain Bouchart, par H. LE MEIGNEN, vice-président de la Société des Bibliophiles Bretons, et d'une étude sur les diverses éditions de ses *Croniques*, par M. ARTHUR DE LA BORDERIE, correspondant de l'Institut. Les en-tête de chapitres, au nombre de sept, ont été copiés sur un des beaux incunables de la Bibliothèque de Rennes.

Le Prieuré Royal de Saint-Magloire de Lehon, par l'Abbé FOUÉRÉ-MACÉ, recteur de Lehon. Introduction par M. le chanoine DANIEL. Frontispice de PAUL CHARDIN. Illustrations de TH. BUSNEL. 1 vol. in-4° de XXIII-417 pages . . . . **15 fr.**
10 Exemplaires numérotés sur Japon Impérial . . . . *Épuisés.*

Curiosités historiques de l'époque révolutionnaire, par l'Abbé FOUÉRÉ-MACÉ. Préface de M. le chanoine de la Villerabel. 1 vol. in-12. . . . . **2 fr.**

Histoire et panorama d'un beau pays, ou *Saint-Malo, Saint-Servan, Dinan Dol* et environs, par BERTRAND ROBIDOU. *3e édition.* 2 vol. in-8°. . . . . **10 fr.**

Histoire militaire de Redon, avec notices sur le Pont de Rieux. Aucfert. Beaumont. Beaubois et Renac. Le Plessis-Recsac. Les châteaux de Rochefort et Rieux. La Croix d'Aucfer, par J. TRÉVÉDY, ancien président du tribunal de Quimper. 1 vol. in-8° . . . . **4 fr.**

Montfort-sur-Meu, son histoire et ses souvenirs, par ED. VIGOLAND. 1 vol. in-16 . . **2 fr.**

Au Pays de Rennes, par ADOLPHE ORAIN. 1 vol. in-4°, orné de 14 photocollographies, tiré à 300 exemplaires . . . . **15 fr.**
10 Exemplaires numérotés sur Japon Impérial . . . . *Épuisés.*

De Miramar à Queretaro. — L'Empereur Maximilien Ier, par le commandant GRANDIN. 1 vol. in-16 . . . . **2 fr.**

Les aboyeuses de Josselin. — Les environs de Josselin. Combat des Trente. Merlin l'Enchanteur, par LOUIS HAMON. 2 illustrations hors texte. 1 vol. in-16 . . . . **1 fr. 50**

Trente ans après, par LOUIS HAMON. 1 vol. in-12. . . . . **3 fr.**

Le Combat des Trente, livré aux Anglais par les Bretons en 1351. Poème historique du XIVe siècle, publié d'après les deux manuscrits, seuls connus, existant à la Bibliothèque nationale, avec traduction en français moderne, introduction historique et éclaircissements, par M. ARTHUR DE LA BORDERIE, membre de l'Institut. Illustrations de P. CHARDIN, 1 vol. in-4° . . **15 fr.**
25 Exemplaires numérotés sur Japon Impérial . . . . **50 fr.**
25 » » sur Whatman . . . . **40 fr.**

Trésors Archéologiques de l'Armorique occidentale. Magnifique album in-folio en chromolithographie, publié par la *Société d'Emulation des Côtes-du-Nord.* — Ouvrage honoré des souscriptions du Ministère de l'Instruction publique et de la Direction des Beaux-Arts, ainsi que d'une *Médaille d'argent* à l'Exposition universelle de 1889.

Cette belle publication qui reproduit au naturel et de grandeur les principaux objets archéologiques découverts en Bretagne, comprend 10 livraisons, composées chacune d'un texte explicatif et de 4 Planches simples ou 2 planches doubles, ou encore de 2 Planches simples et 1 Planche double.

Prix de l'Album complet. . . . . **70** fr.

Les Milliaires de Rennes, par LUCIEN DECOMBE, extrait des *Mémoires de la Société archéologique* d'Ille-et-Vilaine, 1 vol. in-8°, avec 14 planches dont 7 en couleur . . . . . . **2** fr.

Inventaire des monuments mégalithiques du département d'Ille-et-Vilaine. par P. BÉZIER, 1 vol. in-8° de VIII-280 pages, contenant 30 planches dessinées par TH BUSNEL, avec 2 cartes tirées en 2 couleurs . . . . **10** fr.

Supplément à l'inventaire des monuments mégalithiques du département d'Ille-et-Vilaine, par P. BÉZIER. 1 vol. in-8° . . . . **3** fr.

Les Vitraux de l'Église abbatiale de Lehon, par l'Abbé FOUÉRÉ-MACÉ. Illustrations de CH. GENIAUX. 1 vol. in-8° . . . . **3** fr.

Catalogue des objets échappés au vandalisme dans le Finistère, dressé en l'an III, par CAMBRY, président du district de Quimperlé. Nouvelle édition avec une introduction et des notes par M. J. TRÉVÉDY, 1 vol. in-8° tiré à 300 exemplaires numérotés . . . . . **9** fr.

II. - LITTÉRATURE

Au Pays des Pardons, par ANATOLE LE BRAZ 2e édition, 1 vol. in-12 . . . . *Epuisé.*

La Côte d'Émeraude, (Saint-Malo, ses souvenirs), par E HERPIN 1 vol. in-12 de 302 pages. **6** fr.

Terreneuvas, par E HERPIN 1 vol. in-12 . . . . **3** fr. **50**

Entre deux cidres, conte du pays de Vannes, par LOUIS LE PICAUT, illustrations de TH. BUSNEL, plaquette de bibliophile . . . . **2** fr.

25 exemplaires numérotés sur Japon Impérial . . . . **10** fr.

Le pain du génie. par LÉON BERTHAUT, 1 vol. in-12. . . . . **3** fr.

Ces pauvres femmes, par LÉON BERTHAUT, 1 vol. in-12 . . . . **3** fr.

Au vent, recueil de nouvelles, contes et légendes. par LÉON BERTHAUT, 1 vol. in-12. **2** fr **50**

Aux bords du Rhin. épisodes de la vie de Beethoven, par FRANZ HOFFMANN, traduit de l'allemand par l'Abbé G LEFIZELIER, professeur d'anglais et d'allemand aux Cordeliers de Dinan, 1 vol. in-12 . . . . **1** fr.

Esquisses du monde littéraire et artistique de 1830 d'après les **portraits et souvenirs** d'HIPPOLYTE LUCAS, par JULIEN DUCHESNE, plaquette in-8° . . . . **1** fr. **50**

III. POÉSIES

La chanson de la Bretagne, poésies par ANATOLE LE BRAZ. 1 vol. in-12 . . . *Epuisé.*

Ouvrage couronné par l'Académie française

Tryphina Kéranglaz, poème par ANATOLE LE BRAZ, 1 vol. in-12. . . . . . . **2** fr.

Dans la Bruyère, poésies par LUD JAN.— I Les impressions — II Les rêves. 1 vol in-12 . . . . **3** fr.

Ouvrage couronné par l'Académie des Muses Santonnes

L'œuvre posthume de Lud Jan, poésies, préface de B. ROBIDOU, 1 vol in-12. . **3** fr.

Sous les Chênes, poésies par JOS PARKER. Préfaces de FRANÇOIS COPPÉE et de L. CLADEL. Dessins de l'auteur. 1 vol. in-12 . . . . **3** fr. **50**

Livre champêtre, poésies. par JOS PARKER, 1 vol. in-16. . . . . . . **3** fr. **50**

Lénor, poème par Jos PARKER, 1 vol. in-16 . . . . 1 fr. 5

Le Christ en Orient, poème par PAUL FÉVAL fils Couverture en chromotypographie in-16 . . . . Plaque 1 fr. [illegible]

La Mélodie des Siècles, poème en six chants dédié à Ch. Gounod, par PAUL FÉVAL fils, 1 v[illegible] in-16 . . . . [illegible] fr. 5

Chansons et poésies, par JOSEPH FUCHS, 1 vol. in-12 . . . . 3 fr. 5

Chansons gauloises, » » » . . . . 2 fr. 5

Chansons populaires recueillies dans le département d'Ille-et-Vilaine par LUCIEN DECOMBE, 1 v[illegible] in-12 elzévir de XXVIII-404 pages avec 70 airs notés, et une eau-forte d'AD. LEOFANTI. 7 fr 5

Recueil couronné au Concours de la Société académique de Nantes en 1885, à l'Exposition de Rennes 1887, et au Concours des Abeilles normandes en 1890.

Duguesclin, le siège de Rennes, 1356-1357, poème par FRÉDÉRIC FONTENELLE, brochure in-8° . . . . » [illegible]

La Reine Anne, poème par FRÉDÉRIC FONTENELLE, plaquette in-8° . . . . 1 fr. [illegible]

Extraits de **l'Ere bretonne**, *ouvrage couronné par l'Académie française.*

Velléda, poème par Mme AUGUSTE PENQUER. Nouvelle édition ornée d'un portrait de l'auteur, 1 v[illegible] in-8° 5

Les Morts, poésies par PAUL CADIOU, 1 vol. in-12 . . . . 1 fr [illegible]

Chants de la Corse, poésies par PAUL CADIOU, 1 vol. in-12 . . . . 1 fr [illegible]

Jeanne d'Arc, 1412-1431, sonnets par F.-J ROUILLOR, 1 vol. in-12 1

Les Bretons à Jeanne d'Arc, poèmes avec une introduction historique de M. ARTHUR DE LA BORDERIE, Membre de l'Institut, couverture en couleurs de Paul Chardin, 2e édition, 1 v[illegible] in-12 3

Au bord de la mer bretonne. Alouettes et Goëlands. Poésies par ADOLPHE PABAN. 1 vol. in-12 . . . . 3 fr. [illegible]

De ci, de là. Poésies par JEAN PHILIPPE. — I. Brises d'Armor — II. Pro Patria. — III. Echos du C[illegible] — IV Larmes et sourires 1 vol in-12 . . . . 2 fr. [illegible]

Ouvrage couronné par l'Association artistique et littéraire de Bretagne

La Grève Blanche, poésies par SIMON LE BEAUDOUR, préface de LE BRAZ, 1 vol. in-12. 3

IV. - HAGIOGRAPHIE ET BIOGRAPHIE

La Légende merveilleuse de Monseigneur Sainct Yves. Ornement de son siècle : Mir[illegible] des Ecclésiastiques ; Advocat et père des povres, veusves et orphelins ; Patron universel d[illegible] Bretaigne-Armorique (1253-1303). — Imité des légendaires et chroniqueurs, d'après des d[illegible]ments historiques, rares ou inédits, par le vicomte ARTHUR DU BOIS DE LA VILLERABEL, illustrati[illegible] de PAUL CHARDIN. Avec têtes de chapitres genre camaïeu, lettrines et écussons en couleurs. 1 in-4° 10

Numéros 1 à 25, sur Japon Impérial . . . . 1 pri[illegible]

Numéros 26 à 50 sur Whatman. 30

Vie du bienheureux Louis-Marie Grignion de Montfort, missionnaire apostolique du T[illegible] Ordre de Saint-Dominique, Fondateur des Missionnaires de la Compagnie de Marie, d[illegible] Congrégation des Filles de la Sagesse et des Frères de la communauté du Saint-Esprit, l'Abbé J.-M QUÉRARD, missionnaire, ancien missionnaire de la compagnie de Marie. 4 très [illegible] vol. in-12 15

Une Famille d'Artistes Brestois au XVIIIe Siècle. — Les Ozanne, par le Doc[illegible] CHARLES AUFFRET (de Brest), Médecin en chef de la Marine, Officier de la Légion d'honn[illegible] Un vol. in-4°, illustré de 32 planches hors texte, reproduisant par l'héliogravure les princip[illegible] dessins originaux 30

Numéros 1 à 15, sur Japon Impérial 100

Numéros 16 à 25, sur Whatman 80

Ouvrage honoré d'une souscription du Ministère de la Marine

Une Illustration rennaise. — Alexandre Duval de l'Académie française et *son théâtre*, ARTHUR DE LA BORDERIE, Membre de l'Institut, un vol. in-16, tiré à petit nombre 3

V. DIVERS

L'Assise au comte Geffroy, étude sur les successions féodales en Bretagne, par MARCEL PLANIOL, un vol. in-8° . . . . 3 fr.

Dictionnaire des locutions populaires du bon pays de Rennes-en-Bretagne, par H. COULABIN, Officier d'Administration de la Justice Militaire en retraite, un vol. in-16, elzévir de XVI-378 pages, tiré à 500 exempl. . . . . 5 fr.

Les Anciennes Facultés des Droits de Rennes (1735-1792), par EMILE CHENON, Professeur à la Faculté de Droit de Paris, ancien Elève de l'Ecole polytechnique, un vol. in-8° tiré à petit nombre . . . . 4 fr.

De l'esprit des étiquettes de l'ancienne Cour et des usages du monde de ce temps, par Mme de GENLIS, publié pour la première fois avec introduction et note par ED. QUESNET, Archiviste d'Ille-et-Vilaine, un vol. in-16 de XVII-120 pages . . . . . . 1 fr.

Caractères elzéviriens; têtes de chapitre du XVIIIe siècle et fac-simile de l'écriture de Mme de Genlis, *20 exemplaires sur Japon Impérial* . . . . *Epuisés.*

30 — Hollande . . . . —

Les Vosges en 1870 et dans la prochaine campagne, par un ancien Officier de Chasseurs à pied, un vol. in-4° avec carte en chromolithographie et deux croquis . . . 4 fr.

Traité de la dévotion à la Sainte-Vierge, par le Bienheureux GRIGNION DE MONTFORT, texte primitif avec préface et commentaires par M. JULES DIDIOT, Docteur en théologie, Chanoine de Cambrai, Bayeux et Verdun. Edition de luxe, lettrines et têtes de chapitre tirées en couleur, un vol. in-12 . . . . 3 fr. 50

VI. BIBLIOTHÈQUE DU GLANEUR BRETON

Nous avons édité, il y a quelques années, plusieurs plaquettes qui ont obtenu un véritable succès auprès des bibliophiles. Nous citerons notamment : *De l'esprit des étiquettes de l'ancienne Cour et des usages du monde de ce temps*, par Mme de Genlis, manuscrit inédit publié par M. Ed. Quesnet, archiviste d'Ille-et-Villaine ; *Balzac en Bretagne*, par M. le comte Robert du Pontavice de Heussey ; *Curiosités historiques de l'époque révolutionnaire*, publiées par M. l'Abbé Fouéré-Macé, Recteur de Lehon, avec une préface de M. le Chanoine de la Villerabel, Secrétaire-général de l'Evêché de Saint-Brieuc.

En présence du succès obtenu par ces publications, nous avons résolu de fonder, sous le titre de *Bibliothèque du Glaneur Breton*, une collection de bibliophile dont le premier numéro paraîtra prochainement.

Cette collection comprendra une série illimitée de plaquettes signées par des auteurs bretons. Nous nous sommes assurés à cet effet le concours d'un certain nombre d'écrivains déjà connus et appréciés par leurs publications antérieures.

Histoire, archéologie, littérature, critique littéraire, poésie, auront tour à tour leur place dans la *Bibliothèque du Glaneur Breton*, qui comprendra non seulement des œuvres inédites, mais encore des réimpressions de brochures rarissimes ou d'ouvrages dont les éditions sont épuisées.

SOUS PRESSE

CONTES DES LANDES ET DES GRÈVES

Par P. SÉBILLOT, un vol. in-16

(Ier vol. de la Bibliothèque du *Glaneur breton*)

VII. HÉLIOGRAVURES

Breton au Pardon, d'après le tableau de N. CHARLOT. Epreuve de 24 × 30 . . . 2 fr. 50

Bretonne en prière, d'après le tableau de CONTENCIN. Epreuve de 24 × 30 . . . 2 fr. 50

COMPOSITIONS DE AD. LEOFANTI

Sainte-Anne-d'Auray, épreuve de 42/25 . . . . 7 fr.

Notre-Dame de Pont-Main, épreuve de 42/25 . . . . 7 fr.

Saint Yves, patron des gens de Justice, épreuve de 56-51 . . . . 15 fr.

Le Christ au tombeau, d'après le marbre qui a obtenu une mention honorable au Salon de 1881 . . . . 1 fr.

COMPOSITIONS DE TH. BUSNEL

Le Missionnaire (Les Adieux), épreuve de 40/20 . . . . 7 fr.

Le Calvaire de Saint-Thégonnec (Finistère), épreuve de 30/27 . . . . . . 7 fr.

Avant Vespres, à Roznoën (Finistère), épreuve de 33/23 . . . . 6 fr.

Loin du pays, épreuve de 43/31 . . . . 8 fr.

Le Catéchisme, épreuve de 43/31 . . . . 8 fr.

Le pardon de Pennety (Morbihan), épreuve de 47/25 . . . . 7 fr.

CATALOGUE

DE

CALMANN LÉVY

ÉDITEUR

Tous les ouvrages portés sur ce Catalogue sont expédiés *franco* dans tous les pays de l'Union postale (contre mandats ou timbres-poste), sans augmentation de prix, excepté les volumes à 1 franc, de la nouvelle Collection Michel Lévy et les œuvres de Balzac, format in-32 à 60 cent., auxquels il faut ajouter 25 cent. par volume.

PARIS

3, RUE AUBER, 3

FÉVRIER 1900

DIVISIONS DU CATALOGUE

PREMIÈRE PARTIE

Ouvrages divers, format in-8°. — Bibliothèque de luxe à 5 fr. le volume
Bibliothèque contemporaine, format gr. in-18
Bibliothèque nouvelle à 2 fr. — Collection Michel Lévy, format gr. in-18
Collection format in-32 à 50 centimes
Brochures diverses — Œuvres complètes de Balzac
Œuvres de Gavarni et de Cham
Ouvrages divers illustrés
Œuvres illustrées de H. de Balzac, Alexandre Dumas
et George Sand
Musée littéraire contemporain

DEUXIÈME PARTIE

Les chefs-d'œuvre du théâtre moderne — Extraits du catalogue
1re partie
Pièces grand in-18, édition de luxe — Pièces grand in-8° à deux colonnes
Répertoire du théâtre italien — Bibliothèque dramatique, gr. in-18
Pièces de théâtre in-4°
Pièces faciles à jouer en société — Pièces nouvelles

PREMIÈRE PARTIE

Ouvrages divers, format in-8° — Bibliothèque de luxe à 5 fr. le volume
Bibliothèque contemporaine, format gr. in-18
Bibliothèque nouvelle à 2 fr. — Collection Michel Lévy, format gr. in-18
Collection format in-32 à 50 centimes
Brochures diverses. — Œuvres complètes de Balzac
Œuvres de Gavarni et de Cham
Ouvrages divers illustrés
Œuvres illustrées de H. de Balzac, Alexandre Dumas
et George Sand
Musée littéraire contemporain

CALMANN LÉVY, ÉDITEUR

OUVRAGES DIVERS — FORMAT IN-8°

J.-J. AMPÈRE f. c.

CÉSAR. Scènes historiques. 1 volume 7 50
L'EMPIRE ROMAIN A ROME. 2 vol... 15 »
L'HISTOIRE ROMAINE A ROME, avec des plans topographiques. 4 vol.. 30 »
MÉLANGES D'HISTOIRE LITTÉRAIRE.. 2 volumes.................... 12 »
PROMENADE EN AMÉRIQUE. — Etats-Unis, Cuba, Mexique. 2 volumes. 12 »

***

MAD. LA DUCH. D'ORLÉANS. 1 vol... 6 »

***

LA RÉPUBLIQUE EN 1883, *broch*. ... 1 »

***

UN AVOCAT AU XVIII° SIÈCLE..... 10 »

DUC D'AUMALE *de l'Acad. franç.*

ALESIA. Étude sur la septième campagne de César en Gaule. Avec 2 cartes (Alise et Alaise). 1 volume 6 »
DISCOURS A L'ACADÉMIE........... 1 »
HISTOIRE DES PRINCES DE CONDÉ PENDANT LES XVI° ET XVII° SIÈCLES, avec cartes et portraits gravés par M. Henriquel-Dupont. 7 vol. 52 50
Index des 7 volumes........... 3 50
ATLAS, pour servir à l'HISTOIRE DES PRINCES DE CONDÉ, tomes III *et* IV. 5 »
LES INSTITUTIONS MILITAIRES DE LA FRANCE. 1 volume............... 6 »

J. AUTRAN

LE CYCLOPE, d'après Euripide. 1 vol. 3 »
PAROLES DE SALOMON. 1 volume.... 6 »
LE POÈME DES BEAUX JOURS. 1 vol. 5 »
Œuvres complètes :
T. I. LES POÈMES DE LA MER... 6 »
T. II. LA VIE RURALE........... 6 »
T. III. LA FLUTE ET LE TAMBOUR. 6 »
T. IV. SONNETS CAPRICIEUX...... 6 »
T. V. LA LYRE A SEPT CORDES... 6 »
T. VI. DRAMES ET COMÉDIES..... 6 »
T. VII. LETTRES ET NOTES DE VOYAGE....................... 6 »
T. VIII. LA COMÉDIE DE L'HISTOIRE 6 »

L. BABAUD-LARIBIÈRE

ÉTUDES HIST. ET ADMINISTR. 2 vol. 12 »

H. DE BALZAC

Œuvres complètes. *Edition définitive.*
SCÈNES DE LA VIE PRIVÉE. 4 volumes. 30 »
SCÈNES DE LA VIE DE PROVINCE. 3 vol. 22 50
SCÈNES DE LA VIE PARISIENNE. 4 vol. 30 »
SCÈNES DE LA VIE MILITAIRE. 1 vol. 7 50
SCÈNES DE LA VIE POLITIQUE. 1 vol. 7 50
SCÈNES DE LA VIE DE CAMPAGNE. 1 vol. 7 50
ÉTUDES PHILOSOPHIQUES. 3 volumes. 22 50
THÉATRE COMPLET. 1 volume....... 7 50
CONTES DROLATIQUES. 1 volume.... 7 50
CONTES ET NOUVELLES. — ESSAIS ANALYTIQUES. 1 volume............ 50

H. DE BALZAC (*Suite*) f. c

PHYS. ET ESQUISSES PARISIENNES. 1 v. 7 50
PORTRAITS ET CRITIQUE LITTÉRAIRE. — POLÉMIQUE JUDICIAIRE. 1 volume 7 50
ÉTUDES HIST. ET POLITIQUES. 1 vol. 7 50
CORRESPONDANCE. 1 volume....... 7 50
HISTOIRE IMPARTIALE DES JÉSUITES, 1/2 volume.................... 1 »
LETTRES A L'ETRANGÈRE. 1 vol... 7 50

C. DE BARANTE

SOUVENIRS DU BARON DE BARANTE. T. I à VII..................... 52 50

A. BARDOUX

LA BOURGEOISIE FRANÇAISE. 1 vol... 7 50
LE COMTE DE MONTLOSIER ET LE GALLICANISME. 1 vol............... 7 50
LA COMTESSE PAULINE DE BEAUMONT. 1 vol........................... 7 50
LES DERNIÈRES ANNÉES DE LA FAYETTE. 1 vol.................. 7 50
LA DUCHESSE DE DURAS. 1 vol..... 7 50
LA JEUNESSE DE LA FAYETTE. 1 vol. 7 50
MADAME DE CUSTINE. 1 vol.......... 7 50

MARCEL BARRIÈRE

L'ŒUVRE DE H. DE BALZAC. 1 vol.. 7 50

L. BAUDENS

Memb. du cons. de santé des armées

LA GUERRE DE CRIMÉE. — Campements, abris, ambulances, etc. 1 volume. 6 »

BEAURE

DÉMOCRATIE CONTEMPORAINE. 1 vol. 6 »
LA ROUMANIE. 1 volume.......... 5 »

IS. BÉDARRIDE

LES JUIFS EN FRANCE, EN ITALIE ET EN ESPAGNE. 1 volume.......... 7 50
DU PROSÉLYTISME ET DE LA LIBERTÉ RELIGIEUSE. 1 volume........... 4 »

PRINCESSE DE BELGIOJOSO

ASIE MINEURE ET SYRIE. 1 volume.. 7 50
HIST. DE LA MAISON DE SAVOIE. 1 vol. 7 50

BERRIAT SAINT-PRIX

LA JUSTICE RÉVOLUTIONNAIRE. — Août 1792. Prairial an III. D'après des documents originaux............ 7 50

M. BERTHELOT

SCIENCE ET MORALE. 1 vol....... 7 50
SCIENCE ET PHILOSOPHIE. 1 vol..... 7 50

JOSEPH BERTRAND *de l'Acad. fr.*

BLAISE PASCAL, 1 vol........... 7 50

E. BEULÉ *de l'Institut*

AUGUSTE, SA FAMILLE ET SES AMIS. 1 volume.......................... 6 »
LE SANG DE GERMANICUS. 1 volume 6 »
TIBÈRE ET L'HÉRITAGE D'AUGUSTE. 1 volume........................ 6 »
TITUS ET SA DYNASTIE. 1 volume... 6 »

OUVRAGES DIVERS — FORMAT IN-8°

J.-B. BIOT — f. c.

ÉTUDES SUR L'ASTRONOMIE INDIENNE ET SUR L'ASTRONOMIE CHINOISE. 1 vol. 7 50
MÉLANGES SCIENTIFIQUES ET LITTÉRAIRES. 3 volumes.............. 22 50

CHARLES BOCHER

LETTRES ET RÉCITS MILITAIRES. 1 vol....................... 7 50

BONNEVILLE DE MARSANGY

MADAME DE BEAUMARCHAIS. 1 vol.. 7 50

CORNELIUS DE BOOM

SOLUTION POLIT. ET SOCIALE. 1 vol.. 6 »

FRANÇOIS DE BOURGOING

HISTOIRE DIPLOMATIQUE DE L'EUROPE PENDANT LA RÉVOL. FRANÇAISE. 4 v. 26 »

VICOMTE MAURICE BOUTRY

CHOISEUL A ROME. 1 vol....... .. 7 50

M.-L. BOUTTEVILLE

LA MORALE DE L'ÉGLISE ET LA MORALE NATURELLE. 1 volume...... 7 50

FEU LE DUC DE BROGLIE

LE LIBRE ÉCHANGE ET L'IMPOT. 1 vol. 7 50
SOUVENIRS, 1785-1870. 4 vol....... 30 »
VUES SUR LE GOUVERNEMENT DE LA FRANCE. 1 volume............. 7 50

DUC DE BROGLIE *de l'Ac. fr.*

L'ALLIANCE AUTRICHIENNE. 1 vol... 7 50
FRÉDÉRIC II ET LOUIS XV. 2 vol.... 15 »
FRÉDÉRIC II ET MARIE-THÉRÈSE 2 vol. 15 »
HISTOIRE ET DIPLOMATIE 1 vol..... 7 50
HISTOIRE ET POLITIQUE. 1 vol...... 7 50
MARIE-THÉRÈSE IMPÉRATRICE, 2 vol... 15 »
MAURICE DE SAXE. 2 vol.......... 15 »
LA PAIX D'AIX-LA-CHAPELLE. 1 vol. 7 50
INDEX A L'HISTOIRE DE LA POLITIQUE EXTÉRIEURE DE LOUIS XV. 1 vol......... .... 1 »

A. CALMON

HISTOIRE PARLEMENTAIRE DES FINANCES DE LA MONARCHIE DE JUILLET. 3 vol................ 22 50
HISTOIRE PARLEMENTAIRE DES FINANCES DE LA RESTAURATION. 2 vol.. 15 »

CAMOIN DE VENCE

MAGISTRATURE FRANÇAISE. 1 volume. 6 »

LÉON CARRE

L'ANCIEN ORIENT. 4 volumes....... 24 »

AUGUSTE CARLIER

DE L'ESCLAVAGE dans ses rapports avec l'Union américaine. 1 volume 6 »
HISTOIRE DU PEUPLE AMÉRICAIN — Etats-Unis — et de ses rapports avec les Indiens. 2 volumes..... 12 »

CASTELNAU

LES MÉDICIS. 2 vol................ 15 »

A. CERFBEER ET J. CHRISTOPHE

LE RÉPERTOIRE DE LA COMÉDIE HUMAINE DE BALZAC. 1 volume........... 7 50

COMTE DE CHAMBRUN — f. c.

ÉTUDES POLITIQUES. 1 vol......... 7 50

Cte DE CHAMBRUN ET STANISLAS LÉGIS

WAGNER 1 vol.................. 10 »

CHARAVAY

ALBUM DE FAC-SIMILE D'AUTOGRAPHES ET DE PORTRAITS, relatifs à l'*Histoire d'un Crime*, par V. Hugo. 1 vol. 3 50

G. CHARMES

LA RÉFORME DE LA MARINE. 1 vol... 7 50

CHERBULIEZ ET RENAN

DISCOURS A L'ACADÉMIE............ 1 »

RAOUL DE CISTERNES

LA CAMPAGNE DE MINORQUE. 1 vol. 7 50
LE DUC DE RICHELIEU. 1 vol......... 7 50

J. COHEN

LES DÉICIDES. Examen de la Vie de Jésus et des développements de l'Église chrétienne dans leurs rapports avec le Judaïsme. 2e *édition, revue, corrigée*. 1 volume........ 6 »
ÉTUDES SUR L'EMPIRE D'ALLEMAGNE. 1 vol........................... 7 50
LES PHARISIENS. 2 volumes........ 12 »

OSCAR COMETTANT

LA MUSIQUE, LES MUSICIENS ET LES INSTRUMENTS DE MUSIQUE chez les différents peuples du monde. 1 fort volume orné de 150 dessins....... 20 »

BENJAMIN CONSTANT

LETTRES A MADAME RÉCAMIER, 1 vol. 7 50

J.-J. COULMANN

RÉMINISCENCES. 3 volumes......... 15 »

VICTOR COUSIN

PHILOSOPHIE ÉCOSSAISE. 1 volume... 5 »

COTTINET

POÈMES DU TEMPS. 1 vol.......... 4 »

J. CRETINEAU-JOLY

LE PAPE CLÉMENT XIV. 1 volume.... 3 »

MARQUIS DE CROIX

CORRESPONDANCE. 1 vol............ 15 »

PRINCE L. CZARTORYSKI

ALEXANDRE 1er ET LE PRINCE CZARTORYSKI. Correspondance particulière et conversations, publiées avec une introduction. 1 volume.. 7 50

R. D'AIGUY

MARIA DU TREUIL. 1 volume........ 3 »

JAMES DARMESTETER

LES PROPHÈTES D'ISRAEL. 1 vol.... 7 50

GÉNÉRAL E. DAUMAS

LES CHEVAUX DU SAHARA ET LES MŒURS DU DÉSERT. 1 volume........... 7 50
LA VIE ARABE ET LA SOCIÉTÉ MUSULMANE. 1 volume................. 7 50

CALMANN LÉVY, ÉDITEUR

OUVRAGES DIVERS — FORMAT IN-8°

J.-J. AMPÈRE

	f. c.
CÉSAR. Scènes historiques. 1 volume	7 50
L'EMPIRE ROMAIN A ROME. 2 vol...	15 »
L'HISTOIRE ROMAINE A ROME, avec des plans topographiques. 4 vol..	30 »
MÉLANGES D'HISTOIRE LITTÉRAIRE.. 2 volumes....................	12 »
PROMENADE EN AMÉRIQUE. — Etats-Unis, Cuba, Mexique. 2 volumes.	12 »

***

MAD. LA DUCH. D'ORLÉANS. 1 vol...	6 »

***

LA RÉPUBLIQUE EN 1883, *broch*.....	1 »

***

UN AVOCAT AU XVIIIe SIÈCLE.....	10 »

DUC D'AUMALE *de l'Acad. franç.*

ALESIA. Étude sur la septième campagne de César en Gaule. Avec 2 cartes (Alise et Alaise). 1 volume	6 »
DISCOURS A L'ACADÉMIE............	1 »
HISTOIRE DES PRINCES DE CONDÉ PENDANT LES XVIe ET XVIIe SIÈCLES, avec cartes et portraits gravés par M. Henriquel-Dupont. 7 vol.	52 50
Index des 7 volumes............	3 50
ATLAS, pour servir à l'HISTOIRE DES PRINCES DE CONDÉ, tomes III *et* IV.	5 »
LES INSTITUTIONS MILITAIRES DE LA FRANCE. 1 volume...............	6 »

J. AUTRAN

LE CYCLOPE, d'après Euripide. 1 vol.	3 »
PAROLES DE SALOMON. 1 volume....	6 »
LE POÈME DES BEAUX JOURS. 1 vol.	5 »
Œuvres complètes :	
T. I. LES POÈMES DE LA MER...	6 »
T. II. LA VIE RURALE..........	6 »
T. III. LA FLUTE ET LE TAMBOUR.	6 »
T. IV. SONNETS CAPRICIEUX......	6 »
T. V. LA LYRE A SEPT CORDES...	6 »
T. VI. DRAMES ET COMÉDIES.....	6 »
T. VII. LETTRES ET NOTES DE VOYAGE....................	6 »
T. VIII. LA COMÉDIE DE L'HISTOIRE	6 »

L. BABAUD-LARIBIÈRE

ÉTUDES HIST. ET ADMINISTR. 2 vol.	12 »

H. DE BALZAC

Œuvres complètes. *Edition définitive.*

SCÈNES DE LA VIE PRIVÉE. 4 volumes.	30 »
SCÈNES DE LA VIE DE PROVINCE. 3 vol.	22 50
SCÈNES DE LA VIE PARISIENNE. 4 vol.	30 »
SCÈNES DE LA VIE MILITAIRE. 1 vol.	7 50
SCÈNES DE LA VIE POLITIQUE. 1 vol.	7 50
SCÈNES DE LA VIE DE CAMPAGNE. 1 vol.	7 50
ÉTUDES PHILOSOPHIQUES. 3 volumes.	22 50
THÉATRE COMPLET. 1 volume.......	7 50
CONTES DROLATIQUES. 1 volume....	7 50
CONTES ET NOUVELLES. — ESSAIS ANALYTIQUES. 1 volume............	50

H. DE BALZAC (*Suite*)

	f. c
PHYS. ET ESQUISSES PARISIENNES. 1 v.	7 50
PORTRAITS ET CRITIQUE LITTÉRAIRE.— POLÉMIQUE JUDICIAIRE. 1 volume	7 50
ÉTUDES HIST. ET POLITIQUES. 1 vol.	7 50
CORRESPONDANCE. 1 volume.......	7 50
HISTOIRE IMPARTIALE DES JÉSUITES, 1/2 volume.....................	1 »
LETTRES A L'ETRANGÈRE. 1 vol...	7 50

C. DE BARANTE

SOUVENIRS DU BARON DE BARANTE. T. I à VII.....................	52 50

A. BARDOUX

LA BOURGEOISIE FRANÇAISE. 1 vol...	7 50
LE COMTE DE MONTLOSIER ET LE GALLICANISME. 1 vol...............	7 50
LA COMTESSE PAULINE DE BEAUMONT. 1 vol...........................	7 50
LES DERNIÈRES ANNÉES DE LA FAYETTE. 1 vol.................	7 50
LA DUCHESSE DE DURAS. 1 vol.....	7 50
LA JEUNESSE DE LA FAYETTE. 1 vol.	7 50
MADAME DE CUSTINE. 1 vol..........	7 50

MARCEL BARRIÈRE

L'ŒUVRE DE H. DE BALZAC. 1 vol..	7 50

L. BAUDENS

Memb. du cons. de santé des armées

LA GUERRE DE CRIMÉE.—Campements, abris, ambulances, etc. 1 volume.	6 »

BEAURE

DÉMOCRATIE CONTEMPORAINE. 1 vol.	6 »
LA ROUMANIE. 1 volume..........	5 »

IS. BÉDARRIDE

LES JUIFS EN FRANCE, EN ITALIE ET EN ESPAGNE. 1 volume..........	7 50
DU PROSÉLYTISME ET DE LA LIBERTÉ RELIGIEUSE. 1 volume...........	4 »

PRINCESSE DE BELGIOJOSO

ASIE MINEURE ET SYRIE. 1 volume..	7 50
HIST. DE LA MAISON DE SAVOIE. 1 vol.	7 50

BERRIAT SAINT-PRIX

LA JUSTICE RÉVOLUTIONNAIRE.—Août 1792. Prairial an III. D'après des documents originaux............	7 50

M. BERTHELOT

SCIENCE ET MORALE. 1 vol.......	7 50
SCIENCE ET PHILOSOPHIE. 1 vol.....	7 50

JOSEPH BERTRAND *de l'Acad. fr.*

BLAISE PASCAL. 1 vol............	7 50

E. BEULÉ *de l'Institut*

AUGUSTE, SA FAMILLE ET SES AMIS. 1 volume......................	6 »
LE SANG DE GERMANICUS. 1 volume	6 »
TIBÈRE ET L'HÉRITAGE D'AUGUSTE. 1 volume......................	6 »
TITUS ET SA DYNASTIE. 1 volume...	6 »

OUVRAGES DIVERS — FORMAT IN-8°

	f. c.
J.-B. BIOT	
ÉTUDES SUR L'ASTRONOMIE INDIENNE ET SUR L'ASTRONOMIE CHINOISE. 1 vol.	7 50
MÉLANGES SCIENTIFIQUES ET LITTÉRAIRES. 3 volumes	22 50
CHARLES BOCHER	
LETTRES ET RÉCITS MILITAIRES. 1 vol.	7 50
BONNEVILLE DE MARSANGY	
MADAME DE BEAUMARCHAIS. 1 vol.	7 50
CORNELIUS DE BOOM	
SOLUTION POLIT. ET SOCIALE. 1 vol.	6 »
FRANÇOIS DE BOURGOING	
HISTOIRE DIPLOMATIQUE DE L'EUROPE PENDANT LA RÉVOL. FRANÇAISE. 4 v.	26 »
VICOMTE MAURICE BOUTRY	
CHOISEUL A ROME. 1 vol.	7 50
M.-L. BOUTTEVILLE	
LA MORALE DE L'ÉGLISE ET LA MORALE NATURELLE. 1 volume	7 50
FEU LE DUC DE BROGLIE	
LE LIBRE ÉCHANGE ET L'IMPÔT. 1 vol.	7 50
SOUVENIRS, 1785-1870. 4 vol.	30 »
VUES SUR LE GOUVERNEMENT DE LA FRANCE. 1 volume	7 50
DUC DE BROGLIE *de l'Ac. fr.*	
L'ALLIANCE AUTRICHIENNE. 1 vol.	7 50
FRÉDÉRIC II ET LOUIS XV. 2 vol.	15 »
FRÉDÉRIC II ET MARIE-THÉRÈSE 2 vol.	15 »
HISTOIRE ET DIPLOMATIE 1 vol.	7 50
HISTOIRE ET POLITIQUE. 1 vol.	7 50
MARIE-THÉRÈSE IMPÉRATRICE, 2 vol.	15 »
MAURICE DE SAXE. 2 vol.	15 »
LA PAIX D'AIX-LA-CHAPELLE. 1 vol.	7 50
INDEX A L'HISTOIRE DE LA POLITIQUE EXTÉRIEURE DE LOUIS XV. 1 vol.	1 »
A. CALMON	
HISTOIRE PARLEMENTAIRE DES FINANCES DE LA MONARCHIE DE JUILLET. 3 vol.	22 50
HISTOIRE PARLEMENTAIRE DES FINANCES DE LA RESTAURATION. 2 vol.	15 »
CAMOIN DE VENCE	
MAGISTRATURE FRANÇAISE. 1 volume.	6 »
LÉON CARRE	
L'ANCIEN ORIENT. 4 volumes	24 »
AUGUSTE CARLIER	
DE L'ESCLAVAGE dans ses rapports avec l'Union américaine. 1 volume	6 »
HISTOIRE DU PEUPLE AMÉRICAIN — États-Unis — et de ses rapports avec les Indiens. 2 volumes	12 »
CASTELNAU	
LES MÉDICIS. 2 vol.	15 »
A. CERFBEER ET J. CHRISTOPHE	
LE RÉPERTOIRE DE LA COMÉDIE HUMAINE DE BALZAC. 1 volume	7 50
COMTE DE CHAMBRUN	
ÉTUDES POLITIQUES. 1 vol.	7 50
Cte DE CHAMBRUN ET STANISLAS LÉGIS	
WAGNER 1 vol.	10 »
CHARAVAY	
ALBUM DE FAC-SIMILE D'AUTOGRAPHES ET DE PORTRAITS, relatifs à l'*Histoire d'un Crime*, par V. Hugo. 1 vol.	3 50
G. CHARMES	
LA RÉFORME DE LA MARINE. 1 vol.	7 50
CHERBULIEZ ET RENAN	
DISCOURS A L'ACADÉMIE	1 »
RAOUL DE CISTERNES	
LA CAMPAGNE DE MINORQUE. 1 vol.	7 50
LE DUC DE RICHELIEU. 1 vol.	7 50
J. COHEN	
LES DÉICIDES. Examen de la Vie de Jésus et des développements de l'Église chrétienne dans leurs rapports avec le Judaïsme. 2e *édition, revue, corrigée*. 1 volume	6 »
ÉTUDES SUR L'EMPIRE D'ALLEMAGNE. 1 vol.	7 50
LES PHARISIENS. 2 volumes	12 »
OSCAR COMETTANT	
LA MUSIQUE, LES MUSICIENS ET LES INSTRUMENTS DE MUSIQUE chez les différents peuples du monde. 1 fort volume orné de 150 dessins	20 »
BENJAMIN CONSTANT	
LETTRES A MADAME RÉCAMIER, 1 vol.	7 50
J.-J. COULMANN	
RÉMINISCENCES. 3 volumes	15 »
VICTOR COUSIN	
PHILOSOPHIE ÉCOSSAISE. 1 volume	5 »
COTTINET	
POÈMES DU TEMPS. 1 vol.	4 »
J. CRETINEAU-JOLY	
LE PAPE CLÉMENT XIV. 1 volume	3 »
MARQUIS DE CROIX	
CORRESPONDANCE. 1 vol.	15 »
PRINCE L. CZARTORYSKI	
ALEXANDRE Ier ET LE PRINCE CZARTORYSKI. Correspondance particulière et conversations, publiées avec une introduction. 1 volume	7 50
R. D'AIGUY	
MARIA DU THEUIL. 1 volume	5 »
JAMES DARMESTETER	
LES PROPHÈTES D'ISRAEL. 1 vol.	7 50
GÉNÉRAL E. DAUMAS	
LES CHEVAUX DU SAHARA ET LES MŒURS DU DÉSERT. 1 volume	7 50
LA VIE ARABE ET LA SOCIÉTÉ MUSULMANE. 1 volume	7 50

CALMANN LÉVY, ÉDITEUR

E. DAVID ET M. LUSSY
f. c.

HISTOIRE DE LA NOTATION MUSICALE 1 vol. ... 20 »

MARÉCHAL DAVOUT

1806-1807, campagnes du 3e corps. 7 50

LE R. P. DIDON

LES ALLEMANDS. 1 vol. ... 7 50

JULES DOMERGUE

LA RÉVOLUTION ÉCONOMIQUE. 1 vol. 7 50

X. DOUDAN

MÉLANGES ET LETTRES. 4 volumes... 30 »
PENSÉES, ESSAIS ET MAXIMES, 1 vol. 7 50

MAXIME DUCAMP

LES CONVICTIONS. 1 volume... 5 »

A. DUCASSE

DU SOIR AU MATIN. Scènes de la vie militaire. 1 volume... 5 »

Mme DU DEFFAND

CORRESPONDANCE COMPLÈTE AVEC LA DUCHESSE DE CHOISEUL, L'ABBÉ BARTHÉLEMY ET M. CRAUFURT. *Nouvelle édit., revue et aug.* avec introd. de *M. de Sainte-Aulaire.* 3 vol... 18 »

A. DUMAS FILS *de l'Acad. fr.*

LA QUESTION DU DIVORCE. 1 vol.... 5 »

MARIE ALEXANDRE DUMAS

AU LIT DE MORT. 1 volume... 6 »

DUVERGIER DE HAURANNE *de l'Ac. fr.*

HISTOIRE DU GOUVERNEMENT PARLEMENTAIRE EN FRANCE. 10 volumes. 75 »

CH. DUVEYRIER

L'AVENIR ET LES BONAPARTE. 1 vol... 5 »

BARON ERNOUF

HIST. DE LA DERNIÈRE CAPITULATION DE PARIS. Événem. de 1815. 1 vol. 6 »

PRINCE EUGÈNE

MÉMOIRES ET CORRESPONDANCE POLITIQUE ET MILITAIRE, publiés par *A. Du Casse.* 10 volumes... 60 »

CLAUDE FAURIEL

LES DERNIERS JOURS DU CONSULAT. 1 v. 7 50

Mme OCTAVE FEUILLET

QUELQUES ANNÉES DE MA VIE. 1 vol. 7 50
SOUVENIRS ET CORRESPONDANCES. 1 volume... 7 50

J. FERRARI

HISTOIRE DE LA RAISON D'ÉTAT. 1 vol. 7 50

GUSTAVE FLAUBERT

L'ÉDUCATION SENTIMENTALE — HISTOIRE D'UN JEUNE HOMME. 2 volumes... 12 »

AD. FRANCK *de l'Institut*
f. c.

ÉTUDES ORIENTALES. 1 volume... 7 50
NOUVELLES ÉTUDES ORIENTALES. 1 volume... 7 50
RÉFORMATEURS ET PUBLICISTES DE L'EUROPE. Moyen âge et Renaiss. 1 vol. 7 50
— Dix-septième siècle. 1 vol... 7 50
— Dix-huitième siècle. 1 vol.... 7 50

C. FRÉGIER

LES JUIFS ALGÉRIENS, leur passé, leur présent, leur avenir, etc. 1 volume 3 »

M. GACHARD

DON CARLOS ET PHILIPPE II. 1 vol.. 7 50

L'ABBÉ GALIANI

CORRESPONDANCE, 2 vol... 15 »

Cte AGÉNOR DE GASPARIN

UN GRAND PEUPLE QUI SE RELÈVE, LES ÉTATS-UNIS EN 1861. 1 volume. 5 »

GEORGIADÈS

LA TURQUIE ACTUELLE. 1 vol... 7 50

GÉNARD

HISTOIRE DES FRANCS D'AUSTRASIE 2 volumes... 15 »

GERVAIS

CONTES ET POÈMES. 1 volume... 6 »

G.-G. GERVINUS

INSURRECTION ET RÉGÉNÉRATION DE LA GRÈCE. 2 volumes... 16

ÉMILE DE GIRARDIN

LE CONDAMNÉ DU 6 MARS. 1 volume. 6 »
FORCE OU RICHESSE. 1 volume... 6 »
LETTRES D'UN LOGICIEN. 1 volume... 5 »
POUVOIR ET IMPUISSANCE. 1 volume. 6 »
LE SUCCÈS. 1 volume... 6 »

ÉDOUARD GOURDON

HISTOIRE DU CONGRÈS DE PARIS. 1 vol. 5 »

HENRI GRADIS

HIST. DE LA RÉVOLUTION DE 1848. 2 v. 10 »

H. GRAETZ

LES JUIFS D'ESPAGNE. 945-1205. 1 vol. 7 50
SINAÏ ET GOLGOTHA, ou les Origines du judaïsme et du christianisme. 1 vol. 7 50

F. GUIZOT

LA CHINE ET LE JAPON, par *Laurence Oliphant* (Traduction). 2 volumes. 12 »
L'ÉGLISE ET LA SOCIÉTÉ CHRÉTIENNES. 1 volume... 5 »
HISTOIRE DE LA FONDATION DE LA RÉPUBLIQUE DES PROVINCES-UNIES, par *J. Lothrop Motley* (Trad. nouvelle avec introduction). 4 volumes. 24 »
HISTOIRE PARLEMENTAIRE DE FRANCE, formant le complément des *Mémoires pour servir à l'histoire de mon temps.* 5 volumes... 37 50

OUVRAGES DIVERS — FORMAT IN-8°

F. GUIZOT *(Suite)* f. c.

INESSE DU PRINCE ALBERT (traion). 1 volume............... 6 »
ATIONS SUR L'ESSENCE DE LA IGION CHRÉTIENNE. 1 volume... 6 »
ATIONS SUR L'ÉTAT ACTUEL DE ELIGION CHRÉTIENNE. 1 vol... 6 »
ATIONS SUR LA RELIGION CHRÉNE dans ses rapports avec l'état el des sociétés et des esprits. 1 v. 6 »
DES BIOGRAPHIQUES ET LITTÉES. 1 volume............... 7 50
GES POLITIQUES ET HISTORI-. 1 volume................ 7 50
RES pour servir à l'histoire de temps (ouvrage auquel a été rné par l'Institut le grand prix nal de 1871). 8 volumes...... 60 »
NCE ALBERT, son caractère et iscours (traduction et préface). lume..................... 6 »
M PITT ET SON TEMPS, par *lord hope* (trad. et introd.). 4 vol.. 24 »

OVIC HALÉVY *de l'Acad. fr.*

RS DE RÉCEPTION A L'ACADÉMIE ÇAISE. brochure............ 1 »

G. HALLER

UET. 1 volume.............. 6 »
U AU COUVENT. 1 volume..... 6 »
1 volume.................. 6 »

BARON D'HAUSSEZ

RES. tomes I et II. 2 vol .. 15 »

E D'HAUSSONVILLE *de l'Ac. fr.*

SATION EN ALGÉRIE......... .. 1 »
NESSE. 1 volume........... 7 50
IRS ET MÉLANGES. 1 vol..... 7 50
OGRAMME DE GOUVERNEMENT. chure...................... 1 »

E O. D'HAUSSONVILLE *de l'Ac. fr.*

NCE A PARIS. 1 volume....... 7 50
ABLISSEMENTS PÉNITENTIAIRES RANCE ET AUX COLONIES. 1 vol. 7 50
S ET REMÈDES. 1 vol......... 7 50
SME ET CHARITÉ. 1 vol...... 7 50
HESSE DE BOURGOGNE........ 7 50

ERNEST HAVET

ISTIANISME ET SES ORIGINES. umes....................... 30 »
RNITE DES PROPHÈTES. 1 vol. 5 »

GÉNÉRAL HERBÉ

AIS ET RUSSES EN CRIMÉE. 1 v. 7 50

ARSÈNE HOUSSAYE

STINÉES DE L'AME. 1 volume. 6 »
OISELLE CLÉOPATRE. 1 volume. 6 »
INS PLEINES DE ROSES, PLEINES ET PLEINES DE SANG. 1 vol... 6 »

VICTOR HUGO

1 volume................. 4 »
C'EST QUE L'EXIL........... 1 »
SPONDANCE, 2 vol.......... 15 »
TEMPLATIONS. 2 volumes.... 12 »

VICTOR HUGO *(Suite)* f. c.

DEPUIS L'EXIL. 1 volume........... 6 »
DISCOURS POUR VOLTAIRE. Brochure. » 50
DISCOURS POUR LA PROPRIÉTÉ LITTÉRAIRE. Brochure............ ... » 50
LE DROIT ET LA LOI............... 1 »
HISTOIRE D'UN CRIME. 2 volumes... 15 »
LA LÉGENDE DES SIÈCLES. 2e série. 3 v. 22 50
LE PAPE. 1 volume................ 4 »
PARIS ET ROME. Brochure...... ... 1 »
LA PITIÉ SUPRÊME. 1 volume...... 4 »
POUR UN SOLDAT. Brochure........ » 30
QUATORZE DISCOURS. 1 volume...... 3 »
QUATRE-VINGT-TREIZE. 3 volumes.... 18 »
RELIGIONS ET RELIGION. 1 volume.. 4 »
TORQUEMADA. 1 vol .... 6 »

VICTOR JACQUEMONT

CORRESPONDANCE INÉDITE avec sa famille, ses amis, 1824-1832, notice par *V. Jacquemont neveu*, et introduction de *Pr. Mérimée*. 2 vol... 24 »

PAUL JANET *de l'Institut*

LES PROBLÈMES DU XIXe SIÈCLE. 1 v. 7 50
VICTOR COUSIN ET SON ŒUVRE. 1 vol. 7 50

ALPHONSE JOBEZ

LA FEMME ET L'ENFANT. 1 volume... 5 »

PRINCE DE JOINVILLE

ÉTUDES SUR LA MARINE. 1 volume... 7 50

A. KARR

MESSIEURS LES ASSASSINS, brochure.. 1 »

Ad. KUENEN *Trad. A. Pierson*

HIST. CRIT DES LIVRES DE L'ANCIEN TESTAMENT, préface *d'E. Renan*. 2 v. 15 »

H. DE LA FERRIÈRE

LA SAINT-BARTHÉLEMY. 1 vol..... 7 50

LAMARTINE

ANTONIELLA. 1 volume.. .... 6 »
GENEVIÈVE. Hist. d'une servante. 1 v. 5 »
NOUVELLES CONFIDENCES. 1 volume.. 5 »
SAUL. 1 vol...................... 4 »
TOUSSAINT LOUVERTURE. 1 volume... 5 »
VIE DE CÉSAR. 1 volume........... 5 »

CHARLES LAMBERT

LE SPIRITUALISME ET LA RELIGION 2 volumes..................... 12 »

A. LAMBERT DE SAINTE-CROIX

ESSAIS SUR L'HISTOIRE DE L'ADMINISTRATION DE LA MARINE FRANÇAISE. 1 vol................... 7 50

ÉTIENNE LAMY

ÉTUDES SUR LE SECOND EMPIRE 1 volume...................... 7 50

PATRICE LARROQUE

DE LA GUERRE ET DES ARMÉES. 1 vol. 6 »
DE L'ORGANISATION DU GOUVERNEMENT RÉPUBLICAIN. 1 volume......... 5 »

CALMANN LÉVY, EDITEUR

A. PEYRAT — f. c.

HISTOIRE ÉLÉMENTAIRE ET CRITIQUE DE JÉSUS. 1 volume............ 7 50

G. PICOT

MAGISTRATURE ET DÉMOCRATIE...... 1 »

CH. DE PIEPAPE

CH. DE BERNARD. 1 volume........ 2 »

L'ABBÉ PIERRE

CONSTANTINOPLE, JÉRUSALEM ET ROME, *avec plan et carte*. 2 volumes..... 15 »

MARQUIS DE PIMODAN

LA RÉUNION DE TOUL A LA FRANCE. 1 volume.......... .... 7 50

F. PONSARD

ŒUVRES COMPLÈTES. 3 volumes..... 22 50

COMTE POZZO DI BORGO

CORRESPONDANCE DIPLOMATIQUE DU COMTE POZZO. T. I et II......... 15 »

PRÉVOST-PARADOL

ESSAIS DE POLITIQUE ET DE LITTÉRATURE. 3 volumes... .... 22 50

EDGAR QUINET

HISTOIRE DE LA CAMPAGNE DE 1815. 1 volume *avec carte*...... ..... 7 50

MERLIN L'ENCHANTEUR. 2 volumes... 15 »

J. DE RAINNEVILLE

LA FEMME DANS L'ANTIQUITÉ ET D'APRÈS LA MORALE NATURELLE. 1 vol. 7 50

COMTE DE RAMBUTEAU

LETTRES DU MARÉCHAL DE TESSÉ. 1 v. 7 50

Mme RECAMIER

COPPET ET WEIMAR — MADAME DE STAEL ET LA GRANDE-DUCHESSE LOUISE. Récits et Correspondances, par l'auteur des *Souvenirs de Madame Récamier*. 1 volume....... 7 50

MADAME RÉCAMIER, LES AMIS DE SA JEUNESSE ET SA CORRESPONDANCE INTIME. 1 volume.............. 7 50

VICOMTE DE REISET

SOUVENIRS...................... 7 50

CH. DE REMUSAT

ABÉLARD, drame philosophique. 1 v.. 7 50

CORRESPONDANCE. 6 volumes....... 45 »

POLITIQUE LIBÉRALE, ou Fragments pour servir à la défense de la révolution française. 1 volume..... 7 50

LA SAINT-BARTHÉLEMY, drame historique. 1 volume................ 7 50

MADAME DE RÉMUSAT

LETTRES. 2 vol.................. 15 »

MÉMOIRES. 3 vol................. 22 50

ERNEST RENAN *de l'Acad. franc.*

Histoire des origines du Christianisme.

VIE DE JÉSUS. 1 volume....... .... 7 50

LES APOTRES. 1 volume............ 7 50

SAINT PAUL. 1 volume avec carte... 7 50

L'ANTECHRIST. 1 volume.......... 7 50

LES ÉVANGILES ET LA SECONDE GÉNÉRATION CHRÉTIENNE........ 7 50

L'ÉGLISE CHRÉTIENNE. 1 volume.... 7 50

ERNEST RENAN *(Suite)* — f. c.

MARC-AURÈLE ET LA FIN DU MONDE ANTIQUE.... .. .. 7 50

INDEX GÉNÉRAL POUR L'HISTOIRE DES ORIGINES DU CHRISTIANISME. 1 vol. 7 50

LE LIVRE DE JOB, traduit de l'hébreu, avec une étude sur l'âge et le caractère du poème. 1 volume...... 7 50

LE CANTIQUE DES CANTIQUES, traduit de l'hébreu, avec une étude sur le plan, l'âge et le caractère du poème. 1 volume....................... 6 »

L'ECCLÉSIASTE, 1 vol............ 5 »

HISTOIRE GÉNÉRALE DES LANGUES SÉMITIQUES. 1 volume............ 12 »

HISTOIRE DU PEUPLE D'ISRAEL. 5 vol. 37 50

ÉTUDES D'HISTOIRE RELIGIEUSE. 1 v. 7 50

ÉTUDES SUR LA POLITIQUE RELIGIEUSE DU RÈGNE DE PHILIPPE-LE-BEL. 1 vol.... .. .. 7 50

NOUVELLES ÉTUDES D'HISTOIRE RELIG. 7 50

AVERROÈS ET L'AVERROÏSME, essai historique. 1 volume........ .. ... 7 »

ESSAIS DE MORALE ET DE CRITIQUE. 1 v. 7 50

MÉLANGES D'HIST ET DE VOYAGE. 1 vol. 7 50

QUESTIONS CONTEMPORAINES. 1 volume 7 50

LA RÉFORME INTELLECTUELLE ET MORALE. 1 volume................. 7 50

DE L'ORIGINE DU LANGAGE. 1 volume.. 6 »

DIALOGUES PHILOSOPHIQUES. 1 vol.. 7 50

DRAMES PHILOSOPHIQUES. 1 vol..... 7 50

CALIBAN, drame philosophique. 1 vol. 3 »

L'EAU DE JOUVENCE. 1/2 vol........ 3 »

LE PRÊTRE DE NEMI. 1 vol... ..... 3 »

L'ABBESSE DE JOUARRE. 1 vol ..... 3 »

SOUVENIRS D'ENFANCE ET DE JEUNESSE. 1 volume. 7 50

FEUILLES DÉTACHÉES. 1 vol........ 7 50

DISCOURS ET CONFÉRENCES 1 vol... 7 50

L'AVENIR DE LA SCIENCE. 1 vol..... 7 50

LA CHAIRE D'HÉBREU AU COLLÈGE DE FRANCE. Brochure................ 1 »

DE LA PART DES PEUPLES SÉMITIQUES DANS L'HISTOIRE DE LA CIVILISATION. Brochure................ 1 »

DISCOURS DE RÉCEPTION A L'ACADÉMIE Brochure....................... 1 »

L'ISLAMISME. Brochure........ ... 1 »

JUDAISME COMME RACE ET RELIGION. Brochure.... . ... 1 »

JUDAISME ET CHRISTIANISME...... .. 1 »

LETTRE A UN AMI D'ALLEMAGNE. Br. » 50

1802. DIALOGUE DES MORTS Broch... 1 »

QU'EST-CE QU'UNE NATION. Brochure. 1 »

MISSION DE PHÉNICIE. — Cet ouvrage comprend un vol in-4 de 888 pages de texte, et un vol in-folio, composé de 70 planches, un titre et une table des planches.. .... 200 »

LETTRES INTIMES D'ERNEST RENAN ET D'HENRIETTE RENAN. 1 vol... 7 50

En collaboration avec M. Victor LE CLERC

HISTOIRE LITTÉRAIRE DE LA FRANCE AU XIVe SIÈCLE. 2 volumes........ 16 »

E. RENAN ET M. BERTHELOT

CORRESPONDANCE, 1 vol.......... 7 50

OUVRAGES DIVERS — FORMAT IN-8°

LOUIS REYBAUD *de l'Institut* — f. c.

ÉCONOMISTES MODERNES. 1 volume... 7 50
ÉTUDES SUR LE RÉGIME DES MANUFACTURES. — LA SOIE. 1 volume... 7 50
— LE COTON. Son régime, ses problèmes, son influence en Europe. 1 v. 7 50
— LA LAINE. 1 volume.......... ..... 7 50
— LE FER ET LA HOUILLE. 1 volume. 7 50

PAUL RIBOT

DU SUFFRAGE UNIVERSEL. 1 volume. 6 »

COMTE R. R.

LA JUSTICE ET LA MONARCHIE POPULAIRE. — La Guerre d'Orient. 1 vol.. 3 »

BERTRAND ROBIDOU

HISTOIRE DU CLERGÉ PENDANT LA RÉVOLUTION FRANÇAISE. 2 vol... 15 »

H. RODRIGUES

LES APOLOGIES DU TALMUD. 1 vol... 10 »
CHARLES IX. 1 volume.......... .. 7 50
CONTES PARISIENS ET PHILOSOPHIQUES. 1 vol.......... .... 7 50
LA JUSTICE DE DIEU. 1 volume...... 5 »
LES ORIGINES DU SERMON DE LA MONTAGNE. 1 volume .... 3 »
HISTOIRE DES PREMIERS CHRÉTIENS.
1re partie. Le roi des Juifs. 1 vol .. 5 »
2e — Saint Pierre. 1 vol... 5 »
HISTOIRE DES DEUXIÈMES CHRÉTIENS. — Saint Paul. 1 volume......... 6 »
HISTOIRE DU PECHÉ ORIGINEL. 1 v. 7 50
MIDRASCHIM. 1 volume........... 7 50
THÉATRE DE CAMPEADOR. 1 vol...... 5 »
LES TROIS FILLES DE LA BIBLE. 1 vol. 7 50

ROTHAN

L'EUROPE ET L'AVÈNEMENT DU SECOND EMPIRE. 1 vol.................. 7 50
LA FRANCE ET SA POLITIQUE EXTÉRIEURE EN 1867. 2 volumes...... 15 »
L'ITALIE. 1 volume................ 7 50
LA POLITIQUE FRANÇAISE EN 1866. 1 volume....................... 7 50
LA PRUSSE ET SON ROI PENDANT LA GUERRE DE CRIMÉE. 1 vol.... .... 7 50

H. DE ROTHSCHILD

LETTRES INÉDITES DE J.-J. ROUSSEAU. 1 volume...................... 7 50

E. HOUSSE

RÉPONSE AU DISCOURS DE M. LÉON SAY, A L'ACADÉMIE FRANÇAISE, brochure.

J.-J. ROUSSEAU

ŒUVRES ET CORRESPONDANCE INÉDITES, publiées par *M. Streckeisen-Moulton*. 1 volume......... 7 50
J.-J. ROUSSEAU. SES AMIS ET SES ENNEMIS. Correspondance publ. par *M. Streckeisen-Moulton*, avec appréciation crit. de *Sainte-Beuve*. 2 v. 15 »

LE MARÉCHAL DE SAINT-ARNAUD

LETTRES 1832-1854. 2 vol. papier vélin .... 30 »

SAINTE-BEUVE — f. c.

POÉSIES COMPLÈTES — JOSEPH DELORME — LES CONSOLATIONS — PENSÉES D'AOUT. 2 volumes.......... 10 »

SAINT-MARC GIRARDIN

SOUVENIRS ET RÉFLEXIONS POLITIQUES D'UN JOURNALISTE. 1 volume..... 7 50

SAINT-RENÉ TAILLANDIER *de l'Ac. fr.*

ÉTUDES SUR LA RÉVOLUTION EN ALLEMAGNE. 2 volumes............... 15 »
MAURICE DE SAXE. Étude historique. 1 volume....................... 7 50

P. DE SAINT-VICTOR

ANCIENS ET MODERNES 1 vol........ 7 50
LES DEUX MASQUES. 3 volumes...... 22 50

SAINT-YVES D'ALVEYDRE

LA FRANCE VRAIE. 1 volume......... 7 50
LA MISSION DES JUIFS. 1 vol........ 20 »
— DES SOUVERAINS. 1 vol. 10 »
— DES OUVRIERS. 1 vol... 2 »

J. SALVADOR

HISTOIRE DES INSTITUTIONS DE MOÏSE ET DU PEUPLE HÉBREU. 2 volumes. 15 »
JÉSUS-CHRIST ET SA DOCTRINE. Histoire de la naissance de l'Église. *Nouv. édition augmentée.* 2 vol. 15 »
PARIS, ROME, JÉRUSALEM (Question religieuse au XIXe siècle). 2 vol... 15 »

MAURICE SAND

RAOUL DE LA CHASTRE. 1 volume.... 6 »

LÉON SAY

DISCOURS A L'ACADÉMIE, brochure... 1 »
LES FINANCES DE LA FRANCE SOUS LA TROISIÈME RÉPUBLIQUE. 2 vol.... 15
LA POLITIQUE DES INTÉRÊTS. Broch. 1 »

EDMOND SCHERER

MÉLANGES D'HISTOIRE RELIGIEUSE. 1 v. 7 50
MELCHIOR GRIMM. 1 vol........... 7 50
REVISION DE LA CONSTITUTION, broch. 1 »

CH. SCHÉRER

LA BOURSE DE PARIS, brochure...... 1 »

PIERRE DE SÉGUR

LA DERNIÈRE DES CONDÉ.......... 7 50
LE ROYAUME DE LA RUE SAINT-HONORÉ. 1 vol............ ... 7 50

JULES SIMON *de l'Acad. franç.*

UNE ACADÉMIE SOUS LE DIRECTOIRE. 1 volume... ... . 7 50
DIEU, PATRIE, LIBERTÉ. 1 volume.. 7 50
LE GOUVERNEMENT DE M. THIERS, 2 v. 15 »
MIGNET, MICHELET, HENRI MARTIN. 1 volume...................... 7 50
NOS HOMMES D'ÉTAT. 1 vol......... 7 50
NOTICES ET PORTRAITS. 1 vol.. 7 50
SOUVENIRS DU 4 SEPTEMBRE. Origine et chute du second empire. 1 vol.. 6 »
— Le Gouvernement de la défense nationale. 1 volume............ 6 »
THIERS, GUIZOT, RÉMUSAT. 1 volume. 7 50

CALMANN LEVY, ÉDITEUR

JULES SIMON ET GUSTAVE SIMON

LA FEMME DU XXe SIÈCLE. 1 vol.... 7 50

JAMES SPENCE

L'UNION AMÉRICAINE. 1 vol...... 6 »

LORD STANHOPE

WILLIAM PITT ET SON TEMPS. Trad. avec introd. de *M. Guizot*. 4 vol. 24 »

DANIEL STERN (*Comtesse d'Agoult*)

HISTOIRE DES COMMENCEMENTS DE LA RÉPUBLIQUE AUX PAYS-BAS, 1581-1625. 1 vol. 7 50
MES SOUVENIRS. 1 vol. 7 50

DAVID-FRÉDÉRIC STRAUSS

auteur de la Vie de Jésus

ESSAIS D'HISTOIRE RELIGIEUSE ET MÉLANGES LITTÉRAIRES. Traduction avec introduct. d'*E. Renan*. 1 vol. 7 50

PRINCE DE TALLEYRAND

MÉMOIRES. 5 vol. 37 50

A. THIERS

DISCOURS PARLEMENTAIRES, publiés par M. *Calmon*, t. I à XVI. 116 »

GÉNÉRAL THOUMAS

LE MARÉCHAL LANNES. 1 vol. 7 50

L. THOUVENEL

LA GRÈCE DU ROI OTHON. 1 vol. 7 50
NICOLAS Ier ET NAPOLÉON III. 1 vol. 7 50
LE SECRET DE L'EMPEREUR. 2 vol. 15 »
TROIS ANNÉES DE LA QUESTION D'ORIENT. 1 vol. 7 50

A. DE TOCQUEVILLE

Œuvres complètes — *Nouv. édition.*

L'ANCIEN RÉGIME ET LA RÉVOLUTION. 1 vol. 6 »
CORRESPONDANCE ET ŒUVRES POSTHUMES. 2 volumes. 12 »
DE LA DÉMOCRATIE EN AMÉRIQUE. 3 v. 18 »
ÉTUDES ÉCONOMIQUES, POLITIQUES ET LITTÉRAIRES. 1 vol. 6 »
MÉLANGES. Fragments historiques et Notes. 1 vol. 6 »
NOTICES SUR ALEX. DE TOCQUEVILLE. brochure. 1 »
NOUVELLE CORRESPONDANCE inédite. 1 vol. 6 »
SOUVENIRS. 1 vol. 7 50

MAURICE TOURNEUX

DIDEROT ET CATHERINE II. 7 50

AUG. TROGNON

VIE DE MARIE-AMÉLIE, reine des Français. 1 vol. 7 50

LOUIS ULBACH

ALMANACH DE VICTOR HUGO, broch. 1 »
JULES GRÉVY. Brochure. » 25
LE JARDIN DU CHANOINE. 1 vol. 5 »
LE LIVRE D'UNE MÈRE. 1 vol. 6 »

AUGUSTE VACQUERIE

f. c.

DEPUIS. 1 vol. 7 50
FUTURA. 1 vol. 7 50
MES PREMIÈRES ANNÉES DE PARIS. 1 vol 7 50

OSCAR DE VALLÉE

ANTOINE LEMAISTRE ET SES CONTEMPORAINS. 1 vol. 7 50
LE DUC D'ORLÉANS ET LE CHANCELIER D'AGUESSEAU. 1 vol. 7 50
NOUVELLES ÉTUDES ET NOUVEAUX PORTRAITS. 1 volume. 7 50

DUC DE VALMY

LE PASSÉ ET L'AVENIR DE L'ARCHITECTURE. 1 vol. 5 »

LE PRINCE DE VALORI

LA MUSIQUE, LE BON SENS, ETC. 1 vol. 7 50
DON CARLOS DANS LES INDES, avec un portrait. 1 vol. 7 50
Avec 4 portraits. 1 vol. 15 »
VERDI ET SON ŒUVRE. 1 vol. 3 50

PAUL VARIN

EXPÉDITION DE CHINE. 1 vol. 5 »

DOCTEUR L. VÉRON

QUATRE ANS DE RÈGNE. OU EN SOMMES-NOUS? 1 vol. 5 »

LOUIS DE VIEL-CASTEL

de l'Académie française

HIST. DE LA RESTAURATION. 20 vol. 120 »

ALFRED DE VIGNY

Œuvres complètes.

CINQ-MARS. 1 vol. 5 »
LES DESTINÉES. Poèmes philos. 1 vol. 6 »
POÈMES ANTIQUES ET MODERNES. 1 v. 5 »
SERVITUDE ET GRANDEUR MILITAIRES. 1 vol. 5 »
STELLO. 1 vol. 5 »
THÉATRE COMPLET. 1 vol. 5 »

VILLEMAIN

LA TRIBUNE MODERNE. M. DE CHATEAUBRIAND, sa vie, ses écrits, etc. 1 v. 7 50
— T. II. LORD GREY, FOX, etc. 1 vol. 7 50

COMTE DE VILLENEUVE-GUIBERT

PORTEFEUILLE DE MADAME DUPIN. 7 50

L. VINTÉJOUX ET J. DE REINACH

FORMULES ET TABLES D'INTÉRÊTS COMPOSÉS ET D'ANNUITÉS. 1 vol. 6 »

L. VITET

L'ACADÉMIE ROYALE DE PEINTURE ET DE SCULPTURE. Étude hist. 1 vol. 6 »
LE COMTE DUCHATEL. 1 vol avec portrait gravé par Ingres. 6 »

CHRIST. WORDSWORT

DE L'ÉGLISE ET DE L'INSTRUCTION PUBLIQUE EN FRANCE. 1 vol. 5 »

MELCHIOR DE VOGUÉ *de l'Acad. fr.*

LES PORTRAITS DU SIÈCLE. *Brochure.* 1 »

BIBLIOTHÈQUE DE LUXE

PETIT IN-8° SUR PAPIER VERGÉ A LA CUVE

LE VOLUME : 5 FRANCS

*** vol.

EXPIATION ... 1

EDMOND ABOUT

LE NEZ D'UN NOTAIRE ... 1

D'ARNOLDI

NATACHA ... 1

XAVIER AUBRYET

LE TRIPTYQUE ... 1

H. DE BALZAC

LE COLONEL CHABERT ... 1

JULES CLARETIE *de l'Acad. fr.*

LE DRAPEAU ... 1

PRINCESSE DELLA ROCCA

SOUVENIRS DE LA VIE INTIME D'HENRI HEINE (*épuisé*) ... 1

AL. DUMAS

HERMINIE ... 1

OCTAVE FEUILLET

JULIA DE TRÉCŒUR ... 1

LUD. HALÉVY *de l'Acad. fr.*

LA FAMILLE CARDINAL ... 1
DEUX MARIAGES ... 1

H. HEINE

MÉMOIRES ... 1

EUGÈNE MANUEL

POÉSIES COMPLÈTES ... 2

GASTON MAUGRAS

LA DUCHESSE DE CHOISEUL ... 1
LES DEMOISELLES DE VERRIÈRES ... 1

PROSPER MÉRIMÉE

CARMEN ... 1

ÉDOUARD PAILLERON vol.

AMOURS ET HAINES ... 1
THÉATRE CHEZ MADAME ... 1

***

TIPHAINE ... 1

J. RICARD

PITCHOUN ... 1

C.-A. SAINTE-BEUVE

LE CLOU D'OR ... 1

GEORGE SAND

LA MARQUISE ... 1

J. SANDEAU

UN DÉBUT DANS LA MAGISTRATURE ... 1

C. SELDEN

DERNIERS JOURS DE HEINE ... 1

JULES SIMON

L'AFFAIRE NAYL ... 1

***

PENSÉES DE LA SOLITUDE ... 1
SOUVENIRS D'UN MÉDECIN DE L'EXPÉDITION D'ÉGYPTE ... 1
LA VIE PARISIENNE SOUS LOUIS XVI ... 1

CARMEN SYLVA

LES PENSÉES D'UNE REINE ... 1

LOUIS ULBACH

LES INUTILES DU MARIAGE ... 1

MELCHIOR DE VOGUÉ *de l'Acad. fr.*

HISTOIRE D'HIVER ... 1

BIBLIOTHÈQUE CONTEMPORAINE

GRAND IN-18 A 3 FR. 50

EDMOND ABOUT vol.

LETTRES D'UN BON JEUNE HOMME A SA COUSINE ... 1
DERNIÈRES LETTRES D'UN BON JEUNE HOMME ... 1

AMÉDÉE ACHARD vol.

BELLE-ROSE ... 1
RÉCITS D'UN SOLDAT ... 1
SOUVENIRS D'ÉMEUTES ... 1

CALMANN LÉVY, ÉDITEUR

A. ADERER — vol.

LUDKA 1
LE VŒU 1

COMTE AFANASI

LE ROMAN D'UN GRAND-DUC 1

ALARCON

THÉATRE, *traduct. Alphonse Royer* ... 1

GUSTAVE D'ALAUX

L'EMPEREUR SOULOUQUE ET SON EMPIRE. 1

DUC D'ALENÇON

LUÇON ET MINDANAO, Journal de voyage. 1

HENRI ALLAIS

ADIEU JEAN 1
CONFESSIONS DE RIQUET 1
HISTOIRES PÉNALES 1
TANTINE 1
UN CASQUE 1

HENRI AMIC

AU PAYS DE GRETCHEN 1
GEORGE SAND, mes souvenirs 1
MES 28 JOURS 1
PLAISIRS D'AMOUR 1

* * *

FAISONS LA CHAÎNE 1
LE LIVRE DES VINGT-ET-UN 1

J.-J. AMPÈRE

MÉLANGES D'HISTOIRE LITTÉRAIRE 2
VOYAGE EN ÉGYPTE ET EN NUBIE 1

UN ANCIEN OFFICIER

LA PUISSANCE FRANÇAISE 1

G. D'ANNUNZIO

L'ENFANT DE VOLUPTÉ 1
EPISCOPO ET Cie 1
L'INTRUS 1
LE TRIOMPHE DE LA MORT 1
LES VIERGES AUX ROCHERS 1

* * *

GUERRE ET MARINE 1

F. ANTONY

JEAN DE COURTEIL 1

ALEXANDRE D'ARC

LA STEPPE 1

JOSEPH D'ARCAY

INDISCRÉTIONS CONTEMPORAINES 1

C. D'ARJUZON

HORTENSE DE BEAUHARNAIS 1

ANDRÉ D'ARRÈZE

LINDA 1

PIOTRE ARTAMOW

HISTOIRE D'UN BOUTON 1

ARMAND D'ARTOIS

LE CAPITAINE RIPAILLE 1
LE SERGENT BALTHAZAR 1

ART ROÉ — vol.

MON RÉGIMENT RUSSE 1
PINGOT ET MOI 1
RACHETÉ 1
SOUS L'ÉTENDARD 1

ALFRED ASSOLLANT

HISTOIRE FANTASTIQUE DE PIERROT 1
GABRIELLE DE CHÊNEVERT 1
D'HEURE EN HEURE 1

PH. AUDEBRAND

ALEX. DUMAS À LA MAISON D'OR 1
LA CLÉ D'ARGENT 1
MÉMOIRES D'UN PASSANT 1
NAPOLÉON A-T-IL ÉTÉ UN HOMME HEUREUX 1
PETITS MÉMOIRES DU XIXe SIÈCLE 1

ÉMILE AUGIER *de l'Acad. franç.*

ŒUVRES DIVERSES 1
THÉATRE COMPLET 7

L'AUTEUR *de John Halifax*

OLIVIA 1

L'AUTEUR *de Le Vaste Monde*

ÉLÉONORE POWLE 2

L'AUTEUR *de La duchesse d'Orléans*

VIE DE JEANNE D'ARC 1

J. AUTRAN *de l'Acad. franç.*

LA COMÉDIE DE L'HISTOIRE 1
DRAMES ET COMÉDIES 1
ÉPITRES RUSTIQUES 1
LA FLUTE ET LE TAMBOUR 1
LA LÉGENDE DES PALADINS 1
LETTRES ET NOTES DE VOYAGE 1
LA LYRE À SEPT CORDES 1
LES POÈMES DE LA MER 1
SONNETS CAPRICIEUX 1
LA VIE RURALE 1

AUZIAS-TURENNE

COW-BOY 1
VOYAGE AU PAYS DES MINES D'OR (illustré, 4 fr.) 1

PAUL AVENEL

CHANTS ET CHANSONS 1
UNE AMIE DÉVOUÉE 1

AUGUSTE AVRIL

SALTIMBANQUES ET MARIONNETTES 1

RAYMOND AYNARD

AMES RECLUSES 1

H. BACHARACH

LE FAUST DE GŒTHE, *trad.*, préface de A. Dumas fils 1

BARONNE DE B...

LES MARIAGES D'À PRÉSENT 1

J.-R. BACKER

SANS REMORDS 1

DE BACOURT

SOUVENIRS D'UN DIPLOMATE 1

Cte CÉSAR BALBO *Trad. J. Amigues*

HISTOIRE D'ITALIE 2

BIBLIOTHÈQUE CONTEMPORAINE — 3 FR. 50 C.

H. DE BALZAC vol.

CORRESPONDANCE 2
ŒUVRES COMPLÈTES 50

LOUIS BAMBERGER

M. DE BISMARCK 1

***

L'INCONSOLÉE 1

JEAN BARANCY

IMPLACABLE 1
POUR SUZANNE 1

J. BARBEY D'AUREVILLY

LE CHEVALIER DES TOUCHES 1
LES PROPHÈTES DU PASSÉ 1

ALEX. BARRIEN

LETTRES FAMILIÈRES SUR LA LITTÉRATURE. 1

JULES BARRIER

FLEUR BLESSÉE 1
LE FRANC-TIREUR. Chants de guerre. .. 1
THÉATRE EN VERS 2

A. BARDOUX

LA BOURGEOISIE FRANÇAISE 1
LA COMTESSE PAULINE DE BEAUMONT 1
ÉTUDES D'UN AUTRE TEMPS 1
MADAME DE CUSTINE 1

J. BARTHÉLEMY SAINT-HILAIRE

LETTRES SUR L'ÉGYPTE 1

CHARLES BAUDELAIRE

Œuvres complètes — *Édition définitive*

LES FLEURS DU MAL. Poésies complètes.. 1
CURIOSITÉS ESTHÉTIQUES 1
L'ART ROMANTIQUE 1
ARTHUR GORDON PYM — EUREKA 1
PET. POÈMES EN PROSE — PARADIS ARTIF. 1
HISTOIR. EXTRAORDINAIRES D'EDGAR POE. 1
NOUVELLES HISTOIRES EXTRAORDINAIRES. 1

L. BAUDENS

LA GUERRE DE CRIMÉE 1

RENÉ BAZIN

A L'AVENTURE 1
CROQUIS DE FRANCE ET D'ORIENT 1
DE TOUTE SON AME 1
HUMBLE AMOUR 1
LES ITALIENS D'AUJOURD'HUI 1
MADAME CORENTINE 1
LES NOELLET 1
EN PROVINCE 1
LA SARCELLE BLEUE 1
SICILE 1
MA TANTE GIRON 1
UNE TACHE D'ENCRE 1
TERRE D'ESPAGNE 1
LA TERRE QUI MEURT 1

ED. BAZIRE

CHARBONS ARDENTS 1

GUSTAVE DE BEAUMONT

L'IRLANDE SOCIALE, POLIT. ET RELIGIEUSE. 2

ROGER DE BEAUVOIR

LES MEILLEURS FRUITS DE MON PANIER.. 1

PRINCESSE DE BELGIOJOSO vol.

ASIE MINEURE ET SYRIE 1

GEORGES BELL

VOYAGE EN CHINE 1

MARQUIS DE BELLEVAL

SOUVENIRS DE GUERRE 1

A. DE BELLOY *Traducteur*

COMÉDIES DE PLAUTE 1
THÉATRE COMPLET DE TÉRENCE 1

ADOLPHE BELOT

LE DRAME DE LA RUE DE LA PAIX 1

TH. BENTZON

LES AMÉRICAINES CHEZ ELLES 1
AMOUR PERDU 1
UN CHATIMENT 1
CHOSES ET GENS D'AMÉRIQUE 1
CONSTANCE 1
UN DIVORCE 1
UNE DOUBLE ÉPREUVE 1
ÉMANCIPÉE 1
FIGURE ÉTRANGE 1
GEORGETTE 1
LA GRANDE SAULIÈRE 1
JACQUELINE 1
LITTÉRATURE ET MŒURS ÉTRANGÈRES ... 2
MALENTENDUS 1
LE MARIAGE DE JACQUES 1
LE MEURTRE DE BRUNO GALLI 1
MISS JANE 1
NOUVEAUX ROMANCIERS AMÉRICAINS 1
NOUVELLE FRANCE ET NOUVELLE ANGLETERRE 1
L'OBSTACLE 1
LE PARRAIN D'ANNETTE 1
LA PETITE PERLE 1
RÉCITS AMÉRICAINS 1
RÉCITS DE TOUS LES PAYS 2
UN REMORDS 1
UNE CONVERSION 1
LE RETOUR 1
LE ROMAN D'UN MUET 1
TENTÉE 1
TÊTE FOLLE 1
TONY 1
LE VEUVAGE D'ALINE 1
UNE VIE MANQUÉE 1
LE VIOLON DE JOB 1
LA VOCATION DE LOUISE 1

VICTOR BÉRARD

LES AFFAIRES DE CRÈTE 1
LA MACÉDOINE 1
LA POLITIQUE DU SULTAN 1

BÉRARD-VARAGNAC

PORTRAITS LITTÉRAIRES 1

HECTOR BERLIOZ

A TRAVERS CHANTS 1
CORRESPONDANCE INÉDITE 1
LES GROTESQUES DE LA MUSIQUE 1
LETTRES INTIMES 1
MÉMOIRES 2
LES SOIRÉES DE L'ORCHESTRE 1

LÉON BERNARD-DEROSNE

SUR LE VIF 1
TYPES ET TRAVERS 1

CALMANN LÉVY, ÉDITEUR

A. DE BERNARD — vol.

LES ÉPREUVES D'UNE HÉRITIÈRE..... 1

MARIUS BERNARD

AU PAYS DES DOLLARS.............. 1

JULIEN BERR DE TURIQUE

DE CINQ A SEPT...................... 1
COMME ILS SONT TOUS!................. 1
LES DEMOISELLES...................... 1
UN HOMME AIMÉ........................ 1
JACQUES ET JACQUELINE................ 1
MADAME ET MONSIEUR................... 1
MATHILDE LAROCHE.................... 1
LE MEUBLE FLORENTIN................. 1

EUGENE BERTHOUD

UN BAISER MORTEL..................... 1

BERTIN

ÉTUDES SUR LA SOCIÉTÉ FRANÇAISE..... 1

MISS BETHAM EDWARDS

LA FORTUNE DE KITTY 1

ARMAND BEYRA

L'HONNEUR ET LE SANG 1

D. BIKÉLAS

LOUKI-LARAS......................... 1

SAINTE-MARIE BINSCE

REINETTE............................ 1

F. DE BIOTIERE

LES RENTES DU DOCTEUR............... 1

A. BIZOUARD

LE CRIME DE LA RUE CHANOINESSE... 1

WILLIAM BLACK

LA PRINCESSE DE THULÉ 1

J.-F. BLADÉ

CONTES DE LA GASCOGNE.............. 1

ÉDOUARD BLANC

CHASSES A L'IMPOSSIBLE.............. 1

LOUIS BLANC

DIX ANS DE L'HIST. D'ANGLETERRE...... 10

H. BLAZE DE BURY

ALEXANDRE DUMAS..................... 1
LE CHEVALIER DE CHASOT.............. 1
DAMES DE LA RENAISSANCE............. 1
ÉCRIVAINS MODERNES DE L'ALLEMAGNE... 1
ÉPISODE DE L'HISTOIRE DU HANOVRE.... 1
INTERMÈDES ET POÈMES................ 1
LA LÉGENDE DE VERSAILLES............ 1
LES MAITRESSES DE GŒTHE............. 1
SOUV. ET RÉCITS DES CAMP. D'AUTRICHE.. 1

ERNEST BLUM

JOURNAL D'UN VAUDEVILLISTE 1

CH. BOCHER

LETTRES DE CRIMÉE.................. 1

COMTESSE DE BOIGNE

UNE PASSION DANS LE GRAND MONDE...... 2

BOINVILLERS

A QUOI SERVENT LES PARLEMENTS........ 1

BONSERGENT — vol.

BÉBELLE.............................. 1
CABINET D'AFFAIRES.................. 1

E. BOQUET-LIANCOURT

THÉATRE DE FAMILLE.................. [illegible]

BOSTQUENAR

GAHZELS, poésies..................... 1

SIMON BOUBÉE

LA DAME AUX RUBANS ROUGES....... 1
MAURICETTE........................... 1

PAUL BOURDE

LES ABUS DANS LA MARINE.......... 1
EN CORSE............................. 1
LA FIN DU VIEUX TEMPS............... 1
DE PARIS AU TONKIN.................. 1

AMIRAL P. BOUVET

PRÉCIS DE SES CAMPAGNES............. 1

FELIX BOVET

VOYAGE EN TERRE SAINTE.............. 1

BRADA

LES ÉPOUSEURS....................... 1
JEUNES MADAMES...................... 1
JOUG D'AMOUR........................ 1
LETTRES D'UNE AMOUREUSE............. 1
NOTES SUR LONDRES 1
L'OMBRE 1
PETITS ET GRANDS.................... 1
UNE IMPASSE......................... 1

CHARLES BRAINNE

BAIGNEUSES ET BUVEURS D'EAU......... 1

BRAU DE SAINT PAUL LIAS

AYORA............................... 1

BRETHOUS-LAFARGUE

FABIENNE............................ 1
LE DOCTEUR TAUPIN................... 1
LA MAÎTRESSE DU NÉGRIER............. 1

JEAN BRETON

NOTES D'UN ÉTUDIANT FRANÇAIS EN ALLEMAGNE............................ 1

FEU LE DUC DE BROGLIE

VUES SUR LE GOUV. DE LA FRANCE.. 1

DUC DE BROGLIE *de l'Ac. franç.*

L'ALLIANCE AUTRICHIENNE............. 1
LE CONCORDAT........................ 1
LA DIPLOMATIE ET LE DROIT NOUVEAU... 1
FRÉDÉRIC II ET LOUIS XV............. 2
FRÉDÉRIC II ET MARIE-THÉRÈSE 2
LETTRES DE LA DUCHESSE DE BROGLIE 1
MARIE-THÉRÈSE IMPÉRATRICE........... 2
MAURICE DE SAXE..................... 2
LA MISSION DE M. DE GONTAUT-BIRON A BERLIN.......................... 1
LA PAIX D'AIX-LA-CHAPELLE........... 1
QUEST. DE RELIGION ET D'HISTOIRE..... 2
LE SECRET DU ROI.................... 2
VOLTAIRE AVANT ET PENDANT LA GUERRE DE SEPT ANS......................... 1

RHODA BROUGHTON

ADIEU, LES AMOUREUX !................ 1
L'AMOUR ESCLAVE ET MAÎTRE........... 1
FOLLEMENT ET PASSIONNÉMENT.......... 1

BIBILOTHEQUE CONTEMPORAINE — 3 FR. 50 C.

RHODA BROUGHTON (*Suite*) vol.

FRAICHE COMME UNE ROSE 1
JOANNA 1
ROMAN DE GILLIANE 1

F. BRUNETIÈRE

ESSAIS SUR LA LITTÉRAT. CONTEMP. ... 1
HISTOIRE ET LITTÉRATURE 3
QUESTIONS DE CRITIQUE 1
NOUVEAUX ESSAIS SUR LA LITTÉRATURE CONTEMPORAINE 1
NOUVELLES QUESTIONS DE CRITIQUE 1
LE ROMAN NATURALISTE 1

CHARLES BUET

LA PRINCESSE GISÈLE 1
SAPHYR 1

F. BUNGENER

PAPE ET CONCILE AU XIXe SIÈCLE 1
ROME ET LE VRAI 1

EMILE BURNOUF

LE CATHOLICISME CONTEMPORAIN 1

WILLIAM BUSNACH

CYPRIENNE GUÉRARD 1

LORD BYRON

LES DEUX FOSCARI 1

ÉDOUARD CADOL

ANDRÉ LAROCHE 1
L'ARCHIDUCHESSE 1
LE CHEMIN DE DAMAS 1
LA CHÈRE MADAME 1
LA FIANCÉE ANONYME 1
LE FILS ADOPTIF 1
HORTENSE MAILLOT 1
LUCETTE 1
MADEMOISELLE RAYMONDE 1
UN MARIAGE DE PRINCESSE 1
LE ROI DE LA CRÉATION 1
LE SECRÉTAIRE PARTICULIER 1
SUZANNE HERBAIN 1
THÉRÈSE GERVAIS 1

PAUL CAILLARD

CHASSES EN FRANCE ET EN ANGLETERRE. 1

AUGUSTE CALLET

L'ENFER 1

MADAME CALMON

A CÔTÉ DU DEVOIR 1
CŒURS DROITS 1
HISTOIRES INTIMES 1
MES PENSÉES 1
MISS MERTON 1
NOUVELLES PENSÉES 1
OUI ET NON 1
ROMAN DE GABRIELLE 1
UN SECRET 1

A. CALMON

WILLIAM PITT. Étude parlementaire 1

R. CALMON

TROIS SEMAINES A MOSCOU 1

Pcesse O. CANTACUZÈNE ALTIERI vol.

DERNIÈRES ILLUSIONS 1
UNE EXALTÉE 1
FLEUR DE NEIGE 1
IRÈNE 1
LE MENSONGE DE SABINE 1
POVERINA 1
RESPONSABLE 1

JULES DE CARNÉ

CHARLOTTE DUVAL 1
PÉCHEURS ET PÉCHERESSES 1

Mme E. CARO

AMOUR DE JEUNE FILLE 1
COMPLICE 1
FLAMEN 1
FRUITS AMERS 1
HISTOIRE DE SOUCI 1
LES LENDEMAINS 1
L'IDOLE 1
IDYLE NUPTIALE 1
NOUV. AMOURS D'HERMANN ET DOROTHÉE. 1
PAS A PAS 1
LE PÉCHÉ DE MADELEINE 1

ÉMILE CARREY

HUIT JOURS SOUS L'ÉQUATEUR 1
MÉTIS DE LA SAVANE 1
RÉCITS DE KABYLIE 1
RÉVOLTÉS DU PARA 1

Cte DE CASTELLANA-ACQUAVIVA

MADEMOISELLE DE ROQUEMAURE 1
LE SECRET DE MAROUSSIA 1

MARQUIS DE CASTELLANE

DESTRUCTION! 1
LARMES D'AMANTE 1
MADAME BEGUIN 1
LES TEMPS NOUVEAUX 1

P. DE CASTELLANE

SOUV. DE LA VIE MILITAIRE EN AFRIQUE. 1

H. CAUVAIN

LE MARI DE SŒUR THÉRÈSE 1

ADRIEN CHABOT

LA CHAMBAUDIÈRE 1
LES FIANCÉS DE RADEGONDE 1
L'INSTITUTRICE 1
LE MAITRE A DANSER 1
MARIELLE THIBAULT 1
LE MARQUIS DE SAINT-ÉTIENNE 1
UN PARVENU 1

CÉLESTE DE CHABRILLAN

UN DEUIL AU BOUT DU MONDE 1
MÉMOIRES 2
MISS PEWEL 1

ALBÉRICH CHABROL

TABOU 1

CHAMPFLEURY

LES SENSATIONS DE JOSQUIN 1
SOUVENIRS DES FUNAMBULES 1
LA SUCCESSION LE CAMUS 1

CHANTAVOINE

POËMES SINCÈRES 1

BIBLIOTHÈQUE CONTEMPORAINE — 3 FR. 50 C.

ERNEST DAVID
vol.
LES MENDELSOHN-BARTHOLDY ET ROBERT SCHUMANN 1
VIE ET ŒUVRES DE J.-S. BACH........ 1
HAENDEL, SA VIE, SES ŒUVRES.......... 1

DAVID-SAUVAGEOT
LE RÉALISME ET LE NATURALISME....... 1

JULIEN DECRAIS
L'ANGLETERRE CONTEMPORAINE...... 1

FRÉDÉRIC DELACROIX
DEUX SÉDUCTIONS AU XVIII° SIÈCLE.... 1

JULES DELAFOSSE
ÉTUDES ET PORTRAITS................ 1
FIGURES CONTEMPORAINES........... 1

E. DELARD
AMES SIMPLES...................... 1
BELICERTE.......................... 1
LE DÉSIR.............................. 1
LES DUPOURQUET..................... 1
LE JOUG............................. 1
LE SILLON........................... 1

C^{sse} DELLA ROCCA
CORRESPONDANCE ENFANTINE........... 1
— DE LA DUCHESSE DE BOURGOGNE.... 1

HENRY DELORME
GRAINE D'ÉPINARDS.................. 1

ÉDOUARD DELPIT
BÉRANGÈRE.......................... 1
CATHERINE LEVALLIER................ 1
CHAÎNE BRISÉE...................... 1
CŒUR DÉÇU 1
DERNIER RÊVE....................... 1
LES FILS DU SIÈCLE................. 1
MARCIENNE 1
PAULE DE BRUSSANGE................. 1
PLEIN CŒUR......................... 1
LES REPRÉSAILLES DE LA VIE......... 1
LA REVANCHE DE L'ENFANT............ 1
SANG DE CORSAIRE................... 1
SANS MERCI......................... 1
SOUFFRANCES D'UNE MÈRE............. 1
LE TALION.......................... 1
LES THÉORIES DE TAVERNELLE......... 1
LA VENGEANCE DE PIERRE............. 1
YVONNE............................. 1

PAUL DELTUF
CONTES ROMANESQUES................. 1
RÉCITS DRAMATIQUES................. 1

ALIDOR DELZANT
PAUL DE SAINT-VICTOR............... 1

MARIA DERAISMES
NOS PRINCIPES ET NOS MŒURS......... 1

PIERRE DERNAUD
L'HISTOIRE D'UNE FEMME............. 1

PAUL DÉROULÈDE
HISTOIRE D'AMOUR................... 1

A. DESBAROLLES
VOY. D'UN ART. en Suisse à 3 fr. 50 p. jour. 1

GASTON DESCHAMPS
CHEMIN FLEURI...................... 1

ÉMILE DESCHANEL
vol.
CAUSERIES DE QUINZAINE.............. 1
LES DÉFORMATIONS DE LA LANGUE FRANÇAISE.......................... 1
LAMARTINE........................... 2
ROMANTISME DES CLASSIQUES :
1re série. Corneille, Rotrou, Molière, les don Juan de toutes les littératures 1
2e série. Racine.................... 2
3e série. Pascal, Larochefoucauld, Bossuet......................... 1
4e série. Boileau, Charles Perrault.. 1
5e série. Le Théâtre de Voltaire..... 1

PAUL DESCHANEL
FIGURES DE FEMMES.................. 1
FIGURES LITTÉRAIRES................ 1
ORATEURS ET HOMMES D'ÉTAT.......... 1
LA QUESTION SOCIALE................ 1
LA RÉPUBLIQUE NOUVELLE............. 1

KARL DES MONTS
LÉGENDES DES PYRÉNÉES.............. 1

DOCTEUR A. DESPRÈS
LES SŒURS HOSPITALIÈRES 1

CHARLES DETON
LES AMOURS D'UN MAGISTRAT.......... 1

G. DEVILLE
LA FEMME ET L'AMOUR, d'après Balzac. 1

PAUL DHORMOYS
LA VERTU DE M. BOURGET............. 1

E. DIDIER
LES MYSTÈRES DE VENISE 1

LE R. P. DIDON
LES ALLEMANDS...................... 1

FRÉDÉRIC DOBRITZ
CONTES ET LÉGENDES SCANDINAVES 1

JULES DOMERGUE
LA COMÉDIE LIBRE-ÉCHANGISTE........ 1

PASCAL DORÉ
LE ROMAN DE DEUX JEUNES FILLES..... 1

JEAN DORNIS
LA VOIE DOULOUREUSE................ 1

BARONNE DOUBLE
JOSETTE............................ 1

CAMILLE DOUCET
CONCOURS LITTÉRAIRE................ 1
A L'INSTITUT....................... 1
THÉATRE............................ 2

X. DOUDAN
PENSÉES ET FRAGMENTS............... 1

MAURICE DRACK
L'AMOUR DANS LA MORT............... 1
LE BOUDOIR BLEU.................... 1

DRAPEYRON-SELIGMANN
LES DEUX FOLIES DE PARIS........... 1

CALMANN LÉVY, ÉDITEUR

ABRAHAM DREYFUS — vol.

L'INCENDIE DES FOLIES-PLASTIQUES.... 1
JOUONS LA COMÉDIE.................. 1
SCÈNES DE LA VIE DE THÉATRE......... 1

FERDINAND DREYFUS

L'ARBITRAGE INTERNATIONAL......... 1
ÉTUDES ET DISCOURS................ 1

ROBERT DREYFUS

ESSAIS SUR LES LOIS AGRAIRES SOUS LA RÉPUBLIQUE ROMAINE............... 1

MARIE DRONSART

PORTRAITS D'OUTRE-MANCHE........... 1
LE PRINCE DE BISMARCK.............. 1
W.-E. GLADSTONE.................... 1

DUBUT DE LAFOREST

LA CRUCIFIÉE....................... 1

VICTOR DU BLED

LES CAUSEURS DE LA RÉVOLUTION...... 1
ORATEURS ET TRIBUNS................ 1
LE PRINCE DE LIGNE ET SES CONTEMPORAINS.......................... 1
LA SOCIÉTÉ FRANÇ. AVANT ET APRÈS 1789 1

MAXIME DU CAMP

EXPÉDITION DE SICILE. Souvenirs....... 1
LES FORCES PERDUES................. 1

MARQUISE DUFFERIN ET D'AVA

QUATRE ANS AUX INDES ANGLAISES...... 2

DUFOUR

LETTRES A QUINET.................. 1

FERDINAND DUGUÉ

GEOFFROY RUDEL.................... 1
THÉATRE. Tomes I à X.............. 10

ALEXANDRE DUMAS

THÉATRE COMPLET.................. 15

ALEX. DUMAS FILS *de l'Acad. franç.*

AFF. CLÉMENCEAU. Mém. de l'accusé..... 1
LA DAME AUX CAMÉLIAS.............. 1
LA DAME AUX PERLES................ 1
DIANE DE LYS...................... 1
ENTR'ACTES........................ 3
NOUVEAUX ENTR'ACTES............... 1
PAGES CHOISIES.................... 1
LA QUESTION DU DIVORCE............ 1
ROMAN D'UNE FEMME................. 1
SOPHIE PRINTEMPS.................. 1
THÉATRE COMPLET avec préfaces inédites. 8
THÉATRE DES AUTRES................ 2
THÉRÈSE........................... 1
TROIS HOMMES FORTS................ 1

MARIE ALEXANDRE DUMAS

AU LIT DE MORT.................... 1

PAUL DUPLAN

LETTRES DE AIMÉE DESCLÉE A FANFAN 1

DUPREZ

SOUVENIRS D'UN CHANTEUR............ 1

VICTOR DUPUY

SOUVENIRS MILITAIRES.............. 1

GÉNÉRALE DURAND — vol.

MÉMOIRES SUR NAPOLÉON............. 1

THÉODORE DURET

VOYAGE EN ASIE....................

Mme D. M.

PETITS ROMANS.....................

ALBERT DURUY

L'ARMÉE ROYALE EN 1789..........
ÉTUDES D'HISTOIRE MILITAIRE.........

GEORGES DUVAL

MASTER PUNCH......................

CHARLES EDMOND

LA BUCHERONNE.....................
HARALD............................
JEAN DHASP........................
LA MAISON J. R. COSSEMANT..........
PAUL ROCHEBERT....................
SOUVENIRS D'UN DÉPAYSÉ............
LE TRÉSOR DU GUÈBRE...............
ZÉPHYRIN CAZAVAN EN ÉGYPTE........

Mrs EDWARDS

UN VOISINAGE COMPROMETTANT.........

D'EICHTAL

ALEXIS DE TOCQUEVILLE.............

GEORGE ELIOT

DANIEL DERONDA....................
LES MIDDLEMARCH...................

Mme ELLIOTT

MÉMOIRES SUR LA RÉVOLUTION FRANÇA ét. de *Ste-Beuve*..................

MAX ELLYAN

DIANE DE PUYMAL...................

A. ERNST

ŒUVRE DRAMATIQUE DE BERLIOZ.....

ETINCELLE

L'IRRÉSISTIBLE....................

ACHILLE EYRAUD

COMÉDIES ET OPÉRETTES.............

B.-L. FARGEON. *Tr. A. Lamber de Sainte-Croix*

LE NEUF DE CŒUR...................

CLAUDE FAURIEL

LES DERNIERS JOURS DU CONSULAT...... 1

A. DE FERRY

DEUX RACES........................ 1
LES ÉPINES ONT DES ROSES.......... 1
UN ROMAN EN 1915.................. 1

BIBLIOTHÈQUE CONTEMPORAINE — 3 FR. 50 C.

G. FERRY

	vol.
BALZAC ET SES AMIES	1
DERNIÈRES ANNÉES D'ALEXANDRE DUMAS	1
LES DERNIERS JOURS DU ROI SOLEIL	1

OCT. FEUILLET *de l'Acad. franç.*

LES AMOURS DE PHILIPPE	1
BELLAH	1
LE DIVORCE DE JULIETTE	1
HISTOIRE D'UNE PARISIENNE	1
HISTOIRE DE SIBYLLE	1
HONNEUR D'ARTISTE	1
LE JOURNAL D'UNE FEMME	1
JULIA DE TRÉCŒUR	1
UN MARIAGE DANS LE MONDE	1
MONSIEUR DE CAMORS	1
LA MORTE	1
LA PET. COMTESSE. Le Parc, Onesta	1
LE ROMAN D'UN JEUNE HOMME PAUVRE	1
SCÈNES ET COMÉDIES	1
SCÈNES ET PROVERBES	1
THÉATRE COMPLET	5
LA VEUVE	1

Mme OCTAVE FEUILLET

UNE DIVORCÉE	1
LA FILLEULE DE MONSEIGNEUR	1

FEUILLET DE CONCHES

LÉOPOLD ROBERT, vie, œuvres et corresp.	1

PAUL FÉVAL

BLANCHEFLEUR	1
LES FANFARONS DU ROI	1
QUATRE FEMMES ET UN HOMME	1

ERNEST FEYDEAU

LA COMTESSE DE CHALIS	1
DANIEL	2
UN DÉBUT A L'OPÉRA	1
FANNY	1
MÉMOIRES D'UN COULISSIER	1
LES QUATRE SAISONS	1
LE SECRET DU BONHEUR	2

LOUIS FIGUIER

LES EAUX DE PARIS	1

AUGUSTIN FILON

ABEL	1
PROFILS ANGLAIS	1
LE THÉATRE ANGLAIS	1

P.-A. FIORENTINO

COMÉDIES ET COMÉDIENS	2
LES GRANDS GUIGNOLS	2

FLAGY

CŒUR D'OR	1
LE CRIME DE LA RUE MARIGNAN	1
LA REINE NADÈGE	1

GUSTAVE FLAUBERT

L'ÉDUCATION SENTIMENTALE	2

MARY FLORAN

ADOPTÉE	1
BONHEUR MÉCONNU	1
CARMENCITA	1
DERNIÈRE CARTOUCHE	1
LA DESTINÉE DE JACQUES	1
LA FAIM ET LA SOIF	1
LE MARIAGE DE CLÉMENT	1

MARY FLORAN (*Suite*)

	vol.
ORGUEIL VAINCU	1
LA PLUS RICHE	1
ROMANESQUE	1
UN AN D'ÉPREUVE	1

A. FOGAZZARO

DANIEL CORTIS	1

FONTAINE DE RAMBOUILLET

LA RÉGENCE ET LE CARDINAL DUBOIS	1

J. DE FONTANES

DEUX TOURISTES EN ALGÉRIE	1

EUGÈNE FORCADE

ÉTUDES HISTORIQUES	1
HIST. DES CAUSES DE LA GUERRE D'ORIENT	1

FORNELLES

AVENTURE DE M. DE TROENIC	1

VICTOR FOURNEL

LA CONFESSION D'UN PÈRE	1
FIGURES D'HIER ET D'AUJOURD'HUI	1
LES HOMMES DU 14 JUILLET	1

ANATOLE FRANCE *de l'Acad. franç.*

L'ANNEAU D'AMÉTHYSTE	1
BALTHASAR	1
LE CRIME DE SYLVESTRE BONNARD	1
L'ÉTUI DE NACRE	1
LE JARDIN D'ÉPICURE	1
JOCASTE ET LE CHAT MAIGRE	1
LE LIVRE DE MON AMI	1
LE LYS ROUGE	1
LE MANNEQUIN D'OSIER	1
OPINIONS DE M. JÉROME COIGNARD	1
L'ORME DU MAIL	1
PAGES CHOISIES	1
LE PUITS DE SAINTE CLAIRE	1
LA ROTISSERIE DE LA REINE PÉDAUQUE	1
THAÏS	1
LA VIE LITTÉRAIRE	4

JEANNE FRANCE

MADAME FULBERT	1

VICTOR FRANCONI

LE CAVALIER ET L'ÉCUYER	1

F. FRANCK

POÈME DE JEUNESSE	1

JACK FRANK

HORS DU MONDE	1

ARNOULD FRÉMY

COMMENT LISENT LES FRANÇAIS D'AUJOURD'HUI?	1
LA GUERRE FUTURE	1
LES MŒURS DE NOTRE TEMPS	1
PENSÉES DE TOUT LE MONDE	1

CH. DE FREYCINET

LA GUERRE EN PROVINCE PENDANT LE SIÈGE DE PARIS, avec cartes	1

CALMANN LÉVY, ÉDITEUR

MARQUIS DE GABRIAC vol.

L'ÉGLISE ET L'ÉTAT 1

LEOPOLD DE GAILLARD

QUESTIONS ITALIENNES 1

LOUIS GALLET

DORIS 1
GUERRE ET COMMUNE 1
NOTES D'UN LIBRETTISTE 1

N. GALLOIS

LES ARMÉES FRANÇAISES EN ITALIE 1

GALOPPE D'ONQUAIRE

LE DIABLE BOITEUX AU VILLAGE 1
LE SPECTACLE AU COIN DU FEU 1

GASKELL ET CRAIK

TROIS HISTOIRES D'AMOUR 1

Cte AGÉNOR DE GASPARIN

LA FAMILLE 2

L'AUTEUR *des Horizons prochains*

ANDALOUSIE ET PORTUGAL 1
AU BORD DE LA MER 1
CAMILLE 1
DANS LES PRÉS ET SOUS LES BOIS 1
EDELWEISS, poésies 1
EL SOÑADOR 1
JÉSUS 1
QUELQUES PENSÉES 1

JUDITH GAUTIER

LUCIENNE 1

TH. GAUTIER *fils*

LA BARONNE VÉRA 1

GUSTAVE GENEVOIX

AMOUR D'ÉPOUSE 1
DUEL FÉMININ 1

A. GENNEVRAYE

ANDRÉE DE LOZE 1
LES EMBARRAS D'UN CAPITAINE DE DRAGONS 1
HISTOIRE INVRAISEMBLABLE 1
L'OMBRA 1
POUR L'HONNEUR 1
RIMES ET RAISONS 1
LE ROMAN D'UN SOUS-LIEUTENANT 1
UNE SOUS-PRÉFÈTE 1
THÉÂTRE AU SALON 1
TINTIN 1
TROP RICHE 1

GÉRALD

LA FAUTE DE GERMAINE 1
MARIAGE DE RAISON 1
TOUT PRÈS D'UNE FAUTE 1

GERARD DE NERVAL

Œuvres complètes — *Nouvelle édition*

LES DEUX FAUST DE GŒTHE, *traduction* 1
LES ILLUMINÉS — Les Faux saulniers 1
POÉSIES COMPLÈTES 1
LE PRINCE DES SOTS 1

GERARD DE NERVAL (*Suite*) vol.

LE RÊVE ET LA VIE — LES FILLES DU FEU — LA BOHÊME GALANTE 1
VOYAGE EN ORIENT, *édition complète* 2

GERFAUT

PENSÉES D'AUTOMNE 1

GABRIEL GERIN

AU PAYS DES ÉTANGS 1

HENRI GERMONT

LE MARIAGE DE MARGUERITE 1

PRINCESSE GHIKA

FATALITÉ 1

S. DI GIACOMO

ROSA BELLAVITA 1

ALBERT GIGOT

DÉMOCRATIE AUTORITAIRE 1

JEAN GIGOUX

CAUSERIES SUR LES ARTISTES DE MON TEMPS. 1

PHILIPPE GILLE

CAUSERIES DU MERCREDI 1
CAUSERIES SUR L'ART ET LES ARTISTES CONTEMPORAINS 1
CEUX QU'ON LIT 1
LES MERCREDIS D'UN CRITIQUE 1

ÉMILE DE GIRARDIN

DROIT AU TRAVAIL, Luxemb. Ass. nat. 1
ÉTUDES POLITIQUES 2

MARCEL GIRETTE

JOHANNÈS FILS DE JOHANNÈS 1

F. DE GIRODON-PRALON

UNE FEMME 1
PÉCHÉ ORIGINEL 1

GEORGE GISSING

LA RANÇON D'ÈVE 1

ALEX. GLÉNARD

LA GUERRE D'ORIENT 1

J. DE GLOUVET

LE BERGER 1
LA FAMILLE BOURGEOIS 1
HISTOIRES DU VIEUX TEMPS 1
LE MARINIER 1

ANDR. GODARD

BRIGANDES 1
CHANTEGROLLE 1

W. GODFREY

AMOUR VRAI 1

GŒTHE

FAUST. *Trad. nouvelle de Bacharach* avec introduction *d'Alex. Dumas fils.* 1

EDMOND GONDINET

THÉÂTRE COMPLET, t. I À VI .... [illegible]

CH. GOUNOD

MÉMOIRES D'UN ARTISTE .... [illegible]

CARLO GOZZI

THÉÂTRE FIABESQUE, *trad. d'A. Royer*..

BIBLIOTHÈQUE CONTEMPORAINE — 3 FR. 50 C.

UNE GRANDE DAME RUSSE — vol.

L'Abbé de Morvan 1
Les Conséquences d'une faute 1

CH. GRANDMOUGIN

Contes d'aujourd'hui 1

GRANIER DE CASSAGNAC

Danaé 1

TH. DE GRAVE

La Roche aux fées 1

FERNAND GREGH

La Maison de l'enfance 1

GREGOROVIUS *Introd. de J.-J. Ampère*

Les Tombeaux des papes romains 1

ÉDOUARD GRIMBLOT

Mademoiselle Henri 1

BARON GRIMM

Lettres 1

F. DE GROISEILLIEZ

Les Cosaques de la Bourse 1

MAT. GUERIN

Esquisse d'une constitution démoc ... 1

AD. GUEROULT

Études de polit. et de phil. religieuse 1

G. GUESVILLER

En musique 1
Oreilles fendues 1
Pauvre Bourique 1
Le Roman de Génevotte 1
La Question du cœur 1

AMÉDÉE GUILLEMIN

Les Mondes. Causeries astronomiques ... 1

ANTOINE GUILLOIS

Pendant la Terreur 1
Le Salon de Madame Helvétius 1

F. GUIZOT

Générations — 1789-1814-1848 1
Mélanges biogr. et littéraires 1
Mélanges politiques et historiques ... 1

CORENTIN GUYHO

Les Beaux jours du second Empire. 1
L'Empire inédit 1
Les Hommes de 1852 1

GYP

Autour du divorce 1
Autour du mariage 1
Bijou 1
Bob au Salon, *illustré* (2 fr.) 1
Bob au Salon de 1889 (*illustré*) 1
Bob à l'Exposition (*illustré*) 1
Ce que femme veut 1
Le Bonheur de Ginette 1
Ces bons docteurs 1
Ces bons Normands 1

GYP (*Suite*) — vol.

Le Cœur d'Ariane 1
C'est nous qui sont l'histoire!!! 1
L'Éducation d'un prince 1
Elles et lui! 1
Eux et elle 1
La Fée surprise 1
Joies conjugales 1
Joies d'amour 1
Leurs âmes 1
Lune de miel 1
Madame la Duchesse 1
Mademoiselle Ève 1
Mademoiselle Loulou 1
Mariage civil 1
Mariage de Chiffon 1
Miquette 1
Le Monde à côté 1
Monsieur de Folleuil 1
Monsieur Fred 1
Monsieur le Duc 1
Ohé, la grande vie!!! 1
Ohé, les psychologues!!! 1
O province! 1
Pas jalouse 1
Une passionnette 1
Pauvres petites femmes 1
Petit Bleu 1
Petit Bob 1
Plume et poil 1
Le Plus heureux de tous 1
Pour ne pas l'être! 1
Professional Lover 1
Un homme délicat 1
Un raté 1
Sac à papiers 1
Sans voiles! 1
Les « Séducteurs »! 1
Sportmanomanie 1
Tante Joujou 1
Le 13e 1
La Vertu de la baronne 1

F. HALÉVY

Souvenirs et portraits 1
Derniers souvenirs et portraits 1

LUDOVIC HALÉVY *de l'Acad. fr.*

L'Abbé Constantin 1
Criquette 1
L'Invasion — *Souvenirs et Récits* 1
Karikari 1
Un mariage d'amour 1
Madame et Monsieur Cardinal 1
Notes et souvenirs 1
Les Petites Cardinal 1
Princesse 1

GUSTAVE HALLER

Le Bleuet 1
Le Clou au couvent 1
Le Sphinx aux perles 1
Vertu 1

HAMLIN GARLAND

La Troisième chambre 1

GABRIEL HANOTAUX

L'Affaire de Madagascar 1

CALMANN LÉVY, ÉDITEUR

H. HARISSE — vol.

L'ABBÉ PRÉVOST ... 1

MYRIAM HARRY

PASSAGE DE BÉDOUINS ... 1

FR. DE LA HAULLE

PROVERBES DE SALON ... 1

B. HAURÉAU

SINGULARITÉS HISTOR. ET LITTÉRAIRES ... 1

Cte D'HAUSSONVILLE

A TRAVERS LES ÉTATS-UNIS ... 1
ÉTUDES BIOG. ET LITTÉRAIRES ... 1
MISÈRE ET REMÈDES ... 1
PROSPER MÉRIMÉE, HUGH ELLIOT ... 1
SALAIRES ET MISÈRES DE FEMMES ... 1
SAINTE-BEUVE, *sa vie et ses œuvres* ... 1
LE SALON DE MADAME NECKER ... 2
SOCIALISME ET CHARITÉ ... 1

* * *

A CÔTÉ DU BONHEUR ... 1

FEU LE Cte D'HAUSSONVILLE

L'ÉGLISE ROMAINE ET LE PREMIER EMPIRE ... 5
HISTOIRE DE LA RÉUNION DE LA LORRAINE A LA FRANCE ... 4
MA JEUNESSE ... 1
SOUVENIRS ET MÉLANGES ... 1

* * *

L'ALSACE-LORRAINE ... 1

L'AUTEUR *de Robert Emmet*

LES DERNIÈRES ANNÉES DE LORD BYRON ... 1
LA JEUNESSE DE LORD BYRON ... 1
MARGUER. DE VALOIS, reine de Navarre ... 1
ROBERT EMMET ... 1
SOUVENIRS D'UNE DEMOIS. D'HONNEUR DE LA DUCHESSE DE BOURGOGNE ... 1

HENRI HEINE Œuvres compl.

ALLEMANDS ET FRANÇAIS ... 1
CORRESPONDANCE INÉDITE ... 3
DE L'ALLEMAGNE ... 2
DE L'ANGLETERRE ... 1
DE LA FRANCE ... 1
DE TOUT UN PEU ... 1
DRAMES ET FANTAISIES ... 1
LUTÈCE ... 1
POÈMES ET LÉGENDES ... 1
POÉSIES INÉDITES ... 1
REISEBILDER, avec portrait de *H. Heine* ... 2
SATIRES ET PORTRAITS ... 1

CAMILLE HENRY

UNE NOUVELLE MADELEINE ... 1

ÉDOUARD HERVÉ

TRENTE ANS DE POLITIQUE ... 1

E. D'HERVILLY

L'HOMME JAUNE ... 1
LES PARISIENS BIZARRES ... 1

JEAN HESS

L'AME NÈGRE ... 1

JULES-PHILIPPE HEUZEY

LES ACTES DE DIOTIME ... 1

ROBERT HOUDIN

L'ART DE GAGNER A TOUS LES JEUX ... 1
COMMENT ON DEVIENT SORCIER, illustré ... 1
CONFIDENCES D'UN PRESTIDIGITATEUR ... 2
MAGIE ET PHYSIQUE AMUSANTE, illustré ... 1

LE HOUNEC — vol.

CHICOT ... 1

ARSÈNE HOUSSAYE

AMOUR COMME IL EST ... 1
AVENTURES GALANTES DE MARGOT ... 1
BIANCA ... 1
BLANCHE ET MARGUERITE ... 1
LES CHARMERESSES ... 1
LES FEMMES COMME ELLES SONT ... 1
LES FILLES D'ÈVE ... 1
MADEMOISELLE CLÉOPATRE ... 1
MADEMOISELLE PHRYNÉ ... 1
LA PÉCHERESSE ... 1
LE REPENTIR DE MARION ... 1
LE ROMAN DE LA DUCHESSE ... 1
LES TROIS DUCHESSES ... 1
VERTU DE ROSINE ... 1

HENRY HOUSSAYE

ASPASIE, CLÉOPATRE, THÉODORA ... 1
ATHÈNES, ROME, PARIS ... 1
LES HOMMES ET LES IDÉES ... 1

F. HUET

RÉVOLUTION PHILOSOPH. ET RELIGIEUSE ... 1
LA RÉVOLUTION RELIGIEUSE ... 1

CHARLES HUGO

LE COCHON DE SAINT ANTOINE ... 1
UNE FAMILLE TRAGIQUE ... 1

VICTOR HUGO

CHOSES VUES (Nouvelle série) ... 1
EN ZÉLANDE ... 1

F. HUGONNET

SOUV. D'UN CHEF DE BUREAU ARABE ... 1

EDMOND HUGUES

ESSAIS DE LITTÉRATURE ET D'HISTOIRE ... 1

H. HURLBERT

VOYAGE EN FRANCE D'UN DÉMOCRATE AMÉRICAIN ... 1

H. D'IDEVILLE

PETITS COTÉS DE L'HISTOIRE ... 2

WASHINGTON IRVING *Trad. Lefebvre*

AU BORD DE LA TAMISE ... 1

ALFRED JACOBS

L'OCÉANIE NOUVELLE ... 1

J.-P. JACOBSEN

ENTRE LA VIE ET LE RÊVE ... 1

VICTOR JACQUEMONT

CORRESPONDANCE AVEC SA FAMILLE ET SES AMIS pendant son voyage dans l'Inde *avec étude* par *Cuvillier-Fleury* ... 2
CORRESPONDANCE INÉDITE avec une introduction par *Prosper Mérimée* ... 2

PAUL JANET *de l'Institut*

LA FAMILLE ... 1
LETTRES DE MADAME DE GRIGNAN ... 1
MAITRES DE LA PENSÉE MODERNES ... 1
LES PASSIONS ET LES CARACTÈRES DANS LA LITTÉRATURE AU XVIIe SIÈCLE ... 1
LA PHILOSOPHIE FRANÇAISE CONTEMP ... 1
PHILOSOPHIE DU BONHEUR ... 1
LES PROBLÈMES DU XIXe SIÈCLE ... 1

BIBLIOTHÈQUE CONTEMPORAINE — 3 FR. 50 C.

JULES JANIN — vol.

CONTES FANTAST. ET CONTES LITTÉRAIRES. 1
HIST. DE LA LITTÉRATURE DRAMATIQUE.. 6
L'INTERNÉ........................ 1

GEORGES JAPY

AMOROSO.. 1
L'ÉDUCATION D'UN MARI.. 1

JEANNEROD

LA PUISSANCE FRANÇAISE........... 1

F.-E. JOHANNET

AUTOUR DU MONDE MILLIONNAIRE AMÉRICAIN.............................. 1

PRINCE DE JOINVILLE

ÉTUD. SUR LA MARINE ET RÉCITS DE GUERRE. 2
VIEUX SOUVENIRS.................. 1

VICTOR JOLY

CŒUR DE BLEU..................... 1

AUGUSTE JOLTROIS

LES COUPS DE PIED DE L'ANE....... 1

JOUAN-ROLLAND

APRÈS............................ 1

F. DE JULLIOT

TERRE DE FRANCE.................. 1

F. DE JUPILLES

JACQUES BONHOMME CHEZ JOHN BULL.... 1

MIECISLAS KAMIENSKI *tué à Magenta*

SOUVENIRS........................ 1

ALPHONSE KARR

A BAS LES MASQUES................ 1
A L'ENCRE VERTE.................. 1
L'ART D'ÊTRE MALHEUREUX.......... 1
LES BÊTES A BON DIEU............. 1
DE LOIN ET DE PRÈS............... 1
L'ESPRIT D'ALPHONSE KARR......... 1
LES GAIETÉS ROMAINES............. 1
HÉLÈNE........................... 1
LETTRES ÉCRITES DE MON JARDIN.... 1
LE LIVRE DE BORD, T. I à IV...... 4
LA MAISON DE L'OGRE.............. 1
ON DEMANDE UN TYRAN.............. 1
LES POINTS SUR LES I............. 1
LA PROMENADE DES ANGLAIS......... 1
PROMENADES AU BORD DE LA MER..... 1
LE RÈGNE DES CHAMPIGNONS......... 1
ROSES ET CHARDONS................ 1
LE SIÈCLE DES MICROBES........... 1
SOUS LES POMMIERS................ 1
SUR LA PLAGE..................... 1
LA SOUPE AU CAILLOU.............. 1

KEL-KUN

PORTRAITS........................ 1
NOUVEAUX PORTRAITS............... 1

C. G. KÉRONAN

OHÉ! SAINT-CYR!.................. 1

I.-A. KHOUDIAKOFF

MÉMOIRES D'UN RÉVOLUTIONNAIRE..... 1

DIMITRI KOBEKO — vol.

LA JEUNESSE D'UN TZAR............ 1

G. KOHN

AUTOUR DU MONDE.................. 1

I. J. KRAZEWSKI

OULANA........................... 1

PAUL LABARRIÈRE

AMOUR AUX ENCHÈRES............... 1
RIVALES.......................... 1
SECRET DE FAMILLE................ 1

LABARRIÈRE-DUPREY

AMOUR D'ALLEMAND................. 1

EUGÈNE LABICHE

THÉATRE COMPLET.................. 10

LÉON DE LA BRIÈRE

AU CERCLE........................ [illegible]

LA BRUYÈRE

LES CARACTÈRES, édition commentée par *Destailleur*....................... 2

LÉOPOLD LACOUR

GAULOIS ET PARISIENS............. 1
TROIS THÉATRES................... 1

JULES LACROIX

THÉATRE COMPLET.................. [illegible]

H. DE LA FERRIERE

HENRI IV : *Le roi, l'amoureux*.... 1
MARGUERITE D'ANGOULÊME............ 1
PROJETS DE MARIAGE DE LA REINE ÉLISABETH.......................... 1
TROIS AMOUREUSES AU XVIe SIECLE..... [illegible]

MARY LAFON

50 ANS DE VIE LITTÉRAIRE.......... [illegible]

COMTE L. LAFOND

L'ÉCOSSE JADIS ET AUJOURD'HUI..... 1

LAFONTAINE

LES BONS CAMARADES............... 1
L'HOMME QUI TUE.................. 1
LA JOLIE PAIMPOLAISE............. 1
PETITES MISÈRES.................. 1
LA SERVANTE...................... 1
THÉRÈSE MA MIE................... 1

DE LAJARTE

LES CURIOSITÉS DE L'OPERA......... 1

LAMARTINE

GENEVIÈVE. Hist. d'une Servante.... 1
NOUVEAU VOYAGE EN ORIENT.......... 1

VALENTINE DE LAMARTINE

LETTRES A LAMARTINE.............. 1

A. LAMBERT DE SAINTE-CROIX

DE PARIS A SAN-FRANCISCO......... 1
MADEMOISELLE DE MORON............ 1
L'ŒILLET BLANC................... 1

CALMANN LÉVY, ÉDITEUR

PRINCE DE LA MOSKOWA	vol.
SOUVENIRS ET RÉCITS	1
LANFREY	
LES LETTRES D'ÉVERARD	1
G. LANSON	
PAGES CHOISIES DE H. DE BALZAC	1
SAVINIEN LAPOINTE	
IL ÉTAIT UNE FOIS	1
V. DE LAPRADE *de l'Acad. fr.*	
POÈMES ÉVANGÉLIQUES	1
WILLIAM DE LA RIVE	
LA MARQUISE DE CLÉROS	1
PATRICE LARROQUE	
L'ESCLAVAGE CHEZ LES CHRÉTIENS	1
FERDINAND DE LASTEYRIE	
LES TRAVAUX DE PARIS. Examen critiq.	1
LATENA	
ÉTUDE DE L'HOMME	2
ÉMILE DE LATHEULADE	
DE LA DIGNITÉ HUMAINE	1
H. DE LATOUCHE	
FRAGOLETTA	1
ANTOINE DE LATOUR	
LA BAIE DE CADIX	1
L'ESPAGNE RELIGIEUSE ET LITTÉRAIRE	1
ÉTUDES LITTÉR. SUR L'ESPAGNE CONTEMP.	1
LES SAYNÈTES DE RAMON DE LA CRUZ	1
TOLÈDE ET LES BORDS DU TAGE	1
A. LAUGEL	
GRANDES FIGURES HISTORIQUES	1
CHARLES DE LA VARENNE	
VICTOR-EMMANUEL II ET LE PIÉMONT	1
HENRI LAVEDAN	
LEUR BEAU PHYSIQUE	1
LES BEAUX DIMANCHES	1
LEUR CŒUR	1
UNE COUR	1
LA HAUTE	1
LES JEUNES	1
LE LIT	1
LYDIE	1
LES MARIONNETTES	1
NOCTURNES	1
NOUVEAU JEU	1
PETITES FÊTES	1
PETITES VISITES	1
SIRE	1
LE VIEUX MARCHEUR	1
L. DE LAVERGNE	
LES ASSEMBLÉES PROV. SOUS LOUIS XVI	1
CH. LAVOLLÉE	
LA CHINE CONTEMPORAINE	1
A. LE BRAZ	
LA CHANSON DE LA BRETAGNE	1
PAQUES D'ISLANDE	1
LECOMTE DU NOUY	
L'ERREUR D'AIMER	1

M. L. N.	vol.
AMITIÉ AMOUREUSE	1
L'AMOUR EST MON PÉCHÉ	1
LÉON LEFÉBURE	
LA RENAISSANCE RELIGIEUSE	1
LEFÈVRE-PONTALIS	
LES LOIS ET LES MŒURS ÉLECTORALES EN FRANCE ET EN ANGLETERRE	1
M. LÈGE-GERSŒUR	
CÉLÉBRITÉ ET DISCRÉTION	1
ERNEST LEGOUVÉ	
LECTURES A L'ACADÉMIE	1
JULES LEGRAS	
HENRI HEINE POÈTE	1
JULES LEMAITRE *de l'Acad. franç.*	
LES ROIS	1
LEMERCIER DE NEUVILLE	
HISTOIRE DES MARIONNETTES	1
JOHN LEMOINNE	
NOUV. ÉTUDES CRIT. ET BIOGRAPHIQUES	1
FRANÇOIS LENORMANT	
LA GRÈCE ET LES ILES IONIENNES	1
LÉOUZON LE DUC	
L'EMPEREUR ALEXANDRE II	1
JULES LERMINA	
ALISE	1
HUGUES LE ROUX	
LES AMANTS BYZANTINS	1
LE BILAN DU DIVORCE	1
CONFIDENCES D'HOMMES	1
LE FESTEJADOU	1
GENS DE POUDRE	1
GLADYS	1
JE DEVIENS COLON	1
JEUNES AMOURS	1
LE MAÎTRE DE L'HEURE	1
MARINS ET SOLDATS	1
LES MONDAINS	1
NOS FILLES	1
NOS FILS	1
NOTES SUR LA NORVÈGE	1
O MON PASSÉ	1
TOUT POUR L'HONNEUR	1
EUGÈNE LE ROY	
JACQUOU LE CROQUANT	1
A. LEROY-BEAULIEU	
ÉTUDES RUSSES ET EUROPÉENNES	1
ISRAEL CHEZ LES NATIONS	1
LA FRANCE, LA RUSSIE ET L'EUROPE	1
LA PAPAUTÉ, LE SOCIALISME ET LA DÉMOCRATIE	1
LEROY DE LA BRIÈRE	
THÉATRE DES GRANDS ET PETITS ENFANTS	1
R. LESCLIDE	
VOYAGE AUTOUR DE MA MAITRESSE	1
Mme LESCOT	
SUBLIME MENSONGE	1

BIBLIOTHÈQUE CONTEMPORAINE — 3 FR. 50 C.

G. LE SEUNE — vol.

Le Vertige 1

DANIEL LESUEUR

L'Amant de Geneviève 1
Le Mariage de Gabrielle 1

LOUIS LÉTANG

Claire de Brineu 1
Le Collier de cheveux 1
Le Drame de Rochegrise 1
Le Lieutenant Philippe 1
Le Lys d'or 1
Marie Madeleine 1
Le Roi s'ennuie 1
Le Secret 1
Le Supplice d'un père 1
Thilda 1

JULES LEVALLOIS

La Piété au XIXe siècle 1

CH. LIADIÈRES

Œuvres dramatiques et légendes 1
Souvenirs hist. et parlementaires 1

EDOUARD LOCKROY

Journal d'une bourgeoise pendant la Révolution 1

FRÉDÉRIC LOLIÉE

Nos gens de lettres 1

LOUIS DE LOMENIE

Beaumarchais et son temps 2
La Comtesse de Rochefort 1
Esquisses historiques et littéraires 1

PIERRE LOTI, *de l'Ac. franç.*

Au Maroc 1
Aziyadé 1
Le Désert 1
L'Exilée 1
Fantôme d'Orient 1
Figures et choses qui passaient 1
Fleurs d'ennui 1
La Galilée 1
Japoneries d'automne 1
Jérusalem 1
Le Livre de la pitié et de la mort 1
Madame Chrysanthème 1
Le Mariage de Loti 1
Matelot 1
Mon frère Yves 1
Pages choisies 1
Pêcheur d'Islande 1
Propos d'exil 1
Ramuntcho 1
Reflets sur la sombre route 1
Le Roman d'un enfant 1
Le Roman d'un spahi 1

J. LOZÈRE

La Vie en jaune 1
La Terre sanglante 1

PRINCE LUBOMIRSKI

Autour de Jérusalem 1
France et Allemagne 1
Jérusalem 1
Une religion nouvelle 1
Schelm 1
Tatiana 1
Tsar, archiduchesse, et burgraves 1

VICOMTE DE LUBRE — vol.

Dix années de la cour de Georges II 1

STEPHEN DE LA MADELAINE

Un cas pendable 1

JEAN MADELINE

La Conquête 1
Contes sur porcelaine 1

ADRIEN MAGGIOLO

Pozzo di Borgo, *Corse, France, Russie* 1
Rose-Agathe 1

CHARLES MAGNIN

Histoire des marionnettes en Europe 1

PAUL MAHALIN

Dernier Valois 1
Les Barricades 1
Le Roi de la Ligue 1

JEAN MALIC

Amour, amour ! 1
Flirtage 1

FELICIEN MALLEFILLE

Le Capitaine Larose 1
Le Collier. Contes et Nouvelles 1

EUGÈNE MANUEL

En voyage 1
Pages intimes 1
Pendant la guerre 1
Poèmes populaires 1

E. MARATUECH

L'Échéance 1

COMTE DE MARGON

Le Général Abdelal 1

X. MARMIER

Contes russes 1
Une grande dame 1
Lioudmila 1

ADRIEN MARX

Petits mémoires de Paris 1

MARQUIS DE MASSA

Souvenirs et impressions 1

MASSON-FORESTIER

La Jambe coupée 1
Pour une signature 1

GASTON MAUGRAS

Journal d'un étudiant pendant la Révolution 1

CHARLES MAURRAS

Le Chemin de paradis 1

MAX O'RELL

L'Ami Mac-Donald 1
Les Chers voisins ! 1
Les Filles de John Bull 1
John Bull et son île 1
Jonathan et son continent 1
La Maison John Bull et Cie 1

DICK MAY

L'Affaire Allard 1
Le Cas de Georges d'Arell 1

CHARLES MAYET

Le Dernier caprice 1

CALMANN LÉVY, ÉDITEUR

CH. DE MAZADE — vol.

DEUX FEMMES DE LA RÉVOLUTION....... 1
L'ITALIE ET LES ITALIENS............... 1
L'ITALIE MODERNE..................... 1
LA POLOGNE CONTEMPORAINE... 1

VICOMTE DE MEAUX

MONTALEMBERT... 1

A. MEREAUX

VARIÉTÉS LITTÉRAIRES ET MUSICALES.... 1

PROSPER MÉRIMÉE

CARMEN.............................. 1
CHRONIQUE DE CHARLES IX............. 1
COLOMBA.............................. 1
UNE CORRESPONDANCE INÉDITE 1
LES COSAQUES D'AUTREFOIS............. 1
DERNIÈRES NOUVELLES.................. 1
LES DEUX HÉRITAGES.................. 1
LA DOUBLE MÉPRISE 1
ÉPISODE DE L'HISTOIRE DE RUSSIE....... 1
ÉTUDES SUR LES ARTS AU MOYEN AGE.... 1
ÉTUDES SUR L'HISTOIRE ROMAINE........ 1
LETTRES A UNE INCONNUE............. 2
LETTRES A UNE AUTRE INCONNUE....... 1
MÉLANGES HISTORIQUES ET LITTÉRAIRES. 1
MOSAIQUE............................ 1
PAGES CHOISIES. 1
PORTRAITS HISTORIQUES ET LITTÉRAIRES 1
THÉATRE DE CLARA GAZUL. 1

MERY

THÉATRE DE SALON.................. 1
NOUVEAU THÉATRE DE SALON........... 1

***

LA DAME AU RUBIS................... 1

PAUL MEURICE

CÉSARA............................. 1
LEONARD AUBRY 1
LE SONGE DE L'AMOUR... 1

MEYRONNET SAINT-MARC

LÉGENDES DE BRETAGNE............... 1

GUSTAVE MICHAUD

LE VOYAGE DE WILLIAM WILLOUGHBY . .. 1

J. MICHELET

L'AMOUR............................ 1
BIBLE DE L'HUMANITÉ................. 1
L'ÉTUDIANT.. 1
LA FEMME............................ 1
LES FEMMES DE LA RÉVOLUTION......... 1
HISTOIRE DE FRANCE................ 19
HISTOIRE DE LA RÉVOLUTION........... 10
HISTOIRE ET PHILOSOPHIE. 1
HISTOIRE ROMAINE. 2
INTROD. A L'HISTOIRE UNIVERSELLE..... 1
LÉGENDES DÉMOCRATIQUES DU NORD.... 1
LA MER.............................. 1
LA MONTAGNE.......... 1
L'OISEAU.......................... 1
LES ORIGINES DU DROIT FRANÇAIS...... 1
LE PEUPLE.......................... 1
PRÉCIS D'HISTOIRE MODERNE.......... 1
PRÉCIS D'HISTOIRE DE FRANCE AU MOYEN AGE................................ 1
LE PRÊTRE, LA FEMME ET LA FAMILLE... 1
LES SOLDATS DE LA RÉVOLUTION....... 1
LA SORCIÈRE........................ 1

ALFRED MICHIELS — vol.

LE MONDE DU COMIQUE ET DU RIRE.... 1

ALBERT MILLAUD

VOYAGES D'UN FANTAISISTE............. 1

MIOT DE MELITO

MÉMOIRES, 1788-1815.... 1

PAUL MIMANDE

CRIMINOPOLIS........................ 1
FORÇATS ET PROSCRITS.............. 1

COMTESSE DE MIRABEAU

LE PRINCE DE TALLEYRAND ET LA MAISON D'ORLÉANS.. 1

Cesse DE MIRABEAU-Vte DE GRENVILLE

HISTOIRE DE DEUX HÉRITIÈRES.......... 1

LÉON MIRAL

LE CHEMIN D'UNE PASSION... 1
L'ÉTERNELLE FAIBLESSE............. . 1
LES TRAHISONS D'UN AMANT.......... 1

JEAN MIRVAL

THÉATRE SCIENTIFIQUE................ 1

L'ABBÉ TH. MITRAUD

DE LA NATURE DES SOCIÉTÉS HUMAINES.. 1
LE LIVRE DE LA VERTU................ 1

L. MOLAND

LE ROMAN D'UNE FILLE LAIDE........... 1

PAUL DE MOLENES

L'AMANT ET L'ENFANT................. 1
LE BONHEUR DES MAIGE................ 1
LA FOLIE DE L'ÉPÉE.................. 1
MÉMOIRES D'UN GENTILHOMME DU SIECLE DERNIER................... 1

Mme MOLINOS-LAFITTE

L'ÉDUCATION DU FOYER................ 1

H MONFERRIER

VOYAGE DE FANTAISIE POLITIQUE 1

GABRIEL MONOD

PORTRAITS ET SOUVENIRS....... 1
RENAN, TAINE, MICHELET............ 1

CHARLES MONSELET

LES ORIGINAUX DU SIÈCLE DERNIER...... 1
PROMENADES D'UN HOMME DE LETTRES.. 1

EDOUARD MONTAGNE

LA MAIN DU MORT.......... 1

GEORGES DE MONTAR

LE SECRET DE LA FALAISE............. 1

H. DE MONTFERRIER

VOYAGE DE FANTAISIE POLITIQUE..... 1

FLORENCE MONTGOMERY

L'HÉRITIÈRE......................... 1

ARTHUR MORELET

UNE AVENTURE EN PORTUGAL. 1

BIBLIOTHÈQUE CONTEMPORAINE — 3 FR. 50 C.

EUGÈNE MOTTAZ	vol.
STANISLAS PONIATOWSKI ET MAURICE GLAYRE	1

MUNIER-JOLAIN

PROCÈS DE FEMMES	1

MUNKACSY

SOUVENIRS	1

HENRY MURGER

NUITS D'HIVER. Poésies compl	1
SCÈNES DE LA VIE DE BOHÈME	1

PAUL DE MUSSET

ANNE BOLEYN	2

NADAR

LA ROBE DE DÉJANIRE	1

EMILE DE NAJAC

THÉATRE DES GENS DU MONDE	1

PRINCE NAPOLÉON

NAPOLÉON ET SES DÉTRACTEURS	1

CHARLES NARREY

LE BAL DU DIABLE, illustré de 22 vign.	1
LES DERNIERS JEUNES GENS	1
L'ÉDUCATION D'ACHILLE	1
VOYAGE AUTOUR DU DICTIONNAIRE	1

BARON DE NERVO

CALCHAS II	1
CONFIDENCES D'UNE HIRONDELLE	1
DUCHESSE DE PUERTO-REAL	1
LUCIA	1
MÉMOIRES DE MON COUPÉ	1
NOTES D'ALBUM	1
SOUVENIRS DE MA VIE	1
LES TROIS AGES DE LA VIE	1
LES TROIS DANSEURS DE VALENTINE	1

RAOUL REST

LES MAINS DANS MES POCHES	1

POL NEVEUX

GOLO	1

HENRI NICOLLE

COURSES DANS LES PYRÉNÉES	1

CHARLES NISARD

MÉMOIRES ET CORRESPONDANCES HISTORIQUES ET LITTÉRAIRES, inédits	1

D. NISARD

CONSIDÉRATIONS SUR LA RÉVOLUTION FRANÇAISE ET SUR NAPOLÉON Ier	1
ESSAIS SUR L'ÉCOLE ROMANTIQUE	1
MÉLANGES D'HISTOIRE ET DE LITTÉRATURE	1
NOUVEAUX MÉLANGES D'HISTOIRE ET DE LITTÉRATURE	1
PORTRAITS ET ÉTUDES D'HIST. LITTÉRAIRE	1
LES QUATRE GRANDS HISTORIENS LATINS	1
SOUVENIRS DE VOYAGES	2

VICOMTE DE NOÉ

BACHI-BOUZOUCKS ET CHASSEURS D'AFRIQ.	1

PIERRE DE NOLHAC

MARIE-ANTOINETTE DAUPHINE	1
LA REINE MARIE-ANTOINETTE	1

YVES DE NOLY	vol.
LE MARI DE LUCIENNE	1
RAISON D'ÉTAT	1
SANS LENDEMAIN	1

JULES NORIAC

LA BÊTISE HUMAINE	1
LE 101e RÉGIMENT	1
DICTIONNAIRE DES AMOUREUX	1
MONSIEUR EDGARD	1
PARIS TEL QU'IL EST	1

J. NORMAND

A TIRE-D'AILE	1
CONTES A MADAME	1
LES MOINEAUX FRANCS	1
LE MONDE OU NOUS SOMMES	1
LA MUSE QUI TROTTE	1
PARAVENTS ET TRÉTEAUX	1

ROBERT NOVILLE

IDYLLE NOIRE	1

JEAN D'OC

MARIUS VÉRA	1

ARMAND OCAMPO

UNE PASSION	1

J. OFFENBACH

OFFENBACH EN AMÉRIQUE	1

LAURENCE OLIPHANT

VOYAGE PITT. D'UN ANGLAIS EN RUSSIE	1

LOUIS D'OR

GAITÉS DE SABRE	1

DUC D'ORLÉANS

LETTRES	1
RÉCITS DE CAMPAGNE	1

PRINCE HENRI D'ORLÉANS

AUTOUR DU TONKIN	1
SIX MOIS AUX INDES	1

COMTE D'OSMOND

DANS LA MONTAGNE	1
SYMPHONIES DU CŒUR	1

CH. D'OSSON

BRELAN DE DOCTEURS	1
LA CHASSE A L'HÉRITIÈRE	1
LA COMTESSE METELLA	1
FIDELIO	1

ED. OURLIAC

CONTES DU BOCAGE	1
DERNIÈRES NOUVELLES	1
PROVERBES ET SCÈNES BOURGEOISES	1
SUZANNE	1

ALPHONSE PAGÈS

BALZAC MORALISTE ou Pensées de Balzac	1

ÉDOUARD PAILLERON

DISCOURS ACADÉMIQUES	1
PIÈCES ET MORCEAUX	1

MAURICE PALEOLOGUE

PROFILS DE FEMMES	1
SUR LES RUINES	1

CALMANN LÉVY, ÉDITEUR

PAUL PARFAIT vol.

L'ASSASSIN DU BEL ANTOINE............ 1
LA SECONDE VIE DE MARIUS ROBERT.... 1

PARIA KORIGAN

LES ARDENTS........................ 1

HIPPOLITE PARIGOT

LE DRAME D'ALEXANDRE DUMAS....... 1

GASTON PARIS

PENSEURS ET POÈTES............... 1

ERNEST PASCAL

DISCOURS POLITIQUES................ 1

LYDIE PASCHKOFF

FLEUR DE JADE....................... 1
LA PRINCESSE VÉRA GLINSKY........... 1

LOUIS PAULIAT

LOUIS XIV ET LA COMPAGNIE DES INDES. 1
LA POLITIQUE COLONIALE SOUS L'ANCIEN RÉGIME.......................... 1

TH. PAVIE

RÉCITS DE TERRE ET DE MER.......... 1
SCÈNES ET RÉCITS DES PAYS D'OUTRE-MER.. 1

PAVLOVSKY ET MÉTÉNIER

TROIS CHEFS D'ŒUVRE DU THÉATRE RUSSE.......................... 1

LUCIEN PEREY

FIGURES DU TEMPS PASSÉ.......... 1

P. CASIMIR PERIER

PROPOS D'ART......................... 1

F.-T. PERRENS

LES LIBERTINS EN FRANCE AU XVIIe SIÈCLE 1

PAUL PERRET

L'AMOUR ÉTERNEL..................... 1
LES ÉNERVÉS 1
LE ROI MARGOT....................... 1

P. PERRET ET F. COHEN

LE DUC JEAN.......................... 1
LA DUCHESSE JEAN.................... 1

CARL DES PERRIÈRES

PARIS AU CLUB....................... 1
PARIS QUI JOUE ET PARIS QUI TRICHE ... 1

JULES PERRIN

LE BESOIN DU CRIME 1
CHAINE DE CŒURS.................... 1
LA REINE ARTÉMISE.................. 1

LÉONCE DE PESQUIDOUX

L'ÉCOLE ANGLAISE 1672-1851......... 1

HECTOR PESSARD

MES PETITS PAPIERS.................. 1

A. PETRAT

ÉTUDES HISTORIQUES ET RELIGIEUSES.... 1
HISTOIRE ET RELIGION................ 1
LA RÉVOLUTION DE M. QUINET....... 1

P. PICART

L'HÉRITAGE DE MON ONCLE............ 1
L'OFFICIER PAUVRE.................. 1
UNE RÉHABILITATION.................. 1
UNE SŒUR............................ 1
UNE VEUVE........................... 1

LAURENT-PICHAT

CARTES SUR TABLE.................... 1
LA SIBYLLE.......................... 1

AMÉDÉE PICHOT vol.

SIR CHARLES BELL.................... 1

G. PICOT

M. DUFAURE ET SA VIE................ 1

BENJAMIN PIFFTEAU

DEUX ROUTES DE LA VIE............... 1

AMÉDÉE PIGEON

LA CONFESSION DE Mme DE VEYRE.... 1

MARQUIS DE PIMODAN

LES SOIRS DE DÉPART................ 1

GUSTAVE PLANCHE

ÉTUDES SUR L'ÉCOLE FRANÇAISE........ 2

EDMOND PLAUCHUT

LES ARMÉES DE LA CIVILISATION...... 1
AUTOUR DE NOHANT.................. 1

EDOUARD PLOUVIER

LA BELLE AUX CHEVEUX BLEUS.......... 1

EDGAR POE *Trad. Ch. Baudelaire*

ARTHUR GORDON PYM. — EUREKA...... 1
HISTOIRES EXTRAORDINAIRES............ 1
NOUVELLES HISTOIRES EXTRAORDINAIRES. 1

POINSOT DE CHANSAC

LA FRANCE ET L'EUROPE.............. 1

PONTEVÈS-SABRAN

NOTES DE VOYAGE D'UN HUSSARD........ 1

A. DE PONTMARTIN

AURÉLIE.............................. 1
CAUSERIES LITTÉRAIRES................ 1
CAUSERIES DU SAMEDI.................. 1
DERNIERS SAMEDIS 3
ÉPISODES LITTÉRAIRES 1
LES JEUDIS DE MADAME CHARBONNEAU ... 1
MES MÉMOIRES 2
NOUVEAUX SAMEDIS................... 20
LES SEMAINES LITTÉRAIRES............ 3
PÉCHÉS DE VIEILLESSE................ 1
SOUVENIRS D'UN VIEUX CRITIQUE....... 10
SOUVENIRS D'UN VIEUX MÉLOMANE..... 1

G. DE PORTO-RICHE

TOUT N'EST PAS ROSE................ 1

POTAPENKO

LE ROMAN D'UN HOMME RAISONNABLE. 1

HENRI POTEZ

L'ÉLÉGIE EN FRANCE.................. 1

EUGÈNE POUJADE

LE LIBAN ET LA SYRIE................. 1

ARTHUR POUGIN

LA JEUNESSE DE Mme DESBORDES-VALMORE. 1
VERDI 1

A. DU PRADEIX

LA FORÊT D'ARGENT.................. 1

ERNEST PRAROND

DE MONTRÉAL A JÉRUSALEM............ 1

EDMOND DE PRESSENSÉ

LES LEÇONS DU 18 MARS............... 1

BIBLIOTHÈQUE CONTEMPORAINE — 3 FR 50 C.

PREVOST-PARADOL — vol.

ÉLISABETH ET HENRI IV (1595-1598)...... 1
ESSAIS DE POLITIQUE ET DE LITTÉRATURE. 3
LA FRANCE NOUVELLE.................. 1
QUELQUES PAGES D'HIST. CONTEMPORAINE. 4

JEAN PSICHARI

AUTOUR DE LA GRÈCE.................. 1
CADEAU DE NOCES.................. 1
L'ÉPREUVE.................. 1
LE RÊVE DE YANNIRI.................. 1

QUATRELLES

LETTRES A UNE HONNÊTE FEMME.......... 1
70 ET 90.................. 1

EDGAR QUINET

LETTRES D'EXIL, tome I à IV.......... 4

MADAME QUINET

CE QUE DIT LA MUSIQUE.............. 1
EDGAR QUINET AVANT L'EXIL.......... 1
— — DEPUIS L'EXIL....... 1
LA FRANCE IDÉALE.................. 1
DE PARIS A ÉDIMBOURG 1
LE VRAI DANS L'ÉDUCATION.......... 1

CHARLES RABOU

LA GRANDE ARMÉE.................. 2

HENRY RABUSSON

L'AMIE 1
AVENTURE DE Mlle DE SAINT-ALAIS.... 1
BON GARÇON 1
LE CAHIER BLEU D'UN PETIT JEUNE HOMME 1
LES CHIMÈRES DE MARC LE PRAISTRE.... 1
DANS LE MONDE 1
L'ÉPOUSÉE.................. 1
GRIFFES ROSES.................. 1
HALLALI !.................. 1
UN HOMME D'AUJOURD'HUI 1
IDYLLE ET DRAME DE SALON.......... 1
ILLUSION DE FLORESTAN 1
MADAME DE GIVRÉ 1
LE MARI DE MADAME D'ORGEVAULT.... 1
MODERNE.................. 1
MON CAPITAINE.................. 1
MONSIEUR CORILLON.................. 1
PRÉJUGÉ?.................. 1
LE ROMAN D'UN FATALISTE.............. 1
SANS ENTRAVES.................. 1
LE STAGE D'ADHÉMAR. 1
VAINE RENCONTRE.................. 1

MAX RADIGUET

A TRAVERS LA BRETAGNE.............. 1
LE CHAMP-DE-MARS A VOL D'OISEAU..... 1
SOUVENIRS DE L'AMÉRIQUE ESPAGNOLE.. 1

RAMON DE LA CRUZ

SAYNÈTES, *traduction A. de Latour*.... 1

ADOLPHE RACOT

LE CRIME DE DARIUS FAL.............. 1

LOUIS RATISBONNE

ALFRED DE VIGNY. Journal d'un poète.... 1
L'ENFER DE DANTE, tr. en vers, texte en reg. 1
LE PARADIS DE DANTE 1
LE PURGATOIRE DE DANTE.............. 1
IMPRESSIONS LITTÉRAIRES.............. 1
MORTS ET VIVANTS.................. 1

DOCTEUR RAGLAND — vol.

LE LIVRE DES ÉPOUX.................. 1

PAUL DE RAYNAL

CORRESPONDANTS DE JOUBERT.......... 1
LE MARIAGE D'UN ROI 1

JEAN REBOUL

LETTRES avec introd. de *M. Poujoulat*.. 1

MADAME RÉCAMIER

AMIS DE SA JEUNESSE ET CORRESPOND... 1
SOUV. ET CORRESP., tirés de ses papiers. 2

LOUIS RÉGIS

CONSTANTINE.................. 1

G. REGNAL

MAURIANNE 1

JEAN REIBRACH

LA CRISE.................. 1
ÉTERNELLE ÉNIGME.................. 1

J. REINACH

LA SERBIE ET LE MONTÉNÉGRO.......... 1

CH. DE RÉMUSAT

ABÉLARD.................. 1
LA SAINT-BARTHÉLEMY.................. 1

PAUL DE RÉMUSAT

LES SCIENCES NATURELLES.............. 1

ERNEST RENAN *de l'Acad. fr.*

CONFÉRENCES D'ANGLETERRE.............. 1
ÉTUDES D'HISTOIRE RELIGIEUSE.......... 1
FEUILLES DÉTACHÉES.................. 1
PAGES CHOISIES 1
SOUVENIRS D'ENFANCE.................. 1

ARY RENAN

PAYSAGE HISTORIQUE.................. 1

UN RÉPUBLICAIN

NOS FAUTES.................. 1

RODOLPHE REY

HIST. DE LA RENAISSANCE POL. DE L'ITALIE. 1

LOUIS REYBAUD

MARINES ET VOYAGES.................. 1
SCÈNES DE LA VIE MODERNE.............. 1
LA VIE DE L'EMPLOYÉ.................. 1

ALBERT RHODES

RUSES DE GUERRE.................. 1

J. RICARD

ACHETEUSES DE RÊVES.................. 1
A PRIX FIXE ET A LA CARTE.............. 1
LE CHEMIN DE LA PAIX.................. 1
CONTES A MON SINGE.................. 1
CONTES D'APRÈS-MIDI.................. 1
CŒURS INQUIETS 1
LA COURSE A L'AMOUR.................. 1
CRISTAL FÊLÉ.................. 1
HISTOIRES FIN DE SIÈCLE.............. 1
HUGUETTE.................. 1
MAGDON.................. 1
MÉNAGES DE PARIS.................. 1
MOUMOUTE.................. 1
PACHA.................. 1

CALMANN LÉVY ÉDITEUR

J. RICARD *(Suite)* vol.

SECRET DE FEMME.................. 1
SŒURS................................ 1
LA VOIX D'OR....................... 1

RIQUET

L'AGE DU MUSCLE..................... 1

VICOMTE RICHARD O'MONROY

A GRANDES GUIDES !.................. 1
A LA HUSSARDE....................... 1
BROCHETTE DE CŒURS.................. 1
LA BRUNE ET LA BLONDE............... 1
LE CAPITAINE PARABÈRE............... 1
LE CHIC ET LE CHEQUE................ 1
LE CLUB DES BRACONNIERS............. 1
COCARDES ET DENTELLES............... 1
COUPS DE SOLEIL..................... 1
LES DÉBUTANTES...................... 1
DIX MINUTES D'ARRÊT................. 1
LES FEMMES DES AUTRES............... 1
FEUX DE PAILLE...................... 1
LA FOIRE AUX CAPRICES............... 1
GRAINE D'ÉTOILE..................... 1
LA GRANDE FÊTE...................... 1
HISTOIRES CRANES.................... 1
HISTOIRES TENDRES................... 1
MADAME MANCHABALLE.................. 1
MARCHEURS ET MARCHEUSES............. 1
MONSIEUR MARS ET MADAME VÉNUS....... 1
PÉCHÉ CAPITAL....................... 1
LES PETITES MANCHABALLE............. 1
PLACE AU THEATRE.................... 1
LES PROPOS DE MADAME MANCHABALLE.... 1
QUAND J'ÉTAIS CAPITAINE............. 1
SANS M'SIEU LE MAIRE................ 1
SERVICES DE NUIT.................... 1
SOYONS GAIS......................... 1
TAMBOUR BATTANT..................... 1
TUTUR ET TOTO....................... 1
UN PEU ! BEAUCOUP ! PASSIONNÉMENT !. 1

HENRI RICHEBOURG

LA COMÉDIE AU VILLAGE............... 1

HENRI RIVIÈRE

AVENTURES DE TROIS AMIS............. 1
LE CACIQUE. Journal d'un marin....... 1
MADEMOISELLE D'AVREMONT............. 1
LES MÉPRISES DU CŒUR................ 1
PIERROT. — CAIN. — L'ENVOUTEMENT.... 1
SOUVENIRS DE LA NOUVELLE-CALÉDONIE.. 1

CLÉMENCE ROBERT

MICHELY............................. 1
LE MONT SAINT-MICHEL................ 1

ÉTIENNE ROCHEVERRE

LE CHEVALIER DE RIAZAN.............. 1

JEAN ROLLAND

DERNIER DES CHANAILLAC.............. 1

NESTOR ROQUEPLAN

LA VIE PARISIENNE................... 1

G. ROTHAN

L'AFFAIRE DU LUXEMBOURG............. 1
L'ALLEMAGNE ET L'ITALIE............. 2

G. ROTHAN *(Suite)* vol.

L'EUROPE ET L'AVÈNEMENT DU SECOND 1
EMPIRE.............................. 1
LA FRANCE ET SA POLITIQUE EXTÉRIEURE... 2
LA POLITIQUE FRANÇAISE EN 1866...... 1
LA PRUSSE ET SON ROI................ 1

VICTORINE ROSTAND

UNE BONNE ÉTOILE.................... 1
AU BORD DE LA SAONE................. 1
LES SARRASINS AU VIIe SIÈCLE...... 1

A. DE ROTHSCHILD

HISTOIRE DE LA POSTE AUX LETTRES.... 2

H. DE ROTHSCHILD

NOTES AFRICAINES.................... 1

DOCTEUR FÉLIX ROUBAUD

LES EAUX MINÉRALES DE LA FRANCE..... 1
POUGUES, SES EAUX, ETC., ETC........ 1

GEROLAMO ROVETTA

L'ILLUSTRE MATTÉO................... 1

ÉMILE RUBEN

CE QUE COUTE UNE RÉPUTATION......... 1

SACHER MASOCH

HADASKA............................. 1
NOUVEAUX RÉCITS GALICIENS........... 1
LES PRUSSIENS D'AUJOURD'HUI......... 2

LE MARÉCHAL SAINT-ARNAUD

LETTRES (1832-1854) not. de *Sainte-Beuve*. 2

* * *

LE CHATEAU DE ZOLKIEW, tiré des récits historiques de Ch. Szajnocha.......... 1

COMTE DE SAINT-AULAIRE

CARLISTES ET CHRISTINOS............. 1
CHRONIQUE DE LA FORET DE SAUVAGNAC.. 1
LES DESSOUS DE L'HISTOIRE........... 1
FRANCE ET RUSSIE.................... 1
GILDA............................... 1
LETTRES DE VIEILLARD................ 1
MASQUES ET VISAGES.................. 1
UN NAÏF............................. 1
PLUS FORT QUE L'AMOUR............... 1
RÉTROGRADES......................... 1
LA VOCATION D'ANGÈLE................ 1

SAINTE-BEUVE

CHATEAUBRIAND son gr. lit. sous l'Empire. 2
CHRONIQUES PARISIENNES.............. 1
CORRESPONDANCE...................... 2
ÉTUDE SUR VIRGILE................... 1
LETTRES A LA PRINCESSE.............. 1
NOUVELLE CORRESPONDANCE............. 1
NOUVEAUX LUNDIS..................... 13
PAGES CHOISIES...................... 1
PORTRAITS CONTEMPORAINS. *Nouv. édit.* 5
P.-J. PROUDHON, SA VIE, SA CORRESP.. 1
PREMIERS LUNDIS..................... 3
SOUVENIRS ET INDISCRÉTIONS.......... 1

JULES DE SAINT-FÉLIX

MADEMOISELLE ROSALINDE.............. 1

BIBLIOTHEQUE CONTEMPORAINE — 3 FR. 50 C.

SAINT-GERMAIN LEDUC vol.

M. LE COMTE ET MADAME LA COMTESSE... 1

SAINT-MARC GIRARDIN

LA FONTAINE ET LES FABULISTES....... 2
SOUVENIRS ET RÉFLEXIONS POLITIQUES D'UN JOURNALISTE.................. 1

SAINT-PRIX

VERTU PAIENNE 1

A. DE SAINT-QUENTIN

UN AMOUR AU PAYS DES MAGES....... 1
L'EAU ET LE FEU.................... 1

SAINT-RENÉ TAILLANDIER *de l'Ac. fr.*

ALLEMAGNE ET RUSSIE................. 1
LA COMTESSE D'ALBANY................ 1
HISTOIRE ET PHILOSOPHIE RELIGIEUSE... 1
LITTÉRATURE ÉTRANGÈRE — ÉCR. MOD. 1

CAMILLE SAINT-SAENS

HARMONIE ET MÉLODIE.............. 1

GASTON DE SAINT-VALRY

SOUVENIRS ET RÉFLEXIONS POLITIQUES.. 2

PAUL DE SAINT-VICTOR

BARBARES ET BANDITS.— La Prusse et la Commune....................... 1
HOMMES ET DIEUX.................... 1
LE THEATRE CONTEMPORAIN........ 1
VICTOR HUGO...................... 1

SALICIS

JEANNE ET JEAN.................... 1

GABRIEL SALVADOR

J. SALVADOR........................ 1

J. SALVADOR

PARIS, ROME, JÉRUSALEM............. 2

PAUL SAMY

CHAGRIN D'AIMER.................. 1
LA FIANCÉE DU DOCTEUR............ 1
LA RANÇON DU CŒUR 1

GEORGE SAND

ANTONIA............................ 1
AUTOUR DE LA TABLE................ 1
LE CHATEAU DE PICTORDU............ 1
LE CHÊNE PARLANT.................. 1
LA CONFESSION D'UNE JEUNE FILLE...... 2
CORRESPONDANCE.................... 6
LE DERNIER AMOUR.................. 1
DERNIÈRES PAGES................... 1
LES DEUX FRÈRES................... 1
ELLE ET LUI....................... 1
LA FAMILLE DE GERMANDRE.......... 1
FLAMARANDE........................ 1
FRANÇOIS LE CHAMPI................ 1
HISTOIRE DE MA VIE................ 4
UN HIVER A MAJORQUE —SPIRIDION. ... 1
IMPRESSIONS ET SOUVENIRS.......... 1
INDIANA........................... 1
JEAN DE LA ROCHE.................. 1
JOURNAL D'UN VOY. PENDANT LA GUERRE. 1

GEORGE SAND (*Suite*) vol.

LETTRES A ALFRED DE MUSSET ET A SAINTE-BEUVE....................... 1
LETTRES D'UN VOYAGEUR.............. 1
MADEMOISELLE LA QUINTINIE........... 1
LES MAITRES SONNEURS................ 1
MALGRÉ TOUT....................... 1
LA MARE AU DIABLE.................. 1
LE MARQUIS DE VILLEMER............. 1
MAUPRAT........................... 1
MONSIEUR SYLVESTRE................. 1
MONT-REVÊCHE...................... 1
NANON............................. 1
NOUVELLES......................... 1
NOUVELLES LETTRES D'UN VOYAGEUR.... 1
PAGES CHOISIES..................... 1
LA PETITE FADETTE.................. 1
QUESTIONS D'ART ET DE LITTÉRATURE... 1
QUESTIONS POLITIQUES ET SOCIALES..... 1
SOUVENIRS DE 1848 1
THÉATRE COMPLET................... 4
THÉATRE DE NOHANT.................. 1
LA TOUR DE PERCEMONT............... 1
VALENTINE.......................... 1
VALVÈDRE........................... 1

MAURICE SAND

L'AUGUSTA.......................... 1
MADEMOISELLE AZOTE................. 1
MISS MARY.......................... 1
SIX MILLE LIEUES A TOUTE VAPEUR...... 1
THÉATRE DES MARIONNETTES........ 1

JULES SANDEAU *de l'Acad. franç.*

JEAN DE THOMMERAY 1
LA MAISON DE PENARVAN.............. 1
NOUVELLES.......................... 1

FRANCISQUE SARCEY

ÉTIENNE MORET...................... 1
LES MISÈRES D'UN FONCTIONNAIRE CHINOIS 1
LE PIANO DE JEANNE................. 1

A. L. SARDOU

CHRONIQUES NIÇOISES 2

MARQUIS DE SASSENAY

LES DERNIERS MOIS DE MURAT....... 1

DAVID SAUVAGEOT

LE RÉALISME ET LE NATURALISME.... 1

LÉON SAY

CONTRE LE SOCIALISME............. 1
LE SOCIALISME D'ÉTAT............... 1

C. DE SAULT

ESSAIS DE CRITIQUE D'ART............ 1

AD. SCHÆFFER

UN HEUREUX......................... 1

EDMOND SCHERER

DIDEROT........................... 1
ÉTUDES CRITIQUES de littérature........ 10
ÉTUDES SUR LA LITTÉR. AU XVIIIe SIÈC. 1
MÉLANGES D'HISTOIRE RELIGIEUSE....... 1

CALMANN LÉVY ÉDITEUR

FERNAND SCHICKLER vol.

EN ORIENT. souvenirs de voyage....... 1

SCHLUMBERGER

LES ILES DES PRINCES 1

AURÉLIEN SCHOLL

L'AMOUR APPRIS SANS MAITRE 1
LA DAME DES PALMIERS................ 1
LES GENS TARÉS...................... 1
HÉLÈNE HERMANN...................... 1
L'OUTRAGE........................... 1
LES PETITS SECRETS DE LA COMÉDIE...... 1

JEANNE SCHULTZ

CE QU'ELLES PEUVENT................ 1
LES FIANÇAILLES DE GABRIELLE 1
JEAN DE KERDREN 1
LA MAIN DE SAINTE MODESTINE...... 1
LA NEUVAINE DE COLETTE........... 1

SÉCHAN

SOUVENIRS D'UN HOMME DE THÉATRE. 1

LÉON SÉCHÉ

ÉDUCATEURS ET MORALISTES......... 1

ALBÉRIC SECOND

CONTES SANS PRÉTENTION.............. 1

N. DE SEMENOW

AGATINE.......................... .. 1

WILLIAM N. SENIOR

LA TURQUIE CONTEMPORAINE........... 1

SERANON

LA CAMPANIE. — Pompeï, Herculanum.. 1

MATHILDE SÉRAO

SENTINELLES, PRENEZ GARDE A VOUS!... 1

H. SIENKIEWITZ

SANS DOGME. *Traduction Wodzinski*.. 1

JULES SIMON *de l'Acad. fr.*

DIEU, PATRIE, LIBERTÉ................ 1
LE GOUVERNEMENT DE M. THIERS...... 2
NOS HOMMES D'ÉTAT. 1
QUATRE PORTRAITS... 1
SOUVENIRS DU 4 SEPTEMBRE.......... 2

JULES ET GUSTAVE SIMON

LA FEMME DU XX° SIÈCLE............ 1

GUSTAVE SIMON

LA CONFESSION D'UNE MÈRE......... 1

A. SIRVEN ET A. SIÉGEL

LE PETIT-FILS DE D'ARTAGNAN....... 1
LE DRAME DU PALAIS ROUGE.......... 1

J.-C.-L. DE SISMONDI

LETTRES INÉDITES, suivies de lettres de Bonstetten, de Mmes de Staël et de Souza. Intr. de *St-René Taillandier*. 1

LOUIS DE SOUDAK

LA LIONNE D'ODESSA................. —
VOCATION DE VALENTIN............... —
VOYAGE EN CRIMÉE... .... —

EMILE SOUVESTRE

SOUVENIRS D'UN BAS-BRETON......... —

SPENGLER

LE SECRET DE BERTA............... —

Vte DE SPOELBERCH DE LOVENJOUL

AUTOUR DE HONORÉ DE BALZAC..... —
LES LUNDIS D'UN CHERCHEUR...... —
UN ROMAN D'AMOUR............... —
LA VÉRITABLE HISTOIRE DE « ELLE ET LUI » .... —

E. A. SPOLL

LES PARISIENNES .... —

MAURICE SPRONCK

LES ARTISTES LITTÉRAIRES.......... —
JACQUES BERNYS.................. —

C. STANDISH

NIÈVES. .... —

STENDHAL

Œuvres complètes — *Nouvelle édition* —

LA CHARTREUSE DE PARME.............
HISTOIRE DE LA PEINTURE EN ITALIE....
LETTRES INTIMES. .. ..
MÉLANGES D'ART ET DE LITTÉRATURE....
NOUVELLES INÉDITES..................
ROME, NAPLES ET FLORENCE............
VIE DE ROSSINI ....
VIES DE HAYDN, MOZART ET MÉTASTASE..

G. STENGER

MAÎTRE DUCHESNOIS.................
LE PÈRE HARCOURT..................

DANIEL STERN

ESQUISSES MORALES..................
ESSAI SUR LA LIBERTÉ...............
FLORENCE ET TURIN. Art et politique...
HISTOIRE DE LA RÉVOLUTION DE 1848.... —
MES SOUVENIRS...................... 1
NÉLIDA............................ 1

SUDERMANN

L'INDESTRUCTIBLE PASSÉ............ 1
LE MOULIN SILENCIEUX.............. 1
LE SOUHAIT........................ 1

Mme MARY SUMMER

LE FIANCÉ D'YVONNE.... 1
LA PENSIONNAIRE D'ECOUEN.......... 1
LE ROI N'EST PAS LE MAITRE........ 1

CARMEN SYLVA

QUI FRAPPE ?...................... 1

MAURICE TALMEYR

VICTOR HUGO — L'HOMME QUI RIT, QUATRE-VINGT-TREIZE (Conférences)...... 1

CALMANN LÉVY, ÉDITEUR

vol.

LOUIS ULBACH (Suite)

ESPAGNE ET PORTUGAL 1
LA FÉE VERTE 1
LA FLEURIOTTE 2
FRANÇOISE 1
GUIDE SENTIMENTAL DE L'ÉTRANGER A PARIS 1
LA HOLLANDE ET LA LIBERTÉ DE PENSER 1
L'HOMME AU GARDÉNIA 2
LE JARDIN DU CHANOINE 1
LE LIVRE D'UNE MÈRE 1
MAGDA 1
LA MAÎTRESSE DU GÉNÉRAL 1
MÉMOIRES D'UN INCONNU 1
MÉMOIRES D'UN ASSASSIN :
CYRILLE 1
MAXIME 1
MÈRE ET MAÎTRESSE 1
MISÈRES ET GRANDEURS LITTÉRAIRES 1
M. ET MADAME FERNEL 1
NOËLE 1
NOS CONTEMPORAINS 1
PAPA FORTIN 1
LES PARENTS COUPABLES 1
LE PARRAIN DE CENDRILLON 1
PAULINE FOUCAULT 1
LA PRINCESSE MORANI 1
LE SECRET DE MADEMOISELLE CHAGNIER 4

ÉTIENNE VACHEROT

LA DÉMOCRATIE LIBÉRALE 1

AUGUSTE VACQUERIE

AUJOURD'HUI ET DEMAIN 1
MES PREMIÈRES ANNÉES DE PARIS 1
PROFILS ET GRIMACES 1
THÉÂTRE COMPLET 2
THÉÂTRE INÉDIT 1

E. DE VALBEZEN (LE MAJOR FRIDOLIN)

LA MALLE DE L'INDE 1
RÉCITS D'HIER ET D'AUJOURD'HUI 1

ÉMILE VALENTIN

LE MAS DES SYLVAINS 1
LOUBA VOLANOF 1

OSCAR DE VALLÉE

ANDRÉ CHÉNIER ET LES JACOBINS 1
ÉTUDES ET PORTRAITS 1
LES MANIEURS D'ARGENT 1

ROBERT VALLIER

GUILLEMETTE 1

PRINCE VALORY

LA MUSIQUE, LE BON SENS ET LES DEUX OPÉRAS 1
VERDI ET SON ŒUVRE 1

MAX VALREY

CES PAUVRES FEMMES ! 1
LES FILLES SANS DOT 1

CLAUDIE VELLONI

MAÎTRE BOLON 1

ADRIEN VÉLY

CONTES PANACHÉS 1

LOUIS ET GEORGES VERBRUGGHE

FORÊTS VIERGES 1
PROM. ET CHASSES DANS L'AMÉR. DU NORD 1

HIPPOLYTE VERLY

LES GENS DE LA VIEILLE ROCHE 1
VAN DRABANT ET Cie 1

THÉODORE VERNES

EN ALGÉRIE 1
NAPLES ET LES NAPOLITAINS 1
TROIS MOIS EN ITALIE 1

VERNON LEE

MISS BROWN 1

DOCTEUR L. VÉRON

CINQ CENT MILLE FRANCS DE RENTE 1
MÉMOIRES D'UN BOURGEOIS DE PARIS 5

PIERRE VÉRON

LE CARNAVAL DU DICTIONNAIRE 1
PARIS AMOUREUX 1

CLAUDE VIGNON

CHATEAU-GAILLARD 1
LES DRAMES IGNORÉS 1
ÉLISABETH VERDIER 1
UNE FEMME ROMANESQUE 1
JEANNE DE MAUGUET 1
SOLDAT 1

ALFRED DE VIGNY

Œuvres complètes — *Nouvelle édition*

CINQ-MARS, avec 2 autographes ....
JOURNAL D'UN POÈTE ....
POÉSIES COMPLÈTES ....
SERVITUDE ET GRANDEUR MILITAIRES ....
STELLO ....
THÉÂTRE COMPLET ....

Cte DE VILLIERS DE L'ISLE-ADAM

CONTES CRUELS ....
NOUVEAUX CONTES CRUELS ....

JACQUES VINCENT

JACQUES DE TRÉVANNES ....

SAMUEL VINCENT

DU PROTESTANTISME EN FRANCE. Introd. de *Prévost-Paradol* 1
MÉDITATIONS RELIGIEUSES. Notice de *Fontanès*. Introd. d'*A. Coquerel fils*. 1

LÉON VINGTAIN

DE LA LIBERTÉ DE LA PRESSE 1

GUSTAVE VINOT

LA MARQUISE DE ROZEL 1

L. VITET (Œuvres complètes)

L'ACADÉMIE ROYALE DE PEINTURE 1
LE COMTE DUCHATEL avec un portrait gravé par Flameng d'après Ingres 1
ESSAIS HISTORIQUES ET LITTÉRAIRES 1
ÉTUDES PHILOSOPHIQUES ET LITTÉRAIRES avec notice de *G. Guizot* 1

CALMANN LÉVY, ÉDITEUR

ALEXANDRE DUMAS FILS vol.

LES FEMMES QUI TUENT ET LES FEMMES QUI VOTENT 1
L'HOMME-FEMME 1
LA RECHERCHE DE LA PATERNITÉ 1

ÉMILIE

CHANTS D'UNE ÉTRANGÈRE 1

D'ESTERNO

LA FEMME 1

XAVIER EYMA

LE ROMAN DE FLAVIO 1

ERNEST FEYDEAU

L'ART DE PLAIRE 1
UN COUP DE BOURSE 1

EMILE DE GIRARDIN

BON SENS, BONNE FOI 1
L'ÉGALE DE L'HOMME 1
L'ÉGALE DE SON FILS 1
L'HOMME ET LA FEMME. — L'homme suzerain, la femme vassale 1
LES LETTRES D'UN LOGICIEN 1
LE POUR ET LE CONTRE 1
QUESTIONS ADMINIST. ET FINANCIÈRES .. 1

GLOGENSON

BEPPO, *de Byron*, trad. en vers 1

LÉON GOZLAN

LES AVENTURES DU PRINCE DE GALLES ... 1

Mme MANOEL DE GRANDFORT

OCTAVE. — COMMENT ON S'AIME QUAND ON NE S'AIME PLUS 1

CH. GRANDMOUGIN

ORPHÉE 1
SOUVENIRS D'ANVERS 1

ED. GRIMARD

L'ÉTERNEL FÉMININ 1

JULES GUÉROULT

FABLES 1

GYP

BOB AU SALON *illustré* 1

CHARLES D'HÉRICAULT

LES PATRICIENS DE PARIS 1

LÉON HOLLÆNDER

18 SIÈCLES DE PRÉJUGÉS CHRÉTIENS 1

A. JAIME FILS

L'HÉRITAGE DU MAL 1

LOUIS JOURDAN

LES PEINTRES FRANÇAIS 1

MARQUISE DE LAGRANGE

LA RÉSINIÈRE D'ARCACHON 1

L'ABBÉ DE LAMENNAIS

DE LA SOCIÉTÉ PREMIÈRE et de ses lois ... 1

LOGEROTTE vol.

DE PALERME A TURIN 1

ARISTIDE LOMON

LE ROI MIDAS 1

LOUIS LURINE

VOYAGES DANS LE PASSÉ 1

VICTOR LURO

MARGUERITE D'ANGOULÊME 1

EUGÈNE MANUEL

POÉSIES DU FOYER ET DE L'ÉCOLE 1

Mme NANCY MARY-LAFON *trad.*

LES FABLES DE PHÈDRE. 1

AUGUSTE MAQUET

LA ROSE BLANCHE 1

MARC-MONNIER

HISTOIRE DU BRIGANDAGE DANS L'ITALIE MÉRIDIONALE ....

MORTIMER-TERNAUX

LA CHUTE DE LA ROYAUTÉ ....
LE PEUPLE AUX TUILERIES ....

CHARLES NARREY

LE QUATRIÈME LARRON ....

COMTE A. DE PONTÉCOULANT

HISTOIRES ET ANECDOTES ....

A. DE PONTMARTIN

LES BRULEURS DE TEMPLES ....

G. DE PORTO-RICHE

VANINA ....

CHARLES RABOU

LES TRIBULATIONS DE MAITRE FABRICIUS

CAMILLE SAINT-SAENS

RIMES FAMILIÈRES ....

AURÉLIEN SCHOLL

LES AMOURS DE THÉATRE ....

E.-A. SEILLIÈRE

AU PIED DU DONON ....

JEHAN VALTER

LA PREMIÈRE DE *le Roi s'amuse* 1

EM. DE VARS

LA JOUEUSE. Mœurs de province 1

A. VERMOREL

LES AMOURS FUNESTES 1
LES AMOURS VULGAIRES 1

DOCTEUR L. VERON

PARIS EN 1860. LES THÉATRES DE PARIS DE 1806 A 1860, *avec gravures* 1

LOUIS DE VILLEPREUX

ÉTIENNE MARTIAL CHARRIÉ. Étude biogr.. 1

ALBERT WOLFF

VICTORIEN SARDOU ET L'ONCLE SAM 1

CALMANN LÉVY, ÉDITEUR

H. AMIC (vol.)

MADAME DE KARNEL ... 1
RENÉE ... 1

MADAME D'ARBOUVILLE

MARIE-MADELEINE ... 1
UNE VIE HEUREUSE ... 1

ANDRÉ DE LA ROCHE

UN PARQUET EN PROVINCE ... 1

ACHIM D'ARNIM
Tr. Th. Gautier fils

CONTES BIZARRES ... 1

ARNOULD & FOURNIER

LE FILS DU CZAR ... 1
L'HÉRITIER DU TRÔNE ... 1
STRUENSÉE ... 1

X. AUBRYET

LA FEMME DE 25 ANS ... 1

PHILIBERT AUDEBRAND

LES DIVORCES DE PARIS ... 1
LA LETTRE DÉCHIRÉE ... 1
PETITES COMÉDIES DU BOUDOIR ... 1
YEUX NOIRS ET YEUX BLEUS ... 1

H. AUDEVAL

AMOURS D'UN PIANISTE ... 1

ÉMILE AUGIER de l'Acad. française.

POÉSIES COMPLÈTES ... 1

DUC D'AUMALE
de l'Académie française

INSTITUTIONS MILITAIRES DE LA FRANCE. 1
LES ZOUAVES ET LES CHASSEURS A PIED .. 1

A. BADIN

COULOIRS ET COULISSES ... 1
UN PARISIEN CHEZ LES RUSSES ... 1
LES PETITS COTÉS D'UN GRAND DRAME .. 1

H. DE BALZAC

BEATRIX ... 1
CÉSAR BIROTTEAU ... 1
LE CHEF-D'ŒUVRE INCONNU ... 1
LES CHOUANS ... 1
LE COLONEL CHABERT ... 1
CONTES DROLATIQUES ... 2
LE CONTRAT DE MARIAGE ... 1
LA COUSINE BETTE ... 1
LE COUSIN PONS ... 1
LE CURÉ DE VILLAGE ... 1
UN DÉBUT DANS LA VIE ... 1
LE DÉPUTÉ D'ARCIS ... 2
LES EMPLOYÉS ... 1
L'ENFANT MAUDIT ... 1
L'ENVERS DE L'HISTOIRE ... 1
EUGÉNIE GRANDET ... 1
LA FAUSSE MAITRESSE ... 1
LA FEMME DE TRENTE ANS ... 1
UNE FILLE D'ÈVE ... 1
HISTOIRE DES TREIZE ... 1
ILLUSIONS PERDUES ... 3
L'ILLUSTRE GAUDISSART ... 1
LOUIS LAMBERT ... 1
LE LYS DANS LA VALLÉE ... 1
LA MAISON DU CHAT-QUI-PELOTE ... 1

H. DE BALZAC (Suite) (vol.)

LA MAISON NUCINGEN ... 1
LE MÉDECIN DE CAMPAGNE ... 1
MÉMOIRES DE DEUX JEUNES MARIÉES. 1
UN MÉNAGE DE GARÇON ... 1
MODESTE MIGNON ... 1
LES PAYSANS ... 1
LA PEAU DE CHAGRIN ... 1
LE PÈRE GORIOT ... 1
LES PETITS BOURGEOIS ... 2
PETITES MISÈRES DE LA VIE CONJUGALE. 1
PHYSIOLOGIE DU MARIAGE ... 1
PIERRETTE ... 1
LA RECHERCHE DE L'ABSOLU ... 1
SÉRAPHITHA ... 1
SPLENDEURS ET MISÈRES DES COURTISANES ... 2
SUR CATHERINE DE MÉDICIS ... 1
UNE TÉNÉBREUSE AFFAIRE ... 1
THÉATRE COMPLET ... 2
URSULE MIROUET ... 1
LA VIEILLE FILLE ... 1

TH. DE BANVILLE

LA VIE D'UNE COMÉDIENNE ... 1

JEAN BARANCY

TOUJOURS AIMÉE ... 1

CHARLES BARBARA

L'ASSASSINAT DU PONT-ROUGE ... [illegible]
LES DÉTRAQUÉS ... [illegible]
HISTOIRES ÉMOUVANTES ... [illegible]

G. BARILLON

LES FRÈRES DE LA NUIT ...
LES PEAUX-ROUGES ...

ODYSSE BAROT

HISTOIRE DES IDÉES AU XIXe SIÈCLE. — EM. DE GIRARDIN, sa vie, ses idées, etc. ...

Mme DE BASSANVILLE

LES SECRETS D'UNE JEUNE FILLE ... [illegible]

CH. BATAILLE & E. RASETTI

UN DRAME AU VILLAGE ... [illegible]

Mme DE BAWR

NOUVELLES ... 1
RAOUL ou l'Énéide ... 1
ROBERTINE ... 1
LES SOIRÉES DES JEUNES PERSONNES ... 1

LE BARON DE BAZANCOURT

LE CHEVALIER DE CHABRIAC ... 1

BEAUMARCHAIS

THÉATRE, avec Notice de *L. de Loménie*. 1

GUSTAVE DE BEAUMONT

L'IRLANDE SOCIALE, POLITIQUE ET RELIG. 2

DE BEAUSIRE-SEYSSEL

BRISMER ... 1

ROGER DE BEAUVOIR

AVENTURIÈRES ET COURTISANES ... 1
LE CABARET DES MORTS ... 1
LE CHEVALIER DE CHARNY ... 1
LE CHEVALIER DE SAINT-GEORGES ... 1
DUELS ET DUELLISTES ... 1
L'ÉCOLIER DE CLUNY ... 1

CALMANN LÉVY, ÉDITEUR

BRET-HARTE vol.

CROQUIS AMÉRICAINS........... 1
FLIP........................... 1
RÉCITS CALIFORNIENS............ 1

BRILLAT-SAVARIN

PHYSIOLOGIE DU GOUT. *Nouv. édition*... 1

CAMILLE BRUNO

EN DÉSORDRE..................... 1

MAX BUCHON

LE MATACHIN..................... 1

E.-L. BULWER
Trad. Am. Pichot

LA FAMILLE CAXTON.............. 2
LE JOUR ET LA NUIT............. 2

F. BURNETT

UNE NIÈCE D'AMÉRIQUE........... 1

ED. CADOL

BERTHE SIGELIN.................. 1
LA BÊTE NOIRE................... 1
LA DIVA......................... 1
GILBERTE........................ 1
LA GRANDE VIE................... 1
LES INUTILES.................... 1
MADAME ÉLISE.................... 1
MARGUERITE CHAUVELEY............ 1
LA PRIMA DONNA.................. 1
PRINCESSE ALDÉE................. 1

ÉMILIE CARLEN
Trad. Souvestre

DEUX JEUNES FEMMES.............. 1

J. DE CARNÉ

APRÈS LA FAUTE.................. 1
MARGUERITE DE KÉRADEC........... 1

ÉMILE CARREY

RÉCITS DE KABYLIE............... 1

Cesse CASTELLANA-AQUAVIVA

LE MARIAGE DE LADY-CONSTANCE.... 1

COMTE DE CASTELLANE

MADGY.......................... 1

HIPPOLYTE CASTILLE

HISTOIRES DE MÉNAGE............. 1

HENRI CAUVAIN

LES AMOURS BIZARRES............. 1
UN CAS DE FOLIE................. 1
MADAME GOBERT................... 1
LA MAIN SANGLANTE............... 1
LA MORT D'ÉVA................... 1
ROSA VALENTIN................... 1

CERVANTES

THÉATRE......................... 1

Ctesse LIONEL DE CHABRILLAN vol.

UN AMOUR TERRIBLE............... 1
UN DRAME SUR LE TAGE............ 1
LA DUCHESSE DE MERS............. 1
ÉMIGRANTES ET DÉPORTÉES......... 1
LES FORÇATS DE L'AMOUR.......... 1
MARIE BAUDE..................... 1
UNE MÉCHANTE FEMME.............. 1
LES VOLEURS D'OR................ 1

CHAMPFLEURY

LES DEMOISELLES TOURANGEAU...... 1
LES EXCENTRIQUES................ 1

PHILARÈTE CHASLES

LE MÉDECIN DES PAUVRES.......... 1
LE VIEUX MÉDECIN................ 1

F. DE CHATEAUBRIAND

ATALA—RENÉ—LE DERNIER ABENCÉRAGE. 1
ÉTUDES HISTORIQUES, essai d'*Ed. Schérer*. 2
GÉNIE DU CHRISTIANISME.......... 2
HISTOIRE DE FRANCE, notice *Ste-Beuve*. 2
ITIN. DE PARIS A JÉRUSALEM....... 2
LES MARTYRS, avec un essai d'*Ampère*. 2
LES NATCHEZ, essai du *Duc de Broglie*. 2
LE PARADIS PERDU DE MILTON...... 1
LES QUATRE STUARTS, notice *Ste-Beuve*. 1
VOY. EN AMÉRIQUE, introd. *Sainte-Beuve*. 1

ÉMILE CHEVALIER

LA CAPITAINE.................... 1
LE CHASSEUR NOIR................ 1
LES DERNIERS IROQUOIS........... 1
LA FILLE DES INDIENS ROUGES..... 1
LA FILLE DU PIRATE.............. 1
LE GIBET........................ 1
LA HURONNE...................... 1
L'ILE DE SABLE.................. 1
LES NEZ-PERCÉS.................. 1
PEAUX-ROUGES ET PEAUX-BLANCHES.. 1
LES PIEDS-NOIRS................. 1
POIGNET-D'ACIER................. 1
LA TÊTE-PLATE................... 1

CH. CHINCHOLLE

LE CALVAIRE DE L'AMOUR.......... 1

GUSTAVE CLAUDIN

POINT ET VIRGULE................ 1

Mme CLÉSINGER-SAND

JACQUES BRUNEAU................. 1
CARL ROBERT..................... 1

HENRI CONSCIENCE

UNE AFFAIRE EMBROUILLÉE......... 1
L'ANNÉE DES MERVEILLES.......... 1
ARGENT ET NOBLESSE.............. 1
AURÉLIEN........................ 1
L'AVARE......................... 1
BATAVIA......................... 1
LES BOURGEOIS DE DARLINGEN...... 1
LE BOURGMESTRE DE LIÈGE......... 1
LE CANTONNIER................... 1
LE CHEMIN DE LA FORTUNE......... 1
LE CONSCRIT.................... 1
LE COUREUR DES GRÈVES........... 1

BIBLIOTHÈQUE A 1 FRANC

HENRI CONSCIENCE (*Suite*)

	vol.
LE DÉMON DE L'ARGENT	1
LE DÉMON DU JEU	1
LES DRAMES FLAMANDS	1
UNE ERREUR JUDICIAIRE	1
LA FIANCÉE DU MAITRE D'ÉCOLE	1
LE FLÉAU DU VILLAGE	1
LE GANT PERDU	1
LE GENTILHOMME PAUVRE	1
LA GUERRE DES PAYSANS	1
LE GUET-APENS	1
HEURES DU SOIR	1
HISTOIRE DE DEUX ENFANTS D'OUVRIERS	1
L'ILLUSION D'UNE MÈRE	1
LE JEUNE DOCTEUR	1
LA JEUNE FEMME PALE	1
LE LION DE FLANDRE	2
LES KERLES DE FLANDRE	2
LA MAISON BLEUE	1
MAITRE VALENTIN	1
LE MAL DU SIÈCLE	1
LE MARCHAND D'ANVERS	1
LE MARTYRE D'UNE MÈRE	1
LES MARTYRS DE L'HONNEUR	1
LA MÈRE JOB	1
L'ONCLE ET LA NIÈCE	1
L'ONCLE JEAN	1
L'ONCLE REIMOND	1
L'ORPHELINE	1
LE PARADIS DES FOUS	1
LE PAYS DE L'OR	1
LA PRÉFÉRÉE	1
LE REMPLAÇANT	1
UN SACRIFICE	1
LE SANG HUMAIN	1
SCÈNES DE LA VIE FLAMANDE	2
LES SERFS DE FLANDRE	1
LA SORCIÈRE FLAMANDE	1
LE SORTILÈGE	1
SOUVENIRS DE JEUNESSE	2
LE SUPPLICE D'UN PÈRE	1
LA TOMBE DE FER	1
LE TRÉSOR DE FÉLIX ROOBECK	1
LE TRIBUN DE GAND	2
LES VEILLÉES FLAMANDES	1
LA VOLEUSE D'ENFANT	1

A. CONSTANT

LE SORCIER DE MEUDON	1

H. CORNE

SOUVENIRS D'UN PROSCRIT POLONAIS	1

P. CORNEILLE

ŒUVRES, avec Notice de *Ste-Beuve*	2

VICTOR COUAILHAC

DRAMES DE L'ESPIONNAGE	1
JEANNE MAILLOTTE	1

GABRIEL DANTRAGUES

HISTOIRES D'AMOUR ET D'ARGENT	1

COMTESSE DASH

UN AMOUR COUPABLE	1
LES AMOURS DE BUSSY-RABUTIN	1
LES AMOURS DE LA BELLE AURORE	2
L'ARBRE DE LA VIERGE	1
AVENTURES D'UNE JEUNE MARIÉE	1
LES BALS MASQUÉS	1

COMTESSE DASH (*Suite*)

	vol.
LE BEAU VOLEUR	1
LA BELLE PARISIENNE	1
LA BOHÈME AU XVIIe SIÈCLE	1
BOHÈME ET NOBLESSE	1
LA CEINTURE DE VÉNUS	1
LA CHAINE D'OR	1
LA CHAMBRE BLEUE	1
LA CHAMBRE ROUGE	1
LE CHATEAU DE LA ROCHE-SANGLANTE	1
LES CHATEAUX EN AFRIQUE	1
COMÉDIE DES GENS DU MONDE	1
COMMENT ON FAIT SON CHEMIN DANS LE MONDE	1
COMMENT TOMBENT LES FEMMES	1
UN COSTUME DE BAL	1
LA DAME DU CHATEAU MURÉ	1
LA DERNIÈRE EXPIATION	2
LA DETTE DE SANG	1
LE DRAME DE LA RUE DU SENTIER	1
LA DUCHESSE D'ÉPONNES	1
LA DUCHESSE DE LAUZUN	3
LA FÉE AUX PERLES	1
LA FEMME DE L'AVEUGLE	1
UNE FEMME ENTRE 2 CRIMES	1
FEMMES A PARIS ET EN PROVINCE	1
LE FILS DU FAUSSAIRE	1
LE FILS NATUREL	1
LA FIN D'UN DON JUAN	1
LES FOLIES DU CŒUR	1
LE FRUIT DÉFENDU	1
LES GALANTERIES DE LA COUR DE LOUIS XV.	
— LA RÉGENCE	1
— LA JEUNESSE DE LOUIS XV	1
— LES MAITRESSES DU ROI	1
— LE PARC AUX CERFS	1
LES HÉRITIERS D'UN PRINCE	1
LE JEU DE LA REINE	1
LA JOLIE BOHÉMIENNE	1
LES LIONS DE PARIS	1
LE LIVRE DES FEMMES	1
MADAME DE LA SABLIÈRE	1
MADAME LOUISE DE FRANCE	1
MADEMOISELLE 50 MILLIONS	1
MADEMOISELLE DE LA TOUR DU PIN	1
LES MALHEURS D'UNE REINE	1
LA MARQUISE DE PARABÈRE	1
LA MARQUISE SANGLANTE	[illegible]
LE NEUF DE PIQUE	1
UNE NUIT DE NOCES	1
LA POUDRE ET LA NEIGE	1
LA PRINCESSE DE CONTI	1
UN PROCÈS CRIMINEL	1
UNE RIVALE DE LA POMPADOUR	1
LE ROMAN D'UNE HÉRITIÈRE	1
LA ROUTE DU SUICIDE	1
LE SALON DU DIABLE	1
UN SECRET DE FAMILLE	1
LES SECRETS D'UNE SORCIÈRE	2
LA SORCIÈRE DU ROI	2
LE SOUPER DES FANTOMES	1
LES SOUPERS DE LA RÉGENCE	2
LES SUITES D'UNE FAUTE	1
TROIS AMOURS	1
LES VACANCES D'UNE PARISIENNE	1
VIE CHASTE ET VIE IMPURE	1

GÉNÉRAL DAUMAS

LE GRAND DÉSERT	[illegible]

CALMANN LÉVY, ÉDITEUR

E.-J. DELÉCLUZE

	vol.
DONA OLIMPIA	1
MADEMOISELLE JUSTINE DE LIRON	1
LA PREMIÈRE COMMUNION	1

ÉDOUARD DELESSERT

VOYAGE AUX VILLES MAUDITES	1

E. DELIGNY

UN BATARD LÉGITIME	1
FAMILLE D'ARLEQUINS	1
LE TALISMAN	1

PAUL DELTUF

AVENTURES PARISIENNES	1
FIDÈS	1
PETITS MALHEURS D'UNE JEUNE FEMME	1

E. DENOY

MERCÉDÈS PÉPIN	1
PAR LES FEMMES	1

LOUIS DÉPRET

C'EST LA VIE	1
TROP FIÈRE	1

PAUL DÉROULÈDE

CHANTS DU PAYSAN	1
CHANTS DU SOLDAT	1
MARCHES ET SONNERIES	1
NOUVEAUX CHANTS DU SOLDAT	1
REFRAINS MILITAIRES	1

LOUIS DESPRÉAUX *Trad.*

CHEZ LES YANKEES	1

CHARLES DICKENS
Trad. Am. Pichot

CONTES DE NOEL	1
CONTES D'UN INCONNU	1
CONTES POUR LE JOUR DES ROIS	1
HISTORIETTES ET RÉCITS DU FOYER	1
MAISON A LOUER	1
LE NEVEU DE MA TANTE	2

EDOUARD DIDIER

LA BAGUE D'OPALE	1
LES DÉSESPÉRÉS	1
LA PETITE PRINCESSE	1
LA ROSE D'ANTIBES	1

OCTAVE DIDIER

UNE FILLE DE ROI	1
MADAME GEORGES	1

CH. DOLFUS

LES CAPRICES DE L'AMOUR	1
LE PASTEUR DE SAINT-BLAISE	1

ERNEST DUBREUIL

OLIVIER LE BATARD	1

DUBUT DE LA FOREST

UN AMÉRICAIN DE PARIS	1
LA CRUCIFIÉE	1

MAXIME DU CAMP

LES BUVEURS DE CENDRES	1
LE SALON DE 1857	1

E. DUFOUR

	vol.
LES GRIMPEURS DES ALPES	1

ALEXANDRE DUMAS

ACTÉ	1
AMAURY	1
ANGE PITOU	2
ASCANIO	2
UNE AVENTURE D'AMOUR	1
AVENTURES DE JOHN DAVYS	2
LES BALEINIERS	2
LE BATARD DE MAULÉON	3
BLACK	1
LES BLANCS ET LES BLEUS	3
LA BOUILLIE DE LA COMTESSE BERTHE	1
LA BOULE DE NEIGE	1
BRIC-A-BRAC	1
UN CADET DE FAMILLE	3
LE CAPITAINE PAMPHILE	1
LE CAPITAINE PAUL	1
LE CAPITAINE RHINO	1
LE CAPITAINE RICHARD	1
CATHERINE BLUM	1
CAUSERIES	2
CÉCILE	1
CHARLES LE TÉMÉRAIRE	2
LE CHASSEUR DE SAUVAGINE	1
LE CHATEAU D'EPPSTEIN	2
LE CHEVALIER D'HARMENTAL	2
LE CHEVALIER DE MAISON-ROUGE	2
LE COLLIER DE LA REINE	3
LA COLOMBE. Maître Adam le Calabrais	1
LES COMPAGNONS DE JÉHU	3
LE COMTE DE MONTE-CRISTO	6
LA COMTESSE DE CHARNY	6
LA COMTESSE DE SALISBURY	2
LES CONFESSIONS DE LA MARQUISE	2
CONSCIENCE L'INNOCENT	2
LA DAME DE MONSOREAU	3
LA DAME DE VOLUPTÉ	2
LES DEUX DIANE	3
LES DEUX REINES	2
DIEU DISPOSE	2
LE DOCTEUR MYSTÉRIEUX	2
LE DRAME DE 93	3
LES DRAMES DE LA MER	1
LES DRAMES GALANTS.-LA MARQ. D'ESCOMAN	2
EMMA LYONNA	5
LA FEMME AU COLLIER DE VELOURS	1
FERNANDE	1
LA FILLE DU MARQUIS	2
UNE FILLE DU RÉGENT	1
FILLES, LORETTES ET COURTISANES	1
LE FILS DU FORÇAT	1
LES FRÈRES CORSES	1
GABRIEL LAMBERT	1
LES GARIBALDIENS	1
GAULE ET FRANCE	1
GEORGES	1
UN GIL-BLAS EN CALIFORNIE	1
GRANDS HOMMES EN ROBE DE CHAMBRE :	
— CÉSAR	2
— HENRI IV, LOUIS XIII, RICHELIEU	2
LA GUERRE DES FEMMES	2
HISTOIRE DE MES BÊTES	1
HISTOIRE D'UN CASSE-NOISETTE	1
L'HOMME AUX CONTES	1
LES HOMMES DE FER	1

BIBLIOTHÈQUE A 1 FRANC

ALEXANDRE DUMAS (*Suite*)

	vol.
L'HOROSCOPE	1
L'ILE DE FEU	2
IMPRESSIONS DE VOYAGE EN SUISSE	3
— EN RUSSIE	4
— UNE ANNÉE A FLORENCE	1
— L'ARABIE HEUREUSE	3
— LES BORDS DU RHIN	2
— LE CAPITAINE ARÉNA	1
— LE CAUCASE	3
— LE CORRICOLO	2
— LE MIDI DE LA FRANCE	2
— DE PARIS A CADIX	2
— QUINZE JOURS AU SINAÏ	1
— LE SPERONARE	2
— LE VÉLOCE	2
— LA VILLA PALMIERI	1
INGÉNUE	2
ISAAC LAQUEDEM	2
ISABEL DE BAVIÈRE	2
ITALIENS ET FLAMANDS	2
IVANHOE de W. Scott (*Traduction*)	2
JACQUES ORTIS	1
JACQUOT SANS OREILLES	1
JANE	1
JEHANNE LA PUCELLE	1
LOUIS XIV ET SON SIÈCLE	4
LOUIS XV ET SA COUR	2
LOUIS XVI ET LA RÉVOLUTION	2
LES LOUVES DE MACHECOUL	3
MADAME DE CHAMBLAY	2
LA MAISON DE GLACE	2
LE MAITRE D'ARMES	1
LES MARIAGES DU PÈRE OLIFUS	1
LES MÉDICIS	1
MES MÉMOIRES	10
MÉMOIRES DE GARIBALDI	2
MÉMOIRES D'UNE AVEUGLE	2
MÉMOIRES D'UN MÉDECIN (BALSAMO)	5
LE MENEUR DE LOUPS	1
LES MILLE ET UN FANTOMES	1
LES MOHICANS DE PARIS	4
LES MORTS VONT VITE	2
NAPOLÉON	1
UNE NUIT A FLORENCE	1
OLYMPE DE CLÈVES	3
LE PAGE DU DUC DE SAVOIE	2
PARISIENS ET PROVINCIAUX	2
LE PASTEUR D'ASHBOURN	2
PAULINE ET PASCAL BRUNO	1
UN PAYS INCONNU	1
LE PÈRE GIGOGNE	2
LE PÈRE LA RUINE	1
LE PRINCE DES VOLEURS	2
LA PRINCESSE DE MONACO	2
LA PRINCESSE FLORA	1
PROPOS D'ART ET DE CUISINE	1
LES QUARANTE-CINQ	3
LA RÉGENCE	1
LA REINE MARGOT	2
ROBIN HOOD LE PROSCRIT	2
LA ROUTE DE VARENNES	1
LE SALTEADOR	1
SALVATOR, suite des MOHICANS DE PARIS	5
LA SAN FELICE	4
SOUVENIRS D'ANTONY	1
SOUVENIRS DRAMATIQUES	2
SOUVENIRS D'UNE FAVORITE	4

ALEXANDRE DUMAS (*Suite*)

	vol.
LES STUARTS	1
SULTANETTA	1
SYLVANDIRE	1
LA TERREUR PRUSSIENNE	2
LE TESTAMENT DE M. CHAUVELIN	1
THÉATRE COMPLET	25
TROIS MAITRES	1
LES TROIS MOUSQUETAIRES	2
LE TROU DE L'ENFER	1
LA TULIPE NOIRE	1
LE VICOMTE DE BRAGELONNE	6
LA VIE AU DÉSERT	2
UNE VIE D'ARTISTE	1
VINGT ANS APRÈS	3

ALEXANDRE DUMAS FILS
de l'Académie française

ANTONINE	1
AVENTURES DE QUATRE FEMMES	1
LA BOITE D'ARGENT	1
LA DAME AUX CAMÉLIAS	1
LE DOCTEUR SERVANS	1
LE RÉGENT MUSTEL	1
TRISTAN LE ROUX	1
LA VIE A VINGT ANS	1

MARIE ALEXANDRE DUMAS

MADAME BENOÎT 1

H. DUPIN

LA VIEILLESSE DE MAZARIN 1

PAUL DUPLAN

LE CAPITAINE JEAN 1

Mrs EDWARDS

BRUNE AUX YEUX BLEUS 1

EGGLESTON

AU BON VIEUX TEMPS 1

EMMA D'ERWIN

LA FIANCÉE DE GILBERT 1

ÉVODIE

UN HOMME D'HONNEUR 1

XAVIER EYMA

AVENTURIERS ET CORSAIRES	1
LES FEMMES DU NOUVEAU MONDE	1
LES PEAUX-NOIRES	1
LES PEAUX-ROUGES	1
LE ROI DES TROPIQUES	1
LE TRONE D'ARGENT	1

ALBERT EYNAUD

SCÈNES DE LA VIE ORIENTALE 1

LÉA FERGUSSON

L'ÉCOLE DU VICE 1

LÉONCE FERRET

LA VENGEANCE DU BOURREAU 1

GABRIEL FERRY

LES DEUX MARIS DE MARTHE	1
LES EXPLOITS DE CÉSAR	1

CALMANN LÉVY, ÉDITEUR

ERNEST FEYDEAU

vol.

- ALGER 1
- L'ALLEMAGNE EN 1871 1
- LES AMOURS TRAGIQUES 1
- CATHERINE D'OVERMEIRE 1
- COMMENT SE FORMENT LES JEUNES GENS 1
- DU LUXE, DES FEMMES 1
- LE LION DEVENU VIEUX 1
- ROMAN D'UNE JEUNE MARIÉE 1
- LE MARI DE LA DANSEUSE 1
- MONSIEUR DE SAINT-BERTRAND 1
- SOUNA 1
- SYLVIE 1

FOLARÇON

- QUAND J'ÉTAIS BRIGADIER 1

FORSAN

- MARTHE DE THIENNES 1

PAUL FOUCHER

- LA VIE DE PLAISIR 1

FOURCADE-PRUNET

- UNE FIN DE MONDE 1

VICTOR FOURNEL

- L'ANCÊTRE 1

MARC FOURNIER

- LE MONDE ET LA COMÉDIE 1

ARNOULD FREMY

- LES CONFESSIONS D'UN BOHÉMIEN 1

GALOPPE D'ONQUAIRE

- LE DIABLE BOITEUX AU CHATEAU 1

ANTOINE GANDON

- LE GRAND GODARD 1
- L'ONCLE PHILIBERT 1
- LES 32 DUELS DE JEAN GIGON 1

Cte AGÉNOR DE GASPARIN

(Édition populaire)

- L'AMÉRIQUE DEVANT L'EUROPE 1
- LA BIBLE 2
- LE BONHEUR 1
- LE BON VIEUX TEMPS 1
- LA CONSCIENCE 1
- DISCOURS POLITIQUES 1
- LES DROITS DU CŒUR 1
- DU SURNATUREL 2
- LES ÉCOLES DU DOUTE ET L'ÉCOLE DE LA FOI 1
- L'ÉGALITÉ 1
- L'ÉGLISE SELON L'ÉVANGILE 2
- L'ENNEMI DE LA FAMILLE 1
- LA FAMILLE 2
- LA FRANCE 2
- UN GRAND PEUPLE QUI SE RELÈVE 1
- INNOCENT III 1
- LA LIBERTÉ MORALE 2
- LIBERTÉ RELIGIEUSE 1
- LUTHER ET LA RÉFORME AU XVIe SIÈCLE 1
- PAGANISME ET CHRISTIANISME 2
- PAROLES DE VÉRITÉ 1
- PENSÉES DE LIBERTÉ 1
- PERSPECTIVES DU TEMPS PRÉSENT 1
- QUESTIONS DIVERSES 1
- TABLES TOURNANTES 1
- TROIS PAROLES DE PAIX 1

***

vol.

- A CONSTANTINOPLE 1
- A TRAVERS LES ESPAGNES 1
- CHEZ LES ALLEMANDS 1
- LES HORIZONS PROCHAINS 1
- LES HORIZONS CÉLESTES 1
- SUR LES MONTAGNES 1
- LES TRISTESSES HUMAINES 1
- VESPER 1
- VOYAGE AU LEVANT 2

SOPHIE GAY

- ANATOLE 1
- LE COMTE DE GUICHE 1
- LA COMTESSE D'EGMONT 1
- LA DUCHESSE DE CHATEAUROUX 1
- ELLÉNORE 2
- LE FAUX FRÈRE 1
- LAURE D'ESTELL 1
- LÉONIE DE MONTBREUSE 1
- LES MALHEURS D'UN AMANT HEUREUX 1
- UN MARIAGE SOUS L'EMPIRE 1
- LE MARI CONFIDENT 1
- MARIE DE MANCINI 1
- MARIE-LOUISE D'ORLÉANS 1
- LE MOQUEUR AMOUREUX 1
- PHYSIOLOGIE DU RIDICULE 1
- SALONS CÉLÈBRES 1
- SOUVENIRS D'UNE VIEILLE FEMME 1

A. GENNEVRAYE

- LE ROMAN D'UN MÉCONNU 1

JULES GÉRARD

- LA CHASSE AU LION. *Dessins de G. Doré.* 1
- MES DERNIÈRES CHASSES 1
- VOYAGES ET CHASSES 1

GÉRARD DE NERVAL

- LA BOHÈME GALANTE 1
- LES FILLES DU FEU 1
- LORELY 1
- LE MARQUIS DE FAYOLLE 1

E.-D. GÉRARD

- ÊTRE ÉPOUSÉE POUR SOI-MÊME 1

F. GERSTAECKER

Trad. Révoil

- LES BRIGANDS DES PRAIRIES 1
- UNE CHARMANTE HABITATION ! 1
- LA MAISON MYSTÉRIEUSE 1
- LE PEAU-ROUGE 1
- LES PIONNIERS DU FAR-WEST 1
- LES VOLEURS DE CHEVAUX 1

ÉMILE DE GIRARDIN

- ÉMILE 1

Mme ÉMILE DE GIRARDIN

- LA CANNE DE M. DE BALZAC 1
- CONTES D'UNE VIEILLE FILLE 1
- LA CROIX DE BERNY, *en société avec Th. Gautier, Méry et Jules Sandeau.* 1
- IL NE FAUT PAS JOUER AVEC LA DOULEUR. 1
- LE LORGNON 1
- MARGUERITE 1
- M. LE MARQUIS DE PONTANGES 1
- NOUVELLES 1
- POÉSIES COMPLÈTES 1
- LE VICOMTE DE LAUNAY. Lettres parisiennes. *Édition complète* 4

BIBLIOTHÈQUE A 1 FRANC

W. GODWIN — vol.
Trad. Am. Pichot

CALEB WILLIAMS 2

GŒTHE
Trad. N. Fournier

HERMANN ET DOROTHÉE 1
WERTHER, avec notice d'*Henri Heine* .. 1

OL. GOLDSMITH
Trad. N. Fournier

LE VICAIRE DE WAKEFIELD, avec étude de *lord Macaulay, trad. G Guizot* ... 1

ÉDOUARD GOURDON

CHACUN LA SIENNE 1
LES FAUCHEURS DE NUIT 1
LOUISE 1
NAUFRAGE AU PORT 1

LÉON GOZLAN

BALZAC EN PANTOUFLES 1
LE BARIL DE POUDRE D'OR 1
LA COMÉDIE ET LES COMÉDIENS 1
LA DERNIÈRE SŒUR GRISE 1
HISTOIRE D'UN DIAMANT 1
LE MÉDECIN DU PECQ 1
LE NOTAIRE DE CHANTILLY 1
LES NUITS DU PÈRE LACHAISE 1

Mme MANOEL DE GRANDFORT

L'AMOUR AUX CHAMPS 1
L'AUTRE MONDE 1
LE MARI DE LUCIE 1
RYNO 1

GRENVILLE-MURRAY

UN DÉPUTÉ DE PARIS 2

F. GUIZOT

LA FRANCE ET LA PRUSSE 1

HAMILTON AIDÉ

UN POÈTE DU GRAND MONDE 1
SACRIFICE 1

MAURICE HARTMANN

RÉCITS D'UN NOMADE 1

NATH. HAWTHORNE
Trad. E.-A. Spoll

CONTES ÉTRANGES 1

IDA HAHN-HAHN
Trad. Amédée Pichot

LA COMTESSE FAUSTINE 1

CAMILLE HENRY

LE ROMAN D'UNE FEMME LAIDE 1

CH. D'HERICAULT

LA FILLE AUX BLUETS 1

LÉON HILAIRE

NOUVELLES FANTAISISTES 1

HILDEBRAND
Trad. L. Wocquier

LA CHAMBRE OBSCURE 1
SCÈNES DE LA VIE HOLLANDAISE 1

HOFFMANN — vol.
Notice d'*Ancelot*

CONTES FANTASTIQUES 1

ARSÈNE HOUSSAYE

LES AMOURS DE CE TEMPS-LA 1
LA BELLE RAFAELLA 1
LES DIANES ET LES VÉNUS 1
LES FEMMES DU DIABLE 1
HISTOIRES ROMANESQUES 1
MADEMOISELLE ROSA 1
MAINS PLEINES DE ROSES 1

F. VICTOR HUGO,
Traducteur

LE FAUST ANGLAIS *de Marlowe* 1
SONNETS *de Shakespeare* 1

UN INCONNU

MONSIEUR X. ET MADAME *** 1
LA PLAGE D'ÉTRETAT 1

A. JAIME FILS

LES TALONS NOIRS 1

JULES JANIN

LE CHEMIN DE TRAVERSE 1

CHARLES JOBEY

L'AMOUR D'UN NÈGRE 1

PRINCE DE JOINVILLE

GUERRE D'AMÉRIQUE, CAMPAGNE DU POTOMAC 1

CH. JOLIET

CARMAGNOL 1
LE CONTE HORACE 1
LES MAINS BLANCHES 1
LE MARIAGE DE FRÉDÉRIQUE 1
LE MÉDECIN DES DAMES 1
VIOLETTE 1

VICTOR JOLY

CRIC-CRAC 1

L. JOURDAN

FEMMES DEVANT L'ÉCHAFAUD 1

PAUL JUILLERAT

LES DEUX BALCONS 1

ALPHONSE KARR

AGATHE ET CÉCILE 1
AU SOLEIL 1
BOURDONNEMENTS 1
LES CAILLOUX BLANCS DU PETIT POUCET 1
LE CHEMIN LE PLUS COURT 1
CLOTILDE 1
CLOVIS GOSSELIN 1
CONTES ET NOUVELLES 1
LE CREDO DU JARDINIER 1
DANS LA LUNE 1
LES DENTS DU DRAGON 1
DIEU ET DIABLE 1
ENCORE LES FEMMES 1
EN FUMANT 1

CALMANN LÉVY, ÉDITEUR

ALPHONSE KARR (*Suite*) vol.

FA-DIÈZE 1
LA FAMILLE ALAIN 1
LES FEMMES 1
FEU BRESSIER 1
LES FLEURS 1
GENEVIÈVE 1
GRAINS DE BON SENS 1
LES GUÊPES 6
UNE HEURE TROP TARD 1
HISTOIRE DE ROSE ET JEAN DUCHEMIN 1
HORTENSE 1
LA MAISON CLOSE 1
MENUS PROPOS 1
MIDI A QUATORZE HEURES 1
NOTES DE VOYAGES D'UN CASANIER 1
ON DEMANDE UN TY AN 1
LA PÊCHE EN EAU DOUCE ET EN EAU SALÉE 1
PENDANT LA PLUIE 1
LA PÉNÉLOPE NORMANDE 1
UNE POIGNÉE DE VÉRITÉS 1
LE POT AUX ROSES 1
PLUS ÇA CHANGE PLUS C'EST LA MÊME CHOSE 1
POUR NE PAS ÊTRE TREIZE 1
PROMENADES HORS DE MON JARDIN 1
LA QUEUE D'OR 1
RAOUL 1
ROSES NOIRES ET ROSES BLEUES 1
LES SOIRÉES DE SAINTE-ADRESSE 1
SOUS LES ORANGERS 1
SOUS LES TILLEULS 1
SUR LA PLAGE 1
TROIS CENTS PAGES 1
VOYAGE AUTOUR DE MON JARDIN 1

KAUFFMANN

BRILLAT LE MENUISIER 1

KERVIGAN

HISTOIRE DE RIRE 1

HENRY DE KOCK

MADEMOISELLE MA FEMME 1

LÉOPOLD KOMPERT
Trad. L. Stauben

LES JUIFS DE LA BOHÊME 1
SCÈNES DU GHETTO 1

PARIA KORIGAN

RECITS DE LA LUÇOTTE 1

PAUL LABARRIÈRE

L'AFFAIRE GAULIOT 1

LÉON DE LA BRIÈRE

LE CHEMIN N° 107 1

LACRETELLE

LA POSTE AUX CHEVAUX 1

Mme LAFARGE *née Marie Cappelle*

HEURES DE PRISON 1
MÉMOIRES 1

H. DE LA FERRIÈRE

AMOUR MONDAIN AMOUR MYSTIQUE 1

MARY LAFON

LA BANDE MYSTÉRIEUSE 1
DANS LES PYRÉNÉES 1
LA GUERRE AU COUTEAU 1
LA PESTE DE MARSEILLE 1

CHARLES LAFONT vol.

LES LÉGENDES DE LA CHARITÉ 1

LAFORET

EXPLOITS ET AVENTURES DE DÉSIRÉ COURTALIN 1

G. DE LA LANDELLE

LES PASSAGÈRES 1

STEPHEN DE LA MADELAINE

LE SECRET D'UNE RENOMMÉE 1

I. DE LA MADELÈNE

RÉDEMPTION D'OLIVA 1

JULES DE LA MADELÈNE

LES AMES EN PEINE 1

A. DE LAMARTINE

ANTAR 1
BALZAC ET SES ŒUVRES 1
BENVENUTO CELLINI 1
BOSSUET 1
CHRISTOPHE COLOMB 1
CICÉRON 1
LE CONSEILLER DU PEUPLE 6
CROMWELL 1
FÉNELON 1
LES FOYERS DU PEUPLE 2
GENEVIÈVE. Histoire d'une servante 1
GUILLAUME TELL 1
HÉLOISE ET ABÉLARD 1
HOMÈRE ET SOCRATE 1
JACQUARD GUTENBERG 1
JEAN-JACQUES ROUSSEAU 1
JEANNE D'ARC 1
MADAME DE SÉVIGNÉ 1
NELSON 1
RÉGINA 1
RUSTEM 1
SAUL 1
TOUSSAINT LOUVERTURE 1
VIE DU TASSE 1

L'ABBÉ DE LAMENNAIS

LE LIVRE DU PEUPLE, avec une étude de *M. Ernest Renan* 1
PAROLES D'UN CROYANT, avec une étude de *Sainte-Beuve* 1

JULES LAN

MÉMOIRES D'UN CHEF DE CLAQUE 1

DE LANGEAC

AVENTURES D'UN SULTAN 1

CH. DE LA ROUNAT

LE VICOMTE DE CHAMILLY 1

H. DE LATOUCHE

ADRIENNE 1
AYMAR 1
CLÉMENT XIV ET CARLO BERT 1
FRANCE ET MARIE 1
GRANGENEUVE 1
LÉO 1
UN MIRAGE 1
OLIVIER BRUSSON 1

BIBLIOTHÈQUE A 1 FRANC

H. DE LATOUCHE (*Suite*) vol.

LE PETIT PIERRE ... 1
LA VALLÉE AUX LOUPS ... 1

LAURENCE

LE SECRET DU TESTAMENT ... 1

CARLE LEDHUY

LE CAPITAINE D'AVENTURES ... 1
LE FILS MAUDIT ... 1
LA NUIT TERRIBLE ... 1

MADAME LEE CHILDE

UN HIVER AU CAIRE ... 1

S. LE FANU

MON ONCLE SILAS ... 1

PAUL LEFEBVRE

UNE FAVORITE DE NORODOM ... 1

LÉGÉ-BERSŒUR

CÉLÉRITÉ ET DISCRÉTION ... 1

PIERRE LEPAPE

LE PROCÈS DE LA COMTESSE MARCIA ... 1

JULES LERMINA

REINE ... 1

CAMILLE LE SENNE

LOUISE MENGAL ... 1
EN COMMANDITE ... 1

P. L'ESTOILE

UN SCANDALE EN PROVINCE ... 1

LOUIS LETANG

LA BELLE HOTESSE ... 1
LES JACQUES D'AUVERGNE ... 1
JEAN MISÈRE ... 1
MADAME DE VILLEMOR ... 1
LA MARION ... 1
MONSIEUR NARCISSE ... 1
LE ROI DE PARIS ... 1

R. LINDAU

PEINES PERDUES ... 1

FANNY LOVIOT

LES PIRATES CHINOIS ... 1

LOUIS LURINE

ICI L'ON AIME ... 1

X. DE MAISTRE

VOYAGE AUTOUR DE MA CHAMBRE ... 1

FELICIEN MALLEFILLE

MÉMOIRES DE DON JUAN ... 2
MONSIEUR CORBEAU ... 1

AUG. MAQUET

LE BEAU D'ANGENNES ... 1
LA BELLE GABRIELLE ... 3
COMTE DE LAVERNIE ... 3
DETTES DE CŒUR ... 1
L'ENVERS ET L'ENDROIT ... 2
LA MAISON DU BAIGNEUR ... 2
LA ROSE BLANCHE ... 1
LES VERTES FEUILLES ... 1

MARC BAYEUX

HISTOIRE D'UNE OUVRIÈRE ... 1
PREMIÈRE ÉTAPE ... 1

COMTE DE MARCELLUS vol.

CHANTS POPUL. DE LA GRÈCE MODERNE ... 1

MARIVAUX

THÉATRE, avec Notice de *P. de St-Victor.* 1

X. MARMIER *de l'Acad. française*

AU BORD DE LA NÉWA ... 1
LES DRAMES DU CŒUR ... 1
LES DRAMES INTIMES ... 1
UNE GRANDE DAME RUSSE ... 1
HISTOIRES ALLEMANDES ET SCANDINAVES. 1
LES SENTIERS PÉRILLEUX ... 1

FÉLIX MAYNARD

UN DRAME DANS LES MERS BORÉALES. 1

CAPITAINE MAYNE-REID
Traduction Allyre Bureau

LES CHASSEURS DE CHEVELURES ... 1

MÉRY

UN AMOUR DANS L'AVENIR ... 1
ANDRÉ CHÉNIER ... 1
L'ASSASSINAT — UNE NUIT DU MIDI ... 1
LE BONNET VERT ... 1
UN CARNAVAL DE PARIS ... 1
LA CHASSE AU CHASTRE ... 1
LE CHATEAU DE LA FAVORITE ... 1
LE CHATEAU DES TROIS TOURS ... 1
LE CHATEAU VERT ... 1
LA CIRCÉ DE PARIS ... 1
LA COMTESSE ADRIENNE ... 1
LA COMTESSE HORTENSIA ... 1
UNE CONSPIRATION AU LOUVRE ... 1
LA COUR D'AMOUR ... 1
UN CRIME INCONNU ... 1
LES DAMNÉS DE L'INDE ... 1
DEBORA ... 1
LE DERNIER FANTOME ... 1
LES DEUX AMAZONES ... 1
LA FLORIDE ... 1
LA GUERRE DU NIZAM ... 1
HEVA ... 1
UNE HISTOIRE DE FAMILLE ... 1
UN HOMME HEUREUX ... 1
LES JOURNÉES DE TITUS ... 1
LA JUIVE AU VATICAN ... 1
UN MARIAGE DE PARIS ... 1
MARSEILLE ET LES MARSEILLAIS ... 1
MARTHE LA BLANCHISSEUSE — LA VÉNUS D'ARLES ... 1
M. AUGUSTE ... 1
LES MYSTÈRES D'UN CHATEAU ... 1
LES NUITS ANGLAISES ... 1
LES NUITS ESPAGNOLES ... 1
LES NUITS ITALIENNES ... 1
LES NUITS PARISIENNES ... 1
LE PARADIS TERRESTRE ... 1
RAPHAEL ET LA FORNARINA ... 1
SALONS ET SOUTERRAINS DE PARIS ... 1
TRAFALGAR ... 1
LE TRANSPORTÉ ... 1
LES UNS ET LES AUTRES ... 1
URSULE ... 1
LA VIE FANTASTIQUE ... 1

PAUL MEURICE

LES TYRANS DE VILLAGE ... 1

CALMANN LÉVY, ÉDITEUR

MIE D'AGHONE — vol.

BONJOUR ET BONSOIR ... 1

EUGÈNE DE MIRECOURT

A PEU ET A SANG ... 1
ANDRÉ LE SORCIER ... 1
UN ASSASSIN ... 1
LA BOHÉMIENNE AMOUREUSE ... 1
COMMENT LES FEMMES SE PERDENT ... 1
CONFESSIONS DE MARION DELORME ... 3
CONFESSIONS DE NINON DE LENCLOS ... 3
LE DERNIER BAISER ... 1
LE FOU PAR AMOUR ... 1
UN MARIAGE SOUS LA TERREUR ... 1
LE MARI DE MADAME ISAURE ... 1
LA MARQUISE DE COURCELLES ... 1
MASANIELLO, LE PÊCHEUR DE NAPLES ... 1

PAUL DE MOLENES

AVENTURES DU TEMPS PASSÉ ... 1
CARACTÈRES ET RÉCITS DU TEMPS ... 1
CHRONIQUES CONTEMPORAINES ... 1
HISTOIRES INTIMES ... 1
HISTOIRES SENTIMENTALES ET MILITAIRES ... 1

MOLIÈRE

ŒUVRES COMPLÈTES. *Nouvelle édition* publiée par *Philarète Chasles* ... 5

MARC MONNIER

APRÈS LE DIVORCE ... 1
UN AVENTURIER ITALIEN ... 1
UN DÉTRAQUÉ ... 1
LE ROMAN DE GASTON RENAUD ... 1

CHARLES MONSELET

AMOURS DU TEMPS PASSÉ ... 1
LES ANNÉES DE GAITÉ ... 1
L'ARGENT MAUDIT ... 1
LES FEMMES QUI FONT DES SCÈNES ... 1
LA FIN DE L'ORGIE ... 1
LA FRANC-MAÇONNERIE DES FEMMES ... 1
FRANÇOIS SOLEIL ... 1
M. DE CUPIDON ... 1
M. LE DUC S'AMUSE ... 1
LES MYST. DU BOULEV. DES INVALIDES ... 1
LES RESSUSCITÉS ... 1
SCÈNES DE LA VIE CRUELLE ... 1
SOULIERS DE STERNE ... 1

COMTE DE MONTALIVET

DIX-HUIT ANNÉES DE GOUV. PARLEM ... 1

COMTE DE MOYNIER

BOHÉMIENS ET GRANDS SEIGNEURS ... 1

HÉGÉSIPPE MOREAU

ŒUVRES, avec notice par *L. Ratisbonne* ... 1

FÉLIX MORNAND

BERNERETTE ... 1

HENRY MURGER

LES BUVEURS D'EAU ... 1
LE DERNIER RENDEZ-VOUS ... 1
DOÑA SIRÈNE ... 1
MADAME OLYMPE ... 1
LE PAYS LATIN ... 1
PROPOS DE VILLE ET PROPOS DE THÉATRE ... 1

HENRI MURGER *(Suite)* — vol.

LE ROMAN DE TOUTES LES FEMMES ... 1
ROUERIES DE L'INGÉNUE ... 1
LE SABOT ROUGE ... 1
SCÈNES DE CAMPAGNE ... 1
SCÈNES DE LA VIE DE BOHÈME ... 1
SCÈNES DE LA VIE DE JEUNESSE ... 1
LES VACANCES DE CAMILLE ... 1

A. DE MUSSET, BALZAC, G. SAND

LES PARISIENNES A PARIS ... 1

PAUL DE MUSSET

LA BAVOLETTE ... 1
LE BRACELET ... 1
LA CHÈVRE JAUNE ... 1
EN VOITURIN ... 1
UN MAITRE INCONNU ... 2
PUYLAURENS ... 1
SAMUEL ... 1
LA TABLE DE NUIT ... 1

NARREY

CE QUE PEUT L'AMOUR ... 1

HENRI NICOLLE

LE TUEUR DE MOUCHES ... 1

EDOUARD NOEL

LES FIANCÉS DE THERMIDOR ... 1

JULES NORIAC

LE CAPITAINE SAUVAGE ... 1
LA COMTESSE DE BRUGES ... 1
LA DAME A LA PLUME NOIRE ... 1
LA FALAISE D'HOULGATE ... 1
LE GRAIN DE SABLE ... 1
LE JOURNAL D'UN FLANEUR ... 1
MADEMOISELLE POUCET ... 1
LA MAISON VERTE ... 1
MÉMOIRES D'UN BAISER ... 1
PARIS TEL QU'IL EST ... 1
LES PLUMEURS D'OISEAUX ... 1
SUR LE RAIL ... 1

LOUIS D'OR

MADEMOISELLE RATEAU ... 1

OSMAN-BEY

LES FEMMES EN TURQUIE ... 1

OUIDA
Trad. Th. Bentzon

DANS UNE VILLE D'HIVER ... 1
DEUX PETITS SABOTS ... 1

ÉDOUARD OURLIAC

CONFESSIONS DE NAZARILLE ... 1
CONTES DE LA FAMILLE ... 1
CONTES SCEPTIQUES ... 1
FANTAISIES ... 1
LES GARNACHES ... 1
LA MARQUISE DE MONTMIRAIL ... 1
NOUVEAUX CONTES DU BOCAGE ... 1
NOUVELLES ... 1
LES PORTRAITS DE FAMILLE ... 1
THÉATRE DU SEIGNEUR CROQUIGNOL ... 1

BIBLIOTHÈQUE A 1 FRANC

J.-B. PAOLI — vol.

L'ART DE GOUVERNER LA FRANCE.... 1

PAUL PARFAIT

L'AGENT SECRET........................ 1
LES AUDACES DE LUDOVIC.............. 1
PETIT PIERRE.......................... 1

COMTE DE PARIS

SITUATION DES OUVRIERS EN ANGLETERRE 1

PARMENTIER

THÉATRE DE LA GUERRE TURCO-RUSSE... 1

PAUL PERRET

L'AMIE DE LA FEMME................. 1
LES AMOURS SAUVAGES............... 1
APRÈS LE CRIME...................... 1
LA BAGUE D'ARGENT.................. 1
LES BOURGEOIS DE CAMPAGNE........ 1
HÉRITAGE DE L'USURIER.............. 1
HISTOIRE D'UNE JOLIE FEMME.......... 1
MADAME VALENCE 1
MARIAGE EN POSTE.................. 1
MISÈRES DU CŒUR 1
NI FILLE NI VEUVE................... 1
LE PRIEURÉ.......................... 1

G. DE PEYREBRUNE

LES FEMMES QUI TOMBENT........... 1
GATIENNE............................ 1
MARCO............................... 1

LAURENT PICHAT

LA PAÏENNE 1

AMÉDÉE PICHOT

LA BELLE RÉBECCA.................... 1
LE CHEVAL-ROUGE.................... 1
UN DRAME EN HONGRIE.............. 1
L'ÉCOLIER DE WALTER SCOTT......... 1
UN ENLÈVEMENT 1
LA FEMME DU CONDAMNÉ............ 1
LES POÈTES AMOUREUX............... 1

EDMONT PLAUCHUT

LE TOUR DU MONDE.................. 1

EDGAR POE *Trad. Ch. Baudelaire*

AVENTURES D'ARTHUR GORDON PYM...... 1
EUREKA............................... 1
HISTOIRES EXTRAORDINAIRES........... 1
HISTOIRES GROTESQUES ET SÉRIEUSES.... 1
NOUVELLES HISTOIRES EXTRAORDINAIRES. 1

F. PONSARD

ÉTUDES ANTIQUES...................... 1

Vte PONSON DU TERRAIL

LES AVENTURES DU CAPITAINE LA PALISSE.............................. 1
COQUELICOT........................... 1
LA JUIVE DU CHATEAU-TROMPETTE...... 3
LE SERMENT DES HOMMES ROUGES...... 2

A. DE PONTMARTIN

CONTES D'UN PLANTEUR DE CHOUX...... 1
CONTES ET NOUVELLES................. 1
LES CORBEAUX DU GÉVAUDAN........... 1
ENTRE CHIEN ET LOUP................. 1
LE FILLEUL DE BEAUMARCHAIS........ 1

A. DE PONTMARTIN (*Suite*) vol.

LA FIN DU PROCÈS.................... 1
LA MANDARINE........................ 1
MÉMOIRES D'UN NOTAIRE.............. 1
OR ET CLINQUANT...................... 1
POURQUOI JE RESTE A LA CAMPAGNE..... 1
LE RADEAU DE LA MÉDUSE............ 1

L'ABBÉ PRÉVOST

MANON LESCAUT....................... 1

GEORGES PRICE

HISTORIETTES DE FRANCE ET D'ESPAGNE. 1

CH. RABOU

LE CAPITAINE LAMBERT............... 1
LOUISON D'ARQUIEN.................. 1

J. RACINE

THÉATRE COMPLET.................... 2

ANNE RADCLIFFE
Tr. Fournier

LA FORÊT OU L'ABBAYE DE SAINT-CLAIR.. 1
L'ITALIEN OU LE CONFESSIONNAL DES PÉNITENTS NOIRS..................... 1
JULIA OU LES SOUTERRAINS DU CHATEAU DE MAZZINI...................... 1
LES MYSTÈRES DU CHATEAU D'UDOLPHE... 2
LES VISIONS DU CHATEAU DES PYRÉNÉES.. 1

MAX RADIGUET

LES DERNIERS SAUVAGES.............. 1

A. R. RANGABE

LA CRAVACHE D'OR 1
LEÏLA 1

RAOUSSET-BOULBON

UNE CONVERSION...................... 1

E. RASETTI

ROSA ROMANO......................... 1

J.-F. REGNARD

THÉATRE, avec étude de J.-J. Weiss.... 1

RÉMUSAT ET MONTALIVET

CASIMIR PERIER et la polit. conservatrice. 1

ERNEST RENAN

LA VIE DE JÉSUS (1 fr. 25)........... 1

B.-H. RÉVOIL *Traducteur*

LE DOCTEUR AMÉRICAIN............... 1
LES HAREMS DU NOUVEAU MONDE........ 1

LOUIS REYBAUD

CE QU'ON PEUT VOIR DANS UNE RUE.... 1
CÉSAR FALEMPIN...................... 1
LA COMTESSE DE MAULÉON............ 1
LE COQ DU CLOCHER.................. 1
LE DERNIER DES COMMIS VOYAGEURS..... 1
ÉDOUARD MONGERON................... 1
L'INDUSTRIE EN EUROPE.............. 1
JÉROME PATUROT à la recherche de la meilleure des Républiques........... 1
MARIE BRONTIN....................... 1

CALMANN LÉVY, ÉDITEUR

LOUIS REYBAUD (*Suite*) vol.

MATHIAS L'HUMORISTE.................. 1
MŒURS ET PORTRAITS DU TEMPS........ 1
PIERRE MOUTON........................ 1
SPLEND. ET INFORT. DE NARCISSE MISTIGRIS 1
LA VIE A REBOURS..................... 1
LA VIE DE CORSAIRE................... 1

W. REYNOLDS
Trad. Bernard-Derosne

LES DRAMES DE LONDRES :
— LES FRÈRES DE LA RÉSURRECTION... 1
— LA TAVERNE DU DIABLE........... 1
— LES MYSTÈRES DU CABINET NOIR... 1
— LES MALHEURS D'UNE JEUNE FILLE. 1
— LE SECRET DU RESSUSCITÉ......... 1
— LE FILS DU BOURREAU............ 1
— LES PIRATES DE LA TAMISE........ 1
— LES DEUX MISÉRABLES........... 1
— LES RUINES DU CHATEAU. 1
— LE NOUVEAU MONTE-CRISTO...... 1

B. DE RIVIÈRE

PAR COUPLE......................... 1

H. RIVIÈRE

EDMÉE....... 1
LES FATALITÉS...................... 1
LA FAUTE DU MARI................... 1
LA GRANDE MARQUISE 1
LA JEUNESSE D'UN DÉSESPÉRÉ.......... 1
MADAME NAPER. 1
LA MAIN COUPÉE...................... 1
LA MARQUISE D'ARGANTINI........... 1
MEURTRIER D'ALBERT. RENOUF....... 1
LA POSSÉDÉE. 1
ROMAN DE DEUX JEUNES FILLES......... 1

CLEMENCE ROBERT

LES AMANTS DU PÈRE LACHAISE......... 1
L'AMOUREUX DE LA REINE.............. 1
L'ANGE DU PEUPLE.................... 1
LES ANGES DE PARIS.................. 1
L'AVOCAT DU PEUPLE.................. 1
UN BANDIT GENTILHOMME.. 1
LE BARON DE TRENCK.................. 1
LA BELLE VALENTINE.................. 1
LA CHAMBRE CRIMINELLE............... 1
LA COMTESSE THÉRÉSA................. 1
LA DUCHESSE DE MONTBARRE............ 1
LA FAMILLE CALAS.................... 1
LA FILLE DE DAMIENS................. 1
LA FILLE DE SATAN................... 1
LA FONTAINE MAUDITE................. 1
LES FRANCS-JUGES.................... 1
LA JACQUERIE........................ 1
JEANNE LA FOLLE..................... 1
JEANNE DE MONTFORT......... 1
LES JUMEAUX DE LA RÉOLE............. 1
LE MAGICIEN DE LA BARRIÈRE D'ENFER.. 1
MANDRIN............................. 1
LE MARTYR DES PRISONS............... 1
LES MARTYRS VENGÉS.............. .. 1
LES MENDIANTS DE LA MORT............ 1
LES MENDIANTS DE PARIS.............. 1
MICHELY............................. 1
LA MISÈRE DORÉE..................... 1
LE MOINE NOIR....................... 1
LES MYSTÈRES DE LA BASTILLE......... 1
LE PASTEUR DU PEUPLE................ 1

CLÉMENCE ROBERT (*Suite*) vol.

LE PAVILLON DE LA REINE............. 1
PEUPLES ET ROIS..................... 1
LA PLUIE D'OR....................... 1
LES QUATRE SERGENTS DE LA ROCHELLE.. 1
RENÉ L'OUVRIER...................... 1
LE SECRET DE MAITRE ANDRÉ 1
UN SERF RUSSE....................... 1
TABARIN............................. 1
LA TOUR SAINT-JACQUES............... 1
LE TRÉSOR DE SAINT-CLAUDE........... 1
LE TRIBUNAL SECRET.................. 1
VOLEURS DU PONT-NEUF................ 1
WOLF LE LOUP........................ 1

REGINA ROCHE
Trad. N. Fournier

LA CHAPELLE DU VIEUX CHATEAU........ 1

AMÉDÉE ROLLAND

LE FILS DE TANTALE.................. 1
LA FOIRE AUX MARIAGES............... 1
LES MARTYRS DU FOYER................ 1

DE RONCHAUD

CONTES D'AUTOMNE.................... 1

NESTOR ROQUEPLAN

LA VIE PARISIENNE................... 1

CH. ROSS

LA JOLIE VEUVE...................... 1

JEAN ROUSSEAU

COUPS D'ÉPÉE DANS L'EAU............. 1
PARIS DANSANT....................... 1

E. ROUSTAN

LE ROMAN D'UN MARIN................. 1

G. RUFINI

MÉMOIRES D'UN CONSPIRATEUR.......... 1

SACHER MASOCH

LE CABINET NOIR DE LEMBERG.......... 1
L'ENNEMI DES FEMMES................. 1
LE LEGS DE CAÏN..................... 1
UN TESTAMENT........................ 1

A. DE SAINT-BRIAC

JUBIC LE CORSAIRE................... 1

JULES DE SAINT-FÉLIX

LE GANT DE DIANE.................... 1
SCÈNES DE LA VIE DE GENTILHOMME..... 1

C.-A. SAINTE-BEUVE

MADAME DESBORDES-VALMORE. 1
LE GÉNÉRAL JOMINI................... 1
M. DE TALLEYRAND.................... 1

Mme P. DE SAMAN

LES ENCHANTEMENTS DE PRUDENCE.... 1
DERNIERS ENCHANTEMENTS.............. 1
NOUVEAUX ENCHANTEMENTS.............. 1

GEORGE SAND

ADRIANI............................. 1
LES AMOURS DE L'AGE D'OR............ 1
ANDRÉ............................... 1
LE BEAU LAURENCE.................... 1
LES BEAUX MESSIEURS DE BOIS-DORÉ.... 2
CADIO............................... 1

BIBLIOTHÈQUE A 1 FRANC

GEORGE SAND (*Suite*) vol.

CÉSARINE DIÉTRICH 1
LE CHATEAU DES DÉSERTES 1
LE COMPAGNON DU TOUR DE FRANCE 2
LA COMTESSE DE RUDOLSTADT 2
CONSTANCE VERRIER 1
CONSUELO 3
LA COUPE 1
LES DAMES VERTES 1
LA DANIELLA 2
LA DERNIÈRE ALDINI 1
LE DIABLE AUX CHAMPS 1
LA FILLEULE 1
FLAVIE 1
FRANCIA 1
L'HOMME DE NEIGE 3
HORACE 1
ISIDORA 1
JACQUES 1
JEAN ZISKA 1
JEANNE 1
LAURA 1
LÉGENDES RUSTIQUES 1
LELIA — Métella Melchior. — Cora 2
LUCREZIA FLORIANI — Lavinia 1
MADEMOISELLE MERQUEM 1
LES MAITRES MOSAÏSTES 1
LA MARQUISE 1
MA SŒUR JEANNE 1
LE MEUNIER D'ANGIBAULT 1
NARCISSE 1
PAULINE 1
LE PÉCHÉ DE M. ANTOINE 2
LE PICCININO 2
PIERRE QUI ROULE 1
PROMENADES AUTOUR D'UN VILLAGE 1
LE SECRÉTAIRE INTIME 1
SEPT CORDES DE LA LYRE 1
SIMON 1
TAMARIS 1
TEVERINO. — Léone Léoni 1
L'USCOQUE 1
LA VILLE NOIRE 1

MAURICE SAND

CALLIRHOÉ 1
MADEMOISELLE DE CÉRIGNAN 1

JULES SANDEAU *de l'Acad. franç.*

CATHERINE 1
LE CHATEAU DE MONTSABREY 1
UN DÉBUT DANS LA MAGISTRATURE 1
UN HÉRITAGE 1
JEAN DE THOMMERAY 1
LE JOUR SANS LENDEMAIN 1
MADEMOISELLE DE KEROUARE 1
LA MAISON DE PENARVAN 1
SACS ET PARCHEMINS 1

VICTORIEN SARDOU

LA PERLE NOIRE 1

SAYGÉ

MÉMOIRES DE TANTE GERTRUDE 1

AUR. SCHOLL

LES MIETTES DE PARIS 1
SCÈNES ET MENSONGES PARISIENS 1

SECHAN vol.

SOUVENIRS D'UN HOMME DE THÉATRE 1

A. SECOND

A QUOI TIENT L'AMOUR 1

CAMILLE SELDEN

EN ROUTE 1

N. DE SEMENOW

UN MILLIONNAIRE SENTIMENTAL 1
SOUS LES CHÊNES VERTS 1

JULES SIMON

TROIS CONDAMNÉS A MORT 1

LOUIS DE SOUDAK

L'AMOUR D'UN CLOWN 1

FRÉDÉRIC SOULIÉ

AU JOUR LE JOUR 1
LES AVENTURES DE SATURNIN FICHET 2
LE BANANIER — EULALIE PONTOIS 1
LE CHATEAU DES PYRÉNÉES 2
LE COMTE DE FOIX 1
LE COMTE DE TOULOUSE 1
CONFESSION GÉNÉRALE 2
LE CONSEILLER D'ÉTAT 1
CONTES ET RÉCITS DE MA GRAND'MÈRE 1
LES DEUX CADAVRES 1
LES DRAMES INCONNUS.
— MAISON N° 3 DE LA RUE DE PROVENCE 1
— AVENTURES D'UN CADET DE FAMILLE 1
— LES AMOURS DE VICTOR BONSENNE 1
— OLIVIER DUHAMEL 1
UN ÉTÉ A MEUDON 1
LES FORGERONS 1
HUIT JOURS AU CHATEAU 1
JULIE 1
LE LION AMOUREUX 1
LA LIONNE 1
LE MAGNÉTISEUR 1
LE MAÎTRE D'ÉCOLE. — DIANE ET LOUISE 1
UN MALHEUR COMPLET 1
MARGUERITE 1
LES MÉMOIRES DU DIABLE 3
LE PORT DE CRÉTEIL 1
LES PRÉTENDUS 1
LES QUATRE ÉPOQUES 1
LES QUATRE NAPOLITAINES 2
LES QUATRE SŒURS 1
UN RÊVE D'AMOUR — LA CHAMBRIÈRE 1
SI JEUNESSE SAVAIT, SI VIEILLESSE POUVAIT! 2
LE VICOMTE DE BÉZIERS 1

EMILE SOUVESTRE

LES ANGES DU FOYER 1
AU BORD DU LAC 1
AU BOUT DU MONDE 1
AU COIN DU FEU 1
CAUSERIES HISTORIQUES ET LITTÉRAIRES 3
CHRONIQUES DE LA MER 1
LES CLAIRIÈRES 1
CONFESSIONS D'UN OUVRIER 1
CONTES ET NOUVELLES 1
DANS LA PRAIRIE 1
LES DERNIERS BRETONS 3
LES DERNIERS PAYSANS 1
DEUX MISÈRES 1
LES DRAMES PARISIENS 1

CALMANN LÉVY, ÉDITEUR

ÉMILE SOUVESTRE (*Suite*) vol.

L'ÉCHELLE DE FEMMES 1
EN BRETAGNE 1
EN FAMILLE 1
EN QUARANTAINE 1
LE FOYER BRETON 2
LA GOUTTE D'EAU 1
HISTOIRES D'AUTREFOIS 1
L'HOMME ET L'ARGENT 1
LECTURES JOURNALIÈRES 1
LOIN DU PAYS 1
LA LUNE DE MIEL 1
LA MAISON ROUGE 1
LE MARI DE LA FERMIÈRE 1
LE MAT DE COCAGNE 1
LE MÉMORIAL DE FAMILLE 1
LE MENDIANT DE SAINT-ROCH 1
LE MONDE TEL QU'IL SERA 1
LE PASTEUR D'HOMMES 1
LES PÉCHÉS DE JEUNESSE 1
PENDANT LA MOISSON 1
UN PHILOSOPHE SOU LES TOITS 1
PIERRE ET JEAN 1
PROMENADES MATINALES 1
RÉCITS ET SOUVENIRS 1
LES RÉPROUVÉS ET LES ÉLUS 2
RICHE ET PAUVRE 1
LE ROI DU MONDE 2
SCÈNES DE LA CHOUANNERIE 1
SCÈNES DE LA VIE INTIME 1
SCÈNES ET RÉCITS DES ALPES 1
LES SOIRÉES DE MEUDON 1
SOUS LA TONNELLE 1
SOUS LES FILETS 1
SOUS LES OMBRAGES 1
SOUVENIRS D'UN BAS-BRETON 1
SOUV. D'UN VIEILLARD. La dernière étape. 1
SUR LA PELOUSE 1
THÉATRE DE LA JEUNESSE 1
TROIS FEMMES 1
LA VALISE NOIRE 1

MARIE SOUVESTRE

PAUL FERROLL, *traduit de l'anglais* 1

COMMANDANT STANY

UNE FAUTE 1

DANIEL STAUBEN

SCÈNES DE LA VIE JUIVE EN ALSACE 1

STENDHAL

L'ABBESSE DE CASTRO 1
DE L'AMOUR 1
ARMANCE 1
LA CHARTREUSE DE PARME 1
MÉMOIRES D'UN TOURISTE 2
PROMENADES DANS ROME 2
LE ROUGE ET LE NOIR 2
VIE DE NAPOLÉON 1

GILBERT STENGER

LA PETITE BEAUJARD 1
LE SOUS-PRÉFET DE CHATEAUVERT 1

STERNE

VOYAGE SENTIMENTAL 1

DANIEL STERN

VALENTIA 1

MATHILDE STEV vol.

LE OUI ET LE NON DES FEMMES 1

STEVENSON

SUICIDE CLUB 1

EUGÈNE SUE

LE DIABLE MÉDECIN.
— ADÈLE VERNEUIL 1
— CLÉMENCE HERVÉ 1
— LA GRANDE DAME 1
LES FILS DE FAMILLE 3
GILBERT ET GILBERTE 3
LES SEPT PÉCHÉS CAPITAUX.
— L'ORGUEIL 2
— L'ENVIE LA COLÈRE 2
— LA LUXURE LA PARESSE 1
— L'AVARICE LA GOURMANDISE 1

MARY SUMMER

LES AMOUREUSES DU COLONEL 1
LES BELLES AMIES DE M. DE TALLEYRAND. 1
DERNIER AMOUR DE MIRABEAU 1

Mme SURVILLE *née de Balzac*

BALZAC. SA VIE ET SES ŒUVRES 1
LE COMPAGNON DU FOYER 1
LES RÊVES DE MARIANNE 1

EDMOND TARBÉ

BERNARD L'ASSASSIN 1
LE ROMAN D'UN CRIME 1

E. TEXIER

AMOUR ET FINANCE 1

E. TEXIER ET C. LE SENNE

DELBURQ ET Cie 1
LA FIN D'UNE RACE 1
LES IDÉES DU DOCTEUR SIMPSON 1
LADY CAROLINE 1
MADAME FERRARIS 1
MADEMOISELLE DE BAGNOLS 1
MONSIEUR CANDAULE 1
PRÉGALAS 1
LE TESTAMENT DE LUCY 1

W. THACKERAY, *Trad. W. Hughes*

LES MÉMOIRES D'UN VALET DE PIED 1
MORGIANA 1

E. THIAUDIÈRE

UN PRÊTRE EN FAMILLE 1

JEAN TILLAULT

APRÈS LE MEURTRE 1

PHILIPPE TONELLI

LES AMOURS CORSES 1

LOUIS ULBACH

L'AMOUR MODERNE 1
LE BARON AMÉRICAIN 1
LES BONNES FEMMES 1
CAUSERIES DU DIMANCHE 1
COCARDE BLANCHE 1
GUIDE SENTIMENTAL DE L'ÉTRANGER À PARIS 1
HISTOIRE D'UNE MÈRE ET DE SES ENFANTS 1
LETTRES DE FERRAGUS 1
LETTRES D'UNE HONNÊTE FEMME 1
L'HOMME AUX CINQ LOUIS D'OR 1
LOUISE TARDY 1
MADAME GOSSELIN 1

BIBLIOTHÈQUE A 1 FRANC

LOUIS ULBACH (*Suite*) vol.

MAISON DE LA RUE DE L'ÉCHAUDÉ...... 1
LE MARI D'ANTOINETTE................ 1
MARIAGE DE POUCKINE................ 1
LE MARTEAU D'ACIER................. 1
MONSIEUR PAUPE..................... 1
PRINCE BONIFACIO................... 1
QUINZE ANS DE BAGNE................ 1
RÉPARATION......................... 1
RONDE DE NUIT...................... 1
LES ROUÉS SANS LE SAVOIR........... 1
LE SACRIFICE D'AURÉLIE............. 1
LE SECRET DU DIABLE................ 1
SIMPLE AMOUR....................... 1
SUZANNE DUCHEMIN................... 1
TAPIS VERT......................... 1
VOYAGE AUTOUR DE MON CLOCHER....... 1

JUAN VALERA

RÉCITS ANDALOUS.................... 1

VALOIS DE FORVILLE

LE COMTE DE SAINT-POL.............. 1
LE CONSCRIT DE L'AN VIII........... 1
LE MARQUIS DE PAZAVAL.............. 1

MAX. VALREY

MARTHE DE MONTBRUN................. 1
VICTIMES DU MARIAGE................ 1

GASTON DE VARENNES

LA VICTOIRE DU MARI................ 1

LÉON VÉDEL

MADAME DE PONTY.................... 1

VALÉRY VERNIER

LA PASSION D'ANDRÉ................. 1
LES SÉDUCTIONS DE MISS FANNY....... 1
UN VIVEUR.......................... 1

V. VERNEUIL

MES AVENTURES AU SÉNÉGAL........... 1

PIERRE VÉRON

L'AGE DE FER-BLANC................. 1
AVEZ-VOUS BESOIN D'ARGENT.......... 1
LA BOUTIQUE A TREIZE............... 1
CES MONSTRES DE FEMMES............. 1
LES CHEVALIERS DU MACADAM.......... 1
LA COMÉDIE EN PLEIN VENT........... 1
LA COMÉDIE EN VOYAGE............... 1
LES COULISSES DU GRAND DRAME....... 1
LES DINDONS DE PANURGE............. 1
EN 1906............................ 1
LA FOIRE AUX GROTESQUES............ 1
GRIMACES PARISIENNES............... 1
LA GRRRANDE FAMILLE MASARD......... 1
MAISON AMOUR ET Cie.............. 1
LES MARCHANDS DE SANTÉ............. 1
LES MARIONNETTES DE PARIS.......... 1
M. ET MADAME TOUT LE MONDE......... 1
MYTHOLOGIE PARISIENNE.............. 1

PIERRE VÉRON (*Suite*) vol.

NOS BONS CONTEMPORAINS............. 1
LES PANTINS DU BOULEVARD........... 1
PARIS A TOUS LES DIABLES........... 1
PARIS COMIQUE SOUS LE 2e EMPIRE.. 1
PARIS S'AMUSE...................... 1
LE PAVÉ DE PARIS................... 1
LES PHÉNOMÈNES VIVANTS............. 1
RESSEMBLANCE GARANTIE.............. 1
LE ROMAN DE LA FEMME A BARBE....... 1
SAC A LA MALICE.................... 1
LES SOUFFRE-PLAISIR................ 1
VIE FANTASQUE...................... 1

CLAUDE VIGNON

UNE ÉTRANGÈRE...................... 1
MARIAGE D'UN SOUS-PRÉFET........... 1
NAUFRAGE PARISIEN.................. 1
UNE PARISIENNE..................... 1
RÉVOLTÉE........................... 1

ALFRED DE VIGNY

CINQ-MARS.......................... 2
LAURETTE OU LE CACHET ROUGE........ 1
POÉSIES............................ 1
SERVITUDE ET GRANDEUR MILITAIRES... 1
STELLO............................. 1
THÉATRE............................ 1
LA VEILLÉE DE VINCENNES............ 1
VIE ET MORT DU CAPITAINE RENAUD.... 1

E. DE VILLERS

LE MAL DU PAYS..................... 1

GUSTAVE VINOT

LA MARQUISE DE ROZEL............... 1

L. VITET

LES ÉTATS D'ORLÉANS................ 1

VOLTAIRE

THÉATRE, avec notice de *Sainte-Beuve*.. 1

JULES DE WAILLY FILS

SCÈNES DE LA VIE DE FAMILLE........ 1

FRANCIS WEY

LONDRES IL Y A CENT ANS............ 1

WOOZINSKI

LA PRINCESSE LAMANZOF.............. 1

E. YEMENIZ

LA GRÈCE MODERNE................... 1

PIERRE ZACCONE

LES COMPAGNONS NOIRS............... 1
UN DUEL A MORT..................... 1
LES PLAISIRS DU ROI................ 1
LA RECLUSE......................... 1
LA VIVANDIÈRE DES ZOUAVES.......... 1

* * *

UN COIN DU MONDE................... 1

CALMANN LÉVY, ÉDITEUR

BROCHURES DIVERSES

	f.	c.
E. AUBRY-VITET		
LA VRAIE RÉFORME ÉLECTORALE......	1	»
ÉMILE AUGIER		
DISCOURS DE RÉCEPTION A L'ACAD. FR.	1	»
DUC D'AUMALE		
LA QUESTION ALGÉRIENNE à propos de la lettre adressée par l'empereur au maréchal de Mac-Mahon..........	1	»
LE ROI LOUIS-PHILIPPE ET LE DROIT DE GRACE	1	»
LOUIS BLANC		
LA RÉVOL. DE FÉVRIER AU LUXEMBOURG.	1	»
BLANQUI & EMILE DE GIRARDIN		
DE LA LIBERTÉ DU COMMERCE ET DE LA PROTECTION DE L'INDUSTRIE........	2	»
H. BLAZE DE BURY		
M. LE COMTE DE CHAMBORD — UN MOIS A VENISE........	1	»
BONNAL		
ABOLITION DU PROLÉTARIAT..........	1	»
LA FORCE DE L'IDÉE.................	1	»
G. BOULLAY		
RÉORGANISATION ADMINISTRATIVE....	1	»
F. BRUNETIERE		
DISCOURS DE RECEPTION A L'ACADÉMIE FRANÇAISE ET RÉPONSE DE M. LE COMTE D'HAUSSONVILLE...	1	»
C. B.		
LA VIE FUTURE DEVANT LA SCIENCE	1	»
COMTE DE CHAMBRUN		
MES CONCLUSIONS SOCIOLOGIQUES..	2	»
GUSTAVE CHAUDEY		
DE L'ÉTABLISSEMENT DE LA RÉPUBLIQUE.	1	»
JULES CLARETIE		
DISCOURS DE RÉCEPTION A L'ACADÉMIE FRANÇAISE................	1	»
ATHANASE COQUEREL FILS		
LE BON SAMARITAIN, sermon.........	»	50
LE CATHOLICISME ET LE PROTESTANTISME considérés dans leur origine et leur développement...........	1	»
LES CHOSES ANC. ET LES CHOSES NOUV.	»	50
L'ÉGOISME DEV. LA CROIX, serm. sur Luc.	»	50
PROFESSION DE FOI CHRÉTIENNE......	»	50
LE SCIENCE ET LA RELIGION, sermon	»	50
SERMON D'ADIEU prêché dans l'église de l'Oratoire......................	»	50
L. COUTURE		
DU BONAPARTISME DANS L'HISTOIRE DE FRANCE..........................	1	»
DU GOUVERNEMENT HÉRÉDITAIRE EN FRANCE..........................	1	50
CUVILLIER-FLEURY		
LA RÉFORME UNIVERSITAIRE..........	1	»
UN CURÉ		
A NOTRE SAINT-PÈRE LE PAPE........	1	»
JAMES DARMESTETER		
LES PROPHÈTES..............	1	»
P. A. DELBOY		
UN ENTRETIEN SUR LA NAVIGATION...	1	»
EDOUARD DELPRAT		
L'ADMINISTRATION DE LA PRESSE.....	1	»
DENAYROUZE ET NORMAND		
LA POÉSIE DE LA SCIENCE............	1	»
CHARLES DIDIER		
QUESTION SICILIENNE................	1	»
ERNEST DESJARDINS		
NOTICE SUR LE MUSÉE NAPOLÉON III et promenade dans les galeries.......	»	50
DUFAURE		
LE DROIT AU TRAVAIL...............	»	50
ALEXANDRE DUMAS		
RÉVÉLATIONS SUR L'ARRESTATION D'ÉMILE THOMAS......................	»	50
ALEXANDRE DUMAS FILS		
HISTOIRE DU SUPPLICE D'UNE FEMME.	3	»
LETTRE A M. NAQUET...............	1	»
UNE LETTRE SUR LES CHOSES DU JOUR.	1	»
UNE NOUVELLE LETTRE SUR LES CHOSES DU JOUR.........................	1	»
NOUVELLE LETTRE DE JUNIUS A SON AMI A.-D., révélations sur les principaux personnages de la guerre actuelle.	2	»
ADRIEN DUMONT		
LES PRINCIPES DE 1789..............	1	»
EBSTEIN		
ÉTUDE SUR LA CRISE FINANCIÈRE....	2	»
LEON FAUCHER		
LE CRÉDIT FONCIER.................	»	50
GUSTAVE FLAUBERT		
LET. A LA MUNICIP. DE ROUEN au sujet d'un vote concernant Louis Bouilhet.	»	50
OCTAVE FEUILLET		
DISCOURS DE RÉCEPT. A L'ACAD. FRANÇ.	1	»
A. FRANCE		
DISCOURS DE RECEPTION..........	1	»
CH. DE FREYCINET		
DISCOURS DE RECEPTION A L'ACADÉMIE FRANÇAISE...................	1	»

BROCHURES DIVERSES

MARQUIS DE GABRIAC f. c.

DE L'ORIGINE DE LA GUERRE D'ITALIE. 1 »

E. GALABERT

GEORGES BIZET. 1 »

G. GANESCO

DIPLOMATIE ET NATIONALITÉ. 2 »

COMTE A. DE GASPARIN

LA DÉCLARATION DE GUERRE. » 50

A. GERMAIN

MARTYROLOGE DE LA PRESSE. 2 50

ÉMILE DE GIRARDIN

L'ABOLITION DE L'AUTORITÉ. 1 »
ABOLITION DE L'ESCLAVAGE MILITAIRE. 1 »
AVANT LA CONSTITUTION. » 50
LA CONSTITUANTE ET LA LÉGISLATIVE. 1 »
LE DROIT DE TOUT DIRE. 1 »
L'ÉQUILIBRE FINANCIER PAR LA RÉFORME ADMINISTRATIVE. 1 »
LE GOUVERNEMENT LE PLUS SIMPLE. 1 »
JOURNAL D'UN JOURNALISTE AU SECRET. 1 »
LA NOTE DU 14 DÉCEMBRE. 1 »
L'ORNIÈRE DES RÉVOLUTIONS. 1 »
LA PAIX. 1 »
RESPECT DE LA CONSTITUTION. 1 »
UNITÉ DE COLLÈGE. 1 »
SOLUTION DE LA QUESTION D'ORIENT. » 50

GLADSTONE

DEUX LETTRES au lord Aberdeen sur les poursuites politiques exercées par le gouvernement napolitain. 1 »

JULES GOUACHE

LES VIOLONS DE M. MARRAST. » 50

EUGÈNE GRANGÉ

LES VERSAILLAISES, chansons. 1 »

COMTE D'HAUSSONVILLE

CONSULTATION DE MM. LES BATONNIERS DE L'ORDRE DES AVOCATS. 1 »
LETTRE AUX BAT. DE L'ORD. DES AVOC. 1 »
LETTRE AU SÉNAT. 1 »
M. DE CAVOUR ET LA CRISE ITALIENNE. 1 »
UN PROGRAMME DE GOUVERNEMENT. 1 »

ÉDOUARD HERVÉ

DISCOURS DE RÉCEPTION A L'ACADÉMIE FRANÇAISE. 1 »

LÉON HEUZEY

CATALOGUE DE LA MISSION DE MACÉDOINE ET DE THESSALIE. » 50

VICTOR HUGO & CRÉMIEUX

DISCOURS SUR LA PEINE DE MORT (*Procès de l'Événement*). 1 »

VICTOR HUGO

CE QUE C'EST QUE L'EXIL. 1 »
LE DISCOURS SUR VOLTAIRE. » 50
DISCOURS AU CONGRÈS INTERNATIONAL » 50
LE DROIT ET LA LOI. 1 »
LA LIBÉRATION DU TERRITOIRE. » 50
MES FILS. » 50
LE PAPE. 1 »

VICTOR HUGO (*Suite*) f. c.

PARIS. 1 »
PARIS ET ROME. 1 »
LA PITIÉ SUPRÊME. 1 »
POUR UN SOLDAT. » 30
RELIGIONS ET RELIGION. 1 »

LOUIS JOURDAN

LA GUERRE A L'ANGLAIS. 1 »

EUGÈNE LABICHE

DISCOURS DE RÉCEPTION A L'ACAD. FR. 1 »

LAMARTINE

DU DROIT AU TRAVAIL. » 50
LETTRE AUX DIX DÉPARTEMENTS. » 50
LA PRÉSIDENCE. » 50
DU PROJET DE CONSTITUTION. » 50
UNE SEULE CHAMBRE. » 50

H. DE LA POMMERAYE

HISTOIRE DU DÉBUT D'ALEXANDRE DUMAS FILS AU THÉATRE. » 50

LEONCE DE LAVERGNE

LA CONSTITUTION DE 1852 ET LE DÉCRET DU 24 NOVEMBRE. 1 »

LEMERCIER DE NEUVILLE

LES FIGURES DU TEMPS. Notices biographiques — ROBERT HOUDIN. 1 »
— MADAME PETIPA. 1 »

ÉDOUARD LEMOINE

ABDICATION DU ROI LOUIS-PHILIPPE. » 50

JOHN LEMOINNE

AFFAIRES DE ROME. 1 »

ANATOLE LEROY-BEAULIEU

L'ANTISÉMITISME. 1 »

A. LEYMARIE

HISTOIRE D'UNE DEMANDE EN AUTORISATION DE JOURNAL. 2 »

PIERRE LOTI

DISCOURS DE RÉCEPTION A L'ACADÉMIE FRANÇAISE. 1 »

STEPHEN DE LA MADELAINE

CHANT. Étude pratique de style. 2 »

MARTIN PASCHOUD

LIBERTÉ, VÉRITÉ, CHARITÉ. 3 »

MASSE

A PROPOS DU RAILWAY TRANSSAHARIEN 1 »

ETIENNE MAURICE

DÉCENTRALISATION ET DÉCENTRALISATEURS. 1 »

H. MEILHAC

DISCOURS DE RÉCEPTION A L'ACADÉMIE FRANÇAISE. 1 »

MÉZIÈRES

RÉPONSE AU DISCOURS DE LOTI. 1 »

J. MICHELET

DES JÉSUITES. 1 »

CALMANN LÉVY, ÉDITEUR

COMTE DE MONTALIVET	f. c.
CONFISCATION DES BIENS DE LA FAMILLE D'ORLÉANS	» 50
OBSERVATIONS SUR LE PROJET DE LOI RELATIF AUX CONSEILS GÉNÉRAUX...	1 »
LE ROI LOUIS-PHILIPPE, SA LISTE CIVILE.	» 50
P. MORIN	
COMM. L'ESPRIT VIENT AUX TABLES...	1 50
BARON DE NERVO	
L'ADMINISTRATION DES FINANCES SOUS LA RESTAURATION	1 »
LES FINANCES DE LA FRANCE SOUS LE RÈGNE DE NAPOLÉON III	1 »
LA MONARCHIE ESPAGNOLE	2 »
D. NISARD	
LES CLASSES MOYENNES EN ANGLETERRE ET LA BOURGEOISIE EN FRANCE.	1 »
DISCOURS PRONONCÉ A L'ACADÉMIE FRANÇAISE, en réponse au discours de réception de F. Ponsard	1 »
PRINCE HENRI D'ORLEANS	
A MADAGASCAR	1 »
UNE EXCURSION EN INDO-CHINE....	1 »
LE PÈRE HUC ET SES CRITIQUES ..	1 »
PAGES - DUPORT	
LE MARCHÉ DES FONDS PUBLICS......	» 50
PAILLERON	
DISCOURS DE RÉCEPTION A L'ACADÉMIE	1 »
DISCOURS SUR LES PRIX DE VERTU....	1 »
EMILE AUGIER	1 »
GASTON PARIS	
DISCOURS DE RÉCEPTION	1 »
PAULIAT	
CONFÉRENCE MONÉTAIRE	1 »
UN PAYSAN CHAMPENOIS	
A TIMON sur son projet de Constitution.	» 50
CASIMIR PERIER	
LE BUDGET DE 1863	1 »
LA RÉFORME FINANCIÈRE DE 1862....	1 »
GEORGES PERROT	
CATALOGUE DE LA MISSION D'ASIE MIN.	» 50
ANSELME PETETIN	
DE L'ANNEXION DE LA SAVOIE	1 »
PICOT	
MAGISTRATURE ET DÉMOCRATIE	1 »
LA PACIFICATION RELIGIEUSE	1 25
H. PLANAVERGNE	
NOUVEAU SYSTÈME DE NAVIGATION, fondé sur le principe de l'émergence des corps roulant sur l'eau	1 50
A. PONROY	
LE MARÉCHAL BUGEAUD	1 »

F. PONSARD	f. c.
DISCOURS DE RÉCEP. A L'ACAD. FRANÇ..	1 »
PRÉVOST-PARADOL	
LES ÉLECTIONS DE 1863	1 »
DU GOUVERNEMENT PARLEMENTAIRE ET DU DÉCRET DU 24 NOVEMBRE	1 »
DE LA LIBERTÉ DES CULTES EN FRANCE.	1 »
DEUX LET. SUR LA RÉF. DU CODE PÉNAL.	1 »
QUELQUES RÉFLEXIONS SUR NOTRE SITUATION INTÉRIEURE	» 50
ESPRIT PRIVAT	
LE DOIGT DE DIEU	1 »
ERNEST RENAN	
CATALOGUE DES OBJETS PROVENANT DE LA MISSION DE PHÉNICIE	» 50
LA MONARCHIE CONSTIT. EN FRANCE..	1 »
LA PART DE LA FAMILLE ET DE L'ÉTAT DANS L'ÉDUCATION	» 50
RÉPONSE A M. JULES CLARETIE.....	1 »
SAINTE-BEUVE	
A PROPOS DES BIBLIOTHÈQ. POPULAIRES	» 50
DE LA LIBERTÉ DE L'ENSEIG. SUPÉR...	» 50
DE LA LOI SUR LA PRESSE	» 50
SAINT-MARC GIRARDIN	
DU DÉCRET DU 24 NOVEMBRE ou De la réforme de la Constitution de 1852..	1 »
GEORGE SAND	
LA GUERRE	1 »
G. SAND ET V. BORIE	
TRAVAILLEURS ET PROPRIÉTAIRES...	1 »
EDMOND SCHERER	
DÉMOCRATIE EN FRANCE	1 »
REVISION DE LA CONSTITUTION	1 »
JULES SIMON	
RÉPONSE A M. MEILHAC	1 »
ED. DE SONNIER	
LES DROITS POLITIQUES DANS LES ÉLECTIONS. — Manuel de l'Électeur et du Candidat	2 »
SWINBURNE	
AUGUSTE VACQUERIE	» 50
***	
LA LIBERTÉ RELIGIEUSE ET LA LÉGISLATION ACTUELLE	1 »
THIERS	
DU CRÉDIT FONCIER	» 50
LE DROIT AU TRAVAIL	» 50
LOUIS ULBACH	
J. GRÉVY, PRÉS. DE LA RÉPUBLIQUE..	» 25
***	
LE SCRUTIN DE LISTE ET LE SCRUTIN D'ARRONDISSEMENT	1 »

CALMANN LÉVY, EDITEUR

COLLECTION FORMAT IN-32 A 1 FRANC

ÉMILE AUGIER *de l'Acad. franç.* vol.

LES PARIÉTAIRES. Poésies............ 1

DUC D'AUMALE *de l'Acad. franç.*

LES ZOUAVES ET LES CHASSEURS A PIED... 1

THÉODORE DE BANVILLE

LES PAUVRES SALTIMBANQUES.......... 1

GEORGES BELL

LE MIROIR DE CAGLIOSTRO............ 1

A. DE BELLOY

PHYSIONOMIES CONTEMPORAINES....... 1
PORTRAITS ET SOUVENIRS............ 1

ALFRED BOUGEARD

LES MORALISTES OUBLIÉS............ 1

ALFRED DE BRÉHAT

LE CHATEAU DE KERMARIA............ 1

ALFRED BUSQUET

LA NUIT DE NOEL.................. 1

CHAMPFLEURY

MONSIEUR DE BOISDHYVER............ 2

PAUL DÉROULÈDE

CHANTS DU SOLDAT.................. 1
MARCHES ET SONNERIES.............. 1
NOUVEAUX CHANTS DU SOLDAT.......... 1
REFRAINS MILITAIRES............... 1

ÉMILE DESCHANEL

LE BIEN et LE MAL qu'on a dit des enfants.............................. 1
HISTOIRE DE LA CONVERSATION......... 1

OL. GOLDSMITH *Trad. A. Esquiros*

VOYAGE D'UN CHINOIS EN ANGLETERRE... 1

LÉON GOZLAN

UNE SOIRÉE DANS L'AUTRE MONDE...... 1

COMTE F. DE GRAMMONT

COMMENT ON VIENT et COMMENT ON S'EN VA. 1

LOUIS JOURDAN vol.

LES PRIÈRES DE LUDOVIC............. 1

SAVINIEN LAPOINTE

MES CHANSONS...................... 1

LARCHER ET JULIEN

CE QU'ON a dit de la FIDÉLITÉ et de L'INFIDÉLITÉ...................... 1

ALBERT DE LASALLE

HISTOIRE DES BOUFFES PARISIENS....... 1

ALFRED DE LÉRIS

LES VIEUX AMIS..................... 1
TROIS NOUVELLES ET UN CONTE......... 1

Mme MANNOURY-LACOUR

ASPHODÈLES......................... 1
SOLITUDES.......................... 1

MÉRY

HISTOIRE D'UNE COLLINE.............. 1

MICHELET

POLOGNE ET RUSSIE.................. 1

HENRY MURGER

PROPOS DE VILLE ET PROPOS DE THÉATRE.. 1

EUGÈNE NOEL

LA VIE DES FLEURS ET DES FRUITS...... 1

F. PONSARD

HOMÈRE. Poème...................... 1

GEORGES ROEDER.

PHYSIOLOGIE DU SENTIMENT........... 1

***

PARIS CHEZ MUSARD.................. 1

P.-J. STAHL

L'ESPRIT DE VOLTAIRE............... 1
DE L'AMOUR ET DE LA JALOUSIE......... 1

LOUIS ULBACH

L'HOMME AUX CINQ LOUIS D'OR........ 1

CALMANN LÉVY, ÉDITEUR

ŒUVRES COMPLÈTES DE H. DE BALZAC

ÉDITION EN 55 VOLUMES IN-32

60 centimes le volume (*Chaque volume se vend séparément*)

La Comédie humaine, 40 vol. — **Les Contes drolatiques**, 3 vol. — **Le Théâtre**, édition complète, 2 vol. — **Œuvres de jeunesse**, 10 vol.

COMÉDIE HUMAINE

SCÈNES DE LA VIE PRIVÉE

Tome 1. — LA MAISON DU CHAT-QUI-PELOTE. Le Bal de Sceaux. La Bourse. La Vendetta. Mme Firmiani. Une Double Famille.

Tome 2. — LA PAIX DU MÉNAGE. La Fausse Maîtresse. Étude de femme. Autre étude de femme. La Grande Bretèche. Albert Savarus.

Tome 3. — MÉMOIRES DE DEUX JEUNES MARIÉES. Une Fille d'Eve.

Tome 4. — LA FEMME DE TRENTE ANS. La Femme abandonnée. La Grenadière. Le Message. Gobseck.

Tome 5. — LE CONTRAT DE MARIAGE. Un Début dans la vie.

Tome 6. — MODESTE MIGNON.

Tome 7. — BÉATRIX.

Tome 8. — HONORINE. Le Colonel Chabert. La Messe de l'Athee. L'Interdiction. Pierre Grassou.

SCÈNES DE LA VIE DE PROVINCE

Tome 9. — URSULE MIROUET.

Tome 10. — EUGÉNIE GRANDET.

Tome 11. — LES CÉLIBATAIRES — I. Pierrette. Le Curé de Tours.

Tome 12. — LES CÉLIBATAIRES — II. Un Ménage de garçon.

Tome 13. — LES PARISIENS EN PROVINCE. L'illustre Gaudissart. Muse du département.

Tome 14. — LES RIVALITÉS. La Vieille Fille. Le Cabinet des antiques.

Tome 15. — LE LYS DANS LA VALLÉE.

Tome 16. — ILLUSIONS PERDUES — I. Les Deux Poetes. Un grand Homme de province à Paris, 1re partie.

Tome 17. — ILLUSIONS PERDUES — II. Un grand Homme de province, 2e p. Eve et David.

SCÈNES DE LA VIE PARISIENNE

Tome 18. — SPLENDEURS ET MISÈRES DES COURTISANES. Esther heureuse. A combien l'amour revient aux vieillards. Où mènent les mauvais chemins.

Tome 19. — LA DERNIÈRE INCARNATION DE VAUTRIN. Un Prince de la Bohème. Un Homme d'affaires. Gaudissart II. Les Comédiens sans le savoir.

Tome 20. — HIST. DES TREIZE. Ferragus. Duchesse de Langeais. Fille aux yeux d'or.

Tome 21. — LE PÈRE GORIOT.

Tome 22. — CÉSAR BIROTTEAU.

Tome 23. — LA MAISON NUCINGEN. Les Secrets de la princesse de Cadignan. Les Employés. Sarrasine. Facino Cane.

Tome 24. — LES PARENTS PAUVRES — I. La Cousine Bette.

Tome 25. — LES PARENTS PAUVRES — II. Le Cousin Pons.

SCÈNES DE LA VIE POLITIQUE

Tome 26. — UNE TÉNÉBREUSE AFFAIRE. Un Episode sous la Terreur.

Tome 27. — L'ENVERS DE L'HISTOIRE CONTEMPORAINE. Madame de la Chanterie. L'Initié. Z. Marcas.

Tome 28. — LE DÉPUTÉ D'ARCIS

SCÈNES DE LA VIE MILITAIRE

Tome 29. — LES CHOUANS. Une Passion dans le désert.

SCÈNES DE LA VIE DE CAMPAGNE

Tome 30. — LE MÉDECIN DE CAMPAGNE.

Tome 31. — LE CURÉ DE VILLAGE.

Tome 32. — LES PAYSANS.

ÉTUDES PHILOSOPHIQUES

Tome 33. — LA PEAU DE CHAGRIN.

Tome 34. — LA RECHERCHE DE L'ABSOLU. Jésus-Christ en Flandre. Melmoth reconcilié. Le Chef-d'œuvre inconnu.

Tome 35. — L'ENFANT MAUDIT. Gambara, Massimilla Doni.

Tome 36. — LES MARANA. Adieu. Le Réquisitionnaire. El Verdugo. Un Drame au bord de la mer. L'Auberge rouge. L'Elixir de longue vie. Maître Cornélius.

Tome 37. — SUR CATHERINE DE MÉDICIS. Le Martyr calviniste. La Confidence des Ruggieri. Les deux Rêves.

Tome 38. — LOUIS LAMBERT. Les Proscrits. Seraphita.

ÉTUDES ANALYTIQUES

Tome 39. — PHYSIOLOGIE DU MARIAGE.

Tome 40. — PETITES MISÈRES DE LA VIE CONJUGALE.

CONTES DROLATIQUES

Tome 41. — Tome 42. — Tome 43.

THÉATRE

Tome 44. — VAUTRIN, drame. Les Ressources de Quinola, comédie.

Tome 45. — LA MARATRE, drame. Le Faiseur (Mercadet), comédie.

ŒUVRES DE JEUNESSE

Tome 46. — JEAN-LOUIS.

Tome 47. — L'ISRAÉLITE.

Tome 48. — L'HÉRITIÈRE DE BIRAGUE.

Tome 49. — LE CENTENAIRE.

Tome 50. — LA DERNIÈRE FÉE.

Tome 51. — LE VICAIRE DES ARDENNES.

Tome 52. — ARGOW LE PIRATE.

Tome 53. — JANE LA PALE.

Tome 54. — DOM GIGADAS.

Tome 55. — L'EXCOMMUNIÉ.

MUSÉE LITTÉRAIRE CONTEMPORAIN

Format in-4° à deux colonnes

ROGER DE BEAUVOIR

LE CHEVALIER DE CHARNY .... » 90
LE CHEVALIER DE SAINT-GEORGES. » 90

BELOT

LE DRAME DE LA RUE DE LA PAIX. 3 »

CHARLES DE BERNARD

UN ACTE DE VERTU .... » 50
L'ANNEAU D'ARGENT .... » 50
UNE AVENTURE DE MAGISTRAT ..... » 30
LA CINQUANTAINE .... » 50
LA FEMME DE 40 ANS .... » 50
LE GENDRE .... » 50
L'INNOCENCE D'UN FORÇAT .... » 30
LA PEINE DU TALION .... » 30
LE PERSÉCUTEUR .... » 30

CHAMPFLEURY

GRANDS HOMMES DU RUISSEAU .... » 60

LA COMTESSE DASH

LES GALANTERIES DE LA COUR DE LOUIS XV .... 3 »
LA RÉGENCE .... » 90
LA JEUNESSE DE LOUIS XV ...... » 90
LES MAITRESSES DU ROI .... » 90
LE PARC AUX CERFS .... » 90

ALEXANDRE DUMAS

ACTÉ .... » 90
AMAURY .... » 90
ANGE PITOU 1 80
ASCANIO 1 80
AVENTURES DE JOHN DAVYS 1 80
LES BALEINIERS 1 50
LE BATARD DE MAULÉON 2 70
BLACK .... » 90
LA BOULE DE NEIGE .... » 90
BRIC-A-BRAC 1 50
LE CAPITAINE PAUL .... » 70
LE CAPITAINE RHINO .... » 90
LE CAPITAINE RICHARD .... » 90
CATHERINE BLUM .... » 90
CAUSERIES. — LES TROIS DAMES.. 1 50
CHARLES LE TÉMÉRAIRE 1 50
LE CHATEAU D'EPPSTEIN 1 50
CHEVALIER D'HARMENTAL 1 80
CHEVALIER DE MAISON-ROUGE 1 80
LE COLLIER DE LA REINE 2 70
LA COLOMBE. — MURAT .... » 50
LES COMPAGNONS DE JÉHU 2 10
COMTE DE MONTE-CRISTO 4 80
LA COMTESSE DE CHARNY 4 80
LA COMTESSE DE SALISBURY 1 80

ALEXANDRE DUMAS (*Suite*)

CONFESSIONS DE LA MARQUISE 1 80
CONSCIENCE L'INNOCENT 1 50
LA DAME DE MONSOREAU 2 70
LA DAME DE VOLUPTÉ 1 50
LES DEUX DIANE 2 70
LES DEUX REINES 1 50
DIEU DISPOSE 1 80
LES DRAMES DE LA MER .... » 90
LA FEMME AU COLLIER DE VELOURS .... » 90
FERNANDE .... » 90
UNE FILLE DU RÉGENT .... » 90
FILLES, LORETTES ET COURTISANES. » 90
LES FRÈRES CORSES .... » 70
GABRIEL LAMBERT .... » 90
GAULE ET FRANCE .... » 90
GEORGES .... » 90
UN GIL BLAS EN CALIFORNIE ...... » 90
LA GUERRE DES FEMMES 1 80
HISTOIRE D'UN CASSE-NOISETTE ... » 50
L'HOROSCOPE .... » 90
IMPRESSIONS DE VOYAGE :
UNE ANNÉE A FLORENCE .... » 90
L'ARABIE HEUREUSE 2 40
BORDS DU RHIN 1 80
LE CAPITAINE ARÉNA .... » 90
LE CORRICOLO 1 80
MIDI DE LA FRANCE 1 80
DE PARIS A CADIX 1 80
EN SUISSE 2 70
QUINZE JOURS AU SINAÏ .... » 90
LE SPERONARE 1 80
LE VÉLOCE 1 80
LA VILLA PALMIERI .... » 90
INGÉNUE 1 80
ISABEL DE BAVIÈRE 1 80
ITALIENS ET FLAMANDS 1 50
IVANHOE 1 80
JEHANNE LA PUCELLE .... » 90
LES LOUVES DE MACHECOUL 2 70
MADAME DE CHAMBLAY 1 80
LA MAISON DE GLACE 1 80
MAITRE ADAM LE CALABRAIS ...... » 50
LE MAITRE D'ARMES .... » 90
MARIAGES DU PÈRE OLIFUS .... » 90
LES MÉDICIS .... » 90
MES MÉMOIRES.
1re SÉRIE .... 4 »
2e — 4 50
MÉMOIRES DE GARIBALDI 1 50
1re SÉRIE (Séparément) .... » 90
2e — — .... » 90
MÉMOIRES D'UNE AVEUGLE 1 80
MÉMOIRES D'UN MÉDECIN (BALSAMO). 4 50
LE MENEUR DE LOUPS .... » 90
LES MILLE ET UN FANTOMES ...... » 90
LES MOHICANS DE PARIS 3 60
LES MORTS VONT VITE 1 50

ALEXANDRE DUMAS (*Suite*)

NUE NUIT A FLORENCE........... » 90
OLYMPE DE CLÈVES 2 70
OTHON L'ARCHER. .... » 50
PASCAL BRUNO. .... » 50
LE PAGE DU DUC DE SAVOYE...... 1 80
LE PASTEUR D'ASHBOURN......... 1 80
PAULINE...................... » 50
LA PÊCHE AUX FILETS............ » 50
LE PÈRE GIGOGN 1 50
LE PÈRE LA RUIN .... » 90
LA PRINCESSE FLORA............ » 90
LES QUARANTE-CINQ.............. 2 70
LA REIN MARGOT 1 80
LA ROUTE DE VARENNES.......... » 90
EL SALTEADOR .... » 90
SALVATOR, ... 4 50
SOUVENIRS D'ANTONY............ » 90
SYLVANDIRE .... » 90
LE TESTAMENT DE M. CHAUVELIN. » 90
LES TROIS MOUSQUETAIRES....... 1 80
LE TROU DE L'ENFER .... » 90
LE VICOMTE D BRAGELONNE...... 5 40
LA VIE AU DÉSERT 1 50
UNE VIE D'ARTISTE.............. » 90
VINGT ANS APRÈS................ 2 70

ALEX. DUMAS FILS

CÉSARINE........................ » 50
LA DAME AUX CAMÉLIAS.......... » 90
UN PAQUET DE LETTRES.......... » 50
LE PRIX DE PIGEONS............ » 50

XAVIER EYMA

FEMMES DU NOUVEAU MONDE...... » 90

Mme E. DE GIRARDIN

MARGUERITE OU DEUX AMOURS.... » 90

CHARLES HUGO

LA BOHÈME DORÉE.............. 1 50

CH. JOBEY

L'AMOUR D'UN NÈGRE............ » 90

ALPHONSE KARR

LA PÉNÉLOPE NORMANDE.......... » 90
SOUS LES TILLEULS.............. » 90

A. DE LAMARTINE

LES CONFIDENCES................ 2 10
L'ENFANCE...................... » 50
GENEVIÈVE. .... » 90
HÉLOÏSE ET ABÉLARD............ » 90
LA JEUNESSE.................... » 60
RÉGINA......................... » 50

FÉLIX MAYNARD

L'INSURRECTION DE L'INDE........ » 90

MÉRY

UN ACTE DE DÉSESPOIR........... » 50
BONHEUR D'UN MILLIONNAIRE...... » 50
LE CHATEAU DES TROIS TOURS.... » 70
LE CHATEAU D'UDOLPHE........... » 50
CONSPIRATION AU LOUVRE........ » 90
DIAMANT AUX MILLE FACETTES.... » 60

MÉRY (*Suite*)

HIST. DE CE QUI N'EST PAS ARRIVÉ. » 50
LES NUITS ANGLAISES............ » 90
LES NUITS ITALIENNES........... » 90
LES NUITS SINISTRES............ » 70
SIMPLE HISTOIRE................ » 70

EUGÈNE DE MIRECOURT

CONFESSION DE MARION DELORME. 3 70
CONFESSION DE NINON DE LENCLOS. 3 70

HENRY MURGER

LES AMOURS D'OLIVIER........... » 30
LE BONHOMME JADIS .... » 30
MADAME OLYMPE. ... » 50
LA MAITRESSE AUX MAINS ROUGES. » 30
LE MANCHON DE FRANCINE. ... » 30
SCÈNES DE LA VIE DE BOHÈME.... » 90
LE SOUPER DES FUNÉRAILLES..... » 50

HENRI RIVIÈRE

LE COMBAT DE LA VIE........... » »

CLÉMENCE ROBERT

LES VOLEURS DU PONT-NEUF...... 3 »

GEORGE SAND

ADRIANI......................... » 90
LA DANIELLA.................... 1 80
LE DIABLE AUX CHAMPS.......... » 90
ELLE ET LUI.................... 1 50
LA FILLEULE.................... » 90
L'HOMME DE NEIGE.............. 2 70
JEAN DE LA ROCHE.............. 1 50
LES MAITRES SONNEURS..... .... 1 50
LE MARQUIS DE VILLEMER........ 1 50
MONT-REVÊCHE.................. 1 50
NARCISSE....................... » 90

JULES SANDEAU

SACS ET PARCHEMINS............ » 90

FRÉDÉRIC SOULIÉ

AU JOUR LE JOUR............... » 70
AVENTURES DE SATURNIN FICHET.. 1 30
LE BANANIER .... » 50
LA COMTESSE DE MONRION....... » 70
CONFESSION GÉNÉRALE.......... 1 80
LES DEUX CADAVRES............ » 90
LA MAISON N° 3 DE LA RUE DE PROVENCE........................ » 70
AVENTURES D'UN CADET.......... » 70
LES AMOURS DE VICTOR BONSENNE. » 70
OLIVIER DUHAMEL. .... » 70
EULALIE PONTOIS. .... » 30
LES FORGERONS .... » 70
HUIT JOURS AU CHATEAU......... » 70
LE LION AMOUREUX .... » 30
LA LIONNE. .... » 70
LE MAITRE D'ÉCOLE .... » 50
MARGUERITE.................... » 50
LES MÉMOIRES DU DIABLE........ 2 »
LE PORT DE CRÉTEIL............ » 70
LES QUATRE NAPOLITAINES....... 1 50
LES QUATRE SŒURS............. » 50
SI JEUNESSE SAVAIT, SI VIEILLESSE POUVAIT...................... 1 50

ÉMILE SOUVESTRE

DEUX MISÈRES .... » 90
L'HOMME ET L'ARGENT .... » 70
JEAN PLÉBEAU .... » 50
LE MENDIANT DE SAINT-ROCH .... » 70
PIERRE LANDAIS .... » 50
LES RÉPROUVÉS ET LES ÉLUS 1 50
SOUVENIRS D'UN BAS-BRETON 1 50

EUGÈNE SUE

LA BONNE AVENTURE .... 3 »
LE DIABLE MÉDECIN 2 70
LA BELLE-FILLE .... » 50
LA GRANDE DAME .... » 50
LA FEMME DE LETTRES .... » 90
LA FEMME SÉPARÉE DE CORPS ET DE BIENS .... » 90
LA LORETTE .... » 30
LES FILS DE FAMILLE 2 70

EUGÈNE SUE (*Suite*)

GILBERT ET GILBERTE 2 50
MARIAGE DE CONVENANCE 1 50
LES SECRETS DE L'OREILLER 2 70
LES SEPT PÉCHÉS CAPITAUX .... 5 »
L'AVARICE .... » 50
LA COLÈRE .... » 70
L'ENVIE .... » 90
LA GOURMANDISE .... » 50
LA LUXURE .... » 70
L'ORGUEIL 1 50
LA PARESSE .... » 50

LOUIS ULBACH

M. ET MADAME FERNEL 1 50

VALOIS DE FORVILLE

LE CONSCRIT DE L'AN VIII .... » 90

ŒUVRES COMPLÈTES DE HENRI CONSCIENCE

Illustrations de MM. ATALAYA, GÉRARDIN, PAUL DESTEY, etc.

Format gr. in-4° à 5 francs le volume.

PREMIER VOLUME

Le lion de Flandre. — L'année des merveilles. — L'ongle crochu. — **Comment on devient** peintre. — Ce que **peut souffrir une mère. —** La fille de l'épicier. — Histoire du comte Hugo et de son ami Abulfaragus. — Histoire d'Abulfaragus. — Une erreur judiciaire.

DEUXIÈME VOLUME

Le conscrit. — Le tribun de Gand. — Baes Gansendonck (L'aubergiste de village). — L'Orpheline. — Rosa l'aveugle. — Rikke-Tikke-Tak.

TROISIÈME VOLUME

Le gentilhomme pauvre. — L'avare. — La guerre des paysans. — La grand'-mère. — Batavia. — Le fléau du village. — Le bonheur d'être riche.

QUATRIÈME VOLUME

Aurélien. — Le démon de l'argent. — Le démon du jeu.

CINQUIÈME VOLUME

Le jeune docteur. — Le coureur des grèves. — La mère Job. — La grâce de Dieu. — Le martyre d'une mère. — La voleuse d'enfant. — Le sang humain. — Le cantonnier.

SIXIÈME VOLUME

Le bourgmestre de Liège. — Le guet-apens. — **La folie d'une mère. — La sorcière flamande. —** L'oncle Jean. — **Le trésor de Félix Roobeck.**

SEPTIÈME VOLUME

Le supplice d'un père. — Histoire de deux enfants d'ouvriers. — **Le marchand d'Anvers. — Le sortilège. —** L'oncle Reimond. — Souvenirs de jeunesse. — Le pèlerin du désert. — Quintin Metsys. — L'amateur de dahlias. — **La nouvelle Niobé. —** Science et foi.

HUITIÈME VOLUME

La vengeance divine. — Une affaire embrouillée. — Une dette de cœur. — L'expiation. — Maître Valentin. — La fiancée du maître d'école. — La mission de la femme. — Le gant perdu. — **La jeune femme pâle. —** L'oncle et la nièce. — Un sacrifice. — **Les serfs de Flandre. — Le goutteux. — L'assassin. — Une invention du diable.**

NEUVIÈME VOLUME

La maison bleue. — Le berger incendiaire. — La vierge de Flandre. — Le remplaçant. — La famille du marin. — La tombe de fer. — Une idée de fermier. — Le pays de l'or. — Le chemin de la fortune. — L'œuf miraculeux. — Les bourgeois de Darlingen. — Le Revenant.

DIXIÈME VOLUME

Les martyrs de l'honneur. — Une voix d'outre-tombe. — Le maître d'école. — Argent et noblesse. — La main. — L'illusion d'une mère. — Le fils du bourreau. — Ange et démon. — Le paradis des fous. — Une fille bien élevée.

ONZIÈME VOLUME

Le mal du siècle. — L'idéal du poète. — La préférée. — Les Kerles de Flandre. — Souvenirs de jeunesse (2e partie).

ŒUVRES ILLUSTRÉES DE H. DE BALZAC

Belle édition ornée d'un grand nombre de gravures de MM. Tony Johannot, Meissonnier, Bertall, Henri Monnier, Daumier, G. Staal, E. Lampsonius, etc., etc.

A 4 francs le volume

CHAQUE OUVRAGE SE VEND SÉPARÉMENT

1er VOLUME

	fr. c.
Les Parents pauvres :	
— La Cousine Bette	1 30
— Le Cousin Pons	» 90
L'Interdiction. — Les Secrets de la princesse de Cadignan. — Le Colonel Chabert	» 70
Une Ténébreuse affaire. — Pierre Grassou. — Sarrasine. — Esquisse d'homme d'affaires	» 90
La Recherche de l'Absolu. — Un Episode sous la Terreur	» 70

2e VOLUME

	fr. c.
Splendeurs et misères des courtisanes. — La Messe de l'Athée. — Jésus-Christ en Flandre	1 30
Les Employés. — Gobseck	» 90
Les Rivalités. — La Vieille Fille	» 50
Le Cabinet des Antiques	» 50
Le Lys dans la Vallée	» 90
Une Fille d'Ève. — Madame Firmiani	» 50

3e VOLUME

	fr. c.
Le Père Goriot. — Z. Marcas	» 90
César Birotteau	» 90
Histoire des Treize :	
— Ferragus. — La Duchesse de Langeais. — La Fille aux yeux d'or	1 10
La Maison Nucingen. — Les Comédiens sans le savoir. — Etude de Femme	» 50
Un Prince de la Bohème. — L'Envers de l'Histoire contemporaine	» 50
Eugénie Grandet. — Le Chef-d'Œuvre inconnu	» 70

4e VOLUME

	fr. c.
Ursule Mirouet. — La Fausse Maîtresse	» 90
Les Célibataires :	
— Pierrette. — Le Curé de Tours	» 70
— Un Ménage de Garçon	» 90
L'illustre Gaudissart. — La Muse du Département. — La Paix du Ménage. — Une passion dans le Désert	» 90
Physiologie du Mariage. — Autre Étude de femme	1 10

5e VOLUME

	fr. c.
La Peau de Chagrin. — El Verdugo	» 90
Louis Lambert. — L'Elixir de longue vie	» 50
Massimilia Doni. — Gambara	» 50
L'Enfant maudit. — Les Proscrits	» 50
La Femme de Trente ans. — La Grande Bretèche	» 70
Béatrix. — La Grenadière	1 10
La Vendetta. — Une double Famille	» 50

6e VOLUME

	fr. c.
Les Deux Poètes	» 50
Un grand Homme de Province. — La Femme abandonnée	1 10
Ève et David. — Facino Cane	» 70
Albert Savarus. — Le Réquisitionnaire. — Le Message	» 50
Le Martyr calviniste	» 70
Les Ruggieri. — Melmoth réconcilié	» 50
Séraphita. — Le Bal de Sceaux	» 70

7e VOLUME

	fr. c.
Le Médecin de campagne. — Les Adieux	» 90
Le Curé de village. — La Bourse	» 90
Les Chouans	1 10
Mémoires de deux jeunes mariées. — La Maison du Chat qui pelote	» 90
Un Début dans la vie. — Maître Cornélius	» 70

8e VOLUME

	fr. c.
Le Contrat de mariage	» 50
Modeste Mignon	» 90
Paris marié	» 20
La dernière Incarnation de Vautrin. — L'Auberge rouge	» 70
Honorine. — Les Marana	» 70
Théâtre Complet. — Mercadet. — La Marâtre. — Paméla Giraud. — Les Ressources de Quinola. — Vautrin	1 50

ŒUVRES DE JEUNESSE

9e VOLUME

	fr. c.
L'Héritière de Birague	» 90
Jean-Louis	» 90
La Dernière Fée	» 70
Le Vicaire des Ardennes	» 90
L'Israélite	1 10

10e VOLUME

	fr. c.
Argow le Pirate	» 90
Jane la Pâle	» 90
Le Centenaire	» 90
Dom Gigadas	» 90
L'Excommunié	» 90

ÉMILE COLIN, IMPRIMERIE DE LAGNY (S.-ET-M.)

ŒUVRES ILLUSTRÉES D'ALEXANDRE DUMAS

Magnifique édition ornée d'un grand nombre de gravures, dans le texte et hors texte, par MM. DE NEUVILLE, J.-A. BEAUCÉ, G. STAAL, PHILIPPOTEAUX, ANDRIEUX, CÉLESTIN NANTEUIL, GÉRARD SÉGUIN, etc., etc.

Prix de chaque volume : 4 fr.

Les Trois Mousquetaires	2
Vingt Ans après	3
Le Vicomte de Bragelonne	3
Le Comte de Monte-Cristo	6
Le Chevalier de Maison-Rouge	1
La Reine Margot	2
La Dame de Montsoreau	3
Les Quarante-Cinq	3
Le Chevalier d'Harmental	2
Une fille du Régent	1
Le Trou de l'Enfer	1
Impressions de Voyage en Suisse	3
Quinze Jours au Sinaï	1
Pauline de Meulien. — Les Aventures de Lyderic. — Jacques Ier et Jacques II	1
Les Mille et un Fantômes. — Pascal Bruno	1
Les Frères Corses. — Othon l'Archer	1
La Femme au Collier de velours. — Le Capitaine Marion. — La Junon	1
Les Mariages du Père Olifus. — Les Médicis	1
Blanche de Beaulieu. — Un Bal masqué. — Le Cocher de cabriolet. — Bernard. — Cherubino et Celestini. — Histoire d'un Mort racontée par lui-même. — Une Ame à naître. — La Main droite du sire de Giac. — Don Martinn de Freytass	1
Le Capitaine Paul. — Murat. — Le Kent. — Pierre le Cruel. — Don Bernardo de Zuniga	1
Une vie d'Artiste. — Chronique de Charlemagne. — Praxède	1
L'Histoire de la Peinture. — Léonard de Vinci. — Masaccio de San Giovanni. — Le Pérugin. — Jean Belin. — Luca Cranach. — Albert Durer. — Fra Bartolomeo. — André de Mantegna. — Pinturiccio. — Baldassare Peruzzi. — Giorgione. — Quentin Metsys. — Les deux Etudiants de Bologne	1
Les Compagnons de Jehu	2

La même édition, sans gravures hors texte, chaque volume, prix .... 2 »

ŒUVRES ILLUSTRÉES DE GEORGE SAND

Magnifique édition ornée d'un grand nombre de gravures, par MM. TONY JOHANNOT et MAURICE SAND.

A 4 francs le volume.

CHAQUE OUVRAGE SE VEND SÉPARÉMENT

PREMIER VOLUME	
La Mare au Diable. — André	1 50
Mauprat	1 50
Le Compagnon du Tour de France	1 80
DEUXIÈME VOLUME	
La Petite Fadette	» 90
Le Péché de M. Antoine	1 75
Valentine	1 50
TROISIÈME VOLUME	
François le Champi	» 90
Les Mosaïstes	» 90
Indiana	1 50
Jeanne	» 90
QUATRIÈME VOLUME	
Le Meunier d'Angibault	» 90
Teverino	» 90
Horace	» 90
Leone Leoni	» 70
Pauline	» 50
CINQUIÈME VOLUME	
Lucrezia Floriani. — Le Château des Désertes. — Lavinia	1 75
Isidora	» 90
Jacques	1 50
SIXIÈME VOLUME	
Le Piccinino	1 95
La dernière Aldini	» 90
Simon	» 70
Le Secrétaire intime	» 90
SEPTIÈME VOLUME	
Lélia	1 95
L'Uscoque	» 90
Jean Ziska. — Mattéa. — La Vallée noire. — Visite aux Catacombes	» 90
Gabriel	» 70
HUITIÈME VOLUME	
Consuelo — 1re partie	» 90
— 2e —	» 90
— 3e —	» 90
Les Mississipiens	» 50
Kourroglou	» 50
Procope le Grand	» 20
NEUVIÈME VOLUME	
La Comtesse de Rudolstadt. 1re partie	» 90
2e —	» 90
Le Voyage à Majorque	» 90
Spiridion	1 10
Metella	» 90

OUVRAGES DIVERS ILLUSTRÉS

L'ABBÉ CONSTANTIN

Par LUDOVIC HALÉVY. Un beau volume gr. in-8 col., illustré d'aquarelles par Mme Madeleine Lemaire.......... 15 »
Demi-reliure d'amateur.......... 20 »

L'AFRIQUE OCCIDENTALE

Nouvelles aventures de chasse et de voyage, par PAUL DU CHAILLU. Un volume in-8, illustré de gravures dans le texte et hors texte. 8 »
Reliure toile.......... 10 50
Demi-reliure chagrin.......... 12 »

L'AFRIQUE SAUVAGE

Nouvelles excursions au pays des Ashangos, par PAUL DU CHAILLU. Un vol. in-8, ill. de nomb. grav. 8 »
Reliure toile.......... 10 50
Demi-reliure chagrin.......... 12 »

A PIED, A CHEVAL, EN VOITURE

Par PAUL GÉRUZEZ. Un beau vol. in-16 col. avec illustrations de CRAFTY, broché.......... 6 »

AUTOUR DU TONKIN

Par HENRI PH. D'ORLÉANS. Un vol. in-8 cavalier, avec illustrations et cartes.......... 7 50

LE CAPITAINE PAMPHILE

Par ALEXANDRE DUMAS. Un beau vol. grand in-8, illustré par BERTALL, de 103 vignettes.... 8 »
Reliure toile.......... 10 »
Demi-reliure chagrin.......... 12 »

LE 101e RÉGIMENT

Par JULES NORIAC. Un vol. gr. in-16, illustré de 84 dessins.... 5 »
Demi-reliure chagrin.......... 7 »

CHANTS DU SOLDAT

Par PAUL DÉROULÈDE. Un beau vol. in-8, illustré d'aquarelles, par ALPHONSE DE NEUVILLE, EDOUARD DETAILLE, HENRI PILLE, WORMS, BOUTIGNY, G. FRAIPONT, GIRARDET, MERWART, MAISONNEUVE, PICARD, etc.... 15 »
Demi-reliure.......... 20 »

LA CHASSE AU LION

Par JULES GÉRARD, *le Tueur de lions*. Un vol. gr. in-8 jésus, ill. par G. DORÉ et DE NEUVILLE. 8 »
Reliure toile.......... 10 50
Demi-reliure chagrin.......... 12 »

LES CHASSEURS

Par GYP. Dessins de CRAFTY. Un vol. in-4.......... 20 »
Cartonné.......... 24 »
Demi-chagrin.......... 25 »
Demi-reliure d'amateur.......... 27 »

LE CHEVALIER NOIR

Par MARY LAFON. Un beau vol. gr. in-8 jésus, ill. par G. DORÉ. 8 »
Reliure toile.......... 10 50
Demi-reliure chagrin.......... 12 »

LA CHINE

Par LAURENCE OLIPHANT. Traduction et introduction par M. GUIZOT. Un beau volume gr. in-8 jésus, illustré.......... 8 »
Reliure toile.......... 10 50
Demi-reliure chagrin.......... 12 »

CHRONIQUE DU RÈGNE DE CHARLES IX

Par PROSPER MÉRIMÉE, un magnifique volume in-8, illustré par E. TOUDOUZE, 102 gravures sur bois.......... 15 »
Reliure toile.......... 20 »

CLIO

Par ANATOLE FRANCE. Un beau volume in-16 colombier, avec illustrations en couleurs par MUCHA. Prix broché.......... 6 »

COLOMBA

Par PROSPER MÉRIMÉE. Un beau volume in-16 col. Illustrations de VUILLIER, gravées sur bois par ROMAGNOL, broché.......... 6 »

CINQ-MARS

Par ALFRED DE VIGNY. Un beau volume in-8 jésus, illustré par FERDINANDUS.......... 5 »
Reliure toile.......... 7 50
Demi-reliure chagrin.......... 9 »

CONTES D'UNE VIEILLE FILLE A SES NEVEUX

Par Mme Emile de Girardin. Un beau volume grand in-8 jésus, illustré par Gustave Doré.... 8 »
Reliure toile.................... 10 50
Demi-reliure chagrin................ 12 »

CONTES D'UN VIEIL ENFANT

Par Feuillet de Conches. Un beau volume grand in-8 jésus, illustré par Morin............ 8 »
Richement relié................ 12 »

LA DAME DE BOURBON

Par Mary Lafon. Un volume grand in-16, illustré par Morin. 5 »
Reliure toile.................... 6 50
Demi-reliure chagrin............ 7 »

LE DROIT CHEMIN

Par Emile Souvestre. Un volume gr. in-8, illustré par Fath..... 8 »
Reliure toile.................... 10 50
Demi-reliure chagrin............ 12 »

LE FAUST DE GŒTHE ET LE SECOND FAUST

Traduction de Gérard de Nerval. Edit. illustr. par Tony Johannot. Un beau vol. gr. in-8 jésus. 8 »
Reliure toile.................... 10 50
Demi-reliure chagrin............ 12 »

FIERABRAS

Par Mary Lafon. Un beau vol. grand in-8 jésus, illustré par Gustave Doré.............. 8 »
Demi-reliure chagrin............ 12 »

LA FILLE AUX YEUX D'OR

Par Honoré de Balzac. Cette édition, d'un luxe exceptionnel, n'a été tirée qu'à 300 exemplaires tous numérotés. Les illustrations, au nombre de 32, sont la reproduction fidèle, par l'héliogravure en couleur, des aquarelles de H. Gervex, donnant absolument l'illusion des originaux. Un beau volume in-8 grand col. Prix broché....... 200 »

LA FORÊT ENCHANTÉE

Par Lucien Perey, un album illustré avec couverture aquarelle. 6 »

FRANÇOIS LE CHAMPI

Par George Sand. Un beau vol. in-8, illustré d'aquarelles par Eug. Burnand................ 15 »
Demi-reliure.................... 20 »

HISTOIRE DE LA POSTE AUX LETTRES ET DU TIMBRE-POSTE

Par Arthur de Rothschild. Un beau vol. grand in-8, illustré par Bertall.................. 20 »
Reliure toile, plaque spéciale... 25 »

HISTOIRE DE MES BÊTES

Par Alexandre Dumas. Un beau vol. grand in-8 raisin, illustré par Adrien Marie............ 8 »
Reliure toile.................... 10 »
Demi-reliure chagrin............ 12 »

UN HIVER EN LAPONIE

Par Paul du Chaillu. Un beau vol. grand in-8, illustré d'un grand nombre de vignettes... 15 »
Reliure toile.................... 18 »
Demi-reliure chagrin............ 20 »

ILKA

Par Alexandre Dumas Fils. 1 vol. in-16 col., illustr. de Marold. Gravées sur bois par Romagnol. Broché................ 6 »

LE JAPON

Par Laurence Oliphant. Traduction par M. Guizot. Un beau vol. grand in-8 jésus, illustré.. 8 »
Reliure toile.................... 10 50
Demi-reliure chagrin............ 12 »

JÉROME PATUROT

A LA RECHERCHE DE LA MEILLEURE DES RÉPUBLIQUES

Par Louis Reybaud, illustré par Tony Johannot. Un beau vol. très grand in-8............... 30 »
Demi-reliure chagrin............ 35 »

JOURNAL D'UN HOMME HEUREUX

(*Ouv. couronné par l'Acad. franç.*).

Par Emile Souvestre. Un vol. grand in-8 jésus, illustré d'un grand nombre de gravures.... 8 »
Reliure toile.................... 10 50
Demi-reliure chagrin............ 12 »

JULIA DE TRÉCŒUR

Par Octave Feuillet. Un beau volume in-16 col. Illustrations de Marchetti, gravées sur bois par J. Huyot, broché......... 6 »

MA COUSINE POT-AU-FEU

Par Léon de Tinseau. Un vol. in-8 jésus, illustré par Paul Destez, broché............... 10 »
Reliure toile.................. 15 »

LA MAISON DE L'EMPEREUR

Par le Duc de Conégliano. Un beau volume in-8 col. avec 14 héliogravures d'après des documents du temps. Prix broché......................... 15 »

LES MAITRES DE L'ART FRANÇAIS CONTEMPORAIN

Magnifique album in-folio. Reliure toile..................... 20 »

LE MARIAGE DE LOTI

Par Pierre Loti. Illustrations de l'auteur et de Georges Robaudi. Un beau volume de luxe in-8 jésus. Prix broché... 25 »
Demi-reliure, Bradel........... 30 »

UN MARIAGE D'AMOUR

Par Ludovic Halévy. Chaque page encadrée d'un dessin à la plume par Gédé. Un volume in-16 col. Prix broché........ 6

MA SŒUR HENRIETTE

Par Ernest Renan. Un beau vol. in-16 col. avec héliogravures d'après Henri Scheffer et Ary Renan.................. 6 »

LES MERVEILLES DE LA NUIT DE NOEL

Récits fantastiques du foyer breton, par Emile Souvestre, illustré par Johannot, Penguilly, Leleux, Fortin et Saint-Germain. Un beau vol. grand in-8.................... 8 »
Reliure toile.................... 10 50
Demi-reliure chagrin............ 12 »

MERVEILLES DE L'ART MODERNE

Magnifique album in-folio. Reliure toile..................... 18 »

MISSION DE PHÉNICIE (1860-1862)

Par Ernest Renan. Cet ouvrage se compose d'un volume in-4 de texte de 888 pages et d'un volume in-folio de planches, composé de 70 planches, un titre et une table des planches. 200 »
Reliure toile avec titres....... 225 »

MUSÉE DES BEAUX-ARTS

Magnifique album in-folio. Reliure toile..................... 18 »
Le même, tranches dorées....... 20 »

NOTRE-DAME DE PARIS

Par Victor Hugo. Un beau vol. grand in-8, splendidement illustré........................ 8 50

LE PAYS DU SOLEIL DE MINUIT

Par Paul du Chaillu. Un beau vol. grand in-8, illustré....... 15 »
Reliure toile.................... 18 »
Demi-reliure chagrin........... 20 »

PÊCHEUR D'ISLANDE

Par Pierre Loti. Un beau vol. in-8 jésus, illustré par E. Rudeaux, broché................ 15 »
Reliure toile.................... 20 »

PETIT BLEU

Par Gyp. Edition de luxe in-16 col. avec illustr. de Marold. Broché...................... 6 »

LES PLAISIRS ET LES JOURS

Par Marcel Proust. Un beau vol. in-8 jésus. Illustrations de Mme Madeleine Lemaire. Broché............................ 15 »

POÉSIES MILITAIRES

Par Paul Déroulède. 1 vol. in-16 col. Illustr. de Jeanniot. Gravées sur bois par Clément Bellenger et E. Froment. Broché. 6 »

LA POUPÉE

Par Edouard Pailleron. Un album in-8, ill. par Adrien Marie. 5 »

PROMENADE EN AMÉRIQUE

Par J.-J. Ampère. Un beau vol. gr. in-8, ill. par Adrien Marie. 8 »
Reliure toile.................... 10 50
Demi-reliure chagrin........... 12 »

QUATRE-VINGT-TREIZE

Par Victor Hugo. Un beau vol. gr. in-8, splendidement illustré. 6 »

RÉCITS DE CAMPAGNE

Par le duc d'Orléans, un beau volume in-8 jésus, illustré de 250 gravures sur bois......... 20 »
Reliure toile.................... 25 »

LE ROYAUME DES ENFANTS

Scènes de la vie de famille, par Mme Molinos-Lafitte. Un beau volume grand in-8 jésus, illustré par Fath................ 6 »
Demi-reliure chagrin........... 10 »

SCÈNES DU JEUNE AGE

Par Sophie Gay. Un beau vol. grand in-8 jésus, illustré...... 6 »
Reliure toile.................... 8 »
Demi-reliure chagrin........... 10 »

SOUVENIRS DE LA NOUVELLE-CALÉDONIE

Par Henri Rivière. Un beau vol. grand in-8, illustré par Férat. 8 »
Reliure toile.................... 10 »
Demi-reliure chagrin........... 12 »

TAILLEVENT

Par Ferdinand Fabre. Un beau volume gr. in-8 jésus, illustrations de Georges Roux....... 15 »
Reliure spéciale................ 20 »

TARTARIN SUR LES ALPES

Par Alphonse Daudet. Un beau vol. gr. in-8 illust. d'aquarelles, par Aranda, de Beaumont, Montenard, Myrbach et Rossi. Broché avec couverture illust. 15 »
Demi-reliure, tête dorée......... 20 »

THÉATRE D'ÉMILE AUGIER

Chaque pièce formant un volume de grand luxe, sur papier vergé, avec illustrations dans le texte et hors texte, de Guillaume Dubufe, reproduites à l'eau-forte par Morse.

Pièces parues :

L'aventurière, comédie en 4 actes, en vers. Broché.......... 20 »
La ciguë, comédie en 2 actes, en vers. Broché................. 10 »
Gabrielle, comédie en 5 actes, en vers. Broché.............. 20 »
Un homme de bien, comédie en 3 actes, en vers. Broché...... 15 »
Le joueur de flute, comédie en 1 acte, en vers. Broché....... 10 »
Sapho, opéra en 4 actes, en vers. Broché...................... 10 »

THÉATRE CHOISI

De Eugène Labiche. Un beau vol. grand in-8 jésus, nombreuses illustrations par S. Arcos..... 15 »
Reliure spéciale................ 20 »

DU TONKIN AUX INDES

Par le Prince Henri d'Orléans. Un beau volume in-8 col., illustrations de G. Vuillier. Prix broché........................ 20 »

LES TROIS DAMES DE LA KASBAH

Par Pierre Loti. Un beau vol. in-16 col. Photographies directes de Gervais Courtellemont, broché................. 6 »

LES TROIS MOUSQUETAIRES

Par Alexandre Dumas. Deux beaux volumes in-8 colombier, 250 illustrations de Maurice Leloir, broché................ 50 »
Demi-reliure amateur.......... 75 »

VIE DE JÉSUS

Par Ernest Renan. Un beau vol. grand in-8 jésus, splendidement illustré par Godefroy Durand. 4 »
Reliure toile.................... 6 50
Demi-reliure chagrin........... 7 »

VOYAGE AU PAYS DES MINES D'OR

(Le Klondyke), par Auzias-Turenne, avec 40 illustrations et 2 cartes. Broché............ 4 »

VOYAGES ET AVENTURES DANS L'AFRIQUE ÉQUATORIALE

Mœurs et coutumes des habitants. — Chasses au gorille, au crocodile, au léopard, à l'éléphant, à l'hippopotame, etc., par Paul du Chaillu, avec illustrations et cartes. Un beau volume très grand in-8 jésus. 25 »
Demi-reliure chagrin........... 30 »

ZERBELINE ET ZERBELIN

Par Lucien Perey. Un album illust. avec couverture aquarelle......................... 5 »
Relié.......................... 6 50

ŒUVRES DE GAVARNI

34 MAGNIFIQUES ALBUMS IN-FOLIO LITHOGRAPHIÉS ET IMPRIMÉS AVEC LE PLUS GRAND SOIN PAR LEMERCIER

Chaque Album, prix : 4 fr. La collection complète, reliée en 4 gros volumes, demi-chagrin, toile rouge, dorés sur tranches. Prix : 160 fr.

LES PARTAGEUSES. 40 lithographies ..... 16 »
LES MARIS ME FONT TOUJOURS RIRE. 30 lithographies ..... 12 »
LES LORETTES VIEILLIES. 30 lithographies ..... 12 »
LES INVALIDES DU SENTIMENT. 30 lithographies ..... 12 »
HISTOIRE DE POLITIQUER. 30 lithographies ..... 12 »
LES PARENTS TERRIBLES. 20 lithographies ..... 8 »
PIANO. 10 lithographies ..... 4 »
LES BOHÊMES. 20 lithographies ..... 8 »
ÉTUDES D'ANDROGYNES. 10 lithographies ..... 4 »
LES ANGLAIS CHEZ EUX. 20 lithographies ..... 8 »
MANIÈRE DE VOIR DES VOYAGEURS. 10 lithographies ..... 4 »
LES PROPOS DE THOMAS VIRELOQUE. 20 lithographies ..... 8 »
HISTOIRE D'EN DIRE DEUX. 10 lithographies ..... 4 »
LES PETITS MORDENT. 10 lithographies ..... 4 »
LE MANTEAU D'ARLEQUIN. 10 lithographies ..... 4 »
LA FOIRE AUX AMOURS. 10 lithographies ..... 4 »
L'ÉCOLE DES PIERROTS. 10 lithographies ..... 4 »
CE QUI SE FAIT DANS LES MEILLEURES SOCIÉTÉS. 10 lithograph. 4 »
MESSIEURS DU FEUILLETON. 9 lithographies ..... 4 »

Chaque Album, de 10 lithographies, se vend séparément, broché : 4 fr.

ŒUVRES ILLUSTRÉES DE CHAM

L'ASSEMBLÉE NATIONALE COMIQUE

180 dessins inédits de CHAM, texte par A. LIREUX. Un volume très grand in-8, 20 fr. Demi-reliure chagrin, plats toile, doré sur tranches : 25 fr.

ALBUMS COMIQUES

Chaque Album,
avec une jolie couverture gravée, contenant 60 dessins d'actualités : 1 fr.

CASCADES DRAMATIQUES.
L'ARITHMÉTIQUE ILLUSTRÉE.
BOUFFONNERIES DE L'EXPOSITION.
LE CALENDRIER.
CES PETITES DAMES ET CES JOLIS PETITS MESSIEURS.
CES DIABLES DE PARISIENS.
CROQUIS VARIÉS.
FARIBOLES.
FOLIES PARISIENNES.
NADAR JURY AU SALON.
SALON DE 1857.

DOUZE ANNÉES COMIQUES

Magnifique Album, grand in-8, contenant 1000 dessins, avec une préface par LUDOVIC HALÉVY. Reliure toile, fers spéciaux : 20 fr.

LES FOLIES PARISIENNES

Magnifique Album, grand in-8, contenant 1000 dessins, avec une préface par GÉROME. Reliure toile, fers spéciaux : 20 fr.

TABLE DE LA PREMIÈRE PARTIE

DEUXIÈME PARTIE :

Les chefs-d'œuvre du théâtre moderne. — Extraits du catalogue, 1re partie.
Pièces grand in-18, édition de luxe. — Pièces grand in-8° à deux colonnes.
Répertoire du théâtre italien. — Bibliothèque dramatique, gr. in-18.
Pièces de théâtre in-4°.
Pièces faciles à jouer en société. — Pièces nouvelles.

CALMANN LÉVY, ÉDITEUR

LES CHEFS-D'ŒUVRE DU THÉATRE MODERNE

Collection des pièces de théâtre les plus célèbres dans tous les genres, représentées depuis trente ans sur les principales scènes de Paris.

DEUX BEAUX ET GRANDS VOLUMES IN-4° .... 16 fr.
RELIÉ EN 1 VOLUME .... 18 fr.

Cet ouvrage contient : *l'Honneur et l'Argent*, de PONSARD; — *Gabrielle*, d'ÉMILE AUGIER; — *François le Champi*, de GEORGE SAND; — *le Roman d'un jeune homme pauvre*, d'OCTAVE FEUILLET; — *Mademoiselle de la Seiglière*, de J. SANDEAU; — *le Demi-Monde*, d'ALEXANDRE DUMAS FILS; — *les Faux Bonshommes*, de THÉODORE BARRIÈRE; — *Nos intimes!* de VICTORIEN SARDOU; — *le Duc Job*, de LÉON LAYA; — *la Joie fait peur*, de MADAME DE GIRARDIN; — *la Grande-Duchesse de Gérolstein*, de HENRI MEILHAC et LUDOVIC HALÉVY; — *le Supplice d'une femme*, de *** — ainsi que les meilleures pièces de : EDMOND ABOUT — BALZAC — ANICET-BOURGEOIS — CASIMIR DELAVIGNE — CAMILLE DOUCET — ALEXANDRE DUMAS — D'ENNERY — PAUL FÉVAL — GOZLAN — LABICHE — LAMBERT-THIBOUST — LEGOUVÉ — MALLEFILLE — MAQUET — MÉRY — ALFRED DE MUSSET — MURGER — SAINT-GEORGES — SCRIBE — SOULIÉ — EUGÈNE SUE — etc., etc.

ÉDITION DE LUXE SUR GRAND PAPIER

PRIX : 4 FRANCS

L'Abbesse de Jouarre (3 fr.)
Antigone.
L'Autre.
Cabotins.
Caliban (3 fr).
Charlotte Corday.
Christiane.
Conjurat. d'Amboise.
La Contagion.
Daniel Rochat.
Denise.
Les Deux Sœurs.
Eau de Jouvence (3 fr.)
L'Étrangère.
Les Faux Ménages.
La Femme de Claude.
Fernande.
Le Fils de Giboyer.
Formosa.
Les Fourchambault.
Francillon.
Froufrou.
Gaëtana.
Galilee.
La Haine.
Helène.
Idées de Mme Aubray.
Jean de Thommeray.
Julie.
Le Lion amoureux.
Lions et Renards.
La Lutte pour la vie.
Madame Caverlet.
Madame Desroches.
Malheur aux vaincus.
Marion Delorme.
Marquis de Villemer.
Monde où l'on s'ennuie
Monsieur Alphonse.
Paul Forestier.
Patrie.
Le Prince d'Aurec.
Princesse de Badgad.
Princesse Georges.
Rabagas.
Saül.
Seraphine.
La Souris.
Le Sphinx.
Suppl. d'une femme.
Touss. Louverture (5 f.)
Tragaldabas.
Les Trois Amants (3 f.)
Vercingétorix

THÉATRE COMPLET DE F. PONSARD

Trois beaux volumes grand in-8° jésus, imprimés par Claye........... 22 fr. 50 c.

DRAMES ET COMÉDIES DE J. AUTRAN

Un beau volume grand in-8° cavalier, imprimé par Claye............. 6 fr.

CALMANN LÉVY, ÉDITEUR

THÉATRE COMPLET D'ÉMILE AUGIER

CHAQUE VOLUME SE VEND SÉPARÉMENT 3 FR. 50 C.

1er VOLUME

La Ciguë. — Un Homme de bien. — L'Aventurière. — Gabrielle. — Le Joueur de flûte.— Sapho.

2e VOLUME

Philiberte. — La Jeunesse. — Diane. — Paul Forestier.

3e VOLUME

Le Gendre de M. Poirier. — La Pierre de touche. — Ceinture dorée. — Le Mariage d'Olympe.

4e VOLUME

Les Lionnes pauvres. — Un beau Mariage. — Les Effrontés.

5e VOLUME

Le Fils de Giboyer. — Le Post-scriptum. — L'Habit vert. — La Contagion.

6e VOLUME

Maître Guérin. — Lions et Renards. — Madame Caverlet.

7e VOLUME

Jean de Thommeray. — Les Fourchambault. — Le Prix Martin.

THÉATRE COMPLET D'ALEXANDRE DUMAS

CHAQUE VOLUME SE VEND SÉPARÉMENT 1 FRANC.

Franco par la poste, 1 fr. 25.

1er VOLUME

Comment je devins auteur dramatique. — La Chasse et l'Amour. — La Noce et l'Enterrement. —Henri III et sa Cour. — Christine.

2e VOLUME

Napoléon Bonaparte.— Antony. — Charles VII chez ses grands vassaux.

3e VOLUME

Richard Darlington. — Térésa. — Le Mari de la veuve.

4e VOLUME

La Tour de Nesle. — Angèle. — Catherine Howard.

5e VOLUME

Don Juan de Marana.— Kean.— Piquillo.

6e VOLUME

Caligula. — Paul Jones. — L'Alchimiste.

7e VOLUME

Mademoiselle de Belle-Isle. — Un Mariage sous Louis XV.— Lorenzino.

8e VOLUME

Halifax. — Les Demoiselles de Saint-Cyr. — Louise Bernard.

9e VOLUME

Le Laird de Dumbiky. — Une Fille du Régent.

10e VOLUME

La Reine Margot. — Intrigue et Amour.

11e VOLUME

Le Chevalier de Maison-Rouge.— Hamlet. — Le Cachemire vert.

12e VOLUME

Monte-Cristo. — (1re partie). — Monte-Cristo (2me partie).

13e VOLUME

Le Comte de Morcerf (3me partie de Monte-Cristo). — Villefort (4me partie de Monte-Cristo).

14e VOLUME

La Jeunesse des mousquetaires.— Les Mousquetaires.

15e VOLUME

Catilina. — Le Chevalier d'Harmental.

16e VOLUME

La Guerre des femmes. — Le Comte Hermann. — Trois Entr'actes pour l'*Amour médecin*.

17e VOLUME

Urbain Grandier. — Le Vingt-Quatre Février. — La Chasse au Chastre.

18e VOLUME

La Barrière de Clichy. — Le Vampire.

19e VOLUME

Romulus. — La Jeunesse de Louis XIV. — Le Marbrier.

20e VOLUME

La Conscience. — L'Orestie. — La Tour Saint-Jacques.

21e VOLUME

Le Verrou de la reine. — L'Invitation à la valse.—Les Forestiers

22e VOLUME

L'Honneur est satisfait.—Le Roman d'Elvire.—L'Envers d'une conspiration.

23e VOLUME

Le Gentilhomme de la montagne. — La Dame de Monsoreau.

24e VOLUME

Les Mohicans de Paris.— Gabriel Lambert.

25e VOLUME

Madame de Chamblay. — Les Blancs et les Bleus.— Simples lettres sur l'Art dramatique.

CALMANN LÉVY, ÉDITEUR

THÉATRE COMPLET D'ALEXANDRE DUMAS FILS

CHAQUE VOLUME SE VEND SÉPARÉMENT 3 FR. 50 C.

1er VOLUME

La Dame aux camélias. — Diane de Lys. — Le Bijou de la Reine.

2e VOLUME

Le Demi-monde. — La Question d'argent.

3e VOLUME

Le Fils naturel. — Le Père prodigue.

4e VOLUME

L'Ami des femmes. — Les Idées de Madame Aubray.

5e VOLUME

Une Visite de noces. — La Princesse Georges. — La Femme de Claude.

6e VOLUME

Monsieur Alphonse. — L'Étrangère.

7e VOLUME

La Princesse de Bagdad. — Denise. — Francillon.

8e VOLUME

Notes.

THÉATRE DES AUTRES

1er VOLUME

Un Mariage dans un Chapeau. — Le Supplice d'une Femme. — Héloïse Paranquet.

2e VOLUME

Le Filleul de Pompignac. — Les Danicheff. — La Comtesse Romani.

THÉATRE COMPLET D'OCTAVE FEUILLET

CHAQUE VOLUME SE VEND SÉPARÉMENT 3 FR. 50 C.

1er VOLUME

Un Bourgeois de Rome. — Le Pour et le Contre. — La Crise. — Péril en la demeure. — Le Village. — La Fée. — Le Roman d'un jeune homme pauvre.

2e VOLUME

Le Cheveu blanc. — La Tentation. — Rédemption. — Montjoie.

3e VOLUME

La Belle au bois dormant. — Le Cas de Conscience. — Julie. — Dalila. — L'acrobate.

4e VOLUME

Le Sphinx. — Un Roman parisien. — La Partie de dames. — Chamillac.

5e VOLUME

Échec et Mat. — York. — Palma ou la Nuit du Vendredi-Saint. — La Vieillesse de Richelieu.

CALMANN LÉVY, ÉDITEUR

THÉATRE COMPLET D'EDMOND GONDINET

CHAQUE VOLUME SE VEND SÉPARÉMENT 3 FR. 50 C.

1er VOLUME

Gavaud-Minard et Cie. — Christiane. — La Cravate blanche. Tête de Linotte.

2e VOLUME

Le Panache. — Jonathan. — Les Grandes Demoiselles. — Le Tunnel. — Oh! Monsieur.

3e VOLUME

Le plus Heureux des Trois. — Les Révoltées. — Le Club. — Les Convictions de Papa.

4e VOLUME

Le Homard. — Le Chef de Division. — Les Grands Enfants. — L'Alouette.

5e VOLUME

Un Voyage d'agrément. — Libres! — Les Tapageurs.

6e VOLUME

Un Parisien. — Clara Soleil. — Le Roi l'a dit. — A Molière!

THÉATRE COMPLET D'EUGÈNE LABICHE

CHAQUE VOLUME SE VEND SÉPARÉMENT 3 FR. 50 C.

1er VOLUME

Un Chapeau de paille d'Italie. — Le Misanthrope et l'Auvergnat. — Edgard et sa bonne. — La Fille bien gardée. — Un jeune homme pressé. — Deux papas très bien. — L'Affaire de la rue de Lourcine.

2e VOLUME

Le Voyage de M. Perrichon. — La Grammaire. — Les Petits Oiseaux. — La Poudre aux yeux. — Les Vivacités du capitaine Tic.

3e VOLUME

Célimare le bien-aimé. — Un monsieur qui prend la mouche. — Frisette. — Mon Isménie. — — J'invite le colonel. — Le Baron de Fourchevif. — Le Club champenois.

4e VOLUME

Moi. — Les Deux Timides. — Embrassons-nous, Folleville! — Un garçon de chez Véry. — Les Suites d'un premier lit. — Maman Sabouleux. — Les Marquises de la fourchette.

5e VOLUME

La Cagnotte. — La Perle de la Cannebière. — Le Premier Pas. — Un gros mot. — Le Choix d'un gendre. — Les 37 sous de M. Montaudoin.

6e VOLUME

Le plus heureux des trois. — La Commode de Victorine. — L'Avare en gants jaunes. — La Sensitive. — Le Cachemire X. B. T.

7e VOLUME

Les Trente Millions de Gladiator. — Le Petit Voyage. — 29 degrés à l'ombre. — Le Major Cravachon. — La Main leste. — Un pied dans le crime.

8e VOLUME

Les Petites Mains. — Deux merles blancs. — La Chasse aux corbeaux. — Un monsieur qui a brûlé une dame. — Le Clou aux maris.

9e VOLUME

Doit-on le dire? — Les Noces de Bouchencœur. — La Station Champbaudet. — Le Point de mire.

10e VOLUME

Le Prix Martin. — J'ai compromis ma femme. — La Cigale chez les fourmis. — Si jamais je te pince! — Un mari qui lance sa femme.

CALMANN LÉVY, ÉDITEUR

PIÈCES DE THÉATRE DIVERSES

ÉDITION DE LUXE

fr. c.

EDMOND ABOUT

LE CAPITAINE BITTERLIN, com. 1 acte.. 1 50
GAETANA, drame en 5 actes. .... 2 »
GUILLERY, comédie en 3 actes *(épuisée)* 5 »
UN MARIAGE DE PARIS, com. en 3 actes. 2 »
RISETTE, comédie en 1 acte......... 1 50

ÉMILE AUGIER
de l'Académie française

L'AVENTURIÈRE com. en 4 act., en vers. 2 »
UN BEAU MARIAGE, comédie en 5 actes. 2 »
CEINTURE DORÉE, comédie en 3 actes. 2 »
LA CIGUE, comédie en 2 actes, en vers. 1 50
LA CONTAGION, comédie en 5 actes.. 2 »
DIANE, drame en 5 actes, en vers... 2 »
LES EFFRONTÉS, comédie en 5 actes... 2 »
LE FILS DE GIBOYER, com. en 5 actes.. 2 »
LES FOURCHAMBAULT, com. en 5 actes. 2 »
GABRIELLE, comédie en 5 a., en vers.. 2 »
LE GENDRE DE M. POIRIER, com. en 4 a. 2 »
L'HABIT VERT, proverbe en 1 acte... 1 50
L'HOMME DE BIEN, com. en 3 ac., en v. 2 »
JEAN DE THOMMERAY, com. en 5 actes.. 2 »
LA JEUNESSE, com. en 5 actes, en vers. 2 »
LIONS ET RENARDS, comédie en 5 actes. 2 »
LES LIONNES PAUVRES, com. en 5 actes. 2 »
MADAME CAVERLET, com. en 4 actes... 2 »
MAITRE GUÉRIN, comédie en 5 actes.. 2 »
LE MARIAGE D'OLYMPE, com. en 3 actes. 2 »
MÉPRISES DE L'AMOUR, c. en 5 a., en v. 1 50
PAUL FORESTIER, com. en 4 a., en vers. 2 »
PHILIBERTE, com. en 3 actes, en vers. 2 »
LA PIERRE DE TOUCHE, com. en 5 actes. 2 »
LE POST-SCRIPTUM, comédie en 1 acte. 1 50
SAPHO, opéra en 3 actes............ 1 »

H. DE BALZAC

LA MARATRE, drame en 5 actes 1 50
RESSOURCES DE QUINOLA, com. en 5 act. 1 50

TH. DE BANVILLE

LE BEAU LÉANDRE, com. en 1 ac., en v. 1 50
LE COUSIN DU ROI, com. en 1 ac., en v. 1 50
DIANE AU BOIS, com. en 2 ac., en vers. 1 50
FOURBERIES DE NÉRINE, c. en 1 a., en v. 1 50
GRINGOIRE, comédie en 1 acte....... 1 50
LA POMME, comédie en 1 acte, en vers. 1 50
SOCRATE ET SA FEMME, com. en 1 acte, en vers 1 50

THÉODORE BARRIÈRE

AUX CROCHETS D'UN GENDRE, c. 4 actes. 2 »
LE BOUT-DE-L'AN ET L'AMOUR, c. 1 acte 1 50
LES BREBIS GALEUSES, com. en 4 actes. 2 »
CENDRILLON, comédie en 5 actes..... 2 »
LE CHEMIN DE DAMAS, com. en 3 actes. 2 »
LE CHIC, comédie en 3 actes........ 2 »
LA COMTESSE DE SOMMERIVE, com. 3 act. 2 »
UNE CORNEILLE QUI ABAT DES NOIX, com. en 3 actes......................... 2 »
LE CRIME DE FAVERNE, drame en 5 act. 2 »
LES DEMOISELLES MONTFERMEIL, c. 3 act. 2 »
LE DÉMON DU JEU, comédie en 5 actes. 2 »
DIANAH, comédie en 2 actes.... ... 1 50
UN DUEL CHEZ NINON, com. en 1 acte.. 1 50
LES ENFANTS DE LA LOUVE, dr. en 5 a.. 2 »
LES FAUSSES BONNES FEMMES. c. 5 actes 5 »
LES FAUX BONSHOMMES. com. en 4 actes »
LE FEU AU COUVENT, comédie en 1 act. 1 50
LES FILLES DE MARBRE, com. en 5 act. 1 50
LE GASCON.......................... 2 »
LES GENS NERVEUX, comédie en 3 act.. 2 »
L'HÉRITAGE DE M. PLUMET, c. en 4 act.. 2 »
L'INFORTUNÉE CAROLINE, c. en 3 actes.. 2 »
LES IVRESSES OU LA CHANSON DE L'AMOUR, comédie en 4 actes............... 2 »
JARDINIER ET SON SEIGNEUR, op. c. 1 a. 1 »
LES JOCRISSES DE L'AMOUR, c. en 3 act. 2 »
MALHEUR AUX VAINCUS, com. en 5 act. 2 »
MANON LESCAUT, drame en 5 actes... 2 »
UN MÉNAGE EN VILLE, com. en 3 actes. 2 »
LE MÉNÉTRIER DE SAINT-WAAST, dr. 5 a. 1 »
MIDI A 14 HEURES, comédie en 1 acte. 1 50
UN MONSIEUR QUI ATTEND DES TÉMOINS, comédie en 1 acte............... 1 50
LE PAPA DU PRIX D'HONNEUR, c. en 4 a. 2 »
PARIS VENTRE A TERRE, c. en 3 actes.. 2 »
LES PARISIENS .... 2 »
LE PIANO DE BERTHE, com. en 1 acte.. 1 50

CALMANN LÉVY, ÉDITEUR

fr. c.

QUAND ON VEUT TUER SON CHIEN ..... 1 »

ROMAN D'UNE HONN. FEMME, com. 3 ac. 2 »

LE SACRILÈGE, drame en 5 actes ..... 2 »

LES SCANDALES D'HIER. com. en 3 act. 2 »

TÊTE DE LINOTTE, com. en 3 actes ... 2 »

LA VIE DE BOHÈME, comédie en 5 act. 1 50

UN VILAIN MONSIEUR, vaud. en 1 act. 1 »

ERNEST BLUM et RAOUL TOCHÉ

LES FEMMES DES AMIS, com. en 3 actes . 2 »

LES FEMMES NERVEUSES, c. en 3 actes. 2 »

MADAME MONGODIN, comédie en 3 actes. 2 »

LA MAISON TAMPONIN, com. en 3 actes.. 2 »

LOUIS BOUILHET

CONJURATION D'AMBOISE, dr. 5 a., en v. 2 »

DOLORÈS, drame en 4 actes, en vers... 2 »

FAUSTINE, drame en 5 actes......... 2 »

HÉLÈNE PEYRON, dr. 5 actes, en vers.. 2 »

MADAME DE MONTARCY, dr. en 5 a. vers. 2 »

MADEMOISELLE AISSÉ, dr. en 4 actes, v. 2 »

FRANÇOIS DE CUREL

LES FOSSILES, pièce en 4 actes ..... 2 »

L'INVITÉE, comédie en 3 actes...... 2 »

ALPHONSE DAUDET

LES ABSENTS, opéra-comique en 1 acte. 1 50

LA DERNIÈRE IDOLE, drame en 1 acte.. 1 50

FROMONT JEUNE ET RISLER AINÉ, drame en 5 actes. . . . . 2 »

LE FRÈRE AINÉ, drame en 1 acte.... 1 50

LA LUTTE POUR LA VIE, p. en 5 act. 2 »

L'ŒILLET BLANC.................... 1 50

PAUL DÉROULÈDE

L'HETMAN, drame en 5 actes, en vers.. 2 »

JUAN STRENNER, com. en 1 acte, en v. 1 »

MESSIRE DUGUESCLIN, drame en 3 actes, en vers......................... 2 »

LA MOABITE, drame en 5 actes...... 2 »

LA MORT DE HOCHE, pièce en 5 actes. . 2 »

LA PLUS BELLE FILLE DU MONDE, conte dialogué en 1 acte................. 1 »

PRO PATRIA, *stances*..... .... 1 »

CAMILLE DOUCET
de l'Académie française

LA CONSIDÉRATION, com. en 4 act., en v. 2 »

ENNEMIS DE LA MAISON, com. 3 a., en v. 2 »

LE FRUIT DÉFENDU, c. en 3 act., en vers 2 »

fr. c.

ABRAHAM DREYFUS

BATTEZ PHILIDOR...................... 1 »

CHEZ ELLE, comédie en 1 acte....... 1 50

DE 1 H. A 3 H....................... 1 50

L'INSTITUTION Ste-CATHERINE, c. en 4 a. 2 »

LE KLEPHTE, comédie en 1 acte..... 1 50

MARIAGES RICHES! com. en 3 actes.. 2 »

UN MONSIEUR EN HABIT NOIR, c. 1 acte. 1 50

NE LA TUE PAS, conférence........... 1 »

POTAGE A LA BISQUE, com. en 1 acte. 1 »

POUR SAUVER JEUNE FEMME DU MONDE, comédie en 1 acte................ 1 »

UNE RUPTURE, comédie en 1 acte.. .. 1 50

LA VICTIME, comédie en 1 acte 1 50

ALEXANDRE DUMAS

LA DAME DE MONSOREAU, dr. en 5 actes.. 2 »

— — opéra......... 2 »

L'ENVERS D'UNE CONSPIRATION, com. 5 a. 2 »

GABRIEL LAMBERT, drame en 5 actes.. 2 »

LE GENTILHOMME DE LA MONTAGNE, d. 5 a. 2 »

HAMLET, drame en vers. . . . . 2 »

JEUNESSE DE LOUIS XIV, com. en 5 act. 2 »

JEUNESSE DES MOUSQUETAIRES, d. 5 a.. 2 »

MADAME DE CHAMBLAY, dr. en 5 actes.. 1 »

LES MOHICANS DE PARIS, drame en 5. a. 2 »

ALEXANDRE DUMAS FILS
de l'Académie française

L'AMI DES FEMMES, comédie en 5 actes. 2 »

LE BIJOU DE LA REINE, c. en 1 a. en v.. 1 50

LA DAME AUX CAMÉLIAS, dr. en 5 actes. 1 50

LE DEMI-MONDE, comédie en 5 actes. 2 »

DENISE, drame en 4 actes............ 2 »

DIANE DE LYS, drame en 5 actes .... 2 »

L'ÉTRANGÈRE, comédie en 5 actes.... 2 »

LA FEMME DE CLAUDE, pièce en 3 act.. 2 »

LE FILLEUL DE POMPIGNAC, c. en 4 act.. 2 »

LE FILS NATUREL, comédie en 5 actes.. 2 »

FRANCILLON, comédie en 3 actes...... 2 »

LES IDÉES DE MADAME AUBRAY, c. 4 act. 2 »

MONSIEUR ALPHONSE, pièce en 3 actes. 2 »

LE PÈRE PRODIGUE, comedie en 5 actes. 2 »

LA PRINCESSE DE BAGDAD, com. en 3 act. 2 »

LA PRINCESSE GEORGES, pièce en 3 act. 2 »

LA QUESTION D'ARGENT, com. en 5 actes. 2 »

UNE VISITE DE NOCES, com. en 1 acte. 1 50

ARMAND DURANTIN

HÉLOISE PARANQUET, pièce en 4 actes. 2 »

OCTAVE FEUILLET
de l'Académie française

L'ACROBATE, comédie en 1 acte...... 1 50

LA BELLE AU BOIS DORMANT, com. 5 act. 2 »

PIÈCES DE THÉATRE — ÉDITION DE LUXE

fr. c.

LE CAS DE CONSCIENCE, com. en 1 acte. 1 50
CHAMILLAC, comédie en 5 actes ..... 2 »
LE CHEVEU BLANC, comédie en 1 acte. 1 50
CIRCÉ, proverbe en 1 acte.......... 1 »
LA CRISE, comédie en 4 actes........ 1 50
DALILA, drame en 6 parties.......... 2 »
LA FÉE, comédie en un acte......... 1 50
JULIE, drame en trois actes......... 2 »
MONTJOYE, comédie en 5 actes....... 2 »
LA PARTIE DE DAMES, com. en 1 acte 1 50
PÉRIL EN LA DEMEURE, com. en 2 actes. 2 »
LES PORTRAITS DE LA MARQUISE, com. pastiche, 3 tableaux.............. 1 50
LE POUR ET LE CONTRE, com. en 1 acte. 1 50
RÉDEMPTION, comédie en cinq actes. 2 »
LE ROMAN D'UN JEUNE HOMME PAUVRE, c. en 5 actes........................ 2 »
UN ROMAN PARISIEN, com. en 5 actes 2 »
LE SPHINX, drame en 4 actes........ 2 »
LA TENTATION, comédie en 5 actes.. 2 »
LE VILLAGE, comédie en 1 acte..... 1 50

PHILIPPE GILLE

CAMILLE............................ 1 50
LES CHARBONNIERS, op.-com. en 1 acte. 1 50
LA COUR DU ROI PÉTAUD, op bouffe. 1 50
LES HORREURS DE LA GUERRE, op.-com. 1 50

Mme ÉMILE DE GIRARDIN

C'EST LA FAUTE DU MARI, c. 1 act., en v 1 50
LE CHAPEAU D'UN HORLOGER, c. 1 acte 1 50
L'ÉCOLE DES JOURNALISTES, c. 5 a. en v. 1 50
FEMME QUI DÉTESTE SON MARI, c. 1 acte. 1 50
LA JOIE FAIT PEUR, comédie en 1 acte.. 1 50
JUDITH, tragédie en 3 actes, en vers. 1 »
LADY TARTUFFE, comédie en 5 actes... 2 »

ÉMILE DE GIRARDIN

LES DEUX SŒURS, drame en 4 actes. 4 »
LA FILLE DU MILLIONNAIRE, com. 3 act. 5 »
UNE HEURE D'OUBLI, com. en 1 acte. 1 »
LES HOMMES SONT CE QUE LES FEMMES LES FONT, comédie en 1 acte...... 1 »
LE MALHEUR D'ÊTRE BELLE, com. en 1 a. 1 »
LE MARIAGE D'HONNEUR, prov. en 1 act. 1 »
LE SUPPLICE D'UNE FEMME, dr. 3 actes. 2 »
LES TROIS AMANTS, comédie en 2 actes. 2 »

EDMOND GONDINET

LES AFFOLÉS............................ 2 »
L'ALOUETTE, comédie en 1 acte...... 1 50
LA BELLE MADAME DONIS, pièce en 4 act. 2 »
LES BRAVES GENS, comédie en 4 act. 2 »
LES CASCADES............................ 1 50
LE CHEF DE DIVISION, com. en 3 actes. 2 »
CHRISTIANE, comédie en 4 actes..... 2 »
LE CLUB.................................. 2 »
LE COMTE JACQUES, com. 3 a., en vers. 2 »
LA CRAVATE BLANCHE, com. 1 a., vers. 1 50
GAVAUD, MINARD ET Cie, com. en 3 act. 2 »
GILBERTE, comédie en 4 actes....... 2 »
LES GRANDES DEMOISELLES, com. en 1 a. 1 50
LE HOMARD, comédie en 1 acte...... 1 50

fr. c.

JEAN DE NIVELLE, op.-com. en 3 act. 1 »
JONATHAN, comédie en 3 actes...... 2 »
LIBRES ! drame en cinq actes....... 2 »
OH MONSIEUR ! saynète en vers...... 1 »
LE PANACHE, comédie en 3 actes.... 2 »
PANAZOL, comédie en 1 acte......... 1 50
UN PARISIEN, comédie en 3 actes . . . 2 »
PARIS CHEZ LUI, comédie en 3 actes. 2 »
LES RÉVOLTÉES, com 1 acte, en vers. 1 50
LE ROI L'A DIT, op.-com. en 3 actes. 2 »
TÊTE DE LINOTTE, com. en 3 actes.... 2 »
TANT PLUS ÇA CHANGE................ 2 »
TROP CURIEUX, com. 1 acte, en vers. 1 50
LE TONNEL, comédie en 1 acte...... 1 50
LES VICTIMES DE L'ARGENT, com. 3 actes 2 »
LES VIEILLES COUCHES................ 2 »
LE VOYAGE D'AGRÉMENT, com. en 3 actes 2 »

LÉON GOZLAN

LE COUCHER D'UNE ETOILE, com. 1 act.. 1 50
DIEU MERCI, LE COUVERT EST MIS, comédie en 1 acte..... .... 1 50
LA FIN DU ROMAN, comédie en 1 acte, 1 50
LE LION EMPAILLÉ, comedie en 2 actes. 1 50
UN PETIT BOUT D'OREILLE, com. en 1 a.
LA PLUIE ET LE BEAU TEMPS, c. 1 acte.. 1 50
UNE TEMPÊTE DANS UN VERRE D'EAU, comédie en 1 acte................ 1 50

VICTOR HUGO

LES MISÉRABLES, drame en 5 actes... 1 »
MARION DELORME, dr. en 5 act., en vers. 1 »
LE ROI S'AMUSE dr. en 5 act., en vers. 1 »
LUCRÈCE BORGIA, dr. en 5 act., en vers. 1 »
RUY BLAS, drame en 5 actes, en vers. 1 »
MARIE TUDOR, dr. en 5 act., en prose. 1 »
ANGÉLO, drame en 4 actes, en prose. 1 »
LES BURGRAVES, dr. en 3 act, en vers 1 »
HERNANI, drame en 5 actes........... 1 »

EUG. LABICHE
de l'Académie française.

L'AFFAIRE DE LA RUE DE LOURCINE, comédie en 1 acte..................... 1 50
LE CHAPEAU DE PAILLE D'ITALIE, comédie en 3 actes....................... 2 »
EDGARD ET SA BONNE .... 1 »
FRISETTE................................. 1 »
UN JEUNE HOMME PRESSÉ............. 1 »
LES PETITES MAINS, com. en 3 actes... 2 »
LA POUDRE AUX YEUX, com. 2 actes.. 2 »
LES SUITES D'UN PREMIER LIT.......... 1 50
VIVACITÉS DU CAPITAINE TIC, com. 3. a. 2 »
LE VOYAGE DE M. PERRICHON, com. 4 a. 2 »

JULES LACROIX

MACBETH .... 2 »
ŒDIPE ROI, *de Sophocle*, trag. 5 actes. 2 »
LE ROI LEAR, drame en 5 actes, en vers, imité de *Shakespeare*.............. 2 »

A. DE LAMARTINE

TOUSSAINT LOUVERTURE, dr. en 5 actes, en vers.............................. 5 »

CALMANN LÉVY, ÉDITEUR

fr. c.

LAMBERT THIBOUST

LA CONSIGNE EST DE RONFLER, com. 1 a. 1 50
LA DENT DE SAGESSE, com. en 1 acte... 1 50
LES FEMMES QUI PLEURENT, com. 1 acte. 1 50
LES FILLES DE MARBRE, comédie en 5 a. 1 50
L'HOMME N'EST PAS PARFAIT, com. 1 act. 1 50
JE DINE CHEZ MA MÈRE, com. en 1 acte. 1 50
LES JOCRISSES DE L'AMOUR, com. 3 ac. 2 »
UNE MAITRESSE BIEN AGRÉABLE, c. 1 ac. 1 50
UN MARI DANS DU COTON, com. en 1 ac. 1 50
LE PASSÉ DE NICHETTE, com. en 1 acte. 1 50
LES POSEURS, comédie en 3 actes.... 2 »
ROSALINDE, OU NE JOUEZ PAS AVEC L'AMOUR, comédie en 1 acte.......... 1 50
LE SUPPLICE D'UN HOMME, com. en 3 ac. 2 »

HENRI LAVEDAN

LE PRINCE D'AUREC, com. en 3 actes... 2 »
LES DEUX NOBLESSES, com. en 3 actes. 2 »

LÉON LAYA

LES CŒURS D'OR, comédie en 3 actes.. 1 50
LE COUP DE LANSQUENET, com. en 2 ac. 1 50
LE DUC JOB, comédie en 4 actes ..... 2 »
LA GUEULE DU LOUP, com. en 4 actes.. 2 »
LES JEUNES GENS, comédie en 3 actes. 2 »
LÉONIE, comédie en 1 acte........... 1 50
LA LOI DU CŒUR, comédie en 3 actes.. 2 »
MADAME DESROCHES, comédie en 4 ac.. 4 »
LES PAUVRES D'ESPRIT, com. en 3 actes. 2 »
LE PREMIER CHAPITRE, com. en 1 acte. 1 50

ERNEST LEGOUVÉ
de l'Académie française.

ANNE DE KERVILLER, dr. en 1 acte... 1 50
A DEUX DE JEU, comédie en 1 acte ... 1 50
BATAILLE DE DAMES, com. en 3 actes.. 1 »
BÉATRIX OU LA MADONE DE L'ART, d. 5 a. 2 »
DEUX REINES DE FRANCE, dr 4 a. vers.. 2 »
LES DOIGTS DE FÉE, com. en 5 actes ... 2 »
UN JEUNE HOMME QUI NE FAIT RIEN, comédie en 1 acte, en vers.......... 1 50
MÉDÉE, tragédie en 3 actes.......... 1 »
MISS SUZANNE, comédie en 4 actes..... 2 »
LE PAMPHLET, comédie en 2 actes 1 50
PAR DROIT DE CONQUÊTE, com. 3 actes.. 2 »
UNE SÉPARATION, com. en 4 actes... 2 »

JULES LEMAITRE

L'AINÉE, comédie en 4 actes .... 2 »
L'AGE DIFFICILE, comédie en 3 actes.. 2 »
LA BONNE HÉLÈNE, comédie en 2 actes, en vers.......................... 1 50
LE DÉPUTÉ LEVEAU, com. en 4 actes.. 2 »
FLIPOTE, comédie en 3 actes........ 2 »
MARIAGE BLANC, drame en 3 actes... 2 »
LE PARDON, comédie en 3 actes....... 2 »
RÉVOLTÉE, pièce en 4 actes.......... 2 »
LES ROIS, drame en 5 actes........... 2 »

FÉLICIEN MALLEFILLE

LES DEUX VEUVES, com. en 1 act.... 1 50

fr. c.

EUGÈNE MANUEL

L'ABSENT, drame en 1 acte, en vers... 1 50
LES OUVRIERS, drame en 1 ac., en vers. 1 50

HENRY MEILHAC
de l'Académie française.

L'ATTACHÉ D'AMBASSADE, com. 3 actes. 2 »
LES BOURGUIGNONNES, op.-com. 1 acte. 1 50
LE CAFÉ DU ROI, op.-com. en 1 acte. 1 50
LES CURIEUSES, comédie en 1 acte ... 1 50
DÉCORÉ, comédie en 3 actes.......... 2 »
DUCHESSE MARTIN, comédie en 1 acte. 1 50
L'ÉCHÉANCE, comédie en 1 acte...... 1 50
L'ÉLIXIR DU DOCTEUR CORNÉLIUS, opéra-comique en 1 acte............... 1 »
L'ÉTINCELLE, comédie en 1 acte...... 1 50
FABIENNE, comédie en 3 actes....... 2 »
GARDE-TOI, JE ME GARDE, com. en 1 a. 1 50
GOTTE, comédie en 4 actes........... 2 »
UNE HEURE AVANT L'OUVERTURE, prol. en 1 acte......................... 1 »
MARGOT.................. .... 2 »
NINA LA TUEUSE, comédie en 1 acte. 1 50
LE PETIT-FILS DE MASCARILLE, com. 5 a. 2 »
SUZANNE ET LES DEUX VIEILLARDS, comédie en 1 acte................. 1 50
VERT-VERT. opéra-com. en 3 actes.. 1 »
VILLÉGIATURE, comédie en 1 acte..... 1 50

H. MEILHAC et LUD. HALÉVY
de l'Académie française.

BARBE-BLEUE, opéra bouffe 3 actes.. 2 »
LA BELLE HÉLÈNE, opéra bouffe en 3 a. 2 »
LA BOULANGÈRE A DES ECUS, op. bouffe en 3 actes......................... 2 »
LA BOULE, comédie en 4 actes....... 2 »
LE BOUQUET, comédie en 1 acte 1 50
LES BREBIS DE PANURGE, com. en 1 acte. 1 50
LE BRÉSILIEN, comédie en 1 acte.... 1 50
LES BRIGANDS, opéra bouffe en 3 actes. 2 »
CARMEN, opéra-comique en 4 actes.. 1 »
LE CHATEAU A TOTO, op. bouffe en 3 a. 2 »
LA CIGALE, comédie en 3 actes...... 2 »
LA CLE DE MÉTELLA, com. en 1 acte. 1 50
LA DIVA, opéra bouffe en 3 actes.... 2 »
L'ÉTÉ DE LA SAINT-MARTIN, com. en 1 acte. 1 50
LE FANDANGO, ballet pantom. en 1 acte. 1 »
FANNY LEAR, comédie en 5 actes.... 2 »
FROUFROU, comédie en 5 actes ...... 2 »
LA GRANDE-DUCHESSE DE GÉROLSTEIN, op. bouffe en 3 actes.. .... 2 »
L'HOMME A LA CLE, com. en 1 acte.. 1 50
L'INGENUE, comédie en 1 acte....... 1 50
JANOT, opéra-comique en 3 actes ... 2 »
LOLOTTE, comédie en 1 acte......... 1 50
LOULOU, comédie en 1 acte.......... 1 50
MADAME ATTEND MONSIEUR, com. 1 acte. 1 50
LE MARI DE LA DEBUTANTE, com. 4 a. 2 »
LES MÉPRISES DE LAMBINET, com. 1 ac. 1 50
LA MI-CARÊME, comédie en 1 acte... 1 50
LES MOULINS A VENT, comédie en 3 ac.. 1 50
NÉMÉA, ballet pantomime en 2 actes. 1 »
LE PASSAGE DE VÉNUS, com. en 1 acte. 1 50

PIÈCES DE THÉATRE — ÉDITION DE LUXE

	fr.	c.
LA PÉRICHOLE, opéra bouffe en 3 actes.	2	»
LE PETIT DUC, opéra-comique en 3 act.	2	»
LE PETIT HOTEL, comédie en 1 acte..	1	50
LA PETITE MADEMOISELLE, op. c. 3 act.	2	»
LA PETITE MARQUISE, com. en 3 actes.	2	»
LA PETITE MÈRE, com. en 3 actes...	2	»
LE PHOTOGRAPHE, comédie en 1 acte.	1	50
LE PRINCE, comédie en 4 actes......	2	»
LE REVEILLON, comédie en 3 actes...	2	»
LE ROI CANDAULE, com. en 1 acte...	1	50
LA ROUSSOTTE, comédie en 3 actes...	2	»
LE SINGE DE NICOLET, com. en 1 acte.	1	50
LES SONNETTES, comédie en 1 acte ..	1	50
TOTO CHEZ TATA, comédie en 1 acte.	1	50
TOUT POUR LES DAMES, com. en 1 acte.	1	50
LE TRAIN DE MINUIT, com. 2 actes (ép.).	8	»
TRICOCHE ET CACOLET, pièce 5 actes..	2	»
LA VEUVE, comédie en 3 actes......	2	»
LA VIE PARISIENNE, op. bouffe 4 actes.	2	»

H. MEILHAC et L. GANDERAX

PÉPA, comédie en 3 actes...........	2	»

H. MEILHAC et PHILIPPE GILLE

MA CAMARADE, pièce en 5 actes.......	2	»

MÉRY

AIMONS NOTRE PROCHAIN, com. 1 acte.	1	»
APRÈS DEUX ANS, comédie en 1 acte..	1	»
LE CHARIOT D'ENFANT, dr. en 5 actes..	2	»
LE CHATEAU EN ESPAGNE, com. 1 acte.	1	»
LA COQUETTE, comédie en 1 acte.....	1	»
LES DEUX FRONTINS, com. 1 a., en vers.	1	50
L'ESSAI DU MARIAGE, comédie en 1 ac.	1	»
ÊTRE PRÉSENTÉ, comédie en 1 acte...	1	»
GUSMAN LE BRAVE, dr. en 5 a., en vers.	2	»
HERCULANUM, opéra en 4 actes.......	1	»
MAITRE VOLFRAM, op.-com. en 1 acte.	1	»
LE PAQUEBOT, com. en 3 ac., en vers.	2	»
LE RÉCIT DE THÉRAMÈNE, parod. en vers	1	»
LE SAGE ET LE FOU, com. en 3 ac., vers	1	50
SÉMIRAMIS, opéra en 4 actes.........	1	»

PAUL MEURICE

BENVENUTO CELLINI, drame en 5 actes.	2	»
FANFAN LA TULIPE, dr. en 5 actes....	2	»
STRUENSEE, drame en 5 actes	4	»

HENRI MURGER

LE BONHOMME JADIS, comédie en 1 acte.	1	50
LE SERMENT D'HORACE, com. en 1 acte.	1	50
LA VIE DE BOHÈME, comédie en 5 actes.	1	50

ALFRED DE MUSSET

L'HABIT VERT, proverbe en 1 acte....	1	50

JACQUES NORMAND

L'AMIRAL, comédie en 3 actes, en vers.	1	50
L'AURÉOLE, comédie en 1 acte, en vers.	1	50
LA DOUCEUR DE CROIRE, en 3 act., en vers.	1	50
LES PETITS CADEAUX, com. en 1 acte...	1	50

	fr.	c.
LE TROISIÈME LARRON, comédie en 1 acte, en vers....................	1	50
LES VIEUX AMIS, com. en 3 actes, vers.	2	»

En collaboration avec

ARTHUR DELAVIGNE

BLACKSON PÈRE ET FILLE, c. en 4 actes.	2	»
LES PETITES MARMITES, com. en 3 actes.	2	»
VOILA MONSIEUR! comédie en 1 acte...	1	50

ÉDOUARD PAILLERON
de l'Académie française.

L'AGE INGRAT........................	2	»
L'AUTRE MOTIF, comédie en 1 acte....	1	50
CABOTINS...........................	2	»
LE CHEVALIER TRUMEAU, com. en 1 a.	1	»
LE DERNIER QUARTIER, com. 2 act., vers	1	50
L'ÉTINCELLE, comédie en 1 acte.....	1	50
LES FAUX MÉNAGES, com. 4 actes, vers.	2	»
HÉLÈNE, drame en 3 actes, en vers..	4	»
LE MONDE OU L'ON S'AMUSE, com. 1 acte.	1	50
LE MONDE OU L'ON S'ENNUIE, c. en 3 act.	2	»
LE MUR MITOYEN, com. 2 actes, vers..	1	50
LE NARCOTIQUE, com. 1 a., en vers..	1	50
LE PARASITE, com. en 1 acte, en vers.	1	50
PENDANT LE BAL, comédie en 1 acte.	1	50
PETITE PLUIE..., comédie en 1 acte...	1	50
LA POUPÉE..........................	1	»
LA SOURIS, comédie en 5 actes........	2	»
LE SECOND MOUVEMENT, c. 3 a., en vers.	1	50

F. PONSARD
de l'Académie française.

AGNÈS DE MÉRANIE, tragédie 5 actes..	2	»
LA BOURSE, comédie 5 actes, en vers.	2	»
CE QUI PLAIT AUX FEMMES, comédie en 3 actes, prose et vers........		»
CHARLOTTE CORDAY, tragédie 5 actes.		»
GALILÉE, drame en 3 actes, en vers.	2	»
L'HONNEUR ET L'ARGENT, comédie en 5 actes, en vers..................	2	»
HORACE ET LYDIE, com. en 1 acte, vers.	1	50
LE LION AMOUREUX, comédie 5 a., vers.	2	»
LUCRÈCE, tragédie en 5 actes........	2	»
ULYSSE, tragédie en 5 actes.........	2	»

SAINT-RÉMY (duc de Morny)

LES BONS CONSEILS, comédie en 1 acte.	1	50
LES FINESSES DU MARI, comédie 1 acte.	1	50
LA MANIE DES PROVERBES, prov. en 1 a.	1	50
M. CHOUFLEURI RESTERA CHEZ LUI LE... opérette en 1 acte.................	1	50
PAS DE FUMÉE SANS UN PEU DE FEU, comédie en 1 acte..................	1	50
LA SUCCESSION BONNET, comédie en 1 a.	1	50
SUR LA GRANDE ROUTE, proverbe 1 a..	1	50

ERNEST RENAN
de l'Académie française.

CALIBAN, drame philosophique......	3	»
L'EAU DE JOUVENCE, drame	3	»

CALMANN LÉVY, ÉDITEUR

GEORGE SAND

	fr.	c.
L'AUTRE, comédie en 4 a. et prologue.	2	»
LES BEAUX MESSIEURS DE BOIS-DORÉ, drame en 5 actes	2	»
CADIO, drame en 5 actes	2	»
CLAUDIE, drame en 3 actes	1	»
COMME IL VOUS PLAIRA, com. en 3 a..	1	50
COSIMA, drame en 5 actes.	1	50
LE DÉMON DU FOYER, comédie en 2 a.	1	50
LE DON JUAN DE VILLAGE, com. 3 a..	2	»
LE DRAC, drame en 3 actes	1	50
FLAMINIO, comédie en 4 actes	1	»
FRANÇOISE, comédie en 4 actes	2	»
FRANÇOIS LE CHAMPI, com. en 3 actes	1	»
LE LIS DU JAPON, comédie en 1 acte.	1	50
LUCIE, comédie en 1 acte	1	»
MAITRE FAVILLA, drame en 3 actes..	1	50
MARGUERITE DE Ste GEMME, com. en 3 a.	2	»
LE MARIAGE DE VICTORINE, com. en 3 a.	1	50
LE MARQUIS DE VILLEMER, com. en 4 a.	2	»
MOLIÈRE, drame en 5 actes	1	50
LE PAVÉ, comédie en 1 acte	1	»
LE PRESSOIR, drame en 3 actes	2	»
LES VACANCES DE PANDOLPHE, c. 3 a..	2	»

JULES SANDEAU
de l'Académie française.

	fr.	c.
LA CHASSE AU ROMAN, com. en 3 actes.	5	»
LE GENDRE DE M. POIRIER, com. 4 actes.	2	»
JEAN DE THOMMERAY, com. en 5 actes.	2	»
Mlle DE LA SEIGLIÈRE, com. 3 actes..	2	»
LA MAISON DE PENARVAN, com. 4 actes.	2	»
MARCEL, drame en 1 acte	1	50
LA PIERRE DE TOUCHE, com. en 5 actes.	2	»

VICTORIEN SARDOU
de l'Académie française.

	fr.	c.
ANDRÉA, comédie en 4 actes	2	»
BATAILLE D'AMOUR, op.-com. en 3 actes	1	»
LE CAPITAINE HENRIOT, op.-com. 3 actes.	1	»
DANIEL ROCHAT, comédie en 5 actes.	2	»
LE DÉGEL, comédie en 3 actes	1	50
LES DIABLES NOIRS, drame en 4 actes.	2	»
DIVORÇONS, comédie en 3 actes	2	»
DON QUICHOTTE, comédie en 3 actes.	2	»
L'ÉCUREUIL, comédie en 1 acte	1	50
LA FAMILLE BENOITON, comédie 5 actes.	2	»
LES FEMMES FORTES, com. en 3 actes.	2	»
FERNANDE, pièce en 4 actes	2	»
LES GANACHES, comédie en 4 actes..	2	»
LES GENS NERVEUX, com. en 3 actes.	2	»
LA HAINE, drame en 5 actes	2	»
MAISON NEUVE! comédie en 5 actes..	2	»
M. GARAT, comédie en 2 actes	1	50
NOS BONS VILLAGEOIS, com. en 5 actes..	2	»
NOS INTIMES, comédie en 4 actes	2	»
L'ONCLE SAM	2	»
LA PAPILLONNE, comédie en 3 actes.	2	»
PATRIE! drame en 5 actes	2	»
LES PATTES DE MOUCHE, comédie en 3 a.	2	»
LA PERLE NOIRE, comédie en 3 actes.	2	»
PICCOLINO, comédie en 3 actes	2	»
PICCOLINO, opéra-comique en 3 actes.	2	»
LES POMMES DU VOISIN, com. en 3 actes.	2	»
LES PRÉS SAINT-GERVAIS, com. en 2 act.	1	50
LES PRÉS SAINT-GERVAIS, opéra bouffe en 3 actes	2	»
RABAGAS, comédie en 5 actes	2	»
LE ROI CAROTTE, opéra bouffe 4 actes..	2	»
SÉRAPHINE, comédie en 5 actes	2	»
LA TAVERNE, com. en 3 actes, en vers.	5	»
LES VIEUX GARÇONS, comédie en 5 actes.	2	»

EUGÈNE SCRIBE

	fr.	c.
BATAILLE DE DAMES, com. en 3 actes.	1	»
LA CZARINE, drame en 5 actes	2	»
LES DOIGTS DE FÉE, com. en 5 actes	2	»
LA FILLE DE TRENTE ANS, c. en 4 actes.	2	»
FEU LIONEL, comédie en 3 actes	1	50
LE PROPHÈTE, opéra en 5 actes	1	»
RÊVES D'AMOUR, comédie en 3 actes.	1	50

MARIO UCHARD

	fr.	c.
LA FIAMMINA comédie en 4 actes	2	»
LA POSTÉRITÉ D'UN BOURGMESTRE, extravagance en 1 acte	1	50
LE RETOUR DU MARI, com. en 4 actes.	2	»
LA SECONDE JEUNESSE, com. en 4 actes.	2	»
TAMARA, comédie en 4 actes, en vers..	2	

AUGUSTE VACQUERIE

	fr.	c.
FORMOSA	4	»
LES FUNÉRAILLES DE L'HONNEUR, dr. 7 a.	2	»
JEAN BAUDRY, comédie en 5 actes	2	»
SOUVENT HOMME VARIE, com. en 2 actes.	2	»
TRAGALDABAS, pièce en 5 actes	4	»

EUGÈNE VERCONSIN

	fr.	c.
C'ÉTAIT GERTRUDE, comédie en 1 acte.	1	50
LA CRISE DE MONSIEUR THOMASSIN, comédie en 3 actes	2	»
UNE DETTE DE JEUNESSE, com. en 1 act.	1	
EN WAGON, comédie en 1 acte	1	
LES ERREURS DE JEAN, com. en 1 acte.	1	
ICI, MEDOR! comédie en 1 acte	1	50
QUÊTE A DOMICILE, comédie en 1 acte.	1	50

ALFRED DE VIGNY

	fr.	c.
CHATTERTON, drame en 3 actes	2	»
LA MARÉCHALE D'ANCRE, dr. en 5 actes.	2	»
QUITTE POUR LA PEUR, comédie en 1 act.	1	50
SHYLOCK, LE MARCHAND DE VENISE, com. en 3 actes, en vers	1	50
LE MORE DE VENISE — OTHELLO, drame en 5 actes, en vers	2	»

CALMANN LÉVY, ÉDITEUR

BIBLIOTHÈQUE DRAMATIQUE

CHOIX DE PIÈCES NOUVELLES

Format grand in-18

	fr.	c.
A		
A Beaumarchais	1	»
L'Abbé Constantin	2	»
L'Abîme	2	»
Les Absences de Monsieur	1	
L'Absent	1	
Les Absents	1	50
A cache-cache	1	50
A chacun son bien	1	»
A Clichy	1	
L'Acrobate	1	50
Adèle ou oncle et tante	1	»
A deux de jeu	1	
L'Affaire Chaumontel	1	50
— de la rue de Lourcine	1	50
Les Affolés	2	»
L'Africain	2	»
L'Age difficile	2	»
— ingrat	2	»
Agnès de Méranie	2	»
Ah! le bon billet	1	»
Ah! que l'amour est agréable	1	50
Ah! vous dirai-je, maman	1	50
Aïda	1	»
L'Aïeule	2	»
L'Aile du Corbeau	1	»
Aimer et mourir	1	»
Aimons notre prochain	1	»
L'Aînée	2	»
Ajax et sa blanchisseuse	1	50
A la campagne	1	50
Albertine de Merris	1	50
Alceste, *tragédie*	1	»
L'Alerte	1	50
Alexandre chez Apelle	1	»
— le Grand	»	60
Alfred!	1	50
Ali-Baba, *opéra-comique*	2	»
L'Alouette	1	50
L'Amant aux bouquets	1	50
— de cœur	1	50
— jaloux	1	»
— qui ne veut pas être heureux	1	50
Les Amants de Vérone	1	»
— magnifiques	»	60
Les Amendes de Timothée	1	50
L'Ami des bêtes	1	»
L'Ami des femmes, *vaudev.*	1	50
— — *comédie*	2	»
— du mari	1	»
— du roi de Prusse	1	»
— Monmannequin	1	»
L'Amiral	1	50
L'Amitié des femmes	2	»
A Molière	»	50
L'Amour africain	1	»
— à l'aveuglette	2	»
— au daguerréotype	1	»
— dans un ophicléide	1	»
— d'une ingénue	1	50
— en sabots	1	50
— en ville	1	»
— et son train	1	50
— médecin	»	60
— mouillé	1	»
— sous enveloppe	1	»
— un fort volume	5	»
— vengé	1	»
Amour et Bergerie	1	»
— et Caprice	1	»
— et Pruneaux	1	»
Amoureux de ma femme	1	50
— de la bourgeoisie	5	»
— de Catherine	1	»
— sans le savoir	1	50
Les Amours champêtres	1	»
— de Cléopâtre	2	»
— de Paris	2	»
— d'un serpent	1	»
— forcés	1	»
Amphytrion	»	60
Andréa	2	»
André Chénier	5	»
André Gérard	2	»
Andrette	1	50
Andromaque	»	60
L'Ane mort	1	»
L'Ange du rez-de-chaussée	1	»
Les Anges du foyer	1	»
Un Anglais timide	1	50
Anguille sous roche	1	»
L'anneau d'argent	1	»
— de fer	1	50
L'Année prochaine	1	»
Apothéose de Lamartine	1	»
Après le bal	1	50
Après l'orage vient le beau temps	1	50
A qui le bébé?	1	»
A qui mal veut!	1	»
Architecte de ces dames	1	50
L'Argent	1	»
— du diable	1	»
— fait peur	1	50
L'Arioste	1	»
Arlequin Colonel	2	»
Arrêtons les frais	5	»
Ascanio	1	»
Athalie	»	60
L'Attaché d'ambassade	2	»
Attendez-moi sous l'orme	1	»
Les Atomes crochus	1	50
L'Auberge de la vie	1	»
— des Ardennes	1	»
Au Coin du feu	1	50
Au Pays des âmes	1	»
Au Pied du mur	1	»
L'Auréole	1	50
Autour du mariage	2	»
L'Autre	2	»
L'Autre Motif	1	50
Aux Crochets d'un gendre	2	»
Avant la noce	1	50
L'Avare	»	60
— en gants jaunes	1	50
Aventures de Suzanne	1	»
— d'un paletot	1	50
L'Aventurière	2	»
Les Aventuriers	2	»
L'Aveugle	1	»
Avez-vous besoin d'argent?	1	»
L'Avocat des pauvres	2	»
— d'un Grec	1	50
— pour et contre	1	50
Les Avocats	1	»
L'Avoué par amour	5	»
B		
Les Baignoires du Gymnase	1	
Un Baiser anonyme	1	
Le Baiser à Molière	1	50
— de Suzon	1	
— du jour de l'an	1	
Les Baisers	1	50
Les Baisers d'alentour	1	»

CALMANN LÉVY, ÉDITEUR

	fr.	c.
Bajazet	»	60
Le Bal des miracles	1	»
— masqué, *opéra*	1	»
— sur la tête	1	50
Un banc d'huîtres	2	»
Banquier com. il y en a peu	1	»
Le Baptême du petit Oscar	2	»
Barbe-Bleue	2	»
La Barbe d'un marié	1	»
Le Barbier de Pézenas	1	50
Le Barde gaulois	1	50
Le Baron de Saint-Ignace	1	50
La Bas de San-Francisco	1	»
Les Barrières de Paris	1	»
La Basoche, *opéra-comique*	2	»
Bataille de dames	1	»
Le Bâtard	2	»
Les Bâtons dans les roues	1	»
— flottants	2	»
Battez Philidor	1	»
Béatrix, *drame*	2	»
Le Beau Dévouement	1	50
— Léandre	1	50
— Mariage	2	»
— Narcisse	1	50
— Nicolas	2	»
Un Beau-Père	1	50
La Beauté du diable	1	»
Les Beaux MM. de Bois-Doré	2	»
Bébé actrice	1	»
Bégaiements d'amour	1	50
La Bégueule	1	50
Belle Lurette	2	»
La Belle au bois dormant	2	»
— aux yeux d'émail	1	»
— Gabrielle	5	»
— Hélène	2	»
— Paule	1	50
— Madame Donis	2	»
La Belle-Sœur	2	»
Les Belles de nuit	1	»
Belphegor	1	50
Benvenuto Cellini	2	»
Le Berceau	1	50
Bérengère et Anatole	1	»
Bérénice	»	60
Le Berger de Souvigny	1	»
La Bergère d'Ivry	2	»
— des Alpes	1	»
Les Bergers	2	»
Bertha d'Estrées	2	»
la Flamande	2	»
Bertram le matelot	1	»
La Bête du bon Dieu	1	»
Betly	1	»
Bianca Capello, *opéra*	2	»
Le Bijou de la reine	1	50
Les Bijoux indiscrets	1	»
Le Billet de faveur	1	50
— de Marguerite	1	»
Blackson père et fille	2	»
Blandine	2	»
Les Bleuets	1	»
Bloqué	1	50
Bocease	1	»

	fr.	c.
Boccace, *opéra-comique*	2	»
La Bohême, *comédie lyrique*	1	»
Le Bœuf Apis	1	»
La Bohémienne, *opéra*	1	»
Le Bois de Daphné	5	»
La Boisière	1	»
La Boîte au lait	1	50
La Boîte au lait, *opéra-com.*	2	»
La Boîte d'argent	1	50
Bonaparte en Égypte	1	»
Le Bonheur sous la main	1	50
Le Bonhomme Jacques	1	»
— Jadis	1	50
— Richard	1	»
La Bonne Aventure	1	»
— d'enfant	1	»
— Hélène	1	50
— qu'on renvoie	1	50
— sanglante	1	»
Un Bon Ouvrier	1	»
Les Bons Conseils	1	50
Bonsoir, M. Pantalon	1	50
— Voisin	1	50
Le Bord du précipice	1	50
Le Bossu, opéra	1	»
La Bossue	1	50
La Botte secrète	1	50
Les Bottes du capitaine	1	50
Le Bougeoir	1	50
La Boulangère a des écus	1	50
opéra bouffe	2	»
La Boule	2	»
Boule-de-Neige	2	»
Boum! voilà!	1	50
Le Bouquet	1	50
— blanc	1	50
— de l'infante	1	»
— de violettes	1	»
La Bouquetière	1	»
Le Bourgeois de Calais	1	»
— de Paris	2	»
— gentilhomme	»	60
Les Bourgeois de Lille	2	»
Les Bourguignonnes	1	50
Le Bourreau des crânes	1	»
La Bourse	2	»
La Bourse au village	1	»
Bout-de-l'an de l'amour	1	50
Le Bouton perdu	1	»
Le Bras d'Ernest	1	50
Les Braves Gens	2	»
La Brebis égarée	2	»
Les Brebis de Panurge	1	50
Les Brebis galeuses	2	»
Brelan de maris	1	50
Le Brésilien	1	50
La Brésilienne	2	»
De Bric et de Broc	1	50
Les Brigands	2	»
Les Brigands (*Verdi*)	1	»
Brin d'amour	1	50
Britannicus	»	60
Brouillés depuis Wagram	1	50
Bruschino	1	»
Brutus, lâche César	1	50

	fr.	c.
Bruyère	1	»
Le Bûcher de Sardanapale	1	50

C

	fr.	c.
Le Cabaret des Amours	1	»
Cabotins	2	»
Le Cadeau du beau-père	1	50
Le Cadenas	2	»
Cadet la Perle	2	»
Cadio	2	»
Le Café rue de la Lune	1	»
Le Café du roi	1	50
Le Caïd	1	»
Calino	1	50
Le Calvaire de la France	1	»
Les Caméléons	1	»
La Camargo, *opéra-comique*	2	»
Camille	1	50
Campaspe	1	»
Le Camp de Saint-Maur	1	50
— des bourgeoises	1	50
— des révoltées	1	50
Canadar père et fils	1	50
Le Canard à trois becs	2	»
Le Canotier	1	50
Le Capitaine Amadis	1	50
— Bitterlin	1	50
— Chérubin	1	50
— .... de quoi!	1	»
— Fantôme	2	»
— Georgette	1	»
— Henriot	1	»
Les Caprices de ma tante	1	»
Le Carillonneur de Bruges	1	»
Carmen	1	»
Un Carnaval de troupiers	1	»
Le Carnaval de Venise	1	»
Le Carrosse du Saint-Sacrem.	1	50
La Carte forcée	1	50
Les Cascades	1	50
Le Cas de conscience	1	50
La Case de l'oncle Tom	1	»
Cassandre	2	»
Catilina	1	»
Causerie sous Louis XVI	1	50
Ceinture dorée	2	»
Célèbre Vergeot	1	»
Célimène	1	»
Cendrillon, *comédie*	2	»
Le Centenaire	2	»
115, rue Pigalle	1	50
Ce que deviennent les roses	1	50
Ce que femme veut	1	50
Ce que fille veut	1	»
Ce qui plaît aux femmes	2	»
Cerisette en prison	1	»
Ce scélérat de Poireau	1	»
Ces messieurs s'amusent	1	»
C'est la faute du mari	1	50
— l'amour, l'amour	1	50
— pour ce soir	1	50
C'était Gertrude	1	50
Chacun pour soi	1	»
Les Chaînes de fleurs	1	»
Les Chaises à porteurs	1	»

BIBLIOTHÈQUE DRAMATIQUE

	fr.	c.
Chalet à vendre	1	50
Le Chalet de la Méduse	1	»
Chamarin le Chasseur	1	50
Chamillac	2	»
La Chambre à deux lits	1	50
— bleue	1	50
— nuptiale	1	50
— rouge	2	»
Une Chance de coquin	1	50
La Chance de Françoise	1	50
La Chanson de Fortunio	1	50
La Chanteuse voilée	1	50
Le Chapeau d'un horloger	1	50
— de paille d'Italie	2	»
— qui s'envole	1	»
Les Chapeaux	1	50
Le Chapitre de la toilette	1	50
Les Charbonniers	1	50
Une Charge de cavalerie	1	50
Le Chariot d'enfant	2	»
Charles VI	1	»
Charlotte	1	»
Charlotte Corday, *drame*	1	»
— — *tragédie*	2	»
Les Charmeurs	1	50
La Charmeuse	2	»
— — *opéra-comique*	1	»
La Chasse au lion	1	»
— aux corbeaux	2	»
— aux écriteaux	1	»
— aux papillons	1	»
Le Château à Toto	2	»
— de cartes	1	50
— de Coëtaven	1	»
— de Grantier	1	»
— de Barbe-Bleue	1	»
— de Pontalec	1	»
— des Ambrières	2	»
— en Espagne	1	»
— de Tire Larigot	1	»
— Trompette	1	»
La Chatte blanche	2	»
— merveilleuse	1	»
Chatterton	2	»
Une Chaumière et son cœur	1	»
Un Chef de brigands	1	50
Le Chef de division	2	»
Le Chemin de Corinthe	1	50
— de Damas	2	»
— de traverse	1	»
— le plus long	3	»
Le Chêne et le Roseau	2	»
Le Chercheur d'esprit	1	»
Le Chevalier Baptiste	1	50
— coquet	1	»
— d'Harmental, *op.*	1	»
— de Maison-Rouge	2	»
— d'Essonne	1	»
— Jean	1	»
— muscadin	1	»
— Trumeau	1	»
Les Chevaliers de l'honneur	2	»
Les Chevaliers du brouillard	2	»
Le Cheveu blanc	1	50
La Chèvre de Ploërmel	1	»

	fr	c.
Chez l'avocat	1	50
Chez elle	1	50
Chez une petite dame	1	50
Le Chic	2	»
Le Chien des cuirassiers	1	»
— du jardinier	1	50
Le Chiffonnier de Paris	1	»
Les Chiffonniers	1	»
Le Chirurgien-major	1	»
Chodruc-Duclos	1	»
Christiane	2	»
Christine, reine de Suède	1	50
La Chute	2	»
Le Cid	»	60
Le Ciel et l'Enfer	1	»
La Cigale	2	»
La Cigarette	1	50
La Ciguë	1	50
Cinna	»	60
Les cinq cents Diables	1	»
Les cinq doigts de Birouck	2	»
— Minutes du commandeur	1	»
— Sens	1	»
Cinq-Mars	1	»
55 francs de voiture	1	50
Circé	1	»
Clairette et Clairon	1	»
Une Clarinette qui passe	1	50
Clarisse Harlowe	1	50
Claudie	1	»
Claudine	1	»
La Clé dans le dos	1	50
— de ma caisse	1	»
— de Métella	1	50
— des champs	1	»
— d'or	1	»
— perdue	1	»
— sous le paillasson	1	50
Le Clos-Pommier	2	»
Le Clou dans la serrure	1	50
Le Club	2	»
Les Cœurs d'or	1	50
Les Coiffeurs	1	»
Le Coin du feu	1	»
Colette	1	»
Le Colin-Maillard	1	»
Le Collectionneur	1	50
Le Collier	1	»
Le Collier du roi	1	»
La Colombe	1	»
Colombine	1	50
La Comédie à la fenêtre	2	»
— au coin du feu	1	»
— de salon	1	50
Les Comédiennes	1	»
Les Comédiens de salon	1	»
La Comète de Charles-Quint	1	»
Comme elles sont toutes	1	50
— il vous plaira	1	50
— l'esprit vient aux garçons	1	50
Comme les femmes se vengent	1	50
Le Compagnon de voyage	1	»

	fr.	c.
Les Compag. de Marjolaine	1	»
— de la truelle	2	»
Le Compère Guillery	2	»
Le Comte de Lavernie	2	»
— de Sainte-Hélène	1	»
— de Saulles	2	»
— Jacques	2	»
Comtesse d'Escarbagnas	»	60
— de la place Cadet	1	50
— de Novailles	1	»
— Romani	2	»
— de Sennecey	2	»
— de Sommerive	2	»
Conférence faite par Saint-Germain	1	»
Les Confitures de ma tante	1	»
La Conjuration d'Amboise	2	»
La Considération	2	»
La Consigne est de ronfler	1	50
La Conspiration de Mallet	1	»
La Contagion	2	»
Les Contes d'Hoffmann, op.-c.	1	»
Le Coq de Micylle	1	50
Coq-Hardy	2	»
La Coquette	1	»
Cora ou l'Esclavage	2	»
La Corde sensible	1	»
Le Cordonnier de Crécy	1	»
Corneille qui abat des noix	2	»
La Cornemuse du diable	5	»
Les Cosaques	2	»
Cosima	1	50
Le Cotillon	1	50
Le Coucher d'une étoile	1	50
Les Coulisses de la vie	1	»
Un Coup de bourse	2	»
— d'État	1	»
— de lansquenet	1	»
Le Coup de pinceau	1	»
— de vent	1	»
Le Coupé du docteur	1	»
La Cour de Célimène	1	»
— du roi Pétaud	1	50
La Course à la veuve	5	»
Le Cousin Florestan	1	50
— du roi	1	50
— Pons	2	»
La Crampe des écrivains	1	50
Les Crapauds immortels	1	»
La Cravate blanche	1	50
La Crémaillère	1	50
La Créole	2	»
Le Crétin de la montagne	1	»
Le Crime de Faverne	2	»
La Crise	1	50
— conjugale	1	50
— de ménage	1	»
— de M. Thomassin	2	»
Critique de l'École des Fem.	»	60
Une croix à la cheminée	1	»
La Croix de l'Alcade	1	»
— de Marie	1	»
Crokbête et ses lions	1	»
Croque-Poule	1	»
Croqueuses de pommes	2	»

CALMANN LÉVY, ÉDITEUR

	fr.	c.
Le Cuisinier politique	1	50
Le Curé de Pomponne	1	50
Les Curieuses	1	50
Le Curieux	1	50
Le Czar Cornélius	1	»
La Czarine, *de Scribe*	2	»
— *drame*	2	»
D		
Le Dada de Paimbœuf	1	»
Dalila	2	»
La Dame au passe-partout	1	50
— aux camélias	1	»
— aux lilas blancs	1	»
— aux trois couleurs	3	»
— de la Halle	1	»
— de Monsoreau	2	»
— d'en face	1	50
— pour voyager	1	»
— de Cœur-Volant	1	»
Danaé et sa bonne	1	50
Daniel Lambert	2	»
— Rochat	2	»
La Danse des écus	1	»
Danses nationales de France	1	»
Danseuse au couvent	1	»
Dans la rue	1	50
— un coucou	1	50
— une baignoire	1	»
— l'autre monde	1	»
Daphnis et Chloé	1	»
Le Décaméron	1	»
Les Déclassés	1	50
Décoré	2	»
La Déesse et le Berger	1	»
Le Dégel	1	50
Déjanire	1	»
Delphine Gerbet	2	»
Déménagé d'hier	1	50
Un Déménagement	1	50
Le Demi-Monde	2	»
La Demoiselle de Nanterre	6	»
— d'honneur	1	»
Demoiselles de Montfermeil	2	»
— de noce	1	»
Le Démon du foyer	1	50
— du jeu	2	»
— familier	1	»
Denis Papin	1	»
Denise	2	»
La Dent de sagesse	1	50
Une Dent sous Louis XV	1	»
Le Dépit amoureux	»	60
Le Député de Bombignac	1	50
Le Député Leveau	2	»
Le Dernier Abencérage	1	»
— Crispin	1	»
— Quartier	1	50
La Dernière Conquête	1	50
— Idole	1	50
Derniers Adieux	1	»
Derrière le rideau	1	»
Les Désespérés	1	»
Le Dessous des cartes	1	»
Détournement de majeure	1	»
Une Dette de jeunesse	1	50

	fr.	c.
Deucalion et Pyrrha	1	»
De 1 H. à 3 H	1	50
Les Deux Aigles	1	»
— Bébés	1	50
— Cadis	1	»
— Carnets	1	50
— Célibats	1	»
— Chiens de faïence	1	50
Deux contre un	1	50
— Coqs vivaient en paix	1	»
Les Deux Fautes	1	50
— Femmes	1	»
— Femmes en gage	1	50
— font la paire	1	50
— Foscari	1	»
— Frontins	1	50
— Gouttes d'eau	5	»
— Hommes	2	»
— Inséparables	1	»
— Jeunesse	5	»
— Lièvres	1	»
— Lions râpés	1	50
— Maniaques	1	50
— Nez sur une piste	1	50
— Noblesses	2	»
— Pêcheurs	1	»
— Profonds Scélérats	1	50
— Rats	1	»
— Reines de France	2	»
— Sans-Culottes	1	50
— Sœurs	4	»
— Sourds	1	50
— Timides	1	50
— Veuves	1	50
— Veuves pour rire	1	»
Le Diable au moulin	1	50
— ou Femme	2	»
— rose	1	»
Les Diables noirs	2	»
Diana	1	»
Dianah	1	50
Diane	2	»
— au bois	1	50
— de Lys	2	»
— — et de Camélias	1	»
— de Solange	1	»
— de Valneuil	2	»
Didon, *opéra bouffe*	1	50
Un Dieu du jour	1	»
Dieu merci, le couvert est mis !	1	50
Un Diner et des égards	1	50
La Diplomatie du ménage	1	50
Une Distraction	1	50
Le Distrait	»	60
La Diva	2	»
Diviser pour régner	1	50
Un Divorce sous l'empire	1	»
Divorçons	2	»
Djamileh	1	»
Le Docteur Bourguibus	1	50
— Chiendent	1	»
— Magnus	1	»
— Miracle	1	»
— Mirobolan	1	50

	fr.	c.
Le Docteur noir		»
— rose	2	»
Les Doigts de fée	2	»
Dolorès	2	»
Les Domestiques	1	50
Le Dompteur	2	»
Don Carlos, *opéra*	2	»
— Garcie de Navarre	»	60
— Gaspard	1	»
— Gusman	1	»
— Juan, *opéra*	1	»
— —, *comédie*	»	60
Les Don Juan de village	2	»
Don Mucarade	1	»
— Pèdre	1	»
— Quichotte, *comédie*	2	»
— — *opéra-comique*	1	»
Donnant, donnant	1	»
Donnez aux pauvres	1	50
Dos à dos	1	50
La Dot de Marie	1	50
La Dot de Mariette	1	50
La Douairière de Brionne	1	50
Le Double Ménage	2	»
La Douceur de croire	1	50
Les Douze Innocentes	1	50
— Travaux d'Hercule	1	50
Le Drac	1	50
Les Dragées de Suzette	1	»
— du Baptême	1	»
La Dragonne	1	50
Les Dragons de Villars	1	»
Un Drame de famille	1	»
— en l'air	1	»
— parisien	2	»
— sous Philippe II	2	»
Les Drames du cabaret	2	»
Drelin ! drelin	4	»
Le Droit Chemin	2	»
— des femmes	1	»
Les Droits de l'homme	1	50
— du cœur	2	»
Un Drôle de pistolet	1	»
La Duchesse Martin	1	50
Duchesse de Montemayor	2	»
Le Duc Job	2	»
Un Duel chez Ninon	1	50
— en chambre	1	»
— de mon oncle	1	»
— du commandeur	1	»
D'une fenêtre à l'autre	1	»
E		
L'Eau qui dort	1	»
Les Eaux d'Ems	1	»
— de Spa	1	»
L'Échéance	1	50
L'Échelle des femmes	1	»
Une Éclipse de lune	1	»
L'École des agneaux	1	50
— des Arthur	1	»
— des familles	2	»
— des femmes	»	60
— des journalistes	1	50
— des maris	»	60

BIBLIOTHÈQUE DRAMATIQUE — GRAND IN-18

	fr.	c.
L'Ecole des ménages.	1	50
— des notaires	1	50
Les Ecoliers d'amour. . . .	1	50
Edgar et sa bonne	1	»
L'Education d'un serin . . .	1	»
Les Effrontés.	2	»
Egmont.	1	»
E. H	»	50
Electre	2	»
Elisabeth.	1	»
L'Elixir du Dr Cornelius . .	1	»
Eliza.	1	»
Elle était à l'Ambigu . . .	1	50
Elzéar Chalamel	1	50
Embarras du choix	1	»
Embrassons-nous, Folleville.	1	50
— opéra-comique.	1	»
En avant les Chinois. . . .	1	»
En bonne fortune.	1	»
En classe! Mesdemoiselles .	1	50
L'Enclume	1	»
Encore des mousquetaires .	1	50
Endymion	»	50
En eau trouble.	1	50
L'Enfant de Paris	1	»
— du siècle	1	»
— prodigue	2	»
Les Enfants de la louve . .	2	»
Les Enfers de Paris . .	1	»
En manches de chemise . .	1	50
opérette	1	»
Les Ennemis de la maison.	1	»
En pension chez son groom	1	50
En province .	1	50
Un Entr'acte de Rabagas. .	1	»
Entre deux trains. . .	1	»
En wagon . .	1	50
Envers de conspiration. . .	2	»
L'Epouvantail.	1	50
L'Epreuve	»	60
— avant la lettre. .	1	»
— villageoise. . . .	1	»
Eric ou le Fantôme.	1	»
Ernani, opéra	1	»
Erostrate.	1	»
Les Erreurs de Jean	1	50
— du bel âge. . .	1	50
L'Escamoteur.	2	»
L'Esclave.	1	»
Espagnolas et Boyardinos .	1	»
Les Espérances.	1	»
L'Esprit d'Ernest.	1	»
L'Esprit familier	1	»
L'Essai du mariage	1	»
Esther	»	60
L'Été de la Saint-Martin. .	1	50
L'Éternelle comédie	1	»
Étienne Marcel...	1	»
L'Étincelle (Meilhac)	1	50
L'Étincelle (Pailleron) . . .	1	50
L'Étoile.	1	»
L'Étoile de Messine	1	»
— du Nord.	2	»
Les Étouffeurs de Londres .	1	»
L'Etourdi.	»	60

	fr.	c.
L'Étrangère	2	»
Les Étrangleurs de l'Inde .	2	»
Être présenté.	1	»
Eva, comédie.	1	»
— drame	1	»
Evangéline.	2	»
Eve	2	»
L'Eventail	1	50
L'Exil de Machiavel	1	»
L'Exposition des produits .	1	»
Les Extrêmes se touchent .	1	50

F

	fr.	c.
Fabienne.	2	»
Les Fâcheux.	»	60
Faire son chemin.	1	50
Fais ce que dois	1	»
Fais la cour à ma femme. .	1	»
Un Fait-Paris.	1	»
Un Fameux Numéro	1	»
La Famille.	1	50
— Benoiton	2	»
— des gueux . . .	2	»
— de l'horloger . .	1	50
— de Puiméné . .	2	»
— Lambert	1	»
— Poisson	1	50
Les Familles	1	50
Le Fandango.	1	»
Fanfan la Tulipe	2	»
Les Fanfarons du vice . . .	2	»
Fanny Lear	2	»
Les Fantaisies de mylord .	1	50
Le Fantôme	1	50
— rose	1	50
La Farandole.	1	»
Force de la femme muette .	1	50
Le Farfadet	1	50
La Faune.	1	»
La Fausse Magie.	1	»
Fausses Bonnes Femmes. .	5	»
— Confidences	»	60
Faust, drame.	1	»
— , opéra-comique . . .	1	»
— , grand opéra.	2	»
— et Marguerite	1	»
Faustine	2	»
Le Fauteuil de mon oncle .	1	»
Les Faux Bonshommes. . .	2	»
Les Faux Ménages	2	»
Le Favori de la favorite . .	1	»
La Fée.	1	50
Carabosse . .	1	»
La Femme à la broche. . .	1	50
— aux cornichons. .	1	»
— aux œufs d'or . .	1	50
— dans ma fontaine.	1	50
— de Claude.	2	»
— de Claude, op.-com.	1	»
— de Jephté.	1	»
— doit suivre son mari	1	50
— est comme votre ombre	1	50
— qui déteste son mari	1	50
— qui ment	1	50

	fr.	c.
La Femme qui ne vient pas.	1	50
— qui perd ses jarretières.	1	50
— qui s'en va.	1	50
— qui trompe son mari	1	50
— qui se grise.	1	50
Les Femmes fortes.	2	»
— des amis.	2	»
— nerveuses	2	»
— peintes par elles-mêmes	1	50
— qui pleurent. . .	1	50
— savantes.	»	60
— terribles.	2	»
Fernande.	2	»
Fervaal.	2	»
La Fête de Molière.	2	»
— des loups	1	»
Le Feu au couvent.	1	50
— de cheminée. . . .	1	»
— de paille.	1	»
— — , comédie.	2	»
Feue Brigitte.	1	»
Feuilleton d'Aristophane . .	1	»
Feu Lionel.	1	50
La Fiammina.	2	»
Les Fiançailles de Triboulet.	1	»
Un Fiancé à l'huile.	2	»
La Fiancée d'Abydos. . . .	1	»
— du Bengale. . .	1	»
— du bon coin . .	1	50
Les Fiancés de Rosa	1	»
Fidelio	1	»
La Fièvre du jour	2	»
Le Fil de la Vierge.	1	»
La Fileuse	1	»
La Fille d'Egypte.	1	»
— d'Eschyle	2	»
— de Dancourt. . . .	1	»
— de Fanchon la vielleuse	2	»
— de trente ans . . .	2	»
— d'Ève	1	50
— du diable	1	50
— du maudit.	2	»
— du roi René. . . .	1	»
— du Millionnaire . .	3	»
— du Tintoret	1	»
Les Filles de l'air	1	»
— de marbre. . . .	1	50
— des champs . . .	1	»
Le Filleul de Pompignac . .	2	»
— de tout le monde	1	»
Le Fils de famille	1	50
— de Giboyer.	2	»
— de la Belle au Bois dormant.	1	»
— de M. Godard . . .	1	50
— du diable	1	»
— naturel.	2	»
Les Fils de Charles-Quint .	2	»
Le Financier et le Savetier.	1	50
La Fin de bail	1	»
— du roman.	1	50
Les Finesses de Carmen . .	1	

CALMANN LÉVY, ÉDITEUR

	fr.	c.
Les Finesses du mari	1	»
Fior d'Aliza	1	»
Flaminio	1	»
Le Fléau des mers	1	»
La Fleur des braves	1	50
Fleur des Neiges, ballet	»	50
— du Tyrol	1	50
Flibustiers de la Sonore	2	»
Flipote	2	»
Flore et Zéphire	1	50
La Florentine	1	50
La Flûte enchantée	1	»
Foi, Espérance et Charité	1	»
Foire aux idées, parties 2 à 4	3	»
Folammbô	1	»
Les Folies amoureuses	»	60
— dramatiques	1	»
La Folle du logis	2	»
Le Fond du sac	1	50
Les Fonds secrets	1	50
La Fontaine de Berny	1	»
La Forêt de Sénart	1	»
Formosa	4	»
Les Fossiles	2	»
Le Fou par amour	2	»
Fourberies de Marinette	1	»
— de Nérine	1	50
— de Scapin	»	60
Les Fourchambault	2	»
Les Fous	2	»
Fou-yo-po	1	»
Les Frais de la guerre	2	»
France de Simiers	2	»
Francillon	2	»
Françoise	2	»
— de Rimini	2	»
François les Bas-Bleus, *drame*	2	»
— — — *opéra-comique*	1	»
— le Champi	1	50
— Villon	1	»
Frédégonde et Brunehilde	1	50
Frédérique	2	»
Le Freischütz, *opéra*	1	»
Le Frère aîné	1	50
Frère et Sœur	1	»
Les Frères ennemis	»	60
Frisette	1	»
Fromont jeune et Risler aîné	2	»
La Fronde	1	»
Frontine	1	»
Frontin malade	1	50
Froufrou	2	»
Le Fruit défendu, *vaudeville*	1	50
— — *comédie*	2	»
Fualdès	2	»
Funérailles de l'honneur	2	»
Le Furet des salons	1	50
Furnished Apartment	1	50

G

	fr.	c.
Gabriel Lambert	2	»
Gabrielle	2	»
Gaëtana	2	»
Les Gaietés champêtres	1	»
Galatée	1	»
Galilée	2	»
Les Gammina	1	»
Les Ganaches	2	»
Le Gant et l'Eventail	1	»
Un Garçon de chez Very, *comédie*	1	»
Le Garçon d'honneur	2	»
Gardée à vue	1	50
Les Gardes du roi de Siam	1	»
Garde-toi, je me garde	1	50
Le Gardien des scellés	1	»
Le Gascon	2	»
Gastibelza	1	»
Le Gâteau des reines	2	»
Gavaut, Minard et Cie	2	»
La Gazette des étrangers	1	»
Le Gazier	1	50
Les Geais	1	»
Gemma	1	»
Le Gendre de M. Poirier	2	»
— de M. Pommier	1	50
— du colonel	1	50
Geneviève de Brabant, *op. b.*	2	»
— — *opéra féerie*	1	»
Les Gens nerveux	2	»
Gentil-Bernard	1	»
Gentilhomme de montagne	2	»
— pauvre	1	50
George Dandin	»	60
George d'Alton	1	50
Georges et Marie	1	»
Georgette	1	»
Gerfaut	2	»
Germaine	2	»
La Germaine	2	»
Gibby la cornemuse	1	»
Les Giboulées	1	50
Gilbert	2	»
— Danglars	2	»
Gilberte	2	»
Gil-Blas	1	»
Gilles et Gillotin	1	50
— le ravisseur	1	50
La Gironde et la Montagne	6	»
Gotte	2	»
Grande-Duch. de Gérolstein	2	»
Les Grandes Demoiselles	1	50
Grandeur et décadence de Joseph Prudhomme	1	»
Le Grand Casimir	2	»
— Frère	2	»
Les Grands Vassaux	2	»
Graziella	1	»
— *drame lyrique*	1	»
Gredin de Pigoche!	1	50
Le Grelot	1	50
Gringoire	1	50
Le Groom	1	50
Un Gros Mot	1	50
La Grosse Caisse	1	»
Le Guérillas	1	»
La Guerre d'Orient	1	»
Le Guetteur de nuit	1	»
La Gueule du loup	2	»
La Gueuse	1	50
Les Gueux de Béranger	1	»
Guide de l'étranger à Paris	1	»
Guillaume le débardeur	1	»
Guillery	5	»
Guillery le trompette	1	»
Gusman le brave	2	»
La Gusla de l'Emir	1	»

H

	fr.	c.
L'Habit de milord	1	»
— de noce	1	»
— vert	1	50
Habit, Veste et Culotte	1	»
La Haine	2	»
Hamlet, *opéra*	1	»
Hamlet, *drame*	2	»
Les Hannetons	1	50
Henry le diable	1	»
Hélène	4	»
— Peyron	2	»
Héloïse Paranquet	2	»
Henriette Deschamp	1	»
Henri le balafré	1	»
Héraclite et Démocrite	1	»
Héraclius	»	60
Herculanum	1	»
Hercule et jolie femme	1	50
L'Héritage de M. Plumet	2	»
Hernani	2	»
Héro et Léandre	1	»
Les Héroïques	1	»
L'Hetman	2	»
Une Heure d'oubli	1	»
— de quiproquo	5	»
— en gare	1	50
Hilda	1	»
L'Hirondelle	1	50
Histoire d'un drapeau	1	»
Le Homard	1	50
Un Homme	1	»
L'Homme à la clé	1	50
— à la tuile	1	50
— aux figures de cire	2	»
— aux pigeons	1	»
— de bien	2	»
— de cinquante ans	1	50
— de robe	1	»
— entre deux airs	1	»
— masqué et le sanglier de Bougival	1	»
— n'est pas parfait	1	50
— de peine	2	»
— qui a perdu son do	1	50
— qui a vécu	1	50
— sans ennemis	1	»
— seul	1	»
Les Hommes sont ce que les femmes les font	1	»
L'Honneur et l'Argent	2	
Horace	»	60
— et Caroline	1	50
— et Liline	1	
— et Lydie	1	
Les Horreurs de la guerre	1	50
Hortense de Blengie	1	

BIBLIOTHÈQUE DRAMATIQUE — GRAND IN-18

	fr.	c.
Hortense de Cerny	1	»
L'Hôtel de la Tête noire	1	»
— de Nantes	1	»
L'Hôtellerie de Genève	1	50
Le Housard de Berchini	1	»
Le Hussard persécuté	1	50

I

	fr.	c.
Ici, Médor!	1	50
L'Idéal	1	50
L'Idée fixe	1	»
Les Idées de Mme Aubray	2	»
L'Idole	1	»
In Memoriam	2	»
L'Ile du Rêve, *com. lyriq.*	1	»
Il le faut	1	50
L'Impertinent	1	»
Impromptu de Versailles	»	60
Incendies de Mapoulard	1	50
Indiens et Charlemagne	1	»
Les Indifférents	2	»
Indigne	2	»
Inès Mendo	1	»
Les Infidèles	1	50
L'Infortunée Caroline	2	»
L'Ingénue	1	50
L'Ile du Rêve	1	»
Insomnie	1	»
L'Institution Ste-Catherine	2	»
L'Institutrice	2	»
Intrigue et Amour	1	»
L'Invalide	1	»
Les Invalides du mariage	2	»
L'Invitée	2	»
Iphigénie en Aulide	»	60
— de Racine, revue par de Senez	4	»
Irène	»	60
Isabelle de Castille	1	»
Les Ivresses	2	»
L'Ivrogne et son enfant	1	50

J

	fr.	c.
La Jacquerie	1	»
Jacques le fataliste	1	»
Jaguarita l'Indienne	1	»
La Jalousie du Barbouillé	»	60
Jaloux du passé	1	50
Janot	2	»
Le Jardinier galant	1	50
— et son seigneur	1	»
Jarretières d'un huissier	1	»
J'ai compromis ma femme	1	50
J'ai marié ma fille	1	50
J'ai perdu mon Eurydice	1	50
— — ma vicomtesse	1	»
Javotte	1	»
Jean Baudry	2	»
— de Nivelle	1	»
— de Thommeray	2	»
— le postillon	1	»
— Torgnole	1	50
Jeanne	1	»
Jeanne d'Arc, *drame en vers*	2	»
— Mathieu	1	»
Je croque ma tante	1	
Je déjeune à midi	1	
Je dîne chez ma mère	1	
J'invite le colonel	1	»
Je marie Victoire	1	50
Je ne mange pas de ce pain-là	1	50
Jenny Bell	1	»
Je reconnais ce militaire	1	»
Jérôme le maçon	1	»
Jérusalem	1	»
Je suis mon fils	1	»
Le Jeu de l'amour et de la cravache	1	50
Le Jeu de l'amour et du hasard	»	60
Le Jeu de l'amour et du houzard	1	50
Le Jeu de Sylvia	1	»
Jeune de cœur	1	50
Jeune homme en location	1	»
— pressé	1	»
— qui a tant souffert	1	50
— qui ne fait rien	1	50
Le Jeune Père	1	»
Les Jeunes Gens	2	»
La Jeunesse	2	»
— de Gramont	1	»
— de Louis XIV	2	»
— des mousquetaires	2	»
— dorée	1	»
— de Van Dick	2	»
Une Jeune Vieillesse	1	»
Je vous aime	1	50
Le Joaillier de Saint-James	1	»
Jocelin le garde-côte	1	»
La Joconde	2	»
Jocrisse, *opéra-comique*	1	50
— millionnaire	2	»
Les Jocrisses de l'amour	2	»
La Joie de la maison	2	»
— fait peur	1	50
Un Joli Cocher	1	50
Joli Gilles	1	»
La Jolie Fille de Perth	1	»
— Persane	2	»
Les Jolis Chasseurs	1	»
Jonathan	2	»
José Maria	1	»
Joseph	1	»
Le Joueur	»	60
— d'orgue	1	»
Le Jour de blanchisseuse	1	»
— de déménagement	1	50
Le Jour et la Nuit, *opéra bouffe*		
Le Journal d'une grisette	1	»
Une Journée à Dresde	1	»
— de Diderot	1	»
— d'Agrippa	1	50
Les Jours gras de madame	1	»
Joyeuses Comm. Windsor	1	»
Juan Strenner	1	»
Judith	1	»
Judith Renaudin	2	»
Juge et partie	1	»
Julie	2	»
Jupiter et Léda	1	»
Les Jurons de Cadillac	1	50
Jusqu'à minuit	1	»

K

	fr.	c.
Kare Dujardin	1	50
Le Klephte	1	50
Kosciuszko	3	»

L

	fr.	c.
Le Lac de Glenaston	1	»
Lady Tartuffe	2	»
Lakmé	1	»
Lalla-Roukh	1	»
Les Lampions de la veille	1	»
Lancelot	1	»
Les Lanciers	2	»
Lantara	1	»
La Lanterne magique	1	»
Lara	1	»
Laure et Delphine	1	50
Laurence	1	»
Lavandières de Santarem	1	»
Lavater	1	»
Léa	1	»
La Leçon de duel	1	»
— de trompette	1	50
La Lectrice	2	»
Une Lecture	1	»
Le Légataire universel	»	60
Les Légendes de Gavarni	1	50
Le Legs	1	50
Léonard le perruquier	1	»
Léonie	1	50
Léonore de Médicis	1	»
Libres!	2	»
Le Lion amoureux	2	»
— empaillé	1	50
— et le Moucheron	1	»
Lions et Renards	2	»
Les Lionnes pauvres	2	»
Lisbeth, *opéra-comique*	1	»
Lischen et Fritzchen	1	50
Le Lis du Japon	1	50
Le Livre d'or	1	»
— noir	1	»
La Loge de l'Opéra	1	»
La Loi du cœur	1	»
Lolotte	1	50
Loin du pays	1	»
La Loterie du mariage	1	50
Louise de Nanteuil	1	»
— de Vaulcroix	1	»
— Miller, *drame*	2	
— — *opéra*	1	
Loulou	1	»
Le Loup dans la bergerie	1	50
Lovelace, *opéra-comique*		

CALMANN LÉVY, ÉDITEUR

	fr.	c.
Lucie	1	»
Lucienne	1	»
Lucrèce, *tragédie*	2	»
Lully	1	»
La Lutte pour la vie	2	»
Le Luxe	2	»
Le Lys dans la vallée	2	»
— de la vallée	1	50
M		
Macbeth, *drame*	1	»
— *opéra*	1	»
— *tragédie*	2	»
Ma Camarade	2	»
Ma Collection	1	»
Ma Cousine	1	50
Madame Absalon	1	»
— Agnès	1	50
— André	1	»
— Angot et ses demoiselles	1	»
— l'Archiduc	2	»
— attend monsieur	1	50
— Aubert	2	»
— Bertrand et Mlle Raton	1	50
— Caverlet	2	»
— de Chamblay	2	»
— de Laverrière	1	»
— de Montarcy	2	»
— Desroches	4	»
— d'Ormessan, S.V.P.	1	50
— de Tencin	3	»
— Diogène	1	»
— est couchée	1	50
— est de retour	1	50
— le Diable	2	»
— Mongodin	2	»
— Patapon	1	50
— reçoit-elle?	1	»
— Turlupin	1	»
Madelon	1	»
— Lescaut	1	»
Mademoiselle Aïssé	2	»
— de la Seiglière	2	»
— de Liron	1	»
— Didier	2	»
— Duparc	2	»
— Navarre	1	»
— Pivert	1	»
La Madone des roses	2	»
Ma Femme est troublée	1	50
Ma Gouvernante	2	»
Le Magnifique	1	»
Mahomet	»	60
La Maison de Penarvan	2	»
— du baigneur	2	»
— du garde	1	»
— du pont Notre-Dame	2	»
— neuve	2	»
— Saladier	1	50
— sans enfants	2	»
— Tamponin	2	»
Maître Claude	1	50
— d'armes	1	50
— d'école	2	»
Maître de la maison	2	»
— Favilla	1	50
— Guérin	2	»
— Volfram	1	»
Maîtresse bien agréable	1	50
— du mari	1	50
— femme	2	»
Le Malade imaginaire	»	60
La Maladetta, ballet	1	»
Le Mal de la peur	1	»
Malheur aux vaincus!	2	»
Le Malheur d'être belle	1	»
Malgré Tout	1	»
Les Malheurs heureux	1	»
Maman Sabouleux	1	50
Mangeur de fer (*épuisé*)	6	»
La Manie des Proverbes	1	50
Ma Nièce et mon Ours	1	50
Le Manoir de Picardie	2	»
Manon Lescaut, *opéra*	1	»
— *drame*	2	»
Le Manteau de Joseph	1	»
La Marâtre	1	»
Le Marbrier	1	»
Marcel	1	50
Marceline	2	»
Le Marchand de coco	2	»
— de jouets d'enfants	1	50
— de lapins	1	50
— de son honneur	2	»
Marchand malgré lui	5	»
Le Mardi de la vicomtesse	1	50
La Mare au Diable	1	»
Le Maréchal Ney	2	»
La Maréchale d'Ancre	2	»
Maréchaux de l'Empire	1	»
Margot, *opéra-comique*	1	»
Margot, *comédie*	2	»
Marguerite de Ste-Gemme	2	»
Mariage blanc	2	»
Mariages riches!	2	»
Le Mariage à l'arquebuse	1	»
— au bâton	1	»
— aux lanternes	1	50
— de don Lope	1	»
— d'honneur	1	»
— d'Olympe	2	»
— de Paris	2	»
— de Victorine	1	50
— d'une Etoile	1	50
— en trois étapes	1	»
— extravagant	1	50
— forcé	»	60
— sous la régence	1	»
Un Mariage sous Louis XV	2	»
Les Mariages d'aujourd'hui	2	»
Marianne, *drame*	1	»
Un Mari à l'italienne	1	»
— dans du coton	1	50
— d'occasion	1	»
— d'une Camargo	1	»
— d'une étoile	1	»
— d'une jolie femme	1	»
— disponible	1	»
— fidèle	1	50
Un Mari qui pleure	1	»
— qui ronfle	1	»
— qui se dérange	1	50
— qui voisine	1	50
— sans le savoir	1	»
— sur des charbons	1	50
— trop aimé	1	50
Le Mari à Babette	2	»
— de la Débutante	2	»
Les Maris à système	1	50
— de leurs filles	2	»
— sont esclaves	3	»
Marie de Mancini	2	»
— ou l'Inondation	1	»
— Rose	1	»
— Simon	2	»
Mariés sans l'être	1	»
La Mariée du mardi gras	1	50
La Marieuse	1	50
La Marinette	1	»
Marion de Lorme	2	»
Marionnettes du docteur	1	»
— de Justin	1	50
— de l'Amour	1	50
Le Marquis caporal	2	»
— de Lauzun	1	50
— de Villemer	2	»
— Harpagon	2	»
La Marquise de Tulipano	1	»
Marqse de la Fourchette	1	50
Les Marraines de l'an III	1	»
Les Marrons d'Inde	3	»
Les Marrons glacés	1	50
Martha, *opéra*	1	»
Marthe	2	»
Marthe et Marie	1	»
Martial Casse-cœur	1	»
Martin et Bamboche	1	»
Martin et Luther	2	»
Ma Sœur Mirette	1	»
Le Masque de poix	1	»
Le Masque de velours	1	»
Le Massacre d'un innocent	1	50
La Massue	1	»
Ma tante dort	1	50
Mathurin Régnier	1	»
La Matrone d'Ephèse	1	50
Maurice	1	»
Un Mauvais Caractère	2	»
— Cœur	1	50
— Coucheur	1	50
— Riche	2	»
Maxwel	2	»
Mazeppa, *opéra*	1	»
Une Mèche éventée	1	»
Médaillon de Colombine	1	50
Le Médecin de l'âme	1	»
— malgré lui	»	60
— — *op.-com.*	1	»
— volant	»	60
Médée	1	50
— de *Legouvé*	1	»
— de Nanterre	1	»
Mélicerte	»	60
Les Méli-Mélo de la r. Meslay	1	50

BIBLIOTHÈQUE DRAMATIQUE — GRAND IN-18

	fr.	c.
Mémoires de Gramont	1	»
— du Gymnase	1	»
— de Mimi Bamboche	2	»
— de Richelieu	1	»
Mémorial de Ste-Hélène	1	»
Un Ménage à trois	1	50
— en ville	2	»
La Mendiante	1	»
Ménétrier de St-Waast	1	»
Le Menteur	»	60
Méphistophélès	1	»
Méprises de Lambinet	1	50
— de l'Amour	1	50
Une Mère	2	»
— aux abois	1	»
Mère et Fille	1	»
Merlan en bonne fortune	1	»
Mérope	»	60
Mesd. de Montenfriche	5	»
Mes Frisons	1	50
Messire Duguesclin	2	»
Métamorphose de Jeannette	1	»
Meunier, son fils et Jeanne	1	50
La Meunière	2	»
Le Meurtrier de Théodore	2	»
La Mi-Carême	1	50
Michel Cervantès	1	50
Midi à quatorze heures	1	50
Les Miettes de l'année	1	50
Mignon, *opéra-comique*	1	»
Militaire et Pensionnaire	1	»
Le Million de M. Pomard	2	»
Minette	1	50
Une Minute trop tard	1	50
Mirages	2	»
Mireille	1	»
Le Misanthrope	»	60
Les Misérables	2	»
Miss Fanfare	2	»
— Fauvette	1	»
— Multon	2	»
— Suzanne	2	»
Une Mission délicate	2	»
Mitaines de l'ami Poulet	1	»
Mithridate	»	60
Le Moabite	2	»
Le Modèle	1	50
Les Mohicans de Paris	2	»
Moïna	1	»
Le Moineau de Lesbie	1	50
La Moissonneuse	1	»
Molière	1	50
— à Auteuil	1	50
— chez le roi	1	50
— enfant	1	»
Mon Ami du café Riche	1	50
— Empereur	1	»
— Isménie	1	50
— Mari me l'a permis	1	»
— Nez, m. yeux, m. bouche	1	»
— Premier !	1	»
Le Monde où l'on s'amuse	1	50
Le Monde où l'on s'ennuie	2	»
Monsieur Alphonse	2	»
— attend Madame	1	50
Monsieur Candaule	1	50
— Choufleuri restera		
chez lui le	1	50
— Margerie	1	50
— de la Palisse	1	»
— de la rue Vendôme	1	»
— de Pourceaugnac	»	60
— de Saint-Bertrand	2	»
— de Saint-Cadenas	3	»
— Deschalumeaux	5	»
— en habit noir	1	50
— en question	1	»
— et madame Crusoé	1	»
— et madame Denis	1	50
— Garat	1	50
— Jules	1	50
M. le Sac et Mme la Braise	1	»
M. qui attend des témoins	1	50
Monsieur le vicomte	1	»
— mon fils	1	»
— Prosper	1	»
— qui ne veut p. s'en		
aller	3	»
— qui prend la mouche	1	50
— va au cercle	1	50
— Victor	1	»
Monte-Cristo	2	»
Les Monténégrins	1	»
Montjoye	2	»
Le More de Venise	2	»
Le Morne au Diable	1	»
La Mort de César	»	60
— de Hoche	2	»
— de Nostradamus	1	»
— de Strafford	1	»
— du pêcheur	1	»
Le Mort marié	1	»
Mosquita la sorcière	1	»
Le Mot de la fin	1	50
Le Moulin ténébreux	1	»
— du Vert-Galant	2	»
Les Moulins à vent	1	50
Le Mousquetaire du roi	2	»
— gris	1	50
Les Mousquetaires de la reine	1	»
Le Mouton enragé	1	»
Le Muet	1	»
La Mule de Pedro	1	»
Le Muletier de Tolède	1	»
Murdoch le bandit	1	»
Le Mur mitoyen	1	50
Un Mystère	1	»
Mystères de la rue Rousselet	1	50
— de l'été	2	»
— de l'Hôtel des ventes	1	50
— de Londres	1	»
— du Carnaval	2	»
— du Temple	2	»

N

	fr.	c.
Le Nabab	1	»
Le Narcotique	1	50
Naufrage de La Pérouse	1	»
Les Nèfles	1	»
Ne la tue pas !	1	»
Néméa	1	»
Néron, *drame*	2	»
Néron, *opéra*	2	»
Le Neveu de Gulliver	1	»
Le Nez d'argent	1	»
La Niaise	2	»
— de Saint-Flour	1	50
Une Nichée de ganaches	1	»
Nicomède	»	60
Les Nièces de Flambardin	1	»
Nina la Tueuse	1	50
Ninetta	2	»
Nisus et Euryale	2	»
Noblesse oblige	2	»
La Noce d'Ambroise	1	50
Noces de Figaro	1	»
— de Jeannette	1	50
— vénitiennes	2	»
Le Nœud gordien	1	»
Nos Ancêtres	2	»
— Bonnes Villageoises	1	»
— Bons Petits Camarades	1	»
— Bons Villageois	2	»
— Enfants	2	»
— Intimes	2	»
— Maîtres	1	»
Les Notables de l'endroit	1	»
Un Notaire à marier	1	»
Notre-Dame de Paris	1	»
— des Anges	1	»
Notre Fille est princesse	1	»
La Nouvelle Hermione	1	»
Le Nouveau régime	1	»
Une Nuit à Bougival	1	»
— de Cléopâtre	1	»
La Nuit aux gondoles	1	»
— du 20 septembre	1	»
— orageuse	1	»
Les Nuits blanches	1	»
— d'Espagne	1	»
— de la Seine	1	»

O

	fr.	c.
Obéron, *opéra-comique*	1	»
Obliger est si doux	1	»
L'Obstacle	2	»
L'Odalisque	1	»
Œdipe	»	60
— roi	2	»
L'Œillet blanc	1	50
L'Officier de fortune	2	»
Ohé ! les petits agneaux	2	»
Oh ! la ! la ! qu'c'est bête	1	»
Oh ! Monsieur !	1	»
L'Oiseau fait son nid	1	50
Les Oiseaux de la rue	1	»
— de proie	1	»
— en cage	1	50
O le meilleur des pères !	1	»
Ombres chinoises	1	50
L'Ombre de Molière	1	»
L'Omelette du Niagara	1	»
L'Oncle aux carottes	1	50
— Sam	2	»
— de Sicyone	1	»

CALMANN LÉVY, ÉDITEUR

	fr.	c.
L'Oncle Sommerville	1	»
— Tom	1	»
On demande des culottières	1	50
— des ingénues	1	50
— une lectrice	1	50
Onze jours de siège	1	50
L'Opéra au camp	1	»
Un Orage à Tonnerre	1	50
L'Ordonnance du médecin	1	»
Orfa	1	»
Orphée, *drame*	2	»
Orphée, *opéra*	1	»
Orphée aux enfers, *op. bouffe*	2	»
opéra féerie	1	»
Les Orphelins du pont N.-D.	1	»
— de Venise	2	»
Les Orphelines de Valneige	1	»
Otez votre fille, S. V. P.	1	»
Othello	2	»
Où l'on va	2	»
Où peut-on être mieux	1	»
Les Ouvriers	1	50
P		
Paillasse, *drame lyrique*	1	»
La Paix à tout prix	1	50
Le Paletot brun	1	50
Palma	1	»
Le Pamphlet	1	50
Pan! pan! c'est la fortune	1	»
Le Panache	2	»
Panazol	1	50
Paniers de la comtesse	1	»
Le Pantalon de Nessus	1	50
Une Panthère de Java	1	50
Les Pantins	1	»
Papa	2	»
Le Papa du prix d'honneur	2	»
Papignol candidat	2	»
La Papillonne	2	»
Les Papillons jaunes	1	»
Papillotes de M. Benoit	1	»
Le Paquebot	2	»
Pâquerette	1	»
Les Pâques véronaises	1	»
Les Parades de nos pères	1	»
Le Parapluie de Damoclès	1	50
— d'Oscar	1	»
Le Parasite	1	50
Les Parasites	2	»
Le Paratonnerre	1	»
Le Pardon	2	»
Le Pardon de Bretagne	1	»
— de Ploërmel	1	»
Par droit de conquête	2	»
Les Parents de ma femme	1	50
— de province	1	50
— terribles	1	50
Le Parfum	2	»
Les Parias	1	»
Paris	2	»
— chez lui	2	»
— hors Paris	1	50
— quand il pleut	1	»
— qui dort	1	»

	fr.	c.
Paris qui pleure et qui rit	1	»
— qui s'éveille	2	»
— ventre à terre	2	»
— fin de siècle	2	»
Un Parisien	2	»
Les Parisiens	2	»
La Parisienne	2	»
Les Parisiennes	2	»
Pariure de Jules Denis	1	»
Par les fenêtres	1	50
Le Parrain de Jeannette	1	»
La Partie de dames	1	50
— d'échecs	1	50
Un Parvenu	2	»
La Parvenue	2	»
Pas de fumée sans feu	1	»
— — s. un peu de feu	1	»
Pas jaloux	1	»
Pas de zèle	1	50
Le Passage de Radziwill	1	
— de Vénus	1	
Le Passé de Nichette	1	
— d'une femme	1	
— et l'Avenir	1	50
Une Passion du Midi	1	50
Le Pasteur	1	»
Patria	1	»
Patrie!	2	»
Patron Bénic	1	»
Les Pattes de mouche	2	»
Paul Forestier	2	»
Pauvre Yorick	1	»
Les Pauvres d'esprit	1	50
Paul et Virginie	1	»
Le Pavé	1	»
Les Pavés sur le pavé	1	»
Le Pays des amours	1	50
— des chansonnettes	1	»
La Peau de chagrin	1	»
La Peau de mon oncle	1	50
Une Pécheresse	2	»
Péché d'amour	1	50
Les Péchés de jeunesse	1	»
Les Pêcheurs de Catane	1	»
de Perles	1	»
Peines d'amour perdues	1	»
Peintres et Bourgeois	1	50
Pendant le Bal	1	50
Pendant l'orage	1	50
Le Pendu	1	»
La Pénélope normande	9	»
— à la mode de Caen	1	»
Pénicaut le Somnambule	2	»
La Pension alimentaire	1	50
Pepa	2	»
Le Père de ma fille	1	50
— Gachette	2	»
— Gaillard	1	»
— Jean	1	»
— prodigue	2	»
La Périchole	2	»
Péril en la demeure	2	»
La Perle de la Cannebière	1	50
— du Brésil	1	»
— noire	2	»

	fr.	c.
Le Perroquet gris	1	50
Petit Bonhomme	1	50
— bout d'oreille	1	50
— Duc	2	»
— Faust	1	»
— Fils	1	50
— Fils de Mascarille	2	»
— Frère	1	»
— Hôtel	1	50
— Pierre	1	50
La Petite Comtesse	2	»
— Cousine	1	50
— Fadette, *op.-com.*	1	»
— Mademoiselle	2	»
— Marquise	2	»
— Mère	2	»
— Pluie	1	50
— Pologne	2	»
— Sœur	1	50
Les P'tites Machin	1	50
Les Petites Mains	1	»
— Marmites	2	»
Les Petits Cadeaux	1	50
— Mousquetaires	2	»
— Prodiges	1	»
Peut-on aimer sa femme	1	»
Phèdre	»	60
Phénomène	1	50
Philanthropie et Repentir	1	»
Philémon et Baucis	1	»
Philiberte	2	»
Les Philosophes de 20 ans	1	50
Le Phonographe	1	»
Photis, *comédie lyrique*	1	»
Le Photographe	1	50
Le Piano de Berthe	1	50
Piccolet	1	50
Piccolino	2	»
— , *opéra-comique*	2	»
Pied-de-Fer	1	»
Un Piège	1	»
Le Piège au mari	1	»
La Pierre de touche	2	»
Pierre Février	1	»
Pierre le Grand	1	»
— Maubert	1	»
Pierrot	3	»
Pierrot assassin de sa Femme	3	50
— héritier	1	»
La Pile de Volta	1	50
Les Pinceaux d'Héloïse	1	50
Piquillo Alliaga	1	»
Les Plaideurs	»	60
La Pluie et le Beau Temps	1	50
La plus Belle Fille du monde	1	»
Plus belle nuit de la vie	1	50
Plutus	2	»
Plutus, *opéra-comique*	1	»
Un Poète	2	»
Polyeucte	»	60
La Pomme	1	50
Les Pommes du voisin	2	»
Pompée	1	50
— *tragédie*	»	60
Pomponnette et Pompadour	1	»

	fr.	c.
La Rose de Bohème	1	50
Rose et Marguerite	1	»
La Rose de Saint-Flour	1	»
Rosemonde	1	50
Les Roses jaunes	1	50
Rosette et nœud coulant	1	50
Le Rosier	1	»
Les Roués innocents	1	»
La Roussotte	2	»
La Route de Brest	1	»
Les Routiers	1	»
Royal-Cravate	1	»
Une Rupture	1	50
Ruy-Blas	2	»

S

	fr.	c.
Le Sabot de Marguerite	1	50
Le Sacrifice d'Iphigénie	1	50
Le Sacrilège	2	»
Le Sage et le Fou	1	50
Saint-Mégrin, *opéra*	2	»
La Sainte-Lucie	1	50
Sainte-Claire	1	»
Les Saisons	1	»
— vivantes	1	»
La Salamandre	2	»
Salammbô	1	»
Salvator Rosa	1	»
— — *opéra-comiq.*	1	»
Samson et Dalila, *opéra*	1	»
Le Sanglier des Ardennes	1	50
Le Sang mêlé	1	50
Sans queue ni tête	2	»
Le Sapeur et la Maréchale	6	»
Le Saphir	1	»
Sapho, *drame*	1	50
— , *opéra*	1	»
Sardanapale	1	»
Satire et Pari	1	»
Savetier rue Quincampoix	2	»
Les Scandales d'hier	2	»
Scapin	1	»
— marié	1	»
Scaramouche et Pascariel	1	»
Scélérat de Poireau	1	»
Schahabaham II	1	»
Schamyl	1	»
La Seconde Jeunesse	2	»
Le Second Mouvement	1	50
Le Mari de ma femme	1	»
Le Secrétaire de madame	1	50
Le Secret de l'oncle Vincent	1	»
— de ma femme	1	50
— des cavaliers	2	»
— du docteur	1	50
— du rétameur	1	»
Selma	1	»
Sémiramis	1	»
La Sensitive	1	50
Une Séparation	2	»
Les 7 Merveilles du monde	3	»
— Péchés capitaux	1	»
Sérafina	1	»
Séraphine	2	»
Le Sergent Frédéric	1	»

	fr.	c.
Le Serment d'Horace	1	50
Le Serpent à plumes	1	50
Sertorius	»	60
La Servante du roi	2	»
— justifiée, *ballet*	1	50
— maîtresse	1	»
Un Service à Blanchard	1	50
— en campagne	1	50
Sganarelle	»	60
Shylock	1	50
Le Sicilien	»	60
Si Dieu le veut	1	50
Si jamais je te pince!	2	»
— j'étais roi!	1	»
— ma femme le savait	1	»
— Pontoise le savait	2	»
Le Siège de Marseille	2	»
Simon Boccanegra	2	»
— le voleur	1	»
Simone	2	»
Le Singe de Nicolet	1	50
Singuliers effets de foudre	1	»
La Sirène de Paris	1	»
Six demoiselles à marier	1	»
Socrate et sa femme	1	50
La Sœur de Cocolet	1	»
Un Soir qu'il neigeait	1	»
Le 66	1	»
Songe d'une nuit d'avril	1	»
— d'une nuit d'été, *féer.*	2	»
— d'une nuit d'été, *op.-com.*	1	»
— d'une nuit d'hiver	1	»
La Sonnette du diable	1	»
Les Sonnettes	1	50
Le Sopha	1	»
Le Sorcier, *opéra-comique*	1	»
Sorcière ou États de Blois	2	»
La Serpentine	2	»
Sortir seule	1	50
Un Soufflet anonyme	1	50
Les Souliers de bal	1	50
La Soupe aux choux	1	50
Souper de centième	1	»
Le Souper de la marquise	1	»
Le Sourd	1	»
La Souris	2	»
Sous le même toit	1	»
Sous les pampres	1	»
Le Sous-Préfet s'amuse	1	»
Un Souvenir de Manin	1	»
Souvenirs de jeunesse	1	»
— de voyage	1	»
Souvent femme varie	1	»
— homme varie	2	»
Le Spahi	1	»
Le Spectre de Patrick	2	»
Le Sphinx	2	»
Splendeurs de Fil-d'Acier	1	»
Sport et Turf	2	»
La Statue	1	»
Statuette d'un grand homme	1	»
Steeple-chase	1	»
Stella	1	»
Stratonice, *opéra*	1	»

	fr.	c.
Struensée (Paul Meurice)	4	»
— (Ed. Meyer)	2	»
— (P. Barbier)	1	»
La Succession Bonnet	1	50
Suffrage Ier	1	»
Les Suites d'un bal masqué	1	50
Les Suites d'un premier lit	1	50
Le Supplice de Paniquet	1	50
— des fiacres	1	»
— d'une femme	2	»
— d'un homme	2	»
Sur la grande route	1	50
Sur la terre et sur l'onde	1	»
La Surprise de l'amour	»	60
Suzanne de Foix	2	»
— et les 2 vieillards	1	50
Le Sylphe	1	»
Sylvia	1	»
Sylvie	1	»

T

	fr.	c.
Taberin	1	50
— ou Parades du pont Neuf	2	»
Un Talisman	1	»
Tamara	2	»
Tambour battant	1	50
Tancrède	»	60
Tant plus ça change	2	»
Les Tapageurs	2	»
Tant va l'autruche	1	»
La Tante Loriot	1	»
Tant mieux pour elle	1	50
Tarte à la crème	1	50
Tartuffe	»	60
Le Tasse à Sorrente	1	50
La Tasse cassée	1	50
— de thé	1	50
Le Tattersal brûle	1	50
La Taverne du diable	1	»
— des Trabans	1	»
Le Télégramme	1	50
Le Télégraphe électrique	1	50
La Tempête, *ballet*	1	»
Tempête d. un verre d'eau	1	50
Le Temple du célibat	1	»
La Tentation	2	»
La Terre promise	1	50
Le Terrible Savoyard	1	»
Le Testament de César	4	»
— de M. de Crac	1	50
Tête de Linotte	2	»
La Tête de Martin	1	50
Thaïs	1	»
Thamara	1	»
Le Théâtre moral	1	»
— des zouaves	2	»
Théodore, désespoirs nocturnes d'un célibataire	1	50
Thérèse	1	50
Les Thugs à Paris	1	50
La Timbale d'argent	2	»
La Tireuse de cartes	2	»
Titus et Bérénice	1	»
To be or not to be	1	50
Les Toilettes tapageuses	1	»

BIBLIOTHÈQUE DRAMATIQUE — GRAND IN-18

	fr.	c.
Toinette et son carabinier	1	50
Toinon la serrurière	1	»
La Tonelli	1	»
Les Toquades de Borromée	1	»
Le Toréador	1	50
Les Toréadors de Grenade	1	»
Toto chez Tata	1	50
La Tour de Nesle à Pont-à-Mousson	1	»
Le Tour du cadran	2	»
Tout à l'Égout!	2	»
Tout pour les dames	1	50
Tout chemin mène à Rome	1	»
— se paye	1	»
— vient à point	1	»
Toute seule	1	50
Tragaldabas	4	»
Le Train de minuit	1	50
Traversin et couverture	1	»
Les Treize	1	50
Les Trembleurs	1	50
Le 31 Décembre	1	»
33,333 fr. 33 c. par jour	5	»
Le Trésor de Blaise	1	»
— de Pierrot	1	»
— du pauvre	1	»
Tribulations d. grand homme	1	»
La Tribune mécanique	1	»
Tricoche et Cacolet	2	»
Triolet	1	50
Les Trois amants	2	»
— Amours de pompiers	1	50
— de Tibulle	1	»
— Bougeoirs	1	50
— Bourgeois de Compiègne	1	50
— Chapeaux	2	»
— Coups de pied	1	»
— Curiaces	1	»
— Etages	1	»
— Fenêtres sur le boulevard	1	»
— Fils de Cadet-Roussel	1	»
— Ivresses	1	50
— Rois, trois dames	1	»
— Souhaits	1	»
— Sultanes	1	50
Le Temps perdu	1	50
La Troisième Tasse	1	»
Le Troisième Larron	1	50
Le Trône d'Écosse	2	»
Trop beau pour rien faire	1	50
Trop heureuse	2	»
Trop tard	1	50
Le Trou des lapins	5	»
Le Trouvère	1	»
Troupier suit les bonnes	2	»
Les Trovatelles	1	50
Les Troyens	1	»
Tue-la!	1	»
Le Tunnel	1	50
Les Turcs	1	50
Une Tutelle en carnaval	1	»
Un Tyran en sabots	1	50
Les Tyrannies du colonel	2	»

U

	fr.	c.
Ulm le parricide	2	»
Ulysse	2	»
Une lecture		»
Un et un font un		50
Un Usurier de village		»
L'Ut dièze		»

V

	fr.	c.
Les Vacances du docteur	2	»
— de Pandolphe	2	»
Les Vaches landaises		»
Les Vainqueurs de Lodi		50
Valentine Darmentière		»
— d'Aubigny		»
Les Valets de Gascogne		»
Valmy		»
Les Variétés de [illegible]		»
Vautrin et Frise-Poulet		»
La Veilleuse		»
Venceslas	»	60
La Vendetta	1	50
— parisienne	1	»
La Vengeance de Pierrot	1	»
— du mari	2	»
Les Vengeurs	1	»
Le Vénitien	1	»
Vente au profit des pauvres	1	50
Vente d'un riche mobilier	1	50
Les Vêpres siciliennes	1	»
Vercingétorix	2	»
Le Verglas	1	50
Un Verre de champagne	1	»
Le Vertige	1	50
La Vertu de ma femme	1	50
Les Vertueux de province	1	50
Vert-Vert, *opéra comique*	1	50
La Vestale, *opéra*	1	»
Vestris	1	»
La Veuve	2	»
La Veuve au Camélia	1	50
La Veuve du Malabar	2	»
Les Veuves turques	1	»
Le Vicaire de Wakefield	1	»
La Vicomtesse Lolotte	2	»
La Victime	1	50
Victimes de l'argent	2	»
La Vie brûlée	1	50
— de Bohème	1	50
— — *com. lyr.*	1	»
— de café	1	»
— de garnison	1	50
— d'une comédienne	2	»
— indépendante	1	50
— parisienne	2	»
— privée	1	»
Un Vieil Innocent	1	»
Une Vieille Lune	1	»
Les Vieilles Couches	2	»
— Filles	2	»
La Vieillesse de Richelieu	1	»
Le Vieux Caporal	1	»
— de la vieille roche	1	»
Les Vieux Amis	2	»
Les Vieux Garçons	2	»
— Glaçons	1	»
Vignoble de Mme Pichois	2	»
Un Vilain Monsieur	1	»
Le Village	1	50
La Ville morte	2	»
Villégiature	1	50
Vincenette	1	50
Vingt francs, s'il vous plaît	1	»
Le Vingt-Quatre Février	1	»
Violetta (la Traviata)	1	»
La Vipérine	1	»
Virgile Marron	1	»
Une Visite de noces	1	50
Les Vitriers	1	»
Les Vivacités du capit. Tic	2	»
La Vivandière, *opéra-com.*	2	»
Les Viveurs de Paris	2	»
Voilà Monsieur	1	50
Le Voile de dentelle	1	»
Les Voisins de Molinchar	1	50
Le Vol à la duchesse	1	»
— à la fleur d'orange	1	»
La Voleuse d'enfants	2	»
La Volière	1	»
Les Volontaires de 1814	2	»
Voyage aut. de ma femme	1	50
Le Voyage d'agrément	2	»
— autour d'une jolie femme	1	»
— autour d'une marmite	1	»
— autour du demi-monde	1	50
— à Philadelphie	2	»
— de MM. Dunanan père et fils	1	50
— de la vérité	1	»
— de M. Perrichon	2	»
— du haut en bas	1	»
Vrai club des femmes	1	»

W

	fr.	c.
Wallenrod	1	»
Werther, *drame lyrique*	4	»
William Shakespeare	2	»

X

	fr.	c.
Xavière, *comédie lyrique*	1	»

Y

	fr.	c.
Ya, Meinherr	1	»
Yedda	1	»
Yolande, *drame lyrique*	1	»
York, nom d'un chien	1	»
Yvonne et Loïc	1	»

Z

	fr.	c.
Zaïre	»	60
Zaïre, *opéra*	1	»
Zamore et Giroflée	1	»
Zerine	1	»
Le Zouave est en bas	1	50

CALMANN LÉVY, ÉDITEUR

PIÈCES DE THÉATRE

Format grand in-8° à deux colonnes

	fr.	c.
Académicien de Pontoise	»	60
L'Ami Grandet	1	50
Amour et Biberon	»	60
L'Ange de ma tante	»	60
Les Antipodes	»	60
Après la bataille	1	»
L'Argent par les fenêtres	1	»
L'Assemblée de famille	1	»
Le Bouillon d'onze heures	1	»
Breda street	»	60
Le Carillon de Saint-Mandé	»	60
La Carotte d'or	1	»
Le Carton vivant	1	»
Casse-cou	1	»
Ce qui manque aux grisettes	1	»
Chevalier de Beauvoisin	»	60
5 Gaillards dont 2 Gaillardes	»	60
La Closerie des Genets	1	»
Comique à la Ville	1	»
Une Confidence	»	60
Croquignole	»	60
Dame aux œillets blancs	1	»
Le Dernier des Mohicans	1	»
Les Deux Camusot	1	»
Un Doigt de vin	1	»
Le Droit de visite	1	»
Le Duel aux mauviettes	»	60
En Carnaval	»	60
L'Etoile du berger	1	»
L'Eunuque	»	60
Les Faubourgs de Paris	»	60
La Femme qui s'ennuie	1	»
Les Femmes saucialistes	»	60
Les Fiançailles des roses	1	»
La Fille du hussard	1	»
Le Freischütz, *opéra*	1	»
Les Frères Dondaine	1	»
Le Gibier du roi	»	60
Gilette de Narbonne	1	50
Le Grand Palatin	»	60
Les Grands et les Petits	1	50
La Grisette de qualité	»	60
L'Habeas corpus	»	60
Les Hirondelles	1	»
L'Île du prince Toutou	»	60
L'Imprésario, *opérette*	»	60
Juanita	1	»
Le Juif errant, *drame*	1	»
Les Liaisons dangereuses	1	»
Les Libertins de Genève	1	»
Lorettes et Aristos	»	60
Mme de Cerigny	»	60
— Flambart	1	»
Mlle de Merange	»	60
— de Navailles	»	60
La Maîtresse anonyme	1	»
Malheureux comme un nègre	»	60
Marguerite et Bouton d'or	1	»
Un mari perdu	»	60
— tombé des nues	1	»
La Mariée de Poissy	»	60
Marino Faliero	1	50
Le Marquis de Carabas	»	60
Mauricette	»	60
Médisant	1	»
Les Mémoires de ma tante	1	»
Le Ménestrel	1	»
La Mère de famille	1	»
La Mère et la Fiancée	1	»
Le Mobilier de Bamboche	»	60
Un Monsieur comme il faut	1	»
M. de Montgaillard	»	60
Montagne qui accouche	»	60
Le Muet d'Ingouville	1	50
Nelly	1	»
Nouvelle Clarisse Harlowe	1	»
Héloïse	1	»
On dira des bêtises	1	»
Les Orphelins du faubourg	1	»
Une Paire de pères	1	»
Un Papa charmant	1	»
Paquette et Grivet	1	50
Paula	1	»
La Peau du lion	2	»
Le Pêcheur béarnais	1	»
La Perle du régiment	1	»
La Petite Provence	1	»
Les Peureux	1	»
Philippe II, roi d'Espagne	»	60
Pierrot posthume	1	»
Le Potager de Colifichet	1	»
La Poule aux œufs d'or	1	»
Le Premier chapitre	1	»
Prodigalités de Bernerette	»	60
Le Proscrit, *opéra*	1	»
Pulcinella	»	60
Le Raphaël de la Courtille	1	»
Recherche de l'inconnu	1	»
La Reine de Chypre, *opéra*	1	»
Un Relais dans la Manche	1	»
République des lettres	»	60
Le Roman comique	1	»
Les Sab. de la marquise	1	»
La Saint-Sylvestre	1	»
7 Femmes de Barbe-Bleue	»	60
Le Serpent sous l'herbe	»	60
Si Jeunesse savait	2	»
Sur la gouttière	1	»
Les Tirailleurs français	1	»
Traite des noirs	1	»
Les Trois Dondons	»	60
Le Val d'Andorre, *opéra com.*	1	»
Vieillesse d'une grisette	1	»
Viens, gentille dame	1	»
Les Vins de France	»	60
Les Violettes de Lucette	1	»
V'là ce qui vient paraître	»	60
Un Voisin de campagne	1	»
Une Voix	»	60

Format in-4° à 20 centimes

AVEC UN DESSIN REPRÉSENTANT UNE DES PRINCIPALES SCÈNES

Adolphe et Sophie.
Les Amants de Murcie.
La Bague de fer.
Le Barbier de Séville.
La Cabane de Montainard
Calas.
Christine à Fontainebleau.
Le Colonel et le Soldat.
Dernière Scène de la Fronde.
Les Deux Philibert.
Le Diamant.
Diane de Chivry.
Le Dîner de Madelon.
Elodie, *drame*.
Les Etudiants.
Eugénie.
Eulalie Pontois.
Farruck le Maure.
Fénelon.
La Forêt périlleuse.
Les Francs-Juges.
Françoise de Rimini.
Les Frères à l'épreuve.
Gaëtan il Mammone.
L'Honnête Criminel.
L'Honneur dans le crime
Il y a seize ans.
Jean de Paris.
Lisbeth ou la Fille du laboureur.
Mac Dowell.
Le Mariage de Figaro.
Massacre des Innocents.
La Mère coupable.
Le Moine.
Othello, *tragédie*.
L'Ouvrier.
Palmérin le Solitaire.
Le Père de famille.
La Petite Ville.
Philosophe sans savoir.
Le Pied de mouton.
Le Prisonnier vénitien.
Raymond, ou l'Héritage du naufragé.
Robert chef de brigands
Roméo et Juliette, *trag.*
La Sorcière, ou l'Orphelin écossais.
La Suédoise.
Le Testament de la pauvre femme.
Thérèse ou l'Orpheline de Genève.
La Vendetta, *drame*.
Victimes cloîtrées.
Les Visitandines.

CALMANN LÉVY, ÉDITEUR

PIÈCES DE THÉATRE

Format in-4° à 50 centimes

AVEC UN DESSIN REPRÉSENTANT UNE DES PRINCIPALES SCÈNES

A

L'Abbé de l'Épée
L'Africain.
L'Aïeule.
Aimer et mourir.
Aimons notre prochain.
Aladin.
Alceste, *opéra*.
Ambigu en habits neufs.
Un Ami acharné.
L'Ami François.
Amiral de l'escadre bleue.
Les Amours de Paris.
L'Amour du trapèze.
— et son train.
— mouillé
— pris aux cheveux.
— qui tue.
André Gérard.
L'Ane mort.
L'Ange de minuit.
L'Anneau de fer.
Après deux ans.
— Fontenoy.
L'Argent du diable.
L'Armée d'Orient.
As-tu vu la comète?
Avait pris femme, le sire de Franchoisy.
Auguste Manette.
Aventures de Mandrin.
Les Aventuriers.
L'Aveugle.
L'Avocat des pauvres.
— du diable.
Les Avocats.

B

La Bague de Thérèse.
Les Baisers.
La Balançoire.
Un Bal d'Auvergnats.
Bataille de Toulouse.
Bataillon de la Moselle.
La Beauté du diable.
La Belle au bois dormant
— de la nuit.
— du diable.
— Gabrielle.
Les Belles de nuit.
Belle-Rose.
Benvenuto Cellini.
La Bergère des Alpes.
— d'Ivry.
Berthe la Flamande.
Bertram le matelot.
La Bête du bon Dieu.
Les Bibelots du diable.
Bibi.
Le Bijou perdu.
Blanchisseuses de fin.
Les Blancs et les Bleus.
Boccace.
Le Bohême d'argent.
La Boisière.
Bonaparte en Egypte
Le Bonhomme Jacques.
— Lundi.
— Richard.
La Bonne Aventure.
— d'enfants.
— pour tout faire.
Le Bossu.
Boulangère a des écus.
Bouquet de violettes.
Bouquetière d. Innocents
Le Bourgeois de Paris.
— gentilhomme.
Bredouille.
Bruyère.

C

Cabaret grappe dorée.
Les Cabotins.
Cadet-la-Perle.
— Roussel.
Canaille et compagnie.
Capitaine Fantôme.
Le Carnaval de Naples.
— des canotiers.
— des revues.
— de Venise.
Cartouche.
La Case de l'oncle Tom.
Le Casseur de pierres.
Catilina.
Cendrillon, *comédie*.
— *féerie*.
Le Centenaire.
100,000 fr. et ma fille.
Ce que vivent les roses.
Cerisette.
C'était moi.
Le Chalet de la Méduse.
La Chambre rouge.
Chapeau paille d'Italie.
Charles VI.
Charlotte et Werther.
La Charmeuse.
La Chasse aux papillons.
— au roman.
Chassé-Croisé.
Château de Grantier.
— de Pontaloc.
— des Ambrières.
— des Sept-Tours.
La Chatte blanche.
Le Chemin de traverse.
— le plus long.
Le Chêne et le Roseau.
Le Chevalier coquet.
— d'Essonne.
— de Maison-Rouge
— des dames.
— du brouillard.
— du pince-nez.
Cheveux de ma femme.
La Chèvre de Ploërmel.
Chez Bonvalet.
Le Chiffonnier de Paris.
Les Chiffonniers.
Christophe Colomb.
Le Ciel et l'Enfer.
Les 500 Diables.
Clairette et Clairon.
Claudie.
Cléopâtre.
La Closerie des Genêts.
Le Clos-Pommier.
Le Clou aux maris.
Cocatrix.
Les Cocodès.
Cocotte aux œufs d'or.
Le Cœur et la Dot.
Le Collier de perles.
Comète de Ch.-Quint.
Comme on gâte sa vie.
Compagnon de voyage.
Compagnons de la truelle
Le Compère Guillery.
Le Comte de Lavernie.
— de Sainte-Hélène.
— de Saulles.
Comtesse de Novailles.
— de Sennecey.
La Conscience.
Contes reine de Navarre.
Cora ou l'Esclavage.
Les Cosaques.
Les Coulisses de la vie.
Un Coup de vent.
Le Courrier de Lyon.
Le Crétin de montagne.
Cri-Cri.
Le Crime de Faverne.
Crochets du p. Martin.
Croix de feu.
— de Marie.
Croquefer.
Croqueuses de pommes.
La Czarine.

D

Dalila et Samson.
Dame de Monsoreau.
— de trèfle.
Dans les vignes.
Les Danses nationales
Défiance et Malice.
Le Déluge universel.
Demoiselle d'honneur.
Le Démon du foyer.
Les Derniers Adieux.
Le Déserteur.
Le Dessous des cartes.
Détournem. de majeure.
Une Dette de jeunesse.
Les Deux Aveugles.
— Faubouriens.
— Femmes en gage.
— Merles blancs.
— Veuves.
Le Devin du village.
Les Diables roses.
Dimanche à Robinson.
Le Docteur Chiendent.
— noir.
Le Dompteur.
Le Donjon de Vincennes.
Douglas le Vampire.
Les Dragons de Villars.
Un Drame de famille.
— de la rue de la Paix.
Les Drames du cabaret.
Duchesse Montemayor.
Ducs de Normandie.
Le Duel de mon oncle.

L'Eau de Jouvence.
Echec et Mat.
L'Echelle des femmes.
L'Ecole des Arthurs.
— des ménages.
L'Ecumoire.
L'Ecureuil.
L'Education d'un serin.
Elodie, *opérette*.
L'Enfant de l'amour.
— de Paris.
— du siècle.
Enfants de la louve.
— terribles.
Les Enfers de Paris.
Entre hommes.
Envers d'une conspiration
Epernay, 20 min. d'arrêt
Eric ou le Fantôme.
L'Escamoteur.
L'Esclave du mari.
L'Esprit familier.
L'Etincelle.
Etouffeurs de Londres.
Etrangleurs de l'Inde.
Etre présenté.

CALMANN LÉVY, ÉDITEUR

F

Fais la cour à ma fem.
La Famille des gueux.
— Lambert.
Fanchette.
Fanfan la Tulipe.
Les Fanfarons de vice.
La Fausse Adultère.
Fausses bonnes femmes.
Faust, *drame*.
Ferme de Primerose.
La Fête des loups.
Feu à la vieille maison.
— de cheminée.
Feu le capitaine Octave.
Les Fiancés d'Albano.
Une Fièvre brûlante.
La Fille de trente ans.
— des chiffonniers
— du diable.
— du maudit.
— du paysan.
— du Tintoret.
Les Filles de marbre.
Filleule du chansonnier.
Le Fils de l'aveugle.
Fils de Charles-Quint.
Le Fils de la folle.
Le Fléau des mers.
Flibust. de la Sonore.
La Florentine.
Foi, Espérance, Charité.
Les Folies dramatiques.
La Forêt de Sénart.
Le Fou par amour.
Les Fous.
France de Simiers.
François le Champi.
— les Bas-Bleus.
Frère et Sœur.
Fualdès.
Les Fugitifs.
Les Fureurs de l'amour.

G

Gabriel Lambert.
Les Gaietés champêtres.
La Gammina.
Le Gant et l'Éventail.
Les Gardes forestiers.
— du roi de Siam.
Le Gardien des scellés.
Gastibelza
Le Gâteau des reines.
Gendre en surveillance.
Geneviève de *Brébant*.
Les Gens de théâtre.
Gentil-Bernard.
Gentilh. de montagne.
Georges et Marie.
— le Mulâtre.
Germaine.
Gil-Blas, op. *comique*.
La Gitane.
G. et d. de Prud'homme
Le Grand Journal.
Les Grands Siècles.
— Vassaux.
Grassot emb. p. Ravel.
Les Griffes du diable.
La Grotte d'azur.
Le Guérillas.
Les Gueux de Béranger.
Guide étrang. dans Paris
Guillaume le débardeur.
Guzman le bravo.

H

L'Habit de mylord.
— Veste et Culotte.
Hamlet, *drame. ver*.
Harry le diable.
Henriette Deschamps.
Une Heure avant l'ouv.
L'Histoire de Paris.
— d'un drapeau.
L'Homme à la blouse.
— aux figures de cire.
— entre deux airs
— qui a perdu son do.
— qui a vécu.
— sans ennemis.
Honneur de la maison.
Horace et Liline.
Hortense de Blengie.
L'Hôtel de la Poste.
— de la Tête noire.
Huguenots à Amboise.

I

Il faut que jeun. se paie.
Intrigue et Amour.
L'Inventeur de poudre.
Irène ou le Magnétisme.

Jacques Burke.
Jaguarita l'Indienne.
J'ai mangé mon ami.
Jane Gray.
Jarretières d'un huissier
Jean Bart.
Jeanne Darc, *opéra*.
— Mathieu.
Jeanne qui pl. et Jeanne qui rit.
Je croque ma tante.
Jérusalem.
Jeun. des mousquetaires.
Jobin et Nanette.
Jocelin le garde-côte.
Jour du frotteur.
Le Jugement de Dieu.

L

Le Lac de Glenaston.
Le Lait d'ânesse.
La Laitière de Trianon.
Les Lanciers.
La Lanterne magique.
Le Laquais d'Arthur.
Léonard le perruquier.
Leone Leoni.
Le Livre noir.
La Loge de l'Opéra.
Le Lorgnon de l'amour.
Louise de Nanteuil.
La Louve de Florence.
Lucio Didier.
Lully.
Les Lundis de madame.
Le Lys dans la vallée.

M

Macbeth, *tragédie*.
Madame de Chambley.
Madelon Lescaut.
La Madone des roses.
La Maison du baigneur.
— du pont N.-Dame.
Maître Bâton.
Le Maître d'école.
Mam'zelle Jeanne.
— Rose.
Mangeur de fer.
Manteau de Joseph.
Manon Lescaut.
La Marâtre.
Le Marbrier.
Marceau.
Le Marchand de coco
— de jouets d'enfants.
Marchand d'habits.
Le Maréchal Ney.
Maréchaux de l'empire.
Marengo.
Margot.
Marguerite Ste-Gemme.
Marianne.
Mariage de Victorine.
Le Mari à l'italienne.
— aux champignons
— de ma sœur.
Un Mari en 150.
— qui n'a rien à faire.
Maris me font touj. rire.
Marie de Mancini.
— Rose.
— Simon.
— Stuart en Écosse.
Mariée de rue St-Denis.
Le Marin de la garde.
Marquise de Tulipano.
Les Marrons glacés.
Marthe et Marie.
Martin et Bamboche.
Le Martyre du cœur.
Le Masque de poix.
Matelot et Fantassin.
Mauprat.
Mauvais Cœur.
Un Mauvais Riche.
Maxwel.
Une Mèche éventée.
Médecin des enfants.
— des pauvres.
Mém. Mimi Bamboche.
— de Richelieu
La Mendiante.
La Mère du condamné.
— Gigogne.
Les Mères repenties.
Merlan en bonne fortune
Les Mers polaires.
Mmes de Montenfriche.
La Meunière.
Michel Cervantès.
Mobilier de Bamboche.
Les Mohicans de Paris.
M. de Bonne-Étoile.
— mon Fils.
— Prosper.
— qui a brûlé dame.
— qui suit les femmes.
— votre fille.
Le Morne au diable.
La Mort de Bucéphale.
— de Socrate.
— du pêcheur.
Les Mouchards.
Le Moulin de l'ermitage.
Le Mousquetaire du roi.
Mousquetaires de la reine
Le Muet.
Musicien des rues.
Les Mystères de l'été.
— de Londres.
— du carnaval.
— du Temple.
— du vieux Paris

Naufrage de la Pérouse.
Le Neveu de Gulliver.
Les Noces Bouchencœur
— vénitiennes.
Nos Enfants.
Un Notaire à marier.
Notre-Dame de Paris.
La Nouvelle Hermione.
La Nuit du 20 septembre
Les Nuits de la Seine.

O

Obéron.
Ohé! les p'tits agneaux.
Oh! la! la! qu'c'est bête tout ça!
L'Oiseau de paradis.
Les Oiseaux de la rue.
— de proie.
Ombrelle compromise.
L'Omelette du Niagara.
L'Oncle Tom.
On dem. un gouverneur
L'Opéra aux fenêtres.
Orfa.
Orphelines de charité.
— de Valneige.
— de St-Sever.
Orphelins de Venise.
— du pont N.-Dame
L'Otage.
Ôtez votre fille, S. V. P.
Où passerai-je mes soirées
L'Outrage.

Le Paletot brun.
Palma, ou la Nuit du vendredi saint.
Pan, pan, c'est la fortune

PIÈCES DE THÉATRE — IN-4° A DEUX COLONNES

Les Pantins de Violette.
Le Paradis des femmes.
Le Paradis perdu.
Le Paratonnerre.
Le Pardon de Bretagne.
Paris.
— Crinoline.
— qui dort.
— qui pleure et qui rit
— qui s'éveille.
— s'amuse.
Les Parisiens.
Le Passeur du Louvre.
Les Pauvres de Paris.
La Paysanne pervertie.
Le Pays des amours.
— latin.
La Peau de chagrin.
Une Pêcheresse.
Le Pendu.
Pénicault somnambule.
La Perdrix rouge.
Le Père Gachette.
— Lefeutre.
La Perle du Brésil.
Le Petit Cousin.
— Journal.
La Petite Fadette.
— Pologne.
Philidor.
Pianella.
Le Piège au mari.
Les Pièges dorés.
Pirates de la Savane.
Une Pleine Eau.
Polkette et Bamboche.
Le Portefeuille rouge.
Préciosa.
Premier Coup de canif.
Le Pressoir.
Le Prêteur sur gages.
Prière des naufragés.
Princesse et Favorite.
— rouge.
Princesses de la rampe.
La Prise de Caprée.
— de Pékin.
Prisonnier de la Bastille.
Le Prix d'un bouquet.
P'tit Fils, p'tit mignon.
Le Puits qui chante.
Le Punch Grassot.
Pygmalion.

Q

Quand on attend sa bourse.
Les Quatre Fils Aymon.
— Henri.
Quentin Durward.
La Queue de la poêle.
— du chat.
Qui se dispute s'adore.

R

Le Raisin.
Les Recruteurs.
Rendez-vous bourgeois.
La Reine Crinoline.
— Cotillon.
— Margot.
— Topaze.
Robert Surcouf.
Rocambole.
Le Rocher de Sisyphe.
Rôdeurs du Pont-Neuf.
Le Roi boit.
— de Bohême.
— de Rome.
— de la lune.
— des îles.
— malgré lui.
— d'une heure.
Roméo et Marielle.
Roquelaure.
La Rose de Saint-Flour.
Rose et Colas.
— et Marguerite.
— et Rosette.
Rosemonde.
Le Rosier.
Rothomago.
La Route de Brest.
Royaume de la bêtise.
Ruines du château noir.

S

Le Sacrilège.
Le Sage et le Fou.
Salvator Rosa.
Le Sang mêlé.
Sans queue ni tête.
Savetier Quincampoix.
Schahabaham II.
Schamyl.
Secret l'oncle Vincent.
— de miss Aurore.
— des cavaliers.
7 Merveilles du Monde.
Sept Péchés capitaux.
Le Sergent Frédéric.
La Servante maîtresse.
Si j'étais riche.
— roi.
Simon le voleur.
Si Pontoise le savait.
La Sirène de Paris.
La Sorcière ou les Etats de Blois.
Soubrette de qualité.
Soufflez-moi dans l'œil.
Sourd comme un pot.
— — un bec de gaz
Souvenirs de jeunesse.
Souvent femme varie.

Tabarin, ou les Parades du Pont-Neuf.
Les Talismans.
La Taverne du diable.
Télégraphe électrique.
Tempête dans baignoire.
— dans un verre d'eau.
Le Testament d'un garçon
Le Théâtre des zouaves.
Théodoros.
La Tireuse de cartes.
Toby le boiteux.
Toilettes tapageuses.
Toquades de Borromée.
La Tour de Nesle à Pont-à-Mousson.
33,333 fr. 33 c. par jour.
3 Fils Cadet-Roussel.
Tromb-al-Cazar.
Trottmann le touriste.
Le Tueur de lions.
Turlututu chap. pointu et Cascarinette.

U

L'Usurier de village.
Un Ut de poitrine.

V

Les Vaches landaises.
Valent. Darmentières.
Vend. Clos-Tavannes.
Vent du soir.
Vercingétorix.
Vicaire de Wakefield.
La Vie de bohême.
— d'une comédienne.
Le Vieux Caporal.
Les Viveurs de Paris
La Voie sacrée.
Voilà la chose.
Le Voile de dentelle.
Les Voleurs d'or.
La Voleuse d'enfants.
Les Volontaires de 1814.
Voyage aut. de marmite.
— sentimental.

W

William Shakespeare.

Y

Ya, Meinherr.

Z

Zémire et Azor.
Zerbine.
Les Zouaves.

CALMANN LÉVY, ÉDITEUR

RÉPERTOIRE DU THÉATRE ITALIEN — OPÉRAS

TEXTE EN REGARD DE LA TRADUCTION — CHAQUE PIÈCE 2 FRANCS

ALARY
Le Tre Nozze.

BEETHOVEN
Fidelio.

BELLINI
I Capuleti ed i Montecchi.
Norma.
Il Pirata.
I Puritani.
La Sonnambula

BOTTESINI
L'Assedio di Firenze.

G. BRAGA
Margherita.

GAGNONI
Don Bucephalo.

CIMAROSA
Le Astuzie feminili.
Il Matrimonio segreto.

COSTA
Malek-Adel.

DONIZETTI
Alina Regina di Golconda.
Anna Bolena.
Beatrice di Tenda.
Belizario.
Don Pasquale.
L'Elisire d'Amore.
La Figlia del Reggimento.
Il Furioso.
Gemma di Vergy.
Gianni da Calais.
Linda di Chamouni.
Lucrezia Borgia.
Lucia di Lammermoor.
Marino Faliero.
Maria di Rohan.
Parisina.
Poliuto.
La Rinnegata.
Roberto Devereux.

FIORAVANTI
Le Cantatrici villane.
Il Ritorno di Columella da Padova.

FLOTOW
Alma l'incantatrice.
Marta.
Stradella.

FRAFFIGNA
La Duchessa di San-Giuliano.

Mme DE GRANDVAL
Piccolino.

HALÉVY
La Tempesta.

MARLIANI
Ildegonda.

MERCADANTE
Il Bravo.
I Briganti.
Elisa e Claudio.
Il Giuramento.
Leonora.

MEYERBEER
Il Crociato.
Struenzée.

MOZART
Cosi fan tutte.
Don Giovanni.
Le Nozze di Figaro.

O. NICOLAI
Il Templario.

PACINI
Gli Arabi nelle Gallie.
La Fidanzata Corsa.
Saffo.

PAISIELLO
La Serva Padrona.

G. PEDROTTI
Fiorina.

PERSIANI
Il Fantasma.
Inès de Castro.

PONIATOWSKI
La Contessina.
Don Desiderio.
Uracano.

RICCI
Une Avent. de Scaramouche.
Corrado di Altamura.
Crispino e la Comare.

ROSSINI
Andremo a Parigi.
Il Barbiere di Siviglia.
Cenerentola.
Un Curioso Accidente.
La Donna del lago.
La Gazza ladra.
L'Italiana in Algeri.
Matilda di Shabran.
Mosè.
Otello.
Semiramide.
Tancredi.
Turco in Italia.

SPONTINI
Vestale.

VERDI
Aïda.
Un Ballo in maschera.
Due Foscari.
Ernani.
Forza del Destino.
Giovanna d'Arco.
I Lombardi.
Luisa Miller.
Nabucodonosor.
Il Proscrito.
Rigoletto.
La Traviata.
Il Trovatore.

G. VILLATE
Zilia.

RÉPERTOIRE DE M. ROSSI ET DE MADAME RISTORI

TEXTE EN REGARD DE LA TRADUCTION

Cassandre, tragédie en 5 actes . . . 1 50
Le Cid, tragédie en 5 actes 1 50
Egmont, de Gœthe, ouverture et frag. 1 »
Elisabeth, drame en 5 actes. 1 50
L'Enfant des Forêts. . . . . » 50
Etourderie et bon cœur, c. en 5 act. 1 »
Les Fausses Confidences, c. 3 actes . 1 50
Hamlet, tragédie en 5 actes . . . . 2 »
L'Héritage d'un premier comique, comedie en 1 acte . . . . 1 »
Jeanne d'Arc (prologue) . . . . . . 1 »
La Joueuse de harpe, drame en 3 actes (analyse) . . . . » 50
Judith. . . . . 2 »
La Locandiera, comédie en 3 actes . 1 50
Macbeth, de Shakespeare (scène de somnambulisme). . . . . » 50
Macbeth, tragédie en 5 actes. . . . . 2 »
Marie Stuart, tragédie en 5 actes . . 1 50
Médée, tragédie en 3 actes. 2 50
Mirra, tragédie en 5 actes 1 50
On ne badine pas avec les hommes, comédie en 3 actes (analyse). . . » 50
Oreste, tragédie en 5 actes. 1 50
Otello, tragédie en 5 actes . . . . . 2 »
Pia de Tolomei, drame en 5 actes. . 1 50
Point de mal, c. en 3 act. (analyse) . » 30
Polyeucte, tragédie en 5 actes . . . 1 50
Le Roi Lear, tragédie en 5 actes. . . 2 »
Roméo et Juliette, tragédie en 5 act. 1 »
Rosemonde, tragédie en 5 actes. . . 1 50
Saül, tragédie en 5 actes 1 50
Une singulière aventure, comédie en 3 actes (analyse) . . . . » 50
Zaïre, tragédie en 5 actes 1 50

CALMANN LÉVY, ÉDITEUR

Pièces à trois personnages.

	Hom.	Fem.
A Clichy, *opérette*	3	»
L'Acrobate, *comédie*	2	1
L'Amant de cœur, *vaudeville*	2	1
L'Ami François, *com.-vaudeville*	2	1
Après l'orage, le beau temps, *v.*	2	1
L'Autre Motif, *comédie*	1	2
L'Avocat du diable, *comédie*	2	1
Les Baisers, *comédie*	1	2
Le Beau Léandre, *com. en vers*	2	1
Le Berceau, *comédie en vers*	2	1
Bloqué, *vaudeville*	2	1
Le Bonhomme Jadis, *comédie*	2	1
Brutus, lâche César! *com.-vaud.*	2	1
Le Cas de conscience, *comédie*	2	1
Cerisette en prison, *com.-vaud.*	1	2
Ce Scélérat de Poireau, *vaud.*	2	1
La Chasse au lion, *comédie*	2	1
Un Cheveu blanc, *comédie*	1	2
Chez une petite dame, *comédie*	1	2
Un Clou dans la serrure, *vaud.*	2	1
Un Cœur qui parle, *com.-vaud.*	1	2
Le Collier, *comédie*	2	1
Colombine, *comédie-vaudeville*	2	1
Comme elles sont toutes, *com.*	2	1
La Cravate blanche, *c. en vers*	2	1
La Crémaillère, *comédie*	2	1
Dans la rue, *pochade*	2	1
La Dernière Idole, *drame*	2	1
Deux femmes, *drame en vers*	»	3
Deux profonds scélérats, *poc.*	3	»
Diviser pour régner, *com.-vaud*	2	1
Dos-à-Dos, *comédie*	1	2
La Dot de Mariette, *vaudeville*	2	1
Le Duel aux mauviettes, *vaud.*	2	1
D'une fenêtre à l'autre, *vaud.*	2	1
L'Ecureuil, *comédie*	2	1
L'Etincelle, *comédie*	1	2
Un Fameux Numéro, *com.-vaud.*	2	1
Une Femme est comme votre ombre, *comédie en vers*	2	1
Femme qui perd ses jarretières, *v*	2	1
Le Furet des salons, *com.-vaud.*	1	2
Les Giboulées, *comédie*	2	1
Grassot embêté par Ravel, *vaud.*	3	»
Henri le Balafré, *comédie*		1
Horace et Liline, *vaudeville*		1
Horace et Lydie, *comédie en vers*	[illegible]	2
Henriette et Charlot, *vaudeville*	2	1
Ici, Médor! *vaudeville*	2	1
Un Jeune Homme pressé, *vaud.*	3	»
Madame Bertrand et mademoiselle Raton, *comédie-vaud*	1	2
Madame est couchée, *comédie*	2	1
La Maîtresse du mari, *comédie*	2	1
Mamz'elle Rose, *vaudeville*	1	2
Un Mari brûlé, *vaudeville*	1	2
Monsieur attend madame, *com.*	1	2
Monsieur Victor, *vaudeville*	2	1
Nisus et Euryale, *comédie-vaud.*	2	1
On demande une lectrice, *vaud.*	2	1
Un Orage à Tonnerre, *comédie*	2	1
Le Paletot brun, *comédie*	2	1
Pan! pan! c'est la fortune, *c.-v.*	2	1
La Partie de Dames	1	2
Pas de fumée sans feu, *c.-prov.*	1	2
Pas de fumée sans un peu de feu, *c.*	2	1
Le Piano de Berthe, *comédie*	1	2
Pierrot héritier, *comédie en vers*	2	1
Le Pour et le Contre, *comédie*	1	2
Qui femme a, guerre a, *coméd.*	2	1
Qui se dispute, s'adore, *proverbe*	1	2
Reculer pour mieux sauter, *prov.*	2	1
Risette, *comédie*	1	2
Le Roman d'une heure, *comédie*	1	2
La Rose de Saint-Flour, *opérette*	2	1
Scapin marié, *comédie en vers*	2	1
Le 66, *opérette*	2	1
Sur la gouttière, *com.-vaudeville*	2	1
Sur la grand'route, *proverbe*	2	1
Tambour battant, *com.-vaud.*	1	2
Toinette et s. carabinier, *opérette*	2	1
Toute seule, *comédie*	2	1
Les Trois Ivresses, *vaudeville*	2	1
La Veuve aux Camélias, *vaud.*	1	2
Zamore et Giroflée, *vaudeville*	2	1

Pièces à quatre personnages.

	Hom.	Fem.
A deux de jeu, *comédie*	1	3
Ah! vous dirais-je, maman! *com.*	1	3
Aimons notre prochain, *comédie*	2	2
A la Campagne, *comédie*	2	2
L'Amant aux bouquets, *comédie*	2	2
L'Ami du mari, *comédie*	2	2
L'Ami Monmannequin, *vaudev.*	3	1
L'Amour d'une ingénue, *coméd.*	2	2
Amour et Caprice, *comédie*	2	2
L'Amour mouillé, *comédie*	2	2
L'Auberge de la vie, *proverbe*	3	1
L'Auréole, *comédie en vers*	1	3
Un Baiser anonyme, *comédie*	2	2
La Belle aux yeux d'émail, *vaud.*	2	2
Les Bons Conseils, *comédie*	2	2
Le Bord du précipice, *comédie*	3	1
Le Bougeoir, *comédie*	2	2
Le Bouquet, *comédie*	2	2
Les Brebis de Panurge, *comédie*	2	2
Brouillés depuis Wagram, *c.-v.*	3	1
Bûcher de Sardanapale, *c.-vaud.*	2	2
Le Camp des Bourgeoises, *com.*	2	2

CALMANN LÉVY, ÉDITEUR

Pièces à quatre personnages (*Suite*).

	Hom.	Fem.
La Question d'amour, *comédie*	2	2
Quête à domicile, *comédie*	2	2
Quitte pour la peur, *comédie*	1	3
Les Révoltées, *com. en vers*	2	2
Le Rez-de-chaussée, *comédie*	2	2
Rosalinde, *comédie*	2	2
Une Rupture	3	1
Le Sabot de Marguerite, *c.-vaud.*	2	2
Le Secret de ma femme, *vaudev*	2	2
Le Serment d'Horace, *comédie*	2	2
Singuliers Effets de foudre, *com.*	3	1
Société du doigt dans l'œil, *c.-v.*	3	1
Une Soubrette de qualité, *c.-v.*	3	1
La Soupe aux choux, *comédie*	1	3
Suzanne et les Deux Vieil., *com.*	3	1
La Tante Vertuchoux, *vaudeville*	2	2
Une Tasse de thé, *comédie*	3	1
Le Tattersal brûlé! *comédie*	3	1
Le Télégramme, *comédie*	2	2
Tout vient à point à qui sait attendre, *proverbe*	3	1
Trilogie de Pantalons, *c.-vaud.*	3	1
Trois Amours de Tibulle, *c. en v.*	1	3
Les Trois Bougeoirs	3	1
La Troisième Tasse, *comédie*	2	2
Les Trois Curiaces, *comédie*	3	1
Trop beau pour rien faire, *com.*	2	2
Un Truc de mari, *vaudeville*	3	1
Une Vendetta parisienne, *coméd.*	2	2
Une Vengeance de Pierrot, *com.*	2	2
Le Verglas, *comédie*	2	2
La Vertu de ma Femme, *comédie*	2	2
Un Vieil Innocent, *com.-vaud*	2	2
Une Vieille Lune, *vaudeville*	2	2
La Vieillesse d'une grisette, *vaud.*	2	2
Le Village, *comédie*	2	2
Une Visite de noce, *comédie*	2	2

Pièces à cinq personnages.

	Hom.	Fem.
Les Absences de monsieur, *c.-v.*	3	2
L'Académicien de Pont., *c.-v. 2 a.*	3	2
A chacun son bien, *comédie*	3	2
Affaire de la rue de Lourcine, *c.-v.*	4	1
L'Alerte, *comédie*	2	3
L'Alouette	2	3
Les Amendes de Timothée, *com*	3	2
L'Ami des bêtes, *extravagance*	3	2
L'Ami des femmes, *comédie*	3	2
Amour et Biberon, *com.-vaudev*	3	2
L'Amour à l'aveuglette, *com.-v.*	3	2
L'Amour dans un ophicléide, *v*	2	3
L'Amour en sabots, *com.-vaudev*	3	2
Les Amoureux sans le savoir, *com*	3	2
Un Amour sous enveloppe, *coméd.*	3	2
L'Ange de ma tante, *com.-vaudev.*	3	2
Les Anges du foyer, *com.-vaudev.*	3	2
Un Anglais timide, *comédie*	3	2
L'Architecte de ces dames, *c.-v*	3	2
Au coin du feu, *comédie*	3	2
Aux Eaux de Spa, *comédie*	3	2
Les Aventures d'un paletot, *c.-v.*	3	2
Banquier comme il y en a peu, *c.-v.*	3	2
Bataille de dames, *com 3 actes*	3	2
Un Beau Dévouement, *comédie*	3	2
Le Beau Narcisse, *coméd.-vaudev.*	2	3
Le Beau-Père, *comédie*	4	1
Le Bonheur sous la main, *vaudev.*	2	3
Un Bon Ouvrier, *comédie-vaudev.*	3	2
Un Bouillon d'onze heures, *vaud.*	3	2
Le Brésilien, *comédie*	2	3
Le Cadeau du beau-père, *com.*	3	2
Canadar père et fils, *vaudeville*	3	2
La Carotte d'or, *comédie-vaudev.*	2	3
Les Cascades	3	2
Casse-Cou, *vaudeville*	3	2
La Chambre nuptiale, *comédie*	2	3
Un Chapeau qui s'envole, *com.-v.*	3	2
La Chasse aux papillons, *com.-v.*	3	2
Un Château en Espagne, *c. vers.*	3	2
Le Chêne et le Roseau, *com.-v.*	3	2
Le Chevalier Baptiste, *comédie*	3	2
Le Chevalier Coquet, *com.-vaud.*	3	2
La Cigarette	3	2
Une Clarinette qui passe, *com.-v.*	3	2
Le Coin du feu, *comédie-vaudev.*	4	1
Le Collier de perles, *com 3 actes*	4	1
Comment l'esprit vient aux garçons, *comédie-vaudeville*	2	3
Le Compagnon de voyage, *c.-v.*	3	2
La Coquette, *comédie*	4	1
Le Coupé du docteur, *comédie*	3	2
Le Cousin Florestan	4	1
Une Crise de ménage, *com.-vaud.*	3	2
La Dame d'en face, *comédie*	3	2
Une Dame pour voyager, *com.-v.*	3	2
La Dernière Conquête, *c. 2 actes*	2	3
Les Derniers Adieux, *comédie*	2	3
Le Dernier Crispin, *comédie, vers*	3	2
Les Deux Fautes	2	3
Deux Gouttes d'eau, *comédie*	3	2
Deux Nez sur une piste, *c.-vaud*	4	1
Les Deux Sourds, *com.-vaudeville*	4	1
Les Deux Timides, *com.-vaudev.*	3	2
Diable ou Femme, *comédie, vers*	3	2
Dianah, *comédie en 3 actes*	3	2
E. H. ! *comédie-vaudeville*	3	2
L'Eau qui dort, *vaud.-proverbe*	3	2
Une Eclipse de lune, *vaudeville*	3	2
Les Ecoliers d'amour, *comédie, v.*	3	2
Elle était à l'Ambigu, *vaudeville*	3	2
Embrassons-nous, Folleville, *c.-v.*	3	2
En eau trouble, *comédie*	3	2
Une Epreuve avant la lettre *c.-v.*	2	3

PIÈCES DE THÉATRE FACILES A JOUER EN SOCIÉTÉ

Pièces à cinq personnages *(Suite).*

	Hom.	Fem.
Les Erreurs de Jean, *comédie* . .	3	2
Les Erreurs du bel âge, *com.-v* .	3	2
Fais la cour à ma femme, *comédie*.	2	3
La Famille Poisson, *comédie, vers*.	4	1
Le Fantôme rose, *comédie*. . . .	3	2
La Fée, *comédie*	4	1
Le Femme qui trompe son mari, *comédie-vaudeville*	3	2
Les Femmes peintes par elles-mêmes, *comédie*	3	2
Les Femmes qui pleurent, *coméd*.	3	2
Le Feu au couvent, *comédie* . . .	4	1
Un Feu de cheminée, *vaudeville*. .	3	2
Un Fiancé à l'huile, *vaudeville*. .	3	2
Les Finesses de Carmen, *comédie*.	3	2
Frontine, *comédie*.	3	2
Frontin malade, *comédie en vers* .	4	1
Une Heure de quiproquo, *vaudev*.	2	3
Le Homard, *comédie*	3	2
L'Homme à la clé, *comédie* . . .	3	2
L'Homme n'est pas parfait, *c.-v*.	3	2
L'Homme qui a perdu son *do* . .	3	2
L'Ingénue, *comédie*.	3	2
L'Invalide, *comédie*.	3	2
J'ai marié ma fille, *com.-vaudev*.	3	2
Les Jarretières d'un huissier, *v*. .	3	2
Je dîne chez ma mère, *comédie*.	3	2
Je ne mange pas de ce pain-là *c. v*.	3	2
Jeu de l'amour et de la cravache, *v*.	3	2
Le Jeu de Sylvia, *comédie*. . . .	3	2
Un Jeune Homme en location, *v* .	3	2
Un Jeune Homme qui ne fait rien, *comédie en vers*	3	2
Je vous aime, *comédie*	3	2
J'invite le colonel, *comédie*. . .	4	1
Jocrisse millionnaire, *com.-vaud*.	2	3
Juan Strenner, *drame en vers*. .	4	1
Le Klephte	3	2
Une Leçon de trompette, *com.-v*.	2	3
Une Lecture	4	1
Madame Absalon, *vaudeville* . .	3	2
Les Malheurs heureux, *com-vau*.	4	1
La Maison du garde, *com.-vaud*.	3	2
Le Maître d'armes, *coméd.-vaud*.	4	1
La Manie des proverbes, *proverbe*	4	1
Un Mari d'occasion, *comédie* . .	3	2
Un Mari sur des charbons, *vaud*.	3	2
Le Mariage au bâton, *com.-vaud*. .	4	1
Mariés sans l'être, *com.-vaud* . .	3	2
La Marq^se de Tulipano, *c.-v.*, 2 *a*..	3	2
Le Massacre d'un innocent, *c.-v*..	4	1
Un Mauvais coucheur, *com.-vaud*.	3	2
Un Morian en bonne fortune, *c.-v*.	3	2
Métamorphoses Jeannette, *vaud*.	2	3
Mon Isménie, *comédie-vaudeville*.	2	3
Mon Mari me l'a permis, *comédie*.	3	2
Mon premier! *comédie*	2	3
Le M. de la rue Vendôme, *c.-v*.	3	2
Le Monsieur en question, *coméd*.	3	2
Monsieur et Mme Rigolo, *com.-v*. .	3	2
Les Mystères de la r. Rousselet, *c*.	4	1
O le meilleur des pères ! *vaudev*.	3	2
Une Panthère de Java, *pochade*.	3	2
Par les fenêtres, *comédie-vaud*. .	3	2
Le Parasite, *comédie en vers* . .	2	3
Un Paysan d'aujourd'hui, *comédie*.	4	1
Pénicaut le Somnambule, *c.-v*. .	3	2
Un Petit Bout d'oreille, *comédie* .	1	4
Le Petit-Fils, *comédie-vaudeville*.	3	2
Le Petit Hôtel, *comédie*........	4	1
Philanthropie et Repentir, *vaud*.	2	3
Piccolet, *comédie-vaudeville*. . .	3	2
Les Pinceaux d'Héloïse, *vaud*.	3	2
Plus on est de fous !... *com.-vaud*.	3	2
Portes et Placards, *com.-vaudev*.	3	2
Un Portrait de maître, *comédie* .	2	3
Pourquoi l'on aime, *comédie*. . .	2	3
Le Premier Chapitre, *comédie*. .	3	2
Prodigalités à Bernerette, *com.-v*.	4	1
Propre à rien, *vaudeville*	3	2
Pst! pst! *comédie-vaudeville* . .	3	2
La Puce à l'oreille, *comédie-vaud*.	3	2
Les Quatre Coins, *comédie*. . . .	3	2
Une Rage de souvenirs, *vaudev* . .	3	2
Les Remords de M. Pinchinat, *com*.	3	2
Le Roi de cœur, *com.-vaudeville*.	3	2
Rosette et Nœud coulant, *vaud*..	3	2
Les Roses jaunes, *comédie, vers* .	3	2
Les Roués innocents, *com.-vaud*.	2	3
La Sainte-Lucie, *comédie*	2	3
Le Secrétaire de madame, *com.-v*.	4	1
Un Service à Blanchard, *vaudev*..	3	2
Un Soufflet anonyme, *comédie*. .	3	2
Le Souper de la marquise, *com* .	3	2
Souvenirs de voyage, *comédie*. .	4	1
Souvent femme varie, *comédie*. .	3	2
Steeple-chase, *comédie*.	3	2
La Tasse cassée, *com.-vaud* . . .	3	2
Le Temple du célibat, *vaudeville*.	4	1
Les Toquades de Borromée, *vaud*.	3	2
Le Trésor de Blaise, *comédie* . .	3	2
Trois Amours de pompiers, *vaud*.	4	1
Les Trois Dondons, *vaudeville*. .	3	2
Trop curieux, *comédie*	3	2
Un Tyran en sabots, *comédie* . .	3	2
Un Verre de champagne, *c.-vaud*.	3	2
Vincenette, *drame*	3	2
Virgile Marron, *vaudeville*. . . .	4	1

CALMANN LÉVY, ÉDITEUR

Pièces à six personnages.

	Hom.	Fem.
L'Absent, *drame en vers*. . . .	2	4
Alexandre chez Apelle, *c.-v*. . .	4	2
Alfred, *vaudeville*	5	1
Un Amant qui veut pas être heureux, *vaudeville*	3	3
Un Ange au rez-de-chaussée, *v.*	3	3
L'Argent fait peur, *com.-vaud* .	4	2
La Balançoire, *comédie-vaudev.*	4	2
Un Bal sur la tête, *vaudeville* .	4	2
La Boîte d'argent, *comédie* . . .	4	2
Bon gré mal gré, *comédie* . . .	2	4
Brelan de Maris, *comédie-vaud.*	4	2
Le Canotier, *comédie-vaudeville*.	3	3
Le Capitaine Bitterlin, *comédie* .	4	2
Capitaine... de quoi? *vaudeville*.	4	2
C'est la faute du mari, *com., vers*.	4	2
Chamarin le chasseur, *comédie-v*.	3	3
Le Chapitre de la toilette, *c.-v* .	4	2
La Clé de ma caisse, *comédie* .	4	2
Comment les femmes se vengent, *comédie en 2 actes, en vers*. .	3	3
Le Coucher d'une étoile, *comédie*.	4	2
Les Curieuses, *comédie*	3	3
La Dame aux œillets blancs, *c.-v*.	3	3
Dans une baignoire, *com.-vaud*.	4	2
La Dent de sagesse, *comédie*. .	3	3
Le Dépit amoureux, *c. 2 a., vers*	4	2
Détournement de majeure, *vaud*.	4	2
Les Deux Camusot, *c.-vaud* . .	4	2
Deux chiens de faïence, *c.-v* .	3	3
Deux rats, *com.-vaud. 2 actes* .	3	3
Les deux Sans-Culottes	3	3
Dieu merci! le couvert est mis! *c.*	3	3
Un Dieu du jour, *com.-vaud. 2 a.*	4	2
Un Dîner et des égards, *c.-v*. .	3	3
Le Domestique de ma femme, *v.*	4	2
Donnant, donnant, *com. 2 actes*.	4	2
Les Droits de l'homme, *c. 2 a.*	3	3
Edgard et sa bonne, *com.-vaud*.	3	3
Les Espérances, *comédie*. . . .	4	2
L'Epreuve, *comédie*	3	3
La Famille de l'horloger, *c.-v*. .	3	3
Les Fantaisies de Mylord, *c.-v*.	4	2
Une Femme dans ma fontaine, *c.-v*.	5	1
Femme doit suivre son mari, *v.*	3	3
Le Feu de paille, *comédie-vaud*.	2	4
La Fin du roman, *comédie* . . .	5	1
Les Filles des champs, *vaud*. .	4	2
Les Frères Dondaine, *vaudeville*.	4	2
Le Fruit défendu, *vaudeville* .	2	4
Garde-toi, je me garde, *comédie*	3	3
Le Gardien des scellés, *c.-vaud*.	4	2
Un Homme entre deux airs, *c.-v*.	4	2
L'Homme à la tuile, *comédie*. .	4	2
L'Homme sans ennemis, *com.-v*.	4	2
Les Hommes sont ce que les femmes les font, *proverbe*. . . .	4	2
Les Incendies de Massoulard, *c.*	4	2
Les Infidèles, *comédie*	4	2
Je marie Victoire, *vaudeville* . .	4	2
Je reconnais ce militaire, *vaud*.	3	3
Je suis mon fils, *com.-vaudev* .	4	2
Le Jeu de l'amour et du hasard, *comédie en 3 actes*.	4	2
Le Jeune homme au riflard, *c.-v*.	4	2
La Joie fait peur, *comédie* . . .	3	3
Le Legs, *comédie*.	3	3
Lolotte, *comédie*.	3	3
Le Loup dans la bergerie, *com*.	4	2
Ma cousine, *comédie*.	2	4
Madame est de retour, *c.-vaud*.	3	3
Mademoiselle de Liron, *c.-vaud*.	4	2
Ma femme est troublée, *com*. .	3	3
Maîtresse bien agréable, *com.-v*.	4	2
Une Maîtresse Femme, *comédie*.	4	2
Le Mal de la peur, *comédie-vaud*.	4	2
Le Malheur d'être belle, *comédie*	3	3
Maman Sabouleux, *coméd.-vaud*.	4	2
Un Mari qui prend du ventre, *comédie-vaudeville*	4	2
Un Mari trop aimé, *com.-vaudev*.	3	3
Un Mari à l'italienne, *comédie* .	3	3
Un Mari tombé des nues, *vaudev*.	4	2
Les Marrons glacés, *comédie*. .	4	2
Les Méli-Mélo de la rue Meslay, *comédie-vaudeville*	3	3
La Mère de famille, *com.-vaud*.	3	3
Midi à quatorze heures, *com.-va*.	4	2
Minette, *comédie-vaudeville*. . .	4	2
Monsieur Choufleuri, *opérette*. .	5	1
— de Saint-Cadenas, *comédie* .	4	2
— votre fille, *com.-vaud*. . . .	3	3
— qui a brûlé une dame, *com.-v*.	6	»
La Niaise de Saint-Flour, *com.-v*.	4	2
Nos Maîtres, *comédie*	3	3
La Nouvelle Hermione, *comédie*,	4	2
Obliger est si doux! *comédie* .	3	3
L'Ordonnance du médecin, *c.-v*.	3	3
Pas jaloux, *comédie-vaudeville* .	3	3
La Partie d'échecs, *comédie* . .	4	2
Péril en la demeure, *com. 2 act*.	3	3
La Petite Cousine, *coméd.-vaud*	3	3
Petite Pluie..., *comédie*.	3	3
Le Photographe, *comédie*. . . .	3	3
Les Portraits, *comédie*.	3	3
— de la marquise, *comédie* ...	4	2
Princesse et Charbonnière, *c.-v*.	4	2
Prisonnier sur parole, *com.-vaud*.	4	2

PIECES DE THÉATRE FACILES A JOUER EN SOCIÉTÉ

Pièces à six personnages *(Suite)*.

	Hom.	Fem.
Quand on n'a pas le sou, *vaudev.*	4	2
Rage d'amour, *comédie-vaudev.*	3	3
Le Régiment qui passe, *comédie.*	3	3
Le Sacrifice d'Iphigénie, *comédie.*	4	2
Le Sanglier des Ardennes, *com.*	4	2
Service en Campagne, *comédie.*	3	3
Statuette d'un grand homme, *c.*.	4	2
La Succession Bonnet, *vaudevil.*	5	1
Les Suites d'un premier lit, *c.-v.*	3	3
Le Supplice de Paniquet, *c.-va.*.	4	2
La Tête de Martin, *coméd.-vaud.*	4	2
Les Trembleurs, *comédie.* . . .	3	3
Triolet, *comédie-vaudeville* . . .	4	2
3 Bourgeois de Compiègne, *c.-v.*	4	2
Un et un font un, *vaudeville* .	4	2
L'Ut dièse, *bouffonnerie*	5	1
La Vendetta, *vaudeville*	5	1
La Victime	3	3
La Vie privée, *comédie.*	4	2
Le Zouave est en bas, *vaudeville.*	4	2

CALMANN LÉVY, ÉDITEUR

Par suite d'une convention passée avec la maison Tresse et Stock, les pièces ci-après sont, depuis le 1er avril 1892, exclusivement en vente à la Librairie Calmann Lévy

OPÉRAS

	fr.	c.
Le Cid	2	»
La Favorite	1	»
Guillaume Tell	1	»
Henri VIII	1	»
Hérodiade	1	»
Les Huguenots	1	»
La Juive	1	»
Lucie de Lammermoor	1	»
La Muette de Portici	1	»
Robert le Diable	1	»
Sigurd	1	»

OPÉRAS-COMIQUES

	fr.	c.
Le Barbier de Séville	1	»
Le Chalet	1	»
La Dame Blanche	1	»
Les Diamants de la Couronne	1	»
Le Domino noir	1	»
Fra Diavolo	1	»
Manon	1	»
Le Postillon de Longjumeau	1	»
Le Pré aux Clercs	1	»
Zampa	1	»

OPÉRETTES

	fr.	c.
La Fille de Madame Angot	2	»
La Fille du Tambour-major	2	»
Giroflé-Girofla	2	»
La Jolie Parfumeuse	2	»
Madame Favart	2	»
La Mascotte	2	»
Les Mousquetaires au Couvent	2	»
La Petite Mariée	2	»

PIÈCES DE LA MAISON TRESSE ET STOCK

COMÉDIES ET VAUDEVILLES

	fr.	c.
Le Député de Bombignac	2	»
La Famille Pont-Biquet	2	»
Feu Toupinel	2	»
Le Mari à la campagne	1	»
Le Sourd ou l'Auberge pleine	1	»
Les Surprises du Divorce	2	»
Le Voyage à Dieppe	1	»

DRAMES

Une Cause célèbre	2	»
Les Deux Orphelines	2	»
Un Duel sous Richelieu	1	»
Don César de Bazan	1	»
La Grâce de Dieu	1	»
Latude	1	»
Lazare le Pâtre	1	»
Marie-Jeanne ou la femme du peuple	1	»
Martyre	2	»
Trente ans ou la vie d'un joueur	1	»

PIÈCES D'ALEXANDRE DUMAS PÈRE

Antony	1	»
Catherine Howard	1	»
Charles VII chez ses grands vassaux	1	»
Henri III et sa cour	1	»
Kean	1	»
Mademoiselle de Belle-Isle	1	»
Les Mousquetaires	1	»
Richard Darlington	1	»
La Tour de Nesle	1	»

PIÈCES DE LABICHE

Le Baron de Fourchevif	1	50
Deux Papas très bien	1	»
Le Major Cravachon	1	50
Le Misanthrope et l'Auvergnat	1	»
La Station Champbaudet	2	»

PIÈCES DE SCRIBE

Bertrand et Raton	1	»
La Camaraderie	1	»
Michel et Christine	1	»
Oscar	1	»
Le Verre d'eau	1	»

TABLE DE LA DEUXIÈME PARTIE

PARIS. — IMPRIMERIE CHAIX. — 8180-4-00. — (Encre Lorilleux).

LISTE DES PRINCIPAUX CORRESPONDANTS

DE

MM. Georges CARRÉ et C. NAUD, Éditeurs

FRANCE

Aix-en-Provence. Cunin.
Amiens. Courtin-Hecquet, J. Rumigny.
Agen. Allègre, Ferran ff.
Alger. Jourdan, Ruff, Sintès.
Angers. Lachèse et Cie.
Auxerre. Lanier.
Bar-le-Duc. Collot.
Beauvais. H. Randu.
Belfort. Schmitt.
Besançon. Jacquard, Vve Ch. Marion.
Bordeaux. Féret et fils, Laffitte, Mollat.
Boulogne-s-Mer. Chiraux.
Bourges. Auxenfans.
Brest. J. Robert.
Caen. Brulfert, Jouan, Richier.
Carcassonne. Abadie.
Castres. J.-L. Bonnet.
Chambéry. Perrin.
Charleville. Ed. Jolly.
Chartres. Selleret.
Châteauroux. Cuissard.
Cherbourg. Marguerie.
Clermont-Ferrand Guyot et Busson, Juliot, Ribou-Collay.
Commercy. H. Cabasse.
Dieppe. Coursières.
Dijon. Ratel, F. Rey, Venot.
Douai. Lauverjat.
Dunkerque. Defossé.
Elbeuf. Bernouis.
Epinal. Frœreisen, Sontag.
Evreux. Bardel, Liot.
Grenoble. Drevet, Gratier, Librairie Dauphinoise.
La Rochelle. Foucher.
Le Havre. A. Bourdignon fils, Dombre.
Le Mans. De Saint-Denis.
Libourne. Maleville.
Lille. Librairie centrale, Quarré, Stephane Bécour, Tallandier, Thorez-Francomme.
Limoges. Ducourtieux, Duverger.
Lorient. Baumale.
Lyon. Bernoux et Cumin, Bouchet, Côte, Duplat, Georg et Cie, Mégret, Savy.
Marseille. Aubertin et Rolle, Carbonnell, Ruat.
Montauban. Bousquet.
Montluçon. Roux-Conchon.
Montpellier. Calas, Coulet, Eliot.
Moulins. Place.
Nancy. Berger-Levrault, Grosjean-Maupin, Jacques, Pierron et Hozé, Sidot ff.
Nantes. R. Guist'hau, Lauvé, Veloppé, Vier.
Nevers. Mazeron ff., Ropiteau.
Nice. Appy, Barma.
Niort. Clouzot.
Orléans. Herluison.
Perpignan. Latrobe.
Poitiers. Blanchier, Clerté.
Quimper. Le Bras.
Reims. Gontier, Grandvallet, Michaud.
Rennes. Plihon et Hervé.
Rochefort-s-Mer Duchet, Gournay-Courtin.
Rouen. Langlois, Lestringant, Schneider ff.
Saint-Étienne. Chevalier.
Saint-Quentin. Lagnier-Roze.
Sens. Poulain-Rocher.
Soissons. E. Ebel, Prud'homme.
Tonnerre. H. Chanot.
Toul. Lamontagne.
Toulon. Martel, Ponteil Burles.
Toulouse. Armaing, Mlles Brun, Gimet-Pisseau, Privat.
Tours. Péricat.
Troyes. Charles Gris.
Tunis. D'Amico, T. Brun, Saliba.
Valenciennes. Lemaltre.
Villefranche. Librairie du Progrès agricole.

ÉTRANGER

Montréal, Deom ff, agents de MM. Georges Carré et C. Naud.

Aix-la-Chapelle. Mayer' Sche.
Alexandrie..... Calebotta.
Amsterdam..... Feikema, Caarelsen et Cie, H. Eisendrath, Meulenhoff.
Anvers.......... Forst.
Athènes.......... Vlachos.
Bâle............. Georg et Ce.
Barcelone....... Parera y Cie, Piaget.
Berlin........... Asher et Ce, Boas et Hesse, Calvary et Ce, Dobbercke et Schleirmacher, Friedlænder et Sohn, Hirchswald, Kühl, Mayer et Müller, Oscar Rothacker, Seydel.
Berne........... Schmid Francke et Ce, Semminger.
Bogota.......... Concha.
Bologne......... Beltrami.
Bonn............ J. Cohen.
Breslau......... Schletter' Sche.
Bruxelles....... Falk et Cie, Kats, Kouwenaar, Lagaert, Lamertin, Lebègue et Cie, Manceaux, Mayolez et Audiarte, E. M. et F. Ramlot, Société Belge de librairie.
Buckarest....... Alcalay, Basile Nicolesco, Socecu et Cie.
Budapest .... Revai ff.
Carthagène..... Amadéo y Vicenté.
Charleroi........ Maréchal, Tourneur-Schmitz.
Coïmbre........ Francisco Franca Amado, d'Oliveira.
Florence........ Bocca ff., Seeber.
Freiburg (Saxe).. Craz et Gerlack.
Fribourg (Suisse) Veith.
Gand............ Engelcke, Hoste, Kats, Vuylsteke.
Gênes........... Beuf, Ricci.
Genève.......... Allioth et Cie (Agence de journaux), Burkhardt, Dürr, Eggimann et Cie, Georg et Cie, Robert, Stapelmohr, Kündig.
Glasgow........ Bauermeister.
Groningue...... Noordhoff.
Hanoï........... Schneider aîné.
Heidelberg...... Mohr's.
Jassy........... D. S. Barasch.
Kœnigsberg.... Bon's.
La Haye......... Belinfante, Van Stockum fils.
Lausanne........ Duvoisin, Frey, Payot, Rouge.
Le Caire........ Mde Barbier, F. Diemer.
Leipzig.......... Brockhaus, J.-C. Hinrisch, Koehler, Max Rübe, Max Wegg Twietmeyer, Voss-Sortiment.
Liège............ Bellens, Gnusé, Maréchal-Ory, Nierstrasz.
Lima............ Boix y Gasio.
Lisbonne........ Gomès, José Bastos.
Londres......... Baillière Tyndall et Ce, Dulau et Cie, Grevel et Ce Haas, Hachette et Cie Williams et Norgate.
Louvain......... Ch. Peeters, Uystpruyst-Dieudonné.
Luxembourg.... Bück.
Madrid.......... Barrios, Capdeville, Fernando Fé, José Ruiz y Cie, Romo y Fussel.
Mexico.......... Ramon de S. N. Araluce.
Milan............ Bocca ff., Hoepli, Trèves ff.
Mons............ J. Leich, Magerman.
Montévideo..... Carlos, A. Ovalle.
Moscou.......... Lang.
Mulhouse....... Stuckelberger.
Munich.......... Th. Ackermann, Hermann Lukaschick, H. Luneburg.
Namur........... Balon-Vincent.
New-York...... Dyrsen et Pfeiffer, Lemcke et Buechner, Steiger et Cie, Van Nostrand et Cie.
Neufchâtel...... Attinger ff., Berthoud, Burkhardt, Delachaux et Niestlé.
Odessa........... Mosketti, Rousseau.
Oxford.......... James Parker et Cie.
Padoue......... Draghi.
Palerme......... Reber.
Pise............. Spoerri.
Porto........... Tavarès Martins.
Prague.......... Topic.
Riga............ Kymmel.
Rio-de-Janeiro.. Francisco Alvez.
Rome............ Bernado Lux, Bocca ff., Loescher et Ce, Modes et Mendel, Trèves ff.
Rotterdam...... Kramers et fils.
St-Pétersbourg. Eggers K. L. Ricker, R. Viollet, Société M. O. Wolff, Zinserling.
Sao Paulo....... Hammett et Cie.
Strasbourg..... D'Oleire, Rettig, Schmidt, Staat, Treuttel et Wurtz.
Stockholm...... Nordin et Josephson, Samson et Wallin.
Stuttgart....... Stahl.
Toronto (Canada). Vannevar et Cie.
Turin............ Bocca ff., Casanova, Ch. Clausen, Lattes et Cie, Rosenberg et Sellier.
Varsovie........ Gebethner et Wolff, Sennewald, Wende et Cie.
Vevey........... Schlesinger.
Vienne.......... Franz Deuticke, Gerold et Ce, Alfred Holder.
Venise......... Ongania.
Zurich.......... Meyer et Zeller, César Schmidt.

Georges CARRÉ & C. NAUD, Éditeurs
Rue Racine, 3, Paris

TABLE ANALYTIQUE

DES MATIÈRES CONTENUES DANS LE CATALOGUE

Botanique. Boutilly, Carlier, Chalot, Dewèvre, Errera, Froment, Lecomte, Louba, Schweinfurth.
BOURBONNE-LES-BAINS. Bailey.
Bronches. Letulle.
Cacaoyer. Chalot, Lecomte.
Calcul. Snyckers.
Café. Lecomte.
Cancer. Aumont, Bosc, Fabre-Domorgue.
CANNES. Bonnafont.
Capillarité. Poincaré.
Carcinome. Bosc.
Cellule. Carnoy, Denys, Gilson, Henneguy, Hertwig, Labbé, Lukjanow, Van Gehuchten.
Centres nerveux. Flatau, Soury, Van Gehuchten, Warnots.
Cépages orientaux. Guillon.
Céramique. Granger.
Céramophotographie. Dutrannoit.
Cerveau. Flatau, Soury, Warnots.
Chaleur. Colson, Lippmann, Mouret, Pellat, Poincaré, Schoentjes.
Chalumeau. Landauer.
Champignons. Leuba.
Champs magnétiques. Leduc.
Charbon métastatique. Clément.
Chat. Landrin.
Chemins de fer. Tommasi, Verny, Weissenbruch.
Cheval. Pader.
Chien. Landrin, Moore.
Chimie. Barral, Béhal, Classen, Colson, Cuniasse, Dutrannoit, Effront, Fink, Fleurent, Friedel, Gibbs, Guérin, Haller, Hantzsch, Istrati, Job, Jaksch, Krochel, Landauer, Maquenne, Mazé, Moslans, Meyer, Müller, Nietzki, Ostwald, Reychler, de Saporta, Thomas-Mamert, Truchot, Van't Hoff, Zwilling.
Chimie biologique. Bunge.
Chimie organique. Béhal, Effront, Friedel, Garros, Haller, Moureu, Müller.
Chimie physiologique. Hebrant, Mosselman, Slosse.
Chirurgie. Angelesco, Aumont, Batigne, Brocq, Crickx, Deschamps, Gallez, Gentilhomme, Hoffa, Jayle, Margoliès, Mendy, Millet, Potarca, Rodard.
Chirurgie infantile. Charon, Gevaert.
Chloroformisation. Quivogne.
Choléra. Dutrieux, Ferran, Semmelink.
Chronophotographie. Marey.
Cinématique. Poincaré, Puiseux.
Climat. Radovici.
Cœur. Bohn, Censier, Letulle, Marie.
Collection Scientia. Appell, Arthus, Bard, Bertrand, Bordier, Cotton, Courtade, Delage, Freundler, Job, Labbé, Lippmann, Maurain, Fabre-Domergue, Frenkel, Gilbert, Carnot, Hallion, Julia, Le Dantec, Martel, Mazé, Mendellshon, Poincaré, Poirault, Raveau, Roger, Thiroloix, Van Gehuchten, Villard, Wallerant, Winter.
Combustibles. Arth.
Commerce. Magnin.
Composés azoïques. Béhal.
Composés pyridiques. Moureu.
Concours agricoles. Marchand.
Congestion. Baraduc, Lucet.
CONGO. Dewèvre.
Conjonctivite. Coppez.
Conserves. Rocques.
Coton. Sansone, Lecomte.
Courants alternatifs. Bedell, Chevrier, Crehore, Voyer.
Crâne. Galles.
Créosote. Robert Simon.
CREUZNACH. Deneffe.
Criminologie. Crocq.
Cristallographie. Lion, Wallerant.
Cuivre. Houlès.
Cultures coloniales. Boutilly, Chalot, Dewèvre, Lecomte.
Culture fourragère. Denaiffe.
Cytologie. Bonnier, Cantacuzène, Bard, Carnoy, Denys, Fabre-Domergue, Gilson, Henneguy, Hertwig, Labbé, Lukjanow.
Déciduome. Beach.
Déformations congénitales. Deschamps.
Déontologie médicale. Bosc.
Dermatologie. Brocq, Couillaud.
Désinfection. Miquel, Trillat.
Diagnostic. Jaksch.
Diététique. Ewald, Munk.
Dynamique. Appell.
Diphtérie. Chivé, Funck, Bayeux.
Dissection. Kuborn.
Distillation. Rocques, Sorel, Lévy.
DOBROGÉA. Anastasiu.
Dosage. Arth.
Droguerie. Dulière.
Dynamique. Appell.
Dyphtérie. Bayeux.
Dyspnée. Bohn.
Dystrophie. Couillaud.
Eaux minérales. Bailey, Censier, Deneffe, Lavergne.
Eaux-de-vie. Rocques.
Eaux potables. Hamon, Wagner.
Echinodermes. Lang.
Éclairage. Dieudonné, Palaz, Pellissier, Tommasi, Truchot, Van Wetter.
Économie politique et sociale. Engels, Leverdays.
Égouts. Marié-Davy, Terrier.
ÉGYPTE. Dehérain, Dutrieux.
Élasticité. Poincaré.
Électricité. Armagnat, Barral, Bedell, Boistel, Chevrier, Colson, Crehore, Dary, d'Arsonval, Dieudonné, Kapp, Leduc, Le Gouziou, Lippmann, Michaut, Munier, Palaz, Pellat, Planté, Poincaré, Schoentjes, Solvay, Tommasi, Van Wetter, Vivarès, Voyer, Weissenbruch, Zenger.
Électrochimie. Classen.
Élimination (l'). Laurent.
Embryogénie. Henneguy.
Empoisonnements. Bruneau, Chivé, Langlebert, Leuba, Nass, Wagner.
Énergie. Ameline, Boistel, Colson, Crespo, Heger, Kapp, Mouret.
Enfants (*maladies des*). Ardoin, Charon, Chatelain, Gevaert, Golay, Marfan, Moynet, Millet, Talbert, Unger.

Poumons. Letulle.
Prévision du temps. Fortin.
Probabilités (*calcul des*). Poincaré.
Prophylaxie. Delamare, Grellety, Knopf, Legrain, Tommasi-Crudeli.
Propriété. Engels.
Propylène. Bruneau.
Prostate. Picard.
Prostitution. Berck, Bouglé, Fiaux.
Protozoaires. Lang.
Psychologie. Ameline, Lévy, Lombroso, Soury.
Psychopathie. Krafft-Ebing, Laurent, Luys, Moll.
Psychophysique. Ameline.
Publications périodiques. Annales d'hydrologie et de climatologie médicales. — Annales de Micrographie. — Archives de Parasitologie. — Art photographique. — Bulletin de Laryngologie, Otologie et Rhinologie. — Bulletin de la Société d'Obstétrique de Paris. — L'Eclairage électrique. — L'Enseignement mathématique. — Mémoires de Paléontologie. — Photo-Gazette. — La Presse médicale.
Puerpérisme. Casset.
Radiographie. Colson, Hébert, Picard.
Radius. Picard.
Rage. Bruschettini.
Rayons cathodiques. Villard.
Rectification. Sorel.
Réflexes. Mendelssohn.
Rein. Claude, Frenkel.
Résistance des matériaux. Duplaix.
Responsabilité médicale. Bosc.
Rétine. Tscherning.
Rhinologie. Castex, Hack.
Rhumatisme. Davaine, Delpeuch, Vindevogel.
Rotule. Crickx.
Roumanie. Anastasiu.
Saisie-arrêt. Lecouturier.
Salaires. Frank.
SALIES-DE-BÉARN. Lavergne.
Sanatoria. Knopf.
Sang. Arthus, Hallion,
Sarcome. Bosc.
Scrutateur électrique. Le Goaziou.
Septicémie. Jayle.
Sérodiagnostic. Bensaude.
Sérothérapie. Funck, Landouzy.
Sexualité. Le Dantec.
Sociologie. Bebel, Berck, Bouglé, Engels, Fiaux, Frank, Legrain, Leverdays.
Solanées. de Thérésopolis.
SOUDAN. Dehérain.
Sourds-muets (*enseignement des*). André, Camailhac, Goguillot, Grégoire, La Rochelle, Magnat, Pautré, Raymond, Rivière, Snyckers, Thollon.
Spécificité. Bard.
Spectroscopie. Cotton.
Spéléologie. Martel.
Sporozooses. Milian.
Stations thermales. Beyne.
Sténographie. André.
Stéréochimie. Freundler, Hantzsch, Thomas-Mamert, Van't Hoff.
Stérilité. Fiaux.
Sucre. Maquenne.
Suture. Crickx.
Syllabaire. Camailhac.
Syphilis. Langlebert, Saint-Hilaire, Schwab.
Système métrique. Magnat.
Système nerveux. Durante, Flatau, Funck, Maréchal, Margoliès, Martinet, de Massary, Péchère, Pollack, Rabaud, Soury, Thiry, van Gehuchten.
Tabes dorsalis. de Massary.
Télégraphie. Munier.
Températures. Le Châtelier, Boudouard.
Terres rares. Truchot.
Tétanos. Delvincourt.
Thé. Boutilly.
Thérapeutique et matière médicale. Beauregard, Campardon, Dulière, Finsen, Knopf, Krieger, Landouzy, Lauder Brunton, Langlebert, Radovici, de Thérésopolis.
Thermodynamique. Lippmann, Pellat, Poincaré, Vignaud.
Tissus animaux. Hertwig.
Tissus de coton. Sansone.
Tonsille. Cheval.
Torpilles. Brillié.
Torticolis. Redard.
Tourbillons. Poincaré.
Toxicologie. Bruneau, Cahours, Guérin.
Toxines. Claude.
Traction électrique. Dieudonné.
Transport de l'énergie. Boistel, Kapp.
Trépanation. Galles.
Trigonométrie. Ossian-Bonnet.
Tubage. Bayeux.
Tube digestif. Ardoin, Bohn.
Tuberculose. Casse, Josué, Knopf, Leray, Marfan, Ribard.
Tumeurs. Angelesco, Cazenave.
Universités. Laurent.
Unités électriques. Lippmann.
Urée. Miquel.
Urétrite. Keersmaecker, Saint-Hilaire Verhoogen.
Utérus. Angelesco, Aumont, Keiffer.
Vaccination. Ferran. — Guide du vaccinateur.
Vache. Lucet.
Vagin. Bernard.
Vaisseaux. Censier, Letulle.
Ventouses. Baraduc.
Vers. Lang.
Verruga. Odriozola.
Vésicules séminales. Picard.
Vessie. Sabatier.
Vessies animales. Hubert.
Viandes. Bascou, Villain.
Vinification. Dugast.
Virus. Bruschettini.
Viticulture. Guillon, de Saporta.
Voies urinaires. Keersmaecker, Picard Saint-Hilaire, Verhoogen.
Vulve. Weber.
Yeux. Voy. *Ophtalmologie.*
Zoophytes. Lang.
Zoologie. Beauregard, Bouvier, Busquet, Coupin, Giard, Henneguy, Janet, Lang, Pelseneer.
Zootechnie. Landrin, Moore, Pagès, Villain.

CATALOGUE GÉNÉRAL

ABRÉVIATIONS

B. S. Bibliothèque de la Revue générale des Sciences.
B. T. Bibliothèque technologique.
C. S. Collection Scientia.

ACTUALITÉS CHIMIQUES (Les). Revue des progrès de la Chimie pure et appliquée, publiée sous la direction de M. **Ch. FRIEDEL** de l'Institut.

La collection complète comprend 3 vol. (1896-1897-1898) au prix de 18 fr. l'un.

AMELINE (Marius). — **Énergie, Entropie, Pensée.** Essai de psychophysique générale basée sur la thermodynamique. 1898. 1 vol. in-8° raisin de 136 pages, avec figures........................... 4 fr. »

ANASTASIU (Victor). — **Contribution à l'étude géologique de la Dobrogéa** (Roumanie). Terrains secondaires. 1898. 1 vol. in-8° raisin de 133 pages, avec carte en couleurs........................ 5 fr. »

ANDRÉ (Jules). — **De l'utilité de la lecture pour les sourds-muets.** 1889. Broch. in-8°.................................... » 75

ANDRÉ (M.), sténographe du Sénat, et **ANDRÉ (Louis)**, avocat à la Cour d'appel de Paris. — **Méthode de Sténographie simplifiée.** 1887. Brochure in-8°.................................... 2 fr. »

ANDRÉ SAINT-HILAIRE. — **Fistules uréthro-péniennes** consécutives au chancre simple et à la syphilis. 1899. 1 vol. in-8° raisin, de 124 pages, avec 15 figures.................................... 4 fr. »

ANDRÉ et **RAYMOND**, professeurs à l'Institution nationale des Sourds-Muets de Paris. — **Cours de langue française** à l'usage des écoles de sourds-muets.

1re année. 1888. 1 vol. in-16, 180 p., cartonné............ 2 fr. 50
2e année. 1888. 1 vol. in-16, 200 p., cartonné............ 2 fr. 50
3e année. 1892. 1 vol. in-16, 236 p., cartonné............ 2 fr. 50

ANGELESCO. — **Hystérectomie abdominale totale pour tumeurs fibreuses de l'utérus**, avec préface du Dr Rochard. 1897. 1 vol. in-8° raisin de 276 pages.................................... 6 fr. »

ANNALES D'HYDROLOGIE ET DE CLIMATOLOGIE MÉDICALES (Organe officiel de la Société d'hydrologie médicale). 4e année. Directeur scientifique : A. Robin, de l'Académie de Médecine. Rédaction : Dr R. Durand-Fardel, secrétaire de la Société d'hydrologie et Dr C. Baudoin, ancien interne des hôpitaux. Revue mensuelle in-8° carré.

Abonnements : France.................................... 10 fr. »
— Union postale.................................... 12 fr. »

Les abonnements partent de janvier.

La collection complète à ce jour comprend 4 vol. au prix de 12 fr. l'un.

ANNALES DE MICROGRAPHIE, spécialement consacrées à la **Bactériologie**, aux **Protophytes** et aux **Protozoaires.** Rédacteur principal : **P. MIQUEL**, docteur ès sciences et en médecine.

Les dix premiers volumes des Annales de micrographie (1888-1898) sont en vente au prix de 22 fr. l'un.

ANNUAIRE DES MATHÉMATICIENS comprenant les noms et adresses des mathématiciens du monde entier, avec indication de leurs titres universitaires et scientifiques suivie de la liste de leurs travaux les plus marquants. Un index très développé donne l'énumération des journaux, revues, bulletins, etc... consacrés aux sciences mathématiques. *(en préparation).*

APPELL (P.), membre de l'Institut. — **Leçons sur l'attraction et la fonction potentielle**, professées à la Sorbonne en 1890-91, rédigées par M. CHARLIAT, répétiteur à l'École centrale. 1892. Brochure in-8° de 64 pages avec figures........ 2 fr. »

— **Éléments d'Analyse mathématique** à l'usage des Ingénieurs et des Physiciens. Cours professé à l'École centrale des Arts et Manufactures. 1898. 1 vol. in-8° raisin de 720 pages avec 218 figures, cartonné à l'anglaise........ 24 fr. »

— **Les Mouvements de roulements en dynamique**. Avec deux notes de M. HADAMARD. 1899. 1 vol. in-8° écu de 70 pages, avec figures, cartonné (*C. S.*)........ 2 fr. »

ARCHIVES DE PARASITOLOGIE, paraissant tous les trois mois sous la direction de M. RAPHAËL BLANCHARD, professeur à la Faculté de médecine de Paris, membre de l'Académie de médecine.

Abonnement : Paris et Départements........ 30 fr. »
— Union postale........ 32 fr. »
Le premier volume, année 1898-1899, est en vente au prix de 40 fr.

ARDOIN (Charles). — **De l'infection digestive aiguë chez le jeune enfant** (variétés rares). 1897. Brochure in-8° raisin de 112 pages..... 2 fr. 50

ARMAGNAT (H.). — **Instruments et méthodes de mesures électriques industrielles**. 1898. 1 vol. in-8° carré de 586 pages avec 175 figures, cartonné à l'anglaise (*B. T.*)........ 12 fr. »

ART PHOTOGRAPHIQUE (l'). **Recueil de reproductions photographiques**, paraissant depuis le 30 juillet 1899 par fascicules mensuels comprenant quatre planches de format 32 1/2 × 46 en héliogravure, similigravure ou photocollographie. Directeur MARESCHAL.

Abonnement : Paris........ 32 fr. »
— Départements........ 35 fr. »
— Union postale........ 40 fr. »

ARTH (G.), professeur de chimie industrielle à la Faculté des sciences de Nancy. — **Recueil de procédés de dosage pour l'analyse des combustibles, des minerais de fer, des fontes, des aciers et des fers**. 1897. 1 vol. in-8° carré, de III-314 pages avec 61 figures dans le texte et 1 planche hors texte, cartonné à l'anglaise (*B. T.*)........ 8 fr. »

ARTHUS (M), professeur à l'Université de Fribourg. — **La coagulation du sang**. 1899. 1 vol. in-8° écu de 95 pages, cartonné (*C. S.*).. 2 fr. »

ASSAINISSEMENT DE PARIS. — **Les odeurs de Paris et les systèmes de vidanges** (Tout à l'égout, canalisation spéciale). 1882. Brochure in-8°........ 1 fr. 50

AUMONT (Fernand). — **Contribution à l'étude du traitement chirurgical de l'anurie due au cancer de l'utérus** (Néphrotomie lombaire). 1895. Broch. in-8° de 64 pages........ 1 fr. 50

BALLEY. — **Les Eaux minérales de Bourbonne-les-Bains.** 1889. Br. in-8° avec planches .... 1 fr. 25

BARADUC fils. — **Des Ventouses vésicantes** dans les congestions chroniques médullaires (traitement Baraduc). 1886. Brochure in-8° de 36 pages .... 1 fr. »

BARD (L.), professeur à la Faculté de médecine de Lyon. — **La spécificité cellulaire.** 1899. 1 vol. in-8° écu de 100 pages, cartonné (*C. S.*). 2 fr. »

BARRAL (E.), professeur agrégé à la Faculté de médecine et de pharmacie de Lyon, docteur ès sciences. — **Résumé et Tableaux d'analyse qualitative minérale.** 1898. 1 vol. in-8°, cart. à l'angl. 2 fr. »

BARRIER (E.). — **Médecine des pauvres.** 1892. Broch. in-8° raisin. 1 fr. »

BASCOU (V.). — (Voir *Villain*).

BATIGNE (P.). — **Traitement chirurgical de l'infection péritoneale post-opératoire précoce chez la femme.** 1898. 1 vol. in-8° raisin de 104 pages .... 3 fr. »

BAYEUX (R.). — **La diphtérie**, depuis Arétée le Cappadocien jusqu'en 1894, avec les résultats statistiques de la sérumthérapie sur deux cent trente mille cas. — **Tubage du larynx**, historique, instrumentation, technique, séméiotique. 1899. 1 vol. in-8° raisin de 364 pages avec figures et 2 planches hors texte .... 10 fr. »

BEACH (G. W.). — **Du Déciduome malin.** 1894. Brochure in-8° raisin de 60 pages .... 2 fr. 50

BEAUREGARD (Henri), professeur à l'École supérieure de pharmacie. — **Matière médicale zoologique.** 1 vol. in-8° raisin avec de nombreuses figures en noir et planches hors texte en couleur, cartonné à l'anglaise. (*sous presse*).

BEBEL (Auguste), membre du Reichstag. — **La Femme dans le passé, le présent et l'avenir.** Traduit par Henri Ravé, 1891. 1 vol. in-8° raisin de VIII-376 pages avec portrait de l'auteur .... 5 fr. »

BEDELL (F.) et CREHORE (A. C.), professeurs à l'Université de Cornell (Etats-Unis), membres de l'Association américaine des ingénieurs-électriciens. — **Étude analytique et graphique des Courants alternatifs**, à l'usage des ingénieurs et des élèves des Ecoles, traduit de la deuxième édition anglaise par J. Berthon, ingénieur des arts et manufactures. 1895. 1 vol. in-8° raisin de VIII-264 pages avec figures .... 10 fr. »

BÉHAL (Auguste), professeur agrégé à l'École de pharmacie. — **Étude théorique sur les composés azoïques** et leurs emplois industriels. 1889. 1 vol. in-8° de 174 pages .... 6 fr. »

BENSAUDE (R.). — **Le phénomène de l'agglutination des microbes** et ses applications à la pathologie (**Le sérodiagnostic**). 1897. 1 vol. in-8° raisin de 304 pages avec figures et 1 planche hors texte .... 8 fr. »
(*épuisé*).

BERCK (A.). — **Quelques aperçus sur la prostitution au point de vue social, économique et moral.** 1885. Brochure in-8° .... 1 fr. »

BERNARD (Félix). — **Épithélioma primitif du vagin.** 1895. Brochure in-8° de 116 pages .... 3 fr. »

BEYNE (M.). — **Carte des stations thermales et Balnéaires de France et d'Algérie**, dressée d'après les documents officiels. Carte en couleurs de format 70 × 96, montée sur toile. Prix .... 3 fr. 50

BIBLIOTHÈQUE DE LA REVUE GÉNÉRALE DES SCIENCES.

Collection de volumes in-8° carré de 200 à 300 pages avec de nombreuses figures et planches hors texte, cartonnés à l'anglaise. Prix de chaque volume.. 5 fr. »

- **Boyer. — *Histoire des Mathématiques.***
- **Brillié (H.). — *Torpilles et Torpilleurs.***
- **Busquet. — *Les êtres vivants. Évolution. Organisation.***
- **Colson (R.). — *La plaque photographique.***
- **Dugast. — *La vinification dans les pays chauds. Algérie et Tunisie.***
- **Hébert (A.). — *Technique des Rayons X.***
- **Hommell (R.). — *L'Apiculture par les méthodes simples.***
- **Labbé (A.). — *La Cytologie expérimentale.***
- **Laisant (C.-A.). — *La Mathématique. (Philosophie. Enseignement).***
- **Le Chatelier et Boudouard. — *Mesure des températures élevées.***
- **Maupin (G.). — *Opinions et curiosités touchant la Mathématique.* 1re série et 2e série. 2 volumes.**
- **Pagès (C.). — *Les méthodes pratiques en Zootechnie.***
- **Pellissier (G.). — *L'éclairage à l'acétylène.***
- **Ramsay (W.). — *Les Gaz de l'atmosphère.***
- **Rocques (X.). — *Eaux-de-vie et liqueurs.***
- **De Saporta. — *Physique et chimie viticoles.***
- **Treille (G.). — *Principes d'Hygiène coloniale.***
- **Truchot (P.). — *L'Éclairage à l'incandescence par les gaz et les liquides gazéifiés.***
- **— *Les terres rares.***
- **Vallier. — *L'Artillerie (Matériel, organisation).***
- **Willard Gibbs. — *Equilibre des systèmes chimiques.***

BIBLIOTHÈQUE TECHNOLOGIQUE.

- **Armagnat. — *Mesures électriques industrielles.***
- **Arth. — *Les procédés de dosage.***
- **Chevrier. — *La pratique industrielle des courants alternatifs (Courants monophasés).***
- **Duplaix. — *Abaques des efforts tranchants et des moments de flexion.***
- **Effront. — *Les Enzymes.***
- **Fleurent. — *Manuel d'analyse chimique appliqué aux produits industriels et commerciaux.***
- **Lévy. — *La pratique du maltage.***
- **— *Microbiologie de la distillerie.***
- **Maquenne. — *Les sucres et leurs principaux dérivés.***
- **Sorel. — *Distillation et rectification industrielles.***

BOHN (G.). — **Les longues rémissions de la dyspnée toxi-alimentaire dans les cardiopathies artérielles.** 1898. 1 vol. in-8° raisin de 156 pages.. 4 fr. »

BOISTEL (E.). — **Transport électrique de l'énergie mécanique.** La vérité sur les expériences de Creil, extraite du rapport de M. Maurice Lévy. 1887. Brochure in-4°, 50 pages.................... 2 fr. »

BONNAFONT, membre correspondant de l'Académie de médecine. — **Souvenirs de Cannes en 1885.** 1886. Brochure in-8°......... 1 fr. »

BONNIER (P.). — **L'Orientation.** 1 vol. in-8° écu, cartonné (*C. S.*) (*en préparation*).

BORDIER (H.), professeur agrégé à la Faculté de médecine de Lyon. — **Les actions moléculaires dans l'organisme.** 1 vol. in-8° écu de 100 pages avec 5 figures. 1899, cartonné (*C. S.*)...................... 2 fr. »

BOREL. — **Comment on devient médecin d'un paquebot.** 1898. 1 vol. in-8° carré, cartonné.. 1 fr. 50

BOSC (**F.**), professeur agrégé à la Faculté de médecine de Montpellier. — **Le Cancer** (Epithéliome, Carcinome, Sarcome), maladie infectieuse à sporozoaires (formes microbiennes et cycliques). Pathogénie, histogénèse, prophylaxie. 1898. 1 vol. in-8° raisin de 266 pages avec 34 figures dans le texte et 11 planches en couleurs.................... 20 fr. »

BOSC (**L.**). — **La responsabilité médicale** au point de vue judiciaire. 1897. Broch. in-8° raisin de 72 pages.......................... 2 fr. »

BOUASSE (**Henri**), ancien élève de l'Ecole normale supérieure, maître de Conférences à la Faculté des sciences de Toulouse. — **Introduction à l'Etude des Théories de la mécanique**. 1895. 1 vol. in-8° raisin de VIII-304 pages avec figures.................................. 6 fr. »

BOUCHINET (**A.**). — **Des états primitifs de la médecine**. 1891. Broch. in-8° de 90 pages.................................... 1 fr. 50

BOUDOUARD (**O.**). — (Voir *Le Châtelier*).

BOUGLÉ. — **Les Vices du peuple**. 1888. 1 volume in-8° de 220 pages.. 2 fr. »

BOUTILLY (**V.**), Inspecteur adjoint des forêts. — **Le Thé**, sa culture et sa manipulation. 1898. 1 vol. in-8° carré de 108 pages, avec 6 figures, broché.. 2 fr. »

BOUVIER (**A.**). — **Les mammifères de la France**. Étude générale de toutes nos espèces considérées au point de vue utilitaire. 1891. 1 vol. in-8° écu de LII-540 pages, avec 266 figures. Broché. 3 fr. 50. Cart. 5 fr. »

BOVET (**V.**). — **Contribution à l'étude des microbes de l'intestin grêle**. 1891. Brochure in-8° de 8 pages.......................... 0 fr. 75

— **De l'antisepsie des matériaux de construction**. Brochure in-8° de 20 pages.. 1 fr. 50

BOYER (**J.**). — **Histoire des Mathématiques**. 1900. 1 vol. in-8° carré de 226 pages, avec 30 figures, cartonné à l'anglaise (*B. S.*)...... 5 fr. »

BRIDIERS DE VILLEMOR (**A.**). — **De l'Érysipèle dans les maladies du foie**. 1894. 1 vol. in-8° de 176 pages.................. 4 fr. »

BRILLIÉ (**H.**). — **Torpilles et Torpilleurs**. 1898. 1 vol. in-8° carré de 204 pages avec 48 figures et 10 planches hors texte, cartonné à l'anglaise (*B. S.*)...................................... 5 fr. »

BRILLOUIN. — **Lois générales de la circulation de l'atmosphère**. 1 vol. in-8° carré avec figures.......................... (*sous presse*).

BROCQ (**L.**), médecin de l'hôpital Broca-Pascal. — **Traitement des Dermatoses** par la petite chirurgie et les agents physiques. 1898. 1 vol. in-8° carré de 288 pages, cartonné à l'anglaise........ 6 fr. »

BRUNEAU (**Paul**). — **Empoisonnement par le gaz de l'éclairage**. Recherches sur les propriétés physiologiques du propylène (avec tracés et figures). 1885. Brochure in-8° de 96 pages.............. 3 fr. »

BRUSCHETTINI (**Alexandre**). — **Sur la manière dont se comporte le virus de la rage** dans le vide et dans plusieurs gaz. 1892. Brochure in-8° de 12 pages.................................... 1 fr. »

BUDIN (**P.**), membre de l'Académie de médecine. — **Lait stérilisé et allaitement**. 1893. Broch. in-8° raisin de 54 pages avec figures. 1 fr. »

BULLETIN DE LA SOCIÉTÉ D'OBSTÉTRIQUE DE PARIS. Paraissant par fascicules mensuels in-8° raisin avec figures et planches hors texte.

Abonnement : France.................................. 10 fr. »
— Union postale.............................. 12 fr. »

La collection complète à ce jour comprend deux volumes au prix de 15 fr. l'un.

BULLETIN DE LARYNGOLOGIE, OTOLOGIE ET RHINOLOGIE, publié par le Dr ANDRÉ CASTEX, chargé du cours de Laryngologie et Otologie à la Faculté de médecine de Paris. Revue trimestrielle in-8° raisin, paraissant par fascicules d'environ 60 pages depuis le 30 mars 1898.

Abonnement : France.................................. 7 fr. »
— Union postale.................................. 8 fr. »

La collection complète à ce jour comprend deux volumes au prix de 10 fr. l'un.

BULLETIN DES SCIENCES NATURELLES, publié par les soins de l'Association amicale des élèves et anciens élèves de la Faculté des sciences de Paris.

La collection complète se compose de 3 vol. in-8° avec figures. Chaque volume est en vente au prix de.......................... 18 fr. »

BULLETIN DES SCIENCES PHYSIQUES, publié par les soins de l'Association amicale des élèves et anciens élèves de la Faculté des sciences de Paris.

La collection complète se compose de 4 forts vol. in-8° avec figures. Chaque volume est en vente au prix de.................... 18 fr. »

BULLETIN SCIENTIFIQUE rédigé par l'Association amicale des élèves et anciens élèves de la Faculté des sciences de Paris (avril 1887-mai 1888). 1 fort vol. in-8° de 548 pages avec nombreuses figures.. 18 fr. »

BUNGE (G.), professeur de Chimie biologique à l'Université de Bâle. — **Cours de Chimie biologique et pathologique**, traduit de l'allemand par le Dr JAQUET, assistant au laboratoire de pharmacologie expérimentale de l'Université de Strasbourg. 1891. 1 volume in-8° raisin de VIII-396 pages.. 12 fr. »

BUSQUET (P.), chef du laboratoire de Bactériologie de l'hôpital militaire à Alger. — **Les êtres vivants.** Évolution. Organisation. 1899. 1 vol. in-8° carré de 182 pages avec 141 figures, cartonné à l'anglaise (*B. S.*) 5 fr. »

CAHOURS, de l'Institut. — **Décoration sans poison des jouets en caoutchouc** par des peintures à l'huile inoffensives. 1878. Brochure in-8° de 16 pages.. 1 fr. »

CAMAILHAC (F.), directeur de l'école des Sourds-Muets de Limoges. — **Syllabaire** à l'usage des écoles de Sourds-Muets, précédé d'une préface par L. Goguillot, professeur à l'Institution nationale des Sourds-Muets de Paris. 1889. 1 vol. in-16 de 90 pages, cartonné...... 1 fr. 50

CAMBIER. — (Voir *Miquel*).

CAMPARDON. — Société de médecine pratique, rapport fait au nom de la Commission des **Applications nouvelles à la thérapeutique** pendant l'année 1884. Deuxième année. Brochure in-8° de 60 pages... 2 fr. »

CANTACUZÈNE. — **Les fonctions phagocytaires.** 1 vol. in-8° écu, cartonné (*C. S.*).............................. (*en préparation*).

CARLIER (Léon). — **La Flore des amateurs**, comprenant, outre la description de toutes les familles, genres et espèces belges et du nord de la France, les clefs analytiques d'un nombre considérable de plantes ornementales cultivées dans les jardins, appartements et orangeries. 1887. 3 vol. in-18, d'ensemble 650 pages.............................. 6 fr. »
Chaque volume pris séparément.......................... 2 fr. »

CARNOT. — (Voir *Gilbert*).

CARNOY (J.B.), professeur de Biologie cellulaire, **GILSON** (G.), professeur d'Embryologie, et **DENYS** (J.), professeur d'Anatomie pathologique, avec la collaboration de leurs élèves et de savants étrangers. — **La Cellule**, recueil de cytologie et d'histologie générales.

TOME	I. —	*Fascicule I*	27 fr. 50
—	II. —	*Fascicule I*	27 fr. 50
		Fascicule II	27 fr. 50
—	III. —	*Fascicule I*	27 fr. 50
		Fascicule II	15 fr. »
		Fascicule III	17 fr. »
—	IV. —	*Fascicule I*	27 fr. 50
		Fascicule II	27 fr. 50
—	V. —	*Fascicule I*	27 fr. 50
		Fascicule II	27 fr. 50
—	VI. —	*Fascicule I*	35 fr. »
		Fascicule II	22 fr. »
—	VII. —	*Fascicule I*	27 fr. 50
		Fascicule II	35 fr. »
—	VIII. —	*Fascicule I*	27 fr. 50
		Fascicule II	27 fr. 50
—	IX. —	*Fascicule I*	35 fr. »
		Fascicule II	22 fr. »
—	X. —	*Fascicule I*	27 fr. 50
		Fascicule II	27 fr. 50
—	XI. —	*Fascicule I*	27 fr. 50
		Fascicule II	27 fr. 50
—	XII. —	*Fascicule I*	27 fr. 50
		Fascicule II	35 fr. »
—	XIII. —	*Fascicule I*	35 fr. »
		Fascicule II	23 fr. 50
—	XIV. —	*Fascicule I*	27 fr. 50
		Fascicule II	27 fr. 50
—	XV. —	*Fascicule I*	35 fr. »
		Fascicule II	23 fr. 50
—	XVI. —	*Fascicule I*	27 fr, 50
		Fascicule II	27 fr. 50

CASSE (J.). — **La tuberculose des os et des articulations**. 1895. 1 vol. in-16 de 220 pages .... 4 fr. »

CASSET (**Paul**). — **Récidive de fièvres intermittentes par traumatisme puerpéral**. 1891. Brochure in-8° de 60 pages .... 2 fr. 50

CAZENAVE (W.). — **Des tumeurs papillaires de l'ovaire avec métastase péritonéale** (Considérations anatomo-pathologiques et opératoires). 1895. Brochure in-8° de 124 pages .... 3 fr. 50

***CELLULE* (*La*)**. — (Voir *Carnoy*).

CENSIER (E.), médecin-consultant à Bagnoles-de-l'Orne. — **Cœur, Vaisseaux**. Pathogénie, Pathologie, Thérapeutique hydrominérale (Ouvrage couronné par l'Académie de médecine). 1898. 1 vol. in-8° raisin de 402 pages .... 10 fr. »

CHALOT. — (Voir *Lecomte*).

CHANTEMESSE, professeur à la Faculté de Médecine de Paris, et PODWYSSOTZKI, professeur à l'Université de Kiew. — **Pathologie générale expérimentale**. Processus généraux .... (*en préparation*).

CHARON (E.), professeur de clinique infantile, et **GEVAERT** (G.), prosecteur. — **Chirurgie infantile. Cliniques et observations**. Deuxième édition, considérablement augmentée. 1895. 1 fort vol. in-8° raisin, de 584 pages avec figures dans le texte........................ 15 fr. »

CHATELAIN (E.). — **Le Conseiller de la jeune mère**, guide pratique pour l'élevage des jeunes enfants. Brochure in-18.......... 1 fr. »

CHEVAL. — **De l'hypertrophie de la tonsille rétro-pharyngienne et de ses complications**. 1894. 1 vol. in-8° raisin de 204 pages..... 5 fr. »

CHEVRIER. — **La pratique industrielle des courants alternatifs** (courants monophasés). 1 vol. in-8° carré (*B. T.*) (*en préparation*).

CHIVÉ (A.). — **Des empoisonnements atmosphériques**. Épidémie diphtérique intermittente de quatorze mois de durée. 1886. In-8°. 1 fr. 50

CLASSEN (A.). — **Analyse électrolytique quantitative**. Exposé des méthodes spéciales de A. Classen, d'après la 2° édition allemande, par C. Blas. 1886. 1 vol. in-8°, 42 figures dans le texte...... 6 fr. 50

CLAUDE (H.). — **Essai sur les lésions du foie et des reins déterminées par certaines toxines**. 1897. 1 vol. in-8° raisin de 248 pages avec 16 figures et 4 planches en couleurs.............................. 8 fr. »

CLAUS et **VAN DER STRICHT**. — **Pathogénie et traitement de l'épilepsie**. 1896. 1 vol. in-8° raisin de 270 pages avec tableaux et planches.. 6 fr. »

CLÉMENT (Alfred). — **Le charbon métastatique chez l'homme**. Thèse inaugurale présentée à la Faculté de médecine de Berne. 1896. Brochure in-8° raisin de 20 pages................................ 1 fr. 25

COLOMBY (G.P.). — **Recherches sur la rétention du placenta dans l'avortement**. Exposé, traitement. 1898. 1 vol. in-8° raisin de 248 pages.. 6 fr. »

COLSON (R.), capitaine du génie. — **L'Énergie et ses transformations**. Mécanique, chaleur, lumière, chimie, électricité, magnétisme. 1889. 1 vol. in-8 écu de XII-236 pages................................ 4 fr. »

— **La plaque photographique**. Propriétés. Le visible. L'invisible. 1897. 1 vol. in-8° carré de 166 pages avec figures et 1 planche en chromolithographie. hors texte; cartonné à l'anglaise (*B. S.*)....... 5 fr. »

— **Les Créateurs de la Photographie**. Nicéphore Niepce, Daguerre, Bayard, Talbot, Niepce de St.-Victor, Poitevin. 1898. 1 vol. in-8° carré de 186 pages, cartonné (Bibliothèque des Mémoires originaux). 6 fr. »

CONFÉRENCES faites au laboratoire de **M. Ch. Friedel**.

Premier fascicule (1888-1889)................................ 4 francs
Deuxième fascicule (1888-1889)............................... 5 francs.
Troisième fascicule (1889-1890).............................. 5 francs.
Quatrième fascicule (1893-1894).............................. 12 francs.

CONGRÈS international d'Anthropologie criminelle (Actes du troisième), tenu à Bruxelles en Août 1892. **Biologie et Sociologie**. 1893. 1 vol. in-8° raisin de XLVIII-526 pages................ (*épuisé*).

CONGRÈS périodique international de Gynécologie et d'Obstétrique. 1re session : Bruxelles, septembre 1892. 1894. 1 vol. gr. in-8° jésus de XXI-876 pages avec figures...................... 30 fr. »

2° session : Genève, septembre 1896. 1897. 3 vol. grand in-8° jésus d'ensemble 1096 pages.. 30 fr. »

COPPEZ (H.). — **Des conjonctivites pseudo-membraneuses**. Histoire. Formes cliniques. Traitement. 1897. 1 vol. in-8° raisin de 242 pages.. 4 fr. »

CORLIEU (**A.**). — **Centenaire de la Faculté de médecine de Paris** (1794-1894). 1896. 1 fort volume in-4° de 607 pages avec figures, accompagné d'un album de 130 portraits, reproduits d'après des documents authentiques. . . . . 100 fr. »

COSSMANN. — **Contribution à la Paléontologie française des terrains jurassiques. Études sur les gastropodes des terrains jurassiques.** (*Mémoires de Paléontologie*). 1895. 1 fascicule in-4° de 168 pages avec 6 planches hors texte. . . . . 14 fr. 50

— **Contribution à la Paléontologie française des terrains jurassiques. Nérinées.** Planches I à XIII. . . . . 35 fr. »

COSTANTIN (**J.**). — **L'Hérédité acquise.** 1 volume, in-8° écu, cartonné (*C. S.*). . . . . (*sous presse*).

COTTEAU (**G.**). — **Description des Échinides miocènes de la Sardaigne.** 1895. 1 fascicule in-4° raisin de 56 pages avec 2 planches hors texte. 11 fr. »

COTTON, maître de Conférences à la Faculté de Toulouse. — **Le phénomène de Zeeman.** 1899. 1 vol. in-8° écu de 100 pages avec 11 figures, cartonné (*C. S.*). . . . . 2 fr. »

COUILLAUD (**Paul**). — **Dystrophie papillaire et pigmentaire ou Acanthosis Nigricans.** Ses relations avec la carcinose abdominale. 1896. 1 vol. grand in-8° de 112 pages avec 4 planches. . . . . 4 fr. »

COUPIN (**Henri**), docteur ès sciences, préparateur d'histologie à la Sorbonne. — **Les Mollusques.** Organisation, développement, classification, affinités et principaux types. Ouvrage à l'usage des candidats à la licence ès sciences naturelles. 1892. 1 vol. in-8° raisin de 262 pages avec 342 figures dans le texte, cartonné à l'anglaise. . . . . . 12 fr. »

COURTADE. — **L'irritabilité dans la série animale.** 1 vol. in-8° écu cartonné (*C. S.*). . . . . (*en préparation*).

COUTIÈRE (**H.**), docteur ès sciences, professeur agrégé à l'école supérieure de pharmacie de Paris. — **Poissons venimeux et Poissons vénéneux.** Venins, toxalbumines du sérum et des organes. Toxines microbiennes d'infection et de putréfaction. 1899. 1 vol. in-8° raisin de 224 pages. . . . . 7 fr. »

CREHORE (**A.-C.**). — (Voir *Bedell*).

CRESPO (**Manuel**). — **La circulation de la matière et de l'énergie dans l'univers.** Nouvel essai de philosophie naturelle. Traduit de l'espagnol par Maximin Deloche, ingénieur civil. 1894. 1 vol. in-8° carré de 288 pages. . . . . 5 fr. »

CRICKX (**Albert**). — **Le massage et la suture osseuse dans les fractures de la rotule.** 1896. 1 vol. in-8° de 102 pages. . . . . 3 fr. »

CROCHET (**Auguste**). — **Accidents nerveux de l'érysipèle.** 1895. 1 vol. in-8° de 152 pages avec figures. . . . . 4 fr. »

CROCQ fils, ancien interne des hôpitaux. — **Nature et traitement de l'angine de poitrine**, avec une introduction de M. le professeur Rendu. 1893. 1 vol. in-8° raisin de XVI-244 pages. . . . . 6 fr. »

— **Sur quelques phénomènes de l'hypnose.** 1893. Brochure in-8° jésus de 38 pages avec 27 phototypies. . . . . 2 fr. 50

— **L'hypnotisme et le crime.** Conférences au jeune barreau de Bruxelles, avec introduction par M. Pitres, doyen de la Faculté de médecine de Bordeaux. 1894. 1 vol. in-8° carré de 300 pages. . . . . 5 fr. »

CROS (Antoine). — Le Problème. Nouvelles hypothèses sur la destinée des êtres. 1890. 1 fort vol. in-8° carré de VI-296 pages.... 6 fr. »

— **L'idéalisme transcendental et les quatre antinomies de la raison pure de Kant.** 1896. 1 vol. grand in-8° raisin de 117 pages........ 3 fr. »

— **Les nouvelles formules du matérialisme.** 1897. 1 vol. in-8° raisin de 321 pages.. 5 fr. »

CUNIASSE (L.) et ZWILLING (R.). — Modes opératoires des Essais du Commerce et de l'Industrie, leçons pratiques d'analyse chimique faites aux Laboratoires Bourbouze, avec une préface de M. Girard, directeur du Laboratoire municipal de la ville de Paris. 1 vol. in-8° couronne de 302 pages, avec 48 figures. 1900.......................... 6 fr. »

D'ARSONVAL, professeur au Collège de France. — **Galvanomètres apériodiques** de grande sensibilité. 1886. Brochure gr. in-8°... 0 fr. 75

DARY (G.). — L'Électricité dans la nature. 1892. 1 vol. in-8° écu de VIII-440 pages, avec 93 figures. Broché. 6 fr. » Cartonné. 7 fr. 50

DAVAINE (G.). — Étude comparative du Rhumatisme articulaire aigu et des poussées aiguës du Rhumatisme chronique, avec une préface du docteur LANCEREAUX. 1897. 1 vol. in-8° raisin de 104 pages... 2 fr. »

DECK (Louis), ancien externe des hôpitaux, médaille de bronze de l'Assistance publique. — **Syphilis et Réglementation de la Prostitution en Angleterre et aux Indes.** Etude de statistique médicale de 1866 à 1896. 1 vol. in-8° raisin de 96 pages...................... 4 fr. »

DECOMBES. — La célérité des ébranlements de l'éther (*C. S.*). 1 volume in-8° écu, cartonné.................................. (*sous presse*).

DE FOUAN (A.). — Complément de tracé de la division d'une droite en parties égales. 1891. Brochure in-8°.................. 1 fr. 50

DEHÉRAIN (P.P.), de l'Institut. — **Les plantes de grande culture.** Blé, Pomme de Terre, Betteraves fourragères et betteraves de distillerie, betteraves à sucre. 1898. 1 vol. in-8° carré de 236 pages. 4 fr. »

DEHÉRAIN (H.). — Le Soudan égyptien sous Méhemet Ali. 1898. 1 vol. in-8° raisin de 386 pages avec 6 cartes...................... 6 fr. »

DELAMARE (Marcel), médecin-major de l'École militaire de l'artillerie et du génie. — **Précis de Prophylaxie pratique.** 1894. 1 vol. in-8° raisin de XVI-312 pages.. 5 fr. »

DELAGE (Yves) et LABBÉ (A.). — La fécondation chez les animaux. 1 vol. in-8° écu, cartonné (*C. S.*)...................... (*sous presse*).

DELPEUCH, médecin de l'hôpital Cochin. — **La Goutte et le Rhumatisme.** Histoire des maladies. 1900. 1 volume in-8° carré de 672 pages, avec gravures.. (*sous presse*).

DELVINCOURT (V.), ancien interne de l'hôpital civil de Versailles et de l'Hôtel-Dieu de Reims. — **Contribution à l'étude du Traitement du Tétanos par les injections intra-cérébrales d'antitoxine** (Méthode de Roux et Borrel). 1898. Brochure in-8° raisin de 96 pages..... 4 fr. »

DENAIFFE (Clément et Henri). — Manuel pratique de culture fourragère. 1895. 1 vol. in-8° raisin, de 362 pages, avec 108 figures dans le texte.. 5 fr. »

DENEFFE (V.).— Creuznach. Études médicales sur ses eaux chlorurées, iodo-bromurées. 3° édit., 1886. 1 vol. in-8° raisin, de 380 pages. 4 fr. »

DENYS (J.). — (Voir *Carnoy*).

DEPAIRE (J.-B.).— Hydromel et produits dérivés de la fermentation du miel (Conférences faites à la Société d'apiculture de Bruxelles). 1896. 1 brochure in-8° raisin de 71 pages.......................... 2 fr. 50

DEPERET (Ch.). — **Les animaux pliocènes du Roussillon.** (*Mémoires de Paléontologie*) (En cours de publication). Ont déjà paru 17 planches, 64 pages.

DESCHAMPS (J.). — **Du meilleur traitement des déformations congénitales du pied,** précédé d'une préface de J. Peyrot, professeur à la Faculté de médecine de Paris. 1889. 1 vol. in-8°, avec figures et planches hors texte.......... 4 fr. »

DEWÈVRE (Alfred). — **Les plantes utiles du Congo.** 1894. Brochure in-8° de 68 pages.......... 1 fr. »

DIEUDONNÉ (Em.). — **Les Stations centrales d'Éclairage électrique de la principauté de Monaco.** 1892. Broch. in-8° de 16 pages, avec 5 fig. 1 fr. 50

— **Le tramway électrique de Liège à Herstal.** 1894. Brochure in-4° de 16 pages, avec 10 figures.......... 1 fr. »

— **L'électricité à Fécamp.** Broch. in-4° de 16 p. avec 4 fig. 1 fr. »

DOUVILLÉ. — **Études sur les Rudistes.** (*Mémoires de Paléontologie*). Première partie : Revision des principales espèces d'Hippurites. — 4 brochures, 20 planches in-4°.......... 40 fr. »

DUBOIS (Raphaël), professeur de physiologie à l'Université de Lyon. — **Anesthésie physiologique** et ses applications. 1894. 1 vol. in-8° écu de VIII-200 pages, avec 20 figures dans le texte.......... 4 fr. »

— **Leçons de physiologie générale et comparée.** Généralités sur les phénomènes de la vie communs aux animaux et aux végétaux. — Production de la lumière et des radiations chimiques par les êtres vivants. 1898. 1 vol. in-8° raisin de 532 pages, avec 221 figures.......... 18 fr. »

— **Travaux pratiques de physiologie.** 1 vol. in-8° raisin, avec de nombreuses figures en noir et en couleurs.......... (*sous presse*).

DUCOM (Jacques). — **Les débuts d'un amateur photographe,** avec préface de M. Gaston Tissandier. Troisième édition, 1899. 1 vol. in-8° carré de 238 pages, avec nombreuses figures et couverture illustrée. (BIBLIOTHÈQUE DE PHOTO-GAZETTE).......... 2 fr. 50

DUCROQUET (C.). — **Le traitement du mal de Pott.** 1898. 1 vol. in-8° raisin de 140 pages avec 13 figures et 2 planches hors texte.. 6 fr. »

DUGAST. — **La vinification dans les pays chauds. Algérie et Tunisie.** 1900. 1 vol. in-8° carré de 280 pages avec 58 fig. Cartonné à l'anglaise (*B. S.*).......... 5 fr. »

DULIÈRE (Walter). — **Cours complet de droguerie.** 1889. 1 fort vol. in-8° de 650 pages.......... 20 fr. »

DUPLAIX (M.), professeur à l'École centrale des Arts et Manufactures. — **Resistance des matériaux. Abaques des efforts tranchants et des moments de flexion** développés dans les poutres par les surcharges du règlement du 29 août 1891 sur les ponts métalliques. 1899. 1 vol. in-8° raisin de 108 pages avec 36 figures, cartonné à l'anglaise, accompagné d'un atlas comprenant 8 planches du format 63 × 90 (*B. T.*). 22 fr. »

DURANTE (Gustave), chef de laboratoire à la maternité de l'hôpital de la Charité. — **Des dégénérescences secondaires du système nerveux.** Dégénérescence Wallérienne et dégénérescence rétrograde. 1895. 1 vol. in-8° raisin de 256 pages.......... 8 fr. »

DUTRANNOIT (G.). — **La Céramophotographie d'amateur.** 1896. Petit in-8° de 24 pages.......... 1 fr. »

— **La chimie de la lumière.** 1896. Broch. de 40 pages...... 2 fr. »

DUTRIEUX-BEY. — **Le Choléra dans la Basse-Égypte** en 1883. 1884. 1 vol. in-8°, 288 pages avec carte........................ 5 fr. »

— **Souvenirs d'une exploration médicale dans l'Afrique intertropicale** (avec carte explicative). 1885. 1 vol. in-8° de 150 pages....... 3 fr. 50

ÉCLAIRAGE ÉLECTRIQUE (L'). — 7° Année. Revue hebdomadaire des transformations électriques, mécaniques, thermiques de l'énergie, paraissant le samedi, par fascicules in-4° de 56 pages à deux colonnes, avec nombreuses figures. *Direction scientifique* : A. CORNU, A. d'ARSONVAL, G. LIPPMANN, A. POTIER, H. POINCARÉ, membres de l'Institut; D. MONNIER, professeur à l'École centrale; A. WITZ, professeur à la Faculté libre des sciences de Lille; J. BLONDIN, agrégé de l'Université.

Abonnements :

Paris. Départements.	Un an : 50 fr.	Six mois : 28 fr.	Trois mois : 15 fr.
Union postale.......	— 60 fr.	— 32 fr.	— 17 fr.

Prix du numéro.. 1 fr. »

La collection complète (1894-1899) comprend 21 volumes en vente au prix de 15 francs l'un.

EFFRONT (Jean), Directeur de l'Institut des Fermentations. — **Les Enzymes** et leurs applications. 1899. 1 vol. in-8° carré de 372 pages, cartonné à l'anglaise (*B. T.*)............................ 9 fr. »

— **Les matières albuminoïdes et leurs Enzymes.** 1 vol. in-8° carré (*B. T.*)...................................... (*en préparation*).

ENGELS (Frédéric). — **L'origine de la famille, de la propriété privée et de l'État** (pour faire suite aux travaux de Lewis H. Morgan). Traduction française par Henri Ravé. 1893. 1 vol. in-18 de XXXIV-292 pages.. 3 fr. 50

ENSEIGNEMENT MATHÉMATIQUE (L'). — Revue internationale, paraissant tous les deux mois depuis janvier 1899, par fasc. de 80 pages in-8° raisin, sous la direction de MM. C.-A. LAISANT et H. FEHR, et sous les auspices d'un Comité de patronage composé de savants des divers pays.

Abonnement : France, Colonies et Suisse................ 12 fr. »
Union postale........................ 15 fr. »

Le premier volume (Année 1899) est en vente au prix de.... 16 fr. »

ERRERA (Leo). — **Essais de philosophie botanique. I. L'optimum.** (Extrait de la *Revue de l'Université de Bruxelles*). 1896. Brochure in-8° raisin de 30 pages.. 1 fr. »

ÉTIENNE (G.). — (Voir *Haushalter*).

ETERNOD (A.-C.-F.). — **Guide technique du laboratoire d'histologie normale** et éléments d'anatomie et de physiologie générales à l'usage des étudiants en médecine et en sciences naturelles, 2° édition. 1898. 1 vol. in-8° raisin de 354 pages, avec 141 figures................ 10 fr. »

EWALD. — (Voir *Munk*).

FACULTÉ DES SCIENCES (Cours de la). Voir APPELL, FOUSSEREAU, FRIEDEL, LIPPMANN, OSSIAN-BONNET, PELLAT, POINCARÉ, PUISEUX, VÉLAIN (CH.), WOLF (C.).

FABRE-DOMERGUE, docteur ès sciences, chef de Laboratoire à la Faculté de médecine de Paris. — **Les Cancers épithéliaux.** Histologie, Histogénèse, Étiologie, Applications thérapeutiques. 1898. 1 vol. in-8° raisin de 462 pages, avec 142 figures, dont 76 en couleurs, et 6 planches chromolithographiques hors texte, cartonné à l'anglaise.... 30 fr. »

— **La photographie des Animaux aquatiques.** 1899. Album in-4° raisin, comprenant 10 planches en phototypie et 8 pages de texte, dans un élégant cartonnage.. 12 fr. »

— **Le Cytotropisme.** 1 vol. in-8° écu cartonné (*C. S.*) (*en préparation*).

FERRAN (Don Jaime). — **Le choléra.** La vaccination cholérique, les délégations scientifiques en Espagne, par le Dr Duhoureau. Portrait du Dr Ferran, planche représentant le *Peronospora Ferrani*. 1 volume in-8° raisin de 180 pages........................ 2 fr. 50

FIAUX (L.), ancien membre du Conseil municipal de Paris. — **Les Maisons de tolérance**; leur fermeture. 2e édit. 1896. 1 vol. in-12 de 412 pages........................ 3 fr. 50

FINK (E.). — **Précis d'analyse chimique.**

1re *Partie*. — ***Analyse qualitative***. 1896. 1 vol. in-16 de 190 pages, avec figures, cartonné à l'anglaise........................ 3 fr. 50

2e *Partie*. — ***Analyse quantitative***. 1896. 1 vol. in-16 de 312 pages, avec figures, cartonné à l'anglaise........................ 5 fr. »

FINSEN (N.-R.), directeur du Medicinske Lysinstitut de Copenhague. — **La Photothérapie.** 1899. 1 vol. in-8° carré de 112 pages avec 12 fig. hors texte........................ 3 fr. 50

FLATAU (Edward). — **Atlas du cerveau humain et du trajet des fibres nerveuses**, avec une préface de M. le professeur Mendel. 1894. 1 vol. gr. in-4°, comprenant 8 planches en héliogravure et 2 planches en chromolithographie........................ 22 fr. »

FLEURENT (E.), professeur de Chimie industrielle au Conservatoire national des Arts et Métiers. — **Manuel d'Analyse chimique appliquée à l'examen des produits industriels et commerciaux.** 1898. 1 fort volume in-8° carré de 582 pages, avec figures dans le texte, cartonné à l'anglaise (*B. T.*)........................ 12 fr. »

FLOT. — **Description de deux oiseaux nouveaux du Gypse parisien.** (*Mémoires de Paléontologie*). 1 planche in-4°, 10 gravures.... 3 fr. »

FORTIN (A.). — **Le magnétisme atmosphérique** ou prévision du temps cinq ou six jours à l'avance par les agitations de l'aiguille du magnétomètre. 1890. 1 vol. in-12 de XXVI-300 pages........................ 3 fr. 50

FOUSSEREAU (G.), maître de conférences à la Faculté des sciences de Paris. — **Polarisation rotatoire.** Réflexion et réfraction vitreuses. Réflexion métallique. Leçons faites à la Sorbonne en 1891-92, rédigées par J. Lemoine, agrégé de l'Université. 1893. 1 vol. in-8° raisin de VIII-344 pages, avec 140 figures........................ 12 fr. »

FRANK (Louis), avocat à la cour de Bruxelles. — **Les salaires de la Famille ouvrière.** 1896. 1 vol. gr. in-8° de 120 pages........ 2 fr. 50

— **L'épargne de la Femme mariée.** 1896. Br. gr. in-8 de 55 p. 1 fr. 50

— **La femme contre l'alcool.** Étude de sociologie et de législation. 1897. 1 vol. gr. in-8° de 274 pages........................ 5 fr. »

FRANK (L.), **Dr KEIFFER** et **MAINGIE** (L.). — **L'Assurance maternelle.** 1897. Broch. in-8° jésus de 112 pages................ 2 fr. 50

FRENKEL (H.), professeur agrégé à la Faculté des sciences de Toulouse. — **Les fonctions rénales.** 1899. 1 volume in-8° écu de 84 pages, avec 2 figures, cartonné (C. S.)........................ 2 fr. »

FREUNDLER (P.), docteur ès sciences, chef des travaux pratiques à la Faculté des sciences de Paris. — **La Stéréochimie.** 1899. 1 vol. in-8° écu de 98 pages, cartonné (C. S.)........................ 2 fr. »

FREUDENREICH (Ed. de). — **Sur un nouveau bacille** trouvé dans des fromages boursouflés *(Bacillus Schafferi)*. 1891. Broch. in-8° de 16 pages, avec une planche en phototypie........................ 2 fr. »

— **De l'action bactéricide du lait.** 1891. Brochure in-8° de 20 pages. Prix........................ 1 fr. 50

— **Les microbes et leur rôle dans la laiterie**. Précis succinct de Bactériologie, à l'usage des élèves des Écoles de laiterie, des fromagers et des agriculteurs. 1894. 1 vol. in-8° écu de 126 pages, avec figures. 3 fr. »

— (Voir *Schaffer*).

FRIEDEL (**Ch.**). (Voir *Actualités chimiques, Conférences, Faculté des Sciences (Cours de la)*.

FROLOV (**M.**). — **La théorie des parallèles démontrée rigoureusement**. Essai sur le livre Ier des éléments d'Euclide. 1898. Brochure in-8° raisin de 48 pages.. 2 fr. »

FROMENT (**A.**). — **Les merveilles de la flore primitive**. 1895. Brochure in-8° raisin de 146 pages, avec 36 figures.................. 3 fr. »

FUCHS (**E.**), professeur ordinaire d'ophtalmologie à l'Université de Vienne.— **Manuel d'ophtalmologie**, traduit sur la cinquième édition allemande par les docteurs C. Lacompte et L. Leplat. 2° édit. 1897. 1 fort volume in-8° raisin de 870 pages, avec 270 figures, cartonné à l'anglaise.. 25 fr. »

FUNCK (**M.**), chef des travaux bactériologiques à l'Institut sérothérapique de Bruxelles. — **Manuel de Sérothérapie anti-diphtérique**. 1895. 1 vol. in-16 de 174 pages.............................. 3 fr. 50

— **La Sérothérapie de la fièvre typhoïde**. Étude expérimentale. 1896. 1 vol. gr. in-8° raisin de 94 pages, avec tableau............. 4 fr. »

— (Voir *Pechère*).

GALLEMAERTS (**E.**). —**Précis d'Ophtalmoscopie** à l'usage des étudiants et des médecins. 1896. Broch. in-8° raisin de 76 pages....... 2 fr. 50

GALLEZ (**Léon**), médecin-chirurgien adjoint de l'Hôtel-Dieu. — **La Trépanation du crâne**. Histoire, technique opératoire, indications et contre-indications, résultats. 1893. 1 vol. in-8° raisin de 500 pages, avec 65 figures.. 8 fr. »

GARNIER (**M.**). — **La glande thyroïde dans les maladies infectieuses**. 1899, brochure in-8° raisin de 132 pages, avec figures....... 4 fr. »

GARROS (**Félix**), docteur ès sciences. — **Étude sur les acides gummiques**; nouveau sucre en C[6] « Prunose ». 1894. Brochure in-8° raisin de 92 pages, avec figures.................................. 3 fr. »

GAUDRY (**A.**). — **Le Driopithèque**. 1 planche, 11 pages (*Mémoires de Paléontologie*).... .... 3 fr. »

— **Quelques remarques sur les Mastodontes à propos de l'animal du Chérichira** (*Mémoires de Paléontogie*); 2 planches in-4° 6 pages. 3 fr. 50

— **Les Pythonomorphes de France** (*Mémoires de Paléontologie*). 1 fascicule de 10 pages et 2 planches, in-4°.................... 5 fr. »

GENTILHOMME (**E.**). — **Hystérectomie abdominale**. Technique. Critique. Résultats. 1894. 1 vol. in-8° raisin de 168 pages....... 4 fr. »

GÉRARD. — (Voir *Niewenglowski*).

GEISLER (**L.**). — **Album de Photographie** comprenant 55 planches de format 50 × 40 en simili-gravure dans un élégant cartonnage (Congrès de Photographie, Nancy, 1898)............................ 10 fr. »

GEVAERT. — (Voir *Charon*).

GHERSI. — **Formulaire industriel**. Recueil de recettes et procédés à l'usage des chimistes, des ingénieurs et des industriels. Traduit de l'italien par BOMPAS. 1900. 1 vol. petit in-8° couronne.. . (*sous presse*).

GIARD (**Alfred**), professeur à la Faculté des sciences de Paris. — **L'Isaria Densa** (Link) **Fries**, champignon parasite du Hanneton commun. 1893. Broch. in-8° raisin de 112 pages avec 4 planches hors texte.. 6 fr. »

GIBBS (W.), professeur au collège Yale, à Newhaven. — **Équilibre des Systèmes chimiques**, traduit par Henri Le Chatelier, professeur au Collège de France. 1899. 1 vol. in-8° carré de 212 pages avec figures, cartonné à l'anglaise (*B. S.*)................................ 5 fr. »

GILBERT (A.), professeur agrégé à la Faculté de médecine de Paris **et CARNOT**. — **Les fonctions hépatiques**. 1 vol. in-8° écu, cartonné (*C. S.*).. (*en préparation*).

GILSON. (G.). — (Voir *Carnoy*).

GOGUILLOT (Ludovic), professeur à l'Institution nationale des Sourds-Muets de Paris. — **Enseignement de la parole aux sourds-muets**. 1885. Broch. in-8.. 1 fr. 25

— **La Révolution et les sourds-muets**. 1888. Broch. in-8°.. 0 fr. 50

GOLAY. — **Guide des mères** dans les maladies des enfants. 1892. 1 vol. in-16 de 584 pages, broché........................ 5 fr. »

— **Conseils aux jeunes mères sur les soins à donner aux enfants**. Deuxième édition. 1894. In-18 de 480 pages.................. 3 fr. 50

GOUPIL (A.). — **La locomotion aérienne**. 1884. 1 vol. in-8° avec figures et planches.. 6 fr. »

GOUZER (J.). — **Le mécanisme de la vie**. 1894. 1 vol. in-8° raisin de 250 pages.. 4 fr. »

GRANDPREZ. — (Voir *Lust*).

GRANGER, professeur de chimie et de technologie céramique à la Manufacture de Sèvres. — **La Céramique**, chimie et technologie. 1 vol. in-8° carré (*B. T.*)........................ (*en préparation*).

GREENHILL (Alfred-George), professeur de mathématiques au Collège de Wolwich. — **Les fonctions elliptiques et leurs applications**. 1895. Ouvrage traduit de l'anglais, par J. Griess, professeur de mathématiques au lycée d'Alger. 1 vol. in-8° raisin de 572 pages, avec figures. 18 fr. »

GRÉGOIRE (Émile), professeur à l'Institut provincial de Sourds-Muets du Brabant. — **Un centenaire (l'abbé de l'Épée)**. Broch. in-8°, avec cinq estampes dans le texte........................ 1 fr. »

GRELLETY (L.), de Vichy. — **Des précautions hygiéniques et prophylactiques à prendre contre la fièvre typhoïde**. 1883. Br. in-8°. 0 fr. 75

GRIFFON. — **L'assimilation chlorophilienne et la structure des plantes**. 1 volume in-8° écu, cartonné (*C. S.*)................ (*en préparation*).

GRINER (A.). — **Les paralysies récurrentielles**. 1899. 1 vol. in-8° raisin de 212 pages, broché........................ 5 fr. »

GUÉRIN (G.), professeur agrégé à la Faculté de médecine de Nancy. — **Traité pratique d'analyse chimique et de recherches toxicologiques**. 1893. 1 vol. in-8° raisin de VI-494 pages, avec 75 figures dans le texte et 5 planches en chromolithographie........................ 15 fr. »

— **Guide du vaccinateur**. Les deux vaccins. 1881. Brochure in-8°. 1 fr. »

GUILLEMIN (Amédée). — Esquisses astronomiques. **Autres mondes**. 1892. 1 vol. in-18 de 270 pages, avec planches hors texte.... 3 fr. 50

GUILLEMOT (A.). — **L'estomac biloculaire**. 1899. Brochure in-8° raisin de 90 pages.. 3 fr. »

GUILLON (J.-M.), répétiteur de viticulture à l'École nationale d'agriculture de Montpellier. — **Les Cépages Orientaux**. 1896. 1 vol. in-8° raisin de XXIV-224 pages, avec figures........................ 4 fr. »

HACK (Guillaume), professeur à l'Université de Fribourg en Brisgau. — **Affections du nez**. Du traitement opératoire radical de certaines formes de migraine, asthme, fièvre de foin, ainsi que d'un grand nombre de manifestations connexes. Traduit de l'allemand par le Dr Auguste Muller-Schirmer, de Mulhouse. 1887. 1 vol. grand in-8°............ 6 fr. »

HALLER (A.), Professeur à la Faculté des sciences de Paris et **MULLER (Ph.-T.)**, maître de conférences à l'Institut chimique de la Faculté des sciences de Nancy. — **Traité élémentaire de Chimie.**

Tome Ier. ***Chimie minérale.*** 1896. 1 vol. in-8° carré de 336 pages, avec 50 figures, cartonné à l'anglaise........................... 6 fr. »

Tome II. ***Chimie organique.*** 1896. 1 vol. in-8° carré de 205 pages, avec figures, cartonné à l'anglaise........................... 4 fr. »

HALLION. — **Modifications du sang sous l'influence des solutions salines.** 1 vol. in-8° écu, cartonné. (*C. S.*).......... (*en préparation*).

HALLION et JULIA. — **Action vasculaire des toxines microbiennes** 1 vol. in-8° écu, cartonné. (*C. S.*).................. (*en préparation*).

HAMON (A.). — **Étude sur les eaux potables et le plomb.** 1884. Brochure in-12, 72 pages.. 1 fr. 50

HANTZSCH, professeur de chimie à l'Université de Wurzburg. — **Précis de Stéréochimie.** Traduction française publiée par MM. Ph.-A. Guye, professeur de Chimie à l'Université de Genève, et M. Gautier, avec une note additionnelle de M. A. Werner, professeur de chimie à l'Université de Zurich. 1896. 1 vol. in-8° raisin de 224 pages, avec figures. 8 fr. »

HAUG (E.). — **Études sur les Goniatites** (*Mémoires de Paléontologie*). 1898. 1 fascicule in-4° de 112 pages avec 2 tableaux et 1 planche hors texte.. 6 fr. »

HAUSHALTER (P.), agrégé, **ETIENNE (G.)**, agrégé, **SPILLMANN (L.)**, ancien interne et **THIRY (Ch.)**, ancien interne. — **Clinique iconographique** (médecine interne). Atlas in-4°, comprenant 62 planches en phototypie, avec texte explicatif...................... (*sous presse*).

HÉBERT (A.), préparateur à la Faculté de médecine de Paris. — **La Technique des Rayons X.** Manuel opératoire de la radiographie et de la fluoroscopie. 1897. 1 vol. in-8° carré de 134 pages, avec de nombreuses gravures et 10 planches hors texte, cartonné à l'anglaise (*B. S.*) 5 fr. »

HEBRANT. — (Voir *Mosselman*).

HEGER (P.), professeur à l'Université de Bruxelles. — **La disponibilité d'énergie.** 1894. Broch. grand in-8° de 12 pages............ 0 fr. 60

HÉMENT (Félix), inspecteur général honoraire de l'Instruction publique. — **Petit traité des punitions et des récompenses**, à l'usage des maîtres et des parents, avec une lettre de M. LEGOUVÉ, de l'Académie française. 1890. 1 volume in-16 de 120 pages.......................... 1 fr. 50

HENNEGUY (L.-Félix), chargé du cours d'Embryogénie comparée au Collège de France. — **Leçons sur la Cellule**, morphologie et reproduction, faites au Collège de France pendant le semestre d'hiver 1893-94; recueillies par Fabre-Domergue, docteur ès sciences, et revues par le professeur. 1896. 1 vol. in-8° jésus de 574 pages, avec 362 fig. noires et en couleurs. Relié. Prix.. 25 fr. »

— **Les insectes.** *Morphologie, Reproduction. Embryogénie.* Leçons faites au Collège de France pendant le semestre d'hiver 1897-98, 1er fascicule, recueillies par A. LECAILLON et POIRAULT (G.), docteurs ès sciences, revues par le professeur. 1 vol. in-8° jésus, avec 450 figures en noir et 5 planches en couleur hors texte. 1900.......................... (*sous presse*).

HEPP (M.). — **Sclérose utérine et métrites chroniques.** 1899. Brochure in-8° raisin de 118 pages avec 2 planches en phototypie...... 4 fr. »

HERLANT (A.), professeur à l'Université de Bruxelles. — **Micrographie des poudres officinales.** 1896. 1 vol. in-16 de 52 pages, avec 40 planches photo-micrographiques, par L. Herlant et G. Billen....... 5 fr. »

HERTWIG (**Oscar**), directeur de l'Institut d'Anatomie biologique de l'Université de Berlin. — **La Cellule et les Tissus.** Éléments d'anatomie et de physiologie générales. Traduit de l'allemand par Charles Julin, professeur à la Faculté de médecine de Liège.

1re *Partie.* — ***Anatomie et physiologie générales de la Cellule***, 1894. 1 vol. in-8° raisin de xvi-350 pages, avec 168 figures..... 12 fr. »

2e *Partie.* — ***Anatomie et physiologie générales des Tissus.*** 1 vol. in-8° raisin, avec 89 figures.................... (*en préparation*).

HOFFA (**Albert**), Professeur à l'Université de Würzburg. — **Manuel de Chirurgie orthopédique**, traduit de la 2e édition allemande. 1 fort vol. in-8° raisin d'environ 800 pages, avec 596 figures dans le texte.. (*sous presse*).

HOMMELL (R.). — **L'Apiculture par les méthodes simples.** 1898. 1 vol. in-8° carré de 338 pages, avec 102 figures, cartonné à l'anglaise (*B. S.*).. 5 fr. »

HOULÈS (**l'abbé A.**). — **Action du cuivre sur l'économie. Histoire d'un village.** 1884. Brochure in-8°........................... 0 fr. 75

HUBERT (**Eugène**), professeur ordinaire à la Faculté de médecine de Louvain. — **Accouchements.** Gynécologie et Déontologie. Cours professé à l'Université catholique de Louvain. 4e édition. 1892. 2 vol. in-8° raisin, d'ensemble 1 396 pages, avec 359 figures.................. 28 fr. »

— **De l'Emploi des vessies animales** en obstétrique et en gynécologie. 1888. Brochure in-8°...................................... 1 fr. »

HYGIÈNE ET ÉDUCATION de la première enfance. 1886. 8e édition. Brochure in-8°.. 0 fr. 25

ISTRATI (C.-I.), professeur à l'Université de Bucharest. — **Cours élémentaire de Chimie**, à l'usage des lycées et collèges, des candidats au baccalauréat et des élèves en médecine, rédigé conformément à la nouvelle nomenclature chimique proposée par le Congrès de Genève (1892), revu et augmenté, d'après la 2e édition roumaine, par A. Adam, agrégé de l'Université, professeur au lycée de Charleville, avec une préface de M. Ch. Friedel, membre de l'Institut. 1895. 1 vol. in-8° raisin de xii-560 pages, avec 254 figures....................... 12 fr. »

JAKSCH (**Rudolph**), professeur à l'Université de Gratz. — **Manuel de diagnostic des maladies internes** par les méthodes bactériologiques, chimiques et microscopiques. Traduit de l'allemand par L. Moulé, médecin vétérinaire, préparateur au laboratoire de l'Inspection de la boucherie de Paris. 1888. 1 vol. in-8° raisin de 400 pages, orné de 108 figures en noir et en couleurs...................... 18 fr. »

JAMET (V.), docteur ès sciences mathématiques, professeur au lycée de Marseille. — **Traité de mécanique**, à l'usage des candidats à l'Ecole polytechnique. 1893. 1 vol. in-8° raisin de 252 pages, avec figures. 5 fr. »

JANET (**Charles**). — Études sur les fourmis, les guêpes et les abeilles. **Système glandulaire tégumentaire de la Myrmica rubra. Observations diverses sur les fourmis.** 1898. 1 broch. in-8° raisin de 30 pages avec 9 figures.. 0 fr. 75

— **Aiguillon de la Myrmica rubra. Appareil de fermeture de la glande à venin.** 1898. 1 broch. in-8° raisin de 28 pages avec 5 figures et 3 planches hors texte.. 1 fr. »

JAYLE (Félix), ancien interne des hôpitaux, assistant de gynécologie à l'hôpital Broca. — **La Septicémie péritonéale aiguë, post-opératoire** 1895. 1 vol. in-8° raisin de 132 pages........................ 4 fr. »
— (Voir *Landouzy et De Lavarenne.*)

JEANDIN (Joseph), ancien assistant de clinique médicale à l'Université de Genève. — **Étude sur l'actinomycose de l'homme et des animaux**. 1886. Brochure grand in-8° de 144 pages........................ 3 fr. »

JOB (A.). — **Les Terres rares.** 1 vol. in-8° écu, cart. (*C. S.*). (*en préparation*).

JOLLY (L.). — **Les Phosphates,** leurs fonctions chez les êtres vivants. végétaux et animaux. 1887. 1 fort vol. grand in-8° jésus de 584 pages........................ 20 fr. »

JORISSENNE (G.) (de Liège). — **Ulcères de l'estomac**; leur traitement. Brochure grand in-8° de 16 pages, sur papier hollande...... 0 fr. 80

JOSUÉ (O.), ancien interne des hôpitaux. — **Moelle osseuse des tuberculeux et histogénèse du tubercule.** 1898. 1 vol. in 8° raisin de 178 pages, avec 4 pl. en couleurs........................ 7 fr. »

JULIA. — (Voir *Hallion*).

KAHLDEN (C. von), professeur à l'Université de Freiburg, et **LAURENT (O.)**, chargé de cours à l'Université de Bruxelles. — **Technique microscopique appliquée à l'anatomie pathologique et à la bactériologie.** Manuel pratique. 1896. 1 vol. in-8° raisin de 200 pages. 5 fr. »

KAPP (Gisbert). — **Transmission électrique de l'énergie.** Sa transformation, sa subdivision et sa distribution. Traité pratique traduit de l'anglais par E. Boistel. 1888. 1 vol. in-8° écu de 400 pages, avec figures et planches hors texte........................ 8 fr. »

KEERSMAECKER (J. de) et VERHOOGEN (J.). — **L'urétrite chronique d'origine gonococcique.** 1898. 1 vol. in-8° raisin, de VIII-192 pages, cartonné à l'anglaise........................ 10 fr. »

KEIFFER (J.-H.). — **Recherches sur la physiologie de l'utérus,** faites au laboratoire de Pathologie de l'hôpital Saint-Pierre et à l'Institut de Physiologie de l'Université libre de Bruxelles. 1896. 1 vol. in-8° de 80 pages, avec planches et figures........................ 4 fr. »
— (Voir *Frank*).

KNOPF (S.-A.). — **Les Sanatoria. Traitement et prophylaxie de la phtisie pulmonaire.** 2° édition. 1 vol. in-8° raisin, avec figures et planches hors texte........................ (*sous presse*).

KRAFFT-EBING (Von), professeur de psychiâtrie et de neuropathologie à l'Université de Vienne. — Etude médico-légale. **Psychopathia sexualis.** avec recherches spéciales sur l'inversion sexuelle. Ouvrage traduit de la 8° édition allemande par MM. Emile Laurent et Sigismond Csapo. 1895. 1 fort vol. in-8° raisin de 604 pages........................ 15 fr. »

KRECHEL (Georges). — **Choix de méthodes analytiques** des substances qui se rencontrent le plus fréquemment dans l'industrie. 1887. 1 vol. in-16 de 484 pages, avec 29 figures........................ 8 fr. »

KRIÉGER (E.). — **Une grande querelle médicale.** Histoire thérapeutique de l'antimoine. 1898. Brochure in-8° raisin de 96 pages. 4 fr. »

KUBORN (P.), assistant d'anatomie à l'Université de Liège. — **Guide de Dissection et résumé d'anatomie topographique.** Adaptation française du *Manuel d'anatomie pratique* de D.-J. Cunningham, professeur d'anatomie et de chirurgie à l'Université de Dublin. Ouvrage précédé d'une préface par M. le professeur Putzeys. 1890. 1 vol. in-16 de XXXII-382 pages, avec figures dans le texte........................ 7 fr. 50

LABBÉ (A.), docteur ès sciences, conservateur des collections de Zoologie à la Sorbonne. — **La Cytologie expérimentale**. Essai de Cytomécanique. 1898. 1 vol. in-8° carré, de 188 pages, avec 52 figures, cartonné à l'anglaise. (*B. S.*).. 5 fr. »
— (Voir *Delage*).

LABIT et POLIN, médecins-majors de l'armée, lauréats de l'Académie de médecine. — **L'Hygiène scolaire.**
Tome Ier. — ***Le milieu scolaire***. 1896. 1 vol. in-8° carré de 310 pages, avec 40 figures, cartonné à l'anglaise.................. 5 fr. »
Tome II. — ***Les maladies scolaires***. 1896. 1 vol. in-8° carré de 411 pages, avec figures, cartonné à l'anglaise........... 5 fr. »

LAISANT (C.-A.). — **La Mathématique**. Philosophie. Enseignement. 1898. 1 vol. in-8° carré de 292 pages, cartonné à l'anglaise. (*B. S.*). 5 fr. »
— **L'Interpolation**. 1 volume in-8° écu, cartonné (*C. S.*). (*en préparation*).

LAMBERT (M.), chef des travaux physiologiques à la Faculté de médecine de Nancy. — **La résistance des nerfs à la fatigue**. 1894. Brochure in-8° raisin de 42 pages, avec 10 tracés........................ 3 fr. »

LANDAUER (J.), membre de l'Académie impériale allemande des naturalistes. — **Analyse au chalumeau**. Manuel pratique. Edition française publiée, avec l'autorisation de l'auteur, par J.-A. Montpellier, chimiste de l'administration des Postes et Télégraphes. 1895. 1 vol. in-8° écu de VIII-292 pages, avec figures et tableaux................... 5 fr. »

LANDOUZY (L.), professeur de thérapeutique à la Faculté de médecine de Paris, médecin de l'hôpital Laennec, membre de l'Académie de médecine. — **Les Sérothérapies**. Leçons de Thérapeutique et matière médicale, professées à la Faculté de médecine de l'Université de Paris. *Sérothérapie générale, Sérothérapie préventive du tétanos, Sérothérapie antivenimeuse, Sérothérapie antistreptococcique, Sérothérapie antidiphtérique, Traitement du croup, Sérothérapie des maladies infectieuses : Peste, Syphilis, Tuberculose. Sérothérapie artificielle. Tuberculine, Malléine.* 1898. 1 vol. in-8° jésus de XVI-530 pages avec 27 figures dans le texte et 1 planche en couleur hors texte, cartonné à l'anglaise. 20 fr. »

LANDRIN (Alexandre), médecin vétérinaire. — **Traité sur le chien**. Zootechnie, hygiène, races, pathologie et thérapeutique. 1888. 1 vol. in-18, de 390 pages.................................. 3 fr. 50
— **Le Chat**. Zoologie, origines, historique, mœurs, habitudes, races, anatomie, maladies, jurisprudence. 1894. 1 vol. in-18 de 300 pages, avec un frontispice.. 3 fr. »

LANG (Arnold), professeur de zoologie et d'anatomie comparée à l'Université de Zurich. — **Traité d'Anatomie comparée et de Zoologie**. 1893-1898. Ouvrage traduit de l'allemand par G. CURTEL, professeur agrégé de l'Université.
Tome Ier : ***Protozoaires. Zoophytes. Vers. Arthropodes.*** 1 fort vol. in-8° raisin de 640 pages, avec 384 figures, cartonné à l'anglaise.. 22 fr. »
Tome II : ***Mollusques et Échinodermes***. 1 vol. in-8° raisin de 578 pages, avec 470 figures, cartonné à l'anglaise...... 22 fr. »
Les 2 volumes pris ensemble.............................. 40 fr. »

LANGLEBERT (Ed.). — **Traitement des maladies vénériennes**. Conférences recueillies par le Dr Ph. Maréchal, suivies d'une étude sur l'empoisonnement mercuriel lent, par le Dr Ph. Maréchal. 1886. 1 vol. in-12 de 112 pages... 2 fr. »

LAPICQUE (L.). — Observations et expériences sur les mutations du fer chez les vertébrés. 1897. 1 vol. in-8° raisin de 170 pages. 4 fr. »

LA ROCHELLE. — Réponse à M. Claveau à propos de son rapport au ministre de l'intérieur. 1884. Brochure in-8° de 28 pages..... 0 fr. 50

— **Congrès administratif français de 1885 dans l'intérêt des sourds-muets.** 1886. Brochure in-8° de 44 pages.................... 0 fr. 50

LATRUFFE (E.). — Des hémorragies dans la gangrène pulmonaire. 1897. 1 vol. in-8° raisin de 154 pages avec 2 planches en couleurs.. 6 fr. »

LAUDER BRUNTON. — Action des médicaments. Ouvrage traduit de l'anglais par HEYMANS, professeur à l'Université de Gand. 1 vol. in-8° raisin avec figures.................................. (*sous presse*).

LAUPTS. — Perversion et perversité sexuelles. Une enquête médicale sur l'inversion. Notes et documents. Le roman d'un inverti-né. Le procès Wilde. La guérison et la prophylaxie de l'inversion. Avec une préface de M. ÉMILE ZOLA. 1896. 1 vol. in-8° raisin de 372 pages..... 6 fr. »

LAURENS (G.), ancien interne des hôpitaux. — **Relations entre les maladies de l'oreille et celles de l'œil.** 1897. 1 vol. in-8° raisin de 176 pages.. 5 fr. »

LAURENT (Émile). — Les Bisexués. Gynécomastes et hermaphrodites. 1894. 1 vol. in-8° raisin de 234 pages..................... 5 fr. »

LAURENT (O.), agrégé suppléant à l'Université de Bruxelles. — **Les Universités des États-Unis et du Canada** et spécialement leurs institutions médicales. 1894. 1 vol. in-18 de 312 pages, avec 22 figures. 5 fr. »
— (Voir *von Kahlden*).

LAURENT (Hermann), examinateur à l'École polytechnique. — **L'Élimination.** 1 vol. in-8° écu, cartonné (*C. S.*)................ (*sous presse*).

— **Cours de Mathématiques** professé à l'Institut agronomique. 1 vol. in-8° carré.. (*sous presse*).

LAVARENNE (De) et JAYLE (F.). — Guide de la Presse médicale. (*sous presse*).

LAVERGNE (Fernand), ancien interne des hôpitaux de Paris. — **Salies-de-Béarn.** Étude médicale. 1893. 1 vol. in-16 de 128 pages, cart. 2 fr. »

LECAILLON (A.). (Voir *Henneguy*).

LE CHATELIER (H.) et BOUDOUARD (O.). — Mesure des températures élevées. 1 vol. in-8° carré de 215 pages avec 52 figures, cartonné à l'anglaise (*B. S.*)............................ 5 fr. »
— (Voir *Gibbs*).

LECOMTE (H.). — Le Café. Culture, manipulation, production. 1899. 1 vol. in-8° carré de 334 pages, avec 60 fig. et une carte hors texte.. 5 fr. »

— **Les arbres à gutta-percha.** Leur culture. 1899. 1 vol. in-8° carré de 96 pages, avec cartes et tracés......................... 2 fr. »

— **Le Coton.** 1 vol. in-8° carré.......................... (*sous presse*).

LECOMTE (H.) et CHALOT (C.). — Le Cacaoyer et sa culture. 1897. 1 vol. in-8° de 123 pages, avec figures.................. 2 fr. »

LE CORGUILLÉ (T.). — Étude rationnelle des marées. 1896. 1 vol. in-8° raisin de 80 pages, avec planches..................... 5 fr. »

LECOUTURIER (Henri). — De la bonorum venditio. Les effets de la saisie-arrêt. 1895. Broch. in-8° de 164 pages............. 4 fr. »

LE DANTEC (**F.**), docteur ès sciences. — **La Sexualité**. 1899. 1 vol. in-8°, écu de 98 pages, cartonné (*C. S.*)........................ 2 fr. »

LEDUC (**A**), docteur ès sciences. — **Recherches sur les champs magnétiques et le phénomène de Hall**. 1890. Brochure in-8° de 48 pages, avec figures.. 3 fr. 50

LEFÈVRE (**V.-Ch.**), docteur, ancien externe des hôpitaux, médaille de bronze de l'Assistance publique. — **Une forme commune de la Stérilité féminine et son traitement**. 1897. 1 vol. in-8° raisin de 164 pages, avec figures.. 5 fr. »

LE GOAZIOU.— **Scrutateur électrique instantané**. 1890. Brochure in-8°, avec figures.. 1 fr. 50

LEGRAIN (**M.**), médecin en chef des asiles d'aliénés de la Seine, secrétaire du Conseil supérieur de l'Assistance publique. — **Dégénérescence sociale et alcoolisme**. Hygiène et Prophylaxie. Préface de M. J.-C. Barbier, président de la Commission de surveillance des asiles publics d'aliénés de la Seine. 1895. 1 vol. in-18 de xxxvi-256 pages. Prix.. 3 fr. 50

Ouvrage couronné par la Société française de tempérance (prix Lunier, 1891), récompensé par l'Institut (mention honorable, prix Lallemand, 1891) et par l'Académie de médecine (mention honorable, prix Alvarenga de Piauhy, 1891).

— **Des anomalies de l'instinct sexuel** et en particulier des inversions du sens génital. 1896. Broch. in-8° de 64 pages............. 2 fr. »

LERAY (**Adolphe**), chef de laboratoire à l'hôpital Saint-Antoine. — **Le Bacille tuberculeux chez l'homme et dans la série animale**. 1897. 1 vol. in-8° raisin de 206 pages avec 8 figures dans le texte et 2 planches en couleurs hors texte.................................. 8 fr. »

LEROY (**Séverin**).—**Le Cultivateur à l'école**. Lectures à l'usage des écoles primaires, avec préface de M. Louis Hervé. Médaille d'or de la Société des agriculteurs de France, médaille d'honneur de la Société d'instruction et d'éducation populaires. 1886. 1 vol. in-12, 112 pages, avec 22 figures, cartonné .... 0 fr. 75

LETULLE (**Maurice**), professeur agrégé à la Faculté de médecine de Paris. — **Anatomie pathologique pratique**. Ouvrage en 4 volumes in-8° jésus, avec figures en noir et en couleur.

I. ***Cœur. Vaisseaux. Poumons***. 1897. 1 vol. grand in-8° jésus de xiv-436 pages, avec 102 figures, dont 31 en couleurs. Br. 22 fr. »
Cartonné toile. 25 fr. »

II. ***Tube digestif***................................. *(sous presse)*.

III. ***Glandes***.............................. *(en préparation)*.

IV. ***Tissus***..................................... (id.).

LEUBA (**F.**). — **Les Champignons comestibles et les espèces vénéneuses** avec lesquelles ils pourraient être confondus, décrits et peints d'après nature. 1890. 1 beau vol. in-4°, cartonné à l'anglaise, contenant 120 pages de texte et 54 superbes planches en chromolithographie.... 48 fr. »

LEVERDAYS (**Émile**). — **Les assemblées parlantes**. Critique du Gouvernement représentatif. 1883. 1 vol. in-18 de 454 pages........ 3 fr. 50

— **Nouvelle organisation de la République**. 1892. 1 vol. in-18 de 400 pages, avec portrait de l'auteur...................... 3 fr. 50

— **La centralisation** (critique de l'ouvrage de Dupont-White). Les Chemins de fer. 1893. 1 vol. in-18 de 298 pages........... 3 fr. 50

— **Les causes de l'effondrement économique**, suivies du Prolétariat agricole et du Prolétariat ouvrier. 1893. 1 vol. in-18 de iv-362 pages. 3 fr. 50

— **Politique et Barbarie**, contenant la Révolution parisienne de 1871, avec un portrait de l'auteur, par E. van Muyden. 1894. 1 vol. in-10 de 370 pages... 3 fr. 50

LÉVY (Albert), docteur en philosophie et lettres. — **Le sens intime en psychologie.** 1896. Brochure in-8° de 42 pages.............. 1 fr. »

LÉVY (L.), docteur ès sciences, ingénieur agronome, professeur de distillerie à l'École nationale des industries agricoles. — **La pratique du Maltage**, leçons professées à l'Institut des Fermentations de l'Université nouvelle de Bruxelles. 1899. 1 vol. in-8° carré de 250 pages, avec 54 figures et 1 planche hors texte, cartonné à l'anglaise. (*B. T.*). 7 fr. »

— **Microbiologie de la distillerie**, ferments, microbes. 1 vol. in-8° carré.. (*sous presse*).

— **Distillerie**, préparation des moûts. 1 vol. in-8° carré. (*sous presse*).

LION (G.). — **Traité élémentaire de Cristallographie géométrique**, à l'usage des candidats à la licence et des chimistes. 1891. 1 vol. in-8° de 152 pages, avec 134 figures................................ 5 fr. »

LIPPMANN, membre de l'Institut. — **Cours de thermodynamique**, professé à la Sorbonne, rédigé par MM. E. Mathias et A. Renault, et précédé d'une préface de l'auteur. Deuxième édition entièrement refondue. 1 vol. in-8° raisin, avec figures............................ (*sous presse*).

— **Unités électriques absolues**, leçons professées à la Sorbonne en 1884-1885, rédigées par A. BERGET, docteur ès sciences. 1899. 1 vol. in-8° raisin de 240 pages, avec 101 figures, broché.............. 10 fr. »

— **Détermination de l'Ohm**. 1 vol. in-8° écu, cart. (*C. S.*). (*sous presse*).

LOMBROSO (Cesare). — **L'homme de génie**. Deuxième édition, 1896, traduite sur la sixième édition italienne, par MM. F. Colonna d'Istria et Calderini, précédée d'une préface de M. CH. RICHET, professeur à la Faculté de médecine de Paris. 1 fort vol. in-8° de XXVI-582 pages, avec nombreuses figures et 15 planches........................ 12 fr. »

LORENZ (Ad.), professeur à l'Université de Vienne. — **Pathologie et traitement de la luxation congénitale de la hanche**. Traduit de l'allemand par J. COTTET, interne des hôpitaux, précédé d'une préface du Dr F. BRUN, professeur agrégé. 1897. 1 vol. in-8° carré de 360 pages, avec 54 figures dans le texte............................ 8 fr. »

LUCET (Adrien), médecin-vétérinaire. — **De la Congestion des mamelles** et des mammites aiguës chez la vache. 1891. 1 vol. in-8° raisin, avec 4 planches en chromolithographie.......................... 7 fr. »

LUKJANOW (S.-M.). — **Éléments de pathologie cellulaire générale**. Leçons faites à l'Université impériale de Varsovie, traduites par MM. Fabre-Domergue et A. Pettit. 1895. 1 vol. in-8° raisin de VIII-324 pages. 9 fr. »

LUST (Eugène) et **GRANDPREZ (L.)**. — **Recueil de types de bandages**. 1895. 1 vol. in-8° raisin de 156 pages, avec 146 dessins originaux, cartonné à l'anglaise.................................. 3 fr. 50

LUTZE (Arthur). — **Manuel de l'homéopathie**, publié et revu par Paul-Arthur Lutze. 2e tirage, 1886. Petit in-8° de 320 pages....... 5 fr. »

— **Petit Manuel de l'homéopathie**, contenant les notions essentielles sur ce nouvel art médical. 1886. 1 petit vol. de 60 pages...... 1 fr. 50

LUYS (J.), membre de l'Académie de médecine, médecin de la Charité. — **Leçons cliniques sur les principaux phénomènes de l'hypnotisme** dans leurs rapports avec la pathologie mentale. 1890. 1 vol. in-8° raisin de XVI-288 pages, avec 13 planches hors texte................. 12 fr. »

MAGNAT (Edmond). — **Les Éléments de la parole**. Petit cours à l'usage des professeurs d'articulation. 1889. Brochure in-16......... 1 fr. 50

MAGNAT (**M.**), ancien directeur de l'École Péreire. — **Enseignement simultané de la lecture, de l'écriture et de l'orthographe**, associé au développement de l'intelligence par les leçons de choses. Br. in-8°. o fr. 50

— Congrès international des Sourds-Muets. **Méthodes et procédés.** Plan d'études. 1879. Brochure in-8°.......... 1 fr. »

— **Réponse à M. Grosselin.** 1879. Brochure in-8°.......... o fr. 50

— **Organisation des Écoles de Sourds-Muets** 1880. gr. in-8°. 1 fr. 50

— **Les Nombres décimaux** et simultanément le *Système métrique*, d'après la méthode J.-R. Péreire. 1880. 1 vol. petit in-8° de 232 pages, avec figures.......... 2 fr. 25

— **A propos de l'enseignement simultané du Sourd-Muet et de l'entendant parlant.** 1881. Brochure in-8°.......... o fr. 50

— **Réponse à M. Hugentobler.** 1881. In-8°.......... o fr. 50

— **Réponses à M. l'abbé Marchio.** 1881. In-8°.......... o fr. 50

— **De l'enseignement du premier âge.** Ouvrage adopté pour les Écoles de Paris. 1881. 1 vol. in-18 de 74 pages.......... 1 fr. »

— **Livre de lecture à l'usage des Sourds-Muets.** *Troisième édition*, 1881. 1 vol. grand in-8° de 208 pages.......... 1 fr. 75

— **Album de gravures**, correspondant à la Citolégie. *Troisième édition*, 1881. 1 vol. grand in-8° de 102 pages, avec nombreuses figures.......... 1 fr. »

— **Historique de la fondation des Congrès** pour l'amélioration du sort des Sourds-Muets. 1882. Brochure in-8°.......... o fr. 50

— **De l'impossibilité de l'enseignement des Sourds-Muets dans l'école primaire.** 1882. Brochure in-8°.......... o fr. 50

— **Citolégie.** Enseignement du premier âge (ouvrage adopté pour les Ecoles communales de Paris). *Quatrième édition*, 1882. 1 vol. grand in-8° de 46 pages.......... o fr. 60

— **Des moyens à employer pour donner la parole aux Sourds-Muets.** 1884. Brochure in-8°.......... o fr. 50

— **Congrès national pour l'amélioration du sort des Sourds-Muets**, tenu à Paris du 15 au 20 septembre 1884-1885. 1 vol. grand in-8° de 270 pages.......... 4 fr. »

— **La Terre et l'Eau.** Notions géographiques. 1 vol. oblong de 63 pages, avec nombreuses figures, cartonné.......... 1 fr. 50

MAGNIN (**Ch.**), avocat. — **Conseils aux jeunes gens qui se destinent au commerce.** 1891. Brochure in-8° raisin.......... o fr. 60

MAHILLON (**A.**). — **Considérations pratiques sur l'examen médical** en matière d'assurances sur la vie. 1894. Brochure grand in-8° de 50 pages.......... 2 fr. 50

MAINGIE. — (Voir *Frank*).

MAQUENNE. (**L.**), professeur au Muséum d'histoire naturelle. — **Les Sucres et leurs principaux dérivés.** 1900. 1 vol. in-8° carré de 1032 pages, cartonné à l'anglaise. (*B. T.*).......... 16 fr. »

MARCHAND (**H.**). — **Les Concours agricoles.** 1899. 1 vol. in-8° carré de 176 pages, broché.......... 2 fr. 50

MARÉCHAL (**A.**), professeur à l'Université nouvelle de Bruxelles. — **Leçons sur les maladies du système nerveux** : 1re partie. *Maladies de la moelle épinière*. 1896. 1 vol. in-8° carré de 270 pages, avec 63 figures, cartonné à l'anglaise.......... 6 fr. »

MAREY (**J.**), membre de l'Académie des sciences, professeur au Collège de France. — **La photographie du mouvement.** Les méthodes chronophotographiques sur plaques fixes et pellicules mobiles. Technique des procédés et description des appareils. Résultats scientifiques. Représentation des objets animés. Analyse du mouvement dans les fonctions de la vie. Exemples d'application. 1892. 1 vol. in-8° avec chronophotographies originales reproduites en photogravure sans intervention de la main humaine.. 2 fr. 50

MARFAN, professeur agrégé, médecin des hôpitaux. — **La péritonite tuberculeuse** chez les enfants. Leçons faites à l'hôpital des Enfants-Malades. 1894. Brochure petit in-8° de 96 pages............ 2 fr. »

MARGOLIÈS (R.). — **Troubles psychiques consécutifs aux opérations pratiquées sur l'appareil génital de la femme.** 1898. Brochure in-8° raisin de 70 pages.................................. 2 fr. 50

MARIE (R.), ancien interne des hôpitaux. — **L'infarctus du myocarde et ses conséquences.** Ruptures. Plaques fibreuses. Anévrismes du cœur. 1897. 1 vol. in-8° raisin de 212 pages, avec figures et 4 planches hors texte en chromotypographie.......................... 8 fr. »

MARIÉ DAVY (H.), directeur de l'Observatoire de Montsouris. — **Épuration des eaux d'égout** par le sol de Gennevilliers. 1880. Broch. in-8°.. 0 fr. 50

— **Assainissement de Paris.** Système du tout à l'égout; canalisation spéciale des vidanges. 1882. Broch. in-8°................. 0 fr. 50

MARMISSE. — **Nécrologie médicale raisonnée**, ou recherches statistiques et pathologiques sur les décès chez les médecins. 1878. Broch. in-8°.. 1 fr. »

MARTEL (A.). — **Spéléologie.** 1 vol. in-8° écu, cart. (*C. S.*). (*sous presse*).

MARTINET (Henry). — **La paralysie ascendante aiguë** (Syndrôme de Landry). Étude historique et critique. 1897. 1 vol. in-8° raisin de 140 pages.. 4 fr. »

MASSARY (E. de), ancien interne des hôpitaux. — **Le tabes dorsalis.** Dégénérescence du protoneurone centripète. 1896. 1 vol. grand in-8° de 132 pages.. 3 fr. 50

MATHIEU. — (Voir *Triboulet*).

MAUCHAMP (E.). — **L'allaitement artificiel des nourrissons par le lait stérilisé.** Conditions, pratiques, résultats, indications. 1899. 1 vol. in-8° raisin de 664 pages.............................. 12 fr. »

MAUPIN (G.). — **Opinions et curiosités touchant la Mathématique.** 1898. 1 vol. in-8° carré de 200 pages, avec 12 figures, cartonné à l'anglaise (*B. S.*).. 5 fr. »

MAURAIN (Ch.), ancien élève de l'École normale supérieure, agrégé des sciences physiques. Docteur ès sciences. — **Le Magnétisme du fer.** 1899. 1 vol. in-8° écu de 100 pages avec 20 figures, cartonné (*C. S.*). 2 fr. »

MAZÉ (P.), docteur ès sciences, préparateur à l'Institut Pasteur. — **Évolution du carbone et de l'azote.** 1899. 1 vol. in-8° écu de 100 pages, cartonné (*C. S.*).. 2 fr. »

MÉGEVAND (L.-J.-A.). — **Contribution à l'étude anatomo-pathologique des maladies de la voûte du pharynx.** 1887. 1 vol. in-8° 195 pages, avec 2 planches.. 4 fr. »

MÉMOIRES DE PALÉONTOLOGIE **de la Société Géologique de France**, paraissant par fascicules trimestriels in-4° avec de nombreuses planches hors texte. Abonnements : Paris.................. 25 fr. »
Départements.. 28 fr. »
Étranger.. 30 fr. »

Liste des Mémoires ayant paru ou en cours de publication dans les MÉMOIRES DE PALÉONTOLOGIE

Mémoire N° 1. — A. Gaudry. **Le Dryopithèque**, 1 planche, 11 pages.. 3 fr. »

Mémoire N° 2. — J. Seunes. **Contribution à l'étude des Céphalopodes du crétacé supérieur de France**, 1re partie), 6 planches, 22 pages.............. 10 fr. »

Mémoire N° 3. — Ch. Deperet. **Les animaux pliocènes du Roussillon** (*En cours de publication*). On déjà paru 17 planches, 64 pages................ 40 fr. »

Mémoire N° 4. — R. Fickliès. **Contribution à la Paléontologie du Sud-Est de l'Espagne** (*En cours de publication*). Ont déjà paru 10 pl., 59 pages.. 20 fr. »

Mémoire N° 5. — G. de Saporta. **Le Nelumbium provinciale**, 3 planches, 10 pages.. 5 fr. »

Mémoire N° 6. — Douvillé. **Étude sur les Rudistes**. Première partie : Revision des principales espèces d'Hippurites. — 4 brochures, 20 planches.... 40 fr. »

Mémoire N° 7. — Flot. **Description de deux oiseaux nouveaux du Gypse parisien**, 1 planche, 10 pages.. 3 fr. »

Mémoire N° 8. — A. Gaudry. **Quelques remarques sur les Mastodontes à propos de l'animal du Chérichira**, 2 planches, 6 pages.................... 3 fr. 50

Mémoire N° 9. — G. de Saporta. **Recherches sur les végétaux du niveau aquitanien de Manosque**, 20 planches, 83 pages...................... 35 fr. »

Mémoire N° 10. — A. Gaudry. **Les Pythonomorphes de France**, 2 planches, 13 pages.. 5 fr. »

Mémoire N° 11. — R. Zeiller. **Étude sur la constitution de l'appareil fructificateur des Sphenophyllum**, 3 planches, 39 pages................. 7 fr. 50

Mémoire N° 12. — V. Paquier. **Études sur quelques Cétacés du Miocène**, 2 planches, 20 pages.. 6 fr. »

Mémoire N° 13. — G. Cotteau. **Description des Échinides miocènes de la Sardaigne**, 5 planches, 56 pages..................................... 11 fr. »

Mémoire N° 14. — M. Cossmann. **Contribution à la Paléontologie française des terrains jurassiques. — Études sur les Gastropodes des terrains jurassiques**, 6 planches, 168 pages... 14 fr. 50

Mémoire N° 15. — Stefanescu. **Études sur les Terrains tertiaires de la Roumanie. — Contribution à l'étude des Faunes sarmatique, pontique et levantine**, 11 planches, 152 pages... 26 fr. »

Mémoire N° 16. — D. P. Œhlert. **Uralichas Ribeiroi des schistes d'Angers**, 1 planche double, 8 pages... 3 fr. 50

Mémoire N° 17. — M. Peron. **Les Ammonites du Crétacé supérieur de l'Algérie**, 17 planches, 84 pages... 32 fr. »

Viennent de paraître :

Mémoire N° 18. — E. Haug. **Études sur les Goniatites**, 1 pl., 112 pages. 6 fr. »

Mémoire N° 19. — M. Cossmann. **Contribution à la Paléontologie française des terrains jurassiques. Nérinées**, planches I à XIII.................. 35 fr. »

Mémoire N° 20. — Popovici-Hatzeg. **Contribution à l'étude de la Faune du Crétacé supérieur de Roumanie**. Environs de Campelung et de Sinaïa.. 6 fr. »

Mémoire N° 21. — R. Zeiller. **Étude sur la flore fossile du bassin houiller d'Héraclée** (Asie Mineure). 1 fascicule de 56 pages avec 4 planches.... 15 fr. »

MENDELSSOHN (M.). — **Les Réflexes**. 1 vol. in-8° écu, cartonné (C. S.).. (*en préparation.*)

— **Théorie des phénomènes électriques chez les animaux et les végétaux.** 1 vol. in-8° écu, cartonné (*C. S.*)...................... (*en préparation*).

MENDY (Henry). — **De la valeur comparée de l'expectation armée et de la laparotomie dans les contusions de l'abdomen par coup de pied de cheval.** 1897. 1 vol. in-8° raisin de 220 pages................ 4 fr. »

MESLANS (Maurice), docteur ès sciences. — **Sur l'éthérification de l'acide fluorhydrique**. 1893. In-8° de 44 pages.............. 4 fr. »

MEYER (Lothar). — **Les théories modernes de la Chimie** et leur application à la mécanique chimique. Ouvrage traduit de l'allemand sur la 5ᵉ édition, par MM. A. Bloch et Meunier, chef des travaux chimiques à l'Ecole centrale, avec préface de M. Friedel, membre de l'Institut. Prix de l'ouvrage complet en 2 volumes........................ 25 fr. »

— Tome Iᵉʳ. 1887. 1 vol. in-8° raisin de VIII-452 pages..... 15 fr. »

— Tome II. 1889. 1 vol. in-8° raisin de XIV-312 pages..... 10 fr. »

MEYNET (M.-G.). — **Des Laits condensés** au point de vue de l'alimentation publique et plus particulièrement de celle des enfants nouveau-nés. 1883. Brochure in-8°.................................. 0 fr. 75

MICHAUT (Aug.). — **L'Électricité**. Notions et applications usuelles. 1888. 1 vol. in-8° écu de VIII-412 pages, orné de 300 figures. Broché. 6 fr. »

Cartonné à l'anglaise............ 7 fr. »

MILIAN (G.). — **Les Sporozooses humaines.** 1899. 1 vol. in-8° raisin de 92 pages avec 22 figures et 1 planche en chromolithographie. Broché.. 5 fr. »

MILLET (Ch.). — **L'apophyse mastoïde chez l'enfant**. Trépanation. Traitement. 1898. 1 vol. in-8° raisin de 172 pages avec 16 planches hors texte et 50 figures.................................. 6 fr. »

MIQUEL (P.). Chef du service micrographique à l'Observatoire de Montsouris. — **Exposition générale et rétrospective de microscopie** de la ville d'Anvers en 1891 (Compte rendu). 1892. Brochure in-8° de 96 pages, avec 40 figures dans le texte.......................... 4 fr. »

— **De la désinfection des poussières sèches des appartements au moyen des substances gazeuses et volatiles**. 1895. 1 vol. in-8° raisin de 192 pages.. 4 fr. »

— **Étude sur la fermentation ammoniacale et sur les ferments de l'urée**. 1898. 1 vol. in-8° raisin de 320 pages, avec fig. 30 fr. » (*épuisé*).

MIQUEL (P.) et **CAMBIER**. — **Traité de Bactériologie**. 1 fort vol. grand in-8° jésus, avec figures noires et en couleurs........... (*sous presse*).

MOLL (Albert). — **Les Perversions de l'Instinct génital**. Étude sur l'inversion sexuelle, basée sur des documents officiels, avec préface du docteur Krafft-Ebing, professeur à l'Université de Vienne. Traduit de l'allemand par les docteurs Pactet et Romme. Sixième édition. 1897. 1 vol. in-8° raisin de XLVI-328 pages....................... 5 fr. »

MONIN (E.), secrétaire de la Société française d'hygiène. — **Les odeurs du corps humain** dans l'état de santé et dans l'état de maladie. Deuxième édition. 1886. 1 vol. in-16, 150 pages.................... 2 fr. »

MONPROFIT (O.). — **Les Coups d'État**. Histoire et théorie. 18 Brumaire. 1830. 2 Décembre. 1887. 1 vol. in-16 de 162 pages..... 2 fr. »

MONPILLARD (F.). (Voir *Rabaud*).

MOORE (James). — **Les maladies des chiens** traitées par l'homéopathie, traduit de l'anglais par Paul Hottinguer. 1893. 1 vol. in-12, de VIII-240 pages.. 3 fr. »

MOSSELMAN (G.), professeur à l'Ecole de médecine vétérinaire de l'Etat à Bruxelles, et **HÉBRANT** (G.), assistant. — **Éléments de chimie physiologique**. 1896. 1 vol. in-8° raisin de 264 pages........... 5 fr. »

MOURET (G.). — Troisième étude sur l'énergétique. **Démonstration du principe de l'équivalence**. 1894. Brochure in-8° de 16 pages. 0 fr. 75

— **L'entropie, sa mesure et ses variations**. Exposé synthétique des principes fondamentaux de la science de la chaleur. 1896. Brochure in-8° de 94 pages... 2 fr. »

MOUREU (Charles), docteur ès sciences, pharmacien en chef des asiles de la Seine. — **Étude théorique sur les composés pyridiques et hydropyridiques.** 1894. 1 vol. in-8° raisin de 148 pages........... 6 fr. »

— **Les azols.** Conférence faite au laboratoire de M. Friedel. 1894. Brochure in-8° raisin de 36 pages........................ 1 fr. »

— **Détermination des Poids moléculaires** (constantes physiques utilisées). 1899. 1 vol. in-8° raisin de 156 pages, avec figures.... 5 fr. »

MULLER (P.-Th.) — (Voir *Haller*.)

MUNIER (J.). — **Le télégraphe imprimeur multiple** (Hughes multiple). 1892. Brochure in-8° de 72 pages, avec de nombreuses figures. 2 fr. 50

MUNK (C.-A.) et EWALD (I.), professeurs à l'Université de Berlin. — **Traité de diététique** à l'usage des médecins, chefs d'Administrations, Directeurs d'hôpitaux, de prisons, pensionnats, etc., (alimentation de l'homme normal et de l'homme malade), traduit d'après la 3e édition par J. P. HEYMANS, professeur à l'Université de Gand et P. MASOIN, assistant à l'Université de Gand. 1897. 1 vol. in-8° jésus de 604 pages.. (*épuisé*).

NASS (L.). — **Les empoisonnements sous Louis XIV**, d'après les documents inédits de l'Affaire des Poisons (1679-1682). 1898. 1 vol. in-8° raisin de 204 pages avec 1 fac-similé...................... 6 fr. »

NETTER, professeur agrégé à la Faculté de médecine, membre de l'Académie de médecine. — **La Peste et son microbe.** 1 vol. petit in-8° couronne, 5 planches hors texte...................... (*sous presse*).

NICKLÈS (R.). — **Contribution à la Paléontologie du Sud-Est de l'Espagne** (*Mémoires de Paléontologie*) (en cours de publication). Ont déjà paru 10 planches in-4°, 59 pages........................ 20 fr. »

NIETZKI (Rudolf). — **Chimie des matières colorantes.** Ouvrage traduit de l'allemand. 1 vol. in-8° carré (*B. T.*)................ (*sous presse*).

NIEWENGLOWSKI (B.) et GÉRARD (L.). — **Cours de Géométrie élémentaire**, à l'usage des élèves de **Mathématiques élémentaires**, de Mathématiques spéciales, des candidats aux Ecoles du gouvernement et des candidats à l'Agrégation.

I. ***Géométrie plane***. 1898. 1 vol. in-8° carré de 362 pages, avec 290 figures, cartonné à l'anglaise........................ 5 fr. »
Broché........................ 4 fr. »

II. ***Géométrie dans l'espace***. 1 vol. in-8° carré de 495 pages, avec 366 figures, cartonné à l'anglaise........................ 6 fr. »
Broché........................ 5 fr. »

— **Cours de Géométrie élémentaire** à l'usage des classes de l'**Enseignement moderne.**

I. ***Géométrie plane***. 1898. 1 vol. in-8° carré de 252 pages, avec 226 figures, cartonné à l'anglaise........................ 3 fr. 50
Broché........................ 2 fr. 50

II. ***Géométrie dans l'espace***. 1 vol. in-8° carré de 263 pages, avec avec 208 figures, cartonné à l'anglaise........................ 3 fr. 25
Broché........................ 2 fr. 50

— **Cours de Géométrie élémentaire** à l'usage des **Classes de lettres.**

I. ***Géométrie plane***. 1 vol. in-8° carré de 164 pages, avec 132 figures, cartonné à l'anglaise........................ 3 fr. 50
Broché........................ 2 fr. »

II. ***Géométrie dans l'espace***. 1 vol. in-8° carré de 128 pages, avec 96 figures, cartonné à l'anglaise........................ 3 fr. »
Broché........................ 2 fr. »

ODRIOZOLA (**E.**), professeur à la Faculté de médecine de Lima. — **La maladie de Carrion ou la Verruga péruvienne.** 1898. 1 vol. in-8° jésus de 224 pages avec 12 figures, 10 planches en chromolithographie et 4 cartes en couleurs, cartonné à l'anglaise.......................... 18 fr. »

ŒHLERT (**D. P.**). — **Uralichas Ribeiroi des schistes d'Angers.** (*Mémoires de Paléontologie*). 1 fascicule in-4° de 8 pages avec 1 planche double.. 3 fr. 50

OSSIAN-BONNET, membre de l'Institut. — **Astronomie sphérique.** Notes sur le cours professé pendant l'année 1887, rédigées par MM. Blondin et Guillet. Premier fascicule. 1889. 1 vol. in-8° de 116 pages. 5 fr. »

OSTWALD (**Wilhelm**), professeur à l'Université de Leipzig. — **Abrégé de chimie générale.** Ouvrage traduit de l'allemand par Georges Charpy, ancien élève de l'Ecole polytechnique. 1893. 1 vol. in-8° raisin de VI-450 pages, avec figures.. 12 fr. »

OSTWALT (**F.**). — **Des verres périscopiques et de leurs avantages pour les myopes.** Avec une préface de C.-M. Gariel, de l'Académie de médecine. 1899. Brochure in-8° raisin de 88 pages, avec fig. 3 fr. 50

PADER (**J.**). — **Précis théorique et pratique de maréchalerie**, comprenant la ferrure du cheval et du mulet. 1892. 1 vol. in-8° écu de x-396 pages, avec 209 figures dessinées par l'auteur........... 5 fr. »

PAGÈS (**C.**), docteur ès sciences, docteur en médecine. — **Les méthodes pratiques en Zootechnie.** 1898. 1 vol. in-8° carré de 218 pages, avec 12 figures, cartonné à l'anglaise (*B. S.*)..................... 5 fr. »

PALAZ (**Adrien**), professeur à l'Université de Lausanne. — **Traité de Photométrie industrielle**, spécialement appliquée à l'éclairage électrique. 1892. 1 vol. in-8° raisin de 300 pages, avec 92 figures. 9 fr. »

PANIAGUA (**A. de**). — **La genèse de l'homme.** 1892. 1 vol. in-8° raisin de 248 pages.. 5 fr. »

PAQUIER (**V.**). — **Études sur quelques cétacés du miocène.** (*Mémoires de Paléontologie*). 1 fascicule in-4° de 30 pages avec 2 planches. 6 fr. »

PAUTRÉ (**J.-D.**). — **Observations sur l'application de la méthode intuitive orale pure.** 1893. Brochure in-8°, de 32 pages...... 2 fr. 50

PECHÈRE (**V.**) et **FUNCK** (**M.**), internes des hôpitaux. — **Le système nerveux dans la fièvre typhoïde.** 1893. Brochure in-8° raisin de 76 pages.. 3 fr. »

PELLAT, professeur adjoint à la Faculté des sciences de Paris. — **Leçons sur l'Électricité** (électrostatique, pile, électricité atmosphérique), faites à la Sorbonne en 1888-1889, rédigées par J. Blondin, agrégé de l'Université. 1890. 1 vol. in-8° raisin de 416 pages, avec 142 figures.. 12 fr. »

— **Polarisation et Optique cristalline.** Leçons professées à la Sorbonne, rédigées par MM. Duperray et Gallotti. 1896. 1 vol. in-8° raisin de 286 pages, avec 141 figures...................... 9 fr. »

— **Thermodynamique.** Leçons professées à la Sorbonne en 1895-96 et rédigées par MM. Duperray, agrégé de l'Université, professeur au lycée de Nantes, et Goisot, ancien élève de l'Ecole normale supérieure, préparateur à la Sorbonne. 1897. 1 vol. in-8° raisin de 314 pages avec 50 figures.. 12 fr. »

PELLISSIER (G.). — **L'éclairage à l'acétylène**. Historique. Fabrication. Appareils. Applications. Dangers. 1897. 1 vol. in-8° carré de 237 pages, avec 102 figures, cartonné à l'anglaise (*B. S.*)............... 5 fr. »

— **Les Automobiles**. 1 vol. in-8° carré (*B. T.*).......... *(sous presse)*.

PELSENEER (Paul), professeur à l'École normale de Gand. — **Introduction à l'Étude des mollusques**. 1893. 1 vol. in-8° raisin de 218 pages, avec 146 figures.............................. 6 fr. »

PÉRON (M.). — **Les Ammonites du crétacé supérieur de l'Algérie**. (*Mémoires de Paléontologie*). 1896-1897. 2 fascicules in-4° de 25-85 pages avec 18 planches hors texte en phototypie.................. 32 fr. »

PHILIPPE (J.). — **Technique du chronomètre de d'Arsonval**, pour la mesure des temps psychiques. 1899. Brochure in-8° raisin de 45 pages avec figures.. 2 fr. 50

PHOTO-GAZETTE. Revue internationale illustrée de la Photographie et des Sciences et Arts qui s'y rattachent. Journal absolument indépendant. Rédacteur en chef : G. Mareschal. Revue mensuelle in-8° jésus, paraissant tous les mois depuis janvier 1890. La collection complète à ce jour comprend 9 volumes.

Les années 1890, 91, 92 et 93 sont épuisées.
Les années 1894-95-96-97-98-99 sont en vente au prix de.... 10 fr. »
Abonnements : Paris et Départements.................... 7 fr. »
Etranger............................... 8 fr. »
Le numéro.. 0 fr. 60
Les abonnements partent de novembre.

PICARD (Henri). — **Traité des maladies de la prostate et des vésicules séminales**. 1896. 1 vol. in-18 de 280 pages, avec figures, relié maroquin.. 5 fr. »

PICARD (F.). — **Contribution à l'étude des fractures de l'extrémité inférieure du radius par les rayons Rœntgen**. 1898. 1 vol. in-8° raisin de 100 pages, avec 16 radiographies hors texte............. 7 fr. »

PIERRHUGUES (C.). — **Le phtisique parisien à l'hôpital**. 1898. 1 vol. in-8° raisin de 140 pages, avec 4 planches................. 5 fr. »

PLANTÉ (Gaston). — **Recherches sur l'électricité**. 1883. 1 vol. in-8° raisin de 322 pages, avec 89 figures........................ 8 fr. »

PLICQUE (A-F.), chef de laboratoire à l'hôpital Lariboisière. — **Les formes cliniques de la phtisie pulmonaire**. Mémoire couronné par la Faculté de médecine (Prix Béhier 1894). 1896. Brochure in-8° carré de 96 pages.. 2 fr. »

PODWYSSOTZKI. — (Voir *Chantemesse*).

POINCARÉ (H.), membre de l'Institut. — I. — **Cours de physique mathématique**, professé à la Faculté des sciences de Paris.

Théorie mathématique de la lumière. I. Leçons professées pendant le premier semestre 1887-1888, rédigées par J. Blondin, agrégé de l'Université. 1889. 1 vol. in-8° raisin de 420 pages.......... 16 fr. 50

Théorie mathématique de la lumière. II. Nouvelles études sur la diffraction. Théorie de la dispersion de Helmholtz. Leçons professées pendant le premier semestre 1891-1892, rédigées par Lamotte et D. Hurmuzescu, licenciés ès sciences. 1892. 1 vol. in-8° raisin de VI-312 pages, avec figures.. 10 fr. »

Électricité et optique. — I. Les théories de MAXWELL et la théorie électro-magnétique de la lumière. Leçons professées pendant le second semestre 1888-89. 1890. 1 vol. in-8° raisin, 2° édition..... (*sous presse*).

II. Les théories de HELMHOLTZ et les expériences de HERTZ. Leçons professées pendant le second semestre. 1889-90. 1891. 1 vol. in-8° raisin, 2° édition.. (*sous presse*).

Thermodynamique. Leçons professées pendant le premier semestre 1888-89, rédigées par J. Blondin, agrégé de l'Université. 1892. 1 vol. in-8° raisin de xx-432 pages........................ 16 fr. »

Leçons sur la théorie de l'Élasticité, professées pendant le premier semestre 1890-1891, rédigées par E. Borel et J. Drach, élèves de l'École normale supérieure. 1892. 1 vol. in-8° raisin de 210 pages. 6 fr. 50

Théorie des tourbillons. Leçons professées pendant le deuxième semestre 1891-1892, rédigées par Lamotte, licencié ès sciences. 1893. 1 vol. in-8° raisin de IV-212 pages, avec figures......... 6 fr. »

Les oscillations électriques. Leçons professées pendant le premier semestre 1892-1893, rédigées par Ch. Maurain, ancien élève de l'Ecole normale supérieure, agrégé de l'Université. 1894. 1 vol. in-8° raisin de 344 pages, avec figures................................ 12 fr. »

Capillarité. Leçons professées pendant le deuxième semestre 1888-89, rédigées par J. Blondin, agrégé de l'Université. 1895. 1 vol. in-8° raisin de 196 pages, avec figures.............................. 5 fr. »

Théorie analytique de la propagation de la chaleur. Leçons professées pendant le premier semestre 1893-94, rédigées par Rouyer et Baire, élèves de l'Ecole normale supérieure. 1895. 1 vol. in-8° raisin de 320 pages, avec figures.............................. 10 fr. »

Calcul des probabilités. Leçons professées pendant le deuxième semestre 1893-94, rédigées par A. Quiquet, ancien élève de l'Ecole normale supérieure. 1896. 1 vol. in-8° raisin de 276 pages, avec figures.. 9 fr. »

Théorie du potentiel Newtonien. I. Leçons professées à la Sorbonne, pendant le premier semestre 1894-1895, rédigées par ED. LEROY, Docteur ès sciences, et G. VINCENT, agrégé, préparateur à l'Ecole normale supérieure. 1899. 1 vol. in-8° raisin de 366 pages, avec 88 figures, br. 14 fr. »

II. **Cours de mécanique physique**, professé à la Faculté des sciences de Paris.

— ***Cinématique et mécanismes. Potentiel et mécanique des fluides.*** Leçons professées à la Sorbonne, rédigées par A. GUILLET. 1899. 1 vol. in-8° raisin de 392 pages, avec 279 figures.................. 15 fr. »

— **La Théorie de Maxwell et les oscillations hertziennes.** 1899. 1 vol. in-8° écu de 80 pages, avec 5 figures, cartonné (*C. S.*)........ 2 fr. »

POIRAULT. — **La fécondation chez les végétaux.** 1 vol. in-8° écu, cartonné (*C.S.*).................................. (*en préparation*).

POLIN. — (Voir *Labit*).

POLLACK (**Bernhard**). — **Méthodes de coloration et de préparation du Système nerveux.** Ouvrage traduit de l'allemand par MM. LAUNOIS et NICOLAÏDI. 1 vol. in-8° carré........................ (*sous presse*).

POPOVICI-HATZEG. — **Contribution à l'étude de la Faune du crétacé supérieur de Roumanie.** Environs de Campelung et de Sinaïa. 1 fascicule in-4° avec planches.. 6 fr. »

POTARCA (**J.**). — **La Chirurgie intramédiastinale postérieure.** 1898. 1 vol. in-8° raisin de 112 pages, avec 20 figures............ 5 fr. »

PRESSE MÉDICALE (*La*). **Direction scientifique** : MM. BONNAIRE, accoucheur des hôpitaux ; BRUN, professeur agrégé, chirurgien des hôpitaux; F. Jayle, assistant de gynécologie à l'hôpital Broca; Landouzy, professeur de thérapeutique, médecin de l'hôpital Laënnec; De Lavarenne, médecin des Eaux de Luchon; Lermoyez, médecin des hôpitaux; Letulle, professeur agrégé, médecin de l'hôpital Boucicaut; Roger, professeur agrégé, médecin des hôpitaux. — Paraît tous les mercredis et samedis depuis le 23 décembre 1893, par fascicules grand in-f° de 16 pages, avec de nombreuses figures. Un numéro en couleurs chaque mois.

Abonnement annuel : France........................... 7 fr. »
— — Union postale..................... 10 fr. »
Le numéro 0 fr. 10

La collection complète à ce jour comprend 9 volumes au prix de 10 fr. l'un.

PUISEUX (P.), maître de conférences à la Faculté des sciences de Paris. — **Leçons de Cinématique**. Mécanismes, hydrostatique, hydrodynamique. Cours professé à la Sorbonne, rédigé par MM. P. Bourguignon et H. Le Barbier. 1890. 1 vol. in-8° de VIII-340 pages, avec figures.... 9 fr. »

QUIVOGNE (G.). — **De la chloroformisation**, ses inconvénients, ses dangers, méthodes pour les prévenir. 1886. Brochure in-8°.. 1 fr. »

RABAUD (E.). Docteur ès sciences, Docteur en médecine, chef de laboratoire à la Faculté de médecine de Paris. — **Contribution à l'étude des lésions spinales postérieures dans la paralysie générale**. 189 . 1 vol. in-8° raisin de 112 pages, avec 5 planches hors texte........ 6 fr. »

RABAUD (E.), chef de laboratoire à la Faculté de médecine de Paris, et **MONPILLARD (F.)**. — **Atlas d'histologie normale**. 1 vol. in-8°. (*sous presse*).

RADOVICI (J.-G.). — **Le climat des altitudes dans le traitement de la phtisie pulmonaire**. Action spéciale exercée sur l'hématopoïèse par l'air raréfié des altitudes. 1896. Brochure in-8° de 96 pages... 2 fr. 50

RAMSAY (William). — **Les gaz de l'atmosphère**. Histoire de leur découverte. Ouvrage traduit de l'anglais par G. Charpy. 1898. 1 vol. in-8° carré de 194 pages, avec 6 figures, cartonné à l'anglaise (*B. S.*). 5 fr. »

RAVEAU. — **Les nouveaux gaz**. 1 vol. in-8° écu, cart. (*C. S.*). (*en préparat.*)

RAYMOND. — (Voir *André*).

REDARD, chirurgien du dispensaire Furtado-Heine. — **Le torticolis et son traitement**. 1898. 1 vol. in-8° carré de 253 pages, avec 66 figures..................................... 6 fr. »

REYCHLER (A.). — **Les théories physico-chimiques**. 1897. 1 vol. in-8° raisin de 282 pages, avec 50 figures....................... 6 fr. »

REVUE INTERNATIONALE DE L'ENSEIGNEMENT DES SOURDS-MUETS. Fondateur : L. Goguillot.

La collection complète, de janvier 1885 à décembre 1896, comprend 11 vol. in-8° au prix de 12 fr. l'un.

RIBARD (E.). — **La tuberculose est curable**. Moyens de la reconnaître et de la guérir; instructions pratiques à l'usage des familles, avec préface du Dr Maurice Letulle, professeur agrégé, médecin en chef de l'hôpital Boucicaut. 1 vol. in-8° couronne de 170 pages avec 6 figures dont une en couleur et 8 planches hors texte......................... 2 fr. »

RIVIÈRE (Paul), professeur de jardinage à l'Institution nationale des Sourds-Muets de Paris. — **Manuel de jardinage et d'agriculture**, précédé d'une préface par Marius Dupont. 1888. 1 vol. in-18 de 220 pages... 2 fr. »

ROBERT SIMON (P.). — **Créosote.** Tolérance et intolérance (indications et contre-indications), mode d'action. 1899. Brochure in-8° raisin de 128 pages.. 4 fr. »

ROCQUES (X.). — **Les Eaux-de-vie et liqueurs.** 1898. 1 vol. in-8° carré de 224 pages, avec 65 figures, cartonné à l'anglaise (*B. S.*)... 5 fr. »

— **La Conservation des aliments et les conserves alimentaires.** 1 vol. in-8° carré (*B. T.*).............................. (*en préparation*).

ROGER (H.), professeur agrégé à la Faculté de médecine de Paris. — **Introduction à l'Étude de la Médecine.** 1899. 1 fort volume petit in-8 de 950 pages, cartonné à l'anglaise, suivi d'un lexique donnant l'étymologie et la signification des termes techniques.................. 7 fr. »

— **L'Infection.** 1 vol. in-8° écu, cartonné (*C. S.*).... (*en préparation*).

RONCALI (D.-B.). — **Contribution à l'étude des infections consécutives aux fractures compliquées expérimentales.** Recherches histologiques et bactériologiques. 1896. 1 vol. in-8° de 140 pages............ 4 fr. »

ROTH (Mathias). — **Exercices de gymnastique sans appareils**, suivant la méthode de LING, pour développer et fortifier le corps humain. 1890. Broch. in-8°, avec nombreuses figures...................... 2 fr. »

SABATIER (Camille). — **Étude expérimentale et comparative de l'absorption vésicale.** 1894. Broch. in-8° raisin de 128 pages. 3 fr. »

SAINTON. — (Voir *Antheaume*).

SANSONE (Antonio). — **L'impression des tissus de coton.** Ouvrage traduit de l'anglais par A. Montpellier. 1889. 1 fort volume in-8° carré de 500 pages et un atlas de 38 planches, suivi de 11 cartes d'échantillons... 30 fr. »

— **Les progrès récents dans la Teinture et l'Impression des tissus et d'autres fibres.** 1899. Premier fascicule. 1 vol. in-8° carré de 92 pages, avec 20 planches de machines et 15 planches d'échantillons... 10 fr. »

SAPORTA (A. de). — **Physique et chimie viticoles.** 1899. 1 vol. in-8° carré de 300 pages avec 43 figures, cartonné à l'anglaise (*B. S.*). 5 fr. »

SAPORTA (G. de). — **Le nelumbium provinciale.** (*Mémoires de Paléontologie*), 3 planches in-4°, 10 pages........................ 5 fr. »

— **Recherches sur les végétaux du niveau aquitanien de Manosque.** (*Mémoires de Paléontologie*). 1 fascicule in-4° de 83 pages avec 20 planches... 35 fr. »

SCHAFFER et FREUDENREICH (Ed. de). — **De la résistance des bactéries aux hautes pressions** combinées avec une élévation de la température. 1891. Brochure in-8° de 16 pages.................. 1 fr. 50

SCHOENTJES (H.), professeur à l'Université de Gand. — **Cours de physique expérimentale.**

Deuxième partie : Chaleur. Magnétisme. Électricité. Lumière et Chaleur rayonnante. 1899 (Deuxième édition). 1 vol. in-8° raisin de 480 pages, avec 593 figures. 1899........................ 10 fr. »

— Notions de mécanique. Propriétés élastiques et moléculaires. Acoustique. 1897. 1 vol. in-8° raisin de 124 pages................ 6 fr. »

SCHWAB (A.). — **De la syphilis du placenta.** 1896. 1 vol. in-8° de 174 pages.. 4 fr. »

SCIENTIA. **Exposé et développement des questions scientifiques à** l'ordre du jour. Recueil publié sous la direction de MM. APPELL, CORNU, d'ARSONVAL, LIPPMANN, MOISSAN, POINCARÉ, POTIER, membres de l'Institut, et HALLER, professeur à la Faculté des Sciences de Paris, **pour la partie Physico-mathématique**; et sous la direction de MM. BALBIANI, du Collège de France; d'ARSONVAL, FILHOL, FOUQUÉ, GAUDRY, GUIGNARD, MAREY, MILNE-EDWARDS, membres de l'Institut, **pour la partie Biologique.**

Chaque fascicule comprend de 80 à 100 pages in-8° écu, avec cartonnage spécial.

Prix du fascicule.................................. 2 fr. »

On reçoit des souscriptions à une série de 6 fascicules (Série Physico-mathématique ou Série Biologique) au prix de 10 francs.

I. ***Série Physico-mathématique.***

APPELL (P.). *Les mouvements de roulement en dynamique.*
COTTON (A.). *Le phénomène de Zeemann.*
DECOMBES. *La célérité des ébranlements de l'éther.*
FREUNDLER (P.). *La stéréochimie.*
JOB (A.). *Les terres rares.*
LAISANT (C. A). *L'interpolation.*
LAURENT. *L'élimination.*
LIPPMANN (G.). *Détermination de l'Ohm.*
MAURAIN (CH.). *Le magnétisme du fer.*
POINCARÉ (H.). *La théorie de Maxwell et les oscillations hertziennes.*
RAVEAU. *Les nouveaux gaz.*
VILLARD. *Les rayons cathodiques.*
WALLERANT. *Groupements cristallins.*

II. ***Série Biologique.***

ARTHUS (M.). *Les travaux récents sur la coagulation du sang.*
BARD (L.). *La spécificité cellulaire.*
BORDIER (H.). *Les actions moléculaires dans l'organisme.*
FRENKEL (H.). *Les fonctions rénales.*
LE DANTEC (F.). *La sexualité.*
MARTEL. *Spéléologie.*
MAZÉ (P.). *Évolution du carbone et de l'azote.*
BERTRAND (M.). *Mouvements orogéniques et déformations de l'écorce terrestre.*
COSTANTIN (J.). *L'Hérédité acquise.*
BONNIER (P.). *L'Orientation.*
COURTADE. *L'irritabilité dans la série animale.*
DELAGE (YVES) et LABBÉ (A.). *La fécondation chez les animaux.*
FABRE-DOMERGUE. *Le cytotropisme.*
GILBERT (A.) et CARNOT. *Les fonctions hépatiques.*
HALLION. *Modifications du sang sous l'influence des solutions salines.*
HALLION et JULIA. *Action vasculaire des toxines microbiennes.*
MARTEL (A.). *Spéléologie.*
MENDELSSOHN (M.). *Les réflexes.*
POIRAULT. *La fécondation chez les végétaux.*
ROGER (H.). *L'infection.*
THIROLOIX (J.). *La fonction pancréatique.*
VAN GEHUCHTEN (A.). *La cellule nerveuse et la doctrine des neurones.*
WINTER (J.). *La matière minérale dans l'organisme.*

SEMMELINK (J.), ancien médecin principal de l'armée des Indes Orientales néerlandaises. — **Histoire du Choléra** aux Indes Orientales avant 1817. 1885. 1 vol. in-8° de 170 pages, avec carte............ 3 fr. 50

SEUNES (S.). — **Contribution à l'étude des céphalopodes du crétacé supérieur de France.** (*Mémoires de Paléontologie*). 1re partie ; 22 pages. 6 planches, in-4°.. 10 fr. »

SIRET (Henri et Louis). — **Les Premiers âges du métal dans le sud-est de l'Espagne.** 1888. Broch. in-8° de 110 pages.......... 2 fr. »

— **Les Premiers âges du métal dans le sud-est de l'Espagne.** Résultats des fouilles faites par les auteurs, de 1881 à 1887. Un volume de texte in-4°, avec nombreux dessins, suivi d'une étude ethnologique par le Dr V. Jacques. Un album in-folio contenant une carte et 70 planches avec texte explicatif. Prix de l'ouvrage complet............ 250 fr. »

SLOSSE (A.). — **Technique de chimie physiologique et pathologique.** Avec une préface de M. le Dr HEGER. 1896. 1 vol. in-8° raisin de x-250 p., cartonné à l'anglaise.................................. 6 fr. »

SNYCKERS (M.), directeur des études à l'Institut royal des Sourds-Muets de Liège. — **Le Sourd-Parlant.** Cours méthodique et intuitif de langue française, à l'usage des établissements de Sourds-Muets.

— **Première année d'études.** 1886. 1 vol. in-16, 112 pages, cart. 2 fr. »

— **Deuxième année d'études.** Livre du maître. 1886. 1 vol. in-16, 180 p., cartonné .... 2 fr. 50

— **L'enseignement des travaux manuels** dans les institutions de Sourds-Muets. 1885. In-8°.. 0 fr. 20

— **Premiers éléments de calcul intuitif, oral, mental et chiffré.** Nombres de un à cent. Guide du maître. 1886. In-8°......... 1 fr. »

— **Premières leçons de choses, de lecture, d'écriture et d'orthographe.** 1888. 1 vol. in-16, illustré de 280 gravures coloriées........ 1 fr. 25

— **Petit Cours méthodique et intuitif de langue française.** Livres de lecture mis en rapport avec le guide du maître *Le Sourd-Parlant.*

Livre A. 1888.................................... 0 fr. 35
Livre B. 1888.................................... 0 fr. 30
Livre C. 1888.................................... 0 fr. 40
Livre D. 1890.................................... 0 fr. 50
Livre E. 1892.................................... 0 fr. 75

— **Petit recueil d'expressions usuelles** à l'usage des écoles de Sourds-Muets. 1891. Brochure in-16........................... 0 fr. 25

— **Traité élémentaire d'arithmétique** à l'usage des élèves des écoles de Sourds-Muets.

1893. Première partie. *Quatrième année d'études*...... 0 fr. 60
1894. Deuxième partie. *Cinquième année d'études*...... 0 fr. 50
1895. Troisième partie. *Sixième année d'études*......... 0 fr. 70

SOLVAY (Ernest). — **Du rôle de l'électricité** dans les phénomènes de la vie animale. Discours prononcé le 14 décembre 1893, suivi de documents officiels relatifs à la fondation de l'Institut Solvay. 1894. Broch. in-8e raisin de 76 pages.. 2 fr. »

SOREL (E.). — **Distillation et rectification industrielles.** 1899. 1 vol. in-8° carré de 408 p., avec 46 fig., cartonné à l'anglaise (*B. T.*) 12 fr. »

SOUCHON (Abel), membre adjoint du Bureau des longitudes, attaché à la rédaction de la *Connaissance des Temps.* — **Traité d'astronomie théorique**, contenant l'exposition du calcul des perturbations planétaires et lunaires, et son application à l'explication et à la formation des tables astronomiques, avec une introduction historique et de nombreux exemples numériques. Ouvrage dédié aux astronomes, aux marins et aux élèves de l'Enseignement supérieur. 1891. 1 vol. grand in-8° de VIII-504 pages. . . . . 16 fr. »

SOUPLET (Abel), ancien interne des hôpitaux. — **La blennorrhagie, maladie générale.** 1893. 1 vol. in-8° raisin de IV-140 pages. . . . 4 fr. »

SOURY (J.), directeur d'études à l'École pratique des Hautes-Études à la Sorbonne. — **Le Système nerveux central.** Structure et fonctions. Histoire critique des théories et des doctrines. In-8° jésus de 1 880 pages, avec 25 figures, cartonné à l'anglaise en 2 volumes. . . . . 50 fr. »
Relié en 1 volume, dos chagrin. . . . . 52 fr. »

SPILLMANN. — (Voir *Haushalter*).

STÉFANESCU (S.). — **Études sur les terrains tertiaires de la Roumanie.** Contribution à l'étude des Faunes sarmatique, pontique et levantine. (*Mémoires de Paléontologie*). 1896. 1 fascicule in-4° raisin, de 152 pages avec 11 planches en phototypie. . . . . 26 fr. »

TALBERT, ancien inspecteur de la Direction municipale des nourrices de la Ville de Paris. — **Le Livre de la mère.** Hygiène et maladies de la première enfance. 1 vol. in-12, 150 p., couverture illustrée. . 1 fr. 50
Il a été tiré 30 exemplaires numérotés sur papier Japon, au prix de . . . . 5 fr. »

TERRIER (Ch.). — **Étude sur les égouts** de Londres, de Bruxelles et de Paris. 1878. In-8°. . . . . 1 fr. 25

THÉLOHAN. — (Voir *Henneguy*).

THÉRÉSOPOLIS (Baron de). — **De l'Antagonisme de la morphine et des alcaloïdes des solanées vireuses.** 1882. In-8°. . . . . 0 fr. 50

THIROLOIX (J.). — **La fonction pancréatique.** 1 vol. in-8° écu, cartonné (*C. S.*). . . . . (*en préparation*).

THIRY (Ch.), ancien interne des hôpitaux. — **De la paralysie générale progressive dans le jeune âge.** 1898. 1 vol. in-8° raisin de 132 pages, avec 6 planches en noir et en couleurs. . . . . 6 fr. »

THIRY. — (Voir *Haushalter*).

THOLLON (B.), professeur à l'Institution nationale des Sourds-Muets de Paris. — **Le premier livre de lecture du sourd-parlant.** 1895. 1 petit vol. in-16 de 60 pages, avec figures, cartonné. . . . . 1 fr. 25

— **Le deuxième livre du sourd-parlant.** Premières leçons de choses et de langue française. 1898. 1 petit vol. in-16 de 90 pages, avec figures, cartonné. . . . . 2 fr. »

— **Syllabation et Phraséologie dans la démutisation du jeune sourd-muet.** 1895. Broch. in-8° de 72 pages. . . . . 2 fr. 50

THOMAS-MAMERT (R.). — **Sur l'application de la stéréochimie aux réactions internes entre les radicaux éloignés d'une même molécule.** 1895. Broch. in-8° raisin. . . . . 2 fr. »

TOMMASI (Donato). — **Traité des piles électriques.** Piles hydro-électriques, accumulateurs, piles thermo-électriques et pyro-électriques. 1889. 1 fort vol. in-8° écu de 682 pages, avec 150 figures dans le texte. 12 fr. »

TOMMASI-CRUDELI (Conrad). — **La Préservation de l'homme dans les pays à Malaria.** 1883. Brochure in-8°. . . . . 1 fr. »

TREILLE (G.). — **Principes d'hygiène coloniale.** 1899. 1 vol. in-8° carré de 270 pages, cartonné à l'anglaise (*B. S.*). . . . . 5 fr. »

TRIBOULET et Dr MATHIEU. — **Les boissons alcooliques et l'alcoolisme.** Physiologie. Pathologie. Prophylaxie (*B. S.*). . (*en préparation*).

TRILLAT (A.), expert-chimiste au tribunal civil de la Seine. — **La Formaldéhyde** et ses applications pour la désinfection des locaux contaminés. 1896. 1 vol. in-8° raisin de VIII-127 pages.................... 3 fr. »

TRUCHOT (P.). — **Les Terres rares**. Minéralogie. Propriétés. Analyse. 1898. 1 vol. in-8° carré de 316 pages, avec 4 cartes et 6 figures, cartonné à l'anglaise (*B. S.*).................................... 5 fr. »

— **L'éclairage à incandescence par le gaz et les liquides gazéifiés.** 1898. 1 vol. in-8° carré de 255 pages, avec 70 figures, cartonné à l'anglaise. *B. S.*).. 5 fr. »

TSCHERNING, directeur adjoint du laboratoire d'ophtalmologie de la Sorbonne. — **Optique physiologique**. Dioptrique oculaire. Fonctions de la rétine. Les mouvements oculaires et la vision binoculaire. Leçons professées à la Sorbonne. 1898. 1 vol. gr. in-8° jésus de 338 pages, avec 201 figures.. 12 fr. »

UNGER (Dr L.), professeur de pédiatrie à l'Université royale et impériale de Vienne. — **Manuel de Pédiatrie**. Exposé concis et systématique des affections infantiles, à l'usage des étudiants et des praticiens, traduction française des Drs D. de Buck et L. de Moor, de Gand. 1896. 2e édition, revue et corrigée, illustrée de 27 fig. Un vol. in-8° raisin de XXVI-896 pages.. 16 fr. »

VAL DE BEAULIEU (R. DU). — **Les Découvertes de M. Pasteur.** Etude précédée d'un aperçu sur les derniers progrès de la science agricole. 1887. 1 vol. in-8° de 200 pages........................ 2 fr. 50

VALLIER. — **L'Artillerie**. Matériel. Organisation. (France, Allemagne, Angleterre, Russie, Autriche-Hongrie, etc..., États-Unis, Japon, etc.). 1899. 1 vol. in-8° carré de 272 pages, avec 45 figures (*B. S.*)... 5 fr. »

VAN DER STRICHT. — (Voir *Claus*).

VAN DER WAALS (J.-D.). — **La Continuité des états gazeux et liquides**, traduit de l'allemand et annoté par M. M. DOMMER, ingénieur des arts et manufactures, agrégé de l'Université, et POMEY, ancien élève de l'Ecole polytechnique, licencié ès sciences physiques et mathématiques, avec une préface de M. SARRAU, membre de l'Institut, et suivi de notes sur les travaux de MM. PH. GUYE, professeur à l'Université de Genève, et MATHIAS, chargé de cours à la Faculté de Toulouse. 18 vol. in-8° raisin de XVI-280 pages, avec figures.. 6 fr. »

VANDEVYVER (L.-M.), répétiteur à l'Université de Gand. — **Traité élémentaire de physique expérimentale**. 1899. 1 vol. in-16 de 356 pages avec 403 figures.. 5 fr. »

VAN GEHUCHTEN (A.), professeur à la Faculté de médecine de Louvain. — **La cellule nerveuse et la doctrine des neurones.** 1 vol. in-8° écu (*C. S.*).. (*en préparation*).

VAN'T HOFF (J.-H.). — **Stéréochimie**. Nouvelle édition de *Dix années dans l'histoire d'une théorie*, rédigée par W. MEYERHOFFER. 1892. 1 vol. in-8° de XII-164 pages.. 6 fr. 50

VAN WETTER (Rodolphe). — **Les applications de la lumière électrique**. 1888. 1 vol. in-18 de 250 pages................ 3 fr. 50

VÉGÉTARIEN (Un). — **Petits remèdes**. Notions d'hygiène et de thérapeutique végétale inoffensive. 1889. 1 vol. in-16, 136 pages... 2 fr. »

VÉLAIN (Ch.), chargé de cours à la Faculté des sciences de Paris. — **Conférences de Pétrographie.** Premier fascicule. 1889. 1 vol. in-8° de 108 pages, avec figures dans le texte........................ 4 fr »

VERHOOGEN (J.) — (Voir *Keersmaecker*).

VERNY (Et.). — **Graissage des machines et du matériel roulant des chemins de fer.** 1892. 1 vol. in-8° écu de XII-192 pages, avec 37 figures et planches.. 3 fr. 50

VIGNAUD (Ernest), professeur à l'Ecole militaire de Palerme. — **Le principe de Carnot est faux.** Conférence sur la thermodynamique. 1889. Brochure in-8°.. 1 fr. »

VILLAIN (L.), chef du service d'Inspection de la boucherie de Paris. — **Les Odeurs et les Couleurs des viandes** dans l'état sain et dans l'état de maladie. 1889. Broch. in-8°............................ 1 fr. 50

— **La viande saine.** Moyens de la reconnaître et de l'apprécier. Conférences pratiques faites aux Halles centrales de Paris. 1892. 1 vol. in-8° écu de 134 pages, avec 23 figures dans le texte............. 3 fr. »

— **La viande malade.** Moyens pratiques de la reconnaître. 1894. 1 vol. in-8 écu de 168 pages.. 3 fr. »

VILLAIN (L.), médecin vétérinaire, chef du service d'inspection de la boucherie de Paris, et **V. BASCOU**, contrôleur du service. — **Manuel de l'Inspecteur des Viandes.** Deuxième édition, 1890, revue, corrigée et augmentée, précédée d'une préface par le Dr PROUST, professeur à la Faculté, membre de l'Académie de médecine. 1 fort volume in-8° raisin de VIII-632 pages, avec 67 figures noires et en couleur et 13 planches en chromotypographie.. 20 fr. »

VILLARD.— Les rayons cathodiques 1 vol. in-8° écu (*C. S.*). (*en prépar.*).

VINDEVOGEL (J.). — **Goutte et rhumatisme.** Nature et traitement. 1885. Br. in-16.. 1 fr. »

VOYER (J.), capitaine du génie. — **Théorie élémentaire des courants alternatifs.** 1894. 1 vol. in-8° écu de 92 pages, avec 50 fig.... 2 fr. »

WAGNER (Louis). — **Empoisonnement par l'emploi des tuyaux de plomb** pour la conduite des eaux potables et des boissons alimentaires. 1887. Br. in-8°.. 1 fr. 50

WALLERANT. — **Groupements cristallins.** 1900. 1 vol. in-8° écu, cartonné (*C. S.*).. 2 fr. »

WALLON (E.). — **Les petits problèmes du photographe.** 1896. Brochure in-8° carré de 72 pages.................................. 1 fr. 25

WARNOTS (Léo), professeur à la Faculté de médecine de Bruxelles. — **Antisepsie, asepsie et anesthésie générale.** Introduction au Cours de médecine opératoire. 1893. Broch. in-8° de 56 pages.......... 2 fr. »

WEBER (L.), préparateur adjoint d'histologie à la Faculté de médecine de Paris. — **Contribution à l'Étude des Kystes vulvaires** (Kystes wolffiens). 1898. 1 vol. in-8° raisin de 188 pages, avec 3 planches. 6 fr. »

WEINBERG (M.). — **Résumé des lésions histologiques des formes communes de l'appendicite.** 1898. 1 vol. in-8° raisin de 68 pages, 11 figures... 4 fr. »

WEISSENBRUCH (L.), ingénieur. — **L'avenir de l'Électricité dans les chemins de fer.** 1886. Broch. in-8° colombier, avec figures.. 2 fr. »

WINTER (J.).— **La matière minérale dans l'organisme.** 1 vol. in-8° écu, cartonné (*C. S.*)................................. (*en préparation*).

WOLF (**C.**), membre de l'Institut, astronome de l'Observatoire de Paris. — **Astronomie et Géodésie**. Cours professé à la Sorbonne, rédigé par H. Le Barbier et P. Bourguignon, licenciés ès sciences. 1891. 1 vol. in-8° de vii-416 pages, avec figures dans le texte.................. 10 fr. »

ZANNI (Joseph). — **Des beurres dits de Sibérie**. Composition et analyse chimique. 1882. Broch. in-8°.............................. 0 fr. 75

ZENGER (**Ch.-V.**), professeur à l'École polytechnique de Prague. — **Le Système du monde électro-dynamique**. 1893. Brochure in-8° raisin de 64 pages, avec 17 figures.................................. 2 fr. »

ZEILLER (**R.**), professeur à l'École des mines. — **Éléments de Paléobotanique**. 1 vol. in-8° carré avec figures, cartonné à l'anglaise. (*sous presse*).

— **Étude sur la constitution de l'appareil fructificateur des Sphenphyllum.** N° 11 des *Mémoires de Paléontologie*. 1 fascicule de 39 pages avec 3 planches.. 7 fr. 50

— **Étude sur la flore fossile du bassin houiller d'Héraclée** (Asie Mineure). N° 21 des *Mémoires de Paléontologie*. 1 fascicule de 56 pages avec 4 planches.. 15 fr. »

ZWILLING. — (Voir *Cuniasse*).

s : 32 fr. — Départements : 35 fr. — Union postale : 40 fr.

BIBLIOTHÈQUE TECHNOLOGIQUE

Collection de volumes in-8° carré, avec figures, cartonnés à l'anglaise.

Volumes parus :

Les Enzymes et leurs applications, par le Dr JEAN EFFRONT, professeur à l'Université nouvelle, directeur de l'Institut des Fermentations à Bruxelles. 1 volume in-8° carré de 372 pages, cartonné à l'anglaise. PRIX.......... 9 fr. »

La pratique du Maltage, *Leçons professées en 1897-1898 à l'Institut des Fermentations de l'Université de Bruxelles*, LUCIEN LÉVY, docteur ès sciences, ingénieur agronome, professeur de distillerie à l'École nationale des Industries agricoles. 1 vol. in-8° carré de 260 pages, avec 53 fig. cartonné à l'anglaise. PRIX.......... 7 fr. »

Manuel d'Analyse chimique, appliquée à l'examen des produits industriels et commerciaux, par ÉMILE FLEURENT, docteur ès sciences, professeur de chimie au Conservatoire national des Arts et Métiers. 1 vol. in-8° carré de 582 pages avec 101 figures. PRIX.......... 12 fr. »

Distillation et Rectification industrielles, par E. SOREL, ex-ingénieur des Manufactures de l'État. 1 vol. in-8° carré de 408 pages, avec 46 figures, cartonné à l'anglaise. PRIX.......... 12 fr. »

Recueil de Procédés de Dosage, pour l'analyse des combustibles, des Minerais de fer, des Fontes, des Aciers et des Fers, par G. ARTH, professeur de Chimie industrielle à la Faculté des sciences de Nancy. 1 vol. in-8° carré de 313 pages, avec 61 figures et 1 planche hors texte, cartonné à l'anglaise.......... 8 fr. »

Instruments et Méthodes de Mesures électriques industrielles, par H. ARMAGNAT, chef du Bureau des Mesures électriques des ateliers Carpentier. 1 vol. in-8° de 588 pages, avec 175 figures, cartonné à l'anglaise. PRIX.......... 12 fr. »

Abaques des efforts tranchants et des moments de flexion, développés dans les poutres à une travée par les surcharges du règlement du 29 avril 1891 sur les ponts métalliques, par MARCELIN DUPLAIX, professeur à l'École centrale. 1 vol., cartonné à l'anglaise, de 108 pages avec 36 figures. Accompagné d'un atlas comprenant 8 planches de format 64 × 40. PRIX.......... 22 fr. »

Les Sucres et leurs principaux dérivés, par MAQUENNE, professeur au Museum d'Histoire naturelle. 1900. 1 vol. in-8° de 1050 pages, cartonné à l'anglaise.......... 16 fr. »

Sous presse :

Pratique industrielle des courants alternatifs (courants monophasés), par CHEVRIER.

Microbiologie de la distillerie (*Ferments, Microbes*), par LÉVY.

Les matières albuminoïdes et leurs enzymes, par EFFRONT.

Les Automobiles, par PELLISSIER.

L'Électricité, par VIVARÈS.

détache les inconnues et l'inventorie avant et après sa solution, dans l'enchaînement de ses aspects et de ses conséquences. Aussi, indiquant toujours les voies multiples, que suggère un fait, scrutant les possibilités logiques qui en dérivent, nous efforcerons-nous de nous tenir dans le cadre de la méthode expérimentale et de la méthode critique.

Nous ferons, du reste, bien saisir l'esprit et la portée de cette nouvelle collection, en insistant sur ce point, que la nécessité d'une publication y sera toujours subordonnée à l'opportunité du sujet.

Série Physico-Mathématique. Fascicules parus :

Appell (P.). *Les mouvements de roulement en dynamite.*
Cotton (A.). *Le phènomène de Zeemann.*
Freundler (P.). *La stéréochimie.*
Maurain (Ch.). *Le magnétisme du fer.*
Poincaré (H.). *La théorie de Maxwell et les oscillations hertziennes.*

Pour paraitre :

Job (A.). *Les terres rares.*
Laisant (C.-A.). *L'interpolation.*
Laurent. *L'élimination.*
Lippmann (G.). *Détermination de l'Ohm.*
Raveau. *Les nombreux gaz.*
Villard. *Les rayons cathodiques.*
Wallerant. *Groupements cristallins ; propriétés optiques.*

Série Biologique. Fascicules parus :

Arthus (M.). *La coagulation du sang.*
Bard (L.). *La spécificité cellulaire.*
Bordier (H.). *Les actions moléculaires dans l'organisme.*
Frenkel (H.). *Les fonctions rénales.*
Le Dantec (F.). *La Sexualité.*
Mazé (P.). *Evolution du carbone et de l'azote.*

Pour paraitre :

Bertrand (M.). *Mouvements orogéniques et déformations de l'écorce terrestre.*
Bonnier (P.). *L'Orientation.*
Costantin (J.). *L'Hérédité acquise.*
Courtade. *L'irritabilité dans la série animale.*
Dubois (R.). *Le sommeil.*
Delage (Yves) et Labbé (A.). *La fécondation chez les animaux.*
Fabre-Domergue. *Le Cytotropisme.*
Gilbert (A.). et Carnot. *Les fonctions hépatiques.*
Griffon. *L'assimilation chlorophyllienne et la structure des plantes.*
Hallion. *Modifications du sang sous l'influence des solutions salines.*
Hallion et Julia. *Action vasculaire des toxines microbiennes.*
Martel (A.). *Spéléologie.*
Mendelssohn (M.). *Les réflexes.*
— *Théorie des phénomènes électriques chez les animaux et les végétaux.*
Poirault. *La fécondation chez les végétaux.*
Roger (H.). *L'infection.*
Thiroloix (J.). *La fonction pancréatique.*
Van Gehuchten (A.). *La cellule nerveuse et la doctrine des neurones.*
Winter (J.). *La matière minérale dans l'organisme.*

Paris. — Imp. E. Capiomont et Cie, rue de Seine, 57.

ŁED CATTIER, ÉDITEUR A TOURS

Rue Origet, 42, rue Pinaigrier et rue de l'Alma

SOMMAIRE DU CATALOGUE

N. — ARCHÉOLOGIE. — ARCHITECTURE. — ASTRONOMIE. — BIOGRAPHIE. — BOTA-
ÉDITIONS POPULAIRES ET LIVRES DE PROPAGANDE. — ENSEIGNEMENT. — HISTOIRE
. — IMAGERIE RELIGIEUSE. — LITTÉRATURE FRANÇAISE. — LIVRES D'ÉDUCATION ET
'ION. — LIVRES D'ENSEIGNEMENT. — LIVRES DE PIÉTÉ. — LIVRES DE PRIX. — LIVRES
. — MINÉRALOGIE. — PHILOSOPHIE. — POÉSIE. — RELIGION. — VOYAGES. —
'ION.

BIBLIOTHÈQUE ILLUSTRÉE

PRIX D'HONNEUR

DU CONCILE ŒCUMÉNIQUE DU VATICAN, 8 beaux vol. in-folio (46 × 35) publiés haut patronage de S. S. le Pape Pie IX, imprimés avec des caractères fondus Ces volumes sont illustrés de portraits, d'autographes, de tableaux reproduits les photographies, de planches exécutées avec le plus grand soin en chromo-phie, lithochromie, et gravures sur bois et sur acier. Prix net......... **360** »

tome I renferme l'histoire des Conciles œcuméniques qui ont précédé celui du Vatican ; il est illustré planches ou gravures en lithographie, reproduisant les fresques de la bibliothèque du Vatican, qui ntent les anciens conciles et les portraits des grands papes Grégoire X, Calixte II, Innocent II, dre III, Innocent III, Léon X et saint Athanase.

ome II est consacré à l'histoire de Pie IX. Un splendide portrait imprimé à 18 couleurs, un autographe, ches en couleurs et 20 gravures sur bois illustrent ce volume.

ome III contient les portraits lithographiés, les biographies et les autographes de tous les membres du Collège qui siégeaient au Concile.

tomes IV, V, VI, sont consacrés aux Patriarches, aux Évêques, aux Généraux d'ordres, aux abbés et héologiens qui ont pris part au Concile ; ils contiennent les portraits, les biographies et autographes mbres de l'auguste assemblée.

tome VII contient le compte rendu officiel des sessions du Concile, ses actes et la publication des du Saint-Siège, qui nous ont été communiques directement et exclusivement par la sécrétairerie du

ome VIII, véritable musée d'art, contient la description historique et liturgique des fêtes et des grandes nies pontificales de Rome. Quinze magnifiques planches en chromo ornent ce volume.

9. — Pie IX, qui avait été consulté sur le plan général, en a loué l'exécution dans un bref adressé au ur, M. Victor FROND. « L'*ouvrage*, dit-il, a non seulement satisfait, mais surpassé son attente. »

. — **Histoire de la Tunisie.** Un beau volume in-4° (28 × 20), accompagné d'une gra-ontispice représentant les ruines de Carthage......................... **10** »
: percaline, tranches dorées ou relié amateur, tête dorée................ **15** »
ques exemplaires ont été tirés sur papier Japon. Broché.................. **40** »

teur a retracé fidèlement l'histoire d'une des contrées les plus célèbres du monde ancien. Il fait successivement sous les yeux des lecteurs les noms les plus fameux de l'antiquité : ceux des Magon, annon, des Amilcar, des Scipion, des Annibal, des Bélisaire, etc., tous génies plus politiques et plus teurs encore peut-être que guerriers, car c'est en effet leur administration, plus que le succès de armes, qui fit la puissance et l'antique prospérité de ce pays ; c'est à leurs soins éclairés et à leurs s incessants que notre Tunisie fut redevable de cet outillage agricole et commercial, qui fit d'elle d la *Grande Rivale*, puis le *Grenier de Rome* et du monde romain. Routes, cités, aqueducs, bar-citernes, boisements, marine, colonisation, leur génie fécond sut toucher à tout, créer et achever Hélas ! apres eux, des heures sombres vinrent où, sous le flot montant de la barbarie, tout ce qu'ils t fait fut englouti. La destruction fut telle qu'il faut tout refaire aujourd'hui ; notre siècle n'y faillira faut l'esperer.

l'abbé). — **Vie de Saint Stanislas Kostka.** Un beau volume grand in-8° raisin de orné d'une belle héliogravure et de gravures sur bois. Broché........... **7 50**
couverture papier cuir maroquiné...................................... **8 50**

est écrit, disait M. Laurentie en parlant de cet ouvrage, avec une simplicité élégante et correcte, et t avec une effusion de foi qui lui donne un grand charme. N'est-ce pas la vraie manière de raconter la s saints ? Là est le secret du succès que le livre n'a cessé d'obtenir. »

(Édouard). — L'Egypte ou le pays des Coptes, un beau volume grand in-8° raisin une carte de l'Egypte et de plusieurs gravures. Broché.................... **6** »
: amateur, dos et coins façon maroquin, tête dorée......................... **9** »

ouvrage, en effet, s'adresse à ceux qui entendent fréquemment parler de l'Egypte, de l'occupation se et de la question d'Orient, sans être bien initiés aux grands événements qui se sont produits sur le cours du XIX° siècle.

uvre a donc pour but principal d'éclairer les lecteurs sur ces divers points, en leur rappelant d'une succincte et précise ce qu'est l'Egypte aujourd'hui, quelles sont ses richesses, ses ressources multiples, que l'Angleterre s'est arrogé le droit d'accaparer; de signaler enfin l'attitude qu'il conv. France de tenir à l'heure actuelle dans le bassin nilotique et les moyens que nous devons y emplo y faire renaître une influence à tous égards désirable. L'auteur s'est appliqué, en un mot, à mettre dans ce travail, toutes les innovations françaises (congréganistes et laïques) introduites, dans ce sens dix ans, et à faire vibrer les sentiments nobles et patriotiques de notre jeunesse en l'invitant à pren à ces innovations qui comportent, pour la France, des intérêts de premier ordre.

5. **LORIDAN** (Chanoine). — **Les Voyages à Rome des Ursulines de Flandre (1684-1732).** beau vol. gr. in-8° jésus, orné de cinq portraits en similigravure et de vingt photogr
Broché ....
Relié percaline tranche dorée..
Relié amateur, dos et coins façon maroquin, tête dorée........ ....

A une époque où l'on aime à faire revivre le passé, où l'on se plaît à ajouter quelques nouveaux tableau d'une société si différente de la nôtre, on aimera à pénétrer, à la suite de nos voyageuses monde assez peu connu. Sous leur conduite, nous visiterons des villes et des bourgs de France, d'All et d'Italie; nous pénétrerons dans maintes églises, aujourd'hui détruites ou dépouillées. Introduits p nous franchirons de mystérieuses clôtures pour observer sur le vif les habitudes de paix et de charit pieux intérieurs.

Semblable occasion, nous aimons à le croire, sera acceptée comme une bonne fortune. De tels étaient encore rares à cette lointaine époque, et les récits véridiques plus rares encore. Personne n'ign des fondatrices d'ordre, comme sainte Thérèse et sainte Chantal, ont fait de nombreux voyages, néces les trente-deux monastères fondés par la première, quatre-vingt-cinq par la seconde : mais ces pieus ditions étaient de moindre durée, tandis que le voyage de Bruxelles à Rome exigeait souvent plus mois.

6. **PICARDAT** (l'abbé). — **Un Joyau d'architecture chrétienne et française en 1009** (Église abb de Preuilly-sur-Claise), un beau volume gr. in-8° raisin, illustré de 65 similigra
Broché...
Relié percaline, tranches dorées..
Relié amateur, dos et coins façon maroquin, tête dorée......................

EXTRAIT DE LA PRÉFACE

Comment exprimer le plaisir que j'ai goûté à parler de toi, à raconter ton origine, ma chère Église, à les sources célestes d'où a coulé ta vie, à démontrer les louanges qui ceignent ta tête comme d'un royal, à décrire une à une toutes les merveilles constitutives de ton être, à te déclarer en posses quatre empreintes divines qui marquent tout chef-d'œuvre d'art, enfin à interpréter le langage de te et de tes pierres, ce langage qui, bien écouté, ferait de l'homme un ange et de la terre un paradis. P ô belle et douce Église! puissent ces pages sincères et émues, pensées dans cette région sereine qui les passions humaines, te faire connaître, te gagner de plus en plus les esprits et les cœurs. Puiss surtout, selon ton vœu le plus cher, conduire ceux qui les liront à l'amour du Vrai et du Beau là-même, à l'au ur de Dieu, en dehors duquel il n'y a ni poésie, ni paix, ni salut, ni bonheur.

* 7. **VAN DER AA** (de la Cie de Jésus). — **L'Ile de Ceylan.** Croquis, mœurs et coutumes. U vol. gr. in-8° raisin. Edition de luxe, enrichie de 40 similigravures. Broché.......
Reliure amateur, dos et coins façon maroquin, tête dorée....................

L'esprit toujours en éveil, l'imagination riante, le cœur bon et gai, la plume légère et facile, c' qu'il n'en faut pour écrire des lettres ravissantes. C'est le plus grand charme de ces croquis, de ce riettes, de ces mille détails cueillis çà et là et jetés au hasard de la verve, dans des causer d'abandon, de bonhomie et de finesse.

* 8. **BITTARD DES PORTES (René)**, lauréat de l'Institut. — **Les Campagnes de la Restaur Espagne, Morée, Madagascar, Alger,** d'après les archives historiques des dépôts Guerre et de la Marine, les Mémoires et les Souvenirs des contemporains. Un bea gr. in-8° raisin, de 760 pages, orné du portrait du duc d'Angoulême. Broché......
Relié amateur, dos et coins façon maroquin, tête dorée ....

A l'heure actuelle où l'Armée nationale est si violemment et si injustement attaquée, une telle console et réconforte.

C'étaient en effet d'admirables soldats que ceux qui ont guerroyé dans toute l'Espagne, pendant l'anne en observant la discipline la plus scrupuleuse, chassé les troupes égyptiennes et turques de la Morée c plus tard, combattu non sans gloire à Madagascar en 1829 et conquis Alger, le nid de pirates!

L'auteur, M. René Bittard des Portes est un historien militaire dont l'éloge n'est plus à faire. L'A française couronnait, il y a quelques années, son *Armée de Condé pendant la Révolution;* son *Histo Zouaves pontificaux* avait déjà reçu une haute récompense de la Société d'encouragement au bien.

Les Campagnes de la Restauration conviennent admirablement à la jeunesse des Ecoles, ainsi qu ceux qui ont le culte des Gloires militaires de la France.

IN-4° CARRÉ. — 1re SÉRIE

CHAQUE VOLUME EST ORNÉ DE NOMBREUSES GRAVURES

(400 *pages.* — *Dimensions* 28 × 20)

Broché, riche couverture chromo		5 fr.
Prix de la reliure *net*, par volume	riche cartonnage, tranches jaspées	» 8
	— tranches dorées	1 2
	percaline or et noir, tranches dorées	1 8
	amateur, faç. maroq., plats papier marbré, t. d. sur tranches	2 »

1. **AMIS DES ENFANTS (Les)**, par l'abbé J. Knell, du diocèse de la Rochelle.

On a réuni dans ces pages les vies de plusieurs personnes qui se sont montrées, plus que d'autre vrais amis des enfants en leur consacrant leur temps, leurs efforts, leur intelligence. L'auteur a pens les enfants aimeraient à connaître leurs plus signalés bienfaiteurs et que cette connaissance engend chez eux la reconnaissance, comme dirait saint François de Sales. Cette lecture fera peut-être naître dans quelques âmes le désir de se dévouer à ce premier âge, si digne d'intérêt.

2. **LIVRE D'OR FRANCO-RUSSE (Le)**, par F. Bournand, professeur à l'École professionnelle catholique, ancien élève de l'École des Hautes-Etudes, précédé d'une préface par le prince Droumélis Koff.

C'est l'histoire de la sympathie entre Russes et Français que M. Bournand a eu l'heureuse idée de nous présenter. Il en montre les origines dans le mariage d'Henri Ier, en 1051, avec Anne de Russie ; il en expose les développements dans le séjour de Pierre le Grand en France, dans la magnanimité d'Alexandre Ier ; il couronne son récit par les fêtes de 1893, presentes au souvenir de tous. L'auteur s'est placé à un point de vue très patriotique.

3. **MES PÈLERINAGES EN FRANCE**, par l'abbé Macquet, missionnaire apostolique, chanoine d'Amiens.

Cette pieuse description de nos divers sanctuaires et églises, accompagnée de récits instructifs et intéressants sur la contree et les principales villes de France visitées par l'infatigable et pieux touriste, charmeront nos jeunes lecteurs en les instruisant.

4. **PREMIER PÉLERINAGE DE PÉNITENCE EN TERRE SAINTE (Le)**, par le R. P. Havard.

Les RR. PP. Augustins de l'Assomption. auxquels était venue la premiere idée de cette supplication solennelle et qui avaient la direction de ce pelerinage, pensèrent que, pour toucher plus sûrement le cœur de Dieu, il fallait joindre la mortification à la prière. C'est pour ce motif qu'ils appelèrent ce grand acte de religion : *Pèlerinage de pénitence*, et que plus d'un millier de personnes entrèrent dans les mêmes vues pour l'exécution de ce voyage.

5. **NOS SŒURS DE CHARITÉ**, par F. Bournand, professeur à l'Ecole professionnelle catholique, ancien élève de l'Ecole des Hautes-Études, avec une préface par Mgr Fèvre, et des lettres de MM. F. Coppée, J. Simon, Sully-Prudhomme, de l'Académie.

L'auteur raconte le dévouement héroïque des *Sœurs martyres*, des *Sœurs dans les pays lointains* et des *Sœurs de charité* dans les hôpitaux et sur les champs de bataille. Puissent ces lignes grossir le courant de sympathie du peuple pauvre, de l'ouvrier pour les bonnes Sœurs, et forcer la main a nos laïcisateurs à outrance pour les réintégrer dans les asiles de la douleur !

6. **NOS GRANDS ÉVÊQUES AU XIXe SIÈCLE**, par Mgr Lesur, prélat de la Maison de Sa Sainteté Léon XIII, en collaboration avec M. François Bournand.

Ces récits biographiques sur les grands évêques du XIXe siécle sont des causeries pittoresques et anecdotiques fort intéressantes. Il n'y a guère de livres plus édifiants a mettre entre les mains des jeunes gens. Ils y trouveront une lecture qui élèvera leur esprit en leur inspirant de nobles et généreux sentiments. Chaque biographie est précédée d un portrait.

7. **ROBINSON CRUSOÉ**, par Daniel Defoé, illustré de 100 gravures.

8. **UN PRÊTRE DÉPORTÉ EN 1792**, par Mgr Meignan, cardinal-archevêque de Tours.

Le héros de cet ouvrage est l'oncle de S. E. le Cardinal Meignan ; dans le cadre général, fortement tracé il y a un tableau charmant des mœurs d'autrefois et des premières années de l'abbé Rabeau, suivi de la persécution dans le Maine et l'Anjou. On se demande comment pouvaient être bannis. en 1792. des prêtres, pasteurs modeles en France, qui allaient ensuite porter l edification et le salut à l'Etranger et jusque dans les pays infidèles. Rien de plus touchant que les travaux et la mort du saint martyr.

GRAND IN-8° JÉSUS. — 1re SÉRIE

BEAUX VOLUMES ILLUSTRÉS DE GRAVURES SUR BOIS

(360 *pages*. — *Dimensions* 28 × 19)

Broche, riche couverture chromo		3 fr. 50
Prix de la reliure *net*, par volume	nouveau et riche cartonnage, tranches jaspées	» 50
	— — — dorees	» 90
	percaline or et noir, tranches dorees	1 50
	amateur, dos et coins faç. maroq. plats pap. marbré, t. d. sur tr.	1 75

1 — **BONNIOT** de la Cie de Jésus (R. P.). — Histoire merveilleuse des animaux.

Ce recueil est loin d'être vulgaire. L'auteur a soin de contrôler, d'expliquer tous les faits, d'en montrer le côté philosophique ou moral ; il distingue avec sûreté où finit l'œuvre de la nature et où commence l'intervention d'une puissance superieure, et se place toujours au point de vue où l'on doit juger ces evenements. Son rôle vis-à-vis des bêtes est plutôt celui de juge que d'avocat défenseur. Il connait leurs defauts et leurs qualités, et il en parle toujours avec beaucoup d'esprit et de verve, ce qui n'est pas le moindre charme de recueil, tantôt sérieux et sévère, tantôt plaisantant, raillant à l'occasion, mais avec une grâce si noble et si constante que les rieurs, les incredules peut-être, et même les bêtes, sans malice pourtant, se mettront de son côté.

2 — **BOURNICHON (J.)**. — L'Invasion musulmane en Afrique (646), suivie du Réveil de la foi chrétienne dans ces contrées et de la Croisade des Noirs (1880), entreprise par son Eminence le Cardinal Lavigerie, archevêque d'Alger et de Carthage.

L'auteur a eu l'ingénieuse idée de rapprocher deux grandes dates : 646 et 1889, l'invasion musulmane en Afrique et la croisade anti-esclavagiste du cardinal Lavigerie. L'heroisme viril de Theodora, la fille du patrice Grégoire, qui vient de se rendre indépendant de l'empire byzantin dans sa lutte avec l'armée musulmane, donne beaucoup d'intérêt au récit. L'auteur expose ensuite le plan de régénération conçu par le grand archevêque de Carthage, ainsi que les principaux discours de ce nouveau Pierre l'Ermite prêchant à travers l'Europe la croisade anti-esclavagiste.

3 - **CHATEAUBRIAND**. — Le Génie du Christianisme.

Cette nouvelle édition, soigneusement revue, peut être mise entre les mains de la jeunesse.

4 - **COOPER (F.)**. — Le Corsaire Rouge, traduction par A.-J. Hubert.

5. — — Le Dernier des Mohicans, traduction nouvelle par R. C.

Ces nouvelles traductions ont été adaptées et soigneusement revues pour la jeunesse.

6. **HAVARD (R.-P.).** — Le Premier Pèlerinage de pénitence et la Terre Sainte.
(Voir l'analyse de cet ouvrage à la 1re série in-4°, p. 3.)

7. **JOSÉFA (T.).** — La Vie des Saints racontée à mes filleuls.
Il faut aimer les Saints, c'est bien ; les imiter, c'est mieux. Tel est le but de cet ouvrage mis à la portée des jeunes intelligences par des récits très variés et fort édifiants. L'auteur a choisi, dans chaque siècle, un martyr, un confesseur, une sainte femme, dont il esquisse les mérites et les vertus.

8. **KNELL (J.).** — **Amis des Enfants (Les).**
(Voir l'analyse de cet ouvrage à la 1re série in-4°, p. 2.)

9. **LARTHE (Albert).** — Les Chrétiens célèbres au XIXe siècle. Croyants et Convertis. 1re série

10. **LARTHE (Albert).** — Les Chrétiens célèbres au XIXe siècle .... 2e série

11. **LARTHE (Albert).** — Les Chrétiens célèbres au XIXe siècle .... 3e série
Ces récits biographiques sont une démonstration vraiment indiscutable et persuasive de la foi catholique. On marche volontiers à la suite de ces grands esprits, qui deviennent d'autant plus soumis à l'Eglise qu'ils ont pénétré plus avant dans les sciences humaines, et on est d'autant plus porté à les imiter qu'on les voit plus doux, plus patients, plus généreux, à mesure qu'ils sont davantage animés d'une piété plus tendre. Dans tous les siècles, d'ailleurs, le catholicisme a reçu l'hommage des intelligences d'élite, et le XIXe siècle tiendra son rang parmi ceux qui l'ont précédé.

12. **MACQUET** (abbé). — Mes Pèlerinages en France.
(Voir l'analyse de cet ouvrage à la 1re série in-4°, p. 3.)

13. **MAC-ÉRIN.** — Huit mois sur les deux Océans. Voyage d'étude et d'agrément à bord d[illegible] *la Junon.*
Nous devons les récits de ce voyage à l'aumônier du bord, M. l'abbé Mac, dont la plume entraînante, les réflexions judicieuses, les saillies spirituelles, donnent le plus grand intérêt à ce voyage en Amérique. Spécialement rédigé et instructif pour les jeunes gens, puisqu'il fut entrepris par quelques-uns d'entre eux comm[illegible] voyage d'étude et de circumnavigation.

14. **SERRE** (l'abbé). — Voyage d'un missionnaire au Su-Tchuen oriental (Chine), avec introduction, sommaire, notes et épilogues, par l'abbé Lesmarie, chanoine de Saint-Flour.

15. **WISEMAN** (le Cal). — Fabiola (nouvelle traduction).

GRAND IN-8° CARRÉ. — NOUVELLE COLLECTION

(304 *pages.* — *Dimensions* 25 × 18)

CHAQUE VOLUME EST ORNÉ DE NOMBREUSES GRAVURES

Broché, couverture en couleurs		2 fr. 50
Prix de la reliure *net*, par volume	nouveau et riche cartonnage, tr. jaspées, net	» 60
	— — dorées	1 »
	percalin. or, tr. dorées	1 50

• **L'HÉRITAGE DU CORSAIRE,** par Ch. de la Paquerie.
La fortune du corsaire Thymadeuc, enfouie dans une île de l'Océan et convoitée injustement, est le nœud [illegible] de l'intrigue. Un clerc de notaire parvient à surprendre le secret de la cachette que garde seul le vieux m[illegible] d'équipage de la corvette. Pour s'approprier ce trésor, le jeune clerc n'hésite pas à employer les moyens [illegible] les plus vils. Il est sur le point de réussir dans son entreprise, mais Peurhéo, qui a découvert le véritable héri[illegible] arrive à temps pour empêcher cette vilaine action. Le récit, très mouvementé, est fertile en incidents de to[illegible] sortes.

GRAND IN-8° RAISIN. — 2e SÉRIE

(240 *pages.* — *Dimensions* 25 × 16)

VOLUMES ILLUSTRÉS DE NOMBREUSES GRAVURES DANS LE TEXTE

Broché, riche couverture chromo		2 fr. »
Prix de la reliure *net*, par volume	nouveau et riche cartonnage, tranches jaspées	» 45
	— — — dorées	» 75
	amateur, dos et coins faç. maroq., plats pap. marbré, t. d. sur tr.	1 50

1. **ALGÉRIE, TONKIN, CAMBODGE.** — Souvenirs et impressions d'un soldat du 2e de zoua[illegible]es, par Paul Sainmont, lauréat de plusieurs Sociétés savantes.
Les récits de ce jeune zouave, qui a suivi toute la campagne, suppléeront aux lettres qu'il a crayo[illegible] d'une main fatiguée, sur ses genoux et à de rares intervalles. Ceux qui lui succéderont puiseront dans [illegible] lecture des sentiments d'admiration et de patriotisme en même temps que le désir de lutter bravement c[illegible] lui pour l'honneur du drapeau français.

2. **A TRAVERS LES FLEURS.** — Botanique instructive et amusante (nouvelle édition), [illegible] Mme J. Bodin.
Toute étude a du charme, dit l'auteur, pour les intelligences exercées. Celle de la Botanique off[illegible] attrait tout spécial par son gracieux sujet. Si vous trouvez le livre trop peu sérieux, à cause du cadre [illegible] lequel l'enseignement y est placé, lisez les pages savantes et tournez les autres. Si, au contraire, il [illegible] paraît présentement trop grave, lisez l'histoire et ne regardez pas les fleurs. Cette étude vous cond[illegible] cependant à Celui qui les a créées, comme il a créé toutes choses, pour nous élever à lui dans des sentim[illegible] d'admiration et de reconnaissance.

3. **AVENTURES DE DEUX JEUNES ANGLAIS EN AUSTRALIE.** — Ouvrage imité de l'anglais, par Francis Ergil, professeur de langues.

Ces aventures, accompagnées de péripéties multiples, ont l'attrait du *Robinson Crusoé.*

4. **BÉRET BLEU (Le),** par l'abbé Dominique.

Rien n'est plus attachant que ce récit maritime. Un béret bleu trouvé sur les côtes de l'Amérique par le capitaine Tréguern est remis comme talisman à un jeune mousse du nom de Malo, que les sentiments chrétiens, l'héroïsme et le dévouement rendent digne de la confiance du capitaine. A sa mort, notre jeune héros devient l'héritier de la fortune du capitaine, qu'il emploie à faire le bien.

5. **BONHEUR DANS LA VERTU (Le),** par Marie de Bray.

L'Observateur du dimanche s'exprime ainsi :

Nous avons dit, et nous le confirmerons encore ici, tout ce qu'écrit Mme de Bray réunit toujours l'agrément et l'intérêt avec la moralité la plus pure et les doctrines religieuses les plus saines. Cet ouvrage n'est pas inférieur au suivant, qui a été couronné par l'Académie.

6. **CE QUE PEUT LA CHARITÉ,** par Marie de Bray, ouvrage couronné par l'Académie française, qui lui a décerné un prix de 2.000 francs.

Extrait du rapport de M. Villemain à l'Académie française : « Un traité de bonnes œuvres pratiques, *Ce que peut la charité*, par Mme Marie de Bray, a été désigné comme un recueil d'excellentes leçons sur l'art de faire le bien et sur la prudence qui doit s'unir à la bonté du cœur. Un tel livre ne s'analyse pas, mais il mérite une place dans les prix Monthyon, à côté même de ce qui est signalé pour la pensée et pour le talent. »

7. **CHATEAU DE COETVAL (Le),** par Mlle Gabrielle d'Éthampes.

L'auteur a su donner à son récit l'intérêt, le sentiment chrétien qu'elle a l'habitude de donner à toutes ses publications. La scène se déroule en Bretagne, les caractères sont vigoureusement tracés.

CORBEILLE (DEUXIÈME) DE LECTURES CHRÉTIENNES, par un missionnaire apostolique.

CORBEILLE (TROISIÈME) DE LECTURES CHRÉTIENNES, par le même.

Ce recueil offre au lecteur la fleur de la vie des saints, c'est-à-dire les plus grands martyrs, les plus grands docteurs, les plus grands fondateurs d'ordres religieux, le récit des événements les plus miraculeux et les plus considérables ; il conduit le lecteur aux pèlerinages les plus renommés en décrivant les monuments les plus célèbres, les renseignements sur les dévotions les plus autorisées.

ENFANCES ILLUSTRES (Les), par P.-L. Michelle.

En choisissant parmi les personnages célèbres ceux dont la jeunesse a présenté quelques faits remarquables, l'auteur a voulu encourager ses jeunes lecteurs en leur montrant qu'il n'est pas toujours besoin d'attendre l'âge mûr pour recueillir les bénéfices de son travail et de son intelligence, et qu'en dehors de la satisfaction personnelle du devoir accompli on peut être récompensé, dès la jeunesse, de l'ardeur que l'on met à l'étude et des vertus que l'on pratique.

HISTOIRE DE NOTRE-DAME DE LOURDES, d'après H. Lasserre, racontée aux enfants, par Mlle Marie Gué.

L'auteur s'exprime ainsi dans sa préface :

« C'est à toi, ma chère Madeleine, que je dois la première inspiration de ce volume ; cédant à tes instances, je t'avais donné à lire la si touchante histoire de Bernadette Soubirous, que Henri Lasserre a écrite avec tant d'intérêt et de charme ; mais, comme je le craignais, après avoir lu quelques pages, tu m'avouas que, s'il y avait de petits bouts que tu comprenais, il y en avait aussi de grands que tu ne comprenais pas. Et je regrettai alors qu'aucun auteur n'eût songé à mettre à la portée de vos jeunes intelligences les faits miraculeux des Roches Massabielles, si propres à faire germer en vous, chers enfants, l'amour et la dévotion envers Marie.

« Confiant alors au Cœur Immaculé de Marie le doux projet que m'avait inspiré ta naïve réflexion, ma chère Madeleine, je lui promis d'essayer, pour sa plus grande gloire, d'écrire, pour les petits, la sublime histoire de l'humble bergère des Pyrénées. Conserver aux faits miraculeux de Lourdes toute leur intégrité et leur charme surnaturel, en rendre en même temps l'histoire constamment attrayante pour des enfants, n'est pas, je le sens, chose facile, et je demande à ma Divine Mère de me guider et de m'inspirer dans ce travail que je lui offre comme un gage de mon respectueux et filial amour. »

LONDRES, LE CANADA, LES ÉTATS-UNIS. — Souvenirs de voyages, par l'abbé Macquet, missionnaire apostolique.

Ce sont les notes d'un missionnaire, son journal, et, comme il a un cœur d'apôtre, il ne se contente pas de photographier sèchement, à la manière d'un professeur de Sorbonne, il n'oublie jamais d'élever son lecteur vers les choses d'en haut. La description de Londres est très exacte, l'aspect en est crayonné avec beaucoup d'entrain et de vérité, mais quel plaisir aussi à suivre le missionnaire dans ses courses au Canada, qu'il semble connaître à fond.

NOBLE CŒUR (Un), par l'abbé Dominique.

Rien de plus moral et de plus fortifiant que les enseignements donnés par l'abbé Dominique. Un jeune marchand de berlingots est arraché à un milieu où une belle âme se serait flétrie, et adopté par une famille riche ; à la vivacité de l'esprit se joint chez l'enfant une grande noblesse de cœur. Il choisit la carrière médicale, parce qu'il voit le moyen d'exercer un dévouement qui le séduit par sa beauté morale ; il ne laisse jamais passer l'occasion de montrer sa piété filiale envers ses bienfaiteurs.

PIEUX SANCTUAIRES DE LA SAINTE VIERGE (Les) en France, par L. Peyrin.

Comment pourrait-on ne pas se sentir animés de la plus grande confiance en cette auguste Vierge quand ses innombrables bienfaits nous parlent chaque jour de sa puissance et de sa bonté. On a eu raison de dire que le miracle est en permanence à Lourdes, sans parler de tous les autres sanctuaires qui nous honorent de leurs faveurs.

5. **ROME. — LETTRES D'UNE JEUNE FILLE.** — Traduit de l'italien par un supérieur de séminaire.

Si le ciel eût réservé de longs jours à notre héroïne, écrit l'auteur, ces lettres n'auraient jamais été publiées, mais la chère enfant nous fut ravie à la fleur de l'âge, consumée peut-être par le désir qui la travaillait depuis longtemps d'embrasser la vie religieuse. Aussitôt après sa mort, une de ses amies d'enfance vint m'apporter un paquet de lettres, en me priant, les larmes aux yeux, de les publier. Je lus ces pages manuscrites et les trouvai dignes de l'impression. Le lecteur dira si je me suis trompé.

s : 32 fr. — Départements : 35 fr. — Union postale : 40 fr.

BIBLIOTHÈQUE TECHNOLOGIQUE

Collection de volumes in-8° carré, avec figures, cartonnés à l'anglaise.

Volumes parus :

Les Enzymes et leurs applications, par le Dr JEAN EFFRONT, professeur à l'Université nouvelle, directeur de l'Institut des Fermentations à Bruxelles. 1 volume in-8° carré de 372 pages, cartonné à l'anglaise. PRIX .... 9 fr. »

La pratique du Maltage, *Leçons professées en 1897-1898 à l'Institut des Fermentations de l'Université de Bruxelles,* LUCIEN LÉVY, docteur ès sciences, ingénieur agronome, professeur de distillerie à l'École nationale des Industries agricoles. 1 vol. in-8° carré de 260 pages, avec 53 fig. cartonné à l'anglaise. PRIX .... 7 fr. »

Manuel d'Analyse chimique, appliquée à l'examen des produits industriels et commerciaux, par ÉMILE FLEURENT, docteur ès sciences, professeur de chimie au Conservatoire national des Arts et Métiers. 1 vol. in-8° carré de 582 pages avec 101 figures. PRIX .... 12 fr. »

Distillation et Rectification industrielles, par E. SOREL, ex-ingénieur des Manufactures de l'État. 1 vol. in-8° carré de 408 pages, avec 46 figures, cartonné à l'anglaise. PRIX .... 12 fr. »

Recueil de Procédés de Dosage, pour l'analyse des combustibles, des Minerais de fer, des Fontes, des Aciers et des Fers, par G. ARTH, professeur de Chimie industrielle à la Faculté des sciences de Nancy. 1 vol. in-8° carré de 313 pages, avec 61 figures et 1 planche hors texte, cartonné à l'anglaise .... 8 fr. »

Instruments et Méthodes de Mesures électriques industrielles, par H. ARMAGNAT, chef du Bureau des Mesures électriques des ateliers Carpentier. 1 vol. in-8° de 588 pages, avec 175 figures, cartonné à l'anglaise. PRIX .... 12 fr. »

Abaques des efforts tranchants et des moments de flexion, développés dans les poutres à une travée par les surcharges du règlement du 29 avril 1891 sur les ponts métalliques, par MARCELIN DUPLAIX, professeur à l'École centrale. 1 vol., cartonné à l'anglaise, de 108 pages avec 36 figures. Accompagné d'un atlas comprenant 8 planches de format 64 × 40. PRIX .... 22 fr. »

Les Sucres et leurs principaux dérivés, par MAQUENNE, professeur au Museum d'Histoire naturelle. 1900. 1 vol. in-8° de 1050 pages, cartonné à l'anglaise .... 16 fr. »

Sous presse :

Pratique industrielle des courants alternatifs (courants monophasés), par CHEVRIER.

Microbiologie de la distillerie (*Ferments, Microbes*), par LÉVY.

Les matières albuminoïdes et leurs enzymes, par EFFRONT.

Les Automobiles, par PELLISSIER.

L'Électricité, par VIVARÈS.

SCIENTIA

Exposé et Développement des Questions scientifiques à l'ordre du jour.

RECUEIL PUBLIÉ SOUS LA DIRECTION

de MM.

APPELL, CORNU, D'ARSONVAL, LIPPMANN, MOISSAN, POINCARÉ, POTIER,
Membres de l'Institut,

HALLER, Professeur à la Faculté des Sciences de Paris,

POUR LA PARTIE PHYSICO-MATHÉMATIQUE

ET SOUS LA DIRECTION

de MM.

BALBIANI, Professeur au Collège de France,

D'ARSONVAL, FILHOL, FOUQUÉ, GAUDRY, GUIGNARD, MAREL, MILNE-EDWARDS,
Membres de l'Institut,

POUR LA PARTIE BIOLOGIQUE

Chaque fascicule comprend de 80 à 100 pages in-8° écu, avec cartonnage spécial.

Prix du fascicule : 2 francs.

On peut souscrire à une série de 6 fascicules (*Série physico-mathématique* ou *Série biologique*) au prix de **10 francs.**

A côté des revues périodiques spéciales enregistrant au jour le jour le progrès de la Science, il nous a semblé qu'il y avait place pour une nouvelle forme de publication, destinée à mettre en évidence, par un exposé philosophique et documenté des découvertes récentes, les idées générales directrices et les variations de l'évolution scientifique.

A l'heure actuelle, il n'est plus possible au savant de se spécialiser; il lui faut connaître l'extension graduellement croissante des domaines voisins : mathématiciens et physiciens, chimistes et biologistes ont des intérêts de plus en plus liés.

C'est pour répondre à cette nécessité que, dans une série de monographies, nous nous proposons de mettre au point les questions particulières, nous efforçant de montrer le rôle actuel et futur de telle ou telle acquisition, l'équilibre qu'elle détruit ou établit, la déviation qu'elle imprime, les horizons qu'elle ouvre, la somme de progrès qu'elle représente.

Mais il importe de traiter les questions, non d'une façon dogmatique, presque toujours faussée par une classification arbitraire, mais dans la forme vivante de la raison qui débat pas à pas le problème, en

détache les inconnues et l'inventorie avant et après sa solution, dans l'enchaînement de ses aspects et de ses conséquences. Aussi, indiquant toujours les voies multiples, que suggère un fait, scrutant les possibilités logiques qui en dérivent, nous efforcerons-nous de nous tenir dans le cadre de la méthode expérimentale et de la méthode critique.

Nous ferons, du reste, bien saisir l'esprit et la portée de cette nouvelle collection, en insistant sur ce point, que la nécessité d'une publication y sera toujours subordonnée à l'opportunité du sujet.

Série Physico-Mathématique. FASCICULES PARUS :

APPELL (P.). *Les mouvements de roulement en dynamite.*
COTTON (A.). *Le phénomène de Zeemann.*
FREUNDLER (P.). *La stéréochimie.*
MAURAIN (CH.). *Le magnétisme du fer.*
POINCARÉ (H.). *La théorie de Maxwell et les oscillations hertziennes.*

POUR PARAITRE :

JOB (A.). *Les terres rares.*
LAISANT (C.-A.). *L'interpolation.*
LAURENT. *L'élimination.*
LIPPMANN (G.). *Détermination de l'Ohm.*
RAVEAU. *Les nombreux gaz.*
VILLARD. *Les rayons cathodiques.*
WALLERANT. *Groupements cristallins ; propriétés optiques.*

Série Biologique. FASCICULES PARUS :

ARTHUS (M.). *La coagulation du sang.*
BARD (L.). *La spécificité cellulaire.*
BORDIER (H.). *Les actions moléculaires dans l'organisme.*
FRENKEL (H.). *Les fonctions rénales.*
LE DANTEC (F.). *La Sexualité.*
MAZÉ (P.). *Evolution du carbone et de l'azote.*

POUR PARAITRE :

BERTRAND (M.). *Mouvements orogéniques et déformations de l'écorce terrestre.*
BONNIER (P.). *L'Orientation.*
COSTANTIN (J.). *L'Hérédité acquise.*
COURTADE. *L'irritabilité dans la série animale.*
DUBOIS (R.). *Le sommeil.*
DFLAGE (YVES) et LABBÉ (A.). *La fécondation chez les animaux.*
FABRE-DOMERGUE. *Le Cytotropisme.*
GILBERT (A.). et CARNOT. *Les fonctions hépatiques.*
GRIFFON. *L'assimilation chlorophyllienne et la structure des plantes.*
HALLION. *Modifications du sang sous l'influence des solutions salines.*
HALLION et JULIA. *Action vasculaire des toxines microbiennes.*
MARTEL (A.). *Spéléologie.*
MENDELSSOHN (M.). *Les réflexes.*
— *Théorie des phénomènes électriques chez les animaux et les végétaux.*
POIRAULT. *La fécondation chez les végétaux.*
ROGER (H.). *L'infection.*
THIROLOIX (J.). *La fonction pancréatique.*
VAN GEHUCHTEN (A.). *La cellule nerveuse et la doctrine des neurones.*
WINTER (J.). *La matière minérale dans l'organisme.*

Paris. — Imp. E. CAPIOMONT et Cie, rue de Seine, 57.

'RED CATTIER, ÉDITEUR A TOURS

Rue Origet, 42, rue Pinaigrier et rue de l'Alma

SOMMAIRE DU CATALOGUE

:ION. — ARCHÉOLOGIE. — ARCHITECTURE. — ASTRONOMIE. — BIOGRAPHIE. — BOTA- — ÉDITIONS POPULAIRES ET LIVRES DE PROPAGANDE. — ENSEIGNEMENT. — HISTOIRE IRE. — IMAGERIE RELIGIEUSE. — LITTÉRATURE FRANÇAISE. — LIVRES D'ÉDUCATION ET ÉATION. — LIVRES D'ENSEIGNEMENT. — LIVRES DE PIÉTÉ. — LIVRES DE PRIX. — LIVRES IES. — MINÉRALOGIE. — PHILOSOPHIE. — POÉSIE. — RELIGION. — VOYAGES. — SATION.

BIBLIOTHÈQUE ILLUSTRÉE

PRIX D'HONNEUR

RE DU CONCILE ŒCUMÉNIQUE DU VATICAN, 8 beaux vol. in-folio (46 × 35) publiés le haut patronage de S. S. le Pape Pie IX, imprimés avec des caractères fondus ès. Ces volumes sont illustrés de portraits, d'autographes, de tableaux reproduits rès les photographies, de planches exécutées avec le plus grand soin en chromographie, lithochromie, et gravures sur bois et sur acier. Prix net......... **360 »**

Le tome I renferme l'histoire des Conciles œcuméniques qui ont précédé celui du Vatican ; il est illustré 21 planches ou gravures en lithographie, reproduisant les fresques de la bibliothèque du Vatican, qui résentent les anciens conciles et les portraits des grands papes Grégoire X, Calixte II, Innocent II, xandre III, Innocent III, Léon X et saint Athanase.

.e tome II est consacré à l'histoire de Pie IX. Un splendide portrait imprimé à 18 couleurs, un autographe, planches en couleurs et 20 gravures sur bois illustrent ce volume.

.e tome III contient les portraits lithographiés, les biographies et les autographes de tous les membres du :ré-Collège qui siégeaient au Concile.

.es tomes IV, V, VI, sont consacrés aux Patriarches, aux Évêques, aux Généraux d'ordres, aux abbés et : théologiens qui ont pris part au Concile ; ils contiennent les portraits, les biographies et autographes membres de l'auguste assemblée.

.e tome VII contient le compte rendu officiel des sessions du Concile, ses actes et la publication des rets du Saint-Siège, qui nous ont été communiqués directement et exclusivement par la sécrétairerie du ıcile.

.e tome VIII, véritable musée d'art, contient la description historique et liturgique des fêtes et des grandes émonies pontificales de Rome. Quinze magnifiques planches en chromo ornent ce volume.

V. *B.* — Pie IX, qui avait été consulté sur le plan général, en a loué l'exécution dans un bref adressé au ecteur, M. Victor FROND. « *L'ouvrage*, dit-il, a non seulement satisfait, mais surpassé son attente. »

A.). — Histoire de la Tunisie. Un beau volume in-4° (28 × 20), accompagné d'une gra- -frontispice représentant les ruines de Carthage........................ **10 »**
elié percaline, tranches dorées ou relié amateur, tête dorée................ **15 »**
uelques exemplaires ont été tirés sur papier Japon. Broché.................. **40 »**

L'auteur a retracé fidèlement l'histoire d'une des contrées les plus célèbres du monde ancien. Il fait ıser successivement sous les yeux des lecteurs les noms les plus fameux de l'antiquité : ceux des Magon, ; Mennon, des Amilcar, des Scipion, des Annibal, des Belisaire, etc., tous génies plus politiques et plus ilisateurs encore peut-être que guerriers, car c'est en effet leur administration, plus que le succès de rs armes, qui fit la puissance et l'antique prospérité de ce pays ; c'est à leurs soins éclairés et à leurs ıeurs incessants que notre Tunisie fut redevable de cet outillage agricole et commercial, qui fit d'elle bord la *Grande Rivale*, puis le *Grenier de Rome* et du monde romain. Routes, cités, aqueducs, bar- ;es, citernes, boisements, marine, colonisation, leur génie fécond sut toucher à tout, créer et achever ıt. Hélas ! après eux, des heures sombres vinrent où, sous le flot montant de la barbarie, tout ce qu'ils ıient fait fut englouti. La destruction fut telle qu'il faut tout refaire aujourd'hui ; notre siècle n'y faillira ı, il faut l'espérer.

ıU (l'abbé). — **Vie de Saint Stanislas Kostka.** Un beau volume grand in-8° raisin de p., orné d'une belle héliogravure et de gravures sur bois. Broché.......... **7 50**
·ec couverture papier cuir maroquiné.......................... **8 50**

« Il est écrit, disait M. Laurentie en parlant de cet ouvrage, avec une simplicité élégante et correcte, et rtout avec une effusion de foi qui lui donne un grand charme. N'est-ce pas la vraie manière de raconter la : des saints ? Là est le secret du succès que le livre n'a cessé d'obtenir. »

IN (Édouard). — L'Egypte ou le pays des Coptes, un beau volume grand in-8° raisin ; d'une carte de l'Egypte et de plusieurs gravures. Broché.................. **6 »**
elié amateur, dos et coins façon maroquin, tête dorée..................... **9 »**

Cet ouvrage, en effet, s'adresse à ceux qui entendent fréquemment parler de l'Egypte, de l'occupation glaise et de la question d'Orient, sans être bien initiés aux grands événements qui se sont produits sur le l au cours du XIX° siècle.

L'œuvre a donc pour but principal d'éclairer les lecteurs sur ces divers points, en leur rappelant d'une çon succincte et précise ce qu'est l'Egypte aujourd'hui, quelles sont ses richesses, ses ressources mul-

1900

tiples, que l'Angleterre s'est arrogé le droit d'accaparer; de signaler enfin l'attitude qu'il convient [illegible] France de tenir à l'heure actuelle dans le bassin nilotique et les moyens que nous devons y employer [illegible] y faire renaître une influence à tous egards désirable. L'auteur s'est appliqué, en un mot, à mettre en [illegible] dans ce travail, toutes les innovations françaises (congréganistes et laïques) introduites, dans ce sens, de[illegible] dix ans, et à faire vibrer les sentiments nobles et patriotiques de notre jeunesse en l'invitant à prendre à ces innovations qui comportent, pour la France, des intérêts de premier ordre.

5. **LORIDAN** (Chanoine). — **Les Voyages à Rome des Ursulines de Flandre (1684-1732).** — [illegible] beau vol. gr. in-8° jésus, orné de cinq portraits en similigravure et de vingt photograv[illegible]
Broché . . . . 4 [illegible]
Relié percaline tranche dorée . . . . 7 [illegible]
Relié amateur, dos et coins façon maroquin, tête dorée . . . . 8 [illegible]

A une époque où l'on aime à faire revivre le passé, où l'on se plaît à ajouter quelques nouveaux traits au tableau d'une société si différente de la nôtre, on aimera à pénétrer, à la suite de nos voyageuses, dans un monde assez peu connu. Sous leur conduite, nous visiterons des villes et des bourgs de France, d'Allemagne et d'Italie; nous pénétrerons dans maintes églises, aujourd'hui détruites ou dépouillées. Introduits par elles, nous franchirons de mystérieuses clôtures pour observer sur le vif les habitudes de paix et de charité de ces pieux intérieurs.

Semblable occasion, nous aimons à le croire, sera acceptée comme une bonne fortune. De tels voyages étaient encore rares à cette lointaine époque, et les récits véridiques plus rares encore. Personne n'ignore que des fondatrices d'ordre, comme sainte Thérèse et sainte Chantal, ont fait de nombreux voyages, nécessités par les trente-deux monastères fondés par la première, quatre-vingt-cinq par la seconde; mais ces pieuses expéditions étaient de moindre durée, tandis que le voyage de Bruxelles à Rome exigeait souvent plus de deux mois.

6. **PICARDAT** (l'abbé). — **Un Joyau d'architecture chrétienne et française en 1009** (Église abbatiale de Preuilly-sur-Claise), un beau volume gr. in-8° raisin, illustré de 65 similigravures —
Broché . . . . 4 [illegible]
Relié percaline, tranches dorées . . . . 7 [illegible]
Relié amateur, dos et coins façon maroquin, tête dorée . . . . 8 [illegible]

EXTRAIT DE LA PRÉFACE

Comment exprimer le plaisir que j'ai goûté à parler de toi, à raconter ton origine, ma chère Église, à indiquer les sources célestes d'où a coulé ta vie, à démontrer les louanges qui ceignent ta tête comme d'un diadème royal, à décrire une à une toutes les merveilles constitutives de ton être, à te déclarer en possession de quatre empreintes divines qui marquent tout chef-d'œuvre d'art, enfin à interpréter le langage de tes lignes et de tes pierres, ce langage qui, bien écouté, ferait de l'homme un ange et de la terre un paradis. Puissent-ô belle et douce Église! puissent ces pages sincères et émues, pensées dans cette région sereine qui domine les passions humaines, te faire connaître, te gagner de plus en plus les esprits et les cœurs. Puissent-elles surtout, selon ton vœu le plus cher, conduire ceux qui les liront à l'amour du Vrai et du Beau et, par là-même, à l'amour de Dieu, en dehors duquel il n'y a ni poésie, ni paix, ni salut, ni bonheur.

* 7. **VAN DER AA** (de la Cie de Jésus). — **L'Ile de Ceylan.** Croquis, mœurs et coutumes. Un beau vol. gr. in-8° raisin. Edition de luxe, enrichie de 40 similigravures. Broché . . . . 6 [illegible]
Reliure amateur, dos et coins façon maroquin, tête dorée . . . . 9 [illegible]

L'esprit toujours en éveil, l'imagination riante, le cœur bon et gai, la plume légère et facile, c'est plus qu'il n'en faut pour écrire des lettres ravissantes. C'est le plus grand charme de ces croquis, de ces historiettes, de ces mille details cueillis çà et là et jetés au hasard de la verve, dans des causeries pleines d'abandon, de bonhomie et de finesse.

* 8. **BITTARD DES PORTES (René)**, lauréat de l'Institut. — **Les Campagnes de la Restauration Espagne, Morée, Madagascar, Alger,** d'après les archives historiques des dépôts de la Guerre et de la Marine, les Mémoires et les Souvenirs des contemporains. Un beau vol. gr. in-8° raisin, de 700 pages, orné du portrait du duc d'Angoulême. Broché . . . . . . 7 [illegible]
Relié amateur, dos et coins façon maroquin, tête dorée 12

A l'heure actuelle où l'Armée nationale est si violemment et si injustement attaquée, une telle lecture console et réconforte.

C'étaient en effet d'admirables soldats que ceux qui ont guerroyé dans toute l'Espagne, pendant l'année 18[illegible] en observant la discipline la plus scrupuleuse, chassé les troupes égyptiennes et turques de la Morée cinq [illegible] plus tard, combattu non sans gloire à Madagascar en 1829 et conquis Alger, le nid de pirates!

L'auteur, M. René Bittard des Portes est un historien militaire dont l'éloge n'est plus à faire. L'Académie française couronnait, il y a quelques années, son *Armée de Condé pendant la Révolution;* son *Histoire des Zouaves pontificaux* avait déjà reçu une haute récompense de la Société d'encouragement au bien.

Les Campagnes de la Restauration conviennent admirablement à la jeunesse des Ecoles, ainsi qu'à ceux qui ont le culte des Gloires militaires de la France.

IN-4° CARRÉ. — 1re SÉRIE

CHAQUE VOLUME EST ORNÉ DE NOMBREUSES GRAVURES

(400 *pages.* — *Dimensions* 28 × 20)

Broché, riche couverture chromo		5 fr. —
Prix de la reliure *net,* par volume	riche cartonnage, tranches jaspées	» 80
	— tranches dorées	1 25
	percaline or et noir, tranches dorées	1 80
	amateur, faç. maroq., plats papier marbré, t. d. sur tranches	2 —

1. **AMIS DES ENFANTS (Les),** par l'abbé J. Knell, du diocèse de la Rochelle.

On a réuni dans ces pages les vies de plusieurs personnes qui se sont montrées, plus que d'autres, les vrais amis des enfants en leur consacrant leur temps, leurs efforts, leur intelligence. L'auteur a pensé que les enfants aimeraient à connaître leurs plus signalés bienfaiteurs et que cette connaissance engendrerait chez eux la reconnaissance, comme dirait saint François de Sales. Cette lecture fera peut-être naître aussi dans quelques âmes le désir de se dévouer à ce premier âge, si digne d'intérêt.

2. **LIVRE D'OR FRANCO-RUSSE (Le)**, par F. BOURNAND, professeur à l'École professionnelle catholique, ancien élève de l'École des Hautes-Etudes, précédé d'une préface par le prince DROUMÉIS KOFF.

C'est l'histoire de la sympathie entre Russes et Français que M. Bournand a eu l'heureuse idée de nous présenter. Il en montre les origines dans le mariage d'Henri Ier, en 1051, avec Anne de Russie; il en expose les développements dans le séjour de Pierre le Grand en France, dans la magnanimité d'Alexandre Ier; il couronne son récit par les fêtes de 1893, présentes au souvenir de tous. L'auteur s'est placé à un point de vue très patriotique.

3. **MES PÈLERINAGES EN FRANCE**, par l'abbé MACQUET, missionnaire apostolique, chanoine d'Amiens.

Cette pieuse description de nos divers sanctuaires et églises, accompagnée de récits instructifs et intéressants sur la contrée et les principales villes de France visitées par l'infatigable et pieux touriste, charmeront nos jeunes lecteurs en les instruisant.

4. **PREMIER PÈLERINAGE DE PÉNITENCE EN TERRE SAINTE (Le)**, par le R. P. HAVARD.

Les RR. PP. Augustins de l'Assomption, auxquels était venue la première idée de cette supplication solennelle et qui avaient la direction de ce pelerinage, penserent que, pour toucher plus sûrement le cœur de Dieu, il fallait joindre la mortification à la prière. C'est pour ce motif qu'ils appelèrent ce grand acte de religion : *Pelerinage de pénitence*, et que plus d'un millier de personnes entrèrent dans les mêmes vues pour l'exécution de ce voyage.

5. **NOS SŒURS DE CHARITÉ**, par F. BOURNAND, professeur à l'Ecole professionnelle catholique, ancien élève de l'Ecole des Hautes-Etudes, avec une préface par Mgr FÈVRE, et des lettres de MM. F. Coppée, J. Simon, Sully-Prudhomme, de l'Académie.

L'auteur raconte le dévouement héroïque des *Sœurs martyres*, des *Sœurs dans les pays lointains* et des *Sœurs de charité* dans les hôpitaux et sur les champs de bataille. Puissent ces lignes grossir le courant de sympathie du peuple pauvre, de l'ouvrier pour les bonnes Sœurs, et forcer la main à nos laïcisateurs à outrance pour les reintégrer dans les asiles de la douleur!

6. **NOS GRANDS ÉVÊQUES AU XIXe SIÈCLE**, par Mgr LESUR, prélat de la Maison de Sa Sainteté Léon XIII, en collaboration avec M. François BOURNAND.

Ces récits biographiques sur les grands évêques du XIXe siècle sont des causeries pittoresques et anecdotiques fort intéressantes. Il n'y a guere de livres plus édifiants à mettre entre les mains des jeunes gens. Ils y trouveront une lecture qui élèvera leur esprit en leur inspirant de nobles et généreux sentiments. Chaque biographie est précédée d'un portrait.

7. **ROBINSON CRUSOÉ**, par Daniel DEFOÉ, illustré de 100 gravures.

8. **UN PRÊTRE DÉPORTÉ EN 1792**, par Mgr MEIGNAN, cardinal-archevêque de Tours.

Le héros de cet ouvrage est l'oncle de S. E. le Cardinal Meignan; dans le cadre général, fortement tracé, il y a un tableau charmant des mœurs d'autrefois et des premières années de l'abbé Rabeau, suivi de la persécution dans le Maine et l'Anjou. On se demande comment pouvaient être bannis, en 1792, des prêtres, pasteurs modeles en France, qui allaient ensuite porter l'edification et le salut à l'Etranger et jusque dans les pays infidèles. Rien de plus touchant que les travaux et la mort du saint martyr.

GRAND IN-8° JÉSUS. — 1re SÉRIE

BEAUX VOLUMES ILLUSTRÉS DE GRAVURES SUR BOIS

(360 *pages*. — *Dimensions* 28 × 19)

Broche, riche couverture chromo		3 fr. 50
Prix de la reliure *net*, par volume	nouveau et riche cartonnage, tranches jaspées	» 50
	— — — dorees	» 90
	percaline or et noir, tranches dorées	1 50
	amateur, dos et coins faç. maroq. plats pap. marbré, t. d. sur tr.	1 75

1. **BONNIOT** de la Cie de Jésus (R. P.). — Histoire merveilleuse des animaux.

Ce recueil est loin d'être vulgaire. L'auteur a soin de contrôler, d'expliquer tous les faits, d'en montrer le côté philosophique ou moral, il distingue avec sûreté où finit l'œuvre de la nature et où commence l'intervention d'une puissance superieure, et se place toujours au point de vue où l'on doit juger ces evenements. Son rôle vis-à-vis des bêtes est plutôt celui de juge que d'avocat défenseur. Il connait leurs defauts et leurs qualités, et il en parle toujours avec beaucoup d'esprit et de verve, ce qui n'est pas le moindre charme de recueil, tantôt sérieux et sévère, tantôt plaisantant, raillant à l'occasion, mais avec une grâce si noble et si constante que les rieurs, les incredules peut-être, et même les bêtes, sans malice pourtant, se mettront de son côté.

2. **BOURNICHON (J.)**. — L'Invasion musulmane en Afrique (646), suivie du Réveil de la foi chrétienne dans ces contrées et de la Croisade des Noirs (1880), entreprise par son Eminence le Cardinal Lavigerie, archevêque d'Alger et de Carthage.

L'auteur a eu l'ingénieuse idée de rapprocher deux grandes dates : 646 et 1889, l'invasion musulmane en Afrique et la croisade anti-esclavagiste du cardinal Lavigerie. L'héroïsme viril de Theodora, la fille du patrice Grégoire, qui vient de se rendre indépendant de l'empire byzantin dans sa lutte avec l'armée musulmane, donne beaucoup d'intérêt au recit. L'auteur expose ensuite le plan de régénération conçu par le grand archevêque de Carthage, ainsi que les principaux discours de ce nouveau Pierre l'Ermite prêchant à travers l'Europe la croisade anti-esclavagiste.

3. **CHATEAUBRIAND**. — Le Génie du Christianisme.

Cette nouvelle édition, soigneusement revue, peut être mise entre les mains de la jeunesse.

4. **COOPER (F.)**. — Le Corsaire Rouge, traduction par A.-J. HUBERT.

5. — — Le Dernier des Mohicans, traduction nouvelle par R. C.

Ces nouvelles traductions ont été adaptées et soigneusement revues pour la jeunesse.

6. **HAVARD (R.-P.).** — Le Premier Pèlerinage de pénitence et la Terre Sainte.
(Voir l'analyse de cet ouvrage à la 1re série in-4°, p. 3.)

7. **JOSÉFA (T.).** — La Vie des Saints racontée à mes filleuls.
Il faut aimer les Saints, c'est bien ; les imiter, c'est mieux. Tel est le but de cet ouvrage mis à la portée des jeunes intelligences par des récits très variés et fort édifiants. L'auteur a choisi, dans chaque siècle, un martyr, un confesseur, une sainte femme, dont il esquisse les mérites et les vertus.

8. **KNELL (J.).** — **Amis des Enfants (Les).**
(Voir l'analyse de cet ouvrage à la 1re série in-4°, p. 2.)

9. **LARTHE (Albert).** — Les Chrétiens célèbres au XIXe siècle. Croyants et Convertis. 1re série.

10. **LARTHE (Albert).** — Les Chrétiens célèbres au XIXe siècle .... 2e série.

11. **LARTHE (Albert).** — Les Chrétiens célèbres au XIXe siècle.................... 3e série.
Ces récits biographiques sont une démonstration vraiment indiscutable et persuasive de la foi catholique. On marche volontiers à la suite de ces grands esprits, qui deviennent d'autant plus soumis à l'Eglise qu'ils ont pénétré plus avant dans les sciences humaines, et on est d'autant plus porté à les imiter qu'on les voit plus doux, plus patients, plus généreux, à mesure qu'ils sont davantage animés d'une piété plus tendre. Dans tous les siècles, d'ailleurs, le catholicisme a reçu l'hommage des intelligences d'élite, et le XIXe siècle tiendra son rang parmi ceux qui l'ont précédé.

12. **MACQUET** (abbé). — Mes Pèlerinages en France.
(Voir l'analyse de cet ouvrage à la 1re série in-4°, p. 3.)

13. **MAC-ÉRIN.** — Huit mois sur les deux Océans. Voyage d'étude et d'agrément à bord de *la Junon.*
Nous devons les récits de ce voyage à l'aumônier du bord, M. l'abbé Mac, dont la plume entraînante, les réflexions judicieuses, les saillies spirituelles, donnent le plus grand intérêt à ce voyage en Amerique. Spécialement rédigé et instructif pour les jeunes gens, puisqu'il fut entrepris par quelques-uns d'entre eux comme voyage d'étude et de circumnavigation.

14. **SERRE** (l'abbé). — Voyage d'un missionnaire au Su-Tchuen oriental (Chine), avec introduction, sommaire, notes et épilogues, par l'abbé Lesmarie, chanoine de Saint-Flour.

15. **WISEMAN** (le Cal). — Fabiola (nouvelle traduction).

GRAND IN-8° CARRÉ. — NOUVELLE COLLECTION

(304 *pages.* — *Dimensions* 25 × 18)

CHAQUE VOLUME EST ORNÉ DE NOMBREUSES GRAVURES

Broché, couverture en couleurs		2 fr. 50
Prix de la reliure *net*, par volume	nouveau et riche cartonnage, tr. jaspées, net	» 60
	— — dorées	1 »
	percalin. or, tr. dorées	1 50

• **L'HÉRITAGE DU CORSAIRE,** par Ch. de la Paquerie.
La fortune du corsaire Thymadeuc, enfouie dans une île de l'Océan et convoitée injustement, est le nœud de l'intrigue. Un clerc de notaire parvient à surprendre le secret de la cachette que garde seul le vieux maître d'équipage de la corvette. Pour s'approprier ce trésor, le jeune clerc n'hésite pas à employer les moyens les plus vils. Il est sur le point de réussir dans son entreprise, mais Peurhéo, qui a découvert le véritable héritier, arrive à temps pour empêcher cette vilaine action. Le récit, très mouvementé, est fertile en incidents de toutes sortes.

GRAND IN-8° RAISIN. — 2e SÉRIE

(240 *pages.* — *Dimensions* 25 × 16)

VOLUMES ILLUSTRÉS DE NOMBREUSES GRAVURES DANS LE TEXTE

Broché, riche couverture chromo		2 fr. »
Prix de la reliure *net*, par volume	nouveau et riche cartonnage, tranches jaspées	» 45
	— — — dorées	» 75
	amateur, dos et coins faç. maroq., plats pap. marbré, t. d. sur tr.	1 50

1. **ALGÉRIE, TONKIN, CAMBODGE.** — Souvenirs et impressions d'un soldat du 2e de zouaves, par Paul Sainmont, lauréat de plusieurs Sociétés savantes.
Les récits de ce jeune zouave, qui a suivi toute la campagne, suppléeront aux lettres qu'il a crayonnées d'une main fatiguée, sur ses genoux et à de rares intervalles. Ceux qui lui succéderont puiseront dans cette lecture des sentiments d'admiration et de patriotisme en même temps que le désir de lutter bravement comme lui pour l'honneur du drapeau français.

2. **A TRAVERS LES FLEURS.** — Botanique instructive et amusante (nouvelle édition), par Mme J. Bodin.
Toute étude a du charme, dit l'auteur, pour les intelligences exercées. Celle de la Botanique offre un attrait tout spécial par son gracieux sujet. Si vous trouvez le livre trop peu sérieux, à cause du cadre dans lequel l'enseignement y est placé, lisez les pages savantes et tournez les autres. Si, au contraire, il vous paraît présentement trop grave, lisez l'histoire et ne regardez pas les fleurs. Cette étude vous conduirait cependant à Celui qui les a créées, comme il a créé toutes choses, pour nous élever à lui dans des sentiments d'admiration et de reconnaissance.

AVENTURES DE DEUX JEUNES ANGLAIS EN AUSTRALIE. — Ouvrage imité de l'anglais, par Francis Ergil, professeur de langues.

Ces aventures, accompagnées de péripeties multiples, ont l'attrait du *Robinson Crusoé*.

BÉRET BLEU (Le), par l'abbé Dominique.

Rien n'est plus attachant que ce récit maritime. Un béret bleu trouvé sur les côtes de l'Amérique par le capitaine Tréguern est remis comme talisman à un jeune mousse du nom de Malo, que les sentiments chrétiens, l'héroïsme et le dévouement rendent digne de la confiance du capitaine. A sa mort, notre jeune héros devient l'héritier de la fortune du capitaine, qu'il emploie à faire le bien.

BONHEUR DANS LA VERTU (Le), par Marie de Bray.

L'Observateur du dimanche s'exprime ainsi :

Nous avons dit, et nous le confirmerons encore ici, tout ce qu'écrit Mme de Bray réunit toujours l'agrément et l'intérêt avec la moralite la plus pure et les doctrines religieuses les plus saines. Cet ouvrage n'est pas inférieur au suivant, qui a été couronné par l'Academie.

CE QUE PEUT LA CHARITÉ, par Marie de Bray, ouvrage couronné par l'Académie française, qui lui a décerné un prix de 2.000 francs.

Extrait du rapport de M. Villemain *à l'Académie française :* « Un traite de bonnes œuvres pratiques, *Ce que peut la charité*, par Mme Marie de Bray, a éte désigne comme un recueil d'excellentes leçons sur l'art de faire le bien et sur la prudence qui doit s'unir à la bonté du cœur. Un tel livre ne s'analyse pas, mais il mérite une place dans les prix Monthyon, à côté même de ce qui est signalé pour la pensée et pour le talent. »

CHATEAU DE COETVAL (Le), par Mlle Gabrielle d'Éthampes.

L'auteur a su donner à son récit l'intérêt, le sentiment chrétien qu'elle a l'habitude de donner à toutes ses publications. La scène se deroule en Bretagne, les caractères sont vigoureusement tracés.

CORBEILLE (DEUXIÈME) DE LECTURES CHRÉTIENNES, par un missionnaire apostolique.

CORBEILLE (TROISIÈME) DE LECTURES CHRÉTIENNES, par le même.

Ce recueil offre au lecteur la fleur de la vie des saints, c'est-à-dire les plus grands martyrs, les plus grands docteurs, les plus grands fondateurs d'ordres religieux, le récit des événements les plus miraculeux et les plus considérables ; il conduit le lecteur aux pèlerinages les plus renommés en décrivant les monuments les plus célèbres, les renseignements sur les dévotions les plus autorisées.

ENFANCES ILLUSTRES (Les), par P.-L. Michelle.

En choisissant parmi les personnages célèbres ceux dont la jeunesse a présenté quelques faits remarquables, l'auteur a voulu encourager ses jeunes lecteurs en leur montrant qu'il n'est pas toujours besoin d'attendre l'âge mûr pour recueillir les bénéfices de son travail et de son intelligence, et qu'en dehors de la satisfaction personnelle du devoir accompli on peut être récompensé, dès la jeunesse, de l'ardeur que l'on met à l'étude et des vertus que l'on pratique.

HISTOIRE DE NOTRE-DAME DE LOURDES, d'après H. Lasserre, racontée aux enfants, par Mlle Marie Gué.

L'auteur s'exprime ainsi dans sa préface :

« C'est à toi, ma chère Madeleine, que je dois la première inspiration de ce volume ; cédant à tes instances, je t'avais donne à lire la si touchante histoire de Bernadette Soubirous, que Henri Lasserre a ecrite avec tant d'intérêt et de charme ; mais, comme je le craignais, après avoir lu quelques pages, tu m'avouas que, s'il y avait de petits bouts que tu comprenais, il y en avait aussi de grands que tu ne comprenais pas. Et je regrettai alors qu'aucun auteur n'eût songe à mettre à la portée de vos jeunes intelligences les faits miraculeux des Roches Massabielles, si propres à faire germer en vous, chers enfants, l'amour et la dévotion envers Marie.

« Confiant alors au Cœur Immaculé de Marie le doux projet que m'avait inspiré ta naïve réflexion, ma chère Madeleine, je lui promis d'essayer, pour sa plus grande gloire, d'écrire, pour les petits, la sublime histoire de l'humble bergère des Pyrenées Conserver aux faits miraculeux de Lourdes toute leur integrité et leur charme surnaturel, en rendre en même temps l'histoire constamment attrayante pour des enfants, n'est pas, je le sens, chose facile, et je demande à ma Divine Mère de me guider et de m'inspirer dans ce travail que je lui offre comme un gage de mon respectueux et filial amour. »

LONDRES, LE CANADA, LES ÉTATS-UNIS. — Souvenirs de voyages, par l'abbé Macquet, missionnaire apostolique.

Ce sont les notes d'un missionnaire, son journal, et, comme il a un cœur d'apôtre, il ne se contente pas de photographier sèchement, à la manière d'un professeur de Sorbonne, il n'oublie jamais d'élever son lecteur vers les choses d'en haut. La description de Londres est très exacte, l'aspect en est crayonné avec beaucoup d'entrain et de vérité, mais quel plaisir aussi à suivre le missionnaire dans ses courses au Canada, qu'il semble connaître à fond.

NOBLE CŒUR (Un), par l'abbé Dominique.

Rien de plus moral et de plus fortifiant que les enseignements donnés par l'abbé Dominique. Un jeune marchand de berlingots est arraché à un milieu où une belle âme se serait flétrie, et adopté par une famille riche ; à la vivacité de l'esprit se joint chez l'enfant une grande noblesse de cœur. Il choisit la carrière médicale, parce qu'il voit le moyen d'exercer un dévouement qui le séduit par sa beauté morale ; il ne laisse jamais passer l'occasion de montrer sa piété filiale envers ses bienfaiteurs.

PIEUX SANCTUAIRES DE LA SAINTE VIERGE (Les) en France, par L. Peyrin.

Comment pourrait-on ne pas se sentir animés de la plus grande confiance en cette auguste Vierge quand ses innombrables bienfaits nous parlent chaque jour de sa puissance et de sa bonté. On a eu raison de dire que le miracle est en permanence à Lourdes, sans parler de tous les autres sanctuaires qui nous honorent de leurs faveurs.

ROME. — LETTRES D'UNE JEUNE FILLE. — Traduit de l'italien par un supérieur de séminaire.

Si le ciel eût réservé de longs jours à notre héroïne, écrit l'auteur, ces lettres n'auraient jamais été publiées, mais la chère enfant nous fut ravie à la fleur de l'âge, consumée peut-être par le désir qui la travaillait depuis longtemps d'embrasser la vie religieuse. Aussitôt après sa mort, une de ses amies d'enfance vint m'apporter un paquet de lettres, en me priant, les larmes aux yeux, de les publier. Je lus ces pages manuscrites et les trouvai dignes de l'impression. Le lecteur dira si je me suis trompé.

16. **SIX ANNÉES A L'ILE BOURBON.** — Souvenirs de voyages, par M. l'abbé MACQUET, missionnaire apostolique.

Peu d'ouvrages ont été publiés sur notre colonie de l'île de la Réunion. Les six années que l'auteur a passées dans ce pays enchanteur nous montrent ses courses apostoliques et les consolations religieuses qu'elles lui procurèrent, car la population indigène est très attachée à la religion catholique, dès qu'on lui eut fait connaître ses bienfaits.

17. **SOUS LE SOLEIL D'AFRIQUE,** par Ch. BUET.

Charmantes histoires, toutes choisies sous le ciel de l'Afrique, dans le style vif et coloré de l'auteur.

* 18. **TROIS FILLES DU CIEL (LES), OU LA FOI, L'ESPÉRANCE ET LA CHARITÉ,** par Mme Marie de BRAY, auteur de **Ce que peut la Charité** et du **Bonheur dans la Vertu,** et lauréat de l'Académie française.

Cet ouvrage est une charmante esquisse des mœurs chrétiennes de nos jours et une admirable mise en action de la religion dans la famille. Sous le voile d'un simple récit, l'auteur montre la douce et irrésistible influence des vertus chrétiennes sur ceux qui en sont les témoins.

19. **UN GENTILHOMME VENDÉEN,** par Mlle Marie GUÉ.

Les guerres de la Vendée sont une mine inépuisable pour les conteurs. Dans ces récits, qui sont un pur chef-d'œuvre de délicatesse et de bon goût, l'honnêteté, le courage et la foi chrétienne sont aux prises avec la trahison. Le traître finit misérablement dans une émeute, sur le lieu même où il avait espéré voir monter ses maîtres à l'échafaud.

20. **UN NOUVEAU ROBINSON SUISSE OU LE ROBINSON DES TÉNÈBRES.** — Récit invraisemblable d'une véridique histoire, par L. MICHELLE, illustré de nombreuses gravures sur bois.

En écrivant à notre tour, dit l'auteur, un *nouveau Robinson*, nous avons voulu non seulement écrire une phase encore inédite de la lutte de l'intelligence et de la volonté humaine, mises aux prises avec les forces aveugles de la nature, mais nous avons cherché à sortir de la banalité ordinaire en nous faisant de préférence l'historien d'un fait arrivé, plutôt que celui d'une œuvre de pure imagination. Notre nouveau Robinson n'est donc pas un personnage fictif, il a réellement existé, et ses épreuves furent la conséquence d'un terrible événement bien et dûment enregistré par l'histoire. Il pourrait s'appeler *le premier de tous les Robinsons*, car la catastrophe dont il faillit être victime remonte à l'année 1714, et Robinson Crusoé ne fut écrit qu'en 1719, c'est-à-dire cinq années plus tard.

* 21. **VASCO DE GAMA,** célèbre navigateur portugais, premier explorateur de la route des Indes, par G. FÉLIX.

Parmi les chevaliers de l'Océan, celui-ci mérite une place de choix. A lui en effet revient la gloire d'avoir découvert la route des Indes ; sa vie tout entière ne fut qu'un long sacrifice inspiré par l'amour de la patrie et le souci de sa grandeur, sans oublier le but principal qu'il poursuivait, celui de faire connaître la religion chrétienne à ce pays idolâtre, et étendre l'autorité du Saint-Siège en augmentant le troupeau du pasteur universel, aussi l'Église s'empressa-t-elle de bénir cette tentative hardie.

22. **VOYAGE PITTORESQUE ET ARCHÉOLOGIQUE** sur les côtes de Bretagne, par L.-F. JÉHAN.

Il y a peu de pays qui offrent à l'observateur et aux savants un plus riche et plus fécond sujet de recherches et d'études, à l'artiste et au poète plus d'images et de scènes grandioses, car rien n'est plus varié que ses aspects, plus poétique que ses rivages, plus héroïque que son histoire, plus original et plus intéressant que ses mœurs et traditions, plus curieux que les monuments et les ruines qui couvrent son sol.

IN-8° CAVALIER. — 3e SÉRIE

Nouvelle collection

(Volumes de 160 pages mesurant 23 × 16)

CHAQUE VOLUME EST ORNÉ DE NOMBREUSES GRAVURES

Broché, couverture en couleur		1 fr. 30
Prix de la reliure *net*, par volume	nouveau et riche cartonnage, tranches jaspées	» 40
	— — tranches dorées	» 70

1. **ABBAYE (L') DE BON-REPOS,** souvenirs de l'Époque carlovingienne, par Ch. DE LA PAQUER[illegible]

C'est le récit d'un des premiers établissements monastiques fondés par le Grand Arnold sous le règne [illegible] Louis le Débonnaire. A cette époque de foi, les hommes qui avaient occupé surtout de hautes positions po[illegible] vaient mesurer plus facilement le néant des honneurs. Ils se retiraient alors au fond des bois chercher solitude pour y prier, y méditer, dans la pensée que l'éloignement du monde les rapprochait de Dieu.

2. **DEUX ENFANTS GRECS,** pendant la guerre de l'Indépendance. Pour la Grèce et pour Croix, par J. DE LIAS.

Deux enfants grecs, Georges et Caïdo, le frère et la sœur, après avoir perdu leurs parents dans le massa[illegible] de Scio par les Musulmans, nous montrent ce que peut l'amour de la patrie. Aussi les Grecs furent affranc[illegible] du joug des Turcs après la bataille de Navarin, et le sang de tant de braves, répandu sur le sol sacré de patrie, en fit germer l'indépendance.

3. **CHEVALIER DE MONTIZAMBERT (Le),** en religion **FRÈRE IRÉNÉE des Écoles chrétienn**[illegible] par Ernest RIVIÈRE.

C'est la vie populaire de l'un des plus éminents disciples de saint J.-B. de La Salle. Comme [illegible] maître dans la vie spirituelle, il appartenait à l'une des plus illustres familles de France ; comme lui, à l'ap[illegible] divin, il renonça à une brillante carrière, abandonna famille, châteaux, magnifiques domaines, joies terrestr[illegible] pour se vouer à l'éducation des pauvres. Devenu le Frère Irénée, le chevalier de Montizambert, comme l'hu[illegible] violette, ne cherchait point à paraître : mais le suave parfum de ses vertus se trahit et préserva sa mém[illegible] de l'oubli que son humilité avait désiré.

4. **FRANÇOIS LE CORDIER,** Nouvelle, par l'abbé DOMINIQUE.

Deux innocentes créatures font tout le charme du récit par la fraîcheur et le coloris. L'une, fille du [illegible] de l'établissement, l'autre, femme d'ouvrier, meurent toutes les deux dans un infâme complot, la première victime de sa charité, la deuxième victime de son dévouement. Sur la tombe encore ouverte s'opère la réconciliation entre les grevistes et le patron.

ILDAS DE TRÉMEL. — Scènes de Bretagne, par Ch. DE LA PAQUERIE.

L'auteur nous montre dans ce récit les funestes effets d'une mauvaise éducation. Son héros Gildas, obligé de s'engager, expatrié, partage pendant quelque temps le sort et la vie de gens déclassés et dévoyés. Ecœuré, il rentre enfin au domaine paternel, où il est reconnu et accueilli par les serviteurs de son père. Ainsi il devient providentiellement possesseur du patrimoine paternel, que détiennent deux infâmes bandits, les assassins de son père. La guerre éclate ; il s'engage et rachète par une fin héroïque les erreurs de sa jeunesse.

ÉGENDES DES BORDS DU LAC D'ANNECY, par Ch. BUET.

C'est une chronique génevoise du XVe siecle, tirée de la cour de Savoie, qui, à cette époque, était une des plus brillantes de l'Europe. Le pont d'Arécy, situé sur la Seyme, à quelque distance de Genève, est le lieu où se déroule le drame qui met aux prises quatre seigneurs représentant la première classe de la société, investis des premières fonctions dans le duche.

ROI DES ABRUZZES (Le), par G. de WEEDE.

C'est en Italie, la terre classique du brigandage, que se déroule le drame plein d'intérêt qui fait le fond de l'ouvrage. Le colonel de Peyrorade, chargé de réprimer les excès des bandits qui infestent la campagne romaine, se voit frappe dans ses plus chères affections. Sa fille Francesina lui est enlevée par Chiavone, leur chef. Celui-ci est à son tour fait prisonnier et condamné à mort; mais le colonel a été prévenu secretement que, si Chiavone est exécute, sa fille subira le même sort. Partagé entre son devoir de soldat et son amour paternel, le devoir l'emporte. Chiavone est executé, et Francesina sauvée par le fils de ce dernier.

N HÉROS DU DEVOIR, par René DE BEAUMONT.

La religion et le patriotisme tiennent une place d'honneur dans ces pages. L'auteur est un jeune officier français, acteur et temoin dans cette expédition de Madagascar qui, decimée par les maladies, coûta si cher à la France en hommes et en argent. Bertrand Fevrelles est bien le type du héros qui accomplit valeureusement son devoir, aussi doit-il être donne comme exemple a notre jeune génération ; mais, ce qui nous le rend plus cher encore, c'est que nous retrouvons en lui l'ami, le frère que nous avons suivi du regard et qui a succombé la-bas victime de son devoir.

BIBLIOTHÈQUE UNIVERSELLE DES FAMILLES

FORMAT IN-8°. — 1re SÉRIE

(500 *pages.* — *Dimensions* 23 × 14)

BEAUX VOLUMES, CHOISIS PARMI LES MEILLEURS OUVRAGES ANCIENS ET MODERNES

Broché, couverture illustrée		4	»
Prix de la reliure *net*, par volume	amateur, dos et coins faç. maroq., plats pap. marbré, t. d. sur tr.	1	50
	dos chagrin, plats toile, tranches jaspées	1	80

Cette Collection, demandée depuis longtemps par les chefs d'etablissements d'Instruction, fatigués de donner pour récompense et pour prix des livres souvent sans autre valeur que le cartonnage et l'illustration, formera un commencement de bibliotheque pour la Jeunesse studieuse.

Ces ouvrages sérieux se recommandent non seulement par leur mérite littéraire et moral, mais encore par leur *extrême bon marché*, malgré le luxe de l'édition.

BOSSUET. — Discours sur l'Histoire universelle .... 1 vol.
— Sermons .... 3 vol.
— Panégyriques .... 1 vol.
— Oraisons funèbres .... 1 vol.
— Connaissance de Dieu et de soi-même ; la Logique .... 1 vol.
— Élévations à Dieu sur tous les mystères de la Religion .... 1 vol.
— Méditations sur l'Évangile .... 2 vol.

BOILEAU. — Œuvres .... 2 vol.

BOURDALOUE. — Œuvres complètes avec table analytique .... 6 vol.
— Avent .... 1 vol.

FÉNELON. — Traité de l'existence de Dieu et Lettres sur la Religion .... 1 vol

FLÉCHIER. — Oraisons funèbres. Choix des principaux Sermons .... 1 vol.

FRAYSSINOUS. — Défense du Christianisme .... 2 vol.

LAMENNAIS. — Imitation de Jésus-Christ .... 1 vol.

LA ROCHEFOUCAULD. — Maximes, Mémoires et Lettres .... 1 vol.

MAISTRE (Joseph de). — Plan d'un nouvel équilibre en Europe .... 1 vol.
— Le Pape, nouvelle édition, précédée d'un Essai sur la définition de l'Infaillibilité pontificale et suivie des notes sur le *Syllabus* .... 1 vol.
— De l'Eglise gallicane dans son rapport avec le Souverain Pontife .... 1 vol.
— Soirées de Saint-Pétersbourg .... 8 fr. — Net, 6 fr. les 2 vol.

MAISTRE (Xavier de). — Œuvres .... 1 vol.

MONTESQUIEU. — Grandeur et décadence des Romains, avec Notes philosophiques et littéraires .... 1 vol.

22. **NOUVEAU TESTAMENT.** — Les Evangiles. Examen critique, par l'abbé Lecamus... 1 vo
23. **PASCAL.** — Pensées .... 1 vo
24. **RACINE.** — Œuvres complètes; Mémoires sur la vie et les ouvrages de l'auteur.. 4 vo
* 25. **SÉVIGNÉ (Mme de).** — Lettres choisies avec notes et éclaircissements historiques 1 vo
26. **SAINT CYPRIEN.** — Œuvres complètes, traduction française, par l'abbé Thibault, ancien professeur à la faculté de théologie de Bordeaux....................... 2 vo
27. **JÉHAN DE SAINT-CLAVIEN.** — La Bretagne, esquisses pittoresques et archéologiques, origines celtiques, monuments, druidisme, etc......................... 1 vo

On a beaucoup écrit depuis un demi-siècle sur la Bretagne Armorique. Mais, parmi ceux qui ont publ des livres sur cette belle province, s'il en est plusieurs qui ont traité certaines parties de son histoire, c décrit certain côté spécial de sa physionomie, il faut convenir que la plupart l'ont plutôt *imaginée* qu'obsern de près ou sérieusement *interrogée*, d'autres l'ont vue à travers leurs préjugés; aussi convenait-il à un con patriote d'en tracer une image fidèle.

BIBLIOTHÈQUE HISTORIQUE

ILLUSTRÉE DE NOMBREUSES GRAVURES SUR BOIS

IN-8°. — 2e SÉRIE

(350 à 400 *pages*. — *Dimensions* 23 × 14)

Broché, couverture illustrée		3 fr. »
Prix de la reliure *net*, par volume	toile, genre demi-reliure, tranches jaspées	» 75
	amateur, dos et coins faç. maroq., plats pap. marb., tête dorée sur tr.	1 50

1. **ANGÈLE** — Mémoires d'une Enfant de Marie, par Mgr Ricard, protonotaire apostolique.

L'auteur a enfin cédé aux sollicitations de ses lectrices, qui toutes le conjuraient de réimprimer en u volume ces pages éparses dans l'*Apostolat des enfants de Marie*. Il étudie dans ce volume toutes l situations où peuvent se trouver les jeunes filles chrétiennes de nos jours, depuis l'enfance jusqu'à la matur et à la fin de la vie.

2. **CLERGÉ DE TOURAINE (Le)** pendant la Révolution française (1789-1800), par l'abbé Arnault curé du diocèse de Tours.

Bien que cet ouvrage soit spécial à la Touraine, il donne une idée générale de la persécution religieu qui sévissait d'une manière plus ou moins intense dans tous les autres départements.

3. **DERNIERS MÉROVINGIENS (Les).** — Grandes scènes de l'Histoire de France, par J. Huber
4. **EN SUISSE.** — Pèlerinages célèbres et sentiers inconnus, par G. Félix.

Aller où les autres ne sont pas allés, voir ce qu'ils n'ont pas vu, s'agenouiller aux endroits qu'ils o dédaignés, baiser le sol qu'ils ont foulé sans s'apercevoir qu'il était saint, se perdre parfois dans une chal de montagnes aux cimes neigeuses, pour contempler à loisir les vallons fleuris et les vertes collines, crois le long du chemin des âmes simples et bonnes, dont la franchise éclaire le sourire, n'est-ce pas faire heureux voyage ? Nous avons parcouru la *vraie Suisse inconnue*, celle qui se cache et garde son mystè celle qui veut rester ignorée, la plus belle peut-être, belle de cette beauté austère et grave qu'il faut étudi pour la comprendre, mais qui captive sans retour ceux qui l'ont contemplée. C'est le récit de ce voya que nous offrons à nos lecteurs.

5. **EN VACANCES** à travers l'histoire du xviie siècle et du xviiie siècle, par Maurice Lefran
6. **FABIOLA,** par S. E. le Cal Wiseman.
7. **GARCIA MORENO,** par l'abbé Domecq.

L'auteur nous fait voir, dans l'influence à la fois douce et forte d'une mère chrétienne, puis dans l'effo raison généreuse et puissante de toutes les vertus chrétiennes, les sources fécondes d'une carrière sans égal dans nos annales contemporaines, aussi ne sait-on ce que l'on doit admirer le plus de l'homme public, ou d l'homme privé. La foi inébranlable de Garcia Moreno lui a fait affronter et vaincre toutes les difficultés, av cette volonté de fer qui ne succombe point, alors que la vie de l'homme peut-être frappée par le poignard l'assassin. Garcia Moreno, avec son noble caractère, sera apprécié de tous; comme le génie, l'héroïsme est tous les temps et de toutes les patries.

8. **GÉNIE DU CHRISTIANISME (Le),** par le Vte de Chateaubriand.
9. **HISTOIRE DES PREMIERS TEMPS DE L'ÉGLISE,** les temps apostoliques, par l'abbé Mé curé de Saint-Pierre, à Saumur.

Le but de l'auteur est d'affermir la foi du lecteur, d'éclairer et de réjouir sa piété, en présentant ses r d'une manière attrayante pour la jeunesse.

10. **HUIT MOIS SUR LES DEUX OCÉANS,** Voyage d'Étude et d'agrément, par M. Mac-E aumônier à bord de *la Junon*.

(Voir l'analyse de cet ouvrage à la page 4.)

11. **LITTÉRATURE UNIVERSELLE.** — Histoire de la Poésie, par Mgr Huguenot.
12. **LITTÉRATURE UNIVERSELLE.** — Histoire de la Prose, par le même.

C'est l'histoire de la poésie et de la prose dans tous les temps et chez tous les peuples. Le cadre, o voit, est immense, et l'auteur forcément a dû se restreindre en quelque sorte à une nomenclature d'aut qu'il apprécie avec le bon goût et la morale la plus sévère. Les grands écrivains ont cependant la pla laquelle ils ont droit; mais, pour qui possède déjà quelque teinte de littérature, il sera intéressant de voi dérouler sous ses yeux toutes les œuvres de l'esprit humain.

13. **LIVRE D'OR FRANCO-RUSSE (Le),** par François Bournand, professeur à l'Ecole professionnelle catholique, ancien élève de l'Ecole des Hautes-Etudes.

(Voir l'analyse de l'ouvrage à la 1re série, in-4°, p. 3).

*14 **MÈRE JEANNE,** par Mme L. Penasson, Officier d'académie.

Si vous vous arrêtez, écrit l'auteur dans sa préface, à l'étude des différents caractères que j'ai tracés dans ce volume, vous remarquerez que les sentiments généreux, delicats et élevés, tout en éveillant le tact, la pierre de touche du savoir-vivre, sont et resteront toujours les conditions indispensables de bien mener sa vie, ainsi que le meilleur manuel d'éducation.

15. **NOS GRANDS ÉVÊQUES AU XIXe SIÈCLE,** par Mgr Lesur, en collaboration avec M. François Bournand.

(Voir l'analyse de l'ouvrage, 1re série, in-4°, p. 3.)

16. **NOS SŒURS DE CHARITÉ**, par M. F. Bournand, professeur à l'Ecole professionnelle catholique, avec une préface de Mgr Fèvre, et des lettres de MM. Coppée, J. Simon et Sully-Prudhomme, de l'Académie française.

La Sœur de charité, écrit Mgr Fèvre à l'auteur, c'est la femme fixée par un vœu dans la carrière que Dieu lui a assignée ; c'est la femme naturellement dévouée, élevee par la religion à l'exercice quotidien du dévouement surnaturel; c'est la femme parfaite, la femme forte, la femme qui se donne et s'immole, sans que jamais l'égoïsme, ni aucune autre passion puissent la faire dévier de sa voie. La robe de bure qui couvre ses membres, le voile blanc qui cache ses cheveux, la croix qui décore sa poitrine, tout cela n'est que l'emblème du crucifiement qui se pratique dans son âme pour tous les actes de la charité.

— **SOYEZ CHRÉTIEN !** dédié au jeune homme qui veut être quelqu'un et faire quelque chose, par Mgr Saint-Clair. Un beau volume in-8° orné d'une magnifique gravure de Hallez comme frontispice.

EXTRAIT DE L'APPROBATION DE Mgr L'ÉVÊQUE D'ANNECY

Puisse l'Esprit de Dieu faire comprendre à beaucoup qu'ils sont tenus de faire quelque chose, que l'on ne peut faire quelque chose qu'à la condition d'être quelqu'un, et que l'on n'est quelqu'un que si l'on s'engage, sans regarder en arrière, à la suite de Celui qui a dit : « Je suis la voie, la vérité et la vie. »

SITTING-BULL, le Héros du désert, histoire de la guerre américo-indienne, par M. Bournichon.

Ecrit dans un style coloré, épique, cet ouvrage rappelle les célèbres créations de F. Cooper; l'auteur met face à face la civilisation américaine et les tribus indiennes du Nouveau Monde avec des péripéties émouvantes et terribles.

TRAPPISTE DU XIXe SIÈCLE (Un). — Le P Jean-Baptiste, religieux de la Trappe de Melleray (1858-1882), par M. l'abbé Boursin, chanoine de Coutances.

Ce récit d'une vie aussi courte que bien remplie répond au besoin d'idéal qu'éprouve toute âme élevée et toute intelligence désireuse de sortir des réalités basses et vulgaires. Point d'aventures extraordinaires ; rien que l'histoire d'un cœur plongé dans l'amour divin et livré aux luttes journalières de la vertu militante. D'abord léger et dissipé dans ses jeunes ans, mais doué d'un esprit généreux et docile, notre héros, ses études terminées, a hésité un instant entre la carrière militaire et le sacerdoce. Un séjour qu'il fait alors à l'abbaye de Melleray décide de sa vocation. M. l'abbe Boursin, à cette occasion, donne une intéressante description du monastère et de l'existence qu'on y mène. Sans oublier ses parents vers lesquels sa pensée se reportait souvent, le jeune religieux se livrait avec joie à ses austères devoirs. Sa douleur fut profonde lorsque les décrets d'expulsion le forcèrent à quitter cet asile béni. Il lui fut donné, par la suite, de retourner à Melleray, mais ce ne fut, hélas ! que pour y subir de nouvelles épreuves. La maladie ne tarda pas à l'atteindre, et il mourut en état de sainteté.

BIBLIOTHÈQUE DE SCIENCE VULGARISÉE

ILLUSTRÉE DE NOMBREUSES GRAVURES SUR BOIS

IN-8°. — 3e SÉRIE

(*Dimensions* 23 × 14)

Broché, couverture glacée		2 fr. 50
Prix de la reliure *net*, par volume	nouveau et riche cartonnage, imit. veau, tranches jaspées	» 35
	— — — tranches dorées	» 70
	toile, genre demi-reliure, tranches jaspées	» 75
	amateur, dos et coins faç. maroq., plats pap. marbre, t. d. sur tr.	1 50

1. **HISTOIRE DU PAIN ET DE L'ALIMENTATION VÉGÉTALE,** à toutes les époques et chez tous les peuples, par C. Husson, président de la Société de Pharmacie de Lorraine, lauréat des écoles de Nancy et de Strasbourg.

La préoccupation de tous les économistes est de concilier ces deux actes : le développement de l'espèce humaine et sa conservation ; il est donc du plus haut intérêt de rechercher ce que les législateurs ont fait pour résoudre ces problèmes et de tracer l'histoire de ce pain quotidien si nécessaire à l'existence que, lorsqu'il fait défaut, les plus grands desastres comme les plus grands crimes sont à redouter.

2. **HISTOIRE D'UNE HABITATION,** par MM. Secrétain et Bouchet, professeurs à Saint-Urbain à Angers.

Sous une forme très simple, avec une lucidité parfaite, les auteurs ont donné des notions pratiques sur la construction d'une maison ; tour à tour l'architecte, le maçon, le charpentier, le menuisier, le tapissier, etc., nous révèlent les secrets de leur art, et, comme ils s'expriment par la plume de professeurs aussi savants que distingués, ils parlent clairement et brièvement.

3. **HISTOIRE DES COQUILLAGES.** Leurs applications aux coutumes religieuses, aux arts et à l'économie domestique, par Arnould Locard, vice-président de la Société malacologique de France.

L'auteur, laissant de côté toute question souvent bien aride et bien ingrate des descriptions et des classifications malacologiques, s'est appliqué à faire connaître, en quelques pages fort intéressantes, le côté pratique, utilitaire et même mystique que l'homme a su si bien découvrir dans les coquillages ; il a démontré également que toute science, même la plus modeste, a toujours son côté attrayant et bien fait pour plaire aux yeux, même des plus sceptiques.

4. **DE L'IMAGINATION DANS LES PRINCIPES DES SCIENCES EXACTES,** par J. Bonnel, ancien élève de l'Ecole normale supérieure, agrégé des Sciences mathématiques, professeur au Lycée de Lyon.

Ce volume, destiné aux maîtres de l'enseignement aussi bien qu'à la jeunesse studieuse de nos collèges, renferme, sous une forme simple et commode, un certain nombre de pensées sur les définitions géométriques ou les principes des sciences exactes. Il renferme les remarques piquantes de ce professeur sur la philosophie des mathématiques et les critiques si fines et si bienveillantes qu'il adresse aux mathématiciens, et dont les questions, aussi ardues que délicates, ont été traitées dans cet ouvrage.

5. **LES GLOBES CÉLESTES.** Description théorique et pratique des phénomènes astronomiques, donnant sur chaque question le dernier mot de la science moderne, par J.-F. Bonnel, ancien élève de l'Ecole normale supérieure, agrégé des Sciences mathématiques, professeur au Lycée de Lyon.

Les **globes célestes** forment une description détaillée des phénomènes de l'astronomie, donnant sur chaque question le dernier mot de la science moderne. Rien de fantaisiste, rien de conjectural dans ce travail ! C'est un véritable manuel astronomique d'une lecture fortifiante, instructive et agréable, indispensable à un grand nombre de personnes. Le plan de l'ouvrage est celui que conseillait l'illustre Képler et se résume en trois mots : ses mondes, ses systèmes, ses applications. Après la préface, qui est remplie par une page magistrale du P. Gratry, l'auteur décrit le tableau de l'univers d'une manière générale, et en particulier des mondes divers qui le composent. Le dernier chapitre, celui des applications, est absolument pratique. Il n'y a pas de question usuelle ou privilégiée dont on ne trouve la solution indiquée d'une manière satisfaisante et élémentaire.

6. **DU BON SENS ET DE LA HAUTE RAISON,** par S. G. Mgr Gilly, évêque de Nîmes.

Ouvrage scientifique et philosophique que nous ne saurions trop recommander à l'heure actuelle.

7. **MINÉRAUX UTILES ET PIERRES PRÉCIEUSES.** Leurs applications aux arts et à l'industrie, par A. Locard, ingénieur des Arts et Manufactures.

Parmi les différentes branches de l'histoire naturelle, il n'en est point dont l'étude présente un intérêt aussi varié, aussi multiple que celui des innombrables trésors que nous fournit chaque jour le sol que nous foulons aux pieds. Laissant de côté tout ce que peut présenter de long et de fastidieux la partie purement théorique de cette science, l'auteur s'est surtout attaché à en faire ressortir le côté pratique et utilitaire.

BIBLIOTHÈQUE ÉDIFIANTE

IN-8°. — 4e SÉRIE

CHAQUE VOLUME EST ORNÉ DE GRAVURES

(208 *à* 224 *pages.* — *Dimensions* 23×14)

Broché, couverture chromo		2	»
Prix de la reliure *net*, par volume	nouveau et riche cartonnage, tranches jaspées	»	35
	— — tranches dorées	»	70
	toile genre demi-reliure, tranches jaspées	»	75
	amateur, dos et coins faç. maroq., plats pap. marb., t. d. sur tranche.	1	50

1. **AGNÈS, OU LA PETITE ÉPOUSE DU SAINT-SACREMENT,** nouvelle traduction, par D. C.

C'est une nouvelle traduction du chef-d'œuvre de Marie Caddel : la scène se passe à l'époque de la persécution religieuse en Irlande, sous la dictature de Cromwell. Il serait à désirer que les enfants pour lesquels ce livre est écrit gravent profondément dans leurs jeunes cœurs les sentiments qu'il renferme, car on n'est jamais trop jeune pour aimer Jésus ni pour être aimé de lui.

2. **ÉLISABETH DE PRADES,** sa vie, son journal, par l'abbé Calhiat, chanoine honoraire, missionnaire apostolique, docteur en théologie et en droit canon.

Cet ouvrage est l'histoire édifiante d'une belle âme, dont la vie trop courte offre l'exemple d'admirables vertus et fut toujours remplie par des œuvres pieuses. Quelques pages détachées du Journal d'Élisabeth à Rome sont imprégnées de l'enthousiasme que donne la présence du vicaire de Jésus-Christ au milieu des splendeurs de la Ville Éternelle. Ce livre convient surtout aux jeunes filles chrétiennes, qui y trouveront un excellent modèle des vertus qu'elles sont appelées à pratiquer.

3. **GRAND PRODIGE DE CAMPOCAVALLO (Le),** d'après les *Annales de Notre-Dame du Bon Conseil* et les documents publiés sous la haute autorité de Mgr l'évêque d'Osimo.

4. **VIE DE SAINT MARTIN,** par M. de Chatenay.

Ce court, mais très véridique résumé de la vie de saint Martin contient l'exposé du culte du grand Thaumaturge, ses gloires, ses désastres et enfin la réédification de la nouvelle basilique sur le lieu même de son tombeau. Après les pèlerinages de Jérusalem et de Rome, on sait que celui de saint Martin est le plus renommé.

5. **VIE DE SAINT STANISLAS KOSTKA,** par l'abbé Caveau.

L'auteur, pour répondre au désir qui lui avait été manifesté, a extrait de l'édition complète une miniature du jeune saint, en donnant des détails d'un charme infini sur l'ensemble de cette angélique physionomie.

6. **VIE DE SAINT LOUIS DE GONZAGUE,** par M. de CHATENAY.

Cette nouvelle édition de la vie si pure et si suave de l'illustre saint est le pendant de celle de saint Stanislas, deux puissants protecteurs qui ne seront jamais implorés en vain par la jeunesse chrétienne.

7. **VIE DE SAINT BERCHMANS,** d'après le P. Nicolas FRIZON (S. J.), par l'abbé MORIGNY.

Ici, il faut admirer les mystérieux desseins de la Providence, qui a montré au monde, dans un laps de soixante-dix années, ces trois fleurs de jeunesse et d'innocence, destinées à servir de modèles aux étudiants chrétiens. Dieu les a placés tous les trois dans la Compagnie de Jésus, en déposant dans leurs cœurs une même flamme de charité et d'amour, avec une diversité d'aspect. Nous avons choisi de préférence le texte du P. Nicolas Frizon, qui met bien la physionomie de Berchmans dans sa véritable lumière. En lisant cette vie si pieusement écrite, on est instruit et édifié.

8. **VIE DE LÉON XIII,** par l'abbé CALHIAT, chanoine honoraire, missionnaire apostolique.

J'ai vu Léon XIII, dit l'auteur, je l'ai vu camerlingue ; je l'ai vu cardinal. Plusieurs fois je l'ai entendu, plusieurs fois il m'a donné d'aimables encouragements et de paternelles bénédictions : alors je n'ai pu résister à la séduisante tentation de raconter la vie de cet illustre pontife, de dire ce que j'avais vu à Rome. C'est une histoire populaire que les fidèles liront avec plaisir.

9. **VIE DE SAINT MARTIN,** par SULPICE SÉVÈRE, son disciple et son ami, traduit du latin, par M. RICHARD VIOT, précédée d'une notice historique sur Sulpice Sévère, par M. l'abbé BOURASSÉ, chanoine de l'église métropolitaine de Tours, nouvelle édition, augmentée de l'histoire du culte de saint Martin et de sa restauration.

10. **VIE DE SAINT REMI,** évêque de Reims et apôtre des Francs, par l'abbé CARLIER, ancien élève de l'Ecole des Carmes et de l'Ecole pratique des Hautes-Etudes en Sorbonne.

Sa Grandeur Mgr Mignot, évêque de Fréjus et de Toulon, a bien voulu adresser la lettre suivante à l'auteur au sujet de cette publication :

« Je salue avec plaisir la nouvelle édition de la Vie de notre saint Patron.

« En vous envoyant ces félicitations, je cède moins à une satisfaction de lettré ou d'érudit qu'à un besoin de reconnaissance ? — C'est qu'en effet, pour moi, saint Remi est plus qu'un glorieux compatriote, il est le patron de ma paroisse natale : joies d'enfance chrétienne, formation religieuse, impressions de première communion ne se séparent pas, dans ma pensée, ni dans mon cœur, du souvenir aimé de Celui que la France chrétienne va vénérer à Reims. Enfin, il me paraît bon, équitable, que les gardiens du berceau de sainte Remi ne laissent pas aux heureux gardiens de son tombeau le soin exclusif de louer notre « ancêtre dans la foi ». C'est encore une des raisons pour lesquelles je suis heureux d'encourager et de bénir vos efforts. » « ✝ EUDOXE-IRÉNÉE, *Evêque de Fréjus et Toulon.* »

BIOGRAPHIES. — VOYAGES ET NOUVELLES

CHAQUE VOLUME EST ORNÉ DE NOMBREUSES GRAVURES

IN-8°. — 5e SÉRIE

(240 à 256 *pages.* — *Dimensions* 23 × 14)

Broché, riche couverture chromo		1 fr. 50
Prix de la reliure *net*, par volume	nouveau et riche cartonnage, tranches jaspées	» 30
	— — tranches dorées	» 65
	toile, genre demi-reliure, tranches jaspées	» 75
	amateur, dos et coins faç. maroq., plats pap. marbre, t. d. sur tr.	1 50

1. **BARRAL (Adrien de).** — Légendes carlovingiennes.

L'auteur a eu l'excellente idée de faire connaître à la jeunesse ces légendes dorées qu'enfanta le siècle de Charlemagne.

2. **BARRAL (Adrien de).** — Soirées de Boisraveau.

3. **CHATENAY (C. de).** — Marcelle. Journal d'une jeune fille.

Ce journal est écrit pour les jeunes filles pieuses et dévouées, qui remplissent avec joie tous les devoirs de la vie, car c'est dans le devoir accompli et la paix de la conscience que se trouve le vrai, le seul bonheur

4. **CHATENAY (C. de).** — Rome chrétienne, ou la légende de Sainte-Hélène, suivie des Noces d'or de Léon XIII.

Rien n'est plus touchant que cette conversion de sainte Hélène par le pape saint Melchiade. L'ouvrage se termine par les Noces d'or de Léon XIII, après un précis historique sur les trente premiers Papes martyrs.

5. **CLAVIÈRE (de La).** — Les Enfants de la Roseraie.

6. — Sept ans plus tard, ou les Adolescents de la Roseraie.

Ces deux volumes, écrits avec beaucoup de charme, présentent de gracieux tableaux qui témoignent d'une imagination fraîche et vive ; c'est un langage qui sera entendu par les enfants, car il y a entrain, ardeur et pétulance. On croit, en lisant, entendre les rires et les cris de joie de toute cette jeunesse.

7. **DOMINIQUE** (l'abbé). — Souvenirs de Vendée et de Lorraine, suivi de deux Légendes saxonnes.

Les Guerres de la Vendée sont une mine inépuisable pour les conteurs ; aussi les récits de ce recueil forment une lecture très attachante. Le premier épisode met en scène un ancien officier, chrétien convaincu mais non pratiquant, qui combat avec ardeur dans l'armée royaliste et qu'un brave curé, homme de paix et de charité, ramène à la pratique religieuse. Les deux autres épisodes ne seront pas lus avec moins d'intérêt.

8. **DOMBRE** (Roger). — Journal de Robert, France et Russie.

Rien de plus animé, de plus intéressant que les espiègleries de Robert ; il amuse ses jeunes lecteurs et les édifie, car le repentir chrétien termine toujours ses escapades.

9. **DUMONT** (l'abbé). — Souvenirs et impressions d'un voyage en Italie.

L'auteur raconte tout ce qu'il a vu d'une manière si franche, si alerte, que l'on n'éprouve aucune fatigue à refaire à sa suite la route tant de fois parcourue par d'autres conteurs, de Paris à Milan, Venise, Padoue et Rome. Puis, comme il sait faire aimer la vieille cité chrétienne, ses merveilles séculaires et S. S. Léon XIII ! Avec quelle emotion il parle de sa bonté paternelle et de son amour profond pour la France.

10. **ÉTHAMPES (Gabrielle d')**. — Le Château de la Rochemontée.

11. **ÉTHAMPES (Gabrielle d')**. — L'Épée du duc Arthur de Bretagne.

Ces nouvelles historiques présentées d'une manière intéressante par l'auteur, déjà si connu par ses précédentes publications, auront le même charme pour la jeunesse.

12. **FÉLIX (G.)**. — Un voyage imprévu en Palestine et aux Lieux Saints.

Les grands voyageurs en Orient, comme B. Poujoulat et Mgr Mislin, ont fourni presque tous les matériaux à l'auteur, qui a su si bien grouper ses extraits dans le cadre d'un recit de voyage qu'il a mis à la portée des enfants chrétiens, sous une forme attrayante, ainsi que la description des lieux sacrés où se sont passées les grandes scènes de notre Rédemption.

13. **FÉLIX (G.)**. — Le Maréchal Canrobert.

Encore une de nos grandes figures militaires qui disparaît. L'auteur a montré dans ce volume la valeur héroïque du maréchal sur tous les champs de bataille aussi bien que son abnégation en Crimée, lors de la remise du commandement en chef à son successeur, sa modestie, sa simplicité jusqu'au-delà du tombeau, puisqu'il avait manifeste le désir de reposer dans un cimetière à côté des siens ; mais la France avait marqué sa place sous les voûtes de l'hôtel des Invalides, pres des illustres guerriers qui l'y attendaient, comme un de leurs égaux en gloire.

* 14. **FÉLIX (G.)**. — Le Général Bourbaki.

C'est une belle existence militaire que celle du général Bourbaki. Ceux qui, enfants en 1870, ont appris av[illegible] les lettres de l'alphabet les noms de ces brillants sabreurs de l'armée d'Afrique, savent seuls quel frisson fais[illegible] courir leurs exploits. Mais Bourbaki et ses illustres soldats, qui, comme lui, après avoir assisté aux gra[illegible] désastres, espéraient les grands relèvements, ont disparu. L'avenir sera aux peuples vertueux et chréti[illegible] à ces générations vigoureuses retrempees dans l'esprit de foi et qui marchent à la conquête du [illegible] progrès sous la bannière du christianisme. Que nos jeunes soldats apprennent, à l'exemple de Bourb[illegible] à aimer l'armée et le métier des armes, qu'en toutes circonstances ils imitent sa droiture, sa loyaute[illegible] patriotisme, son abnégation et qu'ils n'oublient pas que ces qualités ont valu à Bourbaki un nom popul[illegible] aimé et connu jusque dans les plus pauvres chaumières de France.

15. **FÉLIX (G.)**. — Le Général Chanzy.

Le général Chanzy, une des plus nobles figures de la France contemporaine, eut une carrière militaire to[illegible] de courage et d'honneur ; il la couronna par une mission presque surhumaine, celle de défendre une ca[illegible] qu'il savait perdue d'avance, la défendant avec l'enthousiasme du soldat qui croit au succès.

Il nous manquait une histoire de ce grand homme de guerre et d'honneur : cette lacune est comblée par [illegible] livre que nous présente M. G. Félix. Il prend Chanzy dès sa naissance, nous retrace rapidement sa jeunes[illegible] ses premières campagnes ; il consacre ensuite la plus grande partie de son ouvrage à cette inoubliable ca[illegible] pagne de la Loire, où le général se montra si grand dans la défaite. Il fut tenu en particulière estime par [illegible] Tzar, pendant tout le temps qu'il fut ambassadeur en Russie.

16. **FÉLIX (G.)**.— Le Général Ducrot.

Ce soldat « sans peur et sans reproche » appartenait à une vieille famille militaire qui lui avait légué [illegible] bravoure et l'honneur, aussi fut-il tout à la fois un homme de guerre, un homme de bien et un chrétien co[illegible] vaincu. Cette triple auréole en fait un de ces rares modèles qu'on doit s'empresser d'offrir à l'admiration [illegible] l'imitation de la jeunesse.

17. **GINETTA**, ou la vie et les derniers moments d'une jeune enfant (traduit de l'italien).

C'est l'histoire d'une enfant que le bon Dieu ne fit que montrer à la terre ; petite fleur à peine éclose, [illegible] anges la cueillirent pour en orner le parterre des cieux, tant il est vrai que le cœur de l'enfant peut produ[illegible] des faits merveilleux, quand une éducation prévoyante et sage a disposé dans ce sol la bonne semence [illegible] que les exemples du foyer domestique font prospérer ces germes bénis.

18. **MICHELLE (P.-M.)**. — L'Amiral Courbet au Tonkin. Souvenirs historiques.

Il y a quelques années, la France entière, penchée sur la tombe de l'illustre homme de mer qui av[illegible] porte si haut dans les mers de Chine le pavillon français, montrait une fière et patriotique doul[illegible] Aujourd'hui cette douleur est à peine amortie ; cette fois-ci, les pessimistes, qui s'en vont répétant que [illegible] légèrete française est incurable et que nous n'avons même pas la religion du souvenir, ont eu tort. La Fra[illegible] recueille pieusement tous les documents qu'accumulent devant elle les admirateurs du vainqueur de So[illegible] et de Fou-Tchéou. A ce titre, on lira avec plaisir le livre de M. Michelle, qui nous montre le rôle qu'a j[illegible] l'amiral Courbet dans cette guerre de Chine, qui n'a jamais été déclarée et qui n'en a pas moins été terri[illegible] parfois. L'auteur nous montre, par le récit des derniers moments de l'amiral, quel était ce noble caract[illegible] Nous ne dirons qu'un mot du livre de M. Michelle : il est fortifiant, car il met en relief une des belles gloi[illegible] françaises de l'époque (*France militaire*).

* 19. **MORIGNY** (l'abbé). — Les Frères ennemis (épisode de la guerre franco-allemande).

Les Frères Ennemis, par l'abbé Morigny, ont pour théâtre la guerre de 1870. Au premier plan, Caïn [illegible] Abel. Caïn est Allemand, Abel est Français, bien que fils du même père. Caïn déteste Abel mortellemen[illegible] veut le faire fusiller. Abel se tire de ce mauvais pas, et lorsque Caïn est pris à son tour, Abel se venge e[illegible] sauvant du plus affreux trépas.

L'histoire qui suit est peut-être plus dramatique encore. Un calviniste maudit son fils parce qu'il s'est [illegible] catholique. Tous les deux se rencontrent sur le champ de bataille. Le père implacable maudit toujours [illegible] cœur de bronze ne s'amollit que lorsque son fils tombe foudroyé.

20. **RAILLARD (C.)**. — Vingt jours au camp d'Avord.

Ces croquis modestes, crayonnés au jour le jour sur les feuilles d'un pauvre petit carnet, dit l'auteur, m'ont procuré des passe-temps si agréables pendant mes vingt-huit jours que mes amis ont voulu les voir passer sous les yeux du public. Je me suis exécuté : j'ose espérer que les lecteurs n'auront pas le courage de m'en garder rancune.

WEEDE (G. de). — Une Vendéenne héroïque.

Ce récit n'offre pas moins d'intérêt que celui du *Gentilhomme vendéen* publié dans notre série grand in-8°. Il est pris à l'époque où la Vendée frémissait sous les troupes victorieuses de Louis-Philippe qui envahissaient les pays conquis, traquant les révoltés avec l'acharnement spécial aux guerres civiles. L'héroïne, Jacqueline de la Hétraie, expose fréquemment sa vie pour sauver son père, dont la tête avait été mise à prix pour quiconque le livrerait mort ou vivant à l'autorité militaire.

BIBLIOTHÈQUE INSTRUCTIVE

CHAQUE VOLUME EST ORNÉ DE GRAVURES

IN-8°. — 6e SÉRIE

170 pages. — Dimensions 23 × 14

Broché, couverture illustrée		1 fr. »
Prix de la reliure *net*, par volume	nouveau et riche cartonnage, tranches jaspees	» 30
	— — tranches dorées	» 60
	amateur, dos et coins faç. maroq., plats pap. marbré, tête d. sur tr.	1 25

AIMEZ VOS ENNEMIS, par le R. P. Spillmann, de la Compagnie de Jésus, traduit de l'allemand pour la première fois en français, par E. C.

C'est un épisode de la guerre des Maoris dans la Nouvelle-Zélande. Dans ce récit, l'auteur dépeint l'amour chrétien pour ses ennemis. Ses héros, qui sont nos contemporains, présenteront ainsi un attrait plus particulier à la jeunesse. Ils seront d'une utilité encore plus grande en raison du but moral qu'ils atteindront, puis qu'ils fourniront des exemples de vertu que chacun pourra imiter.

AMBITION (L') ET SES VICTIMES, par H. Rochelle, professeur.

L'auteur a eu une excellente inspiration, en nous faisant voir comment son héros, dévoré par l'ambition, finit par devenir chef de brigands et comment Dieu le convertit. Le dramatique épisode de la mare Bardin et celui de la Cagnotte sont également vrais au point de vue historique.

BONS ENFANTS (Les), par Gabrielle d'Éthampes.

Trois bluettes, trois fleurettes, qui sont des plus charmantes. Cette manière si chrétienne et si naïve, pour un petit ramoneur, de se dresser une couronne là-haut, est délicieusement racontée. Ce livre charmera tous les enfants en même temps qu'il les édifiera.

DANS L'ISTHME DE PANAMA, scènes de la vie indienne. Souvenirs et impressions de voyage, par Albert Larthe.

Tous les faits racontés dans ce volume sont absolument authentiques ; nous avons seulement changé les noms des personnages en les remplaçant par d'autres ; mais nous avons tenu à conserver celui du vénérable missionnaire, le P. Moralès, de la Cie de Jésus, que nous avons connu dans ces pays meurtriers, où il dépensait son zele, son dévouement, sa charité, afin d'appeler sur lui l'admiration de tous ceux qui liront ces pages. C'est un modeste hommage rendu aux courageux apôtres, qui abandonnent parents et amis pour aller verser un peu de baume évangélique dans le cœur de ces hommes demi-sauvages. Souvent, hélas ! leur récompense terrestre est la mort, et au milieu de quelles souffrances ! aussi reçoivent-ils au ciel la couronne qu'ils ont si bien conquise sur cette terre !

DEUX ENFANTS DE MARIE, par le R. P. Spillmann, de la Compagnie de Jésus, traduit de l'allemand pour la première fois en français par E. C.

Il y a près d'un siècle, les tribus du Caucase luttèrent pour leur liberté contre la puissance russe, leur soumission coûta plus d'un demi-million aux tzars, qui ne purent se flatter de les avoir vaincus, mais qui les écrasèrent par leurs masses. C'est le récit intéressant et instructif de cette époque épique que nous offrons aux jeunes lecteurs.

DÉVOUEMENTS HÉROIQUES (Les), par le Dr Hermann Rolfus, traduit de l'allemand par l'abbé Gobat.

Le récit de nobles actions fait toujours une profonde impression sur les caractères non prévenus en nous portant à les imiter.

ENFANCE DES HOMMES CÉLÈBRES (L'), par P.-L. Michelle.

L'auteur a fait un choix des hommes les plus celèbres dans leur enfance, afin qu'ils puissent servir de modèles à la jeunesse.

ENFANCE DES FEMMES CÉLÈBRES (L'), par le même.

Le même choix a été fait pour les jeunes personnes et dans le même but.

JOURNAL DE CLÉRY (Le). — Relation des événements de la Tour du Temple.

C'est le récit le plus attachant des événements qui se sont passés à la Tour du Temple pendant la captivité de Louis XVI, par le valet de chambre de l'infortuné monarque.

LÉPREUX DE LA CITÉ D'AOSTE (Le), les Prisonniers du Caucase, la Jeune Sibérienne, par X. de Maistre.

Tous nos lecteurs connaissent la valeur littéraire des œuvres de X. de Maistre, le charmant et spirituel conteur.

MANOIR DE BARBARA (Le), par Herchenbach, traduit de l'allemand par l'abbé Gobat.

C'est une délicieuse légende, extraite des œuvres du chanoine Herchenbach, dont les péripéties multiples intéresseront la jeunesse.

NOBLES ACTIONS, par le Dr Hermann Rolfus, traduit de l'allemand par le même.

Ces nouveaux traits feront une salutaire impression sur nos jeunes lecteurs, qui les liront avec autant de plaisir que les *Dévouements héroïques*.

13. **PETITE PERCE-NEIGE (La)**, l'Enfant non baptisée, ou l'Histoire de trois baptêmes, par Marie CADDELL, traduit de l'anglais par P.-L. MICHELLE.

Angélina ou la petite Perce-Neige, l'héroïne de ce récit, était une petite fille aussi douce que bonne : d'un dévouement sans limites ; il est à désirer que toutes celles qui liront ces pages la prennent pour modèle.

14. **PETITS NOELS (Les)**. Contes, légendes et histoires recueillis pour mes petits-enfants, par M. de LORÉMOND.

Ces petits récits se rapportent tous à la grande, à l'aimable fête de Noël. Tous sont jolis, touchants, écrits d'une façon charmante en un style élégant et simple. Ce livre s'adresse à tous les lecteurs, surtout aux enfants, qui y puiseront les meilleurs conseils donnés sous la forme des plus agréables exemples.

15. **QUATRE PORTRAITS**, ou Journal d'une Sœur du Tiers-Ordre, traduit de l'allemand par l'abbé GOBAT.

Ce journal n'est pas une biographie, mais la relation des nombreuses calamités qui ont accablé deux jeunes orphelines dont les exemples rappellent que Dieu accorde toujours aide et protection à ceux qui l'implorent dans leurs peines.

16. **TROIS ENFANTS ADMIRABLES**, par un Religieux de la Compagnie de Jésus, traduit de l'espagnol, avec l'autorisation de l'auteur, par Albert LARTHE.

Les trois biographies que nous vous offrons, dit l'auteur dans sa préface, vous enseigneront le précepte de la Sagesse. La première est contemporaine, la deuxième se rapporte à une époque où la foi était plus grande, et la troisième remonte à une époque encore plus reculée où il en coûtait la vie pour confesser publiquement Jésus-Christ.

Le premier modèle n'a pas huit ans, le second neuf, et le troisième dix. Ce que des enfants ont fait autrefois, pourquoi d'autres enfants ne le feraient-ils pas aujourd'hui. Le Dieu qu'ils adoraient est le même que nous adorons. Celui qui les secourait est également disposé à nous secourir ; accourez donc dès maintenant à Jésus, accourez toujours, et que maintenant et toujours Jésus vous bénisse.

17. **VOYAGE DANS LES DÉSERTS DU SAHARA**, par un officier d'administration aux Colonies.

Dans la première partie de cet ouvrage, l'auteur, officier de marine, raconte ses aventures à la suite d'un naufrage où il fut fait prisonnier par les Maures et traîné en esclavage ; après mille péripéties, il retrouve enfin sa liberté et revient en Europe.

Dans la seconde partie, il décrit d'une manière attrayante et instructive les mœurs et les usages des habitants du Sahara et du Maroc.

BIOGRAPHIES CONTEMPORAINES

IN-8°. — 7e SÉRIE

CHAQUE VOLUME EST ORNÉ DE GRAVURES

(128 *pages*. — *Dimensions* 23 × 14)

Broché, couverture chromo		1 fr. »
Prix de la reliure *net*, par volume	riche et nouveau cartonnage, tranches jaspées	» 30
	— — tranches dorées	» 60
	percaline, tranches jaspées	» 70

1. **SŒUR ROSALIE**, Sœur Marthe, Sœur Nathalie Nariskin. Les petites Sœurs des pauvres. Les Sœurs dans les institutions charitables.
2. **LES SŒURS DANS LES PAYS LOINTAINS**, Les Sœurs dans les hôpitaux. Les Sœurs pendant la guerre de 1870-71, et pendant la Commune. Témoignage des contemporains.
3. **LES SŒURS MARTYRES**, Les Sœurs récompensées. Les Sœurs enseignantes. Les Sœurs missionnaires d'Afrique. La Sœur de charité, ange du pauvre.
4. **LES CHRÉTIENS CÉLÈBRES AU XIXe SIÈCLE** (1re série).
5. **LES CHRÉTIENS CÉLÈBRES AU XIXe SIÈCLE** (2e série).
6. **LES CHRÉTIENS CÉLÈBRES AU XIXe SIÈCLE** (3e série).
7. **LES CHRÉTIENS CÉLÈBRES AU XIXe SIÈCLE** (4e série).

BIBLIOTHÈQUE DE L'ENFANCE

PETIT IN-8°. — 8e SÉRIE

CHAQUE VOLUME EST ORNÉ DE GRAVURES

(120 *pages*. — *Dimensions* 21 × 13)

Broché, couverture chromo		» fr — 25
Prix de la reliure *net*, par volume	riche cartonnage, tranches jaspées	» 25
	— tranches dorées	» 50
	percaline, tranches jaspées	» 60

1. **ANGE DE PAQUES (L')**, traduit de l'allemand par l'abbé GOBAT.

Le but de cet ouvrage est de montrer que le bonheur gît dans le travail, l'affection et la simplicité de habitudes et que la charité est le seul remède à l'égoïsme.

2. **BARQUE MAUDITE (La),** par l'abbé DOMINIQUE.

C'est une vieille légende bretonne écrite avec un rare talent. Malo Thégonnec a fait un vœu qu'il n'a pas observé. Ce vœu, il l'a prononcé sur la croix de sa femme mourante, et la malédiction qu'il a encourue ne peut prendre fin que lorsqu'il aura pressé sur ses lèvres ce bijou sacré, en demandant à Dieu le pardon de sa faute. Mais le bijou a disparu. Son fils Urvoan se dévoue à cette recherche et n'a de repos qu'après l'avoir retrouvé.

3. **COMMANDANT RIVIÈRE AU TONKIN (Le),** par L. PEYRIN.

L'auteur possède son sujet; après avoir fait précéder son récit d'un aperçu géographique sur l'empire du *Milieu*, ainsi que sur les mœurs et les usages de la Chine, il nous dépeint les actes de bravoure et de patriotisme de Rivière, qui ne sont pas rares dans nos annales militaires.

4. **ENFANCE D'UN SAINT (L'),** par Ch. BUET.

M. Buet raconte dans ces pages l'enfance de saint François de Sales; rien de plus gracieux que les scènes qui se déroulent avec ses jeunes cousins au château de Sales, sous l'œil de la mère de notre jeune saint, dont la douceur et la grâce faisaient présager ce qu'il devait être plus tard.

5. **ESPION MALGRÉ LUI (L'),** par M. DOMINIQUE.

Dans ce récit, l'auteur met l'honneur et le devoir en présence de la rigidité de la discipline militaire. Notre héros est forcé d'accomplir la honteuse mission qu'on appelle l'espionnage, et pour cela il doit abuser de l'hospitalité que lui donne une femme qui s'est faite sa seconde mère; reconnu, il est condamné à mort et ne doit son salut qu'à sa protectrice.

6. **JEANNE D'ARC,** ou l'Épée de la France, par F. de CLÉVILLE.

Populaire, nationale, l'histoire de Jeanne d'Arc devrait être le manuel de lecture de la jeunesse chrétienne. L'auteur peint à grands traits cette vie extraordinaire, vie pastorale et printannière à son début, épopée surhumaine ensuite, qui finit par le supplice.

7. **MÉMOIRES D'UNE HIRONDELLE,** par l'abbé CALHIAT.

Mlle Gouraud a publié les *Mémoires d'un caniche;* Mme de Ségur, les *Mémoires d'un âne*, qui se trouvent dans toutes les bibliothèques enfantines. Les *Mémoires d'une hirondelle* seront lus encore avec plus de plaisir, et ils laisseront au cœur de bons sentiments.

8. **NOTRE-DAME DE LOURDES,** ses apparitions à Bernadette, par L. PEYRIN.

Plusieurs écrivains éminents ont raconté, dans des livres impérissables, l'histoire miraculeuse de Notre-Dame de Lourdes et les beautés inépuisables de la miséricorde divine dans ce sanctuaire béni; mais aucun écrivain n'avait encore songé à mettre cette histoire à la portée de la jeunesse. Grâce à M. Peyrin, cet ouvrage n'est plus à faire; le style en est si simple que l'on dirait un enfant racontant à un autre enfant ce récit merveilleux.

9. **PETITES NOUVELLES HISTORIQUES,** par G. DE CHAUMONT, principal de Collège.

M. de Chaumont raconte avec esprit, avec entrain; on lira certainement avec plaisir les nouvelles contenues dans cet ouvrage, si catholique et si français.

10. **PRASCOVIE,** ou la jeune Sibérienne, par X. de MAISTRE.

11. **PRISONNIERS DU CAUCASE (Les),** par le même.

Nos lecteurs connaissent le style gracieux et coloré de l'auteur, ainsi que la valeur littéraire de ses œuvres, qui sont toutes plus spirituelles les unes que les autres.

12. **QUINZE JOURS DANS LES LANDES DE GASCOGNE,** par G. DE CHAUMONT.

Intéressant au premier chef, ce petit livre plaira à la jeunesse, à celle qui aime l'étude aussi bien qu'aux imaginations aventureuses. L'auteur révèle les richesses d'un pays soi-disant pauvre et montre avec quelle ingénieuse habileté trois jeunes gens et leur sœur savent triompher des difficultés d'un voyage assez long et fait à pied.

13. **TROIS PARTIES D'ÉCHECS,** par l'abbé DOMINIQUE.

L'auteur raconte un des nombreux épisodes de la Révolution. L'abbé Bernard est une noble figure très sympathique, qui plaît aussitôt. Sa manière de convertir un gentilhomme voltairien, dont la gageure est une partie d'échecs, est racontée d'une façon attrayante.

14. **SERVITEURS DU DIABLE (Les),** par A. REIXET.

C'est une légende fantastique des bords du Rhin, racontée avec une vive imagination.

15. **UNE PLUME, UN PINCEAU ET UNE CROIX,** ou l'histoire d'une petite Sœur lorraine racontée aux jeunes filles, par l'abbé CALHIAT

L'auteur raconte en termes émus la vie d'une jeune fille de Nancy, Marie-Edmée: le parfum qui se detache de ce volume embaumera tous ceux qui suivront pas à pas cette heroïne de la croix et du drapeau français, qui était tout à la fois un écrivain, un peintre et une petite sainte.

16. **UNE IDÉE DE MARIANNE,** par Jean D'EGLIGNY.

Idée bien touchante et bien bonne, celle de Marianne! Ses parents sont malades et pauvres; elle se place pour leur venir en aide et leur donner tous ses gages. Accusée de vol, elle est bientôt disculpée, grâce à la Providence, qui se sert à cet effet d'un bon curé. Excellentes leçons dans ce petit livre.

17. **UN ANGE D'ITALIE A NAPLES. — UN SAINT DE FRANCE A ROME,** par l'abbé CALHIAT, Docteur en théologie et en droit canonique.

Voici deux fleurs cueillies sur des tombeaux d'Italie. L'une est une fleur de virginité, l'autre une fleur de sainteté. La première, je l'ai trouvée à Naples, au pensionnat de *Regina Cœli*, dirigé par des religieuses d'origine française; la seconde, je l'ai trouvée à Rome, dans la communauté de Saint-Louis-des-Français. Toutes deux, on le verra, en lisant ce volume si gracieusement illustré, possèdent les qualités qui charment et les parfums qui embaument (*Extrait de la préface*).

PETIT IN-8°. — 9e SÉRIE

CHAQUE VOLUME EST ORNÉ DE NOMBREUSES VIGNETTES INTERCALÉES DANS LE TEXTE

(100 *pages*. — *Dimensions* 21 × 13)

Broché, riche couverture chromo .... » fr. 80
Prix du cartonnage chromo, *net* .... » 10

1. **CE QU'IL FAUT ÊTRE AVANT LA PREMIÈRE COMMUNION.**
2. **CE QU'IL FAUT ÊTRE APRÈS LA PREMIÈRE COMMUNION.**
3. **HISTOIRE DE NOTRE-DAME DU ROSAIRE DE POMPÉI.**
4. **HISTOIRE DE NOTRE-DAME DU BON-CONSEIL.**
5. **VIE DE SAINT ANTOINE DE PADOUE,** suivie de la neuvaine reco mmandée par M. Dupont.
6. **VIE DU P. DAMIEN,** l'apôtre des lépreux.
7. **VIE DE SAINT REMI,** évêque de Reims.
8. **VIE DE SAINTE CÉCILE,** vierge romaine.
9. **VIE DE SAINTE CATHERINE D'ALEXANDRIE.**
10. **HISTOIRE DE GARCIA MORENO.**
11. **L'HISTOIRE SAINTE RACONTÉE AUX ENFANTS.**
12. **VIE DE NOTRE-SEIGNEUR JÉSUS-CHRIST.**

BIBLIOTHÈQUE DES PRINCIPAUX ÉCRIVAINS FRANÇAIS

IN-12. — 1re SÉRIE

(500 *pages*. — *Dimensions* 19 × 13)

Broché		2 fr. »
Prix de la reliure *net*, par volume	toile genre demi-reliure, tranches jaspées	» 60
	demi-chagrin, plats toile, tranches jaspées	1 50
	amateur, dos et coins faç. maroq., plats pap. marbré, tête dor. sur tr.	1 25

1. **BOSSUET.** — Sermons .... 3 vol
2. — Panégyriques .... 1 vol
3. — Oraisons funèbres .... 1 vol
4. — Connaissance de Dieu et de soi-même. La Logique .... 1 vol
5. — Elévations à Dieu sur les mystères de la religion chrétienne .... 1 vol
6. — Méditations sur l'Evangile .... 2 vol
7. **BOURDALOUE.** — Avent .... 1 vol
8. **FÉNELON.** — Traité de l'existence de Dieu .... 1 vol
9. **FLÉCHIER.** — Oraisons funèbres .... 1 vol
10. **LA ROCHEFOUCAULD.** — Maximes, Mémoires et Lettres .... 1 vol
11. **MAISTRE (Joseph de).** — Plan d'un nouvel équilibre en Europe .... 1 vol
12. — Considérations sur la France, ouvrage suivi d'appendices importants .... 1 vol
13. — Délais de la justice divine dans la punition des coupables. Lettres sur l'Inquisition espagnole .... 1 vol
14. — Le Pape, nouvelle édition, précédée d'un Essai sur la définition de l'infaillibilité pontificale et suivie de notes sur le *Syllabus* .... 1 vol
15. — L'Eglise gallicane .... 1 vol
16. **MALHERBE.** — Poésies et correspondance .... 1 vol
17. **PASCAL.** — Pensées .... 1 vol
18. **RACINE (J.)** — Œuvres .... 4 vol

N. B. — Cette bibliothèque a été admise par le ministre de l'Instruction publique pour les bibliothèques scolaires et les distributions de prix.

IN-12. — 2e SÉRIE

BEAUX VOLUMES ORNÉS DE NOMBREUSES GRAVURES

(300 à 400 *pages*. — *Dimensions* 19 × 12)

Broché .... 2 fr. 50
Prix de la reliure toile, tr. jaspées, *net* 0 60

1. **ARNAULT** (l'abbé). — Les Vérités fondamentales du Christianisme.

Cet ouvrage a pour but de faciliter l'enseignement de la religion dans les classes supérieures. Ce n'est pas un simple exposé de la doctrine catholique, c'est la démonstration des vérités fondamentales du Christianisme accompagnées de leurs preuves. Pour toutes les branches des sciences enseignées, on trouve des traités où les éléments de ces sciences sont exposés avec précision et méthode. La religion seule, la plus belle et la plus indispensable des sciences, n'a pas assez de précis dans ce genre. Pour suivre l'enseignement classique de la religion, l'élève doit avoir recours à des rédactions ; excellente méthode pour obliger les jeunes intelligences à la réflexion, mais elle a l'inconvénient d'ensevelir ses résultats dans des cahiers incomplets, qu'on ne pense guère à consulter. Un livre classique clair et méthodique, sans dispenser du travail, écrit pour des notes et des résumés, procure l'avantage d'un traité plus complet que l'on peut consulter plus facilement.

- **AT** (R. P.). — Saint Joseph ou la Question ouvrière.

La *Question ouvrière* est un sujet plein d'actualité et que nous sommes heureux de voir traiter d'après l'Evangile, car c'est là que se trouvent résolues par avance tant de ces choses qui, pour les incrédules, sont des problèmes. Saint Joseph lui-même en est l'introducteur ; sa patriarcale figure, couronnée de l'auréole de la sainteté, en illumine tout l'ensemble.

- **BOURSIN** (l'abbé). — Un Trappiste au XIXe siècle. — Le P. Jean-Baptiste, religieux de la Trappe de Melleray, 1858-82. Illustré de 9 gravures.

- **BRIAND** (l'abbé). — Philibert Simon, missionnaire en Mandchourie, son martyre, sa correspondance.

Cet ouvrage est le pendant de la vie et du martyre de Théophane Vénard.

- **CALHIAT** (l'abbé) — Histoire intime de Jean de Rochevielle.

C'est la vie édifiante d'un jeune homme de bien, mort comme Maurice de Guérin, à la fleur de l'âge.

L'histoire d'un peuple est sans contredit une grande chose. Ses luttes, ses gloires, ses défaites... ses destinées, ses héros, ses poètes, ses littérateurs, tout cela est beau, mais l'histoire d'une âme, c'est-à-dire ses joies et ses peines, ses rêves et ses espérances, ses combats et ses triomphes, tout cela n'est pas moins beau. Or ce livre est en quelque sorte le dernier chapitre de l'histoire d'une âme qui, après avoir laissé le récit de ses derniers jours sur la terre, est repartie, jeune encore, pour le royaume des âmes. Ce sont là, en effet, les affections qui ont fait la plus douce et la plus permanente occupation de sa pensée. Elles ont fait aussi l'honneur de sa vie, et elles feront la gloire de ses stromates.

- **COMELLI** (A.). — Les Jésuites héroïques, page de l'histoire d'Angleterre.

L'histoire offre de singulières vicissitudes. Les Jésuites, actuellement odieux au gouvernement de la France catholique, ont tourné leurs regards vers l'Angleterre, et la protestante Angleterre, loin de leur fermer ses portes, les accueille avec empressement. Cependant, moins d'un siècle nous sépare de l'époque où cette même race avait les Jésuites en horreur. Pendant deux cents ans, pour les fils de saint Ignace, mettre le pied sur le rivage anglais, c'était monter le premier degré de l'échafaud. Cette perspective néanmoins ne les effraya pas. Leur histoire en Angleterre, ils l'ont écrite eux-mêmes avec leur propre sang, persuadés que ce n'était pas payer trop cher l'honneur de rappeler à la vérité ce noble pays. C'est un extrait de cette histoire que nous publions aujourd'hui.

CROSNIER (l'abbé). — Deux mois en Palestine. — Journal d'un Pèlerin de Terre Sainte.

Plein d'édification et d'intérêt, ce volume pourrait servir de guide aux pèlerins de la Terre Sainte.

DOMBRE (Roger). — Tante Aloès.

Tante Aloès est un modèle de sagesse, dont les bons conseils, donnés en temps opportun à son espiègle de neveu, intéresseront et édifieront les enfants.

FOLLIOLEY (l'abbé). — Histoire de la Littérature au XVIIe siècle. 3 vol. in-12 (8 fr.).

Cet ouvrage, écrit avec la pensée d'honorer tout à la fois le génie militaire et la foi religieuse du *Grand Siècle*, convient à tous ceux qui veulent connaître cette époque mémorable de notre histoire. Il s'adresse spécialement aux jeunes gens qui préparent les examens des divers baccalauréats, et aux jeunes filles qui veulent subir les épreuves du brevet supérieur. Il a sa place marquée dans toutes les bibliothèques des maisons d'éducation, comme livre de lecture ou de distribution de prix. Plus de dix mille exemplaires vendus dans ces dernières années attestent suffisamment la valeur et le succès du livre.

GUIDÉE (R. P.). — Souvenirs de Saint-Acheul. — Vies de plusieurs étudiants élevés dans les collèges de la Compagnie de Jésus.

MONTEZON. — Mission de Cayenne. 1 vol.
— — de Cochinchine. 1 vol.

MOREAU. — Les Prêtres français aux Etats-Unis.

MAU (l'abbé). — Le Chrétien fortifié dans sa foi.

Les douze chapitres dont se composent cet ouvrage embrassent les vérités dogmatiques les plus fondamentales de la religion et les plus essentielles à connaître.

- **NICOLAS** (l'abbé). — Croquis de Collège.

L'enfant va sans se regarder vivre, mais, en face de ces pages, il suivra sa vie au jour le jour ; il en observera les points ensoleillés, les gorges pleines d'ombres, les bouquets d'arbres et les sentiers. Ces lignes, sans prétention, et qui ont du moins le mérite d'être sincères, éveilleront en lui un sentiment de surprise en se voyant compris, deviné, et en quelque sorte dessiné tout vif : il aura du plaisir à retrouver sa rentrée, son parloir, sa chapelle, ses vacances, ses joies et ses tristesses. Le modèle sera si près du tableau qu'il n'aura qu'à ouvrir les yeux, et son imagination fera le reste.

- **SOYER** (l'abbé). — Saint Michel, protecteur de l'Eglise et de la France.

C'est l'histoire de la lutte de saint Michel et de Lucifer dans le passé, le présent et l'avenir.

7- **TROUILLAT** (l'abbé). — Vie de Marie de Valence, appelée la Sainte de Valence.

Entre les personnages les plus célèbres du XVIIe siècle par leurs vertus et leur sainteté, il en est peu qui aient joui d'une aussi grande réputation que la *Sainte de Valence*. Marie de Valence fut une des filles spirituelles du P. Cotton. Elle avait été huguenote, mais Dieu lui avait touché le cœur ; elle correspondait si bien aux grâces qu'elle recevait qu'elle devint une autre sainte Thérèse.

18. **BROSSELARD** (Henri). — Les deux missions Flatters au pays des Touareg-Azdjer et Hoggar, 50 gravures et un itinéraire des deux missions tiré en lithographie.

19. **FIGUIER** (Louis). — L'art de l'éclairage, 120 gravures sur bois.

20. **LEPAGE (Auguste).** — Nos Frontières perdues. Formation du territoire français. 80 gravures sur bois, accompagnées de 13 cartes.

21. **SAUVAGE (H.-T.).** — La Grande pêche (les poissons), 86 gravures sur bois.

BIBLIOTHÈQUE RÉCRÉATIVE

GRAND IN-12. — 3e SÉRIE

CHAQUE VOLUME EST ORNÉ DE GRAVURES

(150 *pages.* — *Dimensions* 20 × 13)

Broché		1 fr.
Prix de la reliure *net*, par volume	riche cartonnage, tranches jaspées	0 25
	— — tranches dorées	0 50
	percaline, tranches jaspées	0 50

1. **ANTONIO SANI,** ou le Petit Ramoneur, par Louise GIQUEL.

Parti d'une chaumière de la Savoie, Antonio Sani sait, par sa franchise, sa douceur et sa bonté, s'attirer les sympathies du fils unique d'un riche armateur de Bordeaux. Payant de retour, dévoué, généreux, Antonio sauve son bienfaiteur du péril d'une mort imminente. D'autre part, travailleur, intelligent, il devient le caissier, puis l'associé d'une importante maison de commerce. Aussi là-bas, dans la montagne, sa mère, devenue veuve, ses frères et ses sœurs seront désormais à l'abri de la misère.

2. **CONTES ET NOUVELLES,** par l'abbé MORIGNY.

Ces épisodes sont les uns tragiques, les autres gais sans cesser d'être poignants. *Vendredi chair ne mangeras*, entre autres, est une perle.

3. **DÉVOUEMENT D'UNE JEUNE FILLE (Le),** par G D'ETHAMPES.

Isabelle, l'héroïne de ce volume, appartient à l'aristocratie. La mort de son père la laisse, ainsi que sa mère, dans une profonde misère; ils sont complètement ruinés, mais, d'un caractère énergique, elle entoura sa mère des soins les plus tendres, et pour ne pas faiblir à sa tâche et faire vivre sa mere elle se fait institutrice.

4. **DEUX FRÈRES MARTYRS (Les),** par G. D'ETHAMPES.

Rogatien et Donatien vivaient au IIIe siècle ; ils étaient frères et s'aimaient d'une affection bien tendre, on aurait dit deux tiges poussées sur la même plante; leur père était gouverneur de la cité de Nantes. Plutôt que de sacrifier aux dieux en reniant leur foi, ils préférèrent mourir dans les tortures et recevoir la palme du martyre. Ils sont honorés sous le nom d'*Enfants Nantais*.

5. **ÉPREUVES D'UNE MÈRE (Les),** par G. D'ETHAMPES.

Cruelles épreuves, puisqu'une pauvre mère est forcée de vivre comme une inconnue auprès de ses enfants sans pouvoir leur dire : c'est moi votre mère.

6. **ENFANCE DE SAINT LOUIS (L')** et de sa sœur Isabelle, par G. D'ETHAMPES.

Ce récit de l'enfance de Louis IX et de sa sœur Isabelle, semé de certaines expressions de l'époque, ajoute une nouvelle grâce au style de l'auteur, qui a si bien le don de plaire à la jeunesse par l'intérêt qu'elle sait ménager à ses lecteurs.

7. **HISTOIRE DE DEUX BUREAUCRATES,** par l'abbé MORIGNY.

Cet ouvrage, écrit dans un style comique, humoristique, amusera par son étonnante originalité et ses accents patriotiques.

8. **LOGIS AUX OMBRES (Le),** par G. D'ETHAMPES.

Le logis aux Ombres, qui se mire dans la pittoresque rivière de l'Erdre, abrite deux familles unies. Mais le ciel s'est chargé de nuages, l'intimité n'est plus la même qu'autrefois. M. Duprez, piqué de la tarantule radicale, prétend que son voisin, M. de Kervœc, n'est pas assez lancé dans le mouvement. M. Duprez compromet sa fortune dans une affaire véreuse, et, quand l'orage éclate, il est heureux de retrouver M. de Kervœc fils, célèbre avocat, qui la sauve du naufrage, et l'amitié reprend ses droits dans le Logis aux Ombres.

9. **MÉMOIRES D'UN PARAPLUIE (Les),** par le commandant STANY.

Ce parapluie, oublié dans l'église Saint-Sulpice, à Paris, a confié ses mémoires au commandant Stany. Ils ne manquent pas d'intérêt, et l'auteur nous en délivre *une copie conforme*.

10. **PAGE DE CHARLES X (Le),** par A. DES MORANDIÈRES.

Deux épisodes charmants du voyage de la duchesse de Berry en Vendée, sous le nom de Petit-Pierre.

11. **PERVENCHES,** par Marie DARS.

Ces modestes récits, sous le nom de Pervenches, formeront une gerbe de fleurs agrestes qui, effeuillée aux heures de récréations, élèvera les cœurs vers Celui qui inspire les bonnes et salutaires pensées.

12. **SECRET DE SUZANNE (Le),** par G. D'ETHAMPES.

Mionnette Durand, paysanne dans une situation assez précaire, ambitieuse pour l'avenir de sa fille, la substitue à une autre enfant qu'elle avait en nourrice; la pauvre femme est assaillie par les remords, obligée dans la maison de ses maîtres de traiter sa fille comme une étrangère, sans pouvoir lui prodiguer ses caresses ; ce récit est fort émouvant.

13. **PEINTRE CÉLÈBRE (Un),** par l'abbé DOMINIQUE.

Grâce à la protection d'une riche famille, secondant la sollicitude d'un curé plein de zèle, un petit peintre de la Bretagne trouve les moyens d'embrasser une carrière pour laquelle Dieu l'a merveilleusement doué. Le rêve de l'enfant se réalise largement. Un nom de plus figure dans la vie des *peintres célèbres*. Le récit est mené avec aisance, dans un style élégant, sans recherche affectée.

14. **VACANCES UTILES ET AGRÉABLES (Les),** par G. D'ETHAMPES.

S'il faut amuser les enfants, il faut aussi les instruire, ou *les élever*, comme dit notre langage ; c'est ce que l'auteur s'est proposé dans cet ouvrage avec ses *devoirs de vacances*.

BIBLIOTHÈQUE DU JEUNE AGE

GRAND IN-12. — 4e SÉRIE

CHAQUE VOLUME EST ORNÉ DE GRAVURES

(70 *pages.* — *Dimensions* 20 × 13)

Relié riche cartonnage, dessin nouveau, tr. blanches .... 0 fr. 60

1. **BOUQUET DE LÉGENDES,** par la comtesse de CHATENAY.
2. **CONTES DES FÉES,** par PERRAULT.
3. **CURÉ DE PAULINZELLE (Le),** par l'abbé MORIGNY.
4. **DOROTHÉE, LA VIERGE DE CÉSARÉE,** par J.-M.-J.
5. **MARCEL,** par Mlle G. D'ETHAMPES.
6. **MARINETTE,** par J.-M.-J.
7. **NOTRE-DAME AUXILIATRICE,** par J.-M.-J.
8. **OISEAUX DE BÉTHANIE (Les),** par l'abbé MORIGNY.
9. **PRISCA LA JEUNE PRATICIENNE,** par J.-M.-J.
10. **SOUVENIR DU BON VIEUX TEMPS,** par J.-M.-J.
11. **UN JEUNE MARTYR DE DIX ANS,** p. J.-M.-J.
12. **UNE BONNE CHASSE,** par J.-M.-J.

BIBLIOTHÈQUE ENFANTINE

IN-18. — 5e SÉRIE

Relié riche cartonnage, tr. blanches .... 0 fr. 45

1. **ALAIN,** par G. D'ETHAMPES.
2. **CÉCILE ET GORGETTE,** par la même.
3. **CRUCHE BRISÉE (La),** par la même.
4. **DARLING,** par la même.
5. **DEUX COUSINES (Les),** par F. MILLERAND.
6. **DEUX SŒURS (Les),** par G. D'ETHAMPES.
7. **PETITE AMIE DU PRÉLAT (La),** p. la même.
8. **PASSERELLE (La),** par la même.
9. **PROMÈNE GRAND-PÈRE (Je),** par la même.
10. **RATTONNETTE,** par la même.
11. **TRIBULATIONS D'UN PAILLASSE (Les),** par F. MILLERAND.
12. **UN VOYAGE A SAINT-CLOUD,** par F. MILLERAND.

DRAMES POUR LES COLLÈGES ET MAISONS D'ÉDUCATION

POUR GARÇONS

COUSIN PIERRE (Le), ou qui fait la grimace n'aime pas les miroirs, 4 actes .... » 60

DIEU L'EMPORTE, ou vocation de saint Louis de Gonzague. Drame en 1 acte ...... » 75

HENRI Ier. Drame en 3 actes et en prose. » 70

DAUPHIN CHARLES (Le). Drame en 3 actes et en prose .... » 50

DERNIER DES MOHICANS (Le). Comédie. » 50

GRAND VENEUR (Le). Druses et Maronites. Deux comédies en 1 acte .... 1 »

LÉON LE CRUEL. Drame en 2 actes .... » 50

TROIS BOSSUS (Les). Comédie en 2 actes. » 60

QUI DONNE AUX PAUVRES PRÊTE A DIEU. Proverbe en 1 acte .... » 50

UNE MÉPRISE, ou l'Habit ne fait pas l'homme. Proverbe en 3 actes .... » 50

JACQUES CŒUR. Drame historique en 3 actes, avec prologue, épilogue, chœurs et intermèdes 1 50

POUR FILLES

COMÉDIES ET PROVERBES, par L. de KÉRAOUL. 1 vol. in-12 .... 1 50

CONSTANCE CHLORE. Drame en 1 acte et en prose, 2 chants .... » 40

CONTENTEMENT PASSE RICHESSE. 1 acte, 7 pers .... » 60

CURIOSITÉ ET BAVARDAGE. Comédie en 1 acte. 7 pers .... » 50

JEANNE D'ARC. Drame historique en 3 actes. 12 pers .... » 75

DERNIÈRE JOURNÉE DE LA REINE MARIE-ANTOINETTE (La), dans la prison de la Tour du Temple. Drame en 3 actes, avec chant. 9 pers 1 50

CHARITÉ. Comédie en 1 acte. 8 pers... » 80

GATEAU DE RIZ (Le). Pièce en 1 acte, 4 personnages .... » 60

TROP TARD. Pièce en 1 acte. 4 pers... » 60

SURPRISE (La). Saynète en 1 acte. 5 pers. » 60

NOEL. *Venite adoremus.* Pièce en 2 actes et 4 tab. 8 pers .... » 80

JACK. Comédie en 1 acte. 3 pers ...... » 60

FÉE AUX ROSES (La). Drame en 1 acte. 1 »

GOURMANDES (Les). Drame en 2 actes 5 personnages .... » 60

LAITIÈRE ET LE POT AU LAIT (La). Fable mise en scène .... » 50

PORTRAIT (Le). Drame en 2 actes ..... » 60

REVENANTS (Les). Comédie en 2 actes. » 50

REDRESSEZ L'ARBRE PENDANT QU'IL EST JEUNE. Comédie en 1 acte .... » 50

SOIR ET MATIN DE LA VIE. Drame en 1 acte. 4 pers .... 1 »

BONNE LEÇON (Une). Scènes récréatives pour pensionnaires et soirées de jeunes filles. » 50

L'ÉPREUVE. Comédie en 2 actes, 5 personnages ..... 1 »

MADAME DE LA TOUR QUIQUENGROGNE, ou la plus mauvaise roue du char crie toujours. Comédie en 3 actes 11. pers 1 25

VIEILLE COUSINE (La), ou il ne faut pas juger l'arbre d'après l'écorce. 5 pers ..... » 75

SAINTE-MARIE MAGDELEINE. Poème dramatique en 4 actes, 14 personnages, par Mlle CAMPBELL-HARTLEY, approuvé par Monseigneur l'Evêque de Laval. Le texte seul, 2 fr.; la musique seule, 3 fr. Ensemble. 4 »

JULIENNE DUGUESCLIN, ou la délivrance de Pontorson. Drame historique en 3 actes, par une religieuse bénédictine, et une ballade en musique par Mme Marie DES ANGES ..... 2 »

CHACUN SA MANIE. Comédie en 3 actes, par une religieuse bénédictine, auteur de *Mme de la Tour Quiquengrogne*, de *Julienne Duguesclin*, etc 1 50

Nota. — *Il ne pourra être fait de remise sur chacune de ces pièces qu'autant qu'elle sera demandée en nombre.*

VOLUMES DIVERS BROCHÉS

FORMAT IN-8°

BERNARD (l'abbé). — Vie de Dom Barthélemy des Martyrs. 1 vol. gr. in-8° 7 50

CORRESPONDANCE DE S. E. LE CARDINAL PIE, évêque de Poitiers, avec Mgr Cousseau, évêque d'Angoulême (1840-1863), 1 vol. in-8°, 6 fr. — Net 4 50

CROZES (Joseph de). — Les Guises, les Valois et Philippe II. 2 vol ..... 10 »

CYPRIEN (Saint). — Œuvres complètes. Texte latin et traduction française en regard, 3 volumes ..... 18 »
Traduction française. 2 vol ..... 10 »

FORESTIER (L.-M.-J.). — Supplément au traité du mariage. Impedimenta dirimentia matrimonii ad usum seminariorum. In-8°, net 0 50

GRIDEL. — De l'ordre surnaturel et divin. 1 vol. 5 fr. — Net ..... 4 »

GRIMES (l'abbé). — Esprit des saints les plus illustres. Trésor de spiritualité. 6 vol ..... 25 »

HALLEZ (L.-F.). — Magnifique album renfermant la collection des vignettes du pieux artiste, tirées sur papier de Chine et renfermées dans un portefeuille. 1 vol. in-4°. Net ..... 50 »

IMITATION DE JÉSUS-CHRIST, traduction et réflexions par l'abbé DE LAMENNAIS, belle édition (gros caractères). 1 vol ..... 4 »

JOBIN (l'abbé). — Saint Bernard et sa famille. 1 fort vol. de 700 p 7 50

LACORDAIRE. — Lettres à Mme la Comtesse Eudoxie de la Tour-du-Pin. 1 vol ..... 5 »

LECAMUS (l'abbé). — Vie de Jésus-Christ. Examen critique des récits de l'Evangile. 1 fort vol. de 600 p ..... 6 »

LEGOUPILS. — Œuvres oratoires 5 vol ..... 25 »

MAISTRE (Joseph de). — Œuvres. 5 vol. (voir p. 6) ..... 20 »

RENOUX (l'abbé). — Le P. Lejeune, sa vie, son œuvre, ses sermons 1 vol ..... 5 »
— — Les prédicateurs célèbres de l'Allemagne. 1 vol ..... 6 »

RIGAULT (l'abbé). — Essais poétiques. Poésies diverses. Sainte Benoite. 1 vol. 2 50. Net. 1 90

TISSERAND (l'abbé). — Le plan divin du christianisme ou les trois œuvres de Dieu : Création, Rédemption, Eglise. 1 vol ..... 4 »

TÉPHANY (le chanoine). — Constitutio apostolicæ sedis. Traduction et commentaires. 1 vol., net ..... 6 »

TOYTOT (De). — Voyage de Grenoble à la Salette, riches illustrations. 1 vol. grand in-8°. 7 »

FORMAT IN-12

AMÉLIE ou les Derniers jours d'une jeune poitrinaire, 1 vol ..... 1 »

AT (R.-P.). — Le vrai et le faux en matière d'autorité et de liberté d'après le *Syllabus* 2 vol ..... 8 »
— Le même ouvrage Edition abrégée. 1 fort vol. de 700 p 3 50

BÉNARD (l'abbé). — L'école du prêtre de Tanner. 2 vol ..... 6 »
— Le Christ et César, ou le Christ-Roi. 1 vol 2 50

BELLET (l'abbé). — Réfutation du manuel de M. Paul Bert. Ses erreurs et ses falsifications historiques, suivi d'un examen de la morale laïque de Jules FERRY. 1 vol ..... 2 »

BOSSUET. Œuvres choisies. 9 vol. (voir p. 14 et 15) ..... 18 »

BOURGINE (l'abbé). — La Première communion de Napoléon et ses fins dernières. 1 vol. 1 25

CHAIRE CATHOLIQUE (La). — Conseils à un jeune prêtre sur la prédication. 1 vol..... **1 50**

DEGAN (l'abbé). — Vie édifiante d'un curé de campagne. Episodes dans les Landes de Gascogne. 1 vol **1 25**

GRIDEL. — Soirées chrétiennes. Explication du catéchisme par des comparaisons et des exemples. 4 vol .... **12 »**

JEAN RICHARD. — De la Connaissance du très saint Rosaire pour les prédicateurs, directeurs de confréries et les fidèles, pouvant servir de mois de Marie ou de lecture pendant le mois d'octobre. 1 vol. .... **3 »**

JEHAN DE SAINT-CLAVIEN. — Pourquoi il faut croire. 1 vol........ **1 25**

JÉSUS RÉVÉLANT LES TRÉSORS DE SON CŒUR, ou Recueil de toutes les révélations faites à la bienheureuse Marguerite-Marie, avec un abrégé de sa vie, ses pensées, ses pratiques, etc., par un pèlerin de Paray-le-Monial 1 vol. **3 50**, net........ **2 80**

LEBRUN (Pierre). — La Bonne nouvelle, ouvrage précédé d'une lettre, par le marquis de Ségur. 1 beau volume........ **3 50**

LESSIUS. — Le Choix d'un état de vie. 1 vol........ **2 50**

MANNING (le cardinal). — Les gloires du Sacré-Cœur. Traduction française par M. l'abbé Maillet. 1 vol. **3 50**. Net **2 80**

MAISTRE (Joseph de). — Œuvres. 5 vol. (Voir page 15)........ **10 »**

MÉRIT (l'abbé). — La Foi, sa nature, ses principaux caractères. 1 vol........ **3 50**

MERMILLOD (Mgr). — Discours et allocutions prononcées à Tours pendant la neuvaine de Saint-Martin. 1 vol........ **1 80**

NAU (l'abbé). — Préjugés et vérités, ou les Illusions des gens du monde en face des vérités religieuses. 1 vol........ **2 »**

NAU (l'abbé). — Le Soutien de la vie chrétienne, ou Motifs de se maintenir dans la pratique de la vertu. 2 vol........ **4 »**

PLAT (l'abbé). — Un Portrait de Marie, d'après saint Ambroise, lectures pour le mois de Marie. 1 vol. **2** fr. Net........ **1 50**

TABOURIER. — Simples notions d'architecture. 1 vol........ **1 50**

VIE DE SŒUR MARIE DU CŒUR DE JÉSUS, suivie de son mois de préparation à la mort. 1 vol........ **1 50**

RAMIÈRE. — Apostolat de la prière. 1 vol **2 50**

RIBADENEIRA. — Jésus-Christ, son nom, sa vie, sa passion. 1 vol .... **1 »**

SOYER (l'abbé). — Essai sur l'ange et l'homme considérés dans leur nature, leur hiérarchie, leurs relations et leurs luttes contre les démons. 2 vol. **5** fr. Net ... **4 »**

— — Le Mois de saint Michel. 1 vol. **2** fr. Net........ **1 50**

FORMAT IN-18

HUCHEDÉ. — Histoire de l'Antéchrist. 1 vol........ **1 25**

MARTIN LACROIX. — Le Code du mariage et de la famille d'après l'ancien et le nouveau Testament comparé au Code civil. 1 vol........ **1 25**

RICHAUDEAU. — La Prophétie de Blois. 1 vol .... **1 »**

FORMAT GRAND IN-32

BARBEREY. — Le Pain quotidien, versets des livres saints, choisis pour chaque jour de l'année. 1 vol **1 50**

MÉTIVIER (l'abbé). — Études rurales. Défense des intérêts matériels, moraux et religieux des campagnes. 2 vol........ **1 50**

BIBLIOTHÈQUE PIEUSE

IN-16 CARRÉ

ÉDITIONS DE LUXE, AVEC FILETS ET LETTRES ORNÉES

(Beaux volumes de 400 pages environ, sur papier vélin glacé)

Broché........ 3 fr. »

Relié percaline noire, tr. rouges brunies........ 5 »

1. **BELLUNE** (l'abbé de). — Heures de tristesse et d'espérance.

Il faut souffrir : c'est la loi de cette vie à laquelle nul ne se peut soustraire. Où trouver des consolations ? où puiser la force de supporter l'épreuve ? C'est ce qu'indique l'auteur dans ce volume, écrit avec beaucoup de goût, dicté par la foi, rédigé sous une forme agréable dans sa variété. C'est un livre précieux pour la douleur ; on devient non seulement plus calme, mais meilleur, après l'avoir lu.

2. **BELLUNE** (l'abbé de). — Méditations sur quelques pages de l'Evangile : la sainte Vierge.

Ces dix-sept Méditations sont autant de perles enchâssées dans l'argent et quelquefois dans l'or le plus pur. Le premier but de l'auteur a été de montrer l'âme et le cœur de la mère. C'est là le côté original du travail. Les développements sont riches, les aperçus brillants, le style vif et imagé. « Dans cet ouvrage, dit excellemment Mgr l'Archevêque de Tours, les hommes du monde, les personnes pieuses, les jeunes gens de la haute société trouveront, dans un langage fait pour eux, de sages et utiles conseils inspirés par l'étude des Livres saints, ainsi que par la connaissance du cœur humain et spécialement appropriés aux besoins et aux mœurs de nos jours. » — Ce livre sera pour les forts un encouragement et pour les faibles une consolation.

3. **CHAMBAUD** (l'abbé). — Notre-Dame de Lourdes (poème).

Apporter un grain de sable à un éternel monument de foi et d'espérance, redire dans un chant d'amour le nom de la mystérieuse Dame apparue sur les rives du Gave à une humble enfant de la montagne, tel est le but que s'est proposé l'auteur dans ce poème dont la fidélité du récit est jointe à l'attrait de la forme poétique.

4. **DORMAGEN** (l'abbé). — La Souffrance au point de vue chrétien.

« Ce petit livre sera unanimement et universellement pratique, écrit Mgr de la Bouillerie à l'auteur. Quelle est l'âme qui n'aura pas besoin de le lire? Mais la pensée que vous avez eue de rattacher chaque chapitre à un texte de Job est entièrement heureuse. Job a été le heros et le heros de la souffrance; Dieu ne lui en a épargné aucune, afin qu'il puisse les exprimer et les chanter toutes en une incomparable poésie.

« Son succès sera d'essuyer bien des larmes ou du moins de les rendre moins amères. Quel livre peut ici-bas en désirer un meilleur. »

5. **GILBERT (R. P.)**, vicaire général de S. G. Mgr Manning. — L'Amour de Jésus. Visites au Saint-Sacrement et à la sainte Vierge pour tous les jours du mois, traduction de l'anglais.

Petit livre charmant de forme et d'impression, excellent de pensées, que l'auteur a parfaitement rendues dans notre langue.

6. **GILLY (Mgr)**, évêque de Nîmes. — Les Sept paroles de Jésus en croix.

Rien de plus substantiel que cette méditation sur les sept paroles de Jésus. « Rien ne nous parait, dit l'auteur, plus voisin du bonheur que de nous appliquer à cette pieuse méditation pour aider nos progrès dans la vertu. Il nous sera précieux, un jour, de les avoir longuement méditées, et nous avons la ferme espérance qu'on retirera de precieux avantages à les lire avec piété. »

NOUVELLE SÉRIE DE BROCHURES ILLUSTRÉES

COLLECTION CATTIER

IN-18. — 32 PAGES

BROCHURES REVÊTUES D'UNE ÉLÉGANTE COUVERTURE ILLUSTRÉE EN CHROMOTYPIE OU EN COULEUR ET RENFERMANT DE NOMBREUX DESSINS INTERCALÉS DANS LE TEXTE

Ne pas confondre, avec les collections similaires, cette nouvelle collection dont le texte, beaucoup plus compact, fournit une lecture plus abondante.

Prix net : 10 francs le cent.
Au-dessus de 150 exemplaires 0 fr. 08.
— 500 — 0 fr. 07.
Le mille — 65 francs.

*1. **Etrennes spirituelles.**
2. **Aimons Dieu et le Prochain.**
3. **Avant la 1re Communion.**
4. **Après la 1re Communion.**
*5. **Confirmation (la) Explication des Sept Dons du Saint-Esprit et préparation à bien recevoir ce sacrement.**
6. **Ce que l'Eglise a fait pour les enfants.**
7. **Délices d'une 1re Communion fervente.**
8. **Funestes effets d'une mauvaise 1re Communion.**
9. **Mois de mars ou Saint Joseph de la délivrance.**
*10. **Mois de Marie ou Vie de la Sainte Vierge.**
11. **Mois du Sacré-Cœur ou Dévotion au Sacré-Cœur.**
*12. **Mois du Saint-Rosaire ou Dévotion à la Sainte Vierge.**
13. **Histoire de Notre-Dame du Bon Conseil.**
14. **— de Notre-Dame du Rosaire de Pompéi.**
15. **Histoire du Grand Prodige de Campo-Cavallo 1re série**
16. **— — 2e série**
17. **Histoire (L') Sainte racontée aux enfants.**
18. **Passion (La) de N.-S. J.-C.**
*19. **Petit office de l'Immaculée Conception.**
*20. **Saints (Les) de l'Atelier.**
21. **Vie de N.-S. J.-C.**
22. **— de Saint Antoine de Padoue suivie de la neuvaine.**
23. **— de Saint Louis de Gonzague.**
24. **Vie de Saint Stanislas Kotska.**
25. **— de Saint François Xavier.**
26. **— de Saint Maurice.**
27. **— de Saint Rémi.**
28. **— de Saint Expédit.**
29. **— de Saint Nicolas de Tolentin.**
30. **— de Sainte Agnès.**
31. **— de Sainte Cécile.**
32. **— de Sainte Catherine d'Alexandrie.**
33. **— de Sainte Solange.**
*34. **— de Sainte Marthe.**
*35. **— de la Vénérable Jeanne-d'Arc.**
36. **— de M. Dupont le saint homme de Tours.**
37. **— du Vénérable M. Baudouin.**
38. **— du R. P. Damien l'apôtre des lépreux.**
39. **— du Frère Irénée.**
*40. **— du Frère Philippe.**
*41. **Biographie de Garcia Moreno.**
42. **— du maréchal Mac-Mahon.**
43. **— du maréchal Canrobert.**
*44. **— du général de Sonis.**
45. **— du général Ducrot.**
*46. **— du général Bourbaki.**
*47. **— de Vasco de Gama.**
48. **— de Carayon Latour.**

TEXTE ANGLAIS, **0.25**

*49. **Vie du Frère Irénée.**
*50. **Pèlerinage de Notre-Dame de Pellevoisin.**

TEXTE ESPAGNOL, **0.25.**

*51. **Vie du R. P. Damien.**
*52. **Vie du Frère Irénée.**

NEUVAINE EN L'HONNEUR DE SAINT ANTOINE DE PADOUE, précédée d'une réflexion du R. P. Noust, brochure in-32 .... 0 05

ARMES DU CHRÉTIEN (Les), par un P. de la Cie de Jésus, 4 pages in-18, texte encadré. Le cent........................ 6 » | La douzaine .... 1 »

VOLUMES DE PIÉTÉ GRAND IN-32 DE 400 A 500 PAGES

RELIURE FAÇON BASANE GAUFRÉE TR. ROUGE — 1 FR.

1 — **IMITATION DE LA SAINTE VIERGE,** suivie de la messe et des vêpres.

2 — **JOURNÉE DU CHRÉTIEN (La),** sanctifiée par la prière et la méditation; nouvelle édition.

3 — **MOIS DE LA SAINTE ENFANCE (Le),** par Mgr Letourneur, évêque de Verdun.

4 — **RECUEIL DE PRIÈRES,** contenant divers offices et un grand choix d'exercices de piété.

5 — **VISITES AU SAINT-SACREMENT,** par saint Liguori, suivies de la messe et des vêpres.

6 — **PÈLERINAGES AU TOMBEAU DE SAINT MARTIN (Des),** par un prêtre du diocèse de Tours.

7 — **DÉVOTION AUX AMES DU PURGATOIRE (De la).**

8 — **LIVRE DE LA CROIX (Le),** Recueil d'exercices de piété en l'honneur de la Passion de Notre-Seigneur et des douleurs de Marie.

---

9 — **MANUEL DE PIÉTÉ** à l'usage des Enfants de Marie Immaculée. 1 vol. gr. in-32 br... 1 »

Relié toile, tr. jaspée .... 1 65 | Relié mouton chagriné, tr. rouge 2 50
— Basane gaufrée, tr. marbrée .. 2 » | — plein chagrin, tr. dorée......... 4 50

10 — **DIPLOME DES ENFANTS DE MARIE** (chromo 28 × 18) 0 50. — Par cent, net ...... 30 »

11 — — — avec encadr. noir sur Chine (43 × 33), net..... » 50

12 — — — — — sur carton bristol, net....... 1 »

13 — **MANUEL DE PIÉTÉ** dédié à la jeunesse catholique, par l'abbé Janel, supérieur de l'institution Saint-Etienne, à Châlons-sur-Marne. Relié façon basane gaufrée, tr. rouge. 1 65
— Percaline noire, tr. rouge brunie 2 25

14 — **MANUEL DES CONGRÉGANISTES** à l'usage des jeunes gens et des maisons d'éducation. Relié toile, tr. jaspée 1 65. — Relié Basane gaufrée, tr. m.................... 2 »

15 — **OFFICE DE LA SAINTE VIERGE,** en latin et en français, expliqué et médité par l'abbé Salmon. (Nouvelle édition avec accentuation.) 1 vol. gr. in-32, broché 1 ». Relié toile, tr. jaspée, 1 65. — Basane gaufrée, tr. m., 2 »; mouton chagriné, tr. rouge...... 2 50

16 — **OFFICE DE L'IMMACULÉE CONCEPTION,** traduit en français, latin-français. Broché .. » 30

17 — **EXERCICES DE PIÉTÉ** à l'usage des Religieuses de la Cie de Sainte-Ursule, 1 beau vol. in-18 de 770 pages. Broché 3 50. — Relié toile, tr. rouge brunie .... 5 »
Relié chagrin gaufré, tr. dorée 6 50
— — 1er choix, noir, tr. d.. 7 50
— — — lavallière, tr. d .... 8 »

18 — **ÉLÉVATIONS SUR LE SACRÉ-CŒUR DE JÉSUS,** du P. d'Almeida, traduit du portugais par le R.-P. Bouscaillou. 1 vol. gr. in-32 relié.. 2 »

19 — **DIRECTION SPIRITUELLE HEBDOMADAIRE,** à l'usage des religieuses, par M. l'abbé Guidault, curé de Saint-Gaultier (Indre), 1 vol. gr. in-32, broché.................................. 1 25
— — — relié, toile tr. jaspée .... 2 »

---

20. **LE LIVRE DE MESSE DE L'ENFANCE OU LA SAINTE MESSE EN IMAGES**

Traduit de l'anglais, par **M. l'abbé SEMPÉ,** Vicaire général

JOLI VOLUME IN-16 CARRÉ

Approuvé par plusieurs de NN. SS. les Archevêques et Évêques de France

ILLUSTRÉ DE 50 GRAVURES SUR BOIS, PAR LES PREMIERS ARTISTES

Nouvelle édition suivie des Vêpres

Relié façon toile, tr. jaspée .... 0 fr. 50
— percaline, tr. dorée .... » 80
— façon maroquin souple, tr. dorée.. 2 »
— façon maroquin souple, tr. dorée, images coloriées à la main .... 4 »

Les plus jeunes enfants, ayant à peine fait les premiers pas dans la lecture, y trouveront pieuse récréation et instruction à la portée de leur intelligence. Les plus avancés y trouveront également leur part de solide édification.

21. LE LIVRE DE MESSE DES PETITS ENFANTS

Par Mme la Vtesse de LAFRÉGEOLIÈRE

JOLI VOLUME IN-32 CARRÉ

Approuvé par NN. SS. les évêques d'Angers, Évreux et Vannes

ILLUSTRÉ DE 13 GRAVURES CHROMO

Relié façon toile, tranche jaspée........ » fr. 80
Relié percaline, tranche dorée........ 1 »
Relié façon maroquin souple, tranche dorée........ 2 »

---

22. ÉDITIONS DE PROPAGANDE AVEC GRAVURES NOIRES

Relié cart. façon, maroquin, tr. jaspée........ » 50
— — — tr. dorée........ » 70

Extrait de la lettre de Mgr Freppel à l'auteur :

« Ce petit livre ne renferme rien que de très édifiant, et j'estime qu'il sera très utile aux enfants pour lesquels vous l'avez composé. Il leur fera connaître de bonne heure la suite et le sens des cérémonies de la messe, l'objet et l'esprit des psaumes des vêpres, et les traits pieux qui accompagnent vos explications se graveront aisément dans leur mémoire.

« Agréez, etc. » † Charles-Émile, *évêque d'Angers.*

* 23. **Nouvelle édition** avec couverture imitation veau rouge. Net........ » 30
La douzaine, net........ 3 fr. | Le cent, net........ 20 fr.

---

24. PETIT MANUEL DE PRIÈRES A L'USAGE DES ÉLÈVES DU SACRÉ-CŒUR

NOUVELLE ÉDITION IN-32 RAISIN

Relié toile noire, avec écusson du Sacré-Cœur. Net........ » 50

---

25. **CHOIX DE CANTIQUES** à l'usage des missions, retraites et catéchismes. Piqûre in-18. Le cent........ net 10 fr. — Le même avec musique, l'exemplaire, net.. » 60
26. **MÉDITATIONS SUR LES QUINZE MYSTÈRES** du Rosaire vivant. brochure in-32........ » 10
27. **HOMMAGE A LA REINE DES CIEUX.** — Cantiques pour le mois de Marie, par M. l'abbé Richard, brochure in-18........ » 15
28. **MANUEL DU CHRÉTIEN (Petit),** à l'usage de l'enfant prodigue. 1 vol. in 32........ » 40
29. **RAMIÈRE.** — Petit manuel de l'Apostolat de la prière. 1 vol. in-32........ » 25
30. **SOYER (l'abbé).** — Le petit mois de saint Michel. 1 vol. in-32........ » 60

MUSIQUE RELIGIEUSE DE L'ABBÉ RASTIER

Maître de chapelle à la cathédrale de Tours

OFFICES DES DIMANCHES ET DES FÊTES, arrangés à trois voix, dessus, chant, ténor et basse, suivant l'édition de Rennes. 1 vol. in-4°, prix net........ 15 »

Le chant est coulé et phrasé d'après les règles admises. Les accords sont simples et parfaits, note contre note, sans ornements, et les parties faciles à chanter.

CANTIQUES POUR LE MOIS DE MARIE, 1 vol. in-4°, net........ 1 25
Les paroles seules, net........ » 15

MESSES, CANTIQUES ET MOTETS, 3 vol. in-4°, net........ 6 »

NOUVELLE COLLECTION DE QUINZE MORCEAUX RELIGIEUX. 1 vol. in-4°, net........ 18 »

VIEUX NOELS ILLUSTRÉS, beau vol. in-folio, net........ 5 »

SPHÈRE MUSICALE, avec la méthode, net........ 4 50

IMAGERIE RELIGIEUSE (à prix net)

GRAVURES HALLEZ

MAGNIFIQUE ALBUM in-4°, sur papier de Chine, renfermant toute la collection des vignettes du pieux artiste, renfermée dans un portefeuille........ 50 »

CACHETS DE COMMUNION pour jeunes garçons et jeunes filles. — Deux très belles gravures, 35 centimètres sur 25 centimètres. — Chaque sujet........ » 30

CACHET DE CONFIRMATION, dimensions 28 c. sur 18 c., la pièce........ » 30
La douzaine........ 3 »
Le cent........ 25 »

VIGNETTES A BORDS DORÉS OU AVEC DENTELLES (12 c. × 7), la douzaine............ 1 50

DÉSIGNATION DES SUJETS

0 Saint Martin, évêque de Tours.
1 Je recevrai le calice du salut.
2 Voici votre Roi qui vient à vous.
3 Je suis pauvre.
4 Résistez au démon, et il fuira.
5 Prenez mon joug sur vous.
6 Regardez les oiseaux du ciel.
7 Seigneur, montrez-moi vos voies.
8 Sauvez-moi, Seigneur.
9 Viva Gesu, Maria, Giuseppe e Teresa.
10 Notre-Dame du Saint-Rosaire.
11 Sainte Gertrude.
12 Saint Joachim, sainte Anne et la Sainte Vierge.
13 Je suis la fleur des champs.
14 Quand je marcherais environnée.....
15 Le Seigneur vous couvrira.....
16 Apprenez de moi que je suis doux.....
17 Leur âme sera comme un jardin.....
18 Quand vous passerez à travers les eaux.....
19 Reconnaissez, ô Marie.....
20 Jusqu'à ce que le jour se lève.....
21 Dieu a commandé à ses anges.....
22 Notre-Dame de la Salette.
23 Venez à moi, vous tous qui êtes.....
24 Prenez votre croix et suivez Jesus.
25 Mort de saint Joseph.
26 Saint Antoine de Padoue.
27 Communion de la sainte Vierge.
28 L'enfant prodigue.
29 Souvenir de communion (garçons).
30 Souvenir de communion (filles).
31 Christ, avec la priere : O bon et très doux Jésus.....
31 *bis* Souvenir de confirmation.
32 Sainte Elisabeth, reine de Hongrie.
33 Sacré Cœur de Marie.
34 Saint Michel, archange.
35 Jésus et Marie, notre refuge.
36 J'ai dit : Je confesserai contre moi-même.....
37 Le passereau s'est trouvé une retraite.....
38 Rentre, ô mon âme, dans la paix.....
39 J'espererai à l'ombre de vos ailes.
40 Saint Joseph et l'Enfant Jésus.
41 Laissez venir à moi les petits enfants.
42 Marie Immaculée.
43 Couronnement de la Vierge.
43 *bis* Notre-Dame de Piété.
44 Vierge de Jessé.
45 Saint Isidore.
46 Sermon sur la montagne.
47 Agonie de Notre-Seigneur.
48 Descente du Saint-Esprit.
49 Ascension de Notre-Seigneur.
50 Jésus couronné d'épines.
51 Jésus pris et emmené par...
52 La Présentation de Marie.
53 Souvenir d'ordination (la Cène).
54 L'Epiphanie, adoration des mages.
55 Mort de la sainte Vierge.
56 La sainte Vierge, l'Enfant Jésus.
56 *bis* Sainte Germaine Cousin.
57 Assomption de la Sainte Vierge.
58 Il sera conduit à la mort.
59 La Visitation.
60 Ce n'est pas Moïse qui.....
61 Symbole de l'Eucharistie.
62 Marie couronnée dans le ciel.
63 Vision de saint Jean.
64 Le baptême de N.-S. J.-C.
65 La miséricorde et la vérité.
66 La grâce de Dieu, N.-S. a apparu.....
67 Les Anges.
68 Noël.
69 Ayez du Seigneur des sentiments dignes de sa bonté.
70 Il ne brisera pas le roseau abattu..
71 Il n'éteindra pas la mèche.....
72 Celui qui mangera ce pain vivra.....
73 Le vin qui fait germer les Vierges.....
74 Saint Pierre dans la prison.
75 Saint François Xavier.
76 Saint Stanislas Kostka.
77 Saint Vincent de Paul.
78 Jésus et la Samaritaine.
79 La sainte Famille à Nazareth.
80 L'Annonciation.
81 Saint Pierre marchant sur les eaux.
81 *bis* Saint Vincent Ferrier.
82 L'Ange emportant un enfant au ciel.
83 Jesus allant puiser de l'eau.
84 Je suis la lumière du monde.
85 Veillez et priez.
86 La sainte Vierge et Jésus au travail.
87 Mes yeux sont purs.
88 Conduisez-moi, Seigneur.
89 Dieu marche avec les simples.
90 L'Enfant Jesus des affligés.
91 Sainte Lucie, vierge et martyre.
92 Seigneur Jésus, je remets mon âme.....
93 Sacré-Cœur de Jésus-Christ.
94 Ecce homo.
95 Dieu se revèle aux humbles.
96 Le très pur et très saint allaitement du Fils de Dieu.
96 *bis* Allez à Joseph, il est l'ami de mon cœur.
97 Le Seigneur est grand, il est digne de toutes nos louanges.
98 Je donne à mes brebis la vie éternelle.
99 Sainte Agnès.
100 Saint François de Paule passe la mer sur son manteau.
101 A Marie, mère de douleurs.
102 Jésus à dix ans.
103 N.-S. J.-C. jeune ouvrier à Nazareth.
103 *bis* Saint François de Sales.

PHOTOGRAPHIES TIMBRES-POSTE de ces vignettes appliquées sur dentelle, la douzaine. 1 25
Les mêmes, en feuilles, le cent .... 5 »

SUJETS SPÉCIAUX POUR SOUVENIRS D'ORDINATION, SOUVENIRS DE PREMIÈRE COMMUNION, SOUVENIRS DE CONFIRMATION, SOUVENIRS MORTUAIRES, le cent .... 12 »

COLLECTION OVERBECK

QUARANTE SUJETS DIVERS, gravés sur acier, in-18, grande marge, la douzaine .... 2 »
— — — — — le cent......... 12 50

SUJETS DIVERS, SAINTS ET SAINTES, pour la propagande, série H (11 × 7), le cent en feuilles et coupées.. 1 50

IMAGERIE CHROMO

Pour Paroissiens ou Livres de piété

ENFANTS JÉSUS pour la fête de Noël, série 1477 (10 1/2 × 6 1/2), le cent 4 50
SIGNETS SUR CARTES, CHROMO (12 1/2 × 5), le cent.............................. 6 »
MAXIMES DE LA RÉVÉRENDE MÈRE ANNE DE XAINTONGE (11 × 7), le cent.......... 4 50
SUJETS RELIGIEUX ASSORTIS, série D (11 1/2 × 7 1/2), le cent 3 50

SAINTS ET SAINTES, emblèmes assortis, série O (9 × 6), le cent 3 50
SAINTS ET SAINTES, assortis, série B (10 × 6 1/2), le cent 1 25
IMAGES SUR CARTES, saints et saintes (12 1/2 × 7), le cent.......................... 7 »
REPRODUCTION D'UN TABLEAU par la photogravure, représentant la mort de saint Joseph de Cupertino, avec l'invocation et la prière pour obtenir le succès dans les examens, prix de la douzaine .... 3 »

SOUVENIRS DE PREMIÈRE COMMUNION

Nouvelles compositions. Superbes chromolithographies représentant la Cène avec 4 médaillons : le Baptême, la Confirmation, la Rénovation des vœux du Baptême et la Consécration à la sainte Vierge et au milieu sur une banderolle, la Communion des enfants.
In-folio, grand format 0 50
In-4°, petit format 0 30
Ce dernier représente la Cène avec 4 médaillons : le Baptême, la Confession, la Communion, la Confirmation.

SOUVENIR DE MARIAGE, grand format .... » »

TABLEAU DU ROSAIRE

Superbe chromolithographie, imitation parfaite de la peinture, destinée aux églises et chapelles
Hauteur 0m,86; largeur 0m,65

Prix : en feuille, sans encadrement, net **10** »
monté sur châssis, toile.... net **16** »
Prix : avec riche encadrement, larges baguettes or .... net **40** »

Cette composition a été commencée aussitôt l'encyclique de Notre Saint-Père le Pape Léon XIII, qui insiste sur la pratique de la pieuse dévotion du Rosaire. C'est la plus belle composition comme tableau du Rosaire, avec les quinze mystères, la sainte Vierge, saint Dominique et sainte Catherine de Sienne, qui ait été mise en vente jusqu'à ce jour.

OUVRAGES CLASSIQUES

Œuvres du R. P. CARUEL, de la Compagnie de Jésus

ÉTUDES SUR LES AUTEURS FRANÇAIS du baccalauréat et Histoire de la littérature française. Nouvelle édition conforme aux derniers programmes. 2 vol. in-12, *complètement refondus, édition* 1899 .... 7 »
Reliure des 2 vol. pleine toile .... Net 1 »

ETUDES SUR LES AUTEURS GRECS du baccalauréat et histoire de la littérature grecque 1 vol in-12 broché 2 50
Reliure pleine toile .... Net 0 50

ETUDES SUR LES AUTEURS LATINS et histoire de la littérature latine (en préparation)

ETUDES SUR LES AUTEURS FRANÇAIS, ÉDITION SPÉCIALE POUR L'ENSEIGNEMENT SECONDAIRE MODERNE, d'après le dernier programme. 1 fort vol. in-12 de 700 pages.. 3 50
Reliure, cartonnage dos toile .... Net 0 50

HISTOIRE DE LA LITTÉRATURE FRANÇAISE, complément des études sur les *Auteurs français*, enseignement secondaire et moderne. 1 vol. in-12 broché...................... 3 50
Reliure, cartonnage dos toile .... Net 0 50

HISTOIRE DE LA LITTÉRATURE FRANÇAISE, avec des Etudes spéciales sur les auteurs du dernier programme pour l'enseignement secondaire moderne. 1 fort vol. in-12 de 900 pages .... 6 »
Reliure cartonnage dos toile. .... Net 0 50

Extrait de la Revue des Etudes religieuses. — Voici un excellent manuel où les élèves de l'enseignement moderne, et beaucoup d'autres encore, trouveront un goût littéraire irreprochable, une science étendue, des jugements tous dictés par un ferme bon sens, et, faut-il l'ajouter, par une impeccable orthodoxie. Les critiques les plus autorisés sont souvent cites et parfois redressés.

L'auteur est de ceux qui savent plaire en instruisant. En le suivant dans cette revue habilement menée à travers les rangs des littérateurs français, on pourrait craindre au premier abord d'être ébloui par le défilé de dix siecles de fécondité intellectuelle ; la liste alphabetique ne contient pas moins de dix-huit colonnes de noms ; mais, esprit éminemment didactique, le P. Caruel a le génie de la méthode ; grâce à son art merveilleux de diviser et de subdiviser, on le suit sans effort et sans perdre la pensée conductrice ; ses leçons sont à la fois pour l'esprit un aliment et un charme.

HISTOIRE LITTÉRAIRE à l'usage des candidats au brevet supérieur de l'enseignement primaire des jeunes filles, d'après le programme 1900-1903. 1 fort vol. in-12 de 900 pages 6 »
Reliure cartonnage dos toile.. Net 0 50

HISTOIRE DES LITTÉRATURES CLASSIQUES, quarante et un tableaux, collés sur onglets. Nouvelle édition. 1 vol. in-4°, cartonné dos toile .... 5 »

OUVRAGES DE M. L'ABBÉ J.-B. DOMECQ

Professeur au Petit Séminaire de Larressore, près Bayonne

MEMENTO DES CLASSIQUES FRANCAIS ET DE LA LITTÉRATURE FRANCAISE, conforme au dernier programme à l'usage de la classe de troisième. 1 vol. in-12 de 448 pages relié pleine toile.......... 4 »

LE MÊME OUVRAGE, à l'usage de la classe de seconde, un vol. in-12 de 500 pages, relié pleine toile.......... 4 50

LE MÊME OUVRAGE, à l'usage de la classe de rhétorique (en préparation).

OUVRAGES DE M. L'ABBÉ RIGAULT

Professeur de Philosophie à l'Institution de Saint Jean à St-Quentin

TABLEAUX SYNOPTIQUES DE PHILOSOPHIE, six fascicules renfermant ensemble 104 tableaux.......... 12 »

2000 SUJETS DE COMPOSITIONS FRANÇAISES, donnés à la 1re partie des baccalauréats classique et moderne de 1880 à 1899, groupés méthodiquement.

Partie du maître, 1 vol in-12.......... 7 »

Partie de l'élève, 1 vol in-12.......... 6 »

N.B. — La partie du maître contient peu de developpements, mais de nombreuses citations de sources de tous genres. C'est l'indicateur indispensable et non le recueil insignifiant de quelques développements.

RECUEIL MÉTHODIQUE ET PLANS DE COMPOSITIONS FRANÇAISES, données au baccalauréat ès-lettres, 1re partie de 1881 à 1884. 1 vol in-8°.......... 3 50

OUVRAGES DE M. L'ABBÉ GODEFROY

Professeur au Petit Séminaire de Mortain

TABLEAUX D'HISTOIRE pour la classe de seconde, 31 tableaux synoptiques résumant l'histoire de l'Europe et de la France de 1270 à 1610, d'après le nouveau programme. 1 vol. in-8° raisin, cartonné.......... 2 50

TABLEAUX D'HISTOIRE pour la classe de rhétorique, de 1610 à 1789. 1 vol. in-8° raisin, cart., renfermant 30 tableaux.......... 2 50

TABLEAUX D'HISTOIRE pour la classe de philosophie, de 1789 à nos jours. 1 vol. in-8° raisin, cart., renfermant 48 tableaux.......... 4 »

Les belles qualités qui signalent à l'attention et à l'estime du public l'*Histoire de France* de M. l'abbé Godefroy se retrouvent au même degré dans les *Tableaux d'histoire*. Pour les professeurs, ces tableaux sont un cadre remarquable de logique et de clarté ; pour les élèves, ce sont des guides sûrs à travers la mêlée des hommes et des événements. La forme synoptique offre de precieux avantages pour faire saisir aux enfants l'ordre et la suite des faits ; elle favorise singulièrement la revue des matières à la veille d'un examen.

Extrait des Etudes de la Compagnie de Jésus.

LITTÉRATURE UNIVERSELLE, histoire générale de la poésie et de la prose, par Mgr Huguenot, ancien professeur de rhétorique. 2 vol. in-8°.......... 6 »

Cet ouvrage, quoique tres restreint, suffit à donner aux jeunes lecteurs qui n'ont pas eu le temps d'étudier dans les détails cette grande histoire une idée assez exacte des principales transformations de la grande littérature à travers les âges et les peuples. — Dans un appendice assez développé, l'auteur a rassemblé d'intéressants détails sur les diverses littératures de l'Europe, qui méritaient encore, à bien des titres, de n'être pas oubliés.

DISSERTATIONS LITTÉRAIRES ET HISTORIQUES, notes et développements, par un professeur de rhétorique. 3 vol. in-12.......... 6 50

LE SERMON SUR LA MORT, COMMENTÉ PAR LES AUTEURS ANCIENS ET MODERNES, avec une introduction sur les **Sermons de Bossuet,** par J. Buléon, licencié ès lettres. 1 vol. in-12.......... 1 25

JOURNAL DU RHÉTORICIEN, par Maurice Lefranc.

— années 1886-87, réunies en un vol. in-8° de 600 p.......... 8 »

— années 1887-88, — — .... 8 »

— années 1888-89, — — .... 8 »

Aider les candidats au baccalauréat ès lettres à surmonter les redoutables épreuves de la composition française, tel est le but de ce recueil.

LE BACCALAURÉAT, ses phases, ce qu'il est et ce qu'il devrait être, par J. Fennebresque, professeur, brochure in-12.......... 1 »

Cet ouvrage est d'un vif intérêt pour ceux qu'intéresse la question de l'enseignement.

TRAITÉ ÉLÉMENTAIRE DE PHILOSOPHIE, en forme de tableaux synoptiques et accompagné de lectures de philosophie, par l'abbé Laveille, professeur de philosophie. 1 vol. in-8° cartonné.......... 6 »

L'auteur voulant faire œuvre d'éducation a glissé une saine et solide philosophie là où le programme officiel ne requiert que des analyses positives et des systèmes. Sous le patronage distingué de M. Brin, il présente à la jeunesse des collèges un traité de philosophie en forme de tableaux accompagnés de lectures philosophiques. Chaque page double de ce volume contient à gauche un tableau synoptique et, en regard, quelques développements ou explications des points plus importants ou plus obscurs.

La doctrine exposée dans les tableaux est la doctrine scolastique, l'argumentation procède par syllogismes purs et simples, qui marchent accompagnés de leurs preuves. L'auteur n'a pas prétendu faire une œuvre originale, il a volontairement sacrifié le brillant à l'utile. Aussi s'est-il contenté d'ordinaire de résumer en termes clairs et précis les dissertations des meilleurs manuels ; et nous pensons que le R. P. Jaffre, en particulier, lui saura gré des larges emprunts faits à son cours.

Extrait des Études de la Compagnie de Jésus.

NOTIONS ÉLÉMENTAIRES SUR L'HISTOIRE DE LA LANGUE FRANÇAISE, par un professeur de quatrième. 1 vol. in-12 1

HISTOIRE CONTEMPORAINE DE 1789 A LA CONSTITUTION DE 1875, rédigée conformément au dernier programme du baccalauréat ès lettres, par M. l'abbé Delmont, licencié ès lettres. 1 vol. in-12 de 700 pages .... 5 »

GRAMMAIRE ANGLAISE très complète, par l'abbé Pontvianne, professeur d'anglais. 1 vol. in-12 cartonné .... 2 »

MANUEL DES VERBES LATINS IRRÉGULIERS, par B. Guillaud, professeur à l'école de Pontlevoy. 1 vol. in-12 .... » 60

ÉVANGILE DES DIMANCHES et principales fêtes de l'année, expliqués pour les écoles, avec des maximes tirées de l'Ecriture-Sainte, une par jour. Traduction nouvelle, par l'abbé Salmon. 1 vol. in-18 cartonné .... » 50

L'HISTOIRE SAINTE AU CATÉCHISME, par Mgr Huguenot, ancien professeur de rhétorique. 1 vol. in-18 cartonné, orné de 47 gravures .... » 50

LE CLERGÉ ET L'ENSEIGNEMENT SECONDAIRE SPÉCIAL OU MODERNE, par M. l'abbé Secrétain, professeur à la Faculté catholique d'Angers. 1 vol. in-12. broch 3 50

GRAMMAIRE ANGLAISE, par M. l'abbé Barrett, d'après les nouveaux programmes. 1 vol. in-12 cart 2 50

MÈRE JEANNE, livre de lecture et d'exercices français, par Mme Penasson, 1 vol. in-12 illustré, cartonné .... 2 »

BON. — Le premier pas de la lecture. 1 vol .... » 50

— Collection des 25 tableaux pour les classes .... 3 »

MANUEL CLASSIQUE D'INSTRUCTION RELIGIEUSE, d'après la *Somme* de saint Thomas d'Aquin et de saint Alphonse de Liguori, à l'usage des maisons d'éducation, par l'abbé Élie Constantin, aumônier de Notre-Dame-de-Sion, Marseille.

Un fort volume in-8° de 840 pages, accompagné de tableaux synoptiques, ou divisé en 4 volumes de 200 pages chacun, pour être mis entre les mains des élèves.

Ouvrage approuvé par Sa Grandeur Monseigneur l'Archevêque de Tours..... **12 francs.**

En s'inspirant de la somme de saint Thomas et du catéchisme du concile de Trente, l'auteur a puisé aux sources les plus autorisées, les plus pures, les plus fortifiantes, en même temps qu'il entrait dans la pensée de S.S. Léon XIII, qui recommande si bien l'étude de l'*Ange de l'École*. — Ce travail original, sérieux, calqué en quelque sorte sur la Théologie même, s'adresse également aux élèves ecclésiastiques et à tous ceux qui ont à faire un catéchisme de persévérance. Il deviendra classique et sera adopté dans tous les établissements, comme cours supérieur d'instruction religieuse.

Voici quelques-unes des lettres approbatives reçues par l'auteur à l'occasion de cette publication :

Bien cher Monsieur l'Aumônier,

J'ai lu en partie votre travail, **Manuel classique d'Instruction religieuse** ; j'en ai été fort content. Votre livre est tout à fait dans mes idées et dans les besoins du temps.

On est peu chrétien pour plusieurs raisons, dont la plus capitale est le manque d'instruction, même chez les personnes qui se croient chrétiennes. Le catéchisme n'est pas suffisamment enseigné, et parfois mal enseigné.

Vieux catéchiste pendant mon long ministère paroissial, je sais et j'affirme qu'il n'est pas facile de bien faire le catéchisme ; il faut le préparer, le préparer tous les jours, et le préparer avec le plus grand soin. Les petites intelligences qui nous écoutent quand nous les intéressons et que nous ennuyons quand nous ne les intéressons pas, ne comprennent que très difficilement nos explications, qui doivent être plus claires que le soleil. Il est donc de toute nécessité de les accorder à leurs esprits encore peu ouverts.

N'oublions pas que nous avons été à leur âge.

Votre livre sera d'un précieux secours à tous les catéchistes sans exception.

C'est mon souhait de bonne année à vous d'abord, Monsieur l'Aumônier, et à tous vos lecteurs, avec mes meilleures bénédictions.

† Xavier, *archevêque d'Aix.*

Cher Monsieur l'Aumônier,

Après un examen plus complet de votre **Manuel d'Instruction religieuse,** je n'ai rien à retrancher de ce que vous en a dit ma première impression.

C'est un bon livre; il ne pouvait pas en être autrement, puisqu'il est basé sur la doctrine de saint Thomas et de saint Alphonse de Liguori. Il est d'un enseignement sûr, d'une rédaction attrayante, d'une exposition claire. Il plaît dans son ensemble.

Les tables, les tableaux synoptiques, les notes en marge, le supplément en font un *compendium* très utile aux catéchistes et aux enfants. Ce sera son caractère spécial.

Je souhaite sa diffusion et j'en félicite l'auteur dans le souvenir du passé qu'il me rappelle et qui m'est cher.

† François, *Évêque de Bayonne.*

TABLE ALPHABÉTIQUE PAR NOMS D'AUTEURS

Calhiat. Un ange d'Italie à Naples 15
— Une plume, un pinceau et une croix 15
— Histoire intime de Jean de Rochevielle 17
— Elisabeth de Prades 10
— Vie de Léon XIII 11
Carlier. Vie de saint Remi 11
Caruel (R. P.). Œuvres classiques 26
Ce qu'il faut être avant la première communion. 16
Ce qu'il faut être après la première communion.. 16
Chacun sa manie. Comédie 20
Chaire catholique (la) 21
Chambaud. Notre-Dame de Lourdes (poème) 22
Charité, comédie 19
Chateaubriand. Le génie du christianisme 3-8
Châtenay (de) Vie de saint Martin 10
— Marcelle 11
— Rome chrétienne 11
— Vie de saint Louis de Gonzague 11
— Bouquet de légendes 19
Chaumont (de). Petites nouvelles historiques 15
Choix de cantiques à l'usage des missions 24
Clavière (de la). Les enfants de la Roseraie 11
— Sept ans plus tard 11
Cléville (F de) Jeanne d'Arc 15
Comelli. Les Jésuites héroïques 17
Concile œcuménique du Vatican (histoire du) 1
Constance Chlore, drame 19
Constantin. Manuel class. d'instruction religieuse. 28
Contentement passe richesse, comédie 19
Cooper. Le Corsaire rouge 3
Le dernier des Mohicans 3
Corbeille de lectures chrétiennes 5
Correspondance du cardinal Pie 20
Cousin Pierre (le), comédie 19
Crozes (Jos. de) Les Guises, les Valois et Philippe. 20
Curiosité et bavardage, comedie 19
Cyprien (saint) Œuvres complètes 8-20
Capreoli Johannis defensiones theologiæ divi Thomæ Aquinatis 29

D

Dars (Marie). Pervenches 18
Dauphin Charles (le), drame 19
Defoé. Robinson Crusoé 3
Degan. Vie édifiante d'un curé de campagne 21
Delmont. Histoire contemporaine 28
Dernier des Mohicans (le), drame 19
Dernière journee de la reine Marie-Ant, drame 19
Dévotion aux âmes du purgatoire (la) 23
Dieu l'emporte drame 19
Dissertations littéraire et historiques 27
Dombre. Journal de Robert 11
Tante Aloès 17
Domecq. Garcia Moreno 8-16
— Memento des classiques françaises 27
Dominique. Le béret bleu 5
— Un noble cœur 5
— François le Cordier 6
— La barque maudite 15
— L'espion malgré lui 15
— Trois parties d'échecs 15
— Un peintre célebre 18
Dormagen. La souffrance au point de vue chrétien. 22
Drames et Comédies 19-20
Dumont. Souvenirs et impressions d'un voyage en Italie 12

E

Egligny (d'). Une idée de Marianne 15
Epreuve (l'). comédie 20
Ergil. Aventures de deux jeunes Anglais en Australie 4
Ethampes (d'). Le château de Coëtval 5
— Le château de la Rochemontee .... [illegible]
— L'épée du duc A. de Bretagne .... [illegible]
— Les bons enfants .... [illegible]
— Le dévouement d'une jeune fille .... [illegible]
— Les deux frères martyrs .... [illegible]
— Les épreuves d'une mère .... [illegible]
— L'enfance de Saint-Louis .... [illegible]
— Le logis aux ombres .... [illegible]
— Le secret de Suzanne ....
— Les vacances utiles et agréables ....
— Marcel ....
— Alain ....
— Cécile et Georgette ....
— La cruche brisée ....
— Darling ....
— Les deux sœurs ....
— La petite amie du prélat ....
— La passerelle ....
— Je promène Grand'père ....
— Rattonnette ....
Exercices de piété à l'usage des religieuses de la Compagnie de la Sainte-Ursule ....

F

Fée aux roses (la), drame 19
Félix. Vasco de Gama 6
— En Suisse 8
— Un voyage imprévu en Palestine 12
— Le maréchal Canrobert 12
— Le général Bourbaki 12
— Le général Chanzy 12
— Le général Ducrot 12
Fénelon. Traité de l'existence de Dieu 7-16
Fennebresque. Le baccalauréat .... [illegible]
Figuier. L'art de l'éclairage 17
Fléchier. Oraisons funèbres 7-16
Follioley. Histoire de la littérature au XVIIe siècle. 17

G

Gâteau de riz (le), comédie 19
Gaveau. Vie de saint Stanislas Kostka 1-10
Gilbert. L'amour de Jésus 22
Gilly (Mgr). Du bons sens 10
— Les sept paroles de Jésus en croix 22
Ginetta 13
Giquel. Antonio Sani 18
Gobat. L'ange de Pâques 14
Quatre portraits 14
Godefroy. Tableaux d'histoire 27
Gourmandes (les), drame 19
Grand veneur (le), comédie 19
Gridel. De l'ordre surnaturel 20
Soirées chrétiennes 21
Grimes. Esprit des Saints 20
Gué. Histoire de Notre-Dame de Lourdes 5
— Un gentilhomme vendéen 6
Guidault. Direction sp. à l'usage des religieuses.. 23
Guidée. Souvenir de Saint-Acheul 17
Guillaud. Manuel des verbes latins irréguliers 28

H

I

J

K

L

M

N

Tours. — Imp. Deslis Frères, 6, rue Gambetta.

LÉOPOLD CERF

LIBRAIRE-ÉDITEUR

12, RUE SAINTE-ANNE

PARIS

DIVISION DU CATALOGUE

JANVIER 1900

IMPRIMERIE DES BIBLIOPHILES

LÉOPOLD CERF

SUCCESSEUR DE D. JOUAUST

IMPRESSIONS A LA MARQUE DE L'ANCRE

LIVRES DE LUXE

OUVRAGES DE BIBLIOPHILES

FLEURONS ET ORNEMENTS
DE STYLES DIVERS

Spécialité de Papiers rares et curieux

POINÇONS SPÉCIAUX DE CARACTÈRES ANCIENS

LIBRAIRIE LÉOPOLD CERF

12, rue Sainte-Anne, 12

TÉLÉPHONE
239-89

CATALOGUE

PAR ORDRE ALPHABÉTIQUE DE NOMS D'AUTEURS

ACHEL (G.). — **La plus grande Bretagne** ou **Le plus grand continent.** Une brochure in-8° . . . . 1 fr. 50

ADAM (Charles), *recteur de l'Université de Dijon* (Voir **DESCARTES**).

ADAM, voir **LEMARE.**

AUGÉ DE LASSUS (Lucien). — **Routes et Etapes.** Un volume in-8° jésus, sur papier teinté, 15 eaux-fortes inédites par W.-T. Grommé. Prix . . . . 20 fr.

50 exemplaires sur papier vergé de Hollande avec eaux-fortes avant la lettre. Prix . . . . 40 fr.

Table des gravures : Un canal à Dordrecht. — Le pont de Cordoue. — Porte de mosquée à Tanger. — Le château de la Penah. — Vue de Coimbre. — Amphithéâtre d'El-Djem. — Le bois sacré à Blidah. — Mosquée à Tlemcen. — Une terrasse d'Amalfi sur le golfe de Salerne. — L'Etna vu d'Aci-Reale. — Le temple de Minerve Suniaque à Sunium. — La plaine de Troie. — Première cataracte du Nil. — Fontaine sur la route de Bethléem.

— **Huit jours à Versailles.** Versailles et ses environs, avec 4 plans coloriés. Petit volume in-8° . . . . 1 fr. 50

AUGÉ DE LASSUS (Lucien), **d'HOUVILLE** et **RICHARD** (Georges). — **La conspiration du Général Mallet,** drame historique en cinq actes et un prologue. In-18 . . . . 2 fr.

AULARD (F.-A.), *professeur à la Sorbonne.* — **La Société des Jacobins. Recueil de documents pour l'histoire du club des Jacobins.** Six volumes in-8° avec table. Le volume . . . . 7 fr. 50.

Le procès-verbal officiel ou registre des délibérations de la Société des Jacobins de Paris a disparu on ne sait comment ni à quelle époque. Si cependant on rapproche dans un ordre chronologique les textes de toute nature épars dans les feuilles périodiques, une certaine lumière sort de ce rapprochement et on entrevoit le vrai rôle de ces Jacobins tour à tour Monarchistes, Girondins, Montagnards et dont la tribune a été ouverte successivement à toutes les opinions qui ont dominé. C'est ce rapprochement de textes qui constitue ce Recueil.

Cet ouvrage fait partie de la *Collection des Documents relatifs à l'Histoire de Paris pendant la Révolution française*, publiée sous le patronage du Conseil municipal.

— **Paris pendant la Réaction thermidorienne et sous le Directoire.**

Tome Ier. — Du 10 Thermidor an II, au 21 Prairial an III (28 Juillet 1794, 9 Juin 1795).

Tome II. — Du 21 Prairial an III au 30 Pluviôse an IV (9 Juin 1795, 19 Février 1796).

Tome III. — Du 1er Ventôse an IV au 20 Ventôse an V (20 Février 1796, 10 Mars 1797).
Le volume in-8°.................... 7 fr. 50

Cet ouvrage fait partie de la *Collection des Documents relatifs à l'Histoire de Paris pendant la Révolution française*, publiée sous le patronage du Conseil municipal.

AYMONIER (Etienne), voir *Colonies Françaises*.

BARET (Adrien), *docteur ès lettres, maître de conférences de littérature anglaise à la Sorbonne.* — **Etude sur la langue anglaise au XIVe siècle.** Un volume in-8°.................................. 5 fr.

BAUDOT (Marc-Antoine), *ex-membre de la Convention nationale.* — **Notes historiques sur la Convention nationale, le Directoire, l'Empire et l'exil des votants,** publié sous les auspices du Ministère de l'Instruction publique, avec une préface de Mme Ve Edgar Quinet. Un volume grand in-8°................................ 7 fr. 50

Ces notes historiques sur la Révolution avaient été léguées par le Conventionnel Marc-Antoine Baudot à Edgar Quinet, qui en disait : « J'ai reçu des mémoires inédits qu'un membre de la Convention m'avait légués il y a trente ans, ce sont les seuls *Mémoires* authentiques de certaines parties de la Révolution et leur auteur était un homme d'infiniment d'esprit. » Ils ont été publiés par Mme Ve Edgar Quinet avec un soin pieux. C'est donc en quelque sorte le *fac-simile* du manuscrit original que nous livrons aujourd'hui à la publicité, avec toutes les variantes et les répétitions qu'il renferme.

BAUDRILLART (H.), voir **BENOIST (Charles)**.

BELLAY (Ioachim du). — **La deffense et illustration de la langue françoyse**, publiée par Em. Person, *professeur au Lycée Charlemagne.* Edition désignée pour le concours d'agrégation. Un vol. in-8°......... 5 fr.

Reproduite conformément au texte de l'édition originale avec une introduction et des notes par Em. Person, professeur au lycée Charlemagne. Le texte a été collationné avec le plus grand soin sur l'édition originale de 1549, dont le titre est reproduit en *fac-simile*. Une introduction, des notes philologiques et littéraires, un glossaire complètent l'édition. — M. Em. Person y a joint le texte moins connu du *Quintil Horatian*, de Ch. Fontaine, qui parut pour la première fois, à Lyon, en 1551.

Fait partie de la *Bibliothèque historique de la langue française*.

BENOIST (Charles). — **Études historiques sur le XIVe siècle. La Politique du Roi Charles V. La Nation et la Royauté,** avec une préface de M. Henri Baudrillart, *membre de l'Institut.* Un volume in-18. Prix... 3 fr. 50

BENOIT-LÉVY (Ed.) et **BOCANDÉ (F.-D.)**, *avocat à la Cour d'appel de Paris.* — **Manuel pratique pour l'application de la loi sur l'instruction obligatoire,** contenant le résumé des débats parlementaires, le commentaire de la loi, les circulaires, arrêtés et décrets relatifs à son application et une table alphabétique détaillée, avec une préface par M. Jean Macé, président de la Ligue de l'Enseignement. In-18............. 1 fr.

BERTHOULE (Amédée), *secrétaire général de la Société nationale d'Acclimatation de France.* — **Les lacs d'Auvergne, Orographie, Faune naturelle, Faune introduite.** Un vol. grand in-8°. Prix........ 5 fr.

Monographie au point de vue de l'orographie, de la faune naturelle et de la faune introduite des lacs d'Auvergne qui remplissent apparemment d'anciens cratères d'explosion, 27 planches en photo-gravure représentant l'aspect des lacs et les espèces animales les plus curieuses et les plus rares.

BERTRANDY-LACABANE, *archiviste du département de Seine-et-Ois ancien Inspecteur général des Archives*.— **Brétigny-sur-Orge, Marolles en-Hurepoix, Saint-Michel-sur-Orge**, publié avec le concours d Conseil général de Seine-et-Oise, 2 forts volumes in-8° écu, nombreux tableaux synoptiques hors texte.............................. 20 fr.

Tome I. (424 p. et 11 tableaux hors texte.) — I. Poids et mesures, Mercuriales, Pouvoirs de l'argent. — II. Topographie historique, Voies de communications. — Cours d'eau, Fontaines, Mares, Lavoirs. — Tome II. (740 p. et 3 tableaux hors texte). — III. Population. Mouvement de la population. — IV. Les seigneurs de Brétigny. — V. Justice et administration. — VI. Culte. — VII. Instruction publique. — VIII. Agriculture. — IX. Arts et Métiers ; prix des choses. — X. Commerce et industrie. — XI. Faits divers.

BERTRANDY-LACABANE, *archiviste du département de Seine-et-Oise, ancien Inspecteur général des Archives*. — **Les Alluets-le-Roi**. Brochure in-8°.. 0 fr. 75

Bibliothèque historique de la langue française, voir **BELLAY (Ioachim du)** et **VAUGELAS**.

BOCANDÉ (F.-B.), *avocat de la Cour d'appel de Paris*, voir **BENOIT-LÉVY (Edm.)**.

BONAVENTURE DES PÉRIERS, voir **FRANK** et **CHENEVIÈRE**.

BONNEL (L.). — **Loups et Vautours**. In-8° broché............ 1 fr.

BOUCHER (Léon), *professeur à la Faculté des lettres de Besançon*. — **Tableau de la littérature anglaise**. Un vol. écu illustré in-8°. 1 fr.

I. Les origines. Chaucer. — II. Le siècle d'Elisabeth, Spencer. — III. Le drame anglais et Shakespeare. — IV. Le XVIIe siècle, Milton. — V. La Restauration : Dryden. — VI, VII, VIII. Le XVIIIe siècle : Les écrivains de la reine Anne, les romanciers, la critique, l'histoire; révolution poétique : Cowper et Burns. — IX, X. Le XIXe siècle : la poésie romantique : le roman, la critique, l'essai. — Portraits de Chaucer, Spencer, Shakespeare, etc.

Ce volume fait partie de la *Nouvelle Collection illustrée à 1 fr.*

BOUVIER (Félix). — **Les premiers Combats de 1814**, prologue de la campagne de France dans les Vosges avec un portrait et une carte. Un volume in-18.. 3 fr. 50

— **Bonaparte en Italie**.. Un volume in-8° .... 7 fr. 50

C'est l'étude profondément documentée d'une des pages les plus célèbres de l'épopée napoléonienne. L'auteur, avec un sens remarquablement critique, a su utiliser les documents jusqu'à présent inédits, dont regorgent les Archives de la guerre, et celles de l'étranger. Il a refait lui-même les étapes de la glorieuse armée d'Italie. Aussi son travail n'est-il pas seulement une œuvre remarquable de critique historique et militaire, mais encore un tableau vivant d'une époque tout entière. Il a mis en valeur les silhouettes des hommes, et le cadre si peu connu encore, au milieu duquel ils se mouvaient.

Signalons comme tout à fait nouveau, l'exposé de l'évolution politique et intellectuelle de l'Italie après la conquête française.

Cet ouvrage est, en un mot, l'histoire définitive de cette page glorieuse de nos annales.

BROCHET (J.), *secrétaire de l'Inspection d'Académie de Seine-et-Oise*. — **Annuaire de l'Enseignement primaire en Seine-et-Oise**. In-8° broché.. 2 fr.

Ce recueil contient, outre les renseignements administratifs, l'état du personnel au 1er janvier avec indication du revenu des postes, logement, etc., et aussi les résultats et les textes des compositions des examens et concours de l'année.

— **Cahiers de Géographie de Seine-et-Oise.** Cartes et texte. — Bel atlas, avec texte à l'usage des élèves des écoles primaires du département. L'exemplaire .... 1 fr.

— **Carte du département de Seine-et-Oise,** avec la délimitation du territoire des communes indiquée par un tirage en deux couleurs. Une feuille couronne. Prix.. 0 fr. 50

BRUNEAU (G.). — **Aubades et sérénades et pièces diverses en vers.** Un volume in-8°.. 3 fr.

— **Bureau restant.** Joli petit in-18. Prix.................... 0 fr. 50

— **Nouvelles sentimentales.** Un volume in-18. Prix............ 3 fr.

Au renouveau. — Un drame d'atelier. — En quarantaine. — La Donna Bella. — Le roman d'un diplomate.

BRUNET (**Louis**), *député de la Réunion.* — **L'abbé Dermont, le dossier de la défense.** Un volume in-18. Prix........................ 3 fr.

— **Ripaud de Montaudevert, Scènes de la Révolution française à l'île Bourbon** (**1794**). Un volume in-18.................... 3 fr.

— **Français toujours ! En voyage, Zanzibar, Aden, Port-Saïd.** Un volume in-18...... .... 3 fr. 50

CABROL. — **A la côte.** Avec une héliogravure d'après un dessin de M. R. Fournier-Sarlovèze. Un volume in-18 .... 6 fr.

CAMBOURG (**baron de**), voir *Colonies françaises.*

CARRIÈRE (**A.**), *professeur à l'Ecole des langues orientales.* — **Moïse de Khoren et les généalogies patriarcales.** In-12 papier vergé. 5 fr.

CASGRAIN (**l'abbé H.-R.**), *docteur ès lettres, professeur à l'Université Laval de Québec, membre de la Société Royale du Canada, etc., etc.* — **Acadie, Nouvelle-Ecosse. Un pèlerinage au pays d'Evangéline.** Ouvrage couronné par l'Académie française. Quatrième édition, deuxième édition publiée en France. Un volume in-18.......................... 3 fr. 50

L'auteur, pénétré des sentiments de Longfellow, et de la tradition française au Canada, est allé recueillir sur place les documents et les souvenirs encore vivants sur la dispersion des Acadiens et les persécutions que leur fit subir l'intolérance anglaise.

CAUBET, *ancien chef de la police municipale.* — **Souvenirs (1860-1889),** avec une préface de G. Wyrouboff. Un volume in-18........... 3 fr. 50

Philosophie et politique. — Le salon de Ch. Fauvety. — Scalieri. — La crémation. — L'élection Bancel. — Franc-Maçonnerie. — Le prince Lucien Murat. — Le maréchal Magnan. — Vingt-quatre heures de prison. — Dogmes et libertés. — **Préfecture de police.** — Du 4 septembre au 15 octobre 1871. — **Les exécutions capitales :** Prévost, Menesclou, Campi, Gamahut, Gaspard, Marchandon, Kœnig, Rivière et Frey, Pranzini, Schumacher, Mathelin, Prado, Géomay, Allorto et Seillier. — **Considérations générales.**

CAZES, *inspecteur d'Académie,* V. Organisation pédagogique.

CHALLAMEL (**Augustin**), *conservateur honoraire de la Bibliothèque Sainte-Geneviève.* — **Les Clubs contre-révolutionnaires** : **cercles, comités, salons, réunions, cafés, restaurants et librairies.** Un volume...... 7 fr. 50

Cet ouvrage fait partie de la *Collection des Documents relatifs à l'histoire de Paris pendant la Révolution française,* publiée sous le patronage du Conseil municipal.

CHARAVAY (**Etienne**), *archiviste paléographe.* — **Assemblée électorale de Paris** (18 novembre 1790-15 juin 1791). — Procès-verbaux de l'élection des juges, des administrateurs, du procureur-syndic, de l'évêque, des curés, du président du tribunal criminel et de l'accusateur public. Publiés d'après les originaux des Archives nationales, avec des notes historiques et biographiques. Un volume .... 7 fr. 50

——— **Assemblée électorale de Paris** (26 août 1791-15 août 1792). Procès-verbaux de l'élection des députés à l'Assemblée législative, des hauts jurés, des administrateurs, du procureur général, du syndic, du président du tribunal criminel et de son substitut, des juges suppléants, de l'accusateur public, des curés. Publiés d'après les originaux des Archives nationales, avec des notes historiques et biographiques. Un volume............. 7 fr. 50

Ces ouvrages font partie de la *Collection des Documents relatifs à l'histoire de Paris pendant la Révolution française*, publiée sous le patronage du Conseil municipal.

CHASSANG (**A.**), voir **VAUGELAS**.

CHASSIN (**Ch.-L.**). — **Les élections et les cahiers de Paris en 1789.**

Tome Ier. — La convocation de Paris aux derniers Etats généraux.
Tome II. — Les assemblées primaires et les cahiers primitifs.
Tome III. — L'assemblée des trois ordres et l'assemblée générale des électeurs de Paris au 14 juillet.
Tome IV. — Les élections et les cahiers de Paris hors murs.

Chaque volume in-8° raisin de plus de 500 pages. Prix, broché... 7 fr. 50

Cet ouvrage fait partie de la *Collection des Documents relatifs à l'histoire de Paris pendant la Révolution française*, publiée sous le patronage du Conseil municipal.

CHASSIN (**Ch.-L.**) et **HENNET** (**L.**). — **Les Volontaires nationaux pendant la Révolution.**

Tome Ier. — Historique militaire et états de services des huit premiers bataillons de Paris levés en 1791 et 1792. — Documents tirés des Archives de la guerre et des Archives nationales. In-8°, Prix.. 7 fr. 50

Cet ouvrage fait partie de la *Collection des Documents relatifs à l'histoire de Paris pendant la Révolution française*, publiée sous le patronage du Conseil municipal.

CHATEAUGAY (**Pierre**). — **Angèle, Bourbon-Madagascar**, 3e édition. Un volume in-18.................................... 3 fr.

——— **Amours exotiques**, scène de la vie en Cochinchine. Un volume in-18 .... 3 fr. 50

——— **Les Examens d'un gendre**, comédie en 1 acte. Prix.......... 2 fr.

——— **Infanterie de marine 4e régiment**, 2e édition. Un volume in-12. 2 fr.

CHENEVIÈRE (**Adolphe**), voir **FRANK** (**Félix**).

CHUQUET (**Arthur**), *professeur au Collège de France.* — **De Ewaldi Kleistii vita et scriptis.** Un volume in-8°.................. 2 fr.

——— **Schiller. Le Camp de Wallenstein,** édition nouvelle avec introduction et commentaire (XXIV-144 p.). Joli vol. cartonné à l'anglaise... 1 fr. 50

——— **Gœthe. Hermann et Dorothée,** édition nouvelle avec introduction et commentaire (LXIX-186 p.). Joli vol. in-18 cart. à l'anglaise.... 1 fr. 50

——— **Gœtz von Berlichingen**, édition nouvelle avec introduction et commentaire. Joli volume in-18 (XCVI-192 p.), cartonné à l'anglaise. Prix 2 fr. 50

CLACQUESIN (**Paul**). — **Histoire de la Communauté des Distillateurs. — Histoire des Liqueurs.** Un volume de 336 pages sur beau papier vélin du Marais. Prix.................................. 20 fr.

Les communautés. — Vinaigriers et distillateurs. — Les limonadiers. — Les distillateurs-limonadiers. — Les maîtres. Leurs rapports avec les compagnons et apprentis. — Les limonadiers et la police. — Les marchands privilégiés. — Les jurés. — La confrérie. — Les liqueurs de l'ancien Orient. — La Grèce et Rome. — Les vins artificiels. — Les autres peuples de l'antiquité. — La distillation et les alchimistes. — La distillation aux XVIIIe et XIXe siècles. — La fabrication et la distillation des liqueurs. — De la fermentation. — Les liqueurs dans les temps modernes. — Table des gravures et planches.

TABLE DES FIGURES. — Armoiries de la communauté des distillateurs. — Marchande d'eau-de-vie ambulante. — Marchand de café ambulant. — Portrait de Turgot. — Un lit de justice. — Jetons de présence. — Confrérie de Saint-Louis. — Confrérie de Saint-Denis de la Chartre — Eglise Saint-Denis de la Chartre. — Une Commissatio. — La Chrysopée de Cléopâtre. — Monobikos. — Dibikos. — Tribikos. — Bain-marie. — Alambic des Synésius. — Alambic au XIVe siècle. — Appareil de Woolf. — Petit appareil d'Adam. — Appareil de Cail. — Atelier de distillateur-liquoriste au XVIIIe siècle. — Atelier de distillateur-liquoriste en 1819. — Laboratoire de liquoriste vers 1830. — Laboratoire de liquoriste, chauffé par la vapeur. — Laboratoire de distillateur en 1890. — Laboratoire de distillateur en 1890 (autre disposition). — Un café au XVIIIe siècle. — Matériel d'un café au XVIIIe siècle.

COCHERIS (**Hippolyte**), *Inspecteur général de l'Instruction primaire, Conseiller général.* — **Dictionnaire des anciens noms des communes du département de Seine-et-Oise.** Un volume in-8° papier vergé avec grande carte coloriée.. 3 fr

Colonies françaises, voir **Société des Etudes coloniales et maritimes.**

COMTE (**Charles**), *professeur au lycée Condorcet.* — **Chateaubriand poète** (histoire de la tragédie de *Moïse*). Un vol. in-8°, 38 p............... 1 fr

COPPÉE (**François**), voir **RIQUIEZ** (**Emile**).

COURTY (**Paul**). — **Poésies et Pensées,** avec un portrait gravé à l'eau forte par Ch. Courty et une préface d'Edmond Thiaudière. Un volume grand in-8°.. 6 fr

— **Petites Comédies Parisiennes.** Un volume in-18.......... 3 fr. 5

COURTY (**Paul**). — **Contes et nouvelles.** Un volume in-12.... 3 fr

— **Le Bouquet de Mariette et le Prix du Pardon.** Un vol. in-18. 3 fr. 5

— **Une Dette de Jeu.** Un vol. in-18......................... 3 fr. 5

COZ (**Edmond**). — **A travers le XVe siècle.** (Jacques Cœur, Jérôme Savonarole). Un volume in-8°.............................. 3 fr. 5

DALLINGTON (**Robert**), voir **EMERIQUE.**

DALSÈME (**A.**), *ancien élève de l'Ecole polytechnique.* — **La Monnaie, histoire de l'or, de l'argent et du papier,** le volume 1 fr., cartonné à l'anglaise.. 1 fr

Fait partie de la *Nouvelle Collection illustrée à 1 fr.*

L'auteur passe en revue l'origine et l'histoire de la monnaie, décrit la fabrication depuis la Chine jusqu'aux billets de banque : Comment on devient commerçant. Le troc. Un artiste dans l'embarras. L'enfance des monnaies. Pasteurs et Conquérants. Coquillages métaux précieux. Ce qu'exige une monnaie irréprochable. Les rentes en blé. La liqueur d'o

Le titre et le poids. De Judée en Chine. Le faux monnayage royal. Nicolas Oresme. La fausse monnaie légale. Encore les Chinois. Le billon. Bronze et argent. Un franc est-il un franc? L'arithmétique et le sens commun. Le droit de battre monnaie. Etalon simple et étalon double, etc., etc.

DARMESTETER (James), voir **DARMESTETER (Arsène)**.

DARMESTETER (Arsène). — **Reliques scientifiques**, recueillies par son frère, portrait par Charles Waltner, 2 forts volumes in-8° raisin. Prix.. 40 fr.

Tome Ier. — Portrait par Waltner. — Notice biographique. — Discours prononcés aux funérailles. — Bibliographie des publications.

1re Partie. — *Études Juives*. — Le Talmud. — Kalia bar Schalom et Flavius Clemens. — Gabriel da Costa. — Notes épigraphiques touchant quelques points de l'histoire des Juifs sous l'empire romain. — V.-G.-J. Ascoli. — Iscrizioni inedite vinal note Greche Latine, Ebraiche di antichi sepulcri Cuidaci del Napolitano, edite e illustrate de G. J. Ascoli. — N. Valois. — Guillaume d'Auvergne.

2e Partie. — *Études Judéo-Françaises*. — Mission en Angleterre. — Mission en Italie. — Gloses et glossaires hébreux-français du Moyen Age. — Sur des mots latins dans des textes talmudiques. — Philippus = *os lampadis*. — Un alphabet hébreu-anglais au XIVe siècle. — L'autodafé de Troyes (24 avril 1288). — Deux élégies du Vatican.

Tome II. — 3e Partie. — *Études françaises*. — A. *Littérature et Philosophie du langage*. — Langue et littérature françaises du Moyen Age. — La littérature française du Moyen Age et l'histoire de la langue française. — Pio Rajna. Le origini dell'Epopea francese. — Fœrster. Altfranzœsische Bibiothek. — F. de Grammont. Les vers français et leur prosodie. — A. Chaignet. La philosophie de la science du langage étudiée dans la formation des mots.

B. *Histoire de la langue*. — Phonétique française. — Le protonique non initiale, non en position. — Ch. Joret. Du C dans les langues romanes. — De la prononciation de la lettre U au XIVe siècle. — Réponse à M. Talbert. — Ayer. Phonologie de la langue française. — Schoeler. Exposé des lois qui régissent la transformation française des mots latins. — Le démonstratif *ille* et le relatif *qui* en roman. Les prépositions françaises *en*, *ens*, *dedans*, *dans*. — Fr. Godefroy. Dictionnaire de l'ancienne langue française et de tous ses dialectes du IXe au XVe siècle. — Lacurne de Sainte-Palaye. Dictionnaire historique de l'ancien langage français ou glossaire de la langue française.

A. Doucherie. Ἑρμηνεύματα (κα'ι) Καθημερινή ὁμιλία de Julius Pollux. — Brachet. Nouvelle grammaire française. — Marty-Laveaux. Cours historique de langue française. E. de Chambure. Glossaire du Morvan. — Talbert. Du dialecte blaisois et de sa conformité avec l'ancienne langue et l'ancienne prononciation françaises. — Rapport sur le concours relatif aux noms patois et vulgaires des plantes. — L'enseignement primaire à Londres. — La *Jews' Free School*. — Notes sur la langue et la grammaire françaises. — La question de la réforme orthographique — L'association pour la réforme de l'orthographe française. — Note sur l'*ai* de l'imparfait.

— **Le Talmud**. In-8° (66 p.).. 1 fr. 50

Dans cette étude rapide, Arsène Darmesteter donne une analyse du Talmud, l'histoire de sa formation et des études dont il a été l'objet.

DEISS (Edouard). — **De Marseille au Paraguay**. Notes de voyage. Un volume in-18.. 3 fr. 50

DERENBOURG (Hartwig). — **Les monuments Sabéens et Himyarites de la Bibliothèque nationale** (Cabinet des médailles et antiques), avec une héliogravure Dujardin. In-12 papier vergé............... 5 fr.

DESCARTES (Œuvres de), publiées par **Ch. ADAM** et **Paul TANNERY**, *sous les auspices du Ministère de l'Instruction Publique.*

Cette édition, publiée sous le patronage d'une Commission internationale en l'honneur du 3e centenaire de Descartes, comprendra une suite de volumes que la Commission a évaluée à une dizaine, chiffre minimum. Le format est le grand in-4° carré d'environ 700 pages par volume. Le programme de l'édition, comprenant pour un certain nombre d'ouvrages, la reproduction en fac-simile de gravures dessinées par Descartes lui-même, le texte a dû être combiné pour les encadrer d'une manière satisfaisante. On a employé une série de caractères gravés et fondus par M. Beaudoire. Les figures qui n'étaient pas originairement de Descartes, ont été rétablies dans le style de l'auteur, par M. P. E. Mangeant. Le papier à la forme a été fabriqué spécialement par les Papeteries de Vidalon, il porte en filigrane: 1° Le nom de Des Cartes; 2° les armes de Descartes; 3° les armes de Montgolfier, qui sont la marque de Vidalon; 4° le monogramme de l'imprimeur. Le chiffre de tirage de l'édition a été fixé à environ 650 exemplaires.

Chaque volume.. **25 fr.**

En vente : CORRESPONDANCE.
Tome Ier. — Avril 1622-Février 1638.
Tome II. — Mars 1638-Décembre 1639.
Tome III. — Janvier 1640-Juin 1643.

Pour paraître prochainement :

1° Le Tome IV de la *Correspondance.*
2° Le Tome Ier des Œuvres contenant le *Discours de la Méthode*, la *Dioptrique*, etc.

DESJARDINS (Gustave), *chef du service des Archives au Ministère de l'Instruction publique.* — **Tableau de la Guerre des Allemands dans le département de Seine-et-Oise (1870-1871).** Volume in-8° avec carte.. 3 fr.
Exemplaires sur papier vergé.. 5 fr.

DHOMBRES (G.), *proviseur du lycée Charlemagne.* — **La Révolution française (1789-1804).** Le volume 1 fr. Cartonné à l'anglaise. 1 fr. 50

Tableau rapide, où les événements, les idées, les hommes et la vie sociale sont fidèlement représentés; des reproductions bien choisies d'estampes du temps illustrent le volume.

Fait partie de la *Nouvelle collection illustrée à 1 franc.*

D'HORVILLE, voir **AUGÉ DE LASSUS (Lucien).**

DIETZ (H.), *agrégé des Lettres et de Langues vivantes, professeur de Rhétorique au lycée Buffon.* — **Les Etudes classiques sans latin** (Essai pédagogique). In-8°.. 1 fr.

DOUANES (Annuaire des), (37° année) XXXII, 264 et 92 pages. Un volume in-18 avec une *carte des Traités* avant la Révolution............ 2 fr. 50

DUBIEF (Eugène), *secrétaire de la Ligue Française de l'Enseignement.* — **L'Abbé de l'Epée et l'Education des sourds-muets.** Destiné aux écoles. In-12 illustré (80 p.).. 1 fr.

— Voir **GATIN (L.-A.).**

DUPLESSIS (J.), *ex-répétiteur de Génie rural à l'Ecole de Grignon, professeur départemental d'Agriculture du Loiret.* — **Traité du Nivellement**, contenant les principes généraux, la description et l'usage des instruments, les opérations et les applications avec 112 figures dans le texte. Un vol. in-8°. 8 fr.

DUPUY (Adrien). — **L'Etat et l'Université** ou **La vraie réforme de l'enseignement secondaire.** Un volume in-18............. 3 fr. 50

Importance de l'enseignement secondaire au point de vue de l'Etat — De la crise de l'enseignement secondaire et de ses causes. — L'instruction. — Le surmenage et les programmes encyclopédiques. — Les études classiques. — L'enseignement classique français. — L'éducation. — Des tendances politiques que l'on prête à l'Université. — L'Etat et

Gouvernement. — Les droits et les besoins de l'Etat. — Définitions des rapports de l'Université avec l'Etat. — Importance de l'histoire littéraire comme moyen d'éducation. — De la doctrine de l'Université en littérature. — De l'enseignement de l'histoire littéraire. — Sur l'histoire littéraire du XIXe siècle. — Sur l'histoire et contre le Moyen Age. — Portée morale de l'histoire. — De deux leçons à tirer de notre histoire : pas de corporations même enseignantes, pas de décentralisation. — Les qualités du professeur d'histoire, son rôle en tant qu'éducateur. — Retranchements et additions à l'enseignement historique. De la philosophie universitaire. — Ce que doit être le cours de philosophie de l'enseignement secondaire. — De l'instruction morale et civique. — Argument tiré de l'état actuel de la France en faveur de notre plan de réforme de l'enseignement secondaire.

DUSSIEUX (L.), *professeur honoraire à l'école militaire de Saint-Cyr.* — **Lettres intimes de Henri IV**, 2e édition. Ouvrage orné d'un portrait de Henri IV, d'après un tableau du temps conservé au musée de Versailles, gravé à l'eau-forte par Boilvin, et du masque de Henri IV, dessiné par Mme Lacombe et gravé par Armand-Durand. Un volume in-8°... 7 fr. 50

Exemplaires numérotés sur papier de Chine, 20 fr. Exemplaires numérotés sur papier vergé.. 12 fr.

« Quoique ce recueil dût être principalement composé de la correspondance familière de Henri IV, nous avons cru devoir y joindre toutes ses harangues, quelques allocutions, quelques poésies, une prière, un entretien avec le duc de Mayenne, un autre avec Sully, en un mot tout ce qui nous paraissait propre à faire apprécier, sous leurs divers aspects, son style et son esprit.

Nous avons évité avec soin de donner à notre travail aucun caractère d'érudition, nous avons voulu faire un livre intéressant, d'une lecture agréable. Tout en respectant toujours le texte de la grande édition, nous avons adopté une orthographe plus moderne afin de rendre la lecture plus facile. Nous n'avons mis que les notes indispensables. Mais toutes les fois que nous l'avons jugé nécessaire, nous avons fait précéder les lettres d'explications qui mettront le lecteur au courant de la situation et lui permettront de comprendre et de goûter ce qu'il lira. »

— **Lettres intimes de Henry IV**, édition in-18. Un vol. Prix. 3 fr. 50

— **Le Siège de Belfort**, avec 15 gravures, plans ou portraits. Le volume. Prix.. 1 fr.

Ce volume fait partie de la *Nouvelle collection illustrée à 1 fr.*

A. DUTILLEUX, *licencié en droit, chef de division à la Préfecture de Seine-et-Oise, secrétaire de la Commission des Antiquités et des Arts du département de Seine-et-Oise.* — **Topographie ecclésiastique du département de Seine-et-Oise**, un volume, papier vergé (100 p.) avec grande carte coloriée.. 3 fr.

— **Recherches sur les routes anciennes dans le département de Seine-et-Oise**. Joli volume in-8° (96 p.), papier vergé et carte en deux couleurs, tiré à petit nombre................................ 3 fr.

Section I. Voies qui figurent aux itinéraires ou sur la table de Peutinger. — Section II. Voies qui n'y figurent pas.

— Voir **GUÉGAN (P.)**.

ÉCOLE NORMALE SUPÉRIEURE. — **Mémorial de l'Association des anciens élèves de l'Ecole Normale supérieure** (1846-1876). Un volume in-8° de 521 pages. Prix......................... 7 fr. 50

Recueil des notices consacrées par leurs camarades aux anciens élèves de l'École Normale supérieure, décédés pendant cette période.

— **Ecole Normale (L') (1810-1883), notice historique. — Liste des élèves par promotions. — Travaux littéraires et scientifiques.** Un beau volume in-8°.. 12 fr.

Cet ouvrage a été tiré à 500 exemplaires seulement.

EMERIQUE (E.). — **Un Aperçu de la France,** telle qu'elle était l'an 1598, par Robert Dallington, secrétaire de l'ambassadeur d'Anglet auprès de la Cour de France. Traduit de l'anglais par E. Emerique, d'a un exemplaire de l'édition imprimée à Londres, par Symon Stafford, 1 Un volume in-8°, avec *fac-simile*, tiré sur papier à la forme à 150 ex plaires numérotés.. 1

ETUDES D'HISTOIRE DU MOYEN AGE, dédiées à Gabriel Mo par ses anciens élèves avec le concours de MM. Prou, G. Yver, Diehl, E Molinier, Imbart de la Tour, Camille Julian, Jules Roy, A. Giry, Emile B geois, Edouard Favre, Paul Fabre, H. Omont, G. de Manteyer, Fern Lot, Ch. Pfister, Jean Guiraud, Ch. Bémont, Ch. Kohler, J.-A. Brutails, A Lefranc, Auguste Molinier, Paul Thirion, E. Jordan, Elie Berger, Fu Brentano, H. Pirenne, Ch. Petit-Dutaillis, Bernard Prost, Alfred Cov Camille Couderc, N. Jorga. *Avec une Préface de E. LAVISSE.* Un vol in-8°.. 2(

FANTA (A.), *agrégée de l'Université, professeur au lycée Fénelon.* — **Chefs-d'œuvre du théâtre classique allemand, choix et a lyses.**

I. GŒTHE, Gœtz von Berlichingen. In-18........... 0 fr

II. GŒTHE, Iphigénie. In-18...................... 0 fr

« Il nous a semblé que ce serait rendre un réel service aux professeurs et aux élève de mettre entre leurs mains des extraits des principaux chefs-d'œuvre du théâtre allem reliés par un texte analytique très simple, qui permette de bien comprendre le sens gé du drame et les caractères des personnages, les situations auxquelles se rapporten scènes choisies. On pourra ainsi varier et multiplier les lectures et faire connaître élèves des pièces qu'on pourrait hésiter à leur recommander de lire en entier. »

FARGES (Louis), voir *Colonies Françaises.*

FAURE (Antoine), *docteur en droit, avocat à la Cour d'appel de Paris.* **La Nouvelle Loi sur les Sociétés par actions.** Commentaire th rique et pratique de la loi du 1er août 1893 et du décret du 1er décem 1893. Un volume in-18................................. 3 fr.

FAYMOREAU (A. de), voir *Colonies Françaises.*

FEISSAL (L. de), voir *Colonies Françaises.*

FIRMERY (J.), *professeur à la Faculté des Lettres de Lyon.* — **DEU SCHES LESEBUCH,** recueil de morceaux choisis pour les classes de t sième et de seconde, les écoles normales primaires et l'enseignement jeunes filles. In-18 (VIII 232 p.)........................ 1 fr.

Ce recueil est composé de textes faciles, constituant des histoires complètes ave commencement, un milieu et une fin, intéressantes et même pour la plupart amusantes, enrichir le vocabulaire de l'élève, promener le lecteur un peu partout, à pied, à ch en voiture, en chemin de fer, en bateau et même en ballon.

FOLEŸ (Charles). — (**Gens de partout.**) **La Course au Maris** Un volume in-18.................................... 3 fr

— (**Gens de Province.**) **Guerre de Femmes.** 2e édition, un vol in-18.. 3 fr

— **Jolies Ames.** — Un volume in-18..................... 3 fr

— **Saynètes galantes** *avec 39 compositions de E. BRUN.* Un vol. élég prix..

FONTAINE (Ch.). — Quintil Horatian, voir **BELLAY (Ioachim du).**

FONTAINE (Léon), *professeur à la Faculté des Lettres de Lyon.* — **L'Armée romaine.** Un volume in-8° écu de 160 pages, illustré... 1 fr.

Fait partie de la *Nouvelle Collection à 1 fr.*

I. Institutions militaires de la République. Milices temporaires. — II. Armées permanentes. — III. Education nationale. Exercices. — IV. Troupes auxiliaires. — V. La légion. Organisation et tactique de l'infanterie. — VI. Cavalerie. Armes spéciales. Services accessoires. — VII. Marches et campements. — VIII. Sièges. Combats sur mer. — IX. Commandement. — X. Discipline. — XI. Récompenses. — XII. Actions d'éclat.

— **Le Théâtre et la Philosophie au XVIIIe siècle.** Un vol. in-8°. 5 fr.

I. Maximes sur les rois. Origine de leur autorité, leurs devoirs. — II. Tragédies républicaines Voltaire, Lemierre, La Harpe. — III. Défense de la Royauté. De Belloy. Le Souverain idéal. Henri IV. — IV. Le prêtre et la religion dans les tragédies de Voltaire. — V. Tragédies imitées de Voltaire. Prêtres du paganisme. Sacrifices humains. — VI. Prêtres chrétiens. Rôle politique de la religion. — VII. Religion naturelle.

FRANCK D'ARVERT. — Institution nationale, 2e édition. Un volume in-18.. 3 fr. 50

I. Le monde. — II. La tradition des pères. — III. Les principes. — IV. La loi. — V. La fonction.

FRANK (Félix) et CHENEVIÈRE (Adolphe). — Lexique de la langue de Bonaventure des Périers. Un volume in-8°..... 10 fr.

Des Périers a laissé de lui un autre monument que sa pensée même, tantôt gaie, tantôt railleuse, tantôt poétique ; il a laissé une langue bien à lui, née de sa forte érudition et de son génie inventeur.

FRARY (Raoul). — Manuel du Démagogue, 2e édition. Un volume in-18.. 3 fr. 50

I. Le Souverain. Quelques traits du caractère national. — La tradition monarchique. — La tradition révolutionnaire. — II. L'art de plaire. Le dévouement. — La louange. — L'espérance. — Les passions mauvaises. — La haine. — L'envie. — III. La Doctrine démagogique. Nécessité d'un principe. — Choix d'un principe. — L'égalité politique. — L'égalité sociale. — IV. Dans la carrière. La presse. — Les réunions publiques. — Les élections. — Conclusions.

— **Le Péril national,** ouvrage couronné par l'Académie française, 7e édition. Un volume in-18.. 3 fr. 50

« Ce n'est donc pas de notre revanche qu'il s'agit dans ce livre, mais de notre sécurité, » de notre existence. On n'y parlera point de laver des affronts à demi-oubliés, ni de » réparer des pertes dont nous semblons d'ailleurs avoir pris notre parti, mais on recher- » chera les moyens d'éviter un nouveau désastre et, d'abord, on exposera les motifs de le » craindre.

» On se piquera surtout de dire la vérité, sans détour ni fausse honte. »

— **La Question du Latin,** 5e édition. Un volume in-18........ 3 fr. 50

« Peut-être sera-t-on choqué de voir un élève et un ancien fonctionnaire de l'Université » lever une main hardie contre le sanctuaire ; les dévots crieront au sacrilège, m'accuseront » tout au moins d'ingratitude. Il n'y a qu'un moyen de se défendre contre ce reproche : » c'est d'avoir raison ; nous devons à notre pays la vérité : aucune dette n'est plus sacrée ni » plus pressante. »

GAIDOZ (H.) et SÉBILLOT (Paul). — Le Blason populaire de la France. — Un volume in-18.............................. 3 fr. 50

Fait partie de la collection de *La France merveilleuse et légendaire*, par H. Gaidoz et Paul Sébillot.

De tout temps les hommes ont aimé à médire de leur prochain, à le *blasonner*, pour employer un bon vieux mot d'une époque où notre langue était moins prude et plus gaie. Il y a chance pour que la médisance grandisse démesurément le défaut qu'elle met en relief : c'est une sorte de caricature en paroles, et le sobriquet ou le dicton, une fois créé, s'impose à l'usage de la langue et court le monde.

— Voir **SÉBILLOT.**

GANNERON (**Emile**), *secrétaire-rédacteur au Sénat.* — **L'Amiral Courbet**, d'après les papiers de la Marine et de la Famille. Ouvrage couronné par l'Académie française. Portrait à l'eau-forte de l'amiral par Jules Massard. Fac-simile d'autographes et plans. 5ᵉ édition, un volume in-18. 3 fr. 50

L'ouvrage, composé sur des documents fournis par la famille ou puisés au Ministère de la Marine, contrôlé par les amis et les compagnons d'armes de l'amiral, donne un tableau exact et complet de cette vie glorieuse.

GASCONI (**Alf.**), voir *Colonies Françaises.*

GATIN (**L.-A.**), *secrétaire général de la Mairie, officier de l'Instruction publique*, et **DUBIEF** (**Eugène**), *Consul de France à Roustchouk, officier d'Académie.* — **Fêtes du Centenaire de 1789 : Simples Récits.** Publié sous les auspices de la Municipalité et du Conseil municipal. Nombreux dessins de F. Prodhomme. In-8° illustré.................... 3 fr.

L'ouvrage de 164 pages petit in-4° reproduit dans son texte, dans ses documents et aussi dans ses illustrations, les fêtes du Centenaire avec une exactitude qu'on chercherait vainement dans les œuvres d'art plus officielles.

La Ville de Versailles a tenu à établir sous une forme élégante, avec le concours d'excellents écrivains et dessinateurs, le procès-verbal historique de ces journées.

GATTEYRIAS (**J.-A.**), *de l'Ecole des Langues orientales vivantes.* — **L'Arménie et les Arméniens.** Un volume in-8° écu, illustré........ 1 fr.

Origine des Arméniens. — Les Séleucides. — Tiridate. — La conversion de l'Arménie par Grégoire. — La décadence de l'Arménie. — Le patriarcat. — La conquête persane. — Suprématie des Bagratides. — L'invasion arabe. — Les Seldjouckie. — Le royaume de la petite Arménie. — Sa chute. — Mouvement littéraire du XIIᵉ siècle. — L'invasion.

Cet ouvrage fait partie de la *Nouvelle Collection illustrée à 1 fr.*

GAULTIER (**J. de**). — **Le Bovarisme**, la psychologie dans l'œuvre de Flaubert, in-8°.. 1 fr. 50

GAUTHIER de Clagny (**Albert**), *député, avocat à la Cour de cassation.* — **De la Validité du Mariage des Prêtres.** Brochure in-12.... 1 fr.

Texte de la plaidoirie par laquelle M. Gauthier de Clagny a obtenu de la Cour de Cassation le changement de la jurisprudence établie par huit arrêts de Cour d'appel et trois arrêts de la Chambre des requêtes de la Cour de Cassation, et fait reconnaître la validité du mariage des prêtres.

GEBHART (**Emile**), *professeur à la Sorbonne.* — **Etudes méridionales : La Renaissance italienne et la Philosophie de l'Histoire.** Machiavel. — Fra Salimbene. — Le roman de Don Quichotte. — La Fontaine. — Le palais pontifical. — Les Cenci. Un volume in-18......... 3 fr. 50

GELEY (**Léon**), *professeur au lycée de Vanves.* — **L'Espagne des Goths et des Arabes.** Un volume in-8° écu, de 160 p., orné de gravures.. 1 fr.

L'auteur prend le caractère espagnol en son origine. Il passe en revue les dominations carthagienne, romaine, gothique et développe l'histoire de la grandeur et de la décadence de l'Espagne arabe pour s'arrêter au triomphe de Ferdinand et d'Isabelle.

Cet ouvrage fait partie de la *Nouvelle Collection illustrée à 1 franc.*

—— **Fancan et la Politique de Richelieu, de 1617 à 1627.** Un volume in-8° .... 6 fr.

Rien n'éclaire mieux les dessous de la politique de Richelieu à ses débuts que l'étude de la vie et des pamphlets de Fancan qui fut l'agent et le confident du cardinal depuis 1618 et qui finit par être enfermé à la Bastille par ordre de son protecteur en 1627. C'est aussi un chapitre curieux de l'histoire de la presse.

GILLE (Philippe), voir **TERRADE** (Albert).

GŒTHE, voir **CHUQUET** et **FANTA.**

GRADOWSKY (Nicolas de), *conseiller d'Etat.* — **La Situation légale des Israélites en Russie,** traduit du russe. Un volume in-8° de VIII-342 p. .... 5 fr.

I. Du règne du Czar Alexis Michaïlovitch au règne du Czar Nicolas Ier.

GRISARD (Jules), *officier de l'Instruction publique, chevalier de l'ordre du Mérite Agricole,* et **M. VANDEN-BERGHE,** *officier d'Académie, membre de plusieurs Sociétés savantes.* — **Les Bois industriels, indigènes et exotiques.** Synonymie et description des espèces, propriétés physiques des bois, qualités, défauts, usages et emplois. Ouvrage dont le manuscrit a obtenu le Diplôme d'honneur à l'Exposition agricole et forestière de Vienne 1890, 2e édition, tome premier. Un volume grand in-8° (VIII-378 p.). 15 fr.

« L'ordre scientifique nous a semblé préférable à l'ordre géographique, car il évite de nombreuses et inutiles répétitions. — Après quelques généralités sur les familles, nous énumérons les espèces ligneuses, les genres étant classés alphabétiquement dans les familles, nous donnons, pour chaque espèce, sa synonymie scientifique et ses principaux noms vulgaires, puis une description sommaire de l'arbre, son habitat et, chaque fois que nous le pouvons, sa station naturelle.

Pour les bois, nous indiquerons leur aspect physique et les qualités particulières qui les distinguent, ainsi que leurs usages et leurs emplois. Enfin nous complétons ces indications par un aperçu rapide sur les utilisations des autres parties de la plante.

Il nous semble inutile d'ajouter que nous donnons, quand l'occasion s'en présente, des indications relatives à la culture et à l'acclimatation, soit au point de vue de l'ornementation, soit à celui des avantages que l'industrie peut tirer de certains végétaux peu ou point connus dans notre pays. »

GROMMÉ (W.-T.), voir **AUGÉ.**

GROSS (Henri). — **Gallia Judaica.** — Dictionnaire géographique de la France, d'après les sources rabbiniques. Publié sous le patronage de la Société des Études Juives.

1° L'identification de tous les noms géographiques français mentionnés dans la littérature rabbinique du moyen âge;
2° Une notice sur l'histoire des Juifs des localités ou provinces désignées sous ces noms ;
3° Une notice littéraire sur les rabbins et écrivains juifs originaires de ces localités ou qui en ont porté le nom ;
4° Un index des noms géographiques hébreux contenus dans l'ouvrage et un index des ouvrages hébreux étudiés dans les notices littéraires.

Un volume in-8° .... 20 fr.

GUEGAN (P.) et **DUTILLEUX** (A.). — **Tableau et carte des monuments et objets de l'âge de la pierre dans le département de Seine-et-Oise.** In-8° vergé (24 p.) avec carte en couleur, tirage à 100 exemplaires .... 3 fr.

GUÉRIN (M.). — **La Question du Latin et la réforme profonde de l'enseignement secondaire.** Un volume in-18 .... 3 fr. 50

Réponse à la *Question du Latin*, de Frary.

GUILBAUD (Tertullien). — **Feuilles au vent,** poésies. Un volume in-18 .... 3 fr. 50

— **Patrie, espérances et souvenirs,** poésies. Un volume in-18. 3 fr. 50

HANOTAUX (Gabriel), *de l'Académie Française.* — **Henri Martin. Sa vie — ses œuvres — son temps,** *avec un portrait par MASSARD fils.* 2e édition, un volume in-18 .... 3 fr. 50

I. *La Jeunesse.* Henri Martin, romancier. La première édition de l'*Histoire de France.* — II. *Les idées philosophiques et politiques.* Portrait de Henri Martin. La Révolution de 1848. Le candidat. Le professeur en Sorbonne. Le Second Empire. — III. *Les Etudes historiques.* — IV. *Les dernières années. La vie politique.* La Guerre. La Commune. La vie parlementaire. Les derniers temps. La Mort. Conclusion.

Henri IV, voir **DUSSIEUX.**

HENNEBERT (Lieutenant-Colonel). — **De Paris à Tombouctou en huit jours.** Un volume in-18 avec carte .... 3 fr. 50

C'est la question du transsaharien étudiée au point de vue théorique et au point de vue pratique et la discussion des trois tracés oriental, central et occidental. L'auteur établit les motifs qui lui font préférer le chemin central par le Touat.

HENNET (L.), voir **CHASSIN.**

HERAUX (Edmond). — **Fleurs de Mornes,** poésies. Joli volume. 3 fr.

HOVELACQUE (Abel), *ancien député, professeur à l'Ecole d'Anthropologie.* — **Les Races humaines.** Un volume in-8° écu, de 160 pages, orné de gravures .... 1 fr.

Fait partie de la *Nouvelle collection illustrée à 1 fr.*

« C'est une énumération pure et simple, dont nous avons dû bannir toute espèce de considération d'ordre général. Nous reconnaissons volontiers que nous sommes loin de présenter au public ce que l'on peut appeler véritablement une *Ethnographie.* Une entreprise de telle sorte nécessiterait de bien autres développements. Toutefois, notre exposé succinct peut avoir le mérite des écrits de cette nature : celui d'une récapitulation sommaire, qui permet de saisir facilement les grandes lignes du sujet traité. »

HUBBARD (Gustave), *avocat à la Cour de Paris, ancien membre du Conseil municipal de Paris et du Conseil général de la Seine, député de Seine-et-Oise.* — **Notions d'économie politique à l'usage des écoles primaires publiques,** cours supérieur. Conforme au programme officiel du 27 juillet 1882. Un volume in-18 cartonné. Prix .... 1 fr. 25

« Montrer d'abord les choses et les hommes sous leur aspect économique, pour arriver progressivement aux abstractions de l'ordre le plus général et aux règles de sagesse sociale sur lesquelles tout le monde est d'accord, voilà le plan que les paragraphes du programme dessinaient eux-mêmes très clairement. »

Jacobins (Société des), voir **AULARD.**

JACQUES (Vicomte). — **Aventure spirite.** — Souvenirs de jeunesse. Un volume in-18 .... 3 fr. 50

JALLIFFIER (R.), *professeur d'histoire au lycée Condorcet.* — **Histoire des Etats Généraux.** Le volume .... 1 fr.

Fait partie de la *Nouvelle Collection illustrée à 1 fr.*

Les assemblées politiques avant le XIVe siècle. — Les Etats Généraux dans la première moitié du XIVe siècle. — Les Etats Généraux du règne de Jean-le-Bon. — Les Etats Généraux sous Charles V — sous Charles VI — sous Charles VII — sous Louis XI — sous Charles VIII — sous Louis XII. — Assemblées tenues sous François Ier et Henri II. — Les Etats Généraux pendant les guerres de religion. — Les Etats Généraux et les assemblées de notables du règne de Louis XIII. — Rôle des Etats Généraux dans notre histoire.

JOLY (Henri), *professeur à l'École de droit.* — **Le Combat contre le Crime**. Un volume in-18. Prix........................... 3 fr. 50

I. La défense sociale.— II. L'organisation de la défense.— III. Les enfants à préserver. — IV. Les enfants à réformer et les enfants à punir. — V. Le premier délit. — VI. L'entrée en prison. — VII et VIII. La vie en prison. — IX. La sortie de prison. — X. La rentrée dans la société. — XI. Les grands crimes. — XII. La récidive et les petits délits. — XIII. La transportation. — XIV. Le bagne agricole.

Ouvrage couronné par l'Académie des Sciences morales et politiques.

— **Le Crime, étude sociale**. Un volume in-18.............. 3 fr. 50

I. Le crime et l'atavisme. — II. Les approches ou les frontières du crime dans les sociétés modernes. — III. Les différentes especes de crimes et les divers types criminels. — IV. L'accident et l'habitude, l'habitude et la profession. — V. L'association criminelle. — VI. L'intelligence et l'imagination des criminels. — VII. Les aliénations de la sensibilité et de la volonté chez les criminels. — VIII. La conscience, les croyances et les remords chez les criminels. — IX. La criminalité féminine. — X. Organisation physique et physionomie des criminels. — XI. Le crime et le suicide. — XII. Le crime et la folie. — XIII. Criminels et dégénérés.

— **La France criminelle**. Un volume in-18................. 3 fr. 50

Le crime à travers le siècle (1825-1888). — II. Le crime à travers les départements. — III. Les Etrangers. Les Français hors de chez eux. Les Parisiens. — IV. Visites et enquêtes dans quelques régions criminelles. — V. Gens de partout, les récidivistes. — VI. La précocité du mal. — VII. La diminution de la famille. — VIII. Le déclassement des professions. — IX. La pratique et l'abandon de la vie rurale. — X. L'individualisme et le spécialisme de l'ouvrier. — XI. Une alliance préservatrice. — XII. Richesse et misère. — XIII. Instruction et ignorance. — XIV. La femme. — XV. La politique et la loi.

JOSEPH (N. S.). — **La Religion naturelle et la religion révélée**, série de leçons à l'usage de la jeunesse israélite, traduit de l'anglais par Mme A. MARSDEN. Un volume in-18 (XII-407 p.)............. 3 fr. 50

JULLEVILLE (PETIT DE), *professeur à la Sorbonne.* — **Les Comédiens en France au moyen âge**, ouvrage couronné par l'Académie française, 2e édition. Un volume in-18....................... 3 fr. 50

I. Les jongleurs. — II. Les fous. — III. Les puys. — IV. Les confréries. — V. Les basochiens. — VI. Les enfants sans-souci. — VII. Les sociétés joyeuses. — VIII. Les associations temporaires. — IX. Les écoliers. — X. Les comédiens. — Conclusion.

— **La Comédie et les Mœurs en France au moyen âge**, 4e édition. Un volume in-18...................................... 3 fr. 50

I. Les origines. Le théâtre comique au XIIIe et au XIVe siècle. Adam de la Halle. — II. Les genres comiques. Moralités. Farces. Sotties. — Monologues. — III. Moralités religieuses, édifiantes ou pathétiques. — IV. L'histoire de France au théâtre. — V. Satire des divers états. — VI. Satire de l'amour, des femmes et du mariage. — VII. La Renaissance et son influence sur le théâtre comique. — Conclusion.

— **Histoire du théâtre en France. — Répertoire du théâtre comique en France au moyen âge**. Un volume grand in-8°.

Cet ouvrage a été imprimé avec luxe, à petit nombre et tous les exemplaires sont numérotés.

1 à 10 sur Japon à la main. Prix........................... 60 fr.
11 à 20 sur papier de Chine. Prix.......................... 60 fr.
21 à 50 sur papier vergé. Prix............................ 40 fr.
51 à 500 sur papier vélin du Marais....................... 30 fr.

LACOMBE. — **Chansons de Lacombe,** avec un dessin de GIACOMELLI. Un volume in-18 ... 3 fr. 50

LACROIX (Sigismond). — **Actes de la Commune de Paris pendant la Révolution** (publiés et annotés par).

Tome I. Première assemblée des représentants de la Commune — 25 juillet — 19 septembre 1789. Un volume ... 7 fr. 50

Cet ouvrage fait partie de la *Collection des Documents relatifs à l'histoire de Paris pendant la Révolution française*, publiée sous le patronage du Conseil municipal.

LANGE (A.), *professeur au Lycée Louis-le-Grand, maître de Conférences à la Sorbonne.* — **Tableau de la littérature allemande.** Un volume in-8° écu de 160 pages, illustré ... 1 fr.

Les origines. — Le premier âge classique. — Fin du moyen âge et réforme. — Période d'anarchie. — L'époque classique. — Lessing et Herder. — Gœthe. — Schiller. — Les temps modernes.

LAURENT-HANIN, *archiviste de la Mairie.* — **Histoire municipale de Versailles, politique, administration, finances** (1787-1799), publiée sous les auspices du Conseil municipal. 4 volumes in-8° ... 30 fr.

L'Histoire municipale de Versailles de 1787 à 1799, outre l'intérêt qu'elle présente comme histoire locale, s'est trouvée mêlée par les événements et par les hommes aux faits les plus importants et parfois les plus douloureux de la Révolution.

LEFEBVRE SAINT-OGAN. — **Essai sur l'influence française.** Un volume in-18 ... 3 fr. 50

I. Origines. — II. La chevalerie. — III. La poésie romantique. — IV. Paris et la théologie. — V. Les conteurs. — VI. Les arts et la langue. — VII. Les rois. — VIII. La diplomatie. — IX. La Renaissance. — X. Le caractère national. — XI. L'Europe avant Louis XIV. — XII. La galanterie héroïque. — XIII. Louis XIV et l'Europe. — XIV. Les réfugiés. — XV. Le XVIIIe siècle. — XVI. L'Europe française. — XVII. La démocratie.

LÉGER (Louis), *professeur au Collège de France.* — **La Bulgarie.** Un volume in-18 ... 3 fr. 50

Avant-propos. — La renaissance littéraire des Bulgares. — La Bulgarie sous Pasvan Oglou. — La littérature bulgare contemporaine. — Les Bulgares de Macédoine. — Les deux Bulgaries.

— **Le Monde slave au XIXe siècle,** leçon d'ouverture du cours de langues et littératures d'origine slave professé au Collège de France. Une brochure in-8° ... 1 fr.

LEGOUIS (Emile), *maître de Conférences à la Faculté des Lettres de l'Université de Lyon.* — **Quelques poèmes de William Wordsworth,** traduits en vers.

Impressions d'enfance. — Lucie. — Noms donnés aux sites favoris. — Poèmes patriotiques. — La nature. — Poèmes divers. — A Londres. — En Ecosse. — Le Devoir. — Sonnets.

Un volume in-12 ... 3 fr. 50

LEJEUNE (Louis). — **Au Mexique.** Ouvrage honoré d'une souscription par le Gouvernement mexicain. Un volume in-18 ... 3 fr. 50

L'arrivée. — Environs de Mexico. — Les terres chaudes. — Les plantes industrielles. — A la frontière. — Les mines. — L'état politique. — Les Français au Mexique.

LEMARE (P.-A.). — **Cours de grammaire latine**, nouvelle édition publiée par Charles Adam, *première partie*. Un volume in-8°........ 3 fr.

Cette première partie du cours de langue latine de Lemare qui comprend les 17 premières centuries de sa méthode est précédée du traité de la manière d'apprendre des langues qui par sa forme et ses tendances rappelle les premiers maitres de la Philologie de la Renaissance.

LEMARQUIS, voir **PERRY**.

LEROY-BEAULIEU (Paul), voir *Colonies Françaises*.

LESBAZEILLES (Paul), *agrégé de philosophie, docteur ès lettres*. — **Le Fondement du savoir**. Un volume in-18................. 3 fr. 50

I. L'unité de l'Être. — II. Le spiritualisme. — III. Le matérialisme. — IV. Le monadisme panthéiste. — V. Les faits et les lois. — VI. Le monadisme idéaliste. — VII. Le réalisme phénoméniste. — VIII. Le panthéisme rationaliste.

— **De logica Spinozæ**. Un volume in-8° (108 p.)............... 3 fr.

LEVY (Raphaël-Georges). — **Le Péril financier**. Un volume in-18. Prix.. 3 fr. 50

I. Les autres marchent. — Campagne commerciale et financière de l'Allemagne depuis 1879. — Révolution économique de l'ancien et du nouveau monde. — II. Dangers intérieurs. — Le quatrième milliard. — Ingénieurs et architectes. — Instruction publique, guerre, marine, et autres départements ministériels. — Expédients de trésorerie. — Nickel et bronze, or et argent. — III. Remèdes. — Sincérité budgétaire. — Conversion des rentes et amortissement. — Caisses d'épargne. — Réforme des chemins de fer de l'Etat. — Alcool. — Rappel des valeurs étrangères en France. — Economies possibles. — Conclusion.

LIARD (Louis), *recteur de l'Académie de Caen, ancien élève de l'Ecole Normale supérieure, licencié ès sciences, docteur ès lettres, agrégé de philosophie, lauréat de l'Institut*. — **Morale et enseignement civique à l'usage des écoles primaires** (cours moyen et cours supérieur). Un volume cartonné de 200 pages, papier teinté. Prix...................... 1 fr. 25

« Il ne s'agit pas de donner à l'enfant des recettes et des préceptes, de frapper son imagination ou de toucher son cœur par des récits et des exemples : il faut lui démontrer ses devoirs, et cela d'une manière sobre, nette et bien dépouillée.

« Est-ce chose possible à l'école primaire ? L'auteur de ce livre l'a pensé et il s'est efforcé de mettre à la portée d'enfants de onze à treize ans les principes les plus élevés de la morale. »

LINTILHAC (Eugène). — **Le Miracle Grec d'Homère à Aristote**. Prix.. 1 fr.

LITTRÉ. — **Auguste Comte et la Philosophie positive** Un volume in-8°, (xii-676 p.).. 8 fr.

J'ai essayé, dit l'auteur, d'être historien de sa philosophie, narrateur de sa vie, et critique ou, pour parler plus justement, peseur de ses travaux avec la balance de la méthode positive. Tâche très compliquée sans doute, mais qui pour moi ne pouvait l'être moins, car je n'aurais voulu ni raconter la vie indépendamment de l'œuvre philosophique, ni juger l'œuvre philosophique indépendamment de la vie.

— **Conservation, Révolution et Positivisme**. Deuxième édition, augmentée de remarques courantes. Un volume in-18......... 5 fr. (*Epuisé*.)

LITTRÉ. — **De l'établissement de la troisième République**. Un volume in-8° (x-596 p.)...................................... 9 fr.

Les articles qui composent ce volume ont été écrits sous l'inspiration de la doctrine positive sociologique, au fur et à mesure des événements, commencés à Bordeaux en février 1871 dans l'Assemblée nationale, où M. Grévy préside paisiblement aux destinées de la République. C'est un cycle achevé comprenant, comme un grand drame, un nœud à résoudre entre le régime monarchique et républicain, les diverses péripéties ou les hauts et les bas de ces deux régimes, et enfin le dénouement qui fait des vainqueurs et des vaincus. Seulement, à la différence des pièces qui se jouent sur le théâtre, on sait ici ce qui vient après le dénouement, et l'on ne conserve aucun doute sur la prolongation du succès qu'il a procuré.

LOEB (Isidore). — **Le Juif de l'histoire et le Juif de la légende.** Brochure in-18.. 1 fr.

— **La littérature des pauvres dans la Bible,** préface de Théodore Reinach. Un grand volume in-8°........................ 7 fr. 50

— **Les Juifs de Russie,** recueil d'articles et d'études sur leur situation légale, sociale et économique. Un volume in-18................ 3 fr. 50

MACÉ (Jean), voir **BENOIT-LÉVY** (Edm.).

MANEUVRIER (Edouard). — **L'Education de la Bourgeoisie sous la République,** 3ᵉ édition. Un volume in-18................. 3 fr. 50

I. Les défauts dans la discipline intellectuelle — Les défauts dans la discipline morale. — II. Les réformes dans la discipline intellectuelle. — III. Les réformes dans la discipline morale. — Conclusion : L'aristocratie dans la démocratie.

MARBEAU (Eugène). — **Remarques et pensées.** Un volume petit in-16.. 4 fr.

Impression Jouaust *à l'ancre.*

« Quand on étudie le cœur humain, il faut se résigner à voir le mal comme le bien et » dire la vérité telle qu'on la voit. »

MARICHAL (François-Auguste). — **Les Degrés.** Un volume in-18.. 3 fr. 50

Impression Jouaust *à l'ancre.*

MARSDEN (Mᵐᵉ A.), voir **Joseph** (N. S.).

MAYER (G.), *docteur en droit, avocat au Conseil d'Etat.* — **De la concurrence déloyale et de la contrefaçon en matière de noms et de marques.** Volume grand in-8°........................ 3 fr.

MAZE (Hippolyte), *sénateur de Seine-et-Oise, rapporteur des projets de loi sur la Caisse de retraites pour la vieillesse et sur les Associations de Prévoyance mutuelle.* — **La Lutte contre la misère,** adopté par les Bibliothèques populaires et scolaires et honoré d'une souscription de M. le Ministre de l'Instruction publique, couronné par la Société d'Encouragement au bien. Un volume in-18.. 2 fr.

I. Moyens d'action contre la misère. — II. La Caisse de Retraites pour la vieillesse. — III. Les associations de prévoyance mutuelle. — IV. Conclusion. La loi sur les associations de prévoyance mutuelle et la Caisse de Retraites de la vieillesse.

MICHEL (Baron R.). Voir *Colonies Françaises.*

MORIN (H.). — **L'Etat de Paris en 1789.** Etude et documents sur l'ancien régime à Paris. Un volume........................ 7 fr. 50

Cet ouvrage fait partie de la *Collection des Documents relatifs à l'histoire de Paris pendant la Révolution française,* publiée sous le patronage du Conseil municipal.

MOUSSOIR (Georges). — **Six mois au Mont-Valérien (1870-1871).** Joli volume petit in-18, papier teinté........................ 3 fr.

L'ancien *moblot* qui a rassemblé dans ces quelques chapitres des souvenirs déjà vieux, n'a pas eu la prétention d'apporter un document de plus à l'œuvre déjà considérable que forment les récits du siège de Paris. Il a pensé que, parmi ses lecteurs, il s'en rencontrerait quelques-uns qui, en parcourant ces souvenirs, sentiraient, non sans une certaine émotion, les leurs se réveiller, il a espéré que ces récits emprunteraient un peu d'intérêt aux temps qu'ils rappellent.

MOUTON (Eugène), *ancien magistrat*. — **Le Devoir de punir,** introduction à l'histoire et à la théorie du droit de punir. Un vol. in-18. Prix 3 fr. 50

L'administration pénitentiaire a fini par remplacer la loi pénale, et des peines prononcées par les tribunaux, il ne reste que le titre... Sans insister sur les conséquences de toutes sortes qu'entraîne une pareille énormité, on peut penser quel contingent elle apporte à cette récidive qu'on impute à la loi et aux tribunaux quand la faute en est, pour les trois quarts peut-être, aux condamnés, mais pour le quatrième quart, certainement, aux vices propres de notre pénalité et à l'arbitraire qui préside à l'exécution du jugement.

— (Mérinos). — **Fusil chargé,** récit militaire, troisième édition. Un volume in-18.. 3 fr. 50

NEUCASTEL (E.). — **Gambetta, sa vie et ses vues politiques.** Un volume in-18.. 3 fr. 50

I. Sous le Second Empire. — II. La défense nationale. — III. Sous la présidence de Thiers. — IV. Sous l'ordre moral. — V. Durant le septennat. — VI. Du ministère Buffet au second ministère Dufaure. — VII. Ministères Dufaure, Waddington, Freycinet, J. Ferry. — VIII. Le ministère Gambetta. — IX. Gambetta et la politique étrangère. — X. Derniers mois de la vie de Gambetta. — L'homme. — L'orateur.

Organisation pédagogique des écoles maternelles et des écoles primaires élémentaires du département de Seine-et-Oise. Un volume in-8° à l'italienne avec tableaux....................... 2 fr.

Ouvrage précédé d'*instructions* rédigées par M. Cazes, inspecteur d'académie.

PAIN. — **Code de police municipale et départementale,** à l'usage du département de Seine-et-Oise. Joli petit in-18............... 1 fr. 50

PEILLON (Félix). — **Richelieu,** drame en cinq actes. — **Théagène et Chariclée,** comédie en deux actes. Un volume grand in-8°........ 5 fr.

Pensées inédites sur l'instruction de la femme et les lycées et collèges de jeunes filles. Un bel album cartonné contenant les *fac-simile* des autographes. Prix.................................. 8 fr.

Autographes de MM. Carnot, Berthelot, René Goblet, Jules Simon, Duvaux, Bardoux, Beaussire, Edmond de Lafayette, Mézières, Léon Say, Deschanel, Legouvé, Duruy, Foucher de Careil, Louis Legrand, Camille Sée, Juliette Adam, Lardy, Moret, Herbette, Rosalie d'Olivecrona, Droz, Louis de Rute, Antonine de Gerando, Pacchiotti, Ernest Naville, Ferrouillat, Broch, Vapereau, Alexandre Dumas, Pierre Véron, du Mesnil, Raoul Frary, Jourde, Joseph Reinach, Villemot, Claretie, Rambaud, Auguste Vacquerie, Hément, Adolphe Brisson, Madame Pierantoni-Mancini, Ed. Dreyfus-Brissac, Obreen, Stupuy, Manuel, Lapommeraye, Rousselot, Edgar Zévort.

PERRY (T.-S.). — **La Littérature anglaise au XVIII° siècle,** traduit et adapté de l'anglais par L. Lemarquis, *professeur au lycée de Bar-le-Duc*. Un volume grand in-18.............................. 3 fr. 50

L'ouvrage est la reproduction d'une série de conférences faites par M. Perry à Philadelphie. — M. Perry disait : « Le but de mon livre n'est pas de donner une histoire détaillée de la littérature anglaise au XVIIIe siècle, mais de montrer quelles furent les doctrines et les théories littéraires en vogue, et comment elles influèrent sur la manière de composer des écrivains. »

PERSON (**Emile**), voir **BELLAY** (**Ioachim du**).

PERSON (**Léonce**). *professeur au lycée Condorcet.* — **Histoire du Venceslas de Rotrou,** suivie de notes critiques et biographiques. Un volume papier teinté.. 3 fr.

50 exemplaires numérotés sur papier vergé.................. 6 fr.

— **Histoire du véritable Saint-Genest de Rotrou.** Un volume, papier teinté.. 3 fr.
50 exemplaires numérotés sur papier vergé.................. 6 fr.

— **Les Papiers de Pierre Rotrou de Saudreville.** Un volume papier teinté à petit nombre.................................. 3 fr.

— **Une excursion pédagogique aux champs de bataille de Ligny et de Waterloo.** Brochure in-8°...................... 2 fr.

— **Le Latin de la décadence et la Grammaire latine dans les Ecoles normales primaires.** Prix......................... 2 fr.

PICHOT (**Pierre-Amédée**). — **La Fauconnerie à l'exposition universelle de 1889,** *un beau volume petit in-4° illustré par S. Arcos, Rd. Balze Malher, Vallet, etc*................................ 12 fr. 50

PIGEONNEAU (**H.**), *professeur adjoint à la Faculté des Lettres de Paris professeur à l'Ecole libre des sciences politiques, vice-président de la Société de Géographie commerciale.* — **Les Grandes Epoques du Commerce de la France** (*1re partie*), un vol. cart. à l'angl. 1 fr. 50, broché... 1 fr.

Fait partie de la *Nouvelle collection illustrée à 1 fr.*

— **Histoire du commerce de la France.** — Tome Ier depuis les origines jusqu'à la fin du XVe siècle (2e édition). Un volume............ 7 fr. 50

Tome II : La Renaissance. — Henri IV. — Richelieu. — Ouvrage honoré d'un prix Gobert par l'Académie française. Un volume in-8°......... 7 fr. 50

PITON (**C.**). — **Marly-le-Roi,** joli volume orné de nombreuses illustrations par l'auteur. Broché.. 3 fr.
Relié.. 4 fr.

M. C. Piton a réuni dans ces pages élégantes le souvenir des événements et des personnages que Marly-le-Roi a vus passer. Il a reproduit ce qui reste des monuments ou des objets d'art qui s'y trouvaient depuis le château jusqu'aux fameux canons.

POERIER (**R.**), *ancien officier des Haras, écuyer-professeur à l'école d'équitation et de dressage* LEFEBVRE. — **L'équitation en vingt-cinq leçons.** Un joli volume in-18. Prix.. 2

PUAUX (**Franck**), voir *Colonies Françaises.*

QUINET (**Ve Edgar**), voir Baudot (M.-A.).

QUINTIL HORATIAN, voir **BELLAY** (**Ioachim du**).

REGIS (**Marc**). — **Le Christianisme et la Papauté au moyen âge** in-18.. 2 fr.

RICAUDY (**L. de**), voir *Colonies Françaises*.

RICHARD (**Adric**), voir *Colonies Françaises*.

RICHARD (**Georges**), voir *Colonies Françaises*.

— voir **AUGÉ DE LASSUS** (**Lucien**).

RIQUIEZ (**Emile**). — **Marie Stuart** (d'après SCHILLER), drame en 5 actes et 7 tableaux en vers. Un volume in-18.................... 3 fr. 50

Adaptation en vers de la Marie Stuart de Schiller.

— **Souvenons-nous**, épisode dramatique en trois tableaux, en vers, avec une préface de François COPPÉE (7e édition). Ouvrage honoré de souscription du Ministère de l'Instruction publique. In-18 broché 1 fr. Relié à l'anglaise.. 1 fr. 25

RIVIÈRE (**G.**), *professeur départemental d'agriculture, directeur du Laboratoire agronomique de Seine-et-Oise.* — **Résumé de conférences agricoles. Les engrais chimiques, leur emploi, leur efficacité, leur contrôle.** Petite brochure en forme de tract, résumant toute la doctrine des engrais chimiques. In-16............................ 0 fr. 20

— **I. Les engrais chimiques, leur emploi, leur efficacité, leur contrôle**, publié sous les auspices du Conseil général de Seine-et-Oise. Un volume in-8°.. 1 fr.

Pour bien définir quels sont les éléments que vous devrez adjoindre au fumier afin de parfaire à son insuffisance et aussi afin de bien déterminer à l'avance les principes de la méthode que vous devrez suivre pour l'application des engrais industriels destinés à maintenir et mieux à élever encore davantage la fertilité des terres que vous exploitez, je vais avoir l'honneur de vous exposer en premier lieu les fondements sur lesquels repose la doctrine des engrais chimiques; chemin faisant, je vous ferai connaître comment la science est parvenue à lever le coin du voile qui nous cachait la vie mystérieuse des végétaux. Nous étudierons ensuite l'origine des engrais du commerce, leur emploi, leur contrôle, et nous terminerons par leur efficacité.

— **II. Les maladies de la vigne, le mildiou, ses caractères, moyens en usage pour le combattre avec succès.** In 8°. 0 fr.

— **III. Les meilleurs blés à semer en février et mars et l'emploi des engrais chimiques en couverture sur les blés d'automne.** In-16 (tract).. 0 fr. 20

— **IV. Les maladies de la vigne, le phylloxera, son origine, ses ravages, ses caractères, ses mœurs : moyens en usage pour le combattre, les vignes américaines.** In-8°.............. 1 fr.

ROBIQUET (**Paul**), *avocat au Conseil d'Etat, docteur ès lettres.* — **Personnel municipal de Paris pendant la Révolution** (période constitutionnelle). Un volume in-8° raisin, 700 pages................ 7 fr. 50

Cet ouvrage fait partie de la *Collection des Documents relatifs à l'histoire de Paris pendant la Révolution française*, publiée sous le patronage du Conseil municipal.

ROMBERG (**Edouard**). — **Au Louvre.** Un volume in-12....... 5 fr.

ROUSTAN (**L.**). — **Lenau et son temps.** Un vol............ 5 fr.

— **De N. Frischlini, comediis latine scriptis quid sit proprium quid germanicum.** Un volume................. 3 fr.

SAINTE-FOIX (Comte de), *ministre plénipotentiaire.* — **La République orientale de l'Uruguay.** Un volume in-18 avec carte....... 3 fr. 50

L'Uruguay avant la présidence de Riveira (1507-1840). — De Rosas à Florès (1840-1868). — Les Blancs et les Colorados (1868-1880). — Ethnographie de l'Uruguay : les races disparues et les races survivantes. — La Bande orientale. — La faune. — La flore. — Les Mines. — La colonie française, l'émigration basque. — Montevideo. — La vie orientale. — Agriculture, commerce et navigation. — Gouvernement, institutions politiques, administratives et commerciales. — La chasse dans la Pampa.

SALOMON (C.), voir *Colonies Françaises.*

SALOMON (Mlle **Mathilde**), *directrice du collège Sévigné, membre du Conseil supérieur de l'Instruction publique.* — **A nos jeunes filles. — Lectures et leçons familières de Morale d'après le programme des Écoles primaires supérieures de jeunes filles (1893).** In-12 cartonné .... 1 fr. 50

« Qu'on s'en réjouisse ou qu'on le déplore, il est un fait indéniable, c'est le sentiment » qui mène notre monde. C'est donc l'éducation du sentiment qu'il faut entreprendre, surtout » chez les jeunes filles. Cette éducation est-elle possible? Le sentiment peut-il être réglé, en » quelque sorte canalisé, soumis aux lois de l'austère justice? Peut-on, en lui frayant une » large route, changer en une force bienfaisante le torrent bouillonnant qui pouvait être un » principe destructeur? » C'est le but que s'est proposé l'auteur. Chaque leçon se termine » par une lecture empruntée aux œuvres les plus rares de l'esprit contemporain. »

— **Premières leçons d'Histoire de France.** Un volume in-18, broché 1 fr. 25 ; cartonné .... 1 fr. 50

« L'auteur s'est efforcé de fixer sur le papier de véritables leçons parlées, de plier le récit » aux exigences de la méthode, de maintenir sans cesse la pensée et le style au niveau de » l'esprit des enfants. — Ceux qui connaissent l'enfance, ceux qui l'aiment, jugeront si le » but est atteint. L'objet de cet ouvrage n'est pas tant de donner à des esprits si tendres » des notions complètes et définitives sur les péripéties de notre histoire nationale, que de » faire goûter l'histoire de France, et de faire chérir la patrie ; on s'est proposé seulement » de n'enseigner rien que de juste et de vrai, d'éveiller des sentiments qui devront plus tard » inspirer la conduite et soutenir les cœurs. »

SARRADIN (A.), *docteur ès lettres, professeur au lycée Hoche.* — **Eustache des Champs, sa Vie et ses Œuvres.** Un volume in-8° .... 5 fr.

État de la poésie française vers le milieu du XIVe siècle. — L'éducation littéraire au XIVe siècle. — Des Champs à la cour de Charles V et de Charles VI. — Satire contre les femmes. — Opinion sur les devoirs et sujets ; sur la guerre ; sur le sentiment patriotique. — Satire contre les gens de cour ; contre les gens de finance ; contre les gens d'église. — Des Champs poète comique. — Originalité propre de Des Champs.

— **De Josepho Iscano Belli Trojani XII° post Christum sæculo poeta.** Un volume in-8° .... 3 fr.

SÉBILLOT (P.). — **Contes des Provinces de France.** Un volume in-18 .... 3 fr. 50

— Voir **GAIDOZ** (H.).

66 récits dont 30 aventures merveilleuses, 13 légendes chrétiennes, 11 contes surnaturels, 12 récits comiques.

Fait partie de la collection de *La France merveilleuse et légendaire,* par H. Gaidoz et Paul Sébillot.

SCHILLER, voir **CHUQUET.**

SÉE (Camille), *Conseiller d'État, ancien député de la Seine.* — **Lycées et Collèges de Jeunes Filles,** documents, rapports et discours à la Chambre des députés et au Sénat ; décrets, arrêtés, circulaires, etc. ; personnel administratif et enseignant de l'Ecole de Sèvres, des lycées et collèges de Jeunes filles ; commissions et bureaux d'administration ; commissions de l'exposition ; avec une carte figurative, préface et avant-propos. 6e édition. Un fort volume (XXXII-646 pages)................ 10 fr.

— **L'Université et Madame de Maintenon.** Un volume in-18 élégamment imprimé.. 3 fr. 50

« On n'a pas considéré avec des scrupules suffisants la réflexion que devait faire naître chez les jeunes filles de nos lycées le rapprochement de cette femme vantée sans mesure, tout occupée, nous disait-on, de ses devoirs d'institutrice, de cette autre femme dont l'histoire, soucieuse du vrai, nous a dénoncé les intrigues, l'égoïsme persévérant et les inspirations néfastes. Enfin s'est-on souvenu de la loi du 21 décembre 1880, ou l'a-t-on oubliée, intentionnellement ou par mégarde, quand on a donné à Mme de Maintenon entrée dans nos lycées? Est-il possible d'offenser cette loi plus cruellement, de la contredire d'une manière plus formelle dans son esprit que d'offrir à l'admiration de tous ce génie opiniâtre, étranger et hostile, entre tous, aux convictions les plus expresses de notre temps. »

Seine-et-Oise (Annuaire de), publié sous les auspices de l'administration préfectorale et encouragé par le Conseil général. Un volume in-8° de près de 600 pages.. 5 fr.

SICRE DE FONTBRUNE, voir *Colonies Françaises.*

Société des études coloniales et maritimes. — Colonies françaises et pays de protectorat à l'Exposition universelle de 1889, illustré par Pierre Vignal. Un volume in-18........................ 2 fr.

Préface (P. Leroy-Beaulieu). — L'Algérie (R. F. M.). — Annam et Tonkin (Etienne Aymonnier). — Cambodge. — Cochinchine française (L. de Ricaudy). — Gabon, Congo. La Guadeloupe et ses dépendances (Louis Farges). — La Guyane française. — Inde française (Louis Farges). — Madagascar (baron de Cambourg). — La Martinique (L. de Feissal). — Mayotte et protectorat des Comores (A. de Faymoreau). — Nossi-Bé. — La Nouvelle-Calédonie et les Nouvelles-Hébrides (baron R. Michel). — Obok-Djibouti (baie de Tadjoura) (Georges Richard). — Etablissements français de l'Océanie (Franck Puaux). — Ile de la Réunion (Sicre de Fontbrune). — Saint-Pierre et Miquelon (C. Salomon). — Le Sénégal et ses dépendances (Alf. Gasconi). — Tunisie (Adric Richard). — L'art à l'Exposition des Colonies françaises (Emile Soldi).

SOLDI (Emile), voir *Colonies Françaises.*

TANNERY (Paul), voir **DESCARTES.**

TAPHANEL (Achille). — Le Théâtre de Saint-Cyr, d'après des documents inédits. Un volume in-8° sur beau papier vélin, orné du portrait en taille-douce de Mme de Maintenon, par Waltner et du plan restitué du théâtre suivi de la liste des demoiselles de Saint-Cyr. Vélin, 7 fr. 50 ; 100 exemplaires numérotés sur papier vergé de Hollande............ 12 fr. 20 exemplaires numérotés sur papier de Chine................ 20 fr.

I. Saint-Cyr avant le théâtre. — II. Premiers essais de représentations dramatiques. — III. Préparation et répétitions d'*Esther*. — IV. Le théâtre. — V. Les actrices. — VI. Le succès d'*Esther*. — VII. Madame de Sévigné à Saint-Cyr. — VIII. Dangers du théâtre au couvent, interdiction d'*Athalie*. — IX. Réforme de la maison de Saint-Cyr. — X. Retour à la tragédie ; *Athalie* à la Cour. — XI. Débuts de la duchesse de Bourgogne, demoiselle du ruban rouge. — XII. Le théâtre de Saint-Cyr au XVIIIe siècle. Marie Leczinska. — XIII. Divertissements pour le Dauphin, la Dauphine et Madame de Pompadour. — XIV. Reprise d'*Esther* et d'*Athalie*, en 1756. — XV. Horace Walpole,

Madame de Provence et d'Artois, Marie-Antoinette à Saint-Cyr. — XVI. Les dernières années de la Maison de Saint-Louis et le dernier jour de son théâtre. — XVII. Le répertoire. L'inventaire du théâtre. Prologue d'*Esther* par Racine le fils. — Liste des actrices d'*Esther* et d'*Athalie* en 1756. Listes des demoiselles sorties de Saint-Cyr.

TERRADE (Albert). — Petit-Trianon. Le théâtre de la Reine, avant-propos de M. Philippe Gille, dessins de F. Prodhomme. Un volume in-12 illustré.. 2 fr.

C'est la chronique des représentations qui ont eu lieu au théâtre de Trianon depuis sa création jusqu'à la dernière du 1er juin 1791, dont l'auteur et le dessinateur ont fidèlement noté et reproduit les détails piquants.

THÉNARD (Mme), *de la Comédie-Française*. — **Manuel de la Parole.** — Petit in-8°.. 2 fr.

THIAUDIÈRE (Edmond), voir **COURTY (Paul)**.

TOLLEMONDE (Georges de). — Les Solitudes. Un volume in-18, impression Jouaust *à l'ancre*.............................. 3 fr. 50

Les humoresques. — Sonnets pour viole d'amour. — Tristan et Primerox. — La nature et l'infini.

TRIGANT DE BEAUMONT, *licencié en droit, sous-chef de bureau au Ministère de l'Intérieur, médaille d'or du Ministre de l'Intérieur à l'Exposition universelle de 1878.* — **Depopulation de la France. — De la conservation des enfants par les Crèches et de l'utilité générale de ces institutions, leur fondation, leur fonctionnement, leur mode d'administration avec plans graphiques et annexes.** Un volume in-8° (220 pages).............................. 7 fr. 50

VANDEN-BERGHE voir **GRISARD (Jules)**.

VARREUX (Mlle Célestine de). — Le Connétable de Saint Pol ou la bataille de Montlhéry, histoire du XVe siècle. Un volume in-18. Prix.. 3 fr. 50

VAUGELAS. — Remarques sur la langue françoise, nouvelle édition par A. Chassang, docteur ès lettres, lauréat de l'Académie française, Inspecteur général de l'Instruction publique, ouvrage couronné par l'Académie française. Deux forts volumes in-8°...................... 15 fr.

Fait partie de la *Bibliothèque historique de la langue française.*

Cette nouvelle édition, collationnée avec le plus grand soin sur le texte de 1647, contient en outre la *Clef inédite de Conrard*, les observations de Patru, de Th. Corneille et de l'Académie française (1704). Ces *Observations*, pour chacune desquelles l'orthographe spéciale a été respectée, fixent ainsi l'histoire de la langue française pendant un demi-siècle. — Un commentaire suivi, une table analytique des matières et une étude complète sur Vaugelas font de cet ouvrage l'édition définitive de Vaugelas.

Versailles (Almanach de), avec listes des habitants par rues et par lettres alphabétiques. Fort volume in-8°.............................. 1 fr.

Ville de Paris (Collection des documents) voir **AULARD, CHALLAMEL, CHARAVAY (Etienne), HENNET, CHASSIN, LACROIX (Sigismond), MORIN (H.), ROBIQUET (Paul).**

Nous éditons, de concert avec MM. Quantin et Charles Noblet, imprimeurs-éditeurs, la *Collection des Documents relatifs à l'Histoire de Paris pendant la Révolution française.* Cette publication, entreprise en vertu de délibérations du Conseil municipal et d'arrêtés du Préfet de la Seine, sera faite en volumes grand in-8° de 500 à 600 pages.

VILLERS (Comte H. G. C. de). — **Le Japon victorieux**. Brochure in-8°... 3 fr. 50

— **Abolition de la Peine de Mort**. Brochure in-8°......... 2 fr. »

VINSON (Julien), *professeur de l'Enseignement supérieur à Paris*. — **Les Basques et le pays basque**. Un volume in-8° jésus de 160 pages orné de gravures, 1 fr.; cartonné à l'anglaise........................ 1 fr.

Fait partie de la *Nouvelle Collection illustrée* à 1 fr.

Avant-propos. — Le pays basque. — Aspect. — Topographie. — Production. — Population. — Emigration. — Histoire. — Fuéros, etc. — La langue basque. — La question ibérienne. — Habitations, mœurs. — Religion, superstition, sorcellerie. — Littérature écrite. — Littérature populaire.

VIVAREZ (Mario), *Ingénieur civil, Conseiller général d'Alger*. — **Le Soudan algérien, Alger-Lac Tchad**. Un vol. in-18 avec carte... 3 fr. 50

I. Conditions générales d'établissement de voies ferrées dans le Sud algérien. — II. Description du Soudan. — III. Faune et flore du Soudan. — IV. Déductions. — Tracé proposé.

VOIZARD (E.), *docteur ès lettres, professeur agrégé au Lycée Rollin*. — **De disputatione inter Marotum et Sagontum**. Un volume in-8°.. 2 fr.

— **Etude sur la langue de Montaigne**. Un volume grand in-8°. 7 fr. 50

WARNESSON (E.), *vétérinaire départemental, inspecteur du service des épizooties, membre du Conseil central d'hygiène de Seine-et-Oise*. — **Manuel sur la rage sous forme de lectures spécialement destiné aux enfants des écoles**, ouvrage honoré de la souscription du Ministre de l'Instruction publique et du Ministre de l'Agriculture. Cartonné avec illustrations. Prix.. 50 fr.

WIENER (Charles), *consul général chargé d'affaires en mission*. — **Chili et Chiliens**, beau volume in-8° jésus, papier teinté. Titre deux couleurs. Orné de 150 illustrations inédites, gravées par les procédés les plus nouveaux, d'après les documents les plus authentiques. Prix 10 fr.
Il a été tiré 30 exemplaires sur Japon. Prix.................... 50 fr.

— **La République Argentine**. Missions commerciales. Un volume grand in-8° de 680 pages avec tableaux statistiques, carte des mines, etc.. 12 fr.

WYROUBOFF (G.), voir **Caubet**.

TABLE SYSTÉMATIQUE

PAR ORDRE DE MATIÈRES

Imprimeries CERF. — 5.2.00

PUBLICATIONS

DE LA

BIBLIOTHÈQUE CHACORNAC

OUVRAGES

SUR LES

Sciences Hermétiques

ALCHIMIE

Astrologie

BIBLIOGRAPHIE

KABBALE

Franc-Maçonnerie

WAS HELFFEN FAKELN LICHT
ODER BRILN,
SO DIE LEVT NICHT SEHEN
WOLLEN

Littérature Occulte

MYSTICISME

MAGIE

Musique

PHILOSOPHIE

BIBLIOTHÈQUE CHACORNAC

11, Quai Saint-Michel, PARIS.

— 1899 —

Alchimie

Khunrath (H.). — Amphithéâtre de l'Éternelle Sapience.
(Id.) Planches.
Poisson (A.). — Cinq Traités d'Alchimie des plus grands philo phes.
Nicolas Flamel, sa vie, ses œuvres.
Théories et Symboles des Alchimistes.
Saint-Thomas d'Aquin. — Traité de la Pierre Philosophale
Tiffereau (Th.). — L'or et la Transmutation des métaux.

Astrologie

Anonyme. — La Dynamique céleste.
Anonyme. — La Lumière d'Égypte.

Bibliographie

Yve-Plessis (R.). — Essai d'une Bibliographie française d Sorcellerie et de la possession démoniaq

Franc-Maçonnerie

Martines de Pasqually. — Traité de la Réintégration des Êt
Baader (Fr.). — Les enseignements secrets de Martines Pasqually.

Kabbale

Rabbi Issa Char Baer. — Commentaire sur le Cantique Cantiques.
Esprit Sabbathier. — Ombre idéale de la sagesse universe
Anonyme. — Adumbratio Kabbalæ Christianæ.
Guillaume Postel. — Absconditorum Clavis.

Littérature occulte

Villars (Abbé de). Le comte de Gabalis, ou entretiens sur sciences secrètes.

Magie

Prentice Mulford. — Vos forces et le moyen de les utiliser.
Bulwer Lytton. — La maison hantée.
Anathase Kircher. La Kabale Saracénique.

Musique

Fabre d'Olivet. - La Musique.

Mysticisme

Gichtel. — Theosophia practica.
Trithème (J.). — Traité des causes secondes.

Philosophie

Lacuria. — Les Harmonies de l'Être exprimées par les Nom

.IOTHÈQUE ROSICRUCIENNE

PUBLIÉE

PAR

L'ORDRE MAÇONNIQUE

DE

MISRAÏM

ıçonnique de Misraïm qui a entrepris de rééditer des volumes précieux devenus introu-ite de l'acharnement que mirent à les détruire les sectaires dont ils choquaient les cquis de nouveaux droits à la reconnaissance de ceux qu'intéressent les différentes ut revêtir la pensée humaine.

c il avait été décidé que la nouvelle collection paraîtrait d'une manière anonyme et ıes porteraient cette seule mention « *Bibliothèque Rosicrucienne.* » Mais des événements rent bientôt montrer l'inconvénient d'une telle décision, certaines associations ayant tendances à détourner à leur profit les travaux anonymes. Ces tendances s'étant parti-ffirmées depuis l'annonce de la prochaine apparition du traité de *Martines de Pas-* te de Misraïm a cru de son devoir de rétablir la vérité. Il a pris en conséquence les me-ıires pour que les anciennes publications comme les nouvelles portassent désormais la ·ssus.

ation n'est pas le seul titre qui recommande l'*Ordre de Misraïm* auprès des adeptes de ranc-maçonnerie En effet depuis son introduction en France, qui eut lieu en l'année la création à Paris de plusieurs ateliers symboliques et d'un conseil de chevaliers ıch, il n'a cessé de combattre pour la défense de la tradition. C'est au milieu de nom-·cutions qu'il travailla à son complet établissement, constituant en 1814 un suprême général du 87e degré et enfin le 9 avril 1815 le suprême grand Conseil du 90e qui allait ; ateliers et chapitres de France.

ıl pratiquait avait par sa haute valeur soulevé bien des jalousies et suscité bien des é en 90 degrés qui se répartissent en 4 séries, il développe dans son ensemble un ensei-ıirable qu'ont dû lui envier bien des puissances maçonniques qui suivaient des Rites de cette perfection.

didat reçoit un développement progressif basé sur une connaissance exacte de la psy-ndant son passage à travers les 4 séries (symbolique, philosophique, mystique et kab-doit évoluer les facultés intellectuelles et les activités correspondant à chacune d'elles ssession fera de lui un initié.

ɔn maçonnique nous fait un devoir de ne pas nous étendre plus longuement sur ce ıous suffise d'ajouter que cette science désirable qui s'acquière en gravissant les degrés iérarchique trouve enfin son couronnement dans les quatre derniers grades. C'est ici ; la clef de voûte de tout l'édifice et en 1840 Ragon a pu écrire avec juste raison, bien cinctement renseigné à ce sujet : « On connaît presque toute la science maçon-'on a approfondi les développements des emblèmes et des allégories qui se rattachent degrés »...

'ait pu approfondir davantage cet enseignement supérieur il n'eût pas manqué d'être ·illé des vérités encloses en ce symbolisme si justement nommé *arcana*

léfense de ces mystères que les Misraïmites se sont dévoués et on doit savoir gré à rdiens de leurs efforts à une époque où l'on constate chez certains maçons une ten-table à négliger la véritable voie.

PREMIÈRE SÉRIE

N° 1 — JEAN TRITHÈME

TRAITÉ DES CAUSES SECONDES

Précédé d'une vie de l'auteur, d'une bibliographie et d'une préface, et accompagné de notes.

(Ouvrage orné d'un portrait de Trithème).

Un volume in-16 jésus de 150 pages, tiré à très petit nombre. — Prix . . . . 5 fr.

Jean Trithême, de la noble famille des Heidenberg de Monte, naquit le 1er février 1462, à Trittenheim, ville située dans l'électorat de Trèves. Abbé des Bénédictins de Spanheim en 1483, il fut un des plus grands érudits de son temps.

Ses ennemis, les scolastiques, l'accusèrent de nécromancie et de magie et excitèrent contre lui les moines de Spanheim. Cependant ses travaux roulent surtout sur l'art de cacher les mystères tels sa Stéganographie, sa Polygraphie, etc.

Violemment persécuté, il se réfugia à l'abbaye de Saint-Jacques à Wurtzbourg, où il mourut le 27 décembre 1516.

La conformité de ses doctrines avec celles des premiers Rosecroix nous porte à inférer qu'il fut un des membres secrets les plus actifs de cette célèbre confrérie dont faisaient partie Reuchlin, Pic de la Mirandole et plusieurs autres savants.

Parmi les disciples de Trithême, l'histoire compte l'empereur Maximilien et surtout le fameux Henri Corneille Agrippa.

N° 2. — RABBI ISSA' CHAR BAER

COMMENTAIRE

SUR LE

CANTIQUE DES CANTIQUES

Traduit pour la première fois de l'hébreu en français et précédé d'une introduction.

Un volume in-16 jésus, tiré à très petit nombre. — Prix. . . . . 2 fr.

Cette traduction d'un commentaire au *Shir hashirim*, ouvrage que la tradition attribue au puissant roi Schlomoh, roi si célèbre dans les fastes maçonniques, est due aux savants travaux d'un Maître en Misraïm Les Juifs orthodoxes ont une si grande vénération pour cette partie de la Bible par eux nommée *Kadosh ha-Kadoshim* ou saint des saints, qu'ils en interdisent la lecture à toute personne âgée de moins de trente ans, et que les saints d'Israël profèrent l'anathème sur les audacieux qui en parlent d'une manière irréfléchie. Le traducteur a joint à sa traduction une introduction pleine d'érudition sur les mystères du *Pardès* ou des quatre séries initiatiques.

N° 3. — R. P. ESPRIT SABBATHIER

L'OMBRE IDÉALE

DE LA

SAGESSE UNIVERSELLE

Vingt-cinq planches reproduisant en phototypie cet ouvrage introuvable et purement Kabbalistique.

Un volume in-16 jésus, tiré à 100 exemplaires numérotés dont 50 seulement furent mis dans le commerce. — Prix . . . . 8 fr.

Nous n'entreprendrons pas de résumer ici cet ouvrage inanalysable, dont nous dirons seulement qu'il se compose d'une suite de tableaux synthétiques sur les analogies de la Kabbale, de la théologie, des sciences, des arts, etc.

No 4. — S.-J. GICHTEL

THEOSOPHIA PRACTICA

TRADUIT POUR LA PREMIÈRE FOIS EN FRANÇAIS

Avec cinq planches en couleur hors texte

Un volume in-16 jésus de 210 pages, tiré à très petit nombre. Prix. . 7 fr.

La présente traduction de ce très curieux traité de l'extatique J. Gichtel a été exécutée avec beaucoup de soin sur l'édition allemande de 1696 dessinée par Graber. Elle est accompagnée de cinq planches, admirables reproductions en sept couleurs des planches originales qui servent à la démonstration des centres respectifs et des opérations des trois principes dans l'homme.

Jean Gichtel, né a Ratisbonne en 1638, était de son temps un savant distingué et un grand homme de bien. Rédacteur de l'édition de 1682 des ouvrages de Bœhme, cet homme est d'autant plus intéressant qu'il a mis toute la théorie de Bœhme en pratique. Par un écrit sur le mauvais état du clergé dans sa patrie, il s'attira la haine des prêtres, et comme il ne voulut pas révoquer cet écrit, ils trouvèrent le moyen de le faire chasser ignominieusement et de le bannir de Ratisbonne, après l'avoir dépouillé de tout. Il se réfugia en Hollande dans la plus grande pauvreté, mais le clergé l'y poursuivit et l'y fit emprisonner. Gichtel mourut en 1710 à Amsterdam.

No 5. — MARTINES DE PASQUALLY

TRAITÉ

DE

LA RÉINTÉGRATION DES ÊTRES

Publié pour la première fois intégralement et précédé d'une notice historique sur le

MARTINÉSISME ET LE MARTINISME

PAR

Un chevalier de la R.-C.

Un vol. in-16 jésus. Prix . . . . 6 fr.

Edition très soignée d'un manuscrit rarissime.

La *Bibliothèque Rosicrucienne* tenait à honneur de publier dans sa collection l'ouvrage fondamental du R.-C. *Martines de Pasqually.* Cet ouvrage nous donne en effet avec la clef des mystérieux travaux de ce puissant théurge, la substance de sa doctrine traditionnelle, doctrine au sujet de laquelle nous ne pourrions faire mieux que de citer ces quelques lignes de M. Matter : « Le point de départ de la Réintégration c'est la chute... A cette théorie d'une chute arrivée dans les cieux comme sur la terre, à cet enseignement d'un tribut solidaire payé à la justice divine par les habitants du monde divin et par ceux du monde terrestre, se joignaient des actes, des œuvres, des prières, une sorte de culte. Entre les esprits terrestres et les esprits célestes, la communauté des destinées éternelles et des hautes aspirations garantissait aux yeux de Don Martinès la communauté de l'œuvre de réintégration imposée à tous, et il fallait par conséquent, pour obtenir l'effet, la communauté des travaux. L'assistance des majeurs ou des esprits supérieurs était donc assurée aux mineurs, si ces derniers savaient intéresser les premiers à leur sort et en conquérir la bienveillance au moyen de savantes pratiques. Voilà à la fois les principes et l'origine de la théurgie, la légitimité de son idée et la nécessité de ses opérations. »

N° 6. — SAINT THOMAS D'AQUIN

TRAITÉ DE LA PIERRE PHILOSOPHALE

Suivi du traité sur

L'ART DE L'ALCHIMIE

Traduits pour la première fois du latin en français et précédés d'une introduction

Un volume in-16 jésus de 116 pages, tiré à très petit nombre. Prix . . . . 4 fr.

Il est aujourd'hui incontesté que Saint Thomas d'Aquin, le plus grand théologien de l'Eglise d'Occident et le plus grand philosophe du moyen-âge, a été le disciple le plus illustre d'Albert-le Grand, si fameux dans les fastes alchimiques. Le présent traité serait le résumé précieux de enseignements que Saint Thomas aurait recueillis de la bouche même de son maître. Plusieurs auteurs en ont contesté l'authenticité en objectant seulement que l'alchimie étant une œuvre du démon ou du moins une pitoyable rêverie un saint et un savant comme le fut Saint Thomas n'a pu ajouter foi.

Nous devons dire que ces deux traités ne furent pas mis à l'index par le Concile de Trente.

Deuxième série. — N° 1. — ADUMBRATIO

KABBALÆ CHRISTIANÆ

Un volume in-16 jésus, tiré à très petit nombre . . . . 5 fr.

Première traduction du latin en français de ce célèbre et rarissime ouvrage imprimé en 1684 à Francfort-sur-Mein et publié en appendice à la Kabbala Denudata de Knorr von Rosenroth. C'est une brève application de la doctrine des Kabbalistes hébreux aux dogmes du christianisme. Le but avoué par l'auteur anonyme était de former une hypothèse profitable à la conversion des Juifs: « Je cherche, dit-il, et ne me lasse pas ; rien ne peut mettre obstacle à mon entreprise ; je conjecture ; je m'efforce de pénétrer tous les sens ; je confère, j'expérimente, j'interroge ; je cherche à convaincre habilement les Juifs ; si je trouve une meilleure voie, je la suis, et je cherche un salut unique ».

Un tel ouvrage, tout de conciliation, a sa place marquée dans la bibliothèque d'un franc-maçon instruit. C'est la contre-partie des arguments pleins d'intolérance que d'hypocrites sectaires produisirent au siècle dernier dans quelques loges d'Allemagne. Il appartenait aux francs-maçons de Misraïm de rééditer cet ouvrage que chrétiens et juifs se sont efforcés de détruire et qui a été condamné par la Cour de Rome.

N° 2 — HENRI KHUNRATH

AMPHITHÉATRE DE L'ETERNELLE SAPIENCE

REPRODUCTION EN PHOTOTYPIE SUR PAPIER DE LUXE

Des DOUZE PLANCHES de l'Ouvrage

Un album petit in-folio, tiré à très petit nombre. — Prix. . . . . . 5 fr.

La collection des planches originales de l'*Amphitheatrum sapientiæ æternæ* est absolument introuvable. Nous croyons donc rendre service aux chercheurs en éditant ici à des conditions exceptionnelles une reproduction très exacte de ces planches hermétiques dont l'ensemble constitue un précieux enseignement.

Ces planches en taille-douce sont au nombre de douze, disposées ainsi qu'il suit :

1° Le *frontispice allgéorique* encadrant le titre gravé.
2° Le *portrait de l'auteur*, entouré d'attributs allégoriques.
3° L'*oratoire et le laboratoire* de Khunrath.
4° Le *gymnasium naturæ*.
5° La *citadelle alchymique* aux vingts porte sans issue.
6° La *table d'émeraude* d'Hermès gravée sur la pierre ignée et mercurielle.
7° Les *sept degrés* du sanctuaire et les sept rayons.
8° La *Rose-Croix* pentagrammatique.
9° Le *grand androgyne* hermétique
10° L'*Adam-Ève* dans le triangle verbal.
11° Le *Pantacle* de Khunrath.
12° L'*Orfraie*.

L'avant-dernière planche, d'une sanglante ironie et d'un art sauvage vraiment savoureux, manque à peu près à tous les exemplaires. Les nombreux ennemis du theosophe qui s'y voient caricaturés d'un génie âpre et que sans peine on devine triomphalement soucieux des ressemblances, s'acharnèrent à faire disparaître une gravure d'un si scandaleux intérêt.

N° 3. — HENRI KHUNRATH

AMPHITHEATRE DE L'ÉTERNELLE SAPIENCE

TRADUIT POUR LA PREMIÈRE FOIS DU LATIN EN FRANÇAIS
SUR L'ÉDITION DE 1609.

Petit in-folio, tiré à très petit nombre . . . . Prix : 15 fr.

Superbe édition française d'un petit in-folio rare et très recherché de tous ceux que préoccupent, à des titres divers, l'ésotérisme des religions, la tradition d'une doctrine secrète sous les voiles symboliques du Christianisme : *Amphitheatrum sapientiæ æternæ, solius veræ, christiano-kabalisticum, divino-magicum, necnon physico-chemicum tertriunum, katholikon : instructore Henrico Khunrath etc., Hanoviæ.*

Henri Khunrath naquit en 1502 et avait quarante-deux ans lorsqu'il parvint à la haute initiation. Chimiste et médecin il publia plusieurs ouvrages dont le plus remarquable est son *Amphithéâtre de l'Eternelle Sapience*, publié pour la première fois en 1598. L'auteur, bien qu'il fit profession d'un protestantisme radical, y revendique hautement le nom de catholique et d'orthodoxe. Il déclare avoir en sa possession, mais garder secrète comme il convient, une clef de l'Apocalypse, clef triple et unique comme la science universelle. La division du livre est septenaire et il y partage en sept degrés l'initiation à la haute philosophie.

Les douze planches qui constituent le N° 2 de la présente série sont généralement reliées en tête de l'ouvrage original dont les exemplaires toujours incomplets se vendent encore couramment de 30 à 40 fr.

N° 4. — GUILLAUME POSTEL

ABSCONDITORUM CLAVIS

Traduite pour la première fois du latin en français, avec une planche hors texte

Un volume in-16 jésus, tiré à très petit nombre . . Prix : 3 Fr.

Les adeptes de la Kabbale la regardent comme une tradition divine aussi ancienne que le genre humain. Guillaume Postel, le plus savant homme de son temps, fut un de ces adeptes. Il apprit toutes les langues connues et toutes les sciences de l'époque, découvrit des manuscrits précieux et rares, entre autre les évangiles apocryphes et le Sepher Iesirah, et crut avoir trouvé la clef de tous les mystères religieux dans un livre hiéroglyphique antérieur à la Bible et qu'il nomme la Genèse d'Hénoch. Enthousiasmé de sa trouvaille, Postel crut naïvement avoir découvert la paix universelle des religions et la future tranquillité du monde. Ce fut alors qu'il écrivit son *Traité de la concorde universelle*, et qu'il dédia aux Pères du Concile de Trente alors assemblés, la *Clef des choses cachées* (Absconditorum Clavis). L'épître qu'il leur adresse est curieuse : il déclare à ces évêques et à ces docteurs que leurs anathèmes ne sont plus de saison, puisque tous les hommes doivent être sauvés (car c'est la conséquence qu'il tire de l'unité et de la perpétuité de la révélation analogique et rationnelle dans le monde.) Les Pères du Concile ne firent pas même à Postel l'honneur de sévir contre lui. Son livre et sa lettre furent considérés comme l'œuvre d'un fou. Plus tard seulement, le docteur ayant avancé quelques propositions qui parurent trop hétérodoxes, on le renferma dans un monastère.

N° 5. — FRANTZ VON BAADER

Les Enseignements secrets de Martines de Pasqually

Traduits pour la première fois de l'allemand et précédés d'une Nouvelle Notice Historique

SUR LE MARTINESISME ET LE MARTINISME, PAR UN CHEVALIER DE LA R. C.

Un volume in-16 jésus . . . . Prix : 2 fr.

Ce petit ouvrage est de la plus haute importance pour l'étude des doctrines de Martines de Pasqually et pour l'histoire des travaux des élus coëns. Il se compose d'une très longue lettre du célèbre franc-maçon F. Baader dont les travaux de philosophie mystique sont si appréciés dans toute l'Allemagne. Le plan général de cette lettre est accompagné des notes et commentaires de Baader lui-même.

L'auteur anonyme de la précédente notice publiée avec le *Traité de la Réintégration des Etres* de Martines de Pasqually (Voyez n° 5 de notre première série) a profité de la présente publication pour défendre dans une Nouvelle Notice la thèse qu'il avait précédemment esquissée. Il démontre par une critique impartiale des faits acquis et à l'aide de nombreux documents extraits des archives des loges de l'époque, le véritable rôle de Martines et celui de Saint-Martin et de Villermoz. Sa thèse de la *non existence d'un Martinisme* fondé par Saint-Martin a été particulièrement complétée et mise au point dans la présente publication, pour la plus grande confusion de ceux qui cherchent surtout à faire passer leurs pitoyables productions sous les auspices de noms illustres.

COLLECTION HERMÉTIQUE

Parmi les travailleurs qui poursuivirent dans le silence du laboratoire la recherche des arcanes les plus secrets de l'art hermétique, une admirable figure se détache digne des temps passés, de la belle époque qui vit œuvrer les maîtres les plus doctes et les plus habiles.

Nous voulons parler d'*Albert Poisson* que la mort devait ravir si rapidement à l'affection de ses amis et qui pourtant, grâce à cette activité infatigable et à cette énergie surprenante qu'il conserva jusqu'à sa dernière heure, sut acquérir une érudition remarquable.

Les trois volumes qu'il a laissés, et qui constituent la première partie d'une vaste encyclopédie alchimique qu'il voulait publier, renferment des indications précieuses. Le symbolisme et les théories des vieux maîtres y sont exposés avec une grande clarté et ceci épargnera aux débutants bien des efforts pénibles. Cette tâche modeste et pleine d'abnégation qui consiste à applanir, pour ceux qui suivront, les voies que soi-même on a trouvé couvertes d'aspérités, Poisson a su l'exécuter avec un dévouement au-dessus de tout éloge. Peut-être allait-il franchir le seuil lorsque la mort est venue l'arrêter au milieu de ses travaux.

Certes ce qui dut être pénible au jeune savant ce fut de se sentir mourir sans avoir réalisé complètement ses projets.

Peut-être puisa-t-il une consolation dans l'espérance qu'un ami véritable entreprendra un jour de continuer son œuvre, de classer les matériaux considérables qu'il laissait et d faire paraître ses travaux. Nous souhaitons que semblable pensée l'ait réconforté à so heure dernière, mais nous devons reconnaître que cet espoir a été déçu.

Plusieurs années se sont écoulées et l'oubli a succédé aux hommages bruyants q chacun rendit à sa mémoire en vue d'un accaparement prochain.

Pourtant Poisson se tint toujours à l'écart des différents groupements ; cédant à d invitations pressantes il s'était approché de quelques centres, avait fréquenté quelqu réunions, mais avait toujours conservé son indépendance. Ce qui existait ne lui sembl pas présenter les qualités requises et il avait même formé le projet de fonder une soci alchimique dont il avait élaboré les statuts avec un soin minutieux.

Dans les derniers temps il s'était senti attiré vers la Franc-Maçonnerie et il avait p senté une demande d'initiation auprès d'un atelier de l'ordre de Misraïm, dont le ha symbolisme et les degrés hermétiques l'avaient séduit.

Le 19 avril 1894, la Loge *le Buisson Ardent* le recevait dans son sein ; mais on devait plus le revoir : il mourait le 27 juin de la même année.

ALBERT POISSON

CINQ

TRAITÉS D'ALCHIMIE

DES PLUS GRANDS PHILOSOPHES

Paracelse, Albert le Grand, Roger Bacon, Raymond Lulle, Arnaud de Villeneuve.

Un volume in-8, figures. Prix . . . . 5 fr.

Les sciences actuelles sont les filles de sciences mystérieuses dont l'origine se perd dans la nuit des temps C'est ainsi que notre chimie est la fille de cette alchimie dont tant d'hommes éminents ont scruté les troublants mystères. Rendre justice à ces chercheurs en remettant leurs travaux en lumière, en les faisant revivre dans leurs œuvres, tel a été le but d'Albert Poisson. Les auteurs ont été choisis avec soin parmi les plus grands noms de l'alchimie ; et ce précieux recueil contient, avec une notice biographique sur chaque auteur, les traductions françaises du *Chemin du Chemin* d'Arnaud de Villeneuve, de la *Clavicule* de Raymond Lulle, le docteur illuminé, du *Composé des Composés* du célèbre Albert le Grand, du *Trésor des Trésors* du troublant Paracelsé, et enfin du *Miroir d'Alchimie* de Roger Bacon, ce docteur admirable qui, devançant son siècle, substitua l'expérience et l'observation aux creuses divagations des scolastiques.

ALBERT POISSON

THÉORIES ET SYMBOLES

DES ALCHIMISTES

LE GRAND ŒUVRE

Suivi

D'UN ESSAI SUR LA

Bibliographie Alchimique du XIXe siècle

Un volume in-8, orné de 15 planches représentant 42 figures. Prix. . . . . 5 fr.

Cet ouvrage d'Albert Poisson est le fruit de plusieurs années de recherches laborieuses sur ces vieux textes alchimiques dont il nous a donné un choix dans le premier volume de cette collection hermétique. L'auteur s'est efforcé d'expliquer les obscurs traités des Lulle et des Bacon, et est parvenu à jeter quelque lumière sur cette science aujourd'hui discréditée parce que mal comprise : l'Alchimie. Son ouvrage est une exposition méthodique des théories hermétiques, depuis les Grecs jusqu'à nos jours, une explication raisonnée des symboles alchimiques dont on trouve l'origine dans la terre de Misraïm et qui prirent une grande extension lorsque l'Alchimie s'acheminait vers son apogée, c'est-à dire vers la fin du quinzième siècle.

ALBERT POISSON

HISTOIRE DE L'ALCHIMIE

XIVe siècle

NICOLAS FLAMEL

Sa vie, ses fondations, ses Œuvres

SUIVI

De la réimpression du *Livre des figures hiéroglyphiques* et de la lettre de Dom Pernety à l'abbé Villain.

Un ouvrage in-8, orné d'un portrait et d'une reproduction en phototypie des *Figures d'Abraham le Juif* et de l'*Arche du charnier des Innocents*. Prix. . . . . 5 fr.

Alors que les notices biographiques ont été multipliées pour Albert le Grand, Paracelse, Van Helmont, Raymond Lulle, etc., on n'avait sur Nicolas Flamel que l'histoire de l'abbé Villain, riche en documents, mais mauvaise en ce sens qu'elle est terriblement partiale et que l'auteur s'efforce de démontrer une thèse préconçue. Albert Poisson s'est efforcé de combler cette lacune. Examinant en détail les divers incidents de la vie de Nicolas Flamel, il a tout pesé et discuté avec la plus grande impartialité. Cet ouvrage renferme un document alchimique du plus grand intérêt : Le *Livre des figures hiéroglyphiques* de Nicolas Flamel.

TH. TIFFEREAU

L'OR ET LA TRANSMUTATION DES MÉTAUX

Précédé de Paracelse et l'Alchimie au XVIe siècle

PAR M. FRANCK, DE L'INSTITUT.

1 volume in-8. Reliure ancienne. Prix . . . . **5 fr.**

Ouvrage très curieux dans lequel M. Tiffereau raconte comment, après une longue étude des minières du Mexique et de nombreuses expériences, il est parvenu à obtenir des traces d'or dans divers composés argentifères. L'auteur expose les procédés dont il s'est servi et les divers essais et analyses du produit de ses transmutations.

Bibliothèque Astrologique

La Lumière d'Egypte

OU LA SCIENCE DES ASTRES ET DE L'AME

Un volume in-4 avec huit planches hors texte. Prix . . . . 7 fr. 50

Table des matières : Involution de l'idée divine. — Evolution et cristallisation de la Force. — Expressions progressive de la Polarité. — Différentiations de l'Esprit Androgyne. — Incarnation et ré-incarnation. — Constitution hermétique de l'Homme. — Karma-Médiumnité. — L'âme, sa nature et ses attributs. — La mort et l'immortalité. — Le satellite sombre. — L'Adeptat. — Principes de la science céleste. — Réfraction et distribution de la force solaire. — Influence des astres sur le cerveau humain. — Action intermédiaire des astres sur l'homme. — L'Alchimie et les astres. — Nature et influence des douze signes. — Nature et influence des planètes. — Application pratique de la science des astres. — La chaine mystique ou l'union de l'âme et des astres.

La Dynamique Céleste

Traité pratique d'Astrologie donnant la véritable clef de cette science

Un volume in-4. Prix . . . . 5 fr.

Table des matières : Les forces occultes de la Nature. — Le langage des cieux étoilés. — La force vitale. — Le tempérament physique et magnétique. — Les facultés mentales et intellectuelles. — Moyen de réfréner les tendances criminelles. — Les destins financiers. — L'Amour et le mariage. — Les amis et les ennemis. — Les forces célestes en action. — Le diagnostic des maladies. — Le traitement des maladies, etc., etc.

OUVRAGES DIVERS

FABRE D'OLIVET

LA MUSIQUE

EXPLIQUÉE COMME SCIENCE ET COMME ART

et considérée dans ses rapports analogiques avec les Mystères religieux, la Mythologie ancienne et l'Histoire de la terre.

ŒUVRE POSTHUME

Publiée par les soins de René Philipon — Ornée d'un portrait inédit de Fabre d'Olivet

Un volume in-8 raisin, tirée à 330 exemplaires. — Prix . . . . . **6 fr.**

Idées des anciens sur la musique. Véritable cause des effets moraux de la musique. Pourquoi les principes de la musique sont restés inconnus. Vicissitudes de cette science Origine du système moderne. Le nombre considéré comme principe musical. Définition de la mélodie ; comment elle est produite et modifiée. Système musical des chrétiens orientaux. Système musical des Chinois. Système musical des Grecs ; Orphée et Pythagore. Etc.

LACURIA

ES HARMONIES DE L'ÊTRE

Exprimées par les Nombres

ette nouvelle édition d'un traité que l'auteur a mis quarante années à refondre entièrement est publiée par les soins de René Philipon.

Deux volumes in-8. Prix. . . . . **15 fr.**

Entre l'esprit et la matière, entre le fait et l'idée, entre la foi et la science, par conséquent, il une espèce d'être intermédiaire, dont peu, jusque-là, ont compris l'existence mystérieuse; être est un lien entre le ciel et la terre, être qui n'est fini ni infini, mais qui fait communiquer l'un autre; être qui en même temps immatériel et formé de la matière; qui est à la fois éternel ıme Dieu, divisible comme la matière; qui se trouve à la fois dans le créateur et dans la dernière créatures; être par conséquent qui doit jouer un rôle important dans cette union de l'esprit le la matière, de la foi et de la science que la société appelle de ses vœux : cet être c'est le nbre.

PRENTICE MULFORD

VOS FORCES

ET LE

IOYEN DE LES UTILISER

Un volume in-18 jésus avec portrait de l'auteur. — Prix . . . . . **3 fr.**

Ce petit traité est un excellent résumé de magie pratique journalière. L'auteur prend les faits de ie quotidienne et applique aux moindres d'entre eux une méthode d'une extraordinaire simpli- Son ouvrage renferme des données toutes nouvelles sur les mystères du sommeil et la direction rêves, l'art d'apprendre et l'art d'oublier, etc.

ANATHASE KIRCHER

A CABALE SARACENIQUE

Traduite pour la première fois du latin en français par Jean Tabris et accompagnée d'une planche de Sceaux et de Pantacles.

Un volume in-8 jésus à 100 exemplaires numérotés et parafés par le traducteur.

(Reste quelques exemplaires). — Prix. . . **5 fr.**

Table des matières : Origine de la Cabale Saracénique. — Alphabet mystique des Arabes Sarra- s. — Des noms divins employés par les Mahométans, de leur propriété et de leur efficacité, très lement extraits du traité des noms divins d'Abulhassan. — Des noms divins représentés par les nbres. — Des noms divins et des nombres par lesquels ils se manifestent pour l'appropriation sept planètes et des douze signes du Zodiaque — De la structure des noms mystiques et de r signification. — Confection et usage des Talismans avec leur réfutation. — Des nombres pro- ues. — De la diverse transformation des noms et des lettres et différentes figures. — Les grands smans.

BULWER LYTTON

La Maison Hantée

Brochure in-18 jésus, sur vélin. Prix . . . . . . 2 fr.

Cette sombre nouvelle dont l'horreur a inspiré au plus sensitif de nos artistes, M. Odilon Redon, si étranges lithographies, a été fort habilement traduite de l'anglais par M. René Philipon.

Grande Imprimerie du Centre. — Herbin, Montluçon.

Catalogue
de la
Librairie Chaix

PARIS
IMPRIMERIE ET LIBRAIRIE CENTRALES DES CHEMINS DE FER
IMPRIMERIE CHAIX
SOCIÉTÉ ANONYME AU CAPITAL DE TROIS MILLIONS
Rue Bergère, 20

1900

Grande Imprimerie du Centre. — Herbin, Montluçon.

Catalogue

de la

Librairie Chaix

PARIS

IMPRIMERIE ET LIBRAIRIE CENTRALES DES CHEMINS DE FER

IMPRIMERIE CHAIX

SOCIÉTÉ ANONYME AU CAPITAL DE TROIS MILLIONS

Rue Bergère, 20

—

1900

TABLE DES MATIÈRES

AVIS

Nous adressons *franco* notre Catalogue à toutes les personnes qui nous en font la demande par lettre affranchie.

Les Ouvrages mentionnés dans notre Catalogue sont expédiés *franco* dans toute la France (sauf les exceptions indiquées) aux personnes qui nous adressent le montant de leur demande en un bon sur la poste, ou en un mandat à vue sur Paris, ou même en timbres-poste ***quand le chiffre ne dépasse pas 2 francs*** (les timbres-poste de 15 centimes sont seuls acceptés).

ADRESSER LES DEMANDES

à la Librairie CHAIX, rue Bergère, 20, à Paris.

PUBLICATIONS OFFICIELLES

SUR LES

CHEMINS DE FER

SERVICE DES VOYAGEURS

L'INDICATEUR-CHAIX (51e année), SEUL JOURNAL OFFICIEL *contenant tous les services des Chemins de fer français et internationaux, ainsi que leurs correspondances par voitures et par bateaux à vapeur,* publié avec le concours et sous le contrôle des Compagnies.

Paraissant tous les dimanches. PRIX : **85 centimes.**

PRIX DE L'ABONNEMENT :		PARIS.	DÉPARTEMENTS.	ÉTRANGER.
	Un an . .	34 fr.	46 fr.	65 fr.
	Six mois .	18	24	34

(Les abonnements échoient uniformément au 30 juin ou au 31 décembre de chaque année.

SOMMAIRE :

SERVICES DES CHEMINS DE FER.

Achiet à Marcoing.
Aire à Berck-Plage.
Aix-les-Bains au Mt-Revard.
Anjou.
Annecy à Thônes.
Anvin à Calais.
Banlieue de Reims.
Bayonne à Biarritz.
Bettrechies à Hon.
Boileux à Marquion.
Bordeaux à Cadillac.
Bouches-du-Rhône.
Caen à la Mer.
Calvados.
Camargue.
Cambrésis.
Ceintures de Paris.
Challans à Fromentine.
Chauny à Saint-Gobain.
Chemins de fer à voie étroite.
Chemins de fer de la Drôme.
Chemins de fer Vicinaux.
Dauphiné.
Départementaux.
Départementaux des Ardennes.
Dercy-Mortiers à la Fère.
Dompierre-sur-Besbre à La Palisse.
Economiques.
Enghien à Montmorency.
Est.
Est de Lyon.
Estrée-Blanche.
Estrées-St-Denis à Froissy.
Etat.
Etival à Senones.
Finistère.
Flandres.
Fourvière et Ouest-Lyonnais.
Gué à Menaucourt.
Hérault
Hermes à Persan-Beaumont.
Lagny à Villeneuve-l-Comte.
Landes.
Magny à Chars.
Mamers à Saint-Calais.
Marlieux à Châtillon.
Maubeuge à Villers-Sire-Nicole.
Médoc.
Meuse.
Midi.
Milly à Formerie.
Mines de Carvin.
Mines de Marles.
Miramas à Port-de-Bouc.
Montsecret à Tinchebray.
Nantes à Legré.
Nord.
Orléans.
Ouest.
Paris-Lyon-Méditerranée.
Périgord.
Pierrefitte à Cauterets.
Pontcharra à La Rochette et Allevard-les-Bains.
Pont de la Deûle à Pont-à-Marcq.
Puy-de-Dôme.
Saint-Georges-de-Commiers à La Mure.
Saint-Quentin à Guise.
Saint-Victor à Cours.
Saint-Victor à Thizy-Ville.
Sceaux-Orsay-Limours.
Somain à Péruwelz.
Sud de la France.
Tarn.
Teste (La) à Cazaux.
Tramway de Châteaubriant à La Chapelle-Glain.
Tramways de l'Artois.
Tramways de la Sarthe.
Tramways de la Vienne.
Tramways de Loir-et-Cher.
Tramway de Saint-Germain à Poissy.
Tramways d'Eure-et-Loir.
Tramways d'Ille-et-Vilaine.
Tramways du Loiret.
Tramway du Pont-de-Beauvoisin.
Vélu à Saint-Quentin.
Vendin-le-Vieil à Violaines.
Vertaizon à Billom.
Voies ferrées économiques.
Voiron à Saint-Béron.

SERVICES MARITIMES

Algérie, Tunisie, Maroc.	Angleterre.	Brésil, Vénézuéla, Plata, Chili
Espagne, Italie, Corse, Grèce.	Indes, Chine, Cochinchine.	Australie, Nouvelle-Calédonie, Tahiti.
Égypte, Syrie.	Japon, La Réunion.	Afrique du Sud et Orientale.
Turquie, Mer Noire, Danube.	États-Unis, Mexique, Antilles	

RENSEIGNEMENTS DIVERS

TABLE ALPHABÉTIQUE de toutes les localités desservies.	TABLEAU des heures des différents méridiens de l'Europe.	INDICATION des principaux hôtels de la France et de l'Étranger.

CARTE DES CHEMINS DE FER FRANÇAIS AVEC NUMÉROS DE REPÈRE ET INDICATION DES LIGNES DESSERVIES PAR LES TRAINS EXPRESS

CARTES DES SEPT GRANDS RÉSEAUX AVEC NUMÉROS DE REPÈRE :
Ouest, Orléans, État, Midi, Paris-Lyon-Méditerranée, Nord, Est.

Renseignements relatifs aux VOYAGES CIRCULAIRES, *avec cartes des itinéraires.*

LIVRET-CHAIX CONTINENTAL (55e année), GUIDE OFFICIEL DES VOYAGEURS

sur tous les Chemins de fer de l'Europe et les principaux Paquebots de la Méditerranée et de l'Océan, avec Cartes et Guide-Sommaire indiquant les curiosités à visiter dans les principales villes; publié sous le patronage des Compagnies.

Deux volumes in-18 (format de poche) paraissant le 1er de chaque mois.

Les services de tous les chemins de fer du Continent, qui se trouvaient autrefois réunis dans un même volume, sont désormais publiés en deux livrets distincts, comprenant : le premier, les réseaux français, — le second, les services étrangers, avec les trains français desservant toutes les frontières et les relations franco-internationales.

Ces deux volumes se vendent séparément.

PRIX PAR EXEMPLAIRE : { LIVRET FRANÇAIS . . . . 1 fr. 50
LIVRET ÉTRANGER . . . . 2 fr. »

PRIX DE L'ABONNEMENT :

		PARIS.	DÉPARTEMENTS.	ÉTRANGER.
LIVRET FRANÇAIS	Un an. . .	16 fr.	18 fr.	20 fr.
	Six mois. .	9 —	10 —	11 —
LIVRET ÉTRANGER	Un an. . .	22 —	24 —	26 —
	Six mois. .	12 —	13 —	14 —
ABONNEMENT AUX DEUX LIVRETS	Un an. . .	36 —	40 —	44 —
	Six mois. .	20 —	22 —	24 —

(Les abonnements échoient uniformément au 30 juin ou au 31 décembre de chaque année.)

1er Volume. — Chemins de fer français.

PRIX : 1 fr. 50 c.

INDEX GÉNÉRAL :

TABLE ALPHABÉTIQUE. CHEMINS DE FER FRANÇAIS : *Voir ci-dessus la nomenclature des Compagnies à l'article* INDICATEUR-CHAIX. ALGÉRIE ET TUNISIE. CORSE.	SERVICES DE LA NAVIGATION maritime et fluviale. CARTES des chemins de fer, en tête de chaque réseau. RENSEIGNEMENTS DIVERS : Postes et Télégraphes. Calendrier.	WAGONS-LITS. LIGNES NOUVELLES : Nomenclature des sections nouvellement ouvertes en France. PRINCIPAUX HÔTELS.

2e Volume. — Chemins de fer étrangers.

SERVICES FRANCO-INTERNATIONAUX

PRIX : 2 francs.

INDEX GÉNÉRAL

☞ Le 2e volume indiquant tous les trains français qui desservent les frontières, le voyageur, pour se rendre à l'étranger des divers points de la France, n'a pas besoin de recourir au 1er volume contenant les services français.

LIVRET SPÉCIAL des Chemins de fer de l'Ouest,

DE CEINTURE, DE GRANDE-CEINTURE, DE MAGNY, DE MONTSECRET, DE MAMERS, DE CAEN A LA MER, DU CALVADOS, DÉPARTEMENTAUX, DES TRAMWAYS DE LA SARTHE, CHEMINS DE FER A VOIE ÉTROITE, avec les correspondances internationales sur l'Angleterre et la Carte des Réseaux, publié avec le concours des Compagnies. (In-18, format de poche.) Paraissant tous les mois. PRIX : 50 centimes.

LIVRET SPÉCIAL des Chemins de fer de Paris-Lyon-Méditerranée,

ÉCONOMIQUES, DÉPARTEMENTAUX, VICINAUX, DE FOURVIÈRE ET OUEST-LYONNAIS, DE L'EST DE LYON, DE COURS, DE THIZY, DE MARLIEUX A CHATILLON, DES BOUCHES-DU-RHÔNE, DU PUY-DE-DÔME, DE MIRAMAS A PORT-DE-BOUC, DU SUD DE LA FRANCE, DE BILLOM, D'AIX-LES-BAINS AU REVARD, DE VOIRON A SAINT-BÉRON, DE DOMPIERRE, DE SAINT-GEORGES-DE-COMMIERS, DE PONTCHARRA, DU SALÈVE, DE MONTE-CARLO, DE LA CAMARGUE, DE LA DRÔME, VOIES FERRÉES DU DAUPHINÉ, avec les Correspondances internationales sur la Suisse et l'Italie et la Carte des Réseaux, publié avec le concours des Compagnies. (In-18, format de poche.) Paraissant tous les mois. PRIX : 50 centimes.

LIVRET SPÉCIAL des Chemins de fer d'Orléans, du Midi, de l'État,

DE SCEAUX-ORSAY-LIMOURS, DÉPARTEMENTAUX, ÉCONOMIQUES, DES CHARENTES, DES LANDES, DE BIARRITZ, DU MÉDOC, DU PÉRIGORD, DE L'HÉRAULT, DU TARN, DE CAZAUX, DE L'ANJOU, DE CHALLANS A FROMENTINE, DES TRAMWAYS DE LOIR-ET-CHER, DU LOIRET, DE LA VIENNE, avec les Correspondances internationales sur l'Espagne et le Portugal et les Cartes des Réseaux, publié avec le concours des Compagnies. (In-18, format de poche.) Paraissant tous les mois. PRIX : 50 centimes.

LIVRET SPÉCIAL des Chemins de fer du Nord,

DE MONTMORENCY, ÉCONOMIQUES, D'ACHIET A MARCOING, AIRE A BERCK-PLAGE, DE BOILEUX A MARQUION, DE CARVIN, SOMAIN A PÉRUWELZ, DE DERCY-MORTIERS A LA FÈRE, D'HERMES A PERSAN-BEAUMONT, D'ESTRÉES-ST-DENIS A FROISSY, DE VELU A SAINT-QUENTIN, DE SAINT-GOBAIN, DE GUISE, DU CAMBRÉSIS, D'ANVIN A CALAIS, DE VENDIN-LE-VIEIL A VIOLAINES, DES MINES DE MARLES, DE VILLERS-SIRE-NICOLE A MAUBEUGE, DE MILLY, DE NOYON, DE BETTREKCHIES, DES FLANDRES, avec les Correspondances internationales sur l'Angleterre, la Belgique, la Hollande, l'Allemagne et la Carte des Réseaux, publié avec le concours des Compagnies. (In-18, format de poche.) Paraissant tous les mois. PRIX : 50 centimes.

LIVRET SPÉCIAL des Chemins de fer de l'Est,

DES LIGNES D'INTÉRÊT LOCAL EXPLOITÉES PAR LA COMPAGNIE DE L'EST, DE GRANDE-CEINTURE, DE LAGNY A VILLENEUVE-LE-COMTE, DE GUE A MENAUCOURT, ÉTIVAL A SENONES, DE LA BANLIEUE DE REIMS, DES CHEMINS DE FER VICINAUX, ÉCONOMIQUES, DÉPARTEMENTAUX, DE LA MEUSE, avec les Correspondances internationales sur l'Allemagne, l'Autriche, les Principautés Danubiennes, la Turquie, la Suisse et la Carte des Réseaux, publié avec le concours des Compagnies. (In-18, format de poche.) Paraissant tous les mois. PRIX : 50 centimes

LIVRET SPÉCIAL des Chemins de fer de l'Algérie, de la Tunisie et de la Corse,

avec une carte imprimée en deux couleurs, contenant les horaires des lignes aboutissant aux ports d'embarquement de Marseille, Cette et Port-Vendres, les Services maritimes, les Voyages circulaires, etc. PRIX : 50 centimes.

LIVRET SPÉCIAL des Environs de Paris,

avec cartes, paraissant tous les mois.

Tous les Réseaux réunis, avec cinq cartes	PRIX :	25	centimes.
Banlieue de l'Ouest, avec carte	—	10	—
— du Nord, —	—	10	—
— de l'Est, —	—	10	—
— des réseaux d'Orléans et Lyon, avec cartes . . .	—	10	—

LIVRET SPÉCIAL des Chemins de fer de la Suisse,

avec carte, contenant les services des chemins de fer, des lacs et des routes de montagne. Paraissant tous les mois. PRIX : 50 centimes.

En préparation : Livrets spéciaux pour la Belgique, la Hollande et les États Scandinaves, — l'Italie, — l'Allemagne et la Russie, — l'Autriche-Hongrie, la Grèce, la Turquie et les Balkans, — l'Espagne et le Portugal.

LIVRET SPÉCIAL POUR LES VOYAGES CIRCULAIRES sur les chemins de fer de Paris-Lyon-Méditerranée,

contenant la carte de chaque voyage, le prix des billets, les conditions et l'indication des lieux remarquables situés sur les itinéraires à parcourir, publié par la Compagnie des chemins de fer Paris-Lyon-Méditerranée. (In-12, format de poche.) PRIX : 50 centimes.

LIVRET SPÉCIAL POUR LES VOYAGES CIRCULAIRES ou d'EXCURSIONS sur les chemins de fer de l'Est,

contenant une carte spéciale pour chaque voyage, les prix des billets, les conditions, etc., publié par la Compagnie des chemins de fer de l'Est. (In-12, format de poche.) PRIX : 30 centimes.

TRANSPORT

DES

MARCHANDISES

RECUEIL-CHAIX ou RECUEIL GÉNÉRAL des Tarifs des Chemins de fer et de leurs Correspondances

POUR LES TRANSPORTS A GRANDE ET A PETITE VITESSE des Voyageurs, Marchandises, Messageries, Valeurs, Denrées, Voitures, Animaux, etc. (42e année), publié avec le concours et sous le contrôle des Compagnies.

Paraissant aux mois de janvier, avril, juillet et octobre de chaque année.

Chaque numéro trimestriel contient tous les tarifs avec les additions et modifications survenues depuis la publication du numéro précédent. — Les Expéditeurs peuvent donc, au moyen d'un abonnement à ce Recueil, se tenir constamment au courant de tous les changements que les Compagnies apportent dans leurs tarifs.

Indépendamment de l'ouvrage complet qui forme deux volumes, il est publié un fascicule spécial pour les tarifs de chacun des sept grands réseaux et pour les tarifs communs.

SOMMAIRE DE CHAQUE NUMÉRO :

CHEMINS DE FER FRANÇAIS.

1° TARIFS GÉNÉRAUX

Conditions d'application ;
Barème des délais de transport ;
Classification des marchandises pour les transports à petite vitesse.
Tarifs au départ des *Points de transit* pour toutes les gares de chaque réseau et réciproquement.

2° TARIFS SPÉCIAUX

Nomenclature alphabétique des marchandises faisant l'objet des Tarifs spéciaux ;
Tarifs spéciaux pour le transport des animaux et marchandises ;
Tarifs pour les opérations diverses : douane, pesage, transbordement, entrepôt, etc.

3° CAMIONNAGE ET RÉEXPÉDITION

Tarif de camionnage à Paris et dans les principales gares de chaque réseau ;
Tarifs de réexpédition pour toutes les localités desservies, classées par ordre alphabétique.

4° TARIFS INTERNATIONAUX

Conditions d'application ;
Classification des marchandises ;
Tarifs généraux ;
Tarifs spéciaux ;
Formalités en douane.

5° TARIFS COMMUNS

Table générale des Tarifs communs entre les diverses Compagnies ;
Tarifs communs.

CHEMINS DE FER ÉTRANGERS.

1° TARIFS GÉNÉRAUX

Convention internationale de Berne pour les transports de marchandises.
Conditions d'application et classification des marchandises.
Tarifs au départ des *Points frontières* pour les principales villes de la Belgique, de l'Allemagne, de la Suisse et de l'Italie.

2° TARIFS SPÉCIAUX

Principaux tarifs spéciaux, intéressant les expéditeurs français.

3° TARIFS INTERNATIONAUX

Conditions d'application et classification des marchandises. — Tarifs. — Opérations en douane.

DOCUMENTS DIVERS.

Dimensions du gabarit sur les principaux réseaux français ;

Tableau des *Points de transit ;*

Instructions et exemples d'application ;

Tables alphabétiques de toutes les localités comprises dans le Recueil, avec renvois à la Carte générale.
Carte des Chemins de fer français avec toutes les stations et les *Points de transit.*

Le Recueil-Chaix permet donc de taxer *toutes les expéditions* faites aux conditions des *tarifs spéciaux, communs ou internationaux,* quelle qu'en soit la provenance ou la destination.

En ce qui concerne les *tarifs généraux,* il serait impossible de publier les taxes au départ des 5,000 gares du réseau français qui formeraient, à elles seules, un volume de douze mille pages. Le Recueil reproduit seulement les *tarifs généraux au départ des points de jonction* des réseaux. En soudant les taxes les unes aux autres, on obtient donc les prix de transport *d'une station quelconque d'un réseau à toutes les gares des autres réseaux voisins ou éloignés.*

Ainsi, pour connaître la taxe d'une expédition en petite vitesse d'Amiens à Pamiers, qui parcourra les réseaux du Nord, de Ceinture, d'Orléans et du Midi, il suffira d'additionner les prix :

d'Amiens à Paris-la-Chapelle (Nord) ;
de Paris-la-Chapelle à Paris-Ivry (Ceinture) ;
de Paris-Ivry à Agen (Orléans) ;
d'Agen à Pamiers (Midi).

Les recherches sont d'ailleurs facilitées par la disposition méthodique des tarifs, — par six tables alphabétiques, ainsi que par une carte des chemins de fer dressée à une grande échelle et sur laquelle toutes les stations se trouvent mentionnées. Sur cette carte, chaque réseau est désigné par un tracé spécial, de plus, un signe très apparent indique les *points de jonction* entre chaque Compagnie. L'expéditeur peut ainsi, à la seule inspection de la carte, se rendre compte des lignes que la marchandise doit parcourir et des tarifs à souder pour former la taxe totale de transport. — Cette carte est divisée en 306 carrés désignés par un numéro et une lettre placés le long du cadre. Ce numéro et cette lettre reproduits dans la table alphabétique du *Recueil général des Tarifs* en regard de chaque station permettent d'en trouver facilement l'emplacement sur la carte.

Aussi, malgré le grand nombre des documents, malgré la complication apparente des chiffres, le travail de contrôle peut être confié à un employé auquel il deviendra promptement familier.

Les Compagnies de Chemins de fer ont adopté officiellement le Recueil-Chaix pour le service de leurs gares, et le Ministère des Travaux publics y a souscrit pour les fonctionnaires de l'État chargés du contrôle de l'exploitation. Les commissionnaires de transport, les principaux industriels et négociants en font journellement usage: les tribunaux le consultent pour l'examen des questions litigieuses qui leur sont soumises en matière de tarifs, etc., etc.

RECUEIL COMPLET, FORMANT DEUX VOLUMES

PRIX DE L'ABONNEMENT COMPRENANT QUATRE NUMÉROS TRIMESTRIELS :

Paris, 62 fr. — Départements, 70 fr. — Algérie, 74 fr
Allemagne, Italie, Suisse, Belgique, 74 fr. — Autriche, Luxembourg, Hollande, 77 fr.
Angleterre, 86 fr. — Roumanie, 82 fr. — Espagne, 82 fr.

PRIX D'UN NUMÉRO, COMPRENANT DEUX VOLUMES:

Paris, 18 fr. — Départements, 20 fr. — Algérie, 21 fr.
Allemagne, Italie, Suisse, Belgique, 21 fr. — Autriche, Luxembourg, Hollande, 22 fr.
Angleterre, 24 fr. — Roumanie, 23 fr. — Espagne, 23 fr.
Prix de la reliure : en 1 volume, 4 francs. — En 2 volumes, 7 francs.

☞ **Pour l'Étranger, les prix ci-dessus ne comprennent pas les frais de statistique ni ceux de douane, qui doivent être acquittés par le souscripteur au moment de la réception du Recueil.**

PRIX DES EXTRAITS DU RECUEIL-CHAIX

DIVISÉ PAR RÉSEAUX

L'abonnement comprend quatre numéros trimestriels.

RÉSEAUX	UN NUMÉRO			ABONNEMENT		
	Paris	France Algérie Tunisie	Étranger	Paris	France Algérie Tunisie	Étranger
	fr. c.	fr. c.	fr. c.	fr. c.	fr. c.	fr. c.
OUEST	4 50	5 »	5 50	15 »	16 »	18 »
ORLÉANS	3 »	3 50	4 »	10 »	11 »	13 »
ÉTAT	3 »	3 50	4 »	10 »	11 »	13 »
MIDI	3 »	3 50	4 »	10 »	11 »	13 »
LYON	4 50	5 »	5 50	15 »	17 »	20 »
NORD	6 »	6 50	7 50	20 »	22 »	25 »
EST	3 »	3 50	4 »	10 »	11 »	13 »
TARIFS COMMUNS	6 »	6 50	7 50	20 »	22 »	25 »

RECUEIL-CHAIX ou RECUEIL GÉNÉRAL des Tarifs des Chemins de fer de l'Algérie et de la Tunisie,

POUR LES TRANSPORTS A GRANDE ET A PETITE VITESSE des Voyageurs, Marchandises, Messageries, Valeurs, Denrées, Voitures, Animaux, etc. (11e année), publié avec le concours et sous le contrôle des Compagnies.

Paraissant tous les ans. — Prix : 6 francs.

BULLETIN DES PROPOSITIONS ET DES HOMOLOGATIONS DE TARIFS, publié par le Ministère des Travaux Publics.

Paraissant toutes les semaines. Abonnement, un an : France, 14 fr.; étranger, 16 fr. Les abonnements échoient uniformément au 31 juillet ou au 31 décembre de chaque année.

2° La distance kilométrique de Paris à toutes les localités ;

3° L'indication de la gare de Paris par laquelle les colis doivent être expédiés, — ainsi que l'adresse des bureaux-succursales où l'on peut les déposer, si l'on veut éviter de les porter à la gare ;

4° Les frais à payer pour faire prendre ou livrer les colis à domicile ;

Ces frais sont applicables seulement quand l'expéditeur ne porte pas lui-même son colis à la gare. Nous les avons donc indiqués à part, au lieu de les comprendre dans les taxes, afin qu'on puisse, suivant le cas, les négliger ou les ajouter au prix de transport proprement dit, opération très simple, d'ailleurs, et qui consiste dans l'addition de deux ou trois chiffres. Ils subissent, en outre, de fréquentes modifications; tandis que les tarifs sur la voie ferrée sont beaucoup moins variables. Ces deux éléments si différents ne pouvaient être confondus sans inconvénient.

5° Les délais de transport ;

6° Un barème pour le transport des voyageurs, bagages, chiens, voitures, pompes funèbres, animaux ;

7° Les conditions de transport des mobiliers (déménagements) ;

8° Les conditions spéciales de transport des finances, valeurs, et objets d'art ;

9° Les conditions d'envoi contre remboursement ;

10° Des instructions indiquant les formalités à remplir pour les expéditions, avec des exemples d'application ;

11° Une carte des chemins de fer français avec un tracé spécial pour chaque réseau ;

12° Le tarif postal des imprimés (livres, journaux, catalogues, circulaires, etc.), des échantillons et des papiers d'affaires.

L'*Indicateur des Expéditions* est établi au point de vue de Paris, il peut servir au commerce de la province, pour tous le envois à faire sur cette ville. — Il peut être également très utile aux employés des gares des départements, soit pour affranchir les colis à destination de Paris, soit pour fournir au public les renseignements qui leur sont souvent demandés.

L'*Indicateur des Expéditions* est tenu au courant des ouvertures de lignes et des changements survenus dans les tarifs, par des éditions successives.

TARIF A PRIX RÉDUITS pour le transport des petits colis, DONT LE POIDS N'EXCÈDE PAS 10 KILOGRAMMES.

Le Tarif des petits colis contient la liste alphabétique des gares et localités françaises, algériennes, corses, tunisiennes, des colonies françaises et des pays étrangers pour lesquelles les colis postaux peuvent être acceptés. PRIX : 1 franc.

Il est publié mensuellement un supplément à cette liste indiquant les modifications, additions et suppressions. PRIX DE L'ABONNEMENT ANNUEL : 3 francs.

OUVRAGES SPÉCIAUX

CONCERNANT

LES TRANSPORTS

CODE ANNOTÉ des Chemins de fer en exploitation, ou RECUEIL MÉTHODIQUE ET CHRONOLOGIQUE des lois, décrets, ordonnances, arrêtés, circulaires, etc., concernant l'exploitation technique et commerciale des Chemins de fer, — publiés, commentés, annotés, au moyen de décisions des autorités administrative et judiciaire, et mis en ordre par M. LAMÉ FLEURY, ancien conseiller d'État.

Un vol. grand in-octavo, de plus de 1,000 pages. Quatrième édition, en préparation.

BULLETIN annoté des Chemins de fer en exploitation, ou RECUEIL PÉRIODIQUE des lois, décrets, circulaires et arrêtés ministériels, jugements des tribunaux, arrêts des cours d'appel, de la Cour de cassation et du Conseil d'État, concernant l'exploitation technique et commerciale des Chemins de fer; — publié, jusqu'en 1898, sous la direction de M. LAMÉ FLEURY, ancien conseiller d'Etat; continué à partir de 1899 par M. LOUIS SARRUT, avocat général près la Cour de Cassation, et faisant suite au *Code annoté* de M. LAMÉ FLEURY.

Paraissant tous les deux mois, depuis le 1er mars 1868, par livraison in-8° de 48 pages environ, et formant, à la fin de chaque année, un volume de plus de 300 pages, avec cinq tables facilitant les recherches. Les abonnements partent du 1er janvier de chaque année.

Prix d'un numéro. . . . . . **2** fr.

PRIX DE L'ABONNEMENT ANNUEL : FRANCE, 8 francs. — ÉTRANGER, **10** fr.

Les années antérieures à l'année courante se vendent séparément : { FRANCE, **10** fr. ÉTRANGER, **12** fr.

Les années 1868, 1869, 1872, 1873, 1874, 1875 et 1876 sont épuisées.

Ce Recueil, — qui forme le complément périodique du *Code annoté*, reproduit le texte des documents *législatifs* et *judiciaires* concernant l'exploitation technique et commerciale des chemins de fer, avec les annotations et commentaires qu'ils comportent.

Les documents législatifs sont accompagnés, s'il y a lieu, d'extraits des discussions parlementaires, des rapports des commissions ou des ministres, etc., qui en ont motivé l'adoption.

Quant aux décisions judiciaires, l'auteur s'attache principalement à celles qui consacrent une jurisprudence définitive à l'égard des principes fondamentaux régissant la matière et dont un grand nombre sont inédites. — Les arrêts de la Cour de cassation forment donc l'élément principal de cette partie du *Bulletin*, et ils sont accompagnés du texte des jugements de première instance et des arrêts d'appel qui les ont précédés ; en sorte que le lecteur peut suivre toutes les phases de la cause et se rendre compte des arguments invoqués pour et contre devant chaque juridiction.

La forme périodique du *Bulletin* ne permettant pas de classer les documents dans l'ordre méthodique adopté pour le *Code annoté*, les recherches sont rendues faciles au moyen de cinq tables détaillées, qui sont jointes à la dernière livraison de chaque année.

Le Bulletin annoté des chemins de fer en exploitation est donc indispensable à toutes les personnes qui ont besoin d'être tenues au courant des Lois, Décrets, Circulaires et Arrêtés ministériels, ainsi que de la Jurisprudence concernant l'exploitation des Chemins de fer, notamment aux Magistrats, aux Avocats, aux Agents des Compagnies, aux Expéditeurs et Destinataires, auxquels il fournit le texte des principales décisions relatives aux difficultés que fait surgir l'exploitation technique et commerciale des voies ferrées, principalement en matière de *Tarifs*.

TABLES GÉNÉRALES DES 20 ANNÉES 1868-1887 du Bulletin annoté des Chemins de fer en exploitation,

Table alphabétique et analytique. — Table chronologique des lois, décrets, arrêtés, circulaires, arrêts, jugements, etc. — Table des noms des parties. — Table des articles des actes principaux et des codes, par M. LAMÉ FLEURY, ancien conseiller d'État. Prix, broché : **14** francs.

TABLES GÉNÉRALES DES 10 ANNÉES 1888-1897 du Bulletin annoté des Chemins de fer en exploitation,

par M. LAMÉ FLEURY. Prix broché : **10** francs.

La nécessité de recueillir au fur et à mesure les éléments dont se compose une publication périodique, telle que le *Bulletin annote des chemins de fer en exploitation*, est évidemment exclusive de tout ordre méthodique.

Cette inévitable confusion est corrigée annuellement par les quatre tables qui terminent chaque volume.

La table alphabétique et analytique permet déjà de classer les renseignements que fournissent les documents législatifs, administratifs et judiciaires, de manière à faciliter les recherches.

La table chronologique donne le moyen de trouver les textes de ces divers documents, lorsqu'on connaît leurs dates.

La table des noms des parties rend un service analogue pour les documents de la jurisprudence.

La table des articles des actes principaux du législateur, du gouvernement et de l'administration, offre un intérêt de même ordre.

Il a semblé qu'une coordination, faite dans le même esprit, des matériaux successivement recueillis depuis l'origine du Bulletin jusqu'à sa trentième année, serait appelée à rendre de réels services en procurant au lecteur, pour cette période, une rapidité et une sûreté d'investigation qui ne peuvent manquer de lui être très profitables.

SPÉCIMEN DE LA TABLE ALPHABÉTIQUE ET ANALYTIQUE

Voiturier. — Voir *Boissons, Commissionnaire de transport, Destinataire* (**1**), *Exception, International* (**29**), *Paiement, Réception.*

1. Le voiturier ne peut être déchargé de la responsabilité qui lui incombe légalement que lorsque le destinataire a été mis à même, par une livraison réelle, de disposer librement de sa marchandise.

Ce voiturier est garant de la perte des objets à transporter, hors le cas de force majeure (**1871**, 6).

2. Si la dernière des compagnies qui ont transporté un colis, tardivement présenté au destinataire, réclame à celui-ci l'intégralité du prix de transport, — elle agit comme étant aux droits des voituriers antérieurs et, par conséquent, assume la responsabilité des retards à eux imputables.

Les engagements pris par le premier de plusieurs voituriers réagissent sur les autres, de façon à ne créer, vis-à-vis du destinataire de marchandises, qu'une individualité, — celle du dernier, qui garde son recours contre les autres (**1874**, 44).

Le retard étant incontestable, le destinataire a pu s'adresser à la compagnie des mains de laquelle il recevait sa marchandise attardée, ladite compagnie étant le commissionnaire de transport avec lequel ce destinataire se trouvait immédiatement et nécessairement en contact (46).

BULLETIN DES TRANSPORTS INTERNATIONAUX par Chemins de fer.

Cette publication, prévue par la Convention internationale sur le transport de marchandises par chemins de fer, du 14 octobre 1890, paraît mensuellement *en français* et *en allemand*, par fascicules distincts pour chaque langue et contenant au moins trois à quatre feuilles brochées in-4°. Elle comprend deux parties, l'une officielle, l'autre destinée aux communications de nature générale.

La *partie officielle* renferme :

La Convention internationale sur le transport de marchandises par chemins de fer du 14 octobre 1890 avec les annexes et les modifications qui pourraient y être apportées ;

Les lois, règlements, arrêtés et autres communications des gouvernements intéressés, ayant trait à la Convention internationale ;

Les communications des Compagnies de chemins de fer au sujet du trafic international ; les sentences arbitrales prononcées par l'office central dans les conflits entre Compagnies de chemins de fer, en tant que ces sentences pourront être livrées à la publicité.

Les *communications de nature générale* contiennent :

Des études sur le droit en matière de transports par chemins de fer ;

Des jugements rendus par les tribunaux dans ce même domaine ;

Des données statistiques ;

Des renseignements sur le développement de la législation en matière de chemins de fer ;

Des notices bibliographiques.

PRIX DE L'ABONNEMENT :		Un an	Six mois
	France.	10 »	5 »
	Étranger (Suisse exceptée)	10 »	5 »
	Suisse.	8 50	4 25

MANUEL DU COMMISSAIRE DE SURVEILLANCE ADMINISTRATIVE des chemins de fer.

Ouvrage conforme au programme d'examen, par ÉMILE GRANGER-FABRE, avocat. — Un volume in-18 jésus d'environ 300 pages. PRIX : 5 francs

Cet ouvrage offre, sous un format commode, l'exposé succinct des notions exigées par le programme du commissariat de surveillance administrative et la réunion des textes officiels qui s'y rapportent.

Le volume comprend deux parties : *le développement du programme d'examen* et *un appendice contenant des renseignements dont la connaissance est indispensable aux Commissaires dans l'exercice de leurs fonctions.*

Une table alphabétique termine le volume et lui donne, au point de vue de la facilité des recherches, tous les avantages d'un dictionnaire.

Cet ouvrage a été complété par un supplément.

SOMMAIRE DES MATIÈRES :

Arrêtés relatifs aux conditions d'admission.

Notions sur la voie, sur le matériel, sur l'exploitation technique et sur l'exploitation commerciale.

Notions de droit pénal et d'instruction criminelle.

Législation des chemins de fer :

Loi du 15 juillet 1845 et ordonnance du 15 novembre 1846. — Modèle de cahier des charges de concessions de chemins de fer. — Organisation du contrôle de l'État.

Appendice alphabétique contenant des renseignements relatifs à la pratique des fonctions de Commissaire de surveillance.

ANNUAIRE OFFICIEL DES CHEMINS DE FER,

un volume, avec Carte des Chemins de fer de l'Europe (ANNÉES 1847 à 1883). — Cette publication a cessé depuis 1883.

PRIX relié : chaque volume demandé séparément : 6 francs.

ÉTRANGER, *franco*, 7 francs.

La collection composée de 28 volumes *(les années 1849-50-51, 1856-57, 1859-60, 1862-63, 1867 et 1869 sont épuisées).* PRIX : 145 fr.

RÉGIME LEGAL des propriétés riveraines des Chemins de fer,

par M. FERAUD-GIRAUD, Président honoraire à la Cour de Cassation. Un volume broché, prix : 12 francs

---

GRAND ATLAS

DES

CHEMINS DE FER

BEL ALBUM RELIÉ

COMPOSÉ DE 20 CARTES COLORIÉES, SUR PAPIER GRAND-MONDE

Le *Grand Atlas des Chemins de fer* est constamment revisé et tenu au courant des lignes en exploitation, en construction ou concédées, d'après les documents officiels.

La manière dont ces cartes sont gravées permet de les compléter très facilement à l'ouverture des nouvelles lignes.

NOMENCLATURE DES CARTES

CARTES GÉNÉRALES

de la France.
de l'Algérie, de la Corse et des Colonies françaises coloriée par réseau.
de la Grande-Bretagne, de l'Écosse et de l'Irlande.
de Danemark, Suède et Norwège.
de la Turquie d'Europe, Serbie, Grèce, Roumanie, etc.,
de l'Allemagne,
de l'Autriche-Hongrie,
de l'Italie et Suisse,
de l'Espagne et du Portugal,
de la Russie septentrionale,
de la Russie méridionale.
Plans des villes de Lille, Lyon, Marseille et Bordeaux.

CARTES SPÉCIALES

Réseau du Nord et Belgique.
— d'Orléans et de l'Etat.
— du Midi.
— de l'Est.
— de l'Ouest.
Réseau de Paris-Lyon-Méditerranée et Suisse.
Environs de Paris.
Plan de Paris, avec la situation des gares.

PRIX : PARIS, 60 fr. — DÉPARTEMENTS, *franco* 65 fr. — ETRANGER, port en sus.

CHACUNE DE CES CARTES SE VEND SÉPARÉMENT

Voir les prix pages 26 et 27.

CARTE GÉNÉRALE

DES

CHEMINS DE FER DE L'EUROPE

A l'échelle de $\frac{1}{2,400,000}$ (un centimètre pour 24 kilomètres)

IMPRIMÉE EN DEUX COULEURS SUR QUATRE FEUILLES GRAND-AIGLE

(Largeur totale : 2 m. 15 c.; — Hauteur : 1 m. 55 c.)

Cette carte dont la première édition a figuré à l'Exposition universelle de 1878, a été dressée d'après les documents officiels les plus récents. Elle comprend le tracé de toutes les voies ferrées actuellement en exploitation ou en construction, et l'on peut se convaincre, en consultant notamment la partie consacrée aux Iles Britanniques, que la multiplicité des lignes ne nuit pas à la clarté.

Le nom de toutes les stations n'a pu, bien entendu, y trouver place; mais on y a mentionné les capitales d'Etats, les villes étrangères assimilées à nos chefs-lieux de département et d'arrondissement, tous les points d'embranchements, enfin les gares *terminus*.

La partie hydrographique est imprimée en bleu, en sorte que les mers, les fleuves, les rivières, les canaux et les lacs se détachent clairement des tracés des chemins de fer.

PRIX DE LA CARTE ET DE SON ANNEXE :

En quatre feuilles détachées *in-plano* . . .	Non entoilées :	**22** fr. —	Sur toile : **30** fr.
En quatre feuilles pliées dans un étui (0m,27 sur 0m,26)	—	**24** fr. —	— **32** fr.
En quatre feuilles assemblées, collées sur toile, avec gorge et rouleau (2m,15 sur 1m,55)	Non vernies :	**34** fr. —	Vernies : **36** fr.

Frais de port en plus : dans les départements, 1 fr. 50 ; Algérie, 6 francs ; à l'Étranger, port en sus.

CARTE GÉNÉRALE

DES

CHEMINS DE FER DE LA FRANCE

ET DES COLONIES

(A l'échelle de $\frac{1}{800,000}$ (un centimètre pour 8 kilomètres)

IMPRIMÉE EN HUIT COULEURS SUR QUATRE FEUILLES GRAND-AIGLE

AVEC UN TIRAGE EN COULEUR SPÉCIAL POUR CHAQUE RÉSEAU

(Largeur totale : 2 m. 15 c. — Hauteur : 1 m. 55 c.)

Dressée d'après les documents officiels les plus récents, émanés du Ministère des travaux publics et des Compagnies de chemins de fer, cette carte, qui vient de subir d'importantes modifications et d'être considérablement améliorée, comprend les renseignements suivants :

1° CHEMINS DE FER : — Tracé de toutes les lignes en exploitation, en construction ou classées;

2° UN TIRAGE EN COULEUR SPÉCIAL pour chaque réseau indique la division des lignes entre les différentes Compagnies.

3° Le nom et l'emplacement de TOUTES LES STATIONS ;

4° L'indication des lignes à voie simple et à double voie.

5° EN DEHORS DES VOIES FERRÉES : — Les chefs-lieux des départements, d'arrondissements ou de cantons; — les autres localités de 1,000 habitants et au-dessus ; — les bains de mer, les stations thermales et, en général, toutes les localités desservies par les correspondances des chemins de fer ; — les points principaux des grandes chaînes de montagnes avec l'indication des altitudes ;

6° HYDROGRAPHIE : — Les cours d'eau y sont dénommés en aussi grand nombre que sur la carte de l'Etat-major au 1/320,000°, avec l'indication des points où commence la navigation fluviale et maritime. Imprimés en bleu, ils se détachent clairement des tracés des chemins de fer ;

7° CARTES SPÉCIALES contenues dans des cartouches :

Environs de Paris, rayon 20 kilom. au 1/120,000°.

Environs de Bordeaux, rayon 6 kilom. au 1/40,000°.

Environs de Marseille, *idem*.

— de Lyon, *idem*.

— de Lille, *idem*.

Corse au 1/800,000°.

Algérie au 1/3,000,000°.

Pondichéry et Karikal au 1/1,000,000°.

Sénégal au 1/6,500,000°.

Ile de la Réunion au 1/600,000°.

Cochinchine au 1/3,000,000°.

8° PAYS LIMITROPHES : — La Belgique et la Suisse tout entières ; — l'Allemagne, jusques et y compris Cassel, Wurzbourg et Stuttgart ; — l'Italie y compris Milan et Gênes. — Pour cette partie étrangère, comme pour la France, la carte indique les lignes de chemins de fer ainsi que TOUTES LES STATIONS.

PRIX DE LA CARTE :

En quatre feuilles détachées, *in-plano*. Non entoilées : **24 fr.** — sur toile : **32 fr.**

En quatre feuilles pliées dans un étui (0m,27 sur 0m,26) . . . . — **26 fr.** — — **34 fr.**

En quatre feuilles assemblées, collées sur toile, avec gorge et rouleau (2m,15 sur 1m,55). . . . . Non vernies : **36 fr.** — Vernies : **38 fr.**

Frais de port en plus. dans les départements, 1 fr. 50; Algérie, 6 francs; à l'Etranger, port en sus.

NOUVELLE CARTE

DES

CHEMINS DE FER FRANÇAIS

ET DE LA NAVIGATION

AU $\frac{1}{1,200,000}$ (un centimètre pour 12 kilomètres)

IMPRIMÉE EN DEUX COULEURS SUR PAPIER GRAND-MONDE

Largeur : 1m,20. — Hauteur : 0m,90.

Cette carte, coloriée par départements et par réseau, indique le tracé des lignes en exploitation, en construction ou classées; les lignes à voie unique et à double voie; les chefs-lieux de départements, d'arrondissements, les stations, etc.

Six cartouches contenant les cartes spéciales de Paris, Bordeaux, Lille, Lyon, Marseille et leurs environs, et la Corse complètent la carte.

Les cours d'eau, imprimés en bleu, se détachent clairement des chemins de fer.

PRIX :	En feuille.	6 francs.
	Collée sur toile dans un étui	9 —
	— toile, montée sur baguettes et vernie	12 —

Port en plus : 1 franc.

COLONIES et ÉTRANGER : Port en plus.

CARTE SPÉCIALE

DES

CHEMINS DE FER FRANÇAIS

AU $\frac{1}{1,400,000}$ (un centimètre pour 14 kilomètres)

IMPRIMÉE EN NOIR SUR PAPIER GRAND-AIGLE

Largeur : 0m,88. — Hauteur : 0m,72.

Cette carte, dressée d'après les documents officiels les plus récents, donne les lignes de tous les chemins de fer français et de leurs correspondances étrangères.

Toutes les stations y sont mentionnées.

Chaque réseau est désigné par un tracé spécial ; de plus, un signe très apparent indique, sur le tracé même des réseaux, les points de jonction des Compagnies entre elles.

La carte est divisée en 306 carrés désignés par un numéro et une lettre placés le long du cadre. Ce numéro et cette lettre reproduits dans la *Table alphabétique* du RECUEIL GÉNÉRAL DES TARIFS, en regard de chaque station, permettent d'en trouver facilement l'emplacement sur la carte.

PRIX :

En feuille, sur papier fort.	3	francs.
Sur papier parcheminé, pliée, dans un cartonnage .	3	—
Table alphabétique du Tarif, en plus.	1	—

Port en plus.

CARTES SPÉCIALES

DES

CHEMINS DE FER DE L'EUROPE

à l'échelle de $\frac{1}{2,400,000}$ (1 centimètre pour 24 kilomètres), imprimées en deux couleurs et coloriées sur papier grand-monde.

Grande-Bretagne, Écosse et Irlande.
Danemark, Suède et Norwège.
Turquie d'Europe, Serbie, Grèce, Roumanie.
Allemagne.
Autriche-Hongrie.
Italie et Suisse.
Espagne et Portugal.
Russie septentrionale.
Russie méridionale.

PRIX PAR CARTE :

		Port en plus France.	Port en plus Algérie.
En feuille *in-plano*	3 fr. » c.	1 fr. » c.	1 fr. 50 c.
— pliée dans un carton	3 50	» 25	» 25
— collée sur toile avec étui	5 »	1 »	1 »
— — montée sur baguettes et vernie	8 50	1 50	6 »

Chacune des Cartes de la Russie : **2 francs en plus.**

CARTES SPÉCIALES

DES

CHEMINS DE FER DE LA FRANCE

à l'échelle de $\frac{1}{800,000}$ (1 centimètre pour 8 kilomètres), imprimées en trois couleurs et coloriées sur papier grand-monde.

Algérie, Corse et Colonies françaises.
Réseau du Nord et Belgique.
— Orléans et État.
— Midi.
— Est.
Réseau de l'Ouest.
Paris-Lyon-Méditerranée et Suisse.
Environs de Paris (voir prix spéciaux, page 27).
Plans des villes de Lille, Lyon, Marseille et Bordeaux.

PRIX PAR CARTE :

		Port en plus France.	Port en plus Algérie.
En feuille *in-plano*	4 fr. » c.	1 fr. » c.	1 fr. 50 c.
— pliée dans un carton	4 50	» 25	» 25
— collée sur toile avec étui	6 »	1 »	1 »
— — montée sur baguettes et vernie	9 50	1 50	6 »

Les Cartes des réseaux d'Orléans et de Lyon : **1 franc en plus**

NOUVELLE CARTE DES ENVIRONS DE PARIS,

à l'échelle de $\frac{1}{150,000}$ (un centimètre pour un kilomètre et demi), s'étendant sur un rayon d'environ 60 kilomètres, indiquant toutes les localités, les routes, les chemins de fer, les forêts, etc., tirée en cinq couleurs, pliée dans une pochette.

Prix : 1 fr. 25 c.

En feuille sur papier fort, 1 fr. 50 c. — Collée sur toile, dans un étui, 3 fr. 25 c.

PLAN DE PARIS, imprimé en deux couleurs, sur papier grand-aigle.

PRIX :	Paris.	
En feuille	1 fr. 50 c.	FRAIS DE PORT comme ci-dessus.
— pliée dans un carton	2 »	
Collée sur toile avec étui	3 25	
— — et montée sur baguettes et vernie	5 50	

CARTES COMMERCIALES, avec notice descriptive sur le dénombrement des populations, les statistiques commerciales, les produits à importer, les industries à créer, la législation, l'administration, les tribunaux, etc., etc., par F. Bianconi, ingénieur-géographe.

La collection comprend les cartes suivantes :

Orient. — Turquie d'Europe : Macédoine (3e édition); Albanie et Épire (4e édition); Thrace (Roumélie turque) (3e édition). — Serbie (3e édition). — Bulgarie et Roumélie orientale *(épuisée)*. — Turquie d'Asie : Syrie et Chypre.

Extrême Orient. — Tonkin (2e édition) *(épuisée)*. — Cochinchine et Cambodge.

Afrique. — Égypte (2e édition). — Algérie : Province d'Oran. — Maroc.

Amérique. — Uruguay (2e édition) *(épuisée)*. — République Argentine (3e édition). — Bolivie (2e édition). — Brésil : Partie Nord (2e édition); Partie Sud *(épuisée)*. — Venezuela (2e édition) *(épuisée)*. — Colombie et Equateur (2e édition). — San-Salvador et Honduras. — Guatemala *(épuisée)*. — Mexique : Partie Nord *(epuisée)*; Partie Sud *(épuisée)*. — Chili.

Chaque carte avec texte, cartonnée, prix : 4 francs. — Prix pour les souscripteurs à une série entière : 3 francs par carte. — Frais de port en plus : 0 fr. 50 c.

CARTE KILOMÉTRIQUE des chemins de fer français, accompagnée d'un supplément relatif à l'application des tarifs, par J. Maupin, chef de bureau à la Direction générale des Chemins de fer, au Ministère des travaux publics.

Prix de la carte, en feuille, avec la brochure, 6 francs ; collée sur toile et pliée, 9 francs.

Collée sur toile, montée sur baguettes et vernie, 12 francs.

Port : par poste, 60 centimes ; par chemin de fer, 1 franc.

CARTE DE LA NAVIGATION intérieure au $\frac{1}{1,250,000}$

(8 couleurs), publiée par le Ministère des Travaux publics.

En feuille, 5 francs.

Collée sur toile et pliée, 8 francs.

Collée sur toile, montée sur baguettes et vernie, 12 francs.

Frais de port dans les départements, par chemin de fer : 1 franc en sus.

LES MAITRES DE L'AFFICHE

Publication mensuelle

CONTENANT
LA REPRODUCTION
EN COULEURS
DES PLUS BELLES AFFICHES
DES
GRANDS ARTISTES
FRANÇAIS ET ÉTRANGERS

Cette publication, du format des grands journaux illustrés ($0^m,40 \times 0^m,29$), paraît tous les mois, depuis le 1er décembre 1895.

L'ouvrage complet formera cinq années (60 livraisons).

Chaque livraison comprend quatre reproductions en couleurs, d'artistes différents, français ou étrangers.

PRIX DE L'ABONNEMENT à 12 Livraisons.	Paris. . . . . Fr.	27 »
	Départements, Algérie et Tunisie . . .	28 »
	Étranger et Colonies (Union postale). .	30 »
PRIX D'UNE LIVRAISON SÉPARÉE (4 Affiches)	Paris, Départements, Algérie et Tunisie	2 50
	Étranger et Colonies (Union postale). .	2 75

Il est tiré de chaque livraison 100 exemplaires de luxe, sur papier du Japon.

Prix de l'abonnement à 12 livraisons . 80 francs.
Départements, Algérie et Tunisie. . . 81 francs.
Étranger et Colonies. . . . . 83 francs.

Les livraisons sur Japon ne se vendent pas en dehors de l'abonnement.

PRIMES AUX ABONNÉS :

Dessins originaux de Jules Chéret, Willette, Steinlen, De Feure, Ibels, Crafty etc., pour les *Maîtres de l'Affiche.*

Épreuves d'amateur, sans texte.

CARTON DESTINÉ A CONTENIR LES LIVRAISONS

Prix. .	Paris . . . . Fr.	3 50
	Départements et Étranger (Union postale). . . .	4 25

LES MAITRES DE L'AFFICHE Quatre volumes reliés contenant les reproductions d'affiches ainsi que les primes qui composent les quatre premières années de cette publication.

Reliure avec couverture de luxe, d'après un dessin original de PAUL BERTHON, imprimée en cinq couleurs avec fers spéciaux.

PRIX DU VOLUME DE LA PREMIÈRE ANNÉE :

Paris : 70 fr. — Départements : 71 fr. — Étranger : 70 fr. port en plus.

PRIX DES VOLUMES DE LA DEUXIÈME, DE LA TROISIÈME ET DE LA QUATRIÈME ANNÉE :

Chaque volume : Paris : 40 fr. — Départements : 41 fr. — Étranger : 40 fr. port en plus.

La couverture destinée à la reliure est vendue séparément au prix de :

Paris : 8 francs. — Départements : 9 francs.

Voir aux pages suivantes la liste des planches composant chaque volume.

SOMMAIRES DES DOUZE LIVRAISONS

Formant la première année.

Les livraisons nos 1, 2, 6, 7, 8, 10 et 11 ne sont vendues qu'avec la collection complète de la première annee.

SOMMAIRE DU No 1 *(décembre 1895)*

Prime aux abonnés :

JULES CHÉRET. Dessin original pour la couverture des *Maîtres de l'Affiche*, épreuve d'amateur, sanguine et teinte, sans texte.

1. JULES CHÉRET Papier à cigarettes Job.
2. DE TOULOUSE-LAUTREC. Divan Japonais.
3. JULIUS PRICE. An Artist's Model *(affiche anglaise)*.
4. DUDLEY HARDY. A gaiety Girl *(affiche anglaise)*.

SOMMAIRE DU No 2 *(janvier 1896)*

5. JULES CHÉRET. Punch Grassot.
6. IBELS. L'Escarmouche.
7. GEORGES MEUNIER. Cigares Cavour.
8. LOUIS RHEAD. The Sun *(aff. américaine)*.

SOMMAIRE DU No 3 *(février 1896)*

9. JULES CHÉRET. Bals de l'Opéra.
10. DE FEURE. 5e Exposition du Salon des Cent.
11. LUCIEN LEFÈVRE. Cacao lacté.
12. A. RASSENFOSSE. Bière Van Velsen *(affiche belge)*.

SOMMAIRE DU No 4 *(mars 1896)*

13. JULES CHÉRET. La Saxoleine.
14. WILLETTE. L'Enfant prodigue.
15. CAZALS 7e Exposition du Salon des Cent. (Portrait de Paul Verlaine.)
16. BEGGARSTAFF. Harper's Magazine *(affiche anglaise)*.

SOMMAIRE DU No 5 *(avril 1896)*

17. JULES CHÉRET. Le Palais de Glace.
18. GRASSET. A la Place Clichy.
19. BAC. Yvette Guilbert (Scala).
20. PENFIELD. Harper's Magazine *(affiche américaine)*.

SOMMAIRE DU No 6 *(mai 1896)*

21. JULES CHÉRET. L'Arc-en-Ciel.
22. LUCIEN MÉTIVET. Eugenie Buffet.
23. M. RÉALIER-DUMAS. Bec Auer.
24. M. GREIFFENHAGEN. Pall-Mall-Budget *(affiche anglaise)*.

SOMMAIRE DU No 7 *(juin 1896)*

Prime aux abonnés :

JULES CHÉRET. Dessin original pour les *Maîtres de l'Affiche*, épreuve d'amateur, sanguine et teinte, sans texte.

25. JULES CHÉRET. Lidia.
26. BOUTET DE MONVEL. Poudre dentifrice du Dr Pierre.
27. MUCHA. Gismonda.
28. CRESPIN ET DUYCK. Ferme de Frahinfaz *(affiche belge)*.

SOMMAIRE DU No 8 *(juillet 1896)*

29. JULES CHÉRET. Quinquina Dubonnet.
30. GUILLAUME. Gigolette.
31. GEORGES MEUNIER. Normandie et Bretagne.
32. WOODBURY. The July Century *(affiche américaine)*.

SOMMAIRE DU No 9 *(août 1896)*

33. JULES CHÉRET. Théâtrophone.
34. STEINLEN. Hellé.
35. PAL. Olympia. Grand Ballet Brighton.
36. ARTHUR W. DOW. Modern Art *(affiche américaine)*.

SOMMAIRE DU No 10 *(septembre 1896)*

37. JULES CHÉRET. Les Coulisses de l'Opéra.
38. PIERRE BONNARD. La Revue Blanche.
39. GASTON NOURY. France et Russie.
40. HENRI MEUNIER. Concerts Ysaye *(affiche belge)*.

SOMMAIRE DU No 11 *(octobre 1896)*

41. JULES CHÉRET. Pantomimes lumineuses.
42. EUGÈNE GRASSET. Librairie romantique.
43. WILLETTE. Cacao Van Houten.
44. WILL. CARQUEVILLE. Lippincott's-May *(affiche américaine)*.

SOMMAIRE DU No 12 *(novembre 1896)*

45. JULES CHÉRET. L'Amant des Danseuses.
46. STEINLEN Mothu et Doria.
47. BOUISSET. Chocolat Menier.
48. DUDLEY HARDY. The Chieftain *(affiche anglaise)*.

PRIX DE LA COLLECTION DES DOUZE LIVRAISONS CI-DESSUS (Nos 1 à 12) :

Paris : **60 fr.** — Départements : **61 fr.** — Étranger (Union postale) : **63 fr.**

SOMMAIRES DES DOUZE LIVRAISONS

Formant la deuxième année.

Les livraisons nos 13, 17, 18 et 20 ne sont vendues qu'avec la collection complète des livraisons de la deuxième année.

SOMMAIRE DU No 13 (*décembre 1896*)

Prime aux abonnés :

JULES CHÉRET. Dessin original pour les *Maîtres de l'Affiche*, épreuve d'amateur aux trois crayons, sans texte.

49. JULES CHÉRET. Courrier français.
50. EUGÈNE GRASSET. Fêtes de Paris.
51. FORAIN. Salon du Cycle.
52. BRADLEY. When hearts are trumps (*affiche américaine*).

SOMMAIRE DU No 14 (*janvier 1897*)

53. JULES CHÉRET. Moulin Rouge.
54. PUVIS DE CHAVANNES. Union morale.
55. LUCIEN LEFÈVRE. Électricine.
56. HYNAIS. Exposition de Prague (*affiche tchèque*).

SOMMAIRE DU No 15 (*février 1897*)

57. JULES CHÉRET. Bal de l'Opéra 1897.
58. MOREAU-NÉLATON. Arts de la Femme.
59. DONNAY. Concours de Liége (*affiche belge*).
60. MISS GLEENY. Buffalo Courier (*affiche américaine*).

SOMMAIRE DU No 16 (*mars 1897*).

61. JULES CHÉRET. Paris-Courses.
62. GEORGES MEUNIER. Trianon-Concert.
63. BEGGARSTAFF. Don Quixote (*aff. anglaise*)
64. DE RIQUER. Exposition de Barcelone (*affiche espagnole*).

SOMMAIRE DU No 17 (*avril 1897*)

65. JULES CHÉRET. Jardin de Paris.
66. HUGO D'ALÉSI. Centenaire de la Lithographie.
67. JOSEPH SATTLER. Pan (*affic. allemande*).
68. OTTO FISCHER. Exposition de Dresde (*affiche allemande*).

SOMMAIRE DU No 18 (*mai 1897*)

69. JULES CHÉRET. La Terre.
70. CARAN D'ACHE. Exposition russe.
71. LÉO GAUSSON. Lessive Figaro.
72. MATALONI. Bec Auer (*affiche italienne*).

SOMMAIRE DU No 19 (*juin 1897*)

Prime aux abonnés :

WILLETTE. Dessin original pour les *Maîtres de l'Affiche*, épreuve d'amateur, sans texte.

73. JULES CHÉRET. Loïe Fuller.
74. CARLOZ SCHWABE. Rose-Croix.
75. ROEDEL. Moulin de la Galette.
76. M. L. STOWELL. Old Book man (*affiche américaine*).

SOMMAIRE DU No 20 (*juillet 1897*)

77. JULES CHÉRET. Vin Mariani.
78. GABRIEL IBELS. Mévisto.
79. MORROW. The New Woman (*aff. anglaise*).
80. FERNAND TOUSSAINT. Le Sillon (*affiche belge*).

SOMMAIRE DU No 21 (*août 1897*)

81. JULES CHÉRET. Pan.
82. TOULOUSE-LAUTREC. La Revue blanche.
83. H. GERBAULT. Chocolat Carpentier.
84. PAUL FISCHER. Affiches Soborg (*affiche danoise*).

SOMMAIRE DU No 22 (*septembre 1897*)

85. JULES CHÉRET. Redoute des Étudiants.
86. MISTI. Cycles Gladiator.
87. HAZENPLUG. Living Posters (*affiche américaine*).
88. PRIVAT-LIVEMONT. Casino de Cabourg (*affiche belge*).

SOMMAIRE DU No 23 (*octobre 1897*)

89. JULES CHÉRET. Marine naufragée.
90. LUCIEN LEFÈVRE. Cirage Jacquot.
91. CRESPIN. Paul Hankar (*affiche belge*).
92. DUDLEY-HARDY. Abbotts Phit-Eesi (*affiche anglaise*).

SOMMAIRE DU No 24 (*novembre 1897*)

93. JULES CHÉRET. Camille Stéphani.
94. MUCHA. Salon des Cent.
95. STEINLEN. Lait pur de la Vingeanne.
96. HYLAN ELLIS. The Gay Parisienne (*affiche anglaise*).

PRIX DE LA COLLECTION DES DOUZE LIVRAISONS CI-DESSUS (Nos 13 à 24) :

Paris : **27** fr. — Departements : **28** fr. — Étranger (Union postale) : **30** fr.

SOMMAIRES DES DOUZE LIVRAISONS

Formant la première année.

Les livraisons nos 1, 2, 6, 7, 8, 10 et 11 ne sont vendues qu'avec la collection complète de la première année.

SOMMAIRE DU No 1 *(décembre 1895)*

Prime aux abonnés :

JULES CHÉRET. Dessin original pour la couverture des *Maîtres de l'Affiche*, épreuve d'amateur, sanguine et teinte, sans texte.

1. JULES CHÉRET Papier à cigarettes Job.
2. DE TOULOUSE-LAUTREC. Divan Japonais.
3. JULIUS PRICE. An Artist's Model *(affiche anglaise)*.
4. DUDLEY HARDY. A gaiety Girl *(affiche anglaise)*.

SOMMAIRE DU No 2 *(janvier 1896)*

5. JULES CHÉRET. Punch Grassot.
6. IBELS. L'Escarmouche.
7. GEORGES MEUNIER. Cigares Cavour.
8. LOUIS RHEAD. The Sun *(aff. américaine)*.

SOMMAIRE DU No 3 *(février 1896)*

9. JULES CHÉRET. Bals de l'Opéra.
10. DE FEURE. 5e Exposition du Salon des Cent.
11. LUCIEN LEFÈVRE. Cacao lacte.
12. A. RASSENFOSSE. Bière Van Velsen *(affiche belge)*.

SOMMAIRE DU No 4 *(mars 1896)*

13. JULES CHÉRET. La Saxoleine.
14. WILLETTE. L'Enfant prodigue.
15. CAZALS. 7e Exposition du Salon des Cent. (Portrait de Paul Verlaine.)
16. BEGGARSTAFF. Harper's Magazine *(affiche anglaise)*.

SOMMAIRE DU No 5 *(avril 1896)*

17. JULES CHÉRET. Le Palais de Glace.
18. GRASSET. A la Place Clichy.
19. BAC. Yvette Guilbert (Scala).
20. PENFIELD. Harper's Magazine *(affiche américaine)*.

SOMMAIRE DU No 6 *(mai 1896)*

21. JULES CHÉRET. L'Arc-en-Ciel.
22. LUCIEN MÉTIVET. Eugénie Buffet.
23. M. RÉALIER-DUMAS. Bec Auer.
24. M. GREIFFENHAGEN. Pall-Mall-Budget *(affiche anglaise)*.

SOMMAIRE DU No 7 *(juin 1896)*

Prime aux abonnés :

JULES CHÉRET. Dessin original pour les *Maîtres de l'Affiche*, épreuve d'amateur, sanguine et teinte, sans texte.

25. JULES CHÉRET. Lidia.
26. BOUTET DE MONVEL. Poudre dentifrice du Dr Pierre.
27. MUCHA. Gismonda.
28. CRESPIN ET DUYCK. Ferme de Frahinfaz *(affiche belge)*.

SOMMAIRE DU No 8 *(juillet 1896)*

29. JULES CHÉRET. Quinquina Dubonnet.
30. GUILLAUME. Gigolette.
31. GEORGES MEUNIER. Normandie et Bretagne.
32. WOODBURY. The July Century *(affiche américaine)*.

SOMMAIRE DU No 9 *(août 1896)*

33. JULES CHÉRET. Théâtrophone.
34. STEINLEN. Hellé.
35. PAL. Olympia. Grand Ballet Brighton.
36. ARTHUR W. DOW. Modern Art *(affiche américaine)*.

SOMMAIRE DU No 10 *(septembre 1896)*

37. JULES CHÉRET. Les Coulisses de l'Opéra.
38. PIERRE BONNARD. La Revue Blanche.
39. GASTON NOURY. France et Russie.
40. HENRI MEUNIER. Concerts Ysaye *(affiche belge)*.

SOMMAIRE DU No 11 *(octobre 1896)*

41. JULES CHÉRET. Pantomimes lumineuses.
42. EUGÈNE GRASSET. Librairie romantique.
43. WILLETTE. Cacao Van Houten.
44. WILL. CARQUEVILLE. Lippincott's-May *(affiche américaine)*.

SOMMAIRE DU No 12 *(novembre 1896)*

45. JULES CHÉRET. L'Amant des Danseuses.
46. STEINLEN. Mothu et Doria.
47. BOUISSET. Chocolat Menier.
48. DUDLEY HARDY. The Chieftain *(affiche anglaise)*.

PRIX DE LA COLLECTION DES DOUZE LIVRAISONS CI-DESSUS (Nos 1 à 12) :

Paris : **60** fr. — Départements : **61** fr. — Étranger (Union postale) : **63** fr.

SOMMAIRES DES DOUZE LIVRAISONS

Formant la deuxième année.

Les livraisons nos 13, 17, 18 et 20 ne sont vendues qu'avec la collection complète des livraisons de la deuxième année.

SOMMAIRE DU No 13 *(décembre 1896)*

Prime aux abonnés :

JULES CHÉRET. Dessin original pour les *Maîtres de l'Affiche*, épreuve d'amateur aux trois crayons, sans texte.

49. JULES CHÉRET. Courrier français.
50. EUGÈNE GRASSET. Fêtes de Paris.
51. FORAIN. Salon du Cycle.
52. BRADLEY. When hearts are trumps *(affiche américaine).*

SOMMAIRE DU No 14 *(janvier 1897)*

53. JULES CHÉRET. Moulin Rouge.
54. PUVIS DE CHAVANNES. Union morale.
55. LUCIEN LEFÈVRE. Électricine.
56. HYNAIS. Exposition de Prague *(affiche tchèque).*

SOMMAIRE DU No 15 *(février 1897)*

57. JULES CHÉRET. Bal de l'Opéra 1897.
55. MOREAU-NÉLATON. Arts de la Femme.
59. DONNAY. Concours de Liége *(affiche belge).*
60. MISS GLEENY. Buffalo Courier *(affiche américaine).*

SOMMAIRE DU No 16 *(mars 1897).*

61. JULES CHÉRET. Paris-Courses.
62. GEORGES MEUNIER. Trianon-Concert.
63. BEGGARSTAFF. Don Quixote *(aff. anglaise).*
64. DE RIQUER. Exposition de Barcelone *(affiche espagnole).*

SOMMAIRE DU No 17 *(avril 1897)*

65. JULES CHÉRET. Jardin de Paris.
66. HUGO D'ALÉSI. Centenaire de la Lithographie.
67. JOSEPH SATTLER. Pan *(affic. allemande).*
68. OTTO FISCHER. Exposition de Dresde *(affiche allemande).*

SOMMAIRE DU No 18 *(mai 1897)*

69. JULES CHÉRET. La Terre.
70. CARAN D'ACHE. Exposition russe.
71. LÉO GAUSSON. Lessive Figaro.
72. MATALONI. Bec Auer *(affiche italienne).*

SOMMAIRE DU No 19 *(juin 1897)*

Prime aux abonnés :

WILLETTE. Dessin original pour les *Maîtres de l'Affiche*, épreuve d'amateur, sans texte.

73. JULES CHÉRET. Loïe Fuller.
74. CARLOZ SCHWABE. Rose-Croix.
75. RŒDEL. Moulin de la Galette.
76. M. L. STOWELL. Old Book man *(affiche américaine).*

SOMMAIRE DU No 20 *(juillet 1897)*

. JULES CHÉRET. Vin Mariani.
. GABRIEL IBELS. Mévisto.
77. MORROW. The New Woman *(aff. anglaise).*
80. FERNAND TOUSSAINT. Le Sillon *(affiche belge).*

SOMMAIRE DU No 21 *(août 1897)*

81. JULES CHÉRET. Pan.
62. TOULOUSE-LAUTREC. La Revue blanche.
53. H. GERBAULT. Chocolat Carpentier.
64. PAUL FISCHER. Affiches Söborg *(affiche danoise).*

SOMMAIRE DU No 22 *(septembre 1897)*

65. JULES CHÉRET. Redoute des Étudiants.
56. MISTI. Cycles Gladiator.
87. HAZENPLUG. Living Posters *(affiche américaine).*
66. PRIVAT-LIVEMONT. Casino de Cabourg *(affiche belge).*

SOMMAIRE DU No 23 *(octobre 1897)*

89. JULES CHÉRET. Marins naufragés.
90. LUCIEN LEFÈVRE. Cirage Jacquot.
91. CRESPIN. Paul Hankar *(affiche belge).*
92. DUDLEY-HARDY. Abbotts Phit-Eesi *(affiche anglaise).*

SOMMAIRE DU No 24 *(novembre 1897)*

93. JULES CHÉRET. Camille Stéphani.
94. MUCHA. Salon des Cent.
95. STEINLEN. Lait pur de la Vingeanne.
96. HYLAN ELLIS. The Gay Parisienne *(affiche anglaise).*

PRIX DE LA COLLECTION DES DOUZE LIVRAISONS CI-DESSUS (Nos 13 à 24) :

Paris : **27** fr. — Départements : **28** fr. — Étranger (Union postale) : **30** fr.

SOMMAIRES DES DOUZE LIVRAISONS

Formant la troisième année.

La livraison n° 25 n'est vendue qu'avec la collection complète des livraisons de la troisième année.

SOMMAIRE DU No 25 *(décembre 1897)*

Prime aux abonnés :

JULES CHÉRET. Dessin original pour les *Maîtres de l'Affiche*, épreuve d'amateur, sanguine et teinte, sans texte.

97. **JULES CHÉRET.** Exposition A. Willette.
98. **EUGÈNE GRASSET.** Exposition E. Grasset.
99. **MISS ETHEL REED.** Miss Traumerei *(affiche américaine).*
100. **OLIVA.** Topic Salon *(affiche tchèque).*

SOMMAIRE DU No 26 *(janvier 1898)*

101. **JULES CHÉRET.** Fête des Fleurs de Bagnères-de-Luchon.
102. **GABRIEL IBELS.** Affiches Pierrefort.
103. **GRUN.** Café Riche.
104. **PRIVAT-LIVEMONT.** Absinthe Robette *(affiche belge).*

SOMMAIRE DU No 27 *(février 1898).*

105. **JULES CHÉRET,** Bal de l'Opéra.
106. **BOUTET DE MONVEL.** La Petite Poucette.
107. **BROTHER'S BEGGARSTAFF.** Hamlet *(affiche anglaise).*
108. **ÉMILE BERCHMANS.** Salon de 1896 *(affiche belge).*

SOMMAIRE DU No 28 *(mars 1898).*

Prime aux abonnés :

STEINLEN. Dessin original pour les *Maîtres de l'Affiche*, épreuve d'amateur, crayon et teinte, sans texte.

109. **JULES CHÉRET.** Quinquina Dubonnet.
110. **DE TOULOUSE-LAUTREC.** Jane Avril.
111. **Mlle RÉALIER-DUMAS.** Champagne Jules Mumm.
112. **CH.-H. WOODBURY.** Société des Peintres Aquarellistes de Hollande *(af. américaine)*

SOMMAIRE DU No 29 *(avril 1898).*

113. **JULES CHÉRET.** Émilienne d'Alençon.
114. **MUCHA.** Lorenzaccio.
115. **EDWARD PENFIELD.** Harper's Magazine *(affiche américaine).*
116. **EVENEPOEL.** Anvers et son Exposition *(affiche belge).*

SOMMAIRE DU No 30 *(mai 1898).*

117. **JULES CHÉRET.** Œuvres de Rabelais.
118. **MOREAU-NÉLATON.** La Nativité.
119. **F. VALLOTTON.** Ah! la Pe... la Pé... la Pepinière.
120. **FRED HYLAND.** Harper's Magazine *(affiche anglaise).*

SOMMAIRE DU No 31 *(juin 1898).*

Prime aux abonnés :

GABRIEL IBELS. Dessin original pour les *Maîtres de l'Affiche*, épreuve d'amateur, en trois couleurs, sans texte.

121. **JULES CHÉRET.** La Diaphane.
122. **DE TOULOUSE-LAUTREC.** La Goulue.
123. **MAXFIELD PARRISH.** The Century Magazine *(affiche américaine).*
124. **FRITZ REHM.** Cigarettes Laferme *(affiche allemande).*

SOMMAIRE DU No 32 *(juillet 1898).*

125. **JULES CHÉRET.** Cadet Roussel.
126. **EUGÈNE GRASSET.** Napoléon.
127. **OTTO FISCHER.** Établissement artistique d'affiches modernes *(affiche allemande).*
128. **MISS ETHEL REED.** La Prière de la Vierge d'or *(affiche américaine).*

SOMMAIRE DU No 33 *(août 1898),*

129. **JULES CHÉRET.** Casino d'Enghien.
130. **DE FEURE.** A Jeanne d'Arc.
131. **ALEX. CHARPENTIER.** Grande Tuilerie d'Ivry.
132. **WILL. CARQUEVILLE.** Lippincott's Magazine *(affiche américaine).*

SOMMAIRE DU No 34 *(septembre 1898).*

Prime aux abonnés :

DE FEURE. Dessin original pour les *Maîtres de l'Affiche.*

133. **JULES CHÉRET.** Olympia.
134. **STEINLEN.** Le Coupable.
135. **LUCIEN LEFÈVRE,** Absinthe Mugnier.
136. **WILL. BRADLEY.** The Chap-Book *(affiche américaine).*

SOMMAIRE DU No 35 *(octobre 1898).*

137. **JULES CHÉRET.** Œuvre de l'hospitalité de Nuit.
138. **GABRIEL IBELS.** Exposition H.-G. Ibels.
139. **LUCE.** Mévisto.
140. **MAURICE DENIS.** La Dépêche de Toulouse.

SOMMAIRE DU No 36 *(novembre 1898).*

141. **JULES CHÉRET.** Aux Buttes Chaumont.
142. **WILLETTE.** Exposition internationale des Produits du Commerce et de l'Industrie.
143. **MANUEL ROBBE.** L'Éclatante.
144. **MUCHA.** La Dame aux Camélias.

PRIX DE LA COLLECTION DES DOUZE LIVRAISONS CI-DESSUS (Nos 25 à 36) :

Paris : 27 fr. — Départements : 28 fr. — Étranger (Union postale) : 30 fr.

SOMMAIRES DES DOUZE LIVRAISONS
Formant la quatrième année.

Les livraisons nos 37 et 39 ne sont vendues qu'avec la collection complète des livraisons de la quatrième année.

SOMMAIRE DU No 37 (*décembre 1898*).

Prime aux abonnés :

JULES CHÉRET. Dessin original pour les *Maîtres de l'Affiche*, épreuve d'amateur, sanguine et teinte, sans texte.

145. JULES CHÉRET. La " Saxoleine ".
146. DE FEURE. Journal des Ventes, publié à Bruxelles.
147. GEORGES MEUNIER. Bal Bullier.
148. DUDLEY HARDY. The J. P. pour le *Strand Théâtre* de Londres (*affiche anglaise*).

SOMMAIRE DU No 38 (*janvier 1899*).

149. JULES CHÉRET. Bals de l'Opéra en 1899.
150. ANQUETIN. Marguerite Dufay.
151. LÉOPOLD STEVENS. Eugénie Buffet, la chanteuse populaire.
152. BRADLEY. Victor Bicycles (*affiche américaine*).

SOMMAIRE DU No 39 (*février 1899*).

153. JULES CHÉRET. Eau des Sirènes.
154. FERNEL (F. CERCKEL). Chicorée Bonne Cafetière.
155. CHARLES LUCAS. Rome.
156. HENRI MEUNIER. Café Rajah (*affiche belge*).

SOMMAIRE DU No 40 (*mars 1899*).

Prime aux abonnés :

STEINLEN. Dessin original pour les *Maîtres de l'Affiche*, épreuve d'amateur, au crayon et teinte, sans texte.

157. JULES CHÉRET. Le Miroir.
158. EUGÈNE GRASSET. Encre Marquet.
159. GRUN. Chauffons ! Chauffons !
160. HOHENSTEIN. Centenaire de la découverte de la Pile Voltaïque (*affiche italienne*).

SOMMAIRE DU No 41 (*avril 1899*).

161. JULES CHÉRET. Fête de Charité.
162. MOREAU NÉLATON. Exposition nationale de la Céramique.
163. GUILLAUME. Extrait de viande Armour.
164. B. WITZEL. Deutsche Kunst und Dekoration (*affiche allemande*).

SOMMAIRE DU No 42 (*mai 1899*).

165. JULES CHÉRET. Concert des Ambassadeurs
166. MUCHA. La Samaritaine.
167. GEORGES MEUNIER. Papier à cigarettes Job.
168. BROTHERS BEGGARSTAFF. Rowntree's Elect Cocoa (*affiche anglaise*).

SOMMAIRE DU No 43 (*juin 1899*).

Prime aux abonnés :

WILLETTE. " La Pieuse Erreur ", dessin original pour les *Maîtres de l'Affiche*, épreuve d'amateur, au crayon, sans texte.

169. JULES CHÉRET. Magasin des Buttes-Chaumont.
170. STEINLEN. Chocolat de la Cie Française.
171. HUGO D'ALÉSI. Venise.
172. BRADLEY. Inland Printer (*affiche américaine*).

SOMMAIRE DU No 44 (*juillet 1899*).

173. JULES CHÉRET. L'Auvergne.
174. EUGÈNE GRASSET. Jeanne d'Arc.
175. PAUL BERTHON. Leçons de Violon.
176. ANONYME TCHÈQUE. Zlata Praha (*affiche tchèque*).

SOMMAIRE DU No 45 (*août 1899*).

177. JULES CHÉRET. Exhibition d'Arabes du Sahara.
178. MOREAU NÉLATON. Saint-Jean-du-Doigt.
179. RIEDEL. La Vache enragée.
180. HOHENSTEIN. Iris (*affiche italienne*).

SOMMAIRE DU No 46 (*septembre 1899*).

Prime aux abonnés :

CRAFTY. Dessin original pour les *Maîtres de l'Affiche*, épreuve d'amateur, au crayon, sans texte.

181. JULES CHÉRET. Le Pays des Fées.
182. MUCHA. Bières de la Meuse.
183. GEORGES FAY. Sardines Amieux.
184. BROTHERS BEGGARSTAFF. A trip to china town (*affiche anglaise*).

SOMMAIRE DU No 47 (*octobre 1899*).

185. JULES CHÉRET. Magasin des Buttes-Chaumont.
186. FORAIN. Exposition des Arts de la Femme.
187. LORANT-HEILBRONN et V. GUILLET. Messaline.
188. B. KOLLER. Jubiläums Ausstellung (*affiche suisse*).

SOMMAIRE DU No 48 (*novembre 1899*).

189. JULES CHÉRET. Magasin du Louvre (1891).
190. STEINLEN. Motocycles Comiot.
191. PÉAN. Magasins de la Place Clichy.
192. BOANO. Teatro Regio (*affiche italienne*).

PRIX DE LA COLLECTION DES DOUZE LIVRAISONS CI-DESSUS (Nos 37 à 48) :

Paris : 27 fr. — Départements : 28 fr. — Étranger (Union postale) : 30 fr.

SOMMAIRE DU N° 1 (*15 mai 1899*).

PRÉFACE DE M. ROGER MARX

I. — DEGAS. — Danseuse sur la scène, pastel.
II. — MEISSONIER. — Étude pour les joueurs de boules, dessin.
III. — GUSTAVE MOREAU. — L'Apparition, aquarelle.
VI. — PUVIS DE CHAVANNES. — Étude pour la décoration du musée d'Amiens, sanguine.

SOMMAIRE DU N° 2 (*15 juin 1899*).

V. — BRACQUEMOND. — Portrait d'Edmond de Goncourt, dessin au crayon noir.
VI. — CABANEL. — La Naissance de Vénus, dessin.
VII. — DAGNAN-BOUVERET. — L'Accident, dessin.
VIII. — AUGUSTE RODIN. — Saint Jean-Baptiste, dessin à la plume.

SOMMAIRE DU N° 3 (*15 juillet 1899*).

IX. — F. GAILLARD. — Étude pour le portrait de Mme B***, dessin au crayon noir.
X. — PAUL RENOUARD. — L'Infirmerie des Invalides, encre de chine et gouache.
XI. — GUILLAUMET. — Fileuse arabe, étude au pastel.
XII. — PUVIS DE CHAVANNES. — Étude pour le " Charles Martel " de l'Hôtel-de-Ville de Poitiers, dessin à la sanguine.

SOMMAIRE DU N° 4 (*15 août 1899*).

XIII. — FÉLIX BUHOT. — La Route de Cherbourg à Valognes, dessin relevé de gouache.
XIV. — MISS CASSATT. — Mère et Enfant, pastel.
XV. — LHERMITTE. — Les Communiantes, fusain.
XVI. — FANTIN-LATOUR. — Liseuse, dessin.

SOMMAIRE DU N° 5 (*15 septembre 1899*.)

XVII. — GUSTAVE MOREAU. — Les Plaintes du Poète, aquarelle.
XVIII. — FÉLICIEN ROPS. — Dessin pour le frontispice de Curieuse.
XIX. — CARLOS SCHWABE. — Illustration pour le Rêve, dessin rehaussé d'aquarelle.
XX. — DANIEL VIERGE. — Le Viatique en Espagne, encre de chine et gouache.

SOMMAIRE DU N° 6 (*15 octobre 1899*).

XXI. — C. CHAPLIN. — Souvenirs, dessin.
XXII. — E. DELAUNAY. — Étude, dessin.
XXIII. — J. GEOFFROY. — Les Infortunés, dessin.
XXIV. — A. LEGROS. — Constantin Meunier, statuaire, dessin.

SOMMAIRE DU N° 7 (*15 novembre 1899*).

XXV. — DAGNAN-BOUVERET. — Bretonnes, dessin.
XXVI. — DEGAS. — Danseuse nouant son brodequin, pastel.
XXVII. — EVA GONZALÈS. — La Nichée, pastel.
XXVIII. — PUVIS DE CHAVANNES. — Étude pour le repos, sanguine.

SOMMAIRE DU N° 8 (*15 décembre 1899*).

XXIX. — BURNE JONES. — Étude.
XXX. — ALBERT BESNARD. — Portrait de l'aquafortiste Legros, aquarelle.
XXXI. — LHERMITTE. — La Baignade, fusain.
XXXII. — GUSTAVE MOREAU. — Le Jeune Homme et la Mort, aquarelle.

Prime aux abonnés :
HENRY BOYER. — Le Bénédicité, dessin.

PUBLICATIONS

DE LA

SOCIÉTÉ POUR L'ÉTUDE DE LA PARTICIPATION

DANS LES BÉNÉFICES

BULLETIN de la Participation aux Bénéfices, publié par la Société formée pour faciliter l'étude pratique des diverses méthodes de participation du personnel dans les bénéfices de l'entreprise. — Abonnement, un an : 5 fr.
Livraisons séparées. Prix : 2 francs.
Les volumes des années 1880 à 1899 sont en vente au prix de 5 francs chacun.
Le Tome I (année 1879) est épuisé.

LA PARTICIPATION AUX BÉNÉFICES, étude pratique sur ce mode de rémunération du travail, par le Dr Victor Böhmert, Directeur du Bureau Royal de Statistique de Saxe, Professeur d'Économie politique au Polytechnicum de Dresde ; Traduit de l'allemand et mis à jour par M. Albert Trombert, Chef du service de la Librairie à l'Imprimerie Chaix, Secrétaire de la Société pour l'Étude de la Participation aux bénéfices ; avec une préface de M. Charles Robert, ancien Conseiller d'État, Président de la Société pour l'étude de la participation aux bénéfices.

Dans la première partie de l'ouvrage, la question de la participation aux bénéfices est traitée au double point de vue historique et théorique. L'auteur expose : 1° l'origine et le plan de son étude ; 2° les développements donnés à la participation aux bénéfices dans les différents pays ; 3° les arguments émis pour ou contre ce régime ; 4° les principaux résultats de l'enquête internationale qu'il a dû entreprendre pour réunir les matériaux de son travail.

La deuxième partie, que le traducteur la mise à jour et complétée au moyen d'un appendice, contient cent vingt-neuf notices sur les maisons qui ont adopté le système de la participation.

Une table analytique très complète, à laquelle le traducteur a apporté tous ses soins, facilite les recherches. Un beau volume d'environ 800 pages. — Prix cartonné : 12 francs.

Ouvrage honoré d'une médaille d'or à l'Exposition universelle de 1889 (Groupe de l'Économie sociale) et récompensé par l'Académie des sciences morales et politiques.

ÉTUDE ANALYTIQUE SUR L'ÉNÉIDE avec des citations choisies et leur

traduction littérale, un parallèle entre les meilleures traductions et des commentaires sur certains passages difficiles, par le COMTE DE GRANDEFFE. Un beau volume in-8° raisin de 570 pages. PRIX : 7 fr. 50 c.

REVUE FRANÇAISE — EXPLORATION (GAZETTE GÉOGRAPHIQUE).

Directeur, M. EDOUARD MARBEAU. Paraissant le 1er de chaque mois, par livraisons de 64 pages in-8°, ornées de cartes des explorations les plus célèbres.

Prix de l'abonnement : France, Algérie, Tunisie, 20 francs ; étranger, 25 francs.
Prix du numéro : France, Algérie, Tunisie, 2 francs ; étranger, 2 fr. 50 c.

L'ÉCONOMISTE FRANÇAIS, JOURNAL HEBDOMADAIRE PARAISSANT LE SAMEDI.

Rédacteur en chef : M. Paul LEROY-BEAULIEU, membre de l'Institut. — Bureaux à Paris : 2, cité Bergère.

ABONNEMENTS :

Pour la France : un an, 40 fr. ; 6 mois, 20 fr. ; pour l'étranger, le port en sus.

SMYRNE et l'ASIE MINEURE, au point de vue économique et commercial, avec une carte

de l'Asie Mineure, par DÉMÉTRIUS GEORGIADÈS (de Smyrne), avec préface par M. ARTHUR MANGIN. PRIX : 7 francs.

QUESTIONNAIRE A L'USAGE DES ÉLÈVES-CAPITAINES à bord des bateaux à vapeur,

suivi d'instructions pour les Élèves-Mécaniciens et du programme officiel des connaissances exigées et des pièces à produire, par M. MAURICE DIBOS, ancien inspecteur de la navigation, ancien examinateur.

Une brochure de 32 pages accompagnée d'une planche en couleurs des différents pavillons maritimes. PRIX : 1 fr. 50 c.

ORDONNANCE GÉNÉRALE DU 30 AVRIL 1895 concernant la police de la navigation et des ports

dans le ressort de la Préfecture de Police, avec annexes.

Un volume de 312 pages. PRIX : 4 francs.

NOMENCLATURE OFFICIELLE des voies publiques et privées de Paris AVEC LA DATE DES DOCUMENTS OFFICIELS LES CONCERNANT.

Un beau volume in-8° d'environ 800 pages (4e édition, 1898).

Prix : PARIS, 15 francs. — DÉPARTEMENTS, 16 francs. — ÉTRANGER, 16 fr. 50 c.

Cet ouvrage, dressé sur l'ordre de M. le Préfet de la Seine, par le Service de la conservation du Plan de Paris, pour l'usage de l'Administration municipale, contient une liste alphabétique de tous les noms de rues, dans laquelle se trouvent indiqués : l'arrondissement et le quartier où la voie est située, sa longueur et sa largeur, le nombre des numéros pairs et impairs qu'elle comprend, les points où elle commence et finit, l'origine de son nom ; les actes relatifs à sa construction et à sa dénomination ; — une nomenclature des voies supprimées depuis 1848 et des changements de dénomination survenus depuis la même époque ; — les limites des arrondissements et des quartiers ; — la zone des anciennes carrières ou catacombes, etc., etc. Il forme donc, au point de vue historique et administratif, le travail le plus complet qui ait été publié sur ce sujet.

TARIF-MOREL pour la Tapisserie, l'Ébénisterie, la Carrosserie,

SÉRIE DES PRIX DEVANT SERVIR DE BASE A L'ÉTABLISSEMENT DES PRIX DE LA TAPISSERIE ET DE L'AMEUBLEMENT. A l'usage de MM. les Architectes de France, applicable aux travaux à exécuter dans la ville de Paris et les départements, accompagnée d'illustrations de R. DELAFONTAINE. Par J.-H. MOREL, ancien expert de l'État.

Cet ouvrage comprend cinq parties qui se vendent séparément.

Série complète en un seul volume broché. . . . . Fr. 20 »

1re PARTIE : **Conseils dans l'art de se meubler**, — Renseignements utiles 8 »

2e — **Tapisserie** : Enseignes et Stores, — Étoffes, — Literie (réparations et locations), — Passementerie, — Quincaillerie, — Sièges (bois recouverts et bois apparents), — Tapis, — Teintures d'ameublements, — Tentures et décors, — Travaux à façon . . . . . . 5 »

3e — **Ébénisterie** : Glaces pour meubles, — Emballages pour expéditions en province, — Meubles bois de hêtre et bois blanc, — Réparations de meubles. 4 »

4e — **Ameublement d'église** : Pompes funèbres, — Mobilier d'administration, — Mobilier scolaire . . . . 5 »

5e — **Carrosserie** : Réparations de voitures, — Installations d'écuries et de selleries, — Sellerie et harnachement . . . . 5 »

Cet ouvrage contient une foule de renseignements utiles accompagnés de dessins, ainsi que le mode de procéder pour la vérification et le règlement d'un devis ou d'un mémoire d'ameublement.

Les prix d'application sont basés sur les prix coûtants, même pour les articles non spécifiés dans le *Tarif-Morel*.

Frais de port, dans les départements : 60 c. pour les parties séparées, 1 franc pour la Série complète.

LES ARCHITECTES (1819/1894) Élèves de l'École nationale des Beaux-Arts,

par DAVID DE PENANRUN, ROUX et DELAIRE, anciens Élèves, avec préface de CHARLES GARNIER, suivi d'un indicateur du bâtiment.

Un volume in-8e, broché, 7 fr. 50; relié, 8 fr. 50.

I. — PARTIE HISTORIQUE

CHAP. I. — Liste chronologique des élèves admis en 2e classe, depuis 1821 jusqu'en 1894.

CHAP. II. — Liste des élèves passés en 1re classe de 1819 à 1894.

CHAP. III. — Élèves de 1re classe ayant obtenu le diplôme.

CHAP. IV. — Lauréats des prix spéciaux de la section d'architecture. Diagramme des promotions.

CHAP. V. — Anciens règlements de l'École depuis 1819.

CHAP. VI. — Note sur les bâtiments de l'École des Beaux-Arts. Plan des Palais en 1894.

CHAP. VII. — Notice historique sur l'Institut.

CHAP. VIII. — Liste des Grands Prix de Rome en architecture de 1720 à 1893.

CHAP. IX. — Lauréat des prix de l'Institut.

CHAP. X. — Répertoire biographique des élèves de l'École de 1819 à 1894.

II. — PARTIE PÉRIODIQUE

CHAP. XI. — Programme des cours, personnel de l'École, atelier d'architecture.

CHAP. XII. — Règlement de l'École nationale et spéciale des Beaux-Arts à Paris pour 1894.

CHAP. XIII. — Sociétés d'architectes.

CHAP. XIV. — Liste des architectes, anciens élèves vivants, par résidences.

SÉRIE OFFICIELLE DES PRIX

DE LA

VILLE DE PARIS

Edition de Novembre 1882 (Janvier 1883)

La Série est publiée en deux éditions:

1° Édition avec sous-détails des prix;
2° Série de poche, in-18, sans les sous-détails.

PRIX DE VENTE:

DÉSIGNATION DES PARTIES		SÉRIE AVEC SOUS-DÉTAILS Brochée	SÉRIE AVEC SOUS-DÉTAILS Reliée	SÉRIE DE POCHE Cartonnée
		Fr. C.	Fr. C.	Fr. C.
Série complète	en un seul volume	30 »	34 »	11 »
Série complète	en dix parties séparées	35 »	»	15 »
1re Partie :	Terrasse, Maçonnerie, Carrelage	10 »	»	6 »
2e —	Charpente	2 50	»	2 50
3e —	Couverture, Plomberie, Zinc, Gaz	5 50	»	4 »
4e —	Menuiserie	5 50	»	4 »
5e —	Serrurerie	10 »	»	6 »
6e —	Paratonnerres, Porte-voix, Sonneries diverses	4 »	»	3 »
7e —	Fumisterie	5 »	»	4 »
8e —	Marbrerie, Stuc	3 50	»	3 »
9e —	Peinture, Dorure, Tenture, Vitrerie, Miroiterie	5 »	»	4 »
10e —	Pavage, Granit, Asphalte, Bitume, Vidange	2 50		2 50
Port dans les départements	Série complète	1 »	1 »	» 60
Port dans les départements	Chaque partie séparée	» 60	»	» 25

CARNET DU SERRURIER CONSTRUCTEUR, par A. Silvain, ingénieur. Un vol. in-18. Prix : cartonné, 6 fr. 50 c.

TARIF HUSSON, pour les façons et marchandages de serrurerie. Prix : 2 fr. 50 c.

DICTIONNAIRE DU SERRURIER par Husson. Prix cartonné : 3 fr. 50 c.

MEMENTO DU MÉTREUR EN BATIMENTS, par Husson. Prix : 1 fr. 50 c.

MANUEL DU POIDS DES FERS, plats, carrés, ronds, etc., par Husson. Prix : 3 francs.

TARIF DE FILAGE, par N. Glaise. — (2e édition). Prix : 1 franc.

LES EAUX DE PARIS EN 1884, par M. Couche, ingénieur en chef du service des Eaux, à la Préfecture de la Seine.
Un vol. in-4°, avec plans et graphiques. Prix : broché, 5 francs.

Imprimerie Chaix, rue Bergère, 20, Paris. — 3185-2-00. — (Encre Lorilleux).

CHAMUEL

AMÉLINEAU. — **Le nouveau traité gnostique de Turin.** — Broch. in-8 écu. 1 fr. »

D'ANGLEMONT (ARTHUR). — **Abrégé de la Société harmonieuse.** Vol. in-8. 2 fr. 50
— **La Seconde Humanité dans le monde-ultra terrestre.** — Vol. in-8 . 1 fr. 50
— **Anatomie de l'Esprit humain.** — Vol. in-8. . . . . 3 fr. »
— **L'Hypnotisme, le Magnétisme, La Médiumnité.** — Vol. in-8 . . . . 1 fr. »
— **Dieu et les règnes deitaires.** — Vol. in-8 . . . . 6 fr. »
— **Dieu évident pour tous.** — Broch. in-18. . . . . 1 fr. »
— **Enseignement Populaire de l'Existence Universelle.** — Broch. in-18 . 1 fr. 50
— **La Question Sociale entièrement résolue.** — Broch. in-18 . . . . . 0 fr. 20
— **Dieu et l'Être Universel.** — Vol. in-18 . . . . 3 fr. 50
— **Les Harmonies Universelles.** — Vol. in-8 . . . . 6 fr. »
— **Le Fractionnement de l'Infini.** — Vol. in-8. . . . . 6 fr. »
— **La Société Harmonieuse.** — Vol. in-8. . . . . 4 fr. »
— **Le Corps Humain.** — Vol. in-8 . . . . 7 fr. »
— **L'Ame humaine et le fonctionnement de la Pensée.** — Vol. in-8. . . 7 fr. »
— **L'Être Astral Social.** — Vol. in-8. . . . . 10 fr. »

ARNOLD (SIR EDWIN). — **Lumière d'Asie.** — Traduction de A. SORG. Vol. in-4 couronne . . . . 5 fr. »

BACON (ROGER). — **Lettres sur les prodiges de la nature et de l'art.** — *Caractères magiques : Puissance du Verbe ; Instruments merveilleux ; Suggestion mentale : L'art de prolonger la vie ; Atavisme ; Cryptographie ; Pierre philosophale ; Poudre à canon ; Machine à voler ; Cloche à plongeur ; Ponts suspendus.* Brochure in-18 de 70 pages . . . . 0 fr. 75

BADAIRE (A.-E.). — **La joie de mourir.** — Brochure in-18 avec un autographe de Victorien Sardou. . . . . 1 fr. »

BARLET (F.-CH.). — **Essai sur l'Evolution de l'Idée.** — Vol. in-18, avec fig. 3 fr. 50
— **L'Instruction intégrale.** — *Programme raisonné d'instruction à tous les degrés.*
— **L'instruction primaire.** — Vol. in-18 jésus de 350 pages . . . . 4 fr. »
— **La Chimie synthétique.** — Broch. in-16 jésus ornée de 4 dessins . . . . 0 fr. 75

BARRIDA (EUSÈBE). — **L'Electre magique.** — *D'après le Grimoire ou Magie naturelle de Benoit XIV.* Broch. in-18 jésus . . . . 1 fr. 50

BELLEMARE (ALEXANDRE). — **Spirite et Chrétien.** — Vol. in-18 de 426 p. 3 fr. 50

BIBLIOGRAPHIE méthodique de la Science occulte. — *Etude critique des principaux ouvrages*, par un groupe d'occultistes sous la direction de Papus. Broch. in-18 jésus de 112 pages. . . . . 0 fr. 30

BODISCO (CONSTANTIN-ALEXANDROWITCH DE). — **Traits de Lumière.** — *Recherches Psychiques ; Preuves matérielles de la vie future ; Spiritisme expérimental au point de vue scientifique* (PRÉFACE DE PAPUS). Vol. in-8 carré avec gravures . . . . 5 fr. »

BOSC (ERNEST). — **Dictionnaire d'Orientalisme et de Psychologie**, *ou Dictionnaire de la Science occulte*, 2 forts vol. in-16 . . . . 12 fr. »

— **Addha-Nari ou l'Occultisme dans l'Inde antique.** — *Védisme, Littérature Hindoue, Mythes, Religions, Doctrine ésotérique, Cosmogonie de l'âme, Doctrine spirite, Psychisme, Occultisme, Doctrine du Karma, Musique.* Beau vol. in-16. 4 fr. »

— **La Psychologie devant la Science et les Savants.** — *Od et fluide odique, aura, Polarité humaine, fluide astral, magnétisme, hypnotisme, suggestion, hypnose, catalepsie, léthargie, somnambulisme, clairevoyance, clairaudience, télépathie, médiums, extériorisation, possession.* Vol. in-18 de 300 pages . . . . . 3 fr. 50

— **De la Vivisection.** — *Etude physiologique, psychologique et sociologique. Histoire, vivisection et science, Expériences monstrueuses, crimes et infamies, découvertes de Pasteur, Droit et science, Philosophie, Morale.* Beau vol. in-16 . . . . 2 fr. »

BOSC (ERNEST). — **Traité théorique et pratique du Haschisch et autres substances psychiques.** — *Cannabis. Plantes narcotiques, anesthésiques ; Herbes magiques, opium, morphine, éther, cocaïne, formules et recettes diverses ; bols, pilules, pastilles, électuaires, opiats.* Beau vol. in-18 jésus . . . . 3 fr. »

— **Le Livre des Respirations.** — *Traité de l'art de respirer ou panacée universelle pour prévenir ou guérir les maladies de l'homme.* Vol. in-18 jésus, avec figures . . . . 3 fr. »

— **La doctrine Esotérique.** — 1 Vol. in-18. . . . . 7 fr. »

BOURGEAT (JEAN-GASTON). — **Magie.** — *Exotérisme et ésotérisme ; L'homme ; L'univers ; Dieu et le Démon ; Le plan astral ; Les élémentals et les élémentaires ; La mort, ses mystères ; L'au-delà ; Les Sorciers ; L'Envoûtement ; L'avenir ; Le Tarot ; Astrologie ; Moyen facile de prophétiser les événements d'une année ; Evocations dangereuses ; La messe noire.* In-18 jésus . . . . 2 fr. »

BOUVÉRY (J.). — **Le Spiritisme et l'Anarchie** *devant la science et la philosophie.* Vol. in-8 carré de 450 pages . . . . 3 fr. »

BUÉ (A.). — **Le Magnétisme curatif.** — I. *Manuel technique*, avec portrait de Mesmer. Vol. in-18 de 121 pages. . . . . 2 fr. »

— II. *Psycho-physiologie.* — Hypnotisme, Somnambulisme, Fascination, Clairvoyance. Loi phénoménale de la vie. Fort vol. in-18 jésus avec dessins. . . . . 3 fr. »

CAILLIÉ (RENÉ). — **Dieu et la Création.** — 3 fasc. in-18 jésus . . . . . . 3 fr. »

— **Haut les cœurs. — La Mort, c'est la Vie.** — Brochure in-18 jésus . . . 0 fr. 30

CHARTIER (V.). — **Vérités et Lumières.** *Nouvelles révélations dictées par l'esprit d'Allan-Kardec.* Vol. in-18 jésus . . . . 2 fr. »

CHRYSÈS (HACCEPHI). — **Nouveau langage symbolique des plantes.** — *Avec leurs propriétés médicinales et occultes ; Table de composition pour écrire secrètement ; Table des jours heureux ou malheureux ; Influence des jours de la lune. Noms et esprits des signes du Zodiaque ; Influence magnétique et fluidique de la lune.* Brochure in-18 jésus. 0 fr. 75

DAREL (TH.). — **La Spiritualisation de l'Etre :** 1. *Par l'Evolution.* — 2. *Par la morale.* — 3. *Par le Psychisme.* — Volume in-18 jésus. . . . . 3 fr. 50

DECRESPE (MARIUS). — **On peut envouter.** — *Lettre ouverte au Maître Papus.* Broch. in-18 jésus . . . . 0 fr. 50

— **La Matière des Œuvres magiques.** — *Principes de physique occulte.* Préface de Papus. Broch. in-18 jésus . . . . 1 fr. »

— **Les Microbes de l'Astral.** — Broch. in-18 jésus avec dessins . . . . . 1 fr. 50

— **L'Eternel Féminin et le mécanisme de l'Amour.** — Brochure in-18 jésus avec couverture illustrée . . . . 1 fr. »

DELANNE (GABRIEL). — **Le Phénomène Spirite.** — *Témoignage des Savants ; Etude historique ; Exposition méthodique de tous les Phénomènes ; Discussion des hypothèses ; Conseils aux Médiums ; La Théorie philosophique.* Vol. in-18 de 325 pages avec nombreuses gravures . . . . 2 fr. »

— **Le Spiritisme devant la Science.** — (Troisième édition). Vol. in-18 jésus de 470 pages . . . . 3 fr. 50

— **L'Evolution animique.** — *Essai de psychologie physiologique, d'après le Spiritisme.* In-18 jésus de 360 pages . . . . 3 fr. 50

— **L'Ame est immortelle.** — **Démonstration expérimentale.** — *Etude sur le perisprit.* Vol. in-18 jésus. . . . . 3 fr. 50

— **Vit-on plusieurs fois ?** — (En préparation).

DIGBY. — **Dissertation touchant la guérison des playes par la poudre de sympathie.** — Vol. in-18 jésus d'après l'édition de 1686 . . . . 3 fr. »

DUFAURE (SOPHIE-ROSEN). — **Voyage aux pays des idées.** — 1 Vol. in-18 jésus. 3 fr.

DURVILLE (H.). — **Traité expérimental de magnétisme.** — *Cours professé à l'école pratique de magnétisme et de massage. — Physique magnétique.* 2 vol. in-18 raisin avec portrait de l'auteur et nombreux dessins. . . . . 6 fr. »

— **Magnétisme.** — *Théories et procédés.* — Volume relié de 360 pages avec gravures . . . . 3 fr. »

— **Magnétisme.** — *Théories et Procédés.* — Extrait du Tome II avec 8 portraits et 39 gravures . . . . 1 fr. »

CHAMUEL

FEYTAUD (URBAIN). — **Le Spiritisme devant la conscience.** — Vol. in-16. 2 fr. 50

FUGAIRON (Dr). — **Essai sur les Phénomènes électriques des êtres vivants.** — *Explication scientifique des phénomènes dits spirites.* Vol. in-18 . . . . 2 fr. 50

GARDY (LOUIS). — **Cherchons.** — Vol. in-18 jésus. . . . . 2 fr. 50

GARNIER (FLORENT). — **Le marc de café.** — Tableau avec dessin représentant les aspects du marc de café. Replié dans un carton . . . . 0 fr. 75

GIRAUD (A.). — **Petit Dictionnaire de graphologie.** — Vol. in-18 jésus avec nombreux autographes. . . . . 2 fr. »

— **Alphabet Graphologique.** — Broch. in-18 jésus avec nombreux exemples. 1 fr. »

GRENDEL (PAUL). — **Esprit ancien. Esprit nouveau.** — Vol. in-18 jésus. . 1 fr. 25

GUAITA (STANISLAS DE). — **Au seuil du mystère.** — Beau volume in-8, avec deux planches kabbalistiques en héliogravure . . . . 6 fr. »

— **Le temple de Satan.** — Fort vol. in-8 carré, orné de nombreuses gravures dont 16 planches phototypiques hors texte *(Épuisé)* . . . . 50 fr. »
Le même, sur Japon . . . . 75 fr. »
Est presque entièrement épuisé, ne sera pas réimprimé.

— **Clef de la Magie Noire.** — Beau vol. in-8 carré de 800 pages, orné de nombreuses gravures dont 8 planches phototypiques hors texte. . . . . 16 fr. »

GYEL (Dr). — **Essai de Revue générale et d'interprétation synthétique au Spiritisme.** — in-8 carré . . . . 2 fr. 50

HAATAN (ABEL). — **Traité d'Astrologie judiciaire.** — Vol. in-8 carré avec nombreux tableaux, tables, figures et dessins et deux portraits rares . . . . . . 7 fr. 50

HAVEN (MARC). — **La Vie et les Œuvres de Maître Arnaud de Villeneuve.** — Beau vol. in-4 couronne, avec un portrait d'Arnaud de Villeneuve et une planche replié (pentacle hermétique). . . . . 5 fr. »

HOMO. — **Chez les Psychiques.** — Broch. in-18 jésus. . . . . 0 fr. 50

JOLLIVET-CASTELLOT (F.). — **Comment on devient alchimiste.** — 1 fort vol. in-18 jésus de 420 pages. . . . . 6 fr. »

— **Hylozoïsme. — Alchimie. — Les Chimistes unitaires.** — Introduction de P. Sédir. Broch. in-18 jésus. 1 fr. »

— **La Vie et l'Ame de la matière.** — *Essai de physiologie chimique.* — *Etude de Dynamochimie.* Vol. in-18 . . . . 3 fr. 50

JULIO (ABBÉ). — **Prières merveilleuses,** *pour la guérison de toutes les misères physiques et morales.* Vol. in-18 . . . . 2 fr. »

— **Secrets merveilleux,** *pour la guérison de toutes les maladies physiques et morales.* — Un fort volume de 590 pages avec de nombreuses gravures et 21 planches coloriées hors texte, reliure souple plein chagrin, chaque volume est numéroté et signé par l'auteur. Prix . . . . 12 fr. »

KERDANIEL (EDOUARD DE). — **Recherches sur l'envoûtement.** — Brochure in-18 jésus . . . . 1 fr. »

KERNER. — **La Voyante de Prévorst.** — Vol. in-18 traduit par le Dr Dusart et publié sous la direction de de Rochas. . . . . 4 fr. »

KHUNRATH. — **Amphitheatrum sapientiæ æternæ.** — Un vol. grand in-4, av[illegible] *12 planches originales* . . . . 10 fr. [illegible]

LARMANDIE (COMTE DE). — **Eôraka.** — *Notes sur l'Esotérisme.* — Vol. in-18. 3 fr. [illegible]

— **Magie et Religion.** — *Notes sur l'Esotérisme.* — Vol. in-18 . . . . . . 3 fr. [illegible]

LEADE (JEANNE). — **Le Messager céleste de la Paix Universelle.** — Traduit [illegible] l'anglais pour la première fois par P. Sédir. Broch. in-8 écu, avec un pentac[illegible] inédit . . . . 1 fr. [illegible]

LÉVI (ÉLIPHAS). — **Le Grand Arcane ou l'Occultisme dévoilé.** — Vol. in-8 carré [illegible] 420 pages . . . . 12 fr. [illegible]

— **Le Livre des splendeurs.** — *Le Soleil Judaïque ; La Gloire chrétienne ; L'Etoi[illegible] Flamboyante.* Beau vol. in-8. . . . . 7 fr. [illegible]

— **Clefs majeures et clavicules de Salomon.** — Vol. in-16 jésus contenant cent dessi[illegible] d'Eliphas Lévi . . . . 20 fr. [illegible]

LÉVI (ÉLIPHAS). — **Le Catéchisme de la Paix.** — *Suivi de quatrains sur les gravures de la Bible de la Liberté.* — Vol. in-8 carré. . . . . 4 fr. »

LOUIS-MICHEL (DE FIGANIÈRES). — **Clef de la Vie.** — 2 vol. in-18 jésus. . 7 fr. »

— **Vie Universelle.** — 2 vol. in-18 jésus. . . . . 7 fr. »

— **Plus de Mystères.** — Vol. in-18 jésus . . . . 3 fr. 50

METZGER (D). — **Essai de Spiritisme scientifique.** — Vol. in-18 . . . . 2 fr. 50

MICHELET. — **Contes Surhumains.** — Vol. in-18 . . . . 3 fr. 50

MOTTET (CASIMIR). — **Les Vérités éternelles.** — Vol. in-18 jésus . . . . 3 fr. 50

MAY DE FRANCONIE (PHILIPPE). — **La Chiromancie médicale** *suivie d'un traité sur la physiologie et d'un autre sur les marques des ongles.* Trad. de l'Allemand par P. H. TREUSHES DE WEZHAUSEN, avec un avant-propos et une Chiromancie synthétique, par ERNEST BOSC. Vol. in-18 jésus, illustré de vignettes . . . . 3 fr. »

NOVAYE (BARON DE). — **Guerre et Révolution.** — *D'après les prophéties.* — Vol. in-18 jésus, de 154 pages . . . . 1 fr. 50

NORIAGOF (Dr). — **Notre-Dame de Lourdes et la Science de l'Occulte.** — Un vol. in-18 illustré. . . . . 1 fr. 50

NOUFFERT. — **L'Homme est grand par son esprit.** — 1er vol. Fort volume in-18 de 650 pages . . . . 4 fr. »

PAPUS. — **Traité élémentaire de Sciences occultes** — (5e ÉDITION, REVUE ET AUGMENTÉE) Vol in-18 jésus de 456 pages avec nombreux dessins. . . . . 5 fr. »

— **Traité élémentaire de Magie pratique.** — *Adaptation, Réalisation, Théorie de la Magie.* — *Appendice sur l'histoire et la bibliographie de l'Evocation magique. Dictionnaire de la Magie des campagnes, des Philtres d'amour, etc.* Beau vol. in-8 raisin de 560 pages avec 158 figures, planches et tableaux. . . . . . 12 fr. »

— **La Magie et l'Hypnose.** — *Contrôle expérimental des phénomènes et des enseignements de la Magie au moyen de l'Hypnose.* Vol. in-8 carré avec gravures. 8 fr. »

— **L'Anatomie philosophique et ses divisions.** — Beau vol. in-8 raisin. . 4 fr. »

— **Martines de Pasqually.** — *Sa vie ; Ses pratiques magiques ; Son œuvre ; Ses disciples.* D'après des documents entièrement inédits. Vol. in-18 jésus. 4 fr. »

— **L'Ame humaine avant la naissance et après la mort.** — Broch. in-18 jésus avec dessins . . . . 1 fr. 50

— **Les Arts divinatoires.** — *Graphologie ; Chiromancie; Physiognomonie ; Astrologie.* Broch. in-18 jésus avec nombreux dessins . . . . 1 fr. »

— **Peut-on envoûter ?** — Broch. in-18 avec gravure représentant un pacte de Sorcellerie au XIXe siècle . . . . 1 fr. »

— **Le Diable et l'Occultisme.** — Broch. in-18. . . . . 1 fr. »

— **Anarchie, Indolence et Synarchie.** — Broch. in-8. . . . . 1 fr. »

— **La Science des Mages et ses Applications théoriques et pratiques.** — *Petit résumé de l'Occultisme* (ENTIÈREMENT INÉDIT). — Broch. in-8 de 72 pages. . . 0 fr. 50

— **Lumière invisible. Médiumnité et Magie.** — *Rayons X et Lumière astrale.* — *L'électrographie de M. Iodko.* — *L'extériorisation de la vie et les mouvements sans contact.* Brochure in-18, planches électrographiques inédites. . . . . 1 fr. »

— **Le cas de la Voyante de la rue de Paradis.** — D'après la tradition et la Magie. Broch. in-18 jésus. . . . . 0 fr. 50

— **La Maison hantée de Valence-en-Brie.** — *Etude critique et historique du phénomène.* Broch. in-18 jésus. . . . . 0 fr. 50

— **Premiers éléments de Langue Sanscrite.** — In-18 . . . . 0 fr. 50

— **Catholicisme, Satanisme, Occultisme.** — Broch. in-18. . . . . 0 fr. 50

— **Martinésisme, Willermosisme.** — **Martinisme et Franc-Maçonnerie.** — 1 vol. in-16 jésus de 120 pages . . . . 1 fr. »

PASCAL (Dr TH.) — **Les sept principes de l'Homme,** *ou sa constitution occulte d'après la théosophie.* Vol. in-18 jésus. . . . . 2 fr. »

PÉLADAN (JOSÉPHIN). — **Comment on devient Mage.** — Beau vol. in-8 carré avec portrait héliogravé . . . . 7 fr. 50

— **Comment on devient fée.** — Beau volume in-8 carré avec portrait héliogravé. 7 fr. 50

— **Comment on devient artiste.** — Beau vol. in-8 carré avec portrait inédit. 7 fr. 50

ÉDITION DE LUXE DES TROIS VOLUMES

Hollande, **12** fr. — Wathman, **15** fr. — Japon, **20** fr.

— **Le Livre du Sceptre.** — Beau vol. in-8 carré. . . . . 7 fr. 50

— **L'Occulte catholique.** — Beau vol. in-8 carré. . . . . 7 fr. 50

— PERPLEXITÉS D'UN MÉDIUM CONSCIENCIEUX. Broch. in-18 jésus. . . . . . 0 fr. 25

ROCHAS (ALBERT DE). — **Les Etats superficiels de l'Hypnose.** — *(3e édit.)* Vol. in-8 carré avec gravures. . . . . 2 fr. 50

— **Les Etats profonds de l'Hypnose.** — *(3e édit.)* Vol. in-8 carré. . . . . 2 fr. 50

— **L'Extériorisation de la Sensibilité.** — Beau vol. in-8 carré avec gravures sur bois dans le texte et 4 planches lithographiées en couleurs . . . . 7 fr. »

— **Extériorisation de la Motricité.** — Vol. in-8 carré avec dessins . . . 8 fr. »

— **Les frontières de la Science.** — Volume in-8 carré *(sous presse)*.

— **Les fantômes des vivants et les âmes des morts.** — Fort. vol. in-8 carré. (EN PRÉPARATION).

ROUXEL. — **Histoire et philosophie du Magnétisme.** — 2 vol. petit in-18 cart. Chaque vol. . . . . 3 fr. »

— **Les Remèdes secrets.** — Broch. in-18 . . . . 1 fr. »

SARDOU (CHARLES). — **Résurrection.** — Vol. in-18 jésus. . . . . 3 fr. 50

SAWYER (JEANNE-LYDIE). — **Le Livre des Augures.** — *Contenant 450 présages recueillis dans les traditions de tous les pays.* Vol. in-18 jésus. . . . . 2 fr. »

SEDIR (P.) — **Les tempéraments et la culture psychique,** *d'après Jacob Bæhme.* — Broch. in-18. . . . . 1 fr. »

— **Les Miroirs magiques.** — *Divination. — Clairvoyance. — Royaumes de l'Astral. — Evocations. — Consécrations. — L'Urim et le Thummim. — Miroirs des Bhattahs, des Arabes, de Nostradamus, de Swedenborg, de Cagliostro, etc.* Vol. in-18. 1 fr. »

— **Les Incantations.** — *Le Verbe divin, le Verbe humain. — Mystères de la parole. — Les sons et la Lumière astrale. — Comment on devient enchanteur.* Vol. in-18 jésus, avec nombreux dessins dans le texte et hors texte. . . . . . . 3 fr. 50

— **La Création.** — Une brochure in-8 carré . . . . 1 fr. »

— **Les Plantes magiques.** — *Les Signatures. — Botanique occulte. — Fabrication des élixirs et des essences végétales. — Propriétés occultes des simples. — Philtres, etc.* (EN PRÉPARATION).

SENILLOSA. — **L'Evolution de l'Ame et de la Société.** Vol. in-18. . . . . 3 fr. 50

TRIPIED. — **Le Vitriol philosophique et sa préparation.** — Broch. in-18 jésus. 1 fr. 25

TRUFY (CH.). — **Causeries spirites.** — Vol. in-18 jésus . . . . 3 fr. 50

VURGEY. — **L'Ame, les sept Principes de l'homme et Dieu.** — (PRÉFACE DE PAPUS). Broch. in-16, avec schémas pantaculaires. . . . . 1 fr. 50

WIRTH (OSWALD). — **L'Imposition des mains.** — Vol. in-18 jésus, avec nombreuses gravures inédites. . . . . 3 fr. 50

NOUVELLE COLLECTION DE GRIMOIRES

Le Dragon noir. — Contenant : *Evocations. — Charmes et contre-charmes. — Secrets merveilleux. — La Main de Gloire et la Poule noire.* Vol. in-18 carré avec 19 figures magiques, cartonné. . . . . 20 fr. »

Vénus magique. — Vol. in-32 jésus avec figures magiques. Cartonné. . . . 20 fr. —

ÉTUDES PHILOSOPHIQUES, SOCIALES ET RELIGIEUSES

AJAM (MAURICE). — **L'Esprit scientifique et la Jeunesse.** — Broch. in-18 jésus. 1 fr.

AMO. — **Le Congrès de l'Humanité.** — *Articles groupés et annotés* par M. Descrespe, 1 volume in-18 jésus de 350 pages. . . . . 3 fr. 50

BARLET (F.-CH.). — **Principes de sociologie synthétique.** — Broch. in-18. 1 fr. »

BARRUCAND (VICTOR). — **Le pain gratuit.** — Avec des articles de Henri Rochefort G. Clémenceau, Gustave Geoffroy, Georges Montorgueil, Lermina, Élisée Reclus, Kropotkine, etc. Vol. in-18 jésus de 252 pages. . . . . . 1 fr., franco 1 fr. 25

BOWDEN. — **Imitation du Bouddha.** — *Maximes pour chaque jour de l'année.* Traduction de L. de Langle et J. Hervez, introduction de René Lorain, beau vol. in-16 raisin . . . . 3 fr. »

COLLEVILLE (VICOMTE DE). — **La question monétaire et la frappe libre de l'argent.** Broch. in-18 jésus. . . . . 0 fr. 75

CRESTEY (L'ABBÉ J.). — **Sans Dieu.** — *La raison répudie-t-elle la foi ? Que devient le monde sans Dieu ?* In-18 de 386 pages . . . . 3 fr. 50

DAIN (A. LE). — **La Linguistique vulgarisée.** Vol. in-8. . . . . 7 fr. 50

— **L'Inde antique.** Vol. in-18 jésus. . . . . 3 fr. 50

DRICAS (C. M. J). — **Faits extraordinaires de Tilly-sur-Seules.** — Broch. in-16. 0 fr. 45

— **Sur les événements.** — *Curieuse et intéressante brochure.* . . . . 0 fr. 70

DUBÉCHOT. — **L'orientation.** — Vol. in-18 jésus. . . . . 1 fr. »

— **La Loi.** — Broch. in-8 jésus. . . . . 1 fr. 50

— **L'Arbre de la Science.** — Vol. in-8 jésus. . . . . 1 fr. 50

— **Trésors métalliques et Epargnes Vivantes.** — Broch. in-8. . . . . . . 1 fr. »

FAVRE (Dr HENRI). — **Les Batailles du Ciel.** — *Manuscrit d'un vieux Celte.* 2 beaux vol. in-8 carré de 450 pages. . . . . 8 fr. »

— **La Bible.** — 1 fort vol. in-8 raisin de 820 pages . . . . 12 fr. »

FIDELIS (SERGE). — **Le Devoir socialiste.** — Vol. in-8 jésus . . . . . . 3 fr. 50

GIRARD (RENÉ) et GARREDIS (MARIUS). — **Les Messies Esséniens et l'Eglise orthodoxe,** *par les Esséniens du XIXe siècle.* Vol. in-18 jésus de 400 p. 3 fr. 50

HÉLION. — **Sociologie absolue.** — Beau vol. in-8 carré. . . . . 3 fr. »

JEANNIN (L'ABBÉ). — **Eglise et fin de siècle.** — *Etudes contemporaires.* Volume in-18 jésus. . . . . 3 fr. 50

JULIO (L'ABBÉ). — **Place au Travailleur !** — *Etudes sociales.* Vol. in-18 jésus. 3 fr. 50

— **Gorin et Cie.** — *Société d'exploiteurs.* In-18. . . . . 2 fr. »

— **L'Archevêque de Paris et les Dames de Carreau.** Vol. in-18. . . . . 1 fr. »

— **Passibonqueça.** — *Histoire d'un curé de Paris.* In-18. . . . . 3 fr. »

— **Un forçat du Bagne clérical.** — Vol. in-18. . . . . 2 fr. »

— **Traité de la séparation de l'Eglise et de l'Etat.** — Vol. in-18. . . . . 2 fr. 50

— **Le Concordat et la République.** — In-16. . . . . 0 fr. 50

LAFONT (G. DE). — **Le Buddhisme.** — *Précédé d'un essai sur le Védisme et le Brahmanisme.* Vol. in-18 jésus. . . . . 4 fr. »

— **Le Mazdéisme et l'Avesta.** — Préface d'EMILE BURNOUF. — Vol. in-18 jésus. 4 fr. »

LEFÈVRE (Dr J.-D.). — **Confidences d'un ancien croyant.** — Brochure in-18 de 153 pages. . . . . 1 fr. »

LERMINA (JULES). — **Ventre et Cerveau.** — *Etude sociale.* Broch. in-8. . . 0 fr. 50

LOYSEAU (JEAN). — **Le Suffrage universel àtravers les Ages.** — *A Athènes, à Rome, à Florence, dans l'Eglise, de nos Jours.* Vol. in-16 jésus, de 350 p. 3 fr. 50

MANSO (CHARLES). — **Pensées.** — Vol. in-32 jésus. . . . . 1 fr. »

MAS (A.). — **L'Encouragement au bien,** *au point de vue moral et pratique.* — Broch. in-8 carré. . . . . 1 fr. 50

MASQUARD (E. DE). — **Questions du jour.** — Broch. in-18. . . . . . . o fr. 50

— **Réponse d'un borgne cocasse à un aveugle classique.** — Broch. in-18. o fr. 50

— **Etude de sociologie pratique.** — Broch. in-18. . . . . o fr. 30

MATGIOI (A. DE POUVOURVILLE). — **Le Thaoisme ou les sociétés secrètes chinoises.** — Broch. in-18 jésus . . . . o fr. 50

METZGER (D.). — **Le Monde sera-t-il catholique?** — Vol. in-18 jésus. . . 2 fr. 50

MOGD. — **L'Esprit des races jaunes.** — *Les sept éléments de l'homme et la pathogénie chinoise.* Broch. in-8 avec dessins. . . . . 1 fr. 50

MOUTET (ETIENNE). — **Eglise Radiante.** — *Essai de christologie rationnelle.* Broch. in-16. . . . . 1 fr. 50

MUNDUS. — **Bible Moderne.** — Broch. in-16. . . . . 1 fr. 50

PARSONS (LÉON). — **L'Ordre social et le Contrat libre.** — Broch. in-18 jésus. o fr. 30

PÉLADAN (JOSÉPHIN). — **Science, Religion et Conscience.** — *Réponse à* MM. BERTHELOT, BRUNETIÈRE, POINCARÉ, PERRIER, BRISSON, DE ROSNY etc. Broch. in-18 jésus de 100 pages . . . . o fr. [illegible]

POLLART (JULIEN). — **La Vérité ou le dernier Testament.** — *Drame philosophique.* In-18 de 410 pages. . . . . 3 fr. 50

RIOTOR (LÉON) et LÉOFENTI. — **Les Enfers Bouddhiques.** — Préface de E. RENAN, FOUCAUX ET LEDRAIN, superbe album in-4 carré avec 12 planches originales représentant les *Enfers Bouddhiques* . . . . 7 fr. 50

— Le même sur Japon . . . . 20 fr.

ROCA (L'ABBÉ). — **Le Glorieux Centenaire.** — Vol in-8 . . . . 7 fr. 50

— **La Fin de l'Ancien Monde.** — *Les Nouveaux Cieux et la nouvelle Terre.* — Volume in-8 carré. . . . . 5 fr.

— **Le Christ, le Pape et la Démocratie.** — Volume in-18 jésus . . . . . 3 fr. 50

— **La Crise fatale et le salut de l'Europe.** — Volume in-18 jésus. . . . 1 fr.

SALADIN. — **Jésus-Christ est-il ressuscité d'entre les morts ?** — Traduit par J. CHEVALME. — Volume in-16 de 100 pages . . . . 1 fr.

SALOMON (D^r^). — **Autour de la loi sur les aliénés.** — Brochure in-18 . . 1 fr.

— **L'Alcool et la dépopulation de la France.** — In-18 . . . . 1 fr. 50

SANTRAN (THÉOBALD). — **L'Immoralité des Livres Saints.** — Vol. in-18 . 3 fr.

SAWYER (JEANNE-LYDIE). — **Buddha.** — *Buddhisme Populaire.* — Brochure in-18 jésus . . . . o fr. [illegible]

SCHIFFMACHER (ÉDOUARD.) — **Un seul Dieu en trois personnes.** — *Analyse de l'idée de Dieu.* — Vol. in-18, ... 2 fr.

SCHMID. — **Mélanie, bergère de la Salette, et le cardinal Perraud.** — 1 vol. in-18 jésus de 420 pages. . . . . 3 fr. 50

SERRE (JOSEPH). — **A la découverte du vrai.** — Vol. in-18. . . . . . . 1 fr. 50

— **Au Large.** — Vol. in-18. 3 fr. 50

STRADA (J.) — **Mirabeau.** — 1 vol. in-8 carré en vers. . . . . 5 fr.

STRAUSS. — **Autour d'un Congrès.** — Broch. in-18 . . . . o fr. 50

T. D. V. F. M. — **Suprême Testament.** — *Nouvelle révélation.* — In-16. . . 1 fr.

VIDAL. — **Théologie de la religion naturelle.** — Br. in-8. . . . . 1 fr.

DIVERS

AJAM (MAURICE). — **La Parole en Public.** — *Physio-psychologie de la parole ; rapport du langage intérieur avec la parole ; études des procédés oratoires depuis l'antiquité ; étude d'une méthode scientifique d'art oratoire ; enquêtes psychologiques sur la parole en public.* — Volume in-18 jésus, avec deux dessins . . . 2 fr. »

DAIN (A. LE) — **Méthode de Mélodie et d'Harmonie.** — *L'art d'apprendre à composer sans maître.* Vol. in-8 avec table . . . . 2 fr. 50

ENCAUSSE (Dr GÉRARD). — **Annuaire de l'Homéopathie à Paris.** — Brochure in-18 jésus. . . . . 0 fr. 50

— **Traitement externe et psychique des maladies nerveuses.** — *Aimants ; couronnes aimantées ; casque selenoïde ; miroirs rotatifs ; transferts ; traitement diététique de Schroth, etc.* — Vol. in-18 jésus avec nomb. figures. . . . 3 fr.

GOUDOURVILLE. — **Les Escrimeurs Contemporains.** — Vol. in-18. . . . 5 fr. »

KRAUSS (THÉODORE). — **La Cure des Maladies Nerveuses et Mentales** *au moyen des médicaments électro-homéopathiques du Comte César Mattei.* — Seule traduction française autorisée. Vol. in-18 jésus avec un portrait de l'auteur et deux planches anatomiques hors texte (*sous presse*). . . . . 2 fr. »

MARINETTE. — **Les Plats Chics.** — Vol. in-16 raisin. . . . . 1 fr. 50

— **Carême Gourmand.** — Vol. in-16 . . . . 1 fr. 50

— **Les Petits Trucs de la Ménagère.** — Vol. in-16 . . . . 1 fr. 50

ONIMUS. — **De Nice à Monaco.** — Vol. in-18. . . . . 1 fr. »

PÉLADAN (DOCTEUR ADRIEN). — **L'Anatomie homologique.** — Vol. in-8 . 6 fr.

SATURNUS. — **Iatrochimie et Electro-Homéopathie.** — *Etude comparative sur la Médecine du moyen-âge et celle des temps modernes.* — Traduit de l'Allemand. Vol. in-18 orné de deux portraits et d'une planche hors texte. . . . . 1 fr. 50

VITOUX (G.). — **Les Rayons X et la Photographie de l'invisible.** — Vol. in-18 jésus orné de 30 figures et dessins et 18 planches hors texte . . . . 3 fr. 50

— **La Photographie du mouvement.** — *Chromophotographie, Kinétoscope, Cinématographe.* Br. av. dessins . . . . 0 fr. 75

— **La levure de bière. et la levurine.** — Broch in-18 . . . . 1 fr. »

— **Artillerie et Météorologie.** — Br. in-18 . . . . 0 fr. 75

HISTOIRE — POLITIQUE — ACTUALITÉS

CALDERON. — **L'Europe et le désarmement.** — Vol. in-18 jésus, avec la future carte de l'Europe.

CAILLEUX (THÉOPHILE). — **La Judée en Europe.** — *La vérité sur les Juifs, leur origine et leur religion. Précédée d'une préface* par Ch. Limousin et d'une notice biographique par E. de Reyle. Vol. in 18 jésus . . . . 2 fr. »

CANU (A.-H.) — **La Pétaudière coloniale.** — Vol. in-18 jésus . . . . . . 3 fr. 50

CHAFFAULT (GABRIEL DU). — **Mesoncelles-en-Brie.** — *Dépendances de l'abbaye de Saint-Denis ; Abailard et Héloïse.* — Volume in-8 carré de 200 pages avec gravures . . . . 2 fr. »

CHESSÉ (I). — **Vérités coloniales.** — *Le désordre ; les abus ; le danger.* Volume in-18 jésus . . . . 2 fr. »

CHOISY. — **La Nouvelle Alliance.** — Broch. in-18 . . . . 1 fr. »

COLLEVILLE (Vte DE) et F. DE ZEPELIN. — **L'Empereur de Russie et la Cour de Danemarck.** — Broch. in-18 jésus. . . . . 0 fr. 75

DELVALLÉ. — **La Botte Russe.** — Broch. in-18. . . . . 0 fr.

CHAMUEL

DEVAUX. — **Partageons.** — *De l'égalité des conditions.* — In-18 . . . . . o fr. 4[illegible]

DONTENVILLE. — **Après 1870.** — Vol. in-18 jésus. . . . . 2 fr. [illegible]

FERRÉ (ÉMILE). — **Un Ministère radical.** — Avec préface de M. Yves Guyot. Volume in-18 jésus. . . . . 1 fr. 5[illegible]

GADOBERT (B.).— **La Jeunesse de Napoléon.** — *De 1786 au siège de Toulon.* Volume in-18 jésus . . . . 3 fr. 5[illegible]

GARRIEN (V.).— **Un Cri d'alarme.** — *Réponse au manifeste du Tsar.* — Une brochure in-18 jésus . . . . o fr. 5[illegible]

GALLAIS. — **L'Emigration des campagnes dans les villes.** — Broch. in-18 jésus. 1 fr. [illegible]

GARDEY (P.).— **Anglophilie gouvernementale.** — *Manœuvres des protestants à Tahiti et à Madagascar.* — Broch. in-18 jésus. . . . . o fr. [illegible]

GENEVOIS (HENRI). — **Les Enseignements de Gambetta.** — *Entièrement extraits de ses discours.* — Vol. in-8. . . . . 1 fr. 2[illegible]

— **Les Coups de main pendant la Guerre.** — *Ablis.* — *Chatillon.* — *Ham.* — *Fontenoy.* — *Chateauneuf.* — Vol. in-8 carré . . . . 3 fr. [illegible]

GOHIER (URBAIN). — **La Fin d'un Régime.** — Broch. in-18 jésus . . . . . 1 fr. 2[illegible]

— **Sur la Guerre.** — Broch. in-18 jésus. . . . . o fr. 7[illegible]

— **Contre l'Argent.** — *Crimes, Châtiments, Remèdes, Des lois, Révolutions, Chambre ardente. L'opinion.* — Brochure in-18 jésus. . . . . 1 fr. 2[illegible]

— **Les Massacres d'Arménie.** — *Réponse du Sultan à M. Clémenceau.* — Brochure in-18 jésus . . . . o fr. 6[illegible]

— **Le Nouveau Pacte de Famine.** — Broch. in-18 jésus. . . . . 1 fr. 2[illegible]

— **Trois Fantoches.** — F. F., Hanotaux, Méline, broch. in-18 jésus. . . . 1 fr. [illegible]

— **Le Centenaire et la Résurrection du Directoire.** — Broch. in-18 jésus. o fr. 6[illegible]

GUINOU-PAGÈS. — **Le Prétendant.** — *République et Monarchie.* — Vol. in-8 jésus de 350 pages . . . . 3 fr. 5[illegible]

— **Le Salut par la Monarchie.** — Broch. in-18 avec portrait et autographe du prince d'Orléans. . . . . o fr. 7[illegible]

JOZE. — **Emile Loubet.** — Broch. in-18. . . . . 1 fr.

MARTIN-CHAGNY (LOUIS). — **L'Angleterre suzeraine de la France par la Franc-maçonnerie.** — Vol. in-18 jésus de 365 pages . . . . 3 fr. [illegible]

MARTIN-GINOUVIER. — **Les Principes Belliqueux du R. P. Olivier.** . . o fr. [illegible]

MATGIOI (A. DE POUVOURVILLE). — **L'Affaire de Siam 1886-1896.** — Volume in-18. . . . . 3 fr.

— **La Politique Indo-Chinoise.** — Vol. in-18 . . . . 3 fr.

— **Le Tonkin actuel. 1887-1891.** — Vol. in-18 jésus avec trois cartes . . 3 fr.

— **Deux années de lutte, 1890-1891.** — In-18 . . . . 3 fr.

— **Dans les seize Chaûs.** — *Etudes coloniales.* — in-18. . . . . 2 fr.

MAYOU (LÉON). — **Le Secret des Pyramides de Memphis.** — In-8. . . . 1 fr.

MOLÈNE (ÉMILE DE). — **Torquemada et l'Inquisition.** — Vol. in-18. . . 3 fr.

NERCY (G.). — **Nos grands chefs et la situation actuelle.** — Une brochure in-[illegible] jésus. . . . . o fr.

OËL (JACK). — **Deux disparus.** — Jules Cellier, Alfred Dalibard. Broch. in-8. o fr.

PROLES (CH.). — **Les Hommes de la Révolution de 1871.** — DELESCLUZES. — Volu[illegible] in-18 jésus . . . . o fr.

— ROSSEL. — Vol. in-18 jésus. . . . . o fr.

— RAOUL RIGAULT. — Vol. in-18 jésus. . . . . o fr.

— **Flourens.** — Un Vol. in-18 jésus . . . . o fr.

SAVIGNY (MICHEL). — **L'Europe Allemande.** — Broch. in-18 jésus. . . . o fr. 7[illegible]

SICARD (JULES). — **Expiation.** — *Etude politique et sociale.* — in-18. . . . 3 fr. 5[illegible]

VITOUX (G.). — **L'Agonie d'Israël.** — Vol. in-18 jésus . . . . 3 fr. 50

NESS. — **La Fin d'une présidence.** — Vol. in-18. . . . . 2 fr. »

ART — LITTÉRATURE — POÉSIE

LET ET LEJAY. — **Synthèse de l'Esthétique.** — *La peinture.* — in-8. . 1 fr. 25

L'Art de demain. — *La peinture autrefois et aujourd'hui.* — Un Volume in-18 jésus . . . . 2 fr. »

SET (SERGE). — **La Grande Rouge.** — *Drame social.* — Vol. in-8 rais. 2 fr. »

Vers le Sabbat. — *Evocation de Sorcellerie.* — in-18. . . . . 0 fr. 75

GER (LÉON). — **Tristia.** — Élégante plaq. in-18 jésus . . . . 1 fr. 50

TIN (MAURICE). — **La Mère sotte.** — *Facéties en quatre actes avec divertissement représentée en 1511 et remise à neuf,* par MAURICE BERTIN. Préface de FABRE DES ESSARTS. in-18 jésus . . . . 2 fr. »

Y (LÉON). — **Léon Bloy devant les cochons.** — *Suivi de Lamentation de l'épée.* — Broch. in-18 jésus. . . . . 1 fr. 25

(JULES). — **Les Noces de Sathan.** — *Drame ésotérique.* — Broch. in-18 avec un dessin de Henri Colas . . . . 2 fr. »

LÉ (RENÉ). — **Le Poème de l'Ame.** — Vol. in-18 jésus. . . . . . . 3 fr. 50

NEILLE (PIERRE). — — **Le Bonheur des autres.** — Vol. in-18 . . . 2 fr. »

Au temps de Charles VII. — Vol. in-18 . . . . 1 fr. 50

Erinna prêtresse d'Hésus . . . . 1 fr. 25

PIT (ALBERT). — **Les Opéras de Wagner.** — Tome I. TANHAUSER, LOHENGRIN PARSIFAL . . . . 4 fr. 50

Sous presse. — Tome II. L'OR DU RHIN, LA WALKYRIE, SIEGFRIED, LE CRÉPUSCULE DES DIEUX . . . . 4 fr. 50

OURG (CHARLES). — **Le Pas des chimères.** Vol. in-18 jésus. . . . . 3 fr. »

SAC SENAND. — **Ad Patres.** — Scène dramatique en vers. Br. in-18 jésus. 1 fr. »

ADE (D.). — **Les Simples.** — Vol. in-18 jésus . . . . 3 fr. »

IN (IWAN). — **Stances dorées.** — *Commentaire sacerdotal du Tarot.* — Brochure in-18, ornée de 32 gravures . . . . 1 fr. »

NDMOUGIN (CHARLES). — **Les Heures Divines.** — Jolie plaquette in-18. 1 fr. »

La Forêt Mystérieuse. — Opuscule in-8. . . . . 0 fr. 20

QUIÈRE (LOUIS DE). — **Rêves et Cauchemars.** — Broch. in-18 . . . . 1 fr. 50

RYNER. — **Le Massacre des Amazones.** — 1 Volume . . . . 3 fr. »

GERIS (MAURICE). — **Les Effluves.** — *Voix des sens, Voix de l'esprit, Union avec l'Être.* — Vol. in-18 jésus. . . . . 3 fr. »

Samahïva. — *Drame Hindou.* Élégante plaq. in-18 . . . . 1 fr. 50

MANDIE (COMTE DE). — **Nuit tombante.** — (PROSES LYRIQUES). — In-18. 3 fr. »

Nuit Close. — (PROSES LYRIQUES). In-18 . . . . 2 fr. »

Pleine Ombre. — (PROSES LYRIQUES). In-18. . . . . 2 fr. »

Le Chemin de la Croix. — (PROSES LYRIQUES). In-18 . . . . 3 fr. »

Au-Delà. — (PROSES LYRIQUES). — In-18 . . . . 3 fr. »

BERT. — **La Conversion de Chapelle.** — Broch. in-18 . . . . 1 fr. »

ESQUE (PHILÉAS). — **Le grand Ferré.**— *Essai dramatique en vers.* In-8. 3 fr. »

ORT (H.). — **L'Erreur Latine.** — Broch. in-16 . . . . 0 fr. 50

CELLIN (LÉOPOLD). — **Aujourd'hui et Demain.** — *Décentralisation et Révision* Vol. in-18 jésus . . . . 1 fr. 25

ASSONI. — **Lœtitia.** — Vol. in-16. . . . . 3 fr. 50
— **Les Joies prochaines.** — Vol. in-16. . . . . 3 fr. 50

HIRABAUD (A.). — **Secret d'Alcôve.** — Pièce en 1 acte, 1 vol. in-18 jésus . 2 fr. »

HIRABAUD (A). — **Songe d'une nuit d'automne.** — *Drame astral.* — Volume in-18 jésus. . . . . 3 fr. 50

MARTELLET (Mme). — **Dix ans chez A. de Musset**, par Mme MARTELLET, née A. COLIN sa gouvernante. — *Ouvrages contenant des Poésies inédites, des autographes et des dessins d'A. de Musset.* — Un volume in-18 jésus. . . . . . . 3 fr. 50

MONTALS (ALBERT). — **Etapes vers le Crépuscule.** — Un volume de poésies ésotériques . . . . 2 fr. »

MORIN (PIERRE). — **Esquisses d'Hiver.** — *Poésies.* — 1 Vol. in-18 jésus. . 3 fr. »

ORANGIS (LORD). — **Aifémaire Amour.** — Broch. in-18 . . . . 1 fr. »
— **Le Portrait de Jeanne-d'Arc.** — In-18 jésus . . . . 0 fr. 30

MARTHOLD (JULES DE). — **Le Jargon de François de Villon.** — Vol. in-18. 2 fr. »

MICHELET (EMILE). — **Esotérisme dans l'art.** — Broch. in-8 écu. . . . 1 fr. »
— **La Plèbe.** — Beau vol. in-8 carré. . . . . 5 fr. »
— **Comme on n'aima jamais.** . . . . 5 fr. »

PAPUS ET DELIUS. — **Anatomie et Physiologie de l'Orchestre.** — in-8 . 1 fr. »

PÉLADAN (JOSÉPHIN). — **Babylone.** — *Tragédie en quatre actes.* — Beau volume in-4 couronne . . . . 5 fr. »
— **La Prométhéide.** — *Trilogie d'Eschille restituée.* — *Prométhée porteur du feu.* — *Prométhée enchaîné.* — *Prométhée délivré.* — Beau vol. in-4 couronne avec portrait en taille douce de l'auteur . . . . 5 fr. »
— **Le Prince de Byzance.** — *Drame en quatre actes.* — Vol. in-4 couronne. 5 fr. »
— **La Queste du Graal.** — *Prose lyrique de l'éthopée, la décadence latine.* — Volume in-16 orné de belles gravures . . . . 3 fr. 50
— Le même — Edition de grand luxe sur japon tirée à 50 exemplaires numérotés. . . . . 40 fr. »
— **L'Art Idéaliste et Mystique.** — Beau vol. in-18 jésus . . . . 3 fr. 50
— **Le Théâtre complet de Wagner.** — *Les XI opéras scène par scène.* — Volume in-18 jésus de 300 pages (deuxième édition) . . . . 3 fr. 50
— CATALOGUE ILLUSTRÉ DU SALON DE LA ROSE-CROIX. (1892). Volume in-8 carré. 2 fr. 50
— **Le même** (1893). — Vol. in-8 carré . . . . 3 fr. 50

RANTHALLAC (G. DE). — **Au midi de la France.** — *Causses et canons des Cévennes, Alpes et Méditerranée.* — Broch. in-18 jésus avec photographie. . . . 1 fr. »

SÉVÈRE (JEAN). — **Poésies humaines.** — Vol. in-18 jésus . . . . 2 fr. »

TÉNARG (P.). — **Nos bons auteurs et nos méchants critiques.** Vol. in-18 jésus. 3 fr. 50

VILLIERS (DE L'ISLE-ADAM). — **Morgane.** — *Drame en cinq actes.* Beau volume in-18 . . . . 5 fr. »
— Le même sur japon . . . . 15 fr. »
— **Elën.** — *Drame en trois actes.*— Beau vol. in-8 carré avec portrait inédit de l'auteur par Franck Lamy. . . . . 5 fr. »
— **Le même sur japon** . . . . 15 fr.

ROMANS ET NOUVELLES

H.AINE. — **La Conquête de la Vie.** — Vol. in-18. . . . . 3 fr. 50

ICE (TRISTAN) ET LANGLE (L. DE). — **De l'autre côté de l'eau.** — *Histoire d'aimer.* — Vol. in-18 jésus . . . . 2 fr. »

VET (M.-A. DE). — **Sexe faible.** — Vol. in-18 jésus . . . . 3 fr. 50

UTET (F.). — **Contes dans la nuit.** — Vol. in-18 jésus. . . . . 3 fr. 50

Drames Baroques et Mélancoliques. — Vol. in-18 . . . . 3 fr. 50

Les Victimes grimacent. — Vol. in-18 avec couverture illustrée. . . . 3 fr. 50

SSOT (CÉCILE). — **La Fille d'un Assassin.** Vol. in-18 jésus. Nouvelle édition populaire . . . . 1 fr. »

Comment ils l'aiment. — Vol. in-18. . . . . 3 fr. 50

La Fleur de Résurrection. — Beau vol. in-18 jésus de 350 pages, avec couverture illustrée . . . . 3 fr. 50

AN (ROBERT DE). — **Mauvais rêve.** — Vol. in-18 jésus . . . . 3 fr. 50

Une triste Vie. — Vol. in-18 jésus . . . . 3 fr. 50

L'Art d'aimer. — Poème en trois chants imité d'Ovide. Vol. in-18 jésus. 1 fr. 50

I.LEVILLE (VICOMTE DE) et F. DE ZÉPELIN — **Contes grotesques du Danemark.** — Brochure in-18. . . . . 0 fr. 75

LLEVILLE (VICOMTE DE) — **Jobard.** — Vol. in-18. . . . . 3 fr. 50

RNEILLE (PIERRE). — **Le Démon de la Chair.** — Vol. in-18 jésus. . . 3 fr. 50

Contes indécents et moraux. — Vol. in-18 . . . . 1 fr. 50

RLOW (PHILIPPE). — **La Fiancée du Logis Barrault.** — In-18. . . . . 2 fr. »

BAY (VICTOR) — **Hors la Vie.** Vol. in-18 jésus . . . . 3 fr. 50

TSCHINE (IVAN). — **Astra.** — Broch. in-8 écu av. couverture illustrée . 1 fr. »

BARRY (ARMAND) — **Les déséquilibrés de l'amour :**

VOLUMES PARUS

Le Fétichiste. — Vol. in-18 jés., 350 p. avec couverture illustrée par *Clérisse.* 3 fr. 50

Les Invertis. — Vol. in-18 jésus avec couverture illustrée par — . 3 fr. 50

L'Hermaphrodite. — Vol. in-18 jésus avec couverture illustrée par — . 3 fr. 50

Hystérique. — Vol. in-18 jésus avec couverture illustrée, par — . 3 fr. 50

Coupeur de Nattes. — 1 vol. in-18 jésus avec couverture illustrée par — . 3 fr. 50

Les Flagellants. — Vol. in-18 jésus avec couverture illustrée par — . 3 fr. 50

Le Vieux et l'Amour. — 1 vol. in-18 jésus. . . . . 3 fr. 50

Les Femmes Eunuques. 1 v. in-18 j. avec couverture illustrée par *Clérisse.* 3 fr. 50

Mademoiselle Callypige. — 1 vol. . . . . 3 fr. 50

Lourdes Amoureuse et Mystique. — 1 vol. . . . . 3 fr. 50

ANCE (JEANNE) — **Le Dernier Chevalier.** — Vol. in-18 . . . . 2 fr. 50

Vierges et Femmes. — Première série. — Vol. in-18 deuxième édition . 2 fr. 50

— Deuxième série. — Vol. in-18 jésus. . . . . . 2 fr. 50

Veuves et Vieilles Filles. — Première série. — Vol in-18 jésus . . . . 2 fr. 50

— Deuxième série. — Vol. in-18 jésus . . . . . . 2 fr. 50

ANCE (JEANNE) ET A. MAGNIER. — **Le Père.** — *Roman d'analyse.* V. in-18. 3 fr. »

HIER (URBAIN) — **L'Absolu.** — Vol. in-18 jésus de 320 p. . . . . . . 3 fr. 50

ANDMOUGIN (CHARLES). — **Medjour.** — Broch. in-18 jésus. . . . . 1 fr. »

RMANDIE (COMTE DE). — **Montorgueil.** — Vol. in-18 jésus . . . . . . 3 fr. 50

LERMINA (JULES). — **La Magicienne.** — Vol. in-18 jésus, 384 pages avec dessin inédit de C. Lefèvre . . . . 3 fr. 50

— **La deux fois morte.** — *Magie passionnelle.* Broch. in-18 jésus. . . . . 1 fr. »

M. A. B. — **Roman Esotérique.** — *Série de récits infernaux et sataniques.* — Vol in-18 jésus . . . . 3 fr. 50

— **L'Envoûtement.** — Vol. in-18 jésus. . . . . 3 fr. 50

— **Suggestion Mentale ou la Grande Denise.** — Vol. in-18. . . . . . . 3 fr. 50

— **Thomassine,** suite de l'Envoûtement. — Vol. in-18. . . . . 3 fr. 50

MALDAGUE (GEORGES). — **Monsieur le Professeur.** — Vol. in-18 . . . . 3 fr.

MATHIEX (PAUL). — **Coups de désir.** — *Mœurs d'aujourd'hui.* — 1 vol. in-18. 3 fr.

— **Baisers défendus.** — Vol. in-18 avec couverture illustrée. . . . . . . 3 fr.

MIELVAQUE (MARCEL). — **L'Ame de la Race.** — Vol. in-18 jésus . . . . 3 fr

NATAL (CAMILLE). — **Cœurs de Femmes.** Edition de luxe à pages encadrées de filets de couleur . . . . 3 fr.

— **Gerbes d'Œillets.** — *Poésies* . . . . 1 fr.

— **Deux poèmes en prose** . . . . 0 fr.

— **Presque mariée.** — *Monologue.* . . . . 0 fr. 50

— **Mademoiselle Colette.** — Brochure . . . . 0 fr. 50

— **Plume brisée.** — *Monologue.* . . . . 0 fr. 50

— **Cousin Flavien.** — Récit d'une idylle aux champs dans le goût de celles chères à George Sand . . . . 0 fr. 20

— **Le Liseron.** — Poème sur Jeanne d'Arc . . . . 0 fr. 50

— **Lys Fauché.** — Poésie . . . . 0 fr. 50

— **Raphaële** . . . . 0 fr. 50

— **L'Ange de l'Ambulance** . . . . 0 fr. 50

ORTIOU (PAUL). — **Plage et Casino.** — Un vol. in-18 jésus avec couverture illustrée par l'auteur . . . . 3 fr. 50

OUDINOT (G.). — **Petites proses.** Elégant vol. in-16 raisin. . . . . 2 fr. »

PÉLADAN (JOSÉPHIN). — **Le Vice suprême.** — Vol. in-18 jésus (10e édition) . 3 fr. 50

— **Istar.** — Vol. in-18 jésus (4e édition) . . . . 3 fr. 50

— **Typhonia.** — Vol. in-18 jésus (2e édition) . . . . 3 fr. 50

— **Le Dernier Bourbon.** — Vol. in-18 jésus . . . . 3 fr. 50

— **Réponse à Tolstoï.** — *Décadence esthétique.* — 1 vol. in-18. . . . . . 3 fr. 50

RICARD (XAVIER DE). — **Les Conditions de Claire.** — Vol. in-18 . . . . 3 fr. 50

RICHARD (LOUIS). — **Robert Fleurance.** — Vol. in-18 avec couverture illustrée. 3 fr. 50

RIOTOR (LÉON). — **Le Pressentiment.** — *La Jument noire.* — Broch. in-18 . 1 fr.

ROCHESTER (W.) — **Nahema.** — *Légende de Sorcellerie.* — 1 vol. in-18 jésus. 3 fr.

— **Le Chancelier de fer.** — Vol. in-18. . . . . 4 fr.

SCHNEIDER (LOUIS). — **Sous la Lance.** — *Impressions du « Pompier de Service ».* Vol. in-18 jésus avec couverture illustrée . . . . 3 fr.

SICARD (JULES). — **Théo et Madeline.** — Vol. in-18 jésus . . . . 3 fr

SYLVABEL. — **L'Incube.** — Roman passionnel, 1 vol. in-18 jésus . . . . . 3 fr

TENARG (PAUL). — **Les Premières Amours.** — *Eveil du cœur et des sens.* — Vol. in-18 jésus avec couverture illustrée 3

— **Nuit de Noce.** — 1 vol. in-18 jésus avec couverture illustrée 3

TOGUY. — **Autour du Clocher.** — 1 vol. in-18 jésus . . . .

— **Le Chatelain de Lorcy.** — Vol. in-18 . . . .

TABLE ALPHABÉTIQUE DES AUTEURS

Conditions Générales de la Vente des Livres

Sont expédiés franco dans toute l'Union postale tous les ouvrages cités dans le Catalogue, ainsi que tous les ouvrages non épuisés, sur tous sujets, dont on connait le titre et le nom de l'auteur.

La Librairie fournit tous les ouvrages reliés si on le lui demande à des prix très modérés.

Prière d'ajouter 5 cent. pour le port quand le prix de l'ouvrage ne dépasse pas 50 cent.

Toute commande doit être accompagnée d'un mandat-poste, ou, si la somme est inférieure à 5 fr., de son montant en timbres-poste.

En ajoutant 10 cent. on reçoit le colis recommandé.

On accepte tous les autres modes de paiement : contre remboursement (au-dessous de 50 fr. en France seulement) par Chèques, etc.

Les risques de l'expédition sont à la charge du destinataire, conformément à la loi.

La Maison donne gratuitement tous les renseignements bibliographiques sur toutes sortes d'ouvrages, dont la demande est accompagnée d'un timbre pour la réponse.

Elle recherche aussi tous les ouvrages anciens sur n'importe quel sujet.

AVIS A MM. LES AUTEURS

La Maison CHAMUEL se charge de prendre en dépôt tous les ouvrages, volumes et brochures, que MM. les Auteurs voudront bien lui confier. Elle possède à cet effet un service complet de Correspondants à Paris, en France et à l'Etranger choisis parmis les meilleurs libraires de chaque ville.

De plus elle fait pour chaque ouvrage un service de Presse qui lui assure la publicité de beaucoup de grands journaux et revues.

La Maison CHAMUEL possède une importante Imprimerie, spécialement outillée pour l'impression rapide et soignée des brochures, volumes, revues et journaux. Le bon marché de sa main d'œuvre lui permet d'offrir des conditions exceptionnelles.

L'Imprimerie exécute aussi aux prix les plus avantageux, tous les autres travaux typographiques : prospectus, catalogues, travaux de luxe, impressions en langues étrangères, lettres, factures, enveloppes, cartes de visite etc.

On peut s'adresser soit à la LIBRAIRIE, A PARIS, soit directement à la PETITE IMPRIMERIE VENDEENNE, à La Roche-sur-Yon (Vendée).

Petite Imprimerie Vendéenne — La Roche-sur-Yon — 1048

CATALOGUE

DE LA

LIBRAIRIE MILITAIRE

R. CHAPELOT & CIE

ÉDITEURS

Successeurs de L. BAUDOIN

GUERRE ET MARINE

PARIS

IMPRIMERIE ET LIBRAIRIE MILITAIRES

30, Rue et Passage Dauphine, 30

ABLE SYSTÉMATIQUE

Ire PARTIE.

SANCES GÉNÉRALES.

— ART DE LA GUERRE.

III° PARTIE. — ARTILLERIE ET GÉNIE.

IV° PARTIE. — MARINE.

V° PARTIE. — HISTOIRE MILITAIRE.

VI° PARTIE.

GÉOGRAPHIE MILITAIRE.

VII° PARTIE. — LÉGISLATION ET ORGANISATION DE L'ARMÉE. — ADMINISTRATION ET COMPTABILITÉ MILITAIRES.

TABLE SYSTÉMATIQUE *(Suite)*

CATALOGUE

DE LA

[IBRAIRIE MILITAIRE

R. CHAPELOT & Cie, Succ^rs^ de L. BAUDOIN

Ire PARTIE

CONNAISSANCES GÉNÉRALES

THÉORIES ET MANUELS

INFANTERIE (1).

ment du 29 juillet 1884 modifié par déci- ministérielle du 15 avril 1894 sur l'exer- **et les manœuvres de l'infanterie.** 'elle édition. 1900.

TITRE Ier : *de l'instruction.* TITRE II : *du soldat.....*	1 v. in-18 avec 2 pl.	Cartonné. » 75 / Rel. toile. 1 »
TITRE III : *de compagnie.*	1 v. in-18	Cartonné. » 60 / Rel. toile. » 80
TITRE IV : *de bataillon...*	1 v. in-18	Cartonné. » 60 / Rel. toile. » 80
TITRE V : *de régiment...*	in-18...	Cartonné. » 75 / Rel. toile. 1 »

ries et sonneries. Broch. in-18... » 60 c.

t du 20 octobre 1892 portant règlement **le service intérieur des troupes fanterie** Edition refondue et mise à jour. , 1900, 1 vol. in-18 cartonné. 1 fr. 50
lié toile. 1 fr. 75

it du décret du 20 octobre 1892 portant ment sur le **service intérieur des pes d'infanterie**, à l'usage des sous-offi- et caporaux. Paris, 1899, 1 vol. in-18 car- é. 60 c.

t du 4 octobre 1891 portant règlement sur **rvice dans les places de guerre et villes ouvertes.** Edition mise à jour. , 1899, 1 vol in-18 cartonné. 1 fr
même, relié toile. 1 fr. 25
tion in-8 avec de grandes marges. 1 fr. 50

it par demandes et par réponses du décret octobre 1891 portant règlement sur le **ser- dans les places** de guerre et villes de ison, à l'usage des sous-officiers, caporaux et ts d'infanterie. Paris, 1899, 1 vol. in-18 car- é. 40 c.

Décret du 28 mai 1895 portant règlement sur le **service des armées en campagne.** Paris, 1899, 1 vol. in-18 cartonné. 1 fr.
Relié toile. 1 fr. 25
— Edition in-8 à grandes marges. 1 fr.
Relié toile. 1 fr. 50

Instruction pratique provisoire du 24 décembre 1896 sur le **service de l'infanterie en campagne.** Paris, 1898, 1 vol. in-18 cartonné. 50 c.
Relié, toile souple. 75 c.

Guide de l'instructeur au service en campagne, par le lieutenant **de Cissey.** Paris, 1893, 1 vol. in-18. 1 fr.

Règlement sur l'instruction du tir, approuvé le 22 mai 1895. Paris, 1897, 1 vol. in-18 cartonné. 60 c.
Relié toile. 80 c.

Instruction provisoire du 28 novembre 1899 pour **le tir à distance réduite** et le **tir réduit avec le fusil modèle 1886,** précédée des circulaires des 5 août, 28 et 29 novembre 1899. Paris, 1900, broch. in-18. 20 c.

Instruction sur l'armement, les munitions, les champs de tir et le matériel de l'infanterie. Edition complétée et mise à jour conformément à la nomenclature du fusil et de la cartouche mod. 1886-M-1893, de l'instruction sur le revolver mod. 1892 et du nouveau réflecteur à miroir. Paris, 1896, 1 vol. in-18 avec fig., cart. 60 c.
Relié toile. 80 c.

Extrait des règlements en vigueur concernant l'armement et les munitions de l'infanterie, le démontage, le remontage et l'entretien du fusil (Modele 1886) **et l'instruction du tireur.** Paris, 1891, 1 vol. in-18 cartonné. 60 c.

Pour les autres règlements concernant l'infanterie, voir page 9 : **A l'usage des trois armes.**

INFANTERIE (*Suite*).

Ministère de la guerre. — **Instruction sommaire sur le revolver modèle 1892,** approuvée par le Ministre de la guerre le 8 février 1893. Nouvelle édition. Paris, 1897, broch. in-18. 20 c.

Instruction sur les accessoires d'entretien des armes à feu portatives. Approuvée le 11 novembre 1898. Paris, 1899, broch. in 8 avec 2 planches. 40 c.

Instruction préparatoire du tireur. — **Manuel de l'instructeur de tir**; par J.-M. **Franceschi**, lieutenant au 137ᵉ d'infanterie. Paris, 1890, 1 vol. in-18, avec figures, cart. 75 c.

Aide-mémoire des officiers et sous-officiers d'infanterie pour l'**exécution du tir.** — Iʳᵉ Partie : *Aide-mémoire de l'officier de tir sur le terrain.* — IIᵉ Partie : *Pratique du tir.* — IIIᵉ Partie : *Renseignements divers.* Paris, 1893, in-16 de poche, relié toile. 75 c.

Infanterie. — **Carnet de l'officier de tir.** Paris, 1893, 1 vol. in-18 à feuillets mobiles réunis dans une couverture reliée toile avec barrette en cuivre et écrous. 2 fr. 50

Carnet de tir annuel ou livret individuel du tireur. In-16 de 16 pages avec figures représentant les différentes cibles pour tirs préparatoires sur appuis et à bras francs; tirs d'instruction et d'application. Paris, 1898. 5 c.
Par 100 exemplaires. 3 fr. 50

Carnet de tir triennal conforme aux indications du Règlement du 22 mai 1895 sur l'instruction du tir. Paris, 1898, in-16 de 32 pages avec de nombreuses fig., couvert. parcheminée 15 c.
Par 100 exemplaires. 7 fr. 50

Instruction du 31 janvier 1884 pour les **exercices de cadres** de la brigade d'infanterie. Paris, 1884, broch. in-18. 15 c.

Instruction spéciale pour le transport des troupes d'infanterie et du génie par les voies ferrées, avec annexe spéciale relative au transport de ces troupes par voies maritimes. Extraits : 1ᵒ du règlement général sur les transports ordinaires et stratégiques; 2ᵒ de l'instruction sur les transports maritimes par les navires de commerce. Nouvelle edition refondue et mise à jour jusqu'au 1ᵉʳ octobre 1897. Paris, 1900, 1 vol. in-18 contenant 36 planches, cartonné. 1 fr. 25
Relié toile. 1 fr. 50

Instruction pratique pour le service des signaleurs du 7 septembre 1887, précédée du **Règlement sur l'organisation et le fonctionnement du service des signaleurs** dans les corps de troupe d'infanterie du 1ᵉʳ avril 1887. Paris, 1887, broch. in-8. 75 c.

Extrait de l'instruction pratique du 7 septembre 1887 pour le **service des signaleurs** et du Dictionnaire d'abréviations à l'usage des signaleurs avec **Alphabet Morse.** Paris, 1891, broch. in-8. 15 c.

Aide-mémoire pour l'instruction des **éclaireurs de compagnie.** Nouvelle édition mise à jour en conformité avec le règlement sur le service en campagne du 28 mai 1895, l'instruction pratique provisoire du 24 décembre 1896 et le règlement sur l'instruction du tir du 22 mai 1895. Paris, 1897, broch. in-12. 75 c,

Les petites patrouilles, méthode d'instr par le capitaine **B*****. 3ᵉ *édition*, revue rigée. Paris, 1896, broch. in-12 avec figure

Travaux de campagne. — **Cours ré** l'usage des sous-officiers d'infanterie, d'a ciculaire du 23 mars 1878 et l'instructi 9 août 1890 ; par le capitaine adjudant **Schmitt.** Paris, 1892, 1 vol. in-12 avec gures. 1

Manuel pour l'exécution des travau fortification de campagne, par les t d'infanterie et de cavalerie, rédigé conform aux instructions ministérielles, par un **taine d'infanterie,** avec 189 figures d texte. Paris, 1889, 1 vol. in-12. 2
Relié.

Travaux de campagne. — **Résum conférences faites à l'Ecole du gén Versailles,** pour les capitaines d'infanter tachés à cette école. 2ᵉ edition, refondue e fermant toutes les matières du programme tériel du 23 mars 1878. Paris, 1885. 1 vol. avec 253 figures.

Instruction sur les travaux de pagne, à l'usage des troupes d'infanteri prouvée par le Ministre de la guerre le 1 vembre 1892. Paris, 1898, 1 vol. in-18 ca avec de nombreuses figures dans le texte.
Relié toile. 1

Instruction du 23 mars 1878 **pour les vaux de campagne** à exécuter dans les de troupe de l'infanterie ; suivie du progr de l'enseignement. Paris, 1878, broch in-18.

Comité technique de l'artillerie. — **Instru relative à l'emploi de la voitur compagnie,** approuvée le 12 août 1899. 1900, broch. in-18.

Notice à l'usage des officiers d'infanterie su **caisson à munitions** affecté à chaque bat pour le transport d'une partie de l'approvisi ment de cartouches, modèle 1874. Paris, broch. in-18 avec planches.

Notice à l'usage des officiers d'infa rie, sur le caisson à munitions affecté à c bataillon pour le transport d'une partie de l'a visionnement de cartouches modèle 1874 **Supplément nᵒ 1** : Signaux pour muni Paris, 1883, broch. in-18 avec planches.

Instruction et commandement d'une c pagnie d'infanterie ; par le capitaine **dier,** du 152ᵉ régiment d'infanterie. Paris, 1 broch. in-18 avec figure.

Guide mnémotechnique de l'officier sous-officier d'infanterie; par le capitaine **Schmitt,** du 77ᵉ de ligne. Paris, 1895, 1 vol. in-12 de VIII-512 pages avec 121 figures vées et 11 planches, reliure souple en toile glaise. 4 f

Guide méthodique pour l'instruction d compagnie d'infanterie; par le comma **Piellard.** Divisé en 12 fascicules in-18 de nombreuses figures. 2ᵉ édition complète refondue (novembre 1893).
Les mêmes avec couverture et barrettes.

Les fascicules sont vendus séparément :

Avant-propos.
Fascicule I. Service intérieur.
— II. Code de justice militaire.

INFANTERIE (*Suite*).

Service des places. 20 c.
Service en campagne. 50 c
Tir et appréciation des distances. 40 c.
Fortification de campagne. 50 c.
Recrutement et organisation de l'armée. 20 c.
Transport des troupes par voies ferrées. 20 c.
Premiers soins à donner aux blessés. 10 c.
Progression des écoles du soldat et de compagnie; port et chargement du sac; progression des marches militaires. 20 c.
Progression générale. 15 c.

...sin en 50 heures. Nouvelle instruc... ...nianterie, 3ᵉ *édition*. Paris, 1895, broch. 50 c.

... guerre du fantassin français, ... **Colonel d'infanterie.** Paris, 1889, ...-18 ...uverture: 15 c.; Avec couverture: 20 c.

... soldat d'infanterie dans l'armée ... réserve et l'armée territoriale; par le ... **Casanova,** instructeur à l'École mi... ...paratoire d'infanterie des Andelys. Paris, ...ol. in-18 cartonné avec fig. et planches ...rs. 75 c.

...ae ou instruction technique et du fantassin en campagne; par ...ndant P. **Durand,** chef de bataillon au ...nterie. Paris, 1891, 1 vol. in-18 car... 1 fr. 50

...a soldat d'infanterie. Nouvelle édi... ...èrement revue, augmentée et mise en ... avec les nouveaux règlements. 1 vol. ...c planches en couleurs, cartonné. 75 c.

...our l'éducation morale du sol... ...rvant de complément au *Manuel du* ...ar le capitaine **André,** du 163ᵉ régi... ...fanterie. 2ᵉ édition. Paris, 1899, 1 vol. ...tonné. 60 c.

...e théories dans les chambres ...ucation du soldat d'infanterie; ...astinieau, capitaine au 94ᵉ de ligne. ... Paris, 1884, 1 vol. in-18, cart. 75 c.

...'instruction pratique du soldat ...erie; par **E. Gastinieau,** capitaine ...giment d'infanterie. Paris, 1880, 1 vol ...tonné 75 c.

...-Méthode pour l'instruction pra... ...s jeunes soldats, basée sur les ...ons du Règlement du 15 avril 1894 et ...n plan d'ensemble déduit de la méthode ...it progression hebdomadaire. par un **...ne d'infanterie.** Paris, 1898, 1 vol. ...t. 75 c.

...s l'élève-caporal, rédigé conformé... ...programme annexé à l'Instruction du ...bre 1884 sur l'organisation d'un peloton ...ion dans les corps de troupe d'infanterie. ... complètement refondue et mise à jour. ... in-18 de plus de 900 pages, avec fig. ...s en couleurs, cartonné. 2 fr. ...ile. 2 fr. 25

...les connaissances nécessaires ...ves-caporaux, contenant: 1° la circulaire d'organisation; 2° une progression des théories récitatives; 3° un questionnaire de toutes les matières qu'ils doivent connaître ou pouvoir enseigner; à l'usage des capitaines, des officiers, sous-officiers et caporaux chargés de l'instruction des élèves caporaux dans la compagnie ainsi qu'à MM les officiers examinateurs; suivi d'une note au sujet de l'instruction complémentaire à donner aux éclaireurs d'infanterie, complété jusqu'au 1ᵉʳ décembre 1895. Paris, 1895, 1 vol. in-12 cart. 1 fr. 50

Manuel du sergent d'infanterie à l'usage des sous-officiers de l'armée active et de l'armée territoriale. Paris, 1888, 1 vol. in-18 cart. 75 c.

Manuel du caporal d'ordinaire et du cuisinier de compagnie, rédigé conformément aux instructions ministérielles, par Ch.-G. **Treille,** lieutenant d'infanterie. Paris, 1891, in-12, relié toile. 80 c.

Manuel du soldat ordonnance de l'officier. 2ᵉ édition. Paris, 1891, 1 vol. in-18 cartonné toile. 1 fr. 25

Nouvel aide-mémoire de l'officier d'infanterie en campagne; par F. **Gardin,** capitaine au 51ᵉ régiment d'infanterie. 3ᵉ édition revue et complétée. Paris, 1897, 1 vol. in-12 avec tableaux et fig., br. 2 fr.
Relié toile. 2 fr. 50

Nouvel aide-mémoire des sous-officiers et caporaux, en campagne et aux manœuvres; par F. **Gardin,** capitaine au 51ᵉ régiment d'infanterie. Paris, 1898, 1 vol. in-18 avec fig. et pl. coloriées. 75 c.

Aide-mémoire du sous-officier d'infanterie en campagne et aux manœuvres; par le commandant F. **Daclon** (3ᵉ édition), revue et mise à jour jusqu'au 1ᵉʳ juillet 1890. Paris, 1890, 1 vol. in-12. 1 fr. 50

Équipages militaires. — Aide-mémoire à l'usage des officiers d'infanterie et de cavalerie. Paris, 1877. 1 vol. in-18 avec 27 planches, papier blanc et peau d'âne, relié toile. 2 fr.

L'infanterie sur le champ de bataille ou connaissances utiles aux sous-officiers, caporaux et soldats d'infanterie, en vue du combat; par le lieutenant **Jevain,** du 131ᵉ régiment d'infanterie. Paris, 1897, in-18, cartonné. 50 c.

Notions pratiques pour les petites opérations de la guerre, extraites des *Avant-postes de cavalerie légère* du général DE BRACK, à l'usage des cadres inférieurs de l'infanterie; par A. **Cordier,** lieutenant au 134ᵉ régiment d'infanterie. Paris, 1887, broch. in-18. 40 c.

Administration des compagnies, escadrons et batteries. Extrait du *Manuel de législation, d'administration et de comptabilité militaires;* par le lieutenant-colonel **Beaugé.** Paris, 1897, 1 vol. in-12 1 fr. 50

Administration intérieure d'une compagnie, En station, — En route, — En campagne. 2ᵉ édition, mise à jour et complétée. Paris, 1898, 1 vol. in-12, cart. 2 fr. 50

Guide-manuel à l'usage des capitaines appelés à exercer les **fonctions de major** à la portion principale d'un régiment d'infanterie séparée de la portion centrale; par le commandant J. **Dennery.** Mis à jour des nouveaux règlements au 1ᵉʳ mars 1888. Paris, 1888, broch. in-18. 75 c.

INFANTERIE (*Suite*).

Guide pour l'application du règlement provisoire du 20 juin 1888 sur **l'entretien des casernements** par les corps occupants ; par le capitaine J***. Paris, 1889, broch. in-12. 75 c.

Agenda aide-mémoire de l'officier, contenant les principaux renseignements sur tous les services. Paris. Petit carnet de poche, reliure élégante en chagrin, avec pochette, coulisseau et caoutchouc. 2 fr. 50

Le même, cartonné. 1 fr. 50

L'agenda journalier est fait pour l'année militaire (novembre à fin décembre de l'année suivante).

Contrôle par rang de taille avec peau d'âne à l'usage des caporaux d'infanterie ; huit escouades. Cartonné. 45 c.

Le même ; seize escouades. Cartonné. 1 fr. 50

Le même pour chasseurs à pied, tirailleurs, zouaves ; douze escouades. Cartonné. 1 fr.

Carnets à feuilles mobiles : Couverture souple en percaline rouge, avec ficelles permettant le remplacement des feuilles, titre sur le plat, suivant le grade, peau d'âne à l'intérieur de la couverture. Ces carnets contiennent le nombre de cahiers nécessaires à chaque gradé pour le contrôle du pied de paix et du pied de guerre.

Prix réduits :
- Pour commandant de compagnie. 65 c.
- — officier de peloton. 60 c.
- — adjudant. 50 c.
- — sergent de sect. et 1/2 sect. 35 c.
- — caporal d'escouade. 35 c.

Marches pour tambours de la légion de la garde républicaine ; par C. **Gourdin**, tambour-major de la légion de la garde républicaine. Paris, 1899, broch. in-18. 30 c.

Marches-défilés avec tambours et clairons réunis de la légion de la garde républicaine ; par C. **Gourdin**, tambour-major de la légion de la garde républicaine. Paris, 1899, broch. in-18. 75 c.

CAVALERIE (1).

Ministère de la guerre. — **Décret** du 12 mai 1899 portant règlement sur les **exercices et les manœuvres de la cavalerie**. 3 vol. in-18.

Tome Ier : *Bases de l'instruction. — Instruction individuelle.* Cartonné. 1 fr. 50

Relié toile 1 fr. 75

Tome II : *Instruction d'ensemble. — Emploi de la cavalerie dans le combat.* Cart. 1 fr.

Relié toile. 1 fr. 25

Tome III : *Dressage du cheval. — Natation. — Harnachement — Sifflet. — Sonneries*, etc. Cartonné. 1 fr.

Relié toile. 1 fr. 25

Cahier des sonneries. — Extrait du décret sur les exercices de la cavalerie. Paris, 1899, broch. in-18. 75 c.

Ecole du cavalier à pied, à cheval. — Texte extrait du décret du 31 mai 1882, revisé et complété jusqu'au 1er décembre 1893 ; illustrations par le capitaine E. **Picard** et le docteur G. **Bouchard**. Paris, décembre 1893. 1 beau vol gr. in-8 avec 83 planches comprenant plus de 200 figures démonstratives d'après nature. 10 fr.

Théories dans les chambres. — **Planche**
rales de l'École du cavalier à pied
cheval ; par **MM.** le commandant **Pic**
le docteur **Bouchard**, de l'Ecole d'applica
Saumur. Photographies instantanées grou
8 feuilles de grand format (0.75 × 0.56).
1894. La collection complète.

Décret du 20 octobre 1892 portant règlem
le **service intérieur des troupes d**
valerie. Paris, 1897, 1 vol. in-18 cart. 1
Relié toile. 1

Décret du 4 octobre 1891 portant règlem
le **service dans les places de guerr**
villes ouvertes. Edition mise à jour. Paris
1 vol. in-18 cartonné.

— *Le même*, relié toile. 1

— Edition in-8 avec de grandes marges. 1

Décret du 28 mai 1895 portant règlement
service des armées en campagne.
1899, 1 vol. in-18 cartonné.
Relié toile.

— Edition in-8 à grandes marges.
Relié toile. 1

Instruction pratique provisoire du
cembre 1896 sur le **service de la cav**
en campagne. Paris, 1900, 1 vol. in-1
figures, cartonné.
Relié toile.

Règlement du 15 septembre 1894 **su**
struction du tir des troupes de c
rie. Paris, 1896, 1 vol. in-18 avec fig., car

Instruction pour le maniement et l'empl
carabine modèle 1890, approuvée
Ministre de la guerre le 15 juin 1893, s
la nomenclature, le remontage, l'entretie
cartouche des carabines modèle 1890 (cava
cuirassiers). Paris, 1895, in-18 cartonné.

Instruction pour l'exécution du tir
avec les carabines modèle 1890 et le mous
modèle 1892. Paris, 1896, broch. in-1
11 figures, couverture parcheminée.

Instruction sommaire sur le revolve
dèle 1892, approuvée par le Ministre
guerre le 8 fevrier 1893. Nouvelle édition.
1897, broch. in-18.

Instruction pour le maniement et
ploi de la lance, approuvée par le M
de la guerre, le 6 avril 1889. Paris, 1891,
in-18.

Instruction sommaire sur la condui
voitures en guides dans la cavalerie,
vée par le Ministre de la guerre le 26 mar
Paris, 1887, broch. in-18.

Instruction spéciale sur la condui
voitures à donner dans les régiments d
lerie aux hommes susceptibles d'être
comme réservistes dans l'artillerie ou
train des équipages militaires, approuvée
Ministre de la guerre le 5 août 1888. Paris
broch. in-18.

Note ministérielle du 30 juin 1889
adoption d'un **nouveau mode de p**
tage, pour les troupes de cavalerie à l'i
(armée active) Paris, 1889, broch. in-8°.

(1) *Pour les autres règlements concernant la cavalerie, voir page 9 :* **A l'usage des trois**

:AVALERIE (*Suite*).

du 16 août 1875 **sur l'emploi en ı du sifflet dans la cavalerie.** broch. in-18. 15 c.

ıel, modèle réglementaire. 1 fr. avec boussole et chaînette. 2 fr. 25

de combat, de marche et de ›ment des infanteries française, ita- :mande (Annexe à l'*Aide-mémoire de cavalerie en campagne*). Paris, 1888, . avec de nombreuses figures. 20 c.

sur le service de la cavalerie une armée, approuvée par le Mi- guerre, le 27 juin 1876. Paris, 1876, :. 25 c.

le service de la cavalerie une armée (Ministère de la guerre, général, 3e bureau). Paris, 1875, br. 20 c.

ns sur l'emploi des troupes de appelées à opérer avec des ents de toutes armes. Paris, cartonné. 40 c

ı **des travaux de campagne à :uter par les sapeurs de cava-** ›de d'arrimage des outils de sapeurs. re et description des porte-manches uerre (15 mars 1888). br in-8. 20 c.

ır servir à l'instruction du **sapeur** ›**rie** et de **tous les gradés de** ›ur l'exécution des travaux de cam- **J. Habert,** capitaine au 15e chas- , 1898, 1 vol. in-12 avec 151 fig., rel. e anglaise. 2 fr. 50

ır l'exécution des travaux de ion de campagne, par les troupes et de cavalerie, rédigé conformément ions ministérielles par un **Capitaine** ›le. Avec 188 fig. dans le texte. Paris, . in-12. 2 fr. 50 3 fr.

spéciale pour le **transport des le cavalerie** par les voies ferrées. lèglement général pour les transports ›ar voies ferrées. Décrets des 18 et e 1889, modifiés par décision ministé- · septembre 1894. Décret du 20 oc- et la Note ministérielle du 16 janvier . 1896, 1 vol. in-18 avec planches et rtonné. 1 fr. e. 1 fr. 25

du 14 mai 1896, **sur l'organisa- fonctionnement du service de ıphie légère dans les troupes rie.** Paris, 1896, broch. in-8. 30 c.

nilitaire. — **Instruction minis-** ı 9 février 1889 relative à la **compo- transport et à l'entretien** dans :s de cavalerie du **matériel du ser- . télégraphie légère.** Paris, 1889, 60 c.

---

nent intérieur d'un escadron ›rie; par **un ancien Capitaine- ant** (Comt **de Séréville**). Paris, in-8. 2 fr. 50

.nstruction pour un escadron; pré, capitaine au 1er régiment de s, 1881, broch. in-18. 30 c.

Le cavalier au service en campagne. — Une méthode d'instruction. Traduit de l'allemand par **B*****, lieutenant au 10e chasseurs. Paris, 1891, in-12 avec croquis et modèle de rapport. 1 fr. 50

Passage des cours d'eau par la cavalerie, par le général **P. de Benoist,** commandant la 20e brigade de cavalerie. Paris, 1899, 1 vol. in-12 avec figures. 2 fr.

Aide-mémoire (Théorie pratique) **du service en campagne** au bivouac et aux avant-postes. Paris, 1869, 1 vol. in-18 avec planches. 1 fr. 25

Le service en campagne et l'application de la méthode d'instruction dans l'escadron au cours de la période annuelle, suivi d'un appendice sur le service de sûreté et le service d'exploration faits par la cavalerie attachée à une troupe d'infanterie opérant isolément; par un **Officier de cavalerie.** Paris, 1889, broch. in-12. 1 fr. 25

Avant-postes de cavalerie légère. Souvenirs; par **F. de Brack,** général de cavalerie. 6e édition. Paris, 1880, 1 vol. in-16 avec pl. 4 fr.

Équipages militaires. — **Aide-mémoire** à l'usage des officiers d'infanterie et de cavalerie. Paris, 1877. 1 vol. in-18 avec 27 planches, papier blanc et peau d'âne, relié toile. 2 fr.

Manuel de l'élève-brigadier et des gradés de cavalerie. Paris, 1900, 1 vol in-8 avec nombr. figures et 1 pl. en coul., cart. 1 fr. 25

Manuel du cavalier. 7e édition. Paris, 1890, 1 vol. in-12 cart. 1 fr. 50

Vade-mecum du cavalier: par un **Capitaine commandant.** Paris, 1892, 1 vol. in-18 cartonné. 75 c.

Le cavalier en temps de paix et en temps de guerre, ses devoirs et ses droits; par Th. **Pasquier,** capitaine commandant au 12e régiment de dragons. 3e édition. Paris, 1882, 1 vol. in-18, avec figures dans le texte. 1 fr. 50

Manuel de maréchalerie, à l'usage des maréchaux-ferrants de l'armée, rédigé par les soins de la section technique de la cavalerie et approuvé par le Ministre de la guerre, le 15 avril 1897. Paris, 1900, 1 vol. in-18 cartonné avec de nombreuses figures. 1 fr. 25

Cours abrégé d'hippologie, à l'usage des sous-officiers, des brigadiers et élèves-brigadiers des corps de troupes à cheval, rédigé par les soins de la Commission hippique, approuvé par le Ministre de la guerre, le 2 avril 1875, et mis en concordance avec la réglementation le 22 mai 1888. Paris, 1900, 1 vol. in-18. 1 fr 50

Abrégé d'hippologie à l'usage des sous-officiers de l'armée, adopté pour l'enseignement de l'hippologie dans l'armée, par décision ministérielle du 11 juin 1863; par **A. Vallon,** vétérinaire principal, professeur d'hippologie, etc. 10e édition. Paris, 1899, 1 vol. in-12 avec pl. 3 fr. 50

Cours d'hippologie, à l'usage de MM. les officiers de l'armée, de MM. les officiers des haras, les vétérinaires, etc., adopté pour l'enseignement hippologique dans l'armée, par décision ministérielle du 1er juin 1863; par **M. A. Vallon,** officier de la Légion d'honneur, etc., vétérinaire principal, professeur d'hippologie et directeur du haras de l'École de cavalerie, etc. 5e édition. Paris, 1889, 2 forts vol. in-8 avec planches et figures dans le texte. 14 fr.

CAVALERIE (*suite*).

Méthode de dressage du cheval de troupe. Paris, 1864, in-18 cart. 40 c.

Équitation; par le commandant **Bonnal**. Paris, 1890, 1 vol. gr. in-8. 6 fr.

Cours d'équitation; par le comte **d'Aure**, écuyer en chef de l'École de cavalerie, adopté officiellement et enseigné à l'École de cavalerie, et dans les corps de troupes à cheval, par décision de M. le Ministre de la guerre, en date du 9 avril 1853. 8ᵉ édition. Paris, 1888, 1 vol. in-18 cartonné toile. 3 fr.

Administration des compagnies, escadrons et batteries. Extrait du *Manuel de législation, d'administration et de comptabilité militaires*; par le lieutenant-colonel **Beaugé**. Paris, 1897, 1 vol. in-12. 1 fr. 50

Carnets à feuilles mobiles: Couverture souple en percaline brune, avec ficelles permettant le remplacement des feuilles, titre sur le plat, suivant le grade, peau d'âne à l'intérieur de la couverture. Ces carnets contiennent le nombre de cahiers nécessaires à chaque gradé pour l'effectif du pied de paix et du pied de guerre.

Prix réduits :

Pour capitaine. 75 c.
— officier de peloton. 60 c.
— maréchal des logis. 45 c.
— brigadier. 45 c.

ARTILLERIE (1).

Bases générales de l'instruction des corps de troupe de l'artillerie, approuvées par le Ministre de la guerre le 19 juin 1889. 2ᵉ tirage. Paris, 1897, 1 vol. in-18 cartonné. 75 c.

Règlement sur l'instruction à pied dans les corps de troupe de l'artillerie, approuvé par le Ministre de la guerre, le 25 nov. 1885. 3ᵉ tirage. Paris, 1898, in-18 cartonné. 75 c.

Extrait du règlement sur l'instruction à pied dans les corps de troupe de l'artillerie, approuvé par le Ministre de la guerre le 25 nov. 1885. Paris, 1888, 1 vol. in-18 cart. 60 c.

Extrait à l'usage des troupes d'artillerie du **Manuel de gymnastique**, approuvé par le Ministre de la guerre le 1ᵉʳ février 1893. Paris, 1895, 1 vol. in-18 cart. 50 c.

Règlement sur l'instruction à cheval dans les corps de troupe de l'**artillerie**, approuvé par le Ministre de la guerre le 22 avril 1890, *applicable au train des équipages militaires suivant décision ministérielle du 1ᵉʳ mai 1890. 3ᵉ tirage.* Paris, 1897, 1 vol. in-12 cartonné. 75 c.

Projet de règlement de manœuvre de l'artillerie de campagne, approuvé par le Ministre de la guerre le 18 juillet 1898. Paris, 1899, 1 vol. in-12 cartonné. 2 fr.
Relié toile souple. 2 fr. 50

Décret du 20 octobre 1892 portant règlement sur le **service intérieur des troupes de l'artillerie et du train des équipages militaires.** Edition mise à jour des textes en vigueur jusqu'au 1ᵉʳ janvier 1899. Paris, 1899, 1 vol. in-12 cartonné, avec tableaux. 2 fr. 50
Relié toile. 3 fr.

Décret du 4 octobre 1891 portant règlem le **service dans les places de gu les villes ouvertes.** Edition mise Paris, 1899, 1 vol in-18 cartonné.
— *Le même*, relié toile.
— Edition in-8 avec de grandes marges.

Décret du 28 mai 1895 portant règlem le **service des armées en cam** Paris, 1899, 1 vol. in-18 cartonné.
Relié toile.
— Edition in-8 a grandes marges.
Relié toile.

Instruction générale du 4 février 189 **guerre de siège.** Paris, 1899, 1 vo cartonné.
Relié toile.

Extraits des décrets sur le **service des** et le **service intérieur** des troupes tillerie et du train des équipages militai **service des armées en campagn** de 1893. Paris, 1895, 1 vol. in-18 cart.

Instruction pratique provisoire du cembre 1896 sur le **service de l'ar en campagne.** Paris, 1897, 1 vol. in figures et 1 planche en couleurs, cartonn
Relié toile.

Instruction provisoire du 24 décem sur les **exercices d'application d vice de l'artillerie en campagn** 1897, broch. in-12 avec figures.

Instruction sur le bivouac po troupes de l'artillerie de cam approuvée par le Ministre de la guerre le 1890. Paris, 1896, in-18

Note ministérielle du 18 novembre 18 tant instruction provisoire sur la mise en de l'**instruction par batterie** des dans les corps de troupe de l'artillerie 1891, broch. in-18.

Programme de l'instruction à donne corps de troupes de l'artillerie, approuvé l 1892. 2ᵉ tirage. Paris, 1895, broch. in-18

Décision ministérielle du 1ᵉʳ mars 1889 à la **direction de l'instruction tec des troupes d'artillerie** affectées au fortes et aux opérations et propositions d courant concernant ces troupes. Paris broch. in-8.

Instruction du 11 février 1891 pour **vice et l'instruction des troupe tillerie** dans les écoles de l'arme. Par broch. in-8.

Instruction pour l'exécution du tir avec les carabines modèle 1890 et le mo modèle 1892. Paris, 1896, broch. in- 11 figures, couverture parcheminée.

Ministère de la guerre. — **Instructio maire sur le revolver modèle 18** prouvée par le Ministre de la guerre le 1893. Nouvelle édition. Paris, 1897, in-18

Instruction sur la formation de teurs dans les corps de troupe tillerie, approuvée par le Ministre de l le 8 nov. 1888. 2ᵉ tirage. Paris, 1897, 1 cartonné.

(1) *Pour les autres règlements concernant l'artillerie, voir page* 9 : **A l'usage des trois**

ARTILLERIE (*Suite*).

ı **au règlement** du 8 nov. 1888 sur ıation **des pointeurs**, approuvée par ·tre de la Marine le 2 septembre 1892, à les **troupes de l'artillerie de ma-** aris, 1892, 1 vol. in-18 cartonné. 40 c.

de la guerre. — **Instruction provi-** lu 24 janvier 1885 **pour la prépara-** ıs **troupes d'artillerie** à l'exécution ıdirect dans les places. Paris, 1890, 1 vol. rtonné. 50 c.

ion spéciale pour l'embarque- ıt **le débarquement des batteries millimètres.** Paris, 1877, broch. in-18, ı. 20 c.

ion spéciale pour le transport ·oupes **d'artillerie de campagne montagne et du train des équi- par chemin de fer,** approuvée par le ı de la guerre le 8 septembre 1890. 2ᵉ ti- ıris, 1896, 1 vol. in-12 cartonné. 1 fr.

l'usage des **gradés des sections de** *T. S.*). Paris, 1887, broch. in-8. 60 c.

sommaires sur l'artillerie divi- ire. — De l'artillerie d'une division ·rie. — Du groupe d'artillerie. — Des de munitions; par le commandant G. Paris, 1897, broch. in-18. 15 c.

ion sur l'emploi de l'artillerie e combat, approuvée par le ministre ıerre le 1ᵉʳ mai 1887. Paris, 1894, broch. 50 c.

ınt **sur le service des canons de de 90 millimètres,** approuvé par le ı de la guerre le 4 juin 1893. Edition con- es modifications apportées par les feuilles tives nᵒ 2 (2 mai 1895), nᵒ 3 (4 janvier ıᵒ 4 (14 juin 1897). Paris, 1898, 1 vol. rtonné. 1 fr. 50

ınt **sur le service des canons** modèle 1888, montés sur affût de cam- ıpprouvé par le Ministre de la guerre le 1896. Paris, 1897, 1 vol. in-12 avec fig., ı. 1 fr. 50

ınt **sur le service du canon de ourt,** approuvé par le Ministre de la e 28 mai 1895. Paris, 1896, 1 vol. in-12 ures, avec feuille rectificative nᵒ 1, car- 1 fr. 50

ınt sur les manœuvres des **batteries** ıs, approuvé par le Ministre de la guerre ıi 1895. Paris, 1897.

ı I et II. 1 vol. in-12 cart. 1 fr. 50
— — rel. toile. 2 fr.
ı III, IV et V. 1 vol. in-12 cart. 1 fr. 50
— — rel. toile. 2 fr.

ı au **Règlement** sur le service des de campagne, approuvée par le Ministre ·uerre le 20 juillet 1883. — **Batterie** organisée avec des coffres modèle 1880. 890, 1 vol. in-18, cartonné. 75 c.

de la guerre. — **Règlement sur le e des batteries de montagne,** ap- le 22 janvier 1894. — Tome Iᵉʳ. Paris, vol in-12 avec de nombreuses figures, ille rectificative nᵒ 1, cartonné. 1 fr. 50

Ministère de la marine. — **Instructions sur le service et l'emploi de l'artillerie de montagne aux colonies** (12 mars 1889). Paris, 1889, broch. in-18. 50 c.

Instruction sur l'emploi des agrès dont doivent être pourvues les batteries de 80 de campagne appelées à manœuvrer en pays de montagne. Approuvée le 9 juin 1894. Paris, 1894, 1 vol. in-12 cartonné. 75 c.

Règlement sur le service des bouches à feu de siége et de place, approuvé par le Ministre de la guerre. 2ᵉ *tirage*.

Iʳᵉ partie : Titres I, II, III, IV. Service des bouches à feu, approuvé le 6 avril 1889. In-12 cart. 4 fr. 50
Iʳᵉ partie : Titre V. Manœuvres de force, approuvé le 23 mars 1890. In-12 cartonné. 2 fr.
IIᵉ partie : Matériel, appr. le 6 avril 1889. In-12 cartonné. 1 fr. 50
IIIᵉ partie : Renseignements, approuvé le 4 juin 1892. In-12 cartonné. 1 fr. 50

Addition au titre VII du règlement du 17 avril 1869 sur le service des bouches à feu. — **Instruction sur les manœuvres de la chèvre de place nᵒ 1** (modèle 1875), approuvée par le Ministre de la guerre, le 18 septembre 1876. Renseignements sommaires sur les mouvements du matériel relatifs aux bouches à feu lourdes. Paris, 1885, broch. in-18. 75 c.

Addition au titre VII du règlement du 17 avril 1869, sur le service des bouches à feu. — **Instruction sur les manœuvres de la chèvre de place** nᵒ 2 (modèle 1875), la manœuvre du cabestan de carrier et l'emploi des chariots à canon nᵒ 1 et nᵒ 2; approuvée par le Ministre de la guerre, le 31 mai 1879. Renseignements sommaires sur les mouvements du matériel relatifs au canon de 24 millimètres. Paris, 1885, broch. in-18. 50 c.

Instruction sur les manœuvres de la **chèvre de place nᵒ 3** (modèle 1875), approuvée le 14 juin 1888. Broch. in-18. 20 c.

Manuel d'instruction pratique pour la formation des **observateurs dans les batteries d'artillerie de forteresse,** approuvé le 14 mars 1888. Paris, 1891, in-18 cartonné. 60 c.

Règlement sur le service du matériel de 155 court, modèle 1890. Approuvé par le Ministre de la guerre le 16 mars 1891. Paris, 1898, 1 vol. in-12 avec fig., cart. 75 c.

Règlement sur le service des canons de 155 long sur affûts de tourelle et de casemate (approuvé le 11 février 1892). — Tome Iᵉʳ (1ʳᵉ et 2ᵉ parties). Paris, 1893, 1 vol. in-12 avec figures, cartonné. 75 c.

Règlement sur le service des bouches à feu de côte. — Iʳᵉ partie : Service des bouches à feu. — Titres I, II, III, IV. Approuvé par le Ministre de la guerre le 28 juillet 1894 avec les feuilles rectificatives nᵒˢ 1 et 2. Paris, 1895, 1 vol. in-12 avec figures cartonné. 1 fr. 50

— 1ʳᵉ partie. Titre V : Manœuvres de force et mouvements de matériel. Approuvé par le Ministre de la guerre le 5 avril 1897. Paris, 1898, 1 vol. in-12 avec figures, cartonné. 2 fr. 50

ARTILLERIE (*Suite*).

Règlement sur le service des bouches à feu de côte. — *Deuxième partie.* Description du matériel. Paris, 1900, 1 vol. in-12 avec figures, cartonné. 2 fr.

Règlement de manœuvre pour l'artillerie de campagne allemande, suivi des règles de tir de l'artillerie allemande. Traduit de l'allemand, par Lucien MEYER, lieutenant au 2ᵉ rég. d'artillerie. Paris, 1889. 1 vol. in-12. 3 fr.

Règlement sur le service des gardiens de batterie dans les ouvrages de fortification de terre et de côte, approuvé le 21 juillet 1897. Paris, 1898, broch. in-18. 30 c.

Artillerie de campagne. — **Petit cours spécial** à l'usage des pelotons d'instruction et des engagés conditionnels d'un an, rédigé d'après le programme du 15 juin 1877. 3ᵉ édition, avec de nombreuses fig. Paris, 1885, 1 vol in-18. 3 fr.

Nouveau cours spécial à l'usage des candidats au grade de sous-officiers dans les corps de troupe de l'**artillerie** ; par **H. Plessix**, chef d'escadron d'artillerie. 4ᵉ édition 1886 1 vol in-8 avec 198 pl. intercalées dans le texte. 12 fr.

Cours spécial à l'usage des sous-officiers d'artillerie ; nouvelle édition mise à jour (janvier 1888) ; approuvé par le Ministre de la guerre le 20 juillet 1881. Paris, 1895, 1 vol. in-8 de XXVI-254 pages avec de nombreuses figures. 3 fr

Cours spécial à l'usage des sous-officiers d'artillerie. *Complément d'instruction.* Approuvé par le Ministre de la guerre le 5 avril 1897. Paris, 1898, 1 vol. in-12 avec figures. 1 fr. 25

Administration des compagnies, escadrons et batteries. Extrait du *Manuel de législation, d'administration et de comptabilité militaires ;* par le lieutenant-colonel **Beaugé**. Paris, 1897, 1 vol. in-12. 1 fr. 50

Ministère de la guerre. — **Manuel** méthodique et pratique d'**administration et de comptabilité** pour les commandants de batteries, sections de munitions ou compagnies du train des équipages de l'armée territoriale pendant les périodes d'exercices. Paris, 1889, in-18. 25 c.

Carnets à feuilles mobiles : Couverture souple en percaline verte, avec ficelles permettant le remplacement des feuilles, titre sur le plat, suivant le grade, peau d'âne à l'intérieur. Ces carnets contiennent le nombre de cahiers nécessaires à chaque gradé pour l'effectif du pied de paix et du pied de guerre.

Prix réduits :		
	Pour capitaine.	90 c.
	— officier.	70 c.
	— adjudant.	75 c.
	— maréchal des logis.	50 c.
	— brigadier.	50 c.

GÉNIE (1).

Ministère de la guerre — **Règlement** du 25 juin 1885 sur l'**instruction des régiments du génie.** Paris, 1885, 1 vol. in-8. 2 fr. 50

Règlement sur le service et l[...] nœuvres des pontonniers. Approu[...] Ministre de la guerre le 24 décembre 187[...] tion, contenant les modifications apport[...] composition des équipages de pont et conformément aux feuilles rectificative Paris, 1898, in-18 avec 25 pl., cart.

Cours spécial sur les ponts milit[...] le passage des rivières, approuvé par le [...] de la guerre le 17 octobre 1888. 2ᵉ tira[...] 1896, 1 vol. in-18, avec de nombreuses fi[...]

Extrait du cours spécial sur le[...] militaires et le passage des rivières, [...]glement sur le service et les manœuvres [...]tonniers, approuvé par le Ministre de l[...] Paris, 1880, 1 vol in-18.

Règlement du 11 juillet 1886 sur l'or[...]**tion des troupes du génie** affectée[...] vice des **chemins de fer.** Paris, 188[...] in-8.

Instruction spéciale pour le tr[...] des troupes d'infanterie et du gé[...] les voies ferrées, avec annexe spéc[...] tive au transport de ces troupes par voi[...] times Extraits : 1ᵉ du règlement génér[...] transports ordinaires et stratégiques ; 2ᵉ [...]struction sur les transports maritime[...] navires de commerce. Nouvelle édition re[...] mise à jour jusqu'au 1ᵉʳ octobre 1896 Pa[...] 1 vol in-18 contenant 36 planches, cart.
Relié toile

Décret du 22 mai 1897 relatif à l'appl[...] **aux troupes du génie** des prescri[...] **règlement sur le service intéri[...] troupes d'infanterie.** Paris, 1897, 7 pages.

Instruction pratique provisoire [...] 1897 **sur le service du génie** e[...]**pagne.** Paris, 1897, 1 vol. in-18 cart.

Instruction générale du 4 février 18[...] **guerre de siège.** Paris, 1899, 1 vo[...] cartonné.
Relié toile.

Aide-Mémoire de Laisné à l'usa[...] officiers du génie. 5ᵉ édition, refond[...] bliée par ordre du Ministre de la guerr[...] 1884, in-12 avec nombreuses figures dans

Chapitre Iᵉʳ. Sciences pures et appliq[...] Résultats d'expériences.
— II. Levers et reconnaissances.
— III. Machines et constructio[...]taires.
— IV. Armes en service. — Tir[...] tration des projectiles. — d'artillerie.
— V. Ponts militaires.
— VI. Mines.
— VII. Sapes.
— VIII. Fortification de campagne.
— IX. Communications.
— X. Attaque et défense des places.
— XI. Personnel et matériel du gé[...]
— XII. Service en campagne des et des troupes du génie.
— XIII. Lois, décrets et règlem[...] cernant le service du gé[...]

(*Les chapitres XI et XIII ne seront pas* [...]

(1) *Pour les autres règlements et ouvrages concernant le génie, voir pages* 1, 9, 32, 38.

GÉNIE (*Suite*).

du génie. — Instruction théorique et pra- — **Ecole de levers.** Planimétrie; alti-e; représentation du terrain; levers nivelés; topographique; levers spéciaux. Approuvé Ministre de la guerre le 29 déc. 1893. Pa-895, 1 vol. in-12 de XII-232 p. avec 163 fig. le texte et planches hors texte. 3 fr. 50

ction du 7 décembre 1899, sur les **ma-vres avec cadres**, spéciales aux **régi-ts de sapeurs-mineurs**. Paris, 1900, . in-8. 20 c.

ction du 1er février 1899 sur les **por-consignes**. Application du décret du 1898). Paris, 1899, broch. in-8. 40. c.

22 juin 1854 qui établit des **servitudes ur des magasins à poudre** de la e et de la marine. Paris, 1899, br. in-8. 15 c.

s 15 mars 1850, 23 juin et 10 juillet 1851 e au **classement des places de re et aux servitudes militaires.** — **et** impérial du 10 août 1853 portant rè nt d'**administration publique** concer-le classement des plans de guerre et des udes impo ées à la propriété autour des for-ions. Paris, 1899, broch. in-8. 30 c.

de renseignements à l'usage des offi-du génie en campagne; par **Klippfel** et **l-Laguierce**, capitaines du génie Paris, 1 vol. in-18 avec figures. 5 fr

lel de campagne des troupes du s, guide pratique de l'officier; par **Thival**, ine au 1er regiment du génie. Paris, 1879, in-12, avec 31 pl., cart. toile. 3 fr. 50

RAIN DES ÉQUIPAGES (1).

générales de l'instruction dans les de troupe du train des équipages aires, approuvé par le Ministre de la guerre fév. 1891. Paris, 1891, petit in-8 cart. 90 c.

ur l'instruction à cheval dans les drons du train des équipages mili-s (approuvée par le Ministre de la guerre, février 1891). Paris, 1899, broch. in-18. 15 c.

nent sur le **service du train des pages militaires.** 1re part. *Conduite des es*, approuvée par le Ministre de la guerre mars 1891, Paris, 1891, in-8 cart 1 fr. 50
ille rectificative n° 1 approuvée le 22 juillet 893, broch. in-8. 40 c.
ille rectificative n° 2, approuvée le 7 avril 898. Paris, 1898, broch. in-8. 20 c.
partie: *Conduite des mulets de bât*, ap-ée par le Ministre de la guerre le 25 mars Paris, 1892, in-8 cartonné. 60 c.

nent du 21 juillet 1883 sur la **conduite oitures et des mulets de bât** pour upes du train des équipages militaires. Paris 1 vol. in-18 avec planches, cartonné. 2 fr.

ction pratique provisoire du 28 jan-897 sur le **service du train des équi-s militaires en campagne.** Paris, in-12, cartonné. 1 fr.

Carnet à l'usage des chefs de détache-ment du train des équipages militaires. Paris, 1891, in-18 relié en percaline. 1 fr. 50

Cours spécial à l'usage des sous-officiers du train des équipages militaires, approuvé par le Ministre de la guerre le 25 juin 1896. Paris, 1897, 1 vol. in-12 avec 60 figures dans le texte, cartonné. 1 fr. 50

Train des équipages militaires. Aide-mé-moire; par **A. Drège**, capitaine au 4e esca-dron du train des équipages militaires. Paris, 1897 1 vol. in-8 avec figures et tableaux. 4 fr.

Carnets à feuilles mobiles : Couverture souple en percaline verte, avec ficelles permettant le remplacement des feuilles, titre sur le plat, suivant le grade, peau d'âne à l'intérieur. Ces carnets contiennent le nombre de cahiers néces-saires à chaque gradé pour l'effectif du pied de paix et du pied de guerre.

Prix réduits :	Pour capitaine.	90 c.
	— officier.	70 c.
	— adjudant.	75 c.
	— maréchal des logis.	50 c.
	— brigadier.	50 c.

A L'USAGE DES TROIS ARMES.

Instruction générale du 18 février 1895 **sur les manœuvres.** Titre Ier : *Manœuvres avec cadres*. — Titre II : *Manœuvres de garnison*. — Titre III. *Manœuvres d'automne*. Edition mise à jour jusqu'au 1er août 1898. Paris, 1898, broch. in-8. 75 c.

Instruction du 1er mai 1897 portant règlement pour le **payement des dommages causés aux propriétés privées pendant les manœuvres** et exercices spéciaux exécutés an-nuellement par les corps de troupe. Paris, 1897, broch. in-8. 40 c.

Aide-mémoire de l'officier d'état-major en campagne. 4e édition mise à jour par le 2e bureau de l'état-major général de l'armée. — *Seule édi-tion officielle*. Paris, 1899, 1 vol. in-12 avec fig. et tabl. dans le texte, cart. toile anglaise. 4 fr.

Instruction générale du 4 février 1899 sur la **guerre de siège.** Paris, 1899, 1 vol. in-12, cartonné. 60 c.
Relié toile. 80 c.

Manuel de guerre. — Le Combat; par un **Lieutenant-colonel de l'armée active.** — Première édition, avec modifications apportées à divers chapitres. Paris, 1891, 1 vol. in-16 de 1200 pages avec de nombreuses figures dans le texte, broché. 7 fr. 50
Reliure chagrin souple. 9 fr.

Conférences régimentaires sur la forti-fication; par le général **Hardy de Périni.** 7e édition, entièrement refondue et mise à jour par l'auteur, avec le concours de E. **Multzer**, capitaine du génie, inspecteur des études à l'Ecole polytechnique. Paris, 1899, 1 vol. in-8 avec nombr figures. 4 fr.

Administration des compagnies, esca-drons et batteries. Extrait du *Manuel de législation, d'administration et de comptabilité militaires;* par le lieutenant-colonel **Beaugé** Paris, 1897, 1 vol. in-12. 1 fr. 50

oir page 6 : **Artillerie** *pour les règlements communs aux deux armes.*

ARTILLERIE (*Suite*).

Règlement sur le service des bouches à feu de côte. — *Deuxième partie.* Description du matériel. Paris, 1900, 1 vol. in-12 avec figures, cartonné. 2 fr.

Règlement de manœuvre pour l'artillerie de campagne allemande, suivi des règles de tir de l'artillerie allemande. Traduit de l'allemand, par Lucien Meyer, lieutenant au 2ᵉ rég. d'artillerie. Paris, 1889. 1 vol. in-12. 3 fr.

Règlement sur le service des gardiens de batterie dans les ouvrages de fortification de terre et de côte, approuvé le 21 juillet 1897. Paris, 1898, broch. in-18. 30 c.

Artillerie de campagne. — **Petit cours spécial** à l'usage des pelotons d'instruction et des engagés conditionnels d'un an, rédigé d'après le programme du 15 juin 1877. 3ᵉ édition, avec de nombreuses fig. Paris, 1885, 1 vol in-18. 3 fr.

Nouveau cours spécial à l'usage des candidats au grade de sous-officiers dans les corps de troupe de l'**artillerie** ; par **H. Plessix**, chef d'escadron d'artillerie. 4ᵉ édition 1886 1 vol in-8 avec 198 pl. intercalées dans le texte. 12 fr.

Cours spécial à l'usage des sous-officiers d'artillerie ; nouvelle édition mise à jour (janvier 1888) ; approuvé par le Ministre de la guerre le 20 juillet 1881. Paris, 1895, 1 vol. in-8 de xxvi-254 pages avec de nombreuses figures. 3 fr

Cours spécial à l'usage des sous-officiers d'artillerie. *Complément d'instruction.* Approuvé par le Ministre de la guerre le 5 avril 1897. Paris, 1898, 1 vol. in-12 avec figures. 1 fr. 25

Administration des compagnies, escadrons et batteries. Extrait du *Manuel de législation, d'administration et de comptabilité militaires ;* par le lieutenant-colonel **Beaugé.** Paris, 1897, 1 vol. in-12. 1 fr. 50

Ministère de la guerre. — **Manuel** méthodique et pratique d'**administration et de comptabilité** pour les commandants de batteries, sections de munitions ou compagnies du train des équipages de l'armée territoriale pendant les périodes d'exercices. Paris, 1889, in-18. 25 c.

Carnets à feuilles mobiles : Couverture souple en percaline verte, avec ficelles permettant le remplacement des feuilles, titre sur le plat, suivant le grade, peau d'âne à l'intérieur. Ces carnets contiennent le nombre de cahiers nécessaires à chaque gradé pour l'effectif du pied de paix et du pied de guerre.

Prix réduits :	Pour capitaine.	90 c.
	— officier.	70 c.
	— adjudant.	75 c.
	— maréchal des logis.	50 c.
	— brigadier.	50 c.

GÉNIE (1).

Ministère de la guerre. — **Règlement** du 25 juin 1885 sur l'**instruction des régiments du génie.** Paris, 1885, 1 vol. in-8. 2 fr. 50

Règlement sur le service et l[...] nœuvres des pontonniers. Approu[...] Ministre de la guerre le 24 décembre 187[...] tion, contenant les modifications appor[...] composition des équipages de pont et conformément aux feuilles rectificative[...] Paris, 1898, in-18 avec 25 pl., cart.

Cours spécial sur les ponts milit[...] le passage des rivières, approuvé par le [...] de la guerre le 17 octobre 1888. 2ᵉ tira[...] 1896, 1 vol. in-18, avec de nombreuses f[...]

Extrait du cours spécial sur les[...] militaires et le passage des rivières, [...]glement sur le service et les manœuvres [...]tonniers, approuvé par le Ministre de l[...] Paris, 1880, 1 vol in-18.

Règlement du 11 juillet 1886 sur l'or[...]**tion des troupes du génie** affectée[...] vice des **chemins de fer.** Paris, 188[...] in-8.

Instruction spéciale pour le tr[...] des troupes d'infanterie et du gé[...] les voies ferrées, avec annexe spé[...] tive au transport de ces troupes par voi[...] times. Extraits : 1° du règlement généra[...] transports ordinaires et stratégiques ; 2° [...]struction sur les transports maritime[...] navires de commerce. Nouvelle édition r[...] mise à jour jusqu'au 1ᵉʳ octobre 1896 Pa[...] 1 vol in-18 contenant 36 planches, cart.
Relié toile

Décret du 22 mai 1897 relatif à **l'appl[...] aux troupes du génie** des prescri[...] **règlement sur le service intéri[...] troupes d'infanterie.** Paris, 1897, [...] 7 pages.

Instruction pratique provisoire [...] 1897 **sur le service du génie e[...]pagne.** Paris, 1897, 1 vol. in-18 cart.

Instruction générale du 4 février 18[...] **guerre de siège.** Paris, 1899, 1 v[...] cartonné.
Relié toile.

Aide-Mémoire de Laisné à l'usa[...] officiers du génie. 5ᵉ édition, refond[...] bliée par ordre du Ministre de la guerr[...] 1884, in-12 avec nombreuses figures dan[...]

Chapitre	Iᵉʳ.	Sciences pures et appliq[...] Résultats d'expériences.
—	II.	Levers et reconnaissances.
—	III.	Machines et constructio[...]taires.
—	IV.	Armes en service. — Tir[...] tration des projectiles. — [...] d'artillerie.
—	V.	Ponts militaires.
—	VI.	Mines.
—	VII.	Sapes.
—	VIII.	Fortification de campagne.
—	IX.	Communications.
—	X.	Attaque et défense des places.
—	XI.	Personnel et matériel du gé[...]
—	XII	Service en campagne des[...] et des troupes du génie
—	XIII.	Lois, décrets et règlem[...] cernant le service du gé[...]

(*Les chapitres XI et XIII ne seront pas* [...]

(1) *Pour les autres règlements et ouvrages concernant le génie, voir pages* 4, 9, 32, 38.

GÉNIE (*Suite*).

Écoles du génie. — Instruction théorique et pratique. — **École de levers.** Planimétrie; altimétrie; représentation du terrain; levers nivelés; dessin topographique; levers spéciaux. Approuvé par le Ministre de la guerre le 29 déc. 1893. Paris, 1895, 1 vol. in-12 de XII-232 p. avec 163 fig. dans le texte et planches hors texte. 3 fr. 50

Instruction du 7 décembre 1899, sur les **manœuvres avec cadres**, spéciales aux **régiments de sapeurs-mineurs**. Paris. 1900, broch. in-8. 20 c.

Instruction du 1er février 1899 sur les **portiers-consignes.** Application du décret du 4 juin 1898). Paris, 1899. broch. in-8. 40. c.

Loi du 22 juin 1854 qui établit des **servitudes autour des magasins à poudre** de la guerre et de la marine. Paris, 1899, br. in-8. 15 c.

Lois des 15 mars 1850, 23 juin et 10 juillet 1851 **relative au classement des places de guerre et aux servitudes militaires.** — **Décret** impérial du 10 août 1853 portant règlement **d'administration publique** concernant le classement des plans de guerre et des servitudes imposées à la propriété autour des fortifications. Paris, 1899. broch. in-8. 30 c.

Carnet de renseignements à l'usage des officiers du génie en campagne; par **Klippfel** et **Duval-Laguierce,** capitaines du génie Paris, 1890, 1 vol. in-18 avec figures. 5 fr

Matériel de campagne des troupes du génie, guide pratique de l'officier; par **Thival,** capitaine au 1er regiment du génie. Paris, 1879, 1 vol. in-12, avec 34 pl., cart. toile. 3 fr. 50

TRAIN DES ÉQUIPAGES (1).

Bases générales de l'instruction dans les corps de troupe du train des équipages militaires, approuvé par le Ministre de la guerre le 12 fév. 1891. Paris, 1891, petit in-8 cart. 90 c.

Note sur l'instruction à cheval dans les escadrons du train des équipages militaires (approuvée par le Ministre de la guerre, le 12 février 1891). Paris, 1899, broch. in-18. 15 c.

Règlement sur le **service du train des équipages militaires.** Ire part. : *Conduite des voitures,* approuvée par le Ministre de la guerre le 25 mars 1891, Paris, 1891, in-8 cart 1 fr. 50

Feuille rectificative n° 1 approuvée le 22 juillet 1893, broch. in-8. 40 c.

Feuille rectificative n° 2, approuvée le 7 avril 1898. Paris, 1898, broch. in-8. 20 c.

IIe partie: *Conduite des mulets de bât,* approuvée par le Ministre de la guerre le 25 mars 1891. Paris, 1892, in-8 cartonné. 60 c.

Règlement du 21 juillet 1883 sur la **conduite des voitures et des mulets de bât** pour **les troupes du train** des équipages militaires. Paris 1888, 1 vol. in-18 avec planches, cartonné. 2 fr.

Instruction pratique provisoire du 28 janvier 1897 sur le **service du train des équipages militaires en campagne.** Paris, 1897, in-12, cartonné. 1 fr.

Carnet à l'usage des chefs de détachement du train des équipages militaires. Paris, 1891, in-18 relié en percaline. 1 fr. 50

Cours spécial à l'usage des sous-officiers du train des équipages militaires, approuvé par le Ministre de la guerre le 25 juin 1896. Paris, 1897, 1 vol. in-12 avec 60 figures dans le texte, cartonné. 1 fr. 50

Train des équipages militaires. Aide-mémoire; par **A. Drége,** capitaine au 4e escadron du train des équipages militaires. Paris, 1897 1 vol. in-8 avec figures et tableaux. 4 fr.

Carnets à feuilles mobiles : Couverture souple en percaline verte, avec ficelles permettant le remplacement des feuilles, titre sur le plat, suivant le grade, peau d'âne à l'intérieur. Ces carnets contiennent le nombre de cahiers nécessaires à chaque gradé pour l'effectif du pied de paix et du pied de guerre.

Prix réduits :	Pour capitaine.	90 c.
	— officier.	70 c.
	— adjudant.	75 c.
	— marechal des logis.	50 c.
	— brigadier.	50 c.

A L'USAGE DES TROIS ARMES.

Instruction générale du 18 février 1895 **sur les manœuvres.** Titre Ier : *Manœuvres avec cadres.* — Titre II : *Manœuvres de garnison.* — Titre III. *Manœuvres d'automne.* Edition mise à jour jusqu'au 1er août 1898. Paris, 1898, broch. in-8. 75 c.

Instruction du 1er mai 1897 portant règlement pour le **payement des dommages causés aux propriétés privées pendant les manœuvres** et exercices spéciaux exécutés annuellement par les corps de troupe. Paris, 1897, broch. in-8. 40 c.

Aide-mémoire de l'officier d'état-major en campagne. 4e édition mise à jour par le 2e bureau de l'état-major général de l'armée. — *Seule édition officielle.* Paris, 1899, 1 vol. in-12 avec fig. et tabl. dans le texte, cart. toile anglaise. 4 fr.

Instruction générale du 4 février 1899 sur la **guerre de siège**. Paris, 1899, 1 vol. in-12, cartonné. 60 c.

Relié toile. 80 c.

Manuel de guerre. — Le Combat; par un **Lieutenant-colonel de l'armée active.** — Première édition, avec modifications apportées à divers chapitres. Paris, 1891, 1 vol. in-16 de 1200 pages avec de nombreuses figures dans le texte, broché. 7 fr. 50

Reliure chagrin souple. 9 fr.

Conférences régimentaires sur la fortification; par le général **Hardy de Périni.** 7e édition, entièrement refondue et mise à jour par l'auteur, avec le concours de **E. Multzer,** capitaine du génie, inspecteur des études à l'École polytechnique. Paris, 1899, 1 vol. in-8 avec nombr figures. 4 fr.

Administration des compagnies, escadrons et batteries. Extrait du *Manuel de législation, d'administration et de comptabilité militaires;* par le lieutenant-colonel **Beaugé** Paris, 1897. 1 vol. in-12. 1 fr 50

(1) *Voir page* 6 : **Artillerie** *pour les règlements communs aux deux armes.*

A L'USAGE DES TROIS ARMES (*Suite*).

Aide-mémoire pratique d'administration, à l'usage des sous-officiers comptables et élèves comptables des compagnies, escadrons et batteries (armée active et territoriale) : par A.-C. **Crave,** capitaine trésorier au 112e régiment d'infanterie. Paris, 1891, 1 vol. in-18, cart. 1 fr.

Aide-mémoire des officiers des corps de troupe et du service du recrutement **pour les inscriptions à faire sur les registres matricules et les livrets,** d'après les documents officiels; par L. **Gueudet,** capitaine au recrutement de Châlons-sur-Marne. Paris, 1896, 1 vol. in-8, avec notice contenant les additions nécessaires et les modifications survenues depuis l'impression de l'ouvrage jusqu'au 1er juillet 1897. 2 fr. 50

Manuel d'administration à l'usage des **officiers chargés des détails dans un détachement.** Paris, 1899, 1 vol in-12 cart. 1 fr. 25

Loi du 13 mars 1875 relative à la constitution des **cadres et des effectifs de l'armée active et de l'armée territoriale,** modifiée conformément aux lois postérieures. Textes officiels annotés. Edition mise à jour. Brochure in-8. *Sous presse.*

Loi du 25 juin 1888 relative au **recrutement des sous-lieutenants de réserve,** précédée du rapport et du décret relatifs à l'avancement des officiers de réserve, suivie de l'instruction pour l'application de cette loi, du règlement du 9 novembre 1890, de la note ministérielle du 3 septembre 1891 et des *Programmes* des connaissances exigées. Paris, 1892, broch. in-8. 30 c.

Règlement et **décret** du 16 juin 1897 sur le **recrutement, la répartition, l'instruction, l'administration et l'inspection des officiers de réserve et des officiers de l'armée territoriale,** suivi du programme des connaissances exigées. Paris, 1898, broch. in-8. 50 c.

État des officiers (loi du 19 mai 1834). **conseils d'enquête** des officiers, sous-officiers et assimilés (armée active, réserve, armée territoriale). Edition mise à jour des textes en vigueur jusqu'au 1er juin 1899. Paris, 1899, broch in-8 60 c.

Avancement dans l'armée (Loi du 14 avril 1832, Ordonnance du 16 mars 1838). Edition mise à jour jusqu'au 1er mai 1899. Paris, 1899. 1 vol. in-8 1 fr.

Notions pratiques sur le service de l'état civil aux armées; par Henri **de Forcrand,** capitaine au 119e régiment territorial, docteur en droit, procureur de la République à Uzès. Paris, 1891, broch in-12 1 fr.

Questionnaire sur les obligations militaires des disponibles, des réservistes, des hommes de l'armée territoriale et de la réserve: par le commandant E. **Poirot** 15e édition entièrement refondue et mise à jour jusqu'au 1er juillet 1891. Paris, 1891, in-18 cartonné. 40 c.

Aide-mémoire du réserviste et du territorial. Résumé des dispositions réglementaires les plus récentes concernant les diverses situations et les appels des hommes appartenant à toutes les catégories de réserves (armées de terre et de mer), suivi d'une **Notice** sur l'organisation du service vélocipédique dans l'armée ; par **A. Chatain,** officier d'administration ‹ roaux de l'intendance militaire. 2e édition 1899, 1 vol. in-12.

Guide pratique des officiers de r‹ et de l'armée territoriale. — Organ — Bases du service. — Cadres des offi‹ assimilés de réserve et de l'armée territor Recrutement. — Avancement. — Comman‹ — État des officiers. — Inspections — ‹ lation. — Décorations — Port de l'unifo‹ Punitions — Honneurs. — Armement. monte. — Soldes. — Indemnités. — Pér‹ Stages. — Ajournements. — Dispenses. — d'instruction. — Réquisitions militaires. ciétés de tir; par S. **Dollonne,** archi‹ 2e classe à l'état-major du gouvernement ‹ de Nice. 3e édition. Nice, 1897, 1 vol 3

Discipline générale militaire. — Rec‹ thodique des textes officiels en vigueur j 15 août 1896. Paris, 1896, broch. in-8.

Indications sommaires sur la ba‹ Paris, 1891, broch. in-18.

Transports militaires par chemins (guerre et marine). Edition mise à jour de en vigueur. 1899. 2 vol. in-8. ‹

Instruction ministérielle du 26 janvi sur les conditions dans lesquelles s'effec temps de paix, le **transport sur les ferrées, du personnel relevant d‹ partement de la guerre,** des anim l'armée, ainsi que des voitures, des bagag‹ matériel des corps de troupe. Paris, 1895, in-8.

Traité du 15 juillet 1891 avec les Compag‹ chemins de fer, pour l'exécution des **trans ordinaires du matériel de la g‹** suivi de l'Instruction ministérielle du 31 1891 pour l'exécution du service des tra de la guerre en temps de paix. Paris, 189‹

Instruction du 28 mai 1895 pour l'applica‹ traité du 15 juillet 1891 pour l'exécuti **transports ordinaires du matériel guerre,** modifié par les avenants des 30 1894 et 10 mars 1895 et par les accord‹ venus entre le Ministre de la guerre et le‹ pagnies de chemins de fer contractante‹ ministérielles des 13 mai 1892 et 13 juillet Paris, 1895, broch. in-8.

Règlement du 27 février 1894 sur le s‹ **des convois auxiliaires à l'inté‹** Paris, 1894, broch in-8.

Service des étapes aux armées (orga‹ et fonctionnement). Edition mise à jour j 1er mars 1899. Paris, 1899, 1 vol. in-8 ‹ en couleurs. 1

Carnet-dictionnaire des transports ‹tégiques (guerre et marine) pour l'ap‹ du Règlement du 19 novembre 1889, au d'un Traité sur l'embarquement des tro‹ chemins de fer (infanterie, cavalerie, art d'extraits du Règlement sur les transport‹ naires et divers décrets; par H.-E. **Ber‹** officier d'infanterie en retraite. Paris, 189‹ relié toile.

Instructions en cas de troubles, les lois et les règlements. Edition revue ‹ gée. Paris, 1898, broch. in 18.

E DES TROIS ARMES (*Suite*).

des trois armes, exposé des prin-
ant servir de base à la réglementation
e **des arbitres**, par X*** (*J S.*)
8, broch. in-8. 1 fr.

14 janvier 1889 portant **règlement
ministration et la comptabilité**
le troupe. Edition mise à jour des textes
r jusqu'au 1er novembre 1897. Paris,
l. in-8. 1 fr. 50
format de théorie. 1 fr.

14 janvier 1889 **portant règlement
ministration et la comptabilité**
le troupe. — **Modèles.** Edition mise
textes en vigueur jusqu'au 1er juillet
s, 1898. 1 vol. in-8. 3 fr.

n du 12 avril 1899 sur le **service**
Paris, 1899, 1 vol. in-8 avec modèles.
3 fr. 50

n du 25 janvier 1900 sur les **inspec-
énérales.** Dispositions communes à
armes. Paris, 1900, broch. in-8. 60 c.

ité en campagne (*Corps de troupe*).
ements de commis et ouvriers d'admi-
et d'infirmiers militaires. Edition re-
ris, 1897, broch in-8. 50 c.

29 mai 1890 portant règlement sur la
les revues. Edition mise à jour jus-
juin 1897. Paris, 1897, 1 vol. in-8.
1 fr. 50

rtant **règlement sur la solde et
es. Modèles.** Edition mise à jour
1er août 1898. Paris, 1898, 1 vol. in-8.
3 fr. 50

solde. Décret du 27 décembre 1890,
r jusqu'au 15 septembre 1896. Paris,
h. in-8 avec tableaux. 1 fr

**erminant le nombre de rations
ages** à allouer aux officiers de tous
mai 1894). Paris, 1894, broch. in-8.
20 c.

t du 16 novembre 1887 sur le **ser-
l'habillement dans les corps de**
(*masse d'habillement*). Edition mise à
textes en vigueur jusqu'au 1er octobre
l. in 8. 1 fr. 85

t du 16 juin 1897 sur le **service de
ment dans les corps de troupe,**
c la **Circulaire** du 21 juillet 1897
voi dudit règlement à mettre en essai
rtain nombre de corps de troupe. Paris,
ch. in-8. 1 fr.

**e l'habillement dans les corps
pe.** — *Entretien des effets dans les*
— *Dispositions diverses.* Edition mise
ris, 1898, 1 vol. in-8 avec de nombreu-
s. 75 c.

la guerre. — **Tenue des troupes**;
pagne; 2° En Afrique. Edition mise à
extes en vigueur jusqu'au 18 mars 1899.
9, broch. in-8. 60 c

nt en temps de guerre. — In-
ministérielle du 6 décembre 1889 sur le
l'habillement dans les corps de troupe
de guerre. Edition annotée et comple-
, 1897, broch. in-8. 50 c.

t du 29 juillet 1899 sur **la gestion
inaires de la troupe,** précédé d'un
Rapport au Président de la République, suivi des
prescriptions relatives à la fourniture de la viande
fraîche aux ordinaires de la troupe. Paris, 1899,
br. in-8. 1 fr.

Instruction du 22 août 1899, sur les **officiers d'approvisionnement.** Paris, 1900, broch. in-8. 1 fr. 25

Comité technique de l'artillerie. — **Instruction** donnant la **description et le mode de chargement de la voiture à viande,** modèle 1897, approuvée le 18 décembre 1897, modifiée d'après la feuille rectificative approuvée le 16 août 1899. Paris, 1900, broch. in-18. 20 c.

Manuel complet de l'officier d'approvisionnement; par E. **Haricot,** lieutenant au 132e régiment d'infanterie. Paris, 1891, 1 vol. in-8 avec 37 planches et fig. dans le texte. 5 fr.
Relié toile. 6 fr.

Carnet de l'officier d'approvisionnement. Paris, 1889, 1 vol. in-18 oblong, cartonné toile. 2 fr. 50

Règlement du 22 août 1899 sur le **service des subsistances militaires en campagne.** Paris, 1899, broch. in-8. 1 fr.

Décret du 15 janvier 1890 portant règlement sur le **service du chauffage** dans les corps de troupe. — Dispositions relatives à l'éclairage. Edition mise à jour des textes en vigueur jusqu'au 1er juin 1899. Paris, 1899, in-8. 1 fr.

Décret et Règlement du 3 mars 1899 sur le **service du casernement.** Paris, 1899, 1 vol. in-8 avec tous les modèles. 1 fr. 50

Tarif provisoire des prix de réparations au revolver modèle 1892 (28 janvier 1894). Paris, 1894, broch. in-8. 25 c.

Instruction sur les accessoires d'entretien des armes à feu portatives. Approuvée le 11 novembre 1898. Paris, 1899, broch. in-8 avec 2 planches. 40 c.

Décret du 9 janvier 1899 portant règlement sur le **service du harnachement** dans les corps de troupe, suivi de l'instruction pour l'application dudit décret. Paris, 1899, broch. in-8. 1 fr.

Manuel du recrutement des armées de terre et de mer, contenant toute la législation (lois, décrets, circulaires et instructions) sur le service du recrutement; par un **Commandant de recrutement,** 3e édition, augmentée d'un *Supplément*, avec tables méthodiques et alphabétiques des matières. Paris, 1892, 1 vol. in-8 7 fr. 50

La loi sur le recrutement de l'armée mise à la portée de tous, en ce qui concerne les exemptions et les dispenses du service militaire, ou *Vade-mecum* complet à l'usage des jeunes gens ayant un cas de dispense à faire valoir; par un **Commandant de recrutement.** Paris, 1890, broch. in-8. 50 c.

Loi du 15 juillet 1889 sur le **recrutement de l'armée,** annotée et mise à jour (mars 1900). Paris, 1900, broch. in-8. 50 c.

Code-manuel des pensions de l'armée de terre. — Résumé analytique de la réglementation en vigueur (octobre 1888); par Arnould **Bertrand,** sous-chef de bureau au ministère de la guerre. Publié avec l'approbation du Ministre. 2e édition, revue, mise à jour et augmentée d'un répertoire alphabétique. Paris, 1888, 1 vol. in-8. 3 fr.

A L'USAGE DES TROIS ARMES (*Suite*).

Code de justice militaire pour l'armée de terre (9 juin 1857). Annexes, formules et modèles. Edition mise à jour des textes en vigueur jusqu'au 1er juillet 1896. Paris, 1896, 1 vol. in-18 broché, 1 fr.

Cartonné. 1 fr. 30
Relié toile. 1 fr. 50

— *Le même*, édit. à grandes marges in-8. 1 fr. 25
Relié toile. 2 fr.

Décret du 1er mars 1890 portant règlement sur la **concession des congés et permissions**. Paris, 1890, broch. in-8. 20 c.

Instruction ministérielle du 30 mars 1 **l'hygiène des hommes de troupe**. 1895, broch. in-8.

Décret du 8 septembre 1889, relatif aux c à tenir par les **officiers, sous-officie poraux et brigadiers**. Paris, 1889, in-8.

Carnet de mobilisation. 1 vol. in-12 pages.

Répartition et emplacement des t de l'armée française, Paris, broc

OUVRAGES A L'USAGE DES ÉCOLES DICTIONNAIRES — LINGUISTIQUE

Instruction du 16 avril 1899 pour l'**admission à l'Ecole supérieure de guerre en 1901**, suivie des programmes. Paris, 1899, broch. in-8. 30 c.

Décret du 22 mars 1883, portant **Règlement sur l'organisation de l'Ecole militaire d'infanterie** (modifié jusqu'au 1er octobre 1895), suivi de l'**Instruction pour l'admission à cette école** et du **programme pour les épreuves des candidats**. Paris, 1895, broch. in-8. 40 c.

Instruction du 8 février 1900 pour l'**admission des sous-officiers** à l'Ecole militaire d'infanterie Paris, 1900, broch. in-8 15 c.

Corrigés des compositions de l'Ecole de Saint-Maixent; par Paul **Lagrange**. Paris, 1897, 1 vol. in-12 avec figures. 2 fr.

Arrêté ministériel relatif à l'admission des **sous-officiers d'infanterie de marine** à l'Ecole militaire d'infanterie de **Saint-Maixent** (du 11 mai 1894). Paris, 1894, broch. in-4°. 50 c.

Décret du 18 janvier 1882 portant **règlement sur l'organisation de l'Ecole speciale militaire**, modifié par les décrets du 31 juillet 1886, du 4 novembre 1890 et du 25 novembre 1890. Paris, 1891, broch. in-8. 20 c.

Instruction du 15 décembre 1898 pour l'**admission à l'Ecole spéciale militaire en 1899**, précédée de la circulaire ministérielle et suivie du **Programme des connaissances exigées**. Paris, 1899, broch. in-8. 40 c.

Décret du 11 octobre 1899, portant **règlement sur l'organisation de l'Ecole d'application de cavalerie**, suivi de l'instruction pour l'application du décret et des **programmes** d'enseignement et d'exercices pratiques. Paris, 1900, broch. in-8. 75 c.

Instruction ministérielle du 30 novembre 1897 pour l'**admission des sous-officiers à l'École d'application de cavalerie comme élèves-officiers**, suivie du **programme** d'instruction générale, Paris, 1898, broch. in-8. 30 c.

Instruction ministérielle du 3 décembre 1896 pour l'**établissement des propositions pour le grade de sous-lieutenant** dans l'arme de la cavalerie. Paris, 1897, broch. in 8. 30 c.

Décret du 13 mars 1894 portant règlen l'**organisation de l'Ecole polytech** Paris, 1894. broch. in-8.

Instruction du 5 août 1899, pour l'**adm à l'Ecole polytechnique en 1900** 1899, broch. in-8.

Décret du 17 août 1897 portant **réorgan de l'Ecole d'application de l'ar et du génie**. Paris, 1897, broch. in-8

Ecole militaire de l'artillerie et du g

Décret du 4 novembre 1886 **réorga l'école** et **Instruction** du 8 octobre 1 l'**admission** suivis des **programm** cours secondaires et supérieurs des école lerie et du genie et des compositions écri 1898. *Edition mise à jour*. Paris, 1898 in-8.

Règlement du 2 avril 1894 sur l'**organ et le fonctionnement de l'Ecol male de gymnastique et d'escri** ris, 1894, broch. in-8.

Règlement du 18 mai 1896, **pour l'a tion du décret** du 20 mars 1890, **port ganisation de l'Ecole d'adminis militaire**; suivi du **programme** des sances exigées. Paris, 1890, broch. in-8.

Instruction du 15 février 1899 pour l'**adi à l'Ecole du service de santé m** en 1899. Paris, 1899, broch. in-8.

Instruction du 14 avril 1899 pour l'**adi au Prytanée militaire en 1899**; de la circulaire portant envoi de cette ins Paris, 1899, broch in-8.

Règlement sur le **service des école mentaires** des **corps d'infanter** des programmes pour l'enseignement a 31 juillet 1879. **Nouvelle édition** c ment refondue et mise à jour. Paris, 189 in-8.

Règlement du 1er septembre 1888, sur **vice des Ecoles régimentaires** de troupe de l'**artillerie** et du **train d pages militaires**; modifié par la 12 avril 1889 et les feuilles rectifica 27 juillet et 26 mars 1892; suivi des **Pro** (Cours secondaire et Cours supérieur 1893, broch. in-8.

AGE DES ÉCOLES (*Suite*).

6 juillet 1893 sur l'**administra-comptabilité des écoles mili-**is, 1893, 1 vol. in-8 (*sans les mo-* 75 c.

octobre 1892 portant règlement sur **de l'habillement dans les itaires**, suivi de l'Instruction rela-ication dudit règlement. Paris, 1892, 75 c.

novembre 1887 portant **création se des écoles**, précédé du rapport de la République et suivi de l'in-r l'application dudit décret. Edit. mise ztes en vigueur au 15 octobre 1897, broch. in-8. 30 c.

itaires. — **Cours préparatoire.** cartonnés

maire et composition française. 1 vol. 2 fr.

métique et système métrique. 1 vol. 1 fr. 60

étrie. 1 vol. avec figures dans le le. 1 fr. 60

ication de campagne. 1 vol. avec ires dans le texte. 2 fr.

raphie. 1 vol. avec figures dans le te, tableaux et carte. 2 fr.

ire militaire. 1 vol. avec cartes-plans couleurs. 4 fr. 50

aphie. 1 vol. avec cartes noires et ouleurs. 3 fr.

n des 7 volumes, pris ensemble, 13 fr. 55

let d'études à l'usage des écoles s du deuxième et du troisième degré, t cavalerie, pour répondre aux pro-s 30 septembre 1874 et 18 avril 1875, *ournal militaire officiel.* 16ᵉ édition, refondue. Paris, 1878, 2 forts vol. ., planches et tabl., rel. toile. 7 fr. 50

: **Grammaire française, arith-géométrie, topographie, for-administration militaire** re-ée jusqu'à ce jour.

: **Géographie, histoire de des guerres modernes, art et militaires des temps anciens les**, en France et à l'étranger, **pe-ations de guerre**, etc. ume se vend séparément. 3 fr. 75

ours conformes au progamme s militaires; par Eugène **Len-**nant d'artillerie de la marine, ancien ole polytechnique :

algèbre élémentaire conforme ne de l'Ecole de Versailles, à l'usage s aux Écoles militaires du gouverne-x baccalauréats. Paris, 1894, 1 vol. 3 fr.

arithmétique conforme au pro-l'École de Versailles, suivi de com-'usage des candidats aux baccalauréats es du gouvernement. Paris, 1894, 2 fr. 50

trigonométrie conforme au pro-l'Ecole de Versailles, à l'usage des candidats aux baccalauréats et aux Ecoles militaires du gouvernement. Paris, 1894, 1 vol. in-12 avec 26 figures gravées dans le texte. 2 fr.

— **Notions élémentaires sur la construction des courbes**, à l'usage des candidats aux Écoles de Versailles et de Saint-Cyr et aux baccalauréats. Paris, 1894, 1 vol. in-12 avec 50 figures gravées dans le texte. 2 fr.

— **Cours de géométrie descriptive** conforme au programme de l'Ecole de Versailles, suivi des compléments à l'usage des candidats aux baccalauréats et aux Ecoles du gouvernement. Paris, 1894, 1 vol. in-12 avec 156 fig gr. dans le texte. 3 fr. 50

— **Cours élémentaire et pratique de topographie** à l'usage des candidats aux Ecoles militaires du gouvernement. Paris, 1894, 1 vol. in-12 avec 154 figures gravées dans le texte. 3 fr.

Écoles du génie. - Instruction théorique et pratique. — **Ecole de levers.** Planimétrie; altimétrie; représentation du terrain; levers nivelés; dessin topographique; levers spéciaux. Approuvé par le Ministre de la guerre le 29 décembre 1893. Paris, 1895, 1 vol. in-12 de XII-232 pages avec 163 fig. dans le texte et pl. hors texte. 3 fr. 50

Petite encyclopédie à l'usage des bibliothèques scolaires. Paris, 1866, 2 vol. in-12. 6 fr.

(Le tome Iᵉʳ contient : la grammaire française, l'arithmétique, les éléments d'algèbre et la géométrie. — Le tome II comprend : la géographie, l'histoire ancienne, l'histoire grecque, l'histoire romaine et l'histoire de France.)

Histoire abrégée des campagnes modernes; par J. **Vial**, colonel d'état-major en retraite, ancien professeur d'art et d'histoire militaires à l'Ecole d'application d'état-major. Complétée et mise à jour par son fils C. **Vial**, capitaine d'artillerie. 5ᵉ édition. Paris, 1894, 2 vol. in-8 avec *Atlas* de 51 planches. 13 fr.

Etude sommaire des batailles d'un siècle; par Ch. **Romagny** et **Piales d'Axtrez**, lieutenants professeurs adjoints de tactique et d'histoire à l'Ecole militaire d'infanterie. Paris, 1890, 1 vol. in-4 avec un portefeuille contenant 52 planches imp en couleurs. 15 fr.

Sommaires d'histoire de France depuis Henri IV jusqu'en 1848, conformes au règlement du 19 septembre 1881 sur le service des écoles régimentaires; par Paul **Lehugeur**, professeur agrégé d'histoire au lycée Charlemagne, officier de réserve. Paris, 1883, 1 vol. in-18 cart. 1 fr.

Cartes-croquis de géographie militaire, avec un exposé sommaire des principales campagnes depuis Louis XIV jusqu'à nos jours; par E. **Duball**, capitaine au 84ᵉ de ligne. 6ᵉ édition. Paris, 1881, petit in-folio, 14 cartes. 4 fr. 50

Atlas de l'Europe militaire, dressé par E. **Duball**, capitaine au 84ᵉ de ligne. Paris, 1880, 1 vol in-folio, relié en toile, composé de 11 planches montées sur onglets. 15 fr.

Dictionnaires. — Linguistique.

Nouveau dictionnaire militaire; par un *Comité d'officiers de toutes armes*, sous la direction d'un **Officier supérieur.** 1 fort vol. gr. in-8 de plus de 800 pages à 2 colonnes avec 310 figures dans le texte, broché. 15 fr.

Relié toile. 17 fr.

A L'USAGE DES ÉCOLES (*Suite*).

Dictionnaire encyclopédique des armées de terre et de mer. — Machines et engins de guerre, balistique et pyrobalist, armes de jet et d'ast, armes blanches, armes à feu, stratégie, tactique, fortifications, constructions navales, instruments nautiques, pêche et navigation fluviale et maritime. hydrographie, voyages et découvertes, costumes et uniformes et formation des divers corps de troupes, combats et faits de guerre, tant sur mer que sur terre, ligues et traités, administration militaire et maritime, biographie, anecdotes, axiomes, géographie, physique, météorologie, étymologies, technologie, archéologie, gymnastique, natation, equitation, etc., etc., chez tous les peuples et dans tous les temps; par **M. A. de Chesnel**, ex-lieutenant-colonel d'infanterie et ancien marin, illustré de plus de 4,700 gravures au trait, comprenant les costumes de tous les corps des armées de terre et de mer, depuis les époques les plus reculées, les armes, armures, engins de guerre, vaisseaux anciens et modernes, fortifications, etc., et les portraits des célébrités militaires et maritimes françaises et étrangères, dessinés par DUVAUX, élève de Charlet. 6e édit. contenant un *Supplément* par E. **Dubail**, capitaine d'infanterie, breveté d'état-major. Paris, 1881, 2 vol gr. in-8 à deux colonnes. 12 fr.

Dictionnaire national des communes de France et d'Algérie, par J. **Meyrat**, attaché à l'administration centrale des postes et des télégraphes a Paris. Ouvrage adopté par tous les Ministères et principaux établissements 1 joli vol. in-16 de 700 pages élégamment relié en toile. 6 fr.

Cent leçons d'allemand militaire, à l'usage des sous-officiers et des élèves des Ecoles militaires préparatoires. — Théorie grammaticale. — Exercices de traduction et de conversation. — Lectures militaires. — Réquisitions — Reconnaissances. — Dialogues militaires; par Emile **Noguier**, professeur d'allemand à l'Ecole militaire préparatoire d'infanterie de Saint-Hippolyte-du-Fort. — Paris, 1890, 1 vol. in-12 de XII-274 pages avec figures et tableaux, reliure souple, toile anglaise. 4 fr.

Langue allemande. — **Cours de thèmes militaires** à l'usage des officiers et futurs officiers, par G. **Richert**, capitaine d'infanterie, professeur à l'Ecole supérieure de guerre. Paris. 1894

Ire Partie : *Thèmes*. 1 vol., rel. toile. 3 fr. 25
IIe Partie : *Corrigés*. 1 vol., rel toile. 2 fr. 25

Questionnaire militaire français-allemand, à l'usage des officiers, futurs officiers, interprètes militaires; par le capitaine **Richert**, professeur à l'Ecole supérieure de guerre. Paris, 189?, 1 vol. in 12, broché. 1 fr. 25
Reliure souple, toile anglaise. 1 fr. 50

L'enseignement de l'allemand dans les Ecoles militaires; par le capitaine **Richert** (*J. S.*). Paris, 1894, broch. in-8. 30 c.

Termes, sujets et dialogues militaires en français et en allemand; par J.-F. **Minssen**, professeur à l'Ecole militaire de Saint-Cyr. 9e édition, revue et augmentée. 4e tirage. Paris, 1900, 1 vol. in-32. Relié toile. 2 fr. 25

Lectures militaires allemandes, recueil de fragments tirés des meilleurs auteurs allemands et traitant de sujets appartenant à l'hist[...] aux sciences militaires; accompagné de[...] explicatives; par J.-F. **Minssen**, profe[...] l'Ecole militaire de Saint-Cyr. — Partie [...]rique. — 12e édition. Paris, 1897, 1 vol. relié toile. 4

Dictionnaire des sciences milit[...] allemand-français; par J.-F. **Min[...]** professeur titulaire à l'Ecole militaire de Cyr Paris, 1880, 1 vol. in-18, broché.
Relié toile. 7

Méthode pratique de langue allem[...] — Ire Partie : *Mots et phrases, substantifs* [...] par séries et associés à des adjectifs et à [...]bes; par Antoine **Lévy**, agrégé de l'Uni[...] Paris, 1888, 1 vol. in-12.

Petit guide militaire français-alle[...] comprenant: les principes généraux de la [...]maire allemande, un questionnaire sur les [...]naissances en campagne, des exercices de [...] avec la traduction en regard, un vocabul[...] termes usuels, et des tableaux comparat[...] monnaies françaises et allemandes; [...] **Dresch**, professeur de langue allema[...] Prytanée militaire. 2e édition. Paris, 1 vol. in-12. 1

Vocabulaire français-allemand, dest[...] sous-officiers, brigadiers, caporaux et [...] Paris, 1870, broch. in-18, avec tableaux.

Nouveau vocabulaire militaire fra[...] allemand, à l'usage de MM. les officier[...] candidats à l'Ecole militaire; par A.-F. [...] professeur au Caouzou (Toulouse), cours [...]ratoire à l'Ecole de Saint-Cyr. Paris, 1892 relié toile.

Questionnaire militaire français-it[...] à l'usage des officiers, futurs officiers, inte[...] militaires; par Franςis **Chabosy**, interp[...] réserve. (D'après le questionnaire françai[...]mand du commandant Richert.) Paris, 1898 in-12. 1
Reliure souple toile anglaise. 1

Vocabulaire oriental-français, it[...] arabe, turc et grec, composé pour [...]versation usuelle et dans lequel se trouve [...] la prononciation à l'aide des lettres fran[...] par **Letellier**. Paris, 1838, 1 vol. in-8 [...]

Vocabulaire militaire espagnol-fra[...] Technologie militaire maritime ancienne [...]derne; par Henri **Trépied**, interprète de [...] Paris, 1889, 1 vol. in-16, relié toile. 2

Dictionnaire technique anglais-fran[...] par E. **Vivant**, mécanicien en chef de la [...] (Publié avec l'autorisation du Ministre de [...]rine). Paris, 1885, 1 fort vol. in-8 cartonn[...] anglaise.

English and russian military vocab[...] compiled by lieut. A. **Mears**, indian staff (Interpreter in Russian). Paris, 1898, 1 vol. cart. toile.

Petit interprète du soldat franç[...] Madagascar; par le capitaine **Dubo[...]** l'infanterie de marine, ex-capitaine aux [...]leurs de Diego-Suarez. Paris, 1895, broch. avec couverture parcheminée.

LECTURE DES CARTES, TOPOGRAPHIE
ΓOGRAPHIE, RECONNAISSANCES MILITAIRES

Lecture des cartes.

n pour la lecture des cartes phiques, par le général **Berthaut**, n. Paris, 1894, broch. in-12, avec as le texte. 75 c.

tique de topographie, de lec- cartes et de connaissance du a l'usage des sous-officiers, caporaux et pelotons d'instruction; par **J. Den-** utenant-colonel d'infanterie breveté. *mise à jour*. Paris, 1897, in-4, car- c fig. et croquis. 2 fr.

Topographie.

nventionnels à 1/10000ᵉ adoptés ifférents services publics (armée, ma- ux publics) pour représenter sur les graphiques les objets existants à la sol, groupés, dessinés et gravés; par **Hennequin**, fondateur et vulgari- la topographie pratique en France, fectif du Comité du musée pédagogique militaires de Saint-Pétersbourg et de Sociétés scientifiques de l'Europe. Paris, h. in-8. 1 fr.

n élémentaire sur la topogra- 'usage des officiers, des sous-officiers our l'avancement et des engagés condi- un an, d'après le programme fixé par ministérielle du 30 septembre 1874; **ouby**, lieutenant-colonel d'état-major. revue et augmentée d'une table analy- is, 1893, 1 vol. in-12, avec figures et 3 fr.

mentaire pour l'enseignement ographie dans les corps de troupe, rès le programme officiel du Ministre re; par Louis **La Fuente**, ancien l'état-major 3ᵉ édition. Paris, 1877, 2, avec planches. 2 fr.

héoriques et pratiques de to- ie, appliquées aux levés nivelés à la uvrage publié avec autorisation du mi- la guerre; par J. **Quiquandon**, chef n du génie. Paris, 1860, 1 vol. in-8, ies. 7 fr.

topographie élémentaire, à l'u- fficiers de l'armée; par E. **de La-** utenant-colonel d'état-major. 6ᵉ édi- , 1877, 1 vol. in-12, avec figures te, planches et tableaux. 6 fr.

:é élémentaire de topographie, à l'usage des sous-officiers, caporaux par L. **Hennequin**, lieutenant d'in- *édition, revue, corrigée et augmentée.* ronné par la Société nationale de topo- tique. Paris, 1889, broch. in-8. 50 c.

Petit manuel de topographie; par **La- grange**. Paris, 1897, broch. in-12 avec fig. 50 c.

Cours classique de dessin topographique, à l'usage des lycées, des écoles préparatoires et de toutes les maisons d'éducation; par **Corréard**, ancien ingénieur. — Ouvrage au moyen duquel on peut apprendre le dessin topographique sans le secours d'un maître. 3ᵉ édition. Paris, 1868, 1 vol. in-4 oblong, composé de 25 dessins coloriés avec le plus grand soin, avec texte en regard. 16 fr.

Cours de topographie, rédigé conformément aux instructions et programmes ministériels du 30 septembre 1874 et destiné aux officiers, aux sous-officiers proposés pour l'avancement et aux engagés conditionnels d'un an; par E. **Poirot**, chef de bataillon au 139ᵉ régiment d'infanterie, 4ᵉ édition augmentée. Paris, 1883, 1 vol. in-12 avec 271 fig. et plusieurs tabl. dans le texte. 4 fr.

Traité de topographie et de reconnais- sances militaires; par E. **Bertrand**, lieu- tenant-colonel du génie, ancien professeur à l'école spéciale militaire. 4ᵉ édition. Paris, 1893, 1 vol. in-8, avec un grand nombre de figures dans le texte. 8 fr.

Traité de topographie et de reproduction des cartes au moyen de la photographie; par C. **Maës**, major, commandant en 2ᵉ l'école mili- taire de Bruxelles, et A. **Hannot**, capitaine, dirigeant le service de la photographie au dépôt de la guerre de Belgique. 2ᵉ édition revue et augmentée. Paris, 1874, 1 vol. in-8 avec atlas. 12 fr.

Formules nouvelles pour résoudre le **pro- blème de la carte** au moyen de données par- ticulières; par M. **d'Ocagne**, ingénieur des ponts et chaussées (*R. M.*). Paris, 1889, broch. in-8. 75 c.

Topographie stratigraphique et géognos- tique, applicable aux points fortifiés et passages défensifs à travers les zones frontières soumises aux servitudes militaires; par A.-N. **Paran- dier**, inspecteur général des ponts et chaussées en retraite. Paris, 1881, broch. in-8 avec 2 cartes chromo-lithographiques. 3 fr.

Application de la photographie aux levés militaires; par M.-A. **Jouart**, lieutenant d'ar- tillerie. Paris, 1866, broch. in-8 avec 2 planches. 2 fr. 50

La photographie appliquée au lever des plans; par J. **Bornecque**, capitaine du génie. Paris, 1885, broch. in-12. 1 fr. 25

La photographie dans les armées; par **Hannot**, capitaine belge. Bruxelles, 1876, broch in-12 avec carte. 1 fr. 50

Panoramie militaire ou méthode panoramique appliquée à la topographie militaire; par P.-A. C. (**Conte**). Etude couronnée par la Société de topo- graphie de France (*J. S.*). Paris, 1887, broch. in-8 avec planche. 1 fr. 50

Topographie (Suite).

Topographie. — **La théorie de l'homothétie appliquée au lever des plans à la planchette**; par J. E. **Dunkel**, garde-mines principal, chef de bureau de l'inspection générale des carrières de la Seine, officier de l'instruction publique. Paris, 1889, broch. in-8. 1 fr.

Cartographie.

Service géographique de l'armée. — **La carte de France** (1750-1798), **étude historique**; par le colonel **Berthaut**, chef de la section de cartographie. Paris, 1899, 2 forts vol. in-4 avec de nombr. cartes et croquis. 30 fr.

Les procédés de la construction des plans en relief; par le lieutenant **Berthon**, du 115ᵉ régiment d'infanterie. (*J. S.*). Paris, 1898, broch. in-8 avec figures. 2 fr.

Instruments de topographie.

Alidade (double décimètre) triangulaire en bois. 50 c.

Boussole déclinatoire, acajou avec vis pour carton. 1 fr. 50

Boussole en cuivre à fixer sur le carton-planche, cadran argenté, suspension, barreau à chape d'agate (35ᵐᵐ), *qualité extra.* 2 fr.

Boussole en cuivre, forme montre, cadran argenté, suspension, barreau à chape d'agate (40ᵐᵐ), *qualité extra.* 2 fr.

Boussole-savonnette nickelée à ressort et suspension automatique, barreau anglais, cadran argenté (40ᵐᵐ), qualité extra. 6 fr. 50

Boussole dite **géologue**, à couvercle, charnière nickelée, pinnules pour le lever des plans, patin pour l'aplomb servant aux pentes, fond gravé, cercle divisé, suspension, barreau, chape d'agate. 16 fr

Boussole topographique du colonel **Hossard**; boîte acajou à couvercle, pinnules à viseur, glace de réflexion, fond gravé, cercle divisé, suspension, barreau, chape d'agate. 13 fr.

Boussole alidade du colonel **Peigné**, boîte en acajou avec couvercle, à fenêtre de visée directe et glace de reflexion permettant d'observer les oscillations de l'aiguille pendant la visée, aiguille de 70ᵐᵐ. 21 fr. 50

Boussole-rapporteur Hennequin, spécialement établie pour l'exécution rapide et pratique de tous les levers expédiés, itinéraires et reconnaissances militaires, brevetée s. g. d. g., à l'usage des officiers de toutes armes, des volontaires d'un an, des élèves des écoles régimentaires, lycées, écoles communales primaires. — Boussole avec écrin. 13 fr. 25

Instruction sur la boussole-rapporteur Hennequin. Paris, 1876, broch. in-18. 50 c.

Carton-planche, pour les levers topographiques. 4 fr.

— *Le même*, avec bretelle. 4 fr. 50

Crayons :

bois blanc, bonne qualité,	nᵒ 2,	*la douz.*	30 c.
— de cèdre (chinois),	nᵒ 2,	—	40 c.
— verni noir, pour dessin,	nᵒ 2,	—	90 c.
— vernis rouge, fins,	nᵒ 2,	—	75 c.
— verni jaune, extra fins,	nᵒ 3,	—	80 c.

Crayons de couleur :

mine rouge et mine bleue,	*la pièce*
— bleue, bois blanc,	—
— rouge, —	—
— verte, jaune, bistre, bleue, violette, vermillon, carmin.	—

Crayons géographiques assortis (⁽ leurs), la boîte.

Curvimètre-curseur à vis, manch cannelé.

Curvimètres à cadran et à manch

Nᵒ 1. *Une face à un cadran* aux deux éc 1/100,000ᵉ et 1/80,000ᵉ en boîte carton.

Nᵒ 2. *Double face à deux cadrans* aux 6 de 1/100,000ᵉ, 1/50,000ᵉ, 1/25,000ᵉ, 1/ 1/40,000ᵉ, 1/20,000ᵉ en boîte carton.

Nᵒ 3. *Une face à deux cadrans* avec gran divisé en 100 centimètres et petit cadran limètres. La roulette de ce modèle es d'un cliquet de sûreté pour arriver à me lignes courbes à 1 millimètre près sur les les levés topographiques, en boîte carto

Curvimètre-breloque, aux deux éch 1/100,000ᵉ et 1/80,000ᵉ.

Échelle topographique en bois, av échelles de 1/100,000ᵉ et 1/80,000ᵉ.

Jumelle avec cordon cuir, renfermée dans en peau souple, fermeture porte-monnaie

Loupe en métal nickelé, avec manche (45ᵐ

Nouveau portemine triangulaire s surr et échelles topographiques 80,000ᵉ et 1 dispensant de l'usage du compas, l'un

Papier quadrillé au millimètre, pour feuille (50×65).

Portefeuille de poche Hennequin, co

1ᵒ Un dessin récapitulatif servant de pour opérer un lever à vue;

2ᵒ Deux feuilles de papier quadrillé e (le carreau ayant 1 millimètre de côté), servir à toutes les échelles possibles;

3ᵒ Un compas pour rapporter les dista

Ce portefeuille remplace la planchette, décimètre et la série d'objets indispensa ployés jusqu'ici pour opérer un lever à v

Service en campagne.

Cache-carte, étui imperméable, transp quadrillé au 1/80,000ᵉ, permettant la l la carte en campagne par tous les temps

Nᵒ 1. 23%ₘ × 46%ₘ

Nᵒ 2. 46%ₘ × 11%ₘ 1/2.

Carnet-porte-cartes Maréchal en transparent.

Carnet nᵒ 1. 15%sur10%sans boussole
— — avec boussole.
Carnet nᵒ 2. 20%sur10%sans boussole
— — avec boussole
Carnet nᵒ 3. 22%sur15%sans boussole.
— — avec boussole.

Lecteur de cartes, transparent, à se peau, et quadrillé au 80,000ᵉ et au pouvant contenir 3 ou 4 cartes, et m œillets pour le port en marche.

'e en campagne (Suite).

campagne, couverture toile grise ette, fermoir métallique contenant : 00 rapports de reconnaissance, 25 en- porte-mines rouge et bleue, 1 crayon s : 14 cent. sur 22 cent.), *modèle* 4 fr. 25

campagne auto-copieur à sou- verture toile grise avec pochette, fer- lique, contenant : 3 cahiers de 6 feuilles , 25 enveloppes, 2 feuilles à décalquer (dimensions : 15 cent. sur 22 cent.), *posé*. 3 fr.

.. *Modèle de l'Ecole supérieure de* nensions : 11 cent. sur 17 cent.), con- ahiers de 12 feuilles « Compte rendu », pes, 3 feuilles à décalquer et 1 crayon. 2 fr. 50

es état-major à l'usage de MM. les campagne ou aux manœuvres, avec métallique et passants de suspension : verne. 17 fr.
on chagriné. 40 fr.

tuel, modèle réglementaire. 1 fr.
avec boussole et chaînette. 2 fr. 25

dépêche quadrillé pour le service en le cent. 2 fr.
uble, le cent. 3 fr.

itinéraire de patrouille, pour ca- cent. 2 fr.

s imprimées pour dépêches, le cent. 1 fr. 50

Bloc de 100 feuillets de dépêches avec couverture et fermoir métallique, l'un. 3 fr.
— de 50 feuillets sans couverture, l'un. 1 fr 25
— de 25 feuillets sans couverture, l'un. 75 c.

Reconnaissances.

De la pratique de la topographie en campagne; par un **Officier d'état-major.** Paris, 1874, broch. in-12. 50 c.

Traité des reconnaissances militaires, ou reconnaissances et description du terrain au point de vue de la tactique, à l'usage des officiers d'infanterie et de cavalerie ; traduit de l'allemand, par L.-A. Unger, professeur. Paris, 1880, 1 vol. in-8. 7 fr. 50

Mémoires sur les reconnaissances militaires; par le général **Bourcet.** Paris, 1875, 1 vol. in-8. 3 fr.

Recueil sur les reconnaissances militaires, d'après les auteurs les plus estimés, formant un traité complet sur la matière ; publié par J. **Corréard**, ancien ingénieur. Paris, 1845, 1 vol. in-8 avec atlas. 10 fr.
— Voir **Pierron**, *Méthodes de guerre*, tome IV, 1re partie (page 59).

Traité des reconnaissances militaires, comprenant la théorie du terrain et la manière de reconnaître un pays dans son organisation et ses produits (Tome Ier, partie théorique ; Tome II, application) ; par M. A. **Chatelain**, chef d'escadron en retraite, ancien professeur à l'Ecole d'état-major et ensuite attaché au dépôt de la guerre. Paris, 1850, 2 vol. in-8, avec 28 planches gravées, dont 2 coloriées. 18 fr.

ARMES PORTATIVES ET TIR

oire des officiers et sous-officiers d'in- ur **l'exécution du tir.** — Ire Partie : *oire de l'officier de tir sur le terrain.* tie : *Pratique du tir.* — IIIe Partie : *ments divers.* Paris, 1893, in-16 de é toile. 75 c.

— **Carnet de l'officier de tir.** 93, 1 vol. in-18, à feuillets mobiles s une couverture reliée toile avec bar- livre et écrous. 2 fr. 50

écoles de tir. — Tome Ier : *Cours* Paris, 1884, 1 vol in-8 avec 138 figures xte. 5 fr.
: *Armement et feux de l'infanterie* Pa- 1 vol. in-8 avec fig. dans le texte. 5 fr.

guerre et son emploi. Cours de ge de MM. les officiers et sous-officiers e; par A. **Lansard**, capitaine au t d'infanterie de marine. Paris, 1898, 2 avec nombreuses figures. 2 fr. 50

le tir. — Tirs réduits. — Tirs aux stances. — Tirs de précision ; par F. capitaine au 3e régiment territorial e. Paris, 1899, 1 vol. in-12. 1 fr.

Instruction du tir. Application du règlement du 22 mai 1895 ; par E. B... (*J. S.*). Paris, 1897, broch. in-8. 40 c.

Un mot sur le règlement de tir de 1895 ; par Henri **Baraude** (*J. S.*). Paris, 1898, broch. in-8. 50 c.

Des méthodes d'instruction du tir en France ; par le capitaine **Richard**, du 20e bataillon de chasseurs à pied (*J. S.*). Paris, 1899, in-8 de 103 pages. 2 fr. 50

Les grandes questions militaires du jour (Poudre sans fumée. — Bataille invisible. — Feux rasants — Le tir, etc., etc.) ; par C.-J. **Nigote**, chef de bataillon (*J. S.*). Paris, 1891, 1 vol. in-8. 2 fr.

Lettres sur la poudre sans fumée et les méthodes de guerre ; par le général **Clément** (*J. S.*). Paris, 1891, broch. in-8. 2 fr.

La poudre sans fumée et l'instruction du tir : par Henri **Baraude** (*J. S.*). Paris, 1890, broch. in-8. 40 c.

Du nouvel armement et de la poudre sans fumée ; par le colonel **Crouzet** (*J. S.*). Paris, 1891, broch. in-8. 60 c.

Armes portatives et tir (Suite).

Principes de tir; par **Lamiraux**, colonel du 53ᵉ régiment d'infanterie (*J. S.*). Paris, 1883, broch. in-8. 60 c.

Lebel contre Mannlicher et Vetterli dans la prochaine guerre; par le colonel **Ortus** (*J. S.*). Paris, 1892, broch. in-8. 2 fr.

Connaissance et emploi du terrain. — **Tir incliné de l'infanterie**; par E. **Paquié**, chef de bataillon au 40ᵉ régiment de ligne. Paris, 1878, 1 vol. in-8 avec figures et tableaux. 4 fr. 50

Des réserves à faire sur l'efficacité pratique du tir en terrain incliné au-dessous de la ligne de mire; par le commandant **Josset** (J. S.). Paris, 1900, broch. in-8. 75 c.

Tir de l'infanterie aux grandes distances. — **La rasance des terrains avec le Clipsomètre.** Résolution instantanée des problèmes de tir du champ de bataille, déduite d'une étude approfondie et complète de la rasance, en trois parties : *Théorie — Pratique — Critique;* par le lieutenant **d'André**, du 100ᵉ régiment d'infanterie. Paris, 1899, 1 fort vol. gr. in-8 jésus avec 210 figures, cartes, croquis et tableaux. 15 fr.

De la rasance des fusils de petit calibre et de ses conséquences tactiques; par **E. Paquié**, colonel du 11ᵉ d'infanterie (*J. S.*). Paris, 1892, broch. in-8 avec figures. 1 fr. 50

Le tir de guerre : par H.-P. **L...** (*J. S.*). Paris, 1897, broch. in-8. 40 c.

Le tir de guerre et les exercices pratiques du camp de Châlons; par le général **Paquié** (*J. S.*). Paris, 1899, in-8 de 95 pages avec figures. 2 fr. 50

Tir de l'infanterie aux grandes distances. Son efficacité. — Conséquences qu'elle entraîne pour l'attaque et la défense des positions; par le commandant **Josset** (*J. S.*). Paris, 1895, broch. in-8 avec fig. et tabl. 1 fr. 50

Des tirs collectifs d'infanterie; par **F. G.** (*J. S.*). Paris, 1893, broch. in-8. 60 c.

L'instruction du tir dans la compagnie; par **H. Gondré**, lieutenant, ex-professeur à l'École militaire d'infanterie. Paris, 1892, 1 vol. in-12 avec de nombreuses figures dans le texte. 2 fr. 50

Le tir de l'infanterie; par un **Officier supérieur de l'armée allemande**. Traduit par Ernest Jaeglé, professeur à l'École spéciale militaire de Saint-Cyr. Paris, 1888, 1 vol in-12 avec une planche lithographiée. 4 fr.

L'instruction du tir en France et en Allemagne; par Henri **Baraude** (*J. S.*). Paris, 1894, broch. in-8. 1 fr. 25

La préparation du tireur pour le champ de bataille; par L. **Michaux-Bellaire**, capitaine au 124ᵉ régiment d'infanterie (*J. S.*). Paris, 1892, broch. in-8. 1 fr.

Les armes à feu portatives des armées actuelles et leurs munitions; par un **Officier supérieur.** Paris, 1894, 1 beau vol. in-8 avec 131 figures ou planches. 6 fr.

Les nouvelles armes à feu portatives et le service de santé en campagne; par **A. M...** (*J. S.*). Paris, 1897, broch. in-8. 50 c.

Les armes de petit calibre. — Étu[de com]parative; par J. **de Monbrison** (*J. S.* [Paris,] 1893, broch. in-8.

Les armes de petit calibre. — Fusils [en service] et en construction; par le capitaine J. d[e Mon]**brison** (*J. S.*) Paris, 1893, broch. in-8.

Les armes de petit calibre et leur p[uissance] meurtrière; par le commandant **D...** (*J.* [S.). Pa]ris, 1898, broch. in-8 avec fig.

Études sur l'armement réglementa[ire de] l'infanterie (Modifications apportées [depuis] 1874 au fusil et à la cartouche. Études th[éoriques] et expérimentales sur les cartouches. Fab[rication] des armes et des munitions en France. [Le fusil] de l'avenir) Paris, 1884, 1 vol. in-12 av[ec plan]ches et figures dans le texte.

Armement de l'infanterie; par le li[eutenant] **Daudeteau** (*J. S.*). Paris, 1896, br. i[n-8 avec] nombreuses figures et tableaux.

Études d'art et de technologie militaires. — [L'ar]**mement et la technique des fe[ux des] infanteries modernes**; par le comm[andant] **Legros.** Paris, 1899, 1 vol. in-8 avec d[e nom]breux graphiques intercalés dans le texte.

Armement portatif et instruction [...] (*J. S.*). Paris, 1897, br. in-8 avec 2 fig.

Les fusils à répétition et la charge [des] soldats en campagne; par le commandant [...] (*J. S.*). Paris, 1886, in-8.

Les armes à répétition; par J. **Born**[...], capitaine au 4ᵉ régiment du génie. — II [...] Paris, 1885, 1 vol. in-12 avec nombreuses [...]

Les armes à répétition; par J. **Born**[...], capitaine au 1ᵉʳ régiment du génie. — IIIᵉ [...] Paris, 1886, in-12 avec planches.

Les armes à répétition; par J. **Born**[...], capitaine au 1ᵉʳ régiment du génie. — IVᵉ [...] Paris, 1888, 1 vol. in-12.

Les armes de chasse modernes; par [le capi]taine **de Monbrison.** Paris, 1894, broch[...]

Le fusil de l'avenir; par le comm[andant] H. **Plessix** (*J. S.*). Paris, 1884, broch. in-[...]

Les armes de demain. Armes porta[tives,] canons, navires; par le capitaine de [Mon]**brison** (*J. S.*). Paris, 1898, broch. in-8.

La grande tension des trajectoires [et le] fusil de l'avenir; par **A. d'Août**, so[us-lieu]tenant d'infanterie de l'armée belge (*J. S.*) [Paris,] 1897, br. in-8 avec 7 fig.

Conférences sur le tir pour les off[iciers] d'infanterie; par **Lamiraux**, colo[nel du] 53ᵉ régiment de ligne (*J. S.*). Paris, 1885 [...] in-8.

Petites questions de tir; par le lieu[tenant-] colonel **Borrel**, du 61ᵉ régiment d'in[fanterie] (*J. S.*). Paris, 1897, br. in-8 avec 21 figur[es.]

Essai sur le réglage du tir de l'infan[terie] sur les ricochets; par **Brongniart** (*J.* [S.). Pa]ris, 1888, broch. in-8.

Des lignes de mire. Œilleton servant [à ensei]gner à prendre les différentes lignes de m[ire] viser, en se servant de ces lignes, un poin[t dési]gné; par le lieutenant **Mote**, du 43ᵉ r[égiment] d'infanterie (*J. S.*). Paris, 1897, broch. in[-8 avec] 2 figures.

Armes portatives et tir (Suite).

Hausses pratiques du tir collectif de guerre; par le commandant **Josset** (*J. S.*). Paris, 1898, broch. in-8 avec tabl. 1 fr. 50

Feux d'infanterie; par le général **Warnet** (*J. S.*). Paris, 1893, broch. in-8. 50 c.

Aperçu sur le feu et les procédés de l'infanterie au combat, par le général **Libermann** (*J. S.*). Paris, 1894, broch. in-8 avec 7 figures. 1 fr. 25

Méthode pour l'exécution du tir de l'infanterie sur des buts invisibles; par **Gallet de Recologne**, capitaine du génie breveté (*J. S.*). Paris, 1884, broch. in-8. 50 c.

Tir contre les ballons; par **Dufaux**, capitaine au 83ᵉ régiment d'infanterie. Paris, 1886, broch. in-8. 1 fr

Appareil de démonstration pratique des effets des feux d'infanterie sur les terrains inclinés; par le général **Mille** (*J. S.*). Paris, 1894, broch. in-8 avec 18 figures. 75 c.

Ricochets de la balle modèle 1886. Formations à employer pour en réduire les effets; par le général **Le Joindre** (*J. S.*). Paris, 1896, broch. in-8 avec tableaux. 75 c.

Balles anglaises (*J. S.*). Paris, 1899, broch. in-8. 50 c.

Études récentes sur les cartouches à étui métallique; par **M. A...** (*J. S.*). Paris, 1882, broch. in-8 avec pl. 1 fr. 25

Tir de l'Infanterie aux grandes distances

LA RASANCE DES TERRAINS

AVEC

LE CLIPSOMÈTRE

Résolution instantanée des Problèmes de tir du champ de bataille

DÉDUITE D'UNE

ÉTUDE APPROFONDIE ET COMPLÈTE DE LA RASANCE

EN TROIS PARTIES :

THÉORIE — PRATIQUE — CRITIQUE

PAR

le lieutenant d'ANDRÉ

DU 100ᵉ RÉGIMENT D'INFANTERIE

Paris, 1899, 1 fort vol. gr. in-8° jésus avec 210 figures, cartes, croquis et tableaux. 15 fr.

IIe PARTIE

ART DE LA GUERRE

ART MILITAIRE DES ANCIENS ET DES MODERN

Art ancien.

Commentaires de César. Traduction de WAILLY, revue et corrigée avec le plus grand soin. Paris, 1826, 2 vol. in-32 avec 1 carte de la Gaule. 5 fr.

Traité de l'art militaire; par **Végèce**. Traduction nouvelle par Vict. DEVELAY. Paris, 1859, 1 vol. in-8. 4 fr.

La phalange. — Etude philologique et tactique sur les formations d'armées des Grecs dans l'antiquité et sur leur langue militaire; par A. **de Serignan**, capitaine au 104e d'infanterie. Paris, 1880, 1 vol in-8. 3 fr.

Histoire de l'art militaire chez les anciens; par le major prussien F. **de Ciriacy**. Traduit de l'allemand, par Ed. DE LA BARRE-DUPARCQ, capitaine du génie. Paris, 1854, 1 vol. in-8. 6 fr

Histoire de l'art de la guerre; par **de La Barre-Duparcq**. Paris, 1864, 2 vol. in-8. 15 fr.

CHAPITRES DU TOME Ier.

Avant-propos. — Introduction générale — *Chapitre Ier:* Premiers peuples. — *Chapitre II:* Grecs. — *Chapitre III* · Romains. — *Chapitre IV:* Peuples conquis. — *Chapitre V:* Peuples barbares. — *Chapitre VI:* Le moyen âge avant l'usage de la poudre.

CHAPITRES DU TOME II.

Chapitre Ier: Le moyen-âge depuis l'usage de la poudre. — *Chapitre II:* Renaissance de l'art. — *Chapitre III:* L'art prend son caractère moderne pendant la guerre de Trente ans. — *Chapitre IV:* Les guerres de Louis XIV. — *Chapitre V.* L'art de la guerre durant la première moitié du règne de Louis XV. — *Chapitre VI:* Progrès dus à Frédéric de Prusse. — *Chapitre VII:* Changements apportés dans l'art de la guerre pendant les luttes de la Révolution française. — *Chapitre VIII:* Progrès dus à Napoléon. — *Chapitre IX:* Période de 1815 à 1848.

Art moderne.

Précis de l'art de la guerre ou **Nouveau tableau analytique** des principales combinaisons de la stratégie, de la grande tactique et de la politique militaire; par le baron **de Jomini**, général en chef, aide de camp de S. M. l'Empereur de toutes les Russies. *Nouvelle édition*, revue et augmentée d'après les appendices c ments du général JOMINI; par F. **Lecom** cien colonel divisionnaire suisse, membre raire de l'Académie royale des sciences mi de Suède. Paris, 1894, 2 vol. in-8 a *Atlas*.

Les méthodes de guerre actuelles e la fin du XIXe siècle; par le général **ron.** 4 tomes en 7 vol. in-12.

TOME Ier.

Ire Partie : *Conditions à remplir pou mander; Unité de commandement; ministre de la guerre.* 2e édition Paris 1 vol.

IIe Partie : *Places fortes; Déploiements giques* 2e édition. Paris, 1889, 1 vol. 6

IIIe Partie : *Chemins de fer; Télégr* 2e édition. Paris, 1893, 1 vol. 8

TOME II (*en préparation*).

TOME III.

Ire Partie : *Avants-postes; Cantonne Bivouacs; Camps.*

IIe Partie : *Investissements.* Paris, 1881,

TOME IV.

Ire Partie : *Manuel pratique pour les naissances militaires.* Paris, 1895, 1 fo avec figures et planches.

Manuel de guerre. — Le Combat; **Lieutenant-Colonel de l'armée ac** — Première édition, avec modifications app à divers chapitres. Paris, 1889, 1 vol. in- 1200 pages avec de nombreuses figures d texte, broché. 7

Relié chagrin souple.

Questions de tactique appliquée tr de 1855 à 1882 au grand état-major allema Thèmes, solutions et critiques du maréch **Moltke**, publiés par la section historiq grand état-major allemand. Traduit de l'alle par le capitaine RICHERT, professeur à l supérieure de guerre. Paris, 1893, 1 vol. in- *Atlas* de 27 cartes et de 9 croquis.

Essai sur la tactique — Exercices sur la Rédaction des ordres. — Discussions et sol de vingt thèmes tactiques donnés aux ex d'entrée à l'Ecole de guerre jusqu'en 1899 sivement. 3e édition. Paris, 1899, 1 vol

Art moderne (Suite).

Quarts de feuille au 80,000ᵉ nécessaires pour les discussions et solutions des thèmes tactiques donnés aux examens d'entrée à l'École de guerre.

Nᵒˢ		
23.	Réthel (les quatre quarts).	1 fr. 20
31.	Rouen —	1 fr. 20
35.	Verdun (quarts N.-O.—S.-O.)	0 fr. 60
48.	Paris —	1 fr. 20
49.	Meaux —	1 fr. 20
50.	Châlons —	1 fr. 20
52.	Commercy (quart N.-E.).	0 fr. 30
53.	Sarrebourg (quart N.-O.).	0 fr. 30
65.	Melun (les quatre quarts).	1 fr. 20
66.	Provins (quart N.-O.)	0 fr. 30
80.	Fontainebleau (les quatre quarts).	1 fr. 20
82.	Troyes (quarts N.-O—S.-O.)	0 fr. 60
84.	Mirecourt (les quatre quarts).	1 fr. 20
97.	Tonnerre —	1 fr. 20
99.	Langres —	1 fr. 20
111.	Avallon (quarts N.-E.—S.-E.)	0 fr. 60
113.	Gray —	1 fr. 20
	La collection des 53 quarts.	15 fr. 90
	Franco.	16 fr. 75

Etudes d'art militaire. — **Applications de tactique et de stratégie** (Projet d'opérations dans l'offensive et dans la défensive, pour : une compagnie, un bataillon, un régiment, une brigade, une division d'infanterie; pour une réserve d'artillerie de corps d'armée; pour un parc de corps d'armée. — Opérations hypothétiques, dans l'offensive et dans la défensive, d'un corps d'armée et d'une armée de quatre corps; disposition générale des forces d'un état sur l'une de ses frontières); par **J. Vial**, lieutenant-colonel d'état-major. 2ᵉ tirage. Paris, 1881, 2 vol. in-8, avec 46 planches tirées en 2 couleurs. 12 fr.

De l'éducation militaire. — **Introduction générale à l'étude des sciences militaires**, dédiée aux militaires, aux hommes d'État et aux instituteurs; par W **Rüstow**, colonel dans l'armée fédérale suisse. Traduit par Gustave Bayvet. Paris, 1872, 1 vol. in-8. 2 fr. 50

L'art militaire au XIXᵉ siècle. — **Stratégie, histoire militaire** (1792-1815, 1815-1878); par **W. Rüstow** Traduit de l'allemand sur la 3ᵉ édition, entièrement refondue (1882), par le général Savin de Larclause. Paris, 1882, 2 vol. in-8, avec planches. 15 fr.

L'art militaire au XIXᵉ siècle — **La petite guerre**; par **W. Rüstow.** Traduit de l'allemand par Savin de Larclause, colonel de cavalerie. 2ᵉ édition Paris, 1875, 1 vol in-8. 5 fr.

L'art militaire au XIXᵉ siècle. — **Tactique générale**, avec des exemples à l'appui: par W **Rüstow.** Traduit de l'allemand sur la 2ᵉ édition, avec l'autorisation de l'auteur, par Savin de Larclause, colonel de cavalerie. Paris, 1872. 1 vol in-8, avec 12 planches. 10 fr.

L'art militaire au XIXᵉ siècle — **Etudes stratégiques et tactiques sur les guerres les plus récentes** (1866-1870); par **W. Rüstow.** Traduit de l'allemand par Savin de Larclause, colonel de cavalerie. Paris, 1875-1880, 3 vol. in-8, avec 12 planches. 21 fr.

Traité d'art militaire, professé dans les écoles de guerre de l'empire d'Allemagne. — **Tactique de Périzonius.** Traduit de l'allemand par Raffin, chef de bataillon au 114ᵉ de ligne. 6ᵉ édition. Paris, 1881, 2 vol. in-8 avec planches et nombreux croquis. 12 fr.

Etudes sur l'art de conduire les troupes; par **Verdy du Vernois**, colonel, chef d'état-major du 1ᵉʳ corps d'armée. Traduit de l'allemand par A Masson, capitaine d'état-major. Paris, 1874-82, 2 vol. en 7 parties.

1ᵉʳ volume. — La division d'infanterie dans le corps d'armée.

1ʳᵉ partie	in-12 avec 4 planches.	2 fr.
2ᵉ partie.	In-12 avec 1 planche.	2 fr. 50
3ᵉ —	In-12 avec 2 planches	*Epuisé.*
4ᵉ —	In-12 avec 1 planche.	*Epuisé.*

2ᵉ volume. — La division de cavalerie faisant partie d'une armée.

1ʳᵉ partie.	In-12 avec 5 planches.	*Epuisé.*
2ᵉ —	In-12 avec 2 croquis.	3 fr.
3ᵉ —	In-12 avec 2 planches (fin)	3 fr.

Etudes d'histoire militaire, d'après la méthode appliquée; par **Verdy du Vernois**, général-major de l'armée prussienne. Traduit de l'allemand par le commandant L. Grandin Paris, 1877, 1 vol. in-12, avec planches. 2 fr. 50

Mémoires sur l'art de la guerre; par le général comte **de La Roche-Aymon.** Paris, 1857, 5 vol. in-8 et atlas de 20 planches 35 fr.

L'Introduction à l'art de la guerre, ouvrage très rare aujourd'hui, reçut à son apparition l'approbation et les éloges des hommes de guerre les plus distingués, tels que le général Jomini, le général d'artillerie prussienne Tempelhoff, etc. — Celui-ci, sous le titre de Mémoires, en est la réimpression dégagée de ce qui ne présente pas un intérêt d'actualité, etc.; il donne les matières suivantes :

1ᵉ Nécessité et importance des études militaires. — 2ᵉ Géographie et topographie militaires. — 3ᵉ Ponts militaires — 4ᵉ Artillerie de bataille — 5ᵉ-6ᵉ Emploi de l'artillerie dans l'attaque et la défense des places. — 7ᵉ Mémoire sur l'infanterie, la cavalerie et les troupes légères. — 8ᵉ Petite guerre. — 9ᵉ Fortification et ses applications au terrain. — 10ᵉ Castramétation et marche des armées. — 11ᵉ Manœuvres de guerre. — 12ᵉ Stratégie ou science des plans de campagne.

Le terrain, les hommes et les armes à la guerre; par le général D. Angel Rodriguez de **Quijano y Arroquia.** Préface par M Henry **Houssaye**, de l'Académie française. Paris, 1899, 1 vol. in-8 avec 5 cartes en couleurs. 7 fr. 50

De l'esprit des institutions militaires; par le maréchal **Marmont**, duc de Raguse. 2ᵉ édition, revue et augmentée par l'auteur. 4ᵉ tirage. Paris, 1846, 1 vol. in-12. 2 fr. 50

Instruction militaire du roi de Prusse, Frédéric II, pour ses généraux. Traduite de l'allemand. Paris, 1877, broch. in-8 avec 13 planches. 2 fr.

Instruction secrète dérobée à Frédéric II, roi de Prusse, contenant les ordres secrets expédiés aux officiers de son armée, particulièrement à ceux de la cavalerie, pour se conduire dans la guerre. Traduit de l'original allemand par le Prince de Ligne. Paris, 1878, br. in 8. 1 fr. 50

Art moderne (Suite).

Maximes de guerre du maréchal Gouvion Saint-Cyr. Remarques, conseils, observations sur l'art militaire. (Extrait de ses œuvres). Paris, 1875, 1 vol. in-32. 1 fr. 50

Œuvres militaires du maréchal Bugeaud, duc d'Isly ; réunies et mises en ordre par **Weil**, ancien capitaine de cavalerie. Paris, 1883, 1 vol. in-8 avec 7 planches. 7 fr. 50

Maximes, conseils et instructions sur l'art de la guerre; par le maréchal **Bugeaud**, ou aide-mémoire pratique de la guerre, à l'usage des militaires de toutes armes et de tous pays ; d'après un manuscrit rédigé en 1815 et revu en 1870, pour être mis en harmonie avec les connaissances et l'organisation du jour. 36e édition. Paris, 1870, 1 vol. in-18 avec 9 planches hors texte 1 fr.

Préjugés militaires ; par un officier autrichien (le **prince de Ligne**). Paris, 1876, 1 vol. in-8. 3 fr. 50

Fantaisies militaires; par un officier autrichien (le **prince de Ligne**). Réimpression textuelle de l'édition de Kralovelhota, 1780. Paris, 1876, 1 vol. in-8 broch. avec 20 pl. 3 fr. 50
Suite au livre : *Préjugés militaires*.

Règlement sur le service des armées en campagne. Annoté d'après les meilleurs auteurs qui ont écrit sur l'art militaire par Ch. **de Savoye**, colonel du 2e de ligne belge, officier de la Légion d'honneur, etc. Ouvrage approuvé par le Comité d'état-major de France. 2e édition entièrement revisée en 1873 (2e tirage). Paris, 1875, 1 fort vol. gr. in-8. 10 fr.

"Guerre et paix" de Tolstoï, au point de vue militaire ; par le général **Dragomiroff** (*J. S.*). Paris, 1896, 1 vol. in-8. 1 fr. 50

Les conditions de la guerre de demain, d'après le **général von der Goltz** (*J. S.*). Paris, 1897, broch. in-8. 50 c.

La guerre raisonnée ; par le général E. **Schneegans**, ancien commandant de corps d'armée et de l'Ecole supérieure de guerre. Paris, 1891, 1 vol. in-8. 6 fr.

Les leçons de la guerre ; par Ph.-E **Desprels**, colonel d'artillerie en retraite, commandeur de la Légion d'honneur. Paris, 1880, 1 vol. in-8 de 500 pages, broché. 7 fr.
Prix réduit 3 fr.

Les types normaux ; par le général **Lewal** (*J. S.*). Paris, 1891, br. in-8. 1 fr. 25

Une prophétie militaire ; par **G. L. M.** (*J. S.*). Paris, 1892, broch. in-8. 1 fr.

La bataille de la Vesles (Etude hypothétique des diverses phases du combat dans les batailles de l'avenir) ; par C. **Nigote**, de l'ancien corps d'Etat-major, chef de bataillon au 119e d'infanterie (*J. S.*). Paris, 1894, broch. in-8. 2 fr.

Principes généraux des plans de campagne (*J. S.*). Paris, 1895, 1 vol. in-8. 3 fr.

Défense des principes généraux des plans de campagne ; par **L***** (*J. S.*). Paris, 1898, broch. in-8. 1 fr. 25

La conception de la victoire chez les grands généraux ; par Cl. **Dervieu**, capitaine breveté au 3e régiment d'infanterie. — Hannibal ; Cæsar ; Gustave-Adolfe ; Turenne ; Frédéric II ; Carnot ; Napoléon Ier ; de Moltke (*J. S.*). Paris, 1894, in-8. 2 fr. 50

De l'initiative des chefs en sous-ordre à la guerre ; par le lieutenant général **de Woyde**, de l'armée russe. Traduit par le capitaine G. Richert, professeur à l'Ecole supérieure de guerre. Paris, 1895, 1 vol. in-8. 3 fr. 50

Notions sur les opérations combinées de l'armée et la flotte, par Ch. **Bride**, capitaine breveté d'Etat-major (Réserve). Paris, 1898, 1 vol. in 8. 1 fr.

Sur mer. — La marine et la défense nationale. — Les alliances ; par le colonel **Thomas** (*J. S.*). Paris, 1898, br. in-8. 1 fr. 25

De l'armée selon la Charte et d'après l'expérience des dernières guerres (1792-1815) ; par le comte **Morand**, lieutenant général. Paris, 1894, 1 vol. in-8 avec figures. 6 fr.

Stratégie napoléonienne.

La guerre de masses. 1re *étude* : **Préparation stratégique des actions décisives.** Ire partie : *Guerre napoléonienne*. Paris, 1894, 1 vol. in-8. 3 fr. 50
IIe partie : *Guerre de* 1870. *Discussion des plans d'opérations français*. Paris, 1893. 1 vol. in-8 2 fr. 50

La bataille napoléonienne ; par **H. Camon**, chef d'escadron d'artillerie, breveté d'état-major. Paris, 1899, broch. in-8. 1 fr. 50

Guerre napoléonienne. — *Campagne de 1813 en Allemagne*. — **Fragments stratégiques.** 1er fascicule. Paris, 1891, 1 vol. in-8 avec carte. 1 fr.

Napoléon, chef d'armée ; par le lieutenant-colonel **Yorck de Wartenburg**. Traduit de l'allemand par le commandant Richert, de l'Ecole supérieure de guerre. Paris, 1899, 2 vol. in-8. 12 fr.

Maximes de guerre et pensées de Napoléon Ier, 5e édition revue et augmentée. 2e tirage. Paris, 1874, 1 vol. in-18. 3 fr.

Encore une maxime de Napoléon Ier ; par A. G..., ancien élève de l'Ecole polytechnique (*J. S.*). Paris, 1886, br. in-8 avec croquis. 1 fr. 25

Stratégie napoléonienne. — **Maximes de guerre de Napoléon Ier**, par **A. G.**, ancien élève de l'Ecole polytechnique. *Nouvelle édition*. Paris, 1897, 1 vol. in-8 avec cartes et croquis. 7 fr. 50

Réponse aux notes critiques de Napoléon Ier sur l'ouvrage intitulé : *Considérations sur l'art de la guerre* ; par **Rogniat**. Paris, 1823, 1 vol. in-8. 5 fr.

Comment s'est formé le génie militaire de Napoléon Ier ? par le général **Pierron** (*J. S.*). Paris, 1895, broch. in-8. 75 c.

Comment s'est formé le génie militaire de Napoléon Ier ? Réponse au général Pierron ; par **X...** (*J. S.*). Paris, 1889, broch. in-8. 75 c.

Maximes napoléoniennes. — Répertoire militaire ; par le général **Grisot** (*J. S.*).
— *Principes de la guerre*. Paris, 1897, broch. in-8. 1 fr.

…tégie napoléonienne (Suite).

…*tégie*. Paris, 1898, broch. in-8. 1 fr. 25
…*mps*. — *Les hommes*. — *Les troupes*. — …*er*. — *Soldat français*. Paris, 1898, broch. 1 fr.
…*ns étrangères*. — *Levées en masses*. — …*aux : esprit, caractère*. Paris, 1898, in-8. 1 fr.
…*andement*. Paris, 1898, broch. in-8. 1 fr.
…*sance*. — *Buts secondaires*. — *Obstacles du* … *Frontières*. — *Théâtres d'opérations*. — … *de défense*. — *Plan de guerre*. Paris, … broch. in-8. 1 fr.
…*es préparatoires*. — *Cartes*. — *Renseigne*… — *Journaux*. Paris, 1899, broch. in-8. 1 fr.
…*mblement des armées; Debarquements* — … *de campagne*. — *Secret*. — *Résolution*; … — *Précipitation; Retards*. — *Offensive*. … 1899, broch. in-8. 75 c.

— *Concentration des forces sur le champ de bataille*. — *Dissémination des forces*. — *Se rendre compte des forces de l'ennemi*. — *Diversions*. — *Détachements*. Paris, 1899, broch. in-8. 75 c.

— *Corps d'observation*. — *Manœuvres entre deux masses*. — *Positions de flanc*. — *Manœuvres avec des colonnes séparées par des obstacles*. — *Manœuvres sur un fleuve*. Paris, 1899, broch. in-8. 50 c.

— *Passages des fleuves et des rivières*. — *Défense des rivières*. — *Double ligne d'opération pendant la bataille*. — *Plan d'attaque*. Paris, 1899, broch in-8. 75 c.

— *De la bataille*. — *Des deuxièmes lignes et des réserves*. — *Poursuites*. — *Communications*. — *Occupation, organisation des pays conquis*. 1 fr.

— *Retraites*. — *Défensive*. — *Fortification permanente de campagne*. 1 fr.

STRATÉGIE

Principes.

…**gie**. — Objet; enseignement; éléments; … **G.**, ancien élève de l'Ecole polytechnique … Paris, 1894, broch. in-8. 2 fr.

…**les observations sur l'objet et les** …**nts de la stratégie**; **par A. G.**, élève de l'Ecole polytechnique (*J. S.*). Pa… 97, broch. in-8. 2 fr.

… **de l'art de la guerre** ou nouveau ta… analytique des principales combinaisons de …**tégie**, de la **grande tactique** et de la **poli**… **militaire**; par le baron **de Jomini**, général …, aide de camp de S. M. l'empereur de toutes …ssies. *Nouvelle édition*, revue et augmentée … les appendices et documents du général …; par **F. Lecomte**, ancien colonel divi…ire suisse, membre honoraire de l'Académie des sciences militaires de Suède. Paris, 2 vol. in-8 avec un Atlas. 20 fr.

…**es de stratégie**. — **Etude sur la** …**ite des armées**; par le général **Ber**… Paris, 1884, 1 vol. in-8 avec atlas de …tes ou plans. 20 fr.

…**es de stratégie** développés par la rela… la campagne de 1796 en Allemagne; par …duc **Charles**. Traduit de l'allemand par le … **Jomini**. Nouvelle édition, revue et corrigée …uteur et suivie des mémoires pour servir à …re de la campagne de 1796, par le maréchal …**n**. Bruxelles, 1841. 1 vol. gr. in-8, avec …les et un atlas. 20 fr.

…**gie**. — Etude; par le colonel **Blume**, com…nt le régiment de fusiliers de Magdebourg. Traduit de l'allemand. 1884. 1 vol. in-8. 7 fr. 50

…**ction à la partie positive de la** …**gie**; par le général **Lewal**. Paris, 1 vol. in-8. 2 fr. 50

…**ie de combat**; par le général **Lewal** …ie (*J. S.*). Paris, 1895, 1 vol. in-8. 4 fr. …rtie. Paris, 1896, 1 vol. in-8. 4 fr.

La veillée d'Iéna. — Etude de stratégie de combat: par le général **Lewal** (*J. S.*). Paris, 1899, broch. in-8. 2 fr. 50

Le combat complet; par le général **Lewal**. (*J. S.*). Paris, 1898, broch. in-8. 2 fr.

Stratégie de marche; par le général **Lewal**. Paris, 1893, 1 vol. in-8 avec planche en couleurs. 5 fr.

Etudes d'art militaire. — **Applications de tactique et de stratégie**. (**Projet** d'opérations dans l'offensive et dans la défensive, pour : une compagnie, un bataillon, un régiment, une brigade, une division d'infanterie; pour une réserve d'artillerie de corps d'armée; pour un parc de corps d'armée. — Opérations hypothétiques dans l'offensive et dans la défensive, d'un corps d'armée et d'une armée de quatre corps; disposition générale des forces d'un Etat sur l'une de ses frontières); par **J. Vial**, lieutenant-colonel d'état-major. Paris, 1881, 2 vol. in-8 avec 46 pl. tirées en deux couleurs. 12 fr.

Principes généraux des plans de campagne (*J. S.*). Paris, 1895, 1 vol. in-8. 3 fr.

Traité des grandes opérations militaires, contenant l'histoire critique et militaire des guerres de Frédéric II, comparées au système moderne, avec un recueil des principes les plus importants de l'art de la guerre; par **Jomini**. 4e édition, considérablement augmentée. Paris, 1851, 3 vol. in-8 avec un atlas in-folio. 40 fr.

Principes de la grande guerre, suivis d'exemples tactiques raisonnés de leur application, à l'usage des généraux de l'armée autrichienne; par le prince **Charles**. Publication officielle traduite de l'allemand, par Ed. de La Barre Duparcq, capitaine du génie, professeur d'art militaire à l'Ecole spéciale militaire de Saint-Cyr. 1 vol. in-folio jésus, avec 25 cartes coloriées avec le plus grand soin. 80 fr.

Théorie de la grande guerre; par le général **de Clausewitz**. Traduction du lieutenant-colonel de Vatry, précédée d'une lettre du général Pierron. Paris, 1886-89. 4 vol. in-8, y compris l'*Introduction*. 30 fr.

Principes (Suite).

Quelques évolutions de la stratégie; par le général H **Leer**, de l'armée russe, chef de l'Académie impériale d'état-major (*J. S.*). Paris, 1894, broch. in-8. 1 fr.

Tactique et stratégie. — **Mouvements de flanc**; par le général **Bernard**, de la section de réserve. Tarbes, 1894, 1 vol. in-12. 5 fr.

Le combat et les mouvements de flanc dans l'armée française (*J. S.*). Paris, 1897, broch. in-8. 50 c.

Principes essentiels pour la conduite de la guerre. Clausewitz interprété par le général Dragomiroff. Traduit du russe et de l'allemand. Paris, 1889, broch. in-18. 1 fr.

La guerre moderne; par le général **Derrécagaix**.

Iʳᵉ partie : **Stratégie**. Paris, 1890, 2ᵉ édition, 1 vol. in-8 avec atlas de 39 planches. 10 fr.

IIᵉ et dernière partie : **Tactique**. Paris, 1890, 2ᵉ édition, 1 vol. in-8 avec atlas de 25 pl. 10 fr.

La guerre et la géologie; par le colonel du génie Don Angel Rodriguez de **Quijano y Arroquia**. Traduit de l'espagnol par A. Joly, capitaine à l'état-major du génie. Paris, 1876, 1 vol. in-8 avec 5 planches, dont 4 en coul. 7 fr. 50

La guerre de montagnes; par le baron **F. de Kuhn**, feldzeugmestre de l'armée impériale et royale. Traduit sur la 2ᵉ édition par le capitaine Weil. Paris, 1896, 1 vol. in-12 avec une carte imprimée en bistre. 5 fr.

Guerre en pays de montagnes; par **Jayet**, colonel du 96ᵉ régiment d'infanterie (*J. S.*). Paris, 1891, broch. in-8. 75 c.

Notes sur les marches et combats en montagne; par le capitaine **Fl...** (*J. S.*). Paris, 1896, broch. in-8. 75 c.

Théâtres d'opérations.

Les régions fortifiées. Leur application à la défense de plusieurs Etats européens; par le lieutenant-général **Brialmont**, 1890. 1 vol. gr in-8 et l'atlas cartonné gr. in-folio, avec planches gravées sur pierre et sur cuivre. 28 fr.

Défense des frontières de la France (*J. S.*) Paris, 1893, broch. in-8. 60 c.

La défense des frontières de la France. Etude par le général **Pierron**. Tome Iᵉʳ. Paris, 1892, 1 fort vol. gr. in-8 de XIV-830 pages 12 fr.

Protection et défense des frontières; par **Bontoux** (*J. S.*). Paris, 1888, broch. in-8. 1 fr.

Essai d'organisation défensive du territoire de la France. Etude d'ensemble; par L **Amphoux** (*J. S.*). Paris, 1892, br. in-8. 1 fr.

Organisation et répartition des **troupes spéciales sur les frontières continentales**, par H.-P. **L.** (*J. S.*). Paris, 1888, br. in-8. 50 c.

Paris et la frontière nord-orientale; par L. **A.** (*J. S.*). Paris, 1887, broch. in-8. 1 fr.

Frontières et places fortes des p pales puissances; par L. **Amphoux** Paris, 1896, broch. in-8.

La neutralité de la Belgique et Suisse; par L. **Amphoux** (*J. S.*). Paris, in-8.

Rôle des fortifications de la Meuse et des places françaises du Nord cas d'une guerre franco-allemande : par l mandant **Josset** (*J. S.*). Paris, 1895, br

La vallée de la Somme au point d militaire; par le général **Bourelly** (Paris, 1899, broch. in-8.

Les Vosges en 1870 et dans la proc campagne; par **un ancien officier** d seurs à pied. Rennes, 1887, 1 vol. petit in 2 pl. et 1 carte en couleurs.

Fallait-il quitter Metz en 1870? par ancien élève de l'Ecole polytechnique (Paris, 1893, br. in-8.

Comment Paris peut-il être att Comment doit-il être défendu? général **Cosseron de Villenoisy** (*J* ris, 1884, br. in-8.

Le camp de Malmédy; par A. **Is** .. (Paris, 1894, broch. in-8.

Le camp d'Elsenborn; par T. **Britt** n. d. (1896), broch. in-8.

Observations sur nos places fortes frontière de l'Est (*J. S.*). Paris, 1885, in-8.

Nancy et les ouvrages de défense Meuse (*J. S.*). Paris, 1883, broch. in-8.

Les fortifications de Nancy; par L **phoux** (*J. S.*). Paris, 1897, broch. in-8

Étude stratégique sur la frontiè Nord-Est; par le major **X**... (*J. S*) 1880, broch in-8 avec une carte en 2 c

De la véritable utilité des places par **A. G.**, ancien élève de l'Ecole polyte (*J. S.*). Paris, 1883, broch. in-8.

La prochaine guerre; aperçu du t des opérations; par L **A**. (*J. S.*) 1887, broch. in-8.

La prochaine guerre; par le capitain (*J. S.*). Paris, 1899, broch. in-8.

Les chemins de fer allemands et le mins de fer français au point de v concentration des armées; par le maj (*J. S.*). Paris, 1879, broch. in-8 avec

A propos des réseaux ferrés de la et de l'Allemagne; par **A. G.**, anci de l'Ecole polytechnique (*J. S.*). Paris, 1 in-8.

Géographie stratégique (Essai); p lonel G. **Sironi**. Traduit de l'italien Salmer, capitaine au 1ᵉʳ régiment du gén 1873, 1 vol. in-8.

iéâtres d'opérations (Suite).

fense des Alpes par l'Italie; par le ·l O. **Baratieri**, député au parlement ita- Traduit par M. Astolfi, lieutenant au ·égiment d'infanterie (*J. S.*). Paris, 1883, . in-8. 50 c.

tudes sur la frontière des Alpes; : général **Cosseron de Villenoisy** (*J.* 'aris, 1892, broch. in-8. 75 c.

érations militaires sur la frontière a Savoie et du haut Dauphiné au II° siècle. Guerre de la succession d'Es- : par le capitaine **Valot**, du 30° régiment nterie (*J. S.*). Paris, 1896, br. in-8. 2 fr.

rentaise: par le capitaine **Flocon** (*J. S.*) , 1895, broch. in-8. 1 fr.

llée de l'Arve; par **G. H.** (*J. S.*). Pa- 898, broch. in-8 avec figures. 1 fr. 50

sur le val d'Aoste: par le capitaine (*J. S.*). Paris, 1895, broch. in-8. 1 fr.

sur le Queyras et les vallées Vau- ss; par le capitaine **Fl...** (*J. S.*). Paris, broch. in-8 avec croquis. 1 fr.

Percée de la Faucille. Défense de notre territoire et de nos intérêts, concurrence desastreuse du Saint-Gothard; par E. **Villevert**, ingénieur. Paris, 1892, broch. in-8 avec carte des chemins de fer français. 2 fr.

Défense nationale; par **un Patriote** (Notice sur la percée de la Faucille). Paris, 1896, broch. in-8 avec une carte. 2 fr.

Conférence : **Étude sur la frontière du Sud-Est**, depuis l'annexion à la France de la Savoie et du comté de Nice; par **M. Borson**, colonel d'état-major. Paris, 1870, 1 vol. in-18 avec une carte. 75 c.

Le front sud des frontières suisses; par Gaston **Marmier**, capitaine du génie. [2° bureau de l'état-major général du Ministre de la guerre]. (*R. E.*). Paris, 1886, broch. in-8. 2 fr. 50

Russes et Anglais en Asie centrale. — **Vers l'Inde.** Esquisse militaire statistique et stratégique. **Projet de campagne russe**, par V.-T. **Lebedev.** Traduit du russe par le capitaine du génie breveté Cazalas, de l'état-major de la 16° division d'infanterie. Paris, 1 vol. in-12 avec 4 croquis et 1 carte. 3 fr. 50

TACTIQUE

INFANTERIE.

c, Formations et manœuvres, Service en campagne.

erie. — Méthodes de commande- t, d'éducation et d'instruction; par le géné- . **Bonnal** Paris, 1900, 1 vol. in-8 avec et croquis. 6 fr.

ssouplissement des troupes d'infan- e: par Th. **Savary**, lieutenant au 90° ré- nt d'infanterie (*J. S.*). Paris, 1898, broch. 75 c.

eurs d'infanterie; par *** (Général **rnet** (*J. S.*). Paris, 1890, broch. in-8. 60 c.

i des éclaireurs d'infanterie pour les minaires du combat; par le général **War-** (*J. S.*). Paris, 1893, broch. in-8. 70 c.

isation et instruction des éclai- s d'infanterie; par le capitaine **Schmitt**, 7° régiment d'infanterie (*J. S.*). Paris, 1896, . in-8, avec 5 figures. 1 fr. 75

is aller en avant-poste avec ma ion; comment l'établir? par le général **ron.** 2° édition, revue et augmentée. Paris, , broch. in-18. 30 c.

nce de la forme du terrain sur les ts du tir de l'infanterie et sur les for- ons à adopter; par P. **Brongniart**, capi- d'artillerie (*J. S.*). Paris, 1886, broch. in-8 planches et figures. 1 fr. 25

Du service d'exploration en montagne (par l'infanterie): par **G. H.** (*J. S.*). Paris, 1895, broch. in-8. 75 c.

Le combat et les feux d'infanterie. — *De l'Offensive; — de la Défensive;* par le général *** (*J. S.*). Paris, 1892, broch. in-8 avec fig. 2 fr.

Le combat et les feux d'infanterie. — De la défensive (*J. S.*). Paris, 1892, broch. in-8. 1 fr.

Feux d'infanterie contre les attaques subites et entourantes. Méthode de formation rapide en vue de ces attaques. Paris, 1891, broch. in-8. 50 c.

Des feux dans l'attaque et la défense des retranchements: par **Dufaux**, capitaine au 83° régiment d'infanterie (*J. S.*). Paris, 1887, broch in-8. 1 fr.

Effets du feu de mousqueterie et d'artillerie sur le champ de bataille; par le colonel **Laffitte-Rouzet**, du 87° régiment d'infanterie (*J. S.*). Paris, 1897, broch. in-8 avec figures et tableaux. 1 fr. 50

De l'unité de combat dans l'infanterie; par **Levasnier**, capitaine au 117° régiment d'infanterie (*J. S.*). Paris, 1887, broch. in-8. 1 fr. 50

Observations sommaires sur le combat du bataillon; par le commandant **Cousin** (*J. S.*). Paris, 1896, broch. in-8 avec 7 croquis. 50 c.

Le bataillon d'infanterie sous le feu de l'artillerie; par le capitaine **Pris** (*J. S.*). Paris, 1893, broch. in-8 75 c.

Formations de groupement et marches des grosses unités d'infanterie dans l'imminence de la lutte; par le lieutenant-colonel **A. D.** (*J. S.*). Paris, 1894, broch. in-8 avec 13 figures. 1 fr.

INFANTERIE (Suite).

Manuel pour la préparation des troupes au combat; par le général **Dragomiroff**. Traduction du russe. 2e édition.

Ire partie : **Préparation de la compagnie.** 3e édition, revue et complétée. Paris, 1891, 1 vol. in-18. 1 fr. 50

IIe partie : **Préparation du bataillon.** Paris, 1888, 1 vol. in-18 avec 2 croquis. 1 fr. 50

IIIe partie : **Préparation des trois armes à la camaraderie de combat.** Paris, 1888, 1 vol. in-18 avec figures et 3 planches dont une en couleur. 2 fr. 50

Tactique de combat de l'infanterie. Modifications à introduire dans le règlement du 3 janvier 1889 pour le mettre en harmonie avec les exigences nouvelles de la guerre : par **G. G.**, chef de bataillon d'infanterie breveté (*J. S.*). Paris, 1893, broch. in-8 avec figures. 75 c

Tactique de combat de l'infanterie; par le commandant **Barrès**. du 143e régiment d'infanterie (*J. S.*). Paris, 1896, broch. in-8 50 c.

Marches, avant-postes et combat de l'infanterie. — **Étude de tactique** à l'usage des officiers de réserve et de l'armée territoriale; par le capitaine **J. de Monbrison**, du 18e bataillon de chasseurs. Paris, 1894, broch. in-18. 1 fr.

Considérations sur la tactique de l'infanterie. — Formation sur un rang; par le colonel **Mignot** (*J. S.*). Paris, 1895, broch. in-8 avec planches. 1 fr.

La tactique de la compagnie en ordre dispersé: par un **Officier d'infanterie** (*J. S.*). Paris, 1887, 1 vol. in-8. 1 fr. 50

Ecole de bataillon. — **Etude critique et tactique**; par le commandant **D***** (*J. S.*). Paris, 1899, broch. in-8. 50 c.

Considérations sur le combat offensif d'infanterie, par **P. Durand**, chef de bataillon au 57e de ligne (*J. S.*). Paris, 1887, broch. in-8. 1 fr. 25

Du rôle et du mode d'action probable de l'infanterie dans une future campagne; par le commandant **Welter**, professeur du cours de topographie à l'Ecole spéciale militaire (*J. S.*). Paris, 1894, broch. in-8 avec 5 croquis. 1 fr.

Procédés de direction dans les marches et évolutions de l'infanterie (*J. S.*). Paris, 1893, broch. in-8. 60 c.

Projet de règlement de manœuvres de l'infanterie (*J. S*). Paris, 1894, broch. in-8. 1 fr. 25

Projet de règlement de manœuvres de l'infanterie. Ecole du soldat: par le capitaine **C...** (*J. S.*). Paris, 1899, broch. in-8. 2 fr.

Du règlement sur les manœuvres de l'infanterie; par **Crouzet**, colonel d'infanterie en retraite (*J. S*). Paris, 1889, broch. in-8. 75 c.

L'esprit du règlement de manœuvre (1894); par le général **Lewal** (*J. S*). Paris, 1895, broch. in-8. 1 fr.

Les Manœuvres de l'infanterie. — Le Règlement de l'avenir, par **Ch. Jevain**, lieutenant au 131e régiment d'infanterie (*J. S.*). Paris, 1898, broch. in-8. 1 fr. 25

Guide de l'instructeur au serv campagne; par le lieutenant **de Ci** 69e d'infanterie Paris, 1893, 1 vol. in-

Le service en campagne de l'infa — Essai d'une méthode pratique d'ins par le capitaine **N. B.** (*J. S.*). Paris, in-8 avec figures.

Service en campagne de l'infante le capitaine **X***** (*J. S.*). Paris, 1898, br avec figure.

Préparation de la compagnie au en campagne; par le capitaine **de F** instructeur d'infanterie à l'Ecole spéci taire, 2e édit. (*J. S.*). Paris, 1896, 1

Préparation de la compagnie au c par le capitaine **de Fonclare**, instruct fanterie à l'Ecole spéciale militaire. Pa 1 vol. in-8.

Notions pratiques pour les petit rations de la guerre, extraites d postes de cavalerie légère du général DE l'usage des cadres inférieurs de l'infant **A. Cordier**, lieutenant au 134e régim fanterie. Paris, 1887, broch. in-18.

Tactique de l'infanterie. — **Le ravitai en munitions**; par un **officier d'inf** (*J. S.*). Paris, 1887, br. in-8.

Notes sur la marche; par Albert de **P ville** (*J. S.*). Paris, 1888, br. in-8.

Etude expérimentale de la marc le capitaine V. **Legros**.

Section I : *Marche d'un homme isol* 1876, broch. in-12 avec planches.

Section II : *Instruction sur l'emploi de de marche perpétuel d'une colonne d* Paris, 1877, broch. in-12 avec planches.

La marche du fantassin; par **A. R** capitaine au 20e bataillon de chasseu (*J. S.*). Paris, 1897, in-8 avec fig.

Hygiène du pied; par **A. Berthier**, major de 1re classe au 110e régiment terie, ancien répétiteur de l'Ecole du s santé militaire. Paris, 1899, broch. in-8

CAVALERIE.

Formations et Manœuvr Service en campagne.

Réflexions sur la tactique actu la cavalerie; par **B. de G.**, offici valerie (*J S.*). Paris, 1895, broch. in-8.

Une révolution dans la tactique cavalerie: par un **cavalier** (*J. S.* 1880. broch in-8.

Tactique de combat de la cavale le commandant **X...** (*J. S.*). Paris, 189 in-8.

A travers la tactique de la cav propos de la tactique de décision; pa (*J. S.*). Paris, 1885, br. in-8.

Conférence sur la cavalerie dans l et dans l'avenir; par **M. d'Andl** tenant-colonel d'état-major. Paris, 187 in-18 avec figures et planches.

CAVALERIE (*Suite*).

ur la cavalerie (*J. S.*). Paris, 1892, -8. 60 c.

r la cavalerie; par un **Officier su- d'infanterie** (*J. S.*). Paris, 1893, -8. 1 fr. 50

ons du général-major Carl von t, relatives à l'instruction, l'édu- l'emploi et la conduite de la ie, depuis le cavalier isolé jusqu'à la de cavalerie; traduit par le capitaine aché à l'état-major général du Ministre rre. 2ᵉ tirage. Paris, 1883, 2 vol. in-18 bleaux. 7 fr.

t, instruction, organisation et de la cavalerie. Traduit de l'alle- Ed. Thomann, capitaine de cavalerie. 14, 1 vol. in-8. 2 fr.

il sur l'entraînement, les ma- s et l'emploi de la cavalerie; par l, lieutenant-colonel, commandant le nt territorial de cavalerie. Paris, 1884, -8. 50 c.

nçaise. — **Cavalerie au combat**; néral T. **Bonie.** Paris, 1887, 1 vol. 5 fr.

ançaise. — **Cavalerie en cam-** par le général T. **Bonie.** Paris, 1888, l. 4 fr.

tion nouvelle de la tactique de lerie; par le commandant **Picard** ris. 1899. broch. in-8. 75 c.

t de la cavalerie contre l'infan- r un **officier d'infanterie** (*J. S.*). 9, br. in-8. 1 fr. 50

contre infanterie; par le com- **Cousin** (*J. S.*). Paris, 1898, broch. in-8 75 c.

ormation du peloton et de l'es- par **A. P.** (*J. S.*). Paris, 1883. broch. 1 fr. 50

nces actuelles de la cavalerie r **de Sainte-Chapelle.** Paris, 1886, l. 2 fr.

s avec cadres pour une bri- cavalerie; par B.-D. **H.** (*J. S.*). 3, broch. in-8 avec carte. 1 fr. 50

l'un escadron de contact; par **lensan**, capitaine au 3ᵉ cuirassiers. l, 1 vol. in-8 avec 3 gr. cartes. 5 fr.

r au service en campagne. *Une instruction.* Traduit de l'allemand par **tesant** au 10ᵉ chasseurs. Paris, 1891, croquis et modèle de rapport. 1 fr. 50

en campagne et l'application éthode d'instruction dans l'es- n cours de la période annuelle, suivi dice sur le service de sûreté et le ser- ration faits par la cavalerie attachée à d'infanterie opérant isolément; par un **de cavalerie.** Paris, 1889, broch. 1 fr. 25

— **Exploration et combat**; par aron **Lahure**, chef d'état-major de ion de cavalerie belge. Paris, 1884, 3 fr. 50

Notes sur le service d'exploration; par un **Officier de cavalerie** (*J. S.*). Paris, 1891, broch. in-8. 1 fr. 25

Cavalerie. — Service d'exploration et de sûreté; par *** (*J. S.*). Paris, 1884, broch. in-8. 1 fr. 25

Le service des rapports et reconnais- sances de l'officier de cavalerie; par **Pelet-Narbonne**, colonel du régiment de hus- sards de Hanovre nᵒ 15. Ouvrage traduit de l'al- lemand avec autorisation de l'auteur par **B...**, sous-lieutenant. Paris, 1887, 1 vol. in-12. 1 fr. 50

Dix jours d'exploration. Journal de marche de la 4ᵉ division de cavalerie allemande (du 16 au 20 août 1870); par V. **d'Urbal** (*J. S.*). Paris. 1888. broch. in-8 avec carte en couleurs. 1 fr. 25

Le raid et les sapeurs à cheval; par P.-A. **C...**, capitaine à la légion étrangère (*J. S.*) Pa- ris, 1885, in-8 avec 2 cartes. 2 fr. 50

La cavalerie aux grandes manœuvres de 1887 (*J. S.*). Paris, 1888, br. in-8. 60 c.

La cavalerie aux grandes manœuvres du camp de Châlons en 1888; par un **Offi- cier de cavalerie** (*J. S.*). Paris, 1889, broch. in-8. 1 fr. 50

La cavalerie au camp de Châlons (*J. S.*). Paris, 1890, broch. in-8. 60 c.

La cavalerie pour la guerre moderne (*J. S.*). Paris, 1890, br. in-8. 1 fr. 50

Rôle de la cavalerie française à Traktir et à Solférino. Réponse au livre du Général Lebrun : *Souvenirs des guerres de Crimée et d'Italie*, par le général **X...** Paris, 1890, broch. in-8. 1 fr.

Passage des cours d'eau par la cavale- rie, par le général de **Benoist**, commandant la 20ᵉ brigade de cavalerie. Paris, 1899, 1 vol. in-12 avec figures. 2 fr.

ARTILLERIE

Feux, Formations et Manœuvres, Service en campagne.

Les feux d'artillerie (*J. S.*). Paris, 1880, br. in-8. 1 fr.

Etude sur les instructions et règlements de manœuvres de l'artillerie de cam- pagne. Le règlement unique; par P. **M...** (*J. S*). Paris, 1899, broch. in-8 avec fig. 1 fr 50

Observations sur les règlements de ma- nœuvres de l'artillerie; par G **P.**, capi- taine d'artillerie (*J S.*). Paris, 1889, broch. in-8. 60 c.

De l'instruction dans les corps de troupe de **l'artillerie**; par **X...**, capitaine instructeur (*J. S.*). Paris, 1889, br. in-8. 60 c.

Améliorations à introduire dans le ser- vice de la fortification et des places fortes, en ce qui concerne le corps de l'artille- rie; par **M. A.** (*J. S.*). Paris, 1880, broch in-8. 75 c.

L'artillerie et les places fortes; par le général **Cosseron de Villenoisy** (*J. S.*). Pa- ris, 1886. broch. in-8. 50 c.

Les manœuvres dans les batteries mon- tées (*J. S.*). Paris, 1878, broch. in-8. 50 c.

ARTILLERIE (*Suite*).

Notes sur l'instruction par batterie; par L... (*J. S.*). Paris, 1884, broch. in-8. 1 fr.

Les manœuvres à pied dans l'artillerie de campagne; par E. **M.** (*J. S.*). Paris, 1884, br. in-8. 30 c.

L'artillerie en campagne; par **M. A.** (*J. S.*). Paris, 1884, broch. in-8. 60 c.

Du défaut de mobilité de l'artillerie française et des moyens d'y remédier; par **L. de M.** (*J. S.*). Paris, 1886, broch. in-8. 50 c.

L'artillerie de campagne dans le combat futur et son instruction au point de vue de la guerre; par **Layriz**, lieutenant-colonel du 2ᵉ régiment d'artillerie bavarois. Trad. de l'allemand par E. A, Paris, 1899, 1 vol. in-8 3 fr.

L'artillerie dans la guerre de campagne; par M. E. **Schnéegans**, général de brigade d'artillerie, commandant l'Ecole d'application de l'artillerie et du génie. Paris, 1876, 1 vol. in-12 1 fr. 50

Quelques observations sur le service de l'artillerie en campagne; par C. **de L***** (*J. S.*). Paris, 1892, br. in-8. 2 fr.

Les métamorphoses de la guerre; par Alban **Malcor**, colonel d'artillerie en retraite (*J. S.*). Paris, 1895, broch. in-8. 75 c.

De l'emploi de l'artillerie; par **G. R. T.** (*J. S.*). Paris, 1894, broch. in-8 avec fig. 75 c.

Emploi de l'artillerie dans la défense des places. Organisation générale d'une place à forts détachés; par le commandant **Josset** (*J. S.*). Paris, 1897, broch. in-8. 2 fr. 50

De l'emploi tactique de l'artillerie de campagne et des mitrailleuses en liaison avec les autres armes; par **d'Ormesson.** Paris, 1874, broch. in-12. 75 c

Sur la tactique de détail de l'artillerie; par **F. S.**, capitaine d'artillerie (*J. S.*). Paris, 1886, broch. in-8. 75 c.

Tactique de combat de l'artillerie; par le commandant **Cahuzac**, du 18ᵉ régiment d'artillerie (*J. S.*). Paris, 1896, broch. in-8. 50 c.

L'artillerie à cheval dans le combat de cavalerie; par le commandant H. **Ducassé** (*J. S.*). Paris, 1894, broch. in-8 avec 4 croquis. 1 fr. 25

Tactique de l'artillerie à cheval dans le combat de cavalerie contre cavalerie, à propos des dernières manœuvres de cavalerie au camp de Châlons; par **A. T.** (*J. S.*). Paris, 1886, broch. in-8. 60 c.

Du rôle de l'artillerie dans le combat de corps d'armée; par le commandant **Ducassé** (*J. S.*). Paris, 1893, broch. in-8. 75 c.

L'artillerie avant le combat; par **P. C.** Paris, 1887, broch. in-8. 1 fr.

La patrouille d'artillerie. — Reconnaissance du terrain et de l'ennemi, observation du tir; par **Rüder**, lieutenant-colonel au régiment d'artillerie de campagne nº 18 (2ᵉ regiment de Brandebourg). Traduit de l'allemand par E. A. Paris, 1899, 1 vol. in-8. 2 fr. 50

Batteries de guerre. — **Soins et cond campagne**; par M. le général **Croux** Paris, 1873, broch. in-8.

Du ravitaillement des batteries d rie: par **E.-L. C.**, capitaine d'artilleri Paris, 1877, br. in-8.

Du réglage de tir d'un groupe de ries; par **A. G.**, ancien élève de l'E technique (*J. S.*). Paris, 1885, broch. i

Méthode générale de tir de l'artil campagne (*J. S.*). Paris, 1889, br. i

Note sur le pointage de campagn de L*** (*J. S.*). Paris, 1888, broch. i

Nos méthodes de tir fusant dans la de campagne (*J. S.*), par C. **de L*** 1889, broch. in-8.

TACTIQUE DES TROIS ARME

Essai sur la tactique. — Exercices su Rédaction des ordres. — Discussions et de vingt thèmes tactiques donnés aux d'entrée à l'Ecole de guerre jusqu'en 18 sivement. Paris, 1899, 1 vol. in-8.

Quarts de feuille au 80,000ᵉ nécess les discussions et solutions des thèmes donnés aux examens d'entrée à l'Ecole

Nᵒˢ
23. Réthel (les quatre quarts).
31. Rouen —
35. Verdun (quarts N.-O.—S.-O.)
48. Paris (les quatre quarts).
49. Meaux —
50. Châlons —
52. Commercy (quart N.-E.).
53. Sarrebourg (quart N.-O.).
65. Melun (les quatre quarts).
66. Provins (quart N.-O).
80. Fontainebleau (les quatre quarts)
82. Troyes (quarts N.-O.—S.-O.).
84. Mirecourt (les quatre quarts).
97. Tonnerre —
99. Langres —
111. Avallon (quarts N.-E.—S.-E.).
113. Gray (les quatre quarts).

La collection des 53 quarts.
Franco.

Organisation et direction d'exer tactique appliquée dans les corps par le baron Casimir de **Lutgendorf** corps d'état-major austro-hongrois. T l'allemand par H. Debains, capitaine d breveté H. C. (*J. S.*). Paris, 1899, br.

Introduction aux études scientifi la tactique; par le lieutenant génér **loff**, de l'état-major russe, commandai vision d'infanterie (*J. S.*). Paris, 18 in-8.

Un nouveau règlement militaire critique sur le règlement provisoire 1894 sur le service d'exploration et (*J. S.*). Paris, 1895, broch. in-8.

)UE DES TROIS ARMES (*Suite*).

militaires; par le général ***. Importance pratique de l'étude du terrain; les objectifs, directions et les fronts; du nombre dans ...sition et le fonctionnement de l'armée Paris, 1894, 1 vol. in-8. 4 fr.

truction tactique des officiers; général G... (*J. S.*). Paris. 1893, 1 vol. 2 fr. 50

r effort ». — I. De la direction. — manœuvres; emploi des trois armes. — règlements. — IV. Du tir. — V. Du en fonctions des quatre données précé- par le général **Philebert**. Paris, 1895, n-8. 5 fr.

s de la guerre. — Iʳᵉ partie: *Marches, nement, Sûreté*; par le colonel L. **Mail**- breveté d'état-major, ex-professeur de tac- générale et du cours d'infanterie à l'École re de guerre. Paris, 1894, 1 fort vol gr. ec figures dans le texte et un *Atlas* com- 28 grandes planches. 12 fr.

is de tactique appliquée traitées de 1882 au grand état-major allemand — solutions et critiques du maréchal **de** , publiés par la section historique du at-major allemand. Traduit de l'allemand capitaine Richert, professeur à l'École ire de guerre. Paris, 1895, 1 vol. in-8 *as* de 27 cartes et de 9 croquis. 14 fr.

tactiques gradués. Application des ...ts sur le service en campagne et sur les res à un détachement de toutes armes; major **Griepenkerl**. Trad. de l'allemand pitaine Richert, de l'École supérieure de Cartes accompagnant le texte: 1:1 80 000ᵉ 1/25.000ᵉ Metz, Verny, Ars, Gravelotte. Paris, 1899, 1 vol. in-8 avec 5 cartes. 10 fr.

sur la tactique de demain mise rt avec la puissance du nouvel armement loi de la poudre sans fumée; par le com- **Coumès**, chef de bataillon au 70ᵉ régi- infanterie, ancien professeur adjoint d'art oire militaires à l'École spéciale militaire 392, 1 fort vol. in-8 de 900 pages. 9 fr.

s de formations tactiques de terie, de la cavalerie et de l'ar- de l'armée allemande; travail basé ordonnances et les règlements les plus Traduit de l'allemand par Ch Gunstett, au 4ᵉ de ligne. Paris, 1880, 1 vol. in-8 figures. 9 fr.

stratégie — **Mouvements de flanc**; énéral **Bernard**, de la section de ré- arbes, 1894, 1 vol. in-12. 5 fr.

at et les mouvements de flanc armée française (*J. S.*). Paris, 1897, n-8. 50 c.

l'histoire militaire, d'après la mé- ppliquée; par **Verdy du Vernois**, major de l'armée prussienne. Traduit de ad par le commandant L. Grandin. Paris, vol. in-12 avec pl. 2 fr. 50

Manœuvre d'un détachement de toutes armes avec feux réels; par le général **Langlois**. Paris, 1897, in-12 de 80 p. avec carte, fig. et 7 croq., dont 2 panoramiques. 2 fr.

La cavalerie et l'artillerie en face de l'armement actuel de l'**infanterie**. Paris, 1892, broch in-12. 1 fr. 50

Influence des distances et du terrain sur la valeur des formations tactiques; par E. **Paquié**, chef de bataillon au 40ᵉ de ligne. Paris, 1881. 1 vol. in-12 avec pl. et fig. 3 fr.

Traité de tactique appliquée, élaboré d'après le programme prescrit pour les écoles royales de guerre allemandes; par F.-A. **Paris**, général-major au service de Prusse. 5ᵉ édition, revue et mise en rapport avec les principes inaugurés pendant la campagne de 1870-1871. Traduit de l'allemand, annoté et mis en concordance avec les règlements français et belge; par H.-C. Fix, major, et F. Timmerhans, capitaine dans l'armée belge. Seule traduction autorisée. Paris, 1875, 1 vol. in-8 avec 3 pl. 7 fr.

Tactique française. — **La division**; par le colonel **Hardy de Périni**, breveté d'état-major. Paris, 1891, 1 vol. in-8 avec 4 planches et 9 croquis topographiques. 6 fr.

Considérations sur la tactique de combat des trois armes; par un **Lieutenant-Colonel d'infanterie** (*J. S.*). Paris, 1894, br. in-8 avec fig. 1 fr 25

De l'attaque décisive; par un **Lieutenant-Colonel d'infanterie** (*J. S.*). Paris, 1895, br. in-8 avec figures. 1 fr. 25

Une heure de conférence sur la tactique combinée des différentes armes; par **Chatterbox** (*J. S.*) Paris, 1895, broch. in-8 avec croquis. 1 fr.

Du concert des armes et services dans la division et dans les détachements; par J. **Barret**, chef de bataillon au 128ᵉ régiment d'infanterie (*J. S.*). Paris, 1892, broch. in-8. 1 fr. 50

Introduction à la tactique positive, conférence faite le 28 mars 1878, par le général **Lewal**. Paris, 1878, 1 vol. in-18. 75 c.

Études de guerre. — **Tactique de renseignements**; par le général **Lewal**. Tome Iᵉʳ. Paris, 1881. 1 vol in-8 avec figures. 5 fr.

Tome II. Paris, 1883, 1 vol. in-8, avec figures. 6 fr.

Études de guerre. — **Tactique des ravitaillements**; par le général **Lewal**. Tome Iᵉʳ: Paris, 1889, 1 vol. in-8. 5 fr.

Tome II et dernier. Paris, 1890, 1 vol. in-8. 6 fr.

Les types normaux; par le général **Lewal** (*J. S.*). Paris, 1894. in-8. 1 fr. 25

Des marches et des combats. Commentaire des titres XII et XIII du règlement du 3 mai 1832 sur le service des armées en campagne; par le général **Berthaut**. — Iʳᵉ partie: *Marche en avant, combat offensif*. 2ᵉ édition. Paris, 1883, 1 vol. in-12. 2 fr. 50

TACTIQUE DES TROIS ARMES (*Suite*).

Des marches et des combats. Commentaire des titres XII et XIII du règlement du 3 mai 1832 sur le service des armées en campagne; par le général **Berthaut.** — IIᵉ partie: *Marche en retraite, combat défensif.* Paris, 1879, 1 vol. in-12. 3 fr.

Notes sur les **marches et combats en montagne**; par le capitaine **Fl...** (*J. S*). Paris, 1896, broch. in-8. 75 c.

Petites études de guerre. — **Organisation et marche en campagne d'une division d'infanterie** détachée d'un corps d'armée, d'après les lois et règlements actuellement en vigueur. — **Aide-mémoire** mis à jour à l'usage des militaires ou assimilés de tous grades, de tous rangs, de toutes armes et de tous services appartenant à l'armée de terre; par un **Officier** de la 10ᵉ division. Paris, 1878, 1 vol. in-12, avec un plan et feuillets de papier blanc à la fin. 3 fr. 50

Manuel de guerre. — Le Combat; par un **Lieutenant-colonel de l'armée active.** — Première édition, avec modifications apportées à divers chapitres. Paris, 1891, 1 vol. in-16 de 1200 pages avec nombreuses figures, broché. 7 fr. 50
Relié en peau chagrinée. 9 fr.

Des opérations de nuit dans la guerre de campagne; par **M. A.**, chef de bataillon breveté (*J. S.*). Paris, 1894, broch. in-8. 75 c.

La guerre de nuit et les manœuvres de nuit; par A. **Chevalme**, chef de bataillon breveté au 65ᵉ régiment d'infanterie. Paris, 1894, 1 beau vol. in-18 (format Charpentier) de 132 pages. 2 fr.

La lumière électrique et son emploi à la guerre; par **Clarinval**, capitaine-adjudant-major au 68ᵉ régiment d'infanterie. Paris, 1899, broch. in-8 avec nomb. fig. et 1 carte. 2 fr.

De l'éclairage électrique dans les opérations de nuit; par **Clarinval**, capitaine adjudant-major au 68ᵉ d'infanterie (*J. S.*). Paris, 1898, broch. in-8. 75 c.

Règlements russes. — Prescriptions spéciales pour les **marches et le combat de nuit** (Projet). Traduit par Lucien Meyer, lieutenant au 6ᵉ bataillon d'artillerie à pied. Paris, 1894, broch. in-18. 75 c.

Le combat de nuit dans la guerre de campagne et de siége. Étude historique et tactique, par le lieutenant-colonel **Cardinal de Widdern** (avec 15 croquis). Traduit de l'allemand par le capitaine Richert, professeur d'allemand à l'École supérieure de guerre. Paris, 1890, 1 vol. in-8. 5 fr.

Le combat en retraite (*J. S.*). Paris, 1889, broch. in-8. 50 c.

De la conduite des retraites et de la poudre sans fumée; par **R. P.** (*J. S.*). Paris, 1893, broch. in-8. 30 c.

Indications sommaires sur la bataille. Paris, 1891, broch. in-18. 25 c.

La bataille (*J. S.*). Paris, 1884, br. in-8. 1 fr.

L'unité de bataille dans l'offensive tactique; par *** HN ***. Paris, 1894, 1 vol. in-8 avec 2 croquis. 2 fr.

De la puissance des feux; par l[...] E. **Schneegans**. Paris, 1895, in-8.

Feux de guerre; par le commandant [...] *S.*). Paris, 1897, broch. in-8.

La bataille de la Vesles (Étude hyp[...] des diverses phases du combat dans les [...] de l'avenir); par C. **Nigote**, de l'anci[...] d'état-major, chef de bataillon au 119ᵉ [...] d'infanterie (*J. S.*). Paris, 1894, broch. i[...]

Attaque d'un plateau; par G. **de C**[...] lieutenant au 113ᵉ régiment d'infanterie [...] Paris, 1891, broch. in-8.

Défense d'un plateau; par G. **de C**[...] capitaine au 123ᵉ régiment d'infanterie [...] Paris, 1893, broch. in-8 avec figures et [...]

Études de tactique; par **L***** (*J. S.*[...] 1888, broch. in-8.

Questions de tactique; par le capitai[...] (*J. S.*). Paris, 1895, broch. in-8 avec c[...] figures.

Tactique générale de combat; par [...] ral **Prudhomme** (*J. S.*). Paris, 189[...] in-8.

Conférence sur la tactique; par **I**[...] (*J. S.*). Paris, 1896, br. in-8.

Étude tactique sur un cas concr[...] le capitaine **de Cissey**, du 71ᵉ régiment [...] terie (*J. S.*). Paris, 1898, broch. in-8 av[...] quis et 8 fig.

De l'organisation des masses et [...] **emploi**, par **T....**, officier d'artillerie [...] Paris, 1891, broch. in-8.

Quelques indications pour le c[...] par le général **Ferron.** 5ᵉ édition, mi[...] avec l'emploi de la poudre sans fumée [...] 1892, broch. in-8 avec croquis et plans.

Instruction tactique pour les m[...] **vres du 18ᵉ corps**; par le général **F**[...] Paris, 1890, in-8 avec planches.

A propos des manœuvres d'au[...] Étude tactique; par le capitaine **Le** [...] (*J. S.*). Paris, 1889, br. in-8.

A propos des manœuvres de 1889 [...] général **Philebert.** Paris, 1890, br. in-[...]

Préparation, direction et exécuti[...] **manœuvres de campagne**; par [...] (*J. S.*). Paris, 1884, broch. in-8.

Les grandes manœuvres du 2ᵉ [...] **d'armée en 1890** (*J. S.*). Paris, 1893 in-8.

Un nouveau livre sur les manœ[...] (Analyse critique de l'ouvrage intitulé [...] *grandes manœuvres. — Destructions mil*[...] (*J. S.*). Paris, 1897, br. in-8.

Guide pratique pour la guerre en A[...] à l'usage des officiers et des sous-officiers [...] lieutenant-colonel A. **Dumont**, ex-offi[...] affaires indigènes. 8ᵉ édit. Paris-Aurillac in-18.

La tactique des Russes, analyse d[...] *tactique* de **Lewitzky**, colonel d'état [...] Traduit de l'allemand par Bornecque, c[...] du génie. Paris, 1877, 1 vol. in-12 de 10[...] avec figures.

QUE DES TROIS ARMES (*Suite*).

ique dans le Soudan. Quelques com-épisodes de guerre remarquables; par le le E. **Péroz**, de l'infanterie de marine. Paris, 1890, 1 vol. in-8. 5 fr.

Opérations secondaires.

théorique et pratique des opé-s secondaires de la guerre; par **lemand,** officier supérieur d'état-major. 1824, 2 vol. in-8 et atlas. 48 fr.

excellent ouvrage est divisé en 58 cha-raitant des détails de la guerre; l'atlas t 44 plans topographiques coloriés avec ires et légendes pour servir à l'intelli-les mouvements, etc., etc.

opérations de la guerre d'après rience des campagnes d'un siècle; . **Bride**, capitaine breveté d'état-major). Paris, 1899, 1 vol. in-8 avec 24 cro- 6 fr.

istorique sur l'infanterie légère, té des petites opérations de la guerre, à des jeunes officiers, avec cartes-plans; comte **Duhesme**, général de division. on. Paris, 1864, 1 vol. in-18. br. 5 fr.

s localités à la guerre. Attaque et des villes ouvertes, bourgs, villages, ha-fermes; par Louis **Thival**, capitaine au ment du génie. Paris, 1880, 1 vol. in-8, as de 71 planches gravées. 15 fr.

des forêts en temps de guerre; **Breton**, garde général des forêts. Paris, vol. in-8 avec figures. 4 fr.

rnées d'exploration par une di-de cavalerie en avant d'une ar-r la ligne d'opérations de Châ-lons à Metz. Essai d'après la carte, avec un croquis des marches; par Max **Cherfils**, capitaine d'état-major. Paris, 1878, br. in-8 1 fr. 25

Une marche-manœuvre de cavalerie en Argonne. 1878. Opérations hypothétiques; par un **Officier de cavalerie**. Paris, 1879, 1 vol. in-8 avec 4 cartes tirées en couleurs. 6 fr.

Un détachement de découverte aux manœuvres autrichiennes; par Pierre **Lehautcourt** (*J. S.*). Paris, 1899, br. in-8. 50 c.

Carnet figuratif de marche; par le général **Warnet**. Paris, 1887, cartonnage toile avec notice explicative et reglettes graduees. 2 fr.

Nouveau tableau de marche; par E. **Bourdeau**, chef de bataillon au 7ᵉ régiment d'infanterie (*J. S.*). Paris, 1892, br. in-8 avec plan. 2 fr.

Passages des cours d'eau dans les opérations militaires. Précis historique et traité didactique; par Louis **Thival**, capitaine au 1ᵉʳ régiment du génie. Paris, 1882, 1 vol. gr. in-8. avec atlas gr. in-8 de 34 planches. 15 fr.

Passage de rivière; par **Chatterbox** (*J. S.*) Paris, 1897, br. in-8 avec 7 figures et 1 planche. 1 fr. 25

Passages de rivière; par **Chatterbox**, 2ᵉ article (*J. S.*). Paris, 1898, broch. in-8. 50 c.

Passage des cours d'eau par la cavalerie; par le général **de Benoist**, commandant la 20ᵉ brigade de cavalerie. Paris, 1899, 1 vol. in-12 avec fig. 2 fr.

De la guerre de partisans, son passé, son avenir; par A. **Devaureix**, capitaine adjudant-major au 135ᵉ régiment d'infanterie. Paris, 1881. 1 vol. in-8. 2 fr. 50

L'espionnage; par Numa **de Chilly**, capitaine d'infanterie breveté, professeur adjoint à l'École spéciale militaire. Paris, 1888, 1 vol. in-8. 2 fr. 50

PETITES
ÉRATIONS DE LA GUERRE

D'APRÈS

L'EXPÉRIENCE DES CAMPAGNES D'UN SIÈCLE

PAR

le Capitaine Ch. BRIDE

BREVETÉ D'ÉTAT-MAJOR (RÉSERVE)

ris, 1899, 1 vol. in-8° avec 24 croquis.................... 6 fr.

SERVICES TECHNIQUES

Chemins de fer, etc.

Règlement du 11 juillet 1886 sur l'organisation des troupes du génie affectées au **service des chemins de fer.** Paris, 1886, broch. in-8. 60 c.

Règlement sur l'instruction du **régiment de sapeurs de chemins de fer** (15 mai 1888). Paris, 1888, broch. in-8. 70 c.

Règlement du 21 août 1887 sur l'organisation et l'administration des **sections techniques d'ouvriers de chemins de fer** de campagne. Paris, 1887, broch. in-8. 75 c.

Décrets du 5 février 1889 portant organisation du **service militaire des chemins de fer, des sections de chemins de fer de campagne,** — réglant la composition et les attributions de la commission militaire supérieure des chemins de fer. Paris, 1889, broch. in-8. 30 c.

Règlement du 28 novembre 1891 sur la **participation des administrations de chemins de fer** au recrutement, à l'instruction technique et à la constitution des effectifs de guerre du 5e régiment du génie, dit **régiment de sapeurs de chemins de fer.** Paris, 1891, broch. in-8. 30 c.

Instruction du 31 mars 1897 sur **l'alimentation pendant les transports en chemins de fer** et sur l'organisation et le fonctionnement des **stations haltes-repas.** Paris, 1897, broch. in-8. 75 c.

Instruction ministérielle du 6 avril 1897 sur le **fonctionnement des infirmeries de gare et l'alimentation pendant les transports d'évacuation par voies ferrées.** Paris, 1897, broch. in-8. 60 c.

(Voir: *Règlement sur les transports*, page 76.)

Organisation militaire des chemins de fer. Paris, 1884, broch. in-8. 1 fr.

Règlement du 10 janvier 1879 pour le **transport de la dynamite** par chemins de fer. Paris. 1879, broch. in-18. 10 c.

Arrêté relatif au transport, par chemins de fer, **des matières inflammables ou explosives,** y classifiées autres que les poudres et la dynamite, suivi du Règlement du 9 janvier 1888, pour le transport par chemins de fer des poudres de guerre, de mine ou de chasse et des munitions de guerre. Broch. in-8. 10 c.

Service des étapes aux armées, organisation et fonctionnement (Règlement du 20 novembre 1889). *Edition mise à jour jusqu'au 1er mars 1899.* Paris, 1899, 1 vol. in-8 avec 1 planche en couleurs. 1 fr. 20

Les chemins de fer et le service des étapes, d'après les nouveaux règlements; par C. **Bergère,** capitaine au 100e rég. d'infanterie (*J. S.*). Paris, 1886, broch. in-8. 75 c.

Conférences sur le service des é... avec 30 figures et 2 planches, par le com... **P...** (*J. S.*). Paris, 1882, broch. in-8.

Les chemins de fer stratégiques; ... **Ancien élève** de l'Ecole polytechniq... 3 cartes grav sur bois, hors texte. Pari... in-12, 74 pages, 3 pl.

Les chemins de fer français au poin... de la guerre; par Antonin **Grandvallet** agent supérieur des chemins de fer (*J. S*... 1889, broch. in-8.

La neutralité de la Belgique et le... **mins de fer français, belges et**... **mands**; par Antonin **Grandvallet** Paris, 1889, broch. in-8.

A propos des réseaux ferrés de la F... de l'Allemagne; par **A. G.,** ancien élève d... polytechnique (*J. S.*). Paris, 1884, broc...

Manuel des chemins de fer à l'us... officiers; par le commandant **Rovel.** 1882, 1 vol in-12, avec 2 planches ti... couleurs et figures dans le texte. ...

Service des chemins de fer et des étapes. ... **pertoire alphabétique à l'usag**... **commissaires militaires** ou comm... de gare et des commandants d'étapes, su... résumé du fonctionnement des deux ... (Extr. *Aide-mém. Offic. d'état-major en*... Paris, 1886, broch. in-8. ...

Télégraphie.

Règlement général du 19 novembre 1... la **télégraphie militaire.** Paris, ... broch. in-8.

Instruction ministérielle du 25 jui... relative aux **auxiliaires du service**... **graphique** (*J M.*). Paris, 1886, broch...

Décret du 27 septembre 1889 portant. or... **sation du service de la télégr**... **militaire** (*J. M.*). Paris, 1889, br. in-8.

Règlement du 10 mars 1888, **relatif**... **struction à donner en temps de p**... personnel de la télégraphie militaire (*J.* ... ris, 1888, broch. in-8.

Tableaux de composition du per... **et du matériel** des sections, parcs et... tions de télégraphie militaire (15 mars... Broch. in-8.

Règlement du 14 mai 1896 **sur l'org**... **tion et le fonctionnement du serv**... **la télégraphie légère dans les tr**... **de cavalerie.** Paris, 1896, broch. in-8.

Télégraphie (Suite).

militaire. — **Instruction ministé-**
ı 9 février 1889, relative à la **compo-**
au transport et à l'entretien,
s régiments de cavalerie, du
l **du service de la télégraphie** Paris, 1889, broch. in-8. 60 c.

ıoire **du service de la télégra-**
litaire.

tion II. — *Instruction militaire du* *nnel.* Broch. in-18. 40 c.

tion III. — *Instruction technique du* *nnel :*

sc. 1. *Construction des lignes.* 1 vol. in-18 avec fig. (4 avril 1889). 1 fr.

sc. 2. *Montage des postes.* 1 fr. 25

sc. 3. *Télégraphie optique.* 30 c.

tion IV. — *Administration intérieure* *nités.* Broch. in-18. 30 c.

tion V. — *Comptabilité-matières du ser-* *de la télégraphie.* Broch. in-18. 25 c.

rnet d'enregistrement journalier des *opérations.* In-4. 60 c.

nie militaire. — Conférences :

— Administration des unités **aux** **les régionales** ; par **M. Gillet,** chef ection de télégraphie militaire. Paris, , broch. in-16. 20 c.

– Administration des unités **pendant** **grandes manœuvres** ; par **M. Gillet,** de section de télégraphie militaire. ., 1895, broch. in-16. 20 c.

— **La télégraphie militaire en** **le** ; par **M. Montillot,** directeur de raphie militaire. Paris, 1896, broch.). 20 c.

aphie optique : son rôle au Ton- **Saillard** (*J. S.*). Paris, 1886, br. in-8. 75 c.

s la guerre. — **Instruction prati-** **ır le service des signaleurs,** du ıbre 1887. Paris, 1887, broch. in-8 avec 75 c.

ıire d'abréviations à l'usage des **si-** **:s.** Paris, 1891, 1 vol. in-18 avec une note s in-8 sur l'emploi du dictionnaire. 75 c.

ır l'appareil optique de 0,10. 90, broch. in-18. 25 c.

ɔn sur la correspondance par ɛ dans les corps de troupe. Paris, 1885, -8 avec figures. 60 c.

› **télégraphie militaire par si-** par **A. Bon de Souza,** lieutenant-'raduit du portugais (*J. S.*). Paris, 1885, 8. 2 fr. 50

Aérostation.

.tion militaire en France et à **ɛer** ; par le commandant **Bornecque** aris, 1899, broch. in-8 avec nombreuses 2 fr. 50

Les aérostats dans leur utilisation militaire ; par Maurice **Dibos,** capitaine du génie territorial (*J. S.*). Paris, 1893, broch. in-8. 1 fr.

Les signaux à grandes distances à bord des aérostats captifs ou libres ; par Maurice **Dibos,** ingénieur, capitaine du génie territorial (*J. S.*). Paris, 1893, broch. in-8. 50 c.

Voyages aériens au long cours. — **Les aérostats et la traversée de l'Afrique australe** ; par Léo **Dex-Deburaux,** ancien élève de l'École polytechnique et Maurice **Dibos,** ingénieur (*R. M.*). Paris, 1894, broch. in-8 avec 1 carte. 1 fr. 25

Voyages aériens au long cours. — **Fleuves aériens, leur cours, leur utilisation par les aérostats** ; par Léo **Dex,** ancien élève de l'École polytechnique, lauréat de l'Académie des sciences, et Maurice **Dibos,** ingénieur, lauréat de l'Académie des sciences. Ouvrage contenant un tableau indiquant, pour un grand nombre de points du globe, le vent le plus fréquent en chacun de ces points. (*R. M.*). Paris, 1897, 1 vol. in-8, avec 20 figures dans le texte et 5 cartes. 5 fr. 50

L'aérostat dirigeable de Meudon ; par Wilfrid **de Fonvielle.** Paris, 1884, broch. in-8. 1 fr. 50

La vie aux grandes altitudes ; par M. **Dibos,** capitaine à l'état-major particulier du génie territorial, lauréat de l'Institut de France (*J S.*). Paris, 1899, br. in-8. 50 c.

La catastrophe du ballon l'« Arago », avec les portraits de Lhoste et Mangot ; par Wilfrid **de Fonvielle.** Paris, 1888, broch. in-8. 1 fr.

Mes ascensions maritimes ; par François **Lhoste,** précédé de la communication faite par l'auteur au Congrès des Sociétés savantes, à la Sorbonne, le 30 avril 1886. Paris, 1888, broch. in-8. 1 fr.

Vélocipédie et automobilisme.

La vélocipédie dans les armées française et étrangères (*J. S.*). Paris, 1898, in 8. de 84 pag. avec fig. 2 fr.

Compagnies cyclistes ; par **Z***** (*J. S.*). Paris, 1897, broch. in-8. 50 c.

Règlement du 5 avril 1895 sur l'organisation et l'emploi du **service vélocipédique dans l'armée,** suivi d'une annexe à ce règlement. Paris, 1899, broch. in-8. avec pl. en couleurs. 50 c.

L'automobilisme au point de vue militaire ; état actuel de la question (*J. S.*). Paris, 1899, broch. in-8. avec fig. 1 fr. 25

Colombophilie.

Essai sur le vol des oiseaux en général. Considérations particulières au vol des pigeons voyageurs ; par **L. Du Puy de Podio,** lieutenant-colonel d'infanterie en retraite. 2ᵉ édition. Paris, 1879, 1 vol. in-12. 2 fr. 50

Les pigeons messagers dans l'art militaire ; par **M. Du Puy de Podio,** commandant au 48ᵉ de ligne (*J. S.*). Paris, 1872, broch in-8 avec carte. 1 fr. 50

SERVICE D'ÉTAT-MAJOR

Guerre moderne. — **Service d'état-major**; par J. **Guyénot**, capitaine breveté du génie. Paris, 1886, 1 vol. in-8 avec 3 gr. plans. 6 fr.

Le service d'état-major; par le colonel **Bronsart von Schellendorff**, chef d'état-major du corps de la garde. Traduit de l'allemand par le capitaine Weil. Paris, 1876, 2 vol. in-12. 8 fr.

Aide-mémoire de l'officier d'état-major en campagne. 4e édition, publiée par l'état-major général de l'armée. *Seule édition officielle.* Paris, 1899, in-12 relié en toile anglaise, avec élastique. 4 fr.

Carnet aide-mémoire de manœuvres et de campagne à l'usage de toutes armes; par le commandant E. **Costa de Serda** et le commandant **Litschfousse**, du service d'état major. Paris, 1883, 1 vol. in-16, cartonné en toile, avec figures dans le texte. 6 fr.

Notes sur le service des états-majors en campagne; par André **Mariotti**. Paris, 1880, 1 vol. in-12 avec figures. 3 fr. 50

Décret du 5 janvier 1891 portant règlement sur le **service dans les états-majors**, suivi de l'**instruction ministérielle** du 3 janvier 1891 sur le **service des états-majors**. Paris, 1891, broch. in-8. 40 c.

Décret du 28 mai 1899 portant organisation du **service dans les états-majors**. Paris, 1899, in-8. 10 c.

Instruction ministérielle du 20 février 1895 **concernant les travaux et exercices des officiers du service d'état-major.** Paris, 1895, br. in-8 de 36 pages avec fig. 40 c.

Règlement ministériel du 16 avril 1899 déterminant les conditions dans lesquelles devront avoir lieu, en 1899, les examens qu'auront à subir les officiers supérieurs et les capitaines de toutes armes **candidats au brevet d'état-major**. Paris, 1899, broch. in-8. 30 c.

De la cryptographie. Essai sur les méthodes de déchiffrement; par **P. Valerio**, capitaine d'artillerie (*J. S.*). Paris, 1893, 1 vol. in-8 avec de très nombreuses figures et planches. 6 fr.

— IIe partie, suivie du Déchiffrement de la correspondance de Henri IV et du Landgrave de Hesse. Paris, 1896, 1 vol. in-8 avec figures. 3 fr. 50

Nouveau système de télégraphie cryptographique; par **Ogier d'Ivry** (*J. S.*). Paris, 1887, broch. in-8. 40 c.

La cryptographie militaire, ou des chiffres usités en temps de guerre, avec un nouveau procédé de déchiffrement applicable aux systèmes à double clef; par Aug. **Kerckhoffs**, docteur ès lettres, professeur à l'Ecole des hautes études commerciales (*J. S.*). Paris, 1883, br. in-8. 2 fr. 50

Essai d'un règlement sur l'organisation et le fonctionnement du **service des arbitres** pendant les manœuvres d'automne d'un corps d'armée; par E. **Koszaraki**, sous-lieutenant au 70e régiment d'infanterie. Paris, 1884, 1 vol. in-12. 2 fr. 75

Tactique des trois armes. — Exposé des principes pouvant servir de base à la réglementation du **service des arbitres**, par X***. Paris, 1888, broch. in-8. 1 fr.

Carnet de corps d'armée. Paris, 1889, in-8 couronne. 2 fr. 50

ÉTUDE

SUR LE

SERVICE D'ÉTAT-MAJOR

PENDANT

LES GUERRES DU PREMIER EMPIRE

PAR

le Lieutenant-Colonel d'artillerie **DE PHILIP**

BREVETÉ D'ÉTAT-MAJOR

Paris, 1900, 1 vol. in-8°. . . . . 5 fr.

IIIe PARTIE

ARTILLERIE ET GÉNIE

ARTILLERIE

tion et Ouvrages divers.

e passé et l'avenir de l'artil- ouis Napoléon Bonaparte (Na-

nier, comprenant la guerre de cam- 8 à 1643, ou de Philippe de Valois à Paris, 1846, 1 vol. in-4 avec 10 pl. 15 fr.

xième, comprenant la guerre de siège 1643. Paris, 1851, 1 vol. in-4 avec 15 fr.

e continué sur le plan et à l'aide des npereur, par M. Favé, colonel d'artil- s ses aides de camp.

ième, comprenant le livre premier de n technique des progrès de l'artil- l'invention de la poudre jusqu'à nos 1862, 1 vol. in-4 avec 57 pl. 30 fr.

trième, comprenant le livre deuxième tion technique de l'artillerie depuis le la poudre jusqu'à nos jours. Paris, in-4 avec 43 planches. 30 fr.

quième, comprenant la description s progrès de l'artillerie (étrangère et 1800 à 1852. Paris, 1871, 1 vol. in-4 ches. 25 fr.

ème et dernier : Histoire des progrès e (XIXe siècle), artillerie actuelle fran- angère. Paris, 1871, 1 vol. in-4 avec gravées. 30 fr.

pales artilleries de l'Europe commission spéciale des Etats-Unis ; par le lieutenant-colonel R. de La le l'artillerie de marine (M. A. M.). broch. in-8. 1 fr. 50

austro-hongroise en 1882; par on, chef d'escadron d'artillerie de la is, 1883, 1 vol. in-8 avec figures dans planches. 5 fr.

de montagne d'après de récentes ; par E. M. (J. S.). Paris, 1885, br. 40 c.

urs spécial à l'usage des candidats sous-officier dans les corps de troupe erie; par H. Plessix, chef d'esca- lerie. 4e édition (1886). 1 vol. in-8 anches intercalées dans le texte, bro- 12 fr.

Mémoires militaires et scientifiques, publiés par le département de la marine (service de l'artillerie). Paris, 1873-1884, Tomes I à VIII, in-8 avec planches. Chaque volume. 12 fr.

Le tome IX est sous presse.

Du rôle de l'artillerie navale depuis la création de la marine cuirassée; par **H. de Poyen**, lieutenant-colonel d'artillerie de la marine. Paris, 1882, 1 vol. in-8 avec planches. 7 fr.

Recherches historiques sur les canons se chargeant par la culasse. Essais de divers systèmes proposés au ministère de la marine, 1748-1840. Paris, 1877, broch. in-8 avec planches. 3 fr.

Sur le mode d'inflammation, par le centre-arrière de la culasse, des canons mod. 1870 de la marine. Paris, 1880, broch. in-8 avec pl. 2 fr. 50

Étude sommaire sur les **calibres perforants de côte et de bord** en Allemagne, en Angleterre et en France; par **M. Redier**, capitaine d'artillerie de la marine. Paris, 1884, broch. in-8. 1 fr. 50

Les projectiles-torpilles; par **R. de La Rocque**, lieutenant-colonel de l'artillerie de la marine. Paris, 1884, broch. in-8. 75 c.

Recherches et expériences faites sur les obus torpilles; par **J. Bornecque**, capitaine au 1er régiment du génie. Paris, 1886, broch. in-12 avec 29 figures. 1 fr. 50

Étude historique de la résistance des canons rayés; par le lieutenant-colonel **R. de La Rocque**, de l'artillerie de marine (*M. A. M.*). Paris, 1885, 1 vol. in-8 avec tableaux et figures. 7 fr. 50

De la position et de la forme des ceintures des projectiles; par **M. P. Bréger**, capitaine d'artillerie de la marine. Paris, 1884, broch. in-8 avec figures. 2 fr. 50

Essais de ceintures à expansion pour projectiles de mortiers rayés se chargeant par la bouche (mai 1877 à février 1879). Paris, 1879, broch. in-8 avec planches. 1 fr. 50

Le canon de l'avenir Etat actuel de la question (*J. S.*). Paris, 1895, broch. in-8. 1 fr. 50

Sur le frettage des canons; par **P. Henry**, capitaine d'artillerie (*M. A. M.*). Paris, 1888, br. in-8. 1 fr. 50

Organisation et ouvrages divers (Suite)

Formules pour le calcul du frettage des canons; par **Henry**, capitaine d'artillerie (*M. A. M.*). Paris, 1889, 1 vol. in-8. 1 fr.

Mémoire sur la construction des affûts; par M. Georges **Kaiser**, professeur du cours supérieur d'artillerie à Vienne. Traduit de l'allemand par M. Jacob de Marre, capitaine de l'artillerie de la marine. Paris, 1879, br. in-8 avec figures. 3 fr.

Sur la théorie des affûts; par P. **Henry**, capitaine d'artillerie. Paris, 1888, broch. in-8 avec figures. 1 fr.

Sur la détermination des freins destinés à modérer le recul des affûts; par **Hugoniot**. Paris, 1888, broch. in-8. 2 fr.

Balistique.

Trajectoire d'un projectile dans le cas où la résistance de l'air est proportionnelle au cube de vitesse; par A.-G. **Greenhill M. A., F. R. S**, professeur de mathématiques à l'Ecole d'artillerie de Woolwich. Traduit de l'anglais par Gossot, capitaine de l'artillerie de marine (*R. M.*). Paris, 1890, broch. in-8. 2 fr. 50

Solution approchée du problème balistique pour les canons de la marine; par F. **Gossot**, capitaine d'artillerie de marine (*R. M.*). Paris, 1890, broch. in-8. 1 fr.

Du calcul des trajectoires d'après les expériences de M. Bashforth sur la résistance de l'air; par M. **Sebert**, chef d'escadron d'artillerie de la marine. Paris, 1874, broch. in-8 avec planches et figures. 4 fr.

Formules pratiques des vitesses et des pressions dans les armes; par M. E. **Sarrau**, ingénieur en chef des poudres et salpêtres. Paris, 1877, broch. in-8. 2 fr.

Addition au mémoire sur les formules pratiques des vitesses et des pressions dans les armes; par M. E. **Sarrau**, ingénieur en chef des poudres et salpêtres. Paris, 1878, broch. in-8. 1 fr.

De la résistance de l'air au mouvement des projectiles; par A. **Grouard**, capitaine d'artillerie (*J. S.*). Ire partie. Paris, 1874, broch. in-8 avec planches. 1 fr. 50

— IIe partie. Paris, 1878, broch. in-8 avec fig. dans le texte. 3 fr.

De la résistance de l'air sur les projectiles, d'après les expériences d'Athanase Dupré sur l'écoulement des fluides; par M. **Sebert**, capitaine d'artillerie de la marine. Paris, 1874, broch. in-8. 3 fr.

Note sur le pointage de campagne; par C. **de L.** (*J. S.*). Paris, 1888. broch. in-8. 50 c.

Méthode générale de tir de l'artillerie en campagne (*J. S.*). Paris, 1889, br. in-8. 40 c.

Recherches sur la pénétration des projectiles, par le général-major **Frolow** (*J. S.*). Paris, 1881, broch. in-8. 1 fr.

De la perforation des cuirasse[s] forgé à propos de la 4e édition du *Balistique expérimentale* de M Héli[e] ... général **Frolow** (*J. S.*). Paris, 1885, b[roch.] ...

Sur l'effet utile de l'artillerie [de cam]**pagne**; par F. **Silvestre**, capitaine ... (*J. S.*). Paris, 1883, in-8.

Mémoire sur la probabilité d'a[tteindre] un but de forme quelconque; ... **Bréger**, capitaine d'artillerie de la ma[rine] ... ris, 1875, broch. in-8 avec figures.

Sur la probabilité du tir des bo[uches à] feu et la méthode des moindres carré[s] ... **Jouffret**. Paris, 1874, 1 vol. gr. ... figures.

Résumé des principales expérie[nces de] tir contre les cuirasses, exécutées ... ger. Paris, 1882, 1 vol. in-8 avec 7 pl.

Propagation du son pendant le ti[r] ... capitaine Ch.-M. **de Labouret**, de l ... de la marine (*M. A. M.*). Paris, 188[9] ... in-8.

Notice sur de nouveaux appareil[s balis]tiques employés par le service de l'art[illerie de] la marine; par H. **Sebert**, lieutena[nt-colonel] d'artillerie de la marine. Première parti[e] ... 1881, 1 vol. in-8 avec 43 figures et 1 ... folio de 17 planches.

Essais d'enregistrement de la loi d[u mouvement des pro]jectiles; par H. **Sebert**, lieutena[nt-colonel] d'artillerie de la marine. Expériences f[aites à la] poudrerie de Sevran-Livry. Paris, 188[4] ... in-8 avec 10 figures.

Considérations sur les méthodes d[e tir de] l'artillerie de campagne; par **R. S** ... Paris, 1893, broch. in-8.

Tableaux numériques pour la résol[ution des] questions relatives aux **vitesses re[stantes] des projectiles ogivaux de la m[arine]** ... à la perforation des murailles cuirass[ées] ... M. **Rodier**, capitaine d'artillerie de l[a marine] ... Paris, 1882, broch. in-8.

Notice sur le chronographe à diap[ason et] à étincelles d'induction (système ... par M. **Moisson**, capitaine d'artille[rie de la] marine. Paris, 1875, broch. in-8 avec ... et figures.

Sur la compensation et la condu[ite des] expériences; par le capitaine **Va[l]** ... l'artillerie (*M. A. M.*). Paris, 1889, br[och.] ...

Télémètres.

Des instruments pour la mesure d[es dis]tances; par M. Jacob **de Marre**, ca[pitaine de] l'artillerie de la marine Paris, 1881, 1 ... avec figures et atlas in-folio de 17 pl.

Télémètres de dépression, système A... par M. **Audouard**, chef d'escadron d[e] ... de la marine en retraite (*R. M.*). Paris, ... gr. in-8.

Nouveau télémètre donnant d'emblé[e la dis]tance et la hauteur de mâture; par **de B** ... lieutenant de vaisseau (*R. M.*). Paris, ... in-8 avec 8 figures.

Pyrotechnie.

aire des poudres et explosifs; par ndo **Salvati**. Traduction par E. BRION, nt de vaisseau (*R. M.*). Paris, 1895, 1 vol. :. 7 fr. 50

hes théoriques sur les effets de la dans les armes; par M. E. **Sar**génieur des poudres et salpêtres. Paris, roch. in-8. 2 fr.

s recherches sur les effets de la dans les armes; par M. E. **Sarrau**, ir des poudres et salpêtres. Paris, 1876, n-8. 3 fr. 50

s effets de la poudre dans un canon entimètres; par H. **Sebert**, lieutenant-l'artillerie de la marine, et **Hugoniot**, e d'artillerie de la marine. Paris, 1882, n-8 avec planches en couleurs. 5 fr.

la mesure de la pression des gaz iarge explosible au moyen des crushers; **Ienry**, capitaine d'artillerie. Paris, 1887, a-8 avec figures. 1 fr. 50

sur le cassage des bouches à fonte au moyen de la dynamite; **Leherle**, capitaine d'artillerie de la ma-ris, 1877, broch. in-8 avec planches. 3 fr.

s explosifs; par le sous-lieutenant de **G. Charpy**, de l'artillerie de marine *I*.). Paris, 1889, broch. in-8. 1 fr.

ur la dynamite, son histoire, sa fa-, ses propriétés physiques, sa conserva-ı emmagasinage et son emploi commode, sûr; par **Ruggieri**. Paris, 1873, broch. e figures. 2 fr.

Etude sur la combustion des fusées fusantes dans le tir; par le capitaine **Lardillon**, de l'artillerie (*M. A. M.*). Paris, 1890, broch. in-8. 2 fr.

Lectures sur les fusées de guerre faites en 1860 par ordre de S. A. I. Mgr le grand-duc Michel, grand-maître de l'artillerie russe, à l'Académie impériale d'artillerie, devant MM. les officiers d'artillerie; par **Konstantinoff**. 1861, 1 vol. gr. in-8 avec atlas in-4 de 32 pl. 25 fr.

Chimie pyrotechnique, ou traité pratique des feux colorés; par Paul **Tessier**. 2ᵉ édition, entièrement refondue et augmentée de quelques nouveaux artifices. Paris, 1883, 1 vol. in-8 avec planches. 7 fr. 50

Métallurgie.

Des canons et de l'acier; par sir Joseph **Whitworth**, baronnet. Traduit de l'anglais, et publié avec l'autorisation de l'auteur, par M. DE POYEN, capitaine d'artillerie de la marine. Paris, 1874, broch. in-8 avec figures. 3 fr.

Note sur la constitution et le travail de l'acier; par M. **Tchernoff**. Traduite en français par M. le capitaine PIEL, d'après la traduction anglaise de M. ANDERSON. Paris, 1877, broch. in-8 avec figures. 1 fr. 50

Transformations du fer et du carbone dans les fers, les aciers et les fontes blanches; par F. **Osmond**, ingénieur des arts et manufactures. Paris, 1888, 1 vol. in-8 avec pl. 6 fr.

ARTILLERIE DE CAMPAGNE

DANS

LE COMBAT FUTUR

ET

I INSTRUCTION AU POINT DE VUE DE LA GUERRE

Par LAYRIZ

LIEUTENANT-COLONEL DU 2ᵉ RÉGIMENT D'ARTILLERIE BAVAROIS

Traduit de l'Allemand par **E. A.**

1898, 1 vol. in-8°. . . . . 3 fr.

LA

TROUILLE D'ARTILLERIE

Reconnaissance du Terrain et de l'Ennemi — Observation du Tir)

Par RÜDER

ANT-COLONEL AU RÉGIMENT D'ARTILLERIE DE CAMPAGNE Nᵒ 18 (2ᵉ RÉGIMENT DE BRANDEBOURG)

Traduit de l'Allemand par **E. A.**

Paris, 1899, 1 vol. in-8°. . . . . 2 fr. 50

GÉNIE

Aide-mémoire. — Construction. Fortification.

Aide-mémoire de Laisné à l'usage des officiers du génie. 5ᵉ édition, refondue et publiée par ordre du Ministre de la guerre. Paris, 1884, in-12 avec nombreuses figures dans le texte.

Chapitre Iᵉʳ. Sciences pures et appliquées. — Résultats d'expériences. 1 fr. 60
— II. Levers et reconnaissances. 1 fr. 40
— III. Machines et constructions militaires. 2 fr. 10
— IV. Armes en service. — Tir et pénétration des projectiles. — Matériel d'artillerie. 1 fr. 40
— V. Ponts militaires. 1 fr. 20
— VI. Mines. 1 fr. 20
— VII. Sapes. 0 fr. 60
— VIII. Fortification de campagne. 1 fr. 20
— IX. Communications. 1 fr. 80
— X. Attaque et défense des places. 1 fr. »
— XI. Personnel et matériel du génie.
— XII. Service en campagne des officiers et des troupes du génie. 0 fr. 60
— XIII. Lois, décrets et règlements concernant le service du génie.

(*Les chapitres XI et XIII ne seront pas publiés.*)

Instruction du 15 avril 1896, pour l'application du décret du 27 avril 1889 portant règlement sur les **travaux de constructions militaires**. Paris, 1896, broch. in-8. 75 c.

Instruction du 15 mars 1897 relative aux **travaux du service du génie**, précédée de la circulaire portant envoi de ladite instruction. Paris, 1897, broch. in-8. 75 c.

Le service du génie; par un **Officier supérieur** du génie. Paris, 1873, broch. in-12. 50 c.

Matériel de campagne des troupes du génie, guide pratique de l'**Officier**; par **Thival**, capitaine au 1ᵉʳ régiment du génie. Paris, 1879, 1 vol in-12, avec 31 planches, cartonné toile. 3 fr. 50

Recueil d'établissements et d'édifices dépendant du département de la guerre ou d'autres services publics. Paris, 1864-1867.

En vente :

1ʳᵉ livraison, formant un cahier in-folio de 14 pl. et un cahier in-4 de notices et légendes. 15 fr.
2ᵉ livraison, formant un cahier in-folio de 14 pl. et un cahier in-4 de notices et légendes. 15 fr.
3ᵉ livraison, formant un cahier in-folio de 16 pl. et un cahier in-4 de notices et légendes. 15 fr.
4ᵉ livraison, formant un cahier in-folio de 16 pl. et un cahier in-4 de notices et légendes. 15 fr.

Méthode nouvelle pour le tracé des voûtes en anse de panier et examen critique des méthodes usitées jusqu'à ce jour; par **F. Gossot**, capitaine d'artillerie de marine, et **Dubois**, constructeur des ponts et chaussées. (*R. M.*). Paris, 1887, 1 vol. in-8. 2 fr. 50

Conférences régimentaires sur la f[...] tion; par le général **Hardy de Périni**. 7[...] entièrement refondue et mise à jour par avec le concours de E. **Multzer**, cap[...] génie, inspecteur des études à l'École [...] nique. Paris, 1899, 1 vol. in-8 avec n[...] figures.

Guide pour l'enseignement de la f[...] tion de campagne, à l'usage des éc[...] taires autrichiennes; par **Maurice I[...]** lieutenant-colonel à l'état-major du gé[...] chien, professeur de fortification au cou[...] ciers d'état-major; traduit d'après la 5ᵉ annoté par J. **Bornecque**, commandant [...] giment du génie, avec une planche et 41 intercalées dans le texte. Paris, 1890. 1

La fortification dans ses rapports [...] tactique et la stratégie. — Conféren[...] à l'École supérieure de guerre (1883-1[...] A. **Delambre**, colonel du génie. — 1 *Fortification passagère.* Paris, 1887. 1 avec planche et figures.

La fortification de campagne combi[...] la tactique; par E. **Chatillon**, c[...] l'École d'application pour le tir au Ruchard (*J. S.*). Paris, 1899, br. in-8 quis.

Essai sur les fortifications ancie[...] Introduction à l'histoire générale de la f[...] des anciens; par P.-E. **Delair**, capitai[...] major du génie, ancien élève de l'Écol[...] nique, etc., etc. Iʳᵉ partie. Paris, 18[...] in-8 avec 19 planches.

Aperçu historique sur les fortifica[...] ingénieurs et sur le corps du génie [...] par **Augoyat.** Paris, 1860-64, 3 vol. planches.

Instruction sur la fortification d[...] bourgs et châteaux; par Alb[...] (1527). Traduit de l'allemand et pr[...] introduction historique et critique; [...] THEAU. Paris, 1870, 1 vol. in-4 avec f[...]

Essai historique sur la fortifica[...] **Cosseron de Villenoisy**, chef de [...] génie. Paris, 1869, 1 vol. in-8 av[...] 9 cartes in-folio.

De la fortification depuis Vauban, des principales innovations qui s'y [...] duites depuis la mort de ce grand hom[...] général de division **Prévost de Ver[...]** 1861, 2 vol. in-8 avec *Atlas* gr. in-fo[...]

Examen du système de fortific[...] les principales puissances de l'Eur[...] l'étude du major du génie autrichien H[...] par J. **Bornecque**, capitaine au 1ᵉʳ génie. Paris, 1882. 2 vol. in-12, avec figures dans le texte.

Fortification (Suite).

manuel de fortification permanente d'après les programmes officiels des di- Écoles militaires; par un **Officier sapé- du génie.** Paris, 1894, 1 vol. in-8 avec ires intercalées dans le texte. 7 fr.

tion et travaux du génie aux s. Communications militaires, fortifica- rmanente, passagère et mixte, attaque et des places, castramétation; par **H. Wau- ns,** major belge. Bruxelles, 1875, 1 vol. 3 fr.

ardement et la fortification moderne; **on.** Paris, 1872, 1 vol. grand in-8 avec hes. 8 fr.

ir la fortification polygonale com- la fortification bastionnée; par **Ratheau.** vol. in-4, avec *Atlas.* 12 fr.

istoriques sur la fortification, l'at- et la défense des places. Mémoire en de la fortification bastionnée, par F. it, commandant du génie. Paris, 1869, n-8 avec 11 planches gravées. 7 fr. 50

sur la permanence de l'armement **ense** et sur l'emploi des cuirasses métal- lans les fortifications d'Anvers, Plymouth smouth; par le baron **Berge,** lieutenant- d'artillerie. Paris, 1872, 1 vol. in-8 avec s. 3 fr.

phie du château de Salses; par au. 1860, 1 vol. in-4, avec planches. 4 fr.

phie du château de Leucate; par au. 1863, 1 vol. in-4, avec 2 planches. 7 fr. 50

ur la fortification semi-permanente, Officier du génie. Paris, 1880, broch. vec de nombreuses figures. 2 fr.

iques formulées contre la **fortification** ngénieurs; par **Cosseron de Villenoisy** Paris, 1888, in-8. 50 c.

s des États et les camps retranchés; G. (*J. S.*). Paris, 1888, broch. in-8. 2 fr.

e des États et les camps retran- — Réplique au général Brialmont G., ancien élève de l'Ecole polytechnique Paris, 1889, broch. in-8. 1 fr. 25

des États et les camps retranchés. ue à M. le capitaine belge Millard; G., ancien élève de l'École polytechnique. Paris, 1897, broch. in-8. 50 c.

fication permanente actuelle; par **alniciano,** lieutenant-colonel du génie, eur de fortification à l'Ecole d'application illerie et du génie de Bucharest (*J. S.*). 1889, broch. in-8. 2 fr.

le la fortification sur les frontières; Faraud, capitaine du génie (*J. S.*). Paris, roch. in-8. 1 fr.

des camps retranchés modernes s guerres futures jugés par leurs adver- Traduit de l'allemand par J. Bornecque, ne au 1ᵉʳ régiment du génie (Extr. des *lungen über des Artillerie und Genie* . Paris, 1878, broch. in-12. 4 fr.

Rôle des fortifications de la Meuse belge et des places françaises du nord dans le cas d'une guerre franco-allemande; par le comman- dant **Josset** (*J. S.*). Paris, 1895, br. in-8. 75 c.

Rôle de la fortification dans la dernière guerre d'Orient; par J. **Bornecque,** capitaine au 1ᵉʳ régiment du génie. Paris, 1881. 1 vol. in-8 avec 15 plans et 57 figures. 7 fr. 50

Influence du tir plongeant et des obus- torpilles sur la fortification; par le lieu- tenant-général **Brialmont.** Bruxelles, 1888. 1 fort vol. grand in-8 avec grand *Atlas.* 30 fr.

Travaux de campagne. Résumé des confé- rences faites à l'École du génie de Ver- sailles pour les capitaines d'infanterie détachés à cette école; par des officiers de l'Ecole régimen- taire de Versailles et du 1ᵉʳ régiment du génie. 2ᵉ édition, entièrement refondue et renfermant toutes les matières du programme ministériel du 23 mars 1878. Paris, 1885, 1 vol. in-12 avec 253 figures dans le texte. 5 fr.

La fortification de campagne appliquée, ou guide pratique pour les travaux défensifs; par **M. H. Girard,** capitaine du génie belge, profes- seur à l'École militaire de Bruxelles. Bruxelles- Paris, 1876, 1 vol. in-8 avec 2 planches. 10 fr.

Exemples d'application de la fortification improvisée considérés au point de vue des troupes tactiques d'après l'ouvrage du major gé- néral autrichien Moritz Brunner; par **J. Bor- necque,** capitaine au 1ᵉʳ régiment du génie (Pu- blication de la *Réunion des officiers*). Paris, 1885, 1 vol. in-12 avec nombr. pl. et fig. 3 fr.

Emploi des retranchements de campagne sur le champ de bataille et leur influence sur la tactique d'après le **Mémoire** du major Fraser, du corps des ingénieurs anglais; par **J. Bor- necque,** capitaine au 1ᵉʳ régiment du génie. Paris, 1881, 1 vol. in-12. 2 fr.

Emploi de la pelle d'infanterie pour l'exécu- tion des travaux de fortification improvisée, exa- minée au point de vue des officiers d'infanterie, d'après l'ouvrage du capitaine du génie autrichien Maurice Brunner; par **J. Bornecque,** capi- taine au 1ᵉʳ régiment du génie. Paris, 1880, 1 vol. in-12 avec figures. 2 fr. 50

Attaque et défense des points fortifiés.

Quelques réflexions sur les méthodes à suivre **pour l'attaque et la défense des places fortes**; par le général **Cosseron de Villenoisy** (*J. S.*). Paris, 1882, broch. in-8. 75 c.

Attaque et défense des places fortes; par **Ratheau.** Paris, 1877, 1 vol. in-8 avec *Atlas* de 18 planches. 15 fr.

Guide pour l'enseignement de la guerre de siège (attaque et défense des places), à l'usage des Académies royales et impériales militaires, des écoles de cadets et des volontaires d'un an; par le chevalier Maurice **Brunner,** capitaine à l'état-major du génie autrichien. Traduit sur la 3ᵉ édition, complètement refondue par J. Bor- necque, capitaine au 1ᵉʳ régiment du génie. Paris, 1878, 1 vol. in-8 avec 3 planches. 4 fr.

Attaque et défense des points fortifiés (Suite).

Attaque et défense des retranchements et des positions fortifiées ; par Ch. B. (*J. S.*). Paris, 1883, broch. in-8. 1 fr.

Organisation de la ligne principale de défense d'un camp retranché ; par **M. Lefebvre**, lieutenant-colonel d'artillerie (*J. S.*). Paris, 1898, broch. in-8. 50 c.

Règles pour la conduite des opérations pratiques d'un siège, deduites d'expériences soigneusement faites ; par C.-W. **Pasley**, général. Traduit de l'anglais par E. J. Paris, 1847. 3 parties en 1 vol. in-8 avec 10 planches. 9 fr.

Etude sur la fortification des capitales et l'investissement des camps retranchés ; par A. **Brialmont**, colonel d'état-major. Bruxelles. 1874, 1 vol. in-8 avec 2 planches coloriées. 7 fr.

Défense des états à polygone concentré ; par L. **Vandevelde**, lieutenant-colonel en retraite, Bruxelles, 1873, 1 vol. in-8 avec 2 planches. 6 fr.

De l'organisation des places fortes et de leur défense : par le capitaine J... (*J. S.*). Paris, 1884, 1 vol. in-8. 2 fr. 50

Organisation des services accessoires dans une forteresse assiégée, et mesures à prendre pour ménager et conserver les troupes de la défense. — Analyse de l'ouvrage du général major prussien von Kamptz ; par **J. Bornecque**, capitaine au 1er régiment du génie. Paris, 1877, broch. in-12. 1 fr. 50

Comment Paris peut-il être attaqué ? Comment doit-il être défendu ? par le général **Cosseron de Villenoisy** (*J. S.*). Paris, 1886, broch. in-8. 60 c.

Ponts militaires.

Passages des cours d'eau dans les o tions militaires, précis historique et tra dactique ; par Louis **Thival**, capitaine au 1 ment du génie. Paris, 1882, 1 vol. grand i *Atlas* grand in-8 de 34 planches.

Essai sur la défense des eaux, et construction des barrages ; par Paris, 1866, grand in-8, avec planches.

Ponts militaires mixtes. — Ponts mi mixtes en bois et fer pour le franchissem cours d'eau en pays de montagne et le sement rapide des arches de pont détruites ; un **Officier supérieur du génie** (*J. S.*). Pa 1893, broch. in-8. 50

Essai sur les ponts mobiles militaires ; **Gratry**. 1868, 1 vol. gr. in-8 avec pl. 7 fr.

Opérations des pontonniers français Italie, pendant les campagnes de 1795 à 1 et reconnaissance des fleuves et rivières d pays ; par M. le lieutenant-général Paris, 1843, 1 vol. in-8 avec 4 planch

---

Général HARDY DE PÉRINI

CONFÉRENCES RÉGIMENTAIRES

SUR LA

FORTIFICATIO

SEPTIÈME ÉDITION

entièrement refondue et mise à jour par l'AUTEUR

AVEC LE CONCOURS DE

E. MULTZER

CAPITAINE DU GÉNIE, INSPECTEUR DES ÉTUDES A L'ÉCOLE POLYTECHNIQUE

Paris, 1899, 1 vol. in-8° avec 133 figures. . . . . 4 fr.

IVe PARTIE

MARINE

Théories et Manuels.

éducation militaire du marin; par **lault**, lieutenant de vaisseau. Paris, ol. in-12 cartonné toile. 3 fr.

1 timonier, publié par ordre de **M**. le de la marine. 11e édition. Paris, 1898, -12, cartonné toile. 6 fr.

1 marin-fusilier, publié par ordre de istre de la marine. 10e édition (6 février iris, 1895, 1 vol. in-16 avec pl. et fig., toile. 3 fr.

u canonnier, approuvé par décision elle du 25 avril 1896, mis en service ilaire du 25 juillet 1896. Paris, 1896, -16 avec nombreuses figures, cartonné 4 fr.

e l'apprenti canonnier, approuvé par ministérielle du 28 mai 1895, mis en ar circulaire du 27 juillet 1895. Paris, rol. in-16, relié toile. 1 fr. 50

l'instructeur de canonnage. Paris, ch. in-18, cart. toile. 1 fr.

de canonnage. Renseignements re- ar les officiers du vaisseau-école de ca- . Paris, 1889, in-12 relié toile. 2 fr. 50

u gabier, publié par ordre de **M**. le Mi- la marine. 4e *édition*, approuvée par ministérielle du 25 janvier 1895, mise e par circulaire du 25 mai 1895. Paris, vol. in-16 avec nombreuses figures, car- ile. 4 fr.

lu marin-infirmier. 4e *édition*. — . Paris, 1888, 1 vol. in-18 avec figures, toile. 2 fr. 50 tie. 1 vol. in-18 avec fig., cartonné toile. 3 fr. 50

es petites armes et exercices divers: incendie, scaphandre, revolver, tam- clairons (Ministère de la marine et des . Paris, 1885, 1 vol. in-18 avec figures, toile. 3 fr 50

es petites armes et exercices divers re de la marine et des colonies). -revolvers, système Hotchkiss, de 37 et mètres. 2e édition. Paris, 1885, broch. 50 c.

le chant à bord des bâtiments de la flotte. 381, 1 vol. in-18, cartonné toile. 5 fr.

lu scaphandrier. 3e édition (14 no- 1887). Paris, 1900, broch. in-12 avec 75 c.

u matelot chauffeur. 2e *édition* (29 fé- 38). Paris, 1896, broch. in-18. 75 c.

le l'armurier embarqué. 1re édition et 1890). 1 vol. in-18, relié toile. 1 fr. 75

lu marin-torpilleur. Ire partie: **Elec-** suivie du **Manuel spécial de télégra-** e édition, Paris, 1893, in-18 cart. 3 fr.

Manuel du mécanicien-torpilleur, publié par ordre du Ministre de la marine. 2e et 3e parties: *Pompes de compression. Appareils photo-élec- triques*. Paris, 1895, 1 vol. in-8 avec planches, relié. 4 fr. 50

Guide pratique du chauffeur et du mécanicien sur les **bateaux-torpilleurs**, revisé en conformité de la dépêche ministérielle du 1er février 1894; par Manuel **Clergeau**, mécanicien inspecteur de la marine. 2e *édition*. Dessins du quartier-maître mécanicien J. Joly. Paris, 1899, 1 beau vol. gr. in-8 avec figures et 39 grandes planches; relié toile. 9 fr.

Manuel de l'ouvrier mécanicien. Première édition, mise en service le 25 octobre 1899. Paris, 1899, 1 vol. in-8 avec planches et figures. Relié toile. 4 fr.

Décret du 20 mai 1885, sur le **service à bord des bâtiments de la flotte.** Edition refondue jusqu'au 1er avril 1893. Paris, 1893, in-18 broch. 3 fr. 50

Équipages de la flotte. — **Arrêté sur le service intérieur des dépôts des équipages de la flotte** du 11 août 1894 (mis en vigueur le 1er janvier 1895). Paris, 1895, broch. gr. in-8. 2 fr.

Arrêté ministériel du 24 juin 1886 sur le **service intérieur à bord des bâtiments de la flotte.** Paris, 1892, 1 vol. in-18. 3 fr. 50

Législation. — Organisation. Administration.

Décret du 23 mai 1896, portant **réorganisation de l'Administration centrale du ministère de la marine.** — **Décret** du 30 mai 1896, portant **organisation de l'Etat-major général de la marine et du cabinet.** — **Décret** du 30 mai 1896, **instituant une direction du contrôle au ministère de la marine.** Paris, 1896, broch. in-4°. 1 fr. 50

Loi portant organisation du corps des officiers de la marine et du corps des équipages de la flotte, du 10 juin 1896. Paris, 1896, broch. in-4. 75 c.

Décret du 30 avril 1897 portant **réorganisation du corps des équipages de la flotte** (mis en vigueur le 1er juillet 1897). Paris, 1897, 1 vol. in-8. 2 fr. 50

Arrêté ministériel relatif à la composition des équipages à bord des bâtiments de l'Etat armés ou en réserve (1er juin 1890). Paris, 1890, in-4. 2 fr.

Décret portant réorganisation du personnel administratif secondaire de la marine et décret juridictionnel concernant le même personnel, du 29 avril 1893. Arrêté ministériel déterminant les programmes d'examen, du 21 juin 1893. Paris, 1893, broch. in-8. 2 fr. 50

Législation. — Organisation. Administration (Suite).

Loi portant organisation du corps des officiers mécaniciens de la marine (4 août 1892). Paris, 1892, broch. in-4. 50 c.

Arrêté ministériel concernant l'admission au cours des **apprentis mécaniciens des Ecoles des mécaniciens de Brest et de Toulon** (du 27 janvier 1891). Paris, 1891, broch. in-8. 30 c.

Arrêté ministériel sur le fonctionnement des **Ecoles des mécaniciens de la flotte** du 25 novembre 1894 (mis en vigueur le 1er janvier 1895). Paris, 1894, broch. in-4. 1 fr.

Arrêté ministériel concernant l'institution des marins et mécaniciens torpilleurs (du 15 avril 1891). Paris, 1891, broch. in-4. 1 fr. 50

Marine nationale. — **Loi** sur la militarisation et l'organisation des **guetteurs des électro-sémaphores de la marine** (du 12 févr. 1897). — **Décret** et **arrêté ministériel** relatifs à l'organisation du **corps militaire des guetteurs sémaphoriques** (du 2 juin 1897). Paris, 1897, br. in-4. 1 fr.

Arrêté ministériel sur l'organisation et le fonctionnement de **l'Ecole des mousses de la flotte** (du 20 juillet 1895). Paris, 1895, broch. in-4. 1 fr. 50

Décret et arrêté ministériel du 2 juillet 1893, portant réorganisation du **Service des défenses sous-marines.** Paris, 1893, broch. in-8. 2 fr. 50

Ministère de la marine. — **Arrêté ministériel** relatif aux **avancements, distinctions honorifiques et notes semestrielles du corps des équipages de la flotte** (du 26 mai 1891). Paris, 1891, broch. in-4. 1 fr. 25

Arrêté ministériel concernant le cours préparatoire des **premiers-maîtres candidats au grade d'enseigne de vaisseau** (du 1er février 1895) Paris, 1895, broch. in-4. 2 fr.

Dispositions nouvelles en vue de permettre à tous les lieutenants de vaisseau et mécaniciens de 1re et de 2e classe présents en France d'acquérir le **brevet de torpilleur sans passer par l'Ecole.** — *Programme des connaissances exigées.* Paris, 1893, broch. in-8. 50 c.

Instruction et **programme d'examen** pour l'admission au grade d'**aide-commissaire de la marine** (du 29 novembre 1895). Paris, 1895, broch. in-4. 1 fr. 75

Arrêté ministériel du 5 novembre 1896, déterminant les règles à suivre pour l'**embarquement des officiers du commissariat** et les destinations à leur donner en vue d'assurer le service à terre. Paris, 1896, broch. in-4 avec tableaux. 1 fr. 50

Arrêté ministériel concernant l'organisation et l'instruction du **bataillon d'apprentis-fusiliers** (du 15 mars 1895). Paris, 1895, broch. in-4. 1 fr. 50

Arrêté ministériel concernant l'institution des timoniers, du 20 janvier 1893. Paris, 1893, broch. in-4. 1 fr. 25

Arrêté ministériel concernant l'institu[tion des] **gabiers brevetés** (du 25 avril 1895 [...] 1895, broch. in-4.

Décret et arrêté ministériel concernant l'[...]**tion des matelots chauffeurs de l**[...] (du 26 novembre 1891). Paris, 1891, br[...] à grandes marges.

Règlement de l'Ecole navale (26 févri[...] **Programmes** des cours de l'Ecol[...] (22 avril 1891). Edition revisée et mise [...] 6 mars 1896. Paris, 1896, 1 vol. in-4.

De l'utilité d'une réorganisation mét[...] **de l'Etablissement naval**; par O. **d'Argenlieu**, inspecteur adjoint des [...] administratifs de la marine (*R. M.*). Par[...] broch. in-8.

Arrêté ministériel du 13 mai 1896, rel[...] l'embarquement; 2e aux désignations [...] emplois sédentaires; 3e au déplacement [...] désignations pour le service des troupes [...] et aux Colonies; 5e à la résidence libre [...] **ciers du corps de santé de la ma**[...]ris, 1896, broch. in-4.

Ministère de la marine. — **Instruction** [...]nant les règles à suivre pour l'établisse[...] **certificats médicaux** à joindre aux [...] de proposition de pensions (du 17 avr[...] Paris, 1891, broch. in-8.

Ministère de la marine. — **Instruction** [...]vir de **guide aux médecins de la** [...] dans l'appréciation des infirmités, mal[...] vices de conformation qui rendent imp[...] service de la flotte (du 8 avril 1891). Par[...] broch. in-4.

Décret portant réorganisation de l'**Ecol**[...] **ateliers de pyrotechnie mariti**[...] 18 juillet 1895). Paris, 1895, broch. in-[...]

Arrêté ministériel relatif à l'applicati[...]cret du 12 octobre 1891 portant modificat[...] les **attributions de certains chefs** [...]**vice dans les ports militaires** (du [...] 1892). Paris, 1892, broch. in-4.

Ministère de la marine. — **Décret** du 3 j[...] relatif à l'**uniforme des officiers et f**[...]**naires des différents corps de la** [...] corps de troupe exceptés, suivi d'**un ar**[...]**nistériel** du 6 juin 1891. Paris, 189[...] in-8 avec planches.

Instructions sur le service et l'en[...] **l'artillerie de montagne aux** [...] (12 mars 1889). Paris, 1889, broch. in-[...]

Instruction du 22 février 1893 sur le rec[...] la répartition et l'administration des **off**[...] **réserve des troupes de la mari**[...] 1893, broch. in-4.

Décret portant règlement d'administratio[n ...] sur l'**organisation et l'état des** [...] **de réserve de l'armée de mer** [...] ceux des corps de troupe (du 25 juill[...] (Modifié le 13 décembre 1897.) (*Arrêté* [...]*riel du 17 décembre* 1897.) (*Extrait d*[...] 3 *août* 1892 *et* 10 *juin* 1896.) (*Loi du 3*[...] 1896.) (*Arrêtés ministériels des* 18 *jan*[...] *et* 8 *mars* 1897.) Paris, 1897, broch. [...] modèles.

;islation. — Organisation. Administration (Suite).

2 mai 1899 concernant : 1° **Les officiers** :aires **de divers corps de la marine,** écaniciens **du commerce et les maîtres** .botage ; 2° **L'engagement volontaire** ant **la durée de la guerre des diverses** 'ories **du personnel de la marine.** 1899, broch. in-8. 20 c.

ent **sur l'enseignement de l'escrime** es corps de troupe de la marine (du 29 jan- 396). Paris, 1895, broch. in-4. 75 c.

e des Colonies. — **Décret** du 3 juillet 1897 ıt règlement sur les **indemnités de route séjour, les concessions de passage s frais de voyage à l'étranger** des rs, fonctionnaires, employés et agents civils itaires des **services coloniaux et locaux.** 1897, broch. in-4. 3 fr. 50

e des Colonies. — **Etat des distances** ıervir au **décompte des frais de route** les officiers, fonctionnaires, employés et ı civils et militaires des services coloniaux eaux voyageant en France. *Annexe au ' du 3 juillet* 1897. Paris, 1897, broch. io. 3 fr.

les officiers de la marine et des ma- voyageant en chemin de fer ; transport réduit de leur personne, de leur famille et de bagages ; transports stratégiques, transports ètachements et contentieux; par L. **Mertian** **Iuller**, sous-commissaire de la marine. 1898, 1 vol. gr. in-8, br. 2 fr. 50

'e des Colonies. — **Livret de voyage** 1897, broch. in-8. 50 c.

'e des Colonies. — **Annexes** au règlement **e fonctionnement des hôpitaux du ce colonial** (10 mars 1897). Paris, 1897, . in-8, avec modèles et tableaux. 2 fr. 50

de législation, d'administration et ıomptabilité militaires **à** l'usage des de troupe de la marine ; par Victor **Nico-** ieutenant d'infanterie de marine (Ouvrage réglementaire par **M.** le Ministre de la ma- pour les élèves des écoles du 3° degré). . 1885, 2 vol. in-12 de 700 pages avec ta- t. 12 fr.

plément mis à jour. Paris, 1889, 2 vol. n-12. 3 fr. 50

ıu **Manuel d'administration et de** ıtabilité militaires **à** l'usage des corps oupe de la marine ; par Victor **Nicolas,** ıine d'infanterie de la marine, officier d'Aca- ı. Paris, 1892, 1 vol. in-12 de plus de ages avec tableaux. 6 fr.

administratif à bord des bâtiments de la . — **Manuel du secrétaire de comman- comptable,** conforme au programme du des candidats au brevet de secrétaire de ıandant comptable (arrêté ministériel du ût 1887) ; par L. **Burle**, sous-commissaire marine. Paris, 1894, 1 vol. in-8 avec mo- 6 fr. 50

Réforme de la comptabilité de la marine; par A. **Friocourt**, inspecteur des services admi- nistratifs de la marine, officier de la Légion d'honneur et de l'instruction publique. (*R. M.*). Paris, 1899, 1 vol. gr. in-8. 4 fr.

Tarifs de solde et accessoires de la solde des corps de troupe de la marine stationnés en France. Tarifs applicables en 1889 et 1890 aux sous-officiers et soldats. (Du 4 septembre 1889.) Paris, 1889, broch. in-8. 75 c.

Décret sur la solde, l'administration et la comp- tabilité des **équipages de la flotte** (10 juillet 1895). Suivi des tarifs de solde, d'accessoires de **la solde, de traitement** de table, etc. (en **sommes nettes**). Paris, 1895, 1 vol. in-8. 4 fr.

Équipages de la flotte. — **Tarifs de solde** en sommes nettes, annexés au décret du 10 juillet 1895 sur la solde, l'administration et la compta- bilité des équipages de la flotte, en vigueur à partir du 1er janvier 1896. Paris, 1895, broch. in-8. 60 c.

Décret du 23 décembre 1897, portant **règlement sur la solde et les accessoires de solde du personnel colonial** ; précédé de la circulaire du 7 février 1898 et du rapport. Paris, 1898, 1 vol. in-8. 2 fr. 50

Décret portant règlement sur les **allocations de solde** et accessoires de solde des officiers, as- pirants, fonctionnaires et divers agents du dépar- tement de la marine (24 septembre 1896). Tarifs y annexés. Paris, 1897, broch. gr. in-8. 2 fr. 50

Décret relatif aux **congés et permissions des officiers, fonctionnaires et agents de la marine,** les corps de troupe exceptés (du 15 no- vembre 1895). Paris, 1895, broch. in-4. 1 fr. 50

Instruction générale sur la comptabilité des matières du 8 novembre 1889. Paris, 1899, 1 vol. in-8 avec tableaux. 9 fr.

Arrêté ministériel du 29 novembre 1897, déter- minant la **composition des rations dans** le département de la marine, précédé de la notifica- tion. Paris, 1897, broch. in-8. 50 c.

Marine nationale. — **Arrêté ministériel** du 5 juin 1897 sur le **service courant des équi- pages de la flotte,** faisant suite au décret or- ganique du 30 avril 1897, mis en vigueur le 1er juillet 1897. Paris, 1897, 1 vol. in-8. 6 fr.

Instruction sur le service courant des trou- pes de la Marine (du 18 janvier 1898). Paris, 1898, 1 vol. in-8 avec modèles. 2 fr. 50

Instruction sur les **inspections générales des troupes d'infanterie de marine** (du 18 jan- vier 1898). Paris, 1898, broch. in-8. 1 fr. 75

Ministère de la marine. — **Conditions générales pour les fournitures de toute espèce** et pour toutes les entreprises autres que celles des travaux hydrauliques et bâtiments civils à exécu- ter en France et en Algérie (du 10 avril 1895). Exécutoires à compter du 1er juillet 1895. Paris, 1900, broch. in-8. 1 fr. 25

Arrêté ministériel portant règlement sur la **comptabilité des travaux à l'entreprise dans le service des travaux hydrauliques et bâtiments civils** (du 21 octobre 1897). Paris, 1897, broch. in-folio. 1 fr. 50

Législation. — Organisation. Administration (Suite).

Carnet à tenir par les bords pour les **dépenses des bâtiments en matériel et en travaux** (8 mars 1895). Paris, 1895, broch. in-4. 50 c.

Instruction concernant les **bourses entretenues par la marine** dans les lycées des ports militaires (du 23 mai 1892). Paris, 1892, broch. in-8. 50 c.

Décret portant règlement d'administration publique pour l'application de la loi du 30 janvier 1893 sur la **marine marchande** (25 juillet 1893). Paris, 1893, broch. in-8. 75 c.

Décret relatif aux conditions d'admission au commandement des navires de commerce et à la création du **diplôme d'élève de la marine marchande** (du 18 septembre 1893). Arrêté ministériel et programme annexés. Paris, 1893, broch. in-8. 1 fr.

Instruction pour les **commandants des troupes à bord des navires de commerce** autres que les bâtiments affrétés (du 28 mai 1895). Paris, 1895, broch. in-4. 1 fr.

Nomenclature des médicaments, ustensiles et objets de pansement dont doivent être munis les **navires de commerce** armés au long cours; suivie de l'**Instruction médicale** pour servir de **guide aux capitaines des bâtiments de commerce** dépourvus de médecins (du 3 juillet 1896). Paris, 1896, broch. in-8 avec 15 figures. 75 c.

Guide médical pour les commandants des navires dépourvus de médecins. Paris, 1892, in-12 cartonné. 1 fr.

Modifications à la composition des **coffres à médicaments** des navires pratiquant la pêche à Terre-Neuve. — Nouvelle instruction médicale pour servir de guide aux capitaines des bâtiments de pêche en l'absence du médecin (1er décembre 1893). Paris, 1894, broch. in-8. 50 c.

Instruction médicale à mettre à bord des bâtiments armés **pour les grandes pêches dans les mers du Nord.** Paris, 1896, broch. in-8 avec 25 figures. 50 c.

Règlement du 21 février 1897, ayant pour objet de prévenir les **abordages en mer.** Paris, 1897, broch. in-8. 50 c.

Manuel commercial et administratif du capitaine au long cours, ou recueil complet et raisonné de tous les documents officiels concernant les droits, devoirs et obligations de ces officiers dans leurs rapports avec les armateurs et les autorités commerciales, militaires, administratives et judiciaires, en France, dans les colonies françaises et en pays étrangers, suivi d'un recueil de formules et modèles; par **A. Duchesne,** ancien commissaire adjoint de la marine. 3e édition revue, corrigée, augmentée et mise au courant de la plus récente législation. Paris, 1878, 1 vol. in-8. 9 fr.

Ouvrages divers.

Du droit de la force. — **Guide international du commandant de bâtiment de guerre**; par **E. Rosse,** sous-commissaire de la marine (d'après Calvo, Fauchille, Ortolan, Hautefeuille, etc.). Paris, 1894, 1 vol. in-8 relié toile. 6 fr.

Éléments de droit maritime international; par **E. Rosse,** sous-commissaire de la marine (*R. M.*). Paris, 1888, 1 vol. gr. in-8. 2 fr. 50

Aide-mémoire à l'usage des membres des tribunaux de la marine; par **Gay-Lussac,** lieutenant de vaisseau. Paris, 1875, 1 vol. gr. in-8. 12 fr. 50

Guide pratique des conseils de guerre et de justice à bord des bâtiments de l'État; par A. **Bunel**, lieutenant de vaisseau (*R. M.*). Paris, 1897, 1 vol. gr. in-8. 3 fr.

Dictionnaire technique anglais-français; par **E. Vivant,** mécanicien en chef de la marine. (Publié avec l'autorisation du Ministre de la marine.) Paris, 1884, 1 fort vol. in-8 cartonné toile anglaise. 12 fr.

Maladies des marins et épidémies nautiques. Moyens de les prévenir et de les combattre; par les docteurs F. **Burot,** médecin principal de la marine, et M. A. **Legrand,** médecin de 1re classe de la marine. Paris, 1896, 1 vol. gr. in-8. 5 fr.

Secours aux victimes des guerres sur mer. Ce qu'ils ont été — Ce qu'ils sont — Ce qu'ils doivent être; par C. **Auffret**, directeur du service de santé de la marine à Brest (*R. M.*). Paris, 1896, broch. gr. in-8 avec 2 figures. 2 fr.

Secours médicaux aux pêcheurs de la mer du Nord; par le docteur G. **Bonain,** médecin de 2e classe de la marine (*R. M.*). Paris, 1895, br. gr. in-8. 75 c.

Étude sur le service médical à bord à l'occasion du combat, suivie d'une note sur l'évacuation des blessés d'une armée navale; par le docteur P. **Brémaud,** médecin principal de la marine, etc. (*R. M.*). Paris, 1897, broch. gr. in-8 avec tableaux. 2 fr.

Géographie physique de la mer; par F. **Maury.** L. L. D. lieutenant U. S. Navy. Traduit par A. Terquem, professeur d'hydrographie. — Deuxième édition française, revue et complétée sur la dernière édition de la *Géographie physique* de Maury, et publiée avec l'autorisation de l'auteur. Paris, 1861, 1 vol. in-8 avec atlas de 13 planches. 10 fr.

De la délimitation du rivage de la mer et du mesurage des pas géométriques dans les colonies françaises, particulièrement à l'île de la Réunion; par **Chatelain,** inspecteur en chef de la marine et des colonies (*R. M.*). Paris, 1886, br. in-8. 1 fr.

Notice sur les cartes marines; par G. **Lavieuville,** directeur de l'École d'hydrographie et de l'École des pêches de Dieppe (*R. M.*). Paris, 1897, broch. in-8, avec nombr. figures. 75 c.

Océanographie (statique); par M. J. **Thoulet,** professeur à la Faculté des sciences de Nancy (*R. M.*). Paris, 1890, 1 vol. in-8 avec 103 fig. 10 fr.

Ouvrages divers (Suite).

graphie (dynamique). 1ʳᵉ partie; par Thoulet, professeur à la faculté des sciences ncy (R. M.). Paris, 1896, 1 vol. in-8 avec . et 2 cartes en coul. 5 fr.

te du navire; par H. Bersier, lieutenant sseau. Paris, 1891, broch. in-8 avec 24 fig. e texte. 3 fr. 50

ns de stratégie navale; par E. Far- capitaine de frégate (R. M.). Paris, 1896, gr. in-8. 1 fr. 50

sur la théorie de la grande guerre. roiseurs; par E Guiffart, enseigne de vais- R. M.). Paris, 1893, broch. in-8. 1 fr. 50

s sur les opérations combinées de le et de la flotte; par Ch. Bride, capitaine té d'Etat-major (réserve). Paris, 1898, 1 vol. 4 fr.

r. — La marine et la défense natio- — Les alliances; par le colonel Thomas). Paris, 1898, broch. in-8. 1 fr. 25

mes de demain. — Armes portatives, ca- navires; par le capitaine de Monbrison. 1898, in-8. 1 fr. 25

rigation en temps de brume; par Ser- (R. M.). Paris, 1887, 1 vol. in-8. 1 fr.

eur du mouvement ou contrôleur des hes des machines marines; par Lam- t, mécanicien principal de 1ʳᵉ classe en re- (R. M.). Paris, 1888, broch. in-8. 1 fr.

lices multiples montées sur un même Traduit de l'italien par M. de Frayssei, aine de vaisseau (R. M.). Paris, 1898, broch. avec figures. 75 c.

ations et essais sur le graissage des ines envisagé au point de vue économique r les dépôts dans les chaudières marines; G. Fontaine, mécanicien principal de asse (R. M.). Paris, 1891, br. in-8. 2 fr.

ches chimiques et microbiologiques es altérations et la protection des métaux s en eau de mer, piqûres des carènes et cor- s des tubes de chaudières; par F. Bau- pharmacien principal de la marine (R. M.). 1895, br. in-8 avec figures. 1 fr.

formation d'incrustation dans les diéres marines; par M. L Maurice, ingénieur de la marine (R. M.). Paris, 1891, in-8. 1 fr.

pareils électriques du « Bouvines »; . Prat, lieutenant de vaisseau (R. M.). Pa- 896, broch. in-8 avec 15 figures. 2 fr.

ique et état actuel du service des chro- ètres au service hydrographique de la ma- par M. Rollet de l'Isle, sous-ingénieur graphe de 2ᵉ classe (R M.). Paris, 1889, gr. in-8. 1 fr. 50

ur la conduite des chronomètres du rceau » 309 Vissière, 269 Vissière et Delépine (compteur), par H. Pugibet, nant de vaisseau (R. M.). Paris, 1897, br. -8 avec figures et tableaux. 2 fr. 50

L'heure nationale; par A Bouquet de la Grye, de l'Institut, hydrographe en chef de la marine (R. M.). Paris, 1898, broch. in-8. 75 c.

Historique des instruments d'astronomie nautique; par le contre-amiral G. Fleuriais (R. M.). Paris, 1893, br. in-8 avec fig. 1 fr. 50

Etude sur l'emploi du sextant pour les obser- vations de précision; par H. Schwerer, lieutenant de vaisseau (R. M.). Paris, 1890, in-8. 2 fr. 50

Observations stellaires. Tables destinées à sim- plifier et à abréger les calculs de nuit à la mer, *with english explanations*; par E. Campardon, lieutenant de vaisseau. Paris, 1890, in-4 cartonné. 5 fr.

Éclipse de soleil, exposé théorique; par M. P.-V. Jaffré, professeur d'hydrographie (R. M.). Paris, 1891, broch. in-8 avec 6 épures. 5 fr.

Indication et contrôle de la route au com- pas par repères lumineux; par J. Lephay, lieutenant de vaisseau (R. M.). Paris, 1889, broch. in-8. 1 fr. 25

Indication et contrôle de la route au com- pas par repères lumineux. Description d'un nouveau compas et instructions pratiques; par J. Lephay, lieutenant de vaisseau (R. M.). Paris, 1893, broch. in-8. 1 fr. 25

Le compas à bord des navires de guerre modernes; par E.-W. Creak, traduit par E. Guyon (Extr. *J. of the united serv. institut.* 1889, vol. XXIII, n° 150). Paris, 1891, broch. in-8. 1 fr. 25

Note sur les calculs de nuit à la mer; par E. Campardon, lieutenant de vaisseau (R. M.). Paris, 1890, broch. in-8. 1 fr.

Note sur l'emploi du déflecteur pour la ré- gulation des compas à la mer; par R. Jac- quemier, capitaine de frégate en retraite (R. M.). Paris, 1889, broch. in-8. 1 fr.

Régulation immédiate du compas étalon aux atterrages avec ou sans dérangement de la route du navire; par E. Fournier, capi- taine de vaisseau, suivie d'une note de P.-V. Gaffré, professeur d'hydrographie (R. M.). Paris, 1890, broch. in-8. 1 fr. 50

Le compas Bisson; par Léon Vidal, capitaine de frégate (R. M.). Paris, 1886, broch. in-8. 50 c.

Note sur les déviations, la régulation et la compensation des compas; par Rabouin, capitaine de frégate (R. M.). Paris, 1896, broch. in-8 avec 32 figures. 1 fr. 50

Théorie élémentaire du mouvement de la toupie; par Fauque de Jonquières (R. M.). Paris, 1887, broch. in-8. 75 c.

Note sur la toupie du commandant Fleuriais, par A. Baule, lieutenant de vaisseau en retraite (R. M.). Paris, 1890, broch. in-8. 2 fr. 50

Rapport à l'Académie des sciences sur le Gyros- cope-collimateur de M. le capitaine de vais- seau Fleuriais: par de Fauque de Jonquiè- res, Vice-Amiral (R. M.). Paris, 1887, broch. in-8. 1 fr.

Gyroscope-collimateur. Substitution d'un repère artificiel à l'horizon de la mer; par G. Fleuriais, capitaine de vaisseau (R. M.). Paris, 1887, broch. in-8. 2 fr. 50

Ouvrages divers (Suite).

Horizon gyroscopique, modèle définitif; par **G. Fleuriais**, capitaine de vaisseau (*R. M.*). Paris, 1891, broch. in-8 avec figures dans le texte. 3 fr.

L'emploi du loch-moulinet simple ou double; par **A. Baule**, lieutenant de vaisseau en retraite, commandant le paquebot la *Plata*, des messageries maritimes (*R. M.*). Paris, 1892, broch. in-8. 1 fr.

Loch à double moulinet; par G. **Fleuriais**, capitane de vaisseau (*R. M.*). Paris, 1889, br. in-8. 75 c.

Le cinémomètre : par **Jacquemier** (*R. M.*). Paris, 1887, broch. in-8. 1 fr.

Essai d'un instrument destiné à se rendre compte du roulis; par le vice-amiral **Pâris** (*R. M.*). Paris, 1887, broch. in-8. 1 fr. 50

Note sur un projet de courbes de puissances de route; par E. **Tournier**, lieutenant de vaisseau (*R. M.*). Paris, 1894, broch. gr. in-8 avec croquis. 1 fr.

Note sur quelques problèmes de rencontre et de chasse à la mer; par E. **Tournier**, lieutenant de vaisseau (*R. M.*). Paris, 1895, br. in-8. 1 fr. 50

Les collisions en mer. — Iʳᵉ partie : **Routes de navigation et signaux phoniques** en temps de brume; par **M. Banaré**, capitaine de frégate. Paris, 1888, 1 vol. in-8 avec de nombreuses fig. et planches. 6 fr.

IIᵉ partie : **Feux de route** et Règlement pour prévenir les collisions, avec un appendice à la première partie. Paris, 1888, 1 vol. in-8. 7 fr.

Engins de sauvetage. Résumé des expériences effectuées par le département de la marine sur le tir des projectiles porte-amarres. Paris, 1877, broch. in-8 avec planches. 4 fr. 50

Collisions en mer. — **Sauvetage du personnel embarqué Chalands intérieurs de sauvetage**; par A. **Banaré**, capitaine de frégate de réserve, chef du service des instruments nautiques au service hydrographique de la marine. (*R. M.*). Paris, 1899, br. in-8 avec 3 pl. 2 fr.

Détermination de la vitesse d'un navire par les ondes qu'il soulève. — Effets produits par celles-ci sur les lochs mécaniques; par A. **Baule**, lieutenant de vaisseau, commandant le paquebot *La Plata*, des Messageries maritimes (*R. M.*). Paris, 1894, broch. in-8. 2 fr.

Note sur les causes originelles des cyclones et leurs signes précurseurs; par G. **Le Goarant de Tromelin**, lieutenant de vaisseau. (*R. M.*). Paris, 1891, broch. in-8. 75 c.

Nouvelle théorie des tempêtes; par **Delauney**, chef d'escadron d'artillerie de la marine (*R. M.*). Paris, 1891, broch in-8. 50 c.

Etude sur la loi des tempêtes; par **A. Schwerer**, lieutenant de vaisseau (*R. M.*). Paris, 1895, broch. in-8 avec 12 figures. 1 fr. 50

Etude des mouvements de l'atmosphère; par E. **Tournier**, lieutenant de vaisseau (*R. M.*). Paris, 1890, broch. in-8. 1 fr. 25

La circulation des vents et de la pluie dans l'atmosphère; par A. **Duponchel** (*R. M.*). Paris, 1893, 1 vol. in-8. 2 fr. 50

La circulation des vents et de la pluie. Notes complémentaires et explicatives; par A. **Duponchel** (*R. M.*). Paris, 1896, broch. in-8 avec figures et tableaux. 2 fr.

Observations sur les vitesses relatives du vent et du navire à bord du *Jean-Bart*. Article posthume de M. Armand **Pâris**, lieutenant de vaisseau (*R. M.*). Paris, 1885, in-8. 3 fr.

Cyclones et typhons. — **Loi des dépressions barométriques dans ces ouragans et ses applications à la mer**; par E. **Fournier**, capitaine de vaisseau (*R. M.*). Publié avec l'autorisation du Ministre de la marine. Paris, 1890, broch. in-8. 75 c.

Les hocquets de mer (Mist-Poufs) (*R. M.*). Paris, 1897, broch. gr. in-8 avec 1 modèle de formule. 60 c.

Le filage de l'huile; par **Cloué** (*R. M.*). Paris, 1887, broch. in-8. 1 fr.

Expérience sur le filage de l'huile faite à bord de la *Naïade*, du 6 au 9 novembre 1891; par **Cavelier de Cuverville**, contre-amiral (*R. M.*). Paris, 1893, broch. in-8. 60 c.

Les courants de la mer et leur origine; par le général **Mathiesen** (*R. M.*). Paris, 1895, br. gr. in-8. 1 fr. 25

Les vents et les courants de la mer; par le général H. **Mathiesen**, de l'armée danoise (*R. M.*). Paris, 1895, br. in-8. 50 c.

Résumé analytique de la théorie des marées telle qu'elle est établie dans la mécanique céleste de Laplace; par Edmond **Dubois**, examinateur hydrographe de la marine (*R. M.*). Paris, 18[illegible], broch. gr. in-8. 4 fr.

Les marées de la basse Seine, par le vice-amiral **Cloué** (*R. M.*). Paris, 1889, in-8. 2 fr. 50

Notions sur le mascaret de la Seine (pour servir à l'étude du même phénomène dans les fleuves à grande marée); par A. **Dormoy**, chef de pilotage de la basse Seine (*R. M.*). Paris, 1892, broch. in-8. 4 fr.

La pêche maritime à vapeur (*R. M.*). Paris, 1899, broch. gr. in-8. avec fig. 2 fr. 50

Études sur la pêche côtière de la circonscription de Saint-Brieuc, etc.; par **Cavelier de Cuverville**, lieutenant de vaisseau. Paris, 1867, broch. in-8. 1 fr. 25

Les établissements de pêche et le domaine public maritime (*R. M.*). Paris, 1888, broch. in-8. 2 fr. 50

Le dépeuplement de la mer et le Comité consultatif des pêches maritimes; par R. **Busson** aide-commissaire de la marine (*R. M.*). Paris, 1889, broch. in-8. 4 fr.

Recueil des actes rendus par les puissances contractantes en exécution de la Convention internationale signée à La Haye, le 6 mars 1882, pour régler la **police de la pêche dans la mer du Nord**, en dehors des eaux territoriales (*R. M.*). Paris, 1888, broch. in-8. 2 fr.

Rapport général au Ministre de la Marine et des Colonies, sur la **pêche de la sardine**, faite au nom du Comité consultatif des pêches maritimes; par M **Gerville-Réache**, député, président du Comité (*R. M.*). Paris, 1888, broch. in-8. 2 fr.

vrages divers (Suite).

ies et les poissons de l'étang par Paul **Gourret**, sous-directeur ire zoologique d'Endoume (*R. M.*). Pa- roch. in-8 avec 31 figures. 2 fr.

par B. **Girard**, commissaire adjoint e (*R. M.*). Paris, 1886, br. in-8. 1 fr.

les ports de la Manche et de la ord. — Port de Dunkerque ; par **Du- e**, contre-amiral (*R. M.*). Paris, ı. in-8. 3 fr.

a Tonkin; par J. **Renaud**, ingénieur e (*R. M.*). Paris, 1886, br. in-8. 1 fr.

e quartier maritime de la Ciotat; **n**, sous-commissaire de la marine ris, 1887, broch. in-8. 50 c.

de Rogliano (cap Corse); par **Fer- eaud**, sous-commissaire de la marine ıris, 1887, broch. in-8. 2 fr.

ation sous marine appliquée à la les ports. — Le *Plongeur*, bateau ı de **MM. Brun**, ingénieur, et **Bour-** taine de vaisseau (*R. M.*). Paris, 1887. ı. 2 fr.

es bateaux sous-marins (présentée ıie des sciences) ; par **A. Ledieu**, cor- de l'Institut de France (*R. M.*). Paris, h. gr. in-8. 1 fr. 25

e chanvre et le lin, sur la fabri- s toiles en usage dans la marine et **nditions de recette**; par Charles pharmacien principal de la marine, du laboratoire de chimie du Ministère ine (*R. M.*). Paris, 1898, broch. gr. 1 fr. 25

isionnements de la marine et le roulement; par **H. Laurier**, sous- re de la marine (*R. M.*). Paris, 1896, ı avec 1 tableau. 2 fr.

et le Parlement. Étude sur la spé- lgétaire ; par **Thierry d'Argenlieu**, adjoint de la marine (*R. M.*). Paris, h. gr. in-8. 2 fr. 50

administratif de la marine. — **Néces- e inspection permanente et mo-** s, 1899, 1 vol. gr. in-8. 3 fr.

nent des marines de guerre dans es dix dernières années ; par **Leflaive**, de la marine (*R. M.*). Paris, 1898, br. ec 28 fig. 2 fr. 50

alité dans les colonies de jeunes enant de France. Moyens de la faire augmentant les revenus de ces pays, en aix, et assurant la défense de leur ter- temps de guerre. De l'établissement du litaire aux colonies ; par Armand **Jus- ncien** élève de l'École polytechnique. 7, broch. in-12. 30 c.

s de la Marine, par B... Paris, 1898, ı. 75 c.

contemporaine des États euro- es éléments de puissance, artillerie de Conférence faite le 30 mars 1892 à l'aca- **at-major** de Saint-Pétersbourg ; par M. le lieutenant général **Pestitch**; traduite par Michel Levitzky, lieutenant-colonel d'artillerie de la marine russe. Paris, 1893, br. in-8. 1 fr. 50

La marine allemande; par E. **Guiffart**, enseigne de vaisseau (*R. M.*). Paris, 1893, 1 vol. in-8. 3 fr.

La protection du commerce anglais en temps de guerre ; par le commander **Ballard**, R. N. Traduit par R. Vaignault, enseigne de vaisseau. Paris, 1899, br. gr. in-8. 2 fr.

Le budget de la marine anglaise (1892-1893). Memorandum du premier lord de l'amirauté (*R. M.*). Paris, 1893, br. in-8. 1 fr. 50

Le budget de la marine anglaise (1899-1900). Memorandum du premier lord de l'amirauté, par **A. Poidloué**, capitaine de frégate (*R. M.*). Paris, 1899, broch. gr. in-8. 1 fr. 25

Le bataillon d'apprentis-fusiliers de Lorient et ses deux annexes ; par **Constantin** (*R. M.*). Paris, 1887, broch. in-8. 50 c.

Notes sur l'**organisation administrative et industrielle de l'arsenal** (*R. M.*). Paris, 1899, broch. gr. in-8. 1 fr.

Note sur l'organisation des arsenaux à l'étranger; par **E.-M.-C. Barthès**, lieutenant de vaisseau (*R. M.*). Paris, 1898, br. in-8. 1 fr. 25

Les ministères de la marine étrangers. Organisation et fonctionnement. Traduit de l'*Annual of the office of naval intelligence;* par **d'Oncieu de La Batie**, capitaine de vaisseau en retraite (*R. M.*). Paris, 1891, broch. in-8. 4 fr.

État sommaire des archives de la marine antérieures à la Révolution. Paris, 1898, 1 fort vol. gr. in-8. 10 fr.

Inventaire des archives de la marine. Série B : *Service général.*

— Tome Ier (1er fascicule). Paris, 1885, 1 vol. gr. in-8. 5 fr.

(2e fascicule). Paris, 1886, 1 vol. gr. in-8. 5 fr.

— Tome II (1er fascicule). Paris, 1889, 1 vol. gr. in-8. 5 fr.

(2e fascicule). Paris, 1898-1899, 1 vol. gr. in-8. 10 fr.

Archives de Saint-Servan (*R. M.*). Paris, 1886, broch. in-8. 1 fr. 50

Inventaire des archives de la marine à Marseille (*R. M.*). Paris, 1888, 1 vol. in-8. 4 fr.

Artillerie de la Marine (1).

Appareil auxiliaire permettant le pointage et le chargement simultanés et augmentant ainsi considérablement la rapidité du tir des pièces ; par **H. de Kérillis**, lieutenant de vaisseau (*R. M.*). Paris, 1893, broch. in-8. 75 c.

Colimaçon de pointage pour batteries élevées. Appareil réglant automatiquement le pointage en hauteur par simple visée du but, sans hausse ni télémètre ; par H **de Kérillis**, lieutenant de vaisseau (*R. M.*). Paris, 1893, broch. in-8 avec figures. 1 fr.

Du tir sur but masqué; par J. **Cuxac**, lieutenant de vaisseau (*R. M.*). Paris, 1895, broch. in-8 avec 17 figures et 2 tableaux. 1 fr. 25

Note sur l'emploi des **mortiers de 30% en fonte, rayés et frettés, dans la défense des côtes** (Suite aux études sur les opérations combinées) ; par **Degouy** (*R. M.*). Paris, 1888, br. in-8. 1 fr. 25

(1) *Pour les autres ouvrages concernant l'artillerie, voir pages 33 et suivantes.*

Artillerie de la marine (Suite).

Renseignements sur les bouches à feu de gros calibre mises en service depuis 1873 dans l'artillerie anglaise; par **M. H. de Poyen**, chef d'escadron de l'artillerie de la marine. Paris, 1880, broch. in-8 avec planches. 1 fr. 50

Description des projectiles lancés par les bouches à feu rayées de l'artillerie de la marine allemande: par **H. de Poyen**, capitaine d'artillerie de la marine. Paris, 1876, broch. in-8 avec planches. 3 fr.

Exposé sommaire du système d'artillerie adopté pour le service de la marine espagnole, par ordre royal du 24 septembre 1879, ainsi que de sa fabrication; par **D.-J. Gonzalès Hontoria**, colonel de l'artillerie espagnole. Traduit par H. DE POYEN, chef d'escadron de l'artillerie de la marine. Paris, 1881, broch. in-8 avec planches. 2 fr.

Description sommaire des bouches à feu employées par l'artillerie de la marine des Etats-Unis; par **M. de Poyen**, capitaine d'artillerie de la marine. Paris, 1875, broch. in-8 avec planche. 2 fr.

Renseignements sur l'artillerie de la marine et sur l'artillerie de côte de l'Italie; par **M. H. de Poyen**. chef d'escadron de l'artillerie de la marine. Paris, 1878, br. in-8 avec pl. 3 fr.

Description sommaire des bouches à feu et projectiles de l'artillerie de la marine russe; par **H. de Poyen**, chef d'escadron de l'artillerie de la marine. Paris, 1877, broch. in-8 avec planches. 4 fr.

Renseignements sommaires sur l'artillerie de marine et l'artillerie de terre de Suède et de Norvège; par **M. H. de Poyen**. chef d'escadron de l'artillerie de la marine. Paris, 1879, broch. in-8 avec planches. 5 fr.

Traité de l'artillerie de la marine, par le sieur **Lempereur**, commissaire d'artillerie de la marine (Toulon, 1671.) (*M. A. M.*). Paris, 1890, broch. in-8. 3 fr.

Artillerie de la marine. — **Carnet de notes et renseignements**; par **L. Gadaud**, capitaine de vaisseau, 2e édition. Paris, 1885, 1 vol. in-8 relié en toile anglaise. 4 fr.

Les progrès de l'artillerie en 1890; par **F. de Gasquet**, chef d'escadron d'artillerie de la marine (*R. M.*). Paris, 1892, broch. in-8 avec 16 planches. 1 fr. 50

L'artillerie de la marine à Formose; par le colonel **H. de Poyen-Bellisle**, de l'artillerie de la marine (*M. A. M.*). Paris, 1880, broch. in-8 avec 4 planches. 3 fr. 50

Étude sur les affûts actuels des grosses pièces. Transformations prochaines; par **H. Pugibet**, lieutenant de vaisseau (*R. M.*). Paris, 1895, broch in-8 avec planches et fig. 2 fr. 50

Description et fonctionnement des appareils hydrauliques des canons de 340mm, modèle 1887, en tourelle fermée, mobile et montée sur pivot hydraulique (système Farcot). Types *Jemmapes*, *Valmy*, etc. Exercice des canons de 340mm en usage à bord du *Jemmapes*; par **H. Le Breton**, lieutenant de vaisseau (*R. M.*). Paris, 1895, in-8 de 110 pages avec 3 planches. 5 fr.

Notice sur de nouveaux appareils ba[...] employés par le service de l'arti[...] la marine; par **H. Sebert**, lieuten[...] d'artillerie de la marine. Première par[...] 1881, 1 vol. in-8 avec 43 figures et atl[...] de 17 planches.

Essais d'enregistrement de la loi [...]jectiles; par **H. Sebert**, lieutenant-co[...]tillerie de la marine. Expériences f[...] poudrerie de Sevran-Livry. Paris, 188[...] in-8 avec 40 figures.

Tableaux numériques pour la résol[...] questions relatives aux **vitesses resta[...] projectiles ogivaux de la marin[...]** perforation des murailles cuirassées; p[...] **dier**, capitaine d'artillerie de marine ([...] Paris, 1882, broch. in-8.

Vocabulaire des poudres et explo[...] Ferdinando **Salvati**, traduction par [...] lieutenant de vaisseau (*R. M.*). Pari[...] 1 vol gr. in-8.

Etude des effets de la poudre dans un [...] 10 centimètres; par **H. Sebert**, lieutena[...] d'artillerie de la marine, et **Hugoniot**, [...] d'artillerie de la marine. Paris, 1882, 1 [...] avec planches en couleurs.

De l'armement des côtes en France [...] d'E... (*J. S.*). Paris, 1887, broch. in-8.

Étude sur la défense des côtes. Pa[...] broch. in-12.

Torpilles.

Art militaire sous-aquatique. — **Les t[...]** par le major **H. de Sarrepont**. 3e édi[...] *Supplément*. Paris, 1883, 1 vol. in-8 av[...] et planches dans le texte.

— *Supplément à la 2e édition* (publiée [...] Paris, 1883, broch. in-8 avec planches dans le texte.

Les projectiles-torpilles; par **R. de La[...]** lieutenant-colonel de l'artillerie de l[...] (*M. A. M.*). Paris, 1884, broch. in-8.

Recherches et expériences faites [...] obus-torpilles; par **J. Bornecque**, [...] au 1er régiment du génie. Paris, 18[...] in-12.

Pyrodynamique. Théorie des explosions [...] canons et les torpilles; par **A. Mois[...]** d'escadron d'artillerie de la marine, com[...] l'Ecole de pyrotechnie (*M. A. M.*). Pa[...] 1 vol. in-8 avec figures.

La torpille Brennan; par **Malapert**, l[...] de vaisseau (*R. M.*). Paris, 1888, br i[...]

Appareil directeur permettant de [...]ner de terre les torpilles auto[...] Application à la torpille Whitehead; [...] **Pugibet**, lieutenant de vaisseau. Paris, [...] in-12 avec pl.

Étude sur les contre-torpilleurs (torpedo-boat destroyers); par Emile B[...] lieutenant de vaisseau (*R. M.*). Paris, [...] in-8 avec fig. et tableaux.

Histoire maritime.

ınes troupes de la marine (1622- ır Gabriel **Coste**, rédacteur au ministère rine. Paris, 1893, 1 vol. in-8. 6 fr.

ı **du service de la mousqueterie marine**, depuis Richelieu jusqu'à nos r MM. Ch. **Barrières** et F. **Ollivier**, .s de vaisseau (*R. M.*). Paris, 1899, ·8. 3 fr. 50

ıs de la Garde (1803-1815); par **rtrand**, lieutenant de vaisseau (*R. M.*),)5, broch. in-8 avec 3 croquis. 1 fr. 25

ıes de guerre de l'antiquité et du ıge. Deuxième partie : Etude d'architec- le ; par M. le contre-amiral **Serre**. Paris, 'ol. in-8 avec nombreuses figures. 8 fr.

r l'histoire militaire et maritime ıcs et des Romains, par le contre- **erre**. Paris, 1889, 1 vol. in-12. 3 fr.

ı guerre navale entre la France et erre (1335-1341); par Ch. **de La** **e** (*R. M.*). Paris, 1898, br. in-8. 1 fr. 25

e de la Hougue (29 mai 1692); par **Toudouze**, licencié ès lettres, diplômé supérieures d'histoire et de géographie ıersité de Paris (*R. M.*). Paris, 1899, ı pages et 2 plans. 3 fr. 50

ınglaise sur les côtes d'Aunis et de ge en 1757; par G. **Tulau**, commis du commissariat (*R. M.*). Paris, 1892, ı-8. 50 c.

lles navales au milieu du XVIIe siècle; **Chabaud-Arnault**, capitaine de frégate Paris, 1885, broch. in-8. 2 fr.

ion de Djidjelli (1664): par Ch. **court** (*R. M.*). Paris, 1898, broch. gr. 2 fr.

et la marine de son temps. Notes, documents (1642-1701); par **J. Delar-** seiller d'Etat honoraire, membre du con- l'ordre de la Légion d'honneur. Paris, ɔeau vol. in-8 de 450 pages avec un por- **Tourville.** 7 fr. 50

re et un armateur breton à la fin siècle. — *Jehan* et *Nicolas de Coetan-* près des documents trouvés dans les ar- ı Finistère par M. Le Men, archiviste du ıent (archives de Goësbriant); par **Jac-quelot du Boisrouvray**, chef de bataillon bre- veté d'infanterie, chef d'état-major de la 17e divi- sion d'infanterie. Paris, 1889, in-8. 1 fr.

Histoire de la Compagnie française des Indes; par **Doneau du Plan**, conservateur de la Bibliothèque du port de Brest Ouvrage couronné par la Société des études historiques. Paris, 1889, broch. in-8. 1 fr. 50

Jean-Gaspard Vence, corsaire et amiral (1747-1808); par Maurice **Loir**, lieutenant de vaisseau. 1 vol. in-4 orné de 2 portraits, de 4 planches en héliogravure et 7 autographes en fac-similé. 6 fr.

Chroniques maritimes d'Anvers de 1804 à 1814. — **Histoire d'une flotte du temps passé**; par M. **Kéraval**, capitaine de frégate en retraite (*R. M.*). Paris, 1890, 1 vol. in-8. 4 fr.

Batailles de terre et de mer, jusques et y com- pris la bataille de l'Alma; par le contre-amiral comte E. **Bouët-Willaumez**. Paris, 1855, 1 vol. in-8 avec 70 planches ou gravures de batailles, vaisseaux, costumes, etc. 9 fr.

La marine pendant les guerres d'indépendance de l'Amérique du Sud. — 1° La guerre sur les côtes de la Colombie; 2° La guerre sur les côtes occidentales de l'Amérique du Sud; 3° La guerre de l'indépendance du Brésil; 4° Guerre de l'indépendance de l'Etat de Monté- vidéo; par Ch. **Chabaud-Arnault**, ancien capi- taine de frégate (*R. M.*). Paris, 1894, broch. gr. in-8. 1 fr. 50

Expédition autrichienne à l'île Jan-Mayen; rapport préliminaire de M. E. **de Wolgemuth**, capitaine de frégate. Traduit de l'allemand par Ferdinand Silas, ancien archiviste de l'ambassade de France (*R. M.*). Paris, 1887, 1 vol. in-8 avec planche. 5 fr.

Le « Volta » en Chine et au Tonkin (1883-1885); par Paul **Brière**, sous-commissaire de la marine (*R. M.*). Paris, 1895, broch. in-8 avec 1 croquis. 2 fr. 50

La marine au Niger; par E. **Caron**, lieutenant de vaisseau (*R. M.*). Paris, 1888, broch. gr. in-8. 1 fr. 50

La bataille navale du Yalu d'après les rensei- gnements français et étrangers les plus récents (décembre 1894); par **J. Lephay**, lieutenant de vaisseau (*R. M.*). Paris, 1895, broch. in-8 avec 4 planches. 2 fr.

Résumé des opinions de la presse anglaise sur la **tactique navale après la bataille du Yalu.** Traduit et analysé de l'anglais par **J. Lephay**, lieutenant de vaisseau (*R. M.*). Paris, 1895, broch. in-8. 1 fr.

Vᵉ PARTIE

HISTOIRE MILITAIRE

GÉNÉRALITÉS

Histoire militaire ancienne et moderne.

Étude historique et militaire sur le passage du Rhône et des Alpes par Annibal, et tracé de son itinéraire par la vallée de l'Isère, la Maurienne et le Mont-Cenis; par **M. R. Quarré de Verneuil**, capitaine d'état-major (*J. S.*). Paris, 1873, broch. in-8 avec une carte en couleurs. 2 fr.

Œuvres de Salluste. (Conjuration de Catilina. — Guerre de Catilina. — Guerre de Jugurtha, etc. — Table géographique). Traduit par Victor DEVELAY. Paris, 1861 1 vol. in-8. 4 fr.

Carte de la Gaule, depuis les temps les plus reculés jusqu'à la conquête romaine dressée avec le concours des Sociétés savantes par la Commission spéciale, instituée au ministère de l'instruction publique, Paris, 1869, 4 feuilles grand-monde, imprimées en cinq couleurs. 30 fr.

Précis historique de l'ancienne Gaule, ou recherches sur l'état des Gaules avant la conquête de César; par **Berlier**. 1822, 1 vol. in-8. 7 fr.

Guerre des Gaules, traduit des Mémoires dits Commentaires de César, avec un grand nombre de notes géographiques, historiques, littéraires, morales et politiques; par **Berlier**. 1825, 1 vol. in-8 avec planches. 7 fr.

Commentaires de César. Trad. de WAILLY, revue et corrigée avec le plus grand soin. Paris, 1826, 2 vol in-32, avec une carte de la Gaule. 5 fr.

Commentaires de J. César. Campagne d'Espagne. Trad. par Victor DEVELAY. Paris, 1862, 1 vol. in-8. 2 fr. 50

Conquête des Gaules. Analyse raisonnée des Commentaires de Jules César, accompagnée d'une carte indicative de l'itinéraire des légions, et suivie de : 1° une table biographique des chefs et des soldats romains, gaulois, germains et bretons mentionnés dans les Commentaires; 2° une table géographique des peuples, des villes, des forêts, des rivières et des ponts cités dans le même ouvrage, par **Fallue**. 1862, 1 vol. in-8 avec carte. 7 fr.

Campagne de C. Marius contre les Teutons; par Claude **Dervieu**, capitaine breveté au 3ᵉ régiment d'infanterie (*J. S.*). Paris, 1891, broch. in-8 avec carte. 60 c.

Bref résumé des campagnes de Caius-Julius César en Espagne; par Dom J.-M.-Sanchez **Moléro**, commandant d'état-major; trad permission de l'auteur, par F.-X. Fa Paris, 1868, 1 vol. in-8 avec 1 carte colori

Quelques pages des Commentaires, de Parisiens, Belges, Arvernes Mandubiens, duniens. Défenses héroïques l'an 57, 54, et 54 avant Jesus-Christ. Camulogène et L Ambiorix, T. Sabinus et Q. Cicéron. Césa cingétorix, Caninius, Drapès, Luctérius. d'archéologie militaire. Caractères des c César. Découvertes récentes qui fixent le cements des camps passagers de Labiénu Seine, de César sur l'Allier, sur la Saml camps d'hivernage en Belgique, de Cic Labiénus, de Sabinus, des oppidum d'Ale gendicum, d'Uxellodunum, de Bibrax, d dunum des Suessonnais, de l'Atuatuca d rons; et par là rendent la gloire qui leu à nos aïeux les Gaulois, défenseurs de Lu Gergovie, d'Alésia, de la Belgique et d'U num; par **A. Sarrette**, chef de bataillo Paris, 1863, 1 vol. in-8 avec 15 planches.

L'ancienne Rome, sa grandeur et sa d expliquées par la transformation de ses inst par M. le général **Favé**, membre de l Paris, 1880, 1 vol. in-8.

L'armée à travers les âges. — Co faites en 1898 à l'École spéciale mil Saint-Cyr, par MM. **Lavisse**, de l'Acadé çaise; **Guiraud**, de l'Université de Pari **glois**, de l'Université de Paris; **Gebl** l'Académie des sciences morales et po **Lehugeur**, professeur d'histoire au ly ri IV; **Sorel**, de l'Académie française et démie des sciences morales et politique **dal**, de l'Académie française; **Boutr** l'Académie des sciences morales et p 2ᵉ édition. Paris, 1899, 1 vol. in-12.

Ouvrage honoré d'une souscription d tère de la guerre et du ministère de l tion publique.

Panoplie, armes de tous les temps et d peuples; par **Perrot**, géographe. Ouvrage composé de 80 planc. in-4 coloriées. Pa

Cet ouvrage, publié en 8 fascicules d 10 francs l'un (80 francs), a le mér le plus complet (2,000 figures) et l exécuté des recueils de ce genre.

Il n'en reste que très peu d'exemplai

[H]istoire militaire (Suite).

... politique et militaire de la Prusse, ... ses origines jusqu'à 1875; par Emile ...let. 2e édition. Paris, 1875, 1 vol. in-12. 3 fr. 50

... historiques et militaires sur la ...e; par **de La Barre-Duparcq**. 1854- ... vol. in-8. 12 fr.

...les du tome premier. — Observations sur ...ctère du prince Henri de Prusse, frère de ...c le Grand; le Grand Electeur, Frédéric ...d; l'infanterie prussienne sous Frédéric ...nd; Seydlitz et la cavalerie prussienne; ...ations successives de l'armée prussienne ... son origine jusqu'à nos jours; réflexions ...rmée prussienne; notice sur les ordres mi...; les tribunaux d'honneur; la fortification ...nne au XIXe siècle; note sur les journaux ...res.

...les du tome second. — De plusieurs pam... relatifs à la conquête de la Silésie; l'admi...ion militaire; l'Oder, le roi Frédéric-...ume II, les articles de guerre; parti...és relatives à la justice militaire; détails ...ques sur l'artillerie prussienne; officiers ...s au service de Prusse; la guerre d'un an ...1779); éclaircissements sur l'Académie des ...; médailles de 1701; opinions de Warnery; ...ntières; note sur la campagne de 1787 en ...de; Maupertuisiana.

... militaire de la Prusse avant 1756, ...roduction à la guerre de Sept ans; par ...**a Barre-Duparcq**. Paris, 1858, 1 vol. ...vec 6 plans de bataille). 7 fr. 50

...alerie prussienne de 1806 à 1876. ...éveloppement progressif pendant cette pé... d'après des documents authentiques; par **...er**, lieutenant-colonel commandant le ...ssards de Silésie, n° 6. Traduit de l'Alle... par Edmond Thomann, capitaine de cava... professeur à l'Ecole supérieure de guerre ...1883, 1 vol. in-8 avec fig. dans le texte. 7 fr.

...sion de Jeanne Darc, conférence faite à ... à la *Societa di Lettura e conversazioni ...fiche*, par Paul **Marin**. Paris, 1891, broch. 2 fr.

...e anglaise vaincue par Jeanne d'Arc ...es murs d'Orléans. — Documents inédits et ... par M. **Boucher de Molandon**, membre ...ésident du Comité des travaux historiques, ... baron Adalbert **de Beaucorps**, capitaine ...nterie démissionnaire. Paris, 1893, 1 vol. ... in-8 avec plan. 5 fr.

... d'Arc et ses récents historiens. ... critique des principaux ouvrages historiques ...s à la Pucelle, publiés dans ces dernières ...s. Paris, s. d. (1897), 1 vol. in-12. 4 fr.

...mpagne de Turenne (1654); par le ...andant **Palat**, du 54e régiment d'infante... *J. S.*). Paris, 1897, broch. in-8 avec ...uis. 2 fr.

...e et l'armée française en 1674; ... capitaine **Cordier**, du 39e régiment d'in...ie (*J. S.*). Paris, 1895, br. in-8. 1 fr. 50

L'armée française en 1690; par le lieutenant-colonel V. **Belhomme** (*J. S.*). Paris, 1895, in-8. 5 fr.

Les milices de Grenoble en Savoie et Dauphiné (1690-1694): par le capitaine **Fl...** (*J. S.*). Paris, 1899, broch. in-8. 50 c.

Les compagnies de cadets gentilshommes et les écoles militaires; par Léon **Hennet**, sous-chef aux archives de la guerre. Paris, 1889, 1 vol. in-8. 4 fr.

Études d'histoire militaire. Tomes I et II. *Antiquité et moyen âge. Temps modernes jusqu'à la fin du règne de Louis XIV.* 2e édition augmentée d'un avant-propos sur la guerre de 1870; par **Lecomte**. Paris, 1869-70, 2 vol. in-8 br. 10 fr.

L'armée en France. — Histoire et organisation depuis les temps anciens jusqu'à nos jours; par **Dussieux**, professeur honoraire à Saint-Cyr. 3 vol. in-12 de 400 pages. 10 fr. 50

Les milices et les troupes provinciales; par Léon **Hennet**. Paris, 1884, 1 vol. in-8. 5 fr.

Deux époques militaires à Besançon et en Franche-Comté 1674-1814; par **Ordinaire**. Paris, 1858, 2 vol. in-8 avec plan. 15 fr.

La France militaire pendant la révolution (1789-1798); par **Quarré de Verneuil**, capitaine d'état-major (*J. S.*). Paris, 1878, 1 vol. in-8. 2 fr. 50

Révolution française. — **Les volontaires de la Savoie** (1792-1799); par André **Folliet**, député. — *La légion allobroge et les bataillons du Mont-Blanc.* Paris, 1887, 1 vol. in-12 avec 4 pl. 4 fr.

Notes sur les marches de Dagobert (1793) (*J. S.*). Paris, 1898, broch. in-8 avec 1 croquis. 50 c.

Notes sur Souvaroff et Lecourbe. Campagne de 1799: par le capitaine **Fl....** (*J. S.*). Paris, 1896, broch. in-8 avec 1 croquis. 50 c.

Notes sur les marches de Macdonald. Campagne de 1800: par le capitaine **Fl...** (*J. S.*). Paris, 1897, broch. in-8. 50 c.

Histoire abrégée des campagnes modernes; par **J. Vial**, colonel d'état-major en retraite, ancien professeur d'art et d'histoire militaires à l'École d'application d'état-major. Complétée et mise à jour par son fils **C. Vial**, capitaine d'artillerie. 5e édition. Paris, 1894, 2 vol. in-8 avec *Atlas* de 51 planches. 13 fr.

Précis d'histoire militaire. IIe et dernière partie: Guerre franco-allemande (1870-1871) [*suite*]. Guerre d'Orient (1877-1878); par **M. E. Dubail**, capitaine au 84e de ligne. Paris, 1880, 1 vol. in-12 avec *Atlas* oblong de 22 cartes et croquis. 15 fr.

La première partie de cet ouvrage est épuisée.

Cartes-croquis de géographie militaire, avec un exposé sommaire des principales campagnes depuis Louis XIV jusqu'à nos jours; par **M. E. Dubail**, capitaine au 84e régiment d'infanterie. 6e édition, complètement remaniée. Paris, 1884, *Atlas* in-4 colombier. 4 fr. 50

Histoire militaire (Suite).

Étude sommaire des batailles d'un siècle; par Ch. **Romagny** et **Piales d'Axtrez**, lieutenants-professeurs adjoints de tactique et d'histoire à l'École militaire d'infanterie. Paris, 1890, 1 vol. in-4 avec un *Portefeuille* également in-4 et renfermant 52 plans de batailles imprimés en couleurs. 15 fr.

Histoire de l'ancienne infanterie française (depuis l'origine de la monarchie jusqu'en 1789), avec Atlas renfermant la série complète, dessinée par Philippoteaux et les meilleurs artistes, des uniformes et des drapeaux des anciens corps de troupes à pied; par Louis **Susane**, chef d'escadron d'artillerie. Paris, 1853, 8 vol. in-8 avec *Atlas* de 150 planches en noir. 75 fr.

— *Le même*, avec *Atlas* colorié. 100 fr.

Il ne reste plus que quelques exemplaires de cet important ouvrage.

Histoire de l'infanterie française; par le général **Susane**. Paris, 1876-77, 5 vol. in-12. 17 fr. 50

Cet ouvrage important donne les notices historiques les plus complètes des milices, bandes, légions et régiments ci-après :

Milices des communes et des fiefs. Francs-archers et bandes françaises. Vieilles bandes et légions. Bandes de Picardie, bandes de Piémont. Formation des régiments. L'infanterie au XVIIe siècle. L'infanterie au XVIIIe siècle. Transformation postérieure à 1789. — Maison du roi. Gardes françaises. Gardes suisses. — Régiments d'infanterie : Picardie. Piémont. Navarre. Champagne. Normandie. La marine : Bourbonnais. Béarn. Auvergne. Flandre. Guyenne. Le Roi. Royal. Poitou. Lyonnais. Le Dauphin. Aunis. Touraine. Aquitaine. Maréchal de Turenne. Dauphiné. Isle-de-France. Soissonnais. La Reine. Limousin. Royal des Vaisseaux. Orléans. La Couronne. Bretagne. Lorraine. Artois. Vintimille. Hainaut. La Sarre. La Fère. Alsace. Royal-Roussillon. Condé. Bourbon. Beauvoisis. Rouergue. Bourgogne. Royal-Marine. Vermandois. Salm-Salm. Royal-Italien Watteville. Salis Samade. Sonnemberg. Castellas. Languedoc. Beauce. Vigier. Médoc. Nivarais. Vexin. Royal-Comtois. Beaujolais. Monsieur. Châteauvieux. La Mark. Penthièvre. Boulonnais. Angoumois. Conti. Saintonge. Foix. Rohan. Diesbach. Courten. Dillon. Berwick. Royal-Suédois. Chartres. Barrois. Walsh. Enghien. Royal-Hesse-Darmstadt. Salis-Marschlins. Royal-Corse. Nassau. Steiner. Bouillon. Royal-Deux-Ponts. Rheinach. Montréal. Royal-liégeois. Chasseurs bretons. Chasseurs d'Auvergne. Chasseurs des Vosges. Chasseurs des Cévennes. Chasseurs de Gévaudan. Chasseurs des Ardennes. Chasseurs du Roussillon. Le Cap. Pondichéry. Isle-de-France. La Martinique. La Guadeloupe. Le Port-au-Prince. Ile-Bourbon. — Chronologie historique des corps de troupes à pied — Répertoire alphabétique.

Historique des nouveaux régiments créés par la loi du 25 juillet 1887 (infanterie); par Emile **Simond**, lieutenant au 28e régiment d'infanterie. Paris, 1889, 1 vol. in-8. 5 fr.

Historique du 24e régiment d'infanterie; par le commandant **Amiot**. Paris, 1893, 1 vol. in-8. 5 fr.

Historique du 24e régiment d'infan Ephémérides et anecdotes; par le dant **Amiot**. Paris, 1894, 1 vol. in-8.

Historique du 26e bataillon de cha pied. Paris, 1898, broch. in-12.

Historique du 44e régiment territor fanterie; par le lieutenant-colonel commandant le régiment. Paris, 189 in-12

Les régiments sous Louis XV. Consti tous les corps de troupes à la solde d pendant les guerres de Succession à l'I de Sept ans. Ouvrage illustré de 49 pla lithochromie (or, argent et couleurs), sant les drapeaux, étendards et costumes ments, de 1737 à 1774, augmenté de ductions en couleurs de tableaux de m XVIIIe siècle; par Lucien **Mouillard**, Pa 1 vol. in-folio en portefeuille.

Histoire de la musique militaire, par **Neukomm**. Paris, 1889, 1 vol. in-12.

Album de la cavalerie française. — sition et organisation à diverses époqu la formation des corps permanents ju jours. — Uniformes et étendards; par L. **de Bouillé**. Paris, 1881. Splendide a folio oblong composé de 66 planches dessinées par Armand Dumaresq.

Histoire générale des Dragons, de origine jusqu'à l'empire; par Henri C capitaine au 23e dragons. 2e édition. Pa 1 vol. in-12.

Les transports aux armées. — **Histori train des équipages militaires**; par **venin**, capitaine du train. Paris, 188 in-8.

Histoire des corps de troupe qui ont cialement chargés du **service de la Paris**, depuis son origine jusqu'à no 1° Histoire du guet; — 2° Histoire des li généraux de police; — 3° Histoire des t police sous la Révolution; — 4° Histo garde républicaine; par François **Cude** nant à la garde républicaine. Paris, 188 in-8 avec 25 planches hors texte d' coloriés, d'après les aquarelles de nos pl peintres militaires.

Histoire des troupes étrangères au de la France, depuis leur origine ju jours, et de tous les régiments levés dans conquis sous la première République et l par Eugène **Fieffé**, commis principal au du Ministère de la guerre. Paris, 1854, in-8 avec 32 gravures sur bois tirées leurs.

Cet ouvrage comprend l'historique des ci-après :

Aventuriers. Mille-diables. Escorcheu venus. Brabançons, etc. Grandes Com Italiens. Crennequiniers et Arbalétriers. Bandes italiennes, premiers régiments Corses. Allemands. Lansquenets. Band Reitres. Anglais. Ecossais. Irlandais. G écossais. Suisses. Cent-Suisses. Cavale naise. Stradiots. Flamands. Espagnols. hongroise. Troupes allemandes : Nas bruck, Royal-Bavière, Royal-allemand

Histoire militaire (Suite).

is. Royal-danois. Royal-anglais. Royal-ita-
etc. — Troupes étrangères sous la Révolution
Empire : Belges, Hollandais, Allemands,
s, Piémontais, Savoisiens, Cisalpins, Ligu-
, Napolitains, Suisses, Polonais, Maltais,
, Grecs, Mamelucks, Wesphaliens, Hano-
, Tartares, Légions du Nord, de la Vistule,
u-légers, Hollandais, Pandours, etc., etc.

e la compagnie écossoise des gardes orps du roi, à Coblentz, en 1791 et d'après un manuscrit du vicomte DE FLA-, sous-aide-major de ladite compagnie, publié par son petit-fils, le vicomte Alfred de **gny** Paris, 1879, 1 vol. in-12. 2ᵉ édition. le nouvelles notes. 5 fr.

hortes de la Légion d'honneur (1802-. Législation. Monographies ; par Louis **Sou-**., officier d'Académie, commis principal à ande Chancellerie de la Légion d'honneur. 1889, 1 vol. gr. in 8. 7 fr. 50

apeaux français, étude historique; par ite **de Bouillé,** 2ᵉ édition, considérablement entée et accompagnée de 123 dessins, (ban-, oriflammes, pennons, étendards, guidons, tles, enseignes, flammes, cocardes). Paris, 1 vol. in-8 avec 19 planches en chromographie. 8 fr.

uleurs de la France, ses enseignes s drapeaux. Etude historique; par R. **ré de Verneuil,** capitaine d'état-major). Paris, 1876, broch. in-8 avec 66 figures uleurs. 4 fr.

tion du pavillon tricolore; par Mau-**oir,** lieutenant de vaisseau (*R. M.*). Paris, broch. in-8. 60 c.

res militaires du baron Seruzier, co-d'artillerie légère (1769-1825); mis en ordre igés par son ami **Le Miere de Corvey,** r supérieur. — Réimpression textuelle illus-Paris, 1894, 1 beau vol. in-8 avec 12 gra-et portrait. 6 fr.

Mémoires militaires du lieutenant-général comte François Roguet, colonel en second des grenadiers à pied de la vieille garde, pair de France. (Campagnes de 1792, 1793, 1794, 1795, 1796, 1797 en Italie. Expédition d'Egypte. Expédition contre la Suisse (1798). Campagnes de 1798, 1799 et 1800 en Italie. Garnison de Paris (1800-1801-1802-1803). Camp de Boulogne (1804). Campagnes de 1805 et de 1806 en Allemagne. Campagne de 1807 en Pologne. Campagne de 1808 en Espagne. Campagne de 1809 en Espagne et en Allemagne. Campagnes de 1810 et 1811 en Espagne. Campagne de 1812 en Espagne et en Russie). Paris, 1862, 4 vol. in-8. 30 fr.

Un général de Sambre-et-Meuse. — **Mémoires militaires du général Jean Hardy** (1792-1802). La Meuse, — La Moselle, — Le Rhin. Paris, 1883, 1 vol. in-8 de 280 pages avec portrait et 4 cartes. 7 fr.

Mémoires du général Radet, d'après ses papiers personnels et les archives de l'Etat; par **A. Combier.** Paris, 1893, 1 fort vol. in-8 de 760 p. 10 fr.

Mémoires du maréchal Suchet, duc d'Albuféra, sur ses campagnes en Espagne, depuis 1808 jusqu'en 1814, écrits par lui-même. 2ᵉ édition. Paris, 1834, 2 vol. in-8 avec un atlas grand in-folio de 15 planches gravées. 35 fr.

Souvenirs militaires de 1804 à 1814; par le duc **de Fézensac,** général de division. 4ᵉ édition. Paris, 1870, 1 vol. in-12. 3 fr. 50

Souvenirs d'un officier danois (1807-1814), publiés par sa fille (*J. S.*). Paris, 1897, broch. in-8 avec 1 portrait. 2 fr.

Le patriotisme en action. Histoire abrégée des gloires militaires de la France, depuis son origine jusqu'à nos jours ; par **E.-A. Tarnier.** Paris, 1881, 2 vol. in-12. 7 fr.

La Race. — Nos gloires militaires; par Paul **Patté.** Préface de HUGUES LE ROUX. *Ouvrage honoré d'une souscription du Ministère de l'instruction publique.* Paris, 1897, broch. in-12. 50 c.

...ÉE A TRAVERS LES AGES

CONFÉRENCES

...en 1898 à l'École spéciale militaire de Saint-Cyr

Par MM.

...**BE,** de l'Académie française;
...**UD,** de l'Université de Paris;
...**OIS,** de l'Université de Paris;
...**RDT,** de l'Académie des sciences morales et ...ues;
...**EUR,** Professeur d'histoire au Lycée Henri IV;
..., de l'Académie française et de l'Académie des ... morales et politiques;
...**L,** de l'Académie française;
...**OUX,** de l'Académie des sciences morales et ...ues.

2ᵉ ÉDITION

..., 1899, 1 vol. in-12. . . . . 3 fr.

...age honoré d'une souscription du Ministère de la ... et du Ministère de l'instruction publique.

L'ARMÉE A TRAVERS LES AGES

2ᵉ *SÉRIE*

CONFÉRENCES

faites en 1899 à l'École spéciale militaire de Saint-Cyr

Par MM.

SOREL, de l'Académie française et de l'Académie des sciences morales et politiques;
GUIRAUD, de l'Université de Paris;
COVELLE, de l'Université de Lyon;
GEBHARDT, de l'Académie des sciences morales et politiques;
LEHUGEUR, Professeur d'histoire au Lycée Henri IV;
CHUQUET, Professeur au Collège de France;
RAMBAUD, de l'Académie des sciences morales et politiques;
VANDAL, de l'Académie française.

Paris, 1900, 1 vol. in-12. . . . . 3 fr.

HISTOIRE DES GUERRES DEPUIS TURENNE JUSQU'A NOS JOURS

Campagnes des Alpes (1692). — **Catinat et l'invasion du Dauphiné**; par Joseph **Perreau**, capitaine au 14e bataillon de chasseurs à pied (bataillon alpin), membre de l'Académie delphinale (*J. S.*). Paris, 1892, in-8 avec 3 pl. 2 fr.

Mémoire de la guerre sur les frontières du Dauphiné et de Savoie, de 1742 à 1747; par **Brunet**, seigneur de l'Argentière. Paris, 1887, broch. in-8. 3 fr. 50

Les opérations militaires sur la frontière de la Savoie et du Haut-Dauphiné au XVIIIe siècle. Guerre de la succession d'Espagne; par le capitaine **Valot**, du 30e régiment d'infanterie (*J. S.*). Paris, 1896, br. in-8. 2 fr.

La guerre de la succession d'Autriche (1740-1748.) Campagne de Silésie (1740-1741); par le major Z... (*J. S.*). Paris, 1897, br. in-8. 2 fr. 50

Batailles et principaux combats de la guerre de Sept ans, considérés principalement sous le rapport de l'emploi de l'artillerie avec les autres armes; par **de Decker**, colonel d'état-major prussien. Traduit de l'allemand par MM. le général baron Ravichio de Peretsdorf et le capitaine Simonin; édition revue, augmentée et accompagnée d'observations et d'une notice sur le service de l'artillerie en campagne, par Lebourg. Paris, 1839-1840, 1 vol. in-8 avec un atlas in-4 de 19 planches. 15 fr.

Examen des principales opérations militaires des deux premières campagnes de la guerre de Sept ans (1756 et 1757); par **M. Marchesan**. Paris, 1827, 1 vol. in-8. 4 fr.

Histoire abrégée des campagnes modernes; par J. **Vial**, colonel d'état-major en retraite, ancien professeur d'art et d'histoire militaires à l'Ecole d'application d'état-major. Complétée et mise à jour par son fils C. **Vial**, capitaine d'artillerie. 5e édition. Paris, 1894, 2 vol. in-8 avec atlas de 54 planches. 13 fr.

Étude sommaire des batailles d'un siècle; par Ch. **Romagny et Piales d'Axtrez**, lieutenants-professeurs adjoints de tactique et d'histoire à l'Ecole militaire d'infanterie. Paris, 1890, 1 vol. in-4 avec un portefeuille également in-4 et renfermant 52 plans de batailles imprimés en couleurs. 15 fr.

Guerre d'Amérique (1780-1783). — Journal de campagne de Claude **Blanchard**, commissaire des guerres principal au corps auxiliaire français, sous le commandement du lieutenant-général comte de Rochambeau. Paris, 1881, 1 vol. in-8. 3 fr.

Mémoires militaires et historiques de 1792 à 1815; par **Crossard**. 1829, 6 vol. in-8. 45 fr.

Mémoires pour servir à l'histoire des guerres de 1792 à 1815.

Campagnes modernes (1792-1882) et gé[...] phie politique de l'Afrique contemporaine [...] G. **du Bourget**, capitaine instructeur au [...] giment de chasseurs. 2e édit. Paris, 1893, in-8 avec de nombreux croquis.

La guerre de Hollande et l'affaire du [...] (1793-1795); par Ed. **de Bonnal**. Paris, broch. in-8. 2

Histoire critique et militaire des guerr[...] la Révolution; par le baron **de Jomini** [...] velle édition rédigée sur de nouveaux docu[...] précédée d'une introduction présentant le t[...] succinct des mouvements de la politique e[...] enne, depuis Louis XIV jusqu'à la Révoluti[...] celui des principales causes et des prin[...] événements de cette Révolution. Paris, 1820 [...] 15 vol. in-8 avec 4 atlas in-fol. 1[...]

Documents relatifs aux campagnes en F[...] et sur le Rhin, pendant les années 1[...] 1793, tirés des papiers militaires de S. M. [...] roi de Prusse Frédéric-Guillaume III. Tra[...] l'allemand par Paul Méaat, lieutenant au [...] ger. Paris, 1848, 1 vol. in-8. 3

Mémoires sur les opérations militair[...] généraux en chef Custine et Houc[...] pendant les années 1792 et 1793; par le **Gay de Vernon**, ancien officier d'état-[...] Paris, 1844, 1 vol. in-8 avec 2 cartes rep[...] tant le théâtre des opérations sur le Rhin [...] la frontière de Flandre entre la Sambre et [...] du Nord.

Etudes militaires historiques d'après les a[...] du dépôt de la guerre. — I. **La batail[...] Fleurus**: par E. **Hardy**, capitaine adj[...] major au 130e de ligne (*J. S.*). Paris, 18[...] in-8 avec une carte.

Les armées de Sambre-et-Meuse et d[...] (1793-1797); par Claude **Desprez**. Paris [...] 1 vol. in-12 avec 5 cartes. 2

1793-1805. — Lettres d'un chef de br[...] 33e de ligne, 65e et 68e demi-brigade, [...] ligne; publiées et éclaircies par M. A. d[...] **terive**, capitaine au 124e de ligne. Paris, 1 vol. in-8.

Histoire de la guerre entre la France e[...] pagne pendant les années 1793 et 1[...] partie de 1795; par **Marcillac**. 1808, in-8.

Mémoires pour servir à l'histoire de la [...] pagne de 1796; par le général **Jourdan** 1818, 1 vol. in-8, avec table. [...]

La campagne de 1796 en Italie; par C[...] **witz**. Trad. par J. Colin, capitaine d'a[...] breveté. Paris, 1899, 1 vol. in-8 avec cart[...]

'istoire des Guerres (Suite).

sur la campagne de 1796-97 en e; par J. C., capitaine d'artillerie. Paris, 1 vol. in-8 avec 29 croq. et 2 cartes. 5 fr.

ention française en Suisse (1798); par **aeil de Conchard** (*J. S.*). Paris, 1890, br. 50 c.

res sur les campagnes des armées du et de Rhin-et-Moselle, de 1792 jus- la paix de Campo-Formio; par le maré- **Gouvion-Saint-Cyr**. Paris, 1829, 4 vol. enrichis de 15 cartes ou plans, d'un grand re d'états de situations, et accompagnés atlas gr. in-folio d'une rare beauté. 70 fr.
exte sans l'atlas. 40 fr.

res pour servir à l'histoire militaire le Directoire, le Consulat et l'Empire; le maréchal **Gouvion-Saint-Cyr**. Paris, 4 vol. in-8 avec planches et atlas gr. in- 60 fr.
exte sans l'atlas. 25 fr.

des événements militaires, ou essais riques sur les campagnes de 1799 à; par le comte **Mathieu-Dumas**, lieute- général des armées du roi. Paris, 19 vol. avec 8 cahiers d'atlas réunis dans un porte- e. 175 fr.

ux mémoires sur l'armée française gypte et en Syrie, ou la vérité mise au sur les principaux faits et événements de armée, la statistique du pays, les usages et mœurs des habitants; par **M. Richardot**, nant-colonel d'artillerie, ancien officier de ée d'Orient. Paris, 1848, 1 fort vol. in-8 avec n de la côte d'Aboukir à Alexandrie et à la les Arabes. 5 fr.

gne de l'armée de réserve en 1800. — *ière partie*. **Passage du Grand-Saint- ard**; par le capitaine **de Cugnac**. *Publié la direction de la section historique de -major de l'armée*. Paris, 1900, 1 fort vol. n-8 avec 3 cartes, 12 croquis et 8 auto- es. 16 fr.

e de la campagne de 1800, écrite d'après ocuments nouveaux et inédits; par **M.** le duc **almy**, fils du général Kellermann. Paris, 1 vol. in-8 avec 3 cartes. 5 fr.

e de la campagne de 1800, en Alle- e et en Italie; par **M. de Bulow**, officier ien, suivie du précis de la même campagne la Souabe, la Bavière et l'Autriche, rédigé s lieux par un officier de l'état-major de ée impériale. Traduit de l'allemand et pré- d'une introduction critique, par Ch.-L. nger. Paris, 1801, 1 vol. in-8. 3 fr.

n de la bataille d'Austerlitz, gagnée décembre 1805 par Napoléon contre les s et les Autrichiens, sous les ordres de leurs rains. Paris, 1879, 1 vol. in-8 avec plan s. 3 fr. 50

t Mars-la-Tour. Etude militaire par le andant F. **Bonnet des Tuves** (*J. S.*). 1891, broch. in-8. 75 c.

— **Austerlitz — Saint-Privat — Leu-**. Etude comparée; par le commandant **et des Tuves** (*J. S.*). Paris, 1893, broch. 1 fr. 25

Opérations du 9e corps de la grande armée en Silésie, sous le commandement en chef de S. A. I. le prince Jérôme Napoléon (1806-1807); par **M. A. Du Casse**, capitaine d'état-major. Paris, 1851, 2 vol. in-8 avec atlas in-folio. 12 fr.

Bataille de Preussich-Eylau, gagnée par la grande armée française sur les armées combinées de Prusse et de Russie, le 8 février 1807. Paris, 1807, broch. in-folio, accompagnée de 2 cartes et de 3 plans. 3 fr. 50

Histoire de la guerre d'Espagne et de Portugal pendant les années 1807 à 1813, plus la campagne de 1814 dans le midi de la France; par **John Jones**. Trad. de l'angl. par Alph. DE BEAUCHAMP, avec des notes et commentaires. 1819, 2 vol. in-8. (Sans la carte.) 12 fr.

Guerre d'Espagne. Extrait des souvenirs inédits du général JOMINI (1808-1814); par Ferdinand **Lecomte**, colonel fédéral suisse, membre honoraire de l'Académie royale des sciences militaires de Suède. Paris, 1892, 1 beau vol. in-8 avec fac-simile et cartes. 5 fr.

Histoire de la guerre de la Péninsule, années 1808 et suivantes; par le marquis **de Londonderry**. Paris, 1828, 2 vol. in-8. 10 fr.

Journal des opérations de l'armée de Catalogne, en 1808 et en 1809, sous le commandement du général Gouvion-Saint Cyr, ou matériaux pour servir à l'histoire de la guerre d'Espagne; par M. le maréchal **Gouvion-Saint-Cyr**. 2e tirage. Paris, 1865, 1 vol. in-8 et un atlas in-folio de 14 planches. 25 fr.

Les troupes sociales sous le 1er empire. — **Opérations des troupes allemandes en Espagne de 1808 à 1813**; par M. E. **Costa de Serda**, capitaine d'état-major. Paris, 1874, 1 vol. in-8 avec 4 planches gravées. 4 fr.

Relation des opérations de l'armée aux ordres du prince Joseph Poniatowski pendant la campagne de 1809 en Pologne contre les Autrichiens, précédée d'une notice sur la vie du prince: par Roman **Soltyk**, général d'artillerie polonaise. Paris, 1842, 1 vol. in-8 avec un portrait et une carte en couleurs. 6 fr.

Mémoires sur la guerre de 1809 en Allemagne avec les opérations particulières des corps d'Italie, de Pologne, de Saxe, de Naples et de Walcheren; par le général **Pelet**, d'après son journal fort détaillé de la campagne d'Allemagne; ses reconnaissances et ses divers travaux; la correspondance de Napoléon avec le major général, les maréchaux, les commandants en chef, accompagnés de pièces justificatives et inédites. 1824-1826, 4 vol. in-8. 40 fr.

La campagne de 1812 en Russie; par **Clausewitz**. Traduit de l'allemand par M. Begouën, capitaine commandant au 31e dragons, breveté d'état-major. Paris, 1900, 1 vol. in-8 avec carte et tableau. 4 fr.

Mémoires pour servir à l'histoire de la guerre entre la France et la Russie en 1812; par Guillaume **de Vaudoncourt**. Paris, 1817, 2 vol. in-4, dont 1 de planches. 15 fr.

Campagne de 1812 en Russie. Observations sur la retraite du prince Bagration, commandant en chef de la deuxième armée russe; par le colonel **Chapuis**. Paris, 1856, 1 vol. in-8. 3 fr. 50

Histoire des Guerres (Suite).

Mémoires pour servir à l'histoire de la campagne de 1812 en Russie, suivis des lettres de Napoléon au roi de Westphalie pendant la campagne de 1813 ; par M. Albert **Du Casse,** capitaine d'état-major. Paris, 1852, 1 vol. in-8 avec une carte. 7 fr.

Cet ouvrage comprend particulièrement les opérations de l'aile droite de la grande armée.

Les Suisses au service de Napoléon Iᵉʳ et les mémoires du général baron DE MARBOT. Quelques mots de réponse à ces mémoires (avec 4 cartes); par Ferdinand **Lecomte,** colonel fédéral suisse, membre honoraire de l'Académie royale des sciences militaires de Suède (Extr. de la *Revue militaire suisse*). Paris, 1892, 1 vol. in-8. 6 fr.

Petites causes et grands effets. — **Le secret de 1812.** — (Causes supposées de la campagne de Russie) ; par Alfred **Sudre.** Paris, 1887, broch. in-8. 1 fr. 50

Histoire de la guerre entre les Etats-Unis d'Amérique et l'Angleterre, depuis 1812 jusqu'en 1815 : par M. **Brackendridge,** citoyen américain. Traduit par A. DE DELMAS, nouvelle édition, augmentée d'une carte du théâtre de la guerre et du traité de paix entre S. M. Britannique et les Etats-Unis. Paris, 1822, 2 vol. in-8. 8 fr.

Des principales opérations de la campagne de 1813, par M. le général **Pelet.** Paris, 1826, 1 vol. in-8 avec une carte. 7 fr.

Stratégie napoléonienne. — **La campagne d'automne de 1813 et les lignes intérieures;** par **A G**, ancien élève de l'École polytechnique (*J S.*). Paris, 1897, 1 vol. in-8 avec 1 carte générale du théâtre de la guerre. 4 fr.

Campagne de 1813. — **La cavalerie des armées alliées;** par M.-H. **Weil,** ancien capitaine de cavalerie. Paris, 1886, 1 vol. in-8. 6 fr.

Campagne de Saxe en 1813. Paris, 1866, broch. in-8. 1 fr. 50

Histoire de la guerre soutenue par les Français en Allemagne en 1813 : par Guillaume **de Vaudoncourt.** Paris, 1818, 2 vol. in-4, dont 1 de planches. 15 fr.

Précis militaires de la campagne de 1813 en Allemagne, Paris, 1881, 1 vol. pet. in-8. 3 fr. 25

Tableau de la campagne d'automne de 1813 en Allemagne, depuis la rupture de l'armistice jusqu'au passage du Rhin par l'armée française, avec une carte topographique des environs de Leipzig ; par **Boutourlin,** 2ᵉ édition, 1818, 1 vol. in-8. 5 fr.

Réplique à lord Londonderry sur la campagne de Dresde en 1813; par **Jomini.** S. l. n. d., broch. in-8. 1 fr. 25

Guerre napoléonienne — Campagne de 1813 en Allemagne. — **Fragments stratégiques.** 1ᵉʳ *fascicule.* Paris, 1892, 1 vol. in-8. 4 fr.

Napoléon de Dresde à Leipzig. Etude stratégique : par le général **Pierron** (*J. S.*). Paris, 1891, broch. in-8. 1 fr. 25

La bataille de Saint-Pierre d'Irube 13 (décembre 1813): par J. **Daguerre** Paris, 1897, broch. in-8.

Mémoire sur la campagne de l'armé çaise dite des Pyrénées en 1813 et par **Pellot.** Paris, 1818, 1 vol. in-8

Campagne du maréchal Soult dans l nées occidentales en 1813-1814, d'après chives françaises, anglaises et espagnoles commandant **Clerc,** du 49ᵉ d'infanterie 1894, 1 vol. in-8 avec 2 cartes.

La campagne de 1814 d'après les docum archives impériales et royales de la g Vienne. — *La cavalerie des armées alli* dant la campagne de 1814 ; par le com **Weil,** avec une préface de M. le général

Tome Iᵉʳ. Paris, 1891, 1 vol. in-8 ave

Tome II. Paris, 1892, 1 vol. in-8 ave

Tome III. Paris, 1894, 1 vol in-8.
Tome IV et dernier. Paris, 1896, 1 v

Défense de Compiègne en 1814 ; par **Montagnon,** lieutenant au 136ᵉ d'in Paris, 1890, broch. in-8.

Waterloo, étude de la campagne de 18 M. le prince Ed. **de La Tour d'Auvergn** tenant-colonel. Paris, 1870, 1 beau vol. i cartes et plans.

Waterloo : par Jean-Marie **Saint-Julien** 1889, 1 vol. in-4 avec 4 planches gravées forte et un plan de bataille au 1/20.000ᵉ

La campagne de 1815 en France, par **witz.** Traduit de l'allemand par M. Nies taine breveté au 4ᵉ régiment de tirailleur 1900, 1 vol. in-8.

Précis politique et militaire de la ca de 1815 ; par le général **Jomini.** Pari 1 vol. in-8 avec plans, cartes et portraits.

Documents inédits sur la campagne d par M. le duc d'Elchingen. Paris, 1840 in-8 avec carte.

Histoire de la campagne de 1815, po suite à l'histoire des guerres des temps m d'après les documents du général Grolma tier-maître général de l'armée prussie 1815 ; par M. le major de **Damitz,** offi sien. Traduite de l'allemand par Léon revue et accompagnée d'observations par cier général français, témoin oculaire 1839-1842, 2 vol. avec plans.

Journal de l'expédition et de la retr Constantine en 1836 ; par un officier mée d'Afrique (**Mollière**). Paris, 1857 in-8.

Recueil de documents sur l'expéditic prise de Constantine par les Français pour servir à l'histoire de cette campagn 1839, 1 vol in-8 avec atlas in-folio.

Souvenirs d'un vétéran autrichien guerre d'Italie dans les années 184 par M. le général **Schonals.** Traduits mand par Rodolphe de Steiger. Pari 2 vol. in-8.

ire des Guerres (Suite).

l'expédition française en Italie en ıtenant 14 dessins, 4 cartes topogra- ıdiquant les opérations militaires, avec explicatif; par **Vertray**. Paris, 1853, in-folio. 30 fr.

ı et pièces officiels relatifs à la ın Orient. Paris, 1854, 9 livraisons 5 fr.

Inkermann, livrée le 24 octobre (5 no- 1854. — Episode de l'histoire de la ·ite en décembre 1854; trad. de l'alle- C. Soye, capitaine d'infanterie. Paris, 9 avec plan. 4 fr.

omatique sur la guerre de Crimée ıl. in-8. 20 fr.

de la campagne de Crimée, journal ecin allemand au service de l'armée ır **Pflug**. Traduit de l'allemand par 1862, 1 vol. in-8. 5 fr.

ın officier de zouaves (campagne de Suivi de considérations sur l'organisa- ·mées anglaise et russe, et accompagné ıire de Gallipoli à Constantinople; par **ıelez**, capitaine en retraite, etc. Paris, l. in-8 et broch. in-4. 10 fr.

de l'empereur Napoléon III en 1859; rédigée au dépôt de la guerre ı documents officiels, par les ordres de le maréchal comte Randon, 1860-1864. Paris, 1865, 1 vol. gr. in-8 avec 10 car- et tableau en gravure. 25 fr.

ıs de l'armée d'Italie à Magenta frino; par le colonel E. **Perrossier**, r de l'académie des jeux floraux (*J. S.*). '7, br. in-8. 75 c.

ı officiels sur la campagne d'Italie suivis des Ephémérides et accompagnés . Paris, 1860, 1 vol. in-8. 3 fr. 50

r la campagne d'Italie en 1859; ımont. Paris, 1860, 1 vol. in-8 avec 7 fr. 50

rico y topografico de la guerra de ostenida por la nacion espanola . imperio marroqui en 1859 y 1860. blica de Real orden el Deposito de la te. Madrid, 1864, 1 vol. gr. in-folio ıntenant 32 planches coloriées. 100 fr.

alien dans la campagne d'Ancône basse Italie, 1860-1861. Documents ubliés sous la direction du général **a**. Traduit de l'italien par le capitaine e, ancien professeur adjoint à l'Ecole ıilitaire. Paris, 1866, 1 vol. in-8 avec le ıaëte et des travaux de siège exécutés 1. 7 fr. 50

Danemark en 1864. Esquisse poli- ıilitaire; par **Lecomte**. Paris, 1864, in-8 avec plans. 12 fr.

ancoise et la défense de Sundevit par **F.-M. Burdin-d'Entremont**, lieu- 104ᵉ d'infanterie. Paris, 1885, 1 vol 3 cartes. 2 fr. 50

La guerre du Paraguay; par **Fix**, capitaine d'état-major. Paris, 1870, 1 vol. in-8 avec cartes et plans. 4 fr.

Expédition du Mexique (1861-1867). Récit politique et militaire; par G. **Niox**, capitaine d'état-major. Paris, 1874, 1 vol. gr. in-8 avec atlas in-folio de 6 cartes ou plans gravés. 15 fr.

Précis des événements de la campagne du Mexique en 1862, par Ch. **Martin**; précédé d'une notice géographique et statistique sur le Mexique, par Léon Deluzy. Paris, 1863, 1 vol. in-8 avec carte et plan. 6 fr.

Lieutenant-colonel **Loizillon** — **Lettres sur l'expédition du Mexique,** publiées par sa sœur. 1862-1867. Paris, 1890, 1 vol. in-12. 4 fr.

Souvenirs du Mexique (1864-1867); par le général baron **Van der Smissen**, ancien commandant de la légion belge. Bruxelles, 1892, 1 vol. in-8 avec 3 cartes. 4 fr.

La guerre au Mexique; par le lieutenant-colonel **Bourdeau** (*J. S.*). Paris, 1894, br. in-8. 1 fr. 50

Campagne du régiment de l'Impératrice Charlotte dans le Michoacan. — Combat de Tacambaro (1865) (Extr. *J. de l'armée belge*). Paris, 1865, broch. in-8 avec planches et cartes. 2 fr. 50

La guerre de Sécession (1861-1865); par Ernest **Grasset**, inspecteur de la marine, avec une lettre de Victor Duruy. Iʳᵉ partie : *Les Evénements*. Paris, 1886, 1 vol. in-12. 4 fr.

IIᵉ partie : *Les Hommes*. Paris, 1887, 1 vol. in-12. 4 fr.

Campagnes de Virginie et de Maryland en 1862, documents officiels soumis au Congrès; traduit de l'anglais avec introduction et annotations, par Lecomte. Paris, 1863, 1 vol. in-8 avec 2 cartes. 5 fr.

Rapport officiel du lieutenant-général Grant, à l'honorable E.-M. Stanton, secrétaire de la guerre. Quartier général des Etats-Unis (sur la guerre des Etats-Unis). Washington, district de Colombie, 22 juillet 1865, Paris, 1866, 1 vol. in-8. 4 fr.

La guerre civile aux Etats-Unis d'Amérique (1862-1864), considérée au point de vue militaire pour les officiers de l'armée allemande; par J. **Scheibert**, major au corps royal des ingénieurs prussiens; traduit par J. Bornecque, capitaine au 3ᵉ régiment du génie. Paris, 1876, 1 vol. in-8 avec 4 planches. 6 fr.

Examen critique des opérations militaires pendant la guerre de 1866, en Allemagne et en Italie, d'après les meilleurs écrivains militaires; par L. **Schwartz**, lieutenant d'infanterie attaché au dépôt de la guerre belge. Arlon, 1874, 1 vol. in-8 avec cartes et plans. 3 fr. 50

Etudes d'histoire militaire d'après la méthode appliquée. Détails tactiques tirés de la bataille de Custozza, livrée le 24 juin 1866 (marches qui ont précédé la bataille; engagement de la bataille); par **Verdy du Vernois**, général-major de l'armée prussienne. Traduit de l'allemand par le commandant L. Grandin. Paris, 1877, 1 vol. in-12 avec planche. 2 fr. 50

Guerre franco-allemande 1870-1871.

La guerre franco-allemande de 1870-1871, rédigée par la section historique du grand état-major prussien. Traduction par le chef d'escadron E. Costa de Serda, de l'état-major français. Paris, 1872-1882.

— 1re partie : *Histoire de la guerre jusqu'à la chute de l'Empire.*

1re livr. : Événements du mois de juillet, 1 planche 4 fr.

2e — Événements militaires jusqu'à la veille des batailles de Wœrth et de Spicheren, 1 plan, 2 planches. 4 fr. 50

3e — Bataille de Wœrth et de Spicheren, 2 plans et 3 croquis dans le texte. 6 fr.

4e — Marche de la 3e armée sur la Moselle, les événements militaires jusqu'au soir du 14 août, 1 planche et 7 croquis dans le texte. 4 fr. 50

5e — Opérations autour de Metz, les 15, 16 et 17 août. Bataille de Vionville et Mars-la-Tour, 2 planches, 2 cartes et croquis dans le texte. 10 fr. 25

6e — Bataille de Gravelotte. — Saint-Privat, 2 plans, croquis dans le texte. 10 fr. 25

7e — Marches contre l'armée de Châlons. Bataille de Beaumont, 2 plans, 1 carte, avec croquis dans le texte et hors texte. 8 fr. 75

8e — Bataille de Sedan, 2 plans et 2 croquis. 6 fr. 75

9e — Événements divers. Bataille de Noisseville. — Coup d'œil général sur la campagne jusqu'au commencement de septembre, 3 plans, 1 croquis. 8 fr.

— 2e partie : *Histoire de la guerre contre la République.*

10e livr. : Investissement de Paris. Prise de Toul et de Strasbourg, 2 plans et 1 carte d'ensemble. 7 fr. 50

11e — Opérations devant Paris et sur la partie occidentale du théâtre de la guerre, jusqu'à la fin d'octobre, 4 plans, 2 cartes et des croquis. 9 fr. 40

12e — Derniers engagements avec l'armée du Rhin. Suite des événements depuis la chute de Strasbourg et de Metz jusqu'au milieu de novembre, 4 plans, carte d'ensemble et plusieurs croquis. 8 fr. 75

13e — Opérations dans la France centrale, jusqu'à la reprise d'Orléans par les Allemands, 4 plans et une carte d'ensemble. 10 fr.

14e — Opérations destinées à couvrir le blocus de Paris, jusqu'à mi-décembre, 2 cartes, 2 plans et des croquis. 8 fr.

15e — Opérations destinées à couvrir le blocus de Paris, et continuation du blocus jusqu'au commencement de 1871, 1 carte et des croquis. 5 fr. 50

16e — Opérations de la 2e armée depuis le commencement de 1871 jusqu'à l'armistice, 1 carte, 1 plan et des croquis dans le texte. 8 fr.

17e livr. : Opérations de la 1re armée depuis l[e com]mencement de 1871 jusqu'à l'arm[istice,] 1 plan et des croquis dans le [texte.] 4

18e — Opérations sur le théâtre sud-est [de la] guerre jusqu'au milieu de janvier. Opérations devant Paris depuis le [com]mencement de 1871 jusqu'à l'arm[istice,] 6 cartes ou plans et des croquis d[ans le] texte.

19e — Opérations sur le théâtre sud-est [de la] guerre depuis le milieu du m[ois de] janvier 1871, jusqu'à l'armistice. [Évé]nements sur les derrières des a[rmées] allemandes et sur le littoral, dep[uis le] mois de novembre 1870 jusqu'à l'[armis]tice. 6 cartes, 1 plan et des c[roquis] dans le texte. 18

20e et dernière : Coup d'œil général sur la [guerre] franco-allemande depuis le comm[ence]ment de septembre 1870 jusqu'à [la ces]sation des hostilités. L'armistice [et la] paix préliminaire. Marche rétr[ograde] de l'armée allemande et paix de F[rancfort.] L'occupation. Coup d'œil r[étros]pectif sur la télégraphie, le servi[ce des] postes, le remplacement des mun[itions,] l'alimentation, le service de [santé,] l'aumônerie, la justice militai[re, le] recrutement de l'armée allemand[e, les] événements de l'intérieur et les ré[sultats] de la guerre. 5 cartes et 1 croqui[s dans] le texte. 22

Guerre franco-allemande (1870-1871), [ré]sumé et commentaires de l'ouvrage du gran[d état-]major prussien, par Félix **Bonnet**, chef d['esca]dron d'artillerie. Paris, 1883-1886, 3 vo[l.] avec 14 planches. 22

Causes des succès et des revers da[ns la] guerre de 1870. — Essai de critique [de la] guerre franco-allemande jusqu'à la batai[lle de] Sedan; par **de Woyde**, lieutenant géné[ral de] l'état-major russe. Ouvrage traduit avec l'[autori]sation de l'auteur, par le capitaine Th[...] 79e régiment d'infanterie, d'après la versio[n alle]mande (2e édition), revue et corrigée par [le gé]néral de Woyde. Paris, 1900, 2 vol. in-[8] atlas.

1870-1871. — Tableau-memento chro[nolo]gique des événements, avec notices e[xplica]tives; par Ch. **Romagny**, professeur adjo[int de] tactique et d'histoire à l'École militaire d'i[nfante]rie. Paris, 1891, broch. in-8. 1

Campagne de France 1870-1871. — **Étude [d'en]semble de la guerre franco-alleman[de de] 1870-1871**; par le commandant **Patry**. [...] grand in-folio comprenant 190 cartes av[ec lé]gendes, le tout réuni en un portefeuille. [...]

Cet ouvrage fait suivre du doigt et d[e l'œil] sur la carte du génie toutes les péripéties [de la] guerre franco-allemande, et nous initi[e aux] manœuvres de nos armées, en nous [faisant] assister aux mouvements exécutés par [les] corps en présence de l'ennemi. Chacune de[s] **quatre-vingt-dix journées** *de la gu[erre a] sa carte particulière avec notice et légen[de.]*

e franco-allemande (Suite).

a marche et la position respective des s et des Allemands. A chaque page que rue, on se sent ému en voyant les Prus-igner chaque jour du terrain et le cercle mouvements se resserrer insensiblement, à Metz, à Sedan, à Belfort, à Paris, etc. rissant et palpitant d'intérêt; aussi peut-que le livre du commandant PATRY *est ument national et une œuvre patrioti-retraçant à nos yeux l'histoire vraie rtiale de cette guerre, il habitue nos que nous soyons stratégistes ou non, à par la réflexion les moyens d'éviter à de pareils désastres, ou de les réparer.*

de 1870-1871 — **Opérations des allemandes depuis le début de la jusqu'à la catastrophe de Sedan** et itulation de Strasbourg; par le colonel A. **aedt**. Traduit de l'allemand, par E. E SERDA, capitaine au corps d'état-major. 872, 1 vol. gr. in-8 avec croquis dans le *Atlas* de 8 cartes ou plans en coul. 16 fr.

les frontières du Rhin (1870-1871); **Rüstow**. Traduit de l'allemand, par E LABCLAUSE, colonel de cavalerie. Paris, vol. in-8 avec 8 cartes gravées et coloriées n. 10 fr.

sur les opérations du deuxième le l'armée du Rhin dans la cam-de 1870, avec deux cartes et des pièces . Ire partie : Depuis la déclaration de usqu'au blocus de Metz; par le général rd. 3e édit. Paris, 1872, 1 vol. in-8. 4 fr.

ranco-allemande de 1870-1871. — bourg, Frœschwiller, retraite sur Châlons; émar **de Chalus**, chef d'escadron d'ar-Paris, 1882, 1 vol. in-8 avec cartes. 7 fr. 50

de 1870-1871. — **Opérations de la ie**, d'après les documents officiels de la (Formation et déploiement de la 3e ar-ombat de Wissembourg et bataille de marche à travers les Vosges; marche vers ; changement de direction et marche vers ; Sedan); par W. **von Hahnke** major -major prussien. Traduit de l'allemand, . G. NIOX, capitaine d'état-major et capitaine, au 34e de ligne. — Ire partie : *la capitulation de Sedan*. Paris, 1874, -8 avec croquis et cartes. 7 fr.

de 1870-1871. — **Opérations du prussien dans la guerre contre ace**; par **Stieler von Heydekampf**, à l'état-major du 5e corps. Traduit de id par F.-X. HUMBEL, capitaine d'état-rofesseur à l'Ecole de cavalerie (Wissem-Wœrth, Sedan, investissement de Paris, on de Versailles, la Malmaison, Buzenval). 373, 1 vol. in-8 avec 3 cartes. 6 fr.

itique sur les opérations du XIVe llemand dans les Vosges et dans la allée de la Saône (1870); par le capi-**Cissey**, du 25e bataillon de chasseurs Paris, 1897, 1 vol. in-8 avec tableaux, ais et 1 carte d'ensemble. 4 fr. 50

Souvenirs d'un artilleur de l'armée du Rhin; par Ludovic **Gratiolet**. Paris, 1892, 1 vol. in-12. 3 fr. 50

Fallait-il quitter Metz en 1870? par **A. G.** ancien élève de l'Ecole polytechnique (*J. S.*). Paris, 1893, broch. in-8. 50 c.

Rôle des divisions de cavalerie allemandes du 8 août au 1er septembre 1870; par un **Officier de cavalerie** (*J. S.*). Paris, 1894, broch. in-8. 1 fr 25

La cavalerie allemande dans sa marche sur Rezonville; par **J.-D. de F.**, ancien élève de l'Ecole polytechnique (*J. S.*). Paris, 1892, broch. in-8. 60 c.

L'armée de Châlons, son mouvement vers Metz (1870); par **A. G.**, ancien élève de l'Ecole polytechnique (*J. S.*). Paris, 1885, 1 vol. in-8 avec 3 cartes et 1 tableau. 5 fr.

Frœschwiller, récit commenté des événements militaires qui ont eu pour théâtre le Palatinat bavarois, la basse Alsace et les Vosges moyennes, du 15 juillet au 12 août 1870; par le général **Bonnal**. Paris, 1899, 1 fort vol. grand in-8 avec *Atlas* de 38 cartes. 12 fr.

Wissembourg-Frœschwiller-Châlons-Sedan-Châtillon-La Malmaison: par **Y. K.** (*J. S.*). Paris, 1896, 1 vol. in-8. 3 fr. 50

La bataille de Frœschwiller. L'après un article du colonel du génie LONSDALE HALE, de l'armée anglaise; par le commandant H. **de Missy**. Paris, 1898, in-8 avec croquis. 1 fr. 25

Le combat de Châtillon et l'investissement de Paris au sud par le Ve corps prussien et le IIe corps bavarois; par **Y. K.** (*J. S.*). Paris, 1893, 1 vol. in-8. 2 fr.

Le blocus de Paris et la première armée de la Loire; par **A. G.**, ancien élève de l'Ecole polytechnique.

Ire partie : *Depuis la capitulation de Sedan jusqu'à la capitulation de Metz*. Paris, 1889, 1 vol. in-8. 3 fr.

IIe partie : *Coulmiers et ses suites*. Paris, 1890, 1 vol. in-8. 3 fr.

IIIe et dernière partie : *Champigny, Loigny, Orléans. Résumé et conclusions*. Paris, 1893, 1 vol. in-8. 4 fr.

Un mois de commandement au 15e corps de l'armée de la Loire (septembre et octobre 1870); par le général **de La Motte-Rouge**. Nantes-Orléans, 1889, 1 vol. in-8. 2 fr. 50

Le 20e corps à l'armée de la Loire; par **M.** le général **Crouzat** (*J. S.*). Paris, 1873, br. in-8. 1 fr.

Les mobilisés de Saône-et-Loire en 1870; par le général Victor **Pellissier**, commandant supérieur de ces légions. Mâcon, 1878, 1 vol. in-8. 1 fr. 50

Etude sur le combat de Noisseville; par un **Colonel d'infanterie** (*J. S.*). Paris, 1891, br. in-8. 50 c.

Guerre franco-allemande (Suite).

Études de tactique sur la bataille de Saint-Privat du 18 août 1870; par **Waldor de Heusch**, major au régiment des grenadiers, ancien professeur d'art et d'histoire militaires à l'École militaire de Bruxelles (Extr. *Rev. de l'armée belge*). Liège, 1896, 1 vol. petit in-8 avec 6 croquis et 1 plan de bataille. 2 fr. 50

Le combat de Nuits (18 décembre 1870); par le commandant **Palat**, du 54ᵉ d'infanterie (*J. S.*). Paris, 1895, broch. in-8 avec croquis. 75 c.

Un combat de localité. — **Villersexel** (9 janvier 1871); par le commandant **P***** (*J. S.*). Paris. 1898, broch. in-8. 60 c.

Les opérations de la 1ʳᵉ armée sous les ordres du général von Gœben. D'après les pièces officielles du commandant en chef de la 1ʳᵉ armée; par **A. de Schell**, major au grand état-major général. Traduit de l'allemand par MM. Pau, capitaine au 120ᵉ et de Christen, lieutenant au 120ᵉ. Paris, 1874, 1 vol. in-8 avec 5 cartes. 6 fr.

Campagne de 1870-1871. — **Opérations de la 1ʳᵉ armée, sous le commandement du général von Manteuffel**, depuis la capitulation de Metz jusqu'à la prise de Péronne, d'après les documents officiels du quartier général de la 1ʳᵉ armée (Marche en avant de Metz à Compiègne et déploiement sur l'Oise; marche sur Amiens; bataille d'Amiens; capitulation de La Fère; occupation d'Amiens; marche vers la Normandie; occupation de Rouen; surprise de Ham; capitulation de Montmédy; bataille de l'Hallue; bombardement de Péronne; combats de Longpré, de Busigny; bataille de Bapaume; capitulation de Péronne); par le comte Hermann **de Wartensleben**, colonel d'état-major. Traduit de l'allemand par G. Niox, capitaine d'état-major. Paris, 1873, 1 vol. in-8 avec une carte. 6 fr.

La campagne du Nord. — **Opérations de l'armée française du Nord** (1870-1871). Paris, 1873, 1 vol. in-12 avec cartes et plans. 3 fr. 50

Campagne de 1870-1871. — **Opérations de l'armée du Sud pendant les mois de janvier et février 1871**, d'après les documents officiels de l'état-major allemand (Marche par la Côte-d'Or; conversion à droite des 2ᵉ et 7ᵉ corps vers la Saône; marche des 2ᵉ et 7ᵉ corps vers le Doubs; combat près de Dijon; position du 7ᵉ corps du côté de Besançon; combat de Salines; marche de l'armée du Sud vers la frontière suisse; combat de Sombacourt, de Chaffois, de Frasne, de Vaux, de Pontarlier et de La Cluse; occupation de Dijon; reddition de Belfort); par le comte Hermann **de Wartensleben**, colonel d'état-major. Traduit de l'allemand par Alfred Dumaine (*J. S.*). Paris, 1872, broch. in-8 avec 2 pl. 2 fr. 50

Le colonel Denfert à Belfort; par le baron **de Prinsac**, ancien officier d'éclaireurs de l'armée de Belfort. Paris, 1878, broch. in-8 avec une carte et le plan des positions de Belfort. 75 c

L'artillerie du 15ᵉ corps pendant la campagne de 1870-1871; par le général **de Blois**. Paris, 1872, 1 vol. in-8. 3 fr.

Deux combats d'artillerie sous les Paris; par le général **Favé**. Paris, 18

Les forteresses françaises pendant la de 1870-1871; par F. **Prévost**, lie colonel du génie. Paris, 1872, 1 vol. in-8.

Campagne de 1870-1871. — **Opérati corps du génie allemand** (Opérat armées allemandes jusqu'au blocus de M Paris; bombardement des forts de l'Est second bombardement de Phalsbourg et blocus de Metz; place de Metz et le terr ronnant; ensemble des opérations; d travaux; opérations de la 1ʳᵉ armée d capitulation de Metz jusqu'à l'armistice et bombardements des places de Thionvill médy, Mézières, Verdun, La Fère, Péron blocus et siége de Paris; ensemble de tions; détail des travaux; attaques de l' et du génie; remise et armement des for rations au sud et à l'ouest de Paris; po sur la Loire; mise en état de défense d' Siéges de Toul, Soissons et Longwy). rédigé par ordre supérieur et d'après l ments officiels; par Adolphe **Gœtze**, cap génie prussien, attaché au comité du géni fesseur à l'Académie de guerre. Traduit mand par MM. Grillon et Fritsch, c du génie au dépôt des fortifications. Pari 1874, 2 vol. in-8 avec 28 figures dans l 15 cartes dont plusieurs en couleurs.

La guerre de 1870. Observations critiq l'ouvrage du maréchal comte de Moltke **Officier supérieur breveté** (*J. S.*). Par broch. in-8.

Une page d'histoire contemporaine l'Assemblée nationale (siège de Paris général **Trochu**. Paris, 1871, 1 vol. in-8

Rapport sur les opérations de l'ar Versailles, depuis le 11 avril, époque d mation, jusqu'au moment de la pacific Paris, le 28 mai 1871; par le maréchal d **Mahon**, commandant en chef de l'armé sailles. Paris, 1871, broch. in-18.

Historique des attaques dirigées con forts d'Issy et de Vanves par le 2ᵉ co mée de Versailles en 1871 (opérations du génie); par le général **de Rivière** 1882, broch. in-8 avec une carte tirée leurs.

Campagnes de 1871 *à nos jo*

Expédition dans les Beni-Menacer e par M. Ch. **Philebert**, colonel du 36ᵉ (*J. S.*). Paris, 1873, broch. in-8 avec

La conquête de la vallée d'Atchin par landais (1872-73). Une page d'histoire contemporaine, par le major **W.-L. de P** de bataillon de l'armée hollandaise. Par in-8 avec une carte.

Prise et expédition de Khiva en 18 Th. **Lobysévitch**. St-Pétersbourg, 189 in-8 avec 3 portraits.

La guerre carliste; par le général (*J. S.*). Paris, 1887, broch. in-8.

ıgnes de 1871 *à nos jours* (Suite).

rre carliste, récit sommaire des événe- militaires depuis le commencement jus- ı fin de l'insurrection (1873-1876); par **ier**, capitaine d'état-major. Paris, 1876, in-12 avec 2 cartes. 2 fr. 50

ıpagne des Russes dans le khanat ›khand (août 1875, janvier 1876); par **ıil**, capitaine au 3e régiment territorial de s, attaché à l'état-major du Ministre de la (*J. S.*). Paris, 1876, broch. in-8 avec une t deux plans. 2 fr. 50

d'Orient en 1876-1877. Esquisses des ıents militaires et politiques; par **Lecomte**, 1877, 2 tomes en 3 parties in-8, cartes, 12 fr.

d'Orient 1877-1878. Défense de a, d'après les documents officiels et privés sous la direction du muchir GHAZI-OSMAN par le général de division **Mouzaffer** aide de camp de S. M. I. le sultan, et le ant-colonel d'état-major **Talaat** bey, aide ıp du muchir Ghazi-Osman pacha. Paris, 1 vol. in-8 avec atlas de 10 planches en rs. 15 fr.

re d'Orient en 1877-1878. Étude stra- ıe et tactique des opérations des ıs russe et turque, en Europe, en Asie les côtes de la mer Noire; par un **Tac-**, auteur de plusieurs ouvrages militaires. e rédigé sur les documents officiels.

ıvrage se compose de 12 fascicules :

879, in-8 avec 13 cartes, pl. ou croq. 5 fr.
— — 9 — 5 fr.
880, — 11 — 5 fr.
— — 4 — 5 fr.
— — 7 — 5 fr.
881, — 8 — 5 fr.
— — 7 — 5 fr.
882, — 13 — 5 fr.
883, — 1 — 5 fr.
885, — 12 — 5 fr.
886, — 4 — 5 fr.
887, in-8 avec cartes et croquis. 5 fr.

W.-M. **Wonlarlarsky. — Souvenirs ›fficier d'ordonnance ; guerre turco- 1877-1878.** Traduit du russe par un an- ficier supérieur (le commandant Weil). ıne préface de M. Anatole **France**, de ımie française. Ouvrage illustré par Braun, ıt et Cie. Paris, 1899, 1 vol. gr. in-8 avec ıches et portraits. 10 fr.

ı d'assaut de Kars par les Russes dans du 17 au 18 novembre 1877 (Publié par enant autrichien Stephan **Dragas** dans la *militaire autrichienne de Streffleur*). Tra- r J. BORNECQUE, capitaine au 1er régiment ie. Paris, 1880, broch. in-12. 1 fr.

re turco-russe de 1877-1878. — **Cam- de Suleyman-Pacha**; par M. Faust ı. Paris, 1883, 1 fort. vol. in-8. 7 fr. 50

Orient de 1877-1878. — **Opérations de ıe roumaine pendant la guerre de l'indépendance.** Journal d'un officier; par P. St. **Vassilion**, lieutenant d'artillerie dans l'armée roumaine. Paris, 1880, 1 vol. in-8 avec 5 pl. 4 fr.

Le commandement chez les Turcs en 1877-1878; par G*** (*J. S.*). Paris, 1891, broch. in-8. 1 fr.

Campagne des Anglais dans l'Afghanistan (1878-1879), récit des opérations militaires, accompagné de notions historiques et géographiques sur le pays; par M. G. **Le Marchand**, capitaine au 15e d'artillerie. Paris, 1879, 1 vol. in-12. 5 fr.

Deuxième campagne des Anglais dans l'Afghanistan (1879-1880) ; par M. G. **Le Marchand**, capitaine d'artillerie. Tome Ier. Paris, 1881, 1 vol. in-12 avec 19 cartes. 6 fr.

Histoire de la guerre du Pacifique (1879-1880) ; par M. Diego **Barros Arana**. Paris, 1881, 2 vol. in-8 avec cartes et plans de combats. 9 fr.

Souvenirs d'une mission à l'armée chilienne. Batailles de Chorillos et de Miraflores (avec un résumé de la guerre du Pacifique et des notes); par M. **Le Léon**, lieutenant de vaisseau. Paris, 1883, 1 vol. in-12, avec cartes et croquis. 2 fr. 25

Les Russes dans l'Asie centrale. — La dernière campagne de Skobelew (1880-1881); par **A. Prioux**, sous-intendant militaire de 3e classe, précédemment capitaine à l'état-major général du Ministre de la guerre (2e bureau). Paris, 1886, 1 vol. in-8 avec une carte de la région transcaspienne et plusieurs croquis. 4 fr.

Les Italiens en Afrique (1880-1896) ; par le capitaine **Pellenc**, de l'état-major de l'armée (*R. E.*). Paris, 1897, 1 vol. in-8. avec 10 cartes. 5 fr.

L'expédition du général Skobeleff contre les Tourkmènes et la prise de Ghéok (Denghil) Tépé; (1881); par **Weil**. Paris, 1881, 1 vol. in-8 avec 4 planches. 3 fr. 50

La France à Tunis. — **Expédition française en Tunisie** (1881-1882), précédée d'une description géographique et historique de la régence de Tunis; par Maurice **Bois**, capitaine au 76e régiment d'infanterie, ancien professeur adjoint de géographie et de statistique à l'Ecole spéciale militaire de Saint-Cyr, officier d'académie. Paris, 1886, 1 vol. in-18. 2 fr. 50

Deux années au Tonkin (1884-1886); par **Baudens** (*R. M.*). Paris, 1887, br. in-8. 50 c.

Campagne des Anglais au Soudan (1884-1885); par le commandant **Palat** (*J. S.*). Paris, 1894, in-8 avec croquis. 3 fr.

Une campagne de quatorze jours sur les bords du Danube (guerre de la Serbie contre la Bulgarie, 1885) ; par F. **Bonnet**, chef d'escadron d'art. (*J. S.*). Paris, 1886, br. in-8. 60 c.

Une colonne dans le Soudan français (1886-1887) ; par le lieutenant-colonel **Gallieni**, de l'infanterie de marine (*J. S.*). Paris, 1888, broch. in-8 avec croquis, 1 fr. 25

La mission militaire suisse sur le théâtre de la guerre serbo-bulgare ; par **Hungerbühler**. Paris, 1886, 1 vol. in-8. 5 fr.

Une campagne de huit jours. — La guerre au Chili (août 1891); par le général **Lamiraux**, commandant la 24e division d'infanterie (*J. S.*). Paris, 1893, br. in-8 avec 3 croquis. 1 fr.

Campagnes de 1871 à nos jours (Suite).

Les Hollandais à Lombok (1894); par **K. de Hartogh**, officier d'infanterie dans l'armée néerlandaise. Amsterdam, 1 vol. in-12 avec portraits et gravure. 2 fr. 50

L'expédition de Lombok (1894); par **F.-H. Boogaard**, colonel de l'artillerie hollandaise en retraite (*J. S.*). Paris, 1896, broch. in-8 avec 1 croquis. 1 fr.

Trois colonnes au Tonkin (1894-1895); par le général **Gallieni**, ancien commandant du 2e territoire militaire au Tonkin. Paris, 1899, 1 vol. in-8 avec 10 cartes et une vue. 4 fr.

Ouvrage honoré d'une souscription du ministère de la marine.

La guerre sino-japonaise (1894-1895); par M*** (*J. S.*). Paris. 1895, br. in-8. 50 c.

Sinicæ res. — **La guerre du Japon contre la Chine** et ses conséquences éventuelles (*J. S.*). Paris, 1895, br. in-8 avec 2 croq. 2 fr.

Sinicæ res. — **La situation en Extrême-Orient.** L'occupation des Pescadores et de Formose (*J. S.*). Paris, 1896, broch. in 8 avec 2 croquis et tableaux. 1 fr. 25

La guerre sino-japonaise, 1894-1895; par le lieutenant **Sauvage**, du 43e régiment d'infanterie. Paris, 1897, 1 vol. in-8 avec atlas in-folio, comprenant 7 cartes et pl. tirés en 5 coul. 10 fr.

Histoire de la campagne de Madagasc[...] pour les soldats; par un soldat. Pari[s] broch. in-12.

La guerre turco-grecque de 1897; pa[r le capi]taine **Douchy**, de l'état-major de l'armé[e] 1898, 1 vol. in-8 avec cartes et croquis.

La guerre hispano-américaine de 1[...] le capitaine **Ch. Bride**, breveté d'état-m[ajor] serve). 2e édition. Paris, 1899, 1 vol. i[n-8] de nombreux croquis dans le texte.

Ouvrage honoré d'une souscription d[u minis]*tère de la guerre et du ministère de la* [...]

Remarques sur la guerre hispano[-améri]**caine**; par le commandant **D...** (*J. S.* 1899, broch. in-8.

Les Philippines et l'insurrection de 18[...] (*R. E.*). Paris, 1899, br. in-8 avec cart[es et cro]quis.

Général **Gallieni**, gouverneur général de [Madagas]car et dépendances. — **La pacificat**[ion de] **Madagascar**, ouvrage rédigé sous la [direction] du général Gallieni, d'après les archives [de l'état-]major du corps d'occupation; par **F. He**[...], [ca]pitaine du génie breveté. 1 fort vol. in-8 [avec] nombreuses gravures représentant les [...] l'île, des types d'indigènes, routes, const[ructions] etc.; les portraits des officiers et des [...]ciers tués à l'ennemi, et avec 31 carte[s en cou]leurs et croquis.

RELATIONS DES PRINCIPAUX SIÈGES

Le siège de Pylos; par le contre-amiral **Serre** (*J. S.*). Paris, 1891, broch. in 8. 50 c.

Le siège de Marseille par Jules César (L'an 49 avant Jésus-Christ). — Etude d'archéologie topographique et militaire; par **Rouby**, chef d'escadron d'état-major. Paris, 1874, 1 vol. in-8 avec 2 plans en couleurs. 2 fr. 50

Relations des principaux sièges faits ou soutenus en Europe par les armées françaises depuis 1792, rédigées par MM. les officiers généraux et supérieurs du corps du génie qui en ont conduit l'attaque ou la défense, précédées d'un précis historique et chronologique des guerres de la France depuis 1792 jusqu'au traité de Presbourg en 1806; par M. Vict.-Donatien de **Musset-Pathay**. Paris, 1806, 2 vol. in-4, dont un de planches. 35 fr.

Relation de la campagne de Syrie, spécialement des sièges de Jaffa et de Saint-Jean d'Acre; par le lieutenant-colonel d'artillerie **Richardot**. Paris, 1839, 1 vol. in-8 avec atlas in-4. 5 fr.

Journal des opérations militaires et administratives des siège et blocus de Gênes; par le général de division d'état-major **Thiébault**, nouvelle édition, ouvrage refait en son entier avec addition d'un second volume comprenant un grand nombre de pièces inédites, officielles et d'une haute importance. Paris, 1847, 2 vol. in-8 avec 2 portraits, 5 cartes et pl. 8 fr.

Journaux des sièges faits ou soutenus par les Français dans la Péninsule de 1807 à 1814; rédigés d'après les ordres d[u gouver]nement, sur les documents existants au[x archives] de la guerre et au Dépôt des fortificati[ons; par] **J. Belmas**, chef de bataillon du géni[e. Paris,] 1836, 4 vol. in-8 et atlas in-folio de 24 p[l.]

Mémoire sur les lignes de Torrès[-Védras] élevées pour couvrir Lisbonne en 1810[, faisant] suite aux journaux des sièges entrepri[s par les] alliés en Espagne; par **John Jones**[, colonel] des ingénieurs anglais. Traduit de l'an[glais par] Gosselin. Paris, 1832, 1 vol. in-8 avec [...]pographique des lignes, et 2 planches [...] les plans et profils des principaux ouv[rages qui] les composaient.

Recueil de documents sur l'expédit[ion et la] **prise de Constantine par les Fra**[nçais en] **1837**, pour servir à l'histoire de cette c[ampagne.] Paris, 1839, 1 vol. in-8 et atlas in-folio.

Attaques et bombardements maritim[es avant] **et pendant la guerre d'Orient.** (S[...] — Bomarsund. — Odessa. — Sweaborg[...] burn); par Richild **Grivel**, lieutenant [de vais]seau. 2e édition. Paris, 1857, 1 vol. in-[8.]

Siège de Sébastopol. — Journal de[s opéra]**tions du génie**, publié avec l'autorisat[ion du mi]nistre de la guerre; par le général **Nie**[l. ...] atlas in-folio de 15 planches. Paris, 18[58,] in-4 avec l'atlas en portefeuille.

— Avec atlas monté sur onglets.

— en portefeuille avec les pl. 2, et 8 coloriées.

ons des principaux sièges (Suite).

le Bomarsund en 1854. — Journal des ions de l'artillerie et du génie, publié avec isation du Ministre de la guerre; par le il **Niel** et le colonel **Rochebouët.** Nou-dit. Paris, 1868, 1 vol. in-8 avec 4plans. 5 fr.

e de Silistrie en 1854; par un **Anonyme** . Paris, 1876, br. in-8 avec 3 cart. 2 fr. 50

ons de l'artillerie pendant les sièges iète et de Messine, en 1860 et 1861. — on officielle. Traduite, avec l'autorisation nistère de la guerre du royaume d'Italie, . Testarode, ancien professeur à l'École de Cyr, etc. Paris, 1868, 1 fort v. in-8. 7 fr. 50

ix expéditions contre le fort Fisher, 'assaut le 16 janvier 1865, par l'armée et la e des Etats-Unis. Explosion des canons Par-evant la première attaque. Rapport de la ission pour en examiner les causes. Paris, 1 vol. in-8. 4 fr.

ne de 1870-1871. — **Le siège de Stras-g en 1870,** publié d'après des documents ls et d'après les meilleurs auteurs qui ont ce sujet; par G. **Bodenhorst,** capitaine lerie belge. Paris, 1876, 1 vol. in-8 avec , plans et tableaux. 5 fr.

e de Verdun en 1870; par Maxime **Le** **l** (*J. S.*). Paris, 1887, br. in-8. 1 fr. 50

ie 1870-71. — **L'investissement et le ardement de Mézières en 1870,** avec et plans; par Jules **Poirier.** Charleville, 1 vol. petit in-8. 3 fr. 50

ge de Strasbourg; par **Meier,** premier nant au régiment d'artillerie de campagne de Magdebourg, attaché à l'état-major de l'artillerie de siège devant Strasbourg. Traduit de l'allemand par Ernest Falignan. Paris, 1876, broch. in-8 avec un plan des opérations du siège. 1 fr. 25

Histoire de la défense de Paris en 1870-1871; par le major **H. de Sarrepont.** Paris, 1872, 1 fort vol. in-8, avec la carte des environs de Paris, en 4 feuilles, du Dépôt de la guerre, tirée à sept teintes, indiquant les travaux de la défense et ceux de l'ennemi. 12 fr.

La marine à la défense de Paris en 1870; par C. **Boissonnet**, sous-intendant militaire en retraite (*J. S.*). Paris, 1896, broch. in-8. 75 c.

Carte pour servir à l'intelligence de l'histoire de la défense de Paris, donnant les travaux offensifs et défensifs des Allemands et ceux de la défense, extraite de la carte au 40,000e, du dépôt de la guerre. Paris, 1872, 4 feuilles coloriées. 5 fr.

Le siège de Belfort en 1870-1871, rédigé par ordre de l'inspection générale du corps du génie et d'après les documents officiels; par Paul **Wolff,** capitaine du génie allemand. Traduit de l'allemand par G. Bodenhorst, capitaine d'artillerie belge. Bruxelles-Paris, 1877, 2 vol. in-8 avec cartes et grand nombre de plans et pl. 17 fr.

Prise et expédition de Khiva en 1873; par Th. **Lobysévitch.** St-Pétersbourg, 1897, broch. in-8 avec 3 portraits. 4 fr.

Guerre d'Orient 1877-78. — **Défense de Plevna,** d'après les documents officiels et privés réunis sous la direction du Muchir Ghazi Osman pacha; par le général de division **Mouzaffer** pacha, aide de camp de S. M. I. le sultan, et le lieutenant-colonel **Talaat** bey, aide de camp du Muchir Ghazi Osman pacha. Paris, 1889, 1 vol. in-8 avec atlas de 10 planches en couleurs. 15 fr.

BIOGRAPHIE MILITAIRE

ts militaires. Esquisses historiques et giques, 1853-55; par **de La Barre-Du-** **[.** Paris, 1853-61, 3 vol. in-8. 22 fr. 50

volumes contiennent 40 portraits littéraires, : *Gustave-Adolphe, La Tour-d'Auvergne, uesclin, Frédéric, Vauban, Moncey, duc , Turenne, La Noue, Souwarow, Dumou-Catinat, Wellington, Masséna, Jules César, rd, Condé, Seydlitz, Guibert, Ney, Washing-Jeanne d'Arc, Vendôme, Ibrahim-Pacha, s, Desaix, Charles XII, Lannes, Eugène de e, Montluc, Archiduc Charles, saint Louis, cuculli, Crillon, Maurice de Nassau, , Sobieski, Luxembourg, Marlborough, t.*

ux portraits militaires Esquisses histo-et stratégiques; par Ed. **de La Barre-Du-** **L,** colonel en retraite. Paris, 1890, 1 vol. 7 fr. 50

volume contient 15 portraits, savoir : *Henri IV, Xenophon, Alexandre le Grand, Bélisaire, Boucicaut, Fernand Cortès, Gouvion-Saint-Cyr, Cromwell, Folard, Henri de Prusse, Scanderbeg, Pajol, Montcalm, Toiras, Tamerlan.*

Précis de la vie des grands capitaines (Epaminondas. — Desaix. — Cortez. — Kléber. — Pompée. — Moreau. — Alexandre. — Annibal. — Masséna. — César); par **de Colonjon,** chef d'escadron au 2e régiment de chasseurs d'Afrique. Paris, 1857, 1 vol. in-8. 3 fr. 50

Gens de guerre. — Portraits (Le feld-maréchal Souwarow, le comte de Guibert, le baron Larrey, le général Daumesnil, le chevalier de Feuquerolle, le sergent Deny-Battin); par le général baron Joachim **Ambert.** Paris, 1863, 1 vol. in-12. 3 fr. 50

Le génie de Jeanne d'Arc. — Essai d'analyse. Paris, 1893, 1 vol. in-18. 2 fr. 50

Biographie militaire (Suite).

Tourville et la marine de son temps. Notes, lettres et documents (1642-1701); par J. **Delarbre**, conseiller d'État honoraire, membre du Conseil de l'Ordre de la Légion d'honneur. Paris, 1889, 1 beau vol. in-8 de 450 pages avec un portrait de Tourville. 7 fr. 50

Jean-Gaspard Vence, corsaire et amiral (1747-1808), par Maurice **Loir**, lieutenant de vaisseau. 1 vol. in-4 orné de 2 portraits, de 4 planches en héliogravure et 7 autographes en fac-simile. 6 fr.

Notice biographique sur le contre-amiral comte Baste (1768-1814); par **Delauney**, chef d'escadron d'artillerie de la marine (*R. M.*). Paris, 1890, broch. in-8. 75 c.

Pajol; par le général de division, comte **Pajol**, son fils aîné. Paris, 1873, 3 vol. gr. in-8 et atlas, 25 fr.

Le lieutenant général baron E. Hulot (1774-1850. — Notice biographique. Documents historiques et militaires. Ordres du jour. Lettres. Paris, 1884, broch. in-8 2 fr.

Le général Dupas. — Italie. — Egypte. — Grande-Armée (1792-1813); par Ferdinand **Du-bouloz-Dupas** et André **Folliet**. Paris, 1899, 1 vol. in-8 avec portrait et fac-similé d'autographes. 4 fr.

Polvérel et Sonthonax (Révolution de Saint-Domingue); par **Réveillère**, contre-amiral (*R. M.*). Paris, 1891, broch. in-8. 1 fr.

Kléber et Marceau; par Claude **Desprez**. 3ᵉ *édit.* avec 6 cartes. Paris, 1892, 1 vol. in-12. 3 fr. 50

Desaix (1768-1800); par Claude **Desprez**. Paris, 1884, 1 vol. in-12 avec 6 cartes. 3 fr.

Lazare Hoche, d'après sa correspondance et ses notes; par Claude **Desprez**. Nouvelle édition avec 1 portrait et 3 cartes. Paris, 1887, 1 vol. in-12. 3 fr.

Hoche, sa vie, sa correspondance; par **Cunéo d'Ornano**, capitaine breveté. Paris, 1892, 1 vol. in-8 avec 12 croquis. 7 fr. 50

Vie politique et militaire de Napoléon, racontée au tribunal de César par Alexandre et Frédéric; par le général **Jomini**. Bruxelles, 1841, 2 vol. gr. in-8 brochés avec un atlas in-4 de plusieurs cartes et un cahier de légendes explicatives. 40 fr.

Les monologues de Napoléon Iᵉʳ. Paris, 1891, 1 vol. in-12. 2 fr. 50

Mémoires sur les événements qui ont précédé la **mort de Joachim-Napoléon**, roi des Deux-Siciles; par **Galvani**, secrétaire intime du roi en 1815, ancien commissaire des guerres dans l'armée napolitaine et sous-intendant militaire au service de France (1815). Paris, 1843, 1 vol. gr. in-8 de 137 pages, avec le portrait de Joachim-Napoléon. 2 fr. 50

Le général Arrighi de Casanova, duc de Padoue; par A. **Du Casse**. Paris, 1866, 2 vol. in-8. 12 fr.

Le maréchal Blücher, d'après sa correspondance; par le commandant **Vermeil de Conchard**. 2ᵉ édition. Paris, 1888, 1 vol. in-12. 2 fr.

Histoire de la vie politique, militaire [...] nistrative du **maréchal Davout**, du[c d'Auers]taedt, prince d'Eckmühl (d'après les [documents] officiels); par G. **de Chénier**, memb[re de plu]sieurs académies, etc. Paris, 1866, 2 v. i[n-8].

Mémoires militaires du baron Ser[...] [co]lonel d'artillerie légère (1769-1825); mi[s en ordre] et rédigés par son ami **Le Miere de** [...] officier supérieur. — Réimpression text[uelle, illus]trée. Paris, 1894, 1 beau vol. in-8 ave[c gra]vures et portrait.

Mémoires du général Radet d'après s[es papiers] personnels et les archives de l'État; par [...]**bier**. Paris, 1893, 1 fort vol. in-8 de 760 [...]

Le général Jomini; sa vie et ses écrits.— [Esquisse] biographique et stratégique; par Ferdi[nand Le]**comte**, colonel à l'état-major fédér[al]. 2ᵉ édition. Paris, 1869, 1 vol. in-8, avec [...]

Le général Jomini et les mémoires [...] de Marbot. Paris, 1893, broch. in-8.

Guillaume III, stathouder de Hollan[de, roi] d'Angleterre. Étude historique sur la [...] campagnes de ce prince, d'après les d[ocuments,] la plupart inédits, du dépôt de la gu[erre; par] **M. de Lort-Sérignan**, capitaine au [...] ment d'infanterie Paris, 1880, 1 vol. [...] cartes, croquis et portrait.

Vie de Seydlitz; par **Varnaghen v[on Ense]**. Traduit de l'allemand par Savin de L[...] chef d'escadrons au 3ᵉ hussards. Pa[ris,] 1 vol. in-8 avec plans.

Le maréchal Suchet, duc d'Albuféra [...] **rault-Roullon**, sous-intendant milita[ire] couronné par l'Académie impériale de[s sciences,] belles-lettres et arts de Lyon, le 21 j[...] Paris, 1853, 1 vol. in-8.

Le Maréchal de Moltke, organisateu[r ...] tège; par le général **Lewal** (*J. S.*). P[aris,] broch. in-8.

Le général de Blois; sa vie, ses ouvra[ges; par le] lieutenant général **Brialmont**. Par[is,] broch. in-8.

Wolf, intendant général. — **Mes souve[nirs mili]taires**. — École polytechnique; École [...] au régiment; en Algérie; les deux exp[éditions de] Constantine; expédition du Mexique. Pa[ris,] 1 vol. in-8 orné du portrait de l'auteur [...]

Frédéric III, Roi de Prusse, Emper[eur d'Al]lemagne (Notice biographique), par le [comman]dant L. **Grandin**. Paris, 1888, broch. [...] un portrait de l'Empereur.

Le maréchal de Mac-Mahon; par L[...]**net**, sous-chef aux archives de la guer[re ...] Paris, 1894, broch. in-8.

Le maréchal Canrobert; par Léon [...] sous-chef aux archives de la guerre (*J.* [...] 1895, broch. in-8.

Le général Bourbaki; par Léon **Hen[...]** chef aux archives de la guerre (*J.* [...] 1898, broch. in-8.

ÉDUCATION MORALE
ISCIPLINE ET ÉLOQUENCE MILITAIRES

n du soldat; par *** (*J. S.*). Paris, vol. in-8. 4 fr.

ion et éducation militaires; par E. *J. S.*). Paris, 1893, broch. in-8. 40 c.

uestions d'éducation morale; par *J. S.*). Paris, 1895, broch. in-8. 75 c.

ication morale du soldat; par S. V. Paris, 1888, broch. in-8. 60 c.

pour l'éducation morale du soldat, de complément au *Manuel du soldat*; par aine **André**, du 163e régiment d'infan- *e édition*. Paris. 1899, 1 vol. in-18 cart. 60 c.

morale de notre armée. Paris, 1890, in-18. 75 c.

orale sur l'initiative; par un **Officier eur** (*J. S*). Paris, 1891, br. in-8. 75 c.

moralisatrice; par C. **Riet**, lieutenant régiment d'infanterie (*J. S*). Paris, 1896, in-8. 75 c.

tuation de l'officier dans la prati- urante de la vie militaire et sociale; **V.**, lieutenant d'infanterie (*J. S.*). Paris, roch. in-8. 50 c.

é sur le rôle social de l'officier; par **icier supérieur** (*J. S*).Paris, 1895, br. 60 c.

un mot sur le rôle social de l'offi- *J. S.*). Paris, 1895, broch. in-8. 25 c.

s du rôle social de l'officier; par E. B. . Paris, 1896, broch. in-8. 25 c.

par **Miles** (*J. S.*). Paris, 1884, broch. 50 c.

du bon sens; par **H. de Ponchalon**, du 126e régiment d'infanterie (*J. S.*). 1886, broch. in-8. 75 c.

militaire et patriotique de la jeunesse et mée. — **Pour la Patrie**; par C. **Al-** professeur à l'École militaire prépara- le Montreuil-sur-Mer. 2e édition. Paris, vol. in-12. 1 fr. 50
iné. 1 fr. 70
toile anglaise. 2 fr.

militaires, par S. E. le cardinal **Per-** evêque d'Autun, Chalon et Mâcon, membre adémie française. Paris 1896, 1 vol. in-12 3 fr. 50

tus militaires et du mérite de la re des armes en temps de paix (le feu l'abnégation, le désintéressement, le cou- a fidélité, le dévouement, la modestie, la e, la persévérance, la soumission, l'audace, rosité, la grandeur d'âme, etc.); par **M.** le **Max Caccia**, capitaine au 9e régiment de ls. Paris, 1846, 1 vol. in-8. 4 fr.

L'idée de patrie; par le lieutenant **Ricq** (*J. S.*). Paris, 1898, in-8. 50 c.

Coup d'œil sur les devoirs et l'esprit militaires; par A.-L. **Blondel**, capitaine d'état-major. Imprimé en décembre 1835, revisé par l'auteur, général de brigade (réserve), en 1875, 2e tirage. Paris, 1877, broch. in-18. 75 c.

Instruction du maréchal de Belle-Isle sur les devoirs du chef militaire; par **M. A F.** Paris, 1869, broch. in-8. 50 c.

Conseils à un jeune officier sortant de Saint-Cyr; par **M.** le général **Hanrion**, 7e édition. Paris, 1888, broch. in-18. 75 c.

Lettres à un jeune officier sur l'éducation militaire; par **L. Gaillard**, capitaine au 62e régiment d'infanterie. Paris, 1896, broch. in-18. 60 c.

Le livre du bon soldat. Exemples de patriotisme appliqués à la théorie; par Jules **Maurie**, capitaine et Adrien **Basile**, ex-professeur de l'Université. Paris, 1893, 1 vol. in-18 cartonné. 75 c.

Conférences sur l'éducation militaire dans la compagnie, l'escadron et la batterie (17 conférences aux soldats); par le capitaine F. **Boschet**, ex-instructeur à l'École militaire d'infanterie. Paris, 1897, 1 vol. in-18, cartonné. 75 c.

Conseils aux sous-officiers et aux élèves-officiers de l'École de Saint-Maixent; par **F***** (*J. S.*). Paris, 1888, broch. in-8. 30 c.

Théories sur les devoirs moraux du soldat. Paris, 1885, 1 vol. in-18 cartonné. 60 c.

Théories morales; par L. **Guyot**, lieutenant au 22e d'infanterie. Paris, 1897, br. in-18. 40 c.

Instruction et éducation du soldat. — **Devoirs moraux du soldat**. Préceptes et exemples; par le commandant E. **Poirot**, du 139e régiment d'infanterie. 2e édit. Paris, 1894, 1 vol. in-18. 1 fr.

Discipline, subordination, marques extérieures de respect. — Réponse à un « Civil »; par le général **M. Dragomiroff**, de l'armée russe (*J. S.*). Paris, 1894, broch. in-8. 50 c.

La discipline dans l'armée; par le commandant **de S***** (*J. S.*). Paris, 1892, br. in-8. 50 c.

Réflexions sur la discipline de l'armée française; par P. **Durand**, capitaine au 41e régiment d'infanterie (*J. S.*). Paris, 1882, br. in-8. 1 fr. 50

La résurrection d'un peuple; par **Miles**. Paris, 1883, broch. in-12. 1 fr. 25

VIᵉ PARTIE

GÉOGRAPHIE MILITAIRE

I. — COURS, ATLAS, CARTES, etc.

Catalogue des cartes, plans et autres ouvrages publiés par le *Service géographique de l'armée* (1895). Paris, 1895, broch. in-8 avec 44 tableaux d'assemblage. 1 fr.

Résumé de géographie physique et historique; par le général **Niox**. 1ʳᵉ partie : France. Paris, 1897, 1 vol. in-8, rel. toile. 2 fr. 75

Résumé de géographie physique et historique; par le général **Niox**. IIᵉ partie : Europe. Paris, 1897, 1 vol. in-8, rel. toile. 4 fr.

Résumé de géographie physique et historique; par le général **Niox**. IIIᵉ partie : Asie, Afrique, Amérique et Océanie. Paris, 1895, 1 vol. in-8 relié toile. 5 fr.

Géographie militaire. Introduction. — **Notions de géologie**, de climatologie et d'ethnographie, 3ᵉ édition; par le lieutenant-colonel **Niox**. Paris, 1886, 1 vol. in-12. 3 fr.

Géographie militaire. — **I. France**; par le colonel **Niox**. 5ᵉ édition. Paris, 1897, 1 vol. in-8 avec cartes. 5 fr.
Relié toile. 6 fr.

Géographie militaire. — **II. Grandes-Alpes, Suisse** et **Italie** : Alpes et Italie, Italie péninsulaire septentrionale; par le colonel **Niox**. 3ᵉ édition. Paris, 1894, 1 vol. in-12 avec cartes. 4 fr.
Relié toile. 5 fr.

Géographie militaire. — **III. Allemagne, Pays-Bas, Danemark, Russie occidentale**; par le colonel **Niox**. 3ᵉ édit., entièrement remaniée. Paris, 1894, 1 vol. in-12 avec 2 cartes. 4 fr.
Relié toile. 5 fr.

Géographie militaire. — **VI. Algérie et Tunisie**, par le colonel **Niox**, professeur à l'École supérieure de guerre. 2ᵉ édition, avec une grande carte de l'Algérie et de la Tunisie au 1/2,000,000ᵉ, cartes de l'Algérie au 1/5,000,000ᵉ et du Sahara au 1/12,000,000ᵉ et figures dans le texte. Paris, 1890, 1 vol. in-12. 6 fr.
Relié toile. 7 fr.

Géographie militaire. — **VII. L'expansion européenne**, empire britannique, Asie, Afrique et Océanie; par le général **Niox**. 3ᵉ édition complétée. Paris, 1897, 1 vol. in-8 avec carte et croquis et appendice mis au courant jusqu'à la fin de l'année 1897. 6 fr. 25
Relié toile. 7 fr. 25

Carte orohydrographique muette de l'Allemagne, Autriche-Hongrie (provinces du Nord), **Hollande, Danemark**, I au 1/1,600,000ᵉ; par le lieutenant-colon 1 feuille.

Carte de la frontière nord-est France, d'après la carte du génie, de 1/864,000ᵉ; par un **Officier d'éta** ancien élève de l'École polytechnique. Paris, 1899. 1 feuille grand format leurs, avec note descriptive.
Expédiée par colis postal.
Collée sur toile avec étui
— — avec gorge et rouleau

Topographie militaire de la Haute par R.-J. **Frisch** (*J. S.*). Paris, 18 in-8.

Carte de la frontière sud-est de la Jura et Alpes, à l'échelle de 1,864, un **Officier d'état-major**, ancien l'École polytechnique, 3ᵉ édition, 1898.
Expédiée par colis postal.
Collée sur toile avec étui.
— — avec gorge et roulea

Agde. — Son origine, — son histoire par E. **Robin**, sous-commissaire de (*R. M.*). Paris, 1894, broch. gr. in-8.

La baie du mont Saint-Michel e proches; création historique de la b par l'archéologie, la géographie, l'histo logie ainsi que par les voies romaines de la Manche, avec 46 cartes explicati vicomte **de Potiche**, membre du b Société d'archéologie d'Avranches. Ou cédé d'une lettre-préface de **M. A. de L.** membre de l'Institut. Paris, 1891, 1 vo

L'ancien port de Capbreton, par l **Gabarra**, curé de Capbreton (*R. M*) 1897, broch. in-8.

Géographie militaire et marit colonies françaises, suivie d'un la géographie militaire et maritime d anglaises; par **Recoing**, capitaine d breveté, professeur adjoint de géograph Cyr, 1885. 1 vol. in-12 avec cartes.

Les possessions françaises de l occidentale; par Ch. **Le Brun**-Paris, 1885, 1 vol. in-12 avec 2 cartes.

Géographie stratégique (Essai); nel G. **Sironi**. Traduit de l'italien Selmer, capitaine au 3ᵉ régiment du g 1875, 1 vol. in-8.

·aphie militaire (Suite).

quis de géographie militaire, posé sommaire des principales campuis Louis XIV jusqu'à nos jours; par l, capitaine au 81e régiment d'infan-lition, complètement remaniée. Paris, in-folio de 14 cartes. 4 fr. 50

'Europe militaire, dressé par E. apitaine au 81e de ligne. Paris, 1880, lia, relié en toile, composé de 11 plan-ies sur onglets. 15 fr.

s sur la géographie politique ique de l'Europe centrale (*J. S.*). 3, broch. in-8. 75 c.

ı et les doctrines actuelles de aphie physique. Leur application aphie et à la topographie militaires; **card,** capitaine d'artillerie breveté aris, 1897, broch. in-8. 1 fr.

l'étude scientifique de la géo-militaire; par le lieutenant-colonel ofesseur à l'Ecole de guerre de Turin. l'italien par E. Picard, capitaine d'ar-ete (*J. S.*). Paris, 1898, broch. in-8. 75 c.

à vol d'oiseau. — D'Irun à Cadiz et Récit de voyage et d'événements mili-toire contemporaine); par le capitaine 'Etat-Major général. Paris, 1890, 1 vol. 3 fr.

in Mein; par Charles **Thil** (*J. S.*) ;, broch. in-8. 1 fr. 50

sur l'Arménie. Récit d'un témoin **B.** d'Allauch). *2e édition*. Paris, 1895, ;. 2 fr.

·lais en Asie centrale.—**Vers l'Inde.** ; militaire, statistique et stratégique. **e campagne russe**; par V.-T. Traduit du russe par le capitaine du Las, de l'état-major de la 16e division :. Paris, 1900, 1 vol. in-12 avec 4 cro-rte. 3 fr. 50

s dans l'Asie centrale — La mpagne de Skobelew; par **A. Prioux,** ant militaire de 3e classe, précédem-ine à l'état-major général du Ministre e (2e bureau). Paris, 1886, 1 vol. in-8 irte de la région transcaspienne et plu-ns. 4 fr.

ns et les Anglais dans l'Asie , par le capitaine **Heumann,** officier :tion publique (Publication de la *Réu-ficiers*). Paris, 1885, 1 vol. in-12 avec 4 fr. 50

et l'Angleterre en Asie cen- près la brochure de M. de Lessar; **L.** (Weil). Paris, 1886, 1 vol. in-8 es avec une carte. 4 fr.

Les confins anglo-russes dans l'Asie centrale. Etude historique, géographique, politique et militaire sur la Kachgarie (Turkestan oriental); par le lieutenant-colonel russe **Kouropatkine.** Traduite par G. Le Marchand, capitaine au 15e régiment d'artillerie. Paris, 1879, 1 vol. in-12. 2 fr. 50

La colonisation de l'Indo-Chine; par Edgar **Boulangier,** ingénieur des ponts et chaussées (*R. M.*). Paris, 1885, br. in-8 75 c.

Note sur la situation des Anglais dans le bassin du Yang-Tsé-Kiang (*J. S.*). Paris, 1900, broch. in-8 avec carte. 75 c.

La Chine. — Expansion des grandes puissances en Extrême-Orient. Paris, 1899, 1 vol. in-8 avec une carte en couleurs. 5 fr.

Sinica res. — **Les délimitations de frontières et les traités avec la Chine** (*J. S.*). Paris, 1889, broch. in-8. 1 fr. 50

Voyage au Laos; par M. **Heurtel,** capitaine de frégate (*R. M.*) Paris, 1890, broch. in-8 avec 2 cartes. 1 fr. 50

Voyage du vapeur « le Yunnan » à Lao-Kay (*R. M.*). Paris, 1891, br. in-8. 1 fr.

Étude militaire sur le Tonkin; par le commandant **Le Prince** (*J. S.*). Paris, 1893, br. in-8. 1 fr. 25

Carte du Tonkin et de la frontière de la Chine, dressée par le lieutenant-colonel **Bouinais,** ancien membre de la Commission de la délimitation des frontières, et le capitaine **Schillemans,** de l'infanterie de marine, breveté d'état-major, ancien résident de Quang-yen, à l'échelle de 1/1.000,000e. Nouvelle édition, revue, corrigée et complétée. 1 feuille grand format imprimée en six couleurs. 1 fr. 75

— Collée sur toile avec étui. 3 fr. 25

Essai sur la rive gauche et la navigabilité du Mé-Kong moyen; par J **de Malglaive,** capitaine au 2e régiment d'infanterie de marine, ex-membre de la mission Pavie 1889-1894 (*R. M.*). Paris, 1893, broch. in-8 avec croq. 1 fr.

Origines de l'Inde française, — Jân Begum (Mme Dupleix) [1706-1756]; par J **Guët,** chef de bureau au Ministère de la marine en retraite (*R. M.*), Paris, 1893, 1 vol. in-8. 2 fr. 50

Les origines de l'île Bourbon; par **Guët** (*R. M.*). Paris, 1886, 1 vol. in-8. 5 fr.

Au pays des Canaques. — **La Nouvelle-Calédonie et ses habitants en 1890**; par le docteur **M.-A. Legrand,** médecin de 1re classe de la Marine. Paris, 1893, 1 vol. gr. in-8 de 212 pages. 4 fr.

Les îles vierges; par M. **Réveillère,** contre-amiral (*R. M.*). Paris, 1891, broch. in-8. 75 c.

II. — AFRIQUE

Première tentative d'établissement des Français en Algérie (1664); par **Descloseaux** (*R. M.*). Paris, 1887, broch. in-8. 1 fr.

Annales algériennes; par E. **Pellissier de Reynaud.** Nouvelle édition, revue, corrigée et continuée jusqu'à la chute d'Abd-el-Kader; avec un appendice, contenant le résumé de l'histoire de l'Algérie de 1848 à 1854, et divers mémoires et documents. Paris, 1854, 3 beaux v. in-8. 21 fr.

Cet ouvrage peut être considéré, sous tous les rapports, comme l'histoire la plus complète de l'Algérie depuis 1830 *jusqu'à nos jours.*

De la conquête et de la colonisation de l'Algérie; par Léo **Lamarque.** Paris, 1841, 1 vol. grand in-8 avec 6 planches et 1 carte. 6 fr.

Considérations sur l'occupation militaire de l'Algérie; par M. **Philebert**, colonel du 36e de ligne (*J. S.*). Paris, 1874, broch. in-8. 1 fr.

De la géographie du nord de l'Afrique pendant les périodes romaine et arabe; par A. **Rabusson.** Paris, 1856. 1 vol. in-8 avec pl 5 fr.

— Deuxième mémoire. Paris, 1857, 1 vol. in-8 avec plans. 7 fr. 50

Voies de communication en Afrique; par un **officier du génie** (*J. S.*). Paris, 1896, broch. in-8. 50 c.

Le Sahara algérien; études géographiques, statistiques et historiques sur la région au sud des établissements français en Algérie; par **Daumas.** Paris, 1845, 1 vol. in 8. 6 fr. 50

Côte occidentale d'Afrique. — **Les établissements français du golfe de Benin.** Géographie. Commerce. Langues. Carte au 1/200,000^e, par Alexandre L. **d'Albéca**, administrateur du Grand-Popo et Agoué, officier d'académie. Paris, 1889, 1 vol. in-8. 3 fr.

Création des postes sur la route du Soudan; par le général **Philebert** (*J. S.*). Paris, 1890, broch. in-8 avec croquis. 1 fr. 50

Les routes de l'Agérie au Soudan; par le capitaine **P.** . (*J. S*) Paris, 1886, br. in-8. 75 c.

Mission Voulet au Mossi et au Gourounsi (1896-1897). (*J. S.*). Paris, 1898, 4 pages in-8. 10 c.

Carte du Soudan égyptien, dressé par le 2e bureau de l'Etat-major général du Ministre de la guerre (*R. E.*). 1 feuille gravée. 1 fr.

Exploration du Sahara; par **K**... (*J. S.*). Paris, 1888, broch. in-8. 2 fr. 50

Notice militaire et historique sur l'ancienne **ville de Lambœse**, province de Constantine; par A. **Charpentier**, officier d'infanterie. Paris, 1860, 1 vol. in-8 avec 13 planches. 4 fr.

De Batna à Tuggurt et au Souf; par J. **Zaccone.** Paris, 1865, 1 vol. in-12. 3 fr.

Une colonne expéditionnaire dans ... **algérien**; par F. **d'Hincourt**, chef d' ... au 1er régiment de chasseurs d'Afrique ... Paris, 1883, broch. in-8.

Un détail des expéditions colonia ... service du train dans la campagne des A... Abyssinie (1867-1868); par le comma... **Taverna** (*J. S*). Paris, 1887, broch. i... 2 croquis et 2 figures.

La France à Tunis. — **Expédition franç** ... **Tunisie (1881-1882)**, précedée d'une ... tion géographique et historique de la ré... Tunis; par Maurice **Bois**, capitaine au ... ment d'infanterie, ancien professeur a... géographie et de statistique à l'Ecole ... militaire de Saint-Cyr, officier d'académi... 1886, 1 vol. in-12.

La France à Tunis; par le général **C**... **de Villenoisy** (*J. S.*). Paris, 1894, bro...

Les pêches maritimes en Algérie et ... **nisie.** Rapport au Ministre de la ma... **MM. Bouchon-Brandely**, inspecteur ... des pêches maritimes, et **Berthoule**, s... général de la Société nationale d'accli... membre du Comité consultatif des pêch... times (*R. M.*). Paris, 1891, broch. in-8.

Le Tidikelt-Touat-Gourara et l'Algé... le colonel **Crouzet** (*J. S.*). Paris, 189... in-8.

Le cercle d'Aïn-Sefra (sud oranais); p... **Beauval**, capitaine breveté (*J. S*). Pari... broch. in-8 avec carte.

Les possessions françaises de l'Afriq... **dentale**; par Ch. **Le Brun Renaud.** Par... 1 vol. in-12 avec 2 cartes.

Atlas historico y topografico de la **gu**... **Africa**, sostenida por la nacion Espanol... el imperio Marroqui **en 1859 y 1860**, publica de Real orden el Deposito de la ... a cargo del cuerpo de estado mayor del ... con présencia de los documentos oficiales ... datos recogidos por dicho cuerpo dur... operationes, siendo director general del ... Teniente general Don F. M. de Messina ... sias, Marqués de La Serna, y jefe del de... brigadier coronel de E. M. Don Fn. Parre... bato de la Calle. Madrid, 1861, 1 vol. gr... oblong contenant 32 planches coloriées.

Description et histoire du Maroc, con... la géographie et la statistique de ce pays ... les renseignements les plus récents, et l... du règne des souverains qui l'ont gou... puis les temps les plus anciens jusqu'à l... Tétouan, en 1860; par **Godard.** Paris, 18... in-8 avec carte.

Afrique (Suite).

gnements sur le royaume de Porto-' et le Dahomey; par **Bertin**, capitaine nterie de marine (*R. M.*). Paris, 1890, br. 75 c.

géographique, topographique et sta-que sur le Dahomey; par les **officiers** tat-major du corps expéditionnaire du Bénin *I.*). — Ire et IIe parties : *Aperçu géogra-e d'ensemble. — Géographie détaillée du oire annexé* Paris, 1893, broch. in-8 avec is. 1 fr. 50

', IVe et Ve parties : *Royaume d'Allada. — ume d'Abomey. — Royaume de Porto-Novo* , 1894, broch. in-8 avec croquis. 2 fr.

lu Dahomey au 500,000e, dressée par ordre nmandant supérieur au bureau topographique tat-major du corps expéditionnaire, d'après vés exécutés par les officiers de l'état-major ux du corps expéditionnaire et les renseigne-s recueillis par le commandant **Trinité-llemans**, chef du service des affaires poli-s de la colonie. 2e édition (1er juillet 1893). ille en couleurs. 50 c.

et Abyssinie. — 1° Importance de la ré-d'Obock; 2° Aspect général du pays entre k et le Nil bleu, l'Abyssinie, orographie du . hydrographie; 3° Divisions politiques de ssinie et du Choa; 4° Histoire; 5° Ethnographie; 6° Gouvernement et maison du roi; 7° Armée; 8° Justice; 9° Religion; 10° Mœurs et coutumes; 11° Commerce; 12° Agriculture, produits. 13° Industrie; 14° Faune, flore; 15° Voies de pénétration; 16° Relations de l'Abyssinie avec l'étranger; 17° Avenir de la région d'Obock et d'Abyssinie; par **Alvarez**, lieutenant au 8e régiment d'infanterie (*R. M.*). Paris, 1894, broch. gr. in-8 avec croquis. 2 fr.

Majunga. — Son importance — Son avenir; par G. **de Raulin** (*R. M.*). Paris, 1894, broch. in-8. 1 fr.

A Madagascar. Nossi-vé et le commerce de la côte sud-ouest; par G. **de Raulin** (*R. M.*). Paris, 1896, broch. in-8. 1 fr.

A Madagascar. L'île de Sainte-Marie; par G. **de Raulin** (*R. M.*). Paris, 1896, broch. in-8 1 fr.

Notes sur Madagascar (IVe partie); par Laurent **Crémazy**, conseiller à la cour d'appel de la Réunion (*R. M.*). Paris, 1886, broch. in-8. 1 fr.

Ve Partie : Paris, 1888, broch. in-8. 1 fr. 50

Carte de Madagascar publiée par le Service géographique de l'armée à l'échelle de 1/2,000,000e. Nouvelle édition, 2 feuilles. 2 fr. 50

Carte de l'Afrique à l'échelle de 1/8,000,000e, dressée et publiée par le Service géographique de l'armée. Paris, 1893, 6 feuilles. 9 fr.

Chaque feuille séparément. 1 fr. 50

Général GALLIENI

ANCIEN COMMANDANT DU 2e TERRITOIRE MILITAIRE AU TONKIN

Trois Colonnes AU TONKIN (1894-1895)

Paris, 1899, 1 vol. in-8° avec croquis et cartes en couleurs. 4 fr.

VIIᵉ PARTIE

LÉGISLATION ET ORGANISATION DE L'ARMÉE ADMINISTRATION ET COMPTABILITÉ MILITAIRI

LÉGISLATION ET ORGANISATION

Lois constitutives.

Loi du 15 juillet 1889 sur le **recrutement de l'armée,** annotée et mise à jour (Mars 1900). Paris, 1900, broch. in-8. 50 c.

Organisation de l'armée. — *Première partie :* Organisation générale de l'armée. — Dispositions générales (Loi du 24 juillet 1873). — Division militaire du territoire. — Places fortes. — Défense des côtes. Edition mise à jour des textes en vigueur jusqu'au 1ᵉʳ mars 1898 Paris 1898, broch. in-8. 1 fr.

Loi du 13 mars 1875, relative à la **constitution des cadres et des effectifs** de l'armée active et de l'armée territoriale, modifiée conformément aux lois postérieures. Textes officiels annotés. Edition mise à jour. Broch. in-8 (*Sous presse.*)

Questions d'organisation.

Généralités.

Études sur quelques points de notre organisation militaire et les réformes à y introduire ; par G. L. M. (*J. S.*). Paris, 1883, 1 vol. in-8 (ouvrage tiré à 100 exemplaires). 7 fr. 50

La guerre inévitable ; par le général X... (*J. S.*). Paris, 1899, broch. in-8. 50 c.

La force militaire de la France ; par le général **Cosseron de Villenoisy** (*J. S.*). Paris, 1890, in-8. 75 c.

Considérations sur les forces militaires de la France ; par H. P. L. (*J. S.*). Paris, 1894, broch. in-8. 75 c.

De la meilleure utilisation de nos forces militaires ; par le général X... (*J. S.*). Paris, 1898, broch. in-8. 40 c.

La désorganisation de l'armée française ; par le général Cosseron de Villenoisy (*J. S.*). Paris, 1886, broch. in-8. 75 c.

La force de l'armée — Cadres et troupes (J Paris, 1893, broch. in-8.

Le projet de loi militaire et les cadres ficiers (*J. S.*). Paris, 1886, broch. in-8.

A propos du projet de loi organique taire de M. le général Boulanger, Ministre guerre, par H. P. L. (*J. S.*). Paris, 1887, b in-8.

Une conception scientifique de l'armée V. **Dupuis**, capitaine breveté d'état-major cien élève de l'École libre des sciences polit Paris, 1898, 1 vol. in-8 avec 1 pl. coloriée.

Les réformes dans l'armée française. paraison entre cette armée et l'armée allem telle qu'elle a été organisée par la loi du 11 1887 ; par le général A... Paris, 1887, in 134 pages. 2

Lettres à l'armée sur sa réorganisa (Nécessité de la réforme. Principes d'organi militaire. Système rationnel d'organisation taire. Forces nécessaires à la France. Répa et groupement des forces. Nécessité de l'e gadement, de l'endivisionnement et de la f tion en corps d'armée. Effectif d'un corps d'a Principes de la composition d'un corps d'a Suppression des dépôts des corps et leurs re cements par dépôts locaux. Fusion du génie l'artillerie. Cavalerie divisionnaire. Trans Ambulances. Administration. Parallélisme nistratif et le service en campagne. Subor tion, responsabilité, organisation rationnel services administratifs. Organisation du mandement. Répartition des troupes. Résea chemins de fer. Recrutement et mobilisatio place) ; par U. **Studens** (Lewal). Paris, 2 vol. in-12.

Contre le service de deux ans ; par le g **Lewal** (*J. S.*). Paris, 1895, broch. in-8. 2

A propos du désarmement ; par L. M. (J Paris, 1899, broch. in-8. 1

La chimère du désarmement ; par le ral **Lewal** (*J. S.*). Paris, 1897, 1 vol. in-8

s *d'organisation* (Suite).

de l'avenir du conseiller d'Etat se **Jean de Bloch**. Analyse critique, aine **Painvin**, du 78e régiment d'in- aché à la rédaction de la *Revue du aire*. Préface de **M.** le lieutenant-co- **rd**, directeur de la *Revue du Cercle* aris, 1899, broch in-8. 2 fr.

les milices; par le général **Lewal** is, 1898, 1 vol. in-8. 4 fr. 50

n an; par le commandant **D***** s, 1897, broch. in-8. 60 c.

nt et l'Armée; par le général *** s, 1897, broch. in-8. 75 c.

éléments de la Nation armée et d'emploi; par **G. L. M.** (*J. S.*). broch. in-8. 1 fr.

nt de la nation armée; par . *S.*). Paris, 1895, broch. in-8. 1 fr.

réorganisation de l'armée; par).

e : *Artillerie*. — I. Pionniers et pon- II. Les dédoublements de l'artillerie e. — III. Les directions d'artillerie et de forteresse. — IV. Artillerie territo- sumé. Paris, 1888, broch. in-8. 1 fr

e : *Les régions de corps d'armée*. — on de la cavalerie. — Les régiments t les bataillons de chasseurs — Les réserve. — L'artillerie des divisions — Résumé. Paris, 1889, broch. in-8. 1 fr. 25

e : *Nouvelles observations sur les ré- rps d'armée*. — Les corps d'armée a ns. — L'artillerie du corps d'armée à ns. — Armée territoriale. — Résumé. e. Paris, 1890, broch. in-8. 1 fr.

ons sur l'organisation de l'ar- un Officier général (*J. S.*). Paris, . in-8. 75 c.

1900 Ce qu'elle est; ce qu'elle de- par Henri **Baraude** (*J. S.*). Paris, . in-8. 1 fr. 50

des troupes et services de cam- r le général **X**... (*J. S.*). Paris, 1899, 40 c.

et les troupes de couverture s, 1894. in-8. 30 c.

d'armée (*J. S.*). Paris, 1894, broch. 40 c

t des officiers et réorganisation militaires en France; par V. de . Paris, 1887, broch. in-8. 60 c.

ilitaires préparatoires dites d'en- upe; par **A. S.** (*J. S.*). Paris, 1891, 50 c.

la loi sur le recrutement; par lant **Rageot**. (*J. S.*). Paris, 1896, 40 c.

ent et l'hygiène de l'armée; par **net**, sous-intendant militaire en re-). Paris, 1892, broch. in-8. 1 fr.

Recrutement régional; par C. **Boissonnet**, sous-intendant militaire en retraite (*J. S.*). Paris, 1890, broch. in-8. 75 c.

Du recrutement régional des officiers; par **H.-P.-L.** (*J. S*) Paris, 1896, broch. in-8. 50 c.

Le recrutement des armes spéciales (*J. S.*). Paris, 1897, in-8 de 4 pages. 10 c.

Du recrutement de la troupe et des cadres dans les armées nationales; par **M. Haffemayer**, lieutenant au 154e d'infanterie, docteur en droit. Paris, 1897, 1 vol. in-8. 4 fr.

Cadres,
Instruction et Commandement.

La revision des cadres et la proportion des grades du pied de paix; par **H. H.-L.** (*J. S.*). Paris, 1888, broch. in-8. 75 c.

Les cadres (*J. S.*). Paris, 1894, broch. in 8. 50 c.

Comment on pourrait assurer le rajeunissement des cadres (*J. S.*). Paris, 1895, broch. in-8. 25 c.

Rajeunissement des cadres d'officiers; par **H. P. L.** (*J. S.*). Paris, 1897, broch. in-8. 10 c.

Trop de cadres militaires (*J. S.*). Paris, 1896, broch. in-8. 25 c.

Nos troupes-cadres; par **A. C.** (*J. S.*). Paris, 1898, broch. in-8. 50 c.

Des modifications à apporter à l'état des officiers (*J. S.*). Paris, 1895, broch. in-8. 50 c.

Le capitaine (*J. S.*). Paris, 1893, br. in-8. 40 c.

Le sous-officier et les cadres subalternes. Etude militaire; par **G. L. M.** (*J. S.*). Paris, 1885, 1 vol. in-8. 7 fr. 50

L'officier et les cadres supérieurs. — Etude militaire; par **G. L. M.** — Ire partie: *Le recrutement et la formation des officiers* (*J. S.*). Paris, 1887, 1 vol. in-8. 5 fr.

— IIe partie : *Sous-lieutenant, lieutenant, capitaine*. Paris, 1888, 1 vol. in-8. 6 fr 50

L'organisation et le commandement des corps de troupe. — Etude militaire; par **G. L. M.** — IIIe partie de l'*Officier et les cadres supérieurs*. Paris, 1889, 1 vol. in-8. 6 fr.

Le service et l'instruction dans l'armée. — Etude militaire; par **G. L. M.** — IVe partie de l'*Officier et les cadres supérieurs*. Paris, 1891, 1 vol. in-8. 6 fr.

Quelques réflexions sur l'instruction de l'armée: par **Crouzet**, colonel d'infanterie en retraite (*J. S.*). Paris, 1890, broch. in-8. 75 c.

Instruction pratique des cadres; par **J.-B. M...** (*J. S.*). Paris, 1897, broch. in-8. 50 c.

L'organisation du haut commandement dans l'armée (*J. S.*). Paris, 1888, broch. in-8. 50 c.

Le haut commandement; par le général *** (*J. S.*). Paris, 1897, broch. in-8. 50 c.

Le haut commandement; par le général *** (2e *article*, juillet 1897) (*J. S.*). Paris, 1897, broch. in-8. 50 c.

Du commandement dans ses rapports avec la tactique (*J. S.*). Paris, 1892, br. in-8. 20 c.

Questions d'organisation (Suite).

Le grade de général de corps d'armée; par C. P. (*J. S.*) Paris, 1886, br. in-8 de 15 p. 50 c.

La tête de l'armée; par **Lorrin** (*J. S.*). Paris, 1888, broch. in-8. 60 c.

Le commandement supérieur de notre armée; par le général **A...** (*J. S.*). Paris, 1890, broch. in-8. 40 c.

Le commandement et ses auxiliaires; par C. **M.** (*J. S.*). Paris, 1893, br. in-8. 1 fr. 25

Le généralissime et les commandants d'armée (*J S.*). Paris, 1890, br. in-8. 50 c.

De la haute direction des armées; par le général **Tricoche** (*J. S.*). Paris, 1890, broch. in-8. 75 c.

Le conseil supérieur de la guerre; par **H. P. L.** (*J. S*). Paris, 1898, broch. in-8. 50 c.

Saint-Cyr. Neuf années de commandement (1871-1880). Ouvrage suivi de la Liste complète des promotions, de 1865 à 1881; par le général L. **Hanrion**. Paris, 1888, 1 joli vol. in-8 avec Appendices et tableaux. 6 fr.

Une réponse à l'auteur de « **Avant la bataille** »; par A. G. Paris, 1887, broch. in-8. 50 c.

Notices historiques sur l'état-major général; par Léon **Hennet**, sous-chef aux archives de la guerre. Paris, 1892, 1 vol. in-8. 3 fr. 50

Infanterie.

Le régiment d'infanterie à quatre bataillons; par le général **X...** (*J. S.*). Paris, 1899, broch. in-8 avec figures. 50 c.

Les quatrièmes bataillons, les dispenses et les services auxiliaires; par **Z***** (*J. S.*). Paris, 1897, broch. in-8. 50 c.

A propos du rétablissement des quatrièmes bataillons (*J. S.*). Paris, 1897, br. in-8. 50 c.

Réponse à l'enquête ministérielle au sujet du **bon emploi militaire des cadres d'instruction dans l'infanterie** et des sous-officiers rengagés en particulier; par Jean **Blomdus** (*J. S.*). Paris, 1896, broch. in-8. 75 c.

Le service, à court terme et l'instruction intensive; par A.-G. **Lorrin** (*J. S.*). Paris, 1886, broch. in-8. 60 c.

L'armée active nouvelle. (Infanterie), service de 24 mois. Paris, 1891, broch. in-8. 30 c.

Les écoles régimentaires dans l'infanterie et le service de trois ans; par **Dejey**, lieutenant au 103ᵉ d'infanterie (*J. S.*). Paris, 1892, broch. in.8. 30 c.

Utilité, organisation et emploi dans le sud de l'Algérie des **compagnies d'infanterie montées** à mulet, par **Carteron** (*J. S.*). Paris, 1887, broch. in-8. 1 fr.

L'infanterie montée en liaison avec les divisions de cavalerie indépendantes; par P. A. C***, capitaine à la légion étrangère (*J. S.*). Paris, 1885, broch. in-8. 75 c.

Le problème de l'infanterie montée r **l'emploi de la bicyclette**; par H (lieutenant au 159ᵉ régiment d'infanteri 1894, 1 vol. in-12.

Compagnies cyclistes; par **Z***** (*J. S* 1897, broch. in-8.

La vélocipédie dans les armées fran étrangères (*J. S.*). Paris, 1898, in-8 avec figures.

Instruction et éducation des recrue capitaine **H. Gondré**, du 10ᵉ bataillon seurs, ex-instructeur à l'École militaire terie. Paris, 1893, 1 vol. in-12.

Les nouveaux procédés d'instructio capitaine **H. Gondré**, du 10ᵉ bataillon seurs, ex-instructeur à l'École militaire terie (*J. S.*). Paris, 1893, broch. in-8.

L'instruction individuelle du sold simplifications nécessaires; par A. (*J. S.*). Paris, 1894, broch. in-8.

L'instruction raisonnée dans l'inf par **de Cissey**, lieutenant au 69ᵉ régim fanterie (*J. S.*). Paris, 1891, broch. in-8

L'instruction pratique des officiers sous-officiers dans l'infanterie; p **Baraude** (*J. S.*). Paris, 1897, broch. in-

Du personnel de l'habillement, de ment et des équipages dans les d'infanterie; par un **Capitaine d'in** (*J. S.*). Paris, 1892, broch. in-8.

Cavalerie.

Le recrutement de la cavalerie; **Martin** (*J. S.*). Paris, 1887, broch. in-

Étude sur la cavalerie à Saint-C Saumur (*J. S.*). Paris, 1889, broch. in

Études sur la cavalerie; par Hector 2ᵉ édition, augmentée d'une étude sur lerie dans l'antiquité. Paris, 1887-4 in-8.

Le fascicule ayant pour titre : *De la dans l'antiquité*, se vend séparément de :

La méthode d'instruction dans la rie; par **Ubiez** (*J. S.*). Paris, 1883, br

Manèges économiques pour les régi cavalerie; par un **Capitaine - com** (*J. S.*). Paris, 1889, broch. in-8.

Puissance comparative en chevau monte des différents Etats; par le docte **de Simonoff** et Jean **de Moerder** (*J. S* 1895, broch. in-8.

Artillerie.

L'organisation des troupes de l'a (*J. S.*). Paris, 1890, broch. in-8.

Quelques considérations sur la haut tion de l'artillerie en France; par A. I Paris, 1885, 1 vol. in-8.

ions d'organisation (Suite).

ı **d'instruction pour l'artillerie de** ŋne. — **Instruction à pied**; par **L...** Paris, 1886, in-8. 3 fr.

ı **d'instruction pour l'artillerie de** ŋne. — **Instruction d'artillerie**; par *J. S.*). Paris, 1886, broch. in-8. 2 fr.

ır l'**organisation d'une artillerie à** ide; par **X***** (*J. S.*). Paris, 1897, br. c tableau. 1 fr. 50

ie **de forteresse**. A propos d'un livre par **A. T.** (*J. S.*). Paris, 1887, broch. 75 c.

ie **de montagne** d'après de récentes ions; par E. **M.** (*J. S.*). Paris. 1885, ı-8. 40 c.

ıport **de l'artillerie au Cambodge** s expéditionnaires de 1885 à 1886); par nant **Gaudel**, de l'artillerie de la marine **M.**). Paris, 1889, broch. in-8. 1 fr. 50

ır **offensif** [au sujet de la suppression tonniers] (*J. S.*) Paris, 1889, br. in-8. 50 c.

on **des pontonniers et le projet de les supprime**; par **G. L. M.** (*J. S.*). 894, broch. in-8. 75 c.

Génie.

du génie militaire en France; par al **Cosseron de Villenoisy** (*J. S.*). 887, broch. in-8. 75 c.

pes **du génie et le service de trois** *S.*). Paris, 1887, broch. in-8. 50 c.

de loi sur l'**organisation des troupes** ie (*J. S.*). Paris, 1888, br. in-8. 60 c.

ınisation des **troupes du génie mili-** ıar **H.-P. L** (*J. S.*). Paris, 1888, broch. 50 c.

tion **des troupes du génie en cam-** —Troupes du génie de campagne; répar- ıns le corps d'armée; Génie de corps; ivisionnaire; organisation du temps de *S.*). Paris, 1892, broch. in-8. 70 c.

ion **des troupes du génie**. — 1° bases ınisation; 2° sapeurs-pontonniers; 3° sa- ineurs; 4° sapeurs des chemins de fer; rs d'Afrique; 6° réserve; 7° troupes terri- (*J. S.*). Paris, 1894, broch. in-8. 50 c.

pes **du génie de forteresse** (*J. S.*). 889, broch. in-8. 1 fr.

ıes **du génie** (Examen de divers pro- ganisation) (*J. S.*). Paris, 1895, broch. 50 c.

ıs **fortes et les services techniques** Paris, 1890, br. in-8. 50 c.

Réserve et Armée territoriale.

Réserve d'ex-tirailleurs algériens; par le lieutenant **Salagnac** (*J. S.*). Paris, 1893, broch. in-8. 60 c.

Les cadres d'officiers de la réserve de l'armée active et de l'armée territoriale; par **H. P. L.** (*J. S.*). Paris, 1888, broch. in-8. 50 c.

Des cadres des armées de réserve et territoriale; par le général **Philebert** (*J. S.*). Paris, 1895, broch. in-8. 75 c.

La question des cadres de réserve; par **A. C.** (*J. S.*). Paris, 1896, broch. in-8. 75 c.

Les corps de réserve aux armées en campagne; par **Peyret**, capitaine de gendarmerie (*J. S.*). Paris, 1890, broch. in-8. 75 c.

Le régiment de réserve et la loi des cadres; par le général **Lewal** (*J. S.*) Paris, 1894, broch. in-8. 1 fr. 50

De l'armée territoriale; par le commandant **D***** (*J. S.*). Paris, 1899, broch. in-8. 75 c.

L'armée territoriale; par Pierre **Malaval** (*J. S.*).
Premier article. Paris, 1884, br. in-8. 60 c.
Deuxième article. Paris, 1885, br. in-8. 60 c.

L'armée territoriale et la loi des cadres (*J. S.*). Paris, 1885, broch. in-8. 60 c.

Armée coloniale.

Création et organisation en France d'une armée coloniale; par le commandant **Le Prince** (*J. S.*). Paris, 1893, broch. in-8. 1 fr.

L'armée coloniale. Le Ministère de la défense nationale; par un **ancien Officier supérieur** des troupes de la marine. Paris, 1891, broch. in-8. 2 fr.

L'armée coloniale et son organisation (*J. S.*). Paris, 1899, broch. in-8. 75 c.

La loi sur les troupes coloniales (*J. S.*) Paris, 1885, broch. in-8. 60 c.

L'armée coloniale et les quatrièmes bataillons; par **A. G.** (*J. S.*) Paris, 1883, br. in-8. 75 c.

L'armée coloniale et le service du génie; par un **officier du génie** (*J. S.*). Paris, 1896, broch. in-8. 40 c.

De l'organisation des troupes coloniales; par un **Artilleur** (*J. S.*). Paris, 1883, broch. in-8. 1 fr. 50
— *Deuxième article* (*J. S.*). Paris, 1883, broch in-8. 60 c.
— *Troisième article* (*J. S.*). Paris, 1884, broch. in-8. 60 c.

Les troupes coloniales; par le général **Lewal** (*J. S.*). Paris, 1894, broch. in-8. 2 fr. 50

Troupes coloniales, par **Z***** (*J. S.*). Paris, 1897, broch. in-8. 75 c.

Projet d'organisation d'une armée coloniale; par V. **Savournin**, capitaine au 1ᵉʳ régiment de spahis (*J. S.*). Paris, 1891, br. in-8. 75 c.

Questions d'organisation (Suite.)

Armée coloniale et colonisation; par .·. (*J. S.*). Paris, 1896, broch. in-8. 50 c.

Questions d'organisation. (Armée coloniale) (*J. S.*). Paris, 1896, broch. in-8. 75 c.

L'armée annamite et les forces du protectorat; par A. **Gervais** (*J. S.*). Paris, 1886, br. in-8 de 64 pages. 1 fr. 50

La colonisation de l'Indo-Chine; par Edgar **Boulangier**, ingénieur des ponts et chaussées (*R. M.*). Paris, 1885, broch. in-8. 75 c.

L'union indo-chinoise. — Création d'une armée et d'une marine autonomes en Indo-Chine, avec 2 cartes et 1 croquis; par **R. B.** Paris, 1887, 1 vol. gr. in-8. 4 fr.

Avancement.

Avancement dans l'armée. Edition mise à jour des textes en vigueur jusqu'au 1ᵉʳ mai 1899. Paris, 1899, 1 vol. in-8. 1 fr.

L'avancement dans l'armée; par le général **X***** (*J. S.*). Paris, 1899, broch. in-8. 40 c.

A propos des lois sur l'avancement et sur les cadres de l'armée; par H.-P. L. (*J. S.*). Paris, 1892, broch. in-8. 50 c.

Origines de la loi Soult sur l'avancement dans l'armée; par **K**... (*J. S.*). Paris, 1888, broch. in-8. 75 c.

De l'avancement dans l'armée en 1892 (*J. S.*). Paris, 1892, broch. in-8. 1 fr.

Le décret du 13 janvier 1895 **sur les inspections générales.** (Étude critique au sujet de l'avancement des officiers (*J. S.*). Paris, 1896, broch. in-8. 25 c.

Intendance.

Réorganisation du service de l'intendance et du contrôle; par H.-P. L (*J. S.*). Paris, 1893, broch. in-8. 40 c.

Subsistances.

L'alimentation du soldat; par Léon **Kirn**, capitaine au 20ᵉ régiment territorial d'infanterie (*J. S.*)., Paris, 1885, 1 vol. in-8 de 182 p. 2 fr. 50

L'alimentation dans l'armée; par A. **Gervais** (*J. S.* Paris, 1894, broch. in-8. 1 fr.

Approvisionnements de siège de Paris; par C. **Boissonnet**, sous-intendant militaire (*J. S.*). Paris, 1890, broch. in-8. 75 c.

Fabrication du pain de troupe par l'appel au commerce; par le capitaine **Bouquero** (*J. S.*). Paris, 1893, broch. in-8. 40 c.

Recrutement.

Loi du 15 juillet 1889 sur le **recrutement de l'armée**, annotée et mise à jour (mars 1900). Paris, 1900, broch. in-8. 50 c.

Instruction du 13 mars 1894 sur l'apt **physique au service militaire.** Paris, broch. in-8.

Loi sur le recrutement de l'armée, mi portée de tous en ce qui concerne les exem et les dispenses du service militaire, ou **mecum complet à l'usage des jeune ayant un cas de dispense à faire v** par un **Commandant de recrutement.** 1890, broch. in-8.

Manuel du recrutement des armées de t de mer, contenant toute la législation Décrets, Circulaires et Instructions) sur vice du recrutement; par un **Commandant recrutement.** 3ᵉ *édition* (juillet 1892) mentée d'un *Supplément* avec Tables méth et alphabétiques des matières. Paris, 1892, vol. in-8. 7

Instruction du 4 septembre 1897 **relat l'insoumission** (armée de terre, armée et troupes coloniales. — Exclus), suivie d struction du 6 septembre 1897 **relativ désertion.** Paris, 1898, broch. in-8.

Engagements.—Rengagem Emplois civils ou militair

Circulaire du 20 mai 1889, contenant les i tions relatives à l'application de la loi du 1 1889 sur le **rengagement des sous-of** (*J. M.*). Paris, 1889, broch. in-8.

Emplois civils réservés aux **anciens sou** ciers des armées de terre et de mer. mise à jour des textes en vigueur j 1ᵉʳ avril 1899. Paris, 1899, 1 vol. in-8.

Emplois civils réservés aux **anciens mil gradés** comptant au moins cinq ans de et **emplois de surveillants** des établiss pénitentiaires des colonies à donner à de **officiers ou soldats** de l'armée de terre. mise à jour des textes en vigueur jusqu'au 1899. Paris, 1899, broch in-8.

Réserve et Armée territor

Règlement et **décret** du 16 juin 1897 **recrutement, la répartition, l'instru l'administration et l'inspection de ciers de réserve et des officiers d mée territoriale,** suivi du programme d naissances exigées. Paris, 1897, broch.

Instruction du 28 décembre 1895 sur l'ad **stration des hommes des différentes gories de réserve** dans leurs foyers. T Paris, 1896, 1 vol. in-8. 2

Instruction ministérielle du 18 mars 18 cernant certaines dispositions spéciales au **taires de la réserve** et de **l'armée te riale** convoqués en temps de paix. Paris, broch. in-8.

Instruction ministérielle du 29 avril 18 l'organisation et le fonctionnement des s **de tir et de gymnastique** (*J. S.*). Pari broch. in-8.

Armée territoriale (Suite).

...in 1888 relative au **recrutement lieutenants de réserve**, précédée et du décret relatifs à l'avancement s de réserve, suivie de l'instruction cation de cette loi, du règlement du 1890, de la note ministérielle du 1894 et des *programmes* des connais-ies. Paris, 1892, broch. in-8. 30 c.

...août 1897 portant règlement sur le ...nt et **l'avancement des méde-es pharmaciens de réserve et territoriale.** Paris, 1897, broch. 15 c.

...du 21 mars 1898 pour l'application ...ent du **16 juin 1867 aux person-dre auxiliaire du service de l'in-** Paris, 1898, broch. in-8. 10 c.

...u 13 octobre 1891 relatif au mode et ...ns **d'admission et d'avancement dre auxiliaire de l'intendance** suivi des *Programmes*. Paris, 1891. 20 c.

...**ministériel** du 3 décembre 1889, constitution du **cadre auxiliaire rs d'administration** du service des ...litaires, suivi du programme des con-à exiger des candidats au grade d'offi-...istration adjoint de 2e classe (26 jan-et du décret du 19 avril 1898 sur ...t des officiers d'administration. Pa-...roch. in-8. 30 c.

...**e sur les obligations militaires** ...les, des réservistes, des hommes de ...itoriale et de la réserve; par le com-**Poirot**. 15e édition entièrement re-...ise à jour jusqu'au 1er juillet 1891. ..., broch. in-18 cartonnée. 40 c.

...**re du réserviste et du terri-**...umé des dispositions réglementaires ...entes concernant les diverses situa-... appels des hommes appartenant à ...tégories de réserves (armées de terre ...suivi d'une **Notice** sur l'organisa-...ice vélocipédique dans l'armée; par ...n, officier d'administration des bu-...ntendance militaire. 2e édition. Paris, ...in-12. 1 fr. 25

...**rue des officiers de réserve et de ...rritoriale** — Organisation. — Bases — Cadres des officiers et assimilés de ...e l'armée territoriale. — Recrutement ...ent. — Commandement. — État des Inspections. — Assimilation. — Dé-– Port de l'uniforme. — Punitions. ...rs. — Armement. — Remonte. — Indemnités. — Périodes. — Stages. ...ments. — Dispenses. — Écoles d'in-– Réquisitions militaires. — Sociétés ...S. **Dollonne**, archiviste de 2e classe ...or du gouvernement militaire de Nice. ...Nice, 1897, 1 vol. in-8. 3 fr. 50

...**e administratif** pour l'application ...ions relatives aux convocations an-nuelles de l'armée territoriale, suivi de l'indication des obligations militaires qui incombent aux hommes de l'armée territoriale; par C. **Petitjean**, officier d'administration (adjoint de 1re cl.) des bureaux de l'intendance militaire. Paris, 1882, 1 vol. in-18. 1 fr. 50

Ministère de la guerre. — **Manuel** méthodique et pratique **d'administration et de comptabilité** pour les commandants de batteries, sections de munitions ou compagnies du train des équipages de l'armée territoriale pendant les périodes d'exercices. Paris, 1889, in-18. 25 c.

Mobilisation. — Réquisitions. Service de route. Étapes. — Transports.

Réquisitions militaires. Édition refondue, conforme aux textes officiels, et comprenant la loi **du 3 juillet 1877**, la législation, les décrets, instructions, etc., qui l'ont modifiée jusqu'au 5 août 1896. Paris, 1896, in-8 avec modèles. 75 c.

Instruction du 24 mars 1899 pour le **classement** des chevaux, juments, mulets, mules **et** voitures attelées, susceptibles d'être requis pour le service de l'armée, suivie de l'instruction spéciale pour l'inspection des voitures attelées. Paris, 1899. broch. in-8. 50 c.

Décret du 15 décembre 1898 portant **règlement sur le service des frais de route.** Édition mise à jour jusqu'au 30 janvier 1899. Paris, 1899, broch. in-8 avec tableaux. 60 c.

Barèmes pour servir au décompte de l'indemnité de route, établis par **A. Millon**, employé au Ministère de la guerre.

Barème no 1 : *Officiers*. Paris, 1893, 1 feuille in-plano (couleur). 75 c.

Barème no 2 : *Hommes de troupe*. Paris, 1893, 1 feuille in-plano (noir). 50 c.

Service des étapes aux armées, organisation et fonctionnement (Règlement du 20 novembre 1889). Paris, 1899, 1 vol. in-8 avec 1 planche en couleurs. 1 fr. 20

Service des chemins de fer et des étapes. — **Répertoire alphabétique à l'usage des commissaires militaires** ou commandants de gare et des commandants d'étapes, suivi d'un résumé du fonctionnement des deux services. Paris, 1886, broch. in-8. 1 fr. 50

Carnet-dictionnaire des transports stratégiques (guerre et marine) pour l'application du Règlement du 19 novembre 1889, augmenté d'un Traité sur l'embarquement des troupes en chemins de fer (infanterie, cavalerie, artillerie), d'extraits du Règlement sur les transports ordinaires et divers décrets; par **H.-E. Bertillon**, officier d'infanterie en retraite. Paris, 1894, in-18, relié toile. 2 fr.

Instruction du 31 mars 1897 sur **l'alimentation pendant les transports en chemins de fer** et sur l'organisation et le fonctionnement **des stations haltes-repas.** Paris, 1897, broch. in-8. 75 c.

Service de route. — Étapes. Transports (Suite).

Instruction ministérielle du 6 avril 1897 sur le **fonctionnement des infirmeries de gare et l'alimentation pendant les transports d'évacuation par voies ferrées**. Paris, 1897, broch. in 8. 60 c.

Transports militaires par chemins de fer. (*Guerre et Marine.*) — **Règlements sur les transports ordinaires et stratégiques**, suivis des **Notes et annexes**. Édition refondue et mise à jour. Paris, 1899, 1 vol. in-8. 3 fr.

Transports militaires par chemins de fer. Appendices aux règlements sur les transports ordinaires et stratégiques. Edition refondue et mise à jour. Paris, 1899, 1 vol. in-8 avec 36 pl. 2 fr. 50

Instruction ministérielle du 26 janvier 1895 sur les conditions dans lesquelles s'effectue en temps de paix le **transport**, sur les voies ferrées, du **Personnel** relevant du Département de la guerre, des **animaux** de l'armée, ainsi que des **voitures**, des **bagages** et du **matériel** des corps de troupe. Paris, 1895, broch. in-8. 60 c.

Traité du 15 juillet 1891 avec les compagnies de chemins de fer, pour l'exécution des **transports ordinaires du matériel de la guerre**, suivi de l'Instruction ministérielle du 31 juillet 1891 pour l'exécution du service des transports de la guerre en temps de paix. Paris, 1891, in-8. 75 c.

Instruction du 28 mai 1895 pour l'application du traité du 15 juillet 1891, pour l'exécution des **transports ordinaires du matériel de la guerre**, modifié par les avenants des 30 janvier 1894 et 10 mars 1895, et par les accords intervenus entre le Ministre de la Guerre et les Compagnies de chemins de fer contractantes (Notes ministérielles des 13 mai 1892 et 13 juillet 1894). Paris, 1895, broch. in-8. 60 c.

Instruction du 1er mai 1897 pour l'**exécution des transports de la guerre par navires de commerce**, suivie de l'**Instruction** du 28 mai 1895 pour les commandants des troupes passagères et les chefs de détachements à bord des navires de commerce autres que les bâtiments affrétés. Paris, 1897, broch. in-8. 1 fr.

Règlement du 27 février 1894 sur le **service des convois auxiliaires à l'intérieur**. Paris, 1894, broch. in-8. 30 c.

Carnet de mobilisation. 1 vol. in-12 de 128 pages. 2 fr.

État des officiers. Avancement. Légion d'honneur.

Discipline générale militaire. — Recueil méthodique des textes officiels en vigueur jusqu'au 15 août 1896. Paris, 1896, broch. in-8. 50 c.

Etat des officiers (Loi du 19 mai 18
seils d'enquête des officiers, sous-
assimilés (armée active, réserve, arm
riale). Edition mise à jour des textes
jusqu'au 1er juin 1899. Paris, 1899, b

Avancement dans l'armée. Edition m
des textes en vigueur jusqu'au 1er
Paris, 1899, 1 vol. in-8.

Ordonnance du 16 mars 1838 sur
ment dans l'armée, précédée des lois
1831, 14 avril 1832, 19 mai 1834, 4
et 23 juillet 1847; par Al. **Garrel**, e
Ministère de la guerre. 3e édition. P
1 vol. in-8.

**Code-Manuel des officiers propo
l'avancement** · capitaines, lieutenan
lieutenants. — Textes officiels annoté
ment, avancement, pensions et secou
militaire, état civil, état des officier
ment, lits militaires, campement, log
l'habitant, hôpitaux, service de marc
tances, chauffage et éclairage, admini
comptabilité soldes et revues), con
aux programmes ministériels du 15 ju
Paris, 1874, 1 vol gr. in-8.

— **Appendice.** Paris, 1876, 1 vol. gr.

Programmes du 15 mars 1883 sur le
sances exigées des **lieutenants** et c
proposés pour l'**avancement**, mis a
qu'au 1er avril 1899, Paris, 1899, b

Circulaire ministérielle du 29 jan
portant envoi du programme d'examen
nants de cavalerie proposés pour capi
rier ou capitaine chargé du service d
ment Paris, 1899 broch. in-8.

Tableaux d'avancement des officie
grades et assimilés pour l'année 19
1900, broch. in-8.

Règlement du 7 mai 1885 (modifié le
1888, 12 mai 1889 et 18 novembre 18
au **concours** auquel doivent prend
**candidats au grade de garde d
de 3e classe**, pour être admis au sta
naire et réglant la formation des liste
d'avancement à ce grade (refondu), sui
grammes. Paris, 1891, broch. in-8.

Note ministérielle du 9 mars 1892 d
le programme des connaissances ex
l'admission dans le corps du **contrôl
ministration de l'armée**, et les
subir par les candidats au grade de **c
adjoint**. Paris, 1892, broch. in-8.

Instruction du 23 mars 1897 pour l'a
du décret du 10 février 1890, **port
ment** pour l'exécution de la loi du 16
en ce qui concerne le **service d
dance militaire**, suivie des **progran**
difiee conformément à la note minis
16 février 1898. Paris, 1898, broch. i

État des officiers. …nent. — Légion d'honneur. (Suite).

…'honneur. Répertoire de la législation …ur sur la Légion d'honneur, la médaille …, les ordres étrangers, les médailles com…tives; par J. Delarbre, conseiller d'État …e. Paris, 1887, in-8 de 122 p. 2 fr. 50

…neurs et préséances, État civil, …riage des militaires.

…1 28 décembre 1875 portant règlement …angs, préséances et honneurs des …s militaires dans les cérémonies pu… et les réunions officielles. Paris, 1875, …-8. 50 c.

…es dispositions relatives aux honneurs …éances militaires qui ont modifié le …1 24 messidor an XII sur les cérémonies …s, préséances et honneurs civils et milit… édition, augmentée du décret du 28 dé… 1875, portant règlement sur les rangs, …s et honneurs des autorités militaires …cérémonies publiques et les réunions offi…'aris, 1876, 1 vol. in-18. 1 fr.

…uel de l'état civil des militaires. — … les dispositions applicables aux militaires … armées, en temps de paix et en temps de … — Actes de naissance, de mariage, de …tes de disparition; procurations, testa…ccessions, etc., Paris, 1874, 1 vol. in-18. 1 fr. 50

…juin 1893 portant modification des …ions du Code civil, relatives à certains …l'état civil et aux testaments faits soit …ies, soit au cours d'un voyage maritime. …93, broch. in 8. 20 c.

…n du 23 juillet 1894 pour l'exécution …ositions du Code civil et de divers … ordonnances applicables aux militaires … armes; précédée du Rapport au Ministre …rre sur la refonte de l'Instruction du …123, modifiée par la Note ministérielle …vembre 1896 et la Décision ministérielle …1897. Paris, 1897, broch. in-8. 75 c.

…ratiques sur le service de l'état …x armées; par Henri de Forcrand, … au 119e régiment territorial, docteur … procureur de la République à Uzès. …1, broch. in-12. 1 fr.

…les militaires. Conditions, formalités …militaires, décisions et formules; par J. …, capitaine au 42e régiment territorial …ie, officier d'Académie. Paris, 1890, …3. 1 fr. 50

Du mariage des militaires (Officiers, Sous-Officiers et Soldats). Renseignements pratiques d'après les ordonnances et règlements en vigueur; par E. **Renault**, capitaine de cavalerie, breveté hors cadre à l'état-major du 19e corps. Paris, 1895, 1 vol. in-12. 1 fr. 25

Le mariage des officiers; par le capitaine P... (*J. S.*). Paris, 1886, broch. in-8. 40 c.

Justice militaire.

Code de justice militaire pour l'armée de terre (9 juin 1857). Annexes, formules et modèles. Édition mise à jour des textes en vigueur jusqu'au 1er juillet 1896. Paris, 1896. 1 vol. in-18 broché. 1 fr.
Cartonné. 1 fr. 30
Relié toile. 1 fr. 50

— *Le même*, édit. à grandes marges. in-8. 1 fr. 25
Relié toile. 2 fr.

Code de justice militaire pour l'armée de terre; suivi du Manuel du juge au conseil de guerre. 14e édit. entièrement mise à jour. Paris, 1893, 1 vol. in-18. 2 fr.

Commentaire sur le Code de justice militaire, précédé d'une introduction historique comprenant : l'explication juridique de chaque article du Code, l'analyse des questions de droit international qui s'y rattachent, un exposé des législations étrangères, des citations empruntées aux principaux auteurs militaires, de nombreux exemples historiques, etc., tenu au courant de la législation et de la jurisprudence, accompagné de modèles de formules et suivi d'une table analytique des matières; par **Pradier-Fodéré**, avocat, professeur de droit public, etc., etc., et Amédée **Le Faure**. Paris, 1873, 1 fort vol. gr. in-8. 16 fr.

— **Appendice** (lois des 18 mai et 18 novembre 1875). Paris, 1876, broch. gr. in-8. 2 fr.

Manuel pratique de l'officier de police judiciaire en garnison et en campagne; par le capitaine **de Nerciat**, professeur adjoint de législation à l'École spéciale militaire, ancien commissaire rapporteur près le conseil de guerre de la division d'occupation de Tunisie. Paris, 1899, 1 vol. in-18 cartonné. 50 c.

Petit Dictionnaire de jurisprudence criminelle militaire, contenant toutes les décisions des conseils de revision de Paris et d'Alger depuis leur publication jusqu'à ce jour; par A.-J. **Ambrosini**, adjudant commis greffier près le conseil de revision d'Alger. Paris, 1893, 1 vol. in-18. 2 fr.

Conférences de Droit pénal et d'instruction criminelle militaires, ou explication théorique et pratique du Code de justice militaire, précédée d'un résumé du droit public et du droit privé des Français; par un capitaine adjudant-major d'infanterie, docteur en droit de la faculté de Paris. Paris, 1867, 2 vol. in-8. 15 fr.

Manuel de l'instructeur pour la lecture du **Code pénal militaire**; par A. **Palle**, capitaine d'artillerie. Paris, 1881, broch. in-18. 40 c.

Justice militaire (Suite).

Manuel à l'usage des présidents des conseils de guerre et des officiers de l'armée, comprenant le Code de justice militaire, les lois sur le recrutement, le Code d'instruction criminelle, le Code pénal, les diverses lois complémentaires et les modèles de formules; par **M. Étienne Peloux**, greffier près le conseil de guerre de Lyon. Nouvelle édit. Paris, 1876, 1 vol. in-8. 7 fr.

Manuel pratique des tribunaux militaires; par **M. P. Alla**, greffier près le conseil de guerre de Paris. Paris, 1876, 1 vol. in-8. 8 fr. 50

Justice militaire — **Mémento de l'officier de police judiciaire militaire**; par **Adolphe Bergé**, archiviste d'état-major, attaché à l'état-major de la 57e brigade d'infanterie. Paris, 1894, 1 vol. in-8. 4 fr.

La réforme du Code de justice militaire; par le capitaine R... (*J. S.*). Paris, 1899, broch. in-8 50 c.

Notes sur la justice militaire en temps de guerre; par **M.** le lieutenant-colonel d'état-major **Senault**. 2e édition. Paris, 1881, br. in-12. 1 fr.

Droit international

Une question de droit internationa[l] de la loi de recrutement; par C. de L., d'artillerie, licencié en droit (*J. S.*). Pa[ris] broch. in-8.

Éléments de droit maritime inter[national] par **E. Rosse**, sous-commissaire de [la marine] (*R. M.*). Paris, 1888, 1 vol. gr. in-8.

Du droit de la force. — **Guide internat[ional du] commandant de bâtiment de gue[rre]** **E. Rosse**, sous-commissaire de la mari[ne] Calvo, Fauchille, Ortolan, Hautefeuille, et[c.] 1891, 1 vol. in-8 relié toile.

Manuel de droit international, à l'[usage des] officiers de l'armée de terre. Ouvrag[e] pour les Écoles militaires. 3e édition corrigée. Paris, 1893, 1 vol. in-18.

Du droit des gens en temps de gu[erre] André **Mariotti**. Paris, 1883, 1 v[ol.]

Congrès international des œuvres [d'assis]tance en temps de guerre, tenu à 17, 18, 19 et 20 juillet 1889. Par[is] broch. in-8.

Règlement du 21 mars 1893 sur les [prison]**niers de guerre**. Paris, 1893, broch. i[n-8]

MANUEL

DE

LÉGISLATION, D'ADMINISTRATI[ON]

ET DE

Comptabilité militaires

A L'USAGE

DES OFFICIERS ET DES SOUS-OFFICIERS DE TOUTES ARM[ES]

PAR

le Lieutenant-Colonel L. BEAUGÉ

COMMANDANT DE RECRUTEMENT

10e ÉDITION, complètement refondue et mise à j[our]

Paris, 1896, 2 forts vol. in-12. . . . . 14 fr.

ADMINISTRATION ET COMPTABILITÉ

Généralités.

contentieux administratif et de la jurisprudence du Conseil d'Etat en matières militaires; par **C. Cretin,** sous-intendant militaire de 1re **classe,** professeur-adjoint à l'Ecole supérieure de **guerre,** licencié en droit. Paris, 1884, 1 vol. in-8. 6 fr.

Administration publique en France. Abrégé à l'usage des officiers des armées de terre et de mer et des fonctionnaires ou employés des diverses administrations publiques; par M. A. **Meratier,** sous-intendant militaire de 1re classe. Paris, 1884, 1 vol. in-8. 3 fr. 50

réforme administrative militaire. Paris, 1896, in-8 de 4 pages. 10 c.

Journal militaire.

Journal militaire officiel (1791 à 1872 inclus). Édition refondue et mise à jour, conformément à la décision ministérielle du 11 octobre 1871. Paris, 1872, 18 vol. in-8 et un cahier de modèles, in-4. 110 fr.

Décrets, arrêtés et circulaires de la Délégation du Gouvernement de la Défense nationale hors de Paris, relatifs à **l'organisation et à l'administration de l'armée.** Paris, 1871, 1 vol. in-8. 2 fr. 50

Décrets, arrêtés et décisions de la Délégation du Gouvernement de la Défense nationale hors de Paris — 1° Partie réglementaire (décrets, arrêtés et décisions); 2° Nominations et promotions; 3° Mutations; 4° Nominations dans l'ordre de la Légion d'honneur; 5° Médaille militaire; 6° Mentions honorables. 1 vol. in-8. 12 fr.

Ce volume contient, en outre, un certain nombre de décrets, arrêtés et circulaires ne figurant pas dans le volume relatif à l'organisation et à l'administration de l'armée pendant la même période.

Suite de la publication :

Années 1873, 1874, 1875 et 1876, *épuisées.*

— 1877,	—	2 vol.	15 fr.
— 1878,	—	2 vol.	15 fr.
— 1879,	—	2 vol.	15 fr.
— 1880,	—	2 vol.	15 fr.
— 1881,	—	2 vol.	15 fr.
— 1882,	—	2 vol.	15 fr.
— 1883,	—	4 vol.	20 fr.
— 1884,	—	3 vol.	20 fr.
— 1885,	—	2 vol.	15 fr.
— 1886,	—	2e sem. seul.	8 fr.

Table générale des dispositions en vigueur insérées au *Journal militaire officiel* du 10 juillet 1791 au 1er janvier 1886, établie conformément à la décision ministérielle du 16 février 1886. Paris, 1886, 1 vol. in-8. 7 fr.

Année 1887, en 2 volumes.		10 fr.
— 1888, en 2 volumes.		10 fr.
— 1889, *épuisée.*		
— 1890, en 2 volumes.		10 fr.
— 1891,	—	10 fr.
— 1892,	—	10 fr.
— 1893,	—	10 fr.
— 1894,	—	10 fr.
— 1895,	—	10 fr.
— 1896,	—	10 fr.
— 1897,	—	10 fr.

Une collection complète, partie réglementaire (1791 à 1899 inclus) en 72 vol. d'occasion. 400 fr.

Journal militaire, renfermant toutes les lois, ordonnances, décisions et règlements, instructions et circulaires ministérielles relatifs à l'armée.

Prix de l'abonnement :	6 mois.	1 an.
Pour Paris et province.	5 fr.	10 fr.
— l'étranger.	8 fr.	15 fr.

Le Journal militaire, *fondé en* 1790, *est uniquement consacré à la publication des lois, décrets, règlements, circulaires, concernant les armées de terre et de mer. Il tire ses documents du* Journal officiel, *du* Bulletin du Ministère de la guerre *et du* Bulletin des lois *et les fait suivre, quand il y a lieu, de commentaires destinés à faire éviter au lecteur des recherches difficiles. Son prix est de beaucoup inférieur à celui du* Bulletin du Ministère de la guerre. *De plus, chaque abonnement donne droit à une prime gratuite d'une valeur incontestable.*

Inspections générales et Service courant.

Instruction du 27 mars 1899 sur les **inspections générales annuelles.** Dispositions communes à toutes les armes. Paris, 1899, broch. in-8. 50 c.

Instruction du 12 avril 1899 sur le **service courant.** Paris, 1899, 1 vol. in-8 avec mod. 3 fr. 50

Comptabilité-finances. Comptabilité-matières. — Solde.

Règlement du 3 avril 1869 pour servir à l'exécution, en ce qui concerne le département de la guerre, du **décret du 31 mai 1862 sur la comptabilité publique** et nomenclature des pièces à produire aux comptables du Trésor à l'appui des ordonnances et mandats de paiement présentant l'analyse du mode d'administration et de comptabilité des divers services. Paris, 1872, 1 vol. in-8 avec de nombreux modèles. 6 fr.

Comptabilité-finances. Comptabilité-matières. — Solde. (Suite).

Règlement du 19 novembre 1871 sur la **comptabilité-matières**, appartenant au Département de la Guerre (*J. M.*). Paris, 1888, broch. in-8. 2 fr. 50

Instructions pour l'application à tous les services du Département de la Guerre du Règlement du 19 novembre 1871 sur la **comptabilité des matières**. Paris, 1872, broch. in-8. 2 fr. 50

Règlement du 9 septembre 1888 sur la **comptabilité des matières** appartenant au département de la guerre. Instructions du 23 décembre 1888 pour l'application de ce règlement. Edition refondue et mise à jour. Paris, 1893, 1 vol. in-8 (sans modèles). 2 fr. 50

Décret portant **règlement sur la solde et les revues** (9 mai 1890). Extrait à l'usage des compagnies, escadrons et batteries des corps où la comptabilité est numérique ; par **M. Bielle**, officier d'administration principal en retraite, officier de la Légion d'honneur. Paris, 1890, br. in-8. 1 fr.

Décret du 29 mai 1890 portant règlement sur la **solde et les revues**. Edition mise à jour jusqu'au 1ᵉʳ juin 1897. Paris, 1897, 1 vol. in-8. Texte seul. 1 fr. 50

Décret portant **règlement sur la solde et les revues. Modèles**. Edition mise à jour jusqu'au 1ᵉʳ août 1898. Paris, 1898, 1 vol. in-8. 3 fr. 50

Tarifs de solde. Décret du 27 décembre 1890. mis à jour jusqu'au 15 septembre 1896. Paris, 1896, broch. in-8 avec tableaux. 1 fr.

Instruction ministérielle du 16 janvier 1899 sur la **comptabilité des dépenses engagées**. Paris, 1899, 1 vol. in-8 avec modèles. 1 fr. 50

Instruction du 24 octobre 1890 sur la **comptabilité du matériel** mis à la disposition des corps de troupe de l'artillerie et du train des équipages militaires, par les établissements et les parcs d'artillerie (Edition approuvée le 9 mars 1896). Paris, 1896, broch. in-8. 50 c.

Instruction du 31 mai 1891 sur les **écritures** concernant les **mouvements intérieurs** dans les **places comptables** et la **tenue des magasins**. (Edition approuvée le 17 mars 1896). Paris, 1896, broch. in-8. 50 c.

Note ministérielle du 3 mars 1891 portant avis de la refonte en un seul tableau des **nomenclatures des diverses pièces** dont l'envoi au service de l'administration centrale de la guerre est prescrit par les notes des 28 juin 1886 et 28 mars 1888. Paris, 1891, broch. in-8. 60 c

Administration et Comptabilité intérieure des corps.

Décret du 14 janvier 1889 portant **règlement sur l'administration et la comptabilité** des corps de troupe. Edition mise à jour des textes en vigueur jusqu'au 1ᵉʳ novembre 1897. Paris, 1898, 1 vol in-8. 1 fr. 50
Le même format de théories. 1 fr.

Décret du 14 janvier 1889 **portant règ** **sur l'administration et la compt** des corps de troupe — **Modèles**. Edition jour des textes en vigueur jusqu'au 1ᵉʳ 1898. Paris, 1898, 1 vol. in-8.

Décret du 27 novembre 1887, portant cr **d'une masse des Ecoles**, précédé du au Président de la République et suivi struction pour l'application dudit décret. mise à jour des textes en vigueur au 15 1897. Paris, 1897, broch. in-8.

Instruction ministérielle du 18 mars 18 cernant certaines dispositions spéciales au **taires de la réserve** et de l'**armée t** **riale** convoqués en temps de paix. Paris broch. in-8.

Comptabilité en campagne (*Corps de* — Détachements de commis et ouvriers nistration et d'infirmiers militaires (Dé du 10 juin 1889). Edition refondue. Paris broch. in-8.

Décret du 26 juillet 1893 sur l'**adminis** **et la comptabilité des écoles mili** Paris, 1893, 1 vol. in-8 (sans les modèles).

Décret du 8 septembre 1889, relatif aux c à tenir par les **officiers, sous-officiers** **raux et brigadiers**. Paris, 1889, broc

Décrets du 21 décembre 1897 modifiant le **ment sur le service intérieur des tr** en ce qui concerne **la tenue des dossi** **personnel des officiers**. Paris, 1898, in-8.

Décret du 1ᵉʳ mars 1890 portant règlemen **concession des congés et permi** Paris, 1890, broch. in-8.

Instruction du 7 mars 1899 sur l'**organ** **des bibliothèques militaires**. Paris broch. in-8.

Manuels de Comptabilité.

Manuel de législation, d'administratio **comptabilité militaires**, à l'usage des et des sous-officiers de toutes armes ; lieutenant-colonel **L. Beaugé**, comman recrutement. 10ᵉ édition, *complètement r* *et mise à jour*. Paris, 1896, 2 forts vol

Manuel de législation et d'administrati **litaires**. Programmes développés des c sances exigées des capitaines, lieutenants lieutenants proposés pour l'avancement, courant pour l'admission à l'Ecole de par **M. Eugène Delaperrierre**, sous-in militaire, professeur à l'Ecole supérieure de Paris, 1882, 1 fort vol. in-8.

Cours de législation et d'administratio **taires**; par **M. Eugene Delaperrierre** intendant militaire, professeur à l'Ecole su de guerre. 2ᵉ édit. Paris, 1879, 2 tomes en in-8.

uels de comptabilité (Suite).

e législation, d'administration et de tabilité militaires à l'usage des corps de de la marine; par Victor **Nicolas**, lieute- 'infanterie de la marine. Paris, 1885, 2 vol. 12 fr.

lément mis à jour. Paris, 1889, 2 vol. in-12. 3 fr. 50

a Manuel d'administration et de com- ité militaires à l'usage des corps de troupe narine; par Victor **Nicolas**, capitaine d'in- s de la marine, officier d'Académie. Paris, 1 vol. in-12 de plus de 500 pages avec ta- . 6 fr.

d'administration à l'usage des **officiers és des détails dans un détachement**. 1899, 1 vol. in-12 cartonné. 1 fr. 25

imoire pratique d'administration, à des sous-officiers comptables et élèves bles des compagnies, escadrons et batteries active et territoriale): par **A.-C. Crave**, ne trésorier au 112e régiment d'infanterie. 1891, 1 vol. in-18 cartonné. 1 fr.

stration des compagnies, escadrons teries. Extrait du *Manuel de législation, inistration et de comptabilité militaires*; lieutenant-colonel **Beaugé**. Paris, 1896, in-12. 1 fr. 50

imoire des officiers des corps de troupe et vice du recrutement **pour les inscrip- à faire sur les registres matricules livrets**, d'après les documents officiels tice contenant les additions nécessaires et difications survenues depuis l'impression vrage jusqu'au 1er juillet 1897; par L. **let**, capitaine au recrutement de Châlons- rne. Paris, 1896, 1 vol. in-8. 2 fr. 50

our l'établissement et la vérification centralisation des corps; par F. **Impé-** fficier d'administration-adjoint de 1re classe vaux de l'Intendance. Paris, 1891, in-folio, bleaux, cartonné. 6 fr. 50

de la guerre. — **Manuel** méthodique et **e d'administration et de comptabi-** ur les commandants de batteries, sections nitions ou compagnies du train des équi- de l'armée territoriale pendant les périodes ices. Paris, 1889, in-18. 25 c.

billement. — Campement.

ent et instruction du 16 novembre 1887 **service de l'habillement** dans les corps pe (masse d'habillement). Édition mise à s textes en vigueur jusqu'au 15 septembre t contenant les circulaires des 1er mai et 1899. Paris, 1899, 1 vol. in-8. 1 fr. 85

inistérielle du 5 août 1894 réglant la **re d'établir les différents comptes** asse d'habillement et d'entretien et portant ations : 1° à l'Instruction du 16 novembre 3 mars 1889 et à certains modèles annexés crets et Instructions de mêmes dates; 2° à anexes et Modèles joints au Décret du vier 1889. Paris, 1894, broch. in-8 avec s. 1 fr.

Service de l'habillement. — **Guide pratique** pour l'application du règlement du 16 novembre 1887, à l'usage des **commandants d'unités** administratives, des sous-officiers comptables et des garde-magasins; par un **Capitaine d'habillement**. Paris, 1888, 1 vol. in-8 avec de nombreux modèles. 2 fr.

Décret du 10 octobre 1892 portant règlement sur le **service de l'habillement dans les écoles militaires**, suivi de l'Instruction relative à l'application dudit règlement. Paris, 1892, 1 vol. in-8. 75 c.

Décret et **Règlement** du 8 août 1895 sur le **service de l'habillement dans les ateliers de travaux publics et les pénitentiers militaires**, suivis de l'instruction relative à l'application dudit règlement. Paris, 1895, br. in-8. 50 c.

Règlement du 16 juin 1897 sur le **service de l'habillement dans les corps de troupe**, précédé de la **Circulaire** du 21 juillet 1897 portant envoi dudit règlement à mettre en essai dans un certain nombre de corps de troupe. Paris, 1897, broch. in-8. 1 fr.

Cahier des charges du 11 juillet 1893 pour les **entreprises de confection et de fourniture d'effets du service de l'habillement**, à l'usage des troupes de l'armée de terre. Edition complète comprenant les notices, devis, tableaux, etc. 1 vol. in-8. 1 fr. 75

Tarifs du 7 juillet 1881, **indiquant les prix à allouer** en temps de paix et en temps de guerre pour les **réparations** à effectuer aux **effets d'habillement**, de coiffure et de grand équipement quand ces réparations ne sont pas à la charge de l'abonnataire. *Mis à jour*. Paris, 1888, broch. in-8. 1 fr.

Service de l'habillement dans les corps de troupe. — **Entretien des effets en magasin**. — **Dispositions diverses** (Edition mise à jour des textes en vigueur.) Paris, 1898, broch. in-8. 75 c.

Habillement en temps de guerre. — Instruction ministérielle du 6 décembre 1889 sur le service de l'habillement dans les corps de troupe en temps de guerre. Edition annotée et complétée. Paris, 1897, broch. in-8. 50 c.

Description du matériel de campement en usage dans l'armée (6 novembre 1884). Paris, 1885, 1 vol. in-8. 5 fr.

Modifications à apporter à la **description du matériel de campement** en date du 6 novembre 1884. **21 septembre 1888**, avec appendice (Extr. *Journal militaire*). Paris, 1888, br. in-8. 40 c.

Uniformes et Tenues.

Description des uniformes des officiers généraux, des officiers sans troupe et des employés militaires des différents corps ou services et description du harnachement des chevaux de selle des officiers généraux et assimilés. Paris, 1892 1 vol. in-folio de 183 pages de texte avec 79 pl. 10 fr.

Uniformes et tenues (Suite.)

Description des effets d'habillement, de coiffure, de grand et de petit équipement, de petite monture, de pansage et objets divers à l'usage des corps de troupe (15 mars 1879). Paris, 1879, 1 vol. in-4 avec 125 planches dont 3 color. 20 fr.

Décision ministérielle du 21 mars 1882 autorisant les officiers d'infanterie et du génie à faire usage, à leurs frais et dans certaines conditions, d'une **tunique-dolman**. Paris, 1882, broch. in-8 avec planche. 50 c.

Note ministérielle du 8 mars 1899 portant **modification à la description de l'uniforme de l'infanterie** en date du 28 septembre 1897, Paris, 1899, br. in-8. 20 c.

Décision ministérielle du 30 janvier 1889 portant adoption et description d'une **tenue en drap fin** pour les sous-officiers de l'École militaire d'infanterie, de l'École d'application de cavalerie et de l'École militaire de l'artillerie et du génie, ainsi que pour les élèves stagiaires de l'École d'administration. Paris, 1889, broch. in-8. 40 c.

Ministère de la guerre. — **Description de l'uniforme des régiments de spahis** (Décision du 29 juin 1885). Paris, 1885, broch. in-8 à grandes marges. 1 fr.

Modifications aux diverses **descriptions d'uniformes** (4-21 août 1893). Paris, 1894, broch. in-8. 50 c.

Description de la tunique ample des officiers et des adjudants et sous-chefs de musique d'infanterie (7 février 1893). Paris, 1893, broch. in-8. 25 c.

Ministère de la guerre. — **Tenue des troupes** : 1° En campagne ; 2° En Afrique. Édition mise à jour des textes en vigueur jusqu'au 18 mars 1899. Paris, 1899, broch. in-8. 60 c.

Décision ministérielle du 21 mai 1897 portant **description d'une vareuse** pour les **officiers et les adjudants de** l'artillerie et du **train des équipages militaires** et les **employés militaires de l'artillerie**. Paris, 1897, in-8 avec fig. 20 c.

Description d'une vareuse pour les officiers assimilés, adjudants et employés militaires de toutes les armes et de tous les services qui emportent cet effet en campagne (28 avril 1899). Paris, 1899, broch. in-8. 20 c.

Ministère de la marine. — **Décret** du 3 juin 1891 relatif à l'**uniforme des officiers et fonctionnaires des différents corps de la marine**, corps de troupe exceptés, suivi d'un **arrêté ministériel** du 6 juin 1891. Paris, 1891, broch. in-8 avec planches. 5 fr.

Harnachement.

Décret du 9 janvier 1896 portant règlement sur le **service du harnachement** dans les corps de troupe, suivi de l'instruction pour l'application dudit décret, modifié et complété jusqu'au 1er octobre 1896. Paris, 1896, broch. in-8 avec modèles et tableaux. 1 fr.

Instruction spéciale du 16 mars 189[illegible] nant la mise en application dans le[illegible] troupe de l'**artillerie** et du **train** [illegible] **pages militaires** du règlement d[illegible] vier 1896 sur le **service du harn**[illegible] dans les corps de troupe. Paris, 18[illegible] in-8.

Instruction sur le **marquage des harnachement** du service de l'artil[illegible] équipages militaires dans les corps de toutes armes et dans les établiss[illegible] l'artillerie, approuvée le 5 mai 1897. P[illegible] broch. in-8.

Service de la remonte générale. — S[illegible] **harnachement** des chevaux de cav[illegible] menclature L. et M. (*J. M.*). Paris, 1[illegible] in-8.

Tarif et devis des objets composant [illegible] **chement de l'artillerie et du** [illegible] **équipages militaires** (5 janvier 188[illegible] la feuille rectificative n° 1 (28 octobre *M.*). Paris, 1888, broch. in-8.

Règlement du 11 juin 1883 sur **le servic**[illegible] **tretien du harnachement** de l'artil[illegible] équipages militaires dans les corps de dans les établissements. — Extrait rela[illegible] positions à suivre pour l'entretien du ment en campagne. Paris, 1883, in-8.

Description détaillée de la selle de modèle 1884, adoptée par décision mi[illegible] du 11 juin 1884, Paris, broch. in-8.

Armement.

Note ministérielle du 20 août 1897, l'**adoption de nouveaux modèles** d[illegible] **pour les régiments de cuirassie**[illegible] **dragons** et pour les officiers de ces divisions d'arme. Paris, 1898, broch. figures.

Tarif provisoire des prix de répar[illegible] revolver modèle 1892 (28 janvier 189[illegible] 1894, broch. in-8.

Lits militaires. — Caserne[illegible]

Manuel du couchage des troupes (s[illegible] de dictionnaire), concernant les lits mil[illegible] couchage auxiliaire, les ameublements officiers rengagés, les descriptions du m[illegible] service des lits militaires, les ameuble[illegible] bureaux des états-majors, des services [illegible] dance et de santé et des hôtels de[illegible] généraux. Annoté et mis à jour sous la phabétique; par **A. Grimont** (Licencié et **M. Oulé**, officiers d'administration [illegible] 1re et 2e classe du service des bureaux [illegible] dance militaire. Paris, 1898, 1 vol. in-8 tableaux et modèles.

Règlement du 3 mars 1899 sur le **se**[illegible] **casernement**. Paris, 1899, 1 vol. in-8 les modèles.

ances militaires. – Ordinaires. 'hauffage. — Fourrages.

nt provisoire sur le service **des subsis- militaires et du chauffage** (*J. M.*). 1872, 2 vol. in-8 avec 15 pl. 10 fr.

ion du 22 août 1899 sur le **Service des tances militaires en campagne.** Paris, roch. in-8. 1 fr.

ion ministérielle du 27 octobre 1889 pplication, en ce qui concerne le **service ubsistances militaires,** du décret du nbre 1888 et de l'instruction du 23 dé- suivant, sur la **comptabilité en ma- de la guerre.** Paris, 1889, br. in-8. 30 c.

nt du 29 juillet 1899 sur la **gestion rdinaires de la troupe,** précédé d'un t au Président de la République, suivi des itions relatives à la fourniture de la viande aux ordinaires de la troupe. Paris, 1899, 1-8. 1 fr.

du caporal d'ordinaire et du cuisi- e compagnie, rédigé conformément aux ions ministérielles, par Ch.-G. **Treille,** nt d'infanterie. Paris, 1891, in-12 car- 80 c

ratique d'alimentation variée dans rps de troupe; par le commandant **int,** du 51e régiment d'infanterie. Avec une par le médecin principal **de Viry,** direc- 1 service de santé du 2e corps d'armée. 899, 1 vol. in-8. 2 fr.

hat de cet ouvrage dans les corps de troupe itorisé par la circulaire du 5 septembre

.tation du soldat; par Léon **Kirn,** ca- au 20e régiment territorial d'infanterie Paris, 1885, 1 vol. in-8 de 185 pages. 2 fr. 50

.tation dans l'armée; par **A. Gervais** Paris, 1894, broch. in-8. 1 fr.

u 26 avril 1884 sur la **fabrication du iscuité.** Paris, 1884, broch. in-8. 50 c.

ion ministérielle du 11 janvier 1890 **boulangeries de campagne.** Paris, roch. in-8. 1 fr. 50

.les dispositions concernant l'**alimen- des troupes en temps de guerre** rier 1893). Paris, 1894, broch. in-8. 50 c.

u 15 janvier 1890, portant règlement sur **vice du chauffage** dans les corps de . Dispositions relatives à l'éclairage. Edi- ise à jour des textes en vigueur jusqu'au 1 1899. Paris, 1899, broch. in-8. 1 fr.

terminant le nombre de rations de ges à allouer aux officiers de tous grades . 1894) Paris, 1894, broch, in-8. 20 c.

ion du 31 juillet 1889, pour les **adjudi- s publiques** dans les divers services de istration de la guerre, sauf pour les mar- : travaux de construction militaire. Paris, iroch. in-8. 40 c.

Instruction du 22 août 1899, concernant les **officiers d'approvisionnement.** Paris, 1900, broch. in-8. 1 fr. 25

Manuel complet de l'officier d'approvision- nement; par E. **Haricot,** lieutenant au 132e ré- giment d'infanterie. Paris, 1891, 1 vol. in-8, broché. 5 fr.

Relié toile. 6 fr.

Carnet de l'officier d'approvisionnement. Paris, 1889, 1 vol. in-18 oblong, cartonné toile. 2 fr. 50

Service de santé.

Instruction du 13 mars 1894 sur l'**aptitude physique au service militaire.** Paris, 1894, broch. in-8. 50 c.

Instruction ministérielle du 30 mars 1895 sur l'**hygiène des hommes de troupe.** Paris, 1895, broch. in-8. 15 c.

Instruction relative aux **médicaments** et au **matériel** que les corps de troupe sont autorisés à tirer des établissements du service de santé pour l'approvisionnement des **infirmeriès régimen- taires.** 13 août 1899. Paris, 1900, broch., in-8. 40 c.

Note ministérielle du 29 décembre 1893 relative au **mode de gestion** applicable aux **objets de pansement** de consommation courante. Paris, 1894, broch. in-8. 40 c.

Décision ministérielle du 27 juin 1894 attri- buant, en cas de guerre, aux officiers et aux hommes de troupe un **paquet individuel de pansement.** Paris, 1894, broch. in-8. 15 c.

Instruction du 9 juin 1888 pour l'exécution de la loi du 22 janvier 1851 portant création de la **statistique médicale de l'armée.** Paris, 1888, broch. in-8. 60 c.

Décret du 31 octobre 1892 portant règlement sur le **service de santé en campagne.** Edition originale exécutée par les soins de l'Imprimerie nationale. Paris, 1893, 1 vol. in-8 avec 44 plan- ches gravées et de nombreux tableaux. 4 fr.

Aide-mémoire de l'officier d'administration du service des **hôpitaux militaires**; avec ap- pendice contenant les additions nécessaires et les modifications survenues depuis l'impression de l'ouvrage jusqu'au 1er juillet 1898; par **L. Cardron** et **A. Lemoine,** officiers d'administra- tion adjoints de 1re classe. Paris, 1897, 1 vol. in-12, relié toile. 4 fr. 50

Aide-mémoire des officiers d'administration du service des hôpitaux et ambulances en cam- pagne, suivi d'un croquis indiquant la disposition des hôpitaux et ambulances sur une ligne straté- gique, et d'une notice donnant en langues alle- mande, italienne et espagnole, la traduction des termes se rapportant à l'état civil des militaires; par **C. Descoust,** officier d'administration du service des hôpitaux. Paris, 1884, in-18 cartonné 75 c.

Service vétérinaire.

Note ministérielle du 22 octobre 1897, relative aux **cessions à charge de remboursement** à faire par les établissements du service de santé aux corps de troupe, pour les **infirmeries vétérinaires**. Broch. in-8. 40 c.

Note ministérielle du 25 mai 1898 portant **description d'une caisse de médicaments vétérinaires** à l'usage des corps de troupe d'infanterie. — **Instruction pour l'emploi de ces médicaments**. — Paris, 1898, broch. in-8. 20 c.

Remonte.

Règlement du 1er août 1896 sur le service de la **remonte générale** à l'intérieur. Paris, 1896, 1 vol. in-8 avec tous les modèles. 1 fr.

Décret du 14 août 1896 portant règlement sur la **remonte des officiers et assimilés** de tous grades et de toutes armes. Paris, 1896, broch. in-8 avec modèles. 75 c.

Pensions. — Secours.

Arrêté ministériel du 22 novembre 1882, développant les **tarifs des pensions de retraite** des militaires de tous grades, ai les **tarifs des soldes et pensions** de r Paris, 1883, broch. in-8. 1

Décision présidentielle du 27 décembr fixant la date à partir de laquelle doive payés les **premiers arrérages des pe militaires**. Paris, 1884, broch. in-8.

Code-manuel des pensions de l'arm terre. Résumé analytique de la régleme en vigueur; par Arnould **Bertrand**, so de bureau au ministère de la guerre, publ l'approbation du Ministre. — ***Deuxième revue, mise à jour et augmentée d'un rép alphabétique***. Paris, 1888, 1 vol. in-8.

Dictionnaire des pensions inscrites au sor public, précédé de l'histoire de ces p au point de vue financier; du texte des lo crets et ordonnances qui leur sont appli et des principaux arrêts et avis de prin Conseil d'Etat, suivi d'un extrait des prin circulaires de la dette inscrite et de l'inst aux notaires sur la délivrance des certific vie; par Eugène **Ourry**, chef de bureau nistère des finances, agent comptable des p du Trésor public, officier d'Académie. Paris 1 vol. in-8.

Ministère de la guerre.— **Instruction** du 1886, relative au **service des secours** (broch. in-8 de 70 pages avec tableaux.

MANUEL
D'ADMINISTRATIO
A L'USAGE DES
OFFICIERS CHARGÉS DES DÉTAILS
DANS
UN DÉTACHEMENT

Paris, 1899, 1 vol. in-12 cartonné. . . . . 1 fr. 25

ADMINISTRATION INTÉRIEUR
D'UNE COMPAGNIE
En Route — En Station — En Campagne

2e ÉDITION, mise à jour et complétée

Pari , 1898, 1 vol. in-12 carton é. . . . . 2 fr. 50

VIIIe PARTIE

ARMÉES ÉTRANGÈRES

ilitaire de l'Étranger, rédigée à l'État-
de l'armée. **Table générale des ma-**
(du 1er novembre 1871 au 31 décembre
Paris, 1897, 1 vol. in-8. 4 fr.

cipales artilleries de l'Europe d'après
mission spéciale des Etats-Unis (1882-
par le lieutenant-colonel **R. de La**
e, de l'artillerie de marine (*M. A. M.*).
885, broch. in-8. 1 fr. 50

ipédie dans les armées française et
ères (*J. S.*). Paris, 1898, broch. in-8
. avec fig. 2 fr.

nies étrangères. Organisation politique
taire (Angleterre, Pays-Bas, Allemagne,
l, Espagne) ; par **Rodier**, capitaine d'ar-
de la marine (*R. M.*). Paris, 1886, broch.
75 c.

ies françaises jugées par un Anglais.
ion de l'article de la *Fortnightly Re-*
le Sir Charles **W. Dilke**, baronet, con-
prive, ancien ministre, avec l'autorisation
pman et Hall (limited) ; par **M. H. L.**
1892, broch. in-8. 1 fr.

gne et l'armée allemande. Livret de
ne, par Jean **Povolni**. Paris, 1891, broch.
1 fr. 25

lisation de l'armée allemande; par
S.). Paris, 1887, broch. in-8. 50 c.

allemande sur le pied de guerre:
ommandant **Rivière** (2e bureau de l'État-
général du Ministre de la guerre) (*R. E.*,
1883-1884) Paris, 1884, 1 vol. in-8 avec
quis, tableaux, etc. 7 fr. 50

d'état-major en Allemagne (*R. E.*).
888, broch. in-8. 75 c.

ntariat en Allemagne; par **G. B.** (*J.*
ris, 1885, broch. in-8. 30 c.

sur l'armée allemande, adressé à S.
grand-duc Nicolas; par le général baron
irs, de l'état-major russe, au retour de
sion militaire à Berlin (1875-1876). Tra-
russe avec l'autorisation de l'auteur, par
Marchand, chef d'escadron au 12e régi-
'artillerie 3e édition, revue et corrigée.
888, 1 vol. in-12. 5 fr.

sur les grandes manœuvres de
e allemande en 1879; par le général
leff (*J. S.*). Paris, 1897, br. in-8. 1 fr. 50

s généraux du combat en Alle-
; par **F...** (*J. S.*). Paris, 1892, broch.
40 c.

lerie prussienne de 1806 à 1876. Son
pement progressif pendant cette période,
des documents authentiques ; par **Kaehler**,
lieutenant-colonel commandant le 2e hussards de Silésie, no 6. Traduit de l'allemand par Edmond Thomann, capitaine de cavalerie, professeur à l'École supérieure de guerre. Paris, 1884, 1 vol. in-8 avec figures dans le texte. 7 fr.

Règlement du 6 mai 1886 sur le **service vétérinaire dans l'armée allemande.** Traduction par Aureggio et Guénot. Paris, 1887, broch. in-8. 1 fr. 50

Le budget de la guerre et les dépenses militaires en Allemagne ; par le colonel B. S. (*J. S.*). Paris, 1886, 1 vol. in-8. 2 fr.

Les écoles de guerre en Allemagne; par A. **Iunck**, capitaine du génie (*J. S.*). Paris, 1893, broch. in-8. 2 fr.

Tableau des uniformes de l'armée allemande; gravés par A. **Prunaire**, d'après les aquarelles de **M. Orange**. 1 feuille de grand format (0.70 × 0.68), imprimée en 6 couleurs et comprenant les légendes explicatives, *d'après les documents officiels.* 1 fr.

Collée sur toile, gorge et rouleau verni. 1 fr. 75

Les réformes dans l'armée anglaise; par le général **Cosseron de Villenoisy** (*J. S.*). Paris, 1889, broch. in-8. 1 fr. 25

Le budget de la marine anglaise (1892-1893). Memorandum du premier lord de l'Amirauté. (*R. M.*). Paris, 1892, broch. in-8. 1 fr. 50

Notice sommaire sur la constitution et le fonctionnement de l'**armée indigène des Indes anglaises**; par **de Torcy** (*R. E.*). Paris, 1886, broch. in-8. 1 fr.

Les Anglais dans la Haute-Egypte (*R. E.*). Paris, 1886, br. in-8 avec 3 cartes et croq. 1 fr.

Les Anglais dans la Méditerranée (1793), d'après des documents inédits, par Paul **Cottin**. (*R. M.*). Paris, 1897, broch. in-8. 1 fr.

Histoire de l'artillerie en Belgique, depuis son origine jusqu'au règne d'Albert et d'Isabelle ; par **Henrard**. Paris, 1865, 1 vol. in-8 avec 30 gr. sur bois. 6 fr.

L'armée coloniale de l'Inde néerlandaise; par P. **Dabry de Thiersant** (*R. M.*). Paris, 1885, broch. in-8. 1 fr. 25

Italicæ res (Etude d'ensemble sur la situation actuelle de l'**Italie** au point de vue militaire et politique); par le colonel **von Haymerlé**, de l'état-major austro-hongrois. Traduit et annoté par J. Bornecque, capitaine au 1er régiment du génie. Paris, 1880, 1 vol. in-12 avec tableaux et carte. 2 fr. 50

Les Italiens en Afrique (1880-1896); par le capitaine **Pellenc**, de l'état-major de l'armée (*R. E.*). Paris, 1897, 1 vol. in-8 avec 10 cartes. 5 fr.

Armées étrangères (Suite).

La guerre turco-grecque de 1897; par le capitaine **Douchy**, de l'état-major de l'armée. Paris, 1898, 1 vol. in- avec cartes et croquis. 5 fr.

La Turquie et les Ottomans; par P. **Baudin**, d'Allauch. Paris, 1896, 1 vol. gr. in-8. 7 fr. 50

Les armées étrangères. — **La Turquie.** — Puissance militaire; armée de terre et flotte; par le capitaine **Lebrun-Renaud**. Paris, 1895, 1 vol. in-12. 1 fr.

Un coup d'œil sur les armées ottomane et grecque; par le capitaine **de Malleray**, du 48ᵉ d'infanterie (*J. S.*). Paris, 1898, broch. in-8 avec figures. 1 fr. 25

Les forces militaires de la Russie. (Organisation des corps de troupe; Organisation du commandement et des services en temps de paix et en temps de guerre); par le capitaine **Weil**. Paris, 1880, 2 vol. in-12. 12 fr.

Les tendances actuelles de la cavalerie russe; par **de Sainte-Chapelle**. Paris, 1886, broch. in-8. 2 fr.

Notes sur l'armée russe; par Henri **Baraude**. (*J. S.*). Paris, 1898, broch. in-8. 50 c.

Une visite aux armées russe et suédoise; par H. **de Malleray**, capitaine au 48ᵉ régiment d'infanterie (*J. S.*). Paris, 1895, broch. in-8 avec figures. 1 fr.

La mission militaire suisse sur le théâtre de la guerre serbo-bulgare; par **Hungerbühler**. Paris, 1886, 1 vol. in-8. 5 fr.

La Perse politique et militaire au XIX — Histoire de la dynastie des Kadjars (179 par le capitaine **Lebrun-Renaud**. Par broch. in-12.

Autour des dépouilles de l'empire ottoman **gares et Russes vis-à-vis la triple al** par Paul **Marin**, capitaine d'artilleri 1891, 1 vol. in-12.

Les Chinois, leur armée, leurs voies d dans le Tonkin; par le capitaine **R**... Paris, 1886, broch. in-8.

Sinicæ res. — **La situation actuelle e** (*J. S.*). Paris, 1892, broch. in-8.

La guerre sino-japonaise, 1894-1895 lieutenant **Sauvage**, du 43ᵉ régiment d rie. Paris, 1897, 1 vol. in-8 avec atlas comprenant 7 cartes et pl. tirés en 3 coul

La guerre sino-japonaise (1894-1895), p (*J. S.*). Paris, 1895, br. in-8.

Sinicæ res. — **La guerre du Japon c Chine** et ses conséquences éventuelles Paris, 1893, broch. in-8 avec 2 croquis.

Sinicæ res. — **La situation en Extrême** L'occupation des Pescadores et de (*J. S.*). Paris, 1896, broch. in-8 avec 2 c tableaux.

L'armée de la République transwa par **Tégonip**. Paris, 1887, 1 vol. in-12.

MARINES ÉTRANGÈRES

Développement des marines de guerre dans le cours des dix dernières années: par **Leflaive**, ingénieur de la marine (*R. M.*). Paris, 1898, broch. in-8 avec 28 fig. 2 fr. 50

La Marine contemporaine des États européens. Ses éléments de puissance, artillerie de cuirasse. Conférence faite le 30 mars 1892 à l'académie d'état-major de Saint-Pétersbourg; par M. le lieutenant général **Pestitch**; traduite par Michel Levitzky, lieutenant-colonel d'artillerie de la marine russe. Paris, 1893, br. in-8. 1 fr. 50

Le budget de la marine anglaise (1892-1893). Memorandum du premier lord de l'amirauté (*R. M.*). Paris, 1893, broch. in-8. 1 fr. 50

Le budget de la marine anglaise (1899-1900). Memorandum du premier lord de l'amirauté; par **A. Poidloué**, capitaine de frégate (*R. M.*). Paris, 1899, broch. gr. in-8. 1 fr. 25

La Protection du commerce anglais en temps de guerre; par le commander **Ballard** (*R. N.*); traduit par Vaignault, enseigne de vaisseau. Paris, 1899, broch. gr. in-8. 2 fr.

Renseignements sur les bouches à feu de gros calibre mises en service depuis 1873 dans l'artillerie anglaise; par M **Poyen**, chef d'escadron de l'artillerie d rine. Paris, 1880, br in-8 avec planches.

Étude sur les contre-torpilleurs (torpedo-boat destroyers): par Emile B lieutenant de vaisseau (*R M.*). Paris, 189 in-8 avec figures et tableaux.

Marine militaire espagnole. Projet d latif à la réorganisation de la marine (*R. M.*). Paris, 1886, broch. in-8.

La marine allemande; par E. **Guif** seigne de vaisseau (*R. M.*). Paris, 189 in-8.

Note sur l'organisation des arse l'étranger; par E.-M.-C. **Barthès**, l de vaisseau (*R. M.*). Paris, 1898, in-8.

Les ministères de la marine étrange nisation et fonctionnement. Traduit de *of the office of naval intelligence*; par E **de La Batie**, capitaine de vaisseau en (*R. M.*). Paris, 1891, br. in-8.

IXᵉ PARTIE
HIPPIATRIQUE ET ARTS ACADÉMIQUES

RESSAGE DES CHEVAUX, ÉQUITATION ART VÉTÉRINAIRE, etc.

pologie à l'usage de MM. les officiers e, de MM. les officiers des haras, les s, les agriculteurs et de toutes les peri s'occupent des questions chevalines. ur l'enseignement hippologique dans ar décision ministérielle du 1er juin A. **Vallon**, vétérinaire principal. prohippologie et directeur du haras de cavalerie. 5ᵉ édit. Paris, 1889, 2 vol. lanches et figures dans le texte. 14 fr

ippologie, à l'usage des sous-officiers ; par M. A **Vallon**, vétérinaire prinsseur d'hippologie et directeur du haras de cavalerie. Adopté pour l'enseignel'hippologie dans l'armée par décision le du 11 juin 1863. 10ᵉ édition. Paris, l. in-12 avec figures. 3 fr. 50

gé d'hippologie à l'usage des souses brigadiers et élèves brigadiers des oupe à cheval, rédigé par les soins de sion d'hygiène hippique, approuvé par de la guerre le 2 avril 1875 et mis en e avec la réglementation le 22 mai s, 1899, 1 vol. in-18 cartonné. 1 fr. 50

pologie pratique rédigé conforméestionnaire adopté à l'Ecole d'applicavalerie d'après les dernières données s, à l'usage des Officiers et Sous-Offidifférentes armes montées, des élèves militaires et de toutes les personnes ent de chevaux; par un **Officier de** . Paris, 1895, 1 vol. in-8 avec 16 planlexte. 7 fr.

hippiques. — Examen du cheval. — et elevage. — Amélioration des vaaises. — Les remontes de l'armée. — — Dressage du cheval de selle. — ent du cheval de course. — Dressage le trait. — Instruction des troupes de par le capitaine **Bellard**. Paris, 1889, avec 1 planche. 4 fr.

e ou connaissance complète du ar Honoré **Pinel**, ancien officier sul'armée territoriale. Paris, 1883, 1 fort avec figures. 5 fr.

Nouveau traité des formes extérieures du cheval; par M. **Merche**, officier de la Légion d'honneur, vétérinaire principal, membre de plusieurs sociétés savantes, etc. Paris, 1868, 1 fort vol. in-8 avec fig. dans le texte. 12 fr.

Essai sur l'extérieur du cheval; par le général **Morris**, commandant la division de cavalerie de la garde impériale. *Troisième édition.* Paris, 1890, 1 vol. in-8. 4 fr.

Examen de la théorie de la **similitude des angles** de M. le général MORRIS (janvier 1859); par M. le capitaine **Raabe**, comprenant : 1° Aperçu de cette théorie extrait de l'*Essai sur l'extérieur du cheval*; 2° aperçu des modifications apportées au tracé de M. le général Morris; 3° tracé de cette méthode selon les auteurs ci-après désignés : Morris, Saint-Ange, Raabe; 4° aperçu explicatif de la théorie du traité de M. le capitaine RAABE. Paris, 1860, 1 feuille gr. in-folio. 2 fr. 50

Locomotion du cheval. — **Examen des traités de l'extérieur du cheval** et des principaux animaux domestiques de M. F. LECOQ, directeur de l'Ecole vétérinaire de Lyon (1856), et de physiologie comparée des animaux domestiques de M. G. COLIN, chef du service d'anatomie et de physiologie à l'École vétérinaire d'Alfort (1854); par M. C. **Raabe**, capitaine au 6ᵉ régiment de dragons. Paris, 1857, br. gr. in-8. 3 fr.

Locomotion du cheval. — **Examen des allures** selon M. H. BOULEY, professeur de clinique à l'Ecole d'Alfort (Extr. *Nouveau Dict. prat. de méd. de chirurg. et d'hyg. vétér.*, publié par MM. H. BOULEY et REYNAL; par C. **Raabe**, capitaine au 6ᵉ dragons. Paris, 1857, broch. in-4. 4 fr.

Examen du traité de locomotion du cheval relatif à l'équitation, de M. J. DAUDEL, lieutenant au 4ᵉ chasseurs d'Afrique (Saumur 1854); par M. C. **Raabe**, capitaine au 6ᵉ de dragons. Marseille-Paris, 1856, 1 vol. gr. in-8 avec 2 pl. 5 fr.

Etude sur la locomotion du cheval et des quadrupèdes en général, considérée dans ses rapports avec l'équitation et la représentation des quadrupèdes à toutes les allures et à toutes les variétés de ces allures; par M. Jules **Lenoble du Teil.** Paris, 1873, in-4 avec atlas du même format et contenant 23 planches. 12 fr.

Étude de la représentation du cheval; par E. **Bousson**, capitaine d'artillerie. Paris, 1892, 1 vol. in-8 avec 107 figures. 4 fr.

Le cheval comme il le faut, quelle qu'en soit la race, quel que soit le service auquel on le destine; par Paul **Basserie**, ancien colonel de cavalerie et des remontes, ancien membre du conseil supérieur des haras, commandeur de la Légion d'honneur. Paris, 1891, 1 vol. in-18, avec de nombreuses figures, broché. 4 fr.

Cartonné. 5 fr.

Le cheval de guerre en 1897; par P.-M. **Estienne**. Paris, 1897, broch. in-8. 1 fr.

Conseils sur l'élevage; par M. G. **de Labat-Lapeyrière**, officier de cavalerie. Paris, 1894, 1 vol. in-12. 1 fr. 50

L'élevage, l'entraînement et les courses, au point de vue de la production et de l'amélioration des chevaux de guerre; avec une étude médicale sur l'embonpoint et les moyens rationnels de le combattre, par le docteur H Libermann; par F **Musany**. Paris, 1890, 1 vol. in-8. 4 fr.

Du choix, de l'élevage et de l'entraînement des trotteurs; par M. le comte **de Montigny**. Paris, 1879. 1 vol. in-12 avec 2 figures. 2 fr. 50

Conseils sur le dressage; par M. G. de **Labat-Lapeyrière**, officier de cavalerie. Paris, 1890, in-12. 2 fr.

Conseils pour le dressage des chevaux difficiles; par F. **Musany** « de la France chevaline »; précédés d'une lettre de M. Pellier père. Paris, 1880, 1 vol. gr. in-8. 7 fr.

Dressage simplifié du cheval de selle; par F. **Musany**, de la « France chevaline ». Paris, 1886, 1 vol. in-12. 2 fr.

Méthode de dressage du cheval à pied exclusivement à la cravache; par un **officier supérieur de cavalerie**. Paris, 1890, 1 vol. in-8 avec planches 3 fr.

Le dressage des chevaux; par H. **Pinel**, ancien officier supérieur dans l'armée territoriale. Paris, 1881, 1 vol. in-12. 2 fr.

Examen du Bauchérisme réduit à sa plus simple expression, ou l'art de dresser les chevaux d'attelage, de dame, de promenade, de chasse, de course, d'escadron, de cirque, de tournoi, de carrousel. Programme des cours d'équitation civile et militaire professés à Bruxelles, Malines, Coblentz, Prague, Vienne, Breslau, Naples, etc.; suivi de notes militaires, etc., etc., etc. de M. Rul; par C. **Raabe**, capitaine au 6e de dragons. Paris, 1857, broch. gr. in-8. 4 fr.

Hippo-lasso, appareil compressif servant à maîtriser le cheval, le mulet, etc., et généralement les grands quadrupèdes domestiques difficiles à manier par suite de leur caractère méchant, rétif ou sauvage; par M. **Raabe**, capitaine au 6e de dragons, et M. **Lunel**, lieutenant au 4e escadron du train des équipages militaires, Paris, 1859, broch. in-4 avec 12 planches. 4 fr.

Aperçus équestres au point de vue de la méthode Baucher; assouplissements, dressage; moyens équestres; progression; sauts d'obstacles; escrime du sabre; le phénakisticope et le galop); par L. **Wachter**, lieutenant au 7e régiment (siers Paris, 1862, 1 vol. in-12 avec un et des figures dans le texte.

Nouvelle étude du cheval. — **Cinésie** (**ou équitation rationnelle** inédite ba principe du mouvement de locomotion; **Debost**, ancien titulaire-instructeur d de cavalerie de Saumur. 3e édition a 1e d'une dédicace à M. le général L'Hot exposé analytique de cinésie équestre, 3e de lettres et de comptes rendus de rev tifiques et militaires. Paris, 1875, 1

Nouvelle étude du cheval. — **Dévelo de la cinésie équestre**. Traité compl tation rationnelle et de dressage du chev tion modifiée et augmentée de nouvea tiens sur l'art de vaincre les résistances par l'éducation des sens; par M. Emile ancien titulaire-instructeur de l'Ecole de Paris, 1879, 1 vol. grand in-8.

École du cavalier à pied, à cheval. extrait du décret du 31 mai 1882, revis plété jusqu'au 1er décembre 1893; ill par le capitaine E **Picard** et le docteu **chard** Paris, decembre 1893, 1 beau in-8 avec 83 planches comprenant 200 figures démonstratives d'après nat

Théorie raisonnée de l'école du ca cheval, à l'usage de MM. les instructe quant les modifications à faire à l'ordo 6 décembre 1829 sur les exercices et tions de la cavalerie (récapitulation du cessaire pour instruire un cavalier; p comparée de l'instruction, d'après l'o du 6 décembre 1829 et celle de la théor née; principes généraux de l'équitation Le cavalier selon l'ordonnance; aperçu cipes de notre école; bases des princ méthode de dressage de 1864, etc.) **Raabe**, écuyer-professeur. Paris, 18 in-12 avec figures.

Équitation; par le commandant **Bonn** 1890, 1 vol. gr. in-8 avec fig. et pl.

Traité d'équitation illustré, précédé d des diverses modifications et changem portés dans l'équitation depuis le XVIe qu'à nos jours; suivi d'un appendice su cheval, du trot à l'anglaise, et d'une l'équitation des dames; par le comte ancien écuyer en chef de l'École de 5e édition. Paris, 1893, gr. in-8e ave planches et figures dans le texte

Cours d'équitation; par le comte **d'Au** en chef de l'Ecole de cavalerie. Adopté ment et enseigné à l'Ecole de cavaler les corps de troupes à cheval, par d M. le Ministre de la guerre en date 1852, 9e édition. Paris, 1888, 1 vol. in-1 toile.

Examen du cours d'équitation de M écuyer en chef de l'école de cavaleri 1852); par C. **Raabe**, capitaine au 6e d Marseille-Paris, 1854, 1 vol. gr. in-8 planches.

ion *diagonale dans le mouvement en avant.*

lbum de haute école d'équitation; par itaine J.-B. **Dumas** et le vicomte **de Pon-l'Amécourt.** Paris, 1895, 1 beau vol. in-4°, renant 300 planches (dont 16 grandes) avec 40 fr.

même, 16 grandes planches, extraites du dent. 16 fr.

d'équitation; par F. **Musany** de la ance chevaline ». — *Cours élémentaire.* , 1888, 1 vol. in-8 avec 78 figures dessinées alement pour l'ouvrage; par Frédéric Ré-r. 4 fr.

ırs supérieur. Haute école. 1888, 1 vol. avec 122 figures également par Frédéric ney. 7 fr.

gles de l'équitation; par F. **Musany.** s du *Traité d'équitation*, du même auteur. , 1888, broch. in-8. 1 fr.

d'équitation à l'usage de MM. les officiers nterie et assimilés; par le capitaine **Leche-**instructeur au 5e chasseurs, ancien instruc-ı l'École Saint-Cyr. *Nouvelle édition.* Paris, broch. in-12. 2 fr.

d'équitation; par Henri **Bertini.** Illustré figures démonstratives, dont 15 hors texte, . DUTRIAC. Paris, 1895, 1 vol. petit in-4. 3 fr. 50

s élémentaires d'équitation pratique; . **L.** Paris, 1893, broch. in-12. 1 fr.

ion. — **Manuel élémentaire à l'usage avalier**; par Jehan **Benoit.** Paris, 1893, . in-12. 1 fr.

. **abrégé d'équitation**; par Ch. **Bonnan,** ine d'artillerie, avec 66 figures de Henri AIN. Paris, 1892, 1 vol. in-8. 3 fr.

tion des dames; par M. le comte **de igny**, 2e édition, avec trois eaux-fortes par Lewis BROWN. Paris, 1878, 1 vol. gr. in-8. 8 fr.

élémentaire et analytique d'équita- ou résumé des principes de M. d'AUVERGNE, d'un essai sur les haras; par M. **Ducroc habannes.** Paris, 1827, 1 vol. in-8 avec ie. 3 fr.

raisonné d'équitation, en harmonie avec nnance de cavalerie; d'après les principes a pratique à l'école royale d'application de rie; par M **Cordier,** directeur du manège lite école. Paris, 1824, 1 vol. in-8 avec 3 pl. 6 fr.

isation de l'équitation et dressage des iers et des chevaux; par M. **Pigouche,** lieutenant-colonel au 19e d'artillerie. 2e édition. Paris, 1892, broch. in-18 avec figures dans le texte, cartonné. 60 c.

Manuel d'équitation, ou essai d'une progression pour servir au dressage prompt et complet des chevaux de selle, et particulièrement des chevaux d'armes, précédé d'une analyse raisonnée du Bauchérisme; par **M. Gerhardt,** capitaine-instructeur des lanciers de la garde. Paris, 1859, 1 vol. in-8 avec 12 planches par V. ADAM. 6 fr.

Recherches sur l'équitation militaire; par **Gaume.** Paris, 1880, 1 vol. in-12. 3 fr.

Commentaires historiques et élémentaires **sur l'équitation** et la cavalerie ou revue des progrès obtenus dans l'art équestre depuis l'époque de la renaissance; par **M. P. Mussot.** Paris, 1854, 1 vol. in-8 avec planches. 7 fr. 50

Écuyers et cavaliers. — *Autrefois et aujourd'hui*; par M. le baron **d'Etreillis.** Paris, 1887, 1 vol. in-8 (tiré à 420 exemplaires numérotés) avec 40 planches gravées à l'eau-forte. 40 fr.

Hygiène du cheval de troupe ou méthode raisonnée, théorique et pratique de produire, d'élever, d'améliorer les chevaux de guerre et de prolonger la durée de leurs bons services; par Henri **Wolff,** vétérinaire militaire. Paris, 1881, 1 vol. in-8 avec 4 cartes hors texte et de nombreuses fig. 10 fr.

Hygiène des chevaux en route; par F. **Musany** (*J. S.*). Paris, 1891, in-8. 60 c.

Manuel des piqueurs, cochers, grooms et palefreniers, à l'usage des écoles de dressage et d'équitation de France; par M. le comte **de Montigny.** 6e édition augmentée d'une 8e partie : De l'élevage et de l'entraînement des chevaux de course et de chasse, d'après Digby COLLINS. Paris, 1885, 1 fort vol. in-12 avec planches et figures. 5 fr.

Nouveau manuel du cocher; par Emile **Court,** cocher. Paris, 1885, 1 vol. in-12. 3 fr.

Traité de la conduite en guides et de l'entretien des voitures; par le commandant **Jouffret.** Paris, 1889, 1 vol. gr. in-8 avec 62 fig. 5 fr.

Les remontes françaises. Historique et projet de réforme; par le général T. **Bonie.** Paris, 1889, broch. in-8. 1 fr. 25

Les remontes françaises, d'après M. le général Bonie (*J. S.*). Paris, 1898, in-8. 50 c.

Les effectifs de la cavalerie et l'administration de la remonte; par **M. Casimir-Périer,** député de l'Aube. Paris, 1890, broch. in-8. 40 c.

Puissance comparative en chevaux de remonte des différents États; par le docteur Léonid **de Simonoff** et Jean **de Moerder** (*J. S.*). Paris, 1895, broch. in-8. 50 c.

---

gé d'hippologie, à l'usage des officiers de l'armée; par A. **Vallon,** érinaire principal, professeur d'hippologie et directeur du haras de ole de cavalerie. Adopté pour l'enseignement de l'hippologie dans née par décision ministérielle du 11 juin 1863. 10e édition. Paris,), 1 vol. in-12 avec figures . . . . 3 fr 50

GYMNASTIQUE, ESCRIME, NATATION

L'Agonistique. — Jeux actifs, exercices amusants, par le général **Lewal.** (Premier prix du ministère de l'Instruction publique dans le concours Bischoffsheim.) 1890, in-12 avec une pl. 2 fr.

Manuel de gymnastique éclectique pour tous les âges. 1° Gymnastique pédagogique. — 2° Gymnastique supérieure. 3° Gymnastique de chambre. — 4° Lutte française, art du patin, canne, boxe française, jet de pierres, natation, javelot; par H. **de Jarry de Bouffémont**, professeur, président de la Société de gymnastique d'Épinal, membre de plusieurs sociétés de gymnastique, etc., etc. Paris, 1871, 1 fort vol. gr. in-8, avec portrait, 14 planches et 535 figures dans le texte. 12 fr.

Manuel pour l'enseignement de **la gymnastique et de l'escrime**; publié par ordre de M. le Ministre de la marine et des colonies. Paris, 1884, 1 vol. in-18, avec grand nombre de figures, cartonné toile. 3 fr.

Manuel de gymnastique, approuvé par le Ministre de la guerre le 1er février 1893. Paris, 1894, 1 vol. in-18 avec de nombreuses figures, relié toile. 1 fr.

Exposé sommaire d'une méthode simple et rationnelle de **gymnastique militaire**; par A. **Houssaye**, lieutenant au 71e régiment de ligne (Extr *J. Sciences*). Paris, 1883, broch. in-8 avec figures dans le texte. 75 c.

Traité élémentaire d'anatomie et de physiologie appliquées à la **gymnastique**; par le docteur Camille **Ricque**, médecin-major de 1re classe au 5e régiment d'infanterie. 2e édition. Paris, 1878, 1 vol. in-18. 1 fr. 50

Instruction pour l'enseignement préparatoire de **l'escrime à l'épée**, suivie du règlement provisoire pour l'organisation de l'enseignement gratuit et obligatoire de l'escrime dans l'armée, 28 avril 1872, modifié par la circulaire du 7 décembre 1872. Paris, 1875, broch. in-18, avec planches 50 c.

Manuel d'escrime, approuvé par M. le Ministre de la guerre, le 18 mai 1877. Paris, 1889, 1 vol. in-18, avec figures, cartonné. 60 c.

Manuel d'escrime. Méthode rationnelle; par J. **Cany** et H. **Gosset**, professeurs. Paris, 1898, 1 vol. in-8 avec figures et 16 planches d'après nature. 4 fr.

Ouvrage couronné par la Société d'encouragement de l'Escrime.

Traité de l'art des armes, à l'usage des fesseurs et des amateurs; par **Laboës** Paris, 1818, 1 vol. in-8 avec 20 pl.

Manuel pour l'étude des règles de l'es au fleuret et à l'espadon; par **Sieverb** Paris, 1860, 1 vol. in-4 avec figures.

Théorie de l'escrime simultanée; par Be **Lozès**, ex-professeur aux Ecoles polytech d'état-major, etc., illustrée de figures faites nature. Paris, 1862, broch. in-18. 1

Traité d'escrime. — Pointe; par **Millotte** tenant d'infanterie. Paris, 1864, broch. in-18

Fleurets rompus...; par le capitaine E. C Paris, 1899, 1 vol. in-12 avec figures hors 3

L'escrime dans l'armée. — L'école fran — L'escrime italienne.

L'escrime dans les Universités allema d'après Ludwig-Caesar Roux, Fried. Schub Fehn, etc.: par le colonel **Fix**. Paris, 1896, gr. in-8 jésus avec 233 figures gravées et planche.

L'escrime à Lyon; par Paul **Gauthier** une préface par François DE VEYSSIÈRE. 1888, 1 vol. in-12.

Instruction pour la cavalerie sur le m ment le plus avantageux du sabre Schmidt. Publiée en 1796; traduit de l'all par un officier général (le comte A. DE DU et précédée d'une *dissertation* de l'*escr cheval*, par le traducteur. Paris, 1828, 1 vo avec 8 planches.

De l'escrime à la baïonnette, ou instr pour l'emploi du fusil d'infanterie comme d'attaque et de défense; par **Selmnitz**, ca de l'armée saxonne. Traduit de l'allema J.-B.-N. MERJAY, officier de l'armée belge et Bruxelles, s. d. (1840), in-12 avec 4 pl contenant 12 figures.

Instruction pratique pour l'enseignement él taire de la **natation** dans l'armée; im avec l'autorisation de M. le Ministre de la g par d'**Argy**, chef de bataillon au 18e léger, d'une notice complémentaire adressée au de corps par lettre ministérielle du 18 mai 9e tirage. Paris, 1874, broch. in-16 avec 8 ches.

Fleurets rompus..

Par le Capitaine E. COSTE

Paris, 1899, 1 vol. in-12 avec figures hors texte. . . . . 3 fr. 50

Xᵉ PARTIE

MÉDECINE ET CHIRURGIE MILITAIRES

…ret du 31 octobre 1892 portant règlement sur **…e service de santé en campagne.** Édition **…riginale** exécutée par les soins de l'Imprimerie **…ationale.** Paris, 1893, 1 vol. in-8 avec 44 pl. gravées et de nombreux tableaux. 4 fr.

…nuel technique du brancardier; par le **…r E. Delorme,** médecin-major de 2ᵉ classe, **professeur** agrégé à l'Ecole d'application de médecine militaire (Val-de-Grâce). Paris, 1880, 1 vol. **in-16** avec 45 fig. intercal. dans le texte. 4 fr. 50

…nuel de l'infirmier marin, 4ᵉ édition. 18 janvier 1888.

1ʳᵉ partie, vol. in-12, relié toile. 2 fr. 50
2ᵉ — — — 3 fr. 50

…ladies des marins et épidémies nautiques. Moyens de les prévenir et de les combattre; par les docteurs F. **Burot**, médecin principal de la marine, et M. A. **Legrand**, médecin de 1ʳᵉ classe de la marine. Paris, 1896, 1 vol. gr. in-8. 5 fr.

…cours médicaux aux pêcheurs de la mer du Nord; par le docteur G. **Bonain**, médecin de 1ʳᵉ classe de la marine (*R. M.*). Paris, 1895, br. gr. in-8. 75 c.

…s secours aux blessés et aux naufragés des guerres maritimes; par le docteur C. **Auffret** (de Brest) (*R. M.*). Paris, 1894, 1 vol. in-8 avec 26 figures. 4 fr.

…cours aux victimes des guerres sur mer. Ce qu'ils ont été — Ce qu'ils sont — Ce qu'ils doivent être; par C. **Auffret**, directeur du service de santé de la marine à Brest (*R. M.*). Paris, 1896, broch. gr. in-8 avec 2 fig. 2 fr.

…nistère de la marine. — **Guide médical** pour les commandants des navires dépourvus de médecins. Paris, 1892, in-12 cartonné. 1 fr.

Étude sur le service médical à bord, à l'occasion du combat, suivie d'une note sur l'évacuation des blessés d'une armée navale; par le docteur P. **Brémaud**, médecin principal de la marine, etc. (*R. M.*). Paris, 1897, br. gr. in-8 avec tableaux. 2 fr.

Etude sur le service médical à bord en vue du combat; par le docteur **Gayet**, médecin principal de la marine (*R. M.*). Paris, 1899, br. gr. in-8 avec figures. 2 fr.

Formulaire pharmaceutique des hôpitaux militaires, approuvé par le Ministre de la guerre (Décision ministérielle du 26 mars 1890). Paris, 1890, 1 vol. in-8. 5 fr.

Annexe au formulaire pharmaceutique des hôpitaux militaires, approuvée par M. le Ministre de la guerre (Décision ministérielle du 30 décembre 1894). Paris, 1895, brochure in-8. 1 fr.

Le recrutement et l'hygiène de l'armée; par C. **Boissonnet**, sous-intendant (*J. S.*). Paris, 1892, broch. in-8. 1 fr.

Traité élémentaire d'hygiène militaire; par S. **Rossignol** (de Gaillac), docteur en médecine de la Faculté de Paris, médecin-major de 1ʳᵉ classe en retraite, chevalier de la Légion d'honneur, 2ᵉ édition, revue et considérablement augmentée. Paris, 1883, 1 fort vol. in-8. 7 fr. 50

De la fulguration. Histoire, étiologie, statistique, pathologie, pathogénie et médecine légale des **accidents déterminés par la foudre** sur l'homme et sur les animaux; par **J. Boellmann**, vétérinaire en premier au 14ᵉ régiment de chasseurs. Paris, 1889, 1 vol. in-8. 2 fr. 50

XIe PARTIE

SCIENCES MATHÉMATIQUES, PHYSIQUE ET CHI

Traité de dessin géométrique, ou exposition complète de l'art du dessin linéaire, de la construction des ombres et du lavis; par **Burg**, capitaine d'artillerie, professeur à l'École royale du génie et de l'artillerie de Prusse. 2e édition, complètement refondue; traduit de l'allemand par le docteur Régnier. Paris, 1847, 2 vol. in-4 dont un de 30 planches. 15 fr.

Notice sur l'intégromètre Marcel Deprez et le planimètre Amsler; par M. H. **Sebert**, chef d'escadron d'artillerie de la marine. Paris, 1875, broch. in-8 avec planche et figures. 4 fr. 50

Compléments de géométrie fondés sur la perspective, formant suite à tous les traités de géométrie élémentaire; par **Poudra**, officier supérieur d'état-major en retraite. Paris, 1868, 1 fort vol. in-8 avec 17 planches. 10 fr.

Histoire de la perspective; par **Poudra**. Cet ouvrage fait suite au cours de perspective que professait l'auteur à l'Ecole d'état-major. Paris, 1864. 1 fort vol. in-8 avec 12 planches. 10 fr.

Traité de perspective linéaire, à l'usage des artistes, contenant la pratique de cette science, d'après les meilleurs auteurs, les méthodes les plus simples pour mettre toutes sortes d'objets en perspective, leur réflexion dans l'eau, etc., suivi de la perspective des batailles; par **Lespinasse**. 1823, 1 vol. in-8 avec 29 pl. 7 fr. 50

Perspective relief; par **Poudra**. Paris, 1866, broch. in-8. 1 fr. 25

Cours élémentaire de dessin graphique, à l'usage des sous-officiers d'artillerie; par E. **Simon**, professeur de fortification et de dessin graphique à l'Ecole d'artillerie de Metz. Paris, 1853, 1 vol. in-8 avec atlas in-folio. 7 fr.

Nouveau système de projection de la sphère; par **Guyou** (*R. M.*). Paris, 1887, br. in-8. 1 fr.

L'heure nationale; par A. **Bouquet de la Grye**, de l'Institut, hydrographe en chef de la marine (*R. M.*). Paris, 1898, broch. in-8. 75 c.

Chimie théorique et pratique des industries du sucre; par Hippolyte **Leplay**. — Étude historique, chimique et industrielle des procédés d'analyse des matières sucrées, considérés au point de vue des progrès réalisés et à réaliser dans la fabrication et le raffinage des sucres de betteraves et de cannes, suivie de la description d'un nouveau procédé d'analyse chimique industrielle des matières sucrées. Paris, 1883, 1 vol. in-8. 8 fr.

2e volume. — La mélasse dans la fa et le raffinage des sucres de betterav cannes, comprenant l'étude historique, et industrielle de la formation et de la sition des mélasses dans ces indust 1re époque : depuis leur origine jusqu' 2e époque : depuis 1840 jusqu'en 1850 que : depuis 1850 jusqu'en 1865; 4e depuis 1865 jusqu'en 1873; 5e époque 1873 jusqu'en 1887, et l'étude de l'influ altérations du sucre dans la formation de lasse et des moyens de les prévenir arrêter. Paris, 1891, 1 vol in-8.

Cours de mécanique appliquée. — **Leçon résistance des matériaux** considérée de vue pratique; par **Clarinval**, capitai lerie. Paris, 1861, 1 vol. in-8 avec pl figures dans le texte.

Mission de MM. Bertin et Leflaive au Unis (juillet à septembre 1893). — **L'éle en Amérique**; par J. **Leflaive**, sous- de la marine (*R. M.*). Paris, 1894.

Ire *partie*. Broch. in-8 avec 22 figures

IIe *partie*. Broch. in-8 avec 16 figures

De l'excentricité dans les instrumen flexion et des moyens d'y remédier; par **leret**, ancien lieutenant de vaisseau, pr l'Ecole navale (*R. M.*). Paris, 1886, 1

Tables des sinus, cosinus, tangente tangentes naturels, de minute en m rayon du cercle étant 10,000,000 (Extr. *mémoire des ingénieurs civils*); par G. **chard**, ingénieur, professeur au Con des arts et métiers. Paris, 1884, br

Rapport sur les procédés à employ reconnaître les falsifications de d'olive comestibles et industriel M. Achille **Muntz**, professeur, directe boratoires à l'Institut national agro M. Charles **Durand**, pharmacien de 1 directeur du laboratoire de chimie du de la Marine et M. Ernest **Milliau**, Di laboratoire officiel d'essais techniques au de l'agriculture (*R. M.*). Paris, 1895. in-8.

Les produits chimiques et pharmac des colonies françaises à l'exposit vers; par C. **Delavaud**, pharmacien de la marine (*R. M.*). Paris, 1886, b avec 1 tableau.

LITTÉRATURE ET DIVERS

gnée de héros : Scènes de la vie de cam- par A. Salières. 9e édition. Paris, 1899, in-12. 3 fr.

dramatiques ; par de La Ville de Mir- (Alex.-J.-J.). Ouvrage tiré à 100 exem- . Paris, Amyot, 1846, 4 vol. in-8. 30 fr.

Tome Ier contient : *Artaxerce, Scipion en), Alexandre et Apelle, Le Folliculaire, e VI, Une journée d'élection.*

ome II : *L'Intrigue et l'Amour, le Roman, rigans, la Favorite.*

Tome III : *Le vieux Mari, l'Emeute de e, Le Libéré, le Cabinet d'un Ministre.*

ome IV : *L'an mil neuf cent vingt-huit, yen de parvenir.*

lité de la poésie sous les despotes ; Cœurderoy, dit Brutus, volontaire au on des amis de la République, an II, broch. 50 c.

de France — Poésies; par Charles lmougin. Paris, 1895, broch. in-12. 50 c.

Steeple, histoire drôlatique et hippique; stave Black. Paris, 1882, 1 vol. in-12 avec es et couverture tirées en chromo-lithogra- 3 fr. 50

l'artillerie : Conducteurs et servants; le ette ; le brigadier; la manœuvre; le maré- is logis ; le passage ; le fourrier; le double; ant ; l'étendard ; l'officier; souvenir du t ; le feu d'artifice; le capitaine d'habille- la prison; le capitaine-instructeur; le doc- l'hôpital; le gros-major; le lieutenant- l; l'instruction; le colonel; entre sous-offs; la salle d'armes; le factionnaire; le marchand de punaises; cours d'histoire; la cuisine; la corvée de chichtrack; dans les chambres; dans les cours; le rapport; nos soldats; par M. A. Foubert, 2e canonnier-servant. Paris, 1884, 1 vol. in-18, format Charpentier. 3 fr.

Le marabout de Sidi Fatallah. Episode de l'insurrection tunisienne (1881-1882); par le capitaine Bou-Saïd. Paris, 1884, 1 vol. in-12 illustr. 3 fr. 50

Scènes de la vie musulmane. — Lalla-Mouina ; par le capitaine Bou-Saïd; avec une lettre d'Alexandre Dumas fils. Paris, 1886, 1 vol. in-12. 3 fr. 50

Le gars de Bergen d'après une légende; par Julius von der Traun. Traduit de l'allemand par Géo Bell. Paris, 1885, 1 vol. in-18 orné de 4 gravures. 3 fr. 50

Que deviendront les colonies françaises dans l'éventualité d'un conflit franco-russe avec la triple alliance? Traduction de l'ouvrage polonais *O przymierzu francusko-rosyjskiem*, Napisal Josef Popowsky. Paris, 1892, broch. in-12. 2 fr.

Le général Borgnis-Desbordes et le colonel Humbert, de l'artillerie de marine ; par le colonel Humbert, breveté d'état-major. Gray, 1896, broch. in-8. 2 fr.

Plainte officielle contre le général Desbordes, adressée au Ministre de la marine. — Pour la justice ; par le colonel G. Humbert. Paris, 1898, broch. in-12. 1 fr.

Pour l'honneur ; par le colonel Humbert, breveté d'état-major. momentanément en retraite. 1898, broch. in-12. 1 fr.

ÉE A TRAVERS LES AGES

CONFÉRENCES

a 1898 à l'École spéciale militaire de Saint-Cyr

Par MM.

E, de l'Académie française;
JD. de l'Université de Paris;
OIS, de l'Université de Paris;
RDT, de l'Académie des sciences morales et s;
EUR, Professeur d'histoire au Lycée Henri IV;
de l'Académie française et de l'Académie des morales et politiques;
L. de l'Académie française;
OUX, de l'Académie des sciences morales et s.

2e ÉDITION

1899, 1 vol. in-12. . . . . 3 fr.

ge honoré d'une souscription du Ministère de la t du Ministère de l'instruction publique.

L'ARMÉE A TRAVERS LES AGES

2e *SÉRIE*

CONFÉRENCES

faites en 1899 à l'École spéciale militaire de Saint-Cyr

Par MM.

SOREL, de l'Académie française et de l'Académie des sciences morales et politiques;
GUIRAUD, de l'Université de Paris;
COVILLE, de l'Université de Lyon;
GEBHARDT, de l'Académie des sciences morales et politiques;
LEHUGEUR, Professeur d'histoire au Lycée Henri IV;
CHUQUET, Professeur au Collège de France;
RAMBAUD, de l'Académie des sciences morales et politiques;
VANDAL, de l'Académie française.

Paris, 1900, 1 vol. in-12. . . . . 3 fr.

Ouvrages pour les Candidats à l'École de guer

Histoire.

Histoire abrégée des campagnes modernes; par J. **Vial**, colonel d'état-major en retraite, ancien professeur d'art et d'histoire militaires à l'École d'application d'état-major. Complétée et mise à jour par son fils C. **Vial**, capitaine d'artillerie. 5ᵉ édition. Paris, 1891, 2 vol. in-8 avec atlas de 54 planches. 43 fr.

La campagne de 1796 en Italie; par **Clausewitz**. Trad par J. Colin, capitaine d'artillerie breveté. Paris, 1899, 1 vol. in-8 avec carte. 6 fr

Etudes sur la campagne de 1796-97 en Italie; par J. C., capitaine d'artillerie. Paris, 1898, 1 vol. in-8 avec 29 croq. et 2 cartes. 5 fr.

Histoire de la campagne de 1800, écrite d'après des documents nouveaux et inédits; par M. le duc **de Valmy**, fils du général Kellermann. Paris, 1854, 1 vol. in-8 avec 3 cartes. 5 fr.

Histoire de la campagne de 1800, en Allemagne et en Italie; par M. **de Bulow**, officier prussien, suivie du précis de la même campagne dans la Souabe, la Bavière et l'Autriche, rédigé sur les lieux par un officier de l'état-major de l'armée impériale Traduit de l'allemand et précédé d'une introduction critique, par Ch.-L. Sevelinges. Paris, 1801, 1 vol. in-8. 3 fr.

Mémoires pour servir à l'histoire de la guerre entre la France et la Russie en 1812; par Guillaume **de Vaudoncourt**. Paris, 1817, 2 vol. in-4, dont 1 de planches. 15 fr.

Campagne de 1812 en Russie. Observations sur la retraite du prince Bagration, commandant en chef de la deuxième armée russe; par le colonel **Chapuis**. Paris, 1856, 1 vol. in-8. 3 fr. 50

Mémoires pour servir à l'histoire de la campagne de 1812 en Russie, suivis des lettres de Napoléon au roi de Westphalie pendant la campagne de 1813; par M. Albert **Du Casse**, capitaine d'état-major. Paris, 1852, 1 vol. in-8 avec une carte. 7 fr.

Cet ouvrage comprend particulièrement les opérations de l'aile droite de la grande armée.

Petites causes et grands effets. — **Le secret de 1812.** — (Causes supposées de la campagne de Russie); par Alfred **Sudre**. Paris, 1887, broch. in-8. 1 fr. 50

Examen critique des opérations militaires pendant la guerre de 1866, en Allemagne et en Italie, d'après les meilleurs écrivains militaires; par L. **Schwartz**, lieutenant d'infanterie attaché au dépôt de la guerre belge. Arlon, 1874, 1 vol. in-8 avec cartes et plans. 3 fr. 50

Exposé sommaire de la campagne magne en 1866; par M. Ch. **Fay**, che drou d'etat-major. Paris, 1869, broch. in un plan de la bataille de Sadowa au 1

Etudes d'histoire militaire d'après thode appliquée. Détails tactiques ti bataille de Custozza, livrée le 24 juin 18 ches qui ont précédé la bataille; engag la bataille); par **Verdy du Vernois**, major de l'armée prussienne. Traduit mand par le commandant L. Grandi 1877, 1 vol. in-12 avec planche.

Campagne sur le Mein et la Rednitz, mée gallo-batave aux ordres du Augereau, frimaire, nivôse et pluviôs (1800-1801), avec une carte des opératio prenant depuis Coblentz jusqu'à Egra, et ligne de neutralité jusqu'au Danube. M. **Andréossy**. Paris, 1802, 1 vol. i carte.

La crise européenne en 1866 (Extr *Revue militaire suisse*). Paris, 1866, br. avec carte.

La vérité sur la campagne de Boh 1866, ou les quatre grandes fautes milit Prussiens; par **Lullier**. Paris, 1867, br de 46 pages.

Frœschwiller; par le général H. **Bonn** commenté des événements militaires qu pour théâtre le Palatinat bavarois, la bas et les Vosges moyennes du 15 juillet au 1870. Paris, 1899, 1 fort vol. grand i *Atlas* de 38 cartes.

L'art militaire au XIXᵉ siècle. — St **histoire militaire** (1792-1815, 1815-18 W. **Rüstow**. Traduit de l'allemand sur l tion, entièrement refondue (1882), par le Savin de Larclause. Paris, 1882, 2 v avec planches.

Guerre d'Orient (1877-78). — **Défense de** d'après les documents officiels et privé sous la direction du **Muchir** Ghazi Osm par le général de division **Mouzaffer** p de camp de S M. I. le Sultan, et le li colonel **Talaat bey**, aide de camp du Ghazi Osman pacha. Paris, 1889, 1 vol. atlas de 10 planches en couleurs.

Trois Colonnes au Tonkin (1894-18 le général **Gallieni**, ancien comman 2ᵉ territoire militaire au Tonkin. Pari 1 vol. in-8 avec 10 cartes et 1 vue.

La guerre sino-japonaise (1894-1895 lieutenant **Sauvage**, du 43ᵉ régiment d'i Paris, 1897, 1 vol. in-8 avec atlas in-f prenant 7 cartes et pl. tirés en 5 coul.

turco-grecque de 1897; par le capi-
ichy de l'état-major de l'armée. Paris,
ol. in-8 avec cartes et croquis 5 fr

hispano-américaine de 1898; par le
Bride, breveté d'état-major (réserve).
i. Paris, 1899, 1 vol. in-8 avec de nom-
quis dans le texte. 5 fr.

*ge honoré d'une souscription du Minis-
i guerre et du Ministère de la marine.*

Ouvrages divers.

oire de l'officier d'état-major en
;. 4ᵉ édition. Paris, 1899, 1 vol. in-12
res et tableaux dans le texte, cartonné
laise. 4 fr.

**de-mémoire de l'officier d'infan-
campagne**; par F. **Gardin**, capitaine
giment d'infanterie. 3ᵉ édition revue et
e. Paris, 1897, 1 vol. in-12 avec tableaux
, relié toile. 2 fr. 50
né. 2 fr.

ur servir à l'instruction du **sapeur de**
le et de **tous les gradés de l'arme**,
écution des travaux de campagne; par
rt, capitaine au 15ᵉ chasseurs. Paris,
rol. in-12 avec 154 fig., rel. souple, toile
2 fr. 50

derne. — **Service d'état-major**; par
not, capitaine breveté du génie. Paris,
rol. in-8 avec 3 grands plans. 6 fr.

se des frontières de la France;
r le général **Pierron**. Tome Iᵉʳ. Paris,
rol. de 827 pages. 12 fr.

**odes de guerre actuelles et vers la
XIXᵉ siècle**; par le général **Pierron**.
en 7 vol. in-12. 41 fr.

Tome Iᵉʳ.

rtie : *Conditions à remplir pour com-
der. — Unité de commandement. —
du Ministre de la guerre.* 2ᵉ édition.
s, 1886, 1 vol. 7 fr.

ie : *Places fortes. — Déploiements stra-
ques.* 2ᵉ édit. Paris, 1889, 1 vol. 6 fr. 50

tie : *Chemins de fer. — Télégraphes.*
lit. Paris, 1893, 1 vol. 8 fr. 50

Tome II (*en préparation*).

Tome III.

rtie : *Avant-postes. — Cantonnements.
Bivouacs. — Camps.*

ie : *Investissements*. Paris, 1881, 2 vol.
10 fr.

Tome IV.

rtie : *Manuel pour les reconnaissances
taires.* 1 fort. vol. in-12. 9 fr.

de la guerre. — Iʳᵉ partie : *Marches,
ement, Sûreté*; par le colonel L. **Mail-**
eveté d'état-major, ex-professeur de tac-
érale et du cours d'infanterie à l'Ecole
e de guerre. Paris, 1891, 1 fort vol. gr.
figures dans le texte et un *Atlas* com-
28 grandes planches. 12 fr.

de marche; par le général **Lewal**.
93, 1 vol. in-8 avec carte. 5 fr

Stratégie de combat; par le général **Lewal**.
— Iʳᵉ partie. Paris, 1895, 1 vol. in-8. 4 fr.
— IIᵉ partie. Paris, 1896, 1 vol. in-8. 4 fr.

Le combat complet; par le général **Lewal**.
Paris, 1898, 1 vol. in-8. 2 fr.

La veillée d'Iéna (étude de stratégie de combat).
Paris, 1899, 1 vol. in-8. 2 fr. 50

Petites opérations de la guerre d'après l'expérience des campagnes d'un siécle; par Ch. **Bride**, capitaine breveté d'état-major (réserve). Paris, 1899, 1 vol. in-8 avec 24 croquis.
6 fr.

Notions sur les opérations combinées de l'armée et la flotte, par Ch. **Bride**, capitaine breveté d'état-major (Réserve). Paris, 1898, 1 vol. in-8. 4 fr.

Principes généraux des plans de campagne;
Paris, 1895, 1 vol. in-8. 3 fr.

Préparation à l'Ecole supérieure de guerre. —
Essai sur la tactique. — Exercices sur la carte. Rédaction des ordres. Discussions et solutions de vingt thèmes tactiques donnés aux examens d'entrée à l'Ecole de guerre jusqu'en 1899 inclusivement. *Troisième édition*. Paris, 1899, 1 vol. in-8. 3 fr. 50

Quarts de feuille au 80,000ᵉ nécessaires pour les discussions et solutions des thèmes tactiques donnés aux examens d'entrée à l'Ecole de guerre.

Nᵒˢ		
23.	Réthel (les quatre quarts).	1 fr. 20
31.	Rouen —	1 fr. 20
35.	Verdun (quarts N.-O.—S.-O.).	0 fr. 60
48.	Paris —	1 fr. 20
49.	Meaux —	1 fr. 20
50.	Châlons —	1 fr. 20
52.	Commercy (quart N.-E.).	0 fr. 30
53.	Sarrebourg (quart N.-O).	0 fr. 30
65.	Melun (les quatre quarts).	1 fr. 20
66.	Provins (quart N.-O.).	0 fr. 30
80.	Fontainebleau (les quatre quarts).	1 fr. 20
82.	Troyes (quarts N.-O.—S.-O.)	0 fr. 60
84.	Mirecourt (les quatre quarts).	1 fr. 20
97.	Tonnerre —	1 fr. 20
99.	Langres —	1 fr. 20
111.	Avallon (quarts N.-E.—S.-E.).	0 fr. 60
113.	Gray —	1 fr. 20
	La collection des 53 quarts.	15 fr. 90
	Franco.	16 fr. 75

Questions de tactique appliquée traitées de 1858 à 1882 au grand état-major allemand. — Thèmes, solutions et critiques du maréchal **de Moltke**, publiés par la section historique du grand état-major allemand. Traduit de l'allemand par le capitaine Richert, professeur à l'Ecole supérieure de guerre. Paris, 1895, 1 vol. in-8 avec *Atlas* de 27 cartes et 9 croquis. 14 fr.

Thèmes tactiques gradués. Application des règlements sur le service en campagne et sur les manœuvres à un détachement de toutes armes; par le major **Griepenkerl** Trad. de l'allemand par le capitaine Richert, de l'Ecole supérieure de guerre. Cartes accompagnant le texte : 1ᵒ 80,000ᵉ Metz; 2ᵒ 25,000ᵉ Metz, Verny, Ars, Gravelotte. 2ᵉ édition. Paris, 1899, 1 vol. in-8. 10 fr.

Napoléon, chef d'armée; par le lieutenant-colonel **Yorck de Wartenburg**. Traduit de l'allemand par le commandant Richert, de l'Ecole supérieure guerre. Paris, 1899, 2 vol. in-8. 12 fr.

Précis de l'art de la guerre ou **Nouveau tableau analytique** des principales combinaisons de la stratégie, de la grande tactique et de la politique militaire; par le baron **de Jomini**, général en chef, aide de camp de S. M. l'Empereur de toutes les Russies. *Nouvelle édition*, revue et augmentée d'après les appendices et documents du général JOMINI; par F. **Lecomte**, ancien colonel divisionnaire suisse, membre hon. de l'Académie royale des sciences militaires de Suède. Paris, 1894, 2 vol. in-8 avec un *Atlas*. 20 fr.

La guerre raisonnée; par le général E. **Schneegans**, ancien commandant de corps d'armée et de l'École supérieure de guerre. Paris, 1891, 1 vol. in-8. 6 fr.

La guerre moderne; par le général **Derrécagaix**. — Première partie : *Stratégie*. 2ᵉ édition. Paris, 1890, in-8 avec atlas. 10 fr.
Deuxième partie : *Tactique*. 2ᵉ édition, Paris, 1890, in-8 avec atlas. 10 fr.

Maximes napoléoniennes. — Répertoire militaire; par le général **Grisot**.
Principes de la guerre. Paris, 1897, in-8. 1 fr.
Stratégie. Paris, 1898, broch. in-8. 1 fr. 25
Le temps — Les hommes. — Les troupes. — Officier. — Soldat français. Paris, 1898, broch. in-8. 1 fr.
Nations étrangères. — Levées en masses — Généraux : esprit, caractère. Paris, 1898, broch. in-8. 1 fr.
Commandement. Paris, 1898, broch. in-8. 1 fr.
Obéissance. — Buts secondaires. — Obstacles du sol. — Frontières — Théâtre d'opérations. — Lignes de défense. — Plan de guerre. Paris, 1898, broch. in-8. 1 fr.
Études préparatoires. — Cartes — Renseignements. — Journaux. Paris, 1899, in-8. 1 fr.
Rassemblement des armées. Débarquements. — Plan de campagne. — Saut. — Résolution. Vitesse. — Précipitation. Retards. — Offensive. Paris, 1899, broch. in-8. 75 c.
Concentration des forces sur le champ de bataille. — Dissémination des forces. — Se rendre compte des forces de l'ennemi. — Diversions. — Détachements. Paris, 1899, broch. in-8. 75 c.
Corps d'observation. — Manœuvres entre deux masses. — Positions de flanc. — Manœuvres avec des colonnes séparées par des obstacles. — Manœuvres sur un fleuve. Paris, 1899, broch. in-8. 50 c.
Passages des fleuves et rivières — Défense des rivières — Double ligne d'opération pendant la bataille. — Plan d'attaque. Paris, 1899, broch in-8. 75 c.
De la bataille. — Deuxièmes lignes et des réserves — Poursuites. — Communications. Occupation. — Organisation des pays conquis. Paris, 1900, broch. in-8. 1 fr.

Stratégie napoléonienne. — **Maximes de guerre de Napoléon Iᵉʳ**; par **A. G.**, ancien élève de l'École polytechnique. — *Nouvelle édition* Paris, 1897, 1 vol. in-8 avec cartes et croquis. 7 fr. 50

La guerre de masses. 1ʳᵉ *étude* : **Préparation stratégique des actions décisives**. Iʳᵉ partie : *Guerre napoléonienne*. Paris, 1890, 1 vol. in-8. 3 fr. 50
IIᵉ partie : *Guerre de 1870. Discussion du plan d'opérations français*. Paris, 1893. 1 vol. in-8. 2 fr. 50

Guerre napoléonienne. — *Campagne en Allemagne*. — **Fragments straté**
1ᵉʳ fasc. Paris, 1891, 1 vol. in-8 avec car

La bataille napoléonienne; par **H.**
chef d'escadron d'artillerie, breveté d'éta
Paris, 1899, broch. in-8.

Stratégie. — Étude par le colonel **Blun**
mandant le régiment de fusiliers de Mag
nᵒ 36. Traduit de l'allemand, 1884. 1 v

Tactique et stratégie. — **Mouvements d**
par le général **Bernard**. Tarbes, 189
in-12.

Manœuvre d'un détachement de toute
avec feux réels; par le général **La**
Paris, 1897, in-12 de 80 pages avec cart
7 croquis dont 2 panoramiques.

La tactique élémentaire de l'infanter
çaise depuis un siècle; par **M. Odon**, c
dant au 131ᵉ régiment d'infanterie. Pari
1 vol. in-12 avec planches et figures
texte.

Quelques indications pour le comb
M. le général **Ferron**. 5ᵉ édition mise à j
l'emploi de la poudre sans fumée. Pari
broch. in-8.

Études d'art et de technologie militaires. -
mement et la technique des feux
fanteries modernes; par le com
Legros. Paris, 1899, 1 vol. in-8 avec d
breux graphiques intercalés dans le texte.

Tir de l'infanterie aux grandes distance
rasance des terrains avec le clipsc
Résolution instantanée des problèmes d
champ de bataille, déduit d'une étude a
die et complète de la rasance en trois
Théorie; Pratique; Critique; par le li
d'André, du 100ᵉ régiment d'infanterie
1898, 1 fort vol. gr. in-8 jésus avec 210
cartes, croquis et tableaux.

Conférence sur la cavalerie dans le p
dans l'avenir; par **M. d'Andlau**, lie
colonel d'état-major. Paris, 1870, 1 vol
avec figures et planches.

Tactique française. — **Cavalerie au comb**
le général **T. Bonie**. Paris, 1887, 1 v

Tactique française. — **Cavalerie en cam**
par le général **T. Bonie**. Paris, 1888, 1 v

Questionnaire militaire français-ital
l'usage des officiers, futurs officiers, int
militaires; par Francis **Chaboxy**, inter
réserve. (D'après le questionnaire franç
mand du commandant Richert.) Paris, 189
in-12.
Reliure souple, toile anglaise.

Équitation; par le commandant **Bonnal**
1890, 1 vol. gr. in-8, avec fig. et planche

L'artillerie de campagne dans le
futur et son instruction au point
de la guerre; par **Layriz**, lieutenant
du 2ᵉ régiment d'artillerie bavarois. T
l'allemand par E. A. Paris, 1899, 1 vol. in

La patrouille d'artillerie. — **Reconnai**
du terrain et de l'ennemi; **observat**
tir; par **Rüder**, lieutenant-colonel au r
d'artillerie de campagne nᵒ 18 (2ᵉ régi
Brandebourg). Traduit de l'allemand pa
Paris, 1899, 1 vol. in-8.

Géographie.

ie militaire. — **France**; par le colonel 5e édition. Paris, 1897, 1 vol. in-8 avec 5 fr.
toile, 6 fr.

ie militaire. — **Algérie et Tunisie**; par nel **Niox**, professeur à l'Ecole supérieure rre. 2e édition, avec une grande carte de ie et de la Tunisie au 1/2,000,000e, cartes gérie au 1/5,000,000e et figures dans le Paris, 1890, 1 vol. in-12. 6 fr.

ie militaire. — **Allemagne, Pays-Bas, nark, Russie occidentale**; par le colo- ox. 3e édit., entièrement remaniée. Paris, 1 vol. in-12 avec 2 cartes. 4 fr.

ie militaire. — **Grandes-Alpes, Suisse lie**: Alpes et Italie, Italie péninsulaire rionale; par le colonel **Niox**. 3e édit. 1894, 1 vol. in-12 avec cartes. 4 fr.

ie militaire. — **L'expansion euro- e**: Empire britannique, Asie, Afrique et e; par le colonel **Niox**. 3e édition complé- ris, 1897, 1 vol. in-8 avec carte et croquis. 6 fr. 25
é toile. 7 fr. 25

e. — *Expansion des grandes puissances trême-Orient* (1895-1898). Paris, 1899, in-8 avec carte 5 fr.

ortification et services du génie.

Hardy de Périni. — **Conférences entaires sur la fortification.** — 7e édi- ntièrement refondue et mise à jour par r, avec le concours de E. Multzer, capi- du génie, inspecteur des études à l'Ecole hnique. Paris, 1899, 1 vol. in-8 avec nom- s figures. 4 fr.

tion sur les travaux de campagne, à des troupes d'infanterie, approuvée par istre de la guerre le 15 novembre 1892. 1898, 1 vol. in-18 cartonné avec de nom- s figures dans le texte. 1 fr.

ification dans ses rapports avec la ue et la stratégie. — Conférences faites le supérieure de guerre (1883-1885); par **lambre**, colonel du génie. Tome Ier : *For- on passagère*. Paris, 1887, 1 vol. in-8 avec e et figures. 6 fr. 50

u manuel de fortification permanente, d'après les programmes officiels des di- Ecoles militaires; par un **Officier supé- du génie**. Paris, 1894, 1 vol. in-8 avec gures intercalées dans le texte. 7 fr.

ent sur le service et les manœuvres ontonniers. Approuvé par le ministre de rre le 24 décembre 1897. 3e édition, conte- es modifications apportées à la composi- s équipages de pont et rectifiée conformé- ux feuilles rectificatives 1 et 2. Paris, 1898, in-18 avec 25 pl., cartonné. 3 fr. 50

Cours spécial sur les ponts militaires et le passage des rivières, approuvé par le Ministre de la guerre le 17 octobre 1888. 2e tirage. Paris, 1896, 1 vol. in-18, avec de nombreuses figures. 2 fr.

Législation et administration militaires.

Manuel de législation, d'administration et de comptabilité militaires, à l'usage des offi- ciers et des sous-officiers de toutes armes; par le lieutenant-colonel L. **Beaugé**, commandant de recrutement. 10e édition, *complètement refondue et mise à jour*. Paris, 1896, 2 forts vol. in-12. 14 fr.

Loi du 15 juillet 1889 sur le **recrutement de l'ar- mée**, annotée et mise à jour (mars 1900). Paris, 1899, broch. in-8. 50 c.

Avancement dans l'armée. — Edition mise à jour des textes en vigueur jusqu'au 1er mai 1899. Paris, 1899, broch. in-8. 1 fr.

Règlement et décret du 16 juin 1897, sur le recrutement, la répartition, l'instruction, l'admi- nistration et l'inspection des officiers de réserve et des officiers de l'armée territoriale, suivi du programme des connaissances exigées. Paris, 1898, broch. in-8. 50 c.

Etat des officiers. — **Conseil d'enquête** des officiers, sous-officiers et assimilés (armée active, réserve, armée territoriale). Edition mise à jour des textes en vigueur jusqu'au 1er juin 1899. Paris 1899, broch. in-8. 60 c.

Décret du 14 juillet 1889 portant **règlement sur l'administration et la comptabilité** des corps de troupe. Edition mise à jour des textes en vigueur jusqu'au 1er novembre 1897. Paris, 1898, 1 vol. in-8. 1 fr. 50
— *Modèles*, 1 vol. in-8. 3 fr.

Règlement et instruction du 16 novembre 1887 sur le **service de l'habillement** dans les corps de troupe (masse d'habillement). Edition mise à jour des textes en vigueur jusqu'au 15 septembre 1898 et les circulaires des 1er mai et 21 juin 1899. Paris, 1899, 1 vol. in-8. 1 fr. 85

Règlement du 3 mars 1899 sur le **service du casernement**. Paris, 1899 1 vol. in-8. 1 fr. 50

Décret du 29 mai 1890 portant règlement sur la **solde et les revues**. Edition mise à jour jus- qu'au 1er juin 1897. Paris, 1897, 1 vol. in-8. Texte seul. 1 fr. 50
— *Modèles*. 1 vol. in-8. 3 fr. 50

Tarifs de solde. Décret du 27 décembre 1890, mis à jour jusqu'au 15 septembre 1896. Paris, 1896, broch. in-8 avec tableaux. 1 fr.

Règlement du 29 juillet 1899 sur la **gestion des ordinaires de la troupe**, précédé d'un Rapport au Président de la République, suivi des prescriptions relatives à la fourniture de la viande fraîche aux ordinaires de la troupe. Edition com- plète. Paris, 1899, broch. in-8. 1 fr.

Instruction du 22 août 1899, concernant les **offi- ciers d'approvisionnement**. Paris, 1900, broch. in-8. 1 fr. 25

Organisation militaire.

L'armée en France. — Histoire et organisation depuis les temps anciens jusqu'à nos jours; par **Dussieux**, professeur honoraire à Saint-Cyr. Paris, 1884, 3 vol. in-12 de 400 pages. 10 fr. 50

De l'armée selon la Charte et d'après l'expérience des dernières guerres (1792-1815); par le comte **Morand**, lieutenant général. 2e édition. Paris, 1894, 1 vol. in-8 avec figures. 6 fr.

Des principes d'organisation des armées; par **Th. Jung**, officier d'état-major (*J. S.*). Paris, 1874, broch. in-8. 1 fr. 25

L'Allemagne et l'armée allemande. Livret de campagne, par Jean **Povolni**. Paris, 1891, broch. in-12. 1 fr. 25

L'armée allemande sur le pied de guerre; par le commandant **Rivière** (2e bureau de l'État-major général du Ministère de la guerre (*R. M. E.*, années 1883-1884). Paris, 1883, 1 vol in-8 avec figures, croquis, tabl., etc. 7 fr. 50

Rapport sur l'armée allemande, adressé à S. M. I. le grand-duc Nicolas; par le général baron **Kaulbars**, de l'état-major russe, au retour de sa mission militaire à Berlin (1875-1876). Traduit du russe avec l'autorisation de l'auteur, par G. Le Marchand, chef d'escadron au 12e régiment d'artillerie. 3e édition, revue et corrigée Paris, 1888, 1 vol. in-12. 5 fr.

Une visite aux armées russe et suédoise; par **H. de Malleray**, capitaine au 48e régiment d'infanterie (*J. S.*). Paris, 1895, broch. in-8 avec figures. 1 fr.

Notes sur l'armée russe; par Henri **Baraude**, (*J. S.*). Paris, 1898, broch. in-18. 50 c.

Tactique d'infanterie et de cavalerie.

Règlement du 29 juillet 1884 modifié par décision ministérielle du 15 avril 1894 sur l'**exercice et les manœuvres de l'infanterie.** Nouvelle édition. 1900.

Titre I à V, 4 vol. in-18 cartonné. 2 fr. 70
Relié toile. 3 fr. 60

Décret du 28 mai 1895 portant règlement sur le **service des armées en campagne.** Paris, 1899, 1 vol. in-18 cartonné. 1 fr.
Relié toile. 1 fr. 25

Instruction générale du 4 février 1899, sur la **guerre de siège.** Paris, 1899, 1 vol. in-12, cartonné. 60 c.
Relié toile. 80 c.

Instruction pratique provisoire du 24 décembre 1896 sur le **service de l'infanterie en campagne.** Paris, 1898, 1 vol. in-18 cartonné. 50 c.
Relié toile. 75 c.

Règlement sur l'instruction du tir, approuvé le 22 mai 1895. Paris, 1897, 1 vol. in-18 cart. 60 c.
Relié toile. 80 c.

Ministère de la guerre. — **Décret** du 12 mai 1899 portant règlement sur les **exercices et les manœuvres de la cavalerie.** 3 vol. in-18.

Tome Ier : *Bases de l'instruction.* — *Instruction individuelle.* Cartonné. 1 fr. 50
Relié toile. 1 fr. 75

Tome II : *Instruction d'ensemble.* — *de la cavalerie dans le combat.* Ca[...]
Relié toile.

Tome III : *Dressage du cheval.* — — *Harnachement.* — *Sifflet.* — *ries*, etc. Cartonné.
Relié toile.

Instruction pratique provisoire du 24 [...] 1896 sur le **service de la cavalerie** [...] **pagne.** Paris, 1900, 1 vol. in-18 ave[c] cartonné.
Relié toile.

Projet de règlement de manœuvres [...] **tillerie de campagne**, approuvé par l[e] [...] de la guerre le 18 juillet 1898. Paris, 19[...] in-12 cartonné.
Relié toile.

Règlement sur le service des canon[s] [...] **et de 90 millimètres**, approuvé par le [...] de la guerre le 4 juin 1893. Edition cont[...] modifications apportées par les feuilles [...] tives n° 2 (2 mai 1895), n° 3 (4 janvi[...] n° 4 (14 juin 1897. Paris, 1898, 1 vol. i[...] tonné

Règlement sur le service du canon [...] **court**, approuvé par le Ministre de la g[...] 28 mai 1895. Paris, 1896, 1 vol. in[...] figures, cartonné, avec feuille rectificati[...]

Règlement sur le service du maté[riel] [...] **155 court**, modèle 1890. Approuvé pa[r] [...] nistre de la guerre le 16 mars 1891. Par[...] 1 vol. in-12 avec fig., cart.

Règlement sur le service des bouche[s] [...] **de siège et de place**, approuvé par le [...] de la guerre. 2e *tirage*.

Ire partie : Titres I, II, III, IV. Service des bouches à feu, approuvé le 6 avril 1889. In-12 cart.

— Titre V. Manœuvres de force, approuvé le 23 mars 1890. In-12 cart.

IIe partie : Matériel, appr. le 6 avril 1889. In-12 cartonné.

IIIe partie : Renseignements, approuvé le 4 juin 1892. In-12 cartonné.

Topographie.

Traité de topographie et de reconnais[sances] **militaires**; par **E. Bertrand**, lieuten[ant-colo]nel du génie, ancien professeur à l'École [...] militaire. 4e édition. Paris, 1893, 1 v[ol.] [...] avec un grand nombre de figures dans l[e texte].

Langue allemande.

Langue allemande. — **Cours de thèmes** [...] **taires** à l'usage des officiers et futurs o[...] par **G. Richert**, capitaine d'infanterie, pr[...] à l'École supérieure de guerre. Paris, 189[...]
Ire Partie : *Thèmes.* 1 vol., rel. toile. [...]
IIe Partie : *Corrigés.* 1 vol., rel. toile. [...]

JOURNAL MILITAIRE

Éditeurs : R. CHAPELOT et Cie

1900. — 111e Année

Prix de l'abonnement :		Six mois.	Un an.
	Paris et Province	5 fr.	10 fr.
	Étranger	8 fr.	15 fr.

Les abonnements ne sont reçus qu'à partir du 1er janvier ou du 1er juillet contre l'envoi d'un mandat-poste.

La Librairie R. CHAPELOT et Ce possède encore, pour compléter des Collections de ce Recueil, quelques exemplaires des séries, années ou semestres ci-après :

1e ÉDITION REFONDUE (1791-1872). — **Journal militaire officiel (1791-1872).** Édition refondue et mise à jour, conformément à la décision ministérielle du 11 octobre 1871. Paris, 1872, 18 vol. in-8° et un cahier de modèles, in-4° .... 110 fr.

Décrets, arrêtés et décisions de la Délégation du **Gouvernement de la Défense nationale** hors Paris. 1° Partie réglementaire (décrets, arrêtés et décisions) ; 2° Nominations et promotions ; 3° Mutations ; 4° Nominations dans l'ordre de la Légion d'honneur ; 5° Médaille militaire ; 6° Mentions honorables. 1 vol. in-8° .... 12 fr.

Table générale des dispositions en vigueur insérées au *Journal militaire officiel* du 10 juillet 1791 au 1er janvier 1886. établie conformément à la décision ministérielle du 16 février 1886, Paris, 1886, 1 vol. in-8 .... 7 fr.

2° SUITE (1873 (1) 1886)	1877.	Partie réglementaire.	2 volumes	15 fr.
— —	1878.	—	2 volumes	15 fr.
— —	1879.	—	2 volumes	15 fr.
— —	1880.	—	2 volumes	15 fr.
— —	1881.	—	2 volumes	15 fr.
— —	1882.	—	2 volumes	15 fr.
— —	1883.	—	4 volumes	20 fr.
— —	1884.	—	3 volumes	20 fr.
— —	1885.	—	2 volumes	15 fr.
— —	1886.	—	2e semestre seul	8 fr.
3° NOUVELLE SÉRIE	1887 à 1899, les 2 vol. par année			10 fr.

Une **Collection complète,** partie réglementaire (1791 à 1899 inclus) en 74 volumes environ, d'occasion. **400** fr.

Le *Journal militaire*, fondée en 1790, est uniquement consacré à la publication des lois, décrets, règlements, circulaires, concernant les armées de terre et de mer. Il tire ses documents du *Journal officiel*, du *Bulletin du Ministere de la guerre* et du *Bulletin des lois*, et les fait suivre, quand il y a lieu, de commentaires destinés à faire éviter au lecteur des recherches difficiles. Son prix est de beaucoup inférieur à celui du *Bulletin du Ministère de la guerre*. De plus, chaque abonnement donne droit à une prime gratuite d'une valeur incontestable.

Les années 1873, 1874, 1875, 1876 et le 1er sem. 1886 sont épuisés et devenus rares.

BULLETIN OFFICIEL
DE LA MARINE

Année **1887**	**20** fr.	Année **1893**	**20**
— **1888**	**20** fr.	— **1894**	**20**
— **1889**	**20** fr.	— **1895**	**20**
— **1890**	**20** fr.	— **1896**	**20**
— **1891**	**20** fr.	— **1897**	**20**
— **1892**	**20** fr.		

BULLETIN OFFICIEL
DU MINISTÈRE
DES COLONIES

Année **1887**	**20** fr.	Année **1893**	**20**
— **1888**	**20** fr.	— **1894**	**20**
— **1889**	**20** fr.	— **1895**	**20**
— **1890**	**20** fr.	— **1896**	**20**
— **1891**	**20** fr.	— **1897**	**20**
— **1892**	**20** fr.	— **1898**	**20**

[T]ABLE ALPHABÉTIQUE

D

N

Pages. — Prix.

5 **Pasquier**. Le cavalier en temps de paix et en temps de guerre. 1 50
2 **Patrouilles** (les petites). . . . . . » 40
58 **Patry**. Guerre franco-allemande. . . . . . 200 »
53 **Patté**. La race. — Nos gloires militaires. » 50
60 **Pau**. V. *Schell (de) (Opérations de la 1re armée)*.
46 **Pêche** (la) maritime à vapeur. 2 50
56 **Pelet**. Campagne de 1813. . . . . . 7 »
55 — Guerre de 1809 en Allemagne. . . . . . 40 »
27 **Pelet-Narbonne**. Le service des rapports. 1 50
61 **Pellenc**. Les italiens en Afrique. . . . . . 5 »
88 **Pellier**. V. *Musany (Conseils pour le dressage)*.
59 **Pellissier**. Les mobilisés de Saône-et-Loire. 1 50
68 **Pellissier de Reynaud**. Annales algériennes. . . . . . 21 »
56 **Pellot**. Armée des Pyrénées. . . . . . 3 »
78 **Peloux**. Manuel. . . . . . 7 »
84 **Pensions**.
54 **Peretsdorf**. V. *Ravichio de Peretsdorf*.
Périni (de). V. *Hardy de Périni*.
21 **Périzonius**. V. *Traité d'art militaire*.
31 **Péroz** La tactique dans le Soudan. . . . . . 5 »
65 **Perraud**. Discours militaires. 3 50
54 **Perreau**. Catinat et l'invasion. . . . . . 2 »
57 **Perrossier**. Le 3e corps de l'arm. d'Italie. » 75
50 **Perrot**. Panoplie. . . . . . 50 »
72 **Personnel** (du) de l'habillement, etc, dans l'infanterie. . . . . . » 50
39 **Perte** (la) des États. . . . . . 2 »
39 — — Réplique au général Brialmont. 1 25
39 — (la) des états. Réplique à M. le Capit. Millard. . . . . . » 50
47 **Pestitch**. Marine contemporaine. 1 50
60 **Petit** (de). Conquête de la vallée d'Atchin. 11 »
8 **Petit** Cours spécial (artillerie). . . . . . 3 »
13 **Petite** encyclopédie. . . . . . 6 »
29 **Petites** études de guerre. Organisation et marche d'une division d'infanterie. . . 3 50
2 — (les) patrouilles. . . . . . » 40
75 **Petitjean**. Aide-mémoire. 1 50
73 **Peyret**. Les corps de réserve. . . . . . » 75
57 **Pflug** Souvenirs de Crimée. . . . . . 5 »
73 **Philebert**. Des cadres de réserve. . . . . . » 75
68 — Création des postes. 1 50
29 — Dernier effort. . . . . . 5 »
60 — Expédition dans les Beni-Menacer. 1 50
68 — Occupation de l'Algérie. . . . . . 1 »
30 — A propos des manœuvres de 1889. . . . . . 1 »
34 **Philip** (de). Service d'état-major. . . . . . 5 »
62 **Philippines** (les) et l'insur. de 1896-1897. . . . . . 1 50
92 **Physique et chimie**.
54 **Piales d'Axtrez** V. *Romagny et Piales d'Axtrez*.
67 **Picard**. Evolutions et doctrine de la géogr. 1 »
27 — Orientation tactique caval. . . . . . » 75
67 — V. *Porro. Notes sur l'étude de la géographie*.
4 **Picard et Bouchard**. Ecole du cavalier. 10 »
4 — Planches murales de l'école du cavalier. 10 »
37 **Piel**. V. *Tchernoff (Constitution et travail de l'acier)*.
2 **Piellard**. Guide méthodique. . . . . . 4 »
22 **Pierron**. Comment s'est formé le génie. . » 75
24 — Défense des frontières. . . . . . 12 »

Pages. — Prix.

60 **Pierron**. Guerre carliste. . . . . . » 7[illegible]
25 — Je dois aller en avant-poste. . . . . . » 3[illegible]
20 — Les méthodes de guerre :
Tome I, 1re partie. . . . . . 7 [illegible]
— 2e partie. . . . . . 6 [illegible]
— 3e partie. . . . . . 8 [illegible]
— II. . . . . . » [illegible]
— III. 1re et 2e parties. . . . . . 10 [illegible]
— IV. 1re partie. . . . . . 9 [illegible]
56 — Napoléon de Dresde à Leipzig. . . . . . 1 [illegible]
23 — V. *Clausewitz (Théorie de la grande guerre)*.
89 **Pigouche**. Vulgarisation de l'équitation. . » [illegible]
88 **Pinel**. Le dressage des chevaux. . . . . . 2 [illegible]
87 — Hippognosie. . . . . . 3 [illegible]
7 **Pinet**. Notions sommaires sur l'artillerie divisionnaire. . . . . . » [illegible]
14 **Pion**. Nouveau vocabulaire français-allemand. . . . . . 3 [illegible]
39 **Piron**. Le bombardement. . . . . . 8 [illegible]
40 — Essai sur la défense des eaux. . . . . . 6 [illegible]
73 **Places** (les) fortes et les services techniques. » [illegible]
47 **Plan**. V. *Doneau du Plan (Histoire de la Compagnie des Indes)*.
18 **Plessix**. Le fusil de l'avenir. . . . . . » [illegible]
8 — Nouveau cours spécial. . . . . . 12 [illegible]
33 **Podio** (de). V. *Du Puy de Podio*.
47 **Poidlouë**. Budget de la marine anglaise (1899-1900). . . . . . 1 [illegible]
63 **Poirier**. Investissement et bombardement de Mézières. . . . . . 3 [illegible]
75 **Poirot** Questionnaire. . . . . . » [illegible]
15 — Cours de topographie. . . . . . 4 [illegible]
65 — Devoirs moraux. . . . . . 1 [illegible]
65 **Ponchalon** (de). L'école du bon sens. . . . » [illegible]
89 **Ponton d'Amécourt** (Vicomte de). V. *Dumas (J. B.) Album d'équitation*.
8 **Pontonniers**. V. *Règl du 24 déc.* 1877.
40 **Ponts** militaires.
8 — militaires (Cours spécial). . . . . . 2 [illegible]
8 — — (Extr. du cours spécial). . . . . . 1 [illegible]
40 — militaires mixtes. . . . . . » [illegible]
57 **Poplimont**. Campagne d'Italie. . . . . . 7 [illegible]
93 **Popowsky**. Que deviendront les colonies françaises. . . . . . 2 [illegible]
67 **Porro**. Notes sur l'étude de la géographie. » [illegible]
17 **Porte-cartes** d'état-major.
16 **Portefeuille**. Hennequin. . . . . . 2 [illegible]
16 **Porte-mine** triangulaire (nouveau). . . . . . 2 [illegible]
66 **Potiche** (de). Mont Saint-Michel. . . . . . 15 [illegible]
92 **Poudra**. Compléments de géométrie. . . . . . 10 [illegible]
92 — Histoire de la perspective. . . . . . 10 [illegible]
92 — Perspective relief. . . . . . 1 [illegible]
26 **Pouvourville** (de). Notes sur la marche. 1 [illegible]
85 **Povolni**. L'Allemagne et l'armée allemande. 1 [illegible]
48 **Poyen-Bellisle** (de). L'artill. de marine. 3 [illegible]
48 **Poyen** (de). Description des projectiles (Marine allemande). . . . . . 3 [illegible]
48 — Description sommaire des bouches à feu (Marine des Etats-Unis). . . . . . 2 [illegible]
48 — Description sommaire des bouches à feu (Marine russe). . . . . . 4 [illegible]
48 — Renseignements sur les bouches à feu (artillerie anglaise). . . . . . 1 [illegible]
48 — Sur l'artillerie de la marine (Italie). . . . . . 3 [illegible]
48 — Sommaires artillerie (Suède et Norwège). 5 [illegible]
35 — Du rôle de l'artillerie navale. . . . . . 7 [illegible]
48 — V. *Hontoria (Gonzalès). Exposé sommaire du système d'artillerie*.

T

U

Paris. — Imprimerie R. Chapelot et Cie, 2, rue Christine.

Collection CHARAVAY-MARTIN

PARIS

LIBRAIRIE D'ÉDUCATION DE LA JEUNESSE

H.-E. MARTIN, LIBRAIRE-ÉDITEUR

7, RUE DES CANETTES, 7

DIVISIONS DU CATALOGUE

LIVRES D'ÉTRENNES

Albums Job-Montorgueil

Les **ALBUMS de MM. JOB et MONTORGUEIL** sont, de l'avis de tous les connaisseurs, la production chromotypographique la mieux réussie du siècle.

Cette amusante **Histoire de France** comprend trois albums qui, séparément, forment un tout.

Le premier est intitulé :

FRANCE, SON HISTOIRE

Il va des origines à 1789.

* * *

Le second est intitulé :

LA CANTINIÈRE

La période de la Révolution et de l'Empire (1789-1815) y est racontée.

* * *

Le troisième et non le moins intéressant :

LES TROIS COULEURS

contient l'Histoire de France de 1815 à 1880.

* * *

LES CHANTS NATIONAUX DE TOUS LES PAYS

Texte de MONTORGUEIL	Musique de Samuel ROUSSEAU
Aquarelles de **JOB**	Encadrements de DROGUE

Nouveauté publiée spécialement pour l'Exposition

* * * * *

Chaque Album élégamment relié, tranches rouges :

Prix : 12 francs

Gil Blas de Santillane

DE

LESAGE

Édition illustrée de douze Aquarelles hors texte et de trente-huit Gravures en couleurs

PAR

MAURICE LELOIR

PRÉFACE PAR **LÉO CLARETIE**

Un magnifique volume in-8° colombier de 320 pages, tiré sur beau papier vélin :

Broché, avec couverture en deux couleurs. . . . . **20** fr.
Riche reliure amateur, avec plaque spéciale, tranches dorees. . **25** fr.
Demi-reliure amateur, tête dorée. . . . . **32** fr.
Des exemplaires pliés, non cousus et non rognés, seront livrés au public dans un élégant emboitage. . . . . **27** fr.

TIRAGES DE LUXE

50 exemplaires. N°ˢ 1 à 50 sur Japon Impérial. . . . . **120** fr.
Souscription réservée à Mme Melet, libraire, 43, Galeries Vivienne, Paris.
30 exemplaires. N°ˢ 1 à 50 sur Chine fort. . . . . **110** fr.
25 exemplaires, sur Japon Impérial, tirage en sanguine . . . **50** fr.
20 exemplaires, sur Chine fort, tirage en noir, *non mis dans le commerce*. . . . . **40** fr.

COLLECTION IN-4° ILLLUSTRÉE

Chaque volume relié... **15** fr.

TRENTE-CINQ MOIS DE CAMPAGNE

Par Émile DUBOC

Illustré par P. MARIE et A. BRUN

OUVRAGE COURONNÉ PAR L'ACADÉMIE FRANÇAISE

Edgard MONTEIL

LES 3 DU MIDI

Illustré de 50 dessins

De ROBIDA

Henry de BRISAY

JEAN LA POUDRE

100 Compositions en noir et en couleur

De JOB

Henry De BRISAY

A L'ABORDAGE

50 Illustrations de ZIER

GRAVÉES SUR BOIS

I. P. — V. P.

E. D'HERVILLY

TROP GRANDE

ROMAN DE JEUNES FILLES

ILLUSTRATIONS de MARS

COLLECTION GRAND IN-8° JÉSUS

Chaque volume relié... **11** fr.

Les Deux Gosses, par Pierre DECOURCELLE, illustré par JOUENNE.

Histoire d'un Bonnet à Poil, par Jules de MARTHOLD, illustrations de JOB.

L'avenir d'Aline, par Henri GRÉVILLE, illustrations de LÉANDRE.

Droit au But, par Louis MAINARD, illustrations de MONTADER.

Simplette, texte et dessins de CALMETTE.

Tenues des Troupes

DE

FRANCE

Aquarelles de Job

TEXTE PAR PLUSIEURS MEMBRES DE LA SABRETACHE

L'abonnement est annuel et commence le 1er janvier de chaqu année.

Les prix sont ainsi fixés :

France. . . . . **32** fr.
Etranger. **34** fr.

Il a été fait, en outre, un tirage spécial sur papier de grand lux comprenant :

25 exemplaires sur Japon Impérial, numérotés 1 à 25. **150** fr.
25 exemplaires sur Chine fort, numérotés 26 à 50. **120** fr.

La 12e livraison contiendra une table. Elle sera envoyée gra tuitement aux abonnés, en même temps qu'un **élégant embotta** destiné à contenir les douze livraisons de l'année.

Enfin, chaque année, le numéro de Décembre **contiendra** l liste du tirage des 48 Aquarelles **(originaux)** de JOB, qui seron tirées au sort entre tous les abonnés.

LIVRES DE PRIX

Première Série

Format gr. in-16 illustré, 16 cent. sur 10

Cartonnage chromo, fort. . . . . **22** cent.
Cartonnage imit. tranches jaspées. . . . . **25** cent.

27 VOLUMES

* **Mademoiselle Sans-Soin**, par Mme RIBOULET. (Nouveauté.)
** **Trois Bons Amis**, par Mme HAMEAU. (Nouveauté.)
** **Sur la Glace**, par Mme RIBOULET.
** **Mauvais Enfants**, par Ch. LEXPERT.
** **Le chagrin de Grand'maman**, par LE MÊME.
** **Le Ver luisant**, par LE MÊME.
L'Ingratitude de Pierrot, par LE MÊME.
** **Les Crêpes**, par LE MÊME.
Les Petits souliers de Pierre, par M. CORTET.
** **Le Poirier de Grand'mère**, par LE MÊME.
** **Histoire d'une Tortue**, par Marie ROZEN.
Jean le Sourd-Muet, par LA MÊME.
Pierre et Jacques, par M. CORTET.
** **Le Bois des Oiseaux**, par LE MÊME.
* **Coquette**, par LE MÊME.
* **Fleur de Paris**, par E. MONTEIL.
* **Les Terreurs de la petite Lucie**, par M. CORTET.
Les Aventures de Mouchinet, par LE MÊME.
** **La Chèvre**, par ARNAUD.
** **Le Chat**, par LE MÊME.
** **L'Ane**, par LE MÊME.
** **Le Cheval**, par LE MÊME.
** **Les Escargots volants**, par André SURVILLE.
** **Le Triomphe d'une Rose**, par LE MÊME.
Une Leçon de Fraternité, par LE MÊME.
** **La Légende du Rossignol**, par LE MÊME.
** **Maxo, le bon Chien**, par DE FRANOY.

Deuxième Série

Format in-18 jésus illustré, 19 cent. sur 11 1/2

Cartonnage chromo, fort. **35** cent. — Cartonnage imit. maroquin, plat or, **40** cent.

26 VOLUMES

** **Respect aux infirmes**, par Charles LEXPERT. (Nouveauté.)
** **Huit jours à la Ferme**, par Mme HAMEAU. (Nouveauté.)
** **Espièglerie**, par Charles LEXPERT.
** **Frère et Sœur**, par Louis MAINARD. V.P.
** **Aventures prodigieuses de Trois Poulettes blanches**, par A. DE BRÉVILLE.
** **Moumouche**, par ABUELA.
* **L'Autre Jeanne**, par Mme A. PERRONNET.
Le Drapeau, par ARNAUD.
** **Le Moricaud**, par Mme PERRONNET.
** **Robe de chambre et veston**, par LA MÊME.
* **La Perle de la Fée Bleue**, par Jeanne DE SOBOL.
** **La véritable histoire de Peau-d'Ane**, par Mlle CHAMBON.
Le Convoi de vivres, par ARNAUD.
L'Orphelin, par ARNAUD.
* **La Mare aux Fleurs**, par M. LYTHE.
* **Marie-Jeanne Goélette**, par J. KERVALL.
Craintif et Lafrousse, par A. BARREZ.
* **Les Etrennes de Thérèse**, par André SURVILLE.
Un Héros à quatre pattes, par ARNAUD.
** **Les Petites Voisines**, par Charles LEXPERT.
* **Alsace**, par ARNAUD.
* **Une Veillée de Noël**, par LE MÊME.
Le Vieux Maitre d'Ecole, par LE MÊME.
Les Historiettes de l'Histoire, par E. D'HERVILLY.
* **La Journée d'une Petite Fille**, par Mme Louis MAINARD.
* **La Fille du Général**, par ARNAUD.

Troisième Série

Format petit in-8° illustré, 21 cent. sur 13

Cartonnage chromo, fort, 45 cent. — Cartonnage imit. maroquin, or et couleur, 50 cent.

24 VOLUMES

** **Ronronnette**, par Mme A. Perronnet. (Nouveauté.)
** **Les Petits naturalistes**, par Mlle Chambon. (Nouveauté.)
La Journée d'un Petit Garçon, par Louis Mainard.
L'homme à la Jambe de Bois, par J. Kervall.
* **Petite sœur**, par Mme Lermont. V. P.
** **Contes de l'Aïeul**, par Ch. Lexpert.
** **Les Enfants de Yamina**, par J. Kervall.
** **Les Aventures d'un lapin de choux**, par André de Bréville.
* **La Demoiselle des grands prés**, par Mme Stromberg.
* **Le Louis d'or de Nichette**, par Mlle Chambon.
* **Lis et Roussette**, conte, par Mlle Chambon.
Le Chasseur de Hannetons, par J. Dorsay.
Franz Strehla, par G. Bonnefont.
* **Mémoires d'une Chatte blanche**, par Stella.
** **Nouvelles enfantines**, par Mme Kergomard.
* **La Petite Institutrice**, par E. Monteil.
** **L'Orpheline**, par Mlle Chambon.
Aventures et Mésaventures d'un Petit Ecolier, par Louis Mainard.
** **Les Vacances de Sans-Pareil**, par J. Kervall.
** **Mme Mitou et sa Famille**, par J. Kervall.
* **Grand'maman Poupée**, par P. Pionis.
Pierre la Revanche, par P. Pionis.
* **La Vie d'une Poupée**, par Mme Louis Mainard.
* **Deux sœurs de lait**, par la même.

Quatrième Série

Format in-8° illustré, 21 cent. 1/2 sur 13

Broché ou cart. imit. maroquin, plaque or et noir. . . . . 55 cent.

29 VOLUMES

** **La Noël des Rossignols**, par Jacques Lheureux. (Nouveauté.)
** **Histoire des Pays lointains**, par Brown. (Nouveauté.)
** **Le Secret du bien**, par Dorsay. V. P.
** **Orphelins**, par Mlle Chambon. V. P.
** **Le Diable-Blanc**, par la même. V. P.
* **La 101e Poupée de la Grande-Duchesse**, par Louis Mainard. V. P.
* **La mère Pimprenelle**, par Mlle Chambon.
** **Les Récits du grand-père**, par C. Lexpert.
* **La Tirelire d'Alice**, par A Brown.
Boute-en-train, par J. de Sobol.
P'tit Maître, par Louis Le Goel.
** **Le Mât de Cocagne**, par E. Pech.
* **Les Sept ans de Madeleine**, par J. de Sobol.
Les Pensionnaires du Colonel, par Louis Mainard. V. P.
Caporal, par le même.
** **Yvan l'Orphelin**, par F. May.
* **Les Elèves de Mlle Morin**, par Valentin Martineau.
** **La Fille du Meunier**, par Jacques Villeneuve.
* **Chez Tante**, par Mme Riboulet.
* **Contes à Suzanne**, par Charles Lexpert.
En captivité, par A. Gervais.
** **Les Petits-Enfants de Bon-Papa**, par J. Kervall.
** **Pour des Prunes**, par Mme A. Perronnet.
* **Marianina**, par J. Kervall.
Une Promenade à Waterloo, par A. Copin.
Les Farces du Petit Jean, par Emile Beaune.
** **Histoires de Chiens et de Chats**, par E. Beaune et Wilna.
Le Fils du Boulanger, par L. Lacertie.
Histoire d'un Héros de douze ans, par Arnaud.

Cinquième Série

Format in-8° illustré, 22 cent. sur 13

Broché ou cart. imit. maroquin, plaque or et noir. . . . . . . 75 cent.
— — — — — tr. dorées. . . . . . 95 cent.

20 VOLUMES

** **Jeannot, Jeannette et Jeanneton,** par Jacques LHEUREUX. (Nouveauté.)
** **Le Roman d'un P'tiot,** par A. LECOMTE et A. GUÉRIN. (Nouveauté.)
** **Aventuriers du fleuve Orange,** par LÉO DEX.
** **Le Navire Enchanté,** par Mlle CHAMBON.
** **La Casquette de l'Oncle Louis,** par Louis MAINARD. V. P.
Souvenirs d'un Prisonnier de guerre de 1870-71, par ROGERON. V. P.
** **Le Cœur de cristal,** par la Csse SALHIAS DE TOURNEMINE, traduit du russe, par Léon GOLSCHMANN.
* **Yvonnette,** par E. PECH. V. P.
* **Une drôle de petite fille,** par M. RIBOULET.
Jean Bart, par THIÉRY.
* **Maman Lise,** par Ch. SIMON. V. P.
** **Contes Roses,** par LE MÊME.
** **Les Idées de Gillette,** par Mme RIBOULET.
** **Fruguette et Gros-Goulu,** par Mme A. PERRONNET.
* **Follette,** par Mme HAMEAU.
Les Fils du Forgeron, par AUBIN.
Le Petit Victor, par L. DYONIS.
Le 14 Juillet, Histoire de la Fête Nationale, par V. JEANVROT. I. P.
Allons, Enfants de la Patrie! DU MÊME.
La Tour d'Auvergne, par E. GARCIN.

Sixième Série

Format in-8° illustré, 22 cent. 1/2 sur 13 1/2

Broché ou cart. imit. maroquin, plaque or, noir, tr. jaspées. . . . 0 fr. 95
— — — — — tr. dorées. . . . . . 1 fr. 20

28 VOLUMES

** **Malvenu,** par Mme GEVIN-CASSAL. (Nouveauté.)
* **Histoire d'une Jeune fille russe,** par Mlle ROBERT. (Nouveauté.)
Un exemple à suivre : La Prusse après Iéna, par Charles LEVIN.
* **La Fille du Sous-préfet,** par BROWN. V. P.
* **Le Héros des Glaces, Nansen,** par G. VALLAT. V. P.
** **L'Héroïsme civil,** par E. CHARAVAY.
** **Les Aérostats,** par GUIGNES.
** **Quel Tuteur!** par A. LECOMTE. V. P.
* **Les Neveux de tante Armelle,** par Mlle TROUESSARD.
** **Les Millions du Père Brosselard,** par Roger DHOMBRE.
* **La Science de tante Babet,** par A. LABESSE.
Histoire d'un Grain de blé, par Robert DUTERTRE.
Histoire d'un Enfant sans famille, par DE CANTELOU.
Duguay-Trouin (Ses mémoires pour la jeunesse), par H. DE BRISAY. I. P.
* **Souvenirs d'une Jeune Fille,** par Joseph MARANZE. V. P.
** **Le Coucou de l'Horloge,** par GRAHAM, traduction de E. DE VILLERS.
* **Une Fille de cœur,** par Mme MELCHIOR.
Aventures d'un Gamin de Paris et d'un Pharmacien de Londres, par Roger DHOMBRE.
* **Les Remords des Demoiselles Cordier,** par J. VILLENEUVE. V. P.
** **La Science enfantine,** par Gaston BONNEFONT. V. P.
** **En Transatlantique,** par LE MÊME.
Les Petits Maraudeurs, par AUBIN. I. P. — V. P.
L'Amiral Courbet, par A. GERVAIS. I. P. — V. P.
** **En Chemin de fer,** par H. LACAPELLE.
** **Inconduite et Travail : Histoire d'une Famille d'ouvriers,** par A. RICHARD.
** **Petite Histoire de la Révolution,** par E. GUILLON. I. P. — V. P.
** **Petite Histoire du Consulat et de l'Empire,** par LE MÊME. I. P. — V. P.
La Défense de Châteaudun, par G. ISAMBERT, député. I. P. — V. P.

Série A

Format in-8° raisin, illustré, 26 cent. sur 16 1/2

Broché ou cartonné, imitation maroquin, tranches jaspées. . . . . 1 fr. 15
— — — — — dorées. . . . . 1 fr. 40

18 VOLUMES

Un Explorateur de 15 ans, par MALHINGER. (Nouveauté.)
** **Gilbert** (épisode de la Jacquerie), par GOBLET. V. P.
** **Histoire d'un Honnête homme**, par PRAT. V. P.
** **Gricha**, histoire d'un petit mendiant, conte traduit du russe, par J. GOLSCHMANN. V. P.
* **Zézette**, par J. DE SOBOL. V. P.
L'Orphelin d'Alsace, par E. PASCHAL.
* **Le Château de la Mère Bobie**, par Mlle Marie GUERRIER DE HAUPT.
* **La Vengeance de Jacqueline**, par Mme Amélie PERRONNET.
Les Tribulations d'un Pêcheur à la ligne, par A. BROWN. V. P.
Les Vicissitudes d'un Dragon, par G. BETHUYS. I. P. — V. P.
* **Toutes en Vacances**, par Mme RIBOULET. V. P.
* **La Revanche de Nadège**, par DUPIN-DURBEC.
** **Madame Roland**, par Mme Eugène GARCIN. I. P. — V. P.
** **Jacques-Cœur**, par Mme Eugène GARCIN. V. P.
Vauban, par A. MELLION.
** **Brisquet**, par E. PECH.
Le Caporal La Déveine, par G. BETHUYS. I. P. — V. P.
* **Le Trésor de Tante Monique**, par F. MAY. V. P.

Série A bis

Format petit in-4°, 18 sur 23. (Illustré de gravures en couleurs)

Imitation moroquin, plats or et noir, tranches jaspées. . . . . 1 fr. 40

5 VOLUMES

* **Quelques Femmes françaises**, texte par E. CHARAVAY, illustrations de CLÉRICE. (Nouveauté.)
** **Entre les classes**, texte par Jacques LHEUREUX, illustrations de SCHUTZ et de Mlle CHALUS. (Nouveauté.)
** **Les Souverains Russes en France**, texte par Georges MONTORGUEIL, illustrations de CARRIER.
** **Quelques faits de l'Histoire du siècle**, texte de E. GUILLON, illustrations de CLÉRICE.
Episodes Militaires, texte par Etienne CHARAVAY et ESPITALLIER, illustrations de JOB.

Septième Série

Format in-8° carré épais, illustré, 23 cent. 1/2 sur 14

Broché ou cart. imit. maroquin, plaque or, tr. jaspées . . . . . 1 fr. 45
Le même cartonnage, tranches dorées. . . . . 1 fr. 95
— — toile, tranches dorées. . . . . 2 fr. 20

8 VOLUMES

* **La Souris blanche**, par Mlle POITEVIN. (Nouveauté.)
** **Les Petites Bêtes**, par Georges VIRET et Paul NOEL.
** **La Botanique du Grand'père**, par LEBŒUF.
** **Promenades chez l'Épicier**, par J. BROWN.
* **Comment on devient Maîtresse de Maison**, par Y. SAINT-BRIAC.
* **Travaux de couture et principes de Coupe**, par M. TOUSSAINT.
** **Les Métamorphoses de la Betterave**, par M. DE GRANDMAISON.
** **Un village au XIIe siècle et au XIXe**, par L. BARRACAND.

Huitième Série

Format in-8° jésus illustré, 26 cent. 1/2 sur 16 1/2

Broché ou cart. imit. mar., pl. or, noir et coul., tr. jaspées. . . . 1 fr. 50
Le même cartonnage, tranches dorées. . . . . 1 fr. 70

22 VOLUMES

Petit Cancalais, par HERPIN. (Nouveauté.)
ontes Suédois, traduits par L. GOLCHMANN. V. P.
ontes Danois, adaptés par HOUSSAYE.
ontes Espagnols, traduits par Paul ÉBILLOT.
ontes Russes, traduits par L. GOLCHMANN.
ontes Slaves, traduction de L. GOLCHMANN.
ontes Anglais, traduction de L. OLSCHMANN.
égendes Mexicaines, par LARTHE.
ontes Polonais, par J. GOLSCHMANN.
ontes Nègres, par G. HAURIGOT. V. P.
ontes de Perrault.
** **Contes de Mme d'Aulnoy.**
Récits Tricolores, par L. ROGERON.
** **Mémoires d'un Petit Sou percé**, par O. AUBERT. I. P. Couronné par l'Académie française.
* **Une Méchante Petite Fille**, par J. DE SOBOL.
Récit Forestier, par RUAULT DE CHAMPGLIN. I. P.
** **La Dette du Grand-père**, par Mme A. PERRONNET.
Deux Bons Amis, par A. SURVILLE.
Marceau, par H. MAZE. I. P.
** **En famille**, par Mme N. LIEUTIER.
Hoche, par Hippolyte MAZE. I. P.
Kléber, par LE MÊME.

Neuvième Série

Format in-8° raisin illustré, 26 cent. sur 16 1/2

Broché ou cart., imit. mar., pl. or, noir et coul., tr. jasp. . . . . 1 fr. 90
Le même cartonnage, tranches dorées. . . . . 2 fr. 25
Autre cartonnage toile, tranches dorées. . . . . 2 fr. 90

12 VOLUMES

oile de Marcel, par DE LACONTERIE. ouveauté.)
adame la Concierge, par Louis AINARD. V. P.
milieu de la bataille, par A. HANNEUCHE, inspecteur primaire. V. P.
jours de Colonie scolaire, par amille MULLEY.
s Epreuves de Bernette, par axime AUDOUIN.
t Brave, par J. KERVALL.
* **Les Nièces de Tante Luce**, par Mlle CHAMBON. V. P.
Papa Moulin, par Octave AUBERT. I. P. — V. P.
Histoires de Quadrupèdes, par un BIPÈDE.
** **La Petite Denise**, par Mme C. DUBUISSON.
* **Pauvre Fille !** par M. BRUNOT. V. P.
Les Marins de la République, par H. MOULIN. I. P.

Série B

Format petit in-4° illustré, 18 cent. 1/2 sur 25 1/2

Broché ou cart., imit. mar., pl. or, noir et coul., tr. jasp. . . . . 2 fr. 30
Le même cartonnage, imit. mar., pl. or, tranches dorées. . . . . 2 fr. 80
Autre cartonnage toile, tranches dorées (plaque spéciale). . . . . 3 fr. 40

10 VOLUMES

s Français dans l'Inde, par DRUON. ouveauté.)
stoire du Grand Ferré, par Noël LLOIS.
Roi des placers, par Louis MAID. V. P.
Guerre de Cent ans, par MEY-.
** **La Conquête de l'air**, par A. BROWN.
Souvenirs de chasse, par D'AMEZEUIL.
** **Malgré tout**, par Marie LOBAUT.
* **Mademoiselle la Mousquetaire**, par A. BROWN.
** **En Suisse**, par Abel BERTIER.
* **La Filleule de Maitre Briçonnet**, par Mlle CHAMBON.

Dixième Série

Format in-8° raisin illustré, 26 cent. sur 16 1/2

Broché ou cart., imit. mar., pl. or, noir et coul., tr. jasp. . . . . . 2 fr. 50
Le même cartonnage, tranches dorées. . . . . 3 fr. »
Autre cartonnage toile, tranches dorées (plaque spéciale). . . . . 3 fr. 50
Les volumes marqués d'un — se vendent avec plaque en couleurs. 4 fr. 50

19 VOLUMES

Isette, par Jacques Lermont. (Nouv.)
* **La Famille de Sévenac,** par L. Guillotin.
** **Tous Ensemble,** par Jacques Lermont. V. P.
-* **Souvenirs d'un simple soldat en campagne,** par M. Bonnefoy. V. P.
Histoire d'un Petit Bossu, par O. Aubert.
Pierre-Paul Riquet et le canal du Midi, par J. Fernay. I. P. — V. P.
Les Malices de Gaspard, par Georges Haurigot.
-* **Les Robinsons Vendéens,** par J. Maranze. V. P.
-* **Mademoiselle Sans le Sou,** par Louis Mainard.
-* **Seule à Treize ans,** par Ernest d'Hervilly. I. P. — V. P.
-* **Une Héroïne de Seize ans,** pa Joseph Maranze. I. P. — V. P.
Nos Patriotes, par L. Lacertie. I. P — V. P.
* **Servienne,** par Léon Barracand I. P. — V. P.
* **L'Herbier de Jeanne,** par Mme Chanteclair. I. P.
** **Les Aventures de Marcel,** par Alba I. P. — V. P.
-* **Le Dévouement de Claudine,** pa J. Kervall.
Lazare Carnot, l'Organisateur de la Victoire, par Picaud. I. P.
Le Capitaine Cœur d'Or, par Joseph Maranze. V. P.
-* **Gamine,** par E. Bouron des Clayes V. P.

Onzième Série

Format gr. in-8° jésus illustré, 29 cent. sur 19

Broché ou cart., imit. mar., pl. or, noir et coul., tr. jasp. . . . . . 3 fr. 20
Le même cartonnage, tranches dorées. . . . . 3 fr. 60
Autre cartonnage toile, tranches dorées (plaque spéciale). . . . . 4 fr. 50
Les volumes marqués d'un — se vendent avec plaque en couleurs 5 fr. 80

16 VOLUMES

** **Les Epreuves d'un fils,** par E. Spoll. (Nouveauté.) V. P.
** **L'Homme fossile,** par Jules Gros. Illustr. de Manaud.
Deux Ménages, par Aristide Lecomte. V. P.
-* **Autour du Drapeau,** par Marc Bonnefoy.
-* **Le Rachat de l'Honneur,** par Armand Dubarry. V. P.
-* **Le Roi Boubou,** par E. Monteil. V. P.
-** **La Maison aux Lunettes,** par Jacques Lermont.
* **Hélène de Saint-Aubin,** par F. de Nocé. V. P.
-** **Voyage à Dos de Baleine,** pa Brown. I. P. — V. P.
-* **Une vaillante,** par Emile Pech. I. P — V. P.
* **Gypsy,** par Jacques Lermont. V. P.
-* **Les Millions du Petit Jean,** pa Louis Mainard. I. P. — V. P.
** **Les Pirates du Pacifique,** par F. de Nocé.
-* **En Pension,** par J. Lermont. V. P.
** **Mon Grand Frère,** par le même V. P.
La Veille de la Révolution, par A Picaud.

Série C

Format in-4°, 21 cent. 1/2 sur 28 cent. 1/2

Broché ou cart., imit. mar., pl. or, noir et coul., tr. jasp.	3 fr. 50
Le même cart., imit. mar., pl. or, noir et coul., tr. dorées	4 fr. 20
Cartonnage toile, pl. spécial or noir et coul., tr. dorées	4 fr. 80
Cartonnage toile, tranches dorées, genre 1/2 reliure	5 fr. 25
Les volumes marqués d'un — se vendent avec plaque en couleurs	5 fr. 75

10 VOLUMES

** **La Goélette terrestre,** par A. BROWN. (Nouveauté.) V. P.
-* **Le Fils du Garde-chasse,** par VAUZANGES. V. P.
-****Jeanne la Patrie,** par Edgard MONTEIL. I. P. — V. P.
-****Le Secret du Navire,** par Robert-Louis STEVENSON et OSBOURNE.
-* **L'Homme en nickel,** par G. BETHUYS.
Soga le Vengeur, par Abel PICARD.
* **Cendrillonnette,** par DORSAY.
La Cantinière du 13°, par G. LE FAURE.
L'Aventure de Roland, par H. DE BRISAY.
* **Le Chapeau de bleuets,** par Ch. SIMOND.

Douzième Série

Format gr. in-8° jésus, volumes très épais, 29 cent. sur 19

Broché ou cart., imit. mar., pl. or, noir et coul., tr. jasp.	4 fr. 50
Le même cartonnage, tranches dorées	5 fr. »
Cartonnage toile, plaque spéciale, tirée en coul., tr. dorées	5 fr. 50
Cartonnage toile, tranches dorées, genre 1/2 reliure	5 fr. 90
Les volumes marqués d'un — se vendent avec plaque en couleurs	6 fr. 50

14 VOLUMES

* **Vivette,** par L. BARRACAND. (Nouv.) V. P.
** **L'Aventurier malgré lui,** par C. DEBANS. (Nouveauté.)
-****Les Deux Gosses,** par Pierre DECOURCELLE. I. P.
Histoire du célèbre Pépé, par Edgar MONTEIL, illustré par H. PILLE.
-* **Pauvre Louise,** par É. MONTEIL. V. P.
-* **Une Cousine d'Amérique,** par Louis MAINARD. I. P. — V. P.
Les Généraux de la République, par E. GUILLON. I. P. — V. P.
-** **Histoire d'un Petit Exilé,** par Mme GÉVIN-CASSAL. I. P. — V. P.
-* **Deux Copains,** par Mme PERRONNET.
-* **Miss Linotte,** par Jacques LERMONT. V. P.
-****Droit au But,** par Louis MAINARD. I. P. — V. P.
-****Les Miettes de la Science,** par G. BONNEFONT. V. P.
* **Ma Meilleure Amie,** par Jacques LERMONT. V. P.
-* **L'Héritage de Marie-Noël,** par Louis MAINARD, illustré par E. LEROUX. V. P. — I. P. (Ouvrage couronné par l'Académie française.)

PRIX D'HONNEUR

Treizième Série grand in-4°

(31 cent. sur 22 cent, 5 centimètres d'épaisseur)

14 VOLUMES

Broché ... 6 fr. »
Reliure toile, tranches dorées ... 7 fr. »
Toile genre 1/2 reliure, toile tranches dorées ... 7 fr. 50
Reliure, magnifique plaque tirée en 8 couleurs ... 8 fr. »

LES BOTTES DE VALMY, par O. Aubert. (**Nouveauté.**)

** **LA FRANCE DEPUIS SES ORIGINES JUSQU'EN 1789**, par E. Guillon.

Le Héros de Médine, par Henri Monet, Illustration de Carrier.

1815-1895 — Ouvrage illustré de 110 gravures
** **Quatre-Vingts ans d'Histoire nationale** — Par E. Guillon.

** **L'HÉRITIER DU RAJAH** — Par Mme Chevalier, Illust. par Clérice.

** **LA SIBÉRIENNE** — Par H. Monet, Illust. par H. Grobet.

** **Perdus dans les Sables**
Par A. Brown. — Illustré par Robida.

* ***EXILÉE***
Par Jacques Lermont. — Illustré par Kauffmann.

* **LA VOLONTÉ D'UN PÈRE**
(**Trois ans de la vie d'une jeune fille**)
Par Mme Marie Laubot. — Ce volume est illustré de 20 superbes compositions gravées sur bois.

SEUL SUR L'OCÉAN
Par Mme Balleyguier et L. Gastine — 25 illustrations de E. Zier, gravées sur bois.

** HISTOIRE
DE LA RÉVOLUTION
ET DE L'EMPIRE
Par E. Guillon — Cet ouvrage contient 100 reproductions de scènes, portraits, etc.

CERVANTÈS
** **DON QUICHOTTE**
De la Manche — Édition pour la jeunesse, illustrée de 80 compositions de Henri Pille.

** **LES CHANTS NATIONAUX DE LA FRANCE**, par G. Bonnefont.

LES HÉROINES DU TRAVAIL, par G. Bonnefont.

Quatorzième Série

8 beaux volumes très épais

MESURANT 23 CENT. SUR 33 CENTIMÈTRES

Relié toile, couverture en couleurs, tranches dorées. .... **12 fr. »**
Relié toile, genre 1/2 reliure, tranches dorées. .... **12 fr. 50**
Les volumes marqués d'un — se vendent avec plaque en couleurs. .... **15 fr. »**

Les Voleurs d'Or

NOUVEAUTÉ

Par G. LE FAURE

ILLUSTRATIONS DE ZIER V. P.

TRENTE-CINQ MOIS DE CAMPAGNE

Par ÉMILE DUBOC

Illustrations de P. MARIE et A. BRUN

(Ouvrage couronné par l'Académie française.)

Edgard MONTEIL

LES 3 DU MIDI

Illustré de 50 dessins

De ROBIDA V. P.

Henry De BRISAY

- *JEAN LA POUDRE*

100 Compositions en noir et en couleur

De JOB

Henry de BRISAY

- A l'Abordage

50 ILLUSTRATIONS DE ZIER

GRAVÉES SUR BOIS

I. P. — V. P.

E. D'HERVILLY

- TROP GRANDE

ROMAN DE JEUNES FILLES

ILLUSTRATIONS de MARS V. P.

L'ŒUVRE DE

SHAKESPEARE

RACONTÉE A LA JEUNESSE

Par CHARLES SIMOND V. P.

- DÉVOUEMENT

PAR

MARIE LAUBOT

Illustré de 20 gravures sur bois

JEAN LA POUDRE et **TROP GRANDE** sont un peu moins épais que les autres volumes de la série, mais ils sont tirés sur très beau papier et ont des gravures en couleurs.

Livres pour Bibliothèques scolaires

HISTOIRE ET BIOGRAPHIE

Brisay (de). . . . **Duguay-Trouin**, in-8°. 0 95
Fernay (J.). . . . **Pierre-Paul Riquet**, in-8° raisin. 2 50
Garcin (E.). . . . **La Tour-d'Auvergne**, in-8°. 0 75
Mme Roland, in-8° raisin. 1 15
Jacques Cœur, in-8° raisin. 1 15
Gervais (A.). . . **L'amiral Courbet**, in-8°. 0 95
Guillon (E.). . . **Les Généraux et la République**, grand in-8° jésus. 4 50
La France depuis ses origines, gr. in-4°. . 6 »
La Révolution et l'Empire. . . . . . 6 »
— **1815 à nos jours**. . . 6 »
Jouancoux. . . . **Histoire des Paysans français**, in-32. . . 0 50
Jeanvrot. . . . . **Le 14 Juillet**, in-8°. . 0 75
— **Histoire de la Marseillaise**, in-8°. . . 0 75
Maze (H.). . . . **Kléber**, in-8° jésus. . 1 50
— **Hoche**, in-8° jésus. . 1 50
Marceau, in-8° jésus. 1 50
Mémoires de Marceau, grand in-8° jésus. . . . . 9 »
Meillon (A.). . . **Vauban**, in-8° raisin. 1 15
Pillegoys. . . . **Une grande nuit**, in-8°. 0 75
Picaud (A.). . . . **La Veille de la Révolution**, grand in-8° jésus. 3 20
Thiéry. . . . . **Jean Bart**, in-8°. . . 0 75
Vallat (G.). . . . **Nansen**, in-8°. . . . 0 95

LECTURES PRATIQUES

Brisay (de). . . . **Jean la Poudre**. . . 12 »
Bonnefont (G.). . **Chants nationaux**, grand in-4°. . . . . 6 »
Bonnefoy (Marc). **Autour du Drapeau**, grand in-8° jésus. . 3 20
Souvenirs d'un simple soldat, in-8° raisin. 2 50
Carnot (Hypp.). . **Memoires sur Carnot**, in-8° raisin. . 20 »
Charavay (E.). . **Héroïsme civil**, in-8°. 0 95
Doussaint. . . . **Souvenirs anecdotiques 1870-71**, 2 vol. in-18 jésus. . . . . 6 »

Duboc (E.). . . . **35 mois de campagne en Chine, au Tonkin**. . . . . 12 »
Dubarry (A.). . . **Le Rachat de l'Honneur**, gr. in-8° jésus. 3 20
Gévin-Cassal. . . **Petit-Exilé**, gr. in-8° jésus. 4 50
Hannedouche. . . **Au milieu de la bataille**, in-8° raisin. 1 90
Isambert (G.). . **Défense de Châteaudun**, in-8°. 0 95
Lacertie. . . . . **Nos patriotes**, in-8° raisin. 2 50
Le Faure (G). . **La Cantinière du 13e**, in-4°. 3 50
Monet (H.). . . . **Le Héros de Médine**, grand in-4°. . . . . 6 »
Monteil (E.). . . **Jeanne la Patrie**, in-4°. 3 50
Meyrac (A.). . . **La Guerre de Cent-Ans**, in-8° raisin. . 2 50
Moulin (H.). . . **Les Marins de la République**, in-8°. . . 1 90
Pech (E.). . . . **Une Vaillante**, grand in-8° jésus. 3 20
Rocheron (L). . . **Récits tricolores**, in-8° jésus. 1 5
— **Prisonniers de guerre**, in-8°. 0 5

LITTÉRATURE, MORALE, ENSEIGNEMENT

Berquin. . . . . **Théâtre**, in-8°. . . . 0 95
Claretie (L.). . . **Corneille**, in-8° raisin. 6 »
— **Racine**, in-8° raisin. . 6 »
— **Molière**, in-8° raisin. 8 »
Cervantès. . . . **Don Quichotte**, in-4°. 6 »
Florian. . . . . **Fables**. in-8°. 0 75
Petit (E.). . . . **Autour de l'Education nationale**, in-8° raisin. 7 50
Renard. . . . . . **Rousseau. Extraits**, in-12. . . . . 1 50
Parnajon (de). . **Littérature française**, in-12. . . . 3 »
Simond (Ch.). . . **Shakespeare**. . . . . 12 »
Silvio Pellico. . **Mes prisons**, in-8°. . 1 90
Tourneux. . . . **Diderot. Extraits**, in-12. . . . . 1 50
Trabuc. . . . . . **Cours méthodique d'histoire de France**
Cours élémentaire, in-12. . . . . . . 1 10
Cours moyen supérieur, in-12. . . . 1 50

SCIENCE VULGARISÉE ET VOYAGES

Auteur	Titre	Prix
Balleyguier (Mme) et Gastine (L.)	**Seul sur l'Océan**, grand in-4°	6 »
Brown (A.)	**Perdus dans les sables**, grand in-4°	6 »
	La Conquête de l'air, petit in-4°	2 30
Bethuys (G.)	**L'Homme en Nickel**, in-4°	3 50
Brisay (de)	**A L'abordage**	12 »
Chevalier (Mme)	**L'Héritier du Radjah**, grand in-4°	6 »
Fonvielle (W. de)	**Le Monde invisible**, in-12	3 »
Gros (J.)	**L'Homme fossile**, in-12	3 »
Leturque	**L'Indien blanc**, grand in-4°	6 »
Mainard (L.)	**Le Roi des Placers**, petit in-4°	2 30
Monet (H.)	**La Sibérienne**, grand in-4°	6 »
Monteil (E.)	**Les 3 du Midi**	12 »
Brown (J.)	**Promenades chez l'épicier**, in-8° carré	1 45
Grandmaison (de)	**Métamorphoses d'une betterave**, in-8° carré	1 45
Lebœuf	**La Botanique du grand-père**, in-8° carré	1 45
Saint-Briac (de)	**Comment on devient maîtresse de maison**, in-8° carré	1 45
Toussaint	**Travaux de couture**, in-8° carré	1 45
Viret et Noel	**Les Petites Bêtes**, in-8° carré	1 45

ROMANS ET NOUVELLES

Auteur	Titre	Prix
Aubert (O.)	**Mémoire d'un sou percé**, in-8° jésus	1 50
	Papa Moulin, in-8° raisin	1 90
Aubin	**Les Petits Maraudeurs**, in-8°	0 95
Barracand	**Bonheur au village**, in-8° carré	1 45
	Un Village, in-8° carré	1 45
	Hilaire Gervais, in-8° carré	1 45
—	**Servienne**, in-8° raisin	2 50
Brisay (de)	**Aventure de Roland**. in-4°	3 50
—	**Flamberge au vent**, in-12	3 »
Brown (A.)	**La Goélette terrestre**, in-12	3 »
Dorsay	**Cendrillonnette**, in-4°	3 50
Decourcelle	**Les Deux Gosses**, in-8° jésus	4 50
Lermont (Jacques)	**Meilleure Amie**, in-12	3 »
—	**Gypsy**, in-12	3 20
—	**Mon grand frère**, in-8° jésus	3 20
—	**En Pension**, in-8° jés.	3 20
—	**Miss Linotte**, in-8° jésus	4 50
—	**Exilée**, grand in-4°	6 »
Mainard (L.)	**Sans-Souci**, in-12	3 »
—	**Cousine d'Amérique**, in-12	3 »
—	**Millions du Petit Jean**, in-12	3 »
—	**Marie Noël**, in-12	3 »
—	**Mlle Sans-le-Sou**, in-8° raisin	2 50
Maranze	**Capitaine Cœur-d'Or**, in-8° raisin	2 50
	Héroïne de seize ans, in-8° raisin	2 50
—	**Robinsons vendéens**, in-8° raisin	2 50
Marthold (de)	**Histoire d'un bonnet à poil**, in-12	3 »
Monteil (Edgar)	**Histoire du célèbre Pépé**, in-8° jésus	4 50
—	**Pauvre Louise**, in-8° jésus	4 50
Picard (A.)	**Soga le Vengeur**, in-4°	3 50
Perronnet (Mme)	**La Dette du grand-père**, in-8° jésus	1 50
—	**Deux copains**, in-8° jésus	4 50
Ruault de Champling	**Récit forestier**, in-8° jésus	1 50
Stevenson et Osbourne	**Le Secret du navire**, in-4°	3 50

AVIS IMPORTANT

TARIF des RELIURES

Prix nets, sans aucune remise.

Format in-32	» 35
Formats in-12 et in-18 jésus (suivant grosseur), de	» 60 à » 70
Format in-8° carré (suivant grosseur), de	» 75 à » 80
Format in-8° raisin	1 »
Format in-8° jésus ou grand in-8°	1 25
Format in-4°	1 50

LIVRES CLASSIQUES — DIVERS

LES

CLASSIQUES DE LA JEUNESSE

PUBLIÉS SOUS LA DIRECTION DE **LÉO CLARETIE**

Ancien Élève de l'École Normale Supérieure. Docteur ès lettres. Lauréat de l'Académie française.

NOTICES PAR LES CRITIQUES LES PLUS AUTORISÉS

Anecdotes et jugements sur l'auteur

ANALYSE DES ŒUVRES QUI NE FIGURENT PAS DANS LE VOLUME

Volumes parus :

** *CORNEILLE*

(Théâtre choisi de)

1 VOLUME ILLUSTRÉ PAR **SCHUTZ**

Précédé d'une introduction

** *RACINE*

(Théâtre choisi de)

1 VOLUME ILLUSTRÉ PAR **SCHUTZ**

Précédé d'une introduction

Broché. . . **6** fr. | Relié toile. . **8** fr. | Demi-reliure. . **10** fr.

MOLIÈRE (Théâtre choisi de)

1 VOLUME DE 700 PAGES, ILLUSTRÉ PAR **Henri PILLE**

PRÉCÉDÉ D'UNE INTRODUCTION

Broché. . . **8** fr. | Relié toile. **10** fr. | Demi-reliure. **12** fr.

Autour de l'Éducation Nationale

Par Édouard PETIT

Inspecteur général de l'Instruction publique

1 vol. in-8° raisin, 16 × 25, broché . . . . 7 fr. 50

1 vol. in-8° raisin, 16 × 25, cartonné toile . . . . 9 fr. »

Bibliothèque des petits et des grands

POUR LES LYCÉES ET COLLÈGES

13 vol. de 330 pages. — Format in-12, 18 cent. sur 12. — Cart. toile, tranches dorées. . **3** fr.

** **La Goélette terrestre**, par A. Brown. (Nouveauté.) V. P.

** **L'Homme fossile**, par Jules Gros.

** **Le Monde invisible**, par Wilfrid de Fonvielle. V. P.

* **Ma Meilleure amie**, par Jacques Lermont.

Le Capitaine Sans-Souci, par L. Mainard.

* **Une Cousine d'Amérique**, par Louis Mainard. I. P. — V. P.

Les Millions du petit Jean, par Louis Mainard. I. P. — V. P.

Flamberge au Vent, par Henri de Brisay.

** **Littérature française**, des origines à nos jours, par de Parnajon. I. P.

Histoire d'un Bonnet à poil, par Jules de Marthold. V. P.

Grandeur et décadence de Pierrot, par Léon Ricquier.

** **Les petites filles bien gentilles**, par Léon Ricquier.

* **L'Héritage de Marie Noël**, par Louis Mainard (couronné par l'Académie française.) I. P.

DE 1815 A NOS JOURS

Par Camille PELLETAN, député. I. P. — V. P.

1 vol. in-12 de 360 pages, illustré, reliure toile, tranches jaspées. . . . . **2** fr.

MAGNIFIQUE VOLUME

Pour Prix d'honneur dans les Lycées et Collèges ou pour Certificats d'études

Relié toile, tranches dorées, genre demi-reliure. . . . . **11** francs.

MARCEAU

SA VIE — SA CORRESPONDANCE

Par HIPPOLYTE MAZE

CATALOGUE

DE LA

LIBRAIRIE A. CHARLES

8, Rue Monsieur-le-Prince, 8

— PARIS —

Chaque ouvrage porté sur ce Catalogue sera expédié *franco à domicile* en France, en Algérie et dans tous les pays de l'union postale, à toute personne qui en aura envoyé le prix en un mandat-poste.

1900

D'Anjou (René). — Noble Bohème. 1 vol. in-12, couverture illustree. 3 50

D'Argis (Henri). — L'éducation conjugale. Jolie couverture en couleurs de Léon Ruffe, frontispice de H. G. Ibels. 1 vol. in 12......... 3 50

D'Argis (Henri). — Gomorrhe, roman passionnel, in-12. Epuisé.. 3 50

D'Argis (Dr H.). — Thèse pour le doctorat en médecine. — De la péricardite blennorrhagique. 1 vol. in-8°.................... 3 50

Aubry (Eug.). — De Gravelotte à Sedan, in-12.............. 1 50

Audhoui (Victor), médecin de l'Hôtel-Dieu et du Ministère des Affaires étrangères. — Du nettoiement des voies digestives. Polémiques et méditations, les préceptes, avec 4 planches. 1 vol. in-12...... 3 50

Bader. — Les Vosges et le Jura alsacien, in-12 cartonné....... 3 »

Baillehache (Marcel de). — L'Ecole militaire et le Champ-de-Mars. In-8° .... 2 »

Ballet. — Manuel pratique sur l'application des sciences usuelles. 2 50

Balutet (Marguerite). — Théorie musicale en 30 leçons, in-8°... 1 »

Beaumont (Edouard de). — Notice sur les gens de guerre enfouis à Coucy. Jolie plaquette in-8° carré.. 5 »

Bégis (Alfred), *de la Société des Amis des livres.* — Billaud-Varenne, membre du Comité du salut public. Mémoires inédits et correspondance accompagnés de notices biographiques sur Billaud et Collot d'Herbois, précédés de deux portraits. 1 vol. in-8°............... 7 50

Belleval (Marquis de). — Monsieur l'Abbé, mœurs contemporaines, 1 vol. in-12............... 3 50

Belleval (Marquis de). — Récits de mon aïeul. 1 vol. in-12..... 3 50

Belleval (Marquis de). — La Cuirassière. 1 vol. in-12......... 3 50

Belleval (Marquis de). — Le Crime de Therdonne, in-12.......... 3 50

Belleval. - Nos Pères, in-8°.. 3 50

Bernard (Louis). — L'Antisémitisme démasqué. 1 vol. in-12..... 3 50

Billard (E.), avocat à la Cour d'appel de Paris. — Léon XIII et le désarmement. 1 vol. in-8°....... 1 50

Billard (E.). — Jeanne d'Arc. Trilogie (dite par M. Jean Sarter et Mlle Emilienne Dux du Théâtre national de l'Odéon). Poème couronné par la Société nationale d'encouragement au bien. Médaille d'honneur de la Société. Premier prix offert par M. le Ministre de l'Instruction publique et des Beaux-Arts. Brochure de luxe in-8°.............. 2 »

Billard (E.). — *Ode au Drapeau.* Poème dit par Paul Mounet. In-8°. 1 »

Billard (E.). — Maternité, poème in-8° .... 1 »

Billard (E.). — Chants de France. 1 beau volume in-8°....... 7 50

Blen (Henry). — Cabrioles. Préface de Ch. Grandmougin. Dessins de Dr[illegible]hard. 1 beau vol. in-12, couverture illustrée............ 3 [illegible]

Bobichon (M. H.). — Conférence. Haut Oubangui et la Mission M[illegible]chand, in-8°............... 2

Bonnetain (Paul). — Charlot s'amu[illegible] Edition augmentée d'une pièce re[illegible]tive au procès jugé par la C[illegible] d'assises de Paris le 27 décem[illegible] 1884, et d'un avis de l'auteur. 1 [illegible] in-12.................. 3 [illegible]

Bonhiol (Pierre). — Jeune martyre[illegible] Episode dramatique de la gu[illegible] franco-allemande en vers. Une b[illegible]chure in-12............... 0 [illegible]

Boutet (Henri). — Autour des P[illegible]siennes. Où elles vont. Album luxe in-4° Jésus........... 10 [illegible]

Boutiron (Dr). — Pasteur et les mi[illegible]bes. Pl. in-12.............. [illegible]

Bouvier (Jean). — Rocaboy. 1 vol in-12. Couvert. illustrée... 3 50

Boyer. — Monsieur le Président, in-12. .... 2 50

Brazillier (F.). — Le Prix du Bonheur, couronné par la Société nationale d'Encouragement au bien, in-12. .... 3 50

Carrère (Jean). — Ce qui renaît toujours, poésies. 1 vol. in-12.. 3 50

Castanier (Prosper). — L'orgie romaine, roman historique, in-12, couverture illustrée.................. 3 50

Castanier (Prosper). — La Vierge de Babylone, roman antique, in-12. .... 3 50

Castanier (Prosper). — Fleur de Cythère, roman antique, in-12, couverture illustrée.................. 3 50

Castanier (Prosper). — Les Derniers Ligueurs. Episode de la Révolution, précédé d'une étude-préface sur le fanatisme religieux, couverture illustrée, in-12............ 3 50

Castanier (Prosper). — Histoire de la Provence dans l'antiquité, depuis les temps quaternaires jusqu'au ve siècle après J.-C. — La Provence préhistorique et protohistorique jusqu'au vi^e siècle avant l'ère chrétienne. *Tome I*, 1 grande carte en 5 couleurs. 1 beau vol. in-8°. 7 50
Tome II, Les origines historiques de Marseille et de la Provence et la colonisation phocéenne dans la Méditerranée, ive au vi^e siècle avant notre ère. 12 planches. 1 beau vol. in-8° 7 50

Chalon (Henri). — La Tunisie. Chrétiens et Musulmans, in-12. . 3 »

Chamberet (P. de). — Les poussières de la rampe, in-12........ 2 »

Chapelle. — Une femme du quartier latin, roman. Jolie couverture illustrée.................. 3 50

Chatillon (Horace de). — Chapelles et vitraux.................. 2 50

Cheradame (A.). — L'Affaire Dreyfus à l'étranger.............. 0 30

Chevalier (Henri). — Mademoiselle de Boisiraimé, in-12............. 3 »

Colonna (Raoul). — L'Heure de l'Amour. Aventure d'été, roman, in-12. 3 50

Colonna (Raoul). — Vérité sur les Bonaparte avant Napoléon..... 2 »

Colvé des Jardins (G. de). — Le Médecin volant, comédie de Molière (adaptation), in-12............ 1 50

Colvé Des Jardins (G. de). — Les Oberliques, in-12............. 1 50

Compte-rendu du 24° Congrès de l'Industrie minerale du Sud de la Russie. Bassin houiller du Donetz. Régions ferrifères et manganésifères de Krivoi-Rag, Kertch, Tchiatour (Caucase) et Nicopol, in-8°. .... 2 »

Cousin (F.-E.). — Projet relatif à la prorogation du privilège de la Banque de France, in-8°... 2 »

Cousin (F.-E.). — Etude critique du projet de loi de M. G. Cochery et aussi du projet de loi de M. Rouvier sur la prorogation du privilège de la Banque de France, in-8°. .... 2 »

Cros (Léon). — Lamento d'amour. 1 50

Cyon (E. de). — Monsieur Vitte et les Finances russes. 1 vol. in-8°. 5 »

Cyon (E. de). — Les Finances russes et l'Epargne française. Réponse à M. Vitte. 1 vol. in-8°...... 1 50

Cyon (E. de). — Histoire de l'entente franco-russe 1886-1894. Documents et souvenirs avec un portrait de Katkoff. 1 vol. in-8°...... 7 50

Dall (Guillaume). — Nos humbles braves gens (France 1900), in-12. .... 2 50

Dall (Guillaume). — Les Bêtes vues d'un ballon captif. Cartonné. in-4°. .... 5 »

Doncle (Louis), lieutenant de vaisseau, commandant de la *Bourgogne*. — Poésies posthumes d'un marin. Rives et Rêves. Préface d'Armand Silvestre, in-12........... 2 »

Delory (l'abbé). — Solution de la question sociale. 1 vol. in-12... 0 60

Delory (l'abbé). — La politique et ses principes. 1 vol. in-8°..... 5 »

Demnise (l'abbé). — Poésies patriotiques.
1re partie, Etudes sociales; 2e partie, Mélanges. 1 vol. in 8°.. 7 50

Denancy (Edgard). — Jacques de Nervas. 1 vol. in-12......... . 2 50

Desgranges (R.). — La querelle de Molière et de Boursault, in-8°. 1 50

Despontières (René). — Apprentissage d'amour. 1 vol. in-12...... 3 50

Destelan (Commandant Picard). — Politique internationale. Guerre ou Paix. 1 vol. in-8°.......... 1 »

Devillers (H.). — Les Frissons, poésies, volume de luxe avec une eau-forte de H. Boutet. 1 vol. in-12.. 5 »

Devillers. — Les Etapes du cœur, jolie couverture illustrée de H. Boutet. 3 50

Diaz (Edouard). — L'Espagne picaresque, jolie couverture illustrée par A. Rivet, in-12........ 3 50

Dibot (Docteur de la Faculté de Paris). — Notes sur le traitement et la guérison de la myopie et des altérations de la vue (Procédés de M. Dion), in-12............ 0 60

Donos (Charles). — *Herma*, comédie en trois actes en prose, in-8°. 1 50 (Lecture interdite aux adolescents.)

Droitesenté (Georges de). — Histoire véritable de Théodoric II, roi des Ostrogoths. 1 vol. in-12.... 3 50

Dubois (Ch.). — L'Artillerie mobile de la Seine. Notes sur la campagne de 70-71 (Vincennes, Point-du-Jour, Auteuil). 2 beaux volumes in-8°. .... 15 »

Duchardon (L.). — Sept demi-quarterons de contes gaulois à la façon de nos pères, in-12........ 3 50

Duchesne (G.). — Mérowig, scène barbare en vers............. 1 50

Dunod. — Le Congo français. 1 vol, in-8°.................. 1 »

Duruy (Jean). — Marco Violla. 1 vol. in-12................... 3 50

Duruy (Jean). — Place aux forts. 1 vol. in-12................... 3 50

Dupas. — Pourquoi n'a-t-on pas pu arrêter Arton. 1 vol. in-12. 3 50

Enrique de Alba. — Latins et Anglo-Saxons, brochure in-8°..... 1 »

Erasme et Pagès de Noyez. — Nos Sous-Officiers, roman patriotique. 1 vol. in-12.................. 3 50

D'Estrées (Marguerite). — A travers l'Egypte et la Grèce, in-12.. 3 50

L'Europe Illustrée. — Collection de guides pour voyages (Edit. Orell-Füssli). Le numéro richement illustré..................... 0 50

Fabulet (Louis). — La Crise, in-8°. .... 2 »

Felgères (Ch.). — Essai d'Histoire et de Littérature, in-12...... 3 50

Ferry (Jules). — Le Tonkin et la Mère Patrie.................. 3 50

Follet (Marin). — Trilogie de l'amour. poème 1890-1896. 1 beau volume. .... 5 »

Fouché (Louis) et **Horace de Chatillon.** — *Liddy*, pièce en 4 actes en vers. Plaquette in-8°........... 2 50

Frémont (P.). — Abdul Hamid et son règne, par un ancien fonctionnaire ottoman. Vérité sur la situation morale de la Turquie. 1 vol. in-8° — .... 2 »

Furcy-Chatelain. — Le Pan américanisme, in-8°............. 6 »

France Album. La France par arrondissements. Nombreuses photographies. Le numéro 0 50

Garmier (Jules). — Le Grand Méhu[illegible]. 1 vol. in-12............... 3 50

Gidrol (Comtesse de). — Pleurs et Sourires, poésies. 1 vol. in-8°.. 3 50

Gidrol (Comtesse de). — Echos du cœur. 1 vol. in-8°................ 3 50

Gidrol (Comtesse de). — Cyprès et Roses. 1 vol. in-8°.......... 3 50

Giraudet. — Manuel pratique des Sociétés anglaises. Cartonné.. 5 »

Grandin le Marcheur. — A pied! Le Tour de la Terre. (Impressions et notes de voyage), ouvrage précédé d'une préface biographique par Edmond Lepelletier. 1 vol. in-12.... 3 50

Grandmougin (Charles). — Etudes d'esthétique musicale, avec préface de J.-B. Weckerlin. 1 vol. 3 50

Granger (Eugène). — Les Miséreux, in-18.................... 1 »

Granger (Eugène). — Les Barbares, in-18.................... 1 »

Des Granges (Charles). — Récits du Temps de Napoléon III.

I. M. Rémy. — Les deux poètes — Une belle vue.

II. Chamboran. — La boîte aux lettres. — Le 2 Décembre dans les Alpes.

Un volume in-12.......... 3 50

Guérin (A.). — L'incendie de la rue des Saints-Pères, in-12........ 3 50

Guyer. — Les Hôtels modernes. Rapports avec les voyageurs. — Création d'un hôtel. — Exploitation d'un hôtel. In-8° (Edition Orell-Füssli). 15 »

Haas (Dr A.). — Conseils aux jeunes mères. Br................ 1 25

Hamel (Ernest), sénateur. — La maison de Robespierre, 1 vol. in-8°. 1 »
Hamélius (Ernest). Scènes de la vie des Ardennes. 1 vol. in-12 ..... 1 50
Hauser (F.). — L'Amoureuse Chasteté. Roman, in-12 .... 3 50
Hidayette. — Abdul Hamid révolutionnaire, ou ce qu'on ne peut pas dire en Turquie, in-12.......... 3 »
Hœuselmann. — Cours moderne de dessin, 120 planches (Edition Orell-Füssli) .... 30 »
Hœuselmann. — Petit traité d'ornements polychromes, 50 planches coloriées (Edition Orell-Füssli)...... 8 »
Hœuselmann. — Manuel de poche de l'instituteur pour l'enseignement du dessin (Edition Orell-Füssli) 4 »
Hollande (Louis). — Les Voix lointaines, poésies, in-12......... 3 50
La Hongrie illustrée. 1 volume in-8°, relié .... 10 »
Nombreuses gravures (Edition Orell-Füssli).
Hurel (L'abbé). — Le Drame sacré, scènes évangéliques, in-12. 3 50
Idées pour le siècle nouveau — 1900. In-8° .... 1 »
Ist. — Le Cocher vélophobe. Monologue 0 50
James (Henri). — Rimes violettes. 1 vol. 2 50
Janin (Olga). — Christianisme et Démocratie. 1 vol. in-12..... 1 »
Jannet (S.), — Fourberies politiques, 1789-1896, in-12.......... 3 »
Jicé (Michel). — Epilogue d'une élection. Récits humoristiques. 1 vol. in-12 .... 3 50
Julio. — Althus. Aventures de la Côte d'Azur. Traduit de l'allemand par C. V. In-12............... 3 50
Keller. — Méthode pour l'enseignement élémentaire de la langue allemande. In-12 cart............... 3 »
(Edition Orell-Füssli).
Kermohr (J.). — Marcel Andrès. 3 50
Koss Roès et **Bollas.** — Ironie, roman mondain, in-12........... 3 50
Labry (Comte de). — Les conversions des emprunts russes. Plaquette in-8° 1 50
Lajeune-Vilar. — Les coulisses de la presse. 1 vol. in-12 .... 3 50
Lajeune-Vilar. — La Bande opportuniste. Mœurs et tripotages du monde politique, in-12 .... 3 50
Lannoy (A.-P. de). — Le Mystère d'Adam, suivi du Miracle des Fous. 0 60
Lannoy (A.-P. de) et **Bertheray** (H.). — Absolution............... 1 50
Lannoy (A.-P. de) et **Maire.** — Le Bonhomme Noël .... 2 »
Lapaire (Hugues). — Chansons bériaudes. Volume de luxe....... 3 50
Leclercq. — Les sept sages et la jeunesse contemporaine. 1 vol. in-12. 0 75
Leclercq (Julien). — La Physionomie d'après les principes d'Eugène Ledos, 85 portraits contemporains, in-8° 3 50
Lecomte (Dionys). — L'épanouissement terrestre. — Réfutation absolue du Matérialisme............. 3 50
Lejoindre (Raphaël). — Eleuthère et Arrie, poème inconventionnel ou pages tirées des papiers d'un poète obscur, in-8°............. 2 50
Le Natur. — Les Mathématiques appliquées aux Beaux-Arts. Principes élémentaires de géométrie. Eléments de perspective. Application raisonnée (60 problèmes). Notions sur la lumière. Réflexion de la lumière, des objets par les eaux, etc. 1 vol. in-8°.............. 10 »
Lereuil (René). — Préludes ... 3 »
Levavasseur. — Les partis et le gouvernement............... 1 50
Lexpert (Charles). — Nouvelles gauloises. 2e édition. 1 vol. in-12. .... 3 50
Lexpert (Charles). — Racontars de wagons. 1 volume in-12.... 3 50
Lexpert (Charles). — Mélancolies animales. 2e édition. 1 vol. in-12. 3 50
Lexpert (Charles). — Trois phases : Tendresse, Tristesse, Philosophie (sonnets). 1 vol. in-12...... 3 »
Lorenz. — Nouvelle Carte des Vosges. 1 50
Macé (Dr). — Place à la femme, surtout dans l'Enseignement secondaire. .... 2 »
Maire (Charles). — Rimes affranchies. 1 volume in-16........... 3 »
Mairino. — Mémoires de jeunesse. .... 3 »
Manthelleny. — Le Jugement, in-12. .... 3 50
Marcevaux et **J. de Kermor.** — 12 mono-

logues pour jeunes filles.... 2 »
Marmottan (Paul). — Lettres de Mme de Laplace à Elisa Napoléon, princesse de Lucques et de Piombino, avec un joli portrait de la princesse, in-8° 3 50
Martel (Pierre). — Le Bon Sens en face du dogme et de la morale, in-12.
Martial (Régine). — Proses d'actrice. — Musique de Mots. Préface de Jean Richepin. Couverture illustrée, 1 beau volume in-12....... 3 50
Martin (G.). — Les cantiques impies. 1 vol. in-12.............. 3 50
Mauveaux (Julien). — Phryné, in-12. .... 3 50
Masé (Jules). — Les petites Litte. Couverture illustrée, in-12..... 3 50
Meneau. — L'acquitté, roman. 1 vol. in-12.................... 3 50
Merssemann (de). — Hygiène de la chambre à coucher, in-12.. 2 »
Meyrat (J.), *attaché à la direction générale des postes et télégraphes, officier d'Académie.* — Dictionnaire national des communes de France et d'Algérie. Colonies françaises et pays de protectorat. Postes, télégraphes, telephones et chemins de fer. 1 vol. in-12, cartonné toile. .... 6 »
Michel (F.). — La Jalousie des yeux. Couverture illustrée....... 2 50
Monnet. — La Mort et le Transformisme. 1 vol. in-12.............. 0 75
Monplaisir (De). — Le Docteur blanc. Couv. ill. par Danty, in-12. 3 »
Montagard (Dr). — Conseils aux femmes atteintes de maladies des organes génitaux................. 2 50
Montheuil (Alb.). — L'Assistance publique à l'étranger, in-12..... 6 »
Montifault. — La baronne de Livry, avec une eau-forte. 1 vol. in-12. .... 3 »
Monogrammes pour broderies, à l'usage des écoles, dessinateurs, brodeuses, etc., composés et dessinés par Ed. Boos-Jegher. Cahiers 1—6, à .... 2 »
(Edition Orell-Füssli).
Morié. — Bourbons et Orléans. 2 »
Mouton (Marcel). — Tendresse et rancœurs, poésies. 1 vol. in-12. 3 50
Musée Criminel (Le). — Crimes et peines d'autrefois, par **H. Varennes et Edgar Troimaux. 10 livraisons à 0 fr. 60** comprenant chacune **20 reproductions** d'estampes anciennes. **1 beau** volume relié............. 7 »
Nerthal. — L'Anneau du Nibelung. — L'Or dans un drame wagnérien .... 2 »
Niemiryez (J. de). — A travers les âges. 3 50
Noailles (de). — Les Anglais en Egypte .... 1 »
Noll (Louis). — Résurrection. 1 vol. in-12.................. 3 50
Péresviète. — La Guerre possible. — Les Alliances nécessaires... 0 50
Peyre (Roger). — Les galeries célèbres. Le foyer des artistes à la Comédie-Française. 1 vol. plaquette in-8°. 1 50
Pianelli (A.). — Vérane, roman. 1 vol. in-12.................... 3 50
Poinsard (Léon). — Vers la Ruine.
Les Charges d'une fausse démocratie. Le Règne du Gaspillage; ce que coûte la bureaucratie française. Les excès de la fiscalité, L'impôt protee. La taxation rationnelle. Le désarroi politique : intérieur, extérieur et colonial. Le péril national et les réformes nécessaires. Evolution ou dissolution, in-12.......... 3 »
Pompery (A. de). — Le Jardin des Lys. Frontispice de L. Bergé.... 1 75
Pompery (A. de). — Yvonne, roman breton. 1 volume in-12..... 2 50
Pompery (A. de). — Serment de marin, préface de Pierre de Lano. Frontispice de Ch. Haudu. 1 vol. in-12. .... 3 »
Pontavice (Vicomte G. du). — Chasses bien tenues, in-12 illustré.. 4 »
Ponpault (Joseph). — Poker et Baccara. Traité complet et notions sur les probabilités, in-12......... 2 »
Prévost (Gabriel). — L'angoisse de nos temps (Etude approfondie). 1 vol. in-12.................... 3 50
Primogué. — Poèmes critiques contre Musset et Murger. 1 vol. in-12. .... 1 »
Puibaraud. — Les malfaiteurs de profession (nombreuses illustrations par Gras), in-12........... 3 50
Mac'ramey. — Noël annamite, jolie plaquette illustrée......... 1 50

Raganeau. — Nos rapports politiques ou Gouvernement de nos constitutions.................... 0 50

Régnier. — Les faux dieux. 1 vol. in-8° .... 3 »

Rémy de Simony. — Méli-Mélo, poésies. Des chansons de toutes sortes, voire même politiques, des quatrains, des sonnets, voilà ce que l'auteur a réuni dans ce volume. 1 vol. in-12. .... 2 »

Renesse (Comte Camille de). — 2 mois en yacht.................. 3 50

Renesse (Comte Camille de). — Théories du chevalier de Narjac.

Renesse (Comte Camille de). - Les soirées de la Duchesse..... 3 50

Revel du Castal. — Cytha, comédie dramatique en 5 actes........ 2 »

Ritter (William). — L'art en Suisse : 1° Arnold Böcklin......... 2 »
2° Edmond de Pury........ 2 »

Rouanet (Léo). — Intermèdes espagnols. Entremeses du XVIIe siècle, in-12.................... 3 50

Rouanet (Léo). — Chansons populaires de l'Espagne, in-12........ 3 50

Rouanet (Léo). — Drames religieux de Calderon. (Les cheveux d'Absalon. — La Vierge du Sagrario. —Le purgatoire de St-Patrice)...... 7 50

Rodet (Henri). — Amours rares, in-12. .... 2 »

Rouff (Marcel). — La première d'*Hernani*, à-propos en vers. 1 volume in-12..................... 0 50

Rouget (Paul). — Au Temps d'amour, roman. Jolie couverture illustrée. 3 50

Rousset (Gaston). — Des écoles de Colons (colonisation pratique). Souscription du Ministère des Colonies, in-8°.................... 1 50

Sachs (O.). — Un amour dans une maison de fous. 1 vol. in-12.... 2 50

Saint-Saëns. — Note sur les décors de théâtre dans l'antiquité romaine. Une jolie plaquette in-8°.... 3 50

Sâr-Kine. — La conquête du pays latin. — L'enfant du destin. —Le trépas du dernier Pape-Roi. — Le Brigandage. — Les Banques d'usure. 1 vol. in-12..................... 3 50

Sarrazin (Jehan). — Les contes du divan. Couverture illustrée, préface par M. Ch. Virmaître. 1 volume in-12.................... 3 50

Schreiner (Olive). — Le Christ et le soldat Pierre Halket, roman traduit de l'anglais, par M. Gerbeault, in-12.................... 3 50

Schwaeblé (Réné). — En Présence. 3 50

Schwaeblé (Réné). — Notre fin. in-18. .... 2 »

Schwaeblé (Réné). — Vers un refuge. .... 2 »

Sidi Flocoun. — Contes d'amour et légerdes d'Orient........... 3 50

Snoeckie. — L'armée, la politique, les religions. Solutions finales. 1 vol. in-8° .... 1 »

Spérandieu (G.). — Les petits drames, poesies.................. 2 »

Suzanne (Alf.). — Petite encyclopédie culinaire.
1re série. 200 manières d'accommoder les œufs.................. 2 »
2e série. 200 manières d'accommoder les pommes de terre....... 2 »
3e série. 200 manières d'utiliser les restes................... 2 »

Suzanne (Alf.). — 300 manières d'accommoder les poissons, in-12 cart. 2 50

Suzanne (Alf.). — La cuisine anglaise et la pâtisserie. Traité pratique, théorique et anecdotique de l'alimentation en Angleterre, illustré de nombreuses gravures. 1 volume in-8° .... 8 »

Sylvin (E.). — Lucile Calvon, roman. 1 vol. in-12........... 3 50

Tabourier (Ch.). — Impressions, premières poésies. 1 vol. in-12. 2 »

Thiaudière (Edmond). — Un colloque de rois sur l'union européenne tenu secrètement au château de Windsor en juillet 1896, in-8°....... 0 50

Thiabaud (Louis). — Une étrange duchesse à Aix-les-Bains. Couverture illustrée, in-12........... 1 50

Thiénard. — Velléda.......... 1 50

Thiéry (Victor). — 1791, épisode en vers. 1 vol. in-12.......... 1 50

Thiéry (Victor). —La Fin de mon siècle. 1 vol. in-12............ 3 50

Thierry (M. de). Le Mont-Blanc, in-8°. 2 50

Thirion (E.). — Sénateur et guillotiné, récits fantastiques. in-12... 3 50

Thuisy (Marquis de). — Damier poéti-

que, Pensées-Proverbes-Dictons, Préface par le comte Charles de Mouy, in-8°. . . . . 2 »
Tolstoï (A.). — Don Juan, poème.
Tourrasse (Léonel de la). — La vie de Jésus, poème précédé d'une préface de Mgr Fuzet, évêque de Beauvais. 1 vol. in-12. . . . . 1 50
Tourrasse (Léonel de la). — Les Tristesses, 2 vol. . . . . 7 »
Trezenik (Léo). — L'assassinat de la vieille dame. 1 vol. in-12. . . 3 50
Trolard (Eug.). — Mémoires d'un inspecteur des finances. 1 volume in-12. . . . . 3 50
Valabrègue (Albin). — La philosophie au XXe siècle. 1 vol. in-12. . 3 50
Valdes (André). — La vengeance du maître de forges. 1 vol. in-12. 3 50
Vaintray. — Virginité, roman. 1 vol. in-12. . . . . 3 50
Vaysse (Lucien). — Les temps nouveaux. (Nicolas II et le Désarmement), in-8°. . . . . 1 »
Viator. — L'Amour exotique. Jolie plaquette in-12. Couverture illustrée. . . . . 1 »
Vilmain (Jules). — La Sangsue. Etude contemporaine. in-12. . . . . . 3 50
Vinçon (Joseph). — Susurrements poétiques. — Larmes de printemps. — Esquisses et portraits. — Fleurs fanées. 3 50
Virmaître (Charles). — Paris-impur. — Les Maisons de Rendez-vous. Jolie couverture illustrée. 3 50
Virmaître (Ch.). — Paris-impur. Jolie couverture illustrée en couleurs. 1 vol. in-12. . . . . 3 50
Virmaître (Ch.). — Dictionnaire d'argot fin-de-siècle. 1 volume gros in-12 . . . . 6 »
Virmaître (Charles). — Supplément au Dictionnaire d'argot fin de siècle. 3 50
Virmaître (Ch.). — Mlles Saturne, couv. en couleur in-12. . . . . 3 50
Virmaître (Ch.). — Paris-historique. Jolie couverture illustrée recto et verso de MM. Usès et Vogler, in-12. . . . . 3 50
Virmaître (Ch.). — Trottoirs et lupanars. Jolie couverture illustrée en couleurs. 1 vol. in-12. . . . . . 3 50
Voirol (Séb.).—En vue du désarmement 0 75
Wilhem (A.). — Le Livre des laïques . . . . 2 »
XXX. — L'annuaire littéraire. 1 vol. in-12. . . . . 0 75
XXX. — L'affaire Turpin. Documents complets. 1 vol. in-12. . . . . 1 »
XXX. — Opinions sociologiques de M. de La Palice, recueillies et publiées par son disciple préféré. 1 vol. in-12 . . . . 0 75
XXX. — Sincérités d'une inconnue . . . . 2 »
XXX. — Copenhague, joli guide richement illustré, grand in-8°. . 2 50
XXX. — Le Drame suprême.

REVUES MENSUELLES

La Vogue, revue mensuelle de littérature, d'art et d'actualité, le n° 0 60
La Quinzaine, revue bi-mensuelle. le n°. 1 50
Le Gotha Français, revue mensuelle. le n°. 1 50
Cocorico (journal illustré bi-mensuel, Humoristique, Littéraire et Artistique). le n°. 0 30
Revue de l'Art ancien et moderne. parait le 10 de chaque mois, le n°. 7 50
Revue Illustrée (Baschet, éditeur), bimensuelle, le n°. 1 50
Gazette des Beaux-Arts (Courrier Européen de l'Art et de la Curiosité). Revue mensuelle, le n°. 7 50

J'ai l'honneur d'informer MM. les Libraires et Commissionnaires que j'ai en magasin un grand assortiment de livres de tous les éditeurs, et que je suis *dépositaire* et *représentant pour Paris*, d'un grand nombre d'éditeurs de province et de l'étranger.

A. CHARLES

Imprimerie d'Ouvriers Sourds-Muets, 111 ter, rue d'Alésia, Paris

CATALOGUE GÉNÉRAL

DES

OUVRAGES DE FONDS

DROIT, JURISPRUDENCE, DIVERS

TABLE DES OUVRAGES

Voir à la fin du Catalogue les ouvrages nouvellement parus

PARIS

LIBRAIRIE MARESCQ AINÉ

A. CHEVALIER-MARESCQ & Cie, ÉDITEURS

20, RUE SOUFFLOT, 20

—

JANVIER 1900

PANDECTES FRANÇAISES

NOUVEAU RÉPERTOIRE

DE DOCTRINE, DE LÉGISLATION ET DE JURISPRUDENCE

COMMENCÉ SOUS LA DIRECTION DE H. RIVIÈRE, CONSEILLER A LA COUR DE CASSATION

CONTINUÉ SOUS LA DIRECTION DE

M. ANDRÉ WEISS

PROFESSEUR ADJOINT A LA FACULTÉ DE DROIT DE PARIS

Par H. FRENNELET

AVOCAT A LA COUR D'APPEL DE PARIS, RÉDACTEUR EN CHEF

Avec la collaboration de MM.

ACCARIAS, conseiller à la Cour de cassation.
AUBERTIN, conseiller à la Cour d'appel d'Aix.
AUTRAN, avocat, directeur de la *Revue du Droit maritime.*
BALLOT-BEAUPRÉ, conseiller à la Cour de cassation.
BARBIER, premier président honoraire de la Cour de cassation.
BAUDOIN, président du Tribunal civil de la Seine.
BEAUCHET, prof. à la Fac. de droit de Nancy.
BERNARD, conseiller à la Cour de cassation.
BERTON, conseiller à la Cour d'Orléans.
BOUISSOU, conseiller à la Cour de Riom.
BOUTMY, membre de l'Institut, directeur de l'*Ecole libre des sciences politiques.*
BUCHÈRE, conseiller honoraire à la Cour d'appel de Paris.
CABOUAT, professeur à la Faculté de droit de Caen.
CHATEL, professeur à la Faculté de droit de Rennes.
CHAUFFTON, avocat au Conseil d'état et à la Cour de cassation.
COLMET DE SANTERRE, membre de l'Institut, doyen de la Faculte de droit de Paris.
DAUPHIN, sénateur, ancien ministre des finances.
DAVÈS, sénateur, ancien garde des sceaux.
DUBOIN, procureur général à la Cour d'appel de Grenoble.
DUFRAISSE, avocat à la Cour d'appel de Paris, directeur du *Journal des Tribunaux de commerce.*
FABREGUETTES, premier président de la Cour d'appel de Toulouse.
FALATEUF (OSCAR), ancien bâtonnier de l'Ordre des avocats à la Cour d'appel de Paris.
FALCIMAIGNE, conseiller à la Cour de cassation.
FAURE (FERNAND), professeur à la Faculté de droit de Paris
FÉRAUD-GIRAUD, conseiller à la Cour de cassation.
FLAMAND, avocat à la Cour d'appel de Paris.
FOURCADE, premier président de la Cour de Lyon.
GARNIER, conseiller-maître honoraire à la Cour des comptes.
GUILLOUARD, professeur à la Faculté de droit de Caen.
HOUYVET, premier président de la Cour d'appel de Caen.
HUGUES, conseiller à la Cour d'appel d'Alger.
LAINÉ, professeur agrégé à la Faculté de droit de Paris.
LAVOLLÉE (RENÉ), ancien Consul général de France.
LEFEBVRE, professeur à la Faculté de droit de Paris.
LIOTARD-VOGT, conseiller d'Etat, directeur général de l'enregistrement des domaines et du timbre.
LOUIS-LUCAS, professeur à la Faculté de droit de Dijon.
MAILLET, premier président de la Cour d'appel de Dijon.
MARIGNAN, conseiller à la Cour de cassation.
MULLE, conseiller à la Cour de Paris.
MUTEAU, conseiller à la Cour de Paris.
OGER DU ROCHER, premier président de la Cour de Limoges.
PALLAIN, conseiller d'Etat, directeur général des douanes.
PÉRIVIER, premier président de la Cour d'appel de Paris.
POUILLET, bâtonnier de l'Ordre des avocats de la Cour d'appel de Paris.
RUBEN DE COUDER, conseiller à la Cour de cassation.
SERRE, conseiller à la Cour de cassation.
SERRES DE GAUZY, avocat, ancien magistrat.
VILLEY (E.), doyen de la Faculté de droit de Caen.

MODE DE PUBLICATION :

Le **Répertoire des Pandectes françaises** se publie en volumes in-4° de 800 pages environ. Prix : **vingt-cinq francs** le volume broché et **vingt-huit francs relié.**

Mais pour les souscripteurs à l'ouvrage complet, le prix en est réduit à : **Vingt francs le** volume broché. — **Vingt-trois francs** relié.

(Payables après réception de chaque volume.)

PANDECTES CHRONOLOGIQUES

OU

COLLECTION NOUVELLE RÉSUMANT LA JURISPRUDENCE

de 1789 à 1886

DATE DE LA CRÉATION DU

RECUEIL MENSUEL

COMPRENANT

TOUTES LES DÉCISIONS IMPORTANTES ET PRATIQUES DE LA COUR DE CASSATION DES COURS D'APPEL, DES TRIBUNAUX CIVILS DE COMMERCE ET DE PAIX, DU TRIBUNAL DES CONFLITS DU CONSEIL D'ÉTAT, DES CONSEILS DE PRÉFECTURE ET AUTRES JURIDICTIONS

Par M. RUBEN DE COUDER
Docteur en droit, Conseiller à la Cour de Cassation,

sous le patronage des principaux collaborateurs des PANDECTES FRANÇAISES

La collection complète forme 6 beaux vol. in-4°, imprimés sur deux colonnes en caractères neufs, au prix de **130 fr.** brochée et **148 fr.** reliée.

Le tome I qui termine l'ouvrage contient, avec la jurisprudence de 1789 à 1830 une table alphabétique et analytique de tous les arrêts contenus dans les six volumes, soit dans le texte, soit en sous-notes.

FAISANT SUITE A LA PUBLICATION PRÉCITÉE

RECUEIL MENSUEL

DE JURISPRUDENCE & DE LÉGISLATION

DES PANDECTES FRANÇAISES

PUBLIÉ SOUS LA DIRECTION DE MM.

André WEISS	**Paul LOUIS-LUCAS**
Professeur adjoint à la Faculté de Droit de Paris	Professeur à la Faculté de Droit de Dijon

avec le concours des principaux collaborateurs du Répertoire

Chaque année forme un volume de plus de 1.200 pages, divisé en six parties :

1° Arrêts de la Cour de Cassation.
2° Jurisprudence, Cours et Tribunaux.
3° Lois annotées.
4° Jurisprudence administrative.
5° Jurisprudence et législation étrangères.
6° Jurisprudence en matière d'enregistrement, de timbre, etc.; Instructions et solutions de la régie.

ABONNEMENT : 25 FRANCS PAR AN

Chaque année parue se vend séparément

au prix de **20 francs** le **volume broché** et **23 francs relié**

CODES FRANCAIS

ET

LOIS USUELLES

DÉCRETS, ORDONNANCES ET AVIS DU CONSEIL D'ÉTAT

QUI LES COMPLÈTENT OU LES MODIFIENT

CONFORMES AUX TEXTES OFFICIELS

AVEC UNE

CONFÉRENCE DES ARTICLES, BASÉE PRINCIPALEMENT SUR LA JURISPRUDENCE

ANNOTÉS

DES ARRÊTS DE LA COUR DE CASSATION

ET DES CIRCULAIRES MINISTÉRIELLES

PAR

H.-F. RIVIÈRE

Docteur en droit, Conseiller à la Cour de Cassation

AVEC LE CONCOURS DE MM.

Faustin HÉLIE

Membre de l'Institut, Vice-Président du Conseil d'État.

Paul PONT

Membre de l'Institut, Président honoraire à la Cour de Cassation.

PUBLICATION CONTINUÉE PAR MM.

DEMANGEAT

Conseiller à la Cour de Cassation professeur honoraire à la Faculté de droit.

PONCET

Vice-Président au Tribunal civil de la Seine.

Une nouvelle édition, refondue et augmentée des nouvelles lois paraît chaque année dans le courant d'octobre.

Un très fort volume in-8° . . . . 25 fr. broché

Relié en un volume. . . . 28 fr. — En deux volumes. . . . 31 fr.

LES MÊMES DANS LE FORMAT DE POCHE (in-32 colombier)

Suivis des textes de l'ancien droit mis en rapport avec la législation en vigueur

Prix : 6 francs broché; 7 fr. 50 relié en 1 vol. et 9 fr. relié en 2 vol.

ON VEND SEPARÉMENT :

Dans le format in-8°

Les six Codes, en 1 volume	13 »
Les Lois usuelles	13 »
Le Code civil	5 »
Le Code de Procédure civile	3 50
Le Code de Commerce	3 »
Les Codes d'Instruction criminelle et pénal	5 »
Le Code forestier	1 50

Dans le format in-32

Les six Codes, en 1 volume	3 50
Les Lois usuelles	3 50
Le Code civil	1 50
Le Code de Procédure civile	1 50
Le Code de Commerce	1 50
Les Codes d'Instruction criminelle et pénal	1 50
Le Code forestier	» 75

Cartonnage des Codes séparés, in-32. . . . . » 50

AVIS IMPORTANT

Chaque exemplaire in-8° contient quatre bons permettant de retirer **gratuitement pendant quatre ans** les suppléments publiés annuellement et destinés à mettre les Codes au courant des dernières dispositions législatives.

CHARRIER-JUIGNET (F.). **Index des trois Codes : civil, de procédure et de commerce.** 1878, 1 vol. grand in-8° . . . . **18 »**

TEULET (A.-F.). — **Les Codes de la République française**, contenant les Lois et Décrets les plus récents, une nouvelle corrélation des articles des Codes, un supplément renfermant toutes les lois usuelles, une Table générale des matières et un Dictionnaire des termes du droit, édition mise au courant de la législation, par M. Ruben de Couder, docteur en droit. 1881. 1 fort vol. in-8° raisin . . . . **15 »**

Les mêmes, *édition pocket*. 1 vol. in-32. **6 »**

Reliures en demi-chagrin, 2 fr. pour l'in-8°; 1 fr. pour l'in-32.

— **Code civil** **1 25**

— **Code de procédure civile**. . . . . **1 »**

— **Code de commerce** . . . . **» 75**

— **Code d'instruction criminelle et Code pénal** . . . . **1 »**

— **Dictionnaire des Codes français ou Manuel de droit.** — Dans lequel toutes les matières que renferment les Codes sont distribuées textuellement par ordre alphabétique, de manière à rendre les recherches faciles, même pour les personnes les plus étrangères à l'étude des lois, avec une table des articles par ordre de numéro, renvoyant au texte même de chaque disposition. — **Nouvelle édition**, suivie d'une table générale indicative, pour la grande facilité des recherches des mots sous lesquels sont classés les articles des Codes et d'un Dictionnaire des termes du droit. 1875. Un beau vol. grand in-8° jésus. Broché, **20** fr. Relié. . . . . **23 »**

TEULET, D'AUVILLIERS et SULPICY. — **Les Codes français annotés**, offrant sous chaque article l'état complet de la doctrine, de la législation et de la jurisprudence ; édition augmentée d'une table générale méthodique et raisonnée des matières, ainsi que de la législation nouvelle et de l'exposé des arrêts les plus récents, *renvoyant à tous les recueils de la jurisprudence*. 1857, 2 vol. in-8°. . . . . . . **40 »**

TRIPIER (Louis). — **Les Codes français** collationnés sur les textes officiels. Edition illustrée. Ces exemplaires, tirés à petit nombre sur papier vélin, grand format jésus, ornés de bordure teintées de nuances différentes pour chaque Code, ont été établis avec un soin tout particulier, de manière à former un livre de luxe aussi remarquable qu'utile. . . . . **30 »**

HISTOIRE ET ÉTUDE DU DROIT

ACOLLAS (Émile), *ancien professeur de droit civil français à l'Université de Berne.* — **Introduction à l'étude du droit.** 1885, 1 vol. in-8°. **3 50**

— **La Déclaration des droits de l'homme de 1793** commentée. 1885, 1 fort vol. in-18. . . . . **3 »**

FRESQUET (de), *professeur à la Faculté de droit d'Aix.* — **Précis d'histoire des Sources du droit français** depuis les Gaulois jusqu'à nos jours, 3e édition, 1881. (Ouvrage répondant au programme du 28 décembre 1880, relatif à l'enseignement du droit en première année). 1 vol. in-8°. **3 50**

FRITOT (Alb.). — **Science du Publiciste** ou Traité des principes élémentaires du droit considéré dans ses principales divisions, avec des notes et des citations tirées des auteurs les plus célèbres. 1823, 11 vol. in-8° . . . . **55 »**

— **Esprit du droit** et de ses applications à la pratique et à l'organisation de la monarchie constitutionnelle, ouvrage contenant le résumé de la *Science du publiciste*, du même auteur, et propre à diriger le législateur, l'homme d'Etat, l'électeur et le citoyen. 1825, 1 vol. in-8° . . . . . . **5 »**

JHERING (Rud. Von), *professeur ordinaire de droit de l'Université de Gœttingen.* — **La lutte pour le droit**, traduit de l'allemand avec l'autorisation de l'auteur, par O. de Meulenaere, conseiller à la Cour d'appel de Gand. 1890, un joli volume in-18, cartonné à l'anglaise. **3 50**

— **Les Indo-Européens avant l'histoire.** — Œuvre posthume traduite de l'allemand par O. de Meulenaere, *conseiller à la Cour d'appel de Gand.* 1895, 1 vol. in-8°. **10 »**

LERMINIER. — **Cours d'histoire des législations comparées.** 1837, in-8° . . . . **5 »**

LIOY (Diodato), *avocat à la Cour d'appel, professeur à l'Université royale de Naples.* — **La philosophie du droit**, *traduit de l'italien avec la permission de l'auteur* par Louis Durand, docteur en droit, avocat à la Cour d'appel de Lyon, commandeur de l'ordre de Saint-Grégoire-le-Grand et précédé d'une préface par Louis Durand et Jean Terrel, docteurs en droit, avocats à la Cour d'appel de Lyon. 1887, un fort volume in-8°. . . . . **10 »**

MINIER, *avocat à la Cour d'appel, professeur à la Faculté de droit de Poitiers.* — **Précis historique de Droit français**, introduction à l'étude du droit. 1854, 1 vol. in-8°. . . . . **9 »**

MOTTEY (du). — **Une question de droit féodal normand** : Les Vavasseurs. 1886, in-8° . . . . 1 »

NAMUR (P.), *professeur à l'Université de Liège.* — **Cours d'encyclopédie du droit ou Introduction générale à l'étude du droit.** 1 v. in-8° 7 50

OUDOT, *professeur à la Faculté de droit de Paris.* — **Premiers Essais de philosophie du droit** et d'enseignement méthodique des lois françaises, suivis de lettres adressées à M. Giraud, inspecteur général de l'ordre du droit. 1846, in-8° 5 50

ROUSSEL (Adolphe), *professeur à l'Université de Bruxelles.* — **Encyclopédie du Droit,** 2e édition. 1872, un vol. in-8°. . . . 9 »

SULIOTIS (Christodul J.), *docteur en droit et docteur ès lettres, avocat.* — **Le droit naturel** ou **Philosophie du Droit.** 1888, 1 v. in-8°. . . . . 10 »

TISSOT (J.), *doyen honoraire de la Faculté des lettres de Dijon.* — **Introduction historique et philosophique à l'Étude du Droit** considéré dans les faits ou les mœurs, les usages, les institutions et les lois, *ouvrage honoré d'une médaille de 1.000 francs par l'Académie des Sciences morales et politiques.* — Première Partie. Le Droit dans les faits. Histoire. — Deuxième Partie. Le Droit dans les principes. Philosophie. 1875, 2 volumes in-8° . . . . 18 »

Chaque partie se vend séparément. . 9 »

DROIT CIVIL

ACOLLAS (Emile), *ancien professeur de Droit civil français à l'Université de Berne.* — **Manuel de Droit civil,** commentaire philosophique et critique du Code Napoléon, contenant l'exposé complet des systèmes juridiques, accompagné d'un *Appendice* et de *Tables analytiques* très détaillées, ces dernières formant dans leur corrélation avec le Manuel, un véritable dictionnaire des matières du droit civil. — Seconde édition 1874-1877. 4 forts vol. in-8° (ouvrage complet). . . . . 40 »

Chaque volume du Manuel se vend séparément 12 francs.

Le volume d'*Appendice* et de *Tables* se vend également à part au prix de 4 fr.

— **Le Mariage, son passé, son présent, son avenir.** 1880, 1 beau vol. in-18 jésus 2 50

— **Le Droit de l'Enfant.** L'Enfant né hors mariage, 4e édition. 1878, 1 vol. in-8° jésus. (*épuisé*)

ALLARD (Georges). — **Des Droits et Obligations du tiers détenteur en matière hypothécaire.** *Ouvrage couronné par la Faculté de droit de Douai* (*R. P.*). — 1875, in-8° 2 50

ALLEMAND. — **Traité du Mariage** et de ses effets, 1853, 2 vol. in-8°. . . . . . 10 »

AMIABLE (Louis), *docteur en droit.* — **De la Preuve de la paternité hors mariage,** étude de législation. 1885, 1 v. in-8°. 6 »

— **Exercice public d'un culte,** autorisation préalable (*R. P.*), 1861, in-8°. 1 50

AMIAUD. — **Étude de droit pratique.** De la renonciation à son hypothèque légale par la femme du vendeur au profit de l'acquéreur. 1869, 1 vol. in-8° . . . . 5 »

ARNTZ (E.-R.-N.), *professeur de droit à l'Université de Bruxelles.* — **Cours de Droit civil français,** comprenant l'explication des lois qui ont modifié le Code civil en France et en Belgique, 2e édition. 4 vol. in-8°. . . . . 36 »

AUDIER, *ancien juge spécial des Ordres au Tribunal de Grenoble.* — **Des Effets de la loi du 25 mars 1855** sur les hypothèques légales de la femme, du mineur et de l'interdit. 1865, in-8°. . . . . 2 »

BALLOT (Charles). — **Des Effets de la guerre** à Paris et en France, sur le louage, la propriété et les divers contrats, etc., louage d'ouvrage et d'industrie; prêt, dépôt et gage; propriété immobilière, usufruit, usage, habitation, servitudes, ventes, marchés, commandes, cessions et traités divers, etc., etc., 1871, in-8° . 3 »

BARET (Paul), *docteur en droit, avocat à la Cour d'appel de Paris.* — **Histoire critique des règles sur la preuve de la filiation naturelle en droit Français et Étranger.** 1872, 1 vol. in-8° . . . . 5 »

BARRILLEAU (Georges), *docteur en droit, avocat à la Cour de Poitiers.* — **Des donations à cause de mort** en droit romain, dans l'ancien droit et sous le Code civil. 1878, in-8° . . . . 3 »

— **De l'Institution contractuelle** dans l'ancien droit et sous le Code civil. 1878, in-8°. . . . . 3 »

BARRILLET, *docteur en droit, président du tribunal civil, Privat docent à l'Université de Genève.* — **Des Effets de la subrogation** consentie par un acquéreur au profit de son prêteur de deniers (*R. P.*). 1862, in-8° . . . . 3 »

BAUDOIN (Abel), *notaire, licencié en droit, diplômé du certificat de législation algérienne,* et LAJONIE (Charles de), *avocat, docteur en droit.* — **Guide pratique de Droit usuel,** en matière civile, commerciale, maritime, judiciaire, administrative, rurale, etc. *Ouvrage honoré des souscriptions du ministère de l'Intérieur et du ministère de l'Instruction publique,* 1894. — Un beau et fort volume in-8° raisin. . . . . **10 »**

— **Traité théorique et pratique du Contrat de louage à Colonat partiaire ou Bail à métairie.** Troisième édition, revue et augmentée. 1891, une brochure in-8°. **2 50**

BEAUTEMPS BEAUPRÉ, *juge au Tribunal civil de la Seine.* — **De la nature de la transaction** et des droits d'enregistrement auxquels elle peut donner ouverture (*R. P.*). 1863, in-8°. . . . . **2 »**

BÉDARRIDE (J.), *avocat près la Cour d'Appel d'Aix, ancien bâtonnier, Membre correspondant de l'Académie de législation de Toulouse.* — **Traité du Dol et de la Fraude** en matière civile et commerciale, revu et annoté par H.-F. RIVIÈRE, *Conseiller à la Cour de cassation, 4e édition* 1887, 4 forts volumes in-8°. . . . . **36 »**

BENOIT (Xavier), *avocat.* — **Traité de la dot du developpement** des principes exposés au chapitre III du livre III du code civil 1846, 2 vol. in-8°. . . . . **12 »**

BELLAÏGUE. — **Mariage contracté avec un forçat libéré;** erreur dans la personne ; nullité (*R. P.*). 1861, in-8° . . . . . . **1 »**

BEQUET (Léon), *maître des requêtes au Conseil d'État.* — **De la personnalité civile des diocèses, fabriques et consistoires,** et de leur capacité à recevoir des dons et legs. 1880, in-8°. . . . . **2 »**

BERGER (E.), *juge de paix du canton de Bourganeuf, ancien notaire.* — **Transcription, distinction des actes translatifs de propriété** d'avec ceux qui sont simplement déclaratifs. Explication de la loi du 23 mars 1855. 1876, 1 vol. in-8°. . . . . **10 »**

BERNARD (F.), *docteur en droit.* — **Cours sommaire de Droit civil** ou exposé rationnel des principes à l'usage des élèves des Facultés. 1873-74, 3 vol. in-8°. **18 »**

Chaque volume, renfermant la matière d'un examen, se vend séparément **6** *fr.*

BERTAULD, *professeur à la Faculté de droit de Caen, membre de l'Assemblée nationale.* — **De la Présomption** de vie ou de mort du contumax dont on n'a pas de nouvelles (*R. P.*). 1858, in-8°. . . . . **1 »**

— **Des substitutions** et des vraies causes de leur prohibition (*R. P.*), 1862, in-8°. **1 50**

BESSON (E.), *sous-chef à la direction générale de l'Enregistrement, membre de la Société de Législation comparée.* — **La Législation civile de l'Algérie,** étude sur la condition des personnes et sur le régime des biens en Algérie, ouvrage couronné par la Faculté de droit de Paris, prix Rossi de 1893. — 1894. 1 vol. in-8° . . . . **6 »**

BIDART, *docteur en droit.* — **De l'application de l'article 1975 à une rente viagère** créée sur plusieurs têtes (*R.P.*). 1866, in-8°. **1 50**

BILLIARD (L.), *greffier du Tribunal civil de Dôle.* — **De l'insuffisance vis-à-vis des tiers du mode légal de publicité** donnée: 1° aux faits de l'état civil; 2° aux décisions judiciaires qui modifient la condition de la personne, sa capacité et ses aptitudes, et exposé d'un système de publicité permanente et uniforme. 1878, in-8°. . **1 50**

BOILEUX (J.M.), *docteur en droit, conseiller à la Cour d'appel de Chambéry.* — **Commentaire sur le Code Napoléon** contenant l'explication de chaque article séparément, l'énonciation, au bas du Commentaire, des questions qu'il a fait naître, les principales raisons de décider *pour* et *contre*, l'indication des passages des divers ouvrages où les questions sont agitées, et le renvoi aux arrêts ; précédé de l'histoire du Droit civil, par PONCELET; sixième édition, mise en rapport avec les lois nouvelles. 1866, 7 vol. in-8°. **52 50**

BOISSONADE, *professeur agrégé de la Faculté de droit de Paris.* — **De la condition juridique de l'époux survivant,** amélioration proposée et projet de loi, in-8° (*R. P.*). **2 »**

— **Essai d'une explication nouvelle de la théorie de la transcription** à l'occasion de la mauvaise foi en matière de transcription et d'inscription hypothécaire. In-8° (*R. P.*).. . . . . **2 »**

BOUTRY (Julien), *docteur en droit, juge à Château-Gontier.* — **Les Français et les Étrangers devant la loi française en 1872.** (Explication des articles 7 à 22 du Code civil). 1872, 1 vol. in-12 . . . . **2 »**

BRAAS (A.), *conseiller à la Cour d'appel de Liège.* — **Théorie légale des actes sous seing privé.** 1 vol. in-8° . . . . . . **4 »**

BRIÈRE (René), *docteur en droit.* — **Étude théorique et pratique sur les droits du preneur** et leur nature, suivie d'un aperçu sur le droit de marché en Santerre (Picardie). 1877, in-8°. . . . . **4 »**

BROSSARD, *docteur en droit, juge au tribunal de Chalon-sur-Saône.* — **Synopsie du Code civil**, annoté des textes qui le complètent et le modifient. 100 tableaux en un volume in-folio, relié . . . . **10 »**

BUCHÈRE (Ambroise), *conseiller à la Cour d'appel de Paris.* — **Commentaire de la loi du 27 février 1880, sur l'aliénation des valeurs mobilières**, appartenant aux mineurs interdits et la conversion de ces valeurs. 1882, 1 vol. in-8°. **3 50**

CHABOT (de l'Allier). — **Commentaire sur la loi des successions**, formant le titre premier du livre III du Code Napoléon. Nouvelle édition, accompagnée de nombreuses observations et conférée avec la jurisprudence récente, par M. BELOST-JOLIMONT. 1848, 2 très gros vol. in-8°. **12 »**

— Le même ouvrage, revu et annoté par MAZERAT. 1839, 2 vol. in-8°. . . . . . **10 »**

CHARRIER-JUIGNET (F.). — **Code pratique ou le Code civil**, expliqué dans ses rapports avec le Code de procédure. Contenant: 1° l'exposé des motifs avec la solution de chaque article; 2° une table alphabétique et raisonnée de la marche à suivre dans le cas qui se présente. 1872, 2 forts vol. in-8° . . . . **16 »**

— **Index** des trois Codes: civil, de procédure et de commerce. 1878, 1 volume grand in-8° . . . . **18 »**

CLÉMENT. — **Questions pratiques sur l'hypothèque légale de la femme mariée**, suivies d'une dissertation sur l'hypothèque légale des mineurs et interdits et d'un commentaire de la loi du 27-28 février 1880, relative à l'ALIÉNATION DES VALEURS MOBILIÈRES ET MEUBLES INCORPORELS appartenant aux dits mineurs et interdits, à la CONVERSION de tous titres nominatifs en titres au porteur. 2° édition revue, corrigée et augmentée d'un appendice comprenant le commentaire de la susdite loi du 27-28 février 1880. 1881, 1 vol. in-8° . . . . . **6 »**

COFFINIÈRES, *docteur en droit.* — **Traité de la liberté individuelle**, à l'usage de outes les classes. 1840, 2 vol. in-8°. **10 »**

LLAS (Émile), *docteur en droit, avocat.* — **La liberté de tester**. 1870, in-8°. . **1 50**

COMTE. — **Traité de la propriété**. 1834, 2 vol. in-8°. . . . . **10 »**

CORNETTE (Charles). — **L'État civil des Italiens en France**, aide-mémoire des officiers de l'état civil. 1889, 1 v. in-12. **2 50**

— **Guide-Manuel de l'officier de l'État civil en matière de divorce.** Instructions pratiques suivies d'un grand nombre de formules. 2° édition. 1 vol. in-8° . . . . **2 »**

COLIN (Maurice), *docteur en droit, avocat à la Cour d'appel de Paris.* — **Étude de jurisprudence et de législation sur les dons manuels.** (*Ouvrage honoré par la Faculté de droit de Paris d'une somme de 1.500 fr.*) 1885, 1 vol. in-8°. . . . . . **7 »**

CORNIL (M.-J.), *conseiller à la Cour de cassation, professeur à l'Université de Bruxelles.* — **A propos de la revision du Code civil:** *La vente de la chose d'autrui est-elle réellement nulle* (art. 1599 du code civil) ? 1894. Broch. in-8°. **1 50**

COULET (Paul), *avocat à la Cour d'appel de Paris.* — **Commentaire et explication pratique** de la loi du 27-28 février 1880, relative à l'aliénation des valeurs mobilières appartenant aux mineurs et la conversion de ces valeurs en titres au porteur. 2° édition, augmentée de la jurisprudence et des circulaires des finances, 1884. Une brochure in-8° . . . . **2 »**

COULET (Paul) et VAUNOIS (Albert), *avocats à la Cour d'appel.* — **Étude sur la recherche de la paternité**, avec une préface de Léon Renault, député, avocat à la Cour d'appel. 1880, 1 vol. in-8° jésus. . . **2 50**

COUTURIER (C.-A.), *ancien juge de paix de Tours.* — **Le Code des locations.** 2° édition, refondue, considérablement augmentée et mise au courant de la législation, par Henri Destreguil, directeur des *Petites affiches tourangelles*, avec un appendice contenant le nouveau Code rural et les lois sur la liquidation judiciaire et la faillite. Ouvrage indispensable aux propriétaires et aux locataires, 1890. Un fort v. in-18. **3 »**

CRI D'UN HONNÊTE HOMME qui se croit fondé en droit naturel et divin à répudier sa femme, suivi d'un projet de loi sur le divorce, par un magistrat français du XVIII° siècle (1769) avec une préface de M. Alfred Naquet, député de Vaucluse, 1879. Un joli volume in-18 jésus **3 50**

CUENOT (René), *docteur en droit, avocat à la Cour d'appel de Paris.* — **Des droits de légitime et de réserve** dans le droit romain, l'ancien droit français écrit et coutumier, le droit intermédiaire et le droit civil, 1877. Un très fort vol. in-8° . . . . **12 »**

DABANCOUR et PUTOIS. — **La Loi dans ses rapports avec la famille.** Lectures populaires sur la loi civile, par MM. G. DABANCOUR, docteur en droit, juge au tribunal civil de Mâcon, et A. PUTOIS, juge de paix, auteur des *Petites lectures sur la loi pénale*, membres de l'Académie de Mâcon, publiées sous le patronage de l'Académie, 1 vol. in-18. . . . . (*épuisé*).

DASTE (Eugène), *docteur en droit.* — **De la recherche de la paternité hors mariage**, en droit moderne et en droit français, ancien et romain. 1873, 1 v. in-8°. (*épuisé.*)

DAVID DE PENANRUN, *architecte, ancien élève de 1re classe à l'école nationale des beaux-arts, ancien inspecteur des bâtiments civils et des travaux de la Ville de Paris, membre de la Société centrale des architectes français, expert au Tribunal de première instance de la Seine.* — **Les architectes et leurs rapports avec les entrepreneurs, les propriétaires et les tiers** dans les travaux particuliers et publics. Traité théorique et pratique de leurs conditions de capacité, de leurs opérations, de leur responsabilité, de leurs honoraires, de leurs droits à la propriété artistique, avec l'analyse complète et la discussion de la doctrine et de la jurisprudence les plus récentes en ces matières, (*honoré d'une souscription de la Ville de Paris*), 1892. Un très fort volume in-8° . . . . **12 »**

DELAMONTRE. — **Traité du prêt sur hypothèque,** suivi d'un mode de garantie pour le payement exact des intérêts, etc. 1847, in-8°. **6 50**

DELOZE (Xavier). — **Théorie de la puissance maritale** chez les Romains et dans le droit civil français, contenant les droits et les devoirs de l'homme et de la femme dans le mariage, 1867, 1 vol. in-8°. . **1 »**

DOMENGET, *ancien juge d'instruction à Bergerac.* — **Du mandat, de la commission et de la gestion d'affaires,** commentaire du titre XIII, du livre III du code Napoléon, des articles 1372 à 1376 et 1783 à 1786 du même code, du titre VI du code de commerce, et des articles 111, 115 et 332 du même code, contenant la théorie et la jurisprudence. (*Souscription du ministère de l'Instruction publique*) 2e édit. 1878, 2 vol. in-8°. . . . . **12 »**

DRIEGHE (B.). — **L'État civil,** ou théorie et pratique des actes de l'État civil. 1 vol. . . . . (*épuisé.*)

DUBRULLE (Jean), *licencié ès lettres, docteur en droit, avocat à la Cour d'appel de Paris.* — **Des droits du mari sur la personne de la femme,** étude de législation. 1 vol. in-8°.. . . . . **5 »**

DUCAURROY, BONNIER et ROUSTAIN. — **Commentaire théorique et pratique du Code civil** (articles 1 à 892). 1851, 2 vol. in-8°. . . . . **15 »**

DUCHESNE. — **Du mariage,** examen comparatif, examen des principes qui régissent, suivant le droit français, le droit romain, le droit canonique. 1844, 1 vol. in-8°. **7 50**

DURANTON. — **Cours de droit français,** suivant le Code civil. 4e édition, revue et corrigée. 1844. 22 vol. in-8° y compris la table. . . . . **150 »**

DUVERGER (A.), *professeur à la Faculté de droit de Paris.* — **De la condition politique et civile des femmes,** réponse à quelques critiques de nos lois, modifications admissibles. Études de législation, (*première partie*) 1872, in-8° (*R. P.*) **3 50**

DUVERGIER (J.-B.) — **De l'effet rétroactif des lois.** 1845, in-8°. . . . . (*épuisé*).

FOLLEVILLE (Daniel de). — **Sommaire du Cours de Code civil** (1er examen), seconde édition revue et augmentée. 1876, br. in-8°. **2 50**

— **Traité théorique et pratique de la naturalisation.** Étude de droit international privé. 1880. — Un fort vol. in-8°. . **10 »**

— **Traité du Contrat pécuniaire de Mariage et des Droits respectifs des Époux quant aux Biens.** — Tome 1er. — Un fort vol. in-8°. . . . . **10 »**

(*Le tome deuxième est sous presse.*)

— **De la condition juridique** des Étrangers en France. Une brochure in-8°. . . . **2 »**

— **Des Français de droit de naissance** et situation juridique des individus nés en France d'un étranger. Broch. in-8°. **1 25**

— **Du Paiement du prix par l'acheteur** en matière de vente. 1875, (*R. P.* in-8°). **1 50**

— **Introduction historique à l'étude du Code civil,** à l'usage de MM. les étudiants de première année. 1876, broch. in-8°. **1 50**

— **De la Promulgation et de l'application des lois et décrets.** (Étude sur le titre préliminaire du Code civil; art. 1er combiné avec divers décrets du gouvernement de la Défense nationale et avec les récentes lois constitutionnelles, art. 4 et 6 du même Code). 1875. br. in-8°. . . . . **1 »**

— **Questions pratiques de Naturalisation.** 1877, in-8° . . . . **2 »**

— **Essai sur la vente de la chose d'autrui** (avec Appendice), contenant les travaux préparatoires de la loi du 12-19 mai 1871 et de la loi du 15 juin, 5 juillet 1872, relatives aux titres au porteur. 1874, un vol. in-8° (*R. P.*) **3 50**

— **De la Publicité des contrats pécuniaires de mariage,** d'après la loi du 10 juillet 1850. Broch. in-8° (*R. P.*) . . . . **2 »**

— **Des Clauses de remploi et de la Société d'acquêts sous le régime dotal.** (Étude suivie du programme de cinq cours sur la communauté réduite aux acquêts *et par l'exclusion totale ou partielle du mobilier*). 1875, in-8° **2 50**

FONS (Victor). — **Précis de la loi du 23 mars 1855** sur la transcription en matière hypothécaire. Une brochure. . . . . **1 »**

FONTAINE. — **De la Liberté de tester** (*R. P.*). 1866, in-8° **1 50**

FREMONT (Robert), *avocat à la Cour d'appel.* — **Traité pratique du divorce et de la séparation de corps.** — Ouvrage contenant l'analyse complète de la procédure et de la jurisprudence française et étrangère relative au divorce, et suivi d'un formulaire spécial à la procédure du divorce et de la séparation de corps. 1884, 1 vol. in-8°. **8 »**

FUZIER-HERMAN. — **Le Régime dotal sans dot.** Broch. in-8°, 1875. (*R. P*). **1 »**

GARRAUD (René), *avocat, professeur à la Faculté de droit de Lyon.* — **De la Déconfiture** et des améliorations dont la législation sur cette matière est susceptible. 1880, 1 vol. in-8° . . . . **4 »**

GARY (Ferdinand), *Docteur en Droit, lauréat de l'Académie de législation, juge à Limoux.* — **De la condition juridique des Français à l'étranger**, d'après les traités et les conventions diplomatiques, les principes du Droit international privé, la législation et la jurisprudence française et étrangère. (*Ouvrage couronné par la Faculté de droit de Toulouse*). 1890, un vol. in-8°. . . **10 »**

GAUDRÉ (François), *docteur en droit.* — **Étude sur la preuve de la date des actes sous seing privé à l'égard des tiers** (Article 1328 du Code civil). 1891, 1 vol. in-8° . **5 »**

GILLET (Emile), *docteur en droit.* — **Étude sur le Code civil. — De l'Adoption et de la Tutelle officieuse.** (Code civil, liv. I. tit. VIII.) 1878, in-8° (R. P.). **2 50**

GINOUILHAC. — **Histoire du régime dotal et de la communauté** en France. 1842, 1 vol. in-8° . . . . **7 »**

GREIFF (Francisque), *docteur en droit.* — Les **Droits de l'État** en matière de succession. Etude d'économie sociale. 1888, 1 vol. in-8° . . . . **4 »**

GROS (Louis). — **Recherches sur les Droits successifs des enfants naturels.** 1875, 1 vol. in-8° . . . . **3 »**

HENNEQUIN. — **Traité de législation et de jurisprudence** suivant l'ordre du Code civil (*Deuxième livre*). 1831, 2 vol. in-18. **16 »**

HOROY. — **Traité du mariage.** — 1 vol. in-18 . . . . (*épuisé.*)

— **Du Mariage civil du prêtre catholique en France.** 1890. — 1 vol in 8°. . . **8 »**

HUREAUX, *président du Tribunal civil de Charleville.* — **Traité du droit de succession,** 1867-1868. 5 vol. in-8° . . . . **35 »**

— **Études sur le Code civil,** *première partie,* contenant : 1° traité des privilèges sur les immeubles; 2° traité de la propriété par acte entre vifs; 3° traité de la séparation des patrimoines. 1847-1853. 2 vol. in-8°. **18 »**

JACQUIER, *docteur en droit.* — **Des Preuves et de la Recherche de la paternité naturelle.** Etude sur l'article 340 du Code Napoléon. 1874, in-8°. . . . . **3 »**

JOUAULT (Alphonse). — Les institutions de prévoyance. **Théorie pratique des donations par contrat d'assurances en cas de décès,** contenant un commentaire de loi des finances du 21 juin 1875 étudiée dans ses rapports avec le Code civil. 1878, in-8°. . . . . **1 »**

JOUBAIRE (Barthélemy), *juge au tribunal civil de Guingamp.* — **Essai sur la revision du Code civil.** 1873, 1 vol. in-8° . . **5 »**

JOUITOU (L.), *docteur en droit,* — **De la restriction de l'hypothèque légale de la Femme.** 1892, un vol. in-8°. . . . . . . **4 »**

— **Études sur le système du régime dotal sous le Code civil.** 1888, 2 vol. in-8°. **14 »**

KUHLMANN. — **De la réserve légale** en matière de succession. 1846, in-8°. . . **3 »**

LACROIX (Sigismond), *avocat à la Cour d'appel de Paris.* — **Memento de droit civil** pour la préparation aux examens. 3 vol. in-18 . . . . **12 »**

Chaque volume contient la matière d'un examen et se vend séparément . . . . . **4 fr.**

LAIGNEL. — **Études** sur les formalités nécessaires à la publicité des **privilèges et hypothèques** et sur la classification. 1846, in-8°. . . . . (*épuisé.*)

LATREILLE (Jacques), *conseiller à la Cour d'appel de Toulouse.* — **De la Destination du père de famille.** 1887, 1 vol. in-8° **7**

LAURENT, **Cours élémentaire de droit civil,** 1879, 4 vol. in-8° . . . . **36 »**

LAURENT (F.)

Professeur à l'Université de Gand.

PRINCIPES DE DROIT CIVIL FRANÇAIS

Cinquième édition. — 33 vol. in-8°. **297 fr.** — Chaque volume se vend séparément.

Volume Ier. — INTRODUCTION : § 1er, la codification ; § 2, les sources du code Napoléon; § 3, le code civil et le droit antérieur; § 4, bibliographie. — *Titre préliminaire.* — PRINCIPES GÉNÉRAUX SUR LES LOIS ; ch. 1er, de la sanction, de la promulgation et de la publication de la loi; ch. 2, de l'autorité de la loi; ch. 3, de l'effet de la loi quant aux personnes et quant aux biens; ch. 4, de l'effet des lois quant au temps qu'elles régissent ; ch. 5, de l'application de la loi. — *Livre premier.* — DES PERSONNES : des personnes civiles; tit. Ier, de la jouissance et de la privation des droits civils.

Volume II. — Tit. 2, des actes de l'état civil; tit. 3, du domicile; tit. 4, des absents; tit. 5, du mariage.

Volume III. — Suite et fin du tit. 5; tit. 6, du divorce et de la séparation de corps; tit. 7, de la paternité et de la filiation.

Volume IV. — Suite et fin du tit. 7; tit. 8, de l'adoption et de la tutelle officieuse ; tit. 9, de la puissance paternelle ; tit. 10, de la tutelle.

Volume V. — Suite et fin du tit. 10 ; tit. 11, de l'émancipation ; tit. 12, de l'interdiction. — *Livre deuxième*. — DES BIENS : tit. 1er, de la distinction des biens.

Volume VI. — Suite et fin du tit. 1er ; tit. 2, de la propriété; tit. 3, de l'usufruit, de l'usage et de l'habitation.

Volume VII. — Suite et fin du tit. 3; tit. 4, des servitudes ou services fonciers.

Volume VIII. — Suite et fin du tit. 4. — *Livre Troisième*. DES DIFFÉRENTES MANIÈRES DONT ON ACQUIERT LA PROPRIÉTÉ : tit. 1er, de l'occupation ; tit. 2, des successions.

Volume IX. — Suite du titre 2.

Volume X. — Suite du titre 2.

Volume XI. — Suite et fin du tit. 2 ; tit. 3, des donations entre vifs et des testaments.

Volume XII. — Suite du titre 3.

Volume XIII. — Suite du titre 3.

Volume XIV. — Suite du titre 3.

Volume XV. — Suite du tit. 3 et commencement du tit. 4, des contrats ou des obligations conventionnelles en général.

Volume XVI. — Suite du titre 4.

Volume XVII. — Suite du titre 4.

Volume XVIII. — Suite du titre 4.

Volume XIX. — Suite du titre 4.

Volume XX. — Suite et fin du titre 4.

Volume XXI. — Tit. 5, du contrat de mariage et des droits respectifs des époux.

Volume XXII. — Suite du titre 5.

Volume XXIII. — Suite du titre 5.

Volume XXIV. — Tit. 6, de la vente; tit. 7, de l'échange.

Volume XXV. — Tit. 8, du contrat de louage.

Volume XXVI. — Suite et fin du tit. 8, tit. 9, de la société ; tit. 10, du prêt.

Volume XXVII. — Suite et fin du tit. 10 ; tit. 11, du dépôt et du séquestre : tit. 12, des contrats aléatoires ; tit. 13, du mandat.

Volume XXVIII. — Tit. 14, du cautionnement; tit. 15, des transactions; tit. 16, de la contrainte par corps en matière civile; tit. 17, du nantissement.

Volume XXIX. — Tit. 18, des privilèges et hypothèques.

Volume XXX. — Suite du titre 18.

Volume XXXI. — Suite et fin du tit. 18; tit. 19, de l'expropriation forcée.

Volume XXXII. — Tit. 20, de la prescription.

Volume XXXIII. — Tables

EN SOUSCRIPTION :

SUPPLÉMENT AUX PRINCIPES
DE DROIT CIVIL FRANÇAIS

DE

FRANÇOIS LAURENT

PROFESSEUR A L'UNIVERSITÉ DE GAND

PAR

RAYMOND JANSSENS
Avocat général à la Cour d'appel de Bruxelles

JEAN SERVAIS
Avocat général à la Cour d'appel de Bruxelles

PAUL LECLERCQ
Substitut du procureur du roi près le tribunal de 1re instance de Bruxelles.

MODE DE PUBLICATION ET CONDITIONS DE LA SOUSCRIPTION

L'ouvrage formera environ 8 volumes imprimés dans le format, sur la même justification et avec les mêmes caractères que ceux des *Principes*. Il sera publié par livraisons Chaque volume sera composé de trois livraisons comportant chacune 12 feuilles d'impression de 16 pages, au prix de 3 francs la livraison. — Le prix de chaque volume est fixé à 9 francs; l'envoi en sera fait franco et le recouvrement des quittances aura lieu sans frais pour les souscripteurs.

LE BASTIER (Jules). — **De la Propriété et de son principe**. 1843, in-8° . . . . 7 »

LE BÈGUE (A.) *architecte*. — **Traité des réparations** (Lois du bâtiment). — Réparations locatives, gros entretien, réparations usufruitières, grosses réparations. 2e édition, revue et augmentée. 1876, 1 volume in-8°. . . . . 4 »

LE GOST (Ernest), *avocat à la Cour d'appel de Caen*. — **Essai sur les effets juridiques des travaux de défense** dans les rapports des particuliers avec l'Etat et entre eux. 1873. 1 vol. in-8°. . . . . 4 »

LE MOUTIER (J.-M.), *ancien notaire*. — **Nouveau dictionnaire-formulaire pratique et manuel alphabétique de droit usuel, civil, commercial, administratif et judiciaire**, définition concluante des mots et termes juridiques. Principales règles de droit. Coutumes et usages locaux. Formules d'actes sous seing privé, déclarations de succession, réclamations, suppliques. Droits d'enregistrement. Guide du placement en valeurs mobilières, etc. Le tout mis au courant de la jurisprudence et des nouvelles lois. 1889, un beau vol. in-8° jésus. **12 »**

LE POUVOIR **Judiciaire** par le prêteur, testament d'un ancien bâtonnier, 1887, une broch. in-8° raisin **3 50**

LERENDU. — **Vices rédhibitoires**, extrait du Code civil et loi du 20 mai 1838, suivis de modèles d'actes. — **Epizooties**, recueil des lois, règlements, mesures et moyens prescrits par l'autorité administrative depuis 1713 pour prévenir et arrêter les maladies contagieuses. 1849, broch. in-8°. . . **1 50**

LEROY (P.), *président du tribunal de Pithiviers*, et DRIOUX (J.), *juge d'instruction au même siège*. — **Des animaux domestiques et de l'exercice de la médecine vétérinaire selon la législation actuelle et la jurisprudence la plus récente**. 1887. — Un volume in-8°. **7 50**

LESCOEUR (C.), *docteur en droit, licencié ès lettres, professeur à la faculté libre de droit de l'Université catholique de Paris*. — **Essai historique et pratique sur la législation des sociétés commerciales en France et à l'étranger**. (Mémoire couronné par la Faculté de Droit de Paris, concours de 1873-1874 : première médaille d'or) 1876. 1 vol. in-8°. . . . . **6 »**

LESPINEUX (Victor), *avocat-avoué à Huy (Belgique)*. — **Code des voyageurs, hôteliers et aubergistes**. — Commentaire pratique des lois qui régissent les rapports entre les voyageurs, hôteliers et aubergistes. — Dépôt d'hôtellerie. — Responsabilité des hôteliers vis-à-vis des voyageurs en cas de vol, pertes, dégâts ou destruction de leurs effets. — Privilège des hôteliers sur ces effets pour garantir le paiement de leurs fournitures. — Registre de logement des hôteliers. — Prescription de l'action des hôteliers en payement de leur salaire. — Visites domiciliaires. — Patentes, etc. — Exposé des droits et obligations des voyageurs en chemins de fer, transports des chiens et bagages. 1877, 1 vol. in-12. **2 »**

LIONEL D'ALBIOUSTE. — **De l'Etablissement dans tous les greffes des tribunaux de première instance** des casiers de l'état civil et des objets divers sur le modèle du casier judiciaire (*R. P.*). 1863, in-8°. **1 50**

— **Le Casier de l'état civil**. 1860, in-8° **1 50**

LOIR. — **Centralisation des actes de l'état civil** (*R. P.*). 1863, in-8° **1 50**

MAITREJEAN, *président à la Cour d'appel de Rennes*. — **Des droits ab intestat** de l'époux survivant sur la succession de son conjoint prédécédé. Etude sur le projet de loi de M. Delsol, député. 1874, 1 broch. in-8° **1 50**

MAILLEBOIS (A. de), *docteur en droit, juge au tribunal civil de Dreux*. — **Formulaire des actes de l'état civil**, précédé d'un exposé des contraventions spéciales à chaque espèce d'actes. 1878, in-8°. . . **4 50**

MARBEAU, *avocat à la Cour d'appel de Paris*. — **Traité des transactions**, d'après les principes du code civil. 1 vol. in-8° . **4 »**

MARÉCHAL (Constantin), *avocat*. — **Mariage** (De la prohibition du) entre le beau-frère et la belle-sœur, l'oncle et la nièce, la tante et le neveu. Observations sur la proposition de loi tendant à modifier la rédaction des articles 331 et 335 du Code civil sur la légitimation des enfants nés hors mariage. Une brochure in-8° **1 50**

MARINIER. — **De la date certaine** ou théorie des tiers et des ayants cause en matière de preuve par acte sous seing privé. 1862, brochure in-8° . . . . **4 »**

MARTIN. — **Tableau général sur les degrés de parenté**. 1828, broch. in-8° . **2 50**

MASSON (P.), *docteur en droit, avocat*. — **Traité pratique des locations en garni** en général, particulièrement de la profession d'hôtelier et du contrat d'hôtellerie, contenant tous les documents législatifs et juridiques anciens et modernes; toutes les lois, édits royaux et règlements municipaux et les lois fiscales, pénales, civiles, sur la propriété, le bail, la gérance d'une hôtellerie, etc., avec une table alphabétique et analytique des matières, et une table des lois, ordonnances et arrêts rapportés ou cités dans l'ouvrage. 1847, 1 vol. in-8° . . . . **8 »**

MASSON (A). — Étude de la **Séparation des patrimoines**. 1867, 1 vol. in-8° . . . **4 »**

MERSIER (Émile), *docteur en droit, conseiller à la Cour d'appel de Paris*. — **Traité théorique et pratique des actes de l'état civil** contenant un commentaire détaillé des lois, décrets, avis du Conseil d'Etat, ordonnances, etc., qui se rapportent directement ou indirectement à l'état civil, et présentant avec l'indication de la doctrine et de la jurisprudence sur toutes les questions, les solutions pratiques résultant de cette jurisprudence et des circulaires ou instructions ministérielles diverses, suivi :

1° d'une série de formules; 2° de tables alphabétiques et analytiques très détaillées. SECONDE ÉDITION remaniée, mise au courant de la législation, de la doctrine et de la jurisprudence, et complétée notamment par des considérations sur la loi du divorce, ainsi que par le commentaire des articles de ladite loi qui ont un rapport quelconque avec les actes de l'état civil. 1892, 1 volume in-8°. . . . . **10** »

MICHEL (Alphonse), *ancien avoué, juge de paix du VIIe arrondissement de Marseille.* — **Vade mecum des juges de paix et de leurs suppléants.** (Conseils de famille.) 1891, un fort vol. in-18 jésus. . . . . **6** »

MIGNATON. — **Privilèges des architectes entrepreneurs et ouvriers.** — Commentaire théorique et pratique, suivi d'un formulaire. 1875, in-8°. . . . . **2** »

MOLY. — **Traité des absents**, suivant les règles consacrées par le Code Napoléon. 1822, 1 vol. in-18. . . . . **6** »

MONGELOUS (J.), *juge de paix.* — **Manuel pour la tenue et la vérification des actes de l'état civil**, suivi d'un formulaire à l'usage des maires, des adjoints, conseillers municipaux, secrétaires de mairie, juges de paix et de tous fonctionnaires remplissant éventuellement les fonctions d'officiers de l'état civil. 1890, 1 vol. in-8° . . . . **5** »

MORELOT. — **De la reconnaissance des enfants illégitimes**, suivant le Code Napoléon, mis d'accord avec lui-même. 1869, 1 vol. gr. in-8° . . . . **8** »

MOURLON. — **Examen critique et pratique** du commentaire de M. Troplong sur les privilèges, contenant: 1° La réfutation d'un grand nombre de décisions soutenues par M. Troplong ; 2° des dissertations sur les points qu'il n'a pas touchés; 3° des raisons nouvelles apportées à l'appui de quelques-unes de ses doctrines. 1855, 2 vol. in-8°. . . . . **14** »

MOURLON et JEANNEST SAINT-HILAIRE, *chevalier de la Légion d'honneur, notaire honoraire, maire et président du Comité des notaires des départements.* — **Formulaire général** à l'usage des notaires, juges de paix, avoués, huissiers, greffiers et officiers de l'état civil contenant, en outre, des modèles pour les actes sous seing privé les plus usuels ; précédé de deux dissertations: l'une sur la rémunération, l'autre sur la responsabilité des officiers publics et ministériels, et suivi : 1° De l'évaluation des déboursés et honoraires s'appliquant à chaque formule; 2° des tarifs de 1807, de 1841 et de 1851 ; 3° de la loi du 25 ventôse an IX mis en concordance avec les *Répétitions écrites* sur le Code civil par M. MOURLON. NOUVELLE ÉDITION refondue, revue, corrigée, augmentée et mise au courant jusqu'à ce jour, par M. Charles DEMANGEAT. 1882, 1 fort vol. in-8°. . . **12 50**

ODIER. — **Traité du contrat de mariage** et du régime des biens entre époux. 1847. 3 vol. in-8°. . . . . **15** »

OUDOT, *professeur à la Faculté de droit de Paris.* — **Du droit de famille.** Ouvrage publié après la mort de l'auteur et conformément à ses intentions, par M. Ch. DEMANGEAT, professeur à la Faculté de droit de Paris. 1867, 1 vol. in-8° . . **10** »

PANDECTES FRANÇAISES. Nouveau répertoire de doctrine, de législation et de jurisprudence sous la direction de M. WEISS, professeur à la faculté de droit de Paris. — **Traité des donations et testaments**, 1890-91. 3 vol. in-4° . . . . **75** »

— **Traité des Obligations.** 1893, 2 vol. in-4°. . . . . **50** »

PARDESSUS. — **Traité des servitudes.** 2 vol. in-8°. . . . . **18** »

PASCAL (Aristide). — **Traité synthétique de la dot** en droit romain, suivi d'une dissertation sur l'inaliénabilité de la dot en droit français. 1860, 1 v. gr in-8° . (*épuisé*).

PHILIPON (Edouard), *docteur en droit, archiviste paléographe.* — **Le Mandat impératif**, étude de droit constitutionnel comparé, avec une préface de M. C. ROSELLI MOLLET, député. 1882, 1 vol. in-12. . . . . . . **2 50**

PERSIL (J.). — **Régime hypothécaire** ou commentaire sur le XVIIIe titre du livre III du Code Napoléon, relatif aux privilèges et hypothèques, contenant les décisions ministérielles, la jurisprudence de la Cour de cassation et les arrêts et jugements des cours et tribunaux, suivi des formules et bordereaux nécessaires pour les inscriptions. 4e édition. 1833, 2 vol. in-8°. **10** »

— **Question sur les privilèges et hypothèques**, saisies immobilières et ordres. 1820, 1 vol. in-8°. . . . . **10** »

PEZERIL. — **De la condition civile des militaires** en droit français. 1871, in-8° (*R. P.*). . . . . (*épuisé*).

PIERRELAURÈS. — **Nemocil** ou **Manuel de droit usuel**, 1895 in-32. . . . . **2 50**

PILASTRE. — **Recherches sur le mariage putatif et la légitimation** dans l'ancien et le nouveau droit français, précédés d'une étude sur les conditions du mariage en droit romain. 1861, 1 vol. in-8° . . . **4** »

PILETTE. — **Lettre à M. E. Mourlon sur le Jeu et le Pari** (*R. P.*). 1862, Brochure in-8°. . . . . **3** »

PIOLET (Charles), *docteur en droit.* — **Étude sur la communauté réduite aux acquêts et la Société d'acquêts jointe au régime dotal,** avec une préface de M. Daniel de Folleville, professeur de Code civil à la Faculté de droit de Douai. 1887, 1 volume in-8° . . . . 4 »

PISTOYE (A. de). — **De la Décentralisation,** question de la suppression des conseils de préfecture sur la proposition de M. Raudot (*R. P.*) 1872, broch. in-8°. 2 »

PLASMAND. — **Code et traité des absents.** 1841. 2 vol. in-8° . . . . 12 »

— **Des Contre-lettres** considérées dans leurs rapports avec les obligations en général, avec les lois fiscales en vigueur et avec les règles du contrat de mariage. 2e édition 1839, 1 vol. in-8° . . . . 5 »

PONSOT. — **Traité du Cautionnement** civil et commercial. 1844, in-8° . . . . 7 »

PROUDHON. — **Œuvres complètes,** 18 volumes in-8° . . . . 150 »

Division de l'ouvrage : Traité sur l'état des personnes, 2 vol. — Traité du domaine privé, 3 vol. — Traité du domaine public, 5 vol. — Traité des droits d'usufruit et d'usage, d'habitation et de superficie, y compris les Tables analytiques, 7 vol.

On vend séparément :

— **Traité sur l'état des personnes** et sur le titre préliminaire du Code Napoléon. 3e édition suivie de l'explication sommaire du titre Ier du Code Napoléon et des lois qui s'y rattachent, par M. Valette, professeur à la Faculté de droit de Paris. 2 volumes in-8°. . . . . 16 »

— **Traité du domaine public,** ou de la distinction des biens, considérés principalement par rapport au domaine public, 2e édition, revue et augmentée d'un commentaire. 5 vol. in-8° 37 50

— **Traité du domaine de propriété** ou de la distinction des biens considérés principalement par rapport au domaine privé. 3 vol. in-8° . . . . 21 »

— **Traité des droits d'usage d'habitations et de superficie.** 3e édition, 2 volumes in-8° . . . . 16 »

« Ces deux volumes, qui traitent des droits d'usage, servitudes réelles, de la jouissance des biens communaux et des établissements publics, complètent toutes les éditions du *Traité de l'usufruit.* »

N.-B. — Le *Traité de l'usufruit,* en 5 volumes in-8°, est épuisé. On ne le vend pas séparément des œuvres complètes.

POUJOL. — **Traité des donations entre vifs et testamentaires,** ou Commentaire du titre II du livre III du Code Napoléon. 1840, 2 vol. in 8° . . . . 12 »

POULLE (Guillaume), *docteur en droit, avocat à la Cour d'appel de Poitiers.* — **Le Divorce** et les lois du 27 juillet 1884 et du 18 avril 1886, 1 vol. in-8° . . . . 6 »

— **La nouvelle Procédure** du divorce et la loi du 18 avril 1886, in-8° . . . . . . 3 »

— **Du nom de la femme divorcée.** Broch. in-8° 1 50

RAMBAUD (Prosper), *docteur en droit, répétiteur de droit* — **Code civil par demandes et réponses, septième édition, entièrement refondue, mise au courant des dernières dispositions législatives. 1890-1892,** 3 vol. in-8° 19 50

Chaque vol. contient la matière d'un examen et se vend séparément 6 50

RENARD. — **Des Donations entre époux** pendant le mariage. 1862, gr. in-8° . 3 »

RÉQUIER. — **Partage d'ascendants,** estimation des biens pour vérifier la lésion. — Réforme législative (*R. P.*). 1866, in-8° 2 »

— **Partage d'ascendants,** observations critiques sur la jurisprudence de la Cour de cassation (*R. P.*). 1866, in-8° . . . . . 2 »

— **Partage d'ascendants,** observations sur l'arrêt rendu par la Cour de cassation le 24 juin 1868 (*R. P.*), in-8° . . . . 2 »

REVUE PRATIQUE DE DROIT FRANÇAIS. — **Jurisprudence, doctrine, législation,** fondée par MM. Charles Demangeat, *conseiller à la Cour de cassation, professeur honoraire à la Faculté de droit* ; Emile Ollivier, *membre de l'Académie Française* ; Charles Ballot, *docteur en droit, vice-président du Conseil d'Etat* ; Frédéric Mourlon, *docteur en droit, avocat à la Cour d'appel de Paris* ; continuée avec la collaboration de MM. Merville, *conseiller à la Cour de cassation* ; Rivière, *conseiller à la Cour de cassation.*

La collection de la *Revue,* de 1856 à 1884 formant 56 volumes, et tables de 1856 à 1870. . . . . 200 » payables à raison de quinze francs par trimestre.

RIGAL. — **Traité des transactions** suivant les principes du droit français tant d'après les lois anciennes que d'après le Code civil, ou moyen de prévenir les procès et de terminer les différents à l'amiable. 1 vol. in-8° . . . . 4 »

RIVIÈRE ET FRANÇOIS. — **Explication de la loi du 23 mars 1855 sur la transcription en matière hypothécaire,** ouvrage contenant, sous chaque article, l'exposé des principes généraux et la solution des questions susceptibles de controverse, l'analyse de la doctrine et de la jurisprudence jusqu'en 1855, sur la transcription des donations immobilières et des substitutions ; un appendice renfermant l'exposé

des motifs, le rapport et la discussion de la loi nouvelle au Corps législatif. 2e édition, revue, corrigée et augmentée. 1856, 1 vol. in-8° . . . . 5 »

RIVIÈRE ET HUGUET. — **Questions** théoriques et pratiques sur la **Transcription en matière hypothécaire**, dans l'ordre des articles de la loi du 23 mars 1855. 1856, 1 vol. in-8° . . . . 6 »

ROSSE (Raoul), *Magistrat, Officier de l'Instruction publique*. — **Code manuel de la responsabilité civile des propriétaires**, locataires et autres détenteurs ou possesseurs en matière d'incendie d'objets mobiliers et immobiliers et des rapports juridiques, que peut établir cette responsabilité entre les assurés et les compagnies d'assurance, contenant : l'Exposé des principes; — le Commentaire de la loi du 5 janvier 1883; — l'Examen de la doctrine et de la jurisprudence, ainsi que l'analyse et la solution des questions controversées, d'après l'état des derniers arrêts des cours et tribunaux. (*Ouvrage honoré de la souscription du Ministère du commerce et de l'industrie*). 1892, 1 vol. in-18. . . . . 3 »

ROTHSCHILD (James de). — **De la Naturalisation** sous la loi du 3 décembre 1849 et des modifications introduites par la loi du 29 juin 1867 (*R. P.*), in-8°. . . . . . . 2 »

ROUSSEAU (Rodolphe), *avocat à la Cour de Paris*. — **Traité théorique et pratique de la correspondance par lettres, missives et télégrammes**, d'après le Code civil et commercial et de la législation réglementant les rapports des particuliers avec les administrations des postes et des télégraphes. 2e édition, entièrement refondue et considérablement augmentée. 1877, 1 vol. in-8° . . . . 6 »

ROUSSILHE. — **Traité de la dot**, à l'usage du pays de droit et de celui de coutume. Annoté et mis en corrélation avec le Code Napoléon et la jurisprudence moderne, précédé en outre d'un aperçu historique et critique sur le régime dotal, par M. Sacaze, *conseiller à la Cour de Toulouse*. 1856, in-8° . . . . 7 »

SABOURAUD (Gaston), *docteur en droit, avocat à la Cour de Paris*. — **De l'Hypothèque des femmes** en droit romain et en droit français. 1870, 1 vol. in-8° . . . . . . 8 »

SACAZE. — **De la folie** considérée dans ses rapports avec la capacité civile. 1851. 1 vol. in-8°. . . . . 4 »

SAINT-AUBIN (Eugène). — **Étude sur l'hypothèque légale** et sur la subrogation à l'hypothèque légale de la femme mariée. 1873, in-8°. . . . . 5 »

SAINT-ESPÈS-LESCOT (E.), *président du tribunal civil de Périgueux*. — **Des donations entre vifs et des testaments**, ouvrage précédé d'une introduction historique par M. Isambert, *ancien conseiller à la Cour de cassation*. 1855-1861, 5 vol. in-8°. . . 35 »

SAPEY. — **Les étrangers en France** sous l'ancien et le nouveau droit (*couronné par la Faculté de droit de Paris*). 1853, in-8°. 4 »

SEBIRE et CARTERET. — **Encyclopédie du droit**, ou Répertoire raisonné de législation et de jurisprudence en matière civile, administrative, criminelle et commerciale. 10 livraisons grand in-8° (*Ouvrage non terminé*). . . . . 50 »

SERESIA (A.), *avocat à la Cour d'appel de Gand*. — **De la pétition d'hérédité en droit moderne**. 1873, 1 vol. in-8° . . 10 »

SERVAIS (J.), *substitut du procureur du roi à Bruxelles*. — **Les actes sous seing privé**. — Notions sur leur nature, leurs conditions de validité et *Recueil de formules* avec l'indication des droits de timbre et d'enregistrement applicables à chaque acte. (1893), 1 vol. in-12 . . . . 3 50

SINCHOLLE (A.). — **Le Mariage civil et le Mariage religieux**. 1877, 1 vol. in-18 jésus . . . . 2 »

SOLON. — **Traité des Servitudes réelles**, à l'usage des jurisconsultes, des experts et des propriétaires. 1 vol. in-8°. . . . . 6 »

— **Théorie de la nullité des conventions et des actes de tous genres en matière civile**. 2 vol. in-8°. . . . . 10 »

STOICESCO (Constantin J.), *docteur en droit*. — **Étude sur la naturalisation** en droit romain, en droit civil et dans le droit des gens, précédée d'un exposé sur la *Condition politique des personnes à Rome*. 1876, 1 vol. in-8°. . . . . 6 »

TARTARIN (Ed.), *docteur en droit, avocat à la Cour d'appel de Poitiers*. — **Traité de l'occupation**, suivant le droit naturel, le droit civil et le droit international, contenant : 1° l'exposé des principes généraux; 2° l'examen complet des *res nullius* d'après les textes; 3° sur l'occupation des choses incorporelles, et 4° sur les effets de l'occupation militaire. 1873, 1 vol. in-8°. . . 4 »

TEISSIER (Edouard), *docteur en droit, licencié ès lettres, lauréat des Facultés de Lyon et de Grenoble*. — **Des obligations alimentaires dans la famille à Rome et en France**. 1880, 1 vol. in-8° . . . . 6 »

THIROUX. — **Les chercheurs de successions**. 1867, in-8° 1 50

TISSOT (J.), *doyen honoraire de la Faculté des lettres de Dijon, correspondant de l'Institut.* — **Le mariage, la séparation et le divorce considérés au point de vue du droit naturel, du droit civil, du droit ecclésiastique et de la morale, suivis d'une étude sur le mariage des prêtres.** 1868, 1 vol. in-8° . . . . 6 »

TOULLIER. — **Le Droit civil français,** 6e édition, revue par J.-B. DUVERGIER, *bâtonnier de l'ordre des avocats.* 14 vol. in-8° . . . . 70 »

TROCHON (Albert). — **Les Étrangers devant la justice française** et les juridictions nationales des peuples anciens et modernes. 1867, 1 vol. grand in-8°. 7 50

VALABRÈGUE. — **Étude historique sur l'article 883 du Code civil.** 1873, in-8° (*R. P.*). . . . . 1 »

VALETTE. *Professeur à la Faculté de droit de Paris, membre de l'Institut.* — **Cours de Code civil,** professé à la Faculté de droit de Paris, tome Ier, première année. Un fort vol. in-12 . . . . 8 »

Explication sommaire du Livre Ier du Code Napoléon, et des lois accessoires avec divers renvois au traité sur l'état des personnes et sur le titre préliminaire du Code civil de Proudhon, annoté par M. Valette. 1850, un vol. in-8°. . . . . 6 »

— **Héritier bénéficiaire.** — Purge des hypothèques. (*R. P.*). 1875, broch. in-8° 1 »

— **De la propriété et de la distinction des biens.** — Commentaire des titres I et II du livre II du Code civil, publié par les soins de M. F. HÉROLD, sénateur, préfet de la Seine, et CH. LYON-CAEN, professeur à la Faculté de droit de Paris. 1880, 1 vol. in-8°. 6 »

— **Mélanges de droit, de jurisprudence et de législation,** recueillis et publiés par les soins de MM. F. HEROLD, *Sénateur, Préfet de la Seine,* et CH. LYON-CAEN, *professeur à la Faculté de droit de Paris.* 1880-81. Deux beaux vol. in-8°, avec notice et portrait . . . . 20 »

VANIER (J.-B.). — **Questions notables sur les servitudes** qui ne peuvent être établies que par titres. 2e édition, revue et augmentée. 1880, 1 vol. in-8° 7 50

VAUGEOIS (A.), *professeur à la Faculté de droit de Nancy.* — **De l'inscription des hypothèques judiciaires et des privilèges garantissant des créances indéterminées.** Étude sur la spécialité de l'hypothèque (*R. P.*). 1875, in-8°. . . . . . . 2 »

VERDIER (Fernand), *avocat à la Cour d'appel de Nîmes, ancien magistrat.* — **Transcription hypothécaire,** explication théorique et pratique de la loi du 23 mars 1855, mise en rapport avec la Législation, la Doctrine et la Jurisprudence, précédée d'une introduction historique et des documents législatifs suivie d'un appendice, sur les effets de la transcription, de la revente, etc. Deuxième édition revue, corrigée et considérablement augmentée. 1880-1881, 2 forts vol. in-8° . . . . 18 »

— **Des Effets de la transcription de la revente** relativement aux ayants cause du vendeur ordinaire et des moyens d'améliorer, la tenue des registres hypothécaires au point de vue de la publicité. 1868, in-8°. 2 50

VILLENEUVE (L. Henry de), *docteur en droit, avocat à la Cour d'appel de Paris.* **Du Domaine congéable,** ou Bail à convenant. Etude historique et pratique. 1883, 1 vol. grand in-8° . . . . 7 »

WEBER (A.), *docteur en droit, juge au tribunal de Mâcon.* — **Des Intérêts des créances privilégiées et hypothécaires,** 1880. in-8° . . . . 3 »

WILLEQUET (Edmond), *avocat près la Cour d'appel de Gand.* — **Du divorce.** Commentaire du titre VI du Code civil (art. 229-305), augmenté de la Conférence de ce titre avec le Code hollandais. 1856, 1 v. in-8° . . 5 »

PROCÉDURE CIVILE

AJAM (Maurice), *avocat.* — **Petite étude populaire sur la Réforme judiciaire.** 1888, 1 vol. in-18. . . . . 1 50

ARCHAMBAULT (Charles), *licencié en droit, avoué à Sancerre,* et SENLY (René), *docteur en droit, avocat du barreau de Nevers, ancien bâtonnier.* — **Dictionnaire pratique des actions possessoires et du bornage,** contenant avec l'exposé des principes de la matière, le texte entier des documents de jurisprudence et des lois spéciales cités dans le corps de l'ouvrage. 1889-1890. — Deux beaux vol. grand in-8° jésus imp. en deux col. . . . . 20 »

AUDIER, *ancien juge spécial des ordres au tribunal de Grenoble.* — **Mémorial d'audience** à l'usage des tribunaux civils, correctionnels et de commerce, suivi : 1° d'une table analytique et alphabétique des délits et des peines correctionnels ; 2° d'une table chronologique des lois citées et commentées ; 3° d'une table alphabétique des matières. — Nouvelle édition, 1887, 1 volume in-4°. . . . . 15 »

— **Code des distributions et des ordres** interprété par les documents législatifs, la jurisprudence, etc. 1865, in-8° . . . . 5 »

BAZOT, *président de chambre à la Cour d'appel de Chambéry.* — **Questions de taxe,** revue critique de doctrine et de jurisprudence (*R. P.*), in-8° **2 50**

BERRIAT-SAINT-PRIX (Félix), *doyen de la Faculté de droit de Paris, membre de l'Institut.* — **Cours de procédure civile,** 7e édit., refondue en partie et mise au courant des lois de 1841 et 1858. 2 volumes in-8° . . . . **8 »**

— **Manuel de la saisie immobilière** tiré du Cours de procédure, refondu d'après les lois de 1841 et 1858 et suivi d'un tableau chronologique des actes. 1 v. in-18 . **2 »**

BONNIER, *professeur à la Faculté de droit de Paris.* — **Éléments de procédure civile.** 1853, 1 vol. in-8° . . . . **9 »**

BOURBEAU (M.-O.), *avocat à la Cour d'appel de Poitiers, professeur de procédure civile à la Faculté de droit.* — **Théorie de la procédure civile**: de la justice de paix (compétence et procédure). 1863, 1 v. in-8°. **9 »**

BOYER (M.), *ancien magistrat.* — **Guide pratique du magistrat directeur du jury d'expropriation.** 1885, 1 vol. in-18. **3 50**

BROSSARD. — **Tableau synoptique de la loi du 25 mai 1838 sur les justices de paix,** in-folio d'une feuille . . . . **1 »**

— **Traité de la juridiction des juges de paix.** 1854, in-8°. . . . . **6 »**

CAROU, *juge de paix à Nantes.* — **De la juridiction civile des juges de paix,** ouvrage faisant suite aux *Actions possessoires*, et dans lequel on traite de toutes les autres matières *civiles contentieuses* et *non contentieuses*, entrant dans les attributions des juges de paix comme juges civils et comme juges de police. 2e édition, considérablement augmentée et suivie d'un formulaire par M. Bioche, avocat. 1843, 2 vol. in-8° . . . . **12 »**

CAUMONT. — **De l'extinction des procès.** 1860, in-8° . . . . **5 »**

JULES CAZANOBES, *avoué, licencié, officier d'académie.* — **De la collocation d'office des frais de poursuite d'ordre.** 1893, 1 vol. in-8°. . . . . **3 »**

CHAUVEAU (Adolphe) et GODOFFRE. — **Commentaire du tarif en matière civile,** dans l'ordre des articles du Code de procédure civile, comprenant, avec les solutions de la doctrine et les décisions de la jurisprudence jusqu'en 1854, l'explication théorique et pratique des dispositions actuellement en vigueur de tous les tarifs en matière civile et commerciale, complété par l'application des droits de timbre, de greffe et d'enregistrement, ainsi que les émoluments alloués aux greffiers. 1864. 2e édition, 2 vol. in-8°. . . . . **16 »**

CURASSON. — **Traité de la compétence des juges de paix** dans lequel la loi du 25 mai 1838 et toutes les lois de la matière sont développées et combinées avec les principes de droit qui s'y rattachent et les règles de la procédure civile et criminelle. Quatrième édition, revue, annotée et au courant de la législation, de la doctrine et de la jurisprudence jusqu'à ce jour, par MM. Poux-Lagier et Paul Pialat, docteurs en droit, avocats du barreau de Dôle. 1879, 2 beaux volumes in-8° . . . . **20 »**

DAYRAS (Léon), *procureur de la République.* — **Réformes à introduire dans la loi du 21 mai 1858,** sur la procédure de l'ordre. 1873, brochure in-8° **1 50**

DECOSSE (A.), *avocat, lauréat de l'Académie de législation de Toulouse* (médaille d'or). — **Des abornements généraux,** conventionnels ou judiciaires. 1883, 1 vol. in-8° **6 »**

DEJEAN (Oscar), *ancien magistrat.* — **Traité théorique et pratique des expertises en** matières civiles, administratives et commerciales. Manuel des experts, nouvelle édition, revue, augmentée et mise au courant de la jurisprudence. 1889, 1 fort volume in-8°. . . . . **10 »**

DEMIAU. — **Explication du Code de procédure civile.** 1828, 1 vol. in-8°. . . . **6 »**

DURAND-MORIMBAU (Ernest), *ancien principal clerc d'avoué à Paris, expert près le tribunal de paix du 2e arrondissement.* **Manuel des expertises civiles, commentaire juridique et pratique** du livre Ier, titre 8e et du livre II, titre 14e, du Code de procédure civile. 1891, 1 vol. in-8°. . . . **5 »**

EYSSAUTIER. — **Publicité et liberté de la défense,** étendue de l'immunité accordée aux mémoires judiciaires par l'article 19 de la loi de mai 1859 (*R. P.*). 1860, in-8°. **2 »**

— **Réforme de la magistrature** et de la procédure. 2e édition 1871, in-8° . . . **2 »**

FLEURIGEON. — **Code de la voirie administrative et municipale.** 5e édition, entièrement refondue et considérablement augmentée par Ménestrier. 1854, in-8°. **8 »**

FOLLEVILLE (Daniel de). — **De la jonction des possessions.** 1871, brochure in-8° (*R. P.*). **2 50**

FONS (Victor). — **Les Tarifs en matière civile,** annotés mis en rapport avec la doctrine et la jurisprudence la plus récente, etc. 1842, 2e édition, in-8° . . **6 »**

FRAIS **de justice.** — Réformes urgentes et faciles par un *ancien magistrat de Cour d'appel.* 1884, une brochure in-8° . . **2 »**

GARNIER (Alexis), *greffier en chef de la Cour d'appel de la Martinique.* — **Code de procédure civile** (Martinique, Guadeloupe et dépendances de 1829 à 1880). 1883, 1 vol. in-4° . . . . **15 »**

GODIN (Jules), *sénateur, ancien avocat au Conseil d'État et à la Cour de cassation, conseiller honoraire de la Cour d'appel de Paris.* — **Commentaire théorique et pratique de la loi des frais de justice** (art. 4 à 25 de la loi du 26 janvier 1892), deuxième édition, comprenant le commentaire de la loi du 29 avril 1893 et les solutions administratives sur la loi des frais de justice. 1893, 1 vol. in-8° . . . . 6 »

GRASSERIE (R. de la), *docteur en droit, juge au tribunal de Rennes.* — *Etudes et Réformes de législation,* **des offices, de l'abolition de leur vénalité et de leur rachat, de la suppression des frais de justice, voies et moyens financiers pour y parvenir sans charge pour le trésor public.** 1887. 1 »

— **De la représentation proportionnelle de la majorité et des minorités,** 1889. Brochure in-8° . . . . 2 »

— **De l'interprétation judiciaire et législative des lois.** Une broch. in-8° (*épuisé.*)

HOUYVET (C.). — **Du Transport de créance** en concours avec les saisies-arrêts. 1872. Broch. (*R. P.*) . . . . (*épuisé*).

JACQUES, *président du tribunal civil d'Orange.* — **Examen critique** des différents projets de réorganisation judiciaire et spécialement de celui présenté à l'Assemblée nationale par G. Bérenger, député de la Drôme. 1872, brochure in-8° (*R. P.*) . . . . . 3 »

— **Etude** sur les juridictions civiles et les réformes à y introduire (*R. P.*). Broché, in-8°. . . . . 3 »

JAMAR (L.), *conseiller à la Cour d'appel de Bruxelles.* — **Formulaire général de procédure civile, commerciale et criminelle,** à l'usage des magistrats, avoués, huissiers, etc., contenant 1.300 formules, réunies, annotées et mises en rapport avec les lois belges. 2 vol. in-8°. . . . . . 30 »

JEANVROT (Victor), *conseiller à la Cour d'appel d'Angers.* — **Compte rendu du troisième Congrès de la Réforme judiciaire** tenu à Paris sous la présidence de M. Remoiville, député, les 7 et 8 septembre 1888. Une brochure in-8° . . . . 1 »

— **La Question du Serment.** 1 vol. in-18 imprimé sur papier de Hollande. . . 2 »

— **Compte rendu du Congrès de la Réforme judiciaire** tenu à Angers, sous la présidence d'honneur de M. Floquet, président de la Chambre des députés, les 12 et 14 juin 1886. (*Extrait de la* Revue *de la Réforme judiciaire.*) 1886, broch. in-8°. 1 »

— **La Magistrature.** — I. **L'inamovibilité** sous l'ancienne monarchie, sous la Révolution et depuis le 18 brumaire. — II. **La Justice du pays par le pays,** suivi des considérations sur le pouvoir judiciaire de Charles Comte. 1883, 2 vol. in-18. . 8 »

— **La Suppression du Serment.** Origine et état de la jurisprudence. — Le projet de loi du Sénat. — Le projet de la Chambre des députés. 1887, broch. in-8° . . . 2 »

— **Revue de la réforme judiciaire et législative** publiée sous la direction de M. Victor Jeanvrot. 1885-1890. *Six années* Prix : 10 fr. l'une.

LAUNAY (Guillaume). — **Les Agréés,** une brochure in-8°. 1889. . . . . » 75

LETTRE **d'un magistrat à M. Bérenger,** député de la Drôme, sur son projet de loi sur l'organisation de la magistrature. 1871. broch. grand in-8°. . . . . » 75

LOUIS-LUCAS (Paul), *professeur à la Faculté de droit de Dijon.* — **Etude sur la vénalité des charges et fonctions publiques et sur celle des officiers ministériels,** depuis l'antiquité romaine jusqu'à nos jours, précédée d'une introduction générale. 1883, 3 forts vol. grand in-8°. . . . 60 »

Les tomes I et II ont seuls paru. — Le tome III sera livré aux souscripteurs.

MARÉCHAL (Constantin), *avocat.* — **Traité pratique de procédure en matière commerciale.** 1886, 1 vol. in-8°. . . . . . 5 »

MICHEL (Alphonse), *juge de paix du VIIe arrondissement de Marseille, ancien juge de paix de cantons ruraux.* — **Vade-Mecum des Officiers de police judiciaire,** auxiliaires du Procureur de la République. 1888, 1 vol. in-8° jésus. 5 50

— **Vade-Mecum des Juges de paix et de leurs suppléants.** — I. Audiences. 1889, 1 fort vol. in-18 jésus . . . . 6 »

— II. Scellés. 1889, 1 fort vol. in-18 jésus. . . . . 6 »

L'auteur a adopté pour tous ces *vade-mecum* l'ordre alphabétique, cette forme étant la seule qui convienne aux ouvrages vraiment pratiques, et, qui permette de trouver instantanément la réponse à toutes les questions qui peuvent se présenter.

MOREAU (Alfred), *avocat à la Cour d'appel, juge suppléant au tribunal de première instance de Bruxelles.* — **De la Juridiction des référés.** 1891. Un volume grand in-8° . . . . 6 »

MORIN. — **Principe du bornage.** 1860, 1 vol. in-8° . . . . 3 »

MOURLON. — **Répétitions écrites sur l'organisation judiciaire et la procédure civile** contenant l'exposé des principes généraux, leurs motifs et la solution des questions théoriques, suivies d'un formulaire. Cinquième édition (matières de l'examen) entièrement refondue, complétée et mise au courant jusqu'à ce jour par M. E. Naquet, *procureur général près la Cour d'appel d'Aix.* 1885, 1 fort vol. in-8° cavalier. 12 50

OLLIVIER, *membre de l'Académie française, ancien garde des sceaux*, et MOURLON, *docteur en droit, avocat à la Cour d'appel*. — **Commentaire de la loi portant modification des art. 691, 696, 717, 749 et 838 du code de procédure civile sur les saisies immobilières et sur les ordres**; contenant le projet et le texte définitif de la loi, l'exposé des motifs, le rapport, la discussion, les notes tirées des observations présentées par les avoués de Paris et les délégués des notaires des départements, et enfin un commentaire théorique et pratique. 1859, 1 fort volume in-8° . . . . 10 »

NICIAS-GAILLARD. — **Traité des copies de pièces** ou du décret du 29 août 1813, dans ses rapports avec les lois et décrets sur la discipline des officiers ministériels et les lois sur le timbre, ainsi qu'avec l'ancienne législation sur ces matières. 1839, in-8° 2 »

NIVERT (J.-P.), *licencié en droit, principal clerc d'avoué*. — **Memento pratique du clerc d'avoué**, notes de procédure pratique à l'usage des clercs d'avoués et des avocats. 2e édition. 1889, 1 vol. in-18 . . 4 »

DE PAEPE (P.), *conseiller à la Cour de cassation de Belgique*. — **Etude sur la compétence civile**, 2 vol. in-8°. . . . . . 20 »

PERSIL (Eug.). — **Commentaire de la loi du 2 juin 1841** sur les ventes judiciaires de biens immeubles, suivi du tarif des frais et dépens. 1842, 1 vol. in-8° 7 50

PIGEAU et CRIVELLI. — **La Procédure civile des tribunaux de France**, démontrée par principes, et mise en action par des formules. Cinquième édition, revue et augmentée, par M. Crivelli, avocat à la Cour d'appel. 1837, deux vol. in-4°. 15 »

PONCET. — **Traité des jugements**. 2 vol. in-8° . . . . (*Epuisé*).

POULLE, *président à la Cour d'appel de Poitiers*. — **Des Abus de la citation directe**. Broch. in-8°. . . . . » 50

PRINS (Adolphe). — **De l'Appel dans l'organisation judiciaire répressive**, étude historique et critique. 1875, in-8°. . 3 50

RAMBAUD (Prosper), *docteur en droit, répétiteur de droit*. — **Procédure civile par demandes et réponses**, comprenant les matières de l'examen de Procédure civile, avec un Résumé en forme de tableaux analytiques. Une table alphabétique et un Formulaire des actes les plus usités, nouvelle édition, entièrement refondue, mise au courant des dispositions législatives les plus récentes, jusqu'en 1895. — 1 volume in-8° . . . . 5 »

REVERCHON. — **De la Chambre des requêtes** de la Cour de cassation. (*R. P.*). 1861, in-8°. 1 50

RIVOIRE. — **Dictionnaire** raisonné du **Tarif des frais et dépens** en matière civile, à l'usage de chaque Cour d'appel, tribunal civil et de commerce, contenant: 1° la quotité fixée des droits, honoraires et indemnités revenant aux juges, avoués, greffiers, notaires, commissaires-priseurs, gardes du commerce, huissiers, experts et témoins; 2° l'examen et la solution de toutes les questions en matière de taxe et de celles qui s'y rapportent; — suivi du décret du 16 février 1870 et de l'ordonnance du 10 octobre 1841. 5e édition, augmentée. 1844, 1 très gros vol. in-8°. . . . . . 7 »

— **Commentaire du tarif des frais et dépens** relatifs aux ventes judiciaires de biens immeubles, d'après la loi du 2 juin et l'ordonnance du 10 octobre 1841.—1844, broch. in-8°. 1 50

— **Traité de l'appel** et de l'instruction sur l'appel, suivant les diverses dispositions sur les matières contenues dans le Code de procédure civile et dans le Code de commerce. 1844, 1 vol. in-8°. . . . . . . 7 »

ROLLAND de VILLARGUES — **Code de l'organisation judiciaire** comprenant les lois, décrets, règlements, concernant l'ordre judiciaire, le Conseil d'Etat, la Cour des Comptes, les prud'hommes et les auxiliaires de la justice, avocats, notaires, avoués, greffiers, huissiers, etc., annoté de toutes les décisions et instructions ministérielles, des décisions du Conseil d'Etat et de la Cour de cassation, suivi des tarifs en matière civile et criminelle, également annotés. 1877, 1 vol. in-8° jésus, sur 2 col . . . . 10 »

ROUSSET (G.). — **Projet de loi sur le Bornage**, précédé d'un exposé de motifs et rédigé d'après un système nouveau de rédaction législative (*R. P.*) . . . . 3 »

SAINT-MARTIN (de). — **Quelques mots de la compétence des juges de paix**. (*R. P.*). 1870, in-8° . . . . 2 »

SCHEYVEN (Camille), *conseiller à la Cour d'appel de Bruxelles*. — **Traité pratique des pourvois en cassation, de l'organisation et des attributions diverses de la Cour suprême**. 2e édition revue et augmentée. 1885, 1 fort vol. in-8°. . . . . . 12 »

SUDRAUD-DESISLES. — **Manuel du juge taxateur** en matière civile. 1827, 2e édition, in-8°. . . . . 7 »

VERITAS. — **Réforme du Code de procédure civile** et des lois relatives à l'organisation judiciaire. 1871, in-8° . . . . . 1 »

VIVIER (Alphonse), *substitut du procureur de la République à la Rochelle*. — **Essai sur la réorganisation judiciaire en France**. 1881, broch. in-8°. 1 50

WÆLBRŒCK (Ernest). — **Commentaire législatif et doctrinal de la loi du 25 mars 1876**, comprenant le titre Ier du livre préliminaire du nouveau Code de procédure civile, relatif à la **Compétence en matière contentieuse**. 1 vol. in-8° . . 7 »

WODON (Léon), *président du tribunal de première instance à Namur.* — **Traité théorique et pratique** de la possession et des actions possessoires, 1878. 2e édition, 3 vol. in-8° . . . . 21 »

DROIT COMMERCIAL

AMELINE, *auditeur au Conseil d'État, avocat à la Cour d'appel de Paris.* — **Assurances en cas de décès** et en cas d'accidents, résultant des travaux agricoles et industriels. Commentaire de la *loi du 11 juillet 1868*, in-8 (*R. P.*) . . . . 3 »

— **Sociétés en commandite par actions**, commentaire pratique et commercial de la *loi du 24 juillet 1867*, avec le résumé de l'exposé des motifs du gouvernement, du rapport de la commission, de la discussion devant les Chambres, et les décisions de la jurisprudence antérieure applicables sous la loi nouvelle (*R. P.*). 1868, in-8° . . 2 »

ANDRÉ (Louis). — **Manuel pratique de la liquidation judiciaire et de la Faillite.** Commentaire d'ensemble de la loi du 4 mars 1889 et des lois antérieures avec un formulaire des actes usuels. (*Honoré d'une souscription du Ministère de la Justice*). 1889, 1 vol. in-18 . . . . 4 »

AUDIER. — **Titres au porteur.** Leur législation dans ses rapports avec le droit commun. 1885, 1 très fort vol. in-8°. . 11 »

AUGIER, *professeur, teneur de livres.* — **Traité complet théorique et appliqué de comptabilité commerciale et industrielle.** 1886, 1 vol. in-4°. . . . . 10 »

AUTRAN (F.-C.), *avocat au barreau de Marseille, docteur en droit, licencié ès lettres, directeur de la* Revue internationale du droit maritime. — **Code international de l'abordage maritime**, jurisprudence, doctrine, législation comparée. 1890, 1 vol. in-8° 5 »

ADON-PASCAL. — **Répertoire général des assurances**, ou résumé analytique et chronologique des matières contenues dans le *Journal des Assurances*, de 1849 à 1872. 1874, 1 vol. grand in-8° . . . . 12 »

— **Répertoire des assurances**, contre l'incendie ; sur la vie, les accidents ; la grêle ; etc. (1873-1883). 1884, 1 vol. grand in-8° 10 »

BARBIER (J.) et BERNARD (A.), *receveur de l'Enregistrement.* — **Guide pratique des Sociétés d'assurances mutuelles contre l'incendie**, leur création, leur fonctionnement et l'exposé des droits auxquels elles sont assujetties, avec formules, modèles de registres, d'états et textes de lois. 1890, in-8° raisin. . . . . 2 »

BASTINE (L.), *professeur à l'Université de Bruxelles.* — **Code de la Bourse** ou EXPOSÉ MÉTHODIQUE DE LA LÉGISLATION ET DE LA JURISPRUDENCE BELGE sur les bourses de commerce, les agents de change et les opérations de bourse, suivi des documents officiels. 1876, un fort volume in-8°. 10 »

BÉDARRIDE (J.), *avocat à la Cour d'appel d'Aix, ancien bâtonnier, membre correspondant de l'Académie de législation de Toulouse.* — **Droit commercial, commentaire du Code de commerce.** 32 vol. in-8°.

DIVISION DE L'OUVRAGE

Commentaire des titres I et II du Code de commerce. — **Des commerçants. Des livres de commerce.** 1 vol. . . . . . . 9 »

Livre I, titre III. — **Des sociétés**, 3 vol. (*épuisés*).

Livre I, titre V. — **Des bourses de commerce, agents de change et courtiers.** 1 vol. 10 »

Livre I, titre VI. — **Commissionnaires**, 2e édit. 1885. 1 vol. . . . . 10 »

Livre I, titre VII. — **Achats et ventes**, 2e édit. 1885, 1 vol. . . . . 9 »

Livre I, titre VIII. — **Lettre de change, billets à ordre, prescription**, 2e édit. 1885, 2 vol . . . . 18 »

Livre II. — **Commerce maritime**, 2e édit. 1885, 5 vol. . . . . 45 »

Livre III. **Faillites et banqueroutes**, 2e édit. 1885, 3 vol. (*épuisés*).

Livre IV. — **Juridiction commerciale**, 2e édit. 1885, 1 vol. . . . . 9 »

Commentaire des lois sur les brevets d'invention, sur les noms des fabricants et des lieux de fabrication, sur les marques de fabrique et de commerce, suivi d'un appendice contenant les actes et les documents officiels et législatifs. 1885, 3 vol. . 24 »

Commentaire de la loi du 14 juin 1865 sur les chèques. 1885, 1 vol. . . . . 7 »

Commentaire de la loi du 24 juillet 1867, sur les sociétés *en commandite par actions, anonymes et coopératives*, 2 vol. (*épuisés*).

— **Commentaire** de la loi du 10 décembre 1874, sur **l'hypothèque maritime.** 1873, 1 vol. . . . . 9 » stion de droit commercial et de civil avec leurs solutions. 1883, 1 vol. . . . . 8 »

'OTTE (René), *docteur en droit, secré- de la rédaction* à la Revue interna- e du droit maritime. — **De la règle** IS REGIT ACTUM » **et du conflit des** elatif à la forme des actes en droit me. 1895, 1 vol. in-8° . . . . . 5 »

I.), *greffier du tribunal de commerce ruxelles.* — **Traité théorique et que de droit commercial.** Divisé en 3 parties comprenant : 1re partie, *le entaire du nouveau Code de commerce s les travaux législatifs*; 2e partie, *le civil dans ses rapports avec le Code nmerce*; 3e partie, *le Commentaire ex- if au point de vue pratique, des lois et s les plus usuels applicables en matière erciale*; 4e partie, *les Règles de la pro- e commerciale et un Formulaire géné-* chacune de ces parties est suivie table analytique et méthodique); — miné par une table générale des ma- , classées dans l'ordre alphabétique. *ième édition* comprenant la législation erciale jusqu'au 1er novembre 1890. in-8°. . . . . 16 »

(L. Ch.), *docteur en droit, avoué à e-Duc.* — **Compétence commerciale,** e la promesse, lieu de la délivrance, lu payement, influence de la facture 420 du Code de commerce). (*R. P.*). in-8°. 2 50

T. — **Le crédit et les banques d'é- ion.** 1 vol. in-18 . . . . 6 »

Y-PATY (de la Loire-Inférieure) et EUX. — **Traité des faillites et ban- outes,** suivi de quelques observations déconfiture. 2e édit. entièrement re- e et mise en harmonie avec la loi de 2 vol. in-8° . . . . 15 »

U et GAUTIER DE NOYELLE. — **La te,** traité pratique à l'usage des com- ants. 1864, 1 vol. in-8°. 2 50

RD-VEYRIÈRE et DEMANGEAT. — **é de Droit commercial,** cours pro- à la Faculté de Droit de Paris, par RAVARD-VEYRIÈRES, publié, annoté et lété, par Ch. DEMANGEAT, conseiller à ur de cassation, professeur honoraire Faculté de droit, seconde édition, et augmentée. — 6 vol. in-8°. . . . . 57 »

ON VEND SÉPARÉMENT

ité des sociétés commerciales, 1890. in-8° . . . . 9 »

ité des bourses de commerce, des ts de change et des commission- es, 1892. 1 vol. in-8°. . . . . . 9 »

ité de la lettre de change, du billet re, 1888. 1 vol. in-8°. . . . . . 9 »

— **Traité de droit maritime,** 1888. 1 fort vol. in-8°. . . . . 12 »

— **Traité des faillites et des banquerou- tes,** 1891-92. 2 vol. in-8° . . . . 18 »

BRAVARD-VEYRIÈRES et DEMANGEAT. — **Manuel de droit commercial** contenant un traité sur chaque livre du Code de commerce, l'indication du dernier état et les principaux monuments de la jurispru- dence avec les formules pour tous les ac- tes, ainsi que le texte des ordonnances de 1673 et 1681 et celui du code, rapprochés et mis en regard. 7e édit., revue, annotée et mise en rapport avec les lois nouvelles. 1868, 1 vol. in-8°. . . . . 12 »

BUCHÈRE (Ambroise), *docteur en droit, con- seiller honoraire à la Cour d'appel de Paris.* — **Traité théorique et pratique des opé- rations de la Bourse,** transferts, mutations et conversions des rentes sur l'État, ac- tions, obligations françaises ou étrangères, marchés au comptant et à terme, jeux de bourse et des actions judiciaires auxquelles ils donnent naissance; 3e ÉDITION suivie du règlement général des agents de change de Paris et du règlement particulier de la même Compagnie, approuvé le 3 décem- bre 1891 et complètement modifiée par ap- plication de la loi du 28 mars 1885, du dé- cret réglementaire du 7 octobre 1890, d'après les dernières solutions de la juris- prudence. 1892, 1 vol. in-8° . . . . 10 »

Cette nouvelle édition, qui était attendue par tous ceux qui s'occupent des opérations de la Bourse au point de vue juridique, contient un véritable commentaire de la loi du 28 mars 1885. Les dispositions du décret du 7 octobre 1890 y sont énoncées dans les divers chapitres aux- quels elles s'appliquent. L'auteur signale en ou- tre, aussi complètement que possible, les nom- breux arrêts rendus par la Cour de cassation ou les Cours d'appel, jusqu'à la fin de l'année 1891.

Le volume est suivi du règlement général des agents de change de Paris, et du règlement par- ticulier délibéré par cette Compagnie en exécu- tion du décret réglementaire du 7 octobre 1890, et approuvé par le Ministre des finances le 3 décembre 1891. Ces documents, bien que spé- ciaux aux agents de change de Paris, ont une utilité pratique incontestable et peuvent servir de base aux règlements des autres compagnies.

BUCHÈRE (Ambroise), *docteur en droit, con- seiller à la Cour d'appel de Paris.* — **Traité théorique et pratique des valeurs mobi- lières et effets publics,** rentes sur l'État, actions de la Banque, obligations foncières et communales, actions et obligations des sociétés commerciales, valeurs étrangères, titres nominatifs et au porteur, et de la lé- gislation qui les régit; *comprenant : un com- mentaire de la loi du 18 juin 1872 sur les ti-*

tres au porteur perdus ou volés. 2e édition refondue et augmentée d'après les dernières solutions de la jurisprudence et de la loi du 27 février 1880. 1881, 1 fort vol. in-8° . . . . 12 »

— **Des titres au porteur.** — *Étude économique et juridique* couronnée par l'Académie de législation de Toulouse au concours de 1874 (*R. P.*). 1878, in-8° . . . . 2 »

— **Des titres au porteur perdus, volés ou détruits** et des moyens d'en recouvrer la jouissance ; commentaire de la loi du 15 juin 1872 (*R. P.*). 1875, in-8°. . . . . 2 »

CADRÈS. — **Code de procédure civile,** ou codification des articles du Code de procédure, applicables en matière de commerce. 1844, in-8°. . . . . 7 »

CAMBERLIN (E.), *ancien secrétaire de la présidence du Tribunal de commerce de Paris, chevalier de la Légion d'honneur.* — **Manuel pratique des tribunaux de commerce,** à l'usage des magistrats, des justiciables, des officiers ministériels et des divers auxiliaires de la juridiction commerciale, divisé en huit parties: 1° Historique. Organisation et fonctionnement des tribunaux de commerce ; — 2° Attributions, compétence et procédure, agréés, arbitres, etc.; — 3° Bourses de commerce, agents de change, etc. ; — 4° Propriété industrielle, artistique et littéraire ; — 5° Transports terrestres et maritimes, etc. ; — 6° Faillites et liquidations, juges, commissaires, syndics, comptabilité ; — 7° Conseils de prud'hommes, attributions, etc. ; — 8° Formulaire général commenté et annoté. ÉDITION NOUVELLE, revue et augmentée, avec appendice sur le nouveau régime des faillites et liquidations judiciaires, par PAUL CAMBERLIN, ancien secrétaire adjoint de la présidence du tribunal de commerce de Paris, administrateur délégué du *Journal des tribunaux de commerce.* 1889, 1 très fort volume in-8° . . . . 12 »

CARLE (Guiseppe), *professeur extraordinaire de l'Université de Turin.* — **La faillite dans le droit international privé,** mémoire couronné par l'Académie des sciences morales et politiques de Naples, traduit et annoté par M. ERNEST DUBOIS, professeur à la Faculté de droit de Nancy. 1875, 1 vol. in-8°. . . . . 4 »

CAUMONT. — **Institution du crédit sur marchandises,** ou le commerce du monde d'après les travaux législatifs et les règlements d'administration publique sur les warrants français, avec un traité complet, méthodique et raisonné sur les courtiers de commerce en général, précédé d'une synthèse alphabétique et analytique. 1859, 1 beau vol. grand in-8°. . . . . 5 »

— **Cours public de droit maritime** au de vue commercial, administratif et ou AMENDEMENT des lois nautiques 1 broch. . . . .

CHAUFTON (Albert), *docteur en droit, au Conseil d'État et à la Cour de Cas* — **Les Assurances,** leur passé, leu sent, leur avenir, au point de vue nel, technique et pratique, moral, mique et social, financier et admini légal, législatif et contractuel, en Fr à l'étranger. Études théoriques et pr sur — l'assurance sur la vie — l'ass contre les accidents — l'assurance l'incendie — l'assurance contre les de transports maritimes et terr l'assurance contre la grêle — l'ass contre la mortalité du bétail. (*Ouvr ronné par l'Institut. Prix Léon Fa* 1884-86, 2 forts vol. in-8°. . . . . .

CLAIRFOND. — **Guide général des f** et banqueroutes. 1 vol. in-8° . . (

COUDER (Ruben de). — **Dictionnai droit commercial, industriel et ma** contenant la législation, la jurispru l'opinion des auteurs, les usages de merce, les droits de timbre et d'enre ment des actes, enfin des modèles d les actes qui peuvent être faits, soit membres des tribunaux de commer par les commerçants eux-mêmes. 3e dans laquelle a été entièrement refo mis au courant l'ancien ouvrage de M. JET, conseiller à la Cour de cassati MERGER, avoué honoraire à la Cour de Paris, 1879, 6 forts vol. in-8°. .

CRESP, *ancien professeur à la Facu droit d'Aix.* — **Cours de droit mar** annoté, complété et mis au courant jurisprudence la plus récente, par A LAURIN, professeur de droit à la F d'Aix. 1876-1882, 4 vol. in-8° . . . .

CYPRÈS (Imbert), *docteur en droit.* — **surance sur la vie et les caisses traites.** 1891, 1 vol. in-8°. . . . . .

DOMENGET. — **De l'effet produit par de faillite** et par le concordat q l'exercice des actions personnelles cialement à l'égard de la contrain corps. Brochure in-8° (*R. P.*). . . .

DORDAN (Alphonse), *avocat, agréé Tribunal de commerce de Toulouse.* — **tions litigieuses** concernant les tran par chemins de fer. — **De la lettre** Les Compagnies de chemins de fe *tenues* d'adresser une lettre d'avis a nataire à l'arrivée des colis expéd *gare.* Étude théorique et pratique. 1882, in-8° . . . .

— **La Faillite dans le droit in-ional privé.** (Voir Carle.) 1 vol. **4** »

: (Edmond), *avocat à la Cour d'appel en.* — **Droit maritime.** — Commen-es Titres I et II livre II du *Code de rce.* 1859, 2 vol. in-8°. . . . . . **16** »

SSE (Roger), *avocat à la Cour d'appel is.* — **Nouvelle loi sur la liquida-diciaire et la faillite,** promulguée ırs 1889, suivie des rapports et de la ion complète devant les deux Cham-vec la collaboration de M. Ch. Roy, *ire de la présidence du Tribunal de rce de la Seine,* et de M. Muzard, *à la Cour d'appel de Paris.* 1889, in-8°. . . . . **5** »

.UT, *docteur en droit, procureur de la ique à Mirecourt.* — **La justification jurisprudence de la Cour de cas-en matière d'assurance sur la vie.** ne brochure in-8°. . . . . **1** »

. *professeur de Droit commercial à la de Rennes.* — *Législation des trans-* **Étude sur les projets de réforme ticles 105 et 108 du Code de com-**, extrait de la *Revue de Jurisprudence* *ciale et maritime de Nantes.* 1881, 1. in-8°. . . . . **1** »

international. — **Titres au porteur ou volés.** — I. Négociation des ti-ınçais à l'étranger. — II. Négociation ınce de titres étrangers, application ıi du 15 juin 1872, extrait de la *Revue ıprudence commerciale et maritime de* 1882, 1 broch. in-8°. . . . . . **1** »

ILLE (Daniel de), *ancien doyen de ılté de Droit de Douai, professeur à ılté de Droit civil de Lille, vice-prési-l'Association internationale pour la et la codification du droit des gens, de l'Instruction publique.* — **Traité possession des meubles et des au porteur.** Deuxième édition avec ıboration de M. Jules Lonfier, avo-cteur en droit, 1875. Un très fort ı in-8° . . . . **12** »

Revendication des Titres au por-ın matière de faillite. 1871, broch. R. P.). . . . . **1** »

S (G.), *receveur de l'Enregistrement.* **cessions de fonds de commerce,** marques de fabrique et brevets ıtion au point de vue des droits ;istrement et de timbre. 1888, in- . . . . **3** »

N. — **Des Voituriers par terre, u et par chemin de fer,** ou Traité ue et pratique des transports. 1866, ne in-8° . . . . **6** »

GASSE. — **Jurisprudence commerciale,** recueils d'arrêts des cours de cassation, d'appels et de jugements rendus en matière de commerce. 1851, 1 vol. in-8° **6 50**

GODET (A.). — **Des courtiers interprètes** et conducteurs de navires. 1875, in-8°. **2** »

GUILLARD, *docteur en droit, professeur à l'Université de Berne.* — **La Bourse, les Agents de change et les opérations de bourse en Belgique.** 1878, in-8°. . . **1 50**

GUILLERY, *avocat à la Cour d'appel de Bruxelles, ancien bâtonnier, président de la Chambre des représentants.* — **Des Sociétés commerciales** en Belgique ou Commentaire de la loi du 18 mai 1873. 1883, 3 forts vol. in-8° . . . . **30** »

— **Commentaire législatif de la loi du 18 mai 1873 sur les Sociétés commerciales en Belgique,** contenant toutes les discussions parlementaires de 1860 à 1873, exposé des motifs, rapports présentés aux Chambres législatives. 1 vol. grand in-8° . . . . **20** »

Cet ouvrage est complété par le **Commentaire législatif de la loi du 18 mai 1873** avec les modifications résultant de la **loi du 22 mai 1886 sur les Sociétés commerciales** et de la **loi sur le faux dans les bilans,** du 25 décembre 1881. — Discussions parlementaires, exposé des motifs, rapports présentés aux Chambres législatives, revu et mis en rapport avec le texte de la loi. 1879, 1 vol. grand in-8°. . **7 50**

HERBAULT (Paul), *docteur en droit, avocat à la Cour d'appel d'Amiens.* — **Traité des assurances sur la vie,** ouvrage couronné par la Faculté de droit de Douai et par l'Académie de législation de Toulouse. Revu et publié après le décès de l'auteur, par Daniel de Folleville, professeur à la Faculté de droit de Douai, un des vice-présidents de l'Association internationale pour la réforme et la codification du droit des gens. 1878. 1 vol. in-8°. . . . . . **9** »

— **De l'hypothèque maritime.** Commentaire de la loi du 10 décembre 1874. 1876, 1 vol. in-8° . . . . **4** »

HŒCHSTER et SACRÉ. — **Manuel de Droit commercial Français et Étranger.** — Droit maritime, à l'usage des jurisconsultes et des commerçants contenant la législation des pays suivants : France. — Belgique. — Italie. — Espagne. — Portugal. — Allemagne. — Pays-Bas. — Alsace-Loraine. — Autriche-Hongrie. — Cantons Suisses. — Danemark. — Suède. — Norvège. — Russie. — Pologne. — Angleterre. — Grèce et Iles Ioniennes. — Ile de Malte. — Haïti. — États-Unis. — Brésil. — Pérou. — Chili. — Confédération Argentine. — Amérique centrale. — Mexique. — Pays Musulmans. — Chine, etc., etc. — 1876, deux volumes in-8° . . . . **18** »

JOURNAL

DES

TRIBUNAUX DE COMMERCE

CONTENANT

Toutes les décisions importantes rendues en matières commerciales par le Tribunal de Commerce de la Seine, la Cour d'Appel de Paris, la Cour de Cassation et les autres Cours et Tribunaux.

PRÉSENTANT

L'EXPOSÉ COMPLET DE LA JURISPRUDENCE ET DE LA DOCTRINE DES AUTEURS EN MATIÈRE DE COMMERCE

RECUEIL FONDÉ EN 1852

Par MM. TEULET et CAMBERLIN

CONTINUÉ DEPUIS 1877 SOUS LA DIRECTION

De M. CAMBERLIN

ET A PARTIR DE 1882 SOUS LA DIRECTION

DE M. ROGER DUFRAISSE

Avocat à la Cour d'appel de Paris.

AVEC LA COLLABORATION DE MM.

Charles ROY	**Gustave LEFÈVRE**
[illegible] de la Présidence du Tribunal de Commerce Chevalier de la Légion d'honneur	Avocat à la Cour d'appel de Paris

Administrateur-délégué : **M. Paul CAMBERLIN**

Recueil paraissant tous les mois en une brochure in-8° de 80 pages de texte, avec une couverture contenant la table sommaire de chaque numéro

Abonnements : 20 francs par an.

Les abonnements partent du 1er janvier de chaque année.

On peut se procurer la **COLLECTION ÉCONOMIQUE**, se composant du **Répertoire alphabétique de jurisprudence commerciale**, comprenant la **Table générale** du journal depuis 1852 jusqu'à 1888 inclus et des années 1889 à 1894, au prix de **Cent vingt francs**. (Voir MUZARD, page 49).

ISTER et LÉONEL OUDIN. — **Manuel** **)roit commercial Français et Étran.** DROIT TERRESTRE, **contenant** la légis. n des pays suivants : France. — Bel- e. — Italie. — Espagne. — Portugal. .llemagne. — Alsace-Lorraine. — Au- ıe-Hongrie. — Pays-Bas. — Cantons ·ses. — Russie. — Pologne. — Suède. anemark. — Norvège. — Angleterre.— s-Unis. — Brésil. — Pérou. — Chili.— 'édération Argentine.—Amérique cen- '. — Mexique.—Pays Musulmans, etc. 374, 1 fort vol. in-8° . . . . **12** »

BIE (Ernest), *Licencié en droit, Greffier* *'ribunal de commerce de Marseille.* — **uidation Judiciaire,** commentaire pra- e de la loi du 4 mars 1889 et revue de ırisprudence. 1890, 1 vol. in-8°. **5** »

\U. — **Code des prises maritimes,** an 4 vol. 1844, in-8°. . . . . **20** »

E (Gaston). — **Traité théorique et** **ɫique des fonds de commerce** précédé e introduction historique par GEORGES TMANN. Suivi d'une étude sur l'Enre- 'ement des ventes de fonds par ALBERT ɩR, principal clerc de notaire, conte- t un Formulaire et l'indication com- ɘ de la jurisprudence. 1886, 1 volume °. . . . . **8** »

E (G.) et MARÉCHAL (C.). — Projet ɔi tendant à la répression des fraudes ɜ les ventes de fonds de commerce. , broch. in-18 . . . . » **25**

MTE (Maxime), *avocat, docteur en droit,* *teur du Nord, ancien professeur de droit* *mercial à la Société industrielle d'Amiens.* **Traité théorique et pratique de la** **idation judiciaire,** commentaire des du 4 mars 1889 et du 4 avril 1890, his- ɜ et droit comparé. — **Travaux prépara-** ɜs et discussions. — **Jurisprudence.** — ɱules.—1890. 1 fort vol. in-8°. **12** »

· **la Responsabilité personnelle des** ɔciés dans les Sociétés minières par ɔns. 1883, 1 broch. in-8° . . . . . **1** »

ERCIER, *docteur en droit avocat à la* *·d'appel de Douai.* — **Études sur les** **ques.** 1874, 1 vol. in-8°. . . . . . **6** »

OUTIER (J.-M.), *ancien notaire.* — **Nou-** **u dictionnaire-formulaire pratique** **ɱanuel alphabétique de droit usuel,** **l, commercial, administratif et judi-** **re,** définition concluante des mots et ɿes juridiques. Principales règles de t. Coutumes et usages locaux. Formules tes sous seing privé, déclarations de ɜession, réclamations, suppliques. Droits .registrement. Guide du placement en urs mobilières, etc. Le tout mis au cou- . de la jurisprudence et des nouvelles 188?. un beau vol, in-8° jésus. **12** »

LESCŒUR (C.), *docteur en droit, licencié ès lettres, professeur à la faculté libre de droit de l'Université catholique de Paris.* — **Essai historique et pratique sur la législation des sociétés commerciales en France et à l'étranger.** Mémoire couronné par la Faculté de Droit de Paris, concours de 1873-1874 : première médaille d'or 1876. 1 vol. in-8° . . . . **6** »

LIOUVILLE (A.). — **Règles générales de la commission** en droit français, avec les principaux usages du commerce, précédées d'une étude sur le mandat en droit romain. 1 vol. grand in-8° . . . . . . **4** »

MAGNIER (J.-B.) et PRUVOST (Octave), *avocat à la Cour d'appel.* — **Du nantissement** constitué sur les fonds de commerce (jurisprudence et législation). 1895, une brochure in-8° . . . . **3** »

MANUEL **périodique des Compagnies d'Assurances françaises et étrangères,** histoire, renseignements généraux, détails techniques et historiques.

Première année, 1882. — Un vol. in-18: cartonné à l'anglaise. . . . . **6** »

Deuxième année, 1883-1884. — Un vol. in-18; cart. à l'anglaise. . . . . **5** »

MANUEL **périodique des Sociétés financières et étrangères,** banques d'émission, de dépôts, de reports, foncières et hypothécaires.

Première année, 1882. Un volume in-18 cartonné à l'anglaise . . . . **6** »

Deuxième année. 1883-1884. Un volume in-18, cartonné. . . . . **5** »

MARÉCHAL (Constantin), *avocat.* — **Traité pratique de procédure en matière commerciale.** 1886, 1 vol. in-8° . . . . . **5** »

MASCRET. — **Dictionnaire des conditions sommaires** de tous les concordats homologués par les tribunaux de Paris depuis le 24 février 1848 jusqu'au 1er janvier 1863. 1 vol. in-4° . . . . **15** »

MONGALVY et GERMAIN. — **Analyse raisonnée du Code de commerce.** 1824, 2 vol. in-4°. . . . . **12** »

MONNIER. — **Guide pratique du commerçant,** ou le droit commercial mis à la portée de tout le monde, en matière de société, tenue de livres, billets à ordre, lettres de change, commission, prêt sur consignation, achats et ventes, droit maritime, assurances, opérations de bourse, faillite, compétence, compte courant, contrat d'apprentissage, contrainte par corps, etc. avec les *Formules d'actes* et les droits de timbre et d'enregistrement. 2e ÉDITION, revue et augmentée d'un appendice sur les armements en course et les prises maritimes. 1856, 1 vol. in-12. . . . . **5** »

MONTLUC (Léon de). — **Des assurances sur la vie dans leur rapport avec les principes du droit civil, du droit commercial et les lois de l'enregistrement.** 1870, in-8° . . . . **5 »**

MUZARD (Emile), *avocat à la Cour d'appel de Paris.* — **Répertoire alphabétique de Jurisprudence commerciale,** comprenant la table générale du JOURNAL DES TRIBUNAUX DE COMMERCE, recueil fondé en 1852, par MM. TEULET ET CAMBERLIN, continué depuis 1877 sous la direction de M. CAMBERLIN et à partir de 1882 sous la direction de M. ROGER DUFRAISSE, *avocat à la Cour d'appel de Paris,* avec la collaboration de MM. Charles ROY, *secrétaire de la Présidence du Tribunal de Commerce de Paris* et EMILE MUZARD, *avocat à la Cour d'appel de Paris.* 1881-1894. Deux forts vol. in-8°. . . **30 »**

NAMUR (P.). — **Commentaire de la loi du 22 mai 1886,** modifiant celle du 18 mai 1873, *sur les Sociétés commerciales.* 1887. 1 vol. in-8°. . . . . **3 »**

— **Commentaire du titre VIII, livre Ier, du nouveau Code de commerce belge relatif aux lettres de change et aux billets à ordre.** 1 vol. in-8°. . . . . **6 »**

— **Commentaire de la loi du 11 juin 1874 sur les assurances.** 1 vol. in-18 **3 »**

— **Commentaire de la loi du 18 avril 1851 sur les faillites, banqueroutes et sursis** et de la loi du 20 juin 1883, sur le concordat préventif de la faillite. 1884. un vol. in-8°. . . . . **9 »**

NÉGRIN. — **Du droit d'appel,** limité à 1.500 fr., surtout en matière **d'assurances maritimes.** 1861, in-8°. **7 50**

NICOLIN. — **Notions élémentaires et pratiques de droit commercial,** à l'usage des négociants. 1869, 1 vol. in-8° . . **7 »**

OUDIN (Léonel). — **Le Code de Commerce** mis en concordance, article par article, avec les principales législations étrangères. 1875. 1 vol. in-18 . . . . **4 »**

— Société industrielle du Nord de la France. — **Études sur les sociétés anonymes.** 1881, 1 brochure grand in-8°. . . . . **2 »**

— **Le Code de commerce international,** mémoire présenté au Congrès international du commerce et de l'industrie tenu à Paris au Palais du Trocadéro, en août 1878. 1 brochure grand in-8. . . . . **2 »**

PANNIER (Ernest), *docteur en droit, avocat à la Cour d'appel de Paris.* — **Des Conséquences juridiques de la déconfiture.** 1875, 1 vol in-8° raisin. . . . . **5 »**

PAULMIER (Fernand), *avocat du barreau de Dunkerque.* — **Manuel pratique du capitaine de navire,** au point de vue légal. 1883, 1 vol. in-8° . . . . **7 »**

— **Étude sur les assurances sur la vie** tant au point de vue fiscal qu'au point de vue civil. 1883. Brochure in-8°. . . . **3 »**

PERSIL (Eug.). — **De la Lettre de change et du Billet à ordre** ou commentaire sur le titre VIII du Code de commerce. 1837, 1 vol. in-8°. . . . . **7 »**

PERSIL et CROISSANT. — **Des Commissionnaires et des Achats et Ventes,** ou Commentaires sur les titres VI et VII du Code de commerce. 1836, 1 vol. in-8. **6 »**

PETIT (Amédée), *docteur en droit, avocat à la Cour d'appel de Douai.* — **Étude sur les titres au porteur.** 1880, 1 vol. in-8°. **5 »**

PONSOT. — **Traité du Cautionnement civil** et commercial. 1844, in 8° . . . . . . **7 »**

POULLE (Guillaume), *docteur en droit, avocat à la Cour d'appel de Poitiers.* — **Commentaire Théorique et Pratique** de la loi du 11 avril 1888 portant modification des articles 105 et 108 du Code de commerce, doctrine et jurisprudence. 1891, une brochure in-8° . . . . **4 »**

:(Ch. DE LA), *inspecteur d'assurances.* .ité théorique et pratique de l'as- :e en général. Ouvrage contenant: ·rique et un aperçu de l'assurance nt de vue scientifique, économique, et social; l'étude juridique du con- assurance; la législation et l'orga- n administrative des Sociétés d'as- es à primes fixes et mutuelles; un complet de la question de l'assurance tat. 1895, 1 vol. in-8° . . . . . 5 »

JD (Prosper), *docteur en droit, répé- m droit.* — **Droit commercial par .des et réponses.** Comprenant les es exigées pour l'examen, avec des is en forme de tableaux analytiques table alphabétique. NOUVELLE ÉDI- ntièrement refondue, contenant les tions législatives les plus récentes, ment la loi du 4 mars 1889 sur la ition judiciaire et la faillite, et un lice contenant les lois nouvelles jus- 1895. 1889, 1 fort vol. in-18. — . . . . 6 »

(E):, *agrégé à la Faculté de droit de* — **Essai sur la vente commerciale.** ge couronné par la Faculté de droit 1875, 1 vol. in-8° . . . . 4 »

: (H.-F.), *conseiller à la Cour de cas- docteur en droit.* — **Répétitions s sur le Code de commerce.** Con- l'exposé des principes généraux, notifs, l'analyse des opinions de rs professeurs ou auteurs, et de la udence sur les questions contro- s, la solution de ces questions, l'ex- n des lois qui complètent ou modi- Code, l'exposé de la législation sur re et l'enregistrement en matière rciale, un résumé à la fin de chaque ÉDITION, revue, corrigée, augmentée le d'un formulaire, 1882, 1 fort vol. 12 50

nentaire théorique et pratique is du 4 mars 1889 et du 4 avril 1890 liquidation judiciaire portant modi- à la législation des faillites suivi rmulaire et d'un appendice conte- s rapports et les débats parlemen- 1891, 1 vol. in-8°. . . . . . . 10 »

mmis voyageur et de son prépo- raité suivi d'un appendice sur les re- :ants de commerce (*Ouvrage cou- par l'Académie de législation*). 1863, n-8° . . . . 6 »

:ation de la loi du 18 juillet 1856, aux **Sociétés en commandite par** s, contenant sous chaque article : des principes généraux et la solu- s questions susceptibles de contro- n appendice, l'exposé des motifs, le et la discussion de la nouvelle loi ps législatif. 1856. 1 vol. in-8°. 3 »

— **Étude sur les Tribunaux de commerce.** 1865. . . . . 3 »

— **Commentaire de la Loi du 24 juillet 1867 sur les Sociétés** suivi d'un appendice contenant les documents législatifs. 1 vol. in-8° . . . . 10 »

ROSSE (Raoul), *magistrat, officier de l'Instruction publique.* — **Manuel pratique et juridique du commerçant.** (*Ouvrage honoré d'une souscription du Ministère du commerce et de l'industrie*). 1892, 1 vol. in-8° 6 »

ROUSSEAU (Adolphe), *avocat à la Cour d'appel de Paris.* — **Des sociétés commerciales françaises et étrangères,** résumé de doctrine et de jurisprudence suivi d'un exposé complet des droits de timbre et d'enregistrement applicables aux sociétés commerciales et de formules. 1878, 2 vol. in-8° . . . . 18 »

ROUSSEAU (Rodolphe), *avocat à la Cour de Paris.* — **Traité théorique et pratique de la correspondance par lettres, missives et télégrammes,** d'après le droit civil et commercial et de la législation réglementant les rapports des particuliers avec les administrations des postes et des télégraphes, 2e ÉDITION, entièrement refondue et considérablement augmentée. 1877, 1 vol. in-8° . . . . 6 »

RUBAT DU MÉRAC (Henri), *docteur en droit, avocat à la Cour d'appel de Paris.* — **Des délits relatifs aux sociétés par actions.** 1889, 1 vol. in-8°. . . . . 6 »

SACRÉ (A.), *avocat.* — **Dictionnaire de commerce et de droit commercial,** ouvrage destiné aux commerçants, commis et comptables, juges consulaires et élèves des écoles de commerce et dédié au Syndicat général de l'Union Nationale du commerce et de l'industrie, alliance des Chambres syndicales. 1884. 1 fort vol. in-8°. . 10 »

SAINCTELETTE (Ch.), *avocat à la Cour d'appel de Bruxelles.* — **Fragment d'une étude sur l'assistance maritime.** In-8°. 1 »

SAINT-NEXENT. — **Traité des faillites et banqueroutes,** d'après la loi du 28 mai 1838. 1845, 3 vol. in-8°. . . . . 15 »

SÈZE (Romain de), *professeur honoraire à l'Institut catholique de Paris.* — **De la responsabilité des propriétaires de navires** et du prêt fait au capitaine en cours de voyage. — Etude critique et pratique de Droit maritime. 1883, 1 vol. in-8° . . 6 »

TEULET et CAMBERLIN. — **Répertoire alphabétique de Jurisprudence commerciale.** (*Voir* MUZARD, page 49) . . . 30 »

Voir JOURNAL DES TRIBUNAUX DE COMMERCE, page 46. . . . . 20 »

THALLER (Edmond), *professeur à la Faculté de droit de Lyon.* — **Examen juridique du privilège d'émission de la Banque de France et du Billet de Banque** dans la circulation fiduciaire et accessoirement du droit de la Banque relatif à ses escomptes. 1877, in-8°. . . . . **2 »**

ISAURE TOULOUSE, *avocat.* — **Manuel Formulaire de la faillite et de la liquidation judiciaire** contenant : 1° Le texte de la loi de 1838 sur la faillite et de la loi du 4 mars 1889 sur la liquidation judiciaire. — 2° Le commentaire pratique de chacune de ces lois. — 3° La procédure de la liquidation judiciaire *officieuse* des sociétés. — 4° Les formules relatives à ces diverses matières avec les états de frais de faillite et de la liquidation judiciaire (150 formules). 1890. Un vol. in-8°. **4 »**

Le manuel formulaire de procédure administrative pris ensemble avec ce volume : 5 francs brochés.

TRENTESAUX (Paul), *docteur en droit, avocat à la Cour d'appel de Douai.* — **Etudes sur les rentes.** 1878, 1 vol. in-8°. . **6 »**

TYPALDO-BASSIA (A.), *docteur en droit, avocat à la Cour d'appel d'Aix.* — **Les assurances sur la vie au point de vue théorique et pratique.** (Ouvrage couronné par la Faculté de droit d'Aix, concours de doctorat premier prix, médaille d'or). 1892 1 vol. in-8°. . . . . **8 »**

VAINBERG (S.), *docteur en droit, avocat à la Cour de Paris.* — **La Faillite** d'après le droit romain, monographie juridique. 1874, 1 vol. in-8° . . . . **9 »**

— **Questions de Bourse.** 1884, broch. in-18 jésus. **1 50**

— **Le Mécanisme des opérations de Bourse.** 1882, 1 broch. in-18 . . . . **1 50**

VAVASSEUR. — **Projet de loi sur les Sociétés.** 1862. (*R. P.*) Une brochure. **1 50**

VAVASSEUR et ÉMILE JAY. — **Projet de loi sur les Sociétés civiles et commerciales** précédé d'un Exposé des motifs, 1875, une broch. in-8° (*R. P.*) . . . . **2 »**

VERDIER (Fernand), *avocat à la Co[...] pel de Nîmes.* — **Du privilège du [...]taire en matière de faillite.** Comm[...] de la loi du 12-20 février 1872, port[...] dification des articles 450 et 550 [...] de commerce, in-8°. . . . .

VIBERT (Georges) et NOUETTE-DE[...] (Edmond), *avocats à la Cour d'appel* [...] — **Projet de loi concernant les a[...]ces sur la vie.** Exposé des motifs [...] port extraits de l'Annuaire de la co[...] Molé-Tocqueville. 1878, in-8°. . . .

VIDALIN. — **Éléments du droit c[...]cial**, à l'usage des classes de co[...] des maisons d'éducation, des gens d[...] et des commerçants. 1857. 1 vol. in-[...]

A. VIDAL-NAQUET, *avocat au Ba[...] Marseille.* — **Saisie et ventes jud[...] des navires**, commentaire du Ti[...] Livre II du Code de commerce m[...] la loi du 10 juillet 1885, suivi d'u[...] laire de procédure, 2e édit., revue [...]mentée. 1893. 1 vol. in-8°. . . . .

WAELBROECK (Ernest), *juge au tr[...] 1re instance à Bruges.* — **Comm[...] législatif et doctrinal de la lo[...] mai 1872**, contenant le titre du [...] commerce relatif à la **Lettre de [...] et au Billet à ordre.** 1 vol. in-8[...]

— **Commentaire législatif et d[...] de la loi du 18 mai 1873**, cont[...] titre du Code de commerce re[...] **Sociétés.** 1 vol. in-8°. . . . . .

— Traité théorique et pratique de [...] **lation sur les modèles et dessi[...]brique**, contenant l'exposé critiqu[...] et de la jurisprudence sur la mat[...] 1 vol. in-8° . . . .

WIENER (S.), *avocat près la Cour [...] Bruxelles, juge suppléant au tri[...] 1re instance.* — **L'Exception de [...] les Opérations de Bourse.** 18[...] in-8°. . . . .

DROIT PÉNAL ET INSTRUCTION CRIMINE[...]

ALGLAVE (Émile), *professeur à la Faculté de droit de Paris.* — **Action du Ministère public et théorie des droits d'ordre public en matière civile.** 1874. 2e édition. 2 vol. in-8 raisin.. . . . . **16 »**

Le tome Ier et la première partie du tome II sont en vente.

AMELINE, *auditeur au Conseil d'Etat, avocat à la Cour d'appel de Paris.* — **Commentaire de la loi de 1868 sur les réunions publiques.** (*R. P.*). 1868, in-8° . . . . **3 »**

ANDRÉ (Louis), *procureur de la Rép[...] Provins.* — **La récidive**, théorie [...]ble et commentaire détaillé des lo[...]tives ou répressives de la récid[...] une préface de M. Louis Barthou [...] rapporteur de la loi Bérenger [...] Chambre, (*ouvrage honoré d'une so[...] du Ministère de la Justice*), 18[...] in-8° . . . .

ANNELOT (Georges). — **Notice s[...]tention préventive en France [...]**

gique. Commentaire de la loi française des 14-20 *juillet* 1865 et de la loi belge du 20 *avril* 1874, in-8°. . . . . **2 »**

BAZOT, *président de Chambre à la Cour d'appel de Chambéry.* — **De la récidive** d'après les lois des 18 avril, 13 mai 1863. — Commentaire des articles 57 et 58 du Code pénal. Brochure in-8° **1 50**

BÉDARRIDE (I.), *avocat de la Cour d'appel de Montpellier.* — **Etudes de législation** : — De la peine de mort; — De la revision sur condamnations criminelles; — De la contrainte par corps. 1867, in-8°. . . . . **4 »**

BELLANGER (M.), *chevalier de la Légion d'honneur, ancien commissaire de police spécial de l'Assemblée nationale.* — **Nouveau manuel analytique à l'usage des officiers de police judiciaire, commissaires de police et autres fonctionnaires** contenant la généralité des infractions qualifiées crimes, délits ou contraventions avec de nombreuses dispositions légales. — Troisième édition, entièrement refondue, annotée et mise au courant. 1884. 1 beau volume grand in-8° jésus. . . . . . . **10 »**

BENOID. — **Traité et Manuel** synthétiques et pratiques des CODES PÉNAL ET D'INSTRUCTION CRIMINELLE. 1845. 1 vol. in-8°. . **4 »**

BÉRENGER. — **De la justice criminelle en France**, d'après les lois permanentes, les lois d'exception et la doctrine des tribunaux. 1818, in-8°. . . . . **6 »**

BERRIAT-SAINT-PRIX, *doyen de la Faculté de droit de Paris.* — **Cours de droit criminel.** (Instruction criminelle et droit pénal.) Cinquième édition, mise au courant de la législation. 1855, 1 vol. in-8°. **4 »**

BERTHEAU (Charles). — **De la Transportation des récidivistes incorrigibles.** 1882. 1 brochure in-8°. **2 50**

— **Réformes pratiques.** 1886, 1 vol. in-18. . . . . **2 50**

BLANC (P.), *juge au tribunal civil de Villefranche (Rhône).* — Loi du 24 juillet 1889. — **Les enfants maltraités ou moralement abandonnés.** Memento des droits que l'Assistance publique, les Sociétés de bienfaisance et les particuliers peuvent acquérir sur les enfants maltraités ou moralement abandonnés. 1895, 1 vol. in-18 . . . . **2 25**

BONNIER-ORTOLAN, *docteur en droit.* — **De la peine de mort** (*R. P.*). 1870, in-8°. **2 »**

— **Publicité de l'instruction préparatoire** (*R. P.*). 1873, in-8°. . . . . **2 »**

BOULLAIRE (J.), *docteur en droit.* — **Examen du projet de loi** portant modification de la loi sur les coalitions (*R. P*). 1864, in-8°. **1 50**

BOURGUIGNON. — **Jurisprudence des Codes criminels.** 1825, 3 vol. in-8°. . . **4 50**

CABAT (Augustin). — **Du calcul de la durée des peines à l'usage des parquets**, avec un appendice contenant les circulaires ministérielles et les instructions du parquet de la Cour de Paris sur la matière, ainsi que le texte de la loi du 5 juin 1875, sur le régime des prisons départementales. 1878, in-8° . . . . **3 »**

CADRÈS. — **Code manuel de la contrainte par corps** et de l'emprisonnement pour dettes. 1848, in-8°. . . . . **7 »**

CARNOT. — **De l'instruction criminelle**, considérée dans ses rapports avec les lois nouvelles et la jurisprudence de la Cour de cassation, 2e édition. 1846, 4 vol. in-4° . . . . **20 »**

— **Commentaire sur le Code pénal**, 2e édition d'après le dernier texte du Code pénal. 1836, 2 vol. in-4°. . . . . **20 »**

CASSASSOLES, *ancien magistrat.* — **Nouveau guide du juge d'instruction**, théorique et pratique avec formulaire, 4e édition. Revue, augmentée et refondue d'après les nouvelles lois organiques. 1869. un vol. in-18 . . . . **6 »**

CAUSERIES sur la police, par D. B., commissaire de police. 1885, 1 vol. in-18. **3 »**

CELLIEZ (Henri) et LE SENNE (Charles), *avocats à la Cour d'appel de Paris.* — **Loi de 1881 sur la Presse**, accompagnée des travaux de rédaction, savoir : le rapport de la commission d'initiative qui a préparé la loi pour la Chambre des députés. Les trois délibérations de cette Chambre avec les rapports supplémentaires. Le rapport et la délibération du Sénat, et suivie de la circulaire ministérielle du 9 novembre 1881; le tout conforme au compte rendu *in extenso* du *Journal officiel*. Avec observations et table alphabétique. 1882, 1 fort volume in-8° . . . . **12 »**

CELLIEZ (Henri), *avocat à la Cour d'appel de Paris.* — **Etude d'un projet de loi sur la responsabilité en matière de parole et de presse.** 1878, in-8° (*R. P.*). **1 50**

CHIPON (Maurice). — **De l'immunité du transporteur de boissons en fraude** (art. 13, loi du 21 juin 1873). 1878, in-8° (*R. P.*). . . . . **1 »**

COMTE. — **Des pouvoirs et des Obligations des Jurys**, par sir Charles PHILIPS, traduit de l'anglais et précédé de considérations sur le pouvoir judiciaire et l'institution du jury en France, en Angleterre et aux Etats-Unis. 2e édition. 1882, in-8°. **8 »**

COUCHARD (J.). — **Des délits** commis au détriment des **hôteliers, restaurateurs, cafetiers**, etc. Examen de la loi du **25 juillet** 1873. (*R. P.*) 1874, in-8°. . . . . . **1 »**

— **De la Conscription des chevaux et mulets** au point de vue de la pénalité qui peut être encourue par les propriétaires. Etude de la loi du 1er août 1874, in-8°. . . . 3 »

COULET (Paul), *avocat*. — Amendement dans le but d'accorder des réparations civiles et morales en cas d'ordonnances de non-lieu et d'acquittement (*Supplément au projet de réforme du Code d'instruction criminelle*.) 1883. Une brochure in-8° . 1 »

CRAHAY (Louis), *conseiller à la Cour de cassation belge*. — **Traité des Contraventions de police**, contenant l'exposé des principes généraux qui les régissent et le commentaire du titre X, livre II du Code pénal et de plusieurs lois spéciales. 1874, 1 vol. in-8° . . . . 10 »

CRANNEY et BOUCAULT, *juges de paix*. — **Commentaire de la loi sur l'ivresse**, d'après le rapport et la discussion devant l'Assemblée nationale votée le 23 janvier 1873. 1 brochure in-8°. . . . . 2 »

D. B., *commissaire de police*. — **Causeries sur la police 1885**, un vol. in-18. . 3 »

DELALANDE (Ed.), *docteur en droit, substitut du procureur de la République du Havre*. — **Etude théorique et pratique** sur la loi du 26 mars 1893. Loi Bérenger relative à l'atténuation et à l'aggravation des peines. 1893, 1 vol. in-8° . . . . 5 »

DELVAILLE (Alexandre), *docteur en droit, rédacteur au ministère de la justice*. — **De la déduction de la Détention préventive** et de l'influence de la loi du 15 novembre 1892 sur l'exécution des peines. 1895. 1 vol. in-8°. . . . . 6 »

DESCAMPS (Emile), *substitut du procureur du roi à Tournai*. — **Traité des fonctions du ministère public** près les tribunaux de première instance. 1 vol. in-8° . . . . 12 »

DESPLAGNES (Albert), *substitut du procureur impérial à Montélimar*. — **Notes pratiques sur l'administration des parquets** ou Manuel des travaux administratifs des magistrats, du ministère public et principalement des procureurs impériaux et de leurs substituts. 1855, 1 vol. grand in-8°. . 7 »

DETOURBET. — **La presse sous le régime de l'état de siége** (*R.P.*), 1872, in-8°. 2 »

DIEUDONNÉ (Alfred), *ancien avocat à la Cour d'appel de Paris, professeur libre de droit et d'économie politique*. — **Répétitions de droit criminel**, code pénal et code d'instruction criminelle. TROISIÈME ÉDITION entièrement refondue et considérablement augmentée. 1887, un vol. in-18. . . . . 6 »

DURAND. — **Commentaire de la loi** du 13 mai 1848 sur la contrainte par corps et du tarif du 24 mars 1849, suivi du *Code des contraignables par corps*. 1851, in-8°. 6 »

EMION (Victor), *avocat à la Cour d'appel de Paris*. — **De la Contrainte par corps** (*R. P.*). 1867, in-8°. . . . . 1 »

ESPAGNE (Adolphe). — **Etudes pratiques sur la Réforme du système pénitentiaire**. 1878, in-8°. 2 50

EYSSAUTIER. — **Réformes au Code d'instruction criminelle**; affaires Doize, Armand, Lesurques (*R. P.*). 1864, in-8° . 1 50

FABRE (Emile), *docteur en droit, avocat à la Cour d'appel*. — **De l'accusation publique** chez les anciens peuples à Rome et dans le droit français. 1874, 1 vol. in-8° raisin. . . . . 7 »

FABREGUETTES (P.), *Premier président de la Cour d'appel de Toulouse*. — **Traité des infractions de la parole, de l'écriture et de la presse**, renfermant avec le dernier état de la jurisprudence le Commentaire général et complet des lois du 29 juillet 1881, 2 août 1882, du projet de loi voté en 2e lecture le 16 février 1884, ainsi que tous les textes du Code pénal ou de lois spéciales se rattachant aux délits et contraventions de l'écriture, de la parole et de la presse. 1884. 2 beaux vol. in-8° . . . . 18 »

— **De la complicité intellectuelle et des délits d'opinion**, de la provocation et de l'apologie criminelles de la propagande anarchiste. Articles 59-60 du Code pénal. Lois des 29 juillet 1881, 12 et 18 décembre 1893, 28 juillet 1894. 1895, 1 vol. in-8° 3 50

— **Des atteintes et attentats aux mœurs en droit civil et pénal, et des outrages aux bonnes mœurs**, prévus et punis par les lois du 29 juillet 1881 et 2 août 1882. Etude philosophique, littéraire, artistique et juridique. 1894. Une brochure in-8°. 2 »

— **Étude de philosophie pénale**. — **De la responsabilité des criminels**. 1894. Une brochure in-8° . . . . 2 »

FOLLEVILLE (de). — **Comparaison des articles 434, 443** et **479**, § Ier, du Code pénal. Réforme proposée par M. de Caudaveine, président de Chambre à la Cour d'appel de Douai. Broch. in-8° (*R. P*) » 50

FUZIER-HERMAN. — **De la protection légale des enfants** contre les abus de l'autorité paternelle. Mémoire couronné par l'Académie de législation de Toulouse. 1878, in-8°. . . . . 3 »

GAUJA (G.), *docteur en droit, conseiller à la cour d'Agen*. — **Vade-Mecum du juré en matière criminelle** et de tout membre des commissions chargées de préparer la liste annuelle du jury. Extrait des lois et arrêts sur la matière. Brochure in-18 . . . » 75

GIRARDIN (E. de). — **Du Droit de punir**. 1 vol. in-8° . . . . 6 »

Ce livre fait suite à celui de BECCARIA: *Des délits et des peines*.

(Ad. de). — **Commentaires des** **. presse** et de tous les autres de publicité. 1839-45. 2 vol. . . . . **15 »**

nstruction criminelle et Code xpliqués par la jurisprudence our de cassation. 1834, 1 vol. . . . . **9 »**

LAURAND. — **Loi du 21 novem-** . sur le jury, commentée et an- 3, in-8° jésus . . . . **1 »**

ésident du tribunal civil d'Orange. **.brigadement des gardes cham-** u nouveau mode d'organisation ice administrative et judiciaire -8°. **1 50**

nile), *député du Gard, docteur en cat à la Cour d'appel de Paris.* — **s et des garanties de l'inculpé** instruction préparatoire en droit . dans les législations étrangères. s réformes à introduire et du loi soumis aux Chambres. 1883, 8° . . . . **6 »**

(Victor), *conseiller à la Cour d'ap- rs.* — **Code pratique de la presse primerie,** près de 2.000 décisions s avec références aux divers re- jurisprudence. 1894, 1 vol. . . . . **4 »**

et instruction judiciaire, par rault, lieutenant criminel au Pré- ngers, précédé d'une étude sur **·ès de la procédure criminelle** e. 1881, 1 vol. in-18 . . . . **5 »**

d'audience du président d'as- velle édition contenant un sup- ıvec 120 décisions de jurispru- un tableau des formalités d'au- 85, 1 vol. in-folio. . . . . **10 »**

(E.), *conseiller à la Cour d'appel* — **Philosophie de la cour d'as-** il, 1 vol in-8° . . . . **5 »**

DE PANTHOU. — **Jurispru-** Examen critique. — Chose jugée. el. — Acquittement — Action ci- brochure in-8° (*R. P.*) . . **» 75**

(André), *juge de paix.* — **Aide- d'audience,** à l'usage de MM. les s de tribunaux de simple police, rs du Ministère public et gref- de ces tribunaux. 2e ÉDITION courant des lois nouvelles et de rudence. 1891, une brochure **1 25**

(A.), *procureur de la République, cadémie,* et VILLANOVA (G.), *juge au tribunal de Nontron.* — **De ion de la détention préventive,** héorique et pratique de la loi du 15 novembre 1892 avec les décisions ré- centes de la jurisprudence. 1893, brochure in-8°. . . . . **3 »**

LATREILLE (Jacques), *conseiller à la Cour d'appel de Toulouse.* — **De la preuve tes- timoniale** et des prohibitions dont elle a été l'objet (*R.P.*). . . . . **2 »**

LECLERC de FOUROLLES, *avocat, ancien magistrat, lieutenant au 5e territorial d'ar- tillerie* et COUPOIS (Th.), *officier d'admi- nistration, greffier du conseil de guerre de Châlons-sur-Marne.* — **Le Code de justice militaire** pour l'armée de terre, interprété par la doctrine et la jurisprudence, annoté des décisions et instructions ministérielles, des décisions des conseils de revision, des avis du conseil d'État et des arrêts de la Cour de cassation, contenant : Le texte du code de justice militaire avec le commen- taire sous chaque article et le modèle des questions à poser aux juges; le texte et le commentaire des articles du code d'instruc- tion criminelle auxquels se réfère le code de justice militaire; le texte du code pénal avec le commentaire des articles et le mo- dèle des questions à poser aux juges; les lois pénales spéciales interprétées par la doctrine et la jurisprudence; la loi du 15 juillet 1889 sur le recrutement de l'armée, commentée et annotée des décisions et ins- tructions ministérielles; suivi d'un memento à l'usage des présidents et juges des con- seils de guerre et d'un manuel à l'usage des rapporteurs et commissaires du gou- vernement rapporteurs, par TH. COUPOIS. 1891, NOUVELLE ÉDITION mise au courant de la jurisprudence jusqu'au 1er octobre 1891, 1 vol. grand in-8°. . . . . **15 »**

LECOQ (Georges), *avocat à la Cour d'appel d'Amiens.* — Etude sur l'**article 184 du Code de justice militaire.** 1878, une bro- chure. . . . . **1 »**

LEGRAVEREND. — **Traité de la législation criminelle** en France. 3e édition, revue et corrigée par Duvergier. 1830, 2 vol. in-4° **20 »**

LEIGNADIER (Jules), GAUTHIER et Victor AUGIER. — **Formulaire complet et rai- sonné des tribunaux de paix et de sim- ple police,** contenant tous les actes que les juges de paix et les greffiers sont ap- pelés à rédiger en matière civile, en ma- tière de police, et quelquefois en matière administrative. 1847, 1 vol. in-8° . . **5 »**

LENOEL (Albert). — **Du droit de punir.** 1875, in-8°. . . . . **» 75**

— **Projet d'établissement d'un casier d'état civil et d'un casier fiscal.** 1879, in-8°. **1 50**

LESELLYER. — **Traité du droit criminel,** appliqué aux actions publiques et privées qui naissent des contraventions, des délits et des crimes; ouvrage contenant l'explication de la plus grande partie des matières les plus importantes du droit criminel, et dans lequel on a réuni tout ce qui se rapporte à la nature des actions publique et privée, à leurs causes et à leur objet, c'est-à-dire à la criminalité des actes et à l'application des peines; aux personnes qui exercent ces actions; à la manière dont les tribunaux en sont saisis, à l'effet que produit cette saisine relativement à leur exercice, aux personnes contre qui elles sont données; à l'organisation, à la compétence des tribunaux criminels et ordinaires, au jury et à son organisation, à l'organisation, et à la compétence des juridictions spéciales, etc., etc. 1844, 6 forts vol. in-8° avec sommaires, *table complète et alphabétique* des matières, et table des articles cités ou expliqués dans l'ouvrage. 40 »

LÉVY (Jules). — **Le jury en matière criminelle.** Origine de son institution, son histoire et son organisation ancienne et actuelle (*R. P.*). 1875, in-8°. . . . . . 1 »

LIONEL D'ALBIOUSSE. — **De la suppression du crime de bigamie par** l'établissement d'un casier de l'état civil sur le modèle du casier judiciaire. 1866, in-8° 1 50

— **Loi sur l'ivresse,** votée le 23 janvier 1873. Commentaire publié par l'administration du *Recueil général des justices de paix*, avec le concours de MM. Cranney et Boucault, juge de paix. 1873, in-8°. . . . . 2 »

LOUET (Eugène). — **Dictionnaire de police** à l'usage des gardiens de la paix de la ville de Paris. 1886, 1 vol. in-32 jésus cartonné. » 75

LOUBAT, *procureur de la République à Saint-Étienne.* — **Code de la législation** contre les anarchistes contenant le commentaire de la loi du 28 juillet 1894 ayant pour objet de réprimer les menées anarchistes, suivi du texte et du commentaire des lois du 12 décembre 1893, modifiant la loi sur la presse du 18 décembre 1893, sur les associations des malfaiteurs du 18 décembre 1893, sur la détention et la fabrication des explosifs. 1895, 1 vol. in-8° . . . . . . 5 »

MANGIN. — **De l'Instruction écrite et du Règlement de la compétence en matière criminelle,** ouvrage revu et annoté par M. *Faustin-Hélie*, 1847, 2 vol. in-8° . 15 »

MICHEL (Alphonse), *ancien avoué, juge de paix du VIIe arrondissement de Marseille, ancien juge de paix de cantons ruraux.* — **Vade-mecum des Magistrats de simple police,** troisième édition, mise au courant de la législation et de la jurisprudence. 1881, 1 vol. in-18 . . . . 5 50

MITTERMAIER. — **De la peine de mort,** d'après les travaux de la science, les progrès de la législation et les résultats de l'expérience, traduit de l'allemand par M. Leven, avocat à la Cour de Paris. 1865, 1 vol. in-8°. . . . . 6 »

MUNIER-JOLAIN. — **L'Instruction criminelle inquisitoriale et secrète,** avec une préface de M. Émile de Girardin. 1880, 1 beau vol. in-8° jésus 2 50

MUTEAU (Charles), *conseiller honoraire à la Cour d'appel de Paris, membre du conseil général de la Côte-d'Or.* — Etudes de droit pénal. **De la Prescription, de l'action publique et de l'action civile en matières pénales.** Examen critique de la loi, de la doctrine et de la jurisprudence. 1895. 1 vol. in-8°. 7 50

— **L'Ivrognerie.** — L'ivresse doit-elle être punie? 1872, in-8°. 2 50

NADAULT DE BUFFON (Henri), *avocat général à Rennes.* — **Une question d'ordre public.** La surveillance de la haute police. 1871. Gr. in-8°. 3 50

NÈGRE (Jules), *président du tribunal civil de Limoux*, et GARY (Ferdinand), *docteur en droit, juge d'instruction, lauréat de l'Académie de législation.* — **La loi Bérenger et ses applications,** commentaire théorique et pratique de la loi du 26 mars 1891 sur l'atténuation et l'aggravation des peines. 1892, 1 vol. in-8°. 3 50

NYPELS (J.-S.-G.), *grand officier de l'ordre de Léopold, commandeur de la Couronne de Chêne, chevalier de l'ordre du Lion des Pays-Bas, professeur à l'Université de Liège.* — * **Bibliothèque choisie du droit criminel** (droit pénal et procédure criminelle), ou notice des ouvrages utiles à connaître, publiés dans les principales contrées de l'Europe et aux Etats-Unis d'Amérique sur cette partie de la science du droit; avec l'indication des sources du droit criminel, et des notes biographiques et critiques. 1864, in-8°, à 2 col . . . . 4 »

— * **Code pénal belge interprété,** principalement au point de vue de la pratique, par ses motifs, par la comparaison des nouveaux textes avec ceux de 1810; et pour les textes anciens conservés, par la doctrine et par la jurisprudence des cours de Belgique et de France. 3 v. in-8° (*épuisé*).

— **Code pénal belge, avec la conférence des articles**, accompagné du *texte* des articles correspondants du code de 1810 et des autres lois pénales particulières comprises dans le nouveau Code; suivi d'une table méthodique et d'une table alphabétique des matières, et précédé d'un tableau de la correspondance des articles du code de 1810 avec ceux du code belge. 1 vol. in-8° . . . . **4 »**

— **Législation criminelle de la Belgique ou Commentaire et complément du Code pénal belge**, tirés, savoir: le *Commentaire*, des exposés des motifs, des rapports faits à la Chambre des représentants et au Sénat, et des discussions du projet aux deux Chambres; le *Complément*, des lois qui se réfèrent directement au Code et le complètent. 4 vol. gr. in-8°. . . . . **75 »**

O'REILLY, *conseiller à la Cour d'appel de Rouen.* — **De la Composition du Jury criminel en France depuis 1790.** Nécessité de rétablir la loi du 4 juin 1853, in-12. **1 50**

ORTOLAN et LEDEAU. — **Le Ministère public** en France, traité et code, de son organisation, de sa compétence et de ses fonctions dans l'ordre politique, judiciaire et administratif, avec le texte des lois, décrets, ordonnances, etc.; suivi d'un recueil de formules et de modèles d'actes. 2 vol. in-8°. . . . . **12 »**

OUDOT, *professeur à la Faculté de droit de Paris.* — **Théorie du Jury**, ou Observation sur le jury et sur les institutions judiciaires criminelles. 1843, in-8° . . . . **5 »**

PARINGAULT. — **De l'Établissement du ministère public** près des tribunaux de commerce. 1850, in-8° (*R. P.*). . . . **2 50**

— **De l'Administration de la justice criminelle** en France d'après les dernières statistiques. 1860, in-8° (*R. P.*). . . . . . **2 »**

— **De la réforme** de la législation des défauts en matière correctionnelle et de police (*R. P.*) . . . . **2 »**

— **De la réforme** de la législation sur la mise en liberté provisoire. 1865 (*R. P.*). **2 »**

— **Des vicissitudes du Jury** et du nouveau projet de la Réformation. 1872, in-8° (*R. P.*), **2 50**

PETIT (Albert). — **Essai sur la condition légale des journaux**, formalités spéciales prescrites par la loi pour la publication des journaux et écrits périodiques, avec un appendice contenant le texte de la loi du 11 mai 1868 sur la presse, et les circulaires ministérielles des 2 et 4 juin 1868. 1 vol. grand in-8° . . . . **4 »**

PIONIN, *ancien notaire, ex-commissaire spécial, chef de la police municipale de Lyon.* — **Dictionnaire de police** et théorie sur la constatation des crimes, délits et contraventions, comprenant les principes généraux de la législation, les articles des Codes et la jurisprudence de la Cour de cassation, la conduite à tenir pour la constatation des crimes, délits et contraventions, ainsi qu'une formule pour chaque nature de procès-verbal dans les cas les plus fréquents. 1856, 1 vol. in-8°. . . . . . . **7 »**

PRADIER-FODÉRÉ. — **Des Preuves en matière criminelle** (Examen du procès Couty de la Pommerais (*R. P.*) 1864. . . . **1 50**

RAMBAUD (Prosper), *docteur en droit, Répétiteur de droit.* — **Explication élémentaire du Droit criminel** (code pénal et instruction criminelle), conforme au programme des Facultés de droit, mise au courant des lois les plus récentes, suivie de tableaux synoptiques et d'un répertoire alphabétique. 1895, 1 vol. in-12 . . . . **5 »**

ROLLAND de VILLARGUES, *conseiller à la Cour d'appel de Paris.* — **Les Codes criminels interprétés par la Jurisprudence et la Doctrine.** Cinquième édition, revue, corrigée, entièrement refondue et mise au courant de la législation et de la jurisprudence. *Le tome Ier comprend* : Les codes d'instruction criminelle et pénale interprétés par la jurisprudence et la doctrine, suivis du formulaire de la Chambre des mises en accusation et de la Cour d'assises.

Le tome II comprend : Les lois pénales spéciales annotées de toutes les décisions de la Cour de cassation, le Code de la presse interprété par la doctrine et la jurisprudence et le Code de l'organisation judiciaire annoté de toutes les décisions et instructions ministérielles, avis du Conseil d'État, arrêts de la Cour de cassation, suivi des tarifs des frais en matière civile et criminelle également annotés.

2 beaux et forts volumes in-8° jésus sur 2 colonnes. (*Épuisé.*)

— **Lois pénales spéciales**, classées suivant l'ordre alphabétique des matières annotées de toutes les décisions de la Cour de cassation. 1877, 1 vol. in-8° jésus sur 2 colonnes . . . . **10 »**

— **Formulaire de la Chambre des mises en accusation et de la Cour d'assises.** 1 vol. in-8° jésus. (*Epuisé.*)

— **Code des lois de la presse**, interprétées par la jurisprudence et par la doctrine. 3e ÉDITION, revue, corrigée et mise au courant de la législation et de la jurisprudence. 1876, 1 vol. in-8° . . . . **5 »**

RONDEAU (Philippe). — **De la Réforme de la procédure criminelle en France.** 1872, 1 brochure in-8°. 2 50

ROSSE (Raoul), *procureur de la République à Bourganeuf.* — **Règles pratiques sur la direction et l'instruction des procédures criminelles.** 1887, 1 vol. in-8°. . . . 3 50

SIEYE, *docteur en droit.* — **Traité sur l'Adultère** considéré au point de vue historique et juridique chez les peuples de l'antiquité, à Rome, dans le droit canon et dans la législation française. 1875, 1 v. gr. in-8° (*épuisé*).

SIMON (P. Max), *médecin en chef à l'asile public d'aliénés de Bron, médecin inspecteur des asiles privés du Rhône.* — **Crimes et délits dans la folie**, 1 vol. in-18°. 2 50

SOLIMENE. — **De la Réforme du Code pénal français** et de quelques autres articles des autres Codes qui y ont rapport. 1845, in-8°. . . . . 20 »

THONISSEN (J.). *professeur à l'Université catholique de Louvain.* — **L'Organisation judiciaire, le droit pénal et la procédure pénale de la loi salique**, précédés d'une étude sur toutes les classes de la population mentionnée dans le texte de cette loi. 2e *édition revue et augmentée.* 1882, 1 vol. in-8° . . . . 9 »

TISSOT (J.), *doyen honoraire de la Faculté de Dijon.* — **Introduction philosophique à l'étude du Droit pénal et de la réforme pénitentiaire.** *Ouvrage honoré d'une médaille de 1.000 francs sur le prix Bordin à l'Académie des sciences morales et politiques.* 1875, 1 beau vol. in-8°. . . . (épuisé)

TREPPOZ (Lucien), *docteur en droit, substitut de l'avocat général près le Tribunal supérieur de Monaco.* — **Étude théorique et pratique sur les condamnations conditionnelles** (loi Bérenger). 1894, 1 v. in-8°. 3 »

TYPALDO-BASSIA, *docteur en droit.* — **De la loi du 26 mars 1891 relative à l'atténuation et à l'aggravation des peines.** (Extrait de la Revue critique de législation et de jurisprudence). 1894, une brochure in-8° . . . . 2 »

VANIER, *président du tribunal civil de Meaux.* — **Réforme du système pénitentiaire.** 1873, une brochure in-8°. . . 1 »

VANLAER (Maurice) — **Le projet Reinach et le jury** pour les délits de presse. Une brochure in-8° . . . . 1 »

CODE RURAL

ANASTAY, *juge au tribunal civil d'Aix, ancien bâtonnier.* — **Projet de code rural.** 1870, in-8°. 1re partie, texte . . . . . 3 »

BOULEN (Charles). — **Le droit de chasse et la propriété du gibier en France** depuis l'origine de la monarchie jusqu'à nos jours. 1887, 1 vol. in-8° 7 50

BOULLAIRE (J.), *docteur en droit, ancien magistrat, membre de la Société des Agriculteurs de France.* — **Manuel des Syndicats professionnels agricoles**, comprenant le texte et le commentaire de la loi du 21 mars 1884, suivi d'un formulaire à l'usage spécial des Syndicats agricoles, par M. Paul Le Conte, ancien magistrat, *publié sous les auspices de la Société des Agriculteurs de France.* 1888, 1 vol. in-18 jésus. . . . 3 »

BROUSSE. — **Code de la Pêche fluviale**, avec l'exposé des motifs, la discussion des deux Chambres et les observations sur les articles. 1829, in-8°. . . . . 5 »

CHARDON. — **Le droit de chasse français.** 1846, in-8°. 5 50

CHEVALLIER (T). — **La crise agricole.** 1881, brochure in-8° . . . . 1 »

CLÉMENT (H.), *conseiller à la Cour d'appel de Douai.* — **Études sur le droit rural, civil,** commercial, administratif et pénal, sur les usages qui sont encore appliqués, sur plusieurs lois spéciales sur la doctrine et la jurisprudence. 2e Édition, revue, corrigée et augmentée d'un appendice. 1877, 1 vol. in-8°. 8 50

— **Le Droit rural expliqué** suivant les lois nouvellement promulguées.

1er fascicule sur les *chemins ruraux*, les *chemins* et *sentiers d'exploitation*, les modifications au Code civil relatives à la *mitoyenneté des haies et fossés, aux plantations* et au droit de *passage en cas d'enclave*, in-8°. 1 »

2e fascicule sur les *vices rédhibitoires et les épizooties.* 1° Loi du 2 août 1884, sur les vices rédhibitoires. 2° Loi du 21 juillet 1881 sur la police sanitaire des animaux; — règlements divers. 1885, in-8°. 1 50

CURASSON. — **Le Code forestier**, conféré et mis en rapport avec la législation qui régit les différents propriétaires et usagers dans les bois. 2 vol. in-8°. . . . . . 12 »

DAVANNES. — **Des droits d'usage dans les bois de l'État**, dans ceux des particuliers, et notamment dans les forêts de l'ancien comté d'Évreux. 1 vol. in-8° 3 50

DAVIEL. — **Commentaire de la Loi du 29 avril 1845 sur les irrigations.** 1846, brochure in-8° . . . . 2 »

DUPIN, *procureur général près la Cour de cassation, sénateur.* — **Code forestier**, suivi de l'ordonnance d'exécution et de la jurisprudence financière, annoté, 2e ÉDIT., 1834, in-12. . . . . 5 »

DUMAY. — **Commentaire de la Loi du 21 mai 1836** sur les Chemins vicinaux, comprenant un traité général de l'alignement des rues, places et chemins, ainsi que des notions étendues sur l'*Expropriation pour cause d'utilité publique*, les règlements municipaux, etc. Nouvelle édition considérablement augmentée. 1844, 2 vol. in-8° . . . . 14 »

DURAND (Louis), *docteur en droit, avocat à la Cour d'appel de Lyon.* — **Le crédit agricole en France et à l'étranger.** 1891, 1 vol. in-8° . . . . 10 »

Cet ouvrage, produit d'un travail consciencieux et écrit avec une conviction sincère et une compétence peu commune, est aujourd'hui l'indispensable compagnon de tous ceux qui voudront se livrer avec fruit à l'examen du grave et pressant problème du crédit agricole en France.

GAIN (Georges), *avocat, juge au tribunal civil de Draguignan, ancien conseiller de préfecture de Vaucluse et de Savoie.* — **Traité élémentaire théorique et pratique des Associations syndicales** de défense, de desséchement, de curage, d'irrigation, etc. Suivant la doctrine et la jurisprudence. (*Honoré d'une souscription de M. le Ministre de l'Agriculture*). 1884, 1 vol. in-8°. 8 »

— **Les Syndicats agricoles professionnels** et la loi du 21 mars 1884. 1886, brochure in-8° . . . . 2 »

— **Manuel juridique de l'acheteur et du marchand d'engrais et d'amendements** contenant : 1° Le commentaire de la loi du 4 février 1888, et des lois du 27 mars 1851, art. 1er, du 23 juin 1857, art. 7, 8 et 9, et du 28 juillet 1824, art. 1er (Répression de la fraude dans les ventes d'engrais) ; 2° le commentaire du règlement d'administration publique du 10 mai 1880 et des arrêtés ministériels du 19 juin suivant. 2e ÉDITION. (*Honoré des souscriptions du Ministre de l'Agriculture et du Ministre de la Justice*). 1889, 1 fort vol. in-18. . . 3 50

GAURE (J.), *avocat.* — **Le Droit rural et usuel**, mis à la portée de tous, exposé pratique des principales difficultés de droit usuel contenues dans nos lois. — Actes de l'Etat civil. — Pensions alimentaires. — Usufruit. — Bornage. — Servitudes. — Droit de passage. — Mitoyenneté. — Dégât aux champs et récoltes. — Loi militaire. — Métayage. — Bail à cheptel. — Charivari. — Vices rédhibitoires. — Formation du Jury en Cour d'assises. — Successions. — Mariage. — Louage. — Privilèges. — Hypothèques. — Dettes de jeu, etc. 1896, 1 vol. in-18 . . . . 4 »

LATRUFFE. — **Du droit des communes**, sur les biens communaux ou examen critique et historique du dénombrement, des usages, etc. 1836, 2 vol. in-8° . . . 12 »

LECLERC DE FOUROLLES. — **Chasseurs et braconniers.** 1883, broch. . . . 1 50

— **Questions de la chasse** résolues d'après la doctrine et la jurisprudence. 1885, 1 vol. in-12. . . . . 2 »

LESPINEUX (Victor), *avocat-avoué à Huy (Belgique).* — **Manuel de police rurale et forestière.** Chasse, pêche, voirie, roulage. Exposé et commentaires méthodiques de toutes les lois, arrêtés, etc., relatifs à la matière. Recueil à l'usage des administrations communales et forestières, magistrats, avocats, officiers de police, chasseurs, propriétaires et fermiers, et spécialement destiné aux gardes champêtres, gardes forestiers, gardes-chasse, gardes-pêche et gardes particuliers. 4e ÉDITION, revue et augmentée. 1877, 1 vol. in-12. . . . 3 »

— **Traité de la propriété des pigeons.** — Droits et obligations qui s'y rapportent. Explications des lois civiles et pénales qui leur sont applicables. Exposé des lois relatives aux dommages causés par la volaille et les lapins sauvages. 2e ÉDITION. 1 vol. in-12 . . . . 2 »

MARAIS (Octave), *avocat à la Cour d'appel de Rouen.* — **Traité des alluvions artificielles.** 1872. Brochure in-8° 3 50

MENCHE DE LOISNE (Auguste). — **Essai sur le droit de chasse**, sa législation ancienne et moderne, précédé de l'exposé des principes généraux de l'occupation en droit romain. 1878, 1 beau vol. in-8°. 9 »

MIANE (Maxime). — **La question du reboisement des montagnes et la** législation qui s'y rapporte, exposé économique, historique, analytique et critique. 1895, 1 vol. in-8° . . . . 3 »

NAMUR (P...), *professeur à l'Université de Liège.* — **Commentaire de la loi du 19 janvier 1883 sur la pêche fluviale.** 1883, 1 vol. in-8°. . . . . 6 »

NOBLET (E.), *conseiller à la Cour d'appel d'Orléans.* — **Code pratique des chemins ruraux.** Commentaire de la loi du 20 août 1881 relative au code rural, présentant l'ensemble de la législation, de la jurisprudence et des instructions ministérielles, concernant la reconnaissance, la propriété, la possession, l'ouverture ou redressement, la suppression, la conservation et la police de ces voies publiques, à l'usage des maires, conseillers généraux, conseillers municipaux, administrateurs, juges de paix et officiers de police judiciaire. 1887. Une broch. in-8° . . . 2 50

DE PAEPE (P), *conseiller à la Cour de cassation de Belgique*. — **Code rural**, du 7 octobre 1886, avec des annotations extraites des travaux parlementaires, une brochure in-8° 2 50

PROPRIÉTAIRE (UN). — **La chasse et les droits des propriétaires** ou la loi du 5 mai 1844 sur la police de la chasse. — Réformes nécessaires. — Nouveau projet de loi, in-8°. 2 50

REROLLE (Lucien), *docteur en droit, avocat à la Cour d'appel de Lyon* — **Du Colonage partiaire et spécialement du Métayage**, histoire, droit, jurisprudence, législation, économie politique et rurale. 1888, 1 fort vol. grand in-8° . . . . 10 »

VALSERRES (de), *avocat, professeur de législation industrielle à l'École spéciale du commerce*. — **Manuel de droit rural et d'économie agricole**; 2e ÉDIT., augmentée de toute la législation rurale annotée. 1848, 1 fort vol. in-8°. 7 50

DROIT ADMINISTRATIF

AIMÈS (Eugène), *ancien chef de bureau au ministère de la guerre*. — **La réforme administrative** et le favoritisme. 1887, 1 vol. in-18 jés . . . . 3 »

BARBIER (Alfred), *vice-président du Conseil de préfecture de la Vienne*. — **Code pratique des conseillers généraux. Traité du budget départemental**, précédé d'une introduction sur ses origines et suivi du commentaire de la loi du 10 août 1871, relative aux conseils généraux et à leurs attributions. Ouvrage à l'usage des membres des assemblées départementales et des fonctionnaires et agents de l'ordre administratif. 1873, 1 fort vol. in-8°. . . . . 9 »

BOST (A.), *avocat, ancien préfet*. — **Code formulaire des élections municipales** d'après la loi du 14 juillet 1874 coordonnée avec les lois antérieures, avec des formules pour tous les actes, publications et procès-verbaux que ces opérations nécessitent, 6e ÉDIT., mise au courant de la jurisprudence actuelle. 1878, 1 vol. in-8° . . . . . 3 »

BOUCHENE-LEFER, *avocat à la Cour de Paris, ancien conseiller d'État*.— **Principes et notions élémentaires du droit public administratif** ou précis de l'organisation politique et administrative de la France, de 1789 à ce jour. 1862, in-8° . . . 8 50

— **De la justice administrative**. — Les ministres sont-ils juges ordinaires du contentieux administratif (*R. P.*). in-8°. 1 50

BOUDET (Léonce) et RIVOIRE (Adrien). — **Du maintien et de la réorganisation des conseils de préfecture**. 1872, in-8°. 1 50

BOURGEOIS (Léon). — **Des travaux publics communaux**. In-8°. 2 50

CABANTOUS, *professeur de droit administratif et doyen de la Faculté d'Aix*, et LIÉGEOIS, *professeur de droit administratif à la Faculté de Nancy, président de l'académie de Stanislas*. — **Répétitions écrites sur le droit administratif** contenant l'exposé des principes généraux, leurs motifs et la solution des questions théoriques, 6e ÉDIT., augmentée et mise au courant de la législation. 1882, 1 fort vol. in-8° . . . . 14 »

CÉNAC (Ernest), *avocat général à la Cour de Montpellier*. — **Guide électoral, la liste électorale**, sa composition et sa revision annuelle, commentaire des textes et de la jurisprudence relatifs à la formation des listes électorales à l'usage des membres des commissions administratives, des commissions municipales, des maires, des juges de paix et de tous les électeurs qui veulent être fixés sur leurs droits. 1890, 1 fort vol. in-18 . . . . 5 »

CHAMPAGNY (de). — **Traité de la police municipale** ou de l'autorité des maires, de l'administration, du gouvernement, en matières réglementaires, 1844-1861. 4 vol. in-8° . . . . 32 »

CHRISTOPHLE (Albert), *docteur en droit, ancien avocat au Conseil d'État et à la Cour de cassation, ancien Ministre des Travaux publics, gouverneur du Crédit foncier de France*. — **Traité théorique et pratique des travaux publics**, 2e ÉDIT., revue et mise au courant de la législation et de la jurisprudence sous la direction de l'auteur, par PAUL AUGER, docteur en droit, avocat au Conseil d'Etat et à la Cour de cassation. *Ouvrage honoré des souscriptions des Ministères des Travaux publics, de la Guerre, de l'Intérieur, de l'Instruction publique et de l'Agriculture*. 1889-90, 2 très forts vol. in-8° . . . . 24 »

Cet ouvrage contient :

1° *Le Commentaire du Cahier des charges et Conditions générales des Ponts et Chaussées* et du Cahier du Génie de 1876.

2° *Le Commentaire du* **Nouveau Cahier du Ministère de la Guerre du 1er décembre 1887.**

3° *Le Commentaire du décret* de 1882 *sur les adjudications*, du décret du 4 juin 1888, sur la coopération des associations ouvrières aux travaux publics.

4° *L'organisation spéciale des travaux publics* dans la ville de Paris.

5° *L'organisation des travaux* des départements.

6° *Une étude spéciale de la législation et de la jurisprudence*, concernant la matière si difficile et si peu connue des travaux communaux, chemins vicinaux et ruraux, marchés, écoles, etc.

7° *Les règles du contrat de concession*, en particulier des concessions de chemins de fer, ponts, canaux, etc.

8° *Les règles financières concernant les travaux publics*, en particulier, celles qui touchent aux souscriptions volontaires et forcées, subventions, concours de l'Etat, des départements, des communes et des particuliers dans les diverses natures de travaux.

9° *Les règles concernant les associations syndicales*, leur fonctionnement, les diverses natures de travaux qu'elles peuvent entreprendre.

10° *Une étude approfondie des torts et dommages* causés aux personnes et à la propriété privée par suite de l'exécution des travaux publics, extraction de matériaux, occupation temporaire, dommages causés aux personnes, dommages causés aux propriétés, applications et exemples pour chaque nature de travaux, travaux de voirie, routes, chemins de fer, canaux, dommages aux usines, captation et détournement de sources, etc.

11° *Un traité complet de la compétence et de la procédure en matière de travaux publics*, notamment le commentaire de la *nouvelle loi du 24 juillet 1889 sur la procédure devant les Conseils de préfecture, instruction des affaires, expertises, etc.*

CHRISTOPHLE (Albert), *gouverneur du Crédit foncier de France.* — **Une élection municipale en 1738**, étude sur le droit municipal au XVIIe siècle. 1874, 1 joli volume in-18 jésus, avec vignettes. Imprimé en caractères elzéviriens, tiré à 500 exemplaires numérotés. 456 exemplaires sur papier de Hollande, **5** fr. — 20 Whatmann, **10** fr. — 20 Chine, **12** fr. — 2 parchemin, **40** fr. — 2 vélin, **50** fr.

CODES. — **De l'administration départementale et communale.** — Lois, décrets, jurisprudence, Conseil d'Etat, Cour de cassation, décisions et circulaires ministérielles. 3e ÉDIT., revue et considérablement augmentée. 1 vol. grand in-4°. . . . **21** »

COLLIGNON (Henri), *docteur en droit, attaché au cabinet du Ministre de l'Intérieur.* — **Des conflits d'attributions.** 1882, 1 vol. in-8° . . . . **6** »

CRÉPON, *conseiller à la Cour de cassation.* — **Code annoté de l'expropriation** pour cause d'utilité publique, **France — Algérie — Colonies.** *Loi du 3 mai 1841, lois diverses, ordonnances et décrets.* 1885, 1 vol. in-8°. . . . . **10** »

DEBRAY. — **Manuel de l'expropriation** pour cause d'utilité publique. 1845. In-18. . . . . **4** »

DE LA ROQUE. — **Code des pensions civiles,** à l'usage de tous les fonctionnaires publics, *histoire, législation et jurisprudence* (1781-1853). 1854, in-18. . . . . **2 50**

DIEUDONNÉ, *avocat, professeur libre de droit et d'économie politique.* — **Manuel de droit administratif** à l'usage des étudiants en droit et des **candidats aux diverses administrations publiques.** 1883, 1 vol. in-18. . . . . **6** »

DUBOIS DE NIERMONT. — Organisation, compétence, jurisprudence et procédure des **conseils de préfecture.** 1841, 1 vol. in-8° **7 50**

DURAND (Adrien). — **Des conseils généraux des départements.** — Organisation, attributions, commissions départementales. Loi du 18 août 1871. 1871, in-8°. . **2 50**

FERAUD-GIRAUD, *conseiller à la Cour de cassation.* — **Voies rurales publiques et privées et servitudes rurales de passage.** 3e ÉDITION. 1886, 2 vol. in-8° **17** »

— **Des voies publiques et privées,** modifiées, détruites ou créées par suite de l'exécution **des chemins de fer.** 1878, 1 vol. in-8° . . . . **10** »

FLEURIGEON. — **Code de la voirie administrative et municipale,** 5e ÉDITION, entièrement refondue et considérablement augmentée par MÉNESTRIER. 1854, in-8° . . . . **8** »

FLORENT-LEFÈVRE. — **De la décentralisation,** ou essai d'un système de centralisation politique et de décentralisation administrative. 1849, 1 vol. in-8°. (*épuisé*).

— **Chemins vicinaux** ; de la prestation en nature et de la nécessité de modifier cette taxe. 1865, in-12 . . . . **1 50**

FOUCART, *professeur de droit, doyen de la Faculté de droit de Poitiers.* — **Éléments de droit public et administratif** ou Exposition méthodique des principes du droit public positif, avec l'indication des lois à l'appui. 4e ÉDIT. 1856, 3 vol. in-8° . **24** »

— **Précis du droit public et administratif,** suivi d'une bibliographie de droit administratif. 1844, in-8° **7 50**

FOURNEL. — **Traité du voisinage** considéré dans l'ordre judiciaire et dans l'ordre administratif, et dans ses rapports avec le Code civil. 4e ÉDIT., revue par M. TARDIF. 1834, 2 vol. in-8° . . . . 15 »

GANDILLOT et BOILEUX. — **Manuel de droit administratif** contenant les matières de l'examen. 1839, in-8° . . . . . . 6 »

GAUBERT, *avocat.* — **Manuel pratique de législation** pour l'organisation et l'exécution du service des pompes funèbres dans toutes les localités, à l'usage des communes et des paroisses, avec un commentaire des nouvelles lois sur : 1° la neutralisation des cimetières ; 2° la liberté des funérailles ; 3° la crémation des corps. 1890, 1 fort vol. in-18. . . . . 5 »

— **Traité théorique et pratique de législation, de doctrine et de jurisprudence, sur le monopole des inhumations et des pompes funèbres,** précédé d'un historique du monopole chez les Egyptiens, les Grecs et les Romains. 1875, 2 vol. in-8°. 12 »

— **Le péril des inhumations précipitées en France.** — LES CHAMBRES MORTUAIRES D'ATTENTE, devant l'histoire, la législation, la science, l'hygiène et le culte des morts (*commentaire du décret du 24 avril 1889*). Ouvrage illustré de 60 figures, cartes, plans ou dessins. 1895, 1 vol. in-8° . . . 3 50

GERVAISE. — **Traité de l'Administration des contributions directes** et de la direction des services qui en dépendent. 2e ÉDITION 1847, 1 vol. in-8° . . . . . 8 »

GOAVING. — **Commentaire** théorique et pratique des dispositions qui régissent actuellement nos **Conseils généraux** et **Conseils d'arrondissements**, précédé d'un résumé historique des institutions départementales, depuis 1789 et des institutions provinciales de l'ancienne France, et d'une étude sur les **Gouverneurs romains** aux diverses époques. 1869, in-8°. . . . . . 5 »

Le même ouvrage, moins l'étude sur les gouverneurs romains. 1869, in-8° . 3 »

HENRION DE PANSEY. — **Du Pouvoir municipal** et de la police intérieure des communes. 1840, 1 vol. in-8° 6 50

HOROY, *docteur en droit français, docteur en droit canonique, docteur en sciences politiques et administratives, etc., professeur de droit.* — **Des rapports du sacerdoce avec l'autorité civile,** à travers les âges et jusqu'à nos jours au point de vue légal. 1883-84, deux volumes in-8°. . . . . 16 »

ISAURE-TOULOUSE, *avocat, officier de l'Instruction publique.* — **Manuel formulaire de procédure administrative.** — 1° *Conseil de préfecture* (d'après la loi du 22 juillet 1889) avec les nouvelles formules usitées au Conseil de préfecture de la Seine ; 2° *Conseil d'État* avec formules et état de frais ; 3° *Tribunal des conflits* avec formules et état de frais, expropriation pour cause d'utilité publique avec formules et dépens. 1890, 1 vol. in-8°. 3 50

Ce manuel avec le manuel formulaire de la faillite, pris ensemble, 5 francs au lieu de 7 fr. 50.

JACQUES, *président du tribunal civil d'Orange.* — **De l'Embrigadement des gardes champêtres,** ou nouveau mode d'organisation de la police administrative et judiciaire (*R. P.*) in-8° 1 50

JEANVROT (Victor). — **Manuel de la Police des Cultes** à l'usage des maires et fonctionnaires de l'ordre administratif et judiciaire, 1889-90. 2 vol. in-8° . . . . . . 6 »

— **Manuel des élections municipales** à l'usage des municipalités, des candidats et des électeurs. 1892. 1 vol. in-8° . . 3 »

LAFFON DE LADÉBAT, *agent cons.* — **Recueil des principes du droit administratif et du droit public,** 1842, 1 vol. 5 50

LE MOUTIER (J.-M.), *ancien notaire.* — **Nouveau dictionnaire formulaire pratique et manuel alphabétique de droit usuel, civil, commercial, administratif et judiciaire,** définition concluante des mots et termes juridiques. Principales règles de droit. Coutumes et usages locaux. Formules d'actes sous seing privé, déclarations de succession, réclamations, suppliques. Droits d'enregistrement. Guide du placement en valeurs mobilières, etc. Le tout mis au courant de la jurisprudence et des nouvelles lois. 1889, un beau vol. in-8° jésus . . . . 12 »

LIÉGEOIS, *professeur de droit administratif à la Faculté de Nancy.* — **De l'organisation départementale,** ou Commentaire de la loi du 10 août 1871 sur l'organisation et les attributions des conseils généraux et des commissions départementales. 1873. 1 vol. in-8°. . . . . 4 »

LOI **du 5 avril 1884 sur l'organisation municipale,** annotée et commentée par les rédacteurs du *Recueil général des Lois et des Arrêts*, fondé par J.-B. SIREY et du *Journal du Palais*, et complétée par les circulaires ministérielles et des extraits des discussions dans les deux Chambres. 1 brochure grand in-8° . . . . 3 »

MACAREL, *conseiller d'État.* — **Cours d'Administration et de Droit administratif,** professé à la Faculté de droit de Paris, 3e ÉDITION, mise au courant de la législation, par M. A. DE PISTOYE, ancien avocat à la Cour d'appel de Paris, chef de bureau au Ministère de l'agriculture, du commerce et des travaux publics, officier de la Légion d'honneur. 1857. L'ouvrage divisé en deux parties, forme 4 gr. vol. in-8° . . . . **30** »

La première partie contient : *l'Organisation et les attributions des autorités*. La seconde contient : *les Principes généraux des matières administratives* (*Subsistances publiques*. — *Industrie manufacturière*. — *Industrie agricole*).

MACAREL. — **Des tribunaux administratifs**, ou introduction à l'étude de la jurisprudence administrative. 1828, 1 vol. in-8° . . . . **10** »

MACAREL et BOULATIGNIER, *conseiller d'État*. — **De la Fortune publique en France et de son administration.** 1838-1840, 3 v. in-8° . . . . **24** »

MALLEIN, *ancien bâtonnier de l'ordre des avocats à la Cour d'appel de Grenoble, professeur à la Faculté de droit de la même ville*. — **Considérations sur l'enseignement du droit administratif.** 1857, 1 vol. in-12. . . . . **6** »

MANUEL **des adjudicataires de fournitures et de travaux** pour le compte de l'État, des départements, communes et autres établissements publics, suivi d'un exposé complet des questions d'enregistrement et de timbre concernant les adjudications. *Extrait des Pandectes*. 1887, 1 fort vol. in-18 jésus. . . . . **6** »

MARIE (J.), *avocat, professeur à la Faculté de Droit de Rennes*. — **De l'administration départementale des conseils généraux.** — 1882, 1 vol. in-8°. . . . . **6** »

PERIER (Arsène), *docteur en droit, avocat au Conseil d'Etat*. — **Les Marchés de fourniture**, 1877. 1 vol. in-8° . . . . **4** »

PISTOYE (A. de). — **De la Décentralisation**, question de la suppression des conseils de préfecture sur la proposition de M. Raudot (*R. P.*) 1872. Broch. in-8° **2** »

POCQUET (Barthélemy), *docteur en droit*. — **Essais sur l'Assistance publique.** — Son histoire. — Ses principes. — Son organisation actuelle, 1877, 1 vol. in-8° **5** »

RENÉ (Al.), *avocat*, et FRENNELET (H.) *avocat à la Cour d'appel de Paris, professeur de législation au Lycée Charlemagne, rédacteur en chef des Pandectes françaises*. — **Clauses et conditions générales régissant les entreprises de travaux des Ponts et Chaussées**, arrêté ministériel du 16 février 1892 (texte et commentaire) (*Ouvrage honoré d'une souscription du Ministère des Travaux publics et du Ministère de l'Agriculture*). 1892. 1 vol. in-18 **3** »

REQUIER. — **De la Saisie administrative**, questions de compétence (*R. P.*) 1867, in-8° . . . . **2** »

REVERCHON. — **Décret organique.** — Le décret du 25 janvier 1852, organique du Conseil d'Etat, peut-il être modifié par de simples décrets? (*R. P.*). 1862 . . **2** »

— **De la Saisie administrative**, questions nouvelles sur l'article 75 de la Constitution de l'an VIII (Saisie de l'Histoire des princes de la maison de Condé). (*R. P.*). 1866 **3** »

ROCHE (Eugène), *avocat à Lille, délégué cantonal*. — **Nouveau code du délégué cantonal** contenant le texte des nouvelles lois sur l'enseignement primaire avec les décrets et les circulaires ministérielles et renvoyant aux principales décisions judiciaires intervenues récemment en la matière. 1887, 1 vol. in-32 colombier, élégamment cartonné **2 50**

ROUX (Léon), *docteur en droit, avocat à la Cour d'appel de Lyon*. — **De la Responsabilité de l'État** dans le cas de l'article 108, § 2 de la loi municipale. 1886, Broch. in-8. . . . . **1** »

SIMONET. — **Traité de la police administrative des Théâtres** de la ville de Paris. 1850, in-8° . . . . **4** »

TANON. — Etude critique **de la loi du 30 juin 1838 sur les aliénés**, 1868. Broch. in-8°. . . . . **20** »

TARBOURIECH, *docteur en droit*. — **Du Conseil d'État**, comme organe législatif (*Extrait de la Revue du Droit public*). 1895, une br. in-8°. . . . . **1** »

TARDIF (A). — **Pensions civiles.** Caisses de retraite et d'assurances sur la vie, in-8° (*R. P.*) . . . . **2** »

TEULET (A.-F.). — **Loi du 10-29 août 1871 sur les Conseils généraux** (extraite des Codes Teulet), suivie d'une table générale méthodique et raisonnée, par ordre alphabétique. 1871, in-8°. . . . . **1** »

THIBAULT (Fabien), *sous-chef à la Direction générale des douanes*. — **Traité du contentieux de l'administration des douanes.** (*Ouvrage couronné par la Faculté de droit de Caen*). 1891, 1 vol. in-8°. **7 50**

THOMAS (Achille). — **De la Voirie.** — *Des Routes*. — Historique. — Classement. — Ouverture. — Entretien. — Police. 1870, in-8°.. . . . . **3** »

TROLLEY. — **Traité de la hiérarchie administrative**, ou de l'Organisation et de la compétence des diverses autorités administratives. 1845-1854, 5 vol. in-8°. **35** »

DROIT INTERNATIONAL

BILLOT (A.). — **Droit international. — Traité de l'extradition**, suivi d'un recueil de documents étrangers et des conventions d'extradition conclues par la France et actuellement en vigueur. (*Souscription du Ministère des affaires étrangères.*) 1874, 1 vol. in-8° . . . . **10 »**

CARLE (Giuseppe), *professeur extraordinaire de l'Université de Turin.* — **La Faillite dans le droit international privé**, mémoire couronné par l'Académie des sciences morales et politiques de Naples, traduit et annoté par M. Ernest Dubois, professeur à la Faculté de droit de Nancy. 1875, 1 vol. in-8° . . . . **4 »**

CHRÉTIEN (Alfred), *agrégé à la Faculté de droit de Nancy, associé de l'Institut de droit international.* — **Principes de droit international public**, ouvrage accompagné d'indications bibliographiques ainsi que de notes intercalées dans le texte et suivi d'un résumé des principaux traités signés par la France depuis 1648 jusqu'à nos jours, par Paul Nachbaur, docteur en droit, avocat à la Cour d'appel de Nancy. 1893, 1 vol. in-8°. . . . . **12 »**

CUSSY (le baron Ferd. de). — **Dictionnaire** ou manuel lexique du diplomate et du consul. 1846, 1 fort vol. in-8° . . . **10 »**

DOMIN-PETRUSHEVECZ (Alphonse de), *docteur en droit, employé à la Cour I. R. de première instance à Vienne*, etc. — **Précis d'un Code de Droit international**, édition originale. 1861, 1 vol. in-8° . . . **5 »**

FIORE (Pasquale), *avocat, professeur à l'Université de Naples, membre de l'Institut de droit international.* — Organisation juridique de la Société des États. **Le droit international codifié et sa sanction juridique**, suivi d'un résumé historique des principaux traités internationaux, traduit de l'italien par A. Chrétien, *professeur à la Faculté de droit de Nancy*, 1890. 1 beau vol. in-8° cavalier . . . . **10 »**

FLAISCHLEN (Georges G.), *docteur en droit, président du tribunal de Suceava-Folticeni (Roumanie), officier d'Académie.* — **Des attributions des consuls** en matière de notariat et d état civil. 1892, 1 vol. in-8°. **4 »**

— **De l'initiative consulaire** en fait de tutelle et de curatelle surtout en ce qui concerne la Roumanie. 1891, 1 vol. in-8° . . . . **3 »**

FOLLEVILLE (de). — Un mot sur le cas de Mme la princesse de Bauffremont, aujourd'hui princesse Bibesco. — **De la naturalisation, en pays étranger, des Femmes separées de corps en France**. 2e édition, 1876, broch. in-8° . . . . **2 »**

— Leçons d'introduction à un **Cours de droit international** privé. 1881, 1 broch. in-8°. . . . . **2 »**

GABBA (Ch. Fr.), *professeur de droit international à l'Université de Pise.* — **Le second mariage de la princesse de Bauffremont et le Droit international.** 1877, in-8°. **2 »**

GARY (Ferdinand), *docteur en droit, lauréat de l'Académie de législation, juge de Limoux.* — **De la condition juridique des Français à l'Etranger**, d'après les traités et les conventions diplomatiques, les principes du droit international privé, la législation et la jurisprudence française et étrangère. (*Ouvrage couronné par la Faculté de droit de Toulouse*). 1890, 1 v. in-8°. **10 »**

HERBAUX (Jules), *docteur en droit, substitut du procureur de la République à Lille.* — Droit international. — **L'individu né en Belgique** de parents français, qui a opté pour la nationalité belge, **reste-t-il soumis au service militaire en France**? *Solution affirmative. — Examen de la question d'après le droit positif et au point de vue législatif et diplomatique* (*R. P.*). 1882, in-8° . . . . **1 »**

HOROY. — **Droit international et Droit des gens public** d'après le *Decretum* de Gratien. 1887, 1 vol. in-18 . . . . . . **3 50**

LAMMASCH (Dr H.). **Le Droit d'extradition** appliqué aux délits politiques, traduit de l'allemand et annoté par A. Weiss et P. Louis-Lucas *professeurs agrégés à la Faculté de droit de Dijon*. 1881, in-8°. **4 »**

LAURENT (F.) — **Le droit civil international.** 1880-1882, 8 vol. in-8°. . **72 »**

LEROY (Paul), *docteur en droit, avocat à la Cour d'appel de Paris.* — **Des consulats, des légations et des ambassades.** Etude d'histoire et de droit. 2e édition mise au courant de la jurisprudence actuelle. 1876, 1 vol. in-8° . . . . **5 »**

LORIMER (J.), *professeur de droit de la nature et des gens à l'Université d'Edimbourg, membre de l'Institut de droit international, de l'Académie de jurisprudence de Madrid et des Universités de Moscou et de Saint-Pétersbourg.* — **Principes de droit international**, traduit de l'anglais par Ernest Nys, associé de l'Institut de droit international, juge au tribunal de 1re instance de Bruxelles. 1884, 1 vol. in-8°. . . . **7 50**

MARTENS (F. de), *professeur à l'Université de Saint-Pétersbourg, membre de l'Institut de droit international.* — **Traité de droit international**, traduit du russe par Alfred Léo. 1883-87, 3 beaux vol. in-8°. **27 »**

MILTITZ (Alex. de), *chambellan de S. M. le roi de Prusse, ancien ministre près la Porte ottomane.* — **Manuel des consuls.** 1837-1843, 5 volumes, in-8° . . . . 50 »

MOREUIL. — **Manuel des agents consulaires** français et étrangers. Nouvelle édition. 1 vol. in-8°. . . . . 8 »

PAEPE (P. de), *conseiller à la Cour de cassation, membre de la Commission chargée de préparer la revision du Code de procédure civile.* — **Études sur la compétence civile** à l'égard des États étrangers et de leurs agents politiques, diplomatiques et consulaires. 1894, 1 vol. in-8°. . . . . 7 »

SAINT-GENIS. — *Études de droit international.* — **L'hypothèque judiciaire en France**, comparée aux institutions qui la remplacent dans les différentes législations étrangères. 1881, broch. in-18 . . . . 2 »

TARTARIN (Ed.), *docteur en droit, avocat à la Cour d'appel de Poitiers.* — **Traité de l'occupation**, suivant le droit naturel, le droit civil et le droit international, contenant : 1 l'exposé des principes généraux; 2° l'examen complet des *res nullius* d'après les textes; 3° sur l'occupation des choses incorporelles; et 4° sur les effets de l'occupation militaire. 1873, 1 vol. in-8°. . 4 »

VERCAMER (Ed.), *juge au tribunal mixte du Caire.* — **Des franchises diplomatiques** et spécialement de l'exterritorialité, étude de droit international et de législation comparée. 1891, 1 fort vol. in-8°. 8 »

ROBINET DE CLÉRY, *premier président honoraire à la Cour d'appel de Besançon.* — **Conflits** de nationalités, de législation et de juridictions (Extrait de la *Revue pratique de droit français*). 1877. 1 broch. in-8°. 2 50

Droit public, Économie politique et Sciences sociales

BÉNARD (T.-N.). — **De l'influence des lois sur la répartition des richesses**, ouvrage précédé d'une notice sur la vie et les travaux de M.-T.-N. Bénard, par Menier. 1 vol. in 8°. . . . . (*épuisé*).

BERTHEAU (Charles), *docteur en droit, conseiller à la Cour d'appel de Bourges.* — **Essai sur les lois de la population...** « Mais *la France* est lasse d'être mère. Et le sein tout meurtri d'avoir tant allaité, Elle fait son repos de sa stérilité. A. DE MUSSET. » (*Ouvrage couronné par l'Académie des sciences morales et politiques, concours Rossi de 1891*). 1892, 1 volume in-8°. 6 »

COMTE. — **Mélanges et Correspondances d'économie politique de Say**, publiés après la mort de l'auteur. 1845, in-8°. 8 »

FELICE (de). — **Leçons de droit de la nature et des gens.** 1830, 2 vol. in-8°. 10 »

FOUCART, *professeur de droit administratif, doyen de la Faculté de droit de Poitiers.* — **Eléments de droit public et administratif** ou Exposition méthodique des principes du droit public positif, avec l'indication des lois à l'appui. 4e ÉDITION. 1856, 3 vol. in-8°. . . . . 24 »

— **Précis du droit public et administratif**, suivi d'une bibliographie de droit administratif. 1844, in-8°. 7 50

FUZIER-HERMAN (Edouard), *directeur du recueil général des Lois et Arrêts de Sirey et du Journal du Palais.* — **La Séparation des pouvoirs**, d'après l'histoire et le droit constitutionnel comparé. 1880, 1 volume in-8°. . . . . 8 »

GRENANDER (B. Kr.), *docteur en droit.* — **Sur les conditions nécessaires selon le Droit des gens** pour avoir en guerre le droit d'être considéré et traité comme soldat. 1882, 1 brochure in-8° . . . . 2 »

HÉLIE (Faustin-Adolphe), *juge au tribunal civil de la Seine.* — **Les constitutions de la France**, ouvrage contenant, outre les constitutions, les principales lois relatives au culte, à la magistrature, aux élections, à la liberté de la presse, de réunion et d'association, à l'organisation des départements et des communes, avec un commentaire. 1880. — 1 très fort vol. in-8°. . . . . 18 »

MARTENS (le baron Charles de), *ancien ministre résident à la cour de Prusse.* — **Causes célèbres du droit des gens**, 2e ÉDITION, revue, corrigée et augmentée. 1858, 5 vol. in-8°. . . . . 52 »

MUTEAU (Charles), *docteur en droit, conseiller à la Cour d'appel de Dijon.* — **Droit public.** — Introduction philosophique à l'étude du droit constitutionnel de M. J. Tissot, de l'Institut. — **La meilleure forme du gouvernement.** — **Faut-il deux Chambres?** — Réforme dans l'organisation judiciaire. — Jury civil. — **Associations diverses.** — L'Etat et l'Eglise. 1872, in-8°. (*R. P.*). 1 50

PRADIER-FODÉRÉ. — **Eléments de droit public et d'économie politique**, ou Précis de droit politique et d'économie sociale. 1865, 1 vol. in-12. . . . . (*épuisé*).

RAMBAUD (Jules), *chargé du cours à la Faculté de droit de Grenoble, lauréat de l'Institut.* — **Traité élémentaire et raisonné d'économie politique** (principes, législation, etc.). 1892. 1 volume in-18, prix . . . . 5 »

REVUE DU DROIT PUBLIC

ET DE LA

SCIENCE POLITIQUE

EN FRANCE ET A L'ÉTRANGER

DIRECTEUR : **FERDINAND LARNAUDE**

Professeur de droit public général à la Faculté de droit de Paris.

Secrétaires de la Rédaction :

J. LAMEIRE Docteur en droit | **G. DE LA PRADELLE** Docteur en droit

AVEC LE CONCOURS ET LA COLLABORATION DE PROFESSEURS, PUBLICISTES, DÉPUTÉS, MAGISTRATS, HAUTS FONCTIONNAIRES DE LA FRANCE ET DE L'ÉTRANGER (1)

La REVUE du DROIT PUBLIC et de la SCIENCE POLITIQUE
paraît tous les deux mois, par fascicules de 200 pages grand in-8°

ABONNEMENT :

UN AN, **20** FR. — UNION POSTALE, **22** FR. **80**

LE NUMÉRO **4** FR.

Chaque année parue forme deux beaux vol. in-8°, au prix de 10 fr. le volume

Elle publie dans chaque numéro :

1° des **articles de fond** sur les questions d'organisation constitutionnelle et politique, de science financière, de législation sociale, de droit international, de droit administratif, de législation coloniale, d'organisation judiciaire, etc.

2° des **chroniques** politiques, économiques, financières, internationales, pénitentiaires, coloniales, etc., pour la France et l'Etranger.

3° des **comptes rendus** critiques de tous les ouvrages touchant au droit public et à la science politique.

4° des **analyses** détaillées des articles les plus importants parus dans les Revues françaises et étrangères.

5° des **variétés** (notes, observations, documents, faits rentrant dans son programme).

6° L'indication et l'analyse des **lois, décrets et documents officiels de toute nature.**

7° la **bibliographie** complète et raisonnée de toutes les publications touchant au droit public et à la science politique.

SOMMAIRE DES MATIÈRES CONTENUES DANS LE PREMIER VOLUME

1er **NUMÉRO** (janvier-février 1892). — I. **Notre programme**, par M. F. LARNAUDE, *prof. à la Fac. de droit de Paris.* — II. **Deux formes de Gouvernement**, par M. ESMEIN, *prof. à la Fac. de droit de Paris.* — III. **Le « Catenaccio » en Italie**, par M. DALLA VOLTA, *prof. à l'Institut des sciences sociales de Florence.* — IV. **De la personnalité civile en France du Saint-Siège et des autres puissances étrangères**, par M. DUCROCQ, *prof. à la Fac. de droit de Paris.* — V. **Danger des monopoles de fait établis par occupation de la voie publique**, par M. HAURIOU, *prof. à la Fac. de droit de Toulouse.* — VI. **Des modifications apportées à la législation de la Presse par la loi du 12 décembre 1893**, par M. G. BARBIER, *avocat à la Cour d'appel de Paris.* — VII. **Du rôle du Conseil d'État dans la naturalisation**, par M. DESPAGNET, *prof. à la Fac. de droit de Bordeaux*, — VIII. **Chronique politique** : France, par M. DEJEAN, *député*; Angleterre, par M. BODLEY, *ancien chef de cabinet du président de « local government board »*; Autriche, par M. KOBATSCH, *docteur en droit*; Espagne, par M. A... — IX. **Analyses et comptes rendus** : A. DESJARDINS **De la liberté politique dans l'État moderne**, C. R. par M. F. LARNAUDE, *prof. à la Fac. de droit de Paris*; — DESPAGNET, **Cours de droit international public**, C. R. par M. MÉRIGNHAC, *prof. à la Fac. de droit de Toulouse*; — R. STOURM, **Systèmes généraux**

1. La liste des collaborateurs, trop longue pour être publiée ici, est insérée dans chaque numéro de la *Revue*.

d'impôts, C. R. par M. F. Faure, *prof. à la Fac. de droit de Paris* ; — E. Naquet, **Traité des droits de timbre**, C. R. par M Wahl, *prof. à la Fac. de droit de Grenoble*; — W. Roscher, **Politik. Geschitliche naturlehre der monarchie, aristocratie und democratie**, C. R. par M. Brissaud, *prof. à la Fac. de droit de Toulouse*. — X. **Variétés** : *Les groupes à la Chambre des députés*; *l'Enseignement des Sciences sociales et politiques en Belgique*. — XI. **Bibliographie.**

2e **NUMÉRO** (mars-avril 1894). — I. **L'Incident franco-siamois de 1893 et la question de l'Etat tampon ou zone neutre**, par M. Mérignhac, *prof. à la Fac. de droit de Toulouse*. — II. **Un récent appel comme d'abus** par M. Ch. Roussel, *conseiller d'Etat*. — III. **Des limites que les traités de commerce imposent aux Etats contractants dans l'adoption de mesures financières d'ordre intérieur**, par M. Contuzzi, *prof. à l'Univ. de Naples*. — IV. **La nationalité suisse et le droit de cité dans le canton de Vaud**, par M. J. Berney, *prof. à l'Univ. de Lausanne*. — V. **La Réforme des Finances de l'empire allemand, d'après un livre récent**, par M. E. Worms, *prof. à la Fac. de droit de Rennes* — VI. **La crise de la Science sociale**, par M. M. Hauriou, *prof. à la Fac. de droit de Toulouse*. — VII. **Chronique politique** : France, par M. Dejean, *député*; Pays scandinaves, par M. Hamilton, *prof. à l'Univ. de Lund*. — VIII. **Analyses et comptes rendus** : G. Pierre, **Traité de droit politique, électoral et parlementaire**, C. R. par M. Biville, *agr. à la Fac. de droit de Caen* ; — Otto Kœbner, **Méthode d'une statistique scientifique de la récidive**, C. R, par M. Schuller, *doct. en droit, de l'Univ. de Vienne* ; — Aguilèra, **L'idée du droit en Allemagne depuis Kant jusqu'à nos jours**, C. R. par M. Oczapowski, *prof. à l'Univ. de Cracovie*. — IX. **Revue des Périodiques** : Périodiques hollandais, par M. Plemp van Duiveland, *docteur en droit* ; Périodiques italiens, par M. Grasso, *prof. à l'Univ. de Gênes*. — X. **Variétés** : *l'Enseignement des Sciences sociales* par M. L. Rossi, *prof. à l'Univ. de Bologne*; la 15e *session de l'Institut du droit international*; *le Congrès des Sociétés savantes*. — XI. **Les travaux législatifs**. — XII. **Bibliographie.**

3e **NUMÉRO** (mai-juin 1894). — I. **La question de l'Église en France**, par M. Doniol, *membre de l'Institut*. — II. **L'État de siège d'après le droit public italien**, par M. Contuzzi, *prof. à l'Univ. de Naples*. — III. **Le Problème colonial**, par M. Girault, *chargé de cours à la Fac. de droit de Poitiers*. — IV. **L'Impôt fédéral sur le revenu aux États-Unis**, par M. F. W. Blackmar, *prof. à l'Univ. du Kansas*. — V. **Chronique politique** : France, par M. Dejean, *député*; Belgique, par M. Dupriez, *prof. à l'Univ. de Louvain*; Portugal, par M. Reis Damaso, *docteur ès lettres*. — VI. **Analyses et comptes rendus** : Frédérick Pollock, **Introduction à l'étude de la science politique**, C. R. par M. F. Larnaude, *prof. à la Fac. de droit de Paris*; — A. Posada, **Tratado de derecho politico**, C. R. par M. Altamira, *secrét. du Musée pédag. nat. de Madrid* ; — De Mazade, **l'Europe et les neutralités**, par M. Leseur, *prof. agr. à la Fac. de droit de Paris*; — Rouard de Card, **La nationalité française**, C. R. par M. de La Pradelle, *avocat*; — Grasso, **La costituzione degli stati-Uniti dell'America settentrionale**, C. R. par M. Moreau, *prof. à la Fac. de droit d'Aix*. — VII. **Revue des Périodiques** : Périodiques français, par M. Beudant, *prof. agr. à la Fac. de droit de Grenoble* et M. Souchon, *prof. agr. à la Fac. de droit de Lyon* ; Périodiques belges, par M. Souchon, *prof. agr. à la Fac. de droit de Lyon* ; Périodiques italiens, par M. Grasso, *prof. à la Fac. de droit de Gênes*. — VIII. **Variétés** : *la Réforme sociale ; une enquête sur le Referendum en Angleterre* ; *le monopole des ventes des boissons par l'Etat dans la Caroline du Sud*. — IX. **Les Travaux législatifs**. — X. **Bibliographie.**

SOMMAIRE DES MATIÈRES CONTENUES DANS LE DEUXIÈME VOLUME

4e **NUMÉRO** (juillet-août 1894). — **Le principe de représentation dans la démocratie américaine**, par Francis Newton Thorpe, *prof. à l'Univ. de Pennsylvanie à Philadelphie*. — II. **La division du sol en France**, par J. Rambaud, *chargé de cours à la Fac. de Grenoble*. — III. **La Principauté de Monaco**, par Durand Auzias, *anc. secrét. général de la Principauté de Monaco*. — IV. **Du caractère anormal des fonctions législatives en Portugal à l'heure actuelle**, par J.-J. Tavarès de Medeiros, *avocat, membre de l'Académie royale des sciences de Lisbonne*. — V. **Chronique politique** : Allemagne, par M. R. Piloty, *Privat-docent à l'Univ. de Munich*; Autriche-Hongrie, par M. R. Kobatsch ; *doct. en droit* Italie, par D. Zanichelli, *prof. à l'Univ. royale de Sienne*. — VI. **Analyses et comptes rendus** : Gil y Robles, **El absolutismo y la democracia**, C. R. par M. Posada, *prof. à l'Univ. d'Oviedo* ; — Gil y Robles, **Ensayo de metodologia juridica**, C. R. par M. Posada, *prof. à l'Univ. d'Oviedo*; — P. Laffitte, **Lettres d'un parlementaire**, C. R. par M. R. Beudant, *prof. agr. à la Fac. de droit de Grenoble*. — **Revue des Périodiques** : Périodiques français, par M. Moreau, *prof. à la Fac. de droit d'Aix* ; Périodiques hollandais, par M. Plemp van Duiveland, *docteur en droit*. — VII. **Variétés** : *Les lois contre les anarchistes; les prix*

Rossi à la Fac. de droit de Paris en 1894; les concours Rossi pour 1895. — VIII. **Les travaux législatifs.** — IX. **Bibliographie.**

5e **NUMÉRO** (septembre-octobre 1894). — I. **La comptabilité de fabriques et le Concordat**, par J. MARIE, *prof. à la Fac. de droit de Caen.* — II. **Le conflit norvégien**, par JOHN ASK, *prof. à la Fac. de droit de Lund.* — III. **Du Conseil d'État comme organe législatif**, par E. TARBOURIECH, *docteur en droit.* — IV. **La législation sociale en Italie**, par V. WAUTRAIN CAVAGNARI, *prof. à l'Univ. de Gênes.* — V. **Chronique politique** : France, par M. DEJEAN, *député;* Espagne, par A ..; Grèce, par G. N. CALLISPÉRIS, *agrégé à l'Univ. d'Athènes;* Pays-Bas, par H. VERKOUTEREN, *avocat à Amsterdam.* — VI. **Analyses et comptes rendus**: OBERHOLTZER, **The referendum in America**, C. R. par M. SALEILLES, *prof. à la Fac. de droit de Dijon* ; — SCHAEFFLE, **Deutsche kern und Zeitfragen**, C. R par M. OCKZAPOWSKI, *prof. à l'Univ. de Cracovie*; — G. LEPORINI, **L'obligo del voto politico**, C. R. par M. F. L. ; — LEFÈVRE-PONTALIS, **Les assemblées plénières en Suisse**, etc. C. R. par M. F. L.—**Revue des Périodiques:** Périodiques français, par M. MOREAU, *prof. à la Fac. de droit d'Aix* ; Périodiques anglais, par M. BOURCARD, *prof. à la Fac. de droit de Nancy* ; Périodiques suisses, par M. BORGEAUD, *docteur en droit.* — VII. **Variétés :** *Le congrès international de Milan, sur les accidents du travail; concours de l'Académie de législation de Toulouse.* — VIII. **Bibliographie.**

6e **NUMÉRO.** — I. **Les droits de l'État et les droits de l'immigrant étranger**, par Ch. TURGEON, *prof. à la Fac. de droit de Rennes.* — II. **La distinction entre le droit administratif et la science de l'administration en Italie**, par A. LONGO, *prof. à l'Univ. de Pavie.* — III. **Loi du 28 juillet 1894 ayant pour objet de réprimer les menées anarchistes**, par Georges BARBIER, *avocat à la Cour d'appel de Paris.* — IV. **La transformation du self-government anglais dans l'Amérique du Nord**, par CONRAD BORNHAK, *privat-docent à l'Univ. de Berlin.* — V. **Chronique politique**: Allemagne, par M. R. PILOTY, *privat-docent à l'Univ. de Munich* ; Angleterre, par M. F. STEVENSON, *membre du parlement*; Chili, par M. V. LETELIER, *prof. à l'Univ. de Santiago* ; Pays scandinaves, par M. G. K. HAMILTON, *prof. à l'Univ. de Lund* ; Suisse, par M. Ch. BORGEAUD, *doct. en droit.* — VI. **Analyses et comptes rendus**, par MM. BARDE, BEUDANT, *professeurs*, DORADO, *prof. à l'Univ. de Salamanque* ; COMBOTTHECRA, *privat-docent à l'Univ. de Genève*, J. OCZAPOWSKI, *prof. à l'Univ. de Cracovie* ; VII. **Revue des Périodiques** allemands, anglais, par MM. MOREAU, OCZAPOWSKI et BOURCART, *professeurs.* — VIII. **Variétés :** *M. W. E. Hall: Les sciences sociales dans les Facultés catholiques.* — IX. **Les Travaux législatifs.** — X. **Bibliographie.**

SOMMAIRE DES MATIÈRES CONTENUES DANS LE TROISIÈME VOLUME

1er **NUMÉRO** (janvier-février 1895). — I. **De la Nature juridique de la représentation politique**, par M. ORLANDO, *prof. à l'Univ. de Palerme.* — II. **La Justice en Angleterre et en France**, par M. GLASSON, *prof. à la Fac. de Droit de Paris.* — III. **Du Traitement des membres des Conseils de Prud'hommes**, par M. ROUSSEL, *conseiller d'État.* — IV. **La Vraie constitution de 1875**, par M. Paul LAFFITTE, *publiciste.* — V. **Les Conquêtes et la Démographie**, par M. LORIA, *prof. à l'Univ. de Padoue.* — VI. **Chronique Internationale**, par M. PIÉDELIÈVRE, *prof à la Fac. de droit de Rennes.* — VII. **Chronique politique** : Espagne, par M. SELVA ; Italie, par M. ZANICHELLI ; Roumanie, par Mlle BILCESCO. — VIII. **Analyses et Comptes rendus**: R. DE LA GRASSERIE, **Conviendrait-il d'augmenter en France la quotité disponible du père de famille ?** C. R. par M. SALEILLES, *prof. à la Fac. de droit de Dijon* ; DE RENNENKAMPF, **Les principes constitutionnels et les idées politiques du prince de Bismarck**, C. R. par M. X...,. — IX. **Revue des Périodiques**: Périodiques Français, Espagnols, par MM. DE MURAT, MOREAU, SOUCHON et LOPEZ SELVA. — X. **Actes et Documents officiels.** — XI. **Bibliographie.**

2e **NUMÉRO** (mars-avril 1895). — I. **Les immunités constitutionnelles**, par M. ORBAN, *prof. à l'Univ. de Liège.* — II. **Le régime fiscal des dons et legs faits à l'État, aux départements, aux communes, aux établissements publics ou d'utilité publique**, par M. WAHL, *prof. à la Fac. de droit de Lille.* — III. **La constitution et l'administration des colonies allemandes**, par M. VON STENGEL, *prof. à l'Univ de Munich.* — IV. **De l'abordage des navires suivant le droit international**, par M. P. FIORE, *prof. à l'Univ. de Naples.* — V. **Chronique internationale**, par M. PIÉDELIÈVRE, *prof. à la Fac. de droit de Rennes.* — VI. **Chronique politique** : France par M. DEJEAN; Australie, par M. H. MOORE; Autriche par M. FL. ; Pays Scandinaves par M. HAMILTON. — VII. **Analyses et comptes rendus**: E. NYS, **Les origines du Droit international**, C. R. par M. LESEUR, *agr. à la Fac. de droit de Paris* ; L. SENTUPÉRY, **l'Europe politique**, C. R. par M. BEUDANT, *prof. à la Fac. de droit de Grenoble.* — VIII. **Revue des périodiques**; Périodiques Français, Américains,

Belges par MM. MOREAU, VALÉRY et SOUCHON. — IX. **Variétés** : La liste civile des chefs d'Etat ; le droit public à Notre-Dame. — X. **Actes et documents officiels.** — XI. **Bibliographie.**

3e **NUMÉRO** (mai-juin 1895). — I. **De la responsabilité de l'Etat à raison des fautes de ses agents**, par M. MICHOUD, *prof. à la Fac. de droit de Grenoble*. — II. **Des immunités constitutionnelles**, par M. ORBAN, *prof. à l'Univ. de Liège*. — III. **Esquisse d'une réforme de l'organisation des tribunaux répressifs et de l'instruction criminelle**, par M. DORADO, *prof. à l'Univ. de Salamanque*. — IV. **Un chapitre de Législation coloniale. La réforme judiciaire en Cochinchine**, par M. APPERT, *docteur en droit, anc. prof. à l'Univ. de Tokio*. — V. **Chronique fiscale et financière**, par M. SAINT-MARC, *prof. à la Fac. de droit de Bordeaux*. — VI. **Chronique pénitentiaire**, par M. RIVIÈRE. — VII. **Chronique politique** : Belgique, par M. DUPRIEZ ; Espagne, par M. SELVA ; Grèce, par M. CALLISPÉRIS. — VIII. **Analyses et comptes rendus** : A. WEISS, **Traité théorique et pratique de droit international privé**, C. R. par M. A. DE LA PRADELLE : TREPPOZ, **Étude théorique et pratique sur les condamnations conditionnelles** (loi Bérenger), C. R. par M. CORNIQUET ; AMOS S. HERSHEY, **Le contrôle sur la législation aux États-Unis**, C. R. par M. F. L., etc. — IX. **Revue des périodiques** : Français, Allemands, Américains (Etats-Unis), par MM. DIDIER, OCKZAPOWSKI, W. WILLOUGHBY et VALÉRY. — X. **Variétés** : Le cinquième Congrès pénitentiaire international de Paris ; la Réorganisation des études juridiques en France ; les prix de l'Académie des Sciences morales et politiques ; les prix du comte Rossi à la Faculté de droit de Paris en 1896 ; Le Congrès des Sociétés savantes de Paris et des départements. — XI. **Actes et documents officiels.** — XII. **Bibliographie.**

RIVIÈRE (H.-F.), *conseiller à la Cour de cassation, docteur en droit*. — **Histoire des institutions de l'Auvergne contenant un essai historique sur le droit public et privé dans cette province.** 1875, 2 beaux vol. in-8° raisin, avec une carte coloriée. . . . . **18 »**

SANDELIN. — **Répertoire général d'économie politique** ancienne et moderne. La Haye, 1846-1848, 4 vol. grand in-8° **60 »**

SAY. —**Mélanges et correspondance d'économie politique**, ouvrage posthume publié par M. COMTE. 1841, in-8° . . . . . . **6 »**

TISSOT (J.), *doyen honoraire de la Faculté des lettres de Dijon, correspondant de l'Institut*. — **Principes du droit public.** — PREMIÈRE PARTIE. Introduction philosophique à l'Etude du Droit constitutionnel. — DEUXIÈME PARTIE. Introduction philosophique à l'Etude du Droit international, application à la question romaine et à la question franco-allemande. 1872, 2 volumes in-8° . . . . **18 »**
Chaque partie se vend séparément. **9 »**

VIALARD (Léon). — **Des moyens d'augmenter le bien-être social** 1884. Broch. in-8°. . . . . **1 »**

WHEATON (Henri). — **Histoire du progrès du droit des gens** en Europe et en Amérique depuis la paix de Westphalie jusqu'à nos jours. 4e ÉDITION. 1865, 2 v. in-8°. **15 »**

WODON (Léon), *président du tribunal de 1re instance à Namur*. — **Traité des choses publiques en général et des droits qui en dérivent.** Un v. in-8°. **6 »**

WORMS (Emile), *professeur d'Economie politique à la Faculté de Rennes*. — **Exposé élémentaire de l'économie politique**, à l'usage des écoles, avec une introduction de M. Emile LEVASSEUR, *membre de l'Institut, professeur d'Economie politique au Collège de France et au Conservatoire des Arts-et Métiers*. 1880. — Un fort vol. in-18 jésus . . . . **6 »**

— **Catéchisme d'économie politique** à l'usage des écoliers. 1881, in-16 cart. **1 50**

— **Le Droit en regard de l'économie politique.** Broch. grand in-8° **1 50**

— **Rudiment de l'économie politique** à l'usage de l'enseignement secondaire (conformément aux programmes officiels). 1881, 1 vol. in-8° cartonné. . . . . **3 »**

— **Sociétés humaines et privées.** 1875, 1 vol. in-8° . . . . **5 »**

LÉGISLATION ÉTRANGÈRE

ALEXANDRESCO (Dimitri), *député, avocat à Jassy (Roumanie)*. — **Le droit civil roumain mis en rapport avec les anciennes lois du pays et les principales lois étrangères, Codes français, italien, autrichien, hollandais, etc.** Edition roumaine. Quatre volumes parus. Prix du volume. . . . . **15 »**

ARMINJON, *docteur en droit*. — **L'administration locale de l'Angleterre.** 1895, 1 vol. in-8° . . . . **6 »**

BARET (Paul), *docteur en droit, avocat à la Cour d'appel de Paris*. — **Histoire critique des règles sur la preuve de la filiation naturelle en droit Français et Etranger** 1872, 1 vol. in-8°. . . . . **5 »**

LA BELGIQUE ET LE VATICAN, documents et travaux législatifs, concernant la rupture des relations diplomatiques entre le Gouvernement belge et le Saint-Siège, précédé d'un exposé historique des rapports qui ont existé entre eux depuis 1830. 1880-81, 3 forts volumes in-8°. . . . **21 »**

BELTJENS (G.), *conseiller à la Cour d'appel de Liège*. — **Les Codes Belges annotés. Code civil** interprété par les décisions des justices de paix, des tribunaux de première instance et des Cours d'appel et de Cassation, relatives : 1° à la Constitution belge; 2° au Code civil ; 3° à la loi hypothécaire du 16 décembre 1851 ; 4° à la loi sur l'expropriation forcée du 15 août 1854; 5° à la loi du 5 ventôse an XI sur le notariat ; 6° à la loi sur les vices rédhibitoires du 28 janvier 1850 ; 7° aux lois sur l'emphytéose et la superficie du 10 janvier 1824, de 1830 à 1880 rapportées dans la *Pasicrisie belge, la Belgique judiciaire* et la *Jurisprudence des tribunaux de 1re instance*, 1882. 1 très fort volume grand in-8° . . . **40 »**

Code pénal, interprété par les enseignements de la doctrine belge et par les décisions des justices de paix, des tribunaux de première instance et des Cours d'appel et de Cassation relatifs : 1° au Code de 1867 ; 2° aux principales lois répressives se rattachant audit code ; 3° aux articles non abrogés du Code de 1810; 4° à la loi sur les tribunaux de police simple et correctionnelle ; 5° à la loi sur les circonstances atténuantes ; 6° à la loi sur la détention préventive ; 7° au Code de la chasse ; 8° au Code forestier, de 1814 à 1182, rapportés dans les ouvrages des criminalistes belges, dans la *Pasicrisie belge, la Belgique judiciaire* et la *Jurisprudence des tribunaux de 1re instance*. 1882, 1 fort volume grand in-8°. . . . . **20 »**

BENTHAM (Jérémie), *jurisconsulte anglais*.

Tome Ier. — Traité de législation civile et pénale. Tactique des assemblées politiques délibérantes. Traité des sophismes politiques.

Tome II. — Théorie des peines et des récompenses. Traité des preuves judiciaires.

Tome III. — De l'organisation judiciaire et de la codification. Essai sur la situation politique de l'Espagne. Défense de l'usure Essai sur la nomenclature des principales branches d'art et de science. Déontologie ou science de la morale.

Troisième édition, 3 vol. grand in-8° à 2 col. . . . . **30 »**

— **Déontologie** ou Science de la morale. Ouvrage posthume, revu, mis en ordre et publié par *John Bowring*; traduit par *Benjamin Laroche*. 1 vol. in-8°. . . . . . **4 »**

— **Théorie des peines et des récompenses.** Extrait des manuscrits de l'auteur par *Et. Dumont*. 3 vol. in-18. . . . . **9 »**

BERGSON (Jules). — **Aperçu de la nouvelle législation de la Prusse** en matière de procédure civile et criminelle, in-8°. **2 50**

BLUNTSCHLI, *professeur de droit à l'Université de Heidelberg*. — **De la Naturalisation en Allemagne** d'une femme séparée de corps en France et des effets de cette naturalisation. 1876, in-8° (*R. P.*). . . . . **1 »**

BOUTMY (E.), *membre de l'Institut, directeur de l'École libre des sciences politiques*. — **Le Développement de la constitution et de la société politique en Angleterre.** 1 vol. in-8°. **3 50**

BRANDNER (Émile de), *président à la Cour d'appel de Bruxelles*. — **Code pénal belge**, avec la conférence des articles; présentant : 1° l'indication des articles correspondants du code de 1810 et des lois particulières *abrogées* par le code belge; 2° le texte des lois et arrêtés *non abrogés* qui se rattachent à ce dernier; précédé d'un tableau de la correspondance des articles du code de 1810 avec les articles du code belge, complété par une table alphabétique et une table méthodique des matières et suivi des **Lois pénales spéciales** les plus usuelles. *Nouvelle édition*, contenant la législation jusqu'en 1888, collationnée sur des textes officiels. 1 vol in-32, divisé en deux parties. . . . . **3 »**

BRAUN (Alexandre), Th.-M. HEGENER, et Em. VER HEES, *avocats à la Cour d'appel de Bruxelles*. — **Traité pratique de droit civil allemand**, suivi de deux cartes des droits en vigueur en Allemagne. 1893, 1 vol. in-8° . . . . **10 »**

BROUX (de), *avocat près la Cour d'appel de Bruxelles*. — **Les Codes de l'audience**, comprenant la législation générale en vigueur en Belgique jusqu'à 1889, classés et annotés, 4e *édition*. 1 vol. in-32, broché, 6 fr. ; relié, 8 fr.

BULLETIN **des arrêts des Cours d'appel de Belgique**, en matière civile, criminelle, commerciale, de procédure, d'hypothèque, de timbre et d'enregistrement, par M. CASIER (Const.), conseiller à la Cour de cassation, avec la collaboration de plusieurs autres magistrats. Mensuel. In-8° à 2 col. L'abonnement annuel. . . . . **10 »**

Ce recueil forme, au bout de l'année, 1 vol. in-8°. Le titre porte : PASICRISIE. 3e *série. — Cours de Belgique, 2e partie. — Arrêts des Cours d'appel.*

BULLETIN **des arrêts de la Cour de cassation de Belgique**, contenant les arrêts rendus par cette cour, avec le narré des faits, l'exposé des moyens, les conclusions du ministère public et l'indication des opinions des jurisconsultes sur les questions importantes, rédigé par M. Ch. Mesdach de ter Kiele, procureur général, et M. L. Mélot, premier avocat général près la Cour de Cassation. Mensuel. In-8° à 2 col. Abonnement annuel. . . . **12** »

Ce recueil forme, au bout de l'année, 1 vol. in-8°. Le titre porte : Pasicrisie. 3e *série. — Cours de Belgique*, 1re *partie. — Arrêts de la Cour de cassation.*

DEFACQZ (Eugène), *ancien premier président de la Cour de cassation de Belgique.* — **Ancien droit belgique ou** précis analytique des lois et coutumes observées en Belgique avant le Code civil : livre premier, titres I à XI, et livre deuxième, titres I à V. — Suivi d'un **Précis de l'histoire du droit coutumier, de notes et articles divers.** 1873, 2 vol. in-8°. . . . . . . **18** »

DEMEUR (A.), *avocat à la Cour d'appel de Bruxelles.* — **Les Sociétés commerciales de la Belgique.** Actes et documents, statuts, documents divers, jurisprudence, à partir du 16 mai 1873 et années 1874 et 1875. 1 fort vol. in-8°, à 2 col. 1877 . **15** »

— Années 1876, 1877 et 1878. 1 fort vol. in-8° à 2 col. 1880. . . . . **20** »

— Années 1879 à 1884. — 1re partie : Actes et documents. 1 fort vol. in-8 à 2 col. 1885. . . . . **25** »

DICEY (B.-C.-L.), *professeur de droit anglais à l'Université d'Oxford*, et STOCQUART (Émile); *avocat à la Cour d'appel de Bruxelles.* — **Le statut personnel anglais ou** la loi du domicile envisagée comme branche du droit anglais, ouvrage traduit et complété d'après les derniers arrêts des Cours de justice de Londres et par la comparaison avec le code Napoléon et les diverses législations du Continent par Émile Stocquart, avocat à la Cour d'appel de Bruxelles. 1889, 2 beaux volumes in-8°, cart. à l'anglaise. . . **20** »

DUJARDIN (A)., *docteur en droit, notaire à Neuilly (Seine).* — **Des Sociétés commerciales en Alsace-Lorraine.** — 1873, br. in-8° (*R. P.*). **2 50**

FILANGIERI. — **Ses œuvres,** traduites de l'italien. Nouvelle édition accompagnée d'un commentaire, par Benjamin Constant. 1840, 3 vol. in-8. . . . . **18** »

GANDOLFI (J.-B.). — **Code civil du royaume d'Italie,** traduit en français avec deux tables comparatives des Codes français et piémontais. 1 vol. in-8°. . . . . . . (*épuisé*)

GIRON (A.), *conseiller à la Cour de cassation, professeur à l'Université de Bruxelles.* — **Le droit administratif de la Belgique.** 2e édition 1885, 3 forts vol. in-8°. **30** »

— **Le droit public de la Belgique.** 1 vol. in-8°. **12 50**

— **Essai sur le droit communal de la Belgique.** 1 vol. in-8° . . . . **4** »

GENTON, *avocat à la Cour d'appel de Lyon.* — **Les Capitulations,** réformes demandées par le vice-roi d'Égypte (commission française de 1867, — commission internationale de 1870), projet de traité, notes et documents. 1873, une brochure in-8° **3 50**

HABERSTICH (J.). — **Manuel du droit fédéral des obligations.** traduit par Ch. Gillieron, avocat, avec une préface du professeur Dr H. Carrard. 1886-89, 3 vol. in-8° . . . . **30** »

HENCK. — **Droit public de la Suisse,** traduit de l'allemand. 1824, 1 vol. in-8°. (*épuisé*).

HYMANS (Louis), *ancien membre de la Chambre des représentants.* — **Histoire parlementaire de la Belgique de 1831 à 1880.** 5 forts vol. grand in-8° et table. **75** »

Cet ouvrage est continué, à partir de 1880, par M Paul Hymans et A. Delcroix, avocats. La deuxième série (1880–1890) forme le tome VI; six fascicules sont publiés actuellement. Gr. in-8°.

Tome VI	1er	fascicule	(1880-1881).	2 fr. »
	2e	—	(1881-1882).	1 fr. 50
	3e	—	(1882-1883).	1 fr. 50
	4e	—	(1883-1884).	1 fr. 50
	5e et 6e	—	(1884-1885).	3 fr. »
Tome VII	1er	—	(1890-1891)	sous presse

LAMBRECHTS (Hector), *ouvrage en souscription.* — **Dictionnaire pratique du droit comparé,** directeur : Hector Lambrechts, *docteur en droit,* avec la collaboration de MM. Arsène Laurent, docteur en droit, professeur à la Faculté libre de Paris ; Dr Arthur Freund, avocat près la Cour à Vienne (Autriche) ; Auguste Liger, avocat à Luxembourg (Grand Duché) John Mac Mahon, avocat à Londres ; Chevalier O. Q. van Swinderen, juge au tribunal de première instance à Grœningue (Pays-Bas) ; E. Richter, Justizath Coblenz (Pr. Rhénane) ; H. Koch, Regierungs Assessor à Burgdorf (Hanovre) ; E. R. Salem, avocat à Salonique (Turquie) ; Mario Piuheiro Chagao, avocat à Lisbonne (Portugal) ; Hector de Rolland, conseiller d'Etat et juge au tribunal supérieur de Monaco (Principauté) ; Dmitri Alexandresco, professeur à la Faculté de droit de Jassy (Roumanie) ; Etienne de Sobilewski, avocat à Varsovie (Pologne Russe) ; A. Hindenburg, avocat près la Cour, à Copenhague (Danemark) ; S Daneff, docteur en droit, à Sofia (Bulgarie) ; V. Velicovics, secrétaire général au Ministère des Finances, à Belgrade (Serbie) ; Georges Callispérès, professeur à l'Université, Athènes.

La publication paraît en livraisons brochées de 112 pages environ. L'ouvrage comprendra environ 20 livraisons du prix de . . **3 50**

LANCKMAN (J.-B.), *attaché au ministère des Travaux publics.* — **Traité des transports par chemin de fer en Belgique,** à l'usage des commerçants, fabricants, industriels, voyageurs, employés des chemins de fer, et en général de tous ceux qui s'occupent des transports par voie ferrée. Lois, arrêtés royaux et ministériels, arrêts et décisions des cours et des tribunaux de Belgique et de l'étranger sur la matière. 1876, 1 vol. in-8°. . . . . **10 »**

LEBRET (Georges), *professeur à la Faculté de droit de Caen.* — **Etude sur la propriété foncière en Angleterre.** 1882, 1 vol. in-8°. . . . . **6 »**

LECCA (Constantin). — **Étude sur la réserve à Rome, en France et en Roumanie.** 1873, 1 vol. grand in-8° . . . **6 »**

LIVINGSTONE (Edward). — **Exposé d'un système de législation criminelle** pour l'Etat de la Louisiane et pour les Etats-Unis d'Amérique, précédé d'une préface par M. Charles Lucas, membre de l'Institut, et d'une notice historique par M. Mignet, secrétaire perpétuel de l'Académie des sciences morales et politiques. 1872, 2 vol. in-8° . . . . **15 »**

LOBÉ (G.). — **Guide des droits civils et commerciaux** des étrangers en Espagne. 2e édit. 1837, in-8° . . . . **7 »**

NAMUR (P.), *professeur à l'Université de Liège, officier de l'ordre de Léopold.* — **Le code de commerce belge revisé,** interprété par les travaux préparatoires des lois nouvelles, par la comparaison avec la législation antérieure, par la doctrine et par la jurisprudence. 2e *édition*, revue, augmentée et complétée par le *Commentaire de la loi du* 22 *mai* 1886, modifiant celle du 17 mai 1873 sur les sociétés commerciales. 3 vol. in-8° avec un supplément . . **30 »**

MATHIEU (*Ouvrage en souscription*). — **Rapports judiciaires revisés** de la province de Québec, comprenant la revision complète et annotée de toutes les causes rapportées dans les différentes revues de droit de cette province jusqu'au 1er janvier 1892, ainsi que des causes jugées par la Cour suprême et le Conseil privé des tribunaux, par M. Mathieu, *juge de la Cour supérieure de Montréal, docteur en droit, professeur à la Faculté de droit de l'université Laval à Montréal.* L'ouvrage complet formera environ 25 volumes in-8° raisin, 12 volumes sont déjà publiés et mis en vente. Chaque volume, broché. . . **25 »**

PASICRISIE **belge.** — Recueil général de la jurisprudence des cours et des tribunaux de Belgique, en matière civile, commerciale, criminelle, de droit public, fiscal et administratif.

ABONNEMENT COURANT

A partir de 1872, la *Pasicrisie belge* comprend chaque année, *sous des paginations distinctes*:

1° Le Bulletin des arrêts de la cour de cassation, rédigé par *MM. Mesdach de ter Kiele*, procureur général, et *L. Mélot*, premier avocat général près la cour de cassation;

2° Le Bulletin des arrêts des cours d'appel, rédigé par *M. Constant Casier*, conseiller à la cour de cassation, avec la collaboration de plusieurs magistrats des cours de Bruxelles, de Gand et de Liège;

3° La Jurisprudence des tribunaux du royaume, en matière civile, commerciale, correctionnelle, de simple police et de droit fiscal, rédigée par *MM. Emile de Brandner*, président à la cour d'appel de Bruxelles, et *A.-J. Gondry*, conseiller à la cour d'appel de Gand, avec le concours d'un grand nombre de membres des tribunaux de première instance et de commerce et de plusieurs juges de paix.

Chaque année de la *Pasicrisie belge* forme trois volumes gr. in-8° à 2 col. lesquels paraissent par livraisons mensuelles, composées d'au moins six ou sept feuilles.

Le prix de l'abonnement courant (de janvier à décembre) est de 25 fr.

La collection complète de ce Recueil, qui embrasse la période de 1814 à 1880 est entièrement épuisée. Elle est remplacée par la

Collection économique de la Pasicrisie belge

composée comme suit:

1° Répertoire général de la Jurisprudence belge, contenant l'analyse de toutes les décisions rendues en Belgique depuis 1814 jusqu'à 1880 inclusivement, 10 volumes in-8°. . . . . 120 fr.

2° Les années 1881 à 1891 de la *Pasicrisie belge*, 13 vol. in-8° . . . . . . 250 fr.

3° La table décennale des années 1881 à 1890. 3 vol. in-8° . . . . 35 fr.

Ensemble . . . 405 fr.

Ainsi la *collection économique de la Pasicrisie belge* se compose de 46 volumes in-8° et coûte 405 francs.

PAVITT (A.), *sollicitor près la Cour suprême d'Angleterre, licencié en droit de la Faculté de Paris.* — **Les compagnies « Limited » anglaises et les sociétés anonymes françaises.** Lois et jurisprudence anglaises. — Loi de 1890 sur la liquidation des Compagnies et la recherche des responsabilités. — Examen de la loi française de 1867. Condition légale des Compagnies dans les deux pays. 1891, 1 vol. in-8°. **3 50**

— **Le droit anglais codifié.** 1885, 1 vol. in-8° . . . . **6 »**

— **Les lois anglaises sur les sociétés anonymes** mises en regard de la loi française de 1867. Broch. in-8°. . . . . . . **1 »**

PRINS. — **Études comparatives sur la procédure pénale à Londres et en Belgique.** Rapport adressé à M. le ministre de la justice. In-8° . . . . **2 »**

RÉPERTOIRE **général de la jurisprudence belge**, contenant l'analyse de toutes les décisions rendues en Belgique depuis 1814 jusqu'à 1880 inclusivement, en matière civile, commerciale, criminelle, de droit public et administratif, insérées 1° dans la *Pasicrisie belge*; 2° dans la *Belgique judiciaire*; 3° dans la *Jurisprudence des cours et tribunaux*, par MM. Cloes et Bonjean; 4° dans la *Jurisprudence du port d'Anvers*, et 5° dans le *Recueil de droit électoral*, par M. Camille Scheyven, avec l'indication de la place qu'elles occupent dans chacun de ces recueils et augmenté des sommaires d'un grand nombre d'arrêts inédits de la cour de cassation et des cours d'appel, par M. Lucien Jamar, conseiller à la Cour d'appel de Bruxelles, avec la collaboration de MM. Alfred Monville et Jules Toussaint, avocats à la cour d'appel de Bruxelles, 10 vol. in-8°. **120 »**

RÉPERTOIRE **décennal** de la jurisprudence belge, contenant l'analyse de toutes les décisions rendues en Belgique, depuis 1880 jusqu'à 1889 inclusivement, en matière civile, commerciale, criminelle, de droit public et administratif, par M. Lucien Jamar, conseiller à la Cour d'appel de Bruxelles. 3 vol. in-8° . . . . **35 »**

Cet ouvrage complète le Répertoire général du même auteur.

REYMOND (L.-H.), *licencié ès sciences sociales, docteur en droit et avocat.* — Législation comparée. — **Étude sur les institutions civiles de la Suisse** au point de vue de l'histoire et de la philosophie du droit. 1885, 1 vol. in-8°. . . . . **4 »**

ROBINET DE CLÉRY, *premier président honoraire de la Cour d'appel de Besançon.* — **Conflits de nationalités,** de législations et de juridictions (*R. P.*). 1877, une brochure in-8°. **2 50**

SERVAIS (J.), *substitut du procureur du roi à Bruxelles.* — **Loi du 24 février 1882 sur la chasse** expliquée par les travaux préparatoires, exposé des motifs, rapports et discussions à la Chambre des représentants et au Sénat et les circulaires ministérielles. 1 fort vol. in-8° . . . . **9 »**

— **Codes belges** (les) contenant dans le texte des modifications apportées jusqu'à ce jour et en note la concordance des articles des codes et les textes du droit antérieur utiles à leur interprétation.

1re partie. — *Constitution.* — *Code civil.* 1 vol. in-32 . . . . **3 50**

2e partie. — *Code de commerce.* 1 volume in-32. . . . . **2 50**

3e partie. — *Code de procédure.* 1 volume in-32. . . . . **3 »**

4e partie. — *Code d'instruction criminelle.* 1 vol. in-12 . . . . **2 50**

DE SOIGNIE (Jules), *chef de division à l'Administration provinciale du Hainaut.* — **Traité du droit des étrangers en Belgique.** 1872, 1 vol. in-8° . . . . **3 »**

STOICESCO (Constantin-J.), *docteur en droit.* — **Étude sur la naturalisation** en droit romain, en droit civil et dans le droit des gens, précédée d'un exposé sur la *Condition politique des personnes à Rome.* 1876, 1 vol. in-8° . . . . **6 »**

SULIOTIS (Christodul-J.), *docteur en droit et docteur ès lettres, avocat.* — **La réforme judiciaire** en Roumanie. 1890, une brochure . . . . **1 »**

THONISSEN (J.-J.), *professeur à l'Université catholique de Louvain, membre de l'Académie royale de Belgique.* — **Études sur l'histoire du droit criminel des peuples anciens** (Inde brahmanique, Egypte, Judée). 2 vol. in-8°. . . . . **12 »**

— **Le droit pénal de la république athénienne,** précédé d'une *Étude sur le droit criminel de la Grèce légendaire.* 1 vol. in-8° . . . . **9 »**

— **La Constitution belge annotée,** offrant sous chaque article l'état de la doctrine de la jurisprudence et de la législation *Troisième édition, revue et considérablement augmentée.* 1 vol. in-8° . . . . **10 »**

VAINBERG (S.), *docteur en droit, avocat à la Cour de Paris.* — **Les opinions modernes des Allemands sur la notion du droit.** 1879, 1 broch. in-8°. . . . **2 50**

— **De l'organisation et du fonctionnement des jurys en Autriche.** 1875. 1 broch. in-8°. **1 50**

VALERIAN (Ursiano), *professeur de droit des gens à l'Université de Jassy.* — **L'Autriche-Hongrie et la Roumanie** dans la question du Danube. 1882, 1 broch. in-8° . . . . **3 »**

WORMS (Emile), *professeur d'économie politique à la Faculté de Rennes.* — **L'Allemagne économique** ou histoire de Zollverein allemand. 1874, 1 vol. . . . . **9 »**

DROIT ROMAIN

CORNIL (J.), *conseiller à la Cour de cassation, professeur à l'Université de Bruxelles.* — **Droit romain.** Traité élémentaire des droits réels et des obligations, précédé d'un exposé des notions générales et préliminaires. 1885, 1 vol. in-8° . . . . **10** »

CORPUS JURIS CIVILIS, edente Gallisset. *Decima editio,* 1878, in-4° relié avec onglets. . . . . **25** »

COUDER (Ruben de), *conseiller à la Cour de cassation.* — **Résumé de répétitions écrites de Droit romain,** 7e édition revue et entièrement remaniée. 1888, 2 vol. in-18 jésus. . . . . **11** »

— *On vend séparément* : Tome Ier (1re année), 5 fr. — Tome II (2e année), 6 francs.

DOMENGET. — **Etude sur le Sénat romain.** Br. in-8° 1874 (*R. P.*) **2 50**

— **Traité élémentaire des Actions privées** en droit romain. 1847, 1 volume in-18 . . . . **3** »

— **Institutes de Gaius** contenant le texte et la traduction en regard, avec le commentaire au-dessous. Nouvelle édition, revue et considérablement augmentée. 1866, 1 vol. . . . . **8** »

DUBOIS (Ernest), *professeur à la Faculté de droit de Nancy.* — **Institutes de Gaius.** 6e ÉDITION (1re française). D'après l'*Apographum de Studemund,* contenant : 1° au texte, la reproduction du manuscrit de Vérone sans changement ni addition ; 2° dans les notes, les restitutions et les corrections proposées en Allemagne, en France et ailleurs, suivies d'une table de leçons nouvelles. 1881, 1 fort vol. in-8° . . . . **9** »

ETIENNE. — **Traité des actions,** trad. de l'allemand de Zimmern. 2e édition, 1846, in-8°. . . . . **6** »

— **Introduction à l'étude du droit romain,** contenant l'histoire des sources de la jurisprudence romaine et l'analyse du traité de Savigny sur la possession. 1825, in-12. . . . . **3** »

FRESQUET (de), *professeur à la Faculté de droit d'Aix.* — **De la preuve en droit romain** (de l'aveu, de la preuve testimoniale, de la preuve littérale). Cours de doctorat professé à la Faculté d'Aix. 1862, in-8°. **2 50**

GAVET, *docteur en droit.* — *Origine et développement de* **l'action résolutoire** en droit romain et dans notre ancien droit actuel. 1878, 1 vol. in-8° **3 50**

GREIFF (Francisque), *docteur en droit.* — **De l'origine du Testament romain.** Etudes d'antiquités juridiques. 1888, 1 v in-8°. . . . . **4** »

GUILLARD, *docteur en droit, professeur à l'Université de Berne.* — **Les Banquiers athéniens et romains.** — Trapezites et argentarii. — Suivis du **Pactes de constitut en droit romain.** 1872, in-8°. **2** »

HEISSER (Armand). — **Etudes sur les personnes morales** en droit romain, dans l'ancien droit et en droit français moderne. 1871, grandin-8° **2 50**

JHERING (R. Von), *professeur ordinaire à l'Université de Gœttingen.* — **L'esprit du Droit romain,** dans les diverses phases de son développement traduit sur la troisième édition avec l'autorisation de l'auteur, par O. de MEULENAERE, conseiller à la Cour d'appel de Gand. 3e édition, 1888, 4 forts volumes in-8°. . . . . **40** »

— **Etudes complémentaires de l'esprit du droit romain.** — I. *De la Faute en droit privé,* fragment historique, traduit avec l'autorisation de l'auteur, par O. de MEULENAERE, conseiller à la Cour d'appel de Gand. 1880, in-8° . . . . **3** »

— II. *Fondements des interdits possessoires,* critique de la théorie de Savigny, traduit avec l'autorisation de l'auteur, par O. de MEULENAERE, conseiller à la Cour d'appel de Gand. 2e édition, 1882, 1 vol. in-8° . **6** »

— III. *Du rôle de la volonté dans la possession,* critique de la méthode juridique régnante, traduit avec l'autorisation de l'auteur, par O. de MEULENAERE, conseiller à la Cour d'appel de Gand. 1891. 1 vol. in-8°. . . . . **10** »

— **Actio injuriarum** traduit et annoté par O. de MEULENAERE, conseiller à la Cour d'appel de Gand. **Des lésions injurieuses en droit romain et en droit français.** 1888, 1 vol. in-8° . . . . **5** »

— **Œuvres choisies,** traduites avec l'autorisation de l'auteur, par O. de MEULENAERE, conseiller à la Cour d'appel de Gand. 1893, 2 vol. in-8° . . . . **20** »

Les livres de Jhering font aujourd'hui autorité, et il serait téméraire d'entreprendre une étude sur la législation romaine sans consulter le savant romaniste allemand. Sous le titre d'*Œuvres choisies,* M. de Meulenaere nous donne une traduction de quelques dissertations plus ou moins étendues que le professeur allemand a publiées dans le cours de sa carrière et dont la plupart ont acquis une véritable célébrité, soit pour la nouveauté des aperçus, soit pour la forme qu'il leur a donnée.

L'habile traducteur a été particulièrement

heureux dans le choix de ces monographies. La théorie des risques dans le contrat de vente, les restitutions dues par le possesseur de bonne foi, l'acquisition des fruits par ce possesseur, l'action directe du mandant, etc.

Ces savantes dissertations se recommandent à tous ceux qui recherchent des idées nettes et précises sur la physionomie générale du droit romain et sur les caractères saillants de ses diverses créations.

JOLLY (Eusèbe). — **Résumé synoptique des Institutes de Justinien.** 7 tableaux in-folio dans un étui cartonné. 1882. Nouvelle édition. **5 50**

JOURDAN (A.), *professeur à la Faculté de droit d'Aix.* — **Etude de droit romain. L'hypothèque**, exposition historique et dogmatique, et explication des textes. 1875, 1 vol. in-8° . . . . **9 »**

KALINDERO (Jean), *docteur en droit de la Faculté de Paris, grand-croix de l'Étoile de Roumanie.* — **Droit prétorien**, et réponses des prudents. 1885, 1 vol. in-8° . . . **5 »**

— **Etudes sur le régime municipal romain.** Une brochure in-8°. **1 50**

LATREILLE (Jacques), *conseiller à la Cour d'appel de Toulouse.* — **Histoire des Institutions judiciaires des Romains.** — Organisation judiciaire. — Actions. — Procédure.

L'ouvrage formera 4 volumes divisés ainsi : 1re période : Droit primitif, action de la loi. 1 vol; 2e période : Droit prétorien, système formulaire. 2 vol. ; 3e période : Droit prétorien, système formulaire. 2 vol. ; 3e période : Droit impérial. 1 vol. En vente le tome 1er 1870, in-8°. . . . . **9 »**

MASSOL. — De la règle **Nemo pro parte testatus** et *pro parte intestatus decedere potest*, en droit romain et en droit français. 1882, 1 volume in-8°. **2 50**

— Du **Lieu de paiement** et du lieu de la compétence dans le cas du paiement en droit romain et en droit romain français. 1882, 1 brochure in-8° **1 50**

— De la **Cessibilité des créances** en droit romain et en droit français. 1884, 1 broch. in-8°. **1 50**

MAYNZ, *professeur de droit à l'Université de Bruxelles.* — **Cours de Droit romain**, précédé d'une introduction contenant l'histoire de la législation et des institutions politiques de Rome. 1891, 5e édition, 3 v. in-8° . . . . **35 »**

NAMUR. — **Cours d'institutes et d'histoire du droit romain.** 4e *édition*, corrigée et complétée. 1888, 2 v. in-8°. **14 »**

PASQUIER. — **L'interprétation des Institutes de Justinien**, avec la conférence de chaque paragraphe aux ordonnances royales, avec introduction et notes, par M. Ch. Giraud. Imp. royale. 1847, in-4° . . . . **6 »**

PAULMIER (Edgar), *avocat à la Cour d'appel de Paris docteur en droit.* — **De la Subrogation réelle** en droit romain et en droit français. 1882, 1 vol. in-8°. **4 50**

PEPIN-LEHALLEUR. — **Histoire de l'emphythéose** en droit romain et en droit français, mémoire couronné à la Faculté de droit de Paris. 1843, 1 vol. in-8° **6 »**

PETIT (Albert). — **Étude sur les injures et la diffamation** en droit romain. 1863, 1 vol. gr. in 8° . . . . **3 »**

POTHIER. — **Pandectæ Justinianeæ** in novum ordinem digestæ cum legibus codicis et novellis, quæ jus Pandectarum confirmant, explicant aut abrogant, auctore Roberto-Josepho POTHIER. Editio quarta, curis et vigiliis Nicolai Latruffe, 1818, 3 vol. in-fol . . . . **60 »**

RAMBAUD (Prosper), *docteur en droit, répétiteur de droit.* — **Explication élémentaire du Droit romain** pour la préparation aux examens de licence et de doctorat. 1893, 2 vol. in-8° . . . . **18 »**

— **Résumé de Droit romain** pour les 1er et 2e examens de licence. 1893, 1 vol. in-8° . . . . **5 »**

RIVIÈRE (H.-F.). — **Esquisse historique** de la législation criminelle des Romains. 1844, in-8°. . . . . **4 »**

SAVIGNY (Fréd.-Ch. de), *conseiller à la Cour suprême de revision, professeur ordinaire à la Faculté de droit de l'Université de Berlin et membre de l'Académie des sciences de Louvain.* — **Le droit des obligations**, partie du droit romain actuel : traduction de *T. Hippert*, juge au tribunal civil de Bruxelles. 1873, 2 vol. in-8° . . . . . **15 »**

— **Traité de la possession en droit romain** traduit de l'allemand par *M. Henri Staedtler*, professeur à la Faculté de droit de l'Université de Louvain, sur la septième édition originale, publiée d'après les notes laissées par l'auteur, et augmentée d'un appendice sur l'état actuel de la doctrine, par *Ad.-Fr. Rudorf*, conseiller intime de justice, professeur ordinaire à la Faculté de droit de l'Université et membre de l'Académie des sciences de Berlin. 2e édition, 1 vol. in-8°. . . . . **12 »**

THALLER (Edmond), *professeur à la Faculté de droit de Lyon.* — **Étude critique sur les doctrines particulières au jurisconsulte Ulpien.** 1877, in-8o. . . . . . . **2 »**

UNAL, *docteur en droit.* — **Actions sous le système formulaire.** — Tableau synoptique de Droit romain. 1880, in-8° cart. à l'anglaise. . . . . 3 »

VAINBERG (S.), *docteur en droit, avocat à la Cour de Paris.* — **Le Nexum et la contrainte par corps en droit romain** (lu le 21 mars à l'Académie des sciences morales et politiques). 1874, 1 broch. in-8°. . 2 »

VANIER, *président du tribunal civil de Meaux.* — **Réforme du système pénitentiaire.** 1873, une brochure in-8°. . . 1 »

VERNET (Prosper), *agrégé de la Faculté de droit de Paris.* — **De la Quotité disponible** ou des diverses restrictions apportées dans l'intérêt de la famille du disposant au principe de la libre disposition des biens, suivant le droit romain, le droit intermédiaire et le Code Napoléon. 1855, 1 vol. in-8°. 7 50

— **Textes choisis sur la théorie des obligations en droit romain.** Conférence pour le doctorat, professée dans le second semestre de l'année scolaire 1863-1864 à la Faculté de droit de Paris. 1 v. in-8°. 5 »

VOET (J.). — **Table des Commentaires de J. Voët sur les Pandectes analysées dans** leurs rapports avec chacun des articles des cinq Codes français, par M. Maurice, président de la Chambre. (*Cette table peut servir à toutes les éditions de Voët.*) In-4o. 7 »

WARNKOENIG (L.-A.). — **Institutiones juris romani privati**, édit. quarta. 1860, 1 vol. in-8o. . . . . 7 »

VAN WETTER (P.), *professeur ordinaire à l'Université de Gand.* — **Cours élémentaire de droit romain**, contenant l'histoire du droit romain et la législation de Justinien. 1893, 3e ÉDITION entièrement refondue, 2 vol. in-8o . . . . 20 »

— **Les Obligations en droit romain.** 1883-1886, 3 vol. grand in-8o . . . . 30 »

NOTARIAT

AUBERTIN (Émile), *ancien président du tribunal de Castellane, conseiller à la Cour d'appel d'Aix.* — **Des honoraires et frais d'actes des notaires** et spécialement du règlement amiable, — de la taxe, — de l'exécutoire, — de la prescription, — du tarif général et uniforme. Articles 51 de la loi du 25 ventôse an XI, 173 du décret du 16 février 1807, 1, 2 et 3 de la loi du 5 août 1881, et loi allemande du 26 décembre 1873, concernant le notariat en Alsace-Lorraine. Du principe de la non-déduction des dettes dans les déclarations pour le paiement des droits de mutation par décès. — Des instances en matière d'impôt public. 1885, 1 vol. in-8°. . . 8 »

ASTINE (L.), *avocat à la Cour de Cassation, professeur à l'Université de Bruxelles.* — **Formulaire général des actes notariés** mis en rapport avec les lois belges, par *A. Chotteau*, notaire, auteur du *Recueil de jurisprudence notariale* et annoté, au point de vue des droits d'enregistrement. *Nouvelle édition*, mise au courant de la législation actuelle. 1888, 2 forts vol. 25 »

BERTHELLOT-SOSTHÈNE. — **Esprit, législation et jurisprudence du notariat**, ou guide théorique et pratique des personnes qui en exercent la profession ou s'y destinent, et de toutes celles qui ont occasion de recourir aux lois sur la matière, traité sur un plan entièrement nouveau. 1 vol. in-8o. . . . . 5 »

CLEMENT. — **Aide-mémoire pour la taxe des actes notariés** et Commentaire de la loi du 5 août 1881 sur la prescription des actions en taxe, en paiement et en restitution des frais et honoraires des notaires, avoués et huissiers. In-8o. . . . . . » 80

GAURE (J.), *avocat.* — **Le tarif des notaires et les frais accessoires** des actes notariés ou honoraires tarifés, honoraires conventionnels, taxe, recours des clients contre les notaires, recours des notaires contre les clients, droits d'enregistrement, de transcription d'hypothèque, afférents à chaque acte notarié. 3e édition, 1894, une brochure in-8o . . . . 1 »

GENTY (*Auteur des clauses domaniales*). — **La Basoche notariale**, origines et histoire du quatorzième siècle à nos jours, de la cléricature en général. (Clercs de procureur ou d'avoué, clercs d'huissier et de commissaire-priseur). 1 vol. in-8o. 5 »

R. HURSON, *notaire.* — **Etude sur une réorganisation du notariat en France.** 1894, 1 vol. in-16 colombier. . . . . . 2 »

LASCAZES (R.). — **Etude sur la création et l'organisation de l'enseignement du notariat.** 1 vol. in-8o. . . . . 2 »

LIBENS. — **Synthèses** ou tableaux synoptiques des actes notariés, avec annotations et formules. 1860, 1 vol. in-8° . . . . 7 »

MOURLON et JEANNEST SAINT-HILAIRE, *chevalier de la Légion d'honneur, notaire honoraire, maire et président du Comité des notaires des départements.* — **Formulaire général** à l'usage des notaires, juges de paix, avoués, huissiers, greffiers et officiers de l'état civil. contenant, en outre, des modèles pour les actes sous seing privé les plus usuels; précédé de deux dissertations: l'une sur la rémunération, l'autre sur la responsabilité des officiers publics et ministériels, et suivi : 1o De l'évaluation des déboursés et honoraires s'appliquant à chaque formule; 2° des tarifs de 1807, de 1841 et de 1851; 3° de la loi du 25 ventôse an IX mis en concordance avec les *Répétitions écrites* sur le Code civil par M. Mourlon. Nouvelle édition refondue, revue, corrigée, augmentée et mise au courant jusqu'à ce jour, par Charles Demangeat. 1882, 1 fort vol. in-8o. **12 50**

ROUSSET (Alphonse), *ancien notaire.* — **Memento du Notaire** indiquant dans un ordre didactique ce qui forme la substance des actes et contrats d'après les dispositions législatives et la jurisprudence, **suivi d'un appendice** sur les droits d'enregistrement auxquels chaque acte donne ouvertures. 5e édition, revue par **Michaux** et **A. Garnier**. 1872, 1 vol. in-18. . . **6 »**

SAINT-POL (Ch. de), *ancien notaire à Nice.* — **Réforme du Notariat, capacité, solidarité, indépendance.** 1890, 1 v. in-8o. **2 50**

STEVENART (H.), *notaire, docteur en droit.* — **Principes de la Responsabilité civile des notaires.** 1890, une broch. in-8o. **4 »**

ENREGISTREMENT, TIMBRE, IMPOTS

BEAUTEMPS-BEAUPRÉ, *juge au Tribunal civil de la Seine.* — **De la nature de la transaction** et des droits d'enregistrement auxquels elle peut donner ouverture (*R. P.*). 1863, in-8o. . . . . **2 »**

BESSON, *rédacteur à la direction générale de l'Enregistrement.* — **Traité pratique de la Taxe de 3 0/0 sur le revenu des valeurs mobilières.** Manuel de perception méthodique et raisonné à l'usage des préposés de l'Enregistrement et des sociétés, départements, communes, établissements publics et congrégations. 1887, 1 vol. in-8o. . . . . **8 »**

BLACKMAR (F.-W.), *professeur d'histoire et de sociologie à l'Université du Kansas (États-Unis).* — **L'Impôt Fédéral sur le Revenu aux États-Unis** (Extrait de la *Revue du Droit public*). 1894, une brochure in-8o raisin . . . . **1 »**

BONNET. — **La question des Impôts.** 1879, 1 vol. in-18. . . . . **3 50**

CASTILLON (Jules), *receveur des domaines.* — **Manuel-Formulaire de l'enregistrement** des domaines et du timbre, 3e édition revue, corrigée et augmentée, 1892. 1 vol. grand in-8o. . . . . **6 »**

Le MANUEL-FORMULAIRE peut être tenu au courant de la jurisprudence au moyen de notre Bulletin d'annotations sur papier gommé. Les annotations seront découpées, puis collées sur les marges du livre qui sont d'une largeur suffisante.

Chaque annotation comporte trois numéros qui renvoient au Manuel-Formulaire, au Dictionnaire des rédacteurs du Journal de l'Enregistrement et au Repertoire général de M. Garnier, de telle sorte que le Bulletin peut être utilisé également pour ces deux dictionnaires.

BULLETIN D'ANNOTATIONS

sur papier gommé, paraissant le 20 janvier et le 20 juillet de chaque année.

Un abonnement, **1 fr.** — Deux abonnements, **1 fr. 50.**

CHAMPIONNIÈRE et RIGAUD. — **Nouveau Dictionnaire des droits d'enregistrement,** de timbre, d'hypothèque et des contraventions aux lois sur le Notariat, contenant les lois, la jurisprudence et les décisions du Traité sur la matière. 1851, 1 vol. in-8o . . . . **8 »**

CORBET, *ancien notaire.* — **Nouveau guide pratique** des propriétaires, locataires et fermiers, pour l'enregistrement des baux. 1873, in-8o. . . . . **50 »**

DEJEAN. — **Code annoté des nouveaux impôts,** contenant toutes les lois relatives aux nouveaux impôts votés par l'Assemblée nationale depuis son installation jusqu'à ce jour, et tous les décrets rendus pour leur exécution, accompagnés de notes explicatives qui en précisent le sens et en facilitent l'application. 1875, 2e édit. 1 vol. in-18 jésus. . . . . **3 »**

DELAUNAY (A.). — **Recueil des instructions et circulaires** de l'Administration de l'Enregistrement et des Domaines, concernant le service des hypothèques, précédées de lois non codifiées, Ordonnances, Décrets, Avis du Conseil d'État, spéciaux à cette matière, corrigées et annotées. 1877, 1 vol. in-8o . . . . **10 »**

DESTRÉGUIL (Henri), *ancien commis du percepteur de Tours, directeur des Petites affiches tourangelles.* — **Le vérificateur des impôts,** moyens de vérifier soi-même les bordereaux d'impôts et des taxes assimilées, 2e édition revue, corrigée et augmentée des taxes assimilées aux contributions directes, taxe des prestations sur les chevaux et voitures, sur les chiens, les billards, les cercles, etc., etc., et des tarifs complets et de la nomenclature générale de tous les commerces, industries et professions imposables à la patente. 1890, 1 vol. in-18 **2 50**

— **Commentaire sur les Lois des 8 août 1890 et 18 juillet 1892**, concernant la contribution foncière des propriétés bâties. Supplément à la 2e édition des vérificateurs des impôts. 1892, une brochure in-12. **1 50**

DUFOUR (Georges), *avocat à la Cour d'appel, ancien attaché au cabinet du Ministre des Finances.* — Collection des petits traités de finance populaire. — **Traité de l'impôt foncier**, étude de législation financière et de pratique administrative, contenant les solutions adoptées par le Ministère des finances pour les principales difficultés d'application et les moyens offerts aux contribuables pour contrôler eux-mêmes les opérations relatives à l'assiette et à la perception de l'impôt, suivie d'une note de l'administration des Contributions directes sur la réforme cadastrale. 1880, 1 vol. in-18 jésus . . . . **3 »**

DUJARDIN. — **Des Droits d'enregistrement**, de timbre et de greffe au point de vue de la proportionnalité de l'impôt. 1 vol. in-8o. . . . . **6 »**

FLOUR (Saint-Genis de), *conservateur des hypothèques.* — **Manuel du Surnuméraire** de l'enregistrement des domaines et du timbre, précédé du Manuel du candidat au surnumérariat. 12e ÉDITION, 1877, 1 volume in-8o. . . . . **11 »**

GAURE. — **Le Conseiller du contribuable.** Moyen d'obtenir sans frais le dégrèvement de ses impôts directs, impôts foncier, des portes et fenêtres, des patentes, contributions personnelle et mobilière, prestations, taxe sur les chevaux, voitures, chiens, vélocipèdes, cercles, billards, etc., réclamations en matière d'impôts, formalités à remplir, autorité compétente pour accorder le dégrèvement. 1894, une broc. in-8o **1 »**

GOUGET, *inspecteur de l'Enregistrement.* — **Timbre, enregistrement, hypothèques,** règles pratiques à l'usage de tous les Français et de la jeunesse des écoles, pour se conformer aux lois sur le timbre, l'enregistrement et les hypothèques et éviter les amendes édictées par ces lois. 1893, 1 vol. in-12 . . . . **2 50**

GUILLAUD (Henri), *ancien receveur de l'Enregistrement et des Domaines, rédacteur à la Préfecture de la Seine.* — **Le Code des répartiteurs** contenant le texte des principales lois et des principaux décrets en vigueur en matière de contributions directes et de taxes y assimilées et conforme au programme de l'examen de commissaire-répartiteur adjoint de la ville de Paris (le tarif général des patentes est publié séparément). 1894, 1 vol. in-18, raisin . . . **2 50**

JOLLIET. — **Le Répertoire de l'Enregistrement** et de la manutention sur un plan entièrement nouveau, ou résumé par ordre alphabétique des lois, instructions générales, etc., sur l'enregistrement, le timbre, les greffes, le notariat. 1856, in-4o. . . **3 »**

LAURENS (L. de). — *Receveur de l'Enregistrement des domaines et du timbre.* — **Traité sur les successions et les donations**, au point de vue du DROIT et de l'ENREGISTREMENT comparés, mis au courant de la jurisprudence la plus récente, 1865. 2 vol. in-8o. . . . . **9 »**

NOBLET. — **Traité des droits d'enregistrement**, de greffe, d'hypothèque et de timbre. 1846, 1 vol. in-8o . . . . **8 »**

SAINT-GENIS (Victor de). — **Tarif général des droits et amendes d'enregistrement, de timbre, de greffe et d'hypothèques,** présentant dans des tableaux synoptiques, les droits par abonnement, le tarif des mutations, le timbre des effets de commerce et des valeurs industrielles, les variations du décime, ainsi que les tarifs spéciaux à la Corse, à l'Algérie, aux colonies françaises et aux actes venant de l'étranger, d'après les dernières lois de finances. Septième édition. 1877, in-8o . . . . **2 »**

THOMAS (Edmond), *sous-directeur à l'administration centrale de l'Enregistrement*, et SERVAIS (Jean), *substitut du procureur général près la Cour d'appel de Bruxelles.* — **Le Code du Timbre**, expliqué par les travaux préparatoires, la législation, la doctrine administrative et les jurisprudences française et belge antérieures. 1892, 1 beau volume grand in-8o. . . . . **9 »**

Droit industriel, Propriété littéraire et artistique, Questions ouvrières

AMELINE, *auditeur au Conseil d'Etat, avocat à la Cour d'appel de Paris.* — **De la concurrence industrielle et des industries similaires** (*R. P.*). 1865, in-8o **1 50**

ANDRÉ (Louis), *procureur de la République à Provins* et GUIBOURG (Léon), *ancien juge de paix, juge suppléant au tribunal civil de Provins.* — **Le Code ouvrier**, exposé pra tique de la législation et de la jurisprudence, réglant le travail et les intérêts des ouvriers et apprentis. 1895, 1 fort vol. in-8° . . . . 8 »

BARBIER (René), *docteur en droit, avocat à la Cour d'appel de Paris.* — **De la concurrence déloyale.** 1895, 1 vol. in-8°. . 4 »

BERT (Emile), *docteur en droit, ingénieur des arts et manufactures.* — **Traité théorique et pratique de la Concurrence déloyale.** 1 vol. in-8° 4 50

— **Loi du 4 février 1888 concernant la Répression des fraudes dans le commerce des engrais.** In-8°. . . . . . 3 »

BERTHEAU (Ch.), *docteur en droit, conseiller à la Cour d'appel de Bourges.* — **L'Ouvrier.** La vie de famille; l'ouvrier logé chez lui; accession à la propriété. (*Ouvrage couronné par l'Académie des sciences morales et politiques*) (concours Bordin). 1889, 1 vol. in-8°. . . . . 5 »

CASATI. — **Du projet de loi sur la propriété** littéraire et artistique (*R. P.*). 1863, in-8° 2 »

CRETTE DE PALLUEL. — **Des Ouvriers** des houillères, de leur exemption de la contribution personnelle et mobilière et de la prestation en nature (*R. P.*) 1862, in-8° 1 50

COULET et LÈBRE *avocats.* — **Guide pratique des syndicats professionnels.** 1885, 1 brochure. . . . . 1 »

DELALANDE, *substitut à Nogent-le-Rotrou.* — **Etude sur la propriété littéraire et artistique,** mémoire couronné par la Faculté de droit de Paris (2e médaille d'or). 1880, 1 vol. in-8° . . . . 5 »

DESCLOZEAUX (J.), *avocat à la Cour d'appel de Paris.* — * **Code des Falsifications agricoles, industrielles et commerciales,** manipulations permises et sophistications, lois, décrets, ordonnances, circulaires, jurisprudence et documents divers, avec commentaires. 1895, 1 vol. in-12. . 6 »

DOUILLARD (L.), *architecte du gouvernement.* — **Entrepreneurs et Ouvriers,** étude sur l'amélioration morale et matérielle du sort de la classe ouvrière, 3e édition. . . . . 1 »

FLORENT-LEFÈVRE. — **Subventions spéciales** ou industrielles. Une brochure in8° . . . . (*épuisé*).

FONSCOLOMBE (Henri de), *avocat, docteur en droit, lauréat de la Faculté de droit d'Aix.* — **Essai sur la propriété littéraire.** 1880, in-8°. . . . . 4 »

HEROLD, *sénateur, préfet de la Seine.* — **Sur la perpétuité de la propriété littéraire.** (*R. P.*). 1862, in-8° 1 50

JOUBERT (Raoul), *avocat à la Cour d'appel de Paris, professeur de droit commercial au cours de l'Union des Chambres syndicales.* — **De la concurrence déloyale ou de l'apposition frauduleuse** d'une marque ou d'un nom français sur les produits fabriqués à l'étranger. 1880, 1 vol. in-18. 3 »

MACAREL. — **Manuel des ateliers dangereux, insalubres ou incommodes.** 1828, 1 vol. in-18. . . . . 3 50

MAILLARD DE MARAFY (Le comte de), *président des Comités consultatifs de législation de l'*Union des fabricants pour la protection internationale de la propriété industrielle et artistique et la répression de la contrefaçon (Société déclarée d'utilité publique), *vice-président et rapporteur de la section des marques de fabrique et de commerce du Congrès international de la propriété industrielle de* 1878. — **Grand dictionnaire international de la propriété industrielle** au point de vue du nom commercial des marques de fabrique et de commerce et de la concurrence déloyale, contenant les lois, la jurisprudence et les conventions de réciprocité de tous les pays commentées et préparées à l'usage des administrations publiques, des jurisconsultes et du commerce. (*Ouvrage honoré des souscriptions du Ministère des affaires étrangères, du Ministère du commerce, de l'industrie et des colonies, du Ministère de la justice et des cultes, etc.*). 1890-92, 6 beaux et forts vol. in-8 jésus . . . . . . 200 »

MOURLON. — **Examen du projet de loi sur la propriété littéraire et artistique,** précédé d'une dissertation sur l'imperfection de notre droit privé et la méthode à suivre pour éviter à l'avenir des défauts qui le déparent. Broch. in-8° (*R. P.*). 2 »

PAEPE (de). — **Loi du 22 mars 1886 sur le droit d'auteur,** avec des annotations extraites des travaux parlementaires. 1 broch. in-8°. . . . . 2 »

PANDECTES FRANÇAISES. — **Propriété industrielle, artistique et littéraire.** 1895, 1 fort volume in-4°. . . . . . . 25 »

PHILIPON (Edouard), *député, avocat à la Cour d'appel de Paris, docteur en droit, archiviste paléographe.* — **Traité théorique et pratique de la propriété des dessins et modèles industriels** : histoire, législation, jurisprudence. 1880, 1 vol. in-8°. 6 »

— **Notice historique sur la propriété des dessins de fabrique** d'après les documents inédits conservés aux archives de la ville de Lyon. Une broch. in-8°. . 2 »

— **Notice historique sur la propriété des marques de fabrique,** d'après les documents inédits conservés aux archives de la ville de Lyon. Une brochure in-8°. 2 »

PITTE (Léon), *avocat à la Cour d'appel de Paris.* — **Guide manuel des brevets d'invention et de la contrefaçon**, des marques de fabrique et de commerce, des dessins de fabrique et des enseignes, d'après la loi et la jurisprudence, avec le texte des lois, décrets et instructions ministérielles. 1877, 1 vol. petit in-12 . . . . 1 50

RO (Georges de), *avocat près la Cour d'appel de Bruxelles.* — **Commentaire de la loi du 1er avril 1879 sur les marques de fabrique et de commerce.** 1880, 1 vol. in-8°. 7 50

SAINCTELETTE (Ch.), *avocat à la Cour d'appel de Bruxelles, ancien ministre.* — **De la responsabilité et de la garantie** (accidents de transports et de travail). 1884, 1 vol. in-8°. . . . . 6 »

— **Accidents de travail.** — Projet d'une proposition de loi. In-8° . . . . 2 »

TAILLANDIER, *conseiller à la Cour d'appel de Paris.* — **Traité de la législation concernant les manufactures et ateliers dangereux, insalubres et incommodes.** In-8° . . . . 3 »

TAMBOUR. — **De la compétence en matière d'établissements dangereux insalubres et incommodes.** 1868, in-8° *R. P.*) 1 50

TYPALDO-BASSIA (A.), *docteur en droit, avocat attaché au parquet, président du Conseil municipal de Katoë (Grèce).* — **Des classes ouvrières à Rome** (*Ouvrage couronné par l'Académie de Toulouse*). Concours général. 1891. — **Prix de l'Académie.** 1892, une brochure in-8°. . . . . 3 »

— **La protection industrielle et le nouveau régime douanier.** 1893, 1 volume, in-8° . . . . 5 »

VAUNOIS (Albert), *docteur en droit, secrétaire de l'association littéraire et artistique internationale.* — **La condition et les droits d'auteur, des artistes** jusqu'à la Révolution. 1892. Une broch. in-8°. 1 50

VILLETARD DE PRUNIÈRES (Maurice), *docteur en droit, avocat à la Cour d'appel de Paris, ancien auditeur au Conseil d'État.* — **De l'assurance contre les accidents du travail**, principes généraux, organisation actuelle, projets de réformes. 1892, 1 vol. in-8° . . . . 6 »

WAELBROECK (Ernest), *juge au tribunal de 1re instance à Bruges.* — **Traité théorique et pratique de la législation sur les modèles et dessins de fabrique**, contenant l'exposé critique des lois et de la jurisprudence sur la matière. 1860, 1 v. in-8o. 3 50

CHEMINS DE FER, COURS D'EAU, MINES

ABRAM (Alexandre), *docteur en droit, vice-président au Tribunal civil de Marseille.* — **Recherches juridiques sur la police des eaux**, réglementation des eaux d'irrigation. 1894, 1 vol. in-18. . . . . 5 »

BÉDARRIDE (J.). — **Des chemins de fer** au point de vue du transport des voyageurs et des marchandises, 3e ÉDITION revue et augmentée par H.-F. RIVIÈRE, conseiller à la Cour de cassation. 1891. 2 v. in-8°. 18 »

BERT (Emile). — **Loi du 11 avril 1888 concernant les transports de marchandises par chemins de fer.** — Responsabilité des Compagnies en cas de retard, avaries ou perte. In-8o 4 50

BIOT (L.-H.). — **De la propriété des mines et des rapports avec la propriété superficiaire.** — Mémoire qui a obtenu la 1re médaille d'or, institution Beaumont, décernée par la Faculté de droit (concours de doctorat 1874-1875). 1876, 1 v. in-8°. 6 »

BOURGEOIS (Léon). — **Les chemins de fer à voie étroite et sur accotements.** 1878, in-8o 1 50

BURY (Aug.), *avocat à la Cour d'appel de Liège.* — **Traité de la législation des mines, des minières, des usines et des carrières en France et en Belgique**, ou commentaire théorique et pratique de la loi du 12 avril 1810 et des lois et règlements qui s'y rattachent. 2e ÉDITION revue et mise au courant des dernières décisions judiciaires et administratives. 1877, 2 vol. in-8° . . . . 18 »

CHEVALLIER (E.). — **De la propriété des mines** et de ses rapports avec la propriété superficiaire. Ouvrage couronné par la Faculté de droit de Paris. 1876, 1 vol. in-8o. . . . . 4 »

COTELLE, *docteur en droit, avocat au Conseil d'Etat et à la Cour de cassation et professeur à l'École des Ponts et Chaussées.* — **Législation française des chemins de fer et de la télégraphie électrique.** 2e édition. 2 vol. in-8o . . . . 16 »

DELECROIX (Emile), *docteur en droit, directeur de la Revue de la législation des mines.* — **Traité théorique et pratique** de la législation des sociétés de mines spécialement des sociétés houillères en France et en Belgique. 1878, 1 vol. in-8o . . . . 9 »

— **Le contrat de travail**, étude sur des propositions de lois concernant les ouvriers mineurs. Brochure in-8° . . . . 3 »

DENIZOT. — **De la législation** et de la compétence en matière de cours d'eau et de leur application à la dérivation de la Somme-Soude (*R. P.*) 1862, in-8°. . **2 50**

DEROUET (Camille), *ancien magistrat.* — **Guide contentieux**, des voyageurs, baigneurs et hivernants en France. — Manuel pratique contenant la solution des difficultés auxquelles les voyageurs, baigneurs et hivernants sont habituellement exposés: 1° pour le transport de leur personne, celui de leurs bagages et des messageries; 2° à l'hôtel ou en garni, à la poste ou au télégraphe, au café, au restaurant, à l'établissement de bain, au théâtre; dans leurs rapports avec les marchands, ouvriers et fournisseurs, gens de service, médecins, pharmaciens, dentistes, gardes-malades, etc. 1895, 1 fort joli vol. in-12 cartonné. **2 50**

GAURE (J.), *avocat.* — **Le guide en chemin de fer, les droits du voyageur et de l'expéditeur en chemin de fer**, contenant:

Aperçu général sur l'exploitation des chemins de fer. — **Transport des personnes**: ce qui est permis et ce qui est défendu aux voyageurs: tarifs; billets; voyageurs privilégiés; bagages. — **Transport des marchandises**; petite vitesse; grande vitesse; colis postaux; responsabilité des compagnies en cas d'accident, d'avarie, de perte ou de retard, etc. 1893. Une brochure . . . . **» 75**

LAMY (L.). — **Manuel pratique des transports**, par chemins de fer, marchandises, voyageurs. 1895, 1 vol. in-8. . . . . **2 75**

LANCKMAN (J.-B.), *attaché au Ministère des Travaux publics.* — **Les tarifs internationaux des chemins de fer.** — Expliqués et commentés au point de vue du contentieux et des réclamations et mis à la portée de tout le monde, d'après les documents officiels. Ouvrage publié avec l'autorisation de M. le Ministre des Travaux publics de Belgique, 1878, 1 beau vol. in-8° . . . . **18 »**

NADAULT DE BUFFON, *ingénieur en chef, ancien chef de la division du service hydraulique au Ministère des Travaux publics officier de la Légion d'honneur.* — **Des usines et autres établissements sur les cours d'eau.** Développements sur les lois règlements qui régissent cette matière à l'usage des fonctionnaires de l'ordre administratif et de l'ordre judiciaire; des ingénieurs, des avocats, architectes et experts: des propriétaires riverains. (*Souscription du Ministère des Travaux publics*). Nouvelle édition, considérablement augmentée et donnant le dernier état de la jurisprudence. 1874, 2 beaux vol. in-8°. . . **18 »**

— **Du concours de l'Etat dans les entreprises d'intérêt agricole** pouvant être déclarés d'utilité publique, telles que les irrigations, colmatages, limonages, submersions; dessèchements de marais, assainissement de terrains humides; curage, drainage, endiguements et autres travaux, défensifs contre les inondations; conquêtes de lais de mer, restauration des montagnes par voie de reboisement, gazonnement et ouvrages divers, *Etude administrative et financière des résultats obtenus et restant à obtenir* comprenant l'ensemble des documents pouvant faciliter l'étude et les applications du nouveau régime administratif en voie de préparation sur cette matière. (*Souscription du Ministère des Travaux publics*). 1880, 1 vol. in-8°. . **8 »**

— **Considérations sur le régime légal des eaux de sources** naturelles et artificielles en ce qui touche spécialement l'agriculture, l'industrie, le commerce et autres intérêts généraux. *Documents pour la rédaction du Code rural.* 1877, 1 volume, in-8° **7 50**

— **Des submersions fertilisantes** comprenant les travaux de colmatage, limonage, irrigations d'hiver. 1887. 1 v. in-8° avec atlas de 17 pl. . . . . **20 »**

— **Des alluvions modernes** comprenant de nouveaux documents sur les travaux de colmatage et de limonage, ainsi que des notions générales sur les alluvions marines et leurs principales utilisations. 1873. 1 vol. in-8° . . . . **4 »**

REVUE DE LA LÉGISLATION DES MINES EN FRANCE et en Belgique et statistique des houillères en France et en Belgique, publié sous la direction de M. Emile DELCROIX, *docteur en droit, avocat au barreau de Lille.*

La *Revue de la législation des Mines* paraît tous les deux mois en six fascicules.

La *Statistique des Houillères* comprend un fort volume paraissant en janvier de chaque année. Le premier volume porte la date de janvier 1890.

PRIX DE L'ABONNEMENT

20 francs par an pour la publication complète.

La *Revue de la législation des Mines* seule, **12** francs.

La *Statistique des Houillères* seule, **12** francs.

La **Revue de la Législation des Mines** étant à sa douzième année, on peut se procurer les deux premières années au prix de **8** francs chacune et les neuf autres années aux prix de **12** francs chacune.

DIVERS

ADAN (H.-Ph.). — **Le monde invisible dévoilé**, révélation du microscope, ouvrage enrichi de 24 grandes planches, contenant plus de 300 figures, ainsi que des gravures intercalées dans le texte. 1879, 1 vol. in-8°, cartonné à l'anglaise. . . . . **10 »**

AMELINE, *auditeur au Conseil d'Etat, avocat à la Cour d'appel de Paris*. — **Budgets ordinaire et extraordinaire** de l'Empire français pour 1870 (*R. P.*). 1869, in-8° **3 »**

— **Commentaire de la loi de 1868 sur les réunions publiques** (*R. P.*) 1868, 1 vol. in-8°. . . . . **2 »**

ASCHERMANN. — **Esquisse d'une théorie des banques de circulation**, au point de vue du principe d'économie politique et de l'intérêt général, l'escompte à trois pour cent. 1865, broch. in-8° . . . . **1 »**

ASSIER (Adolphe d'). — **Essai sur l'humanité posthume et le spiritisme**, par un positiviste. 1883. 1 vol. in-18 . . . . **3 50**

— **Essai de philosophie naturelle**, le ciel, la terre et l'homme, troisième partie : l'Homme; les peuples, l'humanité. 1883. 1 vol. in-18. . . . . **3 50**

AUBERTIN (Emile), *ancien président du tribunal de Castellane, conseiller à la Cour d'appel d'Aix*. — **Explication de la loi du 23 août 1871**. 1 vol. in-12. . . . **2 »**

— **Explication des lois des 28 février et 30 mars 1872**. 1 vol. in-12 . . . . **1 50**

AUNAY (Alf. d'). — **Etude sur la responsabilité des Entrepreneurs et des architectes**. 1863. 1 broch. in-18 . . . **1 »**

BARD (V.-E.), *docteur en droit, directeur des affaires civiles au ministère de la Justice*. — **Commentaire** de la loi des 12-27 juillet 1875, relative à la **Liberté de l'Enseignement supérieur**. 1875. In-18 jésus . **2 »**

BENOID (V.-E.), *président du Tribunal civil d'Avignon, officier d'Académie*. — **Usages et règlements locaux d'Avignon**, recueillis et commentés, 4e ÉDITION, remaniée et mise en harmonie avec le nouveau code rural et augmentée d'une table analytique des matières. 1876, 1 vol. in-8° . . . . . . **2 »**

BLAIZE (A.), *ancien directeur du Mont-de-Piété de Paris*. — **Des Monts-de-Piété et des banques de prêts sur gage en France et dans divers Etats de l'Europe**. 1856, 2 vol. grand in-8° . . . **15 »**

BOSQ (Paul). — **Voyage autour de la République**. 1884. 1 beau vol. in-18. **3 50**

BOUCLON. — **Tableau dramatique de la justice au dix-neuvième siècle**, résumé dans la vie judiciaire d'un seul avocat, et dans la révélation des mystères de l'affaire *Contrafatto*. 1847, 3 vol. in-8°. . (*épuisé*).

BOUNICEAU-GESMON, *docteur en droit, juge d'instruction au tribunal de la Seine*. — **Essais et controverses de droit pratique**. 1872, 1 vol. in-18 . . . . **7 »**
I. De la réversibilité des rentes viagères au point de vue de la loi de frimaire an VII. — II. Controverse sur l'interprétation de l'article 8 de la loi du 23 mars 1855 sur la transcription en matière hypothécaire. — III. De la responsabilité civile en matière de dommages causés par les abeilles. — IV. Les dunes du golfe de Gascogne au point de vue des lois révolutionnaires et du décret de 1810.

BOUSSARD. — **Questions du jour**. *Qu'est-ce qu'un sous-préfet?* Brochure in-8° **1 »**

CAUMONT, *avocat*. — **Langue universelle de l'humanité** ou **télégraphie parlée par** le nombre agissant, réduisant à l'unité tous les idiomes du globe compris instantanément d'un pôle à l'autre et à toutes les distances, au moyen de phrases en huit langues : français, anglais, allemand, italien, espagnol, latin, grec, hébreu. 1867, in-8°. . . . . **5 »**

— **Droit économique ou philosophie du travail**. 1871, 1 vol. in-8°. . . . . . . **3 »**

— **Études sur la vie et les travaux de Grotius**, ou le droit naturel et le droit international. 1862, 1 vol. in-8°. . . . . **5 »**

CHEVALLIER. — **Une nouvelle forme de Société alimentaire**. L'économat de Clos-mortier (près Saint-Dizier, Haute-Marne), 1878, in-8°. . . . . **2 »**

COLOMBEL. — **Des Institutions de la France**, considérées au double point de vue civil et politique. 1846, in-8°. . . **7 50**

COMTE. — **Traité de la Législation** ou Exposition des lois générales suivant lesquelles les peuples prospèrent, dépérissent ou deviennent stationnaires. 2e édition, 1835, 4 vol. in-8° . . . . **20 »**

COUCHARD (J.). — **Des Réquisitions militaires** (examen de la loi du 8 juillet 1870). 1879, 1 vol. in-8° . . . . **4 »**

COURRET (Charles). — **A l'Est et à l'Ouest dans l'Océan indien**, Sumatra, la Côte du Poivre, Massacre de la Mission Wallon à Atjeh, Zanzibar, Nossi-bé, Mozambique, Quelimane, le Zambèze et la route des grandes mers intérieures. Édition ornée d'une carte de la Zambésie et de douze dessins de Riballier d'après les photographies de l'auteur. 1884. — Un joli volume in-18 jésus . . . . 5 »

DELACROIX (F.), *conseiller à la Cour d'appel de Besançon.* — **Les suggestions hypnotiques.** Une lacune dans la loi. 1887, in-8°. 1 25

DOMENGET. — **Fouquier-Tinville et le Tribunal révolutionnaire.** 1878, 1 vol. in-8°. . . . . 5 »

DONIOL (H.), *Membre de l'Institut.* — **La Question de l'Église en France** (Extrait de la *Revue du Droit public*), 1894. 1 broch. in-8° raisin. 1 50

DOUBLET. — **Guide universel,** ou l'art de faire ses affaires soi-même, ouvrage indispensable à tous les commerçants, propriétaires, manufacturiers, industriels, fermiers, locataires, ouvriers en bâtiments, etc., etc. 6e ÉDITION, augmentée. 1854, 1 vol. in-8° 3 50

DUPRAT (Pascal). — **L'Esprit des Révolutions.** 1879. — Deux jolis volumes in-12. . . . . 5 »

EGYPTE. — TRIBUNAUX MIXTES. — **Procès Laniado.** — Oppression des fellahs et protection consulaire. 1879. Une broc. 2 »

EMION (V.). — **Le Fermier et la Loi.** 1871, broch. in-8° (*R. P.*) . . . . 1 »

EON (A.), *doyen de la Faculté de droit de Rennes.* — **Un ancien doyen : Toullier et son temps.** 1893. in-8° raisin . . . 3 »

FAILLITE **de la Société l'Union générale.** — Les procès soumis au Tribunal de la Seine. — **Procédures, Plaidoiries et Jugements.** — *Documents authentiques et débats sténographiés.* 1882, 1 forte brochure in-18. . . . . 2 50

FAVRE (Mme veuve Jules), née Velten. — **Plaidoyers et discours du bâtonnat** de JULES FAVRE. 1893. 2 forts volumes in-8°, orné du portrait de l'auteur. . . . . 15 »

FIORE (Pasquale). — *Un appel à la presse et à la diplomatie.* — **L'Empereur d'Allemagne — la France — la Question européenne.** Une solution. 1890. Une brochure in-18 . . . . 1 »

FOLLEVILLE (de). — **Recueil des règlements des Facultés de droit** renfermant les décrets et règlements jusqu'au 8 janvier 1881. (Code manuel de MM. les professeurs et étudiants). 1 vol. in-8°. 10 »

— Seconde annexe du **Recueil des règlements des Facultés de droit** renfermant les décrets et règlements depuis le 8 janvier 1881 jusqu'au 1er mars 1883 (Code manuel des professeurs et des étudiants). Une brochure in-8° . . . . 4 »

— Troisième annexe au tome premier du **Recueil des règlements des Facultés de droit** renfermant les décrets et règlements depuis le 1er mars 1883 jusqu'au 1er mars 1884 (Code manuel de MM. les professeurs et étudiants). Une brochure in-8°. 2 50

— **La Question des Universités régionales et les réformes proposées par M. Liard.** 1890, une brochure in-8°. 1 50

— **La loi du 12 août 1870** et le cours forcé des billets de la Banque de France. Broch. in-8° (*R. P.*) . . . . » 50

A. FOUQUIER

GRANDE COLLECTION

DES

CAUSES CÉLÈBRES ILLUSTRÉES

Illustrations de PAUQUET, JANET-LANGE, BEAUCÉ, MORIN, DE BAR, BEAUDOURT, etc.

Liste générale des Procès compris dans les tomes I à IX

TOME I. — CAHIERS 1 à 5

Cahier 1. — Les Chauffeurs : la Bande d'Orgères. Lacenaire, François et Avril.

Cahier 2. — Papavoine. — Henriette Cornier. — Mme Lafarge : le Drame du Glandier. — Verger, l'assassin de Monseigneur Sibour. — Soufflard et Lesage. — Montcharmont.

Cahier 3. — De Praslin : le Drame de l'Hôtel Sebastiani. — Les Régicides : Damiens, Louvel. — M. et Mme de Bocarmé : le Drame de Bitremont.

Cahier 4. — Le Frère Léotade : meurtre de Cécile Combettes. — Louis XVI (son procès devant la Convention).

Cahier 5. — Béranger (Procès des Chansons de). — Le curé Mingrat. — L'abbé Contrafatto. — Fieschi, Morey et Pépin : machine infernale de 1835.

TOME II. — CAHIERS 6 à 10.

Cahier 6. — Le capitaine Doineau : attentat de Tlemcen. — Attentat du 14 janvier 1859 : Orsini, Pietri, etc.

Cahier 7. — Benoît le parricide — Donon-Cadot et Rousselet. — Le curé Delacollonge. — De Jeufosse. — Pochon. — Ponterie-Escot.

Cahier 8. — Calas. — Sirven. — Le chevalier de la Barre. — Les faux Dauphins : Math. Bruneau, Naundorff, etc. — Duels Sirez-Durepaire, Sirey-Caumartin, De Mercy-Rosier.

Cahier 9. — Le Squelette de la rue de Vaugirard. — Madame Lacoste : le Drame de Riguepeu. — Les Aventuriers : Louis de Marsillac. — Collet.

Cahier 10. — Cartouche, le voleur légendaire du XVIIIe siècle. — La Bande Lemaire, Villet, Hugot, etc. — Duel Dujardin, Beauvallon, d'Ecquénilly.

TOME III. — CAHIERS 11 à 15.

Cahier 11. — Affaire Marcellange : le Drame de Chamblas. — Les Crimes d'intention : Levaillant, Vve Morin.

Cahier 12. — Le Courrier de Lyon, Joseph Lesurques. — L'Institutrice Doudet ; acquittement en Cour d'assises ; condamnation en Police correctionnelle.

Cahier 13. — Institutrice Doudet (fin). — Le Duc d'Enghien : Conspiration d'Etat. — L'Enfant de la Villette : Eliçabide.

Cahier 14. — La veuve Boursier et le Grec Kostolo. — Le Garçon de Banque d'Orléans : Montély. — Collier de la Reine : Mme de la Motte, Cardinal de Rohan. — Dautun le fratricide et Girouard. — Saint-Clair.

Cahier 15. — La reine Caroline d'Angleterre : Adultère. — Testament du duc de Bourbon, prince de Condé.

TOME IV. — CAHIERS 16 à 20.

Cahier 16. — Les Assassins de Henri IV : Ravaillac, etc. — Les quatre Sergents de la Rochelle. — William Palmer l'empoisonneur.

Cahier 17. — Latude, le prisonnier de la Bastille. — Les assassins par amour : la Bergère d'Ivry, etc. — Charlotte Corday, l'assassin de Marat. — Mme Roland.

Cahier 18. — Les Assassins de Saint-Cyr au Mont-d'Or. — Les Associations de malfaiteurs : l'Auberge aux Tueurs ; les Assassins de Péchard, etc., etc.

Cahier 19. — La marquise de Brinvilliers, Exili, Sainte-Croix, etc., Alibaud, Attentats contre Louis-Philippe. — La Femme sans nom.

Cahier 20. — La reine de France et Mme Elisabeth, la Chambre ardente, La Voisin, la Vigoureux, la comtesse de Soissons, Fouquet, Mandrin.

TOME V. — CAHIERS 21 à 25.

Cahier 21. — Les Forçats innocents : Lesnier, Louarn et Baffet, les Girondins le 31 mai 1793 devant l'histoire.

Cahier 22. — John Brown, Testament du marquis de Villette.

Cahier 23. — Les assassins de Fualdès.

Cahiers 24, 25. — Mirès ; Paris, Condamnation ; Cassation. — Douai : Acquittement. Desrues, l'empoisonneur.

TOME VI. — CAHIERS 27 à 31.

Cahiers 27, 28. — Erreurs judiciaires (fin), affaire : Maurice Roux ; simulation de coups et blessure. — Armand.

Cahiers 29, 30, 31. — La Pommerais.

TOME VII — CAHIERS 26, 32 à 35.

Cahier 26. — Maréchal Ney, Jobard, Léger, les Erreurs judiciaires.

Cahier 32. — Hélène Jegado, Machine infernale, Billon, Jeanne d'Arc.

Cahier 33. — Le faux Martin Guerre — Le faux Caille. — Le cocher Collignon. — Le palefrenier Baumann. Martin Dumollard, l'assassin des bonnes.

Cahier 34. — Lavalette et les complices de son évasion. — Le Gueux de Vernon. — Le comte de Saint-Géran. — Le curé Gotteland et Mme Dussablon.

Cahier 35. — L'enfant brûlé : Mme Lemoine et sa fille. — Les Adultères de la Bastide-Neuve. — La belle Epicière et le Noble. — Epoux Poisson.

TOMES VIII et IX. — CAHIERS 36 à 45.

LE MARÉCHAL BAZAINE. — Relation complète de son Procès devant le Conseil de guerre, rédigée d'après la sténographie : Rapport du général de Rivière ; Interrogatoire : Témoignages : Réquisitoire du général Pourcet ; Plaidoirie de Me Lachaud ; Répliques ; Jugement et Condamnation ; Commutation de peine. — 2 vol. in-4°, avec le plan-carte de **Metz et ses environs** . . . . 14 fr.

TOME X (*en cours de publication*).

Cahier 46. — Emile Clément de la Roncière : Tentative de viol. 1 50

Cahier 47. — Les assassins de Paul-Louis Courier 0 60

Erreurs judiciaires : Affaire Dehors. Accusation d'incendie 0 40

Les Assassins de Gouffé : Michel Eyraud et Gabrielle Bompard. 0 70

En préparation: Tropmann: le crime de Pantin; Le Maréchal de Rais, etc.

Chaque volume se vend **7 fr.**
Chaque cahier, **1 fr. 50.**

FRÉMONT. — **Recherches historiques et biographiques sur Pothier.** 1859. Un beau volume grand in-8° orné d'une gravure représentant la statue de Pothier, et enrichi d'un autographe . . . . **6 »**

FRENNELET (H.). — **La nouvelle Législation de l'enseignement primaire**, comprenant la loi du 30 octobre 1886 et ses annexes. Une brochure in-8° . . . . **2 »**

FRICK (Henri), *avocat à la Cour d'appel de Bruxelles.* — **L'Avocat stagiaire.** Conseils pratiques sur l'exercice de la profession d'avocat. 1 fort vol. in-12. . . **6 50**

GANDILLOT. — **Essai sur la science des finances.** 1840, in-8°. **3 50**

GARET (Émile). — **Les bienfaits de la Révolution française.**—1 v.in-12 . **3 50**

GAUBERT (B.), *avocat.* — Le péril des inhumations précipitées en France. — **Les Chambres mortuaires d'attente** devant l'Histoire, la Législation, la Science, l'Hygiène et le Culte des morts. Commentaire du décret du 24 avril 1889, ouvrage illustré de 60 figures, cartes, plans ou dessins. 1895, 1 vol. in-8°. **3 50**

GIRAULT (A.), *chargé du cours de législation coloniale à la Faculté de droit de Poitiers.* — **Le Problème colonial**, assujettissement, autonomie ou assimilation (extrait de la *Revue du Droit public*). 1894, une brochure in-8° raisin . . . . **2 »**

GUYHO (Corentin), *avocat au Conseil d'État* — **D'une Chambre haute.** (*Nécessité d'une seconde Chambre. Chambres hautes françaises, Chambres hautes étrangères.*) 1872, brochure in-8° (*R. P.*). . . . . **2 »**

HENRION DE PANSEY. — **Des Assemblées nationales en France**, depuis l'établissement de la monarchie jusqu'en 1614, 2e édition. 1829, 2 vol. in-8°. . . . . **12 »**

HENRIOT. — **Les poètes juristes**, ou remarque des poètes latins sur les lois, le droit criminel, la justice distributive et le barreau. 1858, 1 vol. in-12. . . . . **4 50**

HIVER. — **Histoire critique** des institution) judiciaires de la France (de 1786 à 1848. 1 v ol. in-8° . . . . **7 »**

HOROY. — **Gratien auteur du « Decretum »** et fondateur de l'enseignement canonique, étude suivie d'un plan et projet d'encyclopédie du droit canon, sous forme de répertoire, devant comprendre le Droit canonique des différentes communions chrétiennes. 1 vol. in-18. . . . . **2 »**

— **Leçons sur le Concordat**, droit public et droit administratif professées à la Faculté de droit de Douai (Faculté de l'Etat) durant l'année scolaire 1885-86, revues et augmentées, premier fascicule . . . . **3 »**

— **Prolégomènes d'un cours sur le Droit canonique**, et ses relations avec le droit civil. 1 vol. in-18 . . . . **2 »**

HU (Édouard), *docteur en droit.* — **Étude historique sur la responsabilite du médecin** dans le droit romain, dans notre ancien droit, dans notre droit actuel, précédé d'un aperçu sur la situation juridique des médecins dans le droit romain. 1880, 1 vol. in-8°. . . . . *(épuisé)*

HYVER (J.). — **Exposé de quelques lois pour la philosophie de l'histoire**, ouvrage publié avec l'encouragement de plusieurs membres de l'Institut. Brochure in-8°. . . . . **1 »**

L'INVASION PROCHAINE. — Paris camp retranché. — Bourges capitale 1893 une brochure in-8° . . . . **» 50**

JACQUINOT (Gaston), *avocat.* — **Traité de la législation sur le phylloxéra et le doryphora** suivi d'un recueil des lois, décrets et arrêtés sur cette matière, 1882. 1 vol. in-18 . . . . **3 »**

JAMAIS (Émile), *député du Gard, docteur en droit, avocat à la Cour d'appel de Paris.* — Étude sur les **Canaux dérivés du Rhône**, et sur la situation économique des départements intéressés. 1883, 1 vol. in-8° . . . . *(épuisé)*

JEANVROT. — **La Justice du pays par le pays.** 2e édition. 1883, 1 vol.in-18 **2 »**

Journal des valeurs mobilières françaises et étrangères. Recueil périodique de législation, de doctrine et de jurisprudence, par MM. Roger Dufraisse, avocat à la Cour d'appel de Paris; Amédée Jumin, avocat à la Cour d'appel de Paris; Léon Choppart, avocat au Conseil d'État et à la Cour de cassation; Charles Roy, secrétaire de la Présidence du Tribunal de commerce de Paris.

Les 5 années parues formant 5 volumes, in-8° raisin . . . . **75 »**

Chaque année se vend séparément . **15 »**

LABOULAYE (Édouard). — **De l'Église catholique et de l'État,** à l'occasion des attaques dirigées contre les articles organiques du Concordat de 1801-1845, in-8°. . . . . 2 »

LAFERRIÈRE. — **Mémoires sur les fors de Béarn.** 1856. Brochure in-8° . 1 25

— **Mémoires sur les lois de Simon de Montfort** et sur les coutumes d'Abi des XIIIe, XIVe, XVe siècles, in-8° . . . . 2 »

LANEYRIE (P.), *négociant en vins, licencié en droit.* — **Vade mecum du négociant en vins** dans ses rapports avec la régie des contributions indirectes, 1 vol. in-18 2 25

LAYA (Alexandre). — **Causes célèbres du mariage** ou les Infortunes conjugales. 1883, 1 vol. in-18 . . . . 1 50

LÈBRE (G.). — **Nos grands avocats,** 1 vol. in-18 jésus 3 50
Il a été tiré quelques exemplaires sur papier de Hollande : 7 fr.

LÉO, *ancien manufacturier.* — **Le gouffre des capitaux,** étude d'un actionnaire sur les sociétés par actions contenant les modifications et additions proposées à la loi de 1867 sur les Sociétés. 1884, 1 joli vol in-12. . . . . 4 ».

LIONEL D'ALBIOUSSE. — **Le Casier des objets divers.** 1861, in-8°. 1 50

LOIS promulguées en 1881 et 1882 sur **l'Enseignement primaire,** annotées et commentées par les rédacteurs du *Recueil général des Lois et des Arrêts,* fondé par J.-B. Sirey, et du *Journal du Palais* et complétées par les circulaires ministérielles et des extraits des discussions dans les deux Chambres. 1 brochure grand in-8°. 1 50

LORIEUX (A.). — **Traité de la prérogative royale** en France et en Angleterre, suivi des Essais sur les pouvoirs des rois de Lacédémone. 1840, 2 vol. in-8°. . 16 »

MARTIN (F.), *ancien chef de cabinet de préfet, avoué licencié à la Cour d'appel de Bourges.* — **Essai sur la liberté de la politique en France.** 1 broch. in-8°. . . . . . . 1 »

MASLATRIE (de), *chef de section aux Archives, sous-directeur des études à l'École des Chartes.* — **Traités de paix et de commerce et documents concernant les relations des chrétiens avec les Arabes de l'Afrique septentrionale au moyen âge,** recueillis par ordre de l'Empereur et publiés avec une introduction historique. (*Souscription du Ministère de l'Instruction publique.*) 1868, 1 vol. grand in-4°. . . . . 36 »

MESTREAU. — Quelques mots recueillis sur les **Mœurs des fonctions judiciaires** du substitut. 1 broch. in-8°. . . . . . . 1 »

MONNIER (Adrien), *ex-employé au bureau de la caisse des retraites de la Compagnie de l'Ouest.* — **La condition et la retraite de l'employé** à la Compagnie des Chemins de fer de l'Ouest, commentées et suivies d'explications sur la Caisse de la vieillesse. 1887, 1 vol. in-18 . . . . 2 »

MUNIER-JOLAIN, *avocat à la Cour d'appel de Nancy.* — **Vieux avocats, vieux procès.** Récits dédiés à Me Allou, bâtonnier de l'ordre des Avocats de la Cour d'appel de Paris. 1878, 1 vol. in-18 jésus . . . 3 »

MUTEAU (Charles). — **Les Écoles et Collèges en Province,** depuis les temps les plus reculés jusqu'en 1789. 1882, 1 vol. in-8°. . . . . 9 »

MUTEAU (Charles), *docteur en droit, conseiller à la Cour d'appel de Dijon.* — **Du Secret professionnel, de son étendue et de la responsabilité qu'il entraîne d'après la loi et la jurisprudence.** Traité théorique et pratique à l'usage des avocats, notaires, ministres du culte, médecins, pharmaciens, sages-femmes et de toutes autres personnes dépositaires, par état ou par profession, des secrets qu'on leur confie. 1870, 1 vol. in-8°. . . . . . 8 »

— **Examen juridique du projet de création d'asiles** spéciaux et des autres mesures préventives et répressives propres à combattre le fléau de l'alcoolisme. — Mémoire lu à la Société internationale pour l'étude des questions d'assistance (mai-juin 1895). 1895. 1 broch. in-8°. . . . . 2 »

ORTOLAN. — **Les pénalités de l'Enfer de Dante,** suivies d'une étude sur Brunetto Latini apprécié comme le maître de Dante. 1873, 1 volume in-8°. 2 50

PENAVAYRE (E.), *conseiller à la Cour d'appel de Pondichéry.* — **Recueil des ordonnances royales** *des 24 juillet et 7 février* 1842 concernant le gouvernement des établissements français dans l'Inde, l'organisation de l'ordre judiciaire et l'administration de la justice **dans ces mêmes établissements; suivies du décret du 31 mars 1873 et de tous les textes qui les complètent ou les modifient.** 1875. Brochure grand in-8°. . . . . 2 »

PÉRIER (Amédée), *avocat.* — **Les Vins de quinquina** et la loi du 21 germinal an XI. 1890, 1 brochure. . . . . 2 »

PORTALIS. — Discours, Rapports et Travaux inédits sur le **Concordat de 1801.** 1845, in-8°. . . . . (*épuisé.*)

PRINS — **Propositions constitutionnelles,** ou Essai de constitution démocratique, libérale et conservatrice, par M***. 1871, broch. in-8° . . . . 2 »

P. H. X. — **La politique française en Tunisie, le protectorat et ses origines 1854-1891.** 1891, 1 volume in-8°. . . . 7 50

REVUE

DES

GRANDS PROCÈS CONTEMPORAINS

PARAISSANT MENSUELLEMENT

Abonnement d'un an : **15** fr. — Étranger : **16** fr. **50**

Chaque année parue forme un beau volume in-8° jésus. Prix **15** *francs broché et* **18** *francs relié.*

Envoi *franco* d'un prospectus spécial donnant le sommaire de tous les procès publiés jusqu'à la fin de l'année 1899.

Répertoire analytique de Jurisprudence et de législation, renvoyant aux principales publications périodiques de Paris et de la Province, fondé en 1882. Rédigé par M. Gustave Lefèvre, avocat à la Cour d'appel de Paris, avec le concours de MM. Roger Duraisse, avocat à la Cour d'appel de Paris, directeur du journal des *Tribunaux de Commerce*, et J. Ruben de Couder, conseiller à la Cour de cassation. 1882-1888. Les huit années parues. **80 »**

REYNAUD (Louis). — **L'année financière et commerciale**, histoire des événements financiers et commerciaux. — Huit années formant chacune un volume in-18. 1882 1887. Prix de chaque volume broc. **3 50**

SESSIER (J.-M.). — **La piraterie dans l'antiquité.** 1880. Un volume in-8°. . . . **6 »**

TEULET. — **République française.** Bulletin analytique et raisonné de tous les décrets, lois et arrêtés rendus par les divers pouvoirs qui ont gouverné la France (Gouvernement de la Défense nationale; — Délégation de Tours et de Bordeaux; Assemblée nationale depuis le 4 septembre 1870 jusqu'au 4 septembre 1871 ; suivi de la loi du 10 août 1871 sur les conseils généraux, et de la loi du 23 août 1871 sur l'enregistrement et le timbre. 1871, in-8°. **2 »**

TISSOT (J.). *doyen honoraire de la Faculté des lettres de Dijon, correspondant de l'Institut.* — **Psychologie comparée de l'intelligence et de l'instinct dans l'homme et dans l'animal.** 1878, 1 fort vol in-8°. **9 »**

— **Décadence du sentiment moral et religieux, ses causes et ses remèdes,** 1878. 1 vol. in-8° . . . . **6 »**

— **La Folie** considérée surtout dans ses rapports avec la psychologie normale, sa nature, ses formes, son siège essentiel, ses effets moraux et juridiques, etc. 1877, 1 volume in-8°. . . . . **9 »**

VACCARO (Ange), *avocat directeur de la Bibliothèque du Ministère de la Justice, à Rome.* — **La lutte pour l'existence et ses effets dans l'humanité,** traduit en français avec l'autorisation et sous la surveillance de l'auteur, par J. Gaure, *avocat*. 2e édition, revue et augmentée d'une discussion sur la question sociale actuelle. 1892, 2 volume in-8°. . , ... **3 »**

VAINBERG (S.). — **Les nouvelles actions de l'Union générale.** 1882, 1 brochure in-8°. jésus. . . . . **3 »**

— **L'émission des obligations et de la garantie des obligataires.** 1878, 1 brochure in-8°. **1 50**

— **Le cours forcé des billets de banque et ses conséquences juridiques.** 1874, 1 broch. in-8°. **1 50**

VAN BEMMEL (Eugène). — **La Belgique illustrée,** ses monuments, ses œuvres d'art, 500 gravures sur bois par les premiers artistes, cartes chromolithographies des provinces. Deux beaux et forts volumes in-4° . . . . **70 »**

VAUNOIS (A.). — **La liberté du portrait.** 1 brochure in-8°. . . . . **» 75**

Voyage de Piron à Beaune, écrit par lui-même, accompagné de pièces satiriques accessoires et de sa biographie anecdotique. « J'I maiton queique chose qui pique, En, grain, de sel por Iqui, por Ilai ; V'saié. que le proverbe antiqué. Palan de no, di Borguignon, Salai. » Noel de la Monnoye.) 1 brochure in-8°. . . . . . **1 »**

PUBLICATIONS PÉRIODIQUES

PANDECTES FRANÇAISES

RECUEIL MENSUEL

DE JURISPRUDENCE

et de

LÉGISLATION

PUBLIÉ SOUS LA DIRECTION DE MM.

André WEISS	**Paul LOUIS-LUCAS**
Professeur à la Faculté de Droit de Paris	Professeur à la Faculté de Droit de Dijon

AVEC LE CONCOURS

des principaux collaborateurs du Répertoire

Chaque année forme un volume de plus de 1.200 pages

DIVISÉ EN SIX PARTIES :

1° Arrêts de la Cour de Cassation.
2° Jurisprudence, Cours et Tribunaux.
3° Lois annotées.
4° Jurisprudence administrative.
5° Jurisprudence et législation étrangères.
6° Jurisprudence en matière d'enregistrement de timbre, etc. ; Instructions et solutions de la regie.

ABONNEMENT : 25 FRANCS PAR AN

JOURNAL

DES

TRIBUNAUX DE COMMERCE

CONTENANT

Toutes les décisions importantes rendues en matière commerciale par le Tribunal de commerce de la Seine, la Cour d'appel de Paris, la Cour de cassation et les autres Cours et Tribunaux

PRÉSENTANT

L'EXPOSÉ COMPLET DE LA JURISPRUDENCE & DE LA DOCTRINE DES AUTEURS EN MATIÈRE DE COMMERCE

RECUEIL FONDÉ EN 1852

par MM. TEULET et CAMBERLIN

Continué depuis 1877 sous la direction de M. Camberlin

ET A PARTIR DE 1882 SOUS LA DIRECTION

De M. ROGER DUFRAISSE

Avocat à la Cour d'appel de Paris

AVEC LA COLLABORATION DE MM.

Charles ROY	**Gustave LEFÈVRE**
Secrétaire de la Présidence du Tribunal de Commerce Chevalier de la Legion d'honneur	Avocat à la Cour d'appel de Paris.

1896 — QUARANTE-CINQUIÈME ANNÉE

Recueil paraissant tous les mois en une brochure in-8° de 80 pages de texte, avec une couverture contenant la table sommaire de chaque numéro.

Abonnements : 20 francs par an

Les abonnements partent du 1er janvier.

On peut se procurer la **COLLECTION ÉCONOMIQUE**, se composant du **Répertoire alphabétique de jurisprudence commerciale** comprenant la **Table générale** du journal depuis 1852 jusqu'à 1888 inclus, et des années 1889 à 1894, au prix de **Cent vingt francs.**

REVUE

DU DROIT PUBLIC

ET DE

LA SCIENCE POLITIQUE

EN FRANCE & A L'ÉTRANGER

DIRECTEUR

Ferdinand LARNAUDE

Professeur de Droit public général à la Faculté de Droit de Paris

Secrétaires de la rédaction

J. LAMEIRE	G. DE LA PRADELLE
Docteur en droit Avocat à la Cour d'appel	Docteur en droit Avocat à la Cour d'appel

AVEC LE CONCOURS ET LA COLLABORATION DE PROFESSEURS, PUBLICISTES, DÉPUTÉS, MAGISTRATS, HAUTS FONCTIONNAIRES DE LA FRANCE ET DE L'ÉTRANGER.

PARAIT TOUS LES DEUX MOIS

Par fascicules grand in-8° de 180 à 200 pages environ

COMPREND DANS CHAQUE NUMÉRO :

1° Des articles de fond (doctrine, examens, critiques de projets de loi, etc.)
2° Des chroniques internationales, pénitentiaires, économiques, financières, coloniales.
3° Des chroniques politiques pour la France et les pays étrangers.
4° Des comptes rendus critiques et des analyses des ouvrages et des articles périodiques touchant au droit public et à la science politique.
5° Des variétés (notes, observations, documents, faits rentrant dans le cadre de la *Revue*.)
6° Des articles et documents officiels de toute nature.

ABONNEMENT ANNUEL

France. . . **20 fr.** | Union postale **22 fr. 50**

LA LIVRAISON. . . . . **4 fr.**

Chaque année forme deux beaux volumes in-8° raisin de 600 pages environ au prix de **10** *francs, le volume.*

REVUE DES

GRANDS PROCÈS CONTEMPORAINS

PARAISSANT MENSUELLEMENT

Abonnement d'un an : 15 fr. – Étranger : 16 fr. 50

Chaque année parue forme un beau volume in-8° jésus. Prix **15** *fr. broché et* **18** *fr. relié*

REVUE INTERNATIONALE

DU DROIT MARITIME

FONDÉE ET PUBLIÉE PAR

F.-C. AUTRAN

Avocat, docteur en droit, licencié ès lettres.

SECRÉTAIRES DE LA RÉDACTION :

M. P. BONTOUX	**M. R. de BEVOTTE**
Avocat, licencié ès lettres	Docteur en droit, Avocat

La **Revue Internationale** paraît tous les deux mois par livraison de six à huit feuilles in-8°, et forme à la fin de l'année un fort volume terminé par quatre tables : *Table des articles, analytique, du nom des parties et bibliographique.*

Les abonnements partent du 1er juillet.

France et Union postale, 20 francs.

Envoi franco d'un Numéro Spécimen sur demande affranchie.

Ouvrages Nouvellement Parus

ANDRÉ (Louis), *procureur de la République*, et GUIBOURG (Léon), *ancien juge de paix, juge suppléant au tribunal civil de Provins*. — **Le Code ouvrier**, exposé pratique de la législation et de la jurisprudence, réglant le travail et les intérêts des ouvriers et apprentis. DEUXIÈME ÉDITION, mise au courant de la législation et de la jurisprudence, comprenant, notamment, le commentaire de la loi du 1er avril 1898 sur les Sociétés de secours mutuels et de la loi du 9 avril 1898 sur les accidents du travail. (*Ouvrage honoré des souscriptions des Ministères de la Justice, des Travaux publics, du Commerce et de l'Industrie et du Conseil général de la Seine.*) 1898. 1 fort vol. in-8° . . . . **10 »**

Le succès d'un livre ainsi accueilli a été considérable.

Mais, depuis sa publication, bien des documents de législation et de jurisprudence sont venus modifier ou compléter les matières multiples qui font l'objet du *Code ouvrier*.

Aussi les auteurs ont-ils jugé utile de publier une NOUVELLE ÉDITION, mise au courant de la législation et de la jurisprudence dans laquelle se trouvent, notamment, commentées — avec la précision et l'esprit d'équité qui ont fait le succès du livre :

1° Les lois du 30 novembre 1894 et 31 mars 1896 sur les **Habitations ouvrières**;

2° La loi du 12 janvier 1895 sur la **Saisie-arrêt des salaires**;

3° La loi du 1er avril 1898 sur les **Sociétés de Secours mutuels**,

4° La loi du 9 avril 1898 sur les **Accidents du travail.**

C'est, avant tout, aux *ouvriers*, aux *patrons*, aux *chambres syndicales*, comme aux *avocats*, *avoués* et *hommes d'affaires*, que cette publication s'offre comme un guide des plus précieux ; mais, à un moment où, de jour en jour, l'intérêt qui s'attache aux questions du travail s'accroit et devient général, on peut dire que c'est à l'attention de tous que s'impose le *Code ouvrier*.

Nota. — Ceux qui possèdent déjà la première édition pourront la mettre au courant en achetant seulement le **Supplément** qui vient également de paraître : ce **Supplément** expose le dernier état de la législation et de la jurisprudence, et notamment toutes les nouvelles lois comprises dans la deuxième édition s'y trouvent reproduites et commentées.

Prix du **Supplément**. . . . . **3 francs.**

ANSPACH (Lionel), *avocat à la Cour d'appel de Bruxelles docteur en droit et en science politiques et administratives.* — * **Des Sociétés anonymes en droit international privé.** (PREMIER FASCICULE : **Russie**). 1896. La livraison in-8°. **3 50**

ANTOINE (Alfred), *rédacteur à la préfecture de la Seine.* — **Manuel pratique des contribuables** en matière d'impôts directs, contenant : 1° les impôts directs (assiette et exemptions) ; 2° réclamations aux impôts directs ; 3° réclamations portant sur des objets spéciaux. 1900. 1 br. in-8°. **2 »**

ARZENS (Jules). — **L'Echec du Gouvernement parlementaire et la réforme de notre régime constitutionnel**, 1898, 1 vol. in-8°. **3 50**

AUTRAN (F.-C.), *avocat au barreau de Marseille, docteur en droit, licencié ès lettres, directeur de la* Revue internationale du droit maritime. — **Collisions at Sea** liability where both ships are in fault-shipowners liability jurisdiction of courts a study on conflict of law concerning the masters reserved for the next sitting of the international maritime committee. 1899. Une brochure. **1 50**

BARBET (Charles). — **Au Pays des Burnous.** (Impressions et croquis d'Algérie) avec une préface de MM. PAUL et VICTOR MARGUERITTE. 1 vol. in-18, illustré de 35 gravures. . . . . **3 »**

BARTIN (Etienne), *professeur à la Faculté de droit de l'Université de Lyon.* — **Etudes de droit international privé.** (*Bibliothèque de la jurisprudence contemporaine.*) 1899. 1 vol. gr. in-8° . . . . **4 »**

BAUDOIN (A.). — **La chasse dans ses rapports avec la loi. Code du chasseur.** 1 joli vol. in-18. . . . . **1 50**

BEAUCHET (Ludovic) *Professeur à la Faculté de droit de Nancy, ancien membre (hors cadre) de l'Ecole française d'Athènes.* — **Histoire du droit privé de la République athénienne.** — *Ouvrage couronné par l'Académie des Inscriptions et Belles-Lettres, par l'Association pour l'encouragement des études grecques et par l'Académie des Sciences morales et politiques.* (Tome I et II. Droit de famille. — Tomes III Droit de propriété. — Tome IV. Droit des obligations. 1897. L'ouvrage formant 4 beaux forts vol. in 8° raisin. . . . . **36 »**

Dans son discours prononcé dans la séance politique annuelle du 2 décembre 1899, M. Himly, *président de l'Académie des sciences morales et politiques*, s'exprime ainsi au sujet du concours ouvert à la section de législation, droit public et jurisprudence pour le prix Koenigswater :

Dans les quatre volumes in-8° de son *Histoire du droit privé de la république athénienne*, M. Ludovic Beauchet, professeur à la faculté de droit de Nancy, a fait plus que ce que promet le titre de l'ouvrage. Reprenant les textes depuis longtemps connus, discutant à fond ceux que nous ont livrés des découvertes récentes, utilisant les indications fragmentaires de nombreuses inscriptions, mettant à profit la foule des travaux de détails publiés de tous côtés, il a essayé de ramener à un ordre logique et d'exposer sysmatématiquement ce que l'on sait actuellement sur le droit athénien. Certainement bien des questions restent encore litigieuses et le resteront peut être toujours ; mais M. Beauchet a parfaitement saisi, et c'était l'essentiel, l'esprit et le caractère de la législation grecque, le goût de la simplicité, l'appropriation des moyens au but, le sens pratique qui, dans quelques parties, dans les affaires commerciales par exemple, assurent au droit attique la supériorité sur les parties correspondantes du droit romain et le rapproche davantage de nos lois modernes.

— **Traité de l'extradition.** (Extrait des *Pandectes françaises*). 1 vol. in-8°. **10 »**

A. BERLET, *Procureur de la République*. — **Commentaire théorique et pratique de la Loi sur la répression des violences, voies de fait, acte de cruauté et attentats commis envers les enfants** (Loi du 19 avril 1899). Publiée sous le patronage de la Ligue fraternelle des enfants de France, du Patronage de l'enfance et de l'Adolescence et du Journal l'*Enfant*. — Une brochure in-8° . . . . **2 fr. »**

BERTHEAU (Ch.). — **Brissonnet ou entretiens avec un ouvrier**, préface de M. Jules Simon. 1897. Brochure in-16 **1 50**

BESSON (Emmanuel), *chef du personnel à la Direction générale de l'Enregistrement, lauréat de la Faculté de droit de Paris*. — **Le contrôle des budgets en France et à l'étranger.** — Étude historique et critique sur l'organisation financière des principaux États, depuis les temps les plus reculés jusqu'à nos jours. (*Ouvrage récompensé par l'Académie des sciences morales et politiques*). (Concours de Saintour de 1898.) 1899. 1 vol. in-8°. **7 50**

BLACKMAR (W.), *professeur d'histoire et de sociologie à l'Université de Kansas*. — **La législation sur les boissons fortes aux Etats-Unis.** (Extrait de la *Revue du droit public et de la science politique en France et à l'étranger*.) 1895. Broch. in-8°. . . **1 »**

BOUCHOT (Félix), *docteur en droit, avocat à la Cour d'appel de Paris, membre du bureau de l'Assistance judiciaire près le Tribunal de la Seine*. — **L'assistance judiciaire, loi du 22 juillet 1851. — Étude historique et critique.** 1898. 1 vol. in-8°. **1 50**

BOURDONNAY (Hippolyte), *conseiller à la Cour d'appel de Rennes*. — **Le président du Tribunal civil, Répertoire alphabétique, technique et pratique de procédure et d'administration judiciaire,** à l'usage des présidents et juges des tribunaux de première instance, contenant plus de 400 formules. 1899. 1 vol. in-8°. . . . **10 »**

CAHUZAC (Albert), *conseiller à la Cour d'appel de Tananarive*. — **Essai sur les institutions et le droit malgaches.** Tome premier. — Madagascar. — l'Imérina et ses habitants. — Organisation sociale, municipale et politique, actes de l'Etat civil. — Paternité et filiation. — Minorité et majorité. — Mariage. — Divorce. — Adoption. — Rejet d'enfant. — Successions. — Donations et testaments. — Propriété. — Immatriculation. 1 vol. in-8°; 1900
Tome premier . . . . **9 »**
Tome second . . . . (*sous presse*.)

CAILLAUX (J.), *inspecteur des Finances*, TOUCHARD, (A.), *ancien inspecteur des Finances*, PRIVAT-DESCHANEL (G.), *inspecteur des Finances*. — **Les impôts en France.** — Traité technique (contributions directes, enregistrement, domaine et timbre). 1896. Tome I. 1 vol. in-8°. **7 50**
Tome II . . . . (*sous presse*)

CERENVILLE (Max de). — **Les impôts en Suisse.** Assiette, quotité, mesures d'exécution, étude de droit comparé et d'économie nationale. 1898. 1 vol. grand in-8°. 26 tableaux, hors texte . . . . **7 »**

COLMET DE SANTERRE (E.), *professeur à la faculté de droit de Paris*. — * **Manuel élémentaire de droit Civil, 3e** Édition :
1896 Tome I (1re examen), programme nouveau. 1 vol. in-18 . . . . **5 50**
1896 Tome II (2e examen), programme nouveau. 1 vol. in-18 . . . . **4 50**
1897 Tome III (3e examen), programme nouveau. 1 vol. in-18 . . . . **4 50**

Cette troisième édition a été entièrement refondue pour se conformer au nouveau programme des cours, établi par l'arrêté ministériel du 24 juillet 1895.

Cette édition ne supprime pas l'ancienne, qui continuera à être recherchée par ceux qui, n'ayant pas à se plier aux exigences des examens, préféreront étudier les articles du Code civil dans l'ordre même où les a placés le législateur.

CORNETTE (Charles). —**Le statut personnel espagnol.** — Memento des officiers de l'Etat civil sur la capacité juridique des Espagnols. 1898. 1 vol. in-8° . . . . . **2** »

COUDER (Ruben de). **Supplément au Dictionnaire de droit commercial, industriel et maritime** contenant la législation la jurisprudence jusqu'en 1897. L'opinion des auteurs, les usages de commerce, les droits de douane, de patente, d'enregistrement et de timbre . 2 vol. in-8°. . **20** »

COULET (Paul), *Avocat à la Cour d'Appel de Paris.* — **Commentaire et explication pratique de la loi concernant les Responsabilités des Accidents dont les Ouvriers sont victimes dans leur travail** (Loi du 9 Avril 1898.) Deuxième édition, contenant les règlements d'administration publique relatifs à son exécution. 1899. — Une brochure in-8° . . . . **2** fr. »

COUTANT (Paul), *docteur en droit, avocat à la Cour d'appel de Paris.* — **Le Vote obligatoire.** 1898. 1 vol. in-8° raisin . . **5** »

CRÉPON, *Conseiller à la Cour de Cassation.* — **Code annoté de l'expropriation** pour cause d'utilité publique, **France — Algérie - Colonie.** - *Loi du 3 mai 1841, lois diverses, ordonnances et décrets.* Deuxième édition, donnant l'état de la doctrine et de la jurisprudence en matière d'expropriation pour cause d'utilité publique, jusqu'à l'année 1898. 1899. 1 vol. in-8° . . . . . **12** »

H. DEGAND, *docteur en droit, avocat à la Cour d'appel de Douai.* —**Traité théorique et pratique de la succession entre époux.** Commentaire de la loi du 9 mars 1891 et des lois accessoires d'après la jurisprudence et la législation les plus récentes mis en harmonie avec la loi du 25 mars 1895 sur les droits des enfants naturels, 1896. 1 vol. in-8° raisin. . . **6** »

DEJEAN (Oscar), *ancien magistrat.*—**Traité théorique et pratique des expertises** en matières civiles, administratives et commerciales. Manuel des experts. Troisième édition, revue et mise au courant de la législation et de la jurisprudence, par C. Flamand et Edouard Peletier, *avocats à la Cour d'appel*, 1897. 1 vol. in-8° . **10** »

Dans cette 3e édition, toutes les décisions rendues jusqu'en 1896 en matière d'expertise ont été citées ou résumées. Les questions qu'ont pu soulever les lois parues depuis la dernière édition ont reçu leur solution. La partie de l'ouvrage relative aux expertises en matière administrative a été l'objet d'une transformation presque complète, en raison des changements apportés à la législation antérieure par la loi du 22 juillet 1899 sur la procédure à suivre devant les Conseils de préfecture, et par celle du 29 décembre 1892, sur les dommages causés à la propriété privée par l'exécution des travaux publics.

Les formules ont été mises en harmonie avec les modifications apportées par ces lois. En un mot, tout en conservant à l'ouvrage son cadre primitif, il a été rajeuni et les lacunes comblées.

DELVINCOURT (Auguste), *docteur en droit, avocat à la Cour d'appel de Paris.* — **La lutte contre la criminalité dans les temps modernes.** 1897. 1 vol. in-8° **7** »

DERBANNE (Jacques), *Licencié en droit, Diplômé de l'École des Sciences politiques.* — **La Réforme des Impôts en Prusse.** — Impot sur le revenu. — Impot sur la fortune. — Impots communaux, (**1891-1893**). **1898.** 1 vol. in-8° . . . . . . **3** »

DESTRUELS (E.), *avocat à la Cour d'appel.* — **Traité pratique de législation anglaise** sur les Sociétés anonymes «Limited», suivie d'une notice concernant la Bourse de Londres. 1896. 1 vol. in-8°. . . . . . **6** »

DUCOS (Armand). — A propos du monument des girondins. — **Les Trois Girondins.** — Madame Rolland, Charlotte Corday, Madame Bouquey et les Girondins. — Etude de critique historique. Un beau vol. in-8° rais. illustré. . . . . **3** »

ENGELHARDT (Édouard), *ministre plénipotentiaire, membre de l'Institut de Droit international.* — **De l'animalité et de son droit.** 1 vol. in-8°. . . . . **3** »

FABREGUETTES (P.), *conseiller à la Cour de cassation, membre de l'Académie des Sciences, Inscriptions et Belles-Lettres et de l'Académie de Législation de Toulouse.* — **Société, État, Patrie,** études historiques, politiques, philosophiques, sociales et juridiques.1887. 2 vol. in-8°. . . . . . . **15** »

De la protection de la personne et de l'autorité du Président de la République. 1895. 1 broch. in-8° . . . . **1** »

La Question sociale. — **Le Contrat de Travail.** — Les coalitions et les grèves devant la loi. Rôle des syndicats. Arbitrage, Conciliation. — Législation ouvrière. 1895. 1 vol. in-8°. **3 50**

FERRAND (H.), *avocat à la Cour d'appel de Paris.* — **Les recensements** chez les marchands en gros, entrepositaires, distillateurs, liquoristes, dénatureurs d'alcool, vinaigriers. Avec les lois et leur commentaire juridique et pratique. 1896. 1 vol. in-18. . . . . **4** »

FERRAND (H.) et CHANSON (G.), *avocats à la Cour d'appel de Paris.* — **Le Livre du Débitant**, conseils dans tous les actes de son commerce; Guide dans ses rapports avec la régie, les Octrois, la Police. — Droits du vendeur et de l'acquéreur du fonds de commerce. Rapports avec le propriétaire, Bail sous-location. — Assurances, Accidents, Chomage. — Usages commerciaux, transport des marchandises par Chemins de fer. — Droits et Devoirs des Patrons envers le Personnel, Droits et Devoirs de l'Hôtelier vis-à-vis du Voyageur. Étude sur les boissons : Le Laboratoire municipal : Les analyses : Lois nouvelles : Jurisprudence. 1 vol. in-8°. **3 50**

FERRAND (H). et CAMBUZAT (B). — **Le nouveau code de la Brasserie.** — Les Brasseurs. — La régie et l'octroi. — Les Entrepositaires de bière. — Loi et décret du 30 mai 1899. — Commentaire théorique et pratique. 1900. 1 vol. in-8° **3 50**

J. GAURE, *avocat.* — **Les droits et les devoirs des Bailleurs, Locataires, Fermiers, Métayers et Domestiques.** — Enregistrement des baux, privilège du bailleur, saisie-gagerie, saisie-revendication, sous-baux et cession de baux, responsabilité des locataires en cas d'incendie, congés, tacite réconduction, vente de la chose louée, réparations locatives, baux de meubles et d'appartements meublés. Nouvelle loi sur le métayer, privilège des domestiques, etc. 1898. broch. in-8° **1 »**

— **Le Manuel de la Chasse.** du chasseur et du propriétaire en matière de chasse et de gibier. — Comment on devient propriétaire du gibier, chasse aux chiens courants sur le terrain d'autrui, entrée du chasseur chez un tiers pour y prendre le gibier tué ou blessé, délivrance des permis de chasse. chasse dans un terrain clos attenant à une habitation, oiseaux de passage, gibier d'eau. chasse en temps de neige et pendant la nuit, vente et transports du gibier en temps prohibé, peines applicables aux délits de chasse, agents verbalisateurs, saisie et confiscation des armes, responsabilité des parents en matière de chasse, gardes particuliers, etc. 1897. 1 broch. in-8°. **1 »**

— **Les Vices rédhibitoires et les Maladies contagieuses dans les ventes et échanges d'animaux domestiques.** 1 broch. in-8° **1 fr. »**

— **Les nouveaux Tarifs des Notaires et les frais accessoires des actes notariés**, d'après les décrets du 25 août 1898. Tableau synoptique des honoraires applicables dans les diverses cours d'appel, taxe, responsabilité des notaires, droit d'enregistrement, de transcription, d'hypothèque, afférents à chaque acte notarié. Cinquième édition, entièrement refondue. 1 broch. in-8° raisin . . . . **1 »**

— **Le droit de circulation des cycles et automobiles**, d'après les lois les plus récentes. Décret du 10 mars 1899. — Certificat de capacité. — Taxes. Plaques de contrôle. — Responsabilité civile et pénale. 1 broch. format oblong, avec couverture imprimée en couleur. . . . . **1 »**

GÉNY, *professeur à la Faculté de droit de Dijon.* — **Méthode d'interprétation et sources en droit privé positif.** — Essai critique. (*Bibliothèque de jurisprudence civile contemporaine.*) 1900. 1 vol. in-8°. **10 »**

GODIN (Jules), *sénateur, ancien avocat au Conseil d'Etat et à la Cour de cassation, conseiller honoraire à la Cour d'appel de Paris.* — Commentaire, théorique et pratique, de la **Loi des frais de justice.** (Art. 4 à 25 de la loi du 26 janvier 1892). Troisième édition, comprenant le commentaire de la loi du 26 avril 1898, ainsi que les solutions judiciaires et administratives sur la loi des frais de justice. 1896. 1 vol. in-8°. **6 »**

GRASSOT (G.) *professeur à l'Université de Gênes.* — **De l'interdiction des ports d'un État, aux navires étrangers pour motifs sanitaires.** — (Extrait de la *Revue du Droit public et de la Science politique en France et à l'étranger.*) 1895. Broch. in-8 raisin. . . . . **1 »**

GUIBOURG (Léon), *ancien juge de paix, juge suppléant au tribunal civil de Provins.* — **Tables pratiques des déclarations relatives à la nationalité.** Loi des 25 juin 1889 et 22 juillet 1893. 1896. 1 vol. in-4°. **2 50**

HAMONIC (Léon), *avocat à la Cour d'appel de Paris*, et BORDEREL (E.), *vice-président de la chambre syndicale des entrepreneurs de serrurerie.* — **Guide juridique pratique des entrepreneurs de travaux privés** dans leurs rapports avec l'architecte et le propriétaire et les ouvriers qu'ils emploient. 1899. 1 vol. in-8° . . . . **10 »**

HATTE (Georges). *docteur en droit, juge d'instruction à Abbeville.* — **Exposé général de la loi sur l'instruction contradictoire.** 1898. 1 vol. in-8°. . . . . **3 »**

HOGREL (Emile), *docteur en droit, juge de paix du canton d'Antrain.* — **Des warrants agricoles**, commentaire théorique et pratique de la loi du 18 juillet 1898 1 vol. in-8° **2 50**

HOOGHE (Adolphe d') — Loi du 12 janvier 1895. **Traité sur la saisie arrêt.** Commentaire théorique et pratique donnant la solution de toutes les difficultés qui surgissent dans l'application de la loi. 1897. 1 vol. in-16 colombier. . . . . 6 »

G. HOUYVET, *Premier Président honoraire, ancien Député.* — **Le Grec, le Latin et l'Enseignement secondaire moderne.** — 1 vol. in-18 . . . . 3 fr.

HUGUES (Albert), *docteur en droit.* — **La nationalité française chez les Musulmans de l'Algérie,** 1899. 1 vol. in-8°. 3 50

JODIN, (V.). *ancien élève de l'École normale.* — **Étude sur les noms de nombre.** — **Origines et principaux dérivés.** 1 broc. in-8° . . . . 2 fr. »

KLEEN (Richard), *secrétaire de Légation, ancien chargé d'affaires P. I. des royaumes unis de Suède et de Norvège, membre de l'Institut de droit international.* — **Lois et usages de la neutralité d'après le droit international conventionnel et coutumier des états civilisés.** Tome premier. **Principes fondamentaux.** — **Devoirs des neutres,** 1898. 1 vol. in-8°. . . 12 »
L'ouvrage complet formera deux volumes.

LAMACHE (H.), *professeur à la Faculté libre de droit de Lille.* — **De la transformation des Sociétés civiles,** spécialement des Sociétés minières, en vertu de la loi du 1er août 1893 combinée avec les lois fiscales. (Extrait de la *Revue de la législation des mines.*) 1896. 1 broch. in-8° 2 »

LAUR (F.-D.). *ingénieur civil des mines.* — **La revision des lois sur les mines en France.** 1866. 1 vol in-8°. . . . . 15 »

— LES MINES ET USINES AU XIXe SIÈCLE. — **Exposition internationale de Bruxelles, 1897, comptes rendus techniques 1898.** 1 vol. in-8°, illustré de nombreuses gravures hors texte 20

— **Exposition de Chicago,** Mines, Métallurgie et Electricité. 1 vol. in-8° . . . 10 »

— LES MINES ET USINES A LA FIN DU XIXe SIÈCLE. **Etudes sur l'Exposition de Moscou en 1891,** 1 vol. in-8° . . . . 10 »

— LES MINES ET USINES EN 1889. — **Etude complète sur l'Exposition Universelle de 1889.** — 1re PARTIE : Les mines du Nord et du Pas-de-Calais ; 2e PARTIE : Les mines du Nord et de l'Est ; 3e PARTIE : Les usines de Paris et environs : 4e PARTIE : Les mines du centre de la France. Les quatre fascicules . . . . 25 »

LOUBAT. *procureur de la République à Saint-Etienne.* — **Des formalités du mariage,** simplifiées par la loi du 20 juin 1896. 1897. 1 vol. in-8° raisin . . . . 5 »

LOUBAT, *procureur général à la Cour d'appel de Nîmes.* — **Le Risque professionnel ou commentaire de la loi du 9 avril 1898,** sur les Responsabilités des accidents dont les ouvriers sont victimes dans leur travail. Contenant les règlements d'administration publique, les arrêtés ministériels, les tables de capitalisation de la caisse nationale des retraites, les tarifs de la caisse nationale d'assurances, la loi du 29 juin 1899, concernant l'agriculture et la circulaire du ministre de la justice. 1899. 1 vol. in-8°. . . . . 8 »

LUCHAIRE (Achille), *professeur d'histoire du moyen-âge à la Faculté des Lettres de l'Université de Paris, membre de l'Institut.* — **L'Université de Paris sous Philippe-Auguste.** 1 brochure in-8° . . . . . . 2 fr. »

MAINIÉ (Ferdinand), *avocat à la Cour d'appel de Paris.* — **Nouveau traité des brevets d'invention,** commentaire théorique et pratique de la loi du 5 juillet 1844 sur les brevets d'invention et de la Convention internationale d'union pour la protection de la propriété industrielle du 20 mars 1883 comprenant : un tableau analytique des législations étrangères, l'index de tous les termes techniques contenus dans l'ouvrage, un répertoire alphabétique détaillé des matières. 1896. 2 forts vol. contenant plus de 2.000 pages. 24 »

MANDY (J.-A.), *docteur en droit.* — **La « cautio judicatum solvi. » Les étrangers devant la justice** en droit international privé, étude de législation comparée. 1897. 1 vol. in-8°. . . . . 4 »

MARÉCHAL (Constant), *ancien avocat à la Cour d'appel de Paris, officier d'Académie.* — **Traité pratique de la procédure des faillites et des liquidations judiciaires,** 1896. 1 vol. in-8° . . . . 5 »

MEULENAERE (O. de), *conseiller à la Cour d'appel de Gand.* — **Code civil allemand et loi d'introduction,** promulgués le 18 août 1896 pour entrer en vigueur le 1er janvier 1900, traduit et annoté par de MEULENAERE. 1897. 1 fort vol. in-8° raisin. 12 50

MEYSONNASSE (V.), *officier ministériel à Bizerte, breveté en droit musulman et coutumes indigènes.* — **Code civil musulman suivant le cadre du code civil français,** (rite malexite). 1898. 1 vol. in-8°. . . 8 »

MICHON (Louis), *docteur en droit, avocat à Cour d'appel de Paris.* — **L'initiative parlementaire et la réforme du travail législatif.** 1898. 1 vol. in-8° . . . . 5 »

MICHOUD (L.), *professeur de droit administratif à la Faculté de droit de Grenoble*

La notion de personnalité morale. (Extrait de la *Revue du droit public et de la Science politique en France et à l'étranger.*) 1899. 1 brochure in-8° 2 50

MORIZOT-THIBAULT (Charles), *substitut du procureur de la République près le tribunal de la Seine.* — **De l'autorité maritale,** Etude critique du Code civil. (Ouvrage couronné par l'Institut (*Académie des sciences morales et politiques*). 1899. 1 vol. in-8° 6 »

MOYSEN (Paul), *avocat à la Cour d'appel de Paris.* — **La femme dans le droit français,** résumé du cours de droit usuel et pratique fait aux jeunes filles à la Société pour l'Instruction élémentaire, publié avec la collaboration de M. HUGON DE SCŒUX *avocat à la Cour d'appel de Paris.* 1896. 1 vol. in-8° 4 50

MUNIER-JOLAIN, *avocat à la Cour d'appel de Paris.* — **La plaidoirie dans la langue française,** cours libre professé à la Sorbonne.

1896. Première année, XVe, XVIe, XVIIe siècles. 1 vol. in-8°. . . . . 6 »
1897. Deuxième année, XVIIIe siècle. 1 vol. in-8° . . . . 6 »
1900. Troisième année, XIXe siècle. 1 vol. in-8° . . . . 6 »

MUTEAU (Ch.), *conseiller honoraire à la Cour d'appel de Paris.* — **L'assistance hospitalière et le secret professionnel.** Rapports présentés à la Société internationale pour l'étude des questions d'assistance, les 22 novembre 1895 et 21 février 1896. 1 broch. in-8° . . . . 2 »

— **De la Responsabilité civile** (articles 1382 et suivants du Code civil) étude morale et juridique, examen de la doctrine et de la jurisprudence 1898. 1 vol. in-8°. 10 »

NICOLAS (Victor), *capitaine d'infanterie de marine, officier d'Académie.* — **Commentaire complet du Code de justice militaire pour les Armées de terre et de mer,** suivi des principales dispositions du droit civil, ainsi de que toutes les lois pénales applicables aux armées de terre et de mer et à la marine marchande et d'un formulaire. 1898. 1 fort vol. in-8° raisin, broché . . . . 20 »

NOBLET (E.), *conseiller à la Cour d'appel d'Orléans.* — **Code pratique des chemins ruraux.** — Commentaire de la loi du 20 avril 1881, relative au code rural. — DEUXIÈME ÉDITION, complète et mise au courant de la législation et de la jurisprudence 1 vol in-18, 1899 . . . . 3 »

PERROT, *directeur de l'École normale supérieure.* — **Histoire de l'art dans l'enseignement secondaire,** 1900. 1 vol. in-12. 3 »

Procès contre « Le Mechveret » et Jeune Turquie. Broch. in-8°. . . . 2 [illegible]

REISENTHEL *docteur en droit.* — **De la lim[illegible]tation du taux de l'intérêt en matiè[re] civile.** 1899. 1 vol. in-8° raisin. 3

RIEU (Fernand), *avocat à la Cour d'app[el] de Paris.* — **La coopération ouvrière [à] travers les âges.** — Etude extraite d'u[ne] thèse présentée à l'Ecole des scienc[es] sociales. 1898. 1 vol. in-8°. 4

ROLAND (A.), *conseiller à la Cour d'appel [de] Gand.* — **De la Responsabilité d[es] administrateurs dans les Sociétés an[o]nymes en Belgique,** d'après les lois d[u] 18 mai 1875 et 22 mai 1886, mises en ra[p]port avec la doctrine et la jurisprudence tant belges que françaises. 1900. 1 v[ol.] in-8°. 4

ROLIN (Albéric), *professeur à l'Universi[té] membre et ancien vice-président de l'Instit[ut] de droit international.* — **Principes [du] droit international privé** et applicatio[ns] aux diverses matières du Code civil. (Co[de] Napoléon). Tome I. Principes générau[x] — Tome II et III. Applications. 18[97]. 3 vol. in-8° 27

ROLLAND (Baron de), *docteur en droit, co[n]seiller d'État et avocat général de la Prin[ci]pauté de Monaco* — **Projet de Code [de] procédure pénale,** élaboré d'après [les] ordres de S. A. S. LE PRINCE DE MONACO. Exposé des motifs. 1899. L'ouvrage co[m]plet formera 2 vol. in-8° 8
Le tome premier a paru.

— **Projet de revision du Code de proc[é]dure civile,** élaboré d'après les ordres [de] S. A. S. LE PRINCE DE MONACO, rapport [au] prince et exposé des motifs. 1896. 3 fas[ci]cules, formant un fort volume in-8°. 5

ROUSSEL (Charles). — **Souvenirs d'un anci[en] magistrat d'Algérie.** 1 vol in-18. 3

SECRETAN (Le colonel de). — **Le Géné[ral] Amédée de la Harpe.** 1899. 1 vol. in[-8°] avec portraits et fac-similé 2

SEVESTRE (André), *docteur en droit, avo[cat] à la Cour d'appel de Paris.* — **De la re[vi]sion des procès criminels et corre[c]tionnels et des indemnités à accor[der] aux victimes d'erreurs judiciair[es]** 1899. 1 vol. in-8° raisin 5

TCHERNOFF, *docteur en droit.* — Du nouve[au] rôle de **l'Assistance Internationale** du droit de séjour des étrangers. (*Extr[ait] de la* **Revue du droit public et de [la] Science politique en France et à l'étr[an]ger**). 1899 1 brochure in-8° raisin 1

TOURTOULON (Pierre de), *docteur en droit.* — **Les œuvres de Jacques de Revigny** (Jacobus de Ravinis). D'après deux manuscrits de la Bibliothèque Nationale, 1 vol. in-8° . . . . 4 fr. »

TYPALDO-BASSIA (A.), *juge suppléant, agrégé de l'Université, délégué officiel du Gouvernement hellénique au Congrès pénitentiaire, membre et lauréat de plusieurs Académies et Sociétés savantes.* — **La Récidive et la Détention préventive**, théorie et commentaire des lois postérieures au Code pénal. (*Mémoire couronné par la Faculté de droit et l'Académie de législation*), avec une introduction de M. Arthur Desjardins, *membre de l'Institut, avocat général à la Cour de cassation. (Ouvrage honoré d'une souscription par le ministère de la Justice de Grèce.)* 1 vol. in-8°. 5 »

— **Le droit romain.** - Exposé de ses principes fondamentaux et de ses rapports avec le droit français. Conforme au nouveau programme de licence et de doctorat. 1898. 2 vol. in-18 . . . . 9 »
Le Tome 1er se vend séparément. . 5 »
— — II — . . . . 4 »

VADE-MECUM à l'usage des magistrats, consulaires dans les liquidations judiciaires et les faillites. Broch. in-8°. 1 »

P. VAN WETTER, *Recteur de l'Université de Gand.* — **Le Droit romain et le Droit celtique dans la Gaule.** — La communauté de biens entre époux. (*Discours prononcé à la Séance solennelle d'ouverture des cours le* 18 *octobre* 1898). 1 brochure in-8° raisin . . . . 1 fr. 50

— **Le Droit romain et le droit germanique dans la monarchie franque.** — 1re partie: La Famille. (*Discours prononcé à la séance solennelle d'ouverture des cours le* 17 *octobre* 1899). Une brochure in-8°, raisin . . . 1 50

VAUNOIS (Albert), *docteur en droit, avocat à la Cour d'appel de Paris.* — **Les Dessins et modèles de Fabrique.** — Doctrine, Législation, Jurisprudence. 1 vol. in-8°. 8 fr.

WAHL (Albert), *professeur à la Faculté de Droit de l'Université de Lille.* — **Les Projets d'Impôt général sur le revenu,** (Extrait de la Revue du droit public et de la Science politique en France et a l'Étranger). 1 brochure in-8° . . . . 1 fr. »

REVUE
DE
JURISPRUDENCE OUVRIÈRE

FONDÉE EN 1899 ET PUBLIÉE PAR MM.

A. DUHIL, Avocat à la Cour d'appel | **Maurice CHARNAY**, Licencié en droit, publiciste

Abonnement annuel. . . . . 6 fr. — Le numéro. . . . . 50 cent.

BIBLIOTHÈQUE DE JURISPRUDENCE CIVILE CONTEMPORAINE

I

MÉTHODE D'INTERPRÉTATION ET SOURCE EN DROIT PRIVÉ POSITIF

ESSAI CRITIQUE

Par François GENY
Professeur de droit civil à l'Université de Dijon

Précédé d'une Préface de M. Raymond SALEILLES
Professeur de droit civil à l'Université de Paris

Un volume in-8° raisin . . . . 10 fr.

II

ÉTUDES DE DROIT INTERNATIONAL PRIVÉ

Par Étienne BARTIN
Professeur à la Faculté de droit de l'Université de Lyon

Un volume in-8° raisin . . . . 4 fr

A. CHEVALIER-MARESCQ & Cie, LIBRAIRES-ÉDITEURS
20, RUE SOUFFLOT — PARIS

REVUE INTERNATIONALE
DE
L'ENSEIGNEMENT

PUBLIÉE

Par la Société de l'Enseignement supérieur

(20e ANNÉE)

COMITÉ DE RÉDACTION

Rédacteur en chef : FRANÇOIS PICAVET

La REVUE INTERNATIONALE DE L'ENSEIGNEMENT

PARAIT LE 15 DE CHAQUE MOIS PAR FASCICULES DE 96 PAGES

Abonnement annuel . . . . **24 fr.** | La Livraison. . . . . . **2 fr. 50**

Les Années 1897, 1898 et 1899 forment 6 volumes in 8° raisin de 580 pages environ, chaque volume se vend séparément. **12**

La Collection de 1881 à 1896, 32 vol. **200**

IMP. NOIZETTE, 8, RUE CAMPAGNE PREMIÈRE, PARIS

Lightning Source UK Ltd.
Milton Keynes UK
UKHW010646021118
331641UK00011B/1030/P